U0940902

威科法律译丛

# 美国民事诉讼法

## 第二版

## （上）

〔美〕理查德·D.弗里尔 著

罗伯特·豪厄尔·霍尔 法律教授

埃默里大学

张利民 孙国平 赵艳敏 译

2013年·北京

By Richard D. Freer

**CIVIL PROCEDURE**

Second Edition

This is a translation of Civil Procedure by Richard D. Freer, published and sold by The Commercial Press, by permission of Aspen Publishers, Inc., New York, New York, USA, the owner of all rights to publish and sell same.

本书根据威科集团下属的 Aspen Publishers 2009 年版译出

# 出 版 说 明

我馆历来重视迻译出版世界各国法律著作。早在1907年就出版了第一套系统介绍外国法律法规的《新译日本法规大全》81册，还出版了《汉译日本法律经济辞典》。1909年出版了中国近代启蒙思想家严复翻译的法国著名思想家孟德斯鸠的《法意》。这些作品开近代中国法治风气之先。其后，我馆翻译出版了诸多政治、法律方面的作品，对于民国时期的政治家和学人产生了重要影响。新中国成立后，我馆以译介外国哲学社会科学著作为重，特别是从1981年开始分辑出版"汉译世界学术名著丛书"，西方政治法律思想名著构成其中重要部分，在我国法学和法治建设中发挥了积极作用。

2010年开始，我馆与荷兰威科集团建立战略合作伙伴关系，联手开展法学著作中外文双向合作出版。威科集团创立于1836年，是全球最大的法律专业信息服务和出版机构之一。"威科法律译丛"是我们从威科集团出版的法律图书中挑选的精品，其中涉及当前中国学术界尚处在空白状态、亟需研究的领域，希望能够对中国的法学和法治建设有所助益。除了引进国外法律图书外，我们同时也通过威科集团将中国的法律思想和制度译介给西方社会，俾使中国学人的思想成果走向世界，中华文明的有益经验惠及异域。

商务印书馆编辑部

2011年8月

# 译　者　序

对在大陆法系氛围中接受法律教育和训练的人来说，美国民事诉讼法显得陌生、晦涩、复杂难解，在话语体系、规则细节等方面均有很大不同。原因很多，有法律渊源上的原因，法律发展路径的原因，国家权力结构的原因。把握纷繁复杂的美国民诉规则和制度特别需要抓住三大线索。

第一条线索是联邦和州的分权。美国是由最初的13个殖民地发展而来的，各州具有很大的独立性，有自己的诉讼法院（包括最高法院）和民事诉讼规则，甚至在法院名称、上诉制度的设置上都不完全相同。在联邦系统又有联邦法院，其拥有有限的管辖权。这样，在管辖上就有了划分州之间管辖权的对人管辖，有了决定案件是归联邦法院还是归州法院管辖的事物管辖权，有了决定案件具体由一州之内何地法院管辖的审判地规则。为了防止州法院偏袒本地居民，民诉法把超过一定金额而涉及不同州居民的案件交予联邦法院管辖，为了保证法律的统一实施，又将产生于联邦法律的权益纠纷保留给联邦法院。这样，在案件同时涉及联邦的和州的管辖权时，将考虑附属管辖权。基于联邦和州的分权，又有了解决纵向法律选择问题的伊利原则。

第二条线索是美国诉讼制度的历史传统。美国最初的殖民者来自英国，他们给美洲殖民地带来了英国的法律制度，所以美国的民诉法刻有深深的英国烙印。如决定民事案件能不能获得陪审团审理的规则，寻根究源可追溯到英国历史上普通法院和衡平法院的划分，判别时要考虑历史上在普通法院和衡平法院所能获得的不同救济。

第三条线索是美国民诉法应对新问题的灵活性和生命力。适应性强是美国民事诉讼制度的一大特点。为应对高度发达的社会情况，美国在民诉法领域开发出了许多适应现代经济需要的诉讼制度，如互联网时代的最低限度联系规则、不方便法院原则、披露制度、集团诉讼制度。为节省诉讼资源，在运用不方便法院原则时可以跳过法院管辖权的认定，在重新审理中法院可以发布附条件重新审理的命令等。

原书作者弗里尔教授是美国民事诉讼法领域的权威。他在大学教授了30年的民事诉讼法，拥有很高的学术造诣，独著和合著了11本著作，写了30多篇论文。他是美国唯一一位同时参与撰写两套联邦民事诉讼法经典巨著（穆尔系列、莱特和米勒系列）的教授，还担任了美国法学会《联邦司法法典》(Federal Judicial Code)修订工程的顾问。本书是其代表作《民事诉讼法》的第二版。

作者撰写的风格可以说是善解人意，"处心积虑"地想着方便读者。本书除了具有美国民事诉讼法著作惯有的案例引注多，注重理论和实践的结合等优点之外，还有许多独到的特点。针对同样的词汇在法律领域和生活领域意思差异较大、理解困难的问题，作者特别解释了日常词汇在民诉领域的特别含义，画龙点睛的寥寥数笔就解决了读者面临的困惑。他用了许多假设案例归纳和概括复杂判例的主旨。现实案例的优势是生动，但费时低效。用简单的假设案例概括真实案例体现的典型情况，既说清楚了真实案例蕴含的原则，又简洁明了。作者想了许多办法让复杂、晦涩的民诉规则变得不那么让人畏惧，例如分解复杂原则，分步阐述；注重不同原则和规则之间的联系；不断提出引发思考的问题，且给出明确和清晰的答案和推理过程。作者在专题分析结束时往往提供一个总结性的分析框架，将纷繁复杂的规则纳入一个有机的体系，给人豁然开朗之感。此外，作者还花费很大精力考察规则的历史发展，让读者了解历史脉络，对现行规则建立的原因和基础有更好的理解。

对本书的翻译，译者想做几点说明。

**一、翻译内容的说明**

译者翻译了包括案例和注释在内的全部内容，又用括号注了很多原文。在是否翻译人名、注释上译者有过犹豫，同事和朋友的看法也两极化。批评者认为这是件吃力不讨好的“蠢事”，主张只出原注释，这些人英语能力较强，能读厚厚的原著。赞成者说干了一件“功德无量”的事。从满足不同读者需要出发，我们采用全译但注原文的做法，既方便获取信息，又便于查阅原始材料。标注原文的地方包括：1. 人名、案例名、刊物名；2. 查找困难的专业词汇和拉丁文；3. 法规中的独特表达；4. 存在前后对比的表达；5. 注上原文更有利读者精确掌握原意的表述。

**二、对原书字母指代的处理**

在假设案件中，作者使用了许多指代当事人的字母，如 P、D、A、B、X 等。有些字母不仅泛指某一个当事人，也暗含其特定的身份。如 P 代表原告(plaintiff)，D 代表被告(defendant)，T 代表第三人(third-party)，P-1 代表原告一，P-2 代表原告二，D-1 代表被告一，D-2 代表被告二，W 代表妻子(wife)，H 代表丈夫(husband)，S 代表争议财产保管人(stakeholder)，O 代表所有权人(owner)，C 代表承包商(contractor)。在初稿中译者将上述字母翻译成了对应的中文，但定稿时还是决定使用字母。原因有三：(1)除了这些有特别暗示含义的字母之外，还有没有特别含义的字母，如 A、X、Y、Z，它们单纯指代当事人，翻译一部分而另一部分不翻译显得不协调；(2)这些字母只是暗含当事人身份，其直接作用还是泛指当事人，直接使用字母在具体上下文中不会产生歧义；(3)径直使用字母能节省版面。读者在阅读时只要想着这些字母有所指代，很容易在头脑中形成案情图，能迅速抓住假设案例的大意。

**三、人名和公司名称翻译的说明**

本书翻译的部分人名和公司名与读音不完全对应，大致上做了如下处理：

1. 对公司名称，特别是世界 500 强的大公司，如果其登记过中文名，则从其登记。例如将 Otis Elevator Co. 翻译成“奥的斯电梯公司”，将 Pfizer, Inc. 译为“辉瑞公司”，将 Zippo Mfg. Co. 翻译成“芝宝牌打火机制造公司”。对一些公司，使用了中文网站的译名，如将 Semtek 译成“盛美泰”。对 Salve Regina College，因为中国留学网和维基百科将该学校的现校名 Salve

Regina University 译成“沙尔瓦·瑞金纳大学”，所以译者将 Salve Regina College 翻译成“沙尔瓦·瑞金纳学院”。

2. 对能查到全名的缩写使用了全名。如将 NAACP 翻译成“全国有色人种促进会”，将 AT&T 翻译成“美国电话电报公司”，将 Conrail 译为“联合铁路公司”，将 FSLIC 翻译成“联邦储蓄与贷款保险公司”。

3. 对源自日语的名称，使用对应的日语汉字，如将 Matsushita 译为“三菱”，将 Honda 翻成“本田”，将 ashahi 翻成“朝日”。

4. 对非英语的企业名称，如果能查到其原文意思的，使用意译，如将 Banco Nacional de Cuba 翻译成“古巴国家银行”。将 AG 翻译成“股份公司”（AG 在德语中是“股份公司”之意）。

5. 能断定是某一国家的常用人名时，采用该国人名的通译，如“Ghavam”是伊朗人名，译作“盖瓦姆”，Van Gemert 是荷兰人名，翻译成“范·海默特”。不能断定是哪一国家人时，采用英语国家人名的通译。如 Temple 为法国人名时译成“唐普勒”，为英国人名译成“坦普尔”，查不到背景的，采用后一译法。同样，将 Sherman 翻译成“舍曼”而不是“谢尔曼”，原因是英国人 Sherman 的通译是“舍曼”，俄语人名 Sherman 才译为“谢尔曼”。

**四、专业词汇的翻译**

翻译中颇为苦恼的事是中美法律用语的不对应，对一些英文表述难以满意找到对应的中文词。如 summons，其目前的实际功效类似于我国民诉中的应诉通知，但如果翻成“应诉通知”，则不能反映历史上该文件是用来把被告弄到法院关起来的事实，所以一些字典将其翻译成“传票”。但传票的翻译又容易与 subpoena 相混，后者才是真正的传唤文件，不听从传唤会招致藐视法庭罪的处罚。

同样，对 process 翻译也有点为难。该文件由诉状副本和应诉通知两部分组成。一些字典将其注释成“起诉状”或“诉讼文书”，笼统理解固然没错，但又觉得不能涵盖其全意。在本书译为“诉讼书状”，书指应诉通知书，状指起诉状副本。这一译法仍然不十分令人满意。对一些专业术语的翻译，在此统一做个说明。

1. reply 是原告对被告答辩的回应，所以译为“再答辩”。

2. dismissal 在不同的语境里有不同的含义，有时指原告主动撤销案件，翻为“撤诉”，而有时指法院经相对方申请撤销案件，翻译成“驳回起诉”。

3. respond 译成“回应”（而不是“答辩”），因为“failure to respond”不仅包括不答辩，还包括没有做规则要求的其他动作，如提出申请。

4. 将 clerk 翻成“书记官”，因为该人员在材料登记和缺席认定、作出缺席判决上发挥着作用，而将 court reporter 翻译成“记录员”，他只是负责速记的人员，甚至可以在法院之外向社会公开聘请。但一些字典将两者都笼统译为“书记员”。

5. 在一些地方，原书作者对 claimant 和 plaintiff 做了区分，并说 claimant 不是 plaintiff，为了区分，译者将 claimant 翻为“诉讼请求人”。

6. required disclosure 不是在对方请求的情况下进行披露，而是不管对方有没有提要求都必须进行的披露，所以翻译成“必须的披露”。

7. 许多字典将 removal 和 transfer 都翻译成“移送”，但原书作者对“removal”和“transfer”做了区分，并说“Removal is not transfer”。所以在特别需要区分的场合，译者将 removal 译成“转移”，而将 transfer 译为“移送”。前者专指不同法院体系间的案件移送，如案件从州法院转到联邦法院，后者专指是同一个法院体系内的案件移送，如案件从一个联邦法院转到另一个联邦法院，或从一个州法院转到同州的另一个法院。

8. “Jury Instructions”是法官给陪审团的指示，不是陪审团给出的指示，所以译成“给陪审团的指示”。

9. 将 personal jurisdiction 翻译成“对人管辖权”，而将 in personam jurisdiction 翻译成“对人诉讼管辖权”。

在美国民事诉讼法上，personal jurisdiction 是一个与事物管辖（subject matter jurisdiction）和审判地（venue）相对应的概念，它解决一个州是否有管辖权的问题，而 in personam jurisdiction 指的是管辖权是对人的，不是对物的，行使此管辖权所作判决能对该人在各处的财产发生效力。

尽管一些字典将两者都注为“对人管辖权”，但它们实际上是种属关系。

personal jurisdiction 包括 in personam jurisdiction，in rem jurisdiction 和 quasi-in-rem jurisdiction。为了区分两者，译者将 personal jurisdiction 翻译成“对人管辖权”，而将 in personam jurisdiction 翻译成“对人诉讼管辖权”。此处没有采用“属人管辖”的译法，因为在国际法上属人管辖是与属地管辖、保护性管辖、普遍性管辖相对应的一种管辖权。

**五、案例表述的翻译说明**

对案例，译者参照哈佛大学出版的 Blue Book 的引注规则和字典提供的惯用表述做了翻译。

1. 努力按注释的意思翻译案例提供的信息。如在 Jackson v. Beech, 636 F. 2d 831, 836 (D. C. Cir. 1986)中，831 表明案件在案例汇编中的起始页，836 表明所引用材料所在的页码，所以翻译成“杰克逊诉比奇案，《联邦判例汇编第二辑》第 636 卷，始于第 831 页，第 836 页（哥伦比亚地区巡回法院 1996 年）”。

2. 将案例汇编中的“U. S.”翻译成《美国联邦最高法院判例汇编》，将“S. Ct.”翻译成《联邦最高法院判例汇编》，两者编撰的都是联邦最高法院的判例，区别是后者是民间机构编制的。

3. Fed. Appx. 或 F. App'x. 是 Federal Appendix 的缩写，为韦斯特出版公司（West Publishing）收录的美国联邦上诉法院的判决意见，这些案件是未出版公开的，不具有先例价值，本书译为“《联邦补遗》”。F. Supp. 是 Federal Supplement 的缩写，收录的是美国联邦地区法院意见，本书译为“《联邦补编》”。

译者经常自嘲在考古。一些内容的翻译需要考证原出处才能弄明白。如对 Chicago, R. I. & P. Ry. Co. v. Martin，经查阅，R. I. 是 ROCK ISLAND 的缩写，P. 是 PACIFIC 的缩写，所以，最终翻译成了“芝加哥、岩岛和太平洋铁路公司诉马丁案”。对 Cos.，译者翻阅了众多字典没能找到其指代，最后还是查阅了案例原文，找出该词原来指代 Companies。又如 UMWA 1974 Pension v. Pittston Co. 中的 UMWA 是 United Mine Workers of America 的缩写。

**六、读者在阅读时要注意语境和规则的变化。**

许多的美国民诉法表述在目前我国民诉法规则中找不到精确的对应物，望文生义会牵强理解。如 implead，译文参照了《元照英美法字典》的译法，翻译成“第三人参加诉讼”，但它和我们民诉法教科书所阐述的第三人制度还是有很大的区别，被告只能利用该制度让第三人承担和分摊原告所提索赔，不能提出自己所受损失的索赔。被告将第三人加入诉讼是 implead（增添第三人），如果是第三人主动要求加入诉讼，则是 intervene（第三人参加诉讼）。阅读相关内容时请要注意文中的解释。另外，美国民诉法是一个不断变化的活的规范，读者在阅读时请关注规则的新变化。

**七、本书翻译的分工为：**

张利民 译者序、目录、前言、原作者介绍、第一、三、四、五、六、七、八、九、十章、案例表、索引、参考文献列表、中英文词汇对照表

孙国平 第十一、十二、十三、十四章

赵艳敏 第二章

最后由张利民统一审定和定稿。

译者才疏学浅，译著中可能会有不精确、不到位甚至错误的地方，望读者批评指正。

张利民

2012年10月23日于苏州

# 目　　录

# 关于原作者

理查德·D. 弗里尔教授生于1953年4月，1975年毕业于加利福尼亚大学圣地亚哥分校（UCSD）获文学学士学位，1978年毕业于加利福尼亚大学洛杉矶分校（UCLA），获法学博士学位（JD）。毕业后他花了2年时间分别在加州南区联邦地区法院和联邦第四巡回上诉法院担任法官助手，花了3年时间在洛杉矶吉布森、邓恩和克拉彻（Gibson, Dunn & Crutcher）律师事务所从事律师工作。之后成为大学教员，被聘为助理教授（1983年）、副教授（1986年）、教授（1989年）。

弗里尔教授有很高的学术造诣，独著和合著了11本著作。其论著包括：《民事诉讼法》（Civil Procedure）（2009年出版了第二版）；《联邦法院》（Federal Courts）（2004年出版了第三版）；《莱特和米勒论联邦实践和程序》第13卷和第13D卷；《穆尔论联邦实践》第二版的第3卷，第三版的第1卷、第3卷和第4卷；《民事诉讼法：案例材料和问题》（Civil Procedure: Cases, Materials and Questions）（该书为众多法学院用作教科书）；《企业结构》（Business Structures）。美国有两套联邦民事诉讼实务的权威巨著，即上述穆尔系列和莱特和米勒系列著作，它们被法官和律师广泛引用作为依据。弗里尔教授是唯一一位同时参与该两套经典著作撰写的教授。他还担任了美国法学会《联邦司法法典》（Federal Judicial Code）修订工程的顾问。

此外，弗里尔教授还发表了30余篇论文和评论，内容涉及法庭选择理论、“源自”管辖权（“arising under” jurisdiction）、对人管辖权、异籍管辖权、重复诉讼、互联网时代的管辖权、集团诉讼、附属管辖权、伊利原则、联邦法院的管辖权、联邦法官的任命、律师费判决的可上诉性、法院选择条款的可执行性、强制合并、联邦仲裁法等。他是第一个批评美国1990年附属管辖权法律规定的学者，其批评引发了对该法律的著名大讨论。

理查德·D.弗里尔教授任教近30年，成绩斐然，桃李满天下。从1992年至今，他一直担任罗伯特·豪厄尔·霍尔法律教授(Robert Howell Hall Professor of Law)，这是以罗伯特·豪厄尔·霍尔法官命名的教授职位。另外，他还在乔治·华盛顿大学和匈牙利布达佩斯的中欧大学担任过客座教授。

弗里尔教授很受学生欢迎，他先后7次被学生评为杰出教授，四次被法学院黑人学生联合会(The Black Law Students Association)评为年度教授。1992年他获得了埃默里大学法学院三年一评的本·F.约翰逊杰出教员奖(Ben F. Johnson Award for Faculty Excellence)，1997年获得了埃默里·威廉斯杰出教学奖(Emory Williams Award for Excellence in Teaching)，2008年被授予学者/教师奖(Scholar/Teacher Award)，这是埃默里大学的一项最高教学奖。他是美国全国律师考试的讲座教授，每年为上万名准备参加律师考试的人士和学生授课，他还是全美发行的民事诉讼法音频视频讲座的授课教授。

弗里尔教授担任过众多的社会职务，他在埃默里大学校长咨询委员会(President's Advisory Committee)任职6年，并于1991年至1992年担任了埃默里学术事务副教务长(University Vice Provost for Academic Affairs)。1999年至2001年他担任了埃默里大学法学院副院长，2001年至2002年担任了法学院院长。他还担任过莱克西斯/内克西斯法学院出版咨询委员会(Lexis/Nexis Law School Publishing Advisory Board)委员。

# 序言　致谢和规约

许多学生认为民事诉讼法是法学院第一年最难的一门课程。主要原因很简单：它不像合同法、侵权法和财产法课程那样，你们很少经历。每人都或多或少地接触到一点其他第一学年核心课程的原理，但事实上没人会耗费青春时光或成年岁月思考联邦法院的管辖权、中间命令（interlocutory orders）的可上诉性，或者为确定审判地而考虑属地诉讼（local actions）和追身诉讼（transitory actions）的区别。一些学生从未穿越不熟悉之屏障而欣赏这一课程，并理解其之所以重要的原因。它确实重要——对许许多多的律师来说，民事诉讼法阐述了实务中的一组最重要理论和原则。在我看来，它是第一学年处理"现实世界"问题的至关重要的课程。

本书目的单纯：我撰写此书以帮助学生和律师揭开这一不为人熟悉课程的神秘面纱。为达此目的，我尝试了几种办法：第一，我努力解释现实生活中的概念，通用表述。例如，我在法学院读书时，不理解法院怎么能"attach"* 财产。在我学的课程中没有什么内容使得该概念更易理解。我想，在这里我们将发现这一概念相当好理解。一如作者的个性，本书不拘形式，且（希望是如此）偶尔也非常有趣。

第二，我努力将复杂原则分解成不同部分。因此，例如，我们没有尝试整体阐述整个对人管辖权的宪法检验标准，而是将其分解成更小的容易理解的组成部分。我们没有请你记住认定提出各种答辩时间的《联邦民事诉讼规则》第 12 条，而是将其分解成三个容易记住的原则，这三个原则涵盖了考试中或现实世界案件中可能会碰到的每一种组合。

---

* attach 在生活中的含义是"系上"、"依附"，在法律上的含义是"扣押"。——译者

第三，我们强调各种原则如何契合。有时候，学生们掌握了单个话题内容——如事物管辖权和审判地——但却不知道它们是如何契合的。纵览全书，你们将看到相互参照(cross-references)和脚注，常迫使读者思考各种问题之间的关联。例如，我们强调，民事诉讼法课程中的许多极重要的因素——对人管辖权、诉讼书状的送达、事物管辖权和审判地——都与一个事项相关，即选择诉讼的地点。我们详细探讨为什么“法院地(forum)”的选择是如此重要，以至于诉讼当事人会花大把的钱和大量的时间争论在哪里进行诉讼。

第四，本书通篇有假设案例，用于检测你们对所探讨原则之应用。不是提供无法判断对错的假设，而是提供带答案和讨论的假设案例。我从没忘记你们不仅需要知道原理，而且要能用这些原理解决考卷中出现的案情范例。

第五，我在不同阶段从复杂的问题阐述中提炼出分析框架。所以，例如，在学了第二章的对人管辖权之后，你们会有整个一节内容指出如何使用从案例法中获得的工具解决考卷中出现的问题。该节一步步地引导你们使用联邦最高法院确认的每一相关要素分析该领域的考题。

最后，尽管我们的注意力主要集中于法律理论，但我努力传达了欣赏论题丰富性和深刻性的信息，将各论题置于相互关联的背景中，置于追求正义的更大目标下加以考虑。我相信，这一工作不仅对学生，而且对律师和法官的助手都是有益的，他们对民事诉讼法和联邦审判权的掌控(或者记忆)可能不如他们希望的那样好。

本书有十四章，基本上按时间顺序编排，用于阐述在起诉、答辩和对案件进行诉讼时遇到的各种问题。但你们应意识到，不存在讲授民事诉讼法的唯一“正确的”顺序。不同的教授和案例教科书在阐述顺序上会有很大不同。因此，如果你们的课程教学大纲看起来与我们的内容列表不同，不必为此担心。本书的每一章都设想成独立的——自成体系。同时，如前所述，每一章都将告诉你们其材料如何与贯穿本课程的其他材料发生联系的。因此，接触论题的时间顺序是没有关系的。本书不仅帮助你们掌握民事诉讼法众多单个领域的内容，而且帮助你们整体理解该课程。这表明，我的确认为，在探究具体领域前先阅读第一章是个好主意。第一章给了你们课程的总览，并探讨了一些背景话题，这些话题在考察过程的不同阶段都会涉及。

那就欢迎学习民事诉讼法，不要让它吓着你，别听信高年级学生抱怨该课程有多难。我们将会很好地掌握它，将把零星知识拼成整体，并理解它。我们会从中获得乐趣的。

我从埃默里大学的同事那里学到了很多民事诉讼法的内容。我很幸运，在埃默里大学的教职里拥有一位耐心的导师兼朋友——唐·菲尔(Don Fyr)。他已仙逝，但给我留下了深情的记忆，对我有着持久的影响。比尔·弗格森(Bill Ferguson)现在也离开了，他教会了我很多。这些年，我的埃默里大学同事，汤姆·阿瑟(Tom Arthur)、彼得·海(Peter Hay)、罗伯特·夏皮罗(Robert Schapiro)、乔治·谢泼德(George Shepherd)和金伯利·罗宾逊(Kimberly Robinson)，一直慷慨地向我奉献他们的时间和智慧，对此却永远指望不上回报，他们是我亲爱的朋友。我也要感谢有幸结识的已故的罗伯特·豪厄尔·哈尔(Robert Howell Hall)法官，其对佐治亚州联邦和州法院所做的贡献具有传奇色彩，我有幸获得了以其名字命名的教授席位。我要特别感谢迈阿密的H.斯科特·芬格赫特(H. Scott Fingerhut)先生，感谢他从繁忙的工作中抽出时间为书稿撰写评论。我很骄傲，他不仅是我以前的学生，也是非常亲爱的朋友。

在2006—2007学年，我有幸拜访了乔治·华盛顿大学法学院，在那里我受益于一帮充满活力的民事诉讼法学者，他们欢迎我成为团队的一员——他们是杰克·弗里登塔尔(Jack Friedenthal)、托德·彼得森(Todd Peterson)、彼得·雷文—汉森(Peter Raven-Hansen)、乔纳森·西格尔(Jonathan Siegel)、琼·沙夫纳(Joan Schaffner)、罗杰·特朗斯鲁德(Roger Trangsrud)和阿曼达·泰勒(Amanda Tyler)。这一年待在华盛顿的收获之一是结识了乔治敦的舍曼·科恩(Sherman Cohn)，我与之通信多年，获益匪浅。

我的工作也受益于其他法学院的民事诉讼法同行。前学生和密友德布拉·科恩(Debra Cohen)这些年对我一直特别慷慨。我还要感谢乔·鲍尔

(Joe Bauer)、埃德·布鲁内特(Ed Brunet)、鲍勃·卡萨德(Bob Casad)、霍华德·芬克(Howard Fink)、夏洛特·戈德堡(Charlotte Goldberg)、辛西娅·霍(Cynthia Ho)、本·麦迪逊(Ben Madison)、科琳·墨菲(Colleen Murphy)、罗伊·索贝尔逊(Roy Sobelson)、琼·斯坦曼(Joan Steinman)和卡尔·托拜厄斯(Carl Tobias)。我要特别感谢我的朋友兼我们案例教科书(现在已出版至第五版)的共同作者温迪·珀杜(Wendy Perdue),我有幸和他一起为该著作工作,时间超过 15 年。在有趣的电子邮件世界,我要感谢包括约翰·贝克尔曼(John Beckerman)和理查德·西曼(Richard Seaman)在内的几位教授,我们从未谋面,但他们对案例教科书提出了有益的建议,我发现这些建议对本书非常有用。

埃默里大学的研究助手为本书承担了许多额外的工作。我要感谢伊桑·罗森茨魏希(Ethan Rosenzweig)、迈拉·莫尔米莱(Myra Mormile)、詹尼弗·迪安吉洛(Jennifer DiAngelo)、艾什莉·威尔克斯(Ashley Wilkes)和凯蒂·夸尔斯(Katy Quarles),感谢他们及时和富有意义的贡献。尽管有了所有这些青年才俊的慷慨奉献,我无疑仍是步履蹒跚。本书撰写周期较长,我要感谢我的家人,感谢他们在我费力完成写作任务期间对我的容忍。献给他们的本书只不过是我感激之情的聊表谢忱。

本书通篇引用了两套权威的多卷本著作——《穆尔论联邦实践》(Moore's Federal Practice)和《莱特和米勒论联邦实践和程序》(Wright & Miller's Federal Practice and Procedure)——引用使用了缩写,没有指出具体所引卷本的作者。因此,它们分别被引注成"穆尔论联邦实践"和"莱特和米勒"的具体卷数。我很荣幸,是该两套著作的撰稿人。引注一直引到 2008 年的补编。此外,查尔斯·艾伦·赖特(Charles Alan Wright)和 玛丽·凯·凯恩(Mary Kay Kane)所著《联邦法院的法律》(The Law of Federal Courts)(2002 年第六版)在引用时被标注成了"莱特和凯恩:《联邦法院》"。

理查德·D. 弗里尔

2009 年 4 月于亚特兰大市

# 第一章　民事诉讼法的学习



## 第一节　本课程是关于什么的:民事诉讼和对抗式制度

欢迎来到法学院,欢迎学习民事诉讼法。你们在浏览课程目录时会看到一些熟悉的文字,如财产法、合同法和刑法。你们也会至少看到一组陌生的字眼——侵权法。另外,有一门课,单词不构成真正问题,但单词没告诉你该课程的很多信息——这就是我们的课程,民事诉讼法。本章我们探讨此课程——它阐述什么,为什么重要——以及为我们详细学习打基础的一些背景话题。许多学生认为民事诉讼法是第一学年最难的课程。如果你是这些学生中的一员,请振作起来,事实上你不是唯一这样想的人。但更重要的是采取行动掌握该课程,本书的目的尽在于此。

为什么民事诉讼法让那么多学生觉得头疼呢?主要理由有二:第一,民事诉讼法与你们第一学年的其他课程不同,你们没有经历过。每位刚开始在法学院学习的学生都接触到过财产法、合同法、侵权法以及(或许还有)

刑法。例如，你可能签过租房或买车的合同。事实上，我们中的许多人在日
2 常家庭生活中都碰到过与第一年核心课程相关的问题。在你小的时候，可能因做家务而得到了零花钱，这就是合同。或者，你可能把鞋子放在楼梯上，而某人绊倒了，这是侵权。或者，你和兄弟姐妹（sibling）为一张光碟或一件衣服的归属或占有意见不一，这是财产纠纷。这些是日常发生的事。但来法学院之前，你不大可能会遇到有关对人诉讼管辖权（inpersonam jurisdiction）或联邦法院的事物管辖权（subject matter jurisdiction）或获得陪审团审理权利的问题。简言之，《民事诉讼法》中充满了我们大多数人在进法学院之前从未见过的问题。

第二，《民事诉讼法》呈现出各种材料的奇妙组合。一些论题，如诉答文书（pleadings）和披露（discovery），非常的机械，要求记住一些相当僵硬的规则，包括当事人完成某任务的时间限制。与此相对，大多数的材料充满智慧，偶尔也令人恼火。例如，对人管辖权是一个特别不确定的领域，指望你运用一系列联邦最高法院的判决意见，提炼出一个解决当代问题的分析方法。学习之初需要注意，不同类型的材料——从相对机械的到相对没有定论的——需要你们在学习中采用不同的方法。机械性的问题，常有清晰正确的答案。但没有定论的问题[特别是对人管辖权和伊利原则（the Erie doctrine）的某些方面]，鲜有唯一正确答案。在这些领域，你应认识到理性的人可能会得出不一样的最终结论，因此你们的目标与其说是获得正确答案，还不如说是得出处于合理范畴内的结论。我们在每一章都谈到这种不同种类的材料及其处理方法。

**诉讼**

民事诉讼法是有关诉讼的，而诉讼是我们社会解决纠纷的基本模式。假设某人做了伤害你的事，也许是驾车有疏忽，或拳击你的鼻子，或违反合同，或偷了你的财产，你如何解决对该人的不满呢？一个可能性的方法是“自助”（self-help），亲自矫正不法。你可能想狠揍为恶者的鼻子，或进入其家中拿回遭窃财产。这经常是一个灾难性的选择，因为你不过是用自己的违法行为错上加错。另一个可能的选择是与加害者接触，要求一些赔偿或

其他救济。这常常会起作用，人们常非正式地解决纠纷。但如果这一努力失败，你该怎么办呢？解决纠纷的典型方式是诉讼——它是用以起诉加害者的程序，是你“将其告到法院”的程序。纠纷通过诉讼程序由司法系统加 3
以解决，因此诉讼是获得社会认可的解决我们纠纷的途径。

实际上，诉讼是由公共财政支持的纠纷解决方式。纳税人提供了纠纷（现在常叫案件或诉讼）赖以解决的法庭、法官、事务机构。显然，这并不是说我们社会的所有纠纷都通过诉讼解决，至今大部分的纠纷还是按前述非正式方法获得解决——即由当事人解决纠纷，而不提起诉讼。也有全套的替代式争议解决（ADR）机制，当事人能不经历典型的诉讼程序解决纠纷。我们在第一章第三节探讨主要的替代式争议解决机制（如仲裁和调解）。但所有这些其他的纠纷解决方法都矗立在诉讼的“阴影”里。我们称这些其他的机制是“替代性的”，本身就表明诉讼是标杆。再次重申，这并不是说大多数的纠纷通过诉讼解决，它只是指与替代机制相比，诉讼是获得社会认可的、由公共财政支持的机制。

**民事诉讼**

我们的课程是关于民事诉讼的，在此背景下，“民事”是与“刑事”相对应的。就当前的目的而言，考虑诉讼的归类是有益的。在刑事案件中，政府（不管是联邦政府、州政府还是地方政府）启动诉讼，指控被告违反了以保障公共安全为目的的法律。刑事诉讼（被称作公诉）的目的是维护公共利益。如果刑事被告人在刑事诉讼中被裁定有罪，其结果可能是某种惩罚——可能是罚金，也可能是监禁。在每天的报纸上，天天有大量刑事公诉的报道，但本课程与此无关。

相反，我们阐述的是旨在维护私权的诉讼。民事诉讼不是由政府提起的因危害公共安全行为而惩罚某人的诉讼，相反，它是由权利遭受他人侵犯之人提起的。[①] 该人是原告，侵犯其权利之人（其起诉之人）是被告。在民

---

① 政府可以是民事诉讼的当事人。例如，如果政府认为供货商违反了它们间的合同，可以提起诉讼。该案件不是刑事公诉，而是民事诉讼，借此政府寻求维护其私法权利。

事诉讼中，原告想从被告那里获得对所受损失的私法救济——救济形式经常是金钱，[①]以补偿原告汽车所受损失，或支付因被告的可诉行为而支出的
4 医疗费。因此，在本课程中，我们不使用“有罪(guilty)”一词，那是刑法概念。相反，我们谈论被告向原告承担某种民事救济责任，例如金钱，以抵消被告行为造成的损害。

经常被告的同一个行为或不作为既构成犯罪，又构成民事侵权。通过考察一个简单的例子，可以展现刑事诉讼和民事诉讼的不同目标。

- 假设在你上课时，D闯进你的公寓，偷走了你的电视机、DVD播放机和立体音响。之后，D将其卖给第三人。D犯了破门入室罪(burglary)，政府(很可能是州政府)可能会因该罪对D提起公诉。如果州政府在*刑事诉讼*中胜诉，D会被认定犯破门入室罪，并受到惩罚，可能是坐一段时间的牢。
- 刑事诉讼维护公共利益，惩罚违反体面社会基本规则之人，我们的生存有赖这些规则。但是，它没有为*你本人*做什么。把D投入监狱无助于补偿你的电视机、DVD播放器和立体音响的损失。为了弥补这些损失，你可以提起*民事*诉讼，寻求从D那里获得金钱，以便让你重置被偷的物品。[②] 这是民事案件，因为它维护的是你对另一方享有的个人权利。你是原告，D是被告。本课程*只*阐述该后一类型的诉讼。我们社会接受的观点是这一类型的诉讼是*对抗性的*。

**对抗性的制度：当事人、律师、陪审团和法官的作用**

政府只提供一个解决纠纷的制度是不够的，该制度还必须让人感觉合理。政府可能会宣布国民间的纠纷由政府官员(government official)投硬币决定，由军警人员(government officers)强制执行。这当然能解决纠纷

---

① 被告因所造成的损害而补偿给原告的金钱常被称为赔偿金(damages)。这是原告一般寻求的救济形式，但不是唯一救济形式。在第一章第二节第三目，我们将探讨赔偿金和通常寻求的其他救济。

② 在许多实例中，你的保险公司将给你体现被偷物品价值(扣除根据保单你可能得支付的任何免赔额)的货币。因为被称为代位权的规定，保险公司因此有权起诉D，以便从D那里获得被偷物品的补偿。在第十二章第二节中探讨代位权。现在不用为之操心。

（且比诉讼更快捷），但它有违任何基本的正义感。民事诉讼制度必须努力实现纠纷的公平解决。[①] 为了做到合理，我们坚持我们的制度应提供一个 5
公平的手段，认定“实际发生”事情的“真相”，并对这些事实适用法律。我们可以想象一些不同的认定事实和真相制度，比如，可以由政府调查并认定何时某人的权利遭受他人侵犯，并要求违法者（transgressor）对受害人作出补偿。英美的民事审判从来没有接受这样的政府扩张功能；相反，我们接受**对抗式的诉讼制度**。

对抗式制度建立在利己主义（self-interest）基础之上。如果受害人希望通过起诉加害人证明其民事诉求为正当，其必须主动提起诉讼。政府不会替她做这事，她必须积极诉讼。如果她起诉了，但之后没有通过适当的行为推动诉讼，法院可能会以“缺少后续行为”为由而撤案。一旦当事人处于诉讼程序之中——该程序于原告起诉被告时开始——对抗式制度就要求每一方带倾向性地竭力提出案件理由，并批驳另一方的理由。对抗式制度赖以建立的理念是，在对手间的激烈对抗中最能认定真相。根据奉行利己主义对手的这一争斗，独立的事实认定者（通常是陪审团，但有时是法官）裁定最可能发生了什么。因此，该制度依赖利己主义者的带倾向性的表述（而不是政府的调查），依赖向无利害关系的事实认定人所提出的精心组织的证据。其目的在于提供一个公平、准确和有效的途径，认定可能发生的事实，并依据法律前后一贯地解决纠纷。

当然，存在为这种争斗制定的严格规则——包括非常重要的律师职责准则。因此，说谎、毁灭证据或以其他方式的欺骗都是不允许的。违反规则的律师会遭法院处罚，并受到律师协会的惩罚（包括最终取消执业资格的制裁）。违反规则的当事人会被法院处罚。然而，在规则范围内，则期待当事人奉行利己主义，也要求律师激情地代理当事人。在规则范围内，律师可以

---

① 在整个教程里，你们都将参阅《联邦民事诉讼程序规则》，该规则包含在你们教授无疑会要求你们购买的规则手册中。这些规则适用于联邦法院（不是州法院）审理的民事案件，但多数州已经采纳了以其为范本所制定的规则。该《规则》第一条规定：所有规则的“解释和执行都应该确保每一诉讼和案件的公平、快速和低代价解决。”

运用每一策略、谋略，进行创造性的努力，以确保获得对客户最有利之结果。他们可能强硬难缠，令人不快，和蔼可亲，魅力四射，迷人可爱，为赢得诉讼他们将做自认为最佳之事。诉讼是争斗，常常是“零和博弈”——这意味着（通常是）一方胜诉而另一方败诉。

在这一对抗式制度中，法官的作用——至少在理论上——是相当有限的。传统的做法是，期待法官成为被动的裁判者。当事人要求发布各种法
6 院命令（我们将学习这些命令），法官对这些要求（被称为申请）作出回应。在庭审中，法官依据证据可采性（admissibility）规则（你们将在高年级的《证据法》课程中学习该规则）监督证据的提交，通常不主动发问。[①] 再次说明，我们的对抗式制度依赖当事人及其律师决定提交什么证据以及如何提交。

美国的法官不是完全被动的。法官——特别是联邦法院（与州法院相对）的法官——经常在庭审中向证人发问，提出当事人没有追究的各种问题。［当法官主动提出问题时——而不是回应当事人的申请——我们就说其是主动行动（act sua sponte），也就是根据自己的想法行动。］如果对抗式制度是绝对的，则法官不采取很多（如果有的话）主动行动。但完美的对抗式制度是非绝对的对抗。让我们面对现实：不是所有的当事人都拥有同样的技能或资源，同样也不是所有的律师都拥有同样的技能或资源。偶尔，法官在庭审时可能会插问证人，以纠正律师犯的错误。例如，如果律师没有问证人一个与结果相关的特殊问题，法官就可能会问该问题。毕竟，正义才是目的。这一情况下法官的有限介入或许是好事。然而另一方面，法官应保持中立，不能允许其本人卷入其中，以至于丧失哪怕是中立的外观。大多数的法官非常擅长划上适当的界线，（一方面）避免不当卷入，（另一方面）避免由诉讼技巧引发不公正结果。

法官主要为中立裁判者的角色定位，在过去一代人的时间里遭到很大

① 与此形成对比的是，多数欧洲大陆国家的法官好发问，在控制庭审证据出示上发挥着积极作用。

侵蚀，这是对越来越复杂诉讼的反应。如在第十二章和第十三章将探讨的，民事诉讼能够变得非常复杂——一个案件有多个诉讼请求和多个当事人。在一些实例中——特别是在集团诉讼（class action）中（我们在第十三章第三节学习）——法院必须介入，以确保充分代表众人的利益，这些人严格说来尚不是当事人，却有可能受诉讼结果影响。从复杂诉讼中获得的教训普遍地渗透进了诉讼规则，现在考虑使用"管理法官（managerial judges）"——工作内容越来越属于事务性的司法官员——成了常态。正如我们在第八章第五节和第六节所看到的，法官（特别是联邦法院法官）被要求发挥积极作用，确保案件持续推进；对一些法官来说，其工作的司法性少了，而事务性增加了。管理法官的出现部分反映了在过去寥寥数十年间对"诉讼爆炸"的广泛感知。对这个国家的轻率诉讼的数量有较多争论，对滥诉的担忧引发了一些诉讼程序革新，要求法官实施更多监管。我们在整个课程中都能看到这种规定。

**诉讼是一个过程（可能是冗长的过程）** 7

根据电视剧和电影，我们多数人会认为诉讼就是庭审本身——法庭上的扣人心弦的、戏剧化的时刻，法官主持，陪审团专注地倾听和观察，证人在证人席上作证，回答律师的犀利提问。当然，在现实世界有这样的时刻，但诉讼的大部分时间——即使在庭审时——并不吸引人的眼球。更为重要的是，你应该懂得庭审只是冰山一角。诉讼是一个可能会发展到庭审的过程。事实上，绝大部分的民事案件不进入庭审。对2002年联邦法院民事案件的实证研究表明，仅1.8%的案件进入庭审。[①] 为什么？因为在大多数的案件里，当事人在诉讼过程的某个时候达成了和解协议。在其他案件中，通过申请撤案、申请简易判决（summary judgment）或通过其他审前解决机制，法院可以不经庭审终结案件。

---

① 见马克·加兰特："消失中的庭审：联邦和州法院庭审和相关事项的审视"，载《经验主义法学研究》（Marc Galanter, The Vanishing Trial: An Examination of Trials and Related Matters in Federal and State Courts, *J. Empirical Legal Stud.*）2004年第1期，第459页。（文中所给的2002年的百分比与1962年的数据形成对比，当时有11.5%的案件进入庭审）

重要的是懂得诉讼通常是一个冗长的过程。根据法院体系的不同，确实经历庭审的诉讼案件，其诉讼时间通常是以年而不是月来计算的。为什么？因为这一过程除了庭审外还有许多的部分。事实上，原告及其律师甚至在起诉之前就有大量的事要做。一则，他们必须决定**在哪里**起诉。如我们将看到的，当事人经常耗费大量时间和大把金钱争论**法院的选择**——即，案件是否由一个合适的法院受理。该结论牵涉许多重要原则，包括对人管辖权、事物管辖权和审判地。此外还有策略和谋略的问题：什么地方对原告最方便而可能被告最不乐见。什么样的法院系统（联邦法院或州法院）可能对原告最为有利（也许是根据律师对法官的熟悉程度，或从中抽取陪审团成员的地理区域）？在何法院诉讼最有可能更迅疾地进行？在何法院律师感觉最适宜？选择法院的问题非常重要——本课程在此问题上花费了不少时间。

进一步说，在起诉前，原告及其律师必须决定将哪些事项写入起诉状（complaint）。更具体地说，原告将提出哪些诉讼请求（或诉因），要求哪些救济呢？这些是重要的问题，获知这些问题的答案得依据实体法。一些实体法是由政府的立法部门制定的，例如，国会允许原告根据《美国法典》第
8 42 编第 1983 条提起诉讼，获取被剥夺联邦民权（civil rights）的赔偿。但许多诉讼请求产生于普通法——即产生于法院的判决。合同法、侵权法和物权法领域的大多数诉求是普通法的诉求。

民事诉讼法不规定这些各种各样诉讼请求的构成要素。这些要素——为了赢得诉讼，必须主张并证明的事项——是由实体法规定的，由其他课程阐述（特别是合同法、侵权法和财产法）。民事诉讼法提供一种机制——程序（诉讼）——借此解决这种实体请求的纠纷。民事诉讼法是“超越实体的（trans-substantive）”——它提供了一个理论上内容中立的纠纷解决机制。换言之，民事诉讼法建立了一个途径，人们可以借以维护你们在合同法、侵权法和物权法课程学到的法律赋予的权利。

一旦原告提起了诉讼——一旦案件处于我们能称的“诉讼流程”——则由民事诉讼法规定原告和被告进行诉讼所遵循的规则。尽管电影和电视剧

聚焦庭审，但案件必须经历各种诉讼阶段——包括诉答文书、申请、披露、可能的庭审前裁断、审前会议及会面——在到达接近庭审的任何阶段前，都会经历这些，这很耗费时间。再次说明，除了小额诉求和一些家事法律纠纷外，对此通常适用高效的简化程序，大多数案件的诉讼流程耗时数年。在一些受理案件特别多的法院，当事人可能在起诉五年后还不能进入庭审阶段（如果案件发展到庭审阶段的话）。在此期间，当事人忙于庭审前的诉讼程序（以及排队等候庭审）。第一章第四节提供了一个诉讼过程的概览，聚焦民事诉讼法的各种专题是如何契合在一起的。

**诉讼是一个代价昂贵的过程**

前面我们说过，诉讼是公共资金资助的纠纷解决途径。这意味着公众支付维持该系统所必需的法院、法官和事务机构的费用。但公众不支付诉讼过程中产生的诉讼费（costs）和律师费（attorneys' fees）。每一方当事人承担各自的诉讼费和律师费，至少在诉讼初期是这样。

重要的是区分这两种不同类型的开支。诉讼费是除律师费以外的普通诉讼费用，这些费用包括起诉费、通知被告参与诉讼的费用、披露费、证人作证的费用以及类似的费用。律师费，显然是律师为代理当事人所索要的费用。通常律师以小时为单位收取服务费。他们详细记录花费在每一事项上的时间，经常按月或按季收取费用。原告律师可以按照胜诉分成收费制 9
（on a contingent fee）受理案件，而不按小时收费，这意味着只在原告从被告处获得赔偿时律师才能收费。胜诉分成收费被设定为收取一定比例的胜诉金额，事先约定。重要的是考虑，每一当事人承担其自己的诉讼费和律师费的要求是如何影响诉讼底线（bottom line）的。

- P起诉D违约。让我们假设，根据相关的实体合同法，P有权从D处获得30万美元。换言之，D违反了与P签订的合同给P造成了30万美元的损失。P起诉D。案件经历了诉讼的各个阶段，在起诉三年后进入了庭审。陪审团听取了所有的证据后，认同P对事实的说法，并作出了P胜诉获赔30万美元的裁决（verdict）。法院作出了P胜诉获赔30美元的判决。

  - 根据所有情节,P大获全胜,应该欣喜若狂。但她欣喜若狂了吗?她得向其律师付费,我们假设律师按照三分之一胜诉金额的收费约定受理案件。因此律师拿走10万美元(P获赔金额的三分之一)。此外,P还得支付各种诉讼费——包括起诉费和专家证人费——假设是1万美元。
  - 法律规定P有权获得30万美元赔偿——换言之,30万美元将补偿她由D造成的损失。经常说赔偿金额将"弥补全部损失",但做到了吗?尽管陪审团同意P应获赔30万美元,但她得支付10美元的律师费和1万美元的诉讼费。①

- 现在让我们从D的角度看问题。假设D确信她没有做P所指控的任何事。她进行了诉讼,经历了庭审,而陪审团作出了D胜诉的裁决。法院作出了D胜诉的判决,表示D不需要向P赔偿。
  - 从所有情况看,D大获全胜,应该欣喜若狂。没错,她不需要向P付钱,但却一直在向其律师签发支票。她可能已经支付了15万美元的律师费和1万美元的诉讼费。
  - 根据法律,D没做错什么,但却遭到了起诉并且付掉了16万美元。

在两种情况下——不管是原告胜诉还是被告胜诉赢——我们都愤愤不平地感觉到结果不公平。原告胜诉时,她本应拿到30万美元,但实际只拿
10 到19万美元。被告胜诉时,她没有过错,但结果是失去了16万美元。一些评论员提出,法律应允许"转嫁"诉讼费和律师费。坦率地说,如果实行这一主张,则要求败诉方支付胜诉方的诉讼费和律师费。该"败诉方支付"的制度为包括英国在内的许多其他国家所奉行。美国制度采纳了某种中间路线——不令人意外,它被称为"美国规则"。

---

① 不仅如此,还得花很长时间证明诉求有效。30万美元的损失是在例如原告胜诉的3年之前造成的。如果在该三年期间拥有此30万美元,则她能一直用此赚钱。所以,人们可能指望法律要求被告支付该诉求上的利息。然而,一般而言,利息只在判决作出之时才开始计算。因此,原告还损失了该金额上的3年的利息。

在美国的诉讼中，每一方当事人随案件进展支付各自的诉讼费和律师费。但一旦案件获得解决，美国规则规定了某种最终责任的转嫁——通常胜诉方可以从败诉方那里索回其诉讼费——但**不能索回其律师费**。在联邦系统，该规则体现在《联邦规则》第 54 条(d)款(1)项中，该条款设置了一个推定：胜诉方有权从败诉方那里取得其诉讼费。[1] 对这一点的详细阐述超出了我们的范围，但值得注意的是根据《规则》第 54 条(d)款(1)项，并不是每一诉讼开支都有资格被列为诉讼费。[2] 相反，该规则只允许转嫁《美国法典》第 28 编第 1920 条所规定的某些费用。此外，法律的最高限额限制了某些诉讼费的可挽回数额。经常的情况是，有限的追回金额都不能接近实际开支的费用。因此，尽管通常说胜诉一方从败诉一方那里索回其诉讼费，但事实上索回的金额将不能补偿该当事人支出的费用。

更重要的是，美国规则设置了一个推定：每一方承担自己的律师费——这是迄今为止在诉讼中支出的最大费用。人们可以自由签订合同规避美国规则——经常如此，常见情况是，当事人签订合同，规定——倘若有诉讼——胜诉方将从败诉方那里获得律师费。(事实上，你们很可能是这种合同的当事人——核查一下你们与信用卡公司及与保险公司签订的合同)

偶尔，法院承认美国规则存在普通法例外，从而命令一方支付另一方的律师费。例如，在钱伯斯诉奈斯科公司案(Chambers v. NASCO)[3]中，联邦最高法院支持行使一般权力，支持对从事恶意(bad faith)无理瞎纠缠(vexatious)诉讼的当事人发布这种命令。尽管如此，在大多数情况下，法院不太情愿创设该一般规则的例外。这一态度体现了一个通常的意识：诉讼费用 11

① 该推定有一些例外。就我们的目的而言，重要的例外将在第四章第五节第三目探讨，该部分阐述了《美国法典》第 28 编第 1332 条第(b)款。该法律允许法院强迫胜诉的原告支付自己的诉讼费和被告的诉讼费，条件是原告胜诉的金额没超过某一数额。现在不用为此费心。

② 根据《规则》第 54 条(d)款(1)项，可得到补偿的诉讼费通常被称为可由法院审定的费用(taxable costs)。该词与人们是否支付所得税没有关系。可由法院审定的(taxable)只是指可得到补偿的诉讼费类型。我们在第九章第三节更详细地探讨该问题。总体见《穆尔论联邦实践》第 10 卷，第 54 章第 101 节。

③ 《美国联邦最高法院判例汇编》第 501 卷，始于第 32 页，第 43—51 页(1991 年)。

的转嫁规则应由立法机构颁布。[①] 国会已经通过了许多规定律师费认定的法律，其中的一些允许胜诉方向败诉方索要律师费。范围最广的诉讼费转嫁规则，允许声称遭受了违反联邦法律的歧视而又胜诉的当事人索要律师费。[②]

然而，除了这种零碎的费用转嫁规定外，联邦的和州的立法机关仍继续信奉美国规则。正如已经看到的，一方面有采用“败诉方支付”制度的公开呼吁，而现状(the status quo)的支持者却害怕大规模的律师费用转嫁会使得原告出于害怕而不敢努力争取权利。如果败诉意味着将被迫支付被告的律师费，则原告——特别是财力有限的原告——可能会不行使起诉权。事实上，美国规则中可能有一些特别美国化的东西——它似乎与我们的个人正义感以及费用自理的思路相吻合。争论的双方都有强有力的理由(以及感情)。抛弃美国规则的每一努力都以失败告终，说这一点就够了。其结果只是，诉讼——即使对胜诉方来说——也是一个代价昂贵的事情。

---

① 见，如阿列耶斯卡管道服务公司诉野生动物协会案(Alyeska Pipeline Serv. Co. v. Wilderness Society)，《美国联邦最高法院判例汇编》第421卷，始于第240页，第263页(1975年)(拒绝了这样的说法：司法机关可以“抛弃传统规则，给予胜诉当事人法律规定之外的补助”)。

② 见，如《美国法典》第42编第1973条1款(e)项[《选举权法》(*Voting Rights Act*)]；《美国法典》第42卷第3613条(c)款(2)项[《公平住宅法》(*Fair Housing Act*)]。

## 第二节　背景和反复出现的话题

### 一、联邦制度

在你们的整个职业生涯中，不管是做法律专业学生和还是律师，都会遇到有关联邦政府和州政府关系的问题。在第一年的学习中，你们不仅要面对《民事诉讼法》上的这一问题，而且要处理《宪法》上的这一问题。在本部分，我们探讨在《民事诉讼法》中发挥作用的基本背景资料。

在美国的每一个人都至少要服从两个政府权力——联邦政府和州政府。[①] 联邦政府（或全国性的政府）是拥有有限权力的政府。《美国宪法》 12
（在你们的联邦规则手册中有它，学习初始闲暇时就应该阅读它）做了几件事。对初学者而言，宪法产生了联邦政府。没有宪法就没有全国性的政府，取而代之的将是50个没有联合起来的、分离的主权者。独立战争后，有了13个殖民地。那一代的领导人懂得某些功能最好集中行使。例如，下述做法没有道理：让每一殖民地铸造独立的钱币，或者在殖民地之间设置旅行或贸易的障碍，或者由每一殖民地招募自己的军队。国家缔造者得出的结论是：应该集中处理诸如铸币、商务和国防这样的事宜。

集中管理的初次尝试——《邦联条例》(the Articles of Confederation)——没有产生预期效果。最后，宪法起草人在费城开会，制定出了一部宪法，建立起了履行某些职能的全国性政府，而让独立的州负责剩余的事务。因此，在《宪法》上，组成美国的独立的州实际上让渡了权力，以便组建新的全国性的政府。该过程强调联邦政府是一个拥有有限权力的政

---

① 美国的一些人不居住在州，而居住在联邦的飞地(enclaves)，如哥伦比亚地区，或诸如关岛(Guam)或波多黎各联邦(the Commonwealth of Puerto Rico)。对于这样的人，联邦政府发挥两个作用——全国性的主权者作用和地方主权者的作用。例如，国会（在以联邦政府的立法机关身份发挥的作用上）既通过全国适用的法律，也通过适用于哥伦比亚地区的地方性的法律。

府。正如《第十修正案》清楚规定的，没有在《宪法》中让渡给联邦政府的权力仍然属于州或人民。因此，联邦政府不是一个具有压榨性的无所不在的东西——其存在只是因为州和人民决定将某些功能集中在全国性的机构。

《宪法》清楚规定了联邦政府的三个分支中每一分支的权力。第一条涉及立法机关，它确立所有的联邦立法权均赋予参议院和众议院。它也建立规则，规定这些组织应何时开会，如何分配成员的名额以及对年龄和居住地的要求。它明确列举了由全国性立法机构行使的权力，并限制州从事许多行为，包括征税和缔结条约。第二条涉及行政机关，规定将全国性的行政权力赋予美国总统。它详细规定了总统任职的要求和权力，包括(经征询参议院意见和取得参议院同意)有权任命各种联邦官员，包括联邦法官。你们将在《宪法》课程中详细学习第一条和第二条。

在民事诉讼法中，我们的注意力集中在《宪法》第三条，该条建立了联邦政府的司法分支。它要求只存在一个联邦法院——美国联邦最高法院——但允许国会设立下级联邦法院，第四章第三节将对此进行探讨。与联邦权力的有限性质相吻合，它规定联邦司法权只延伸至某些类型的案件(在第三
13 条第二款第一项中进行了列举)。这是民事诉讼法中极为重要的要点——联邦法院**只能审理某些类型的案件**。如果案件不处在这一联邦“事物管辖权”范围，它就只能由**州法院**审理。

因此，从一开始就要记住有两套完全独立的法院——联邦法院和州法院。州法院基本上可以裁决任何类型的纠纷。但联邦法院只能审理范围有限的纠纷。我们在第四章详细探讨这些要点。目前，注意联邦法院可以审理的两类案件就够了——不同州州民之间的案件[称为**异籍**案件(diversity of citizenship cases)]和产生于联邦法律的案件[称为**联邦问题**案件(federal question cases)]。

- 纽约州州民 P 和加利福尼亚州州民 D 缔结了合同。D 因没有按协议要求履行而违反了合同。P 可以在联邦法院起诉 D，因为纠纷处

于两个不同州的州民之间。[①]（《宪法》的缔造者认为让联邦法院受理这一跨州纠纷是重要的，我们将在第四章第五节第二目中探讨这一点。）[②]

- P声称D不再雇佣她，违反了禁止基于原籍（national origin）实行歧视的联邦法律。P可以在联邦法院起诉D，因为其诉讼请求产生于联邦法律。缔造者认为让联邦法院受理涉及联邦法律的纠纷是重要的，我们将在第四章第六节第一目中探讨这一点。[③]

让我们不要为细节所分心，目前将精力集中在大画面上——联邦司法系统拥有有限的事物管辖权。该系统的法院只能裁决处于《宪法》第三条第二款第一项所规定的司法权范围内的案件；两个主要的例子是不同州州民间的案件和产生于联邦法律的案件。

此外，第三条第一款还向联邦法官提供了非同寻常的保护。他们由总统任命，要取得参议院的同意。根据第三条任命的联邦法官永远不面对选举，不能由选民免职，而是终身任职，并在此期间不得降低其薪酬。他们只能罢免去职（这在本国历史上只发生过有限的几次）。在第四章第四节中，
我们将探讨赋予联邦法官的这种引人注目的职业保障。要点简单：缔造者 14
认为重要的是给予联邦法官作出判决的自由，让他们不担心遭受报复。联邦法官能够作出对当地利益不利的裁决，而不害怕由于投票选举丢了职位。同样，她能够作出对国会不利的裁决而不害怕国会降低其薪酬。与此形成对比的是，州法院的法官不拥有这些保护，通常他们为获得职位或保留职位要在某一时间面对选民。

除了组建全国性的政府组织和赋予其三个分支以权力外，《宪法》还保

---

① 根据法律，异籍案件的争议金额必须超过7.5万美元。我们在第四章第五节第三目探讨这一问题。

② 有趣的是，没有要求P在联邦法院提起该诉讼。如果她愿意，也可以在州法院诉讼。

③ 这儿，一般也不要求P在联邦法院起诉。如果她愿意，可以在州法院诉讼联邦的诉求。有一些（很少几个）联邦问题的诉讼请求只能诉至联邦法院——对这些诉求，联邦法院有“专属的联邦问题”管辖权。然而，只有其中的很少几个。见第四章第六节第一目。

障个人权利和自由。因此，例如，联邦政府和州政府都不能剥夺个人言论自由，[①]或对任何人施加残酷和异常的惩罚，或不经适当法律程序剥夺某人的生命、自由或财产。如此看待这样的权利是有益的：通过加入联盟，州放弃了绝对的权力。每一个州通过变成美国的成员，它实质上同意：不剥夺言论自由、施加残酷和异常的惩罚，以及不未经正当程序剥夺某人的生命、自由或财产。（当然，还有其他的个人自由，出于简洁我们提到了这三个。）《民事诉讼法》的主要论题之一——对人管辖权——涉及其中一个联邦宪法对州权力的限制。具体地说，正当程序要求，除非某人与州有足够的联系，否则该州不能对此人发布有约束力的司法命令。我们在第二章详细学习这一点。

因此，就我们的目的，在此阶段重要的是将注意力集中在三个问题上。第一，联邦政府和州政府间的关系是复杂的，是处于发展变化中的。此关系将在宪法和民事诉讼法（以及其他的法学院高年级课程中）学习。第二，联邦法院只有权裁判某些类型的案件，而州法院几乎可以受理任何类型的纠纷。第三，《宪法》对州的（包括州法院的）权力施加了限制。其中之一是未向被告提供正当程序的，州法院不得发布有效的司法命令。我们现在转而阐述司法系统的结构。我们考虑的一个重要的问题是联邦法院系统和州法院系统的互动。

## 15　二、初审法院和上诉法院的作用（及州法院和联邦法院的互动）

联邦政府和各州都有司法系统——一组在纠纷的解决中发挥不同功能的法院。这些系统可能会随州之不同而有明显区别，但一些特征是所有系统所共有的。一个重要的共同特征是初审法院和上诉法院的两分法。每一系统必定有初审法院。事实上，民事诉讼法课程的大部分内容在阐述发生在初审法院的行为。第一章第一节探讨的基本的诉讼流程——涉及诉答文

---

① 《宪法第一修正案》规定联邦立法机构不得限制言论自由。正如你们在宪法中将学习到的，《第十四修正案》被解释成合并了《权力法案》规定的数个保护——包括言论自由——且规定了它们也不受州政府侵犯。

书、披露、申请和裁决，包括庭审——都发生在初审法院。该过程可能耗时数年，也可能很快结束（如被告缺席或法院在诉讼的早期撤销案件）。

在初审法院，每次由一个法官负责案件。在多数系统（包括联邦系统），在初审法院诉讼的每一阶段都由同一个法官监督案件。在一些州，如加利福尼亚，可能由不同的法官裁决案件的不同方面；例如，可能由一个法官裁决申请，而由另一个法官管理庭审。但即使在这样的系统，每次也只有一个法官参与作出结论。（如果案件进入到庭审，可能组建陪审团裁决事实，但由法官主持庭审。）初审法院被称为拥有**最初**管辖权的法院（a court of original jurisdiction），意味着案件在那里开始并在那里得出纠纷的结论。初审法院提供了处理案件的机制，包括披露、认定事实、对事实适用法律和认定谁赢谁输。除非当事人和解解决案件，否则初审法院将最终作出判决，宣布谁胜诉，以及如果有救济的话，所判给的救济。有关律师的电影和电视剧聚焦于在初审法院发生的事情。在这儿——至少是在庭审中——我们在法庭剧（courtroom drama）里看到——证人席上的证人情绪失控，陪审团为雄辩的律师所折服。

在上诉法院，没有陪审团，没有证人，不提交证据。相反，每一方的律师向通常由三名法官组成的合议庭口头陈述理由（经常每一边有 30 分钟时间）。上诉法院不认定发生了什么，也不对这些事实适用法律——这是初审法院的功能。上诉法院的作用是认定初审法院是否恰当地履行了职责。如果它恰当地履行了职责，则上诉法院会维持初审法院的判决。如果它没有恰当地履行职责，则上诉法院可以撤销或废除判决并发回初审法院进一步审理。启动上诉的当事人是上诉人（appellant），另一方当事人是被上诉人（appellee）。有趣的是，联邦宪法没有规定对民事案件审理结果进行上诉的权利。因此，在联邦法院，从联邦地区法院上诉至美国上诉法院的上诉权只
是制定法创设的；它是立法机关所规定的事项。在许多州，但不是所有的 16
州，情况也是这样。通常，人们只能对终局判决（final judgment）上诉——终局判决即初审法院对整个纠纷的实体事项所作出的最终判决。初审法院的许多中间的（或非终局的）判决，在它们作出时一般不能上诉，而必须等到

作出终局判决。

在上诉阶段，上诉法院不对初审法院所做的每一件事进行事后的评判。通常，它只审查当事人在初审法院及时提出了反对且该当事人之后在上诉中提出的那些事项。因为上诉法院不接受证据提交——例如，不见证证人作证——所以它不处于对初审法院的事实认定进行事后评判的地位。相反，它尊重初审法院对问题的意见，只在初审法院的裁决"明显错误"时，才予以撤销。上诉法院作出这种认定的手段是审查初审法院的记录——阅读庭审记录，审查在庭审时提交的文件和其他证据等。然而，对法律问题，上诉法院不迁就初审法院。相反，它再一次(de novo)裁决法律问题——重新(afresh)进行独立裁决。因此，如果初审法院犯了法律上的错误——例如，错误设置举证责任，或错误地阐述了法律，或允许提交不合适的证据——上诉法院可以撤销判决并发回作进一步审理，包括必要时的重新审理。我们在第十四章第七节详细探讨上诉审查的标准。

然而，不是初审法院所犯的每一个错误都导致撤销判决。错误必须是"有损当事人权利的(prejudicial)"，它与"无害的(harmless)"相对，即有时候初审法院犯了错误，但该错误不大可能影响案件的审理结果。该错误就是无害的，不会导致撤销判决。但一些错误确实影响或至少玷污了判决结果，这样的错误是有损当事人权利的，将导致撤销判决。

从这一简短探讨中可以看出，很明显我们的司法制度珍视终局性(finality)。存有一个初审法院，一般有一个对争点进行诉讼的机会。如果当事人不喜欢判决结果，她可以上诉，但只有在明显有事实认定错误或有损当事人权利的法律错误时，上诉法院才会撤销判决。但是，除非判决被推翻或发布了重新审理的命令，或者除非判决在上诉阶段被撤销，否则不满判决的当事人不能获得另外一次对争点诉讼的机会。因此即使某人不喜欢初审的判决结果，也没有"重来一次(do over)"或再次击球(take a Mulligan)的机会。[①]

---

① 再次击球(Mulligan)是高尔夫球中的术语。当你击了一个极糟糕的开球，再次击球意味着你重新开球而不计算那糟糕的一击。如果你们打球像我那样，再次开球是极好的。

实际上，在第十一章我们要学习甚至在不同案件中都限制当事人重新诉讼争点能力的理论。

在多数的司法系统，包括联邦系统，实际上有两个级别的上诉法院。第 17
一个法院，在多数的州（以及联邦系统[1]）被称为上诉法院（the Court of Appeals），[2]执行着我们刚才探讨的职能。它的存在是为了确保初审法院作出合理的事实认定，适用正确的法律并正确适用法律。它是一个“中级的（intermediate）”法院，因为它位于初审法院之上，但处于管辖区域的最高法院之下。该最高法院也是一个上诉法院。

然而，在探讨最高法院所发挥作用之前，我们应该注意，不是所有的司法系统都有中级法院。例如，在内华达州，在初审法院和最高法院之间没有中级法院。在弗吉尼亚州，有上诉法院，但其管辖权非常有限的，不能审理普通民事案件的上诉。在确实存在中级法院的地方——如在联邦系统和多数的州——上诉至该法院通常是“权利”。这意味着在初审中败诉的当事人有权获得上诉法院对案件的复审（当然，假设上诉的当事人满足了这样做的程序性要求）。再次说明，在联邦系统，该权利不是由宪法保证的，而是由制定法授予的。

然而，当事人通常没有上诉至辖区最高法院的权利。[3] 在多数民事案件中，最高法院的审查是自由裁量决定的。因此，不要求该法院审理任何具体的民事案件，[4]只有寻求复审的当事人让其相信，该案件足够重要以至于

---

① 在联邦系统，上诉法院被划入地理上的巡回区，多数的巡回区有用数字表示的名称。例如，第十一巡回区美国上诉法院（the United States Court of Appeals for the Eleventh Circuit）[律师们简单地称其“第十一巡回法院（the Eleventh Circuit）”]审理来自佛罗里达州、佐治亚州和阿拉巴马州联邦初审法院的上诉案件。国会通过法律设置管辖区的地理界限。此外，国会还设置联邦初审法院——美国地区法院（the United States District Courts）的地理界限。

② 不是所有的州都依葫芦画瓢。在加利福尼亚州，该法院被称为上诉法院（the Court of Appeal）（使用了单数）。在纽约州，它被称为上诉分庭（the Appellate Division）。

③ 同样存有一些例外。在内华达州，有将初审法院判决结果上诉至内华达最高法院的权利。这种将民事案件上诉至最高法院的上诉权是极为罕见的。

④ 记住，在本课程中我们阐述民事案件。在许多的州，要求最高法院复审判处死刑的刑事判决。

付诸关注为正当时,最高法院才审理此案。因此,尽管最高法院是一个上诉法院,并发挥着上面所描述的上诉功能,但它通过精挑细选的方式发挥功能。因为它审理的案件数量如此之少,所以它关注那些需要最高法院用宣示方式澄清法律和明确规定的案件。例如,美国联邦最高法院可能会同意审理众多上诉法院对所提问题给出不同结论的案件。因此,通常只有案件提出了一个带有某种不确定性的或需要其他明确指示的重要问题时,一般
18 最高法院才采取行动。最高法院很少仅仅为纠正一个确定事项上的某种错误而答应复审案件——这是中级上诉法院应该做的事。

下面的图表显示典型的三级法院体系,初审法院在底部,中级上诉法院在中间,最高法院在顶部。左边是联邦系统的法院名称。初审法院是美国地区法院,它们后面总有地理描绘。例如,在加利福尼亚州,有四个联邦初审地区:南部地区法院坐落在圣地亚哥,中部地区法院在洛杉矶,北部地区法院在旧金山,东部地区法院在萨克拉门托(Sacramento)。在一些州只有一个地区法院,如美国新泽西州地区法院。如上所述,联邦系统的中级法院是美国上诉法院(the United States Court of Appeals)(不管涉及什么巡回区都是一样)。联邦的最高法院是美国联邦最高法院(the Supreme Court of the United States),如你们所知,它由 9 名法官组成,坐落在华盛顿特区。

图表的右边是大多数州的司法系统模式。初审法院在不同的州有多个不同名称①(有时甚至在同一个州也有不同名称)。记住在一些州没有中级上诉法院。多数州的高级法院(the high court)就是最高法院。② 该法院经常被称为最后可求助的法院(the court of last resort),因为它是该司法系统的最高级别的法院。在它之下的法院有时被称为下级法院(inferior courts)*。这并非蔑称,它不是指这些法院不如其他法院有能力,它只是指

① 在纽约,初审法院也叫做最高法院(the supreme court)。

② 在这里,也有一些州有变化。在纽约州,高等法院(the high court)是上诉法院(the Court of Appeals)。在马萨诸塞州,它是最高司法法院(the Supreme Judicial Court)。

* inferior 有等级低、质量差等多重意思。——译者

这些法院在司法系统里比另一个法院级别低。因此，初审法院级别低于中级上诉法院。初审法院和中级上诉法院级别均都低于最高法院。

| 联邦系统 | 级别 | 州系统 |
|---|---|---|
| 美国联邦最高法院<br>（U. S. Supreme Court） | 高级法院 | 州最高法院<br>（State Supreme Court） |
| 美国上诉法院<br>（U. S. Court of Appeals） | 中级法院 | 上诉法院（Court of Appeals）<br>（典型的情况） |
| 美国地区法院<br>（U. S. District Court） | 初审法院 | 各种名称，如地区（District）、<br>巡回区（Circuit）、上级（Superior） |

重要的是理解每一个州的最高法院是州法律含义的最终裁判者。联邦法院——甚至美国联邦最高法院——没有任何权力告诉衣阿华州最高法院衣阿华的法律是什么或应该是什么。由于某种原因我们多数人觉得几乎任 19
何问题都可以由美国联邦最高法院裁决。在电视新闻中，我们经常听人说，“我要把这官司打到这片土地上的最高法院——一直打到联邦最高法院。”哦，很好。只是要意识到，在这片土地上州法律事项的最高法院不是华盛顿的联邦最高法院。在这片土地上亚利桑那州法律问题的最高法院在菲尼克斯（Phoenix），纽约州法律问题的最高法院在奥尔巴尼（Albany）。

同样重要的是理解，在这个系统或那个系统提起的诉讼——不管是在联邦初审法院还是在州初审法院起诉——都要通过该系统上诉。换言之，在加利福尼亚州的州初审法院（state trial court）提起的诉讼要上诉至加利福尼亚州上诉法院（the California Court of Appeal）并最终上诉至加利福尼亚州最高法院（the California Supreme Court）（条件是该法院同意审理该案）。案件不能从州的初审法院上诉至联邦上诉法院，在联邦初审法院提起的诉讼也不能上诉至州的上诉法院。

就我们的目的而言，我们刚才摆出的模式有一个非常重要的例外。美国联邦最高法院可能会对州法院的判决行使上诉复审权，但仅仅在两点得到满足的情形下才会这么做。

第一，案件必须已经一路走完了州系统的上诉。这意味着在当事人请求能够审理此案的州系统的最高级别法院（通常，它为州最高法院）复审前，美国联邦最高法院不能复审此案。

- P起诉D。案件经充分诉讼，由州初审法院作出P胜诉的判决。D上诉至中级上诉法院，该法院维持了原判。D不能寻求美国联邦最高法院的复审，因为中级上诉法院不是州的最高级别的法院。D必须寻求州最高法院的复审。如果该法院同意审理此案，当事人在败诉后可以寻求美国联邦最高法院的复审。
  - 如果州最高法院拒绝审理案件，会怎么样呢？毕竟，州最高法院的复审通常是自由裁量的。那么，在中级上诉法院败诉的当事人可以寻求美国联邦最高法院复审，因为其在州最高级别的法院寻求过复审。因此，要求的不是州最高级别的法院实际作出判决。相反，在寻求美国最高法院复审前，当事人必须已经"用尽"州法院系统的所有可用的救济。[①]

20 第二，美国联邦最高法院只能审查联邦法律事项。[②]

- 衣阿华州最高法院认为该州有关堕胎的法律禁止妊娠七个月之后(the third trimester of pregnancy)的堕胎。美国联邦最高法院无权复审该看法，因为它涉及的是州的法律，在州的法律上州最高法院是权威法院。
- 衣阿华州最高法院认为该州有关堕胎的法律的确违反了（或没违反）涉及个人隐私的宪法原则。美国联邦最高法院可以审查这一问题，因为它是联邦法律的问题——即联邦宪法的含义。

因此，美国联邦最高法院对两类案件行使上诉管辖权。第一，它自由裁量决定复审美国上诉法院的判决。[③] 这些是通过联邦系统一路诉讼过来的案件——从美国地区法院诉至美国上诉法院，现在诉到了联邦系统最后可

---

① 见 科斯塔雷利诉马萨诸塞案(Costarelli v. Massachusetts)，《美国联邦最高法院判例汇编》第421卷，第193页(1975年)。

② 这是《美国法典》第28编第1257条的要点。

③ 这是由《美国法典》第28编第1254条(1)款确立起来的。

求助的法院。第二，它自由裁量决定复审州法院的裁决，条件是(1)诉讼当事人已经寻求了能够受理该事项的州最高级别法院的复审，以及(2)所提出的问题是联邦法律问题。

正如我们上面所看到的，联邦最高法院在两种情况下的复审——即复审美国上诉法院作出的判决或者州的最高级别的法院对联邦法律问题的判决——是自由裁量决定的。寻求联邦最高法院复审的当事人提出调取案卷令状(writ of certiorari)的申请。只在 9 位法官中至少有 4 位同意应该复审该案时，联邦最高法院才准予发布此令状而复审案件。这样的案件是极其罕见的。平均每年有 7,000 多起案件的当事人申请调卷令状，只有约 100 个案件得到准许。因此，联邦最高法院复审案件的概率非常低。如果该法院同意审理案件，寻求复审的当事人就被称为上诉人(petitioner)，另一方被称为被上诉人(respondent)。[①]

再次说明，注意联邦系统的下级法院(lower federal courts)——美国地区法院和美国上诉法院——对州法院裁决的案件没有上诉管辖权。许多学生似乎认为联邦法院在某种程度上高于州法院——认为联邦法院在某种程度上可以审查州法院的结论。然而，正如我们刚才看到的，联邦法院上诉复审州法院判决是非常罕见的——它只能由最高法院为之，只能针对联邦法律事项，且只能在联邦最高法院发布了调卷状的特殊情况下为之。[②]

最后，我们需要懂得先例原则(the doctrine of precedent)，或遵循先例 21
原则(stare decisis)。该拉丁语词组指“遵守已经判决的事项”。当上诉法院对法律问题作出了裁决(holding)时，该裁决就具有了先例效力，这意味着就该法律问题，它约束该司法系统范围内的所有下级法院，该司法系统的下级法院不能在该法律问题上采用不同做法。当然，先例是可以被推翻

① 因此，根据最高法院的看法，名字列在前面的当事人不一定是(在初审法院提起诉讼的)原告。相反，它是在紧挨着的下级法院败诉而(成功)获得最高法院复审的当事人。

② 美国联邦最高法院在某些有限的情形中拥有初审(与上诉相对)管辖权。初审管辖权，正如我们上面看到的，指它以初审法院身份审案。根据《宪法》第三条第二款第二项，联邦最高法院对影响到大使和其他外交使节(public ministers)和领事的案件，以及对州为一方当事人的案件，拥有初审管辖权。这样的案件是罕见的，通常不在民事诉讼法中探讨。

的——由建立先例的该上诉法院或更高级别的法院推翻。

- 假设佐治亚州的上诉法院(该州司法系统的中级上诉法院)认为该州的法律承认一个特别的诉求——该法律允许遭受特别伤害之人起诉加害人。该司法系统的下级法院——即佐治亚州的初审法院——必须遵守该法律问题上的此规则。上诉法院的裁决为佐治亚州的下级法院建立了先例。
- 假设佐治亚州的最高法院决定复审该问题,并得出了该州法律不承认这一诉求的结论。州最高法院在该问题上的裁决就推翻了佐治亚州上诉法院的裁决。[1] 佐治亚州司法系统的所有的法院(初审法院和中级上诉法院)都必须遵守州最高法院创设的先例。

显而易见,美国联邦最高法院的判决在联邦法律事项上约束美国所有的联邦法院和州的法院。因此,联邦最高法院是联邦制定法和宪法含义的最终裁判者。如前所述,遵循先例不是永恒不变。法院可以认定,有关法律和社会的变更导致得出推翻先例的结论。1896 年,联邦最高法院认为向不同种族提供隔离的但相同的设施并不违反宪法准则。[2] 1954 年,在具有里程碑意义的布朗诉教育委员会案(Brown v. Board of Education)[3]判决中,联邦最高法院推翻了 1896 年的判决。1842 年,联邦最高法院认为联邦法
22 院应该为解决不同州州民之间的纠纷制定其自己的普通法。[4] 1938 年,在著名的伊利铁路公司诉汤普金斯案(Erie Railroad Co. v. Tompkins)[5]的判

---

① 如果最高法院复审上诉法院已经宣判过的同一个案件,我们可能会说最高法院推翻了下级法院的判决。推翻(reverse)这一术语暗含最高法院与下级法院在同一案件背景中意见不合。与此相对,推翻先例(overrule)指后来的一个不同案件的裁决(ruling)拒绝接受先前案件的裁决(holding)。这一“推翻(overturning)”先例的事例在正文接下来的小节里给出,一同给出的还有布朗案(Brown)和伊利案(Erie)。

② 普莱西诉弗格森案(Plessy v. Ferguson),《美国联邦最高法院判例汇编》第 163 卷,第 537 页(1896 年)。

③ 《美国联邦最高法院判例汇编》第 349 卷,第 294 页(1954 年)。

④ 斯威夫特诉泰森案(Swift v. Tyson),《美国联邦最高法院判例汇编》第 41 卷,第 1 页(1848 年)。

⑤ 《美国联邦最高法院判例汇编》第 304 卷,第 64 页(1838 年)。

决中，第十章阐述此判决，联邦最高法院推翻了 1842 年的判决，认为它篡夺了州的权力，违反了《宪法第十修正案》。哪些情况让背离先例具有正当性的问题容易引发争论，可能是重要的纠纷源头。你们的教授可能会在《民事诉讼法》中探讨之，更加可能的情况是在宪法或有关法律方法（Legal Methods）的课程中进行探讨。

## 三、英吉利的影响和普通法及衡平法的分叉

当然，美国是从英国殖民地发展起来的。因此，并不令人意外的是，我们的诉讼程序和我们法律的相当部分可追溯至英国。英国历史上的一个关键性的事件是诺曼人的征服（Norman Conquest），征服者威廉在 1066 年黑斯廷斯战役中击败布立吞人（the Britons）之时，此征服就不可避免了。威廉彻底改革了英国的许多东西，包括司法裁判。在威廉之前，司法系统由地方法院（local courts）组成，由封建领主和贵族掌控。这些法院的地方控制反映了当时英国生活的分散的、封建的性质。威廉对将封建采邑（fiefdom）改变成表现为单一国家的统一整体，贡献良多。

威廉建立起了三套皇家法院，它们没有取代采邑法院（the feudal courts），而与其共存。这些法院是王座法院（King's Bench）、财税法院（the Court of the Exchequer）和民诉法院（the Court of Common Pleas）。每一法院只受理某些类型的纠纷，每一纠纷都用特别的令状命名。例如，为了能对故意侵权提起诉讼，原告要申请"暴力侵害之诉令状（writ of trespass vi et armis）"，而为了能对过失提起诉讼，原告要申请"间接侵害之诉（trespass on the case）"的令状。[①] 久而久之，皇家法院逐渐扩展了其能审理案件的类型——办法是扩大颁布的令状数量。地方贵族对此并不乐见，因为皇家法

① 重要的是记住，在法学院你们会在不熟悉的上下文中遇到熟悉的词汇。trespass 一词是获广泛使用的普通用语，意指非法进入另一个人的土地。正如这儿所使用的，该词有一个范围更宽的意思——对别人的财产或人身实施的非法行为。英国普通法法院承认针对各种形式非法行为（trespass）的一系列令人眼花缭乱的令状。例如，如果某人偷了你的个人财产，你将提起侵害他人财物之诉（trespass de bonis asportatis）。

院管辖权的扩张导致了地方采邑法院管辖权的萎缩。但最终他们对此还是无能为力，随着时间的推移采邑法院的重要性下降了。

23 在扩大管辖权的几个世纪里时，皇家法院做的两件事使得它们变成了不那么受欢迎的法院(tribunals of justice)。第一，它变得越来越僵硬，对形式的强调超过了实质。许多拥有合法诉求和强有力证据的原告因为某些神秘程序上的疏忽而败诉。[①] 第二，皇家法院在向那些确实胜诉的原告提供救济时不具有创造性。其基本上只承认一种救济——损害赔偿，这是一种金钱上的给付。时至今日，损害赔偿仍然是一个重要的救济，但在许多案件中，损害赔偿不能让原告完好无损。

- D每天非法侵入、穿越P的不动产(real property)。[②] P起诉D并获得胜诉。皇家法院允许P获赔金钱，以补偿由D非法入侵所造成的损失。注意这一救济是如何只针对过去行为的——它让D为其已经实施的非法侵入付账。但它对于防止未来的非法侵入无所作为。如果D想继续非法侵入，其可以这么做，而唯一的制裁将是支付赔偿金。很可能，赔偿金不能发挥禁止的作用，D可能会发现每天只是为非法侵入付费，这是值得的。因为这一有限的赔偿金救济，D实质上可以迫使P为其穿越P的土地颁发通行证。
  - P想要的是法院的命令，告诉D不能穿越，借助认定D藐视法庭(这可能导致罚金或坐牢)而使该行为变得可处罚。以律师用语表示，P想要一个禁令(an injunction)——一个禁止D将来实施某行为的命令。但皇家法院根本不颁发禁令。

---

① 正如我们在第七章第二节中看到的，普通法有关陈述案情的规则是非常不宽恕的。如果原告选错了令状(她必须在诉讼开始时选择，此时她可能对事实尚不清楚)，她将败诉，即使在庭审中她证明根据不同的令状她有权获得赔偿。

② real property或"realty"(不动产)是土地。许多学生将"real(不动产的)"一词和"tangible(有形的)"等同起来，并因此得出结论说汽车是不动产，因为他们可以触摸它，所以它在某种程度上是不动产。不要犯这样的错误。real property是土地。就是这么回事。如果你拥有不是土地的东西，它就是动产(personal property)，有时被称为chattels。动产可以是有形的(像汽车)也可以是无形的[像公司中的所有权利益(ownership interest)，通常用股权证书表示]。

- D从P处偷了一枚钻石戒指。P提起诉讼并获得胜诉。皇家法院要求D向P提供够买一枚新钻戒的钱。但P不想要新戒指——其想要被偷的那枚戒指,因为它带有重大的情感价值。其想要律师们所称的特别救济(specific relief)——与这一件特别的财产相联系的救济。然而,皇家法院不提供该救济。救济基本上是赔偿,要么什么也不给。

这两个因素——将形式拔高得超过了实质以及获得的救济有限——导致原告在皇家法院之外寻求救济。具体地说,他们开始求助御前会议(King's Council),这是一群为国王工作的官员。这些起诉人要求御前会议 24
进行干预并为其案件"主持正义"。渐渐地,作为御前会议成员的御前大臣(Chancellor)开始就个案发布命令。这些命令是以御前会议的名义发布的,目的是实现"公平(equity)"。截止约14世纪中叶,由这一做法发展成了独立的法院,称作衡平法院(Chancery)[显然是根据御前大臣(Chancellor)的名字命名的]。

因此,约七个世纪以前,在英格兰有两套完全独立的法院:普通法法院(the law courts)(它由皇家法院组成)和衡平法院[the equity (or Chancery) courts]。在21世纪的今天,在大西洋的这一边,这一普通法和衡平法的分叉仍然是重要的(正如你们在整个法律职业生涯中将看到的)。但让我们说完旧英国的故事。在几个世纪里,扩展了衡平的做法,衡平法院开发出了一系列在普通法法院不能获得的有用救济。衡平法院支持诉求的转让(普通法法院不支持)并强制执行信托(普通法法院也不支持)。衡平法院甚至变得自负傲慢(brazen),在皇家法院的判决是通过欺诈获得时,发布命令禁止执行皇家法院作出的判决。这一命令似乎侵入了皇家法院的管辖权,以至于国王詹姆斯一世(King James Ⅰ)委任以弗朗西斯·培根(Francis Bacon)为领袖的委员会解决这一纷争。该委员会的结论是衡平法院事实上有权发布禁令,阻止当事人强制执行普通法法院作出的欺诈性判决。重要的是,因为禁令只针对当事人发布,而不是针对法院或法官,所以它并非未经允许侵蚀皇家法院权力。

之后，普通法法院和衡平法院继续独立发展。它们采用不同的程序和不同的法律术语。普通法法院使用陪审团认定案件事实，而衡平法院不使用。普通法法院的庭审以证人的当场作证为特征，而衡平法院喜欢用宣誓的书面陈述，或书面证词(affidavits)呈贡证据。在普通法法院，案件被称为“法律诉讼(legal action)”，而衡平法院裁决的是“衡平的诉讼(suit at equity)”。在普通法法院，法院审判的结果是“judgment(判决)”，而在衡平法院，法院作出的是“decree(判决)”。在普通法法院，司法官是“法官(judge)”，而在衡平法院司法官是“御前大臣(chancellor)”。普通法法院对物(in rem)执行其判决，对物(正如在第二章探讨的)意指“针对财产(against the property)”。与此形成对比的是，衡平法院对人(in personam)或“针对人(against the person)”执行判决。

- 普通法法院作出了D败诉赔付5万美元的判决。如果D不向P支付该笔钱，法院执行判决的手段是向行政司法官(sheriff)签发命令，扣押D的财产(其房子、汽车、银行户头，行政司法官能获得的任何东西)并公开拍卖出售。拍卖凑得的最初的5万美元归P(其他
  25 的归D)。如果拍卖不能筹到5万美元，P只好自认倒霉。普通法法院判决的执行是针对财产的——如果财产不足以补偿判决，就够呛了。
- 衡平法院作出要D将窃得的钻戒归还给P的判决。D拒绝归还。行政司法官(sheriff)可以逮捕D并将其投入监狱，直至其答应归还戒指。衡平法院判决的执行是针对人的，因此法院可以迫使D做被命令做的事。正如我已故的挚友唐纳德·菲尔(Donald Fyr)所常说的，“衡平深入至行为的纠正”。[①]

至关重要的是，普通法法院和衡平法院在可获得的救济上存在不同。再次说明，普通法法院主要判决赔偿。有不同类型的赔偿，你们将看到的这

---

① 唐·菲尔是我法律教学中的良师益友，并且是我女儿的教父。他于1994年仙逝，是一个了不起的人物，教学非常用心。

一点，特别是在《合同法》和《侵权法》课程中将看到。补偿性的赔偿（compensatory damages），如名字清楚所示，补偿原告因被告行为所造成的损害。惩罚性的赔偿（punitive damages），也如其名字所暗示，旨在惩罚被告特别恶劣的行为。然而，重要的是理解，不是所有判决的金钱都构成损害赔偿。例如，不当得利（unjust enrichment）的返还就不是损害赔偿，历史上是在衡平法院寻求获得的。

- D 为 P 提供服务，为此要收取 120 美元。P 给了 D 一张 100 美元的钞票和一张 50 美元的钞票，误认为后一张是 20 美元的钞票。D 不当获益 30 美元。P 的诉讼请求不是要求赔偿，而是返还，交还多付的金额。

衡平法院，如所指出的，开发出了范围广泛的救济。这些救济包括禁令（injunction）（它是一个要求被告做某事或不准其做某事的命令），特定履行（specific performance）（它命令一方当事人按照合同的约定履行），撤销（rescission）（它“废除”一个文件，如合同，因此让双方不再受文件义务约束）以及改正（reformation）（根据该救济，法院实际上重新起草文件以符合当事人的真实意图）。衡平法院还开发出一个“彻底解决”原则（“clean-up” doctrine），只要赔偿附属于所要求的主要衡平法救济，就允许法院裁定赔偿。因此，在这一程度上，衡平法院可以裁决通常只在普通法法院才可获得的救济（赔偿）。然而，反过来却不行，因此普通法法院不提供衡平法上的救济（equitable relief）。

- P 是不动产的所有人，其在衡平法院起诉，以获得命令 D 在租约到期后搬出房屋的判决。衡平法院可以发布禁令命令 D 搬家，并且作为该判决的附带事项，命令 D 支付赔偿金，补偿在超期占用房屋期间 P 损失的租金。

衡平法理论的永久的信条是，如果普通法法院的救济（赔偿）不足以完 26
全弥补某人，则其没能获得公平救济。如果对原告造成的损害可以通过赔偿判决实现正义，则原告就必须在普通法法院起诉，而不能利用衡平法院的管辖权。因此，原告在衡平法院首先要做的事是宣称法律的赔偿的救济是不充分的。在前述例子中，钻石戒指对原告来说有情感上的价值，以及原告不想被告非法穿越其地产。

这两套法院——普通法法院和衡平法院——连同不同的程序、专业术语、执行判决的途径以及救济，均被引进到了美洲殖民地。在作为独立国家的大部分历史时期，美国遵循了普通法法院和衡平法院相分离的做法。但在 1938 年，国会废除了联邦法院分开的普通法法院和衡平法院案件待审表，取而代之的是，规定了单一类型的民事案件，叫做“民事诉讼(civil action)”。根据这一年通过的《联邦民事诉讼程序规则》，联邦法院的所有案件均采用统一的诉讼程序，不管其在过去的岁月里是普通法法院的案件还是衡平法院的案件。多数州采用同样的做法，废除了分开的普通法法院和衡平法院。但不是所有的州都已经这么做了。每一个州都可以自由地做其喜欢做的事。例如，在特拉华州，仍然有分开的普通法法院和衡平法院。在弗吉尼亚州，在 2006 年之前，主要的初审法院[巡回法院(the Circuit Court)]仍被分成普通法法院和衡平法院，在这些法院，历史上形成的术语和救济上的差异仍然存在。2006 年，弗吉尼亚州最终废除了此区别，而现在所有案件均使用统一的诉讼程序。

尽管联邦系统和多数州的系统已经将普通法法院和衡平法院合并为一个初审法院，但该事实并不意味着普通法法院和衡平法院之间的区别就不重要。两者间的区别是重要的。直到现在，所有的地方仍区分法律的救济和衡平法的救济，原告如果不能证明法律的救济(赔偿)是不充分的，就不能获得衡平法的救济。并且，在联邦法院，《第七修正案》保留了民事案件之“法律”事项而非衡平事项获得陪审团审理的权利。正如第九章第二节第二目所探讨的，认定诉讼当事人是否有权获得陪审团审理是困难的，并涉及到普通法法院和衡平法院之间的历史分界。

## 第三节　替代诉讼的途径

我们知道诉讼是我们社会纠纷解决的基本模式。我们也知道它通常是 27
一个费用昂贵周期漫长的过程。一些评论家不仅注意到了成本开支和时间耽误，而且质疑辩论式诉讼制度的基本前提，一些人认为该制度的一方全赢一方全输的两极化效果可能会掩盖事实真相而不是揭示事实真相。一些评论家进一步批评说，多数的诉讼是零和博弈：一方赢，一方输。他们争辩说，许多纠纷非常微妙，案件的双方都应该有某种“付出(give)”。而且，诉讼迫使当事人将注意力集中于过去，而不是建立未来的和谐关系。[①] 出于这些以及其他的理由，最近几十年见证了替代诉讼中不断增长的利益。多数民事诉讼法案例教材至少都有一些材料阐述替代性争议解决方式[alternative dispute resolution (ADR)]。多数的法学院都提供高年级课程讲授替代性争议解决方式和具体的替代诉讼之形式。

值得注意的是美国社会很早以前就接受了特定背景下的替代性争议解决方式。例如，在工作场所，有关工人补偿的法律取代诉讼模式早已是寻常之事。这些法律规定，工作时受伤的工人不能起诉其雇主，取而代之的是要求雇主支付——由制定法或行政规章规定的——为具体类型的工伤所设定的确定金额的救助金(benefit)。因此，根据工人补偿方案，工人放弃起诉雇主之权利，而换取立即获得特定金额美元的绝对权利。作出该裁决不需要证明雇主有过错。工人补偿方案是常见的对侵权诉讼的替代。

替代争议解决方式最常见的形式当然是和解。有纠纷的人始终可以和解，从而常常甚至消除起诉的必要。但是，如我们在前面看到的，在此背景里的和解常常使人想到诉讼——即，如果当事人不协商解决争议，他们中的

---

① 当然，许多纠纷发生在不愿再打交道的当事人之间，如在典型的汽车碰撞案件中。但许多纠纷发生在预期将来会继续保持联系的人之间，如企业之间或家庭成员之间。在此情形下，当事人可能希望尽快解决纠纷，而拥有宜人的未来。

一个将提起诉讼。和解是谈判的一种形式——当事人可以用最明智的方式安排结果。他们可以避免诉讼的“赢者通吃”思维方式，而安排一个每一方都作出了让步而每一方都有所斩获的结果。如果纠纷发生在能展望未来关系的企业之间，和解可能将包括未来的相互行为。在法学院高年级阶段，你们可以修习一门有关谈判的课程。这样的课程常由兼职教授(adjunct professors)讲授，他们是“真实世界(real-world)”的律师，拥有丰富的宝贵经验可供你们分享。

通常，严肃的和解谈判是在提起了诉讼，且当事人从事了一些阶段的诉讼行为后才开始的。例如，在案件的披露阶段，每一方都可以“真实核实”有
28 关证据能证明的事项。在证人作证时，之前似乎清晰的事项也许有了更多的细微变化。另外，随着每一方支付数额不断上涨的律师费，谈判解决纠纷的动力经常也随之增加。许多纠纷在早些时候不能和解解决——因为当事人固执己见寸步不让，但随着时间的推移和费用的支付，当事人可能变得更愿意走向谈判桌。

大多数人援引“替代性争议解决办法(ADR)”时，他们指的是两种争议解决机制：仲裁和调解。懂得它们之间的差别是重要的。同样重要的是要懂得，一方面，每一种机制在传统上一直都由争议方自愿选择；另一方面，越来越多的司法制度正要求争议方努力使用其中的一种或另外一种。换言之，在提起了诉讼后，一些当事人却发现他们忙于调解或仲裁，原因是法官命令他们这样做。这种“强制性的替代性争议解决(mandatory ADR)”是一个相对较新的现象。在传统上，替代性争议解决一直是自愿使用的，诉讼当事人可以选择接受调解或仲裁，或者合同当事人可能已经放弃了起诉的权利，而支持某种形式的替代性争议解决。当然，你可能惊讶地获知(在你审视签了字的印刷精美的一些合同时)你做这事的频率是多么的高。

仲裁和诉讼非常相似，当事人也是将争议提交给第三方裁决，但该第三方不是纳税人供养的法官，而是由当事人选择并支付报酬的平民(civilian)。在一些案件中，存在多个(通常是三个)仲裁员组成的仲裁庭。并且，仲裁审理也不再用纳税人付钱建造的法院进行，而在某人的办公室进行。美国仲

裁协会[The American Arbitration Association (AAA)]是一个私营实体，其办公室遍布全国，它不仅为仲裁员提供培训，还为仲裁审理提供场所。许多合同规定当事人间的争议必须在美国仲裁协会(AAA)的协助下仲裁。美国职棒大联盟(Major League Baseball)和球员工会之间的集体谈判协议规定某些薪酬纠纷要仲裁。

仲裁审理看起来像一场庭审，审理时每一方都提出证据，但该审理远不如庭审正式。仲裁不适用支配庭审中证据可采性(admissibility of evidence)的规则，仲裁员经常准许提出传闻证据(hearsay)。仲裁常以书面形式而不是口头证词方式提供证据。在仲裁中，没有正式的披露，但仲裁员常提供让当事人交换相关信息的便利。和诉讼一样，仲裁结果常常有赢方和输方。和诉讼相比的优势通常很简单：仲裁比正式的诉讼省钱、省时。

仲裁当事人经常放弃重要权利，在仲裁中无权获得陪审团审理，即使有上诉复审，上诉复审的机会通常也很小。赢的当事人可以请求法院确认和 29
强制执行仲裁裁决。输的当事人可以请求法院撤销仲裁裁决，但撤销理由数量有限。通常，仲裁员错误适用法律不是撤销仲裁裁决的理由。批评者断言，仲裁可能因此实际上变成“目无法纪的(lawless)”争议解决方式。

调解和诉讼很不一样。在此，当事人请求第三方帮助达成和解。调解人更感兴趣的是让当事人找到共同点，而不是谁对谁错。调解人常常富有创意，提出让当事人将争议抛在身后而继续前进的办法。调解人经常意识到当事人需要一个机会介绍事情经过，从而安排让每一方都发言的听证。除了比正式的诉讼便宜和省时外，调解通常还能避免零和博弈(zero-sum game)，其目的是达成和解，而不是宣布谁是胜利者，谁是失败者。

近年来，女权主义学者争论：与对抗式的诉讼制度相比，强调合作和交流的调解模式是否对女士更为适宜。[①] 此外，一些评论家批判说，替代性争

---

① 见，如特里纳·格里洛：“调解式的替代：对妇女的程序危险”，载《耶鲁法学杂志》(Trina Grillo, The Mediation Alternative: Process Dangers for Women, *Yale L. J.*)，第 100 卷，始于第 1545 页，第 1607 页(1991 年)。(“然而，妇女比男士更有可能相信沟通，将其视为一个纠纷解决模式，更有可能体恤对手利益的重要性，就这一点而言，[对抗式的诉讼制度]并不总是与她们的需求吻合。”)但是，格里洛教授得出的结论却是调解经常不能很好地为女士提供服务。

议解决向有权申冤和获得救济之人强加了妥协。替代性争议解决迫使我们在更广阔的层面思考一个非常基本的问题：诉讼的目的是什么？它可能会被视为实质上是私人性的——诉讼旨在和平解决纠纷，并因此不准纠纷方诉诸自助(self-help)。然而，它也可能会被视为服务于公共职能——市民使用政府权力迫使他人遵守我们所建立的适当行为标准。[①] 根据这一观点，对抗式的诉讼制度并不被视为过分的争强好斗，而被看作是为维护市民社会规则所必须。正如一位卓越的评论家所认为的："我们训练学生卓越的[诉讼]技能，为的是他们能够帮助实现法律全部承诺，而不是因为我们想让他们成为辩士(gladiators)或因为我们能从争斗中获得特别的快感。"[②]

在这一点上，你不可以有——事实上或许你不应该有——这样的看法，即诉讼在我们的社会发挥着包罗万象的作用。在你们学习《民事诉讼法》时，你们偶尔会对细节应接不暇，为具体细节所羁绊。这是本应有的情况，
30 细节是重要的。但不时地，你们也会发现自己接受更有高度的观点——考虑诉讼所发挥之作用和正义之实现的重大问题。正如我们在第一章第一节中说过的，《民事诉讼法》给学生提供了一堆令人眩晕的资料——从基本细节到庞大的构架图。在接下来的部分，我们将汇总各种论题纵览整个教程。

---

① 欧文·菲斯："反对和解"，载《耶鲁法学杂志》(Owen Fiss, Against Settlement, *Yale L. J.*)第 93 卷，始于第 1073 页，第 1089 页(1984 年)(将诉讼描写成"机构式的安排，目的是运用国家权力将抗拒者的现实世界拉得离我们选择的理想世界更近")。

② 同上，第 1090 页。

# 第四节　民事诉讼法的构架图

许多学生竭力想弄懂民事诉讼法中各种问题相互间的关联。有些人很好地掌握了该课程的各个部分——他们理解分开的单个问题——但没有看出这些部分是如何契合的。事实上，我们课程所涵盖的众多问题确实组合成了一个有机的整体。本小节描述该整体性，并提供本课程的架构，主要是按时间顺序，反映在普通案件中诉讼是如何发展的。然而要紧的是理解，没有涵盖本课程论题的唯一正确的顺序。你们的教授可能使用与本书不同的顺序阐述这些问题，这没什么错。然而，不管采用什么顺序，都将方便理解这些部分是如何组合起来的。

多数的民事诉讼法教授将大量时间花在有关选择诉讼法院的论题上。出于我们在不同章节中所探讨的理由，诉讼当事人和律师非常关心诉讼在哪里进行。目前，说这一点就够了：我们将看到有这样的案件，当事人花费数百万美元的律师费和支出维护其对法院的选择。这是一个非常重要的问题。

本课程有四个论题与法院选择直接相关。第一（在这里是这样，但在你们的课程里不一定如此）是对人管辖权(personal jurisdiction)，它支配原告是否可以在一个具体的州起诉被告的地理问题。我们将在第二章看到，问题的复杂性远超眼睛的直观所见，且受州的制定法和宪法正当程序条款影响。制定法的和宪法的分析旨在认定一个具体的州是否对被告拥有足够的“权力”，使得该州能够作出对被告有约束力的判决。第二，也是密切相关的事项，是通知问题。只是表明一个州对被告拥有对人管辖权是不够的。除此之外，正当程序(due process)还要求给被告通知，告知有针对她的诉讼，并给其答辩机会。我们在第三章阐述这些话题。

因此，对人管辖权和通知一起确保原告能够在一个具体的州起诉被告。 31
接下来的问题是由该州的什么法院审理案件。该问题提出了第四章阐述的事物管辖权(subject matter jurisdiction)的话题。[①] 具体地说,是选择在州法院系统诉讼,还是在联邦法院系统诉讼。正如在第一章第二节第一目所指出的,联邦法院拥有有限的事物管辖权,这意味着其只能受理特殊类型的纠纷。该论题提出了在联邦政府和州政府之间分配司法业务的宪法和制定法的考虑。清楚知道援引联邦事物管辖权需满足的要求——以及理解确立各种联邦事物管辖权的政策理由——这是任何诉讼律师都应具备知识的一部分。

有关法院选择的最后一个论题是审判地(venue),在第五章中论述。审判地涉及诉讼将在所选司法系统内的什么地方进行的地理问题。事物管辖权告诉我们一个具体案件可以诉至联邦地区法院,但它并未告诉我们是哪一个联邦地区法院。这一国家被划分成众多联邦地区,联邦法律为联邦系统的各种案件规定了合适的审判地。因此,如果原告想在加利福尼亚州的联邦法院起诉,审判地问题将决定案件的去向——是去加州的南部地区法院(位于圣地亚哥)、加州中部地区法院(位于洛杉矶)、加州北部地区法院(位于旧金山)还是加州东部地区法院(位于萨克拉门托)。

在第六章中,我们学习被告可用以质疑原告法院选择的途径。根据异议所针对的是对人管辖权、通知、事物管辖权还是审判地,提出异议的时机和方法可能会有变化。在这里规则相当机械,有可能严苛。未遵守规则会导致放弃本来有效的抗辩。所以,总而言之,第二章到第六章全部用于广泛阐述法院选择问题。

从此处开始,我们假定案件处于适当的法院并历经典型案件的诉讼阶段。第七章阐述诉答文书(pleadings),它是当事人提出其诉求和答辩的文件,如起诉状(complaint)和答辩状(answer)。这是一个非常机械的问题,

---

① 许多教授先从事物管辖权开始阐述,将其放在对人管辖权的阐述之前。再次表示,没有处理这些论题的唯一正确的方法。在我看来,应该首先阐述对人管辖权,因为它是一个范围更广的问题。它提出的问题是原告能否在得克萨斯州(或任何其他具体的州)起诉被告。如果答案是肯定的,接下来的任务是(对我来说似乎是这样)认定在得克萨斯州(或不管什么州)的合适的法院。但是从事物管辖权开始也没什么错。

对此，历史透视是有所裨益的。在此部分，我们将看到案件可能不经庭审结案。具体而言，例如，被告可以基于众多理由中的一个成功地申请驳回诉 32
讼，或者原告可以基于被告没有适当回应起诉书而赢得胜诉判决。诉答文书，充其量基本上是告知当事人原告提出的一般诉求和被告提出的答辩。其依据是当事人对事实的最佳了解。但现代诉讼程序意识到，对事实的了解很多是信息不足的。在诉讼的**披露**(discovery)阶段，在第八章中探讨披露，我们看到每一方当事人都有广泛的权利(可能广泛得令人惊讶)，取得为另一方持有的证据，并迫使该方当事人澄清其在相关事项上的立场。

因此，诉答文书和披露一起构成了一个获取情况的过程(an education process)，每一方当事人可以借此查明另一方的立场和证据。在基本方法上，司法系统的自由交换信息和证据的愿望，似乎与第一章第一节探讨的对抗式制度相冲突。毕竟，如果目标是胜诉，那为什么当事人要被迫透露对己方不利的信息呢？没错，每一方当事人的目标是胜诉，但程序的目标却是实现正义——公平和公正地解决纠纷。因此，诉讼不是不受约束的战争，要鼓励通过规则范围内的披露查明真相。有时候，披露程序表明案中不存在所要求的权利，而导致撤销案件。有时候，它让被告相信自己的行为确实有错并给原告造成了损失，这可能导致和解。不管怎样，美国制度建立的部分基础是在查明真相上的广泛合作义务，手段是让对方当事人拥有获取信息的渠道。

在第九章中，我们阐述对纠纷的实际裁判。许多案件消失于这一时间点之前——可能是因为法院撤销了案件，或被告缺席，或当事人达成了和解。确实坚持到这一阶段的案件也不一定经历庭审。可能的情况是在重大事实问题上没有分歧，只是对法律事项的解释有分歧。这样，法院可以通过一个叫简易判决(summary judgment)的程序作出裁决。另一方面，如果当事人在重大事实问题上有分歧，案件将经历庭审。此时，我们要考虑当事人是否有权获得陪审团审理这一重要而有时又烦人的问题。在有陪审团的案件中，重要的是陪审团和法官之间的权力分配。借助某种途径，不管是简易判决还是庭审，纠纷获得了裁决，案件随法院作出判决而终结。

此时，败诉的当事人可能会寻求上诉复审，我们在第十四章阐述上诉复审。但是，在进入这一论题前，插入一些章节阐述其他问题。一个是伊利原
33 则(Erie doctrine)，许多人认为它是《民事诉讼法》中最难的问题。伊利原则是一个极其重要的课题，因为它触及到了州政府和联邦政府关系的核心。尽管如此，重要的是注意，伊利原则在非常有限的情况下才引发恼人的梦魇。它只是一个案件在联邦法院(而不是州法院)审理时出现的问题。即使案件在联邦法院，也只在法院行使异籍管辖权(diversity of citizenship jurisdiction)时——即案件是因为当事人的州籍而由联邦法院管辖时，通常才会产生该问题。伊利原则处理的问题是，审理这一案件的联邦法官是否必须适用州的法律(或者，换种说法，是否可以随意漠视州的法律而形成其自己的思路)。伊利原则在某种程度上是独立的问题，它几乎可以在本课程学习的任何时候提出来。

记住第九章结束于法院作出案件判决。在第十一章，我们确定该判决是否排除任何人在不同案件中诉讼任何事。诉求排除原则和争点排除[也叫既判力(res judicata)和间接再诉禁止(collateral estoppel)]强调终局性的重要。一般而言，我们的制度忠实于这样的理念：当事人拥有一次对事情进行诉讼的机会。其不能够在不同案件中对同一诉求或同一争点进行连续诉讼。因此，排除原则表明一个判决在多大范围内发挥作用。排除原则可以阻止原告再次提出同样的诉求，可以阻止某人对具体问题再次诉讼。

在第十二章和第十三章中，我们提高了诉讼的难度。在整个第九章中，直到作出判决，我们假设的都是非常简单的案件——由一个原告起诉一个被告的典型案件。在现实生活中，有许多这样的案件。但另一方面，许多的案件涉及多个诉讼请求和多个当事人。在第十二章中阐述的诉讼合并规则界定了单个民事案件的范围。具体而言，这些规则界定多少诉求和多少当事人可以打包合并成一个案件。在这一部分中，我们又回到了第四章阐述的有关联邦法院事物管辖权论题。为什么？因为在联邦法院提出的每一个诉讼请求——不仅仅是原告对被告提出的最初的诉讼请求——都必须获得联邦事物管辖依据的支持。因此，该部分对教授来说是一个富矿。他们可

以在一个事实模式中考核《联邦民事诉讼程序规则》的机械合并规定以及联邦事物管辖权问题。

第十三章继续阐述第十二章提出的论题，论述特殊的多方当事人诉讼。具体地说，我们探讨确定竞合权利诉讼(interpleader)和集团诉讼(class action)。确定竞合权利诉讼是非常特别的诉讼类型，在该诉讼中，众多权利请求人(claimants)竞相主张对金钱或某有形财产的所有权。在集团诉讼中，代理人代表一群人诉讼。因为诉讼的结果对集团成员有拘束力，因此我
们面临重要的正当程序问题。除此之外，集团诉讼还富有争议，因为它将潜 34
在的数千个诉讼请求集结在一个案件中，造就了具有潜在毁灭性的被告责任。该机制一直是代表原告的律师界和企业界之间激烈争斗(tug-of-war)的中心。

然而，在 2005 年，大企业集团成功说服国会通过了《集团诉讼公平法》(Class Action Fairness Act)，该法将许多集团诉讼从州法院集中到了联邦法院。该集中管辖，至少在理论上，在实体法上是中立的，意味着它不影响案中所适用的实体法。另一方面，有一个总体感觉，联邦法院对集团诉讼不如州法院那么热心。因此，批评者指责说，《集团诉讼公平法》以单纯的程序规定为掩护，而向公众实际贩售的是侵权法改革方案，即该法律强行将侵权方面的集团诉讼从州法院转移到了联邦法院，而在联邦法院，这些集团诉讼很可能不是因为实体法上的理由而是因为程序上的理由而遭受阻挠。因此，最近出现的这一问题是个缩影，它提出了有关联邦主义和我们诉讼制度实现正义效能的深刻话题。

再次欢迎来到法学院，欢迎修习民事诉讼法。在整个课程中，你们将看到范围广泛的议题——有一些容易，有一些困难，有的机械，有的尚无定论。大多数议题是你们没有切身体会的，不像一年级其他课程提出的问题，你们很可能之前没有见识过。本书意在让你们轻松地学习这些问题。

# 第二章　对人管辖权



## 第一节　问题的说明

许多学生认为对人管辖权(personal jurisdiction)是《民事诉讼法》中最困难的论题。显而易见的主要原因是对人管辖权的概念与你们入读法学院前的生活毫不相干。我们曾在第一章第一节提到,在你们待在法学院的第一年里,《民事诉讼法》课程本身比任何其他课程更远离你们的生活经验。

甚至在本课程中，许多学生也认为对人管辖权是最神秘的话题。

大多数教授用历史的方法研究对人管辖权，使得学生更难掌握对人管辖权的基本原理。花这么长时间才理解当今的对人管辖权法律，这令人沮丧。但是，历史研究方法是一个好的方法。事实上，我认为这是“弄清该问题”的唯一方法。大多数教授从 1878 年判决的彭诺耶诉内夫案（*Pennoyer v. Neff*）入手，该案深具难度而又精妙，在毕业多年的律师中仍能引起共鸣。以此为起点，大多数课程使用一系列案例追踪对人管辖权理论一百二十多年的发展轨迹。

学习对人管辖权历史发展时重要的是要牢记：我们的目标是要建立一 36
个解决当前可能出现的对人管辖权问题的分析框架。这一分析框架将聚集我们历史考察中看到的各种线索。且历史考察会使我们理解一个要点：这一领域的法律（和其他领域一样），正处于不断演化之中。在历史考察结束时所提炼出的原则可能第二天就会受到联邦最高法院判决的质疑。然而，通过考察对人管辖权的历史发展以及观察规则之建立和协调方式，你们将打下适应未来变化的基础。① 所以，在学习对人管辖权时，请保持耐心。达到掌握现今对人管辖权法律的阶段需要花费一些时间。

现在，谨记我的建议，对人管辖权是关于什么的？正如我们在第一章提到的，本课程涉及的是诉讼，它是双方当事人将纠纷提交法院——政府的司法机构（州或联邦的）——以解决纠纷的程序。法院（州或联邦的）是州政府或联邦政府的分支机构。在任何案件中，法院能命令当事方做各种事情。首先，法院发出传票（summons），命令被告到庭并针对原告的指控进行答辩。② 如果被告在规定的时间内没有这样做，法院可以作出对被告不利的缺席判决。③ 如果被告作出了回应，则双方当事人对纠纷进行诉讼，在某一时间法院会宣布命令，也叫判决，宣布当事人的相关权利义务。换言之，法

① 本章旨在回顾对人管辖权理论的历史发展，而第二章第六节会提出一个解决考试中对人管辖权问题的分析框架。

② 第三章第三节第一目会详细探讨传票，现在不必为此操心。

③ 缺席判决会在第七章第七节第三目中详细讨论，现在不必为此操心。

院判决哪一方胜诉(以及胜诉方得到的救济,如果有救济的话)。这样做时,法院就裁判了案件的“实体事项”。

除非政府(州的或联邦的)对某人拥有某种行使职权(authority)的依据,否则它不能命令任何人去做任何事情(也不能裁判争议的是非曲直)。在这一阶段缺乏一个较好的表述,我们就将这种职权称为权力(power)[①]吧。为作出影响当事人和其权利的有效命令,州政府或联邦政府必须对其拥有权力。如果州政府或联邦政府对诉讼当事人不拥有该权力,法院的命令包括最终判决均为无效。所以,对人管辖权是法院对其审理案件的当事
37 人所拥有的,作出对其有约束力命令的权力。在这一概念中,有两个有关联的重要点:第一,对人管辖权由州政府或联邦政府(通过其法院)对诉讼当事人行使;[②]第二,如果政府对诉讼方不拥有对人管辖权,则法院发布的命令无效。

为什么这样的命令会无效呢?因为(正如我们在本章所看到的)宪法的正当程序条款(Due Process Clauses)要求在一个适当的法院起诉被告。这样的条款向被告提供保护,使其免受在一个毫无关联的法院被诉。换言之,宪法正当程序原则限制了政府(通过其法院)向当事人施加有约束力命令的能力。政府只有对诉讼当事人拥有适当权力时,才能如此行事。有趣的是,和大多数的法律保护一样,该宪法的保护可以放弃,途径是诉讼当事人选择放弃或未提出适当反对。因此,被告可以放弃对人管辖权异议。我们在第六章第二节详述该种可能性。目前,我们假设被告在不适当的法院被诉,而又没有放弃正当程序的保护。

你们可能会想到一个很好的问题,在联邦法院或在州法院主张对人管辖权是否具有(或应当具有)不同的标准?(回想一下第一章第二节第一目

---

① 一些教授不喜欢在这一背景下使用权力一词。有些教授认为,使用该词会过分重视早先的案例,特别是彭诺耶案,在此案中联邦最高法院根据权力作了阐述。我不在此类教授之列,我认为这个词是描绘法院必须对当事人享有职权的有用便捷手段。只是注意你们的教授可能没有使用这种简单指代。

② 这种权力与我们在第四章提到的事物管辖权有形成对比,如我们在第四章所看到的,事物管辖权之行使针对的不是当事人,而是案件——针对的是争议本身。以后对此作更多讨论。

中对联邦法院和州法院区别的介绍。)我们在第二章第五节会详细阐述这一问题。在那里我们会看到,一般规则是——尽管存在极少数的例外——联邦法院和州法院行使对人管辖权的标准是相同的。现在我们不需要关心这些例外。因此就当前的目的,我们假设联邦法院是否拥有对人管辖权的分析与州法院是否拥有对人管辖权的分析是相同的。

法院对原告总是拥有对人管辖权。为什么?这是因为原告选择在该法院起诉,从而同意由法院作出对其有约束力的命令。借助起诉,原告自愿接受了法院的管辖。一个重要问题是——你们的课程可能要对此花上数周——法院是否对被告拥有充分的权力——亦即是否拥有对人管辖权。就对人管辖权而言,诉讼地法院[1]可以针对两个事项中的一个拥有权力:针对被告本人或针对其财产。换言之,法院可能拥有两个“管辖权依据”中的一个——其行使权力的对象可以是(1)被告本人,或(2)被告的财产。

为了说明这些原则,让我们运用排列组合阐述假设案件。这些事实模式展现处理对人管辖权时会遇到的问题类型——也是期终考试时你们可能要处理的问题类型。让我们不要操心该问题上的正确答案是什么。毕竟,你们还没学会分析这些问题的方法。现在,我们只要弄清楚问题是什么,以及为什么选择法院的问题——选择由哪一个法院解决实体纠纷——是重要的。 38

- D是西弗吉尼亚州人,出生在西弗吉尼亚州并在那里长大,但也曾造访东海岸各州。在20岁时,D与一个朋友去夏威夷度假。这是D首次去西弗吉尼亚州以西的地方。在夏威夷,D与来自犹他州而在夏威夷度假的P发生了纠纷。在D回家后,P起诉了D,声称D在夏威夷的一家酒店用拳头揍了其鼻子。D是否真的猛击了P的鼻子,D的行为是否可以免责(比如出于自卫),以及遭受了什么损害,如果有的话,这些基本事实和所适用的法律均是该起纠纷的“实

---

[1] 诉讼地一词将贯穿你们整个法律生涯的始终。就当前而言,诉讼地仅指原告起诉被告的州。记住,为此目的原告是在联邦法院还是在州法院起诉并不重要。

体方面”。[①] 然而，我们对此不关心。在目前阶段，我们只考虑将由何法院裁决争议的实体事项。[事实上，在整个民事诉讼法课程，我们除了关心法院裁判实体事项的程序外，不关心适用于纠纷的实体法律规则(你们会在其他课堂上学到这些规则)。]

- P能在犹他州起诉D吗？想想P为什么想这样做。首先，其不必外出；可以在家门口提起诉讼，并能聘请可能熟悉的律师；其次，其可能会认为，陪审团和法官会给予其比“外州人”D更多的同情。因为，陪审团成员来自当地社区，而法官很可能在不久的将来在当地寻求连任，[②]所以，认为他们会偏袒本地当事人的想法并非无道理。
    - 一个严肃的问题是犹他州对于D是否拥有权力。D从未到过犹他州，也未向犹他州寄送过任何东西。D在夏威夷卷入了与犹他州州民的纠纷。这一点给了犹他州管辖D的权力吗？在考察这些案件后，我们会对该问题给出否定的回答。即便是现在，也有材料暗示强迫D去犹他州应诉是不公平的。
    - 然而，假设在P于任何地方起诉D前，D有去犹他州滑雪之旅。D在犹他州时，P在犹他州对D提起诉讼，并让适
39 当人员向在犹他州的D送达了适当的诉讼文件。现在犹他州对D拥有权力吗？D在犹他州出现与发生在夏威夷的纠纷没有关系，这一点重要吗？在考察完这些案件后，我们可能会断定，在这种情况下犹他州对D拥有对人管辖权。

① 争议实体问题之裁判要适用实体法规则，例如你们在其他第一学年课程合同法、侵权法和财产法中学到的规则。

② 本书第一章第二节第一目曾指出，州法院法官往往通过选举产生。正如我们在本书第四章第四节学到的，联邦法官不同，他们被任命后便终身任职，从来不面对选民。这种差异会使一些人认为州法官可能在政治上更有动机偏向本地诉讼当事人，而不利于外州诉讼当事人。毕竟，一个犹他州的州法官的岗位保障掌握在犹他州的选民手中，而不在西弗吉尼亚州选民手中。

- P可以在西弗吉尼亚州起诉D吗？P当然不希望这样，因为这意味着其将在D的家乡诉讼。而且，P将不得不在一个陌生的州雇佣律师。另一方面，西弗吉尼亚州法院毫无疑问对D拥有权力，毕竟D是西弗吉尼亚州的州民。争议发生在夏威夷，这有关系吗？最终，我们会断定，即使涉讼争议发生在夏威夷，西弗吉尼亚州对D仍拥有对人管辖权。
- P能在夏威夷起诉D吗？同样，夏威夷对P来说，仍旧不是一个理想的诉讼地，因为这意味着P在不熟悉的环境中诉讼，并在一个陌生的州雇佣律师。但对D而言，这可能比去犹他州要好。另一方面，夏威夷不是D的家乡，在那儿诉讼也会给D带来严重负担。
    - 但是要注意这种情况的另一方面：虽然双方都与夏威夷没有过多的联系（每一方均是在那里度假），但基本纠纷发生在夏威夷。诉讼是由公共资金支持的争议解决方式。难道夏威夷在认定谁——P还是D——对破坏社会安宁有过错上不拥有利益吗？这一利益与夏威夷是否对D拥有权力相关吗？最终，我们可能会得出结论，这个因素会影响对人管辖权，而在该案中夏威夷对D拥有对人管辖权。
- P可以在加利福尼亚州起诉D吗？无论P还是D均与加利福尼亚州没有任何联系。此外，与夏威夷不同，加利福尼亚州本身在此项争议中不拥有利益。该项争议涉及的是夏威夷的社会安宁，而非加利福尼亚州的社会安宁。为何加州的纳税人要供养法官和法院职员，并给陪审员施加责任，让他们操心与加州没有任何联系的纠纷呢？
    - 但是，假设在P于任何地方起诉D前，D去加利福尼亚州度假学冲浪。P知道后，便在加州起诉D，并让适当人员向在加州的D送达了适当的诉讼文件。这一假设情况与前面的例子有何不同？在这里，D与加州有了某种联系（去那里学冲浪），不过，其与加州的联系和与P之间的纠纷无关。这种联系能使加州获得管辖D的权力吗？最后，我们会得出结论，加州对D拥有对人管辖权。

- 最后一种情况，假设P发现D在伊利诺伊州的银行有一笔存款。P可以在伊利诺伊州起诉D吗？在这里，管辖权不是针对D本人，而是针对D的**财产**。正如第二章第二节所讨论的，伊利诺伊州对财产的拥有权力可以赋予伊利诺伊州一种特别类型的对人管辖权，称为**准对物诉讼**(quasi-in-rem)管辖权。

40 现在让我们开始学习解决这些问题的方法。从记住这些背景原则开始：

- 诉讼法院(解决案件实体问题的法院)必须对D或其财产拥有权力，能发布对D有约束力的命令。
- 如果法院对D或其财产不拥有权力，法院发布的任何命令均属无效。
- 在这层意义上对法院是否拥有权力的分析，不管诉讼是在联邦法院还是在州法院进行，均为一样。
- 法院总是对P拥有对人管辖权，因为P求助了其管辖权，而且放弃了质疑法院是否对其缺乏权力。
- D可以放弃法院对其缺乏权力的异议，并允许本来缺乏对人管辖权的法院对其发布有效的命令。①

序言中最后一点。你们可能读到(或你们的教授可能会提到)，正当程序规定了两个不同的要求：对人管辖权和通知。的确如此，每一个都是大的论题，但我们会在分开的章节里进行介绍。本章很长，仅阐述对人管辖权。第三章阐述通知被告被诉事实并给予其答辩机会的正当程序要求。

---

① 在第六章中，我们详细探讨被告可以怎样提出异议，声称法院缺乏对人管辖权。一些教授将这些内容与对人管辖案件一并阐述，所以你们可能需要在学习对人管辖权案件时处理一些这些材料(特别是在第六章第二节中)。

## 第二节　对人管辖权的类型（对人诉讼、对物诉讼和准对物诉讼）以及充分信任和尊重的观念

在第二章第一节我们指出，法院可以通过对被告本人或其财产行使权力而获得对人管辖权（personal jurisdiction）。换言之，管辖的依据可以是人，也可以是该人的财产。有三种类型的对人管辖权，名称使用了体现管辖依据的拉丁语表述：对人诉讼（*in personam*）、对物诉讼（*in rem*）和准对物诉讼（*quasi-in-rem*）。

**对人诉讼管辖权（以及对人判决的效果）**

对人诉讼管辖权（in personam jurisdiction）是对被告本人行使的，因为其与诉讼地之间存在某种适当联系。这一事实反映在 *personam* 一词中，该词（即使对我们中不懂拉丁语的人来说）显然是指人。我们会详细阐述行使对人诉讼管辖权所要求的联系类型。举例来说，也许被告住所在法院地，或者在那里实施了行为，或者做了在那里产生后果的事情（比如将一个有缺陷的小器具寄到法院地，它发生爆炸并致人受伤）。从历史角度看，这种形式的管辖权涉及针对人的严格的身体上的权力。按照普通法，当地法院的行政司法官（sheriff）曾经确实逮捕被告——即使是在民事案件中——以保证其在案中出庭。行政司法官为此签发逮捕令状（a writ of *capias ad respondendum*）。这是一个令人不快的提醒，管辖权是针对人（*in personam*）行使的，因为它确实导致了将被告交由政府羁押。

现在，我们不再逮捕民事案件中的被告，但必须有一些"扣押"被告的象 41
征性表示，以表明政府正对其行使权力。现在这种象征性的扣押通过向被告送达"诉讼书状（process）"完成。我们在第三章第三节会详细地讨论诉讼书状的送达。就目前而言，我们只要注意这种诉讼书状（送交被告并通知其已被诉的文件）包括原告的起诉状副本和被称为传票（summons）的文件。

由法院签发传票，因此，传票属于政府签发的公文，是政府对被告行使权力的象征。当适当人员向被告送达诉讼书状时，司法系统是在行使政府对被告行使的权力。

对被告作出的一个有效对人判决(judgment in personam)创设了一项对人义务——一项债务——原告有权从被告处获得救济。举个例子，假使法院对实体问题作出了裁判：原告有权从被告处获得10万美元的损害赔偿。法院会作出反映这种裁判的最终判决。法院的判决为被告创设了一项法定债务，被告要向原告支付10万美元。被告可以向原告签发一张判决金额的支票清偿该债务。

如果被告没有(或不能)向原告支付判决金额，原告将寻求执行判决。原告可以请求法院“执行”判决，扣押被告位于当地的财产并通过公开拍卖筹集10万美元。我们在第二章第四节第一目阐述彭诺耶诉内夫案时会讨论拍卖程序。目前我们知道这种法定程序可用于执行对人判决，这就够了。通过该种程序，可以扣押被告的财产并将其出售以满足对人判决所创设的债务。[1]

42 **充分信任和尊重**

一项对被告作出的有效对人判决，不仅为被告创设了一项个人义务，而且有权获得充分信任和尊重。这个概念会在第十一章第五节详细讨论。简言之，宪法第四条第一款规定，某一州的法院作出的有效判决有权在他州的法院得到执行。充分信任和尊重是美国各州间相互依存关系的重要表述——堪萨斯州法院作出的一项有效判决，有权获得佛罗里达州法院的承认。

这一事实对努力获取判决款项的原告尤为重要。比方说，堪萨斯州的法院作出一项原告胜诉被告败诉的有效判决(被告要支付10万美元)。假设被告拒绝向原告支付。原告因此执行判决，让法院扣押被告在堪萨斯州的财产并拍卖出售。但假如拍卖只获得6万美元，(即，被告在堪萨斯的财

---

① 有效的对人判决(in personam judgment)对被告在当地的土地创设了一项“留置权(lien)”。该项留置权是原告对该财产享有的权利，有权公开拍卖销售该项财产清偿被告所欠债务。

产拍卖出售只筹得 6 万美元),判决在此金额范围内获得了执行,但被告仍负有向原告支付剩余 4 万美元的个人义务。

现在假设原告发现被告在佛罗里达州拥有一座度假屋(或银行账户、赛车或任何其他财产)。因为有充分信任和尊重,原告可以在佛罗里达州提起诉讼,要求佛罗里达州的法院强制执行堪萨斯州法院的判决。一旦佛罗里达州法院确信堪萨斯州法院的判决能够得到充分信任和尊重(因为堪萨斯州法院对被告行使的对人诉讼管辖权是有效的),法院将承认堪萨斯州法院的判决。这意味着,原告能够使佛罗里达州法院将堪萨斯州法院的判决视为自己的判决,通过扣押被告在佛罗里达州的财产,公开拍卖出售获取余款来执行判决(剩余的 4 万美元)。如果出售财产只获得 2.5 万美元,原告可以去被告拥有财产的另一个州(如果该州有的话),重复这一程序,直至 10 万美元的判决得到完全执行。

**对物诉讼管辖权和准对物诉讼管辖权(以及此类判决的效果)**

对物诉讼管辖权和准对物诉讼管辖权与对人诉讼管辖权有一点根本的不同:前两者中每一个的管辖依据都不是被告本人,而是其财产。差别明显地体现在名称中的 *rem* 一词上。拉丁语 *res* 的意思是“物”,而 *rem* 则指这样的事实:物——财产——是管辖的依据。正如你们将在其他课程中所学习到的,财产以多种形式出现。有有体财产(tangible property),如一本书、一艘游艇或一栋建筑物——你们可以触摸的东西,也有无体财产(intangible property)。例如,如果你们借钱支付学费,你们欠出借人的钱是需要偿还的(无疑,还有利息)。因此出借人就拥有无体财产——有时称为权利动 43
产(chose in action),①也就是能向你们收钱的权利。当然,还有不动产(real property),土地就是不动产。②

---

① 这是一个“法语的法律”术语,主要指某一类无体财产,如起诉某人的权利。你们可能会在《财产法》的课程中碰到这个概念。

② 我们在第一章第二节第三目的本书第 26 页注释②的脚注中提到不动产,需要重复指出的是,不要错误地认为不动产是有体财产。不动产是土地。它是有形的,因为你可以触摸它。因此,所有不动产都是有形的,但不是所有的有体财产都是不动产。

通常，原告宁愿采取对人诉讼。原因何在？正如我们刚才看到的，一项对被告不利的有效对人判决产生了一项个人义务，它可以通过扣押被告财产、公开拍卖出售获得执行。但有时，原告根本无法进行对人诉讼。[①] 但在这种案件里，被告偶尔会在法院地拥有某些财产。借助对物诉讼管辖权和准对物诉讼管辖权，被告在法院地的财产可以赋予财产地法院管辖权，裁判影响被告的事项。

假设原告要在堪萨斯州起诉被告，但是不管出于什么原因，堪萨斯州不能对被告行使对人诉讼管辖权。但假设被告在堪萨斯州拥有财产。例如，假设被告的父母居住在堪萨斯州，他们为被告设立了一项大学教育基金，并把钱存在堪萨斯州的银行。原告尽管无法利用对人诉讼管辖权，但借助扣押被告的银行账户，将它作为管辖权依据，也许能使法院对被告建立起对物诉讼管辖权或准对物诉讼管辖权。

不要将这类财产扣押（作为管辖依据的）与我们上面第五段提到的财产扣押（为执行对人判决的）相混淆。在后一扣押中（为执行对人判决），法院拥有对人诉讼管辖权并已经作出了有效判决。在这种情况下，扣押财产仅仅是使被告向原告支付欠债的手段。该扣押通常发生在判决作出后被告拒绝支付或只是不向原告支付判决金额。

在这里，我们谈论一些完全不同的东西。在这里，没有对人诉讼管辖权，所以也没有对人判决可供执行。原告退而求其次——尝试使用对物诉讼管辖权或准对物诉讼管辖权。要做这一点，法院必须对被告的财产拥有权力。而且，正如我们在第二章第四节第一目彭诺耶诉内夫案的讨论中所看到的，联邦最高法院长期以来一直认为，这一扣押必须发生在诉讼开始
44 时。为什么？为了保证有法院实际拥有权力的东西，保证财产在诉讼期间不被转移或遭毁损。正如普通法时代法院逮捕被告以保证其出庭，在对物诉讼管辖权或准对物诉讼管辖权案件中，法院必须在诉讼开始时［或者，正

① 举例来说，也许不适用州的成文法授予的对人诉讼管辖权，甚至在一个行使这种管辖权合宪的案件中也是这样。见第二章第三节和第五节。

如你们的教授可能会说的，*ab initio*，意思是“在开始时”]扣押被告的财产。

因此我们知道，对物诉讼管辖权和准对物诉讼管辖权是相似的，因为二者均以被告的财产作为管辖依据。那么，它们有何不同呢？真正的对物诉讼十分少见。这类案件涉及财产所有权纠纷，而财产是管辖依据，而且（无论相信与否）旨在确定该物上的涉及世界上每一个人的所有权利益。这类案件只有少数几件，而且深深植根于历史。最好的例子可能在海事领域，目的是确认船舶所有权。法院在该对物诉讼中扣押船舶[①]以认定谁拥有其所有权。在理论上，这项判决拘束世界上的每一个人。这是一个不寻常的、明显拟制的想法。但最好的选择是强调真正的对物诉讼案件是罕有的，而且涉及到作为管辖依据的财产的所有权。

那么准对物诉讼管辖权呢？有两类这种形式的管辖权，以编号表示：第一类准对物诉讼（*quasi-in-rem* of the first type，我们缩写为 QIR-1）、第二类准对物诉讼（*quasi-in-rem* of the second type，我们缩写为 QIR-2）。第一类准对物诉讼裁判作为管辖对象的财产的所有权，旨在在案件当事方间认定所有权的归属。因此，第一类准对物诉讼与真正的对物诉讼非常相似——它是关于谁拥有财产所有权的诉讼。与真正对物诉讼的仅有区别是，第一类准对物诉讼的判决不意图约束全世界。这不是什么大的区别。如上所述，真正的对物诉讼案件非常少。关键是要强调真正的对物诉讼与第一类准对物诉讼之间的相似性：它们均涉及作为管辖依据的财产所有权的。

- P 声称她在蒙大拿州拥有某不动产（记住这是土地，见本书第 49 页注释②），因为她通过时效占有（adverse possession）建立了对该项

---

① 我知道这听起来奇怪。我们可以想象法院扣押一笔钱或一只钻石戒指，只需命令行政司法官（或类似的官员）出去拿到它，并将它带到法院，由未决诉讼（pending litigation）[或如拉丁文学者所称的 pendente lite（诉讼期间）]的书记官保存。但法院如何扣押船舶或土地之类的标的物呢？基本办法是由法院命令行政司法官在扣押财产上贴封条，宣布它要服从法院的权力。此外，如果是不动产案件，则法院将确保在契据登记机关登记了通知，以告知任何查询权属登记的人，该项财产已由法院“占用”，因此在查封期间无人可以转让财产。

45 不动产的权利。[你们会在《财产法》课程中学习到时效占有。根据该理论，某人公开占有不动产达到法定时间，即可以排除该不动产契据(deed)持有人的所有权。]D持有不动产契据，认为P并没有满足时效占有的要求。我们不清楚谁应该在这起案件中获胜——诉讼的实体方面要晚些时候才能认定。现在，我们只是想弄清楚哪一个法院审理这些实体问题。

- P居住在蒙大拿州，该州是争议不动产的坐落地。D居住在缅因州，除了主张拥有该不动产的所有权外，与蒙大拿州没有其他联系。
    - P在蒙大拿州起诉D，并要求法院宣布这块土地上的各方的权利。假设P不能以对人诉讼起诉D，她可以使用第一类准对物诉讼。为此，她应该在诉讼开始时申请法院扣押财产，从而使法院对该财产具有权力。在第一类准对物诉讼下，法院有权认定谁——P还是D——拥有财产所有权。如果财产扣押是适当的，其他条件也得到了满足，关于所有权问题的第一类准对物诉讼判决就是有效的。
    - 为什么？因为判决是在法院有管辖权的范围内作出的，所以有效。这就是为什么我们说对人判决为被告创设了个人义务——法院对被告本人拥有管辖权(权力)，从而能创设个人义务。然而在第一类准对物诉讼案件中，法院仅对财产具有管辖权，因此其判决发生效力之目的仅为影响财产本身，而不能给D加诸个人义务。

这就向我们引出了第二类准对物诉讼问题。这种案件与对物诉讼和第一类准对物诉讼相似，因为法院的管辖权指向的是财产，而不是被告本人。但与对物诉讼和第一类准对物诉讼不同，这里对谁拥有财产的所有权没有争议。双方之间的争议与财产所有权的归属无关——很清楚，被告对财产拥有所有权。更确切地说，**如果我们能获得**对人诉讼管辖权，争议**本可以**是对人诉讼案件。仅仅是因为原告无法获得针对被告的对人诉讼管辖权，所以该项财产才作为管辖依据而相关。因此，争议与财产所有权无关，而可能与任何事项相关。

- P是一名律师，为D提供了法律服务。D未向P支付法律服务费。然而，D居住在另一个州，不受本州的对人诉讼管辖权管辖。不过D在法院地州有土地。P可以将D的土地作为管辖依据，通过第二类准对物诉讼起诉D（这是第二章第四节第一目探讨的著名的彭诺耶诉内夫案的基本事实模式）。
  - P宁愿提起对人诉讼，因为这样的判决会创设一项个人义务，P可以通过扣押、拍卖出售D的其他财产而强制执行该义务。在第二类准对物诉讼案件中，法院不能创设这种个人的义务，因为法院对D本人不拥有权力。但是，第二类准对物诉判决在法院权力的范围内，即在D财产价值的范围内，是有效的。
  - 假设P提起第二类准对物诉讼，D未出庭。法院对D作出缺 46
席判决，认定D欠P 1.5万美元。由于D未出庭（因此他不可能主动给付P 1.5万美元），P请求法院将D的财产——它被用作管辖依据——拍卖出售。假设拍卖财产获取了1万美元，第二类准对物诉讼的判决仅在1万美元的范围内有效。P不能根据充分信任和尊重，将该判决拿到另一个州的法院寻求执行剩余的5千美元。
  - 请记住，如果该判决是对人判决，P就可以这样做。然而因为是第二类准对物诉讼判决，法院仅在由拍卖决定的财产价值范围内拥有权力，因此以1万美元为限。[①] P对D的索赔有5千美元未能实现，可以为获得该金额而起诉D。但是P不能进一步使用这一第二类准对物诉讼判决——法院的权力是针对财产的，该权力已用尽了。

**小结**

总之，对人诉讼管辖权对被告本人发生作用。想拿回钱的原告毫无疑

---

① 财产的公平市场价值是无关的。该财产的价值仅是拍卖中购买人愿意的出价。这一金额由法院登记在案，并可用以满足赔偿请求。

问更喜欢对人诉讼，因为针对被告的一项有效对人判决为要向原告偿付的人创设了一项个人义务（债务）。原告可以通过请求法院扣押、出售被告财产获得款项，执行该判决。根据充分信任和尊重原则，该判决有权在其他州获得执行。对物诉讼管辖权与两种类型的准对物诉讼管辖权并不是针对被告行使的，而是对被告的财产行使的。对物诉讼和第一类准对物诉讼类似，因为原被告间的纠纷都围绕谁拥有争议财产的所有权。与此形成对比的是，在第二类准对物诉讼下，纠纷与财产所有权无关。在对物诉讼与两种类型的准对物诉讼中，法院作出的判决有效，但不能创设个人义务；相反，判决仅在作为管辖依据的财产范围内有效。

**必要管辖权**

我们用简短介绍“必要管辖权(jurisdiction by necessity)”来结束本部分。这是长期以来受到不同评论者赞赏的一个理论，指不能在世界的其他
47 法院实现正义时，法院可以行使对人管辖权。联邦最高法院提到过这种管辖依据在理论上的可能性，但从来没有接受过它。在一起案件中，众原告在得克萨斯州起诉许多非美国的被告。[①] 在联邦最高法院在拒绝根据传统分析方法行使对人管辖权后，也拒绝原告提出的接受必要管辖权理念的请求。它将该理论的特征归纳为“对现行法律有潜在深远意义的修改”，在缺少充分展示事实记录的情况下拒绝作出阐述。[②] 具体来说，它指出原告没有证明他们不能“在哥伦比亚或秘鲁进行单个诉讼”对众被告提出原告们的诉讼请求。[③]

尚不明了的是，联邦最高法院是否在严肃地暗示，尽管被告与这一国家缺少相关的联系，但如果没有单个的外国法院能在一个案件里起诉所有的

① 在谢弗诉海特纳案[Shaffer v. Heitner，《美国联邦最高法院判例汇编》第 433 卷，始于第 186 页，第 211 页，注释 37(1977 年)]中，联邦最高法院提到了当“原告没有其他法院可利用时”行使管辖的可能性。不过根据该案的事实，原告能够在美国不同的法院进行诉讼，因此，联邦最高法院没有采取必要管辖的立场。

② 哥伦比亚国家直升机公司诉哈尔案(Helicopteros Nacionales de Colombia, S. A. v. Hall)，《美国联邦最高法院判例汇编》第 466 卷，始于第 408 页，第 419 页，注释 13(1985 年)。

③ 同前注。

被告，这将为美国行使管辖权提供正当性。这样的建议确实是激进的，因为原告在外国在分开的诉讼中起诉众外国被告仍然是可能的。无疑可以在哥伦比亚起诉哥伦比亚的被告，在秘鲁起诉秘鲁的被告。存在能起诉被告的法院——即使分开起诉——该事实似乎排除了美国法院依据必要管辖受理案件的必要性。此外，美国法院不太可能愿意处于这样的地位：宣告外国法院——如果有的话——是如此的不充分，以至于使得美国行使对人管辖具有正当性。因此，必要管辖权仍然只是一种理论上的可能性。[①]

① 一些评论者将马兰诉中央汉诺威银行和信托公司案[Mullane v. Central Hanover Bank & Trust Co.,《美国联邦最高法院判例汇编》第339卷，第306页(1950年)]视为一个涉及必要管辖的案件。参见乔治·B.弗雷泽："必要管辖——对马兰案的分析"，载《宾夕法尼亚大学法律评论》(George B. Fraser, Jurisdiction by Necessity — An Analysis of the Mullane Case, *U. Pa. L. Rev.*)第100卷，第305页。马兰案，在第三章第二节探讨，确立起了将通知送达给权利可能受诉讼影响之人的宪法性要求。它涉及的诉求牵扯到有数千受益人的筹资信托基金——一些人知道，另外一些人不知道；一些人居住在法院地州，另一些人则没有。正如马兰案所支持的，让单个法院监督信托的管理，这是对多个州的人可能会投资于另一州之现实的常识性的务实回应。但许多州法院可以参与审理的话，这会成为一场噩梦。因此，如果马兰案涉及必要管辖，它是和文中探讨的类型不同的一个类型。在文中的类型中，动机不是方便以及符合常规，而是缺乏另外的受诉法院。

## 第三节 成文法规定的对人管辖权及对人管辖权的宪法维度

48 你们的对人管辖权学习主要集中于行使对人管辖权是否符合正当程序要求。这是一个合宪性的审查。然而这不仅仅是在决定法院是否有对人管辖权时进行的审查，它同时还是成文法的审查。在这一节，我们介绍为什么存在两个等级的评价，然后在第二章第四节和第五节分别详述每一评估。

宪法中有两个“正当程序”的条文（或严格来说，是在宪法修正案中）。《第五修正案》规定（除了别的事项外）联邦政府“未经法律的正当程序”不得剥夺任何人的“生命、自由或财产”。这一规定是1791年批准的《人权法案》中的一部分。《第十四修正案》（除了其他事项外）对州政府作了类似的规定——任何州“未经法律的正当程序”不得剥夺任何人的“生命、自由或财产”。该规定是南北战争后作为重建（Reconstruction）* 的一部分获得通过的，并于1868年生效。这些条款设置了行使对人管辖权的外在边界。[①] 换言之，正当程序为法院能对个人或其财产行使权力确立了绝对的界限（absolute limit）。有益的做法是将正当程序的限制视为一个大圆圈。对圆圈内案件所作的判决是有效的，有权获得充分信任和尊重（如第二章第二节所讨论的）。对圆圈外案件所作判决是无效的，因而无权获得充分信任和尊重。正如我们将看到的，划定对人管辖权的宪法限制偶尔会有困难，界限可能会模糊。但界限是存在的，法院需要意识到有此界限，避免

---

* Reconstruction 特指宣布脱离美国的南方各州改组其州政府，重新与国家政府建立宪法关系，恢复在国会的代表权并在政府内部进行必要更动的过程。——译者

① 我们在第二章第五节探讨《第五修正案》和《第十四修正案》对正当程序的限制是否存在不同。现在，我们只是提到正当程序对法院行使对人管辖权权力的限制，（目前）假设对联邦法院和州法院是一样的。

越权。

然而，仅仅是案件位于“正当程序圆”之内的事实并不意味着法院拥有对人管辖权。为什么不拥有呢？因为根据宪法行使管辖的权力不能自动执行。法院不能自动拥有权力行使对人管辖权。这种权力必须由成文法授予法院（当然，制定成文法是政府立法机构的行为）。换言之，法院可以获得宪法权力（在正当程序之圆的全部范围内），但前提是政府立法机构将权力授予法院。并不要求州立法机关授予法院行使宪法允许的全部对人管辖权。换言之，它们可以宣布本州的法院行使正当程序允许的部分权力。（在第二章第五节我们讨论为什么立法机构会这样做。）因此，即使案件清楚无疑地 49
处在正当程序之圆内，除非州立法机关已经制定法律允许法院行使管辖权，否则州法院不能行使对人管辖权。

每个州都制订有一系列法律，将对人诉讼管辖权授予本州法院。这样的成文法普遍存在。例如，每一个州都授权其法院对在该州出现时被送达了诉讼书状的被告、对居住在该州之人、对在该州成立之公司，行使对人管辖权。此外，每个州都制订有一部法律（或一系列法律）允许本州法院在不同情况下对非居民行使对人管辖权。这样的法律——通常被称为长臂法（long-arm statutes）——在州与州之间可能有很大差别。而且每个州也都有扣押法（attachment statutes），允许扣押财产以行使对物诉讼管辖权及准对物诉讼管辖权。

因此，从分析角度看，成文法的问题总是优先出现的。除非在案件中有法律授予对人管辖权，否则案件属于正当程序范围内的事实无关紧要。因此，在考试中（以及在现实世界中），你们首先要判断案件是否处于法律授予对人管辖权的范围。如果案件确实如此（或有理由认为如此），则你们必须进行合宪性分析，以判断在该事实情况下行使管辖权是否符合正当程序。

然而，就我们的目的，我们以相反的次序解决这两个层面的问题。我们首先探讨合宪性分析（在第二章第四节），然后审视成文法问题（在第二章第五节）。我们这么做有两个原因：首先，多数课程在合宪性分析上花费更多时间，所以对你们来说它显然更为重要；其次，一旦我们讨论了合宪性问题，制定法分析就容易多了。在完成对宪法和制定法分析之后，第二章第六节就你们考试中（或现实世界中）可能遇到的任何对人管辖权问题，提出了一个分析框架，试图综合两个层次的分析。

# 第四节　合宪性分析

## 一、传统方法：彭诺耶诉内夫案

最著名的对人管辖案件是彭诺耶诉内夫案(*Pennoyer v. Neff*)。[①] 它是理解对人管辖权法律的起点，但如果不了解案情(它相当复杂)，就不能领会该案。你们案例教科书中的观点是美国联邦最高法院 1878 年作出的判 50
决。不过，该判决是两起案件的最终结果。很多教授花费大量时间关注彭诺耶案的事实。以下就是该案背后引人入胜的故事。

**案情**

约翰·米切尔(John Mitchell)是俄勒冈州波特兰市(Portland)摩特诺玛县(Multnomah County)的一个律师。他声称为马库斯·内夫(Marcus Neff)干了(约 300 美元的[②])法律工作，声称内夫没支付该笔钱。米切尔在摩特诺玛县法院起诉内夫以收回该笔钱。然而，在米切尔起诉时内夫居住在加利福尼亚州。因为内夫未在俄勒冈州出现，米切尔不能提起对人诉讼。(当时，只有在法院地州向被告送达诉讼书状才能行使对人诉讼管辖权。)因此，米切尔试图提起第二类准对物诉讼。(如果对这些术语不熟悉，请复习第二章第二节。)这就是米切尔诉内夫案，它从未在俄勒冈州法院系统形成公开发布的意见，但米切尔诉内夫案所作判决的效力是彭诺耶案的依据。

第二类准对物诉讼要求法院对属于被告的某财产拥有权力，但争议与财产的所有权无关。(同样，见第二章第二节。)内夫在摩特诺玛县拥有一大块土地，米切尔想以此作为其起诉内夫案件的管辖依据。米切尔根据俄勒冈州的法律要求提起诉讼并在报纸上刊登通知。但问题(事实证明确实是

---

① 《美国联邦最高法院判例汇编》第 95 卷，第 714 页(1878 年)。

② 实际上是 253.14 美元。加上诉讼费以及判决作出后诉求孳生的利息，我们姑且称之为 300 美元。

问题)是，米切尔和俄勒冈州法院都没意识到，需要法院在诉讼初始查封内夫的土地。毫无疑问，内夫拥有该土地的所有权。他根据《俄勒冈州捐赠法》(Oregon Donation Law)从联邦政府手中获得了该土地，联邦政府通过该法鼓励人们定居当时的新的州。①

因为内夫居住在加利福尼亚州，无法知晓在俄勒冈州报纸上刊登的通知。内夫对米切尔起诉他的情况一无所知，未在法律规定的期间内答复。据此，俄勒冈州法院在米切尔诉内夫案中作出缺席判决，判决米切尔胜诉。米切尔从俄勒冈州的法院收到一纸判决，大意是内夫欠米切尔(大约)300美元。显然，内夫没给米切尔签发支票支付欠款。不管出于什么原因，如果
51 被告不履行对其作出的不利判决，会发生什么呢？正如我们在第二章第二节看到的，迄今为止，答案都是一样的：法院将扣押被告的某些财产，公开拍卖出售以清偿判决债务。这就是本案中发生的事。摩特诺玛县法院查封了内夫在该县的土地，并公开拍卖出售。谁在拍卖中到场并出价竞拍呢？是米切尔，此外再无他人。米切尔以判决金额出价，成为该次拍卖的赢家。这样，根据出售土地以履行判决的命令，土地通过司法拍卖转让契据(sheriff's deed)转让给了米切尔。

在继续讲述该故事前，你们应该明白公开拍卖是如何操作的。在第二章第二节提出过该话题。理论上任何人都可以在拍卖中到场，对土地出价。由于拍卖的目的是筹集资金以履行判决，因此希望拍卖价格至少与判决金额相等。如果拍卖价低于判决金额，拍卖所得将用来部分履行判决；如果拍卖价等于判决金额，拍卖所得全额履行判决；如果有剩余，政府会为被告把多余的钱存入一个账户。

- P获得了一项D向其支付5万美元的判决。(可能是P一路诉讼经历庭审或D缺席或通过任何其他方式作出的判决。)P想拿到她的5万美元，而D拒绝支付(不管出于何原因)。P寻求法院发布命令

① 这种从联邦政府手中拿到土地的途径有时被称为(正如同彭诺耶案判决意见中的提法)取得了土地的“特许(patent)”。不要与获得发明专利混淆。土地特许仅仅是从政府手中获得土地的授予。

(令状)查封 D 的财产以便拍卖出售筹集 5 万美元。法院向行政司法官签发了“执行令”(writ of execution),命令其查封财产。查封的可能是土地、汽车、银行账户或任何其他种类的财产。之后,由行政司法官监督财产的公开拍卖。

- 假设在拍卖中 X 是出价高的竞买者,出价 7 万美元。X 向法院支付 7 万美元,获得财产的所有权。如果财产是土地,则由行政司法官办理司法拍卖转让契据手续向 X 转让财产,在契据登记册中登记该事项,以作为 X 拥有土地所有权的官方记录。那么如何处置拍卖款项呢?法院向 P 支付 5 万美元(履行判决),剩余的 2 万美元保存在 D 账户中。D 可在任何需要的时候拿到该款项。如果 D 不在,余款将存在账户中,按法定利率生息。
- 假设在拍卖中,X 是出价最高的竞买者,出价 4 万美元。X 向法院支付了 4 万美元,获得财产所有权。法院向 P 支付 4 万美元,针对 D 的判决在 4 万美元金额内得到了执行。这当然意味着,P 对 D 仍拥有 1 万美元的支付请求权。如果判决是有效的、属于对人判决,则判决在 1 万美元的范围内没有得到执行,P 可以在法院地,甚至在另一个州,根据充分信任和尊重申请执行 D 的其他财产(在第二章第二节讨论过)。

现在回到我们的故事,看看米切尔如何在拍卖中扮演两种角色:即 P(原告)和 X(拍卖中的买方)。这么做并没什么不妥。我们只需要将两个角 52
色分开。作为竞买人,其出价是判决金额(约 300 美元),并支付给了法院,获得了土地的司法拍卖转让契据。作为原告,米切尔有权获得 300 美元。因此,法院把钱交给他。这样,同时充当了竞买者和原告两个角色的米切尔以得到内夫土地的契据完成了交易,却不用从口袋里掏一分钱。再次说明一下,同时充当两个角色并无不妥,可能经常发生。(不过,我们将会发现米切尔是个骗子,可能在此没干好事。)

仅仅在收到司法拍卖转让契据后几天,米切尔就向新的争议参与方——西尔维斯特·彭诺耶(Sylvester Pennoyer)——出售了土地(米切尔获得了巨额利润,该块土地显然约值 1.5 万美元)。在获得土地款后,米切尔向彭诺耶交付了土地契据。彭诺耶搬到了土地上,在内夫从加利福尼亚州返回之前一切都正常。不用说,内夫惊讶地发现彭诺耶在自己的土地上生活。内夫在联邦法院起诉彭诺耶以收回土地。[①] 内夫声称,他最初是根据《俄勒冈州捐赠法》从联邦政府的土地出让中取得了该块土地,旨在将土地转让给米切尔的司法拍卖转让契据是无效的。(如果转给米切尔的契据无效,则米切尔转给彭诺耶的契据也无效。)因此,整个案件取决于交给米切尔的司法拍卖转让契据是否有效;如果有效,则排除了内夫的土地所有权。这个问题反过来又取决于米切尔起诉内夫案中的基础判决是否有效。

联邦初审法院[②]判决内夫胜诉。法院认为,米切尔诉内夫案的判决是无效的。因此,意图将内夫所有权转移给米切尔的司法拍卖转让契据(它以此判决为基础)也是无效的。这当然意味着米切尔无有效的所有权能转让给彭诺耶,因此内夫收回了自己的土地。然而,法院的判决理由单一,它认为在报纸上刊登通知违反俄勒冈州法律,因为米切尔的宣誓书(affidavit),即发布公告的先决条件,是不充分的。美国联邦最高法院通过"纠错令"(writ of error)支持了联邦初审法院的判决[③]——换言之,也认为内夫应该胜诉——但依据不同的、范围更广的理由。这就是你们在案例教科书中读
53 到的联邦最高法院的观点。

---

① 在第一章第二节第一目中我们注意到,联邦法院仅受理某些类型的案件,其中包括不同州州民间的案件。内夫起诉彭诺耶案是适格的,因为内夫是加利福尼亚州州民,而彭诺耶是俄勒冈州州民。在第四章第五节探讨这种类型的事物管辖权(subject matter jurisdiction)。

② 在当时,联邦初审法院(federal trial courts)是它们所在特定地区的巡回法院(circuit courts)。审理内夫诉彭诺耶夫案的法院是俄勒冈地区巡回法院。今天,联邦初审法院被称为地区法院(the district court),联邦系统的中间上诉法院被非正式地称为巡回法院。

③ 在裁判彭诺耶案时,美国联邦最高法院与联邦初审法院之间并无中间上诉法院(intermediate court of appeals)。今天,俄勒冈州联邦审判法院作出的判决将上诉至美国第九巡回区上诉法院(U. S. Court of Appeals for the Ninth Circuit),该法院受理包括俄勒冈州在内的西部诸州对联邦初审法院判决的上诉。彭诺耶时代的做法和今天相似,并不要求联邦最高法院审理提交给它的上诉案件。相反,联邦最高法院有决定裁判哪些案件的裁量权,对此第一章第二节第一目和第二目讨论过。

**判决要点**

在彭诺耶案中，联邦最高法院认定米切尔诉内夫案的判决是无效的，因为作出判决的俄勒冈州法院对内夫的财产不拥有管辖权。更具体地说，俄勒冈州法院缺少有效的我们今天称之为第二类准对物诉讼的管辖权。为什么？因为在案件初始，没有扣押内夫的财产。相反，在法院对内夫作出缺席判决后，米切尔才申请扣押财产。米切尔在这一时间点申请扣押财产是为了执行对内夫不利的判决。

法院判决的要旨仅涉及第二类准对物诉讼管辖权，要求在这种案件中法院在诉讼之初就扣押管辖的依据（当然，它是属于被告的财产）。如果没有做这种扣押，则完全没有法院可行使权力的财产。正如联邦最高法院所解释的：

> 法院调查并确定[被告]义务的管辖权不过是法院对财产管辖权的附属物。法院这方面的管辖权不能取决于法院审查了诉因、作出判决后查明的事实。如果之前的判决无效，则不能通过之后发现或占有被告的财产使之有效。如果判决在作出时是无效的，它将一直无效：它不能处于不确定状态——如果发现财产即有效，未发现则无效……。每个判决的有效性取决于判决作出之前的管辖权，而不取决于之后会发生什么。①

重要的是理解联邦最高法院判决的依据。尽管初审法院的判决依据是按照俄勒冈州法律米切尔的宣誓书有问题，但联邦最高法院没有阐述该问题。相反，它认为，俄勒冈州法院未能在案件初始扣押管辖权依据（内夫的财产），违反了联邦宪法和有关充分信任和尊重的法律规定。正如我们在第二章第二节讨论，充分信任和尊重条款规定有效的判决有权在其他州获得执行。因此，联邦最高法院在彭诺耶案中解释说，无效的判决（如米切尔诉内夫案的判决）无权在其他州获得执行——甚至在作出判决的州也不能获得执行。由于俄勒冈州法院对米切尔诉内夫案的判决是无效的，因此该判

---

① 《美国联邦最高法院判例汇编》第95卷，第728页。

决无权在此后联邦法院受理的内夫诉彭诺耶案中得到尊重。[①]

54 接着联邦最高法院讨论了《第十四修正案》的通过。正如第二章第三节指出的，除了其他内容外，该修正案还禁止各州“未经法律的正当程序”剥夺公民的财产。在《第十四修正案》通过前，《宪法第五修正案》禁止联邦政府拒绝给予公民正当程序，但是宪法的这一部分没有规定州政府的行为。《第十四修正案》在1868年获得批准，获批准是米切尔诉内夫案判决之后的事。因此，严格说来，《第十四修正案》并未在彭诺耶案中得到适用，因为它未能及时通过而影响米切尔诉内夫案的判决。然而，法院的态度很明确，无适当管辖依据的判决（如米切尔诉内夫案的判决）构成拒绝正当程序（并因此违反了《第十四修正案》）。正如联邦最高法院所指出的，“如果法院没有管辖权，则认定当事人个人权利义务之法院诉讼，不构成法律的正当程序”。[②]

彭诺耶案后，毫无疑问，对人管辖权在宪法上的适当性需由正当程序原则来判断。此外，正当程序的评估决定了判决是否有权获得充分信任和尊重。换言之，如果法院缺乏对人管辖权，其判决将会剥夺诉讼当事人的正当程序权利。因为根据正当程序该判决是无效的，因而也无权得到充分信任和尊重。因此，虽然严格说来，彭诺耶案是以充分信任和尊重为依据的（因为没有及时批准《第十四修正案》以用于米切尔诉内夫案之判决），但在今天，这一审查可根据正当的程序进行。

尽管彭诺耶案的裁判涉及的是第二类准对物诉讼管辖权（因为米切尔诉内夫案中试图获得管辖权的依据是内夫在俄勒冈州的财产），但法院的判决意见探讨了对人管辖权的其他依据。它提供了继续塑造我们想法的管辖基本知识。在一段著名的（很长的）法院判决意见中，法官斯蒂芬·菲尔德（Stephen Field）[③]援引了两个源自国际法的“公法原则”。第一：

---

① 虽然[联邦法院]与州法院的关系不是外国法院间的关系，但联邦法院是不同主权所辖的法院，行使明确和独立的管辖权，在州法院给予它们信任和尊重时，才给予州法院相同的信任和尊重。《美国联邦最高法院判例汇编》第95卷，第732—733页。

② 《美国联邦最高法院判例汇编》第95卷，第733页。

③ 菲尔德法官是大卫·达德利·菲尔德（David Dudley Field）的弟弟，后者是美国19世纪重要的法律改革家，参见第七章第二节。

> 每个州对其领域内的人员和财产拥有排他的管辖权和主权。因此，每个州有权自主决定其居民的民事法律地位和民事能力；
>
> 规定他们可以就何种事项订立合同，规定合同的形式以及需要履 55
> 行的手续，他们由此承担的权利和义务，以及确定合同效力和义务履行的方式；并规范取得、使用和转移本州境内财产——动产和不动产——的方式和条件。①

第二项原则是第一项原则的必然结果，即：

> 任何州不得对不在其领域内的[意思是"域外的"]人员或财产行使直接的管辖权。各州拥有平等的尊严、权力，其独立性暗示排除其他各州行使权力。因此，法学家确立起了一项基本原则，一州的法律不得在域外实施，除非基于礼让而获得许可；各州法院不得将自己的程序延伸到域外而使人或财产受其判决约束。②

显然，彭诺耶案的基础是现实"权力"的观念——一个州对其范围内的人或物拥有的权力。这种权力见之于这样的事实：州法院能扣押位于其境内的人员和财产。因此，加利福尼亚州对其境内的人或物拥有权力，而俄勒冈州不能对该人和物行使权力。更确切地说，俄勒冈州不能对加利福尼亚州的人或物**直接**行使权力。不过，法院在彭诺耶案中承认，俄勒冈州法院作出的有效判决在加利福尼亚州会产生**间接**影响。

- X 在加利福尼亚州拥有土地。围绕 X 是否同意将土地转让给 A 发生了争议。对 X 拥有对人诉讼管辖权的俄勒冈州法院审理了该争议，并认定 X 同意将该财产转让给 A。俄勒冈州法院可以作出对人判决，命令 X 履行将财产转让给 A 的契约。尽管俄勒冈州法院的判决对加利福尼亚州有影响(因为判决产生了在加利福尼亚州的财产从 X 转让给 A 的结果)，但此种影响是间接的，因此也是允许的。即，在加利福尼亚州的影响依附于俄勒冈州法院对 X 行使的对人管

---

① 《美国联邦最高法院判例汇编》第 95 卷，第 722 页。

② 同前注。

辖权，因为俄勒冈州法院对X拥有对人管辖权，所以有权命令X做一些事情（甚至是对加州产生影响的事情）。

- 内夫在俄勒冈州拥有土地，但住在加利福尼亚州。米切尔主张内夫欠他所提供法律服务的钱。米切尔利用第二类准对物诉讼在美国
56 俄勒冈州起诉内夫，并将内夫在俄勒冈州的土地作为管辖依据。内夫未出庭，因而米切尔胜诉。如果处理得当，将根据本案的缺席判决处置内夫在俄勒冈州的土地，通过司法拍卖将其销售给出价最高的竞买者。虽然俄勒冈州法院的判决对加利福尼亚州产生了影响（通过影响加利福尼亚州居民在俄勒冈州拥有的财产），但该种影响是**间接**的，因此也是允许的。如果俄勒冈州对内夫的土地拥有第二类准对物诉讼管辖权，则有权处置该财产，尽管这样做会对加利福尼亚州产生附带性的影响。

假如这一切都成立——如果各州都拥有这样的权力——为什么俄勒冈州无权作出其在米切尔诉内夫案中所作的命令呢？上面彭诺耶案引述的两原则必须稍作软化处理，因为在美国州没有对其域内的人和财产任意行事的绝对权力。为什么？因为有美国宪法。该了不起的文件做了几件事。就当前目的而言，它通过将原属于州的权力授予联邦政府从而创建了该政府。说得直白点，各州放弃一些权力而加入美利坚合众国（the Union）。因此，菲尔德（Field）法官在彭诺耶案中表示："的确，美利坚合众国众州并非在每一方面都是独立的，很多最初属于它们的权利和权力现在都归属于由宪法缔造的联邦政府。"[①]他接着指出，除非《美国联邦宪法》"予以限制"，否则美国各州拥有独立的（国际上的）国家的权力。

而且，正如我们前面所讨论的，正当程序以及充分信任和尊重的理念限制州行使对人管辖权的权力。美国各州对其疆域内的人和事并不拥有不受约束的权力。宪法限制了其权力。一个这样的限制是——该限制源自正当程序以及充分信任和尊重的宪法原则——除非一个州具有适当管辖依据，

---

① 《美国联邦最高法院判例汇编》第95卷，第722页。

否则不能作出判决。根据彭诺耶案，一个州只有在案件初始扣押作为管辖依据的财产，才能行使第二类准对物诉讼管辖权。因为没有这样做，所以米切尔诉内夫案的判决是违宪的并因此无效。所以，米切尔手里的司法拍卖转让契据(the sheriff's deed)是无效的，这意味着他交付给彭诺耶的契据(deed)也是无效的。内夫胜诉。[①]

**有关对人诉讼管辖权，判决意见说了些什么**

彭诺耶案的法院判决意见之出名并深具影响，并不仅仅是因为其范围 57
狭窄的判决意见，即在第二类对物诉讼案件中，合宪性要求开始时就扣押财产。在法院判决意见中，联邦最高法院还探讨了对人管辖权的其他依据，并澄清了对这些依据的理解。关于对人诉讼案件——"当诉讼的全部目的是确定被告的个人权利和义务"[②]——彭诺耶案阐释了哪些依据仍被视为行使管辖权的"传统依据"。在意见书的开始部分，讨论有关的俄勒冈制定法时，法院提到了三个这样的管辖依据。

第一，如果被告"在法院出庭(appear[s] in the court)"，[③]就要服从对人诉讼管辖权。这项依据就是人们通常所说的同意(consent)。正如我们在第二章第一节所指出的，被告可以放弃不在无对人管辖权之法院被诉的宪法保护。因此，被告可以同意任何州的管辖。如我们在第六章第二节所

---

① 请注意这出人类戏剧意味着什么。米切尔花了约300美元购买了该项财产，又以数倍的价格(约1.5万美元)卖给了彭诺耶。然而由于最高法院的判决，彭诺耶失去了他花大价钱购得的土地。那么，谁该遭谴责呢？不是内夫，他一个目不识丁的自耕农，据说是一个值得尊敬的人；不是彭诺耶，美国俄勒冈州历史上受人爱戴的人物，他长期担任该州州长。米切尔是个恶棍，他是宾夕法尼亚州的一名律师，抛弃了自己的妻子，并卷走了客户的一大笔钱，(带着情妇)逃离东海岸，前往俄勒冈州。在那里，他未与第一任妻子离婚就娶了情妇。他成为俄勒冈州一名成功的地产律师，但同时在当地丑闻缠身。当地一家报纸刊登了他写给他的第二任妻妹的情书。有趣的是，他的私生活并未妨碍他担任俄勒冈州的参议员。他被判犯有土地诈骗罪(与彭诺耶案无关)入狱服刑；在案件上诉期间死去了。想获知该重大案件之人物的有趣和娱乐版的描述，请参见温迪·柯林斯·珀杜："罪恶、丑闻和实质性正当程序：对人管辖权和彭诺耶案的再思考"，载《华盛顿法律评论》。(Wendy Collins Perdue, Sin, Scandal, and Substantive Due Process: Personal Jurisdiction and Pennoyer Reconsidered, *Wash. L. Rev.*)第62卷，第479页(1987年)

② 《美国联邦最高法院判例汇编》第95卷，第727页，也可参见第二章第二节。

③ 《美国联邦最高法院判例汇编》第95卷，第720页。

看到的，这种同意有时是自愿的，有时则是没有适当反对行使管辖权企图的结果。现在无疑被告可以同意任何州的对人管辖权，该同意既可能是出于自愿，也可能是犯错误的结果。

第二，彭诺耶案承认，州可以对“其居民(resident)”行使对人诉讼管辖权。[①] 这样行使管辖权是有道理的。毕竟，如果某人居住在法院地，则该人位于该州境内，因此要服从州法院的权力。同样，现今无疑各州对那些与法院有这类持续联系的人拥有对人管辖权。很可能菲尔德法官所指的并不仅仅是居所(residence)，而是“住所(domicile)”。在后面的案件里[米利肯诉迈耶案(Milliken v. Meyer)，在第二章第四节第二目讨论]，联邦最高法院提到了依据住所而不是“居所”的管辖权。我们在第四章第五节第三目详细界定和探讨住所，涉及不同问题。简言之，一个人只能有一个住所，不可能有一个以上的住所。住所的建立是通过居住在那儿外加永久居住的主观意
58 图。会一直保留住所，直到在别的地方建立起新的住所。居所是一个时间更为短暂的概念，而且一个人可以有一个以上的居所。例如，假设你到某州的法学院读书，此前你从未与该州有过联系。再假设你从法学院毕业后打算回到家乡。虽然你现在居住在上学的州，但你的住所是家乡所在的州。极有可能，在彭诺耶案中联邦最高法院想说一个人应服从住所地法院的管辖权。

第三，一个州对“州内看到”的被告拥有对人诉讼管辖权。[②] 通常，这被称为作为管辖依据的“出现(presence)”。如果我们明白这不是简单地以被告从前曾在法院地出现之事实为依据考虑管辖权，那么使用这种简化的表述也没什么错。更确切地说，在被告出现在法院地时必须向她**送达诉讼书状**。这是对人诉讼管辖权的典型形态。

此外，在法院判决意见的后面部分，联邦最高法院指出了另有一种对人诉讼管辖权依据。法院确认，当涉及商事交易案件时，一个州可以“要求在

---

① 同前注。

② 《美国联邦最高法院判例汇编》第 95 卷，第 720 页。

该州参与合伙或公司或缔结可执行合同的非居民，在该州指定代理人（agent）或代表（representative）接收诉讼书状的送达”。① 这实际上可以视为是两种已考察依据的混合：即同意和出现。一个州可以要求在该州从事商业交易或签订合同之任何人，指定某人接收诉讼书状。这样做的被告可能同意了管辖，或案件可以涉及“推定”被告在该州出现。总的来说，一个人可以让代理人为其履行各种职能。因此，被告在其他州指定代理人接收诉讼书状可以视为通过代理人在该州出现。对这些观点会在第二章第四节第二目进一步阐述。

**需要有管辖依据和给被告通知**

在彭诺耶案中，联邦最高法院明确指出，《美国联邦宪法》（正当程序与充分信任和尊重）不仅要求有管辖依据，而且要求向被告发送通知（notice），给被告在法院捍卫其权益的机会。通知由诉讼书状（process）组成，如我们在第二章第一节看到的，诉讼书状由起诉状副本（complaint）和传票（summons）构成，传票是象征法院对被告行使权力的文件。（在第三章第三节将详细探讨诉讼书状的送达。）审理彭诺耶案的法院在两种一般类型的送达之间划分了清晰的界限：向本人送达（personal service）和“推定”送达（“constructive” service）。前者意如其名，被告（本人直接地）被送达了必要的文件。推定送达是指向本人送达以外的送达。其中的一种是公告，即在 59
法院地拥有通常发行量的报纸上刊登通知。在米切尔诉内夫案中，米切尔就采取了这种通知方式。

根据彭诺耶案，向本人送达是对人诉讼案件的绝对要求。此外，由于联邦最高法院强调一个法院不能在该州境外产生直接影响，“一个州的法院诉讼书状不能进入另一州并传唤住在那里的当事人离开该州并回应针对其的诉讼”，②因此根据彭诺耶案，对人诉讼案件中唯一适当的通知形式是在法院地州向被告本人（或其代理人）直接送达诉讼书状。

---

① 《美国联邦最高法院判例汇编》第 95 卷，第 735 页。

② 《美国联邦最高法院判例汇编》第 95 卷，第 727 页。

奇怪的是，我们考虑此点时，这种通知形式涵盖了对人诉讼管辖权的各种管辖依据。记住，除了在法院地向被告（或其代理人）送达诉讼书状外，联邦最高法院还承认同意和居所可作为管辖权依据。但是，如果可使用的唯一的通知方式是在法院地送达诉讼书状，那作为管辖依据的同意和居所就变得多余了。假设原告打算在俄勒冈州起诉被告，而被告住所在俄勒冈州。我们知道，被告在俄勒冈州的住所给了该州管辖依据，从而使该州取得了管辖被告的对人诉讼管辖权。但至少根据彭诺耶案是这样：通知被告的唯一方式是在俄勒冈州向被告送达诉讼书状。因此，为什么不单将此依据（在送达时在法院地出现）作为管辖依据呢？

我们会在后续章节中看到，联邦最高法院将放宽了在法院地完成送达诉讼书状的要求。总有一天，诉讼书状会从一州送达到另一州。

正如我们在前面所看到的，第二类准对物诉讼管辖依据（以及通过推断，还包括第一类准对物诉讼和真正的对物诉讼案件）是诉讼初始在法院地被扣押的财产。可以通过推定知道（constructive notice）满足通知的要求，如在报纸上公告。即使在这里，也存在一些功能上的重叠。联邦最高法院指出，扣押财产本身也等于发出通知。正如菲尔德法官所说的，“法律假定，财产总是由其所有人直接占有或通过代理人占有；根据这一理论可得出结论：扣押财产将会告诉他……他必须注意……有法律允许的诉讼。”[①]这种“通知”具有相当的虚拟性。因此，联邦最高法院要求必须通过公告对其强化。然而，彭诺耶案清楚表明，在对人诉讼案件中刊登通知是不够的。

60 **涉及法律身份的案件**

在法院判决意见的较后部分，审理彭诺耶案的联邦最高法院确认一个州可以“授权进行诉讼认定本州州民针对非居民的身份，尽管未向非居民送达诉讼书状或直接通知（personal notice），这一诉讼在该州仍然具有约束力”。[②] 它接着讨论了有关该身份案件的最好例子——离婚诉讼。离婚诉

---

① 同前注。

② 《美国联邦最高法院判例汇编》第 95 卷，第 734 页。

讼不是对人诉讼；相反，它是确定人（配偶）在婚姻“事务”中利益的诉讼。因此，它具有对物诉讼和第一类准对物诉讼的性质。夫妻一方居住在法院地的事实准许该人提起离婚诉讼，而不必在该州向另一方送达诉讼书状。公告送达即足矣——再次因为这不是对人诉讼。

这一结果是由实际情况决定的。如果离婚是对人诉讼，夫妻一方仅需搬到另一州即可阻止另一方离婚。准许居民配偶在本地打官司符合每个人的利益。但是注意，只有身份问题才能如此解决。如果夫妻一方向另一方追索金钱（如赡养费或子女抚养费），则法院必须能够行使对人诉讼管辖权。[①]

**一些假设的例子**

让我们根据彭诺耶案对一些事实范例适用法律。

- P在俄勒冈州起诉D。D在俄勒冈州被送达了诉讼书状，但D拒绝应诉。俄勒冈州法院作出缺席判决，判决P胜诉获赔1万美元。该判决有效吗？[②]
- P在俄勒冈州起诉D。D在加利福尼亚州被送达了诉讼书状，送达地点刚好过俄勒冈州的州界。D拒绝应诉。俄勒冈州法院作出缺席判决，判决P胜诉获赔1万美元。该判决有效吗？[③]
- P在俄勒冈州起诉D。P请一位官员在俄勒冈州向D送达传票诉讼书状。然而当该官员走近D时，D跨过了州界，从俄勒冈州进入到加利福尼亚州。该官员走到加利福尼亚州一边的边界，在D的鼻子上打了一拳，致使D昏迷不醒，然后将D拖过边界进入俄勒冈 61
州。该官员在D苏醒后，向D送达了传票诉讼书状。俄勒冈州对D拥有对人诉讼管辖权吗？

---

① 或对位于法院地但由非居民配偶所有的某财产享有第二类准对物诉讼管辖权。

② 有效。俄勒冈州法院有在送达完成时被告在法院地出现的管辖依据。通知由在法院地送达的诉讼书状组成。

③ 无效。送达没有在法院地完成。彭诺耶案要求在对人诉讼案件中，应在法院地州境内向被告送达诉讼书状。俄勒冈州法院在加利福尼亚州不享有权力。

- 我们很想说不拥有，因为我们对官员的行为感到愤怒。但彭诺耶案提到D如何在法院地出现了吗？没有。该案提到行使管辖权需要“公平”了吗？也没有。该案谈到了对州内之人和事行使的权力。在送达诉讼书状时D在法院地。显然D可以控告该官员实施了侵权行为。[①] 而且，因为该官员犯有殴打D的罪行，所以该州可能会为该罪行起诉该官员。[②] 然而，在谈到俄勒冈州是否对D拥有管辖权问题时，彭诺耶案表明这些事实重要吗？
- 根据彭诺耶案的权力原则，俄勒冈州很可能对D拥有对人诉讼管辖权。毕竟，D在法院地被送达了诉讼书状，而这正是联邦最高法院所要求的。另一方面，没有什么规定要求俄勒冈州法院行使这种管辖权。

在这些情况下，法院经常援引后来被称为管辖权暴力和欺诈例外(force and fraud exception to jurisdiction)的规定。这一例外承认州可以合宪行使对人管辖权，但在该情况下这么做是不适当的(unseemly)。因此，法院通常会拒绝支持该官员的坏行为。请考虑两种说法之间的巨大理论差异：(1)没有管辖权，和(2)有管辖权但法院拒绝行使管辖权。因为彭诺耶案中没有任何关于公平的阐述，所以，第二个选项似乎更准确地反映了该案的法律。

- H和W结婚了，住在宾夕法尼亚州。后来，H遗弃W，搬到了俄勒冈州。W在宾夕法尼亚州起诉H，要求离婚。在宾夕法尼亚州不能向H本人送达诉讼书状，因此仅通过公告送达了通知。宾夕法尼亚州法院作出判决，宣布该夫妇离婚。该判决有效吗？
- 有效。这不是一起对人诉讼案件。相反，它是一个确定当事人在事务——即婚姻中身份的案件。彭诺耶案的判决意见很清楚，依据婚
62 姻一方在州内的居所，州有权作出这一具有约束力的判决。

---

① 顺便问一下，被告应在哪里起诉这名官员呢，加利福尼亚州还是俄勒冈州？

② 顺便问一下，可以在哪一个州进行公诉？这名官员是在加利福尼亚州还是俄勒冈州犯罪？或在两州均犯有罪？

- 同样的案件，除了要求离婚判决外，W 还要求法院命令 H 向其支付每月 500 美元的赡养费和子女抚养费。宾夕法尼亚州法院能依据公告送达作出这一有效命令吗？①
- P 在俄勒冈州起诉 D，要求赔偿 1 万美元。D 没有在俄勒冈州出现。P 让法院扣押了 D 在俄勒冈州的财产。扣押在诉讼初始就进行了，通知是公告送达的。D 未出庭。法院判决 P 胜诉，获赔 1 万美元。该判决有效吗？
    - 有效。但仅在扣押财产的价值范围内。这是第二类准对物诉讼案件。在诉讼初始扣押财产的管辖依据得到了满足，公告通知的要求也得到了满足。该财产的价值将由公开拍卖确立。

## 二、彭诺耶案的延伸：哈里斯诉鲍克案、赫斯诉波罗斯基案及其他案件

联邦最高法院在 1878 年作出彭诺耶案判决，那时尚处于马车运输的旧时代。在随后的几十年中，美国人口的流动性更大了。马车和火车让位于汽车和飞机。进入一个州，对那儿产生影响（可能通过实施侵权或违反合同）以及在被送达诉讼文书前离开，变得更加容易。然而，根据彭诺耶案，人们取得对人诉讼管辖权管辖的方式是有限的：居所，同意，送达诉讼文书时本人或代理人在法院地出现。因此，假如有人想起诉非法院地州的居民（a nonresident of the forum）——如果该非居民在法院地没有代理人，也没同意由其管辖——则必须能在法院地向该非居民送达诉讼书状。狡猾的被告可以通过待在法院地州外（或离开法院地州）轻易逃避法院地的管辖权。

必须拿出措施来。不管怎样，为适应当代社会的现实联邦最高法院必须扩大可获得的对人管辖权。正如在第二章第四节第三目看到的，最终在

---

① 无效。所请求的救济——要求 H 支付金钱——超出了身份认定。在没有于宾夕法尼亚州向 H 送达诉讼书状的情况下，依据案件事实这样的送达是不可能的，W 不能为获得这种救济而以对人诉讼起诉 H。

20世纪中叶，联邦最高法院重新规定了正当程序的基本审查规则。然而此前，在20世纪初期，法院通过延伸彭诺耶案确立的原则扩大对人管辖权的获取。法院在三个主要领域里，扩展了彭诺耶案的原则：第二类准对物诉讼，涉及商事的对人诉讼以及涉及个人的对人诉讼。

63 **第二类准对物诉讼上的延展：哈里斯诉鲍克案**

在因无法在法院地向被告送达诉讼书状而不可能行使对人诉讼管辖权的案件中，彭诺耶案允许提起第二类准对物诉讼。只要被告在法院地有财产，该财产在诉讼之初始就被扣押而且对被告作了公告送达，则根据第二类准对物诉讼的判决就是有效的。我们看过的唯一例子（米切尔诉内夫案）涉及在法院地查封被告的土地。[1] 然而，在彭诺耶案中，并没有任何规定要求将第二类准对物诉讼限于对有体财产行使管辖权。[2]

联邦最高法院于1905年在哈里斯诉鲍克案（Harris v. Balk）中戏剧性地扩大了第二类准对物诉讼管辖权之效力范围。[3] 在该案中，鲍克欠爱泼斯坦（Epstein）钱，爱泼斯坦想起诉鲍克收回这笔钱，但他想在巴尔的摩（Baltimore）（爱泼斯坦的居住地）起诉，而不是去鲍克居住的北卡罗来纳州起诉。然而只有在爱泼斯坦能在马里兰州向鲍克送达诉讼书状，他才能在该州对鲍克提起对人诉讼。鲍克没有到过马里兰州附近的地方，所以不可能提起对人诉讼。第二类准对物诉讼怎么样呢？在这一点上，鲍克似乎也是安全的，不会在马里兰州被诉，因为他在该州没有任何财产。但这儿肯定出乎鲍克的预料。一位名叫哈里斯（Harris）的男子碰巧欠鲍克的钱。当有人欠你钱，你就拥有了财产权（property right）（欠款）。你可以就该欠款提起诉讼而努力执行该财产权。起诉以强制执行债务的权利是你的“财产权”，但它是无体财产（intangible property）。虽然你不能触摸或看到它，但

---

① 但记住，该项查封是有缺陷的，因为它不是在诉讼开始时进行的。这是米切尔诉内夫案的判决在彭诺耶诉内夫案中遭拒的原因。参见第二章第四节第一目。

② 我们在本书第49页注释②中对有体财产和无体财产进行了区分，并界定了不动产。记住，所有的不动产都是有形的，但不是所有的有形财产都是不动产。如果还不清楚，请温习该脚注。

③ 《美国联邦最高法院判例汇编》第198卷，第215页（1905年）。

它是存在的。

哈里斯去了马里兰州。爱泼斯坦不知怎么听说了这事，对鲍克提起诉讼（第二类准对物诉讼）以收回鲍克欠其的款项。但他需要扣押鲍克的某些财产。爱泼斯坦在巴尔的摩找人向哈里斯送达了诉讼书状，并要求马里兰州法院令哈里斯将其欠鲍克的钱在法院交存登记。哈里斯照做了，把他欠鲍克的钱交法院保存。爱泼斯坦在案件初始即扣押了这笔钱，并对鲍克提起了第二类准对物诉讼。联邦最高法院支持了第二类准对物诉讼。

哈里斯诉鲍克案的结论是，法院甚至可以对**无体**财产行使第二类准对物诉讼管辖权。从本质上讲，当哈里斯前往马里兰州，他欠鲍克的债务也跟随他到了马里兰州。因此鲍克的财产就位于马里兰州了。爱泼斯坦扣押该项财产，办法是对鲍克提起第二类准对物诉讼，并找人向哈里斯送达诉讼书状，目的只有一个——让哈里斯交出欠鲍克的钱。[①] 一旦哈里斯这样做了， 64
这笔钱（属于鲍克的钱）就作为对鲍克提起第二类准对物诉讼的管辖依据而被扣押了。这种做法极为聪明，而且完全符合彭诺耶案的原则。

注意哈里斯案判决是如何使避免在另一个州被诉变得更为困难的。哈里斯案之前，与鲍克处于相同境地之人只要(1)拒绝前往另一州，(2)确保其在该州没有财产，就可以避免受该另一州管辖。然而哈里斯案后，该人可以在其债务人碰巧去的任何地方以第二类准对物诉讼被诉。

在审理谢弗诉海特纳（Shaffer v. Heitner）案[②]前，联邦最高法院已有70多年的时间没有再碰第二类准对物诉讼管辖权。在该案件中，第四章第二节第四目将讨论该案，联邦最高法院推翻了哈里斯诉鲍克案的判决。但我们不能前进得太快，现在的要点是注意20世纪初法院如何通过延展彭诺耶案的理念扩张对人管辖权。

---

① 法院采取了常被称为债权扣押（garnishment）的程序，扣押了恰好在哈里斯手中的鲍克的财产。哈里斯可能会辩称，他不欠鲍克钱并为此提起诉讼。事实情况是，他承认欠鲍克钱且把该钱交存于马里兰州的法院。由于马里兰州法院对鲍克作出的第二类准对物诉讼判决是有效的，鲍克不能再起诉哈里斯收回欠款。哈里斯把钱交给马里兰州的法院就已付了欠款。

② 《美国联邦最高法院判例汇编》第433卷，第186页（1977年）。

### 对人诉讼在商业机构方面的延伸

在19世纪，公司显然可以在其所成立的州被诉。① 因此，如果一个公司在宾夕法尼亚州成立（“获得特许”），毫无疑问，该公司要服从宾夕法尼亚州的对人诉讼管辖权。然而该公司是否可以在另一个州被诉尚存疑问。长期以来，这种局限性并未带来很大麻烦，因为公司通常仅经营当地的、州内的业务。然而在19世纪后期，这种状况开始改变。工业化水平的提高和财富向公司的集中，外加旅行机会的增多，大大促进了公司和其他商业组织所进行的州际商事交易。由于宾夕法尼亚州的公司在弗吉尼亚州从事经营活动的可能性越来越大，在弗吉尼亚州起诉宾夕法尼亚企业的诉求也增加了。

65 在彭诺耶案中，联邦最高法院暗示，各州可以通过要求在其他州成立的企业指定诉讼书状代收人，而实质上对这些企业强行行使对人诉讼管辖权。指定一个当地的代收人属于“交换条件”（*quid pro quo*）——也就是它被用于换取准许在当地从事经营活动。这样，至少在商事交易案件里，原告可以向代收人送达诉讼书状，并迫使外州的企业出庭答辩。这一结果与彭诺耶案相符。管辖依据是同意外加在法院地州向被告的代理人送达了诉讼书状。

然而，是什么赋予了一个州强求指定诉讼书状代收人的权力？就公司而言，答案早已明确：一个州能够拒绝在另一州成立的公司进入。因此，弗吉尼亚州完全可以不让宾夕法尼亚州的公司进入弗吉尼亚州。为什么？因为宪法特权与豁免条款（Privileges and Immunities Clause）（第二条第四款）不适用于公司。② 该条款规定，一个州的州民“在若干州（in the several states）应有权享有州民的所有特权和豁免”，这意味着（大致上）③弗吉尼亚州必须给予宾夕法尼亚州人与本州州民相同的特权和豁免。但是，该条款同样不适用

---

① 公司是一种被视为实体的商业形式——它独立于其所有人以及经营人。只要满足了每个州自行规定的成立的要求，这种实体就诞生了。公司通常在一个州成立，然后在其他州获取经营许可。并非所有的商事交易均由公司完成。还有其他的商业组织，包括合伙。在历史上，合伙本身不被视为实体，而被视为合伙人的联合。

② 保罗诉弗吉尼亚州案（Paul v. Virginia），《美国联邦最高法院判例汇编》第75卷，始于第168页，第177页（1869年）。

③ 在宪法课程中对特权和豁免方面进行详细分析。

于公司。这样，弗吉尼亚州可以禁止宾夕法尼亚州的公司进入该州。如果弗吉尼亚州能够完全阻止外州公司，其的确有较小的权力，能以指定诉讼书状代收人和同意接受对人诉讼管辖权为条件，允许外州公司进入本州。[①]

但在20世纪初，各州遇到了这方面的一个问题。尽管那时宪法特权与豁免条款明确不适用于公司，联邦最高法院还是认为，宪法的其他部分规定——商业条款(the Commerce Clause)——禁止州阻止一个公司在其境内从事州际商业活动。[②] 换言之，如果宾夕法尼亚州的公司在弗吉尼亚州从事的活动属于州际商业活动的一部分(而不是简单的州内商业活动)，弗吉尼亚州就不能阻止该公司。如果弗吉尼亚州不能阻止宾夕法尼亚州的公司，弗吉尼亚州如何能为该公司的活动设定指定诉讼书状代收人和同意对人诉讼管辖权的条件呢？

答案是，根据彭诺耶案，重点从同意(consent)巧妙地转移到了对人诉讼 66
管辖权的另一依据。在国际收割机公司诉肯塔基州案(*International Harvester Co. v. Kentucky*)[③]中，被告公司(在肯塔基州外组建)有意在肯塔基州开展经营，试图获得从事州际商事交易的资格。该公司声称肯塔基州无权阻止它，相应地也无权强迫其同意接受管辖。联邦最高法院支持肯塔基州对该公司行使管辖权。的确，管辖权不能建立在同意的基础上。但是，法院认为，该公司出现在肯塔基州，管辖权能够根据该彭诺耶案的管辖依据获得支持。因此，当抛开同意作为管辖权依据时，则出现(presence)介入其中填补空缺。

联邦最高法院随后作出了一系列判决，讨论了外州公司从事多少商事活动才能满足在法院地"出现"的要求。[④] 随着时间的推移，众法院变得草

---

① 见拉斐特保险公司诉法国案(Lafayette Ins. Co. v. French)，《美国联邦最高法院判例汇编》第59卷，始于第404页，第407页(1855年)("只要获得俄亥俄州明示或默示同意，印第安纳州成立的公司就可以在俄亥俄州从事商业经营。此项同意可能会附带俄亥俄州认为适当的条件……")。

② 国际教科书有限公司诉普里格案(International Textbook Co. v. Prigg)，《美国联邦最高法院判例汇编》第217卷，第91页(1910年)。

③ 《美国联邦最高法院判例汇编》第234卷，第579页(1914年)。

④ 见大众烟草公司诉美国烟草公司案(People's Tobacco Co. v. American Tobacco Co.)，《美国联邦最高法院判例汇编》第246卷，始于第79页，第87页(1918年)。

率了，而开始讨论外州公司是否在法院地从事“经营（doing business）”。如果答案是肯定的，它们就得出结论，该公司要服从对人诉讼管辖权。为什么会称这种做法是草率呢？因为彭诺耶案并没有说经营是对人管辖权的依据。相反，如我们在第二章第四节第一目看到的，该案对这一管辖权给出了四个传统的依据：出现、同意、有居所或者代理人出现。但该表述（不管怎样它很不精确）生根了，在数以千计的法院判决意见书中，法院纠结于“经营”的构成。在第二章第四节第三目国际鞋业案（International Shoe case）中，我们会再次看到这一点。

**涉及个人的对人诉讼扩展：赫斯诉波罗斯基案（Hess v. Pawloski）**

刚才我们看到，至少在某些情况下，一个州可以强迫一家公司同意接受其管辖。这种权力源自该事实：州经常可以阻止公司进入其境内，因为公司不受宪法的特权与豁免条款保护。然而毫无疑问，特权和豁免条款适用于个人，因此州没有阻止自然人进入的总括权力（blanket authority）。但这一事实并不妨碍州努力将对人诉讼管辖权建立在类似于默示同意的观念上。在 1927 年著名的赫斯诉波罗斯基案（Hess v. Pawloski）中，最高法院支持了这种努力。①

在该案件中，宾夕法尼亚州的州民赫斯（Hess）在马萨诸塞州驾车，在那里他卷入了一起与马萨诸塞州州民波罗斯基（Pawloski）间的汽车事故。波罗斯基在马萨诸塞州对赫斯提起了对人诉讼，为遭受的损失寻求损害赔偿。然而，他在赫斯返回宾夕法尼亚州后才提起诉讼，因此无法在马萨诸塞
67 州向赫斯送达诉讼书状。但是，马萨诸塞州有一部法律，允许马萨诸塞州法院对在该州发生汽车事故的非居民行使对人诉讼管辖权。该法律规定，因在马萨诸塞州驾驶机动车辆，非居民同意由该州行使管辖权，并同意将马萨诸塞州的官员（机动车辆登记员）指定为诉讼书状送达的代收人。它还规定，原告必须向该州的官员送达诉讼书状，其副本要发往在其居所地的非居民。波罗斯基谨慎地依法行事，向该州的官员送达了诉讼书状，并确保将诉

① 《美国联邦最高法院判例汇编》第 274 卷，第 352 页（1927 年）。

讼书状的副本邮寄给在宾夕法尼亚州的赫斯。

如今普遍存在这种非居民驾车人法。在讨论马萨诸塞州对赫斯行使对人诉讼管辖权在宪法上是否适当之前,我们应该注意,这种法律规定了我们所称的**特定管辖权**(*specific jurisdiction*)。这意味着,管辖权只是为解决由法院地活动所产生之诉求而创设;具体地说,它对赫斯创设了对人诉讼管辖权,但**仅**适用于汽车碰撞事故。这种特定管辖权与一般对人诉讼管辖权(general in personam jurisdiction)形成了对比,在后一管辖权下,被告可以因在世界上任何地方发生的诉求而在法院地被诉。我们在第二章第四节第五目会重新审视该论题。赫斯案只是向我们提供第一个特定管辖权的例子。彭诺耶案未对特定管辖权与一般管辖权作出区分。

在赫斯案里,联邦最高法院支持了马萨诸塞州行使对人诉讼管辖权(而且,这么做时可以说为所有州通过这种非居民驾车人法铺平了道路)。法院通过援引彭诺耶案指出,"一州法院的诉讼书状不能进入另一州"。[①] 但是注意,马萨诸塞州的法律起草得是多么的精细——它不允许在宾夕法尼亚州送达诉讼书状。相反,送达是在马萨诸塞州完成的,送达给了赫斯的代理人,这当然是彭诺耶案所允许的。而且,管辖的依据是赫斯的同意,这也被彭诺耶案所认可的。

赫斯是如何同意由马萨诸塞州管辖的呢?是通过在那里驾驶机动车。一个州怎么有权强行取得该项同意呢?有趣的是,联邦最高法院认为,尽管特权和豁免条款意味着一个州不能拒绝个人进入,但**能拒绝该人士驾车进入**。在凯恩诉新泽西州案(Kane v. New Jersey)中,[②]奥利弗·温德尔·哈尔姆斯(Oliver Wendell Holmes)法官为法院起草意见,其结论是,如果驾车人拒绝为驾驶机动车引起的诉讼指派当地官员为诉讼书状代收人,则州在公路安全上的利益为拒绝该驾车人入境提供正当性。因此,审理赫斯案的联邦最高法院得出结论,州也有权在驾车人**默示**同意的基础上准许其入境。68

① 《美国联邦最高法院判例汇编》第 274 卷,第 355 页。

② 《美国联邦最高法院判例汇编》第 242 卷,始于第 160 页,第 167 页(1916 年)。

换言之，一个州可以在边境阻挡驾车人，并要求其在该州为驾车导致的诉讼指派一名诉讼书状的代收人。联邦最高法院认为，既然这是成立的，那么该州完全可以仅在驾车人默示同意对人诉讼管辖权并同意任命当地的诉讼书状代收人的条件下，才允许其进入。

赫斯案的结论才华横溢。请注意它是如何与彭诺耶案保持一致的。管辖的依据是同意和由在法院地向被告的代理人送达诉讼书状构成的通知。在赫斯案及类似的案件中，联邦最高法院使彭诺耶案适应了这个新的、更具流动性的世界。该案推进同意的理念，让其包括默示同意。而且它调整了在法院地向被告的代理人送达诉讼书状的观念，使之包括机动车行驶法所指定的代理人。[①]

虽然我们即将开始当代的对人管辖权考察之旅，但你们应该明白，诸如在赫斯案中获得支持的非居民驾车人法在各州每天都在发挥作用。你们可能没有意识到这一点，但每次你驾车越过州界时，你已经——因法律发挥效力——同意就车辆碰撞事故在该州被诉，而且你已指定该州的官员作为这样案件中你的诉讼书状代收人。

1940年联邦最高法院裁判了一起似乎在民事诉讼法课程中未得到广泛认可的案件，但该案是重要的，它是彭诺耶案到当代规则的桥梁。在米利肯诉迈耶案（Milliken v. Meyer）[②]中，联邦最高法院支持依据被告在法院地的住所行使对人诉讼管辖权。正如我们在前面探讨彭诺耶案时所指出的，而且在第四章第五节第三目还将详细看到，一个人一次只能拥有一个住所；它是其一直待的而且打算作为永久之家的州。一个人保有其住所，直至获得另外一个住所。从这一意义来说，当审理彭诺耶案的法院提到一个州对其“居民”拥有对人诉讼管辖权时，法院的本意可能是指住所。正如在米利

① 除其他事项外，审理赫斯案的联邦最高法院还指出，其判决倾向于给予非居民驾车人与居民驾车人同等的地位，由此使结果合法正当。这意味着，马萨诸塞州的居民，如果卷入在该州发生了交通事故，能够因在马萨诸塞州有居所（residence）而在那里被诉。记住，根据彭诺耶案，居所是行使对人诉讼管辖权的依据。

② 《美国联邦最高法院判例汇编》第311卷，第457页（1940年）。

肯案中联邦最高法院明确指出的，有一个交换条件（*quid pro quo*）——当某人在一个州拥有住所时，她从该州获得了一定的权利和利益。这是公平的，作为交换，在该州有住所之人应当服从该州法院的管辖。[①]

值得注意的是，米利肯案支持对在法院地有住所的人行使对人诉讼管辖 69
权，**即使未在法院地向被告本人送达诉讼书状**。该案涉及的是在法院地有住所但未在该州出现的人。[②] 联邦最高法院仅要求使用"合理的方法"告知被告有诉讼。因此我们发现，彭诺耶案中一个看似不可动摇的要求，即对人诉讼案件的通知仅指在法院地送达诉讼书状，出现了重要的软化。米利肯案为依据其他形式的通知行使对人诉讼管辖权打开了大门，更重要的是，为诉讼书状可能越过州界送达（不久就实现了）打开了大门。现在我们回到现今时代。

## 三、当代做法：国际鞋业案

1945 年，联邦最高法院对国际鞋业公司诉华盛顿州案（International Shoe Co. v. Washington）[③]作出了判决，该案开创了对人管辖权法学理论的新纪元。法官、律师、教授和学生们在此后的几十年中试图弄清楚：第一，国际鞋业案意味着什么？第二，如果该案能与彭诺耶案并存，那么如何共存？即使在对人管辖权的历史分析方面未花费大量时间的教授也对国际鞋业案耗时良多。

国际鞋业有限公司（简称鞋业公司）在圣路易斯市（St. Louis）制造鞋子。本案的问题是，当华盛顿州起诉鞋业公司迫使其在华盛顿州缴纳失业税（unemployment tax）时，[④]鞋业公司是否要服从华盛顿州的对人诉讼管

---

① 另一方面，不难想象，一个人可能与居所地（即使不是其住所地）的州有充分联系，以至于使对人诉讼管辖权的行使合法。例如，一个学生或军人可能在其不认为是住所的州居住多年。

② 这很容易发生。记住，一个人一次只能有一个住所。因此，如果在伊利诺伊州有住所之人搬到加州读四年大学，但她不打算让加州成为永久之家，则她仍是在伊利诺伊州有住所之人——尽管她人不在伊利诺伊州。

③ 《美国联邦最高法院判例汇编》第 326 卷，第 310 页（1945 年）。

④ 每个州都建立有失业补偿体系，由该州企业缴纳税款提供资金。鞋业公司争辩说，因为未在华盛顿州经营，所以不必缴纳税款。华盛顿州起诉鞋业公司收取税款。本案中华盛顿州对鞋业公司是否有对人管辖权（personal jurisdiction）之问题与起诉鞋业公司的任何对人诉讼案件中遇到问题是一样的。

辖权。鞋业公司的律师已非常谨慎地安排了该公司在华盛顿州的经营，努力避开那儿的对人诉讼管辖权。例如，鞋业公司雇佣了居住在华盛顿州的推销员而用支付佣金的方式支付报酬。鞋业公司在该州不拥有任何土地，但偶尔会租赁场地展示样品。鞋业公司仅允许推销员展示一双鞋中的一只；这样做的理由是：由于未运来整双鞋，鞋业公司并未在华盛顿州从事商业活动。此外，推销员也无权接受订单。相反，推销员将买鞋的订单转寄到圣路易斯市，由那里的公司作出所有决定；同样，目的是精心布局，让鞋业公
70 司不受华盛顿州管辖。还要注意，鞋子依据“离岸价”(f. o. b.)术语从圣路易斯运出。离岸价格指“free on board”，它要求买方为获得鞋子支付运输工具驶离圣路易斯后的运费。因此，鞋业公司辩称，其并未将任何东西运进华盛顿州，不应让其服从那儿的管辖权。

在第二章第四节第二目的结尾，我们发现，在处理商业企业的对人诉讼管辖权时，法院有些偏离彭诺耶案的管辖权依据。法院并未坚持彭诺耶案的管辖依据，而是将管辖权建立在该公司是否在法院地“从事经营活动”上。在数年里众法院认定，公司在法院地招揽业务“外加一些额外的活动”，就会被视为从事经营，因而要服从那儿的对人管辖权。在国际鞋业案中，华盛顿州最高法院认为，鞋业公司已经从事了“招揽业务外加其他活动”，因此可依这一理论在那里被诉。美国联邦最高法院根据你们案例教科书收录的判决意见，支持了华盛顿州行使的管辖权，但用今天仍然令我们困惑的鼎鼎有名的判词重构了管辖权的审查。

联邦最高法院援引了彭诺耶案，指出：“在历史上，”对人诉讼管辖权“以(法院)对被告本人事实上的权力(de facto power)为基础。因此，被告身在法院管辖区域内是法院作出判决并对其产生约束力的先决条件”。① 但是，我们现在已不再需要逮捕民事案件中的被告了。

> 正当程序只要求……为了让被告服从一项对人判决，如果他没有在法院地境内出现，则他要与该地存在某种最低限度的联系(certain

① 《美国联邦最高法院判例汇编》第326卷，第316页。

minimum contacts),以至于诉讼之进行不违反公平对待和实质正义的传统理念。[①]

你们朦胧地逐渐明白这句话。它就是著名的认定行使对人管辖权是否合宪的国际鞋业案(或者,如很多人所称的最低限度联系)标准。你们会读到联邦最高法院试图解释这句话的意思的各种案件。当我们试图确定其含义时,无论如何,牢记以下几点大有帮助: 71

(1) 在该段或任何其他地方,审理国际鞋业案的联邦最高法院并没打算推翻彭诺耶案。因此,产生了一个问题:国际鞋业案的公式仅是彭诺耶案之外的选择呢,还是取代了彭诺耶案?

(2) 注意,联邦最高法院仅仅是在提到被告"没在法院管辖区域内出现"的案件后,才提出了"最低限度联系"的表述。这似乎意味着,"在法院管辖区域内出现"仍然是行使对人诉讼管辖权的一个可行的依据。事实上,最低限度联系标准很可能成为被告在法院地出现这一管辖依据之外的可用选择。正如我们在第二章第四节第四目所看到的,联邦最高法院最终在1990年处理了这个问题(但没有明确解决)。

(3) 这一句话似乎包含了两个部分:一是"联系",另一是"公平对待"。我们将会发现,联邦最高法院确实很快就考虑了该公式包含两个分支的分析:一是联系,另一是公平。

(4) 在这句名言里,没有任何人可以下定义的单个表述。什么是最低限度联系?什么是传统理念?什么是公平对待和实质正义?多数派意见本身也承认,其认定"不可能是简单呆板的或量化的",而必须更为细腻微妙。

让我们诚实坦白:所引用的这一段话是典型的含糊用语,放之四海皆准。布莱克(Black)法官在国际鞋业案的精彩认同意见(concurring opin-

① 同前注。(省略了内部的引注)法院引用了第二章第四节第二目讨论过的米利肯诉迈耶案中的措辞"公平对待和实质正义的传统观点"。即使未在法院地向本人送达,米利肯案仍支持对在法院地有住所的人行使对人诉讼管辖权。

ion)里把这一点讲得很清楚。他同意案件的审理结果,因为他认为华盛顿州显然对鞋业公司拥有对人诉讼管辖权。他谴责联邦最高法院使用“模糊的宪法准则”和“不确定的因素”把一个简单的案件搞糊涂。在这一点上,布莱克法官是完全正确的:国际鞋业案引入了不确定的(open-ended)、不严密的(imprecise)措辞认定行使对人诉讼管辖权是否合宪。在随后第二章第四节第四目的案件中,我们会揭示这种不确定性。联邦最高法院使用了具有可塑性的辞藻,造成了很大的不确定性和不可预见性。

但另一层面上,布莱克法官又是错误的。他关注的是这些含糊用语会被用来限制州行使对人诉讼管辖权的能力。这是他讨论《第十修正案》(该法案将未交于联邦政府的权力保留给州)的原因。他担忧,州决定其管辖权的权力正遭联邦法院篡夺。然而,最低限度联系标准事实上已被州法院和联邦法院宽泛解读,布莱克法官对不适当限制州权力的担心被证明是错的。他担心不确定的措辞会产生无必要的不确定性,这一点却一再得到证实。

72 联邦最高法院在阐释了现今著名的最低限度联系检验标准后,[①]接着讨论了对公司的管辖权,阐述何时公司在法院地州“出现”。它之所以给该词打上引号,是因为公司可因以其名义工作之人的活动而在任何地方出现。它接着指出,“评估”因法院地管辖而给被告带来的“不方便性”是一个相关的考虑因素,并建立了由四部分构成的模型以确定何时管辖权适当。该模型评估两个变量:(1)被告在法院地的活动水平;(2)被告提出的诉求是否与被告在法院地的活动相关。彭诺耶体系并未处理这样的细微差别,而是要么有管辖权,要么没有。相反,在这里我们要评估“与法律的公平和有序实施相关的[被告]活动的品质和性质(quality and nature)”。[②]

我们可以在图表上绘制出这两个变量。横轴是被告在法院地的活动。联邦最高法院指出,它从“偶然的”活动到“持续和系统的”活动不等。纵轴表示被告提出的诉讼请求与其在法院地活动的关联性。联邦最高法院指出

---

① 虽然我们可以将国际鞋业案检验标准简化成“最低限度联系”,但记住它有两个组成部分:联系和公平。通过考察后续案件,每一个相关因素都会变得更加清晰。

② 《美国联邦最高法院判例汇编》第326卷,第319页。

关联性可能是“相关”或“无关”。结果是做出了一张有四个方格的图表。

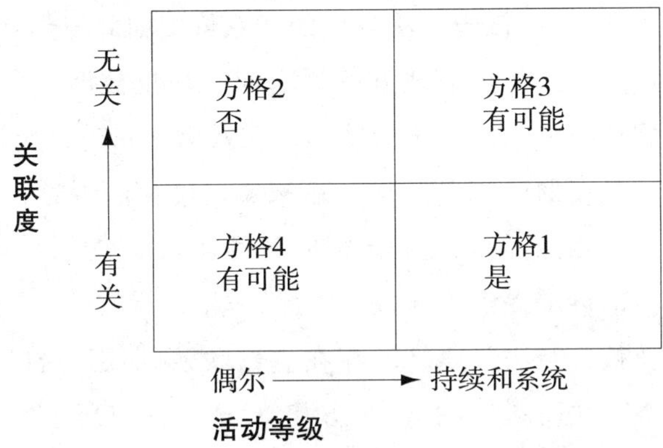


方格1表示被告在法院地进行了持续和系统的活动，而且诉讼请求由这些活动引起。正如联邦最高法院所指出的，这种情况下的管辖权“从未受到质疑”。一个例子是起诉福特汽车公司(Ford Motor Company)的诉讼，在密歇根州(在那里该公司有全球总部并制造许多汽车)起诉，而诉求源自在密歇根州生产的一辆汽车——如，声称底特律生产的汽车有缺陷。因法院在这一案件中拥有对人诉讼管辖权，所以方格1标注的是“是”。

方格2表示被告的活动与法院地存在有限的联系，而且诉求并非由在法院地的活动引起。正如联邦最高法院所指出的，“一般的认识”是，与法院地的这种偶然的联系“不足以使被告服从诉因与其在那里的活动无关的诉讼”。[①] 因此，居住在西弗吉尼亚州的被告曾到夏威夷度假，不能因源自西弗吉尼亚州行为的索赔而在夏威夷被诉。因此方格2标注的是“否”。

方格3涉及被告在法院地有持续和系统的活动，但被告因与这些活动无关的诉求而被诉。联邦最高法院指出，这一领域的案件存在两种可能。有时这些活动不是如此重要以至于能对与行为无关的诉求提起诉讼。另一方面，“有实例表明，公司在一州的持续经营会被视为如此重要和具有这样的性质，以至于能为该公司被诉提供法律依据，即使诉因源于与这些活动无

① 同前注，第317页。

关的经营。"[1]这是承认我们所称的"一般对人诉讼管辖权"(*general in personam jurisdiction*)——被告与法院地的联系可能如此地具有实质性,以至于被告可以因产生于世界任何地方的诉求而在那里被诉。举个例子,因福特汽车公司在墨西哥所生产汽车的缺陷而在密歇根州对福特汽车公司提出诉求。另一例子是在西弗吉尼亚州对在该州居民提起诉讼,而侵权行为却是在夏威夷实施。当然,问题是确定何时这种联系是实质性的,从而能为与法院地活动无关的诉求提供管辖权。因此,方格 3 标注的是"可能"。

方格 4 涉及被告与法院地之间存在偶然联系,而因源自该联系的诉求而被诉。联邦最高法院指出,类似于方格 3,这种情况属于"可能"的一类。一些案件支持法院拥有管辖权,另一些案件则不支持。一个可能的例子是在夏威夷提起诉讼,针对的是据称在夏威夷实施了侵权行为的西弗吉尼亚居民。同样,因为这种情况属于"可能"一类,所以面临的困难是确定哪些因素使行使管辖权具有正当性。

在考察完各种情况后,联邦最高法院最后分析了国际鞋业案的事实,不费吹灰之力得出结论:鞋业公司要服从华盛顿州的对人诉讼管辖权。联邦最高法院认定本案属于方格 1 的情形。它认定鞋业公司与法院地的联系"既非不规律的(irregular),也非偶然发生的(casual)……[而是]系统和持续的(systematic and continuous)"。[2] 此外,诉讼请求(缴纳失业补偿税的
74 义务)清楚地源自在法院地的活动。联邦最高法院还得出结论,根据"交换条件"的依据,行使管辖权是公平的——鞋业公司"从[华盛顿州]的法律中获得了好处和保护,包括有权诉诸法院执行其权利"。[3]

总之,国际鞋业案是一起容易的案件,联邦最高法院本可以采用熟悉的措辞来处理,然而它却特地引入新的(相对不确定)措辞分析对人管辖权。

---

[1] 同前注,第 318 页。

[2] 同前注,第 320 页。对于为什么会如此,法院没有给出提示。是以客观尺度来衡量的吗——比方说,一年中产生了某一数量美元的收入?或者是以相对尺度进行衡量吗——比如,达到被告整体商业活动的一定比例?正如我们在第二章第四节第五目看到的,我们还不明确知道。

[3] 同前注,第 319—320 页。这个因素总不能得到满足吗?每个人都有权向法院提起诉讼,主张权利。

为什么？原因很可能是法官们认为，是重新评价管辖权审查的时候了。注意你们读到的判决意见的给出日期，并尽量把该判决置于当时的历史背景，这总是一个好主意。国际鞋业案是在1945年作出判决的，时逢第二次世界大战结束之际。当时，美国人更多地把自己看成是美国人，而不是看成是得克萨斯州人和加利福尼亚州人。州际旅游和州际商务突飞猛进。总之，州与州之间的界限比过去更为模糊。联邦最高法院已经认识到能够跨越州界送达诉讼书状，似乎想要松绑可获得的对人管辖权。审理国际鞋业案的联邦最高法院，不再固守呆板的彭诺耶案确立的对人诉讼管辖权依据，而是提供了一个根据个案案情评估的灵活多变的方法。

有一点似乎很清楚，即使在1945年，管辖权的审查业已变得更难以预测了。在法院作出国际鞋业案判决后，请考虑你作为一名律师的工作。假设一个委托人向你咨询，问她如何能规避某一特定州的对人诉讼管辖权。根据彭诺耶案，你能够给予相当明确的建议："不要去该州，也不要在那儿任命诉讼书状的送达代收人"。在国际鞋业案后，你能向你的委托人提供什么建议呢？像这样的建议吗："不要与该州建立最低限度的联系，从而使得管辖权的行使不违反公平对待和实质正义的传统理念"。这有多大帮助呢？也许后续案件能为律师和委托人提供更多确定性。

## 四、国际鞋业案后迄今的后续案件

本部分，我们考察最高法院适用了国际鞋业案规则的主要案件。考虑每个案件都为适用该标准给出了某种提示——一些相关因素，这是大有益
处的。记住法律仍然在演进中，这是有帮助的。然而你们需要在一开始就 75
明白，没有一个所有的不确定性均消失的时间点。在今天，对人管辖权法律仍有许多未解的问题。这令人沮丧，但却是一个事实。

**20世纪50年代的判决**

1945年对国际鞋业案作出判决后，联邦最高法院有十多年未再涉及对人管辖权法学理论。也许它想让州法院和下级联邦法院尝试适用新的标准。1957年联邦最高法院在麦吉诉国际人寿保险公司案（McGee v. International Life Ins. Co.)[①]中首次作了重要的新宣示。在该案中,一个加利福尼亚州人(被保险人)从一家亚利桑那州的公司那里购买了一份人寿保险合同。亚利桑那州的公司后被一家得克萨斯州的公司收购,根据法律规定后者要履行被保险人持有的保险合同。得克萨斯州的公司向被保险人邮寄了一份"再保险"证书(a certificate of "reinsurance"),被保险人通过邮寄的方式从加利福尼亚州向得克萨斯州的公司继续交纳其保险费。此后,被保险人死亡,其母亲(保单中的受益人)要求获得保险金。保险公司拒绝支付,辩称被保险人系自杀,这导致保险单无效。受益人为获得保险单上的利益,在加利福尼亚州起诉得克萨斯州的保险公司。

联邦最高法院认为,加利福尼亚州对得克萨斯州的保险公司拥有对人诉讼管辖权,即使被告与加利福尼亚州的唯一联系是这一张保单,被告也从未在加利福尼亚州招揽生意或接受任何来自加利福尼亚州的其他业务。所以,判决意见清楚表明,管辖权能够建立在被告与法院地的单一联系基础之上。联邦最高法院强调了三个问题:第一,"本诉讼建立在与[法院地]有实质联系的合同的基础上"。在讨论国际鞋业案时,我们将此归结为联系与权利请求之间的关联——尽管得克萨斯州的公司在加利福尼亚州只有一份合同,但诉讼涉及的正是涉嫌违反该合同。[②] 第二,"加利福尼亚州在向其居民提供有效救济途径上拥有明显的利益"。这一点表现为加利福尼亚州通过了旨在规范保险业的法规。第三,不方便性平衡的理由支持允许原告在加利福尼亚州起诉。受益人(一个失去了儿子的寡妇)前往得克萨斯州起诉比得克萨斯州的公司在加利福尼亚州应诉要困难得多。[③]

---

① 《美国联邦最高法院判例汇编》第 355 卷,第 220 页(1957 年)。

② 本案属于位于第 72 页的国际鞋业公司案图表中方格 4 情况,因为它涉及与法院地的偶然的联系,而诉求产生于这种联系。我们将该方格标注为"可能"有管辖权。不过,根据该案案情,麦吉案属于"可能"当中的"是"。

③ 有趣的是,布莱克法官撰写了麦吉案的意见。回想一下,他在国际鞋业公司案中写了一份同意意见,批评了该案不加限制的方法。在这里,他表明作为一名法官,他意识到在这个问题上的迷失,而现在需要适用他过去不主张采用的标准。此外,鉴于他对联邦最高法院使用新标准限制州法院司法管辖范围所感到的不安,他可能很乐意在本案中写下支持管辖权的判决意见。

76 随着20世纪初对彭诺耶案（在第二章第四节第二目中讨论过）的扩张性解读以及在麦吉案中对国际鞋业案的扩张性解读，一些分析人员开始怀疑联邦最高法院是否还会对行使对人管辖权说不。次年在汉森诉登克拉案（Hanson v. Denckla）[①]中，法院就这样做了。在该案中，宾夕法尼亚州一位富有的遗孀唐纳（Donner）夫人，在特拉华州的特拉华州银行设立了一项信托。[②] 根据信托，唐纳夫人定期收取支付的利息，并保留指定获得信托财产之人的权利。[③] 在她移居佛罗里达州后，她在那里继续收到定期支付的利息，并偶尔从那里向特拉华州银行发出指示。唐纳夫人在佛罗里达州去世。其遗嘱指定了（除其他事项外）谁应该获得该信托财产。

唐纳夫人的遗产在佛罗里达州进行遗嘱认证，随后发生了同胞兄弟姐妹争夺遗产的诉讼。出现的问题是，受托人（特拉华州银行）是否要服从佛罗里达州的对人诉讼管辖权。联邦最高法院认为不需要服从，并将一个新的术语即有意利用（purposeful availment）引入国际鞋业案审查标准。为了有最低程度联系标准下的相关联系，被告必须“有意利用在法院地州进行活动的特权，因此利用了该州法律所提供的利益和保护”。[④] 特拉华州银行并没有这样做。相反，其与佛罗里达州的联系是由唐纳夫人移居那里产生的，这一“声称与非居民被告有联系之人的单边行为不能满足与法院地州的联系要求”。[⑤] 因此，佛罗里达州对特拉华州银行缺乏管辖权，因为该银行没有做任何事情以利用在佛罗里达州进行活动的特权。

77 联邦最高法院将该案与麦吉案进行了对比。虽然唐纳夫人从佛罗里达州实施了某些信托管理，但在麦吉案中得克萨斯州的保险公司向加利福尼

---

① 《美国联邦最高法院判例汇编》第357卷，第235页（1958年）。

② 你们将在《遗嘱和信托》的高年级课程中学习信托。信托是一种非常便利的工具，它让拥有财产的人为本人和他人提供生活费而无需承担资产投资的责任。财产所有权人，被称为财产信托人（settlor），将财产（通常是金钱或股票）上的法律权利转移给受托人（trustee），由其按照法律职责为受益人的利益进行投资和管理财产。信托人可以是受益人之一。

③ 这被称为信托的本金（corpus of the trust）。记住，根据前面的脚注，信托人（唐纳夫人）将本金予以信托，仅在她的有生之年获取利息。在唐纳夫人去世后，就留下了待分配的信托本金。

④ 《美国联邦最高法院判例汇编》第357卷，第253页。

⑤ 同前注。

亚州拓展了业务,而特拉华州银行没有像它那样向佛罗里达州拓展业务。在麦吉案件中,得克萨斯州保险公司向加利福尼亚州招揽保险合同生意(回忆一下,事实上法律要求其履行被其兼并的公司所签订的合同)。

并非每个人都相信联邦最高法院对汉森案的处理是正确的。毕竟,特拉华州银行定期支付利息给佛罗里达州的唐纳夫人。该联系似乎强于麦吉案,在麦吉案中,依据保单的定期支付走的是另外的途径——从加利福尼亚州到得克萨斯州。然而联邦最高法院没有讨论这些问题,我们得心满意足,得到了有意利用的概念,作为判断被告是否与法院地有最低限度标准的一部分。①

**1980 年前:环球大众汽车公司案**

联邦最高法院有 20 年未再触及对人诉讼管辖权问题。② 在有名的环球大众汽车公司诉伍德森案(World-Wide Volkswagen v. Woodson)③中,法院重返对人管辖权的阐述。该案件的事实是悲惨的。鲁滨逊(Robinson)一家主要出于健康的原因决定从纽约州的马塞纳镇(Massena)移居亚利桑那州的图森市(Tucson)。为了出行,他们从马塞纳的航道大众汽车公司(Seaway Volkswagen)购买了一部新的奥迪轿车,在途经俄克拉荷马州的塔尔萨市(Tulsa)时,奥迪轿车被一部醉酒司机驾驶的未投保的车辆追尾。

---

① 有人认为,联邦最高法院在汉森案中刻意作出没有管辖权的判决,因为相反的判决会使给法院留下贪婪印象的家庭成员受惠。

② 1977 年联邦最高法院判决了一起重要的第二类准对物诉讼案件,即谢弗诉海特纳案(Shaffer v. Heitner),在本节稍后阐述该案。此外,1978 年联邦最高法院还判决了库尔科诉高等法院案(Kulko v. Superior Court),我们在分析环球大众汽车公司案时探讨该案。但在环球大众汽车公司案之前,联邦最高法院一直没给出轰动的对人诉讼管辖权看法。

③ 《美国联邦最高法院判例汇编》第 444 卷,第 286 页(1980 年)。该案例名称"伍德森"是主张俄克拉荷马州享有对人管辖权的州法院主审法官的名字。正如我们在第六章所讨论的,在那时被告拥有选择——他们可以继续参与案件的审理,也可以在俄克拉荷马州系统的上诉法院寻求"特殊救济(extraordinary relief)"。被告尝试了后一种途径,请求俄克拉荷马州最高法院颁发"禁止令"(writ of prohibition)。这属于上诉法院的初始程序,按照俄克拉荷马州的做法,初审法院的法官被列为被上诉人(respondent)。[在其他州,只能将法院(而非法官个人)列为被上诉人。]这并不意味着他们对伍德森法官提起了诉讼。法官就司法职能内实施的行为,享有绝对的赔偿请求豁免。更确切地说,伍德森仅是被告请求上级法院审查诉讼的名义上的被上诉人。参见第六章第三节。

奥迪轿车起火燃烧。全赖一位好心人的英勇救助，鲁滨逊家乘坐奥迪轿车的两个人（其他人乘坐另一辆车）才得以获救。该两人，特别是鲁滨逊夫人，被大火严重烧伤。

伤者在俄克拉荷马州法院提起诉讼。案中提出的主要说法是，汽车油 78
箱的置放方式存在危险，当汽车后部受到碰撞时会导致爆炸。原告起诉了四名被告：(1)汽车制造商（奥迪，一家德国公司）；(2)北美洲的进口商（北美大众汽车公司）；(3)地区批发商（环球大众汽车公司），它在纽约州、康涅狄格州和新泽西州经销奥迪轿车；(4)销售汽车的零售商（航道公司），它仅在纽约州的马塞纳从事经营。当该案提交到联邦最高法院的时候，唯一的问题是第三被告和第四被告（环球大众汽车公司和航道公司）是否受俄克拉荷马州对人诉讼管辖权管辖。其他两名被告到该时间点时要么没有提出管辖权异议，要么放弃了抗辩。

联邦最高法院认为，环球大众汽车公司和航道公司不受俄克拉荷马州管辖。[①] 没有管辖权的原因与汉森案基本一致——被告与俄克拉荷马州没有相关的联系，因为它们未有意利用俄克拉荷马州的任何好处。但是，在审理过程中，联邦最高法院更清楚地阐释了国际鞋业案标准的建立目的。（问题是，这些澄清又被后案湮灭了。也记住，确定今天法律的状况需要审视一路发展的各种起伏。）

根据由怀特（White）法官执笔并被其他五位法官接受的多数派意见（majority opinion），最低限度联系标准要实现两个目的。第一，它保护被告，使其免受不当受理法院的过度讼累；第二，它确保各州不（通过其法院）以过度扩张管辖权的方式去侵犯他州的主权。接着，他解释说，最低限度联系标准确实（如我们所期待的）由两个部分构成：联系和公正。这两部分服务于整体标准下的两个分开的目的。那就是，坚持“公正对待和实质正义”是要保护被告使其免于在不适当法院诉讼；坚持被告与法院之间有“联系”

---

① 因此，它推翻了俄克拉荷马州最高法院的判决，该判决支持对该两个被告行使对人管辖权。回忆一下第一章第二节第二目的阐述，联邦最高法院仅能审查州最高法院对联邦法律事项所作的判决。显然，俄克拉荷马州行使管辖权是否符合宪法的问题是一个联邦法律问题。

是防止一州篡夺另一州的权力。

这是一种易于操作的二分法——合宪的标准由两块内容构成，每一块用于保护两项利益中的一项。然而，奇怪的是，仅仅两年之后，在保险公司诉铝土矿公司案(Corp. v. Companie des Bauxites)①中，联邦最高法院就在一个细节问题上不同意环球大众汽车公司案中的分析了。

79 (更奇怪的是，该判决意见也是怀特法官起草的。)在保险公司案中，他为联邦最高法院写道：最低限度联系标准服务的目标只有一个，即"受正当程序条款保护的个人自由利益"。② 因此，有关限制各州扩张权力的部分其本身不是正当程序的目标，而仅是保护被告使其免于在不适当法院诉讼的更大关注的一部分。尽管联邦最高法院在这一标准目的上奇怪地改变了想法(尤其是如此迅速并在同一法官起草的意见中)，我们不需要对此作过度解读。毕竟，环球大众汽车公司案提出的要素仍是阐述的相关要点，即使考虑联邦最高法院对于这些要素是相关的理由已改变了想法。

公平因素。在环球大众汽车公司案中，联邦最高法院列举了与评估管辖权审查中"公平"部分相关的五个要素。之后，联邦最高法院一直列举这些要素。它们是：

1. 加诸被告的负担，这被法院称为"一个基本的关注点"；

2. 法院地州在裁判纠纷上的利益，为此联邦最高法院恰当援引了麦吉案；

3. 原告在获得方便和有效救济上的利益；

4. "州际司法系统在获得争议最有效解决途径上的利益"；

5. "众州在推行基本的、实质性的社会政策方面所共享的利益"。

对于第三个和第五个要素，联邦最高法院援引了库尔科诉高等法院案(Kulko v. Superior)。③ 在该案中，一对纽约州的夫妇在该州离婚。前夫(ex-husband)获得了两个孩子的监护权，并留在纽约州，而前妻(ex-wife)移

---

① 《美国联邦最高法院判例汇编》第456卷，第694页(1982年)。

② 同前注，第702—703页以及注释10。

③ 《美国联邦最高法院判例汇编》第436卷，第84页(1978年)。

居加利福尼亚州。后来,孩子们想与他们的母亲生活。父亲同意了,并为一个孩子购买了去加利福尼亚州的单程车票。(母亲为另外一个孩子买了车票。)之后,这位母亲在加利福尼亚州为孩子的抚养费起诉父亲。联邦最高法院认为这位父亲不受加利福尼亚州的对人诉讼管辖权管辖,因为,即使是对子女抚养费的诉讼请求,父亲送孩子到该州也不构成支持管辖权的充分联系。父亲没有"有意利用"加利福尼亚州提供的利益和保护。

联邦最高法院的结论是,从"实质性的社会政策"的角度看,允许在加利福尼亚州起诉父亲不利于鼓励父母亲考虑家庭和谐的利益。具体而言,如果父亲知道,送他的孩子到加利福尼亚州会使自己遭受加利福尼亚州对人管辖权的管辖,他可能不再默许实现孩子们与母亲一起生活的愿望。这是 80
没有说服力的。从其他角度设想一下这个案件:如果一位同意在加利福尼亚州承担抚养孩子义务的母亲,为获得孩子的抚养费而必须去纽约州起诉,她接受抚养责任的可能性会有多大呢?此外,为什么加利福尼亚州在允许母亲在加利福尼亚州起诉上就没有利益呢?毕竟,如果孩子们未得到照顾,则将由加利福尼亚州的福利制度承担费用。联邦最高法院并没有阐述这些问题。联邦最高法院很少讨论这类社会政策。下面是另外一个例子,基顿诉哈斯特勒杂志案(Keeton v. Hustler Magazine)。*

**绝对的前提:相关联系。**我们回到环球大众汽车公司案。在列举了国际鞋业案中公平方面审查的相关因素后,联邦最高法院明确表示,对公平性的考虑只在法院发现了相关的联系之后才相关。不管在法院地公平性表现得多么势不可当,若初步调查发现被告与法院地之间没有相关联系,则法院仍不可能拥有管辖权。环球大众汽车公司案的判决建立在这样的要点之上:因为联邦最高法院认定"完全没有能成为任何州法院行使管辖权之必备依据的那些伴随情况",因此,俄克拉荷马州对环球大众汽车公司和航道公司缺乏对人管辖权。①

---

* Hustler有妓女、皮条客的意思。——译者

① 《美国联邦最高法院判例汇编》第444卷,第295页。

联邦最高法院指出，被告没有在俄克拉荷马州销售汽车或提供服务。他们也未在那儿招揽生意或雇佣销售人员，也未经常销售汽车给俄克拉荷马州居民或寻求为俄克拉荷马州市场提供服务。在被告和俄克拉荷马州之间只存在一个联系：它们在纽约州销售的一辆汽车在俄克拉荷马州因追尾爆炸了。（请记住在整个讨论中，相关被告只是环球大众汽车公司和航道公司，前者在纽约州、康涅狄格州和新泽西州经销汽车，后者仅在纽约州的马塞纳销售汽车。）联邦最高法院认为，这种联系是简单的、不充分的。事实上，和汉森诉登克拉案中特拉华州银行和佛罗里达州之间的联系一样，被告与俄克拉荷马州的联系产生于原告的"单边活动"——他们把车开到了俄克拉荷马州；而被告没有接触过俄克拉荷马州。

法院阐述了可预见性的概念。原告争辩说，可以预见在纽约州马塞纳销售的汽车可能会卷入俄克拉荷马州的交通事故。法院认同可以预见马塞纳销售的汽车会开到俄克拉荷马州。但是，如果这种可预见性足以支撑行使对人管辖权的话，那么在汉森案与库尔科案中法院也就有管辖权了。法院指出，毕竟可以预见唐娜夫人要移居佛罗里达州，库尔科先生可能送其女
81 儿到加利福尼亚州。那种可预见性与管辖权无关。相反，法院认为，必须能预见"被告的行为与法院地州之间有这样的联系，以至于他应该合理地预见到会被卷入那里法院的诉讼而能采取措施"。[①] 根据案件事实，联邦最高法院认为没有这样的可预见性。

因此，作为判断被告是否与法院地存在相关联系的一部分，联邦最高法院坚持被告对法院地的有意利用导致能预见被告在法院地被诉。再次说明，能预见产品到达法院地是不够的；必须能预见被告会在法院地被诉。但这种推理似乎是循环论证。如果能预见某一产品会运到 X 州，难道不能预见在产品发生故障时将在那里诉讼吗？

布伦南（Brennan）法官撰写了一份相当长的异议意见，相当部分已被多数的案例教科书收录。他认为，多数派过于强调有联系是行使管辖权的先

① 《美国联邦最高法院判例汇编》第 444 卷，第 297 页。

决条件。他建议考虑按比例增减(a sliding scale)。他建议道:如果公平性表现得非常突出,即使所显示的联系是微弱的,法院也应该拥有管辖权。他也很重视州际公路系统的意义,强调被告在纽约州销售汽车而获益于俄克拉荷马州的高速公路。马歇尔(Marshall)法官与布莱克门(Blackmun)法官一起,在异议意见里继续阐释了这一观点,他们认为被告之所以能在纽约销售更多的车辆,是因为这些车辆能开到像俄克拉荷马州这样的地方。因此他们提出,多数派意见认为两名被告与俄克拉荷马州没有相关联系,这是错误的。

**小结**

环球大众汽车公司案是有益的,因为它澄清了某些事项。第一,国际鞋业案建立的标准包括两部分:联系和公平。第二,在判断公平性之前,有相关的联系是绝对必要的。换言之,如果没有相关的联系,世上再多的公平也不会给法院对人管辖权。第三,在审查联系时,必须考虑有意利用和可预见性。正如我们在汉森案中看到的,有意利用是被告的行为能使其以某种方式利用法院地的利益。可预见性意味着,被告在法院地被诉必须是可预见的。最后,联邦最高法院(虽然在附带意见中)确立了判断法院行使管辖权是否公正需考虑的五个因素。另一方面,环球大众汽车公司案有令人感到不满意的地方。许多读者不禁会觉得,联邦最高法院本可支持由离纽约州的距离近于俄克拉荷马州的某州对被告行使管辖权——例如,宾夕法尼亚州或肯塔基州。不过,在法院的判决意见里不可能找到片言只语支持这样的结论。

**1984 年的两起诽谤案:基顿案(Keeton)和考尔德案(Calder)** 82

在 1984 年,联邦最高法院对两起姊妹案作出判决,支持在诽谤案件中行使对人管辖权。在其中一起案件即基顿诉哈斯特勒杂志案(Keeton v. Hustler Magazine)[①]中,原告是一位纽约州州民,起诉在新罕布什尔州的一家杂志出版商,就该杂志发表的文章造成其名誉损害寻求救济。她之所以

① 《美国联邦最高法院判例汇编》第 465 卷,第 770 页(1984 年)。

在新罕布什尔州起诉，是因为新罕布什尔州具有比其他州更长的诉讼时效，那里不会妨碍受理该案。联邦最高法院支持新罕布什尔州行使管辖权，不仅因为索赔是由该州的出版物引起的，而且由于在其他州遭受的损害都是由该杂志之发行造成的。和库尔科案一样，该案为联邦最高法院评价共同的实质性政策提供了机会，这些政策可以支持行使对人管辖权的公正性。根据联邦最高法院的判决，新罕布什尔州“在下述事项上具有实质性的利益：与其他州的合作……提供法院，以便在单个诉讼中有效解决由诽谤所生所有问题和赔偿”。[①]

在考尔德诉琼斯案(Calder v. Jones)[②]中，联邦最高法院支持加利福尼亚州对涉嫌诽谤女演员雪莉·琼斯(Shirley Jones)[③]报道的作者和编辑行使管辖权。这篇文章刊登在《国民问讯》(*National Enquirer*)上，法院毫无疑问对该杂志拥有对人管辖权。问题是，这篇报道的作者和编辑——两人仅在佛罗里达州工作——能否在加利福尼亚州被诉。联邦最高法院强调，这些被告的工作成果“指向”了加利福尼亚州，而该州是琼斯生活和遭受最大伤害的地方。考尔德案意义重大，因为它澄清了大多数人过去可能考虑过的东西——不仅被告前往法院地和在那里从事一些活动能建立起被告与法院地之间的相关联系，而且被告有意地在那儿引起效果也能建立起被告与法院地之间的相关联系。有人将此称为“考尔德效果”标准(“Calder-

① 同前注，第777页。该案涉及到“单一出版物规则(single publication rule)”，你们会在《侵权法》中学到。该规则支持这样的主张：一次诽谤性表述的出版只能产生一项诉求，在该诉求中可以要求赔偿在所有辖区遭受的全部损害。因此，当杂志之发行诽谤了某人，单一的出版规则迫使原告提起一个诉讼，索赔在各地遭受的全部损害。这一规则支持这样的主张：原告不能提起50次诉讼——在每一个州为遭受的损害提起一次诉讼。这提供了一个州之间合作的范例，比如新罕布什尔州允许原告，就例如在佛罗里达州遭受的损害获得赔偿，而无需用给佛罗里达州的法院增添诉讼负担。联邦最高法院阐述说，单一的出版物规则“降低了诽谤案件对司法资源的潜在的严重消耗。它也发挥了保护被告的作用，使其免受多起诉讼的骚扰”。《美国联邦最高法院判例汇编》第465卷，第777页。

② 同前注，第783页(1984年)。

③ 雪莉·琼斯是一个获得巨大成功的电影明星，尤其是在音乐剧(包括《俄克拉荷马》)方面。在20世纪70年代和80年代，她以出演《帕特里奇一家》(The Partridge Family)剧中的妈妈而在电视片中东山再起，她现实生活中的儿子大卫·卡西迪(David Cassidy)也在该剧中担纲主演。

effects” test)。

- D从纽约州将一个装有炸弹的包裹邮寄给加利福尼亚州的P。P 83
  在加利福尼亚州打开包裹，炸弹爆炸，P受伤。P在加利福尼亚州就炸弹造成的损害提起诉讼。显而易见，D要服从加利福尼亚州的对人诉讼管辖权。她把包裹寄至那里，有意要使它发生后来发生的伤害后果。该案中行使的管辖权看起来至少与考尔德案一样具有说服力。
- 当库尔科先生送女儿前往加利福尼亚州的时候，难道他没有以女儿“瞄准”加利福尼亚州吗？难道这样做时不是明显对加州的母亲承担孩子抚养费产生影响吗？然而在库尔科案中，联邦最高法院认为，库尔科先生不需要服从加州有关孩子抚养费案件的对人诉讼管辖权。为什么寄送一个炸弹或一篇诽谤性报道到法院地能为管辖权提供支撑，而送孩子到法院地就不行呢？也许，寄送炸弹或诽谤报道均会在法院地造成损害，而送孩子到某一州并不必然导致赔偿请求，这一点是清楚的。另一方面，孩子需要衣食住行，所有这一切都是通过送孩子与父母中的另一方生活施加的。

**汉堡王案(Burger King)**

汉堡王公司诉鲁德谢维奇案(Burger King Corp. v. Rudzewicz)[①]在几个层面上都是有趣的。第一，它涉及合同纠纷，而其他以国际鞋业公司为代表的系列案件涉及的是侵权。不过，在阐述对人管辖的正当程序标准上，这一事实不造成差异。第二，在裁决了一系列认定法院没有管辖权的案件(汉森案、库尔科案以及环球大众汽车案)后，该案支持了对人管辖权。第三，由于联系要素是压倒的，法院获得了一个难得的机会充实对人管辖权法理的公平要件。第四，布伦南法官撰写了多数派意见，而怀特法官持不同意见。这与环球大众汽车案相反，在那起案件中，怀特法官为多数派撰写意见，而布伦南法官持异议。

---

① 《美国联邦最高法院判例汇编》第471卷，第462页(1985年)。

在汉堡王公司案件中，密歇根州的两名男子——鲁德谢维奇（Rudzewicz）和麦克沙拉（MacShara）——与汉堡王公司签订了一份特许权协议。[①]显然，特许经营的这家餐厅从未好好经营过，汉堡王公司以违约为由在迈阿密的联邦法院起诉了鲁德谢维奇和麦克沙拉。[②] 问题是，佛罗里达州的法院是否对两名特许经营人拥有对人管辖权。人们会情不自禁审视这里相关的公平性：一家巨型跨国公司想在家门口进行诉讼，并想把密歇根州的两个
84 “小人物”拉到汉堡王公司的家乡应诉。联邦最高法院——在由布伦南法官撰写法庭意见书中，该法官在某种程度上一直被认为是“小人物”利益的捍卫者——却赞成佛罗里达州行使管辖权。[③]

多数派意见强调，国际鞋业案的审查包括两个部分：联系因素和公平因素。（与保险公司案一致，它解释说，这两个部分是为了保护被告在不受与其无联系州管辖上的自由利益。）与环球大众汽车公司案一致，案件审理的起点是，被告与法院之间是否有相关联系。这一联系必须源自被告的有意地利用，而且导致能预见被告有可能在那儿被诉。布伦南法官对有意利用进行了有益的讨论，明确表示即使被告本人未进入州境也能进行这种有意利用。“一旦认定被告有意建立了与法院地州的最低限度的联系”，他说，这些联系要根据其他的要素加以考虑，以断定管辖权的行使是否符合“公平对待与实质正义”。他列举了与环球大众汽车公司案中所提到的相同的五个公平要素。即使法院与被告之间表现出的联系比较微弱，但明确显示出的公平也能为法院行使管辖权提供依据，但是，一些相关的联系是绝对需要的。

---

① 鲁德谢维奇和麦克沙拉是特许经营人（franchisee）。汉堡王公司是特许权人（franchisor）。大多数快餐店采取特许经营方式，授权特许经营人按照详细规定的标准从事经营。

② 然而，正如第二章第一节提到的，以及第二章第五节所详细讨论的，案件在联邦法院起诉的事实与对人管辖权的审查无关。联邦法院享有与州法院完全相同的对人管辖权力。所以，在汉堡王公司案中，佛罗里达州的联邦法院行使对人管辖权是适当的，因为佛罗里达州的州法院行使管辖权是适当的。就事物管辖权（subject matter jurisdiction）而言，因为有异籍管辖权，在联邦法院起诉是适当的，第四章第五目中详细讨论异籍管辖权。

③ 准备听你们的教授说笑话，汉堡王想“我选我味”以及这是“巨无霸餐”。它们是无聊的笑话吗？当然是，但无论如何笑笑吧，你们希望教授有个好心情。

在意见第一部分的第二分部里，联邦最高法院对案件事实适用了这一规则。法院很容易地得出结论，鲁德谢维奇和麦克沙拉与佛罗里达州之间有相关联系。法院考察了特许经营协议谈判中的所有要素。尽管鲁德谢维奇从未踏上过佛罗里达州的土地，[①]但他还是伸入了佛罗里达州与佛罗里达州的一个商业实体商谈一份履行期限长达20年、标的额高达百万美元的合同。被告（他们更愿意在密歇根州被诉）辩称，其经营受汉堡王在密歇根州中西部地区的管理机构监督，但最高法院指出，位于迈阿密的公司总部作出了所有的决定并批准了这一交易。此外，合同明确规定，纠纷适用佛罗里达州的法律，这是被告利用佛罗里达州的另一个例证。事实上，“它强化了有意建立与法院地的联系和对可能在那里进行诉讼的合理预见。”[②]

汉堡王案中更为有趣的讨论涉及到公平因素。联邦最高法院澄清了几 85
个事项。第一，由被告承担举证责任证明该法院管辖具有不公平性。第二，仅仅不方便是不够的，被告必须证明法院的管辖是违宪的。正当程序并不能保证最佳的受理法院，甚至不能保证是一个相当好的法院。相反，它保护被告让其免于在一个不适当到违宪程度的法院进行诉讼。被告必须证明，在该法院诉讼是“如此困难和不便，以致一方当事人与对方当事人相比，不公平地处于严峻劣势”。[③] 虽然被告辩称，他们难以让密歇根州的证人去迈阿密为其作证，但法院在案卷记录中无法找到不方便到宪法等级的依据。第三，判断在佛罗里达州诉讼的负担是否过大，与当事人的相对财产无关。“如果没有令人信服的理由，有意从与法院地的联系中获得商业利益的被告，不能仅仅因为对手拥有更多的财富就挫败法院行使管辖权”。[④]

最后，多数派意见拒绝了上诉法院的结论：特许经营合同是“附意（ad-

---

① 麦克沙拉曾参加汉堡王培训机构在佛罗里达州举办的培训，因此麦克沙拉没有提起上诉。因此，只有鲁德谢维奇将案件上诉到了联邦最高法院。

② 《美国联邦最高法院判例汇编》第471卷，第482页。虽然有这样的法律选择条款，但合同中没有双方同意接受某一特定地点对人管辖权的法院选择条款。

③ 同前注，第478页（省略其中的引注），援引了不来梅号诉萨帕塔离岸公司案（The Bremen v. Zapata Off-Shore Co.），《美国联邦最高法院判例汇编》第407卷，始于第1页，第18页（1972年）。

④ 同前注，第484页，注释25（省略引用）。

hesion)”合同的一种，[1]通过这一合同，汉堡王实质上利用了特许经营人。布伦南法官轻松解决了这一问题，强调初审法院法官认定并不存在虚假陈述或胁迫，案卷记录支持该结论。史蒂文斯(Stevens)法官和怀特(White)法官持有异议，他们的反对意见几乎完全建立在附意合同(contract of adhesion)的观点上，主要引用了上诉法院的判决。

**小结**

汉堡王案与环球大众汽车公司案是一致的，提出在判断管辖权的行使是否公平前的联系要求。该案对被告承担的实质性举证进行了迄今为止最重要的讨论，即被告必须举证证明法院行使管辖权是不公平的。

86 **朝日公司与商业流程**

根据国际鞋业案，一种涉及到“商业流(stream of commerce)”的事实类型长期困扰着法院。典型的商业流是，被告在 A 州制造出某些产品，将其运往 B 州。然后 B 州的某人又将产品运往 C 州。该东西在 C 州出了问题，对那儿的原告造成了损害。问题是被告仅在 A 州制造产品并将产品运往 B 州，其能否在 C 州被诉呢？一方面，我们可能会说不能，因为被告没有去过 C 州；产品运到 C 州，仅仅是因为第三方(在 B 州将产品运往 C 州的人)的单方行为。因此，根据汉森案和环球大众汽车案，我们可能会说，被告并没有有意利用 C 州。另一方面，我们可能会说可以，因为被告可能利用 B 州之人把产品转售到 C 州而赚钱。换句话说，如果 B 州之人没将产品运送到 C 州，那么被告就不能销出那么多的产品。所以，可以认为，被告至少间接地利用了 C 州的市场。

对这些案件，众法院并不十分清楚该如何处理。一个著名的州法院意见来自格雷诉美国散热器和标准洁具公司案(Gray v. American Radiator & Standard Sanitary Corp.)，[2]在该案中，伊利诺伊州最高法院支持在这种情况下行使管辖权。该案的被告在俄亥俄州生产阀门，仅将阀门销往宾夕

---

① 你们将在《合同法》中学到附意合同。这些合同是不可执行的，因为它们是交易之过分强势一方的过分行为或不公平对待的结果。

② 《东北部判例汇编第二辑》第 176 卷，第 761 页(伊利诺伊州最高法院 1961 年)。

法尼亚州。一家宾夕法尼亚州的公司随后把阀门安装到自己的热水器上，[①]并在全国销售这种热水器。原告在伊利诺伊州购买了一台热水器，其阀门出了故障，引起爆炸，致使伊利诺伊州的原告受伤。法院认为伊利诺伊州法院对俄亥俄州的阀门制造商拥有对人诉讼管辖权。

在审理过程中，法院直截了当地推断，在伊利诺伊州一定有大量的俄亥俄州公司的阀门（尽管在案卷记录中没有任何这方面的证据）。法院还得出结论，俄亥俄州公司的阀门销售到宾夕法尼亚州公司是“打算”在伊利诺伊州“使用”。但后来联邦最高法院在环球大众汽车公司案的判决中说，能预见产品进入法院地并非是相关的检验标准。相反，必须能预见被告会在那里被诉。[②] 尽管格雷案在这些方面受到了批评，但这是一个州法院率先在这些问题上作出的努力。它与其他州法院的意见指出，需要联邦最高法院发布指导性建议。

1987 年，最高法院终于同意在朝日金属工业公司诉高等法院案（Asahi 87
Metal Industry Co. v. Superior Court）[③]中解决该问题。尽管该案发生在国际背景下，但其建立了典型的商业流事实模式。泽克（Zurcher）因在加利福尼亚州发生摩托车碰撞而受伤。他声称，摩托车出事是后轮轮胎问题造成的。车轮内胎是由正新（Cheng Shin——音译）（一家台湾公司）制造的。泽克在加利福尼亚州起诉正新公司。正新公司承认加利福尼亚州对其拥有管辖权。它提出“第三人参加诉讼（impleader）”的请求，要求将朝日公司加入该案。[④] 朝日公司是一家日本公司，据称制造了车轮内胎的阀门。正新公司主张车子事故是由阀门引起，如果它在诉讼中输给泽克，则会要求朝日公司作出赔偿。朝日公司声称加利福尼亚州对其没有对人管辖权。泽克对正新公司的索赔得到了解决，因此，诉讼中遗留的唯一问题是正新公司对朝日

---

① 为什么人们要说“热水加热器（hot water heaters）”？如果水是热的，就不需要加热。因此，它们应该被称为热水器（water heaters）。

② 在环球大众汽车公司案中，法院拒绝了这样的观念：应随产品的移动而服从不同地方的诉讼。尽管如此，联邦最高法院还是用欣赏的态度援引了格雷案。

③ 《美国联邦最高法院判例汇编》第 480 卷，第 102 页（1987 年）。

④ 我们在第十二章第六节第二目学习第三人参加诉讼。

公司的索赔。朝日公司是否与加利福尼亚州建立最低限度联系的问题与如果泽克起诉朝日公司所遇到的问题是一样的。

因此，我们有了一个很好的商业流事实模式：朝日公司在日本生产阀门，将其卖给台湾的正新公司；正新公司在台湾将阀门安装到轮胎上，再将轮胎卖给加利福尼亚州的原告。这样，朝日公司的阀门进入了加利福尼亚州，但并非由朝日公司的任何直接努力所致。朝日公司有意利用了加利福尼亚州吗？

由于法官们在朝日公司是否与加利福尼亚州具有相关联系的问题上有分歧，朝日公司案令人大感失望。在阅读判决意见书时，要多加留心有多少法官支持每种意见。你会发现，对于朝日公司是否与加州建立起了相关联系，有两种看法：一种观点为奥康纳(O'Connor)法官所支持，另一种观点为布伦南(Brennan)法官所赞成。两种观点均未获得法院的多数法官支持；每一种观点都有四名法官接受。结果，对于商业流事实模式中什么构成相关联系这一关键问题，法院未作裁决。

另一方面，在法院意见第二部分的第二小部分，有八名法官同意根据本案的特殊情况加利福尼亚州行使对人管辖权是不公正的。因此，法院的裁决——加利福尼亚州对朝日公司缺乏对人管辖权——是以公平性(而非联系)为理由作出的。在联系这个重要问题上，法官们有四比四的意见分歧，这将该问题留给以后进一步探讨。迄今为止，联邦最高法院尚未重新审视该问题。最多我们可以说，关于该问题的两种观点各自得到了四位法官的支持。

奥康纳法官的观点[得到首席法官伦奎斯特(Rehnquist)、鲍威尔(Powell)、斯卡利亚(Scalia)赞同]记录在法庭意见书第二部分的第一小部分中。她主张，仅仅将产品投入商业流，即使知道该产品将会进入法院地，也是不够的。对她来说，有意利用需要另一因素——“额外的行为”——它
88 表明“向法院地州市场提供服务的意图或目的”。[1] 根据奥康纳法官的看

① 《美国联邦最高法院判例汇编》第480卷，第112页。

法，这样的例子包括为法院地州的市场设计产品，在法院地州刊登广告，在法院地州建立向客户提供咨询的渠道，或通过同意成为法院地州代理人的分销商进行营销。因为朝日公司在加利福尼亚州没有这样的额外行为，以奥康纳为首的一群法官得出结论，在朝日公司与加利福尼亚州之间不存在相关联系。

布伦南法官的观点[马歇尔（Marshall）法官、怀特（White）法官和布莱克门（Blackmun）法官支持该意见]，出现在布伦南法官另外起草的意见的起始部分。对布伦南法官而言，只要被告将产品投入到商业流中，并且“意识到终端产品是在法院地州销售，那么可能在那里被诉就不会令人吃惊”。他继续解释说，该项诉讼也未施加无获益的负担。被告已通过在法院地零售终端产品而在经济上获益。[也就是说，朝日公司之所以销售了更多的阀门（赚取更多的钱），是因为正新公司能够在加利福尼亚州销售内胎。如果正新公司未在加利福尼亚州销售内胎，朝日公司就会少卖一些阀门给正新公司。]布伦南法官不要求任何额外的因素。对案件事实，以布伦南为首的一组法官认定，朝日公司与加利福尼亚州之间有足够的联系。

然而，如上所述，八位法官①在奥康纳法官起草的判决意见第二部分之B部分中得出结论：加利福尼亚州主张行使管辖权是不公平的。这是联邦最高法院以不公平为依据拒绝对人管辖权的唯一案例。请记住，之前裁决无管辖权的案件（如汉森案和环球大众汽车公司案）是以与法院地缺乏相关联系为依据的。

但朝日公司案的案情是独特的：事关一家台湾公司和一家日本公司之间的纠纷，加利福尼亚州对此没有明显的利益。联邦最高法院阐述了我们在环球大众公司案和汉堡王公司案中所看到的同样的五个公平因素。朝日公司的诉讼负担过大，其必须在离家几千英里外的外国法院捍卫权益。正如该案所显示的，当案件提交联邦最高法院时，遗留的唯一的问题是朝日公

① 斯卡利亚法官没有接受这部分的意见。他认为，不存在联系之结论使公正性因素之评估成为多余。

司是否要赔偿正新公司。这个问题与加利福尼亚州的道路安全无关,因此不会依照加利福尼亚州的法律,而要根据两个公司之间的合同作出判决。此外,正新公司不是加利福尼亚州的居民,这使得该州的利益更为微弱。最后,在阐述了第四项和第五项公平要素(在效率和共享的实质政策方面的州利益)后,联邦最高法院认定在尽量防止美国法院裁判外国公司间纠纷上存在利益。因此,驳回起诉是有根据的。

89 我们必须提到史蒂文斯(Stevens)法官在朝日公司案中的作用。他本可以打破奥康纳法官与布伦南法官之间的僵局。史蒂文斯法官提出了同意意见,在意见中他完全拒绝支持任何一方。他不同意奥康纳法官的观点,因为他认为该问题对法院的判决来说不是必要的。考虑到裁决是根据公平性的理由作出的,他完全不必对联系作出分析。此外,他认为在事实方面不止意识到阀门会进入加利福尼亚州;尽管他"倾向于"认为存在相关联系,但他不愿加入两大阵营。不幸的是,他就此剥夺了联邦最高法院在这一宪法问题上给出明确指示的机会。

**重返准对物管辖权:谢弗诉海特纳案(Shaffer v. Heitner)**

我们现在跳出年代顺序考虑一起案件:1977 年判决的谢弗诉海特纳案(*Shaffer v. Heitner*)。① 然而,我们在这里分析该案并非要打破一系列对人管辖权案件的连续性。在谢弗案之前,联邦最高法院只对两起主要的第二类准对物诉讼(QIR-2)案件作出过判决:1878 年的彭诺耶案以及 1905 年的哈里斯诉鲍克案(在第二章第四节第二目中讨论过)。这些案件的结果是,如果在案件初始扣押了作为管辖依据的财产,并给予了适当的通知(包括公告),则第二类准对物诉讼管辖权合宪。在哈里斯案中,联邦最高法院甚至扩大了第二类准对物诉讼的适用,允许将管辖权建立在无体财产基础上。联邦最高法院利用谢弗案,根据国际鞋业案及其后续案件,重新评估了这些原理。

在谢弗案中,灰狗公司(Greyhound Corporation)的一名股东对本公司

① 《美国联邦最高法院判例汇编》第 433 卷,第 186 页(1977 年)。

的众董事提起“股东代位诉讼(derivative suit)”。[①] 他声称董事们准许公司从事违反反托拉斯法的行为，导致公司输了一个 1200 万美元的判决，因此董事们违反了对公司承担的信托义务(fiduciary duties)。原告要求公司的董事赔该笔钱。原告在特拉华州的州法院起诉，试图通过请求法院扣押(attach)[特拉华州的法律使用的是查封(sequester)一词]众被告所持有的灰狗公司的股份，而对被告行使第二类准对物诉讼管辖权。股票代表着在 90
公司拥有的所有权。尽管股票的所有权通常由股权证书代表，但利益本身是无体财产。一般不要求公司董事持有公司股票，但他们经常持有，谢弗案中的有关被告就是该公司的股东。特拉华州的法律规定，特拉华州公司(诸如当时的灰狗公司)由股票所代表的所有权利益(ownership interest)“出现”在特拉华州。特拉华州最高法院支持对被告行使第二类准对物诉讼管辖权。该案似乎与哈里斯诉鲍克案难以区分，在后一案中(正如在第二章第四节第二目探讨的)，联邦最高法院允许扣押无体财产，将其作为第二类准对物诉讼管辖权的管辖依据。

在谢弗案中，联邦最高法院推翻了美国特拉华州最高法院的判决，拒绝适用第二类准对物诉讼管辖权。判决意见有一些宽泛的意见宣示，但也使用了限制这些意见的措辞，至少在某些情况下是这样。因此，对谢弗案的最终影响仍存争议就不足为奇了。一个极为重要的问题——它对我们接下来所要研究的案件产生了影响——是审理谢弗案的联邦最高法院是否认为国际鞋业案取代了彭诺耶案，抑或另一方面，是否认为两者能并存。

在谢弗案多数派意见的第二部分，马歇尔法官回顾了从彭诺耶案到国际鞋业案的对人诉讼管辖权理论的演变。他认为“是被告、法院地和诉讼三者之间的关系，而非彭诺耶案规则所依赖的州的专属主权，成为审查对人管

① 在股东代位诉讼中，股东起诉以主张事实上属于公司(而不是股东个人)的权利。在法律上，公司是一个实体，由董事会管理。董事对公司承担受托人的义务(例如注意和忠实义务)。大多数股东代位诉讼是针对董事提起，声称他们违反了对公司承担的受托人义务。法律之所以允许股东提起这种诉讼，是因为董事不可能授权公司起诉自己违反受托人义务。别让程序性事项扰乱你们的思路：这实质上是对经营灰狗公司的人提起的诉讼，指控他们没有做好本职工作，以及其错误造成了公司的巨大损失。

辖权的关注中心”。[1] 他接着指出，“规范对物诉讼管辖权的法律并未发生同样显著的变化”。但是，他说，存在着“暗示，即彭诺耶案在对人诉讼规则方面的垮塌未能让该判决作为行使对物诉讼管辖权的依据仍然岿然不动(unweakened)”。[2]

等等，彭诺耶案何时何地“在对人诉讼管辖权方面”垮塌了？没错，正如我们讨论过的，国际鞋业案及后续案件审视了不同于彭诺耶案的因素。但联邦最高法院从未明确**推翻**彭诺耶案的结论。事实上，在国际鞋业案中，联邦最高法院是**对被告未出现在法院地的案件**，提出了有关的最低限度联系标准。正如在第二章第四节第三目中所指出的，这清楚地暗示，被告出现在法院地(在被送达诉讼书状时)本身将继续支持行使对人诉讼管辖权。

无论如何，审理谢弗案的联邦最高法院正面对一个第二类准对物诉讼管辖权的问题。判决意见的第三部分最为重要。我们从其结论开始分析。该部分的最后一句话被广泛引用且影响深远：“我们因此得出结论：对州法院拥有管辖权的所有主张，必须根据国际鞋业案及其后续案件所建立的标
91 准进行审查”。[3] 这似乎清楚地表明，因此在对物诉讼案件以及准对物诉讼案件中，有关的审查并不是简单地考虑作为管辖依据的财产是否在案件初始被扣押，而是考察被告与法院地之间是否存在这种最低限度的联系，以至于行使管辖权不会违反公平对待与实质正义的传统理念。[4]

但是仔细阅读判决意见的第三部分。宽泛的结论性语句很可能并不那么宽泛。在判决意见第三部分的第二段中，法院小心地指出，“财产位于某一州，可通过提供法院地州、被告和诉讼三者之间的联系，影响管辖权的存在。”[5]接着它探讨了两个重要的例子。第一，“如果对财产请求的本身就是

---

① 《美国联邦最高法院判例汇编》第 433 卷，第 204 页。

② 同前注，第 205 页。

③ 同前注，第 212 页。

④ 更广泛地说，有些人断言，从字面上看，它指的是所有的案件，包括被告在法院地被送达了诉讼书状的对人诉讼案件。联邦最高法院在 1990 年的一起案件中涉及了这个问题，我们在第 93 页讨论该案。

⑤ 《美国联邦最高法院判例汇编》第 433 卷，第 207 页。

潜在的争议之源，罕有不让财产所在地的州行使管辖权”。[①] 在第 24 个脚注中，它清楚表明，这一句话指的是对物诉讼和第一类准对物诉讼案件。联邦最高法院表示，在这类纠纷中，被告对财产提出诉求表明，她期待得益于州对利益提供的保护。因此，州在确保该财产可售(marketable)以及和平解决纠纷方面拥有巨大利益。此外，相关证据和证人在法院地。因此，在对物诉讼和第一类准对物诉讼案件中，**财产位于法院地很可能满足了被告符合国际鞋业案标准的要求**。

第二，在同一段落中，联邦最高法院指出，“财产的出现也可以支持这样案件的管辖权……即承认被告对财产拥有所有权，但除此之外诉因与该所有权之外发生的权利和义务相联系”。[②] 这句话指的是第二类准对物诉讼案件，在这种案件中，作为管辖依据的财产**造成**了原告的伤害。正如联邦最高法院指出的，这里主要的例子是土地所有权人不在法院地而在其土地上发生了伤害。

- D 是一位纽约州的州民，在佛罗里达州拥有供出租的房屋。P 是一位密歇根州的州民，承租了该房。在此期间，出租屋天花的板材掉了下来，砸伤了 P 的头。假设没有对人诉讼管辖权，则 P 可以在案件初始查封出租屋，提起第二类准对物诉讼。案件的事实是 D 拥有该房屋，房屋本身造成了损害，这似乎达到了要求，即 D 与佛罗里达州的联系满足了国际鞋业案的标准。

第三，联邦最高法院在第 30 个脚注中指出，其他的管辖理论，诸如涉及 92
身份判决的理论，也与国际鞋业案相符。回想一下第二章第四节第二目，彭诺耶案将身份问题——如结婚和离婚——不视为对人诉讼。因此，没有必要获得对被告的对人诉讼管辖权。当然，州在认定这样的身份问题上的利益是巨大的。从这个脚注看，似乎很清楚，谢弗案对于这类案件的管辖权规则没有影响。

---

① 同前注。

② 同前注，第 208 页。

讨论完这些例子后，联邦最高法院得出结论："对许多类型诉讼的管辖权，这些诉讼现在是对物诉讼或可能会以对物诉讼提起，不受这样的判决意见影响：任何州法院的管辖权主张都必须满足国际鞋业案标准"。[①] 事实上，谢弗案带来了什么变化呢？联邦最高法院在判决意见第三部分的剩余部分中对此做了分析，于此法院讨论了第二类准对物诉讼案件，在这些案件中，财产的扣押"完全与被告的诉因无关"。在此联邦最高法院（看起来相当恰当地）得出结论：财产的扣押本质上是对人行使管辖权的替代。所以，如果对人行使管辖权需要满足国际鞋业案的标准，则第二类准对物诉讼也一样。

因此，在谢弗案中，特拉华州不能仅仅通过扣押被告在该州的财产而获得管辖权，而是必须显示出被告与特拉华州之间的联系满足了国际鞋业案的标准。在判决意见的第四部分，联邦最高法院得出结论：它们未达到该标准，因此，特拉华州缺乏对被告的管辖权。法院承认，特拉华州在依据州的法律监管该州公司的董事履行受托义务上，很可能拥有利益。但特拉华州从未将管辖权建立在这些人的受托人身份（fiduciary capacity）上。相反，管辖权建立在股票的所有权上，股票所有权与董事身份没有必然联系。该法院认定，被告与特拉华州缺乏相关的联系。

各法官的不同意见值得注意。鲍威尔（Powell）法官同意判决意见，认为国际鞋业案的规则应当适用于谢弗案的案件事实，但不适用于这样的问题："无可争议地和永久地位于一州的某种形式的财产所有权，在没有其他支持的情况下，能否提供必要的联系而让被告在该财产价值范围内服从该州的管辖权"。因此，对于不动产，他继续支持传统规则：至少在对物诉讼及
93 第一类准对物诉讼中，在案件初始查封财产即足够。多数派意见似乎也同样承认这一点；很可能鲍威尔法官以更为慎重的态度撰写了意见。布伦南法官赞同国际鞋业案的规则应予适用，但认为应给予特拉华州法院适用该标准的机会。他继续分析后得出结论：被告的联系要满足国际鞋业案的标

① 同前注。

准。

那么,我们从谢弗案中获得了什么结论？毫无疑问,它推翻了哈里斯诉鲍克案以及彭诺耶案的部分规则,即支持仅在案件初始扣押财产就可行使第二类准对物诉讼管辖权的内容。显然,在例如哈里斯诉鲍克案和米切尔诉内夫案中,今天的原告必须证明被告与法院地的联系满足了国际鞋业案的标准。联邦最高法院特意指出,在对物诉讼案件、第一类准对物诉讼案件、由财产导致伤害原告的第二类准对物诉讼案件以及有关身份的案件中,财产之存在——其本身——通常将满足这一标准。因此,在考虑所有情况之后,笼统的说法——即对所有的管辖权主张都必须根据国际鞋业案审查——可能真正改变的仅是对第二类准对物诉讼案件的审查方式,在这些案件中财产未引起损害。

谢弗案判决后不久,特拉华州立法机关通过了一项法律,规定在特拉华州公司的每个非居民董事都"应被视为"已经同意指定诉讼书状的代收人,从而接受了该州的对人诉讼管辖权。[①] 没有人提出赫斯诉波罗斯基案以及默示同意的概念不再有效,因此,这样的法律规定似乎有效地授予了对人诉讼管辖权。然而,另一方面,谢弗案的确表示州法院对管辖权的"所有主张"都必须满足国际鞋业案标准。这是否意味着,传统的管辖依据,诸如居所、同意以及被送达诉讼书状时人在法院地,被弃之一旁而支持国际鞋业案公式呢？

**最近的判词:伯纳姆案**

联邦最高法院1990年被迫在伯纳姆诉高等法院案(Burnham v. Superior Court)[②]中涉足该问题,该案仍然是其在对人管辖权上所作的最新努力。丹尼斯·伯纳姆(Dennis Burnham)居住在新泽西州。其妻弗朗茜(Francie)与夫妻二人的两个孩子居住在加利福尼亚州。该夫妻已分居,并

---

① 《特拉华州法典》第3114条。特拉华州最高法院在阿姆斯特朗诉波默朗斯案(Armstrong v. Pomerance)中认定该法律是有效的,《大西洋沿岸判例汇编第二辑》第423卷,第174页(特拉华州最高法院1980年)。

② 《美国联邦最高法院判例汇编》第495卷,第604页(1990年)。

显然同意弗朗茜在加利福尼亚州提起离婚之诉。但丹尼斯在新泽西州提起了离婚之诉。丹尼斯去加利福尼亚州出差，随后去探望其在该州的孩子。
94 当他和一个孩子外出游玩返回弗朗茜住处时，被送达了加利福尼亚州的有关离婚诉讼以及金钱赡养诉讼的诉讼书状。[①] 丹尼斯声称，加利福尼亚州就该案对其缺乏对人诉讼管辖权。

该问题被完美地提了出来——在法院地送达诉讼书状能产生对人诉讼管辖权吗？或管辖权必须要根据国际鞋业案的标准进行审查吗？换言之，在法院地送达诉讼书状，被称为瞬间或尾随的管辖权（*transient* or *tag* jurisdiction）——它为彭诺耶案所确认——能作为行使对人诉讼管辖权的独立依据吗？或相反，被告与法院地之间必须有满足国际鞋业案标准的联系吗？此外，每一位法官均同意，诉讼请求与丹尼斯身在加利福尼亚州的事实无关。诉求产生于新泽西州。因为这一点，该案要求加利福尼亚州要能够主张“一般管辖权（general jurisdiction）”。对一般管辖权我们在第二章第四节第二目中讨论过，还会在第二章第四节第五目中讨论。

在伯纳姆案中，9 名法官均同意，丹尼斯要服从加利福尼亚州的一般对人诉讼管辖权。然而，他们对理由有不同看法。此外，和朝日公司案一样，法官们对关键问题形成了四对四的分歧。因此，和朝日公司案一样，该案没能明确解决核心问题。斯卡利亚（Scalia）法官的意见得到了伦奎斯特（Rehnquist）首席法官、怀特（White）法官和肯尼迪（Kennedy）法官赞同，他认为，行使管辖权的依据可以是在送达诉讼书状时被告出现在法院地——而不需评估是否满足国际鞋业案的标准。这一结论在一定程度上是基于历史评估——在法院地向被告送达诉讼书状已获得罗马法和英国普通法确认。更为重要的是，在批准《第十四修正案》的时候，这一国家的法院接受了这个理念。在 1978 年谢弗案宽泛的说法（对对人管辖权的“所有主张”都必须根据国际鞋业案进行审查）出现之前，没有哪个法院提出在法院地送达诉讼书

---

① 如果案件仅是要求离婚，联邦最高法院可能会讨论作为行使对人管辖权依据的身份。相反，该案涉及的是要求金钱（比如子女抚养费）的诉求，因此理由而成了对人诉讼案件。

状不足以建立一般管辖权。自那之后，绝大多数法院继续以在法院地送达诉讼书状作为行使管辖权的依据。

因此，对这组法官而言，国际鞋业案允许行使彭诺耶案所不准行使的管辖权，但没有取代彭诺耶案的管辖依据，包括在法院地向被告送达诉讼书状。对他们来说，州内送达不是行使对人诉讼管辖权(in personam jurisdiction)所**必不可少的**，但肯定仍然**足以**行使对人管辖权(personal jurisdiction)。而且，正如在第二章第四节第二目所指出的，审理国际鞋业案的联邦最高法院仅在提到“被告没有在法院地出现”之后，才提出最低限度联系标准。因此，国际鞋业案本身似乎清楚地承认，在送达诉讼书状时被告出现在法院地本身足以建立一般对人管辖权。最后，这些法官质疑，在长达数世纪的时间里成为法律之景一部分的管辖依据，如何会与“公平对待与实质正义的传统理念”相对立呢？四位法官中有三位(不包括怀特法官)在斯卡利 95
亚法官意见第二部分的D部分和第三部分发表了看法：谢弗案的宽泛意见(即“州法院对管辖权的所有主张”都必须依据国际鞋业案审查)仅适用对物诉讼案件和准对物诉讼案件。

另一方面，布伦南(Brennan)法官的意见得到了马歇尔(Marshall)法官、布莱克门(Blackmun)法官和奥康纳(O’Connor)法官赞同，其结论是，对以法院地送达为依据行使管辖权的历史考察本身不足以为其提供正当性。对他们来说，谢弗案意味着对人管辖权的所有主张——即使是彭诺耶案中提出的那些主张，都必须根据国际鞋业案的标准进行审查。换言之，国际鞋业案取代了彭诺耶案，而不是与其共存。然而，重要的是要记住，这些法官也同意——以国际鞋业案的适用为依据——丹尼斯·伯纳姆要服从加利福尼亚州的一般管辖权。因此注意，布伦南法官认为，丹尼斯·伯纳姆在加利福尼亚州待的几天足以构成有意利用，从而让其服从那儿的一般管辖权！[①]

① 斯卡利亚法官意见的第三部分逐项回应了布伦南法官在这一点上的看法。理性的人可能会有不同看法，你们应该得出你们自己的结论。你们也应当明白你们教授的想法。我认为斯卡利亚法官的观点更具说服力。

他是如何得出这一结论的呢？布伦南法官表示，短暂停留的被告利用了“州所提供的重要利益”。他提到了三项：(1)短暂停留者的健康和安全由州警察及其他服务机构提供保护；(2)短暂停留者可以自由地在该州旅行；(3)短暂停留者还“可能享受”州的经济“成果”。而且，由于(《宪法》的)公民的特权和豁免权(条款)，州不能拒绝向其提供赋予本州州民的特权，包括获得法院的公正审判权。另一方面，对短暂停留者只能施加微小的负担。现代交通和通讯使她在一个遥远的州答辩变得更为容易。布伦南法官表示，事实上，被告至少曾有一次旅行到法院地，因此她不能抱怨这个负担。相应地，“一般说来，基于被告自愿在法院地出现而对其行使对人管辖权，将满足正当程序的要求”。[①]

很难理解布伦南法官的推理怎么不会导致对在加州(或任何其他州)待了几天的任何人行使一般对人诉讼管辖权。他似乎认为，待在法院地的获益超过了必须在那里答辩的负担。事实上，正如斯卡利亚法官在其意见第三部分所指出的，布伦南法官似乎是说，加利福尼亚州能够以这些联系为依据行使一般管辖权，而不管是否在那里向被告送达了诉讼书状。

96 不管人们如何看待布伦南法官对国际鞋业案标准的推理，重要的一点是清楚的：法官们对于该案是否取代彭诺耶案的对人管辖权依据，形成了四对四的观点分歧。因此，对这一要点没有明确的裁决。和朝日公司案一样，我们必须看看史蒂文斯法官所发挥的作用。同样，他拒绝采纳其同事所支持的两种方法中的任一种。他这样做时，再次确保联邦最高法院不会给出一个明确的判决。

在大多数情况下，和伯纳姆案本身一样，斯卡利亚法官的方法和布伦南法官的方法殊途同归。理论的选择可能会变得重要——事实上，是决定性的——这还取决于案件事实。

- D是佐治亚州的州民。她计划在加利福尼亚州度假，并决定驾车从亚特兰大前往圣地亚哥。途中她驾车经过得克萨斯州，在达拉斯的

① 《美国联邦最高法院判例汇编》第495卷，第639页。

酒店停留了一晚。P就在夏威夷产生的诉求在得克萨斯州起诉，而在达拉斯向D送达了诉讼书状。

- 根据斯卡利亚法官的方法，得克萨斯州具有管辖权，因为被告在法院地被送达了诉讼书状。而且，传统的管辖权依据总是支持一般管辖权，因此，权利请求产生于夏威夷的事实是无关紧要的。
- 根据布伦南法官的方法，得克萨斯州也拥有管辖权。和在加利福尼亚州的丹尼斯·伯纳姆一样，在这里D打算去得克萨斯州，并从在那里的停留获得某些利益。布伦南法官的意见尚有不清楚之处：被告是否必须在一个州停留一段时间以利用足够的利益，从而为该州行使管辖权提供依据。在这里，D仅在得克萨斯州停留一天左右。但她住在那里的一家酒店，似乎利用了该州的经济成果。

● 案情相同，但D不是驾车，而是从亚特兰大飞往圣地亚哥。她在达拉斯转机，而在达拉斯机场就得克萨斯州的案件被送达了诉讼书状（涉及的是产生于夏威夷的诉求）。

- 根据斯卡利亚法官的方法，得克萨斯州具有管辖权，因为D在法院地时被送达了诉讼书状。
- 根据布伦南法官的方法，也许得克萨斯州有管辖权。毕竟，D有意前往得克萨斯州。另一方面，她在那儿并未停留很长的时间。在达拉斯机场待的两个小时是充分利用因而能为管辖权提供依据吗？谁知道？

● 案情相同，但D订的是从亚特兰大直达圣地亚哥的航班。飞经得克萨斯州上空时，飞机引擎出现了故障，在达拉斯着陆进行机械检查。在达拉斯机场，因在得克萨斯州的诉讼，D被送达了诉讼书状（涉及在夏威夷产生的权利请求）。

- 根据斯卡利亚法官的方法，得克萨斯州很可能具有管辖权，因为在法院地向D送达了诉讼书状。虽然她并未打算去那里，但也非被迫或受骗进入法院地。

- 根据布伦南法官的方法,这可能是一个棘手的案件。不同于前述问题,在这里D没打算去得克萨斯州。她没有将其行为
97 指向该州。另一方面,她停留在得克萨斯州的时间可能比前面假设的情况还要长。(毕竟,修理飞机要比转机花更多时间。)在达拉斯机场,D利用了得克萨斯州提供的保护了吗?她分享了得克萨斯州的经济成果了吗?

**简要总结**

彭诺耶案向我们提供了行使对人诉讼管辖权的传统依据:(1)在法院地向被告送达诉讼书状;(2)在法院地的居所(residence);(3)同意;以及(4)在法院地向被告的代理人送达诉讼书状。国际鞋业案提出了一个评估被告与法院地联系以及评估行使管辖权是否公平的尚未定型的标准。国际鞋业案的标准已经历了重要的细化和澄清过程,但仍然是一个未定性的规则。

虽然谢弗案表明,对"州法院拥有管辖权的所有主张"必须根据国际鞋业案进行审查,但是联邦最高法院从来没有认为,居所和同意本身不足以构成管辖依据。事实上,考虑到米利肯诉迈耶案和赫斯诉波罗斯基案这样的案件,当被告居住在法院地或同意了法院地的管辖权时,似乎不大可能还要审查最低限度的联系。然而,至于出现,对其是否构成独立于国际鞋业案之外的管辖依据,存在着四位法官对四位法官的分歧意见。

在非对人诉讼案件(non-in personam arena)中,谢弗案明确认为必须要进行国际鞋业案标准的审查。法院必须考察被告是否与法院地存在最低限度联系,而不是关注在案件初始是否扣押了行使管辖权的依据。但是,另一方面,联邦最高法院指出,财产的存在——其本身——在对物诉讼、第一类准对物诉讼、身份案件以及财产导致原告伤害的第二类准对物诉讼案件中,就满足了国际鞋业案标准的要求。

## 五、一般管辖权

在第二章第四节第三目中,在国际鞋业案之后,我们首次看到了一般对

人管辖权(general personal jurisdiction)的概念。该案设置了两个变量：被告在法院的活动水平以及原告的诉讼请求是否与被告在法院地的活动相关。我们把这些变量放在在第72页的图表上，出现了四种情况，标以方格1、2、3和4。方格3处理的情况是，被告在法院地的活动是“持续和系统的”，但原告的诉讼请求与这种联系无关。该方格标注为“可能”，表明在一些案件里(正如联邦最高法院在国际鞋业案中所承认的)，被告与法院地的联系可能是实质性的，以至于她可以甚至因产生于其他地方的诉讼请求而在那里被诉。

在国际鞋业案将我们的注意力吸引到这种可能性之前，我们在某种程 98
度上已假定法院拥有一般对人管辖权。彭诺耶案提出了对人管辖权的传统依据，但未对原告的权利请求是否产生于被告与法院地的联系表示关注。如果有什么的话，那就是我们很可能假设，在法院地向被告送达诉讼书状给了州针对被告的任何诉讼请求作出判决的对人管辖权。事实上，直到有了第二章第四节第二目讨论的赫斯诉波罗斯基案以及非居民驾车者法的处理方法，我们才开始探讨特定管辖权(specific jurisdiction)——即，对源于或涉及被告与法院地间联系的诉求的管辖权。这种限制由赫斯案中所适用的马萨诸塞州法律所设置，很可能是因为州立法机构对根据默示同意行使管辖权感到不安。

联邦最高法院仅直接依据一般对人管辖权的概念裁决了两起案件：1952年的珀金斯诉本奎特联合矿业公司案(Perkins v. Benguet Consolidated Mining Co.)①和1984年的哥伦比亚国家直升机公司诉哈尔案(Helicópteros Nacionales de Columbia, S. A. v. Hall)②。在前一案件中，联邦最高法院支持行使一般对人诉讼管辖权，但在后一案件中却拒绝了该管辖权。法院的判决意见明确表明，当被告与法院地之间的联系是“持续和系统的”时候，一般管辖权是适当的，但该判决意见对我们分析这句话的意

① 《美国联邦最高法院判例汇编》第342卷，第437页(1952年)。

② 《美国联邦最高法院判例汇编》第466卷，第408页(1984年)。

思帮助不大。

在帕金斯案(Perkins)中,被告是依据菲律宾法律成立的一家公司。虽然该公司在第二次世界大战日本占领菲律宾期间被迫暂停了在菲律宾的金矿开采业务,但该公司继续存在。公司的总裁、总经理以及主要股东在俄亥俄州设立了办事处和银行账户,公司从该账户支付办事处员工工资以及其他开支。联邦最高法院支持就产生于菲律宾的索赔对在俄亥俄州的公司行使对人诉讼管辖权。法院指出,这家公司在俄亥俄州从事了“持续和系统的,但为有限的、部分的一般业务”。[①] 在帕金斯案中,当被告公司的总裁以公司高级职员身份行事时,在法院地州被送达了诉讼书状。[②] 联邦最高法院没有充分阐述这一对人诉讼管辖权的传统依据(在法院地向被告的代理人送达诉讼书状),所以难以获知州内送达诉讼书状的事实是否影响了联邦最高法院的判决。

99 在直升机公司案(Helicópteros)中,联邦最高法院否决了一般管辖权。在该案中,因直升机在秘鲁坠毁而丧生的四位遇难者的代理人在得克萨斯州起诉哥伦比亚公司。当事方约定索赔不能源自被告在得克萨斯州的活动,[③]因此众法院将该案作为努力主张一般对人诉讼管辖权的案件进行评估。被告与得克萨斯州存在这些联系:(1)公司的高级主管造访了得克萨斯州,谈判为被告提供运输服务的合同(致命坠机发生在提供这些服务期间);(2)被告通过得克萨斯州的银行,收到了所支付的500多万美元运输服务费;(3)被告从得克萨斯州的公司购买了价值400多万美元的直升机,用以提供运输服务。联邦最高法院的结论是,这些联系不构成与得克萨斯州的“持续和系统的”联系。因此,它拒绝适用一般对人诉讼管辖权。

调和这两起案件裁判途径是,注意在帕金斯案中,公司的实际经营集中于法院地,而在直升机公司案中,被告主要在法院地购买产品。也许前者构

---

① 《美国联邦最高法院判例汇编》第342卷,第438页。

② 《美国联邦最高法院判例汇编》第342卷,第440页。

③ 布伦南法官对此约定提出质疑,指出诉求可能至少已“涉及”被告与得克萨斯州法院的联系。见《美国联邦最高法院判例汇编》第342卷,第425页,注释3(布伦南法官的异议意见)。

成持续和系统的联系，而后者不构成。除此之外，难以辨别什么样的联系才满足建立一般管辖权的要求。[①] 一般管辖权何时适当的问题引发了大量学术述评。[②] 许多研究者同意，必须既要有与法院地联系的量的评估——也许以经营金额来衡量——而且要有质的评估——可能以在法院地经营的比重进行衡量。虽然有很多案件处理这一问题，但判决结论完全不可能调和。[③]

或许值得庆幸，对这一论题，还有联邦最高法院的一些其他推论。记住，在伯纳姆案中（见第二章第四节第四目），联邦最高法院支持对这样的人行使管辖权：他到加州出差而在加州就一起有关加州之外行为的诉讼被送达了诉讼书状。全部九名法官均得出结论，加利福尼亚州对伯纳姆先生拥有一般对人诉讼管辖权。以斯卡利亚法官为主的四名法官认定：在送达诉讼书状时身在法院地是一般管辖权的传统依据。[④]

然而，以布伦南大法官为首的其他四名法官认为，伯纳姆先生在加利福 100
尼亚州停留了几天，可以想象在那里他可以寻求警察保护，可能会“享受”该州的经济“成果”，这足以构成利用，从而为对源自法院地以外的诉求行使管辖权提供依据。这的确是一个值得注意的结论。布伦南法官没有解释为什么出现在法院地若干天就会为行使一般对人诉讼管辖权提供法律依据。他没有分析为什么它构成与加州持续和系统的联系。记住，只有四名法官签

① 此外，帕金斯案的结论可能受在州内向被告总裁送达诉讼书状影响。

② 见，如帕特里克·J.博尔克斯：“一般管辖权的问题”，载《芝加哥大学法律论坛》(Patrick J. Borchers, The Problem with General Jurisdiction, *U. Chi. Legal F.*)2001 年卷，第 119 页；B.格伦·乔治：“探寻一般管辖权”，载《图兰法律评论》(B. Glenn George, In Search of General Jurisdiction, *Tul. L. Rev.*)第 64 卷，第 1097 页(1990 年)；查尔斯·W.罗兹：“一般管辖权的澄清”，载《西顿霍尔法律评论》(Charles W. Rhodes, Clarifying General Jurisdiction, *Seton Hall L. Rev.*)第 34 卷，第 807 页(2004 年)；玛丽·特威切尔：“一般管辖权的神话”，载《哈佛法律评论》(Mary Twitchell, The Myth of General Jurisdiction, *Harv. L. Rev.*)第 101 卷，第 610 页(1988 年)。

③ 见，如塞韦林森诉怀德纳大学案(Severinsen v. Widener University)，《大西洋沿岸地区判例汇编第二辑》第 768 卷，始于第 200 页，第 203 页(新泽西州高等法院上诉庭 2001 年)。(一些案件“似乎使人想起一个判决思路，但另一案件却支持判决意见的不同倾向”)。

④ 他们以帕金斯案和直升机公司案为依据提出建议：建立在充分联系基础上的一般管辖权主张可限于公司。《美国联邦最高法院判例汇编》第 495 卷，第 610 页(斯卡利亚法官的意见)。

署了该意见。但是，如果他们是正确的，正如我们在讨论伯纳姆案所指出的，很难看出为什么在任一州度过一两天的**任何人**不需要服从那儿的一般对人诉讼管辖权。毫无疑问，布伦南法官赞成对伯纳姆先生行使一般对人管辖权的观点不可能与直升机公司案的裁决相吻合，在该案中，一家从得克萨斯州的市场获取了500万美元并向该州供货商购买了价值400万美元产品的外国公司不需要服从一般管辖权。

尽管存在不确定性，我们还是能得出一些合理结论。在法院地向被告送达诉讼书状为一般对人诉讼管辖权提供支持，这似乎是可能的——或者是因为历史上一贯如此，或因为有布伦南法官的结论，即那些看起来像是与法院地的相当微弱的联系支撑了管辖权。在法院地有住所支持一般管辖权的行使，这也似乎是清楚的。作为一个传统的依据，这能够通过援引米利肯诉迈耶案（参见第二章第四节第二目）或根据最低限度联系的分析得到证实。毕竟，住所在某一州的人已经似乎清楚地产生了与法院地的实质联系，从而支持对无关联诉讼请求的管辖权。当然，如果一个新罕布什尔州的居民在夏威夷度假时实施了侵权，任何原告均可以期待能在新罕布什尔州起诉被告。

在这些传统的管辖依据之外，我们可能会纠结于认定什么构成与法院地的持续和系统的联系。对于一个公司而言，这似乎清楚地包括其成立地的州；也就是给公司提供其身份的那个州。它也应该包括该公司在那里有主要营业地的州（它可能是与公司成立地州不同的一个州）。例如，人们期望能够在密歇根州就源于世界任一地方的诉求起诉福特汽车公司。福特汽车公司的主要生产活动发生在那儿，该活动应当构成实质性和持续性的活动，从而支持行使一般管辖权。与此类似，出于同样的原因，人们期望能够
101 在佐治亚起诉可口可乐公司。但是，对区域性的或较小规模的办事处是否为一般管辖权的行使提供法律依据，众法院尚存分歧。如上所述，每个人似乎都同意，对于联系是否是持续和系统的，应该进行定量和定性的评估，但法院还没有形成有意义的准则。

## 六、互联网时代的最低限度联系

联邦最高法院判决的有关对人管辖权的所有案件都发生在互联网广泛使用之前。不过，在另一背景下，联邦最高法院认识到互联网是“全球人类交流的独特和全新的媒介”。[①] 一个日益重要的管辖权问题是，在使用这个新媒介的案件中，如何分析对人管辖权。互联网无处不在(因为任何人在任何地方，只要有一台电脑就可以访问它)，然而又无处可见(因为它处于网络空间，没有一个单独的物理位置)。那么，在这种情形下，如何审查对人管辖权呢？虽然现代科技已将新情况置于法院面前，尚不清楚的是行之已久的管辖权原则需要进行哪些修改。根据国际鞋业案，仍然必须存在一些由被告有意利用引起的与法院地的联系；且管辖权的行使必须与判例法支持的公正因素相符。此外，如果原告主张特定的管辖权(与一般管辖权相对)，其权利请求必须源于或涉及被告与法院地之间的联系。如果原告主张一般管辖权(在第二章第四节第五目中讨论过)，被告与法院地的联系必须是持续和系统的。

显然，有一些涉及新技术的简单案件。

- 佛罗里达州的D向加利福尼亚州的P发送了一份电子邮件。电子邮件中包含着故意使P遭受感情痛苦的侮辱性语言。阅读电子邮件的后果是P遭受了感情痛苦。没有理由区别对待这起案件与D通过常规邮件寄送消息或使用电话传递侵权消息的案件。[②]
- 正如我们已看到的，国际鞋业案明确了有这样一种可能性：D无需踏上一州之地就会受该州对人管辖权管辖。联邦最高法院在汉堡王案中采取了同样态度，且运用考尔德案的效果标准，清楚地考虑

---

① 雷诺诉美国公民自由联盟案(Reno v. ACLU)，《美国联邦最高法院判例汇编》第521卷，始于第844页，第850页(1997年)。

② 见埃迪亚斯软件国际公司诉贝塞斯国际有限公司案(EDIAS Software Intl. v. Basis Intl. Ltd.)，《联邦补编》第947卷，始于第413页，第419页。(亚利桑那州地区法院1996年)

(电子邮件与其他可识别的通讯形式并没有实质性差别……在其他形式中，人们有能联系到另一人的地址或电话号码。)

到尽管某人未实际出现在某州，也可以被拉入在那里造成结果的位于该州的法院。

102 一个更为棘手的问题是由网站的维护所引发的索赔。具体而言，在A州维护网站的被告何时构成与B州的联系呢？我们应该明白其背景知识，互联网是一个由成千上万的人访问数以千计的计算机网络所构成的全球性的网络。企业、组织和个人均可以在互联网上设立网站，能够被数百万世界各地的用户访问。因此，互联网已经使得人们有可能通过一台计算机在世界任何地方开展业务。对于因被告维护一个网站所产生的索赔，在对人管辖权这个宪法性问题方面，州最高法院意见之贫乏令人惊讶。而且，因为州的初审法院和中级上诉法院(intermediate appellate courts)极少公布其法庭意见书，因此，这一问题上的州法院案件相对较少。另一方面，下级联邦法院却经常公布其意见书，所以我们找到了相当数量的联邦地区法院和联邦上诉法院处理互联网引发问题的意见书。

其中之一是芝宝制造公司诉芝宝网络公司案(Zippo Manufacturing Co. v. Zippo Dot Com, Inc.)，[①]该案被广泛引用，并有助于解释主要存在三种类型网站的观点。法院想从这一三分法得出一个基本的经验法则，而不是让其成为所有涉及网站维护对人管辖权案件的定论。法官强调，他根据国际鞋业案设想了一个“滑动的标尺(sliding scale)”来审查以网站活动为基础的联系。他说，“合宪地行使对人管辖权的可能性，与一个实体(entity)通过互联网所进行的商业活动的性质是直接对应的。这一滑动的标尺标准与完善的对人管辖权原则是一致的”。[②]

- 在这一标尺的一端是“积极”的网站(the “active” Web site)——在该网站被告从事诸如通过互联网向法院地州传输文件，或与法院地的居民签订合同的活动。一般规则是，在A州维护这样的一个网站

---

① 《联邦补编》第952卷，第1119页(宾夕法尼亚州西部地区法院1997年)。

② 同前注，第1124页。也可参见明克诉AAAA发展有限责任公司案(Mink v. AAAA Dev. LLC)，《联邦判例汇编第三辑》第190卷，第333页(第五巡回法院1999年)。(采用了滑动的标尺方法。)

能够与B州建立起有关的联系，至少在与B州的人有互动时是这样。在这种情况下，积极的网站表明了被告利用法院地的愿望。

- 在芝宝案中，被告是加利福尼亚州的一家公司，建立了一个网站，获得了宾夕法尼亚州7个互联网服务供应商(Internet service providers，ISP)支持，在宾夕法尼亚州拥有3000个用户，“这些交易的目标是下载电子讯息，该讯息构成宾夕法尼亚州诉讼的基础”。[①] 该网站包含有信息，但也是互动的(in- 103
teractive)，并带有一个应用程序，任何地方的人都可以据此签约订购被告的服务。原告是芝宝打火机的制造商，提起了侵犯其Zippo商标名的诉讼。法院认为，被告与宾夕法尼亚州存在足够的联系，从而支持该州行使对人管辖权。

- 这一标尺的另一端是“消极的”网站——被告只是发布信息。即使其他州的人可以访问它，该被动网站也“只不过为那些对它感兴趣的人士提供信息，该被动网站不能成为行使对人管辖权的依据”。[②]

  - 密苏里州的一家夜总会在该州设立了一个网站，提供有关夜总会事项的信息。该网站是非互动式的，想购买夜总会任何演出门票的人要按指示电话联系密苏里州的该家夜总会或到门口买票。一家纽约的夜总会在纽约州起诉密苏里州的夜总会，以网站为依据主张对人管辖权，声称该网站侵犯了其商标权。密苏里州的公司没有将业务扩展到纽约州以建立和保持与纽约州客户的联系，因而不受纽约州的对人诉讼管辖权管辖。[③]

- 在这一尺度的中间部分，显然为最难解决的案件，是“交互式”网站——被告可以从该网站发送或接收信息。

  - 一些法院得出结论，仅仅维护一个可被任何一个州的人访问

---

① 《联邦补编》第952卷，第1126页。

② 《联邦补编》第952卷，第1124页。

③ 本苏曾餐饮公司诉金案(Bensusan Restaurant Corp. v. King)，《联邦判例汇编第三辑》第126卷，第25页(第二巡回法院1997年)。

的网站，可以构成与该任何一个州的相关联系。它们推理说，因为网站信息能传递到任何人，所以被告有意利用了原告从那里可以访问该网址的任何州，因此可以在任何州(State Z)由其诉求源自访问该信息之人提起诉讼。[①]

- 然而，大多数法院持不同意见，认为只是“创建一个网站，就像将一个产品投入商业流，该商业流可能是全国性的——甚至是全球的——但是，如果没有更多的行为，……它就不是有意指向法院地州的行为。”[②]只有当被告进行了更多的活动，向法院地提供服务或开拓法院地的市场——例如在法院地设立或维护网站，或鼓励法院地的人使用该网站，或通过网站开展系统的业务——管辖权的行使才是适当的。

104 当然，根据国际鞋业案评定何时这些联系是充分的，这是令人大伤脑筋之事。但它应该是常见的。换言之，似乎有一个正在形成的共识：评定互联网背景下的对人管辖权和其他情况下的评定是一样的。即使在互联网时代，州界也不是毫不相关。必须与法院地有某种相关联系。科技只是增加了人们与遥远的法院地建立联系的方式。此外，法院当然必须评定在法院地行使管辖权的公平性。因此，审理芝宝案的法院在发现被告和宾夕法尼亚州之间有相关联系后，就认为由该州行使管辖权并非不公平，从而支持对

---

① 见，如英赛特系统公司诉英思特鲁欣赛特公司案(Inset Systems, Inc. v. Instruction Set, Inc.)，《联邦补编》第937卷，始于第161页，第162页(康涅狄格地区1996年)。(康涅狄格州对马萨诸塞州的被告就有关网址域名纠纷拥有管辖权)。审理芝宝案的法院认为，英赛特系统公司案代表了行使对人管辖权合宪的“外部界限”。芝宝案，《联邦补编》第952卷，第1125页。

② 本苏曾餐饮公司案，本书第121页注释③，《联邦判例汇编第三辑》第126卷，第29页。一个有趣的案例提供了对网站经营者行使对人管辖权典型案例(如芝宝案)的另一面，它是康普塞尔夫公司诉帕特森案(CompuServe, Inc. v. Patterson)，《联邦判例汇编第三辑》第89卷，第1257页(第六巡回法院1996年)。在该案中，一个得克萨斯州的州民与一个俄亥俄州的计算机网络服务商签订一份协议，根据协议，服务商要销售前者的软件。在该得州人(Texan)提出网络服务商侵犯其商标权后，该俄亥俄州的公司在俄亥俄州起诉，寻求获得宣布其未从事不当行为的确认判决(declaratory judgment)。第六巡回法院支持对该得州人行使对人管辖权，认为他通过签订让俄亥俄州公司销售其软件的合同利用了俄亥俄州。进一步说，俄亥俄州管辖是公平的，因为该得州人是企业家，他期待与俄亥俄州的公司建立长期合作关系；而且，俄亥俄州法律调整当事人之间的协议。

加利福尼亚州的被告行使特定管辖权。

将这一结果与雷维尔诉利多夫案(Revell v. Lidov)①的结果进行对比，在后一案件中，原告在得克萨斯州起诉，指控一名教授在纽约一所大学网站发表的文章实施了诽谤。法院采用了芝宝案中的滑动标尺方法(sliding scale approach)，拒绝行使管辖权。尽管由大学网站维护的公告板是交互式的，但涉嫌诽谤的帖子并未指向得克萨斯州；它涉及的是原告为华盛顿州政府官员时的活动。因此，该案不同于考尔德案，因为没有在得克萨斯州造成效果的意图。法院认为，“认识到潜在的原告将在一特定的法院地承受痛苦，这构成考尔德标准的主要部分”。②

那么一般管辖权怎么样呢？网站的活动何时才能构成在法院地的这种持续和系统的活动，以至于对与该活动无关的索赔被告也要服从对人管辖权呢？显然，单纯地访问网站——甚至是一天 24 小时——不能赋予一般管辖权。③ 在被告与法院地之间必须有实质性的和持续性的互动。当然，这 105
样实质性的和持续性的联系包含了网站活动和其他的联系。在一个有趣的案件即盖托网络公司诉 L. L. 比恩公司案(Gator. com Corp. v. L. L. Bean, Inc.)④中，第九巡回法院的合议庭支持了对人管辖权。然而，合议庭的意见遭撤销，口头辩论被安排为由第九巡回法院全院法官参与庭审(en banc)。⑤

---

① 《联邦判例汇编第三辑》第 317 卷，第 467 页(第五巡回法院 2002 年)。

② 《联邦判例汇编第三辑》第 317 卷，第 475 页。法院也说：“我们是审视该篇文章地理上的聚焦点，而不是诽谤的刺痛……”。同前注，第 476 页。

③ 在前面两个注释提到的雷维尔案中，法院拒绝了这样的说法：因为大学的网站允许互联网用户订阅杂志、在网站和杂志上刊登广告以及提交申请上大学的电子申请书，所以大学要受得克萨斯州一般管辖权管辖。法院认为，现有的学说“不能很好地适应一般管辖权的审查，因为外州的被告即使与法院地居民进行了反复联系，也可能不构成认定有一般管辖权所必须的实质的、持续的和系统的联系——换言之，它可能与得克萨斯州在做生意，但没有在得克萨斯州做生意”。雷维尔案，《联邦判例汇编第三辑》第 317 卷，第 471 页。

参见达格斯诉内华达州植物酒店案(Dagesse v. Plant Hotel N. V.)，《联邦补编第二辑》第 113 卷，第 211 页(新罕布什尔州地区法院 2000 年)。[阿鲁巴(Aruba)酒店的网站包含广告并允许从新罕布什尔州预订房间，这些不能支持新罕布什尔州行使一般管辖权。]

④ 《联邦判例汇编第三辑》第 341 卷，第 1072 页(第九巡回法院 2003 年)。

⑤ 《联邦判例汇编第三辑》第 366 卷，第 789 页(第九巡回法院 2004 年)。

随后，双方和解解决了争议，上诉案件因无争议而被撤销。① 由于第九巡回法院的最初意见被撤销，从严格意义上讲，该意见不再存在。然而，该案案情和合议庭的裁决引起了人们极大的兴趣，值得在这儿进行阐述。

L. L. 比恩公司在缅因州组建，那儿它拥有主要营业地、生产设备和配送中心。它向全国邮寄了 200 多万份的产品目录，并维护着一家交互式的网站，世界各地的客户可以通过该网站订货和支付。2000 年该公司约有 16％的销售额（超过 2 亿美元）通过互联网完成。盖托网络公司（Gator.com）是特拉华州的一家公司，但全部业务均在加利福尼亚州，它为使用互联网的客户创建了一个“电子钱包”。它借助 L. L. 比恩公司网站上的弹出式窗口做广告，而且该广告含有 L. L. 比恩公司之竞争对手公司的优惠券。比恩公司的律师发函给盖托网络公司，要求其停止使用这种弹出式广告。函件声称该广告侵犯了比恩公司的商标、盗用了商誉，构成不公平的贸易做法。盖托网络公司以在加利福尼亚州起诉作为回应，寻求一个宣告式判决，宣布其广告未侵犯比恩公司的商标权且在其他方面也是适当的。L. L. 比恩公司以法院缺乏对人管辖权为由请求驳回起诉。联邦地区法院准予了申请，但第九巡回法院的合议庭推翻了其结论。

106 尽管 L. L. 比恩公司向加利福尼亚州发送了数以百万计的产品目录，在该州做成了数百万美元的生意，但法院主要将注意力集中在以网站为基础的活动上。部分依据芝宝案的规则，法院认为，L. L. 比恩公司积极的网络活动——包括向加利福尼亚州的客户发送电子邮件，并接受来自加利福尼亚州的订单——构成了这样的一种商业活动，以致几乎在该州实际存在。②

---

① 《莱克西斯美国上诉判例汇编》2005 年卷，第 2521 页（第九巡回法院 2005 年 2 月 15 日）。“无争议（moot）”意味着没有遗留的需要法院裁决的现存争议。根据《宪法》第三条，联邦法院只能对“案件”或“纠纷”作出判决。已经变得无争执的争议既不是案件，也非纠纷。

② 《联邦判例汇编第三辑》第 341 卷，第 1079—1080 页。法院也有赖于戈尔曼诉美国交易控股公司案（Gorman v. Ameritrade Holding Corp.）的结论，《联邦判例汇编第三辑》第 293 卷，始于第 506 页，第 512 至 513 页（哥伦比亚巡回法院 2002 年），该案支持哥伦比亚特区对一项网上的经纪服务行使对人管辖权。法院指出，被告的网站允许哥伦比亚特区的人开立账户，将资金转移到该账户，使用该账户购买证券，并签订具有约束力的合同。

法院将该网站的特点描述成："明确和有目的地组织起来而以精巧的加利福尼亚州虚拟商店身份从事经营"。[①] 事实上，L. L. 比恩公司和加利福尼亚州之间的联系是如此广泛，以致构成了一个持续和系统的联系，为行使一般管辖权提供了法律依据（我们在下一小节作出分析）。这意味着，可以就其与加利福尼亚州的活动无关的索赔在该州起诉被告。如前所述，第九巡回法院作出的这一判决已经被撤销。尽管如此，它引发了一些讨论，讨论集中于质疑单独以网站活动为基础的一般管辖权。如果法院明确以 L. L. 比恩公司在加利福尼亚州的其他商业活动作为认定在该州有持续和系统性活动的依据，结论将更具说服力——事实上，无懈可击。

互联网导致了"域名抢注"（cybersquatting）现象。当有人注册一个侵犯已成立企业商标权的域名，目的是高价卖掉该域名，域名抢注就会发生。任何知名企业都想有带有或至少类似其公司名称的域名，让其域名与其名字或任何其他名称紧密联系，以致客户可以将网站与公司联系在一起。因此，保时捷的汽车制造商想获得 www. porsche. com 以及 www. porsch. com. 的域名。事实上，该公司注册了第一个域名，但是发现一些有胆识的人已经注册了拼写错误的域名 www. porsch. com 和几十个其他与保时捷的名称或保时捷的产品名称密切相关的域名。保时捷公司根据《商标淡化法》（Trademark Dilution Act）提起诉讼，并请求对这些网域（domains）本身行使对物管辖权（而不是对注册域名的人行使对人诉讼管辖权）。联邦地区法院驳回了原告提出的诉求，认为《商标淡化法》不允许对物管辖诉讼。[②]

大约在同一时间，国会通过了《反域名抢注消费者保护法》（Anticybersquatting Consumer Protection Act，ACPA），允许对为获金钱利益而恶意抢注域名之人所注册的域名提起对物诉讼。该法设有重要限制，目的是确 107

① 《联邦判例汇编第三辑》第 341 卷，第 1078 页。

② 保时捷汽车北美公司诉保时捷网站案（Porsche Cars North America，Inc. v. Porsche. com），《联邦补编第二辑》第 51 卷，第 707 页（弗吉尼亚东区法院 1999 年），撤销及重审，《联邦判例汇编第三辑》第 215 卷，第 1320 页（第四巡回法院 2000 年）。

保仅仅在不能以对人诉讼起诉责任人时，才能提起对物诉讼。①

尽管互联网引入了域名抢注这种新祸害，并改变了被告利用不同法院地的方式，但我们考察过的判决意见非同凡响，因为在联邦最高法院在早期科技时代审理的案件所构建的范例中，有无可否认的处理无畏互联网新世界的倾向。事实上，目前许多阐述互联网时代对人管辖权的观点，似乎反映了奥康纳(O'Connor)法官和布伦南(Brennan)法官之间在朝日公司案(在第二章第四节第四目讨论过)中的分歧。这或许不应使我们感到惊讶。难道互联网不是商业流的现代应用吗？人们将物品放到互联网的途径与通过商业流寄送产品在很大程度上是一样的：他们把物品放在那儿，然后注意商业流将这些物品带到哪里。商业流可能会经过很多地方，但可能只会由众多地方中的某个地方的人将其带到更远的地方。当有人将流经该州的产品带到更远的地方时，在被告与该州之间存在相关的联系吗？在传统的商业流案件中，布伦南法官说，如果被告能合理预见产品进入法院地，就有联系。与此相反，奥康纳法官主张，这样的可预见性就其本身而言是不充分的；确切地说，必须有"更多的东西"——向法院地推销产品——从而建立与法院地的联系。

因此就大的方面而言，互联网也许没有什么独特之处。法院使用了与处理任何其他对人管辖权问题一样的方法。这一事实要求人们留心联邦最高法院1958年的判辞："由于技术进步增加了州际的商业流动，管辖权的要求已经历了类似的增加"。② 互联网案件没有表现得需要建立新的管辖权学说。相反，它们证明了最低限度联系分析的适应性。

---

① 在保时捷公司案中，原告根据《反域名抢注消费者保护法》提出了对物诉讼的诉求，一些被告服从了对人诉讼管辖权，而辩称因此不适用《反域名抢注消费者保护法》。第四巡回法院驳回了这一主张，认为起诉时该案属于对物诉讼，被告不能通过遵守对人诉讼管辖权操纵法院的管辖。保时捷汽车北美公司诉保时捷网络案(Porsche Cars North America, Inc. v. Porsche. net)，《联邦判例汇编第三辑》第302卷，始于第248页，第255—260页。

② 汉森诉登克拉案(Hanson v. Denckla)，《美国联邦最高法院判例汇编》第357卷，始于第235页，第250—251页(1958年)。

# 第五节　制定法分析
## （包括联邦法院在审查对人管辖权时为何通常要注意州的制定法） 108

### 需要制定法的依据

在特定案件中行使对人管辖权合宪的事实并不足以让法院行使对人管辖权。正如本书第二章第三节所指出的，行使对人管辖权的宪法性权力不是自动执行的。因此，在解决管辖权的行使是否合宪之前，必须找到行使对人管辖权的制定法依据。每个州自由决定将多少合宪的对人管辖权授予法院。这是一个由州立法机关作出的政治性决定。然而，值得重复的是，除非法院地的州通过一项法规允许行使对人管辖权，否则甚至连行使对人管辖权明显合宪的案件也无法进行诉讼。

- P在X州起诉D。D在X州有住所，出生在X州，从未去过X州以外的地方。P对D提出的索赔产生于X州。毫无疑问，X州能合宪地对D行使对人管辖权。但是，除非X州已经通过一项授权对这类案件行使对人管辖权的法律，否则X州不能行使管辖权。

### 与对人诉讼管辖权的传统依据有关的制定法

毫无疑问，X州会颁布一部制定法允许对我们刚看到的那种假设情况行使管辖权。为什么？每个州都有一系列授权本州法院行使对人管辖权的制定法。当中的一些法律似乎很普遍。例如，每个州显然都制定了法律，允许对在该州有住所或居住在该州的人，包括我们刚看到的那种假设情况，行使对人诉讼管辖权。此外，每个州都有权对在该州被送达了诉讼书状之人行使这一管辖权。（正如我们在第二章第四节讨论伯纳姆案时所看到的，这种案件中的对人管辖权是否合宪取决于案件事实，但制定法的依据是明确的：如果被告在该州时被送达了诉讼书状，则拥有制定法上的权力。）同样，每个州都制定了法律，授权法院对在该州成立的公司行使对人诉讼管辖权。 109

**涉及非居民的制定法**

除了这些典型的制定法之外，每个州还授权其法院在某些情况下，对在法院地没有住所或居所但被送达了诉讼书状的非居民被告，行使对人管辖权。一般而言，各州有两种这样的法律。第一种是非居民驾车人法。显然，每个州都有一部这样的法律，它们往往类似于我们在第二章第四节第二目中所讨论的赫斯诉波罗斯基案中的法律。这种法律通常以默示同意为依据，仅仅准许行使特定管辖权(specific jurisdiction)。因此，法律仅仅对产生于汽车事故的诉求授予管辖权。它通常允许对涉及车辆碰撞的车主及驾车人行使对人管辖权。

准许对非居民行使管辖权的第二种类型的成文法，通常被称为长臂法(long-arm statute)——这样叫的准确原因是它允许州跨州界行使权力。这些法律与非居民驾车人法非常相似。一般来说，它们准予行使特定的管辖权——针对非居民提出的诉求必须源自被告在法院地实施的(或产生影响的)行为。但是，它们比非居民驾车人法范围广，即它们涵盖的事项不止交通事故案件。从历史上看，众州在20世纪20年代和30年代通过了非居民驾车人法，该法被赫斯诉波罗斯基案认定为有效。国际鞋业案之后，在20世纪40年代和50年代出现了更为一般的长臂法。

尽管长臂法可能因州而异，但大多数法律似乎都以两种常用方法中的一种作为蓝本。其中的一种方法以加利福尼亚州的法律为代表——它只是规定本州法院对非居民在宪法规定的全部权力范围内行使管辖权。[①] 在这样的州，对人管辖权的成文法分析与宪法上的评估是重叠的。第二种类型的长臂法，我们称之为逐项列举式法律(a laundry-list statute)，它包含了使非居民服从对人诉讼管辖权的行为清单(a list of activities)。如果你们的教授讲授了这样的法律，小心会考试。许多学生过多地将注意力集中于宪法标准，以至于忘了考试中还会出现严肃的制定法问题。

---

① 《加利福尼亚州民事诉讼法典》(*Cal Code Civ. Proc*)第410.10目。(“本州的法院可以根据不违反本州宪法与美国宪法的任何依据行使管辖权。”)

逐项列举式的长臂法通常规定，对在法院地从事诸如商事交易或侵权行为等特别行为的非居民，行使对人诉讼管辖权。适用该法要注意两个重要方面。第一，应谨慎分析法规的用语。一个法律允许对在该州“从事实质性商事交易”的非居民行使管辖权，一个法律允许对在该州“从事任何商事交易”非居民行使管辖权，这两个法律规定之间有重大的不同。第二，要记住，法院对相同的法律用语可能作出不同的解释。如果你们在课程中学到了这种不同的解释，则在考试中应留意。涉及长臂法中常见用语的一个极好例子是：对在法院地“实施侵权行为或不作为(tortious act or omission)”的非居民，法院拥有对人诉讼管辖权。[①] 要注意这里严谨的用词，包括“行为和不作为”。如果没提到“不作为”，则可以辩称该法仅应适用于故意侵权，而不适用于建立在不作为上的侵权，例如某种形式的过失。然而，除此之外，长臂法适用于下面假设的例子吗？

- D在A州制造小器具(widgets)。P直接从D那里订购了一件，D 110
将其运送给在Z州的P。当P在Z州使用该小器具时，它发生了爆炸，伤了P。P想在Z州起诉D。Z州的长臂法准许对“在Z州实施了侵权行为或不作为”[②]的非居民行使对人诉讼管辖权。这一法律准许对D行使管辖权吗？答案取决于法院如何解释认定是否在Z州发生了侵权行为。正如你们在课堂上可能已学过的，在这一点上众法院可能意见不一。
  - 一种解释是，该长臂法的要求没有得到满足，因为侵权行为或不作为，即使有的话，也发生在A州。毕竟，那是D制造该小器具的地方。因此，如果D有过失，该过失发生在A州。在

---

① 一些州从长臂法中排除了诽谤侵权行为。见，如《佐治亚州注释法典》第9编第10章第91条。因此，在诽谤案中，除非能找到对人诉讼管辖权的其他依据，否则原告必须去被告所在的州起诉。根据最高法院在基顿案(Keeton)和考尔德案(Colder)(在第二章第四节第四目做过探讨)这样案件中支持管辖权的情况，这样的立法限制似乎并不为宪法所要求。

② 这个阶段的审查要求有一些是不适当的。在案件作出实体判决前，并不清楚被告是否承担侵权责任，而实体判决可能要在管辖权审查若干年后才作出。显然，法院在这个阶段要避免对实体问题的小型审判。很清楚，法院有管辖权的结论并不预先决定实体事项。

费瑟斯诉麦克卢卡斯案(Feathers v. McLucas)[①]中,纽约州上诉法院以类似的措辞对类似的事实得出了这一结论。

- 另外的一个结论是,因为P在Z州受伤,所以长臂法的要求得到了满足。其想法是,不管D在哪个方面有过失,在伤到某人前,并不构成侵权。该小器具在爆炸前(爆炸碰巧发生在Z州)没有伤害任何人。在格雷诉美国散热器和标准洁具公司案(Gray v. American Radiator & Standard Sanitary Corp.)中,伊利诺伊州最高法院以相同的措辞得出了这一结论。[②]

111 每一种解释都能说出一番道理,各自强调了法律用语的不同部分。纽约州的解释强调了法律规定中的行为或不作为(act or omission)——坚持要求被告的行为(而不是行为效果或结果)必须发生在法院地州。另一方面,伊利诺伊州的解释侧重于侵权(tortious)一词——它强调了被告行为的效果。伊利诺伊州法院推理说,在有人受伤之前没有侵权行为。因此,如果伤害发生在法院地,就满足了法律的要求。如果你学习了这些(或类似的)案件,在考试中又看到了这样的事实模式,不讨论两种方法就傻了。当然,如果你们的结论是法定要求得到了(或据信得到了)满足,则必须进行合宪性分析,评估在该事实情况下行使对人管辖权是否符合正当程序。但这是一个分开的分析步骤。

在纽约上诉法院对费瑟斯诉麦克卢卡斯案(Feathers v. McLucas)作出判决后,纽约州立法机关修订了其长臂法,增加了一个规定,以涵盖侵权行为或不作为发生在纽约州之外,但在纽约州造成了损害的案件。但是,对这种案件,立法机关添加了一个要求,使得只有当被告在纽约州从事了"持续的行为"或从在纽约州的行为中"获得了实质收益"时,行使管辖权才适当。

---

① 《东北部判例汇编第二辑》第209卷,第68页(纽约州最高法院1965年)。

② 《东北部判例汇编第二辑》第176卷,第761页(伊利诺伊州最高法院1961年)。佛罗里达州最高法院认为一封从外州寄到佛罗里达州的侵权电子邮件构成在佛罗里达州实施的侵权行为。文特诉霍罗威茨案(Wendt v. Horowitz),《南部判例汇编第二辑》第822卷,第1252页(佛罗里达州最高法院2002年)。

有好几个州已采纳纽约州法律中的这种表达。

因此，在好几个州，有两种长臂法规定处理非居民的侵权行为或不作为。一种规定，如果非居民在本州实施了侵权行为或不作为，则具有管辖权。另一种规定，如果非居民在州外实施了侵权行为或不作为，而在州内对原告造成了伤害，则拥有管辖权。但是对于后一规定，只有在原告能另外证明——证明被告要么在法院地从事了某种持续的行为，要么从在法院地的活动中获得了可观的收益，该法律规定才得到满足。

在我们思考该问题时，在一个采纳了这一法律的州，立法机关实质上已吩咐其法院，不要采用伊利诺伊州对在法院地“实施了侵权行为或不作为”用语之解释。毕竟，如果采纳伊利诺伊州的解释，州外实施的侵权行为或不作为会被认为是在州内实施的侵权行为或不作为（因为原告是在法院地受伤）。这种解释会使得处理州外实施的侵权行为伤害州内原告的法律变得完全多余。不过，佐治亚州最高法院在某种程度上采纳了伊利诺伊州法院对基本条文的解释，至少在涉及人身伤害的侵权上是这样。[①] 然而，同一法院在涉及欺诈的案件中却拒绝了伊利诺伊州的解释。[②] 很难为这种矛盾情 112
况找出依据，因为长臂法并没有想区分涉及人身伤害的侵权和涉及欺诈的侵权。事实上，这种解释似乎不利于保护佐治亚州原告的利益，因为其州最高法院得出的结论是：它不想他们在佐治亚州起诉非居民的欺诈行为。该法院后来试图对这种情况进行补救，[③]要点很简单：每个州的立法机关通过其认为最好的法律，而法律的解释则由州法院决定。如果法院曲解了法律，在理论上立法机关应该干预而修订法律。立法机关很少如此勤勉。

鉴于对规定非居民的侵权行为和不作为之法律存在不同解释，让我们提

---

① 见科和佩恩公司诉伍德—马赛克公司案（Coe & Payne Co. v. Wood-Mosaic Corp.），《东南判例汇编第二辑》第 195 卷，第 399 页（佐治亚州最高法院 1973 年）。

② 见古斯特诉弗林特案（Gust v. Flint），《东南判例汇编第二辑》第 356 卷，第 513 页（佐治亚州最高法院 1973 年）。

③ 临床和咨询服务有限责任公司诉艾姆斯第一国民银行案（Clinical & Consulting Servs., LLC v. First Natl. Bank of Ames），《东南判例汇编第二辑》第 620 卷，第 352 页（佐治亚州最高法院 2005 年）。

出另一种假设情况，考虑就该制定法问题，你们能告诉你们的教授多少想法。

- 被告是一位非居民，未在法院地从事持续的行为，也未从法院地获得可观的收益。因此，长臂法的这一部分，此部分允许对在州外实施了侵权行为和不作为而在州内造成损害的非居民行使管辖权，不能适用。被告在州外实施了侵权行为而该行为在法院地造成了损害。
    - 最有可能的解释是，法律的要求没有得到满足。毕竟，在该成文法的那一部分，该部分要求证明被告在法院地进行了持续的行为或从法院地获得了可观收益，立法机关专门对在州外实施了侵权行为和不作为的被告作出了规定。因此，伊利诺伊州法院对该基本规定（在法院地"实施了侵权行为和不作为"）的解释似乎是不正确的。
    - 另一方面，每个州的法院按他们认为合适的方式，自由地解释本州的长臂法律，有可能法院会采纳伊利诺伊州的解释，根据准许对在法院地"实施了侵权行为和不作为"的非居民行使管辖权的法律，裁定自己拥有管辖权。
    - 假如我们是在佐治亚州，如果侵权涉及人身伤害，则法院将采纳伊利诺伊州的解释，但如果侵权是欺诈，则法院将不会采纳伊利诺伊州的解释。

在制定了列举式长臂法的几个州，法院得出的结论是，立法机关想把对人管辖权扩至宪法允许的全部范围。面对逐项详细列举的法律，这个结论
113 似乎有些奇怪。如果立法机关想在正当程序的范围内授予管辖权，它本可以通过加州类型法律用语的法律。但同样，由法院解释该法律的意思。

- 在环球大众汽车公司案（World-Wide Volkswagen）中，联邦最高法院认定，俄克拉荷马州对两名被告没有有效的管辖权。它注意到了规定很详细的俄克拉荷马州长臂法，也注意到俄克拉荷马州最高法院认为该长臂法的范围所及扩至宪法允许的界限。美国联邦最高法院可以通过认定俄克拉荷马州成文法没有延伸适用于案件事实，而避开该宪法问题吗？

> 不能。回顾一下本书第一章第二节第三目的内容，美国联邦最高法院仅能够审查州最高法院就联邦法律事项作出的判决。美国联邦最高法院无权告诉拥有主权的俄克拉荷马州其法律的含义是什么。它只能评估根据（联邦）宪法行使管辖权是否为适当。

为什么一个州在对非居民行使对人管辖权上，会选择给予其法院少于宪法规定的最大权力呢？这是一个很好的问题。似乎每个州都想让其州民在宪法准予的全部范围内享有对人管辖权。不这样做可能意味着其州民得前往遥远的州起诉被告。有人提出，州可能认为，行使宪法准予的全部权力会使其法院过于靠近不公平的管辖权主张。请记住，宪法并不要求方便的法院；它只是禁止明显不方便的法院。正如一位学者所指出的，"说一项法律未违反正当程序条款，等于是说其达到最起码的标准"。[①]

法院可以将本州的长臂法解释成不适用某一种事实类型，从而开启了另一个重要的可能：行使第二类准对物诉讼管辖权。太多的学生（和一些教授）在谢弗诉海特纳案（Shaffer v. Heitner）后（在本书第二章第四节第四目讨论过）漠视第二类准对物诉讼管辖权。诚然，在该案后，第二类准对物诉讼管辖权的案件要行使管辖权必须满足国际鞋业案的标准。但是，这并不意味着第二类准对物诉讼管辖权已归入对人诉讼管辖权。假设非居民被告与法院地之间存在充分联系，从而满足了国际鞋业案的标准，但是州法院对长臂法做了狭义的解释，以致它并不适用于某一特定案件。如果被告在法院地拥有财产，在案件初始可以扣押这些财产作为管辖依据，则原告没有理由不尝试第二类准对物诉讼管辖权。对于这样的案件，长臂管辖法是不相关的。它授予的是对人诉讼管辖权。现在我们将看到，适当的法律是扣押法。 114

**有关对物诉讼和准对物诉讼管辖权的制定法**

对物诉讼和准对物诉讼案件的成文法分析通常是简单之事。每个州都

---

① 埃利奥特·奇塔姆："冲突法：一些进展及问题"，载《阿肯色法学评论》（Elliott Cheatham, Conflict of Laws: Some Developments and Some Questions, *Ark. L. Rev.*）第25卷，始于第9页，第25页（1975年）。

有扣押法(attachment statute),该法律允许扣押非居民在法院地州“有所有权的或声称有所有权的”财产。当然,在对物诉讼和第一类准对物诉讼案件中,非居民声称对财产拥有所有权。在第二类准对物诉讼案件中,非居民明确对财产拥有所有权。法律要求在案件之初始就扣押财产,并规定了向被告发送通知的途径。

此外,不要因为法院已狭义解释了长臂法,而忽视在不可能行使对人诉讼管辖权(in personam jurisdiction)的案件中有可能行使第二类准对物诉讼管辖权。如果长臂法不适用,因此不可能行使对人诉讼管辖权,但被告与法院地有充分的联系,满足了国际鞋业案的标准(而且被告在法院地拥有财产,可以在案件初始扣押该财产将其作为行使管辖权的依据),原告应尝试第二类准对物诉讼管辖权。

**为什么联邦法院为确定对人管辖权通常要注意州的法律?**

在本书第一章第二节第一目我们注意到,联邦法院(与州法院相对)仅能受理某些类型的案件(主要为“异籍案件”和“联邦问题案件”)。我们在第四章详细讨论这一有限的联邦事物管辖权。正如我们将在第四章第二节看到的,州法院具有一般事物管辖权;除少数例外情况外,州法院能够审理任何有管辖权的诉讼请求。对人管辖权如何呢?一般规则是,关于法院是否对被告拥有对人管辖权的问题,在联邦法院和在州法院几乎总是一样。因此,评估在纽约州的联邦法院是否对被告拥有对人管辖权,通常与评估纽约州的州法院是否拥有对人管辖权是一样的。

为什么应该是这样,原因并不明显。事实上,它似乎是错误的。在对人管辖权的合宪性考察过程中,我们读到的案例侧重于被告与其被诉的州之间的联系。当州法院在行使管辖权时,这是完全适当的;被告必须与主张管辖权的政府有必要的联系——当然,如在州法院诉讼,它就是州政府。但如果在联邦法院诉讼,就是美利坚合众国(而不是州)对被告主张权力。因此,评估被告是否与美国有必要的联系似乎是合适的——而不是评估被告与联邦法院碰巧所在的州的联系。

115 当然,在宪法权力上,联邦法院不受州界限制。在宪法上,联邦法院被授予了对人管辖权，可以管辖与美国本身有宪法上充分联系的任何被告，这是完全清楚的。[①] 可以授予位于缅因州的联邦法院以权力，由其对住所在夏威夷的被告主张对人管辖权——如果该被告与美国有足够的联系，从而为美国法院（即联邦法院）行使管辖权提供了法律依据。

但联邦法院已被实际授予该权力了吗？在某些情况下，答案是肯定的。其中的一种是大多数《民事诉讼法》课程要讲授的，即“法定确定竞合权利之诉讼”（statutory interpleader），我们会在本书第十三章第二节探讨。当国会通过立法允许联邦法院审理这一类特殊案件时，国会明确准予在全国范围内送达诉讼书状。因此，在这样的案件中，缅因州的联邦法院可以对在夏威夷州被送达了诉讼书状的当事人行使管辖权。同样，允许联邦法院拥有这样的权力不存在宪法上的问题；联邦法院是全国性政府的一部分，可以在全国范围行使权力。[②] 还有由国会设立的其他法定诉求，对这些诉求立法

---

① 密西西比出版公司诉默弗里案（Mississippi Publishing Corp. v. Murphree），《美国联邦最高法院判例汇编》第 326 卷，始于第 438 页，第 442—443 页（1946 年）。

② 有些法院（在我看来是错误）认为，从宪法的角度而言，被告必须与联邦法院所在地州有最低限度的联系。这个结论忽略了一个事实，是联邦法院在行使管辖权。因此，更好的观点是被告仅必须与作为一个整体的美国之间存在最低限度的联系。见，如关于汽车抛光漆反垄断诉讼案（In re Automotive Refinishing Paint Antitrust Litig.），《联邦判例汇编第三辑》第 358 卷，始于第 288 页起，第 293 页及第 297—299 页（第三巡回法院 2004 年）。（根据联邦反垄断法讨论在全国送达诉讼书状的规定）。此外，正如第二章第三节讨论过的，有两个正当程序条款：在《第五修正案》（它给联邦政府设置限制）和《第十四条修正案》（它给州政府设置限制）中的正当程序条款。几乎我们读到的所有案件都解释了《第十四条修正案》的意义，并讨论了州法院对被告作出有约束力判决的权力。

当联邦法院行使管辖权时，《第五修正案》是相关的正当程序条款。正如刚刚指出的，更好的观点是，《第五修正案》的正当程序条款要求评估被告与美国间的联系——而非与美国特定州之间的联系。对于《第十四条修正案》管辖原则中的公平因素在《第五修正案》下是否具有同等的适用效力，仍然存在争议。一些法院认为，联邦法院对公正性的关切可以由涉及到审判地和审判地转移的规则所考虑。见，如牛津第一公司诉 PNC 清算公司案（Oxford First Corp. v. PNC Liquidating Corp.），《联邦补编》第 372 卷，第 191 页（宾夕法尼亚东部地区法院 1974 年）（结论是《第五修正案》包含了有别于《第十四条修正案》限制的有关对人管辖权的公平性考虑）。总体参见赖特和米勒著书，第 4A 卷，第 1068.1 目；温迪·珀杜：“外国人，互联网和‘有意利用’：重新评价《第五修正案》对对人管辖权限制的”，载《西北大学法律评论》（Wendy Perdue, Aliens, the Internet, and “Purposeful Availment”: A Reassessment of Fifth Amendment Limitations on Personal Jurisdiction, *Nw. U. L. Rev.*）第 98 卷，第 455 页（2005 年）。

机关明确允许在全国范围内送达诉讼书状（对它们中的大部分，民事诉讼法课程很少讨论）；这样的例子包括一些联邦证券法上的诉求、反垄断法上的诉求以及根据《反勒索与受贿组织法》（Racketeer Influenced and Corrupt Organizations laws，RICO）提出的涉及勒索的诉求。

116 不过，如果国会未准予在全国范围送达诉讼书状，会发生什么呢？在这里，我们可以依照提出的诉讼请求类型进行区分。如上所述，联邦法院受理的两种主要案件是异籍案件和联邦问题案件。在异籍案件里，因当事人的州籍（以及争议金额）案件由联邦法院受理；正如我们第十章将学习的，对基础性的实体法上的诉求要根据州的法律（而非联邦法律）裁判。因此，密苏里州的州民可以就源自州法律的诉求在联邦法院起诉肯塔基州的州民——例如，根据合同或侵权方面的州的法律。在这些案件中，因为未适用联邦法律，所以我们用在州法院使用的相同方式评估对人管辖权，这似乎是恰当的。

但在另外一类联邦法院受理的主要案件中——即在联邦问题案件中，要维护的基本的实体法上的诉求产生于联邦法律。有一种有说服力的观点是，想适用联邦法律的联邦法院在主张对人管辖权时应拥有比州法院更大的行动自由。换言之，“让裁判联邦规定权利和行使美国主权权力的联邦法院，受从《第十四修正案》发展出来的限制约束，这是不同寻常的，因为就《第十四修正案》的用语看，它只适用于……州，它不是对联邦政府的限制”。[①] 但是，相关的法律支持这种观点吗？

有时国会创设了一种诉讼请求，但并未规定在全国范围内送达诉讼书状。在这样的案件中，联邦法院对人管辖权问题受《联邦民事诉讼规则》第4条规制。或许令人惊讶，该条规则并没有区分引发异籍管辖权的案件（在这些案件中，州设置对管辖权的限制似乎是适当的）和引发联邦问题管辖权的案件（在该案件中，这样的限制似乎不可取）。《规则》第4条（k）款（l）项（C）目允许在联邦法律有规定时，包括法定确定竞合权利诉讼的规定，行使

① 赖特和米勒著书，第4A卷，第1068.1目，第598页。

对人管辖权。该条文只是告诉联邦法院,在国会已经制定了在全国送达诉讼书状的规定时,适用这些规定。《联邦民事诉讼规则》第4条(k)款(l)项(B)目中有一条规定通常被称为"膨胀规则(bulge rule)",该规则在非常有限的情况下允许将特定管辖的范围(special jurisdictional reach)扩及添加的诉讼当事方(见第三章第三节第三目);这些情况不包括对案件中的原始被告(这是我们正在讨论的事项)行使管辖权。

因此,留给我们可资援引的条款是《联邦民事诉讼规则》第4条(k)款(l)项(A)目,它规定当被告要服从联邦法院所在州的州法院的对人管辖权时,允许联邦法院行使对人管辖权。正是这一规定反映了这样的一般规则:在联邦法院受理的所有案件中——包括异籍案件和联邦问题案件——我们
像联邦法院所在地的州法院那样审查对人管辖权。因此,《规则》第4条(k) 117
款(l)项(A)目未对异籍案件和联邦问题案件作出区分。该规则可能最好被理解为体现了礼让政策(policy of comity)——例如位于路易斯安那州的联邦法院在行使对人管辖权时,其权力应限于路易斯安那州法院享有的权力。同样,在诉讼聚焦于维护联邦权利之案件中,该规则没有太大意义,但它是一般规则。

另一方面,在联邦问题案件中,《规则》第4条(k)款(2)项确实扩大了联邦法院对人管辖权的范围。具体来说,它允许在宪法准许的全部范围内对被告行使管辖权,[①]但须满足以下条件:第一,所提出的诉讼请求产生于联邦法律;第二,在美国没有任何地方的州法院能对被告行使对人管辖权。这样,必须不存在被告受其对人管辖权管辖的州法院,但被告与作为一个整体的美国之间存在充分联系,从而允许其行使管辖权。这项规定是1993年添加的,目的是防止出现这样的案件结果:在该案中,是根据联邦法律起诉被告的,且被告与美国有符合宪法的足够联系,但是又不处于联邦法院所在州

① 指的是《第五修正案》的正当程序条款,因为主张管辖权的是联邦政府。见本书第135页注释②。此外,如果行使对人管辖权会违反其他的联邦法律,诸如美国作为缔约方的条约,则该规则不允许行使管辖权。

的长臂法范围。[①] 显然,《规则》第 4 条(k)款(2)项,在涉及美国以外被告的案件中,极具功效,但罕有适用。因此,即使增添了该条规则,一般原则仍然是——在几乎所有的案件中,联邦法院的对人管辖权评估方式与州法院完全一致。

---

① 奥姆尼资本国际诉鲁道夫沃尔夫公司案(Omni Capital Intl. v. Rudolf Wolff & Co.),《美国联邦最高法院判例汇编》第 484 卷,第 97 页(1987 年)。参见欧菲尔德诉普韦布洛巴伊亚劳拉案(Oldfield v. Pueblo de Bahia Lora S. A.),《莱克西斯美国上诉法院判例汇编》2009 年卷,第 2657 页(2009 年 2 月 19 日)。[在一起涉及互联网的有趣案件事实中,适用《联邦民事诉讼规则》第 4 条(k)款(2)项]

# 第六节　建议性的分析框架

下面是关于对人管辖权法律原则的冗长探讨。你们以律师身份所做的工作是将这些法律原则适用于委托人提交的事实模式，以确定法院是否拥有对人管辖权。作为法学院学生，你们要对你们教授提供的事实模式做同样的工作。法学院的考试不是摆出抽象法律规则的练习。相反考试要求你 118
们将这些法律规则适用于所给出的一组事实。正如我对所有学生说的：你们知道规则只得零分，将这些规则适用于案件事实并得出合理结论则得满分。这可能是一个令人沮丧的现实，但现实就是如此。因此，你们需要配备有一个解决对人管辖权问题的分析框架。本节提供一个这样的框架。它肯定不是神圣不可变的，你们可以自己发现更好或更有帮助的分析框架。或者你们的教授可能会建议一个分析框架。这仅是我综合这些材料的努力。

**第一，行使对人管辖权的制定法依据**

第一个分析步骤是确定成文法是否允许行使对人管辖权。即使是在联邦法院，该成文法也可能是法院地州立法机关通过的州的成文法。① 如果你们阐述的是对人诉讼管辖权(in personam jurisdiction)，该法律可能是处理传统管辖权依据之法律。每个州都有规定，准予对在该州被送达诉讼书状之人或住所在该州之人行使对人诉讼管辖权。更可能出现的情况是，案件的事实模式涉及意图在对非居民行使的管辖权，可能适用非居民驾车人法或长臂法。

在适用任何成文法时——尤其是适用长臂法时——要非常谨慎地研究法律用语。除了其他事情外，还要注意该法是否明文规定仅适用于特定管辖(specific jurisdiction)(这是可能的)——即，仅仅因在法院地州实施了某

① 除非在第二章第五节结尾所讨论的那些极其罕有的情况下，联邦法院被授予了比其坐落地的州法院更广泛的对人管辖权力。

些行为或产生了影响而对被告行使管辖权。还要注意区别要求被告在法院地进行“实质性的”经营和进行“任何”经营。注意被告在法院地实施了“侵权行为”和“侵权行为与不作为”之间的区别。

此外，要始终注意，对相同用语可能会作出不同解释。正如第二章第五节所讨论的，典型的例子是对在法院地“实施侵权行为和不作为”的非居民行使管辖权的条款。正如我们在那里所看到的，一些法院将此解释成要求侵权行为本身发生在法院地，而另一些法院仅要求损害发生在法院地。在很多考试中，许多学生因未考察这种对人管辖权法定依据的不同解释，而失分严重。[①]

119 如果案件涉及对物诉讼管辖权或准对物诉讼管辖权，相关的规定是扣押法。这些法律州与州之间变化不大，其适用通常允许在诉讼初始扣押被告“有所有权的或声称有所有权”的财产。一般来说，这种案件的法定审查是简单的。正如我们在第二章第五节强调的，如果由于对长臂法的狭义解释而是否有对人诉讼存在疑问时，则准备建议原告使用第二类准对物诉讼管辖权。（显然，被告须在法院地拥有能在诉讼初始扣押的、可作为第二类准对物诉讼管辖依据的财产）

**第二，合宪性分析**

如果你们发现，有行使对人管辖权的成文法依据——不管是在对人诉讼、对物诉讼还是在准对物诉讼中——甚至可能有成文法依据，[②]则第二部分的分析是在该事实基础上审查行使对人管辖权是否合宪。很可能在考试中合宪性分析比成文法分析值得分配更多分数。

在合宪性方面，我建议你们首先确定案件为对人诉讼、对物诉讼还是准对物诉讼。（记住，案件可能不止有一种管辖权，例如原告可根据长臂法寻

---

① 很明显，你必须有保留地考虑所有这些建议，这取决于你们教授讲授的范围。如果你们的授课根本不涉及到制定法内容，对此讨论不会促进你们的学业。你们必须知晓你们的教授在分析中所认为的重点。

② 我总是惊讶于学生依据法律用语的两种可能解释中的一种得出的结论：对人管辖权没有制定法依据，然后说“我不必评估合宪性”。请考虑，你们的教授在对人管辖权的合宪性方面花了几个星期的时间，但不在考试中考察，这种可能性有多大？

求对人诉讼管辖权，或选择根据扣押法寻求第二类准对物诉讼管辖权。）如果是对人诉讼案件，你们应当确定该案是否涉及彭诺耶案确立的传统管辖依据中的一种——在法院地向被告（或其代理人）送达诉讼书状、被告之同意或在法院地有居所（residence）。对于这样的管辖依据，明智的做法是将其认定为传统依据，并指出根据彭诺耶案该依据足矣。然而，你们还应该认识到，国际鞋业案可能会影响传统管辖依据。诚然，国际鞋业案并非旨在推翻彭诺耶案，但谢弗诉海特纳案中有宽泛的表述：对“所有州法院的管辖权主张”都必须依据国际鞋业案审查。至于最传统的依据（在法院地向被告送达诉讼书状），在伯纳姆案中，联邦最高法院的法官们对彭诺耶案或国际鞋业案是否适用，存在四对四的观点分歧。对管辖权的其他传统依据，我们没有类似的分歧。尽管如此，仍可能会有人辩称——根据谢弗案——法院必
须对这些也进行国际鞋业案的审查。比如，我们知道，赫斯诉波罗斯基案依 120
据默示同意（以及在法院地向代理人送达诉讼书状），支持了非居民驾车人法。联邦最高法院从未推翻赫斯案，所以它似乎仍然是有效的法律。但如果谢弗案确实意味着对所有案件都必须根据国际鞋业案进行审查，那么非居民驾车人案件不能仅仅依据同意获得正当性，而必须也根据最低限度联系标准进行分析。[①]

当然，对于涉及非居民的案件或其他不处于传统管辖依据之内的案件，你们肯定须适用国际鞋业案审查对人管辖权的合宪性。因为国际鞋业案措辞飘忽，我们至少要对这儿所作审查的结构有一个良好的认识。

根据国际鞋业案检验标准，有两个主要的构成要素，正如名言所清楚表达的：被告必须“与法院地有这种最低限度的联系”，以至于“管辖权的行使并不违反公平对待和实质正义的传统理念”。第一是审查联系；第二是审查公平性。第三个要素隐含在国际鞋业案公式中，它涉及原告提出的诉求是否源自被告与法院地的联系。这一要素处理案件是涉及一般管辖权还是特

---

① 你们应当知晓在这一点上，你们的教授是如何考虑的——比如，是否住所本身是对人管辖权的一项法律依据（正如米利肯诉迈耶案所主张的）或谢弗案是否意味着甚至有住所的案件也必须根据国际鞋业公司案进行审查。

定管辖权。你们应该清楚你们的教授认为应在什么地方将该第三个隐含的要素融入分析中。

显然，大家都同意，根据国际鞋业案，要解决的第一个事项是被告是否与法院地建立起了相关联系。我们从环球大众汽车公司案与汉堡王案中获知，这种联系是行使管辖权的绝对先决条件：如果没有相关联系，所有公平要素都无法建立起管辖权。这个事实表明州界不是无关的东西。（即使在互联网案件中，我们也能看到审查被告与法院地州之间联系的重要性。）

在认定被告是否与法院地建立起相关联系时存在两个要素。第一，联系必须是被告有意利用法院地的结果。被告与法院地之间的联系不能是偶然的（fortuitous）或意外的（accidental），它必须通过某种方式与被告的意愿发生联系。这并不要求被告实际进入法院地。正如我们在考尔德案中所看到的，被告追求的效果发生在法院地，就满足了该要求。尽管有意利用经常表现为被告意欲在法院地开拓商业市场，但有意利用并不一定要求意欲获
121 得经济利益。例如，为获得驾驶乐趣而想使用法院地的道路构成有意利用。

有意利用是理性的人经常会得出自相矛盾结论的话题，因此不要执着于获得“正确”答案。在大多数案件中，关键是要用两种方法分析问题，得出合理结论。记住，在商业流案件中，有意利用尤其具有不确定性。在朝日公司案中，联邦最高法院的法官们试图界定商业流背景下的有意利用，但出现了四对四的分歧观点。因此，如果你们的教授给你们一个商业流的假设案例，你们应该准备既阐述奥康纳法官的观点，又阐述布伦南法官的观点（以及其他合理的观点）。

审查被告是否与法院地建立起相关联系的第二部分内容是审查“可预见性（foreseeability）”。在环球大众汽车公司案中，联邦最高法院强调可预见性并不意味着询问是否预见到被告的产品进入该州。相反，必须可预见被告有可能在法院地被诉。然而，我们注意到在这一点上有循环性，因为如果被告知道其产品正在法院地被使用，知道如果产品有缺陷就可能会伤人，则被告能预见会在法院地被诉。

因此，根据国际鞋业案，为了让被告与法院地建立起相关联系，其与法

院地的联系必须，第一，是被告对法院地有意利用的结果；第二，使得被告有可能在该法院地被诉变得可预见。

在合宪性分析的某个地方，你们应该评估案件涉及的是一般管辖权还是特定管辖权。我忽然想到这种评估适宜在这里讨论——在评估了联系之后，分析公平性因素之前。其他教授不同意这种安排，而把它放到其他地方讨论。对我来说，它是国际鞋业案指示的一部分，即我们需要审视被告与法院地联系的性质。当然，就特定管辖权而言，诉求产生于被告在法院地的行为或其在法院地引起的效果。这种“相关性(relatedness)”可弥补被告与法院地相对较少的联系量。比如在麦吉案中，被告与法院地仅有一项联系，支持行使管辖权的部分原因是被告的诉求直接产生于这一联系。当然，就一般管辖权而言，压根不需要这种相关性——在那里，被告可因产生于世界任何地方的诉求而被诉。

假设有相关联系(或据称有相关联系)，且你们(在某个时间点)评估了相关性，我们转向评估国际鞋业案标准的第二个要点：管辖权的行使是否公平。说得更完整一点，我们必须确定由该法院地行使管辖权是否符合公平对待与实质正义。联邦最高法院经常引用与这一审查相关的五个因素，尽 122
管法院对其中的某些因素提供了比其他因素更多的指导。

第一个公平性因素是对被告的负担。被告通常会抱怨说，法院是不方便的，原因或许是远离其家，或者让其证人出庭、向法院提交证据有困难。然而对这一点，联邦最高法院在汉堡王案中确立由被告承担较高责任。被告不是必须证明法院地不方便，而是必须证明由法院地管辖属于违宪的不公平。这一证明标准是难以达到的——其必须证明法院地是如此的“严重不便”，以至于将其置于诉讼的“严重不利”地位。记住，在认定是否如此时，对方当事人的相对财产不是考虑因素。因此，在汉堡王案中，布伦南法官的意见得出结论：可以迫使密歇根州的“小人物”即两个特许经营人在佛罗里达州诉讼，而佛州是巨型跨国公司之原告的后院。

第二个公平因素是法院地州在裁判纠纷上所拥有的利益。在麦吉案中，联邦最高法院指出，在本州州民起诉一家非居民保险公司的案件中，法院地州在向其居民提供法庭上拥有利益。联邦最高法院从来没有确切地告诉我们，这样的利益必须如何证明。在麦吉案中，加利福尼亚州通过了规范保险业的法律，并规定对起诉保险业的诉求有管辖权。在一定程度上，似乎每一个州在为其州民提供正义上都拥有利益，所以除了说拥有利益支持行使管辖权的公平性外，特别是在州有涉及特定类型纠纷的立法时，目前尚不确切地清楚如何理解这一因素。

在法学院的考试中，总是要寻找有助于形成论点的事实。应养成积极阅读的习惯——问自己为什么教授告诉你这个事实或那个事实。例如，假设原告是一名警官，因为某个非居民被告的过失而受伤。州在为这种公务人员提供法院上拥有特别的利益，这就是值得争辩的。你会问自己为什么每个事实都是假设的，诸如此类的想法会出现在脑海。记住，与否通过法学院考试是按照你们如何对事实适用法律来衡量的。知道法律是不够的，你们还必须要对事实适用法律。

第三个公平的因素是原告在获得方便和有效救济上拥有的利益。目前尚不清楚这个因素的重要性有多大，尽管它明显次于被告的负担。第四个和第五个公平因素分别为“州际司法系统在获得最有效争议解决途径上的利益”和“数州在推进基本的、实质性的社会政策方面所拥有的共同利益”。很少有案件讨论这些因素。

123 回想一下，库尔科案提到了家庭和睦上的共同利益，并有意推进之，办法是对以默许方式实现孩子们与母亲生活愿望的父亲不行使管辖权。此外，在基顿案中，联邦最高法院裁定，所声称的诽谤在其他州造成了原告伤害，而新罕布什尔州在行使管辖权上拥有州际利益。

同样，对于许多管辖权问题（特别是那些在法学院考试中出现的问题），其“答案”通常不为理性的人所认同。你们必须做的是讨论各相关因素——如有意利用、可预见性、相关性和公平性因素——并得出合理结论。但记住，仅仅列举相关的因素永远不够，仅仅说出你们的结论同样永远不够。你们必须将相关事实用到相关因素上。有什么事实支持有意利用（以及其他的因素）的结论呢？有什么事实不利于得出有意利用（或其他因素）的结论呢？要用从两个方面阐述这些因素——以假设的事实为基础——并得出合理结论。说明为什么你们得出该结论。说明以事实为基础的推理过程比最终得出的结论更重要。

最后，如果案件涉及到对物诉讼管辖权和准对物诉讼管辖权，合宪性审查必须以谢弗诉海特纳案为起点。至少，该案意味着彭诺耶案在案件初始扣押财产的要求是不充分的。谢弗案要求对对物诉讼管辖权和准对物诉讼管辖权案件根据国际鞋业案进行审查。具体而言，它意味着被告与法院地的联系必须满足国际鞋业案的标准。

然而，重要的是记住，在谢弗案中联邦最高法院承认，在几种情况下财产位于法院地（在案件初始被扣押）可以满足该标准。具体地说，在对物诉讼和第一类准对物诉讼案件中，被告主张对法院地的财产拥有所有权之事实，几乎总是意味着被告与法院地有最低限度的联系。同样，在第二类准对物诉讼案件中，在此类案件中被扣押的财产造成了原告指控的损害，财产在法院地可能就满足了国际鞋业案对被告与法院地联系的要求。因此，尘埃落定，似乎谢弗案确实在第二类准对物诉讼案件中产生了最大的影响，在这类案件中作为管辖依据的被扣押财产并未对原告造成伤害。

在这一点上，请回头重读本书第二章第一节。这一节有一系列的假设事实和提示答案。既然你们已经学习了这些案例和这一建议的分析构架，既然知道了分析对人管辖权的相关因素，那么第二章第一节的假设案例，在开始时显得非常陌生和奇怪，而现在就应该像你们最爱的旧运动衫一样舒服了。

# 第三章　通知和获得听审的机会



## 第一节　问题的说明

125 如我们在第二章所看到的，宪法正当程序的理念要求，只有在作出判决的法院对被告拥有对人管辖权时，判决才是有效的。[①] 在本章，我们看到正当程序也要求在作出对被告不利之判决前，要给其通知和听审机会。每一管辖区域都规定有给被告通知和听审机会的规则。因此，与对人管辖权一样，本论题牵扯一个两步骤的探究。第一，我们必须认定规则或制定法是否规定了发出通知或提供听审机会的方法。在大多数的诉讼中，该方法由“诉讼书状的送达”构成，在第三章第三节探讨该问题。第二，我们必须评估，该

① 回想一下，《宪法第五修正案》之正当程序条款给联邦政府包括联邦法院，施加了各种各样的限制。《宪法第十四修正案》给州政府包括州法院施加了类似的限制。

规则或制定法在具体案件中适用时，是否符合正当程序(due process)的要 126
求，该问题在第三章第二节中作为宪法的一要求进行探讨。

然而，与对人管辖权相比，涉及宪法的步骤很少产生问题。为什么？因为给被告通知和听审机会的基本方法是牢固确立和具有普遍性的，它经历了时间的检验，其合宪性是明确的。因此，尽管我们必须总是想到宪法对此有要求，但是在大多数案件中，是否给予了适当通知和(听审)机会的问题却是根据州的制定法或《联邦规则》认定的。尽管我们集中阐述《联邦规则》，但也将其规定与一些州的实践做了对比。

在多数诉讼中，如我们刚才所说，给被告的通知由“诉讼书状(process)”构成，它包含了法院发出的正式通知：被告已经被诉，其必须采取某些步骤提出抗辩并避免所施加的责任。诉讼书状的适当送达不仅满足了通知的要求，而且提供了一个听审机会，因为它包含了向被告的指令，涉及被告为避免缺席判决其必须何时以及如何答复。听审通知的麻烦今天相对来说很少出现，但也可能会遭遇，例如，在一些商事情形下，卖方寻求扣押货物而不向据称没付款的买方提供法院的听审。我们在第三章第四节探讨该情形。

记住，通知和听审机会的要求独立于对人管辖权。给被告通知永远不可替代针对被告的对人管辖权。相反，它是法院实现针对被告之对人管辖权的途径。

## 第二节 通知的宪法标准

宪法的正当程序条款(Due Process Clauses)除了规定其他事项外，还规定政府不得未给某人提供“正当法律程序(due process of law)”就剥夺其财产。[①] 在本章探讨的文意中，这些用词意指“财产利益处于危险之中的个
127 人有权获得‘通知和听审机会’”。[②] 这一对宪法通知要求的主导性解释见之于马兰诉中央汉诺威银行和信托公司案(Mullane v. Central Hanover Bank & Trust Co.)。[③] 该案涉及纽约州的制定法，该法允许银行充当受托人，集中数额相对较小的小额信托金，汇聚成大的数额，以利用规模经济(效应)。[④] 该法律要求受托人(the trustee)/银行向法院定期说明信托资金的账目，说明它是如何投资信托财产的以及投资产生了什么样的收益。如果法院认可该账目，它就发布命令：(1)向受托人/银行提供(从信托财产中支付的)费用；以及(2)终结受益人之因受托人/银行履行职务中的失职(negligence)或不当行为(misfeasance)而对之提起诉讼的权利。受益人有权出席

① 在第二章第五节中，我们指出《第十四修正案》要求州法院提供正当程序，而《第五修正案》向联邦法院施加了同样的要求。

② 杜森贝利诉美国案(Dusenbery v. United States)，《美国联邦最高法院判例汇编》第534卷，始于第161、167页(2002年)，该案引用了美国诉詹姆斯丹尼尔古德不动产案(United States v. James Daniel Good Real Property)，《美国联邦最高法院判例汇编》第510卷，始于第43、48页(1993年)。

③ 《美国联邦最高法院判例汇编》，第339卷，第306页(1950年)。

④ 在第二章第四节第四目介绍的汉森诉登科拉案(Hanson v. Denckla)中，我们碰到了信托。它是一个机制，拥有金钱或其他财产之人[信托人(the settlor)]借此向第三人[受托人(the trustee)]转让法定的财产权利，而该第三人负责为信托人所指定的受益人(the beneficiaries)利益对财产进行投资。受托人通常是银行或其他金融机构。受托人因其服务而获得报酬。一些信托基金可能非常之小，单独管理不可行，因为管理费用大于投资的可能收益。在马兰案中纽约的制定法针对的就是这种情况，它允许受托人将许多小额信托金作为单个大的信托一起管理，这样更经济。正如法院所解释的，根据这一基金筹集法律，“集体信托的收益、资本获益、损失和费用由组合的信托金按出资比例分享(分摊)……风险的分散化和管理的经济性能扩散至那些单独经营将不能获得此好处的资本。”马兰案，《美国联邦最高法院判例汇编》第339卷，第308页。

账目说明听证会并对受托人/银行的费用提出质疑或对它履行责任的方式提出异议。

然而，显然只有收益人知道这件事时，才能出席听证会。纽约的法律允许受托人/银行通过出版物向集中了的信托资金的受益人发布通知。这也正是马兰案中受托人/银行所做的：在当地报纸上公布其姓名和地址，共同基金机构的名称、地址，以及参与（共同基金）的单个信托基金的名单。代理人，他接受任命以保护众多信托人利益，提出了反对意见，认为这一通知方式没有向受益人提供正当程序。纽约州的法院不认同这一看法，支持账目说明。联邦最高法院推翻了纽约州法院的结论，但重要的是仅仅在涉及某些类型的受益人上推翻这一结论。在马兰案中，联邦最高法院将正当程序条款用词的特征描述成“晦涩和抽象”，并强调，它在一个确定案件中，对认定通知怎样才算充分“尚未承诺遵守任何套路”。[①] 然而，法院确实找到了一些一般原则，它用后来成为通知之宪法要求的经典语言将这些原则表述为：

> 在任何被赋予终局性的诉讼中，正当程序的基础的（elementary）和基本的（fundamental）要求是，根据所有的情况，合理筹划（reasonably calculated）通知，以告知未决诉讼的利害关系人并向其提供提出反对意见的机会。该通知必须具有如此的性质，以至于合理地传达需要 128
> 的信息，且它必须提供让利害关系人出庭的合理的时间……。
>
> 当通知是一个人的应尽义务时，只是一种形式上的程序不是正当程序。所采用的途径必须是这样：确实想通知缺席者的人为完成通知任务所可能合理采纳的方式。[②]

后一句，外加在审判意见中提到要提供“可行的最好的通知（best notice practicable）”，[③]似乎可能在要求给每一案件中的所有利害关系人单独通知。如果是这样，它们就夸大事实了；没有这种适用于所有情形的要求。记住，在一个确定案件中通知的合理性是根据所有情况评定的。就像马兰

① 同前注，第313—314页。

② 同前注，第314—315页。

③ 同前注，第317页。

案本身所显示的，情况随案件而异。马兰案的受益人可分成三组，每一组都要评估以认定通知的合理性。

- 第一组是“通过适度努力不能确定其利益和下落”一组受益人。[①] 这些受益人完全不能确定。对于他们，在出版物上发布通知是宪法许可的，联邦最高法院支持了纽约的判决。尽管有很大可能，出版物上发布的通知信息没有传达给这样的不为人知的当事人，但是它“相较于立法者努力选择的其他任何切实可行的通知办法，送达失败的可能性更小”。[②] 换言之，出版物上发表不仅仅是向这些受益人发布通知的姿态。即使此组受益人没有被给予单独的通知，他们仍要受账目说明程序中所作判决的约束。
- 第二组是在普通商业交往中下落不为人所知，但“通过调查可以发现”的受益人。付诸某种努力（且支出某些费用），可以确定并联系上这些受益人。对这类受益人，联邦最高法院也支持了纽约州法院的判决，允许通过出版物送达通知。联邦最高法院注意到了“不断调查这些数量庞大的受益人的身份会有切实的困难和费用，共同基金中许多这些受益人的利益是如此微小而短暂。”[③]它完全不愿意施加这些（调查和单独通知的）负担。因此，在出版物上发布通知在此情况下对这一组收益人是合理的。尽管没有单独通知，这一组人也要受账目说明程序中所作判决约束。
- 129 最后，第三组由“目前有明确居住地的受益人”构成。对于他们，出版物上的通知完全不是“经合理筹划以送达到他们的”。和其他的两组不同，这儿没有不予单独通知的借口。联邦最高法院推翻了纽约州上诉法院针对这一组受益人的判决。

---

① 例如，假设一个信托基金规定信托收益要给信托人（settlor）的活到 21 岁的孙子女或在某一个特定的受益人死了后仍然活着的孙子女。在一个确定的时间确定所有的这种带有不确定性的受益人是不大可能的。

② 马兰案，《美国联邦最高法院判例汇编》第 339 卷，第 317 页。

③ 同前注，第 317 页。

但是，关于法院对后一组受益人的处理，有两个要点需注意。第一，它没有要求向每一个可确定的受益人发送单独的通知。记住，检验标准(touchstone)是根据所有情况考虑合理性。在马兰案中，有数千个情况类似的受益人，每一个人都有相对小额的利益。每个人与每一个其他受益人分享在整个基金中和在受托人的管理中享有的权利。相应地，正当程序要求，"这种通知，合理肯定地送达大多数对反对有利害关系之人，有可能会捍卫所有人的利益，因为任何被法院认可的反对都将使所有受益人获益。"①第二，联邦最高法院没有要求对已知的受益人单独地正式送达诉讼书状(在第三章第三节中探讨)。相反，通过普通邮件送达就足够了。

事情并不总是如此。例如，我们将看到，对于集团诉讼案件(class action cases)，《联邦规则》至少在某些情况下要求，向可以合理确定的集团的每一个成员发送单独的通知。② 与此类似，如果在账目说明程序中消灭的利益对每一位受益人来说是重大的和独一无二的，则法院肯定会要求向每一个人发送单独的通知。

在所有情况下，适当通知的要求不仅服务于告知当事人的功能目标，而且发挥重要的仪式功能。通知是由政府的司法机关提供的，政府必须依规矩行事。因此，即使受托人/银行能够证明，马兰案中的每一个已知的受益人已实际阅读了报纸上发布的通知，该通知方案仍然不符合宪法。③ 正如法院所解释的，在出版物上向已知的受益人发布通知是"不充分的，不是因为事实上通知没有传达到每一个人，而是因为在该情形下，它不是为(将信息)传达至用现成的其他方式能够轻易通知之人而合理筹划(的方式)"。④

---

① 同前注，第 319 页(强调为后加的)。

② 《联邦民事诉讼程序规则》第 23 条(c)款(2)项(B)目要求根据《规则》第 23 条(b)款(3)项发送集团诉讼的通知。见第十三章第三节第六目。

③ 见豪华娱乐集团有限责任公司诉明星媒体推销公司案(Grand Entertainment Group Ltd. v. Star Media Sales, Inc.)，《联邦判例汇编第二辑》第 988 卷，始于第 476 页，第 492 页(第三巡回法院 1993 年)("通知本身不能使在其他方面有缺陷的送达有效")。

④ 马兰案，《美国联邦最高法院判例汇编》第 339 卷，第 319 页。当然，"其他可方便获得的途径"是邮件。

不管通知为何种类型，它均“是一种仪式，仪式的举行确保了权利的终结不在秘密状态下进行。”[1]

130 重要的是认识到，马兰案不一定要求被告确实收到通知。这一点在2002年的杜森贝利诉美国案（Dusenbery v. United States）[2]的判决中得到了证明，该案涉及因联邦政府的毒品指控而被判刑的人（杜森贝利先生）。在对该人的房子根据有效搜查令进行搜查时，联邦调查局（FBI）扣押了多种财产，包括一辆汽车和21,939美元的现金。在杜森贝利先生被判刑并被关进联邦监狱后，联邦调查局启动了没收汽车和现金归政府所有的行政听证程序（administrative proceedings）。根据可适用的联邦法律，联邦调查局通过经证明收悉的邮件（certified mail）*向在联邦监狱中的杜森贝利先生发送了书面通知，通知他进行中的没收程序以及告知他能怎样反对没收。因为杜森贝利先生一直没有对通知作出回应，财产就被没收了。

五年后，杜森贝利先生寻求司法救济，宣称他从来没有收到没收的通知。联邦最高法院拒绝了他提出的应该适用成本收益分析（a cost-benefit analysis）而不适用马兰案的主张，而且认定没有理由背离“牢固确立的实践做法”，即马兰案支配“发布通知方法的充分性问题”。[3] 因此，问题是联邦调查局所使用的通知方法——向在监狱中的杜森贝利先生发送经证明的邮件，而监狱监管署（Bureau of Prisons）有一套程序：每天收取邮件，在邮局签署经证明的邮件，将其运到监狱，在邮件室登记经证明的邮件，并指派人员递送邮件——用马兰案中使用的语言表述，是否“考虑到所有的情况合理筹划的，目的是告知有利害关系的当事人诉讼的待审情况，并向他们提供提出反对意见的机会。”法院得出的结论是：即使杜森贝利先生从来没有实际收到通知，该通知之送达仍然是合理筹划的。法院解释道，正当程序不要求政府“必须提供实际的通知（actual notice）**”；相反，它要求“政府必须努力

① 《判决法重述》（第二版）[*Restatement (Second) of Judgments*]，第27条，g项评论。

② 《美国联邦最高法院判例汇编》第534卷，第161页（2002年）。

* certified mail与挂号邮件类似，送信人可要求送回由收信人签署的证明收到信件的收据。——译者

③ 同前注，第168页。

** actual notice指使其实际知悉某一特定事实、请求、程序等的通知。——译者

提供实际的通知。”①

马兰案提出了一个特别的法学理论(ad hoc jurisprudence),一个不可避免受每一案件情况驱使的理论。显然,马兰案限制了在对人诉讼案件中通过出版物发布通知的可用性(availability);只有在其他的合理通知方法均不可行时,这样的通知才可能是合适的。联邦最高法院还提供了其他的 131
明确指导,改变通知的做法。在数十年里,许多州都制定了法律和规则,允许在驱逐房客案件中,通过将诉讼书状醒目地张贴在须将租客从中驱走的建筑物上,而向作为被告的租客送达起诉书。在格林诉琳赛案(Greene v. Lindsay)②中,联邦最高法院拒绝执行这样送达案件的判决。法院适用了马兰案,认为这样的通知在该情况下是不合理的,因为纸张可能会在被告看到之前被他人撕掉。为了回应这一点以及联邦最高法院后来提出的建议,许多州如今仅在之后向被告邮寄送达时,才允许通过张贴发出通知。③

在琼斯诉弗劳尔斯案(Jones v. Flowers)中,联邦最高法院再次表明了考虑现有的具体事实的重要性。在该案中,州政府向房屋所有人发送了经证明的信件(a certified letter),告知其拖欠了不动产税,不付税会招致公开出售其土地。信件因“无人认领(unclaimed)”被退回了州政府,之后州政府也没有再采用其他措施通知土地所有者。这一尽管明知土地所有人未收到信件却无所行动的不作为,违反了正当程序。换言之,尽管发送经证明的信

① 同前注,第 170 页。(强调原来就有)。为了保证杜森贝利先生实际收到文件,政府可以做更多的事吗?可以。事实上,在引发案件之事件发生后,监狱监管署就提出了要求:犯人通过在登记簿上签字认可收到经证明收悉信件(certified letters)。但对审理杜森贝利案的多数法官,这些事实并不能使案中所遵循的送达做法变得不符合宪法。同前注,第 171—173 页。正当程序不要求通知上的最佳努力——而只要求是根据情况为告知被告有诉讼的合理筹划的努力。这与在探讨涉及对人管辖权的汉堡王案(the Burger King)时我们所看到的事项相吻合;在此案中,我们看到正当程序不赋予被告享有最方便法院审理的权利——而只是享有在并非显著不方便的法院审理的权利。见第二章第四节第四目。

② 《美国联邦最高法院判例汇编》第 456 卷,第 444 页(1982 年)。

③ 见孟诺派教徒布道理事会诉亚当斯案(Mennonite Board of Missions v. Adams),《美国联邦最高法院判例汇编》第 462 卷,第 791 页(1983 年)(建议说额外的邮寄措施能够让张贴通知合宪)。“张贴并邮寄”法律(a “nail and mail” statute)之例子,见《弗吉尼亚注释法典》(Va. Code Ann.),第 8 编第 1 章第 296.2 目。

件通常是合理的并符合正当程序要求，但当州政府获知通知没有被收到时，情况就发生了变化。正当程序要求采取另外的措施发送通知。[①]

马兰案标准的弹性鼓励法院利用技术进步的成果。第九巡回法院在一个案件中，支持了电子邮件送达诉讼诉状的合宪性，它解释道：马兰案的"宽松合宪原则""将联邦法院从送达文书的旧习俗枷锁中解放出来，而允许它们参与技术的繁荣复兴。"[②]

132 尽管联邦最高法院的特别方法引发了外围的不确定性，但相对来说很少有案件引起通知的宪法问题。在大多数诉讼中，按照《联邦规则》第 4 条或州的相应规定向被告送达诉讼书状符合宪法，这一点是清楚的。因此，实践中的重大问题通常不是发送通知的规则是否合宪，而是根据具体案情，该规则的要求是否得到了满足。在某种程度上，有关诉讼书状送达的《联邦规则》和州的规定没有就准许送达的方式"扩大范围"，这是很清楚的。举例来说，尽管有支持电子邮件送达合宪性的案件，但当前在《联邦规则》中尚没有用这种方式送达诉讼书状的一般规定。我们现在转过来探讨调整诉讼书状送达的规则。

---

① 《美国联邦最高法院判例汇编》第 547 卷，始于第 220 页，第 234—239 页(2006 年)。"对于新情况什么措施是合理的，这有赖信息所揭示的事实。经证明的信件(certified letter)被标注'无人认领'遭退回，这要么意味着琼斯仍住在北布莱恩街(North Bryan Street)717 号，但在邮递员呼叫领取时不在家且没有到邮局领取信件，要么意味着琼斯不再居住于该地址了。主要针对前一种可能情况的合理的措施是，由州政府再次通过普通邮件(regular mail)发送通知，这样就不需要签字了。即使结果是琼斯已经搬家，接着使用普通邮件也会增加邮件实际送到琼斯手中的机会。房屋居住人(occupants)甚至会不顾邮件中对房屋所有人收信地址的填写错误(如果邮件被留在该住宅的话)，而可能在通知邮袋(notice packet)上潦草写上住宅所有者的新地址，并将其留给邮递员收回，或直接通知琼斯。"同前注，第 235 页。

② 里奥财产公司诉里奥国际联锁案(Rio Properties, Inc. v. Rio Intl. Interlink)，《联邦判例汇编第三辑》第 284 卷，始于第 1007 页，第 1017 页(第九巡回法院 2002 年)。

## 第三节　诉讼书状的送达

### 一、背景情况

在典型民事案件中，通知通过向被告——原告对之提出诉求的被告，正式“送达诉讼书状”而发出。[1]“送达”指向被告投递诉讼书状的渠道。“诉讼书状”，如通常所使用的，[2]由两个文件组成：起诉状副本和传票（summons）。起诉状由原告律师起草，它提出了针对被告的诉讼请求。见第七章第三节第一目。很明显，该文件告知被告其得提出反击的指控。传票建立在不同基础之上。它是来自法院本身的由法院书记官签署的官方文件。它告知被告：她已经被起诉，拥有一个答复的具体期限，不及时回应会招致作出对其不利的缺席判决。

传票是普通法上逮捕令（capias ad respondendum）的现代对应物，该逮捕令实际上授权行政司法官（sheriff）逮捕民事案件中的被告并将其关押候审。今天，我们感到没必要为显示法律之约束力及于被告而如此限制人身，因此传票不再附带人身拘禁。尽管今天传票经常是由平民（civilian）送达，
但记住它是法院（并因此是政府）对被告所拥有权力的象征。如我们在第三 133
章第一节所看到的，传票及其向被告送达的仪式上的重要性为这样的事实所证明：缺少适当送达时，被告对待审案件独立的、实际的了解是不足的。[3]

---

[1] 然而，如在马兰案中所看到的，通知可能在其他背景下也很重要，例如在对受托人说明（trustee's accounting）行使反对权利的案件中，用邮件向受益人发送的通知。见第三章第二节。

[2] 在联邦法院以及多数的州法院，诉讼书状（process）由刚才探讨的两个文件构成。在一些州法院，只向被告送达传票（summons），而被告有权在法院拿到起诉状，因为一经登记，它就是公共文件了。

[3] 见，如麦圭尔诉西格马涂刷公司案（McGuire v. Sigma Coatings, Inc.），《联邦判例汇编第三辑》第48卷，第902页（第五巡回法院1994年）。该结论假定了被告没有放弃要求诉讼书状的（process）正式送达。

《联邦规则》第 4 条(a)款(1)项宣布了在联邦法院所要求的传票内容。注意该规则是如何确保向被告发出用词一致的通知，告诉其已经被诉，必须何时回应，如果不采取措施在诉讼中为自己抗辩可能产生的后果。实践中，没有律师真的得操心起草包含这些内容的传票。相反，律师只是从法院拿回一叠空白的传票。[①] 这些空白的格式化文件除了当事人、律师的姓名和待审案件编号外，已包含了所有要求的信息。在登记案件时，由原告的律师起草起诉状，填写传票的空白栏，并将这两样东西(还有起诉费)带到法院。法院的书记官给案件分配一个待审案件编号(docket number)，在起诉书上盖章表明已登记，签署传票并加盖图章。之后，原告将这一文件以及起诉书的副本送达给被告。《联邦规则》第 4 条(b)款规定了签发传票的这些步骤。

如果涉及多个被告，则在传票上指明每一被告，但要为每一被告单独签发传票。未经适当送达的被告不受法院管辖，并因此不能有效地(validly)服从判决。

根据《联邦规则》第 3 条，诉讼始于起诉状被登记之时。[②] 然后，《联邦规则》第 4 条(m)款给予原告自登记后的 120 天时限向被告送达诉讼书状。如果送达没有在该期间完成，除非原告能说明造成耽误的正当理由，否则案件将不影响实体权利地(without prejudice)被撤销。[③] 这是一个宽松的条文，它有效地规定了自登记后 120 天内完成的送达构成适当的勤勉(due
134 diligence)。除此之外，法院还拥有自由裁量权，决定延期的正当理由。一

① 在你们规则手册的《联邦规则》之后是格式附录。格式 3 给出了传票的样式。大多数州法院所要求的传票内容和表格 3 中看到的内容大体相似。

② 这也是大多数州的规则。然而，在一些州，诉讼开始于诉讼书状(process)送达至被告之时，纵然该送达发生于起诉状登记之前。诉讼始于登记之时的规定有优势，因为它将关注点集中于清晰的公开事件，自此开始计算各种期限事项，包括送达诉讼书状的时间。

③ 法院在认定何为正当理由上拥有很大的自由裁量权。大多数法院坚持要求证明已经勤勉尽职。虽不成功但不断进行努力以确定被告之位置或住址的证明，构成有正当理由的证明，并为法院提供额外送达时间提供依据。见，如得弗朗西斯诉布什案(DeFrancis v. Bush)，《联邦补编》第 859 卷，第 1022 页(得克萨斯东部地区法院 1994 年)(被告的不断搬家加剧了确定被告位置的困难)。

些州的规则远没有这样宽松。[1]

在1983年前，美国联邦法院事务官送达署（the United States Marshal's Service）常常在联邦法院审理的民事案件中送达诉讼书状。[2] 形成对比的是，今天事务官们（marshals）很少参与。[3] 取而代之的是，《联邦规则》第4条（c）款（2）项规定，送达可以由"至少已达18岁且不是当事人的任何人"完成。送达诉讼书状的平民（civilian）不需要法院任命。这也比一些州的做法开放，在这些州，通常由官员[典型情况是行政司法长官（sheriff）或助理（deputy）]送达诉讼书状，平民只有在受法官任命后才可以送达文书。[4]

诉讼书状送达人（process server）应该向法院提交"送达证明（proof of service）"[有时称为送达回证（return）]，该证明解释为完成送达所做的工作。《联邦规则》第4条（l）款（1）项是这一规定的典型。根据该规则，诉讼书状的平民送达人（civilian process server）必须通过宣誓书（affidavit）提供送达证明，宣誓书是一个用伪证罪惩罚来保证真实性的陈述。但官员（officers）不需要宣誓作证。没有提交送达证明不影响送达的有效性，因此被

---

① 例如，在佐治亚州，送达将在起诉书登记后的5日内完成。《佐治亚州注释法典》（Ga. Code Ann.）第9编第11章第4（c）目。在此期限之外，仍可以支持送达，但只有在被告证明付诸了适当的勤勉才行。本内特诉马特·盖伊·雪佛莱案（Bennett v. Matt Gay Chevrolet），《东南判例汇编第二辑》第408卷，第111页（佐治亚州上诉法院1991年）。

② 每当由事务官送达诉讼书状，原告就有责任提供在何处能找到被告的指示。如想获取让人发笑的判决意见，见梅奥诉撒旦及其职员案（Mayo v. Satan and His Staff），《联邦规程判例汇编》第54卷，第282页（宾夕法尼亚州西部地区法院1971年）。在该案中，原告起诉了撒旦（devil）本人。原告没有告诉事务官（marshal）如何送达诉讼书状，法院撤销了案件。

③ 见《联邦民事诉讼程序规则》第4条（c）款（3）项（当原告要求事务官送达诉讼书状时事务官可以送达，且在涉及罕见的特殊类型的案件时，事务官才必须送达文书）。将事务官带离普通诉讼的文书送达事物反映了：（1）事务官送达署经费的削减，以及（2）对该工作不需要专门执法人员的判断。但形成对比的是，需要事务官署参与送达一些其他类型的法院文件，如执行令（writs of execution）。见《联邦民事诉讼程序规则》第4条1款（a）项。

④ 见《阿拉斯加州民事诉讼程序规则》第4条（c）款[允许由"公共安全特派员（the Commissioner of Public Safety）特别任命的人"送达文书]；《佐治亚州注释法典》（Ga. Code Ann.）第9编第11章第4（c）目[只有在平民是"法院为此目的特别任命的"或"由诉讼提起地的法院任命的常设送达人（a permanent process server）时，才允许由平民送达"]。

适当送达文书的被告不能仅仅因这一技术层面的不作为而让案件撤销。提交已送达的证据是证明所宣称的事件已经发生的表面证据(prima facie evidence),只能够被不适当送达的强有力证据推翻。① 被告或许能够提交这一证据,这样就提出了一个审案法院必须解决的事实问题。

具备了这一有关诉讼书状的定义以及何人、何时送达的背景知识后,现在我们转而探讨如何送达诉讼书状的问题。

## 135 二、向自然人被告送达诉讼书状的方法

《联邦规则》第 4 条(e)款(2)项规定了在典型的由联邦法院审理的民事案件中向个人送达诉讼书状的三种途径:②直接送达(personal service*)、替代送达(substituted service)和向代理人的送达(service upon an agent)。我们将这些称为基本的送达方法。但除此之外,《规则》第 4 条(e)款(1)项允许联邦法院并入州法律规定的送达方法,《规则》第 4 条(d)款允许被告放弃诉讼书状的送达。学习之初,重要的是注意《规则》第 4 条(e)款(2)项没有规定等级;没有特别受青睐的送达方式——该三个基本方式中的任何一个都是被允许的。形成对比的是一些州的做法,规定了一个按"降序(descending order)"排列的规则,其中只有根据案情受欢迎的方法不能用时,第二个送达方法才是适当的。③ 现在我们审视送达的三个基本方法。

### 直接送达

第一个基本的送达方法,规定在《规则》第 4 条(e)款(2)项(A)目中并

---

① 见,如霍华德约翰逊国际公司诉王案(Howard Johnson International, Inc. v. Wang),《联邦补编第二辑》第 7 卷,第 336 页(纽约南部地区法院 1998 年);弗洛福公司诉哈里斯案(FROF, Inc. v. Harris),《联邦补编》第 695 卷,第 827 页(宾夕法尼亚州东部地区法院 1988 年)。

② 我们集中注意力于《规则》第 4 条(e)款的文本,它总体规范诉讼书状向个人的送达途径。其他规则规定特殊情形下向个人的送达。《联邦规则》第 4 条(g)款调整向未成年人和无行为能力人的送达,而《规则》第 4 条(i)款则规范向联邦政府或机构或其官员的送达。《规则》第 4 条(j)款涉及向包括外国政府和州政府在内的其他政府的送达。

* personal service 又译为实际送达、向本人的送达,区别于公告送达或其他推定送达。其典型做法是先对受送达人宣读将送达的文书,再将其交付,或在遭拒绝听取宣读时将文书直接交付。——译者

③ 见,如《弗吉尼亚注释法典》第 8 编第 1 章第 296 目。

为每一个辖区所允许，是向“个人本人(the individual personally)”的送达。这通常被称为“直接送达”，它于诉讼书状送达人直接向被告递送书状时完成。毫无无疑，直接送达诉讼书状符合正当程序。事实上，它是提供通知的典型方法(archetypal method)。

注意《规则》第 4 条(e)款(2)项(A)目没有要求在任何具体的地点，例如被告家里或办公室，完成直接送达。直接送达可以在法院所在州的任何地方完成——棒球场(ball park)、歌剧院、送达人碰巧发现被告的任何地方。例如，一个诉讼书状送达人获得了一张入场券，去歌手唐尼·奥斯蒙德(Donny Osmond)为主角的电视专题舞会跳舞，该歌手是诉讼案的被告。送达人跳舞跳到唐尼跟前，在电视现场直播中向他送达了诉讼书状。① 有时候，被告看到了诉讼书状的送达人而试图逃跑。在此情形下，如果送达人在当时情况下竭尽所能，即使被告没有拿到文书，送达也很可能完成了。在
一个案件中，被告迅速低头钻进汽车并锁上了门。诉讼书状送达人表明了 136
意图，将书状夹在汽车挡风玻璃雨刮器下。该送达获得到了法院支持。②

在一些情况下，法律可能会承认直接送达诉讼书状的豁免。换言之，即使在法院所在地州向被告送达了诉讼书状，仍可能有理由得出结论：其没有被适当送达文书并因此不接受对人管辖权管辖。在第二章第四节第一目中，我们探讨了一个这样的豁免依据——它在联邦法院和州法院均获得了认可——被告被胁迫进入或被骗入法院地州。此外，联邦法院和许多的州都承认，为参与另一民事案件而进入一州的当事人、证人和律师享有豁免。③ 承

① 见马丁·格雷森和巴特·施瓦兹：“诉讼书状送达中的奇遇”，载《诉讼》(Martin Grayson & Bart Schwartz, Martin Grayson & Bart Schwartz, Adventures in Serving Process, *Litigation*)第 11 期，始于第 11 页，第 12 页(1985 年)(这是一篇非常有趣的文章)。

② 特鲁希略诉特鲁希略案(Trujillo v. Trujfflo)，《加利福尼亚上诉判例汇编第二辑》第 71 卷，第 257 页(1945 年)。另外一个著名的案件是埃里恩诉康奈尔案(Errion v. Connell)，《联邦判例汇编第二辑》第 236 卷，第 447 页(第九巡回法院 1956 年)(9th Cir. 1956)。在该案中，被告在断定是诉讼书状送达人敲门后，就从门口走开了。送达人从门洞将信件塞了进去。送达获得了法院支持。

③ 见，如波因特诉盖瓦姆案(Pointer v. Ghavam)，《联邦规程判例汇编》第 107 卷，第 262 页(阿肯色州地区法院 1985 年)；莱斯特诉莱斯特案(Lester v. Lester)，《南部判例汇编第二辑》第 637 卷，第 1374 页(阿拉巴马州上诉法院 1994)。

认这些人的豁免鼓励了他们在其他诉讼中出庭，支持了正义的实现。刑事被告为回应对其的指控而到庭时，是否让其免于民事诉讼的诉讼书状送达，对此，判例的结论存有分歧。[1] 事实上，对何时承认送达豁免为适当，各州有大量的不同规则。例如，一些州仍承认星期天送达诉讼书状的豁免。[2] 联邦法院是否承认豁免之事，提出了一个不受州法律拘束的联邦法律问题。

**替代送达**

向个人送达诉讼书状的第二个基本方法，规定在《规则》第 4 条(e)款(2)项(B)目中，是“在个人住宅(dwelling)或通常的居住地(usual place of abode)，向居住在那里的达到适当年龄且具有适当判别力之人”送达。该方法经常被称为替代送达，因为它不是对被告的送达，而是对替代者(substitute)的送达。这一方法的理念显然是：可以相信，居住在被告住处的达到适当年龄并具有适当判别力之人会将文件传递给被告。该规则对适合之人寄以相当信赖。实际上，它将此人任命为被告接受诉讼书状送达的代理人。
137 如果其没有让被告注意到文件，又该如何呢？很可能，答案是“真是不幸”——原告已经根据适当的规则将诉讼书状适当送达了。《规则》第 4 条(e)款(2)项(B)目没有要求被告实际收到文书。如我们在第三章第二节中看到的，宪法一般也不要求实际通知到。

任何案件中涉及替代送达的主要问题，可能都是规则本身是否得到了满足。该规定的措辞提出了三个潜在的可能引起麻烦的问题。第一，被告的“住宅或通常的居住地”是什么？对我们大多数人来说，在这一点上没有多少不确定性；我们拥有房子或公寓，并且一年到头都住在那里。但对一年中居住在两个或更多住地的人，该如何处理呢？例如，对一个上学期间居住在威斯康星州麦迪逊(Madison)学生公寓，但暑假和父母同住丹佛(Denver)家里的学生，如何处理呢？

---

① 参见赖特和米勒著书，第 4 卷，第 1081 目。

② 见，如《佛罗里达制定法》第 48 章第 20 条；《哥伦比亚地区注释法典》第 13 编第 303 目；《马里兰州法院和司法程序注释法典》第 6 章第 304 目；《纽约普通商务法》第 11 条。

尽管《规则》第 4 条(e)款(2)项(B)目没有明确这么规定，但法院通常得出的结论是：一个人的“住宅或通常的居住地”是当送达文书时，其当时正居住的地方。对于我们(刚才提到)的学生，在校期间，是其公寓；在暑假，则是其父母的住房。[此概念比为确定审判地目的之“居住地(residence)”更为灵活，我们在第五章第四节第一目中学习居住地的概念。就确定审判地的目的而言，该学生可能居住在其父母生活的联邦地区。]

显然，一个曾经是被告的住处但后来遭放弃的地方是不行的。例如，如果被告已经高中毕业而居住在船上，其父母的住房就不再是其住宅或通常的居住地。[1] 另一方面，一个人可以拥有一个以上的住宅或通常的居住地。通常，这样的人拥有富人和名人的生活方式(因为他们富有而出名)。例如，亿万富翁阿德南·卡舒吉(Adnan Khashoggi)在纽约的公寓是其全球拥有的 12 个居住地之一，它有足够的所有权标识(indicia)，能构成适当的居住地(appropriate abode)，纵然一年中他仅在那里居住一个月。[2] 在该案件中，法院注意到了，当(文书)送达给在纽约公寓的管家时，被告人在纽约。即使被告临时离开其通常的居住地，有一些判例仍支持替代送达。[3]

第二个困难来自这样的要求：被替代送达之人(the person on whom substituted service is made)，根据《规则》第 4 条(e)款(2)项(B)目，应“达到适当年龄且具有适当判别能力”。《规则》没有规定具体的年龄。相反，一些州的规则规定了年龄。[4] 还要注意《联邦规则》也没有要求被替代送达之人是被告的家庭成员。因此，送达给看管被告所居住公寓式建筑出入口的门 138

① 考克斯诉奎格利案(Cox v. Quigley)，《联邦规程判例汇编》第 141 卷，第 222 页(缅因州地区法院 1992 年)。

② 国民发展公司诉三方控股公司案(National Development Co. v. Triad Holding Corp.)，《联邦判例汇编第二辑》第 930 卷，第 253 页(第二巡回法院 1991 年)。所有权的标识包括数百万美元的改建和持续雇佣佣人。

③ 见，如贾菲和阿舍诉范·布伦特案(Jaffe & Asher v. Van Brunt)，《联邦规程判例汇编》第 158 卷，始于第 278，第 280 页(纽约南部地区法院 1994 年)(支持在被告临时待在加利福尼亚时，送达至在纽约的居住地。)

④ 见，如《佛罗里达注释制定法》第 48 编第 031 目(15 岁或更大)；《弗吉尼亚注释法典》第 8 编第 1 章第 296 目(16 岁或更大)。

卫(doorman)可能是合适的。[①] 与此相对，一些州规定送达必须送给家庭成员。[②] 被送达人是否达到合适年龄并具有适当判别能力，这是由法院根据个案情况单独认定的。许多案件涉及送达给被告的配偶或接近成年的子女，这样的送达常常获得支持。[③]

替代送达中一些问题产生的第三个事由是有这样的要求：被替代送达之人要居住在完成送达的地方。一些州的规则采用了相同的措辞，而一些州则采用同样不提供有助线索的表述。例如，弗吉尼亚的规则要求该人不能是"客人或临时逗留者(temporary sojourner)"。[④] 背后的想法足够的清楚——被送达人应该与被告之居住地有足够联系，以至于我们能合理断定其会将文件转交给被告。实践中，该问题由法院逐案认定，有时候很难划定一个明确的界限。去度周末的客人应该是不够格的。另一方面，去那里每次逗留一个月的姻亲可能具备资格。在一个案件中，第十巡回法院支持了以被告的厨师为对象完成的诉讼书状替代送达，尽管厨师似乎并不全部时间都居住在被告的住宅；该案件事实有点含糊，且被告也没有适当地提出此问题，因此法院支持了送达。[⑤]

**向代理人送达**

向个人送达的第三个基本的方法，规定在《规则》第 4 条(e)款(2)项(C)目中，是向"根据任命或法律被授权接受诉讼书状的代理人"送达。实际上，某人可做的任何事都可由其代理人来做，包括接受诉讼书状的送达。但不是所有的代理人都获授权接受诉讼书状；它取决于接受诉讼书状的送

---

① 见，如哈特福德火灾保险公司诉佩里诺维克案(Hartford Fire Ins. Co. v. Perinovic)，《联邦规程判例汇编》第 152 卷，第 128 页(伊利诺伊北部地区法院 1993 年)。

② 见，如，《弗吉尼亚注释法典》第 8 编第 1 章第 296 目(送达给被告的一家庭成员)。

③ 见，如雷绍鲁申信托公司诉波尔马不动产公司案(Resolution Trust Corp. v. Polmar Realty, Inc.)，《联邦补编》第 780 卷，始于第 177 页，第 180 页(纽约南部地区法院 1991 年)(送达给配偶)；阿祖马 N. V. 诉辛克斯案(Azuma N. V. v. Sinks)，《联邦补编》第 646 卷，始于第 122 页，第 124 页(纽约南部地区法院 1986 年)(送达给 18 岁的儿子)。

④ 《弗吉尼亚注释法典》第 8 编第 1 章第 296 目。

⑤ 霍姆—斯塔克制造公司诉塔隆石油案(Home-Stake Prod. Co. v. Talon Petroleum)，《联邦判例汇编第二辑》第 907 卷，始于第 1012 页，第 1016—1017 页(第十巡回法院 1990 年)。

达是否处于代理范围。被告可以具体指定某人担当其接收诉讼书状送达的代理人。[①] 或者，如我们在第二章第四节第二目中看到的，根据实施的法律，如非居民驾驶员法（nonresident motorist statute），被告可以任命一个接受诉讼书状送达的代理人。比如，此种法律允许送达给州的机动车登记 139
官（registrar）或专员（commissioner），并要求政府机关迅速通知被告，通常是用挂号信。[②]

**州的法律对送达方法的规定**

我们已经看了《联邦规则》第 4 条(e)款(2)项所规定的送达诉讼书状的三种基本方法。《联邦规则》第 4 条(e)款(1)项拓宽了这些方法，并入了州的有关诉讼书状送达的规定。然而注意，该规则可以合并两个州的法律：案件审理地的州和送达完成地的州。

- 假设一民事案件在纽约西部地区联邦法院提起诉讼。被告在宾夕法尼亚但受纽约州的对人管辖权管辖，她可能会在那里（纽约州）根据可适用的法律被送达诉讼书状。（想知道为什么是这样，见第三章第三节第四目。）可以使用什么送达方法向该被告送达呢？有三套规则可以使用：(1)《联邦规则》所规定的任何送达方法（我们刚才已见过主要方法）；(2)纽约州的法律规定的任何送达方法；以及(3)宾夕法尼亚州法律规定的任何送达方法。

这一对州法律的并入有助于解释：为什么《联邦规则》第 4 条(e)款(2)项规定有如此数量有限的送达诉讼书状方法清单，为什么它没有允许邮寄送达诉讼书状的条文。《规则》第 4 条(e)款(1)项弥补了第 4 条(e)款(2)项的简约，办法是并入州的法律。因此，在相关州的法律允许邮寄送达诉讼书

① 典型的案件是全国装备租赁有限责任公司诉苏克亨特案[National Equipment, Rental, Ltd. v. Szukhent，《美国联邦最高法院判例汇编》第 375 卷，第 311 页（1964 年）]，在该案中，合同当事人任命一个人担当其纽约的送达代理人。该人事实上在接受了送达后迅速通知了被告。法院支持了该送达，纵然合同没有要求该代理人这样迅速地进行通知。

② 回忆一下第二章第四节第二目中的赫斯诉波罗斯基案（Hess v. Pawloski）。也见伊利诺伊 C. G. R. 公司诉汉普顿案（Illinois C. G. R. Co. v. Hampton），《联邦规程判例汇编》第 117 卷，第 588 页（密西西比南部地区法院 1988 年）（密西西比非居民驾驶员法）。

状的情况下(例如,有长臂管辖法律),联邦法院就可以使用该方法。总的来说,州有关送达诉讼书状的方法比《联邦规则》第 4 条(e)款(2)项要详细得多。例如,它们可能包括:在请求将被告逐出不动产诉讼中的张贴通知(附带邮寄通知)。它们还可能包括:出版物上的通知(希望能符合宪法的正当程序要求,这在第三章第二节探讨过),根据非居民驾驶员法送达给代理人,以及经常使用的根据长臂法通过挂号信向州外送达。因此,在说到联邦法院民事案件中的送达方法时,《联邦规则》只是起点。

140 **正式送达的放弃**

我们已经看了根据《联邦规则》第 4 条(e)款(2)项送达诉讼书状的三个基本方法,以及根据《联邦规则》第 4 条(e)款(1)项联邦法院对州送达书状方法的合并。《联邦规则》第 4 条(d)款对这些规则做了进一步扩展,该款允许被告通过邮件放弃正式送达。此规定不是允许邮件送达诉讼书状。相反,它是一个被告放弃要求对其正式送达诉讼书状的规定。为什么被告要放弃正式送达而使原告更加轻松惬意呢?至少有三大原因。

第一,正如《规则》第 4 条(d)款(5)项所清楚表达的,被告保留了对审判地或对人管辖权或事物管辖权的任何反对;因此,放弃诉讼书状的正式送达并非放弃这些重要的抗辩。第二,放弃正式送达的被告获得了答复起诉书的额外时间。根据《规则》第 4 条(d)款(3)项,她可以在原告向其发送放弃表格(waiver form)后的长达 60 天的时间内,而不是向其正式送达诉讼书状后的 20 天时间内进行答复。[①] 第三,也是最重要的,《规则》第 4 条(d)款(1)项向被告施加了“避免不必要的送达传票费用之义务”。因此,《规则》第 4 条(d)款(2)项规定,如果被告无正当理由不签署并寄回弃权声明书(waiver),“法院必须让被告承担”原告为正式送达所支出的费用,以及原告

---

① 《规则》第 4 条(d)款(3)项有一部分令人感觉奇怪。它规定及时寄回放弃书的被告,“直到请求发出后的 60 日,才需要送达对起诉书的答辩……。”如在第八章看到的,被告回应被诉的方式通常是(1)提出答辩,或(2)提出申请。照字面理解,《规则》第 4 条(d)款(3)项只是让 60 天的时间适用于前者,而不是给后者。换言之,它向被告提供了 60 天的答辩时间,但不是提出申请的时间。没有做出这一区分的充分理由,该规定很可能是粗心草拟的产物。

为收回此费用而提出申请的诉讼费和律师费。

这一弃权声明书是如何发挥作用的呢？原告通过"一类邮件(first-class mail)[*]或其他可靠途径"[《规则》第 4 条(d)款(1)项(G)目]向被告寄送一个通知被告有诉讼的格式文件[《规则》第 4 条(d)款(1)项(D)目]、一份起诉书副本、两份弃权声明表格和"事先付了款的寄回[弃权声明书]格式文件的手段(means)"[《规则》第 4 条(d)款(1)项(C)目]。[①] 在你们规则手册《联邦规则》后的表格附录中，表格 5 是发布的通知范本，表格 6 是弃权声明书格式的范本。根据《规则》第 4 条(d)款(1)项(F)目，通知必须给被告一个"[要求弃权之]请求书发出后至少 30 天的合理时间"寄回弃权声明。寄回弃权书表格的通常的"事先付了款的手段(prepaid means)"是一个自己填好了地址，贴好了邮票的信封，被告用其寄回经签署生效的弃权书，通常寄给原告的律师。之后，原告向法院登记弃权书格式表，根据《规则》第 4 141
条(d)款(4)项，案件继续审理，"犹如传票和起诉书已经在弃权书登记时被送达一样"。再次说明，如在前面小节所看到的，如果被告没有寄回弃权声明书，则原告将采取措施向其正式送达，而被告得支付这一送达费用。

## 三、向公司和组织送达诉讼书状的方法

不是所有的诉讼当事人都是个人。常有商业组织如公司或合伙卷入诉讼。这样的组织没有肉体的存在(corporeal existence)；它们通过经营它们的或为它们工作的人而存在。因而，这儿的问题是，就接受诉讼书状送达的目的而言，什么类型的人被视为商业组织的代理人(agent)呢？关键条款是《规则》第 4 条(h)款(1)项(B)目，它允许将向商业组织送达的诉讼书状送达给"高级职员(officer)、管理或一般代理人(managing or general agent)或任何其他通过任命或根据法律被授权接受诉讼书状送达的代理人"。

---

* 在美国，普通邮件(general mail)分为四类：一类邮件为书信和其他书面材料；二类邮件为报纸和杂志；三类邮件为书籍和小册子等；四类邮件为商品(包括农产品与工业品)。与普通邮件相对的则为挂号邮件(registered mail)。——译者

① 其他要求规定在《规则》第 4 条(d)款(1)项整个条文中。

通常，对于谁是公司的“高级职员”不存在混乱。每一个公司至少有一位高级职员，多数公司不止一位高级职员。通常州公司法要求任命经理、秘书和财务主管（尽管一人常常能履行所有三方面的职能）。公司被要求向州登记各种信息——包括高级职员的身份——因此确认《规则》第 4 条（h）款（1）项（B）目规定的接受送达的适当高级职员通常相对容易。注意该规则不允许向公司的“所有者（owner）”送达。当然，所有者可能也是高级职员（或一般或管理代理人），在此情况下，因为后者的地位向其送达是合适的。[1]

然而，对谁是“管理或一般代理人”可能存有相当的不确定性。该决定必须就事论事。在处理具体情形时，指导原则应该是考虑该规则的目的。整个要点就是，找到据称能代表公司或组织、理解该文件重要性、并可能承担足够责任的人，以确保文件被传送至能够对其采取行动之人。因此，法院
142 审视该人承担责任和行使权力的级别。[2] 它是一个特别的评估（ad hoc assessment）。例如，人们可以预期，在大多数的公司，接待员（receptionist）缺乏成为管理代理人或一般代理人的级别责任和决断权。[3] 然而，在另外的公司，接待员可能在商业组织结构的构建上发挥重大作用，并因此可以被视为一个管理或一般代理人。[4]

当然，正如《规则》第 4 条（h）款（1）项所明确承认的，公司（和个人一样）

---

① 一个有趣的案件是福纳公司诉塔里克承包公司案（Fonar Corp. v. Tariq Contracting, Inc.），《联邦补编》第 885 卷，第 56 页（纽约东部地区法院 1995 年）。在该案中，向公司实际上不是高级职员之人（nonofficer）送达了文书，而公司假称其是高级职员。法院支持了送达，注意到该人通常代表公司行使自由裁断的权利。因此，该人从外表看是管理代理人或一般代理人。此送达似乎也是合适的，因为公司假称该人为高级职员，应该禁止其反悔而否认该人是其高级职员。

② 见，如美国诉艾尔案（United States v. Ayer），《联邦判例汇编第二辑》第 857 卷，始于第 881 页，第 888 页（第一巡回法院 1988 年）；艾伦诉布朗和鲁特公司案（Allan v. Brown & Root, Inc.），《联邦补编》第 491 卷，始于第 398 页，第 403 页（得克萨斯州南部地区法院 1980 年）。

③ 见，如巴拉特房地产诉菲尼克斯共同生命保险公司案（Estate of Baratt v. Phoenix Mut. Life Ins. Co.），《联邦补编》第 787 卷，第 333 页（纽约西部地区法院 1992 年）。

④ 这是迪雷克特邮寄专家公司诉埃克拉特计算机技术公司案[Direct Mail Specialists, Inc. v. Eclat Computerized Technologies, Inc.，《联邦判例汇编第二辑》第 840 卷，第 685 页（第九巡回法院 1988 年）]中的情形。在该案中，法院因为接待员在商业组织中的作用，支持了对接待员的送达视为向公司的送达。

可以拥有其明确任命的或通过执行法律规定而指定的接受诉讼书状送达的代理人。如果代理人是通过执行法律规定而指定的(例如,执行长臂法),并且如果该法律要求通过邮件送达给被告本人(如长臂法所要求的),则《规则》第 4 条(h)款(1)项要求通过邮件执行这样的送达。

最后,和向个人送达诉讼书状一样,联邦法院所在的州和完成送达的州之法律规则补充了前面探讨过的送达途径。参见《规则》第 4 条(d)款(1)项(A)目。此外,《联邦规则》第 4 条(d)款有关个人被告放弃正式送达诉讼书状的规定也适用于以公司或商业组织为被告的诉讼。这一点在《规则》第 4 条(h)款开头的几个词(phrase)里说得很清楚,该条款规定如果“被告放弃权利的声明书已经被提交”,则提到方法不适用。

## 四、在美国对诉讼书状送达的地理限制

这里我们阐述在何地——地理层面上的——可以完成送达。更具体地说,可以在何州送达?回顾一下第二章,对于对人管辖权的评估是以州范围为基础的。换言之,我们评估俄勒冈州是否可以对马库斯·内夫(Marcus Neff)主张对人管辖权,或者华盛顿州是否可以对国际鞋业公司(the International Shoe Company)主张对人管辖权。因为诉讼书状的送达是一个法院使其对人管辖权合法有效的一个手段,很清楚,可以在主张管辖权的整个州的各处(throughout the state)送达诉讼书状。

因此,位于厄尔巴索(El Paso)的州法院可以准许将诉讼书状送达给750 英里外的位于休斯敦(Houston)的被告,因为休斯敦所处州与主张管辖
权的州相同。同样的原则在联邦法院也适用。在厄尔巴索的联邦地区法院 143
(得克萨斯西部地区法院)可以准许将诉讼书状送达给在休斯敦(在得克萨斯东部地区)看到的被告。律师们和法官们经常说“诉讼书状在法院地所在州到处奔跑”,借此掌握此理念。[①]

---

① 该原则体现在《联邦规则》第 4 条(k)款(l)项(A)目中,该条文规定诉讼书状的送达确立联邦地区法院对这样被告的对人管辖权:可以受联邦法院所在州之州法院对人管辖权管辖的被告。

尽管如此，如果原告想将诉讼书状送达给法院所在地州之外的被告，会发生什么呢？只有符合下列条件，州才可以行使对此类人的对人管辖权：(1)州拥有允许根据案情行使此对人管辖权的制定法（例如长臂法或非居民驾驶员法），以及(2)对人管辖权的行使能符合宪法上正当程序的要求。（在第二章详细探讨过这些要求）。规定了行使对人管辖权依据的州法律，总是拥有某些在法院所在州之外送达诉讼书状的规定。例如，回顾一下第二章第五节，典型的长臂法允许用各种方式，如直接送达或挂号信送达，在法院地之外送达诉讼书状。因此，只要得克萨斯州的长臂法律：(1)适用；(2)根据案情合宪；且(3)送达是以得克萨斯州法律规定的方式完成的，则位于厄尔巴索的州法院就可以允许向处于新墨西哥州一个镇（例如，离厄尔巴索25英里）的被告送达诉讼书状。

那么联邦法院如何处理在法院所在州之外送达的问题呢？情况比它实际需要的要复杂。对于初学者，记住：针对对人管辖权的所有的正当程序限制，我们在第二章第四节学过这些限制，也限制州对被告行使管辖权之权力。这是一个宪法事项——联邦法院是联邦（而不是州）政府的一个分支，它不受州界的限制；只要被告与美国有足够的联系，联邦法院在宪法上就能够获得向她送达诉讼书状的权力，即使她位于夏威夷而案件却在缅因州的联邦法院候审。

然而，如我们在第二章第五节看到的，在多数民事案件中，联邦法院拥有受限制的对人管辖权。该限制见之于《联邦规则》第4条(k)款(l)项(A)目，该条文规定只有被告受州法院的对人管辖权管辖，而联邦法院处于该州时，联邦法院才可以送达诉讼书状以确立对人管辖权。[①]

144 换言之，该规则表示，只有该州的州法院也能够这样做时，联邦法院才

---

① 《规则》第4条(k)款(l)项(A)目提到了一个“在联邦地区法院所在州的具有一般管辖权的法院”。所提到的“一般管辖权(general jurisdiction)”不是我们第二章第四节第六目探讨的一般对人管辖权。相反，它指的是一般事物管辖权。因此，该规则只是说，如果处理常规的(regular)、普通的(run-of-the-mill)民事案件[与诸如遗嘱检验(probate)这样的特别案件相对]的州法院能够送达诉讼书状，则联邦法院也可以送达诉讼书状。

可以行使对人管辖权,并允许在其所在的州之外送达诉讼书状。尽管可能显得奇怪(如我们在第二章第五节所主张的),但该限制之适用不考虑联邦事物管辖权的依据。换言之,它不仅适用于援引异籍管辖权的案件(该类案件适用州法),甚至也适用于所主张的诉求源自联邦法律的案件。

- 案件在位于厄尔巴索(El Paso)的得克萨斯州西区联邦地区法院候审。原告希望该法院行使对被告的对人管辖权,并允许向被告送达诉讼书状,而被告在离厄尔巴索仅 25 英里的新墨西哥一个镇上。根据《规则》第 4 条(k)款(l)项(A)目,只有在得克萨斯州的州法院可以这样做时,在得克萨斯州的联邦法院才可以这样做。因此,评估新墨西哥州的被告是否受厄尔巴索的联邦法院对人管辖权管辖,这和评估她是否受厄尔巴索州法院的对人管辖权管辖是一样的;该问题之决定将依据得克萨斯州的对人管辖法律和宪法的正当程序限制。① 如果对人管辖权是合适的,则可以在新墨西哥州根据得克萨斯长臂法对州外送达规定的条件完成送达。

这是总的规则。但它要服从三个例外(在第二章第五节也探讨过)。第一,联邦制定法的例外。《规则》第 4 条(k)款(l)项(C)目规定,"当获得联邦法律授权时",联邦法院可以不考虑州的法律而在它所在州之外送达诉讼书状。最好的例子是《联邦竞合权利法》(Federal Interpleader Act),在第十三章第二节第二目探讨该法,它允许在全国送达诉讼书状。这样的法律比较罕见,它们反映了国会的认识:在一些特殊类型的案件中,应该授权联邦法院在全国范围送达诉讼书状。

第二个例外——它允许在联邦诉讼中不考虑州的法律而在法院所在州之外送达诉讼书状——通常被称为"膨胀规则(bulge rule)",规定在《规则》

① 当然,这就意味着新墨西哥州的被告必须与得克萨斯州有如此联系,以至于得克萨斯州行使管辖权符合宪法。再次说明,宪法上可以授权联邦法院对与美国有足够联系之任何被告行使对人管辖权,并在全国范围内送达诉讼书状。然而,《规则》第 4 条(k)款(l)项(A)目支持这样的主张:作为一般规则,联邦法院已经拒绝行使这样的权力了。相反,它们选择自我限制,享有与州法院同样的管辖权力(以及相应的在州外送达诉讼书状的权力)。

第 4 条(k)款(l)项(B)目中。膨胀规则的范围是极其狭窄的。首先,它不允
145 许在全国范围送达诉讼书状。相反,只有送达在距离审理案件的联邦法院 100 英里的范围内完成时,它才允许州外的送达。[①] 其次,也是更重要的,膨胀规则与向典型案件中的被告送达诉讼书状绝对没有关系。相反,它针对的是将诉讼书状送达给最初不是诉讼当事人而后根据《规则》14 条(第三人参加诉讼)或第 19 条(必要当事人)加入的当事人。[②] 因此,就我们阐述的基本的任务——向被告送达诉讼书状来说,膨胀规则是无关的。

- 和上面的事实相同,案件在厄尔巴索联邦地区法院待审。原告希望法院对离厄尔巴索仅 25 英里的一个新墨西哥镇上看到的被告行使对人管辖权,并允许在那里对其送达诉讼书状。假设得克萨斯法律没有法条准许对此被告行使对人管辖权或进行送达。根据《规则》第 4 条(k)款(l)项(B)目,可以向被告送达吗?不可以。该规则不允许向原来的被告(original defendants)送达诉讼书状。其发挥作用只是允许向根据第 14 条或第 19 条后来加入诉讼的人送达。
- 不要让教授用这样的材料引你们上当:案件在厄尔巴索的联邦地区法院待审;在得克萨斯的范·霍恩镇(Van Horn)可以找到一个被告并向其送达诉讼书状,范·霍恩镇离厄尔巴索 115 英里。厄尔巴索的联邦法院可以允许将诉讼书状送达给被告吗?可以。为什么?因为被告位于联邦法院所在的法院地州,诉讼书状的送达在整个法院地州穿梭。在这一案情中,英里数是无关的。

最后一个例外,它允许联邦法院行使对人管辖权并将诉讼书状送达至法院所在州之外(而不考虑州的法律),规定在《规则》第 4 条(k)款(2)项中。它只适用于援引联邦问题管辖权的诉讼请求(在第四章第六节中探讨联邦

---

① 很显然,如果联邦法院所在州的长臂法律允许对这样的人行使对人管辖权,该对人管辖权的行使将是符合宪法的,你们不需要膨胀规则。只有在法院所在的州的法律不允许对外州的人(out-of-stater)行使对人管辖权时,它(膨胀规则)才是需要的。

② 我们在第十二章第六节第一目和第十二章第六节第二目中探讨这些合并新当事人的方法。

问题管辖权)。因此,当援引联邦事物管辖权的其他依据如异籍时,它就没有什么用处。然而,和膨胀规则一样,《规则》第 4 条(k)款(2)项不是允许将诉讼书状送达给最初的被告。只有在被告虽然不受州法院的对人管辖权管辖,而行使对人管辖权在宪法上是合适的时,才可以这样做。① 例如,如果被告与一个具体州的联系不足以支持该州的对人管辖权,但她与美国的联 146
系总体支持对其行使对人管辖权,则就援引联邦问题管辖权的联邦民事案件,可以在美国的任何地方对其送达诉讼书状。正如一个法院对其阐述的,该规则"在进行最低限度联系的分析而将整个美国作为相关法院辖区的范围狭窄的案件中,规定了什么是联邦长臂管辖法律"。②

《规则》第 4 条(k)款(2)项的运用提出了一个"否定式要求(negation requirement)"上的具有潜在困难性的举证责任问题——即要求被告不受任何州的对人管辖权管辖。证明被告不受 50 州中的任何一州的对人管辖权管辖,这是原告承担的责任吗?一些法院的结论认为是原告的责任,并要求原告证明没有哪一个州能对被告行使对人管辖权。③ 另外一些法院拒绝了这一思路,称其难以操作。例如,第七巡回法院让被告承担举证责任,确认有对被告行使对人管辖权的州。"指明一个更加合适的州等同于同意那里的对人管辖权……然而,如果被告主张他不能在法院地的州被诉,却拒绝表明可以诉讼的任何其他的[州],那么联邦法院就有权使用《规则》第 4 条

---

① 宪法之分析要根据《第五修正案》(而不是《第十四修正案》),因为主张对人管辖权的是联邦法院(而不是州法院)。在第二章第五节中,我们指出对《第五修正案》更好的理解是被告与作为整体的美国有最低限度的联系,而不是与任何具体的州有最低限度的联系。复习该部分时,特别注意本书第 135 页注释②。

② 格伦考勒谷物鹿特丹 B. V. 诉希夫纳特·拉伊·哈纳拉因公司案(Glencore Grain Rotterdam B. V. v. Shivnath Rai Harnarain Co.),《联邦判例汇编第三辑》第 284 卷,始于第 1114 页,第 1126 页(第九巡回法院 2002 年)。也见经济企业管理研究生入学考试委员会诉拉朱案(Graduate Management Admissions Council v. Raju),《2003 年莱克西斯美国地区法院数据库》第 979 页(弗吉尼亚州东部地区法院 2003 年)[网址(Web site)的印度经营者在弗吉尼亚没有足够联系以支撑行使对人管辖权,但与作为整体的美国有足够的联系,满足了《规则》第 4 条(k)款(2)项的要求,因为经营网址的商业机构将美国市场作为目标]。

③ 见,如斯密斯诉 S&S 邓多克工程设备有限责任公司案(Smith v. S&S Dundalk Engineering Works, Ltd.),《联邦补编第二辑》第 139 卷,第 610 页(新泽西州地区法院 2001 年)。

(k)款(2)项。”[①]第一巡回法院使用了一种责任转移的方法(shifting-burden approach)。首先,原告主张没有可以对被告提起诉讼的州。之后,举证责任就转移到被告身上了,被告必须提供证据证明有这么一个州,她受其对人管辖权管辖。[②] 接着原告可以回应,证明被告提出的州没有对人管辖权。[③]不管在证明问题上采用什么方法,值得重申的是《规则》第 4 条(k)款(2)项稍微扩大了联邦法院行使对人管辖权的权力。

## 五、诉讼书状的国际送达

147 近年,“成为联邦法院诉讼标的之国际交易和事件的数量有了实质性的增加”。[④] 相应地,调整在外国送达诉讼书状的《规则》第 4 条(f)款变得越来越重要。[⑤] 如 1993 年所修订的,该规则不再要求有州或联邦法律明确授权,准许在美国之外送达。相反,规则本身就是这种送达的授权。该规则也承认,与在美国的被告可以放弃正式送达一样,在外国的被告也可以根据《规则》第 4 条(d)款放弃正式送达。[⑥]

《规则》第 4 条(f)款(1)项认可“国际协商一致的任何合理筹划的通知途径”。《关于向域外送达司法文书和司法外文书的海牙公约》提供了最重要的这种途径,该公约为此规则明确包含。只有在那里寻求送达文书的国家是公约缔约国时,公约才适用;除了美国外,约有 40 个国家签署了公约,

---

① IST 国际公司诉博登、拉德纳、热尔韦有限合伙(IST Intl., Inc. v. Borden Ladner Gervais LLP),《联邦判例汇编第三辑》第 256 卷,始于第 548 页,第 552 页(第七巡回法院 2001 年)。

② 当然,或者被告可以证明,根据《第五修正案》其与美国的全部的联系不能建立起对人管辖权。

③ 美国诉瑞士美国银行有限公司案(United States v. Swiss American Bank, Ltd.),《联邦判例汇编第三辑》第 191 卷,始于第 30 页,第 41 页(第一巡回法院 1999 年)。

④ 1993 年咨询委员会对《联邦民事诉讼程序规则》第 4 条(f)款的注释。

⑤ 《规则》第 4 条(h)款(2)项规范对公司或组织在美国之外的送达。该条文明确包括了《规则》第 4 条(f)款的国际送达方法,只是将只适用于个人被告的规则一个分支[第 4 条(f)款(2)项(C)目(i)]设定为例外。除了这一例外之外,对海外公司或组织送达的可容许性(permissibility)与向个人送达基本上是相同的。

⑥ 我们在第三章第三节第二目中探讨过该问题。然而,在国外的放弃(正式)送达的被告,拥有自文件邮寄算起的 90 天时间(而不是 60 天)答复(起诉书)。

包括加拿大、中国、法国、德国、大不列颠(Great Britain)、以色列、意大利、日本、西班牙和联合王国(the United Kingdom)。根据公约,每一缔约国指定一个"中央机关(Central Authority)",它接受来自其他缔约国的送达请求书(requests for service)。要送达的文件必须以英文、法文或文书发出国的官方文字写成,但是任何缔约国的中央机关可以要求翻译成该国的官方文字。如果文件是合适的,则由中央机关完成送达,但是每一国家可以声明修改其公约义务。根据《规则》第 4 条(f)款(1)项明确使用的措施,依照公约为有效的送达被视为满足了《规则》第 4 条的要求。因此,可能没有遵守《规则》第 4 条其他规定的事实(与送达的有效性)是无关的。①

如果没有国际协商一致的送达诉讼书状的国际途径,例如,在一个没有 148
签署《海牙公约》的国家完成送达时,《规则》第 4 条(f)款(2)项允许用几种其他的途径在域外送达。第一,《规则》第 4 条(f)款(2)项(A)目允许用送达完成地国家许可的任何方式送达,这就要求美国律师研究外国法律下的该送达问题。第二,《规则》第 4 条(f)款(2)项(B)目允许原告请求外国国家就如何送达诉讼书状发布指示(instructions)。这一请求传统上被称为查询书(a letter rogatory),但现在也被称为请求书(a letter of request)。第三,《规则》第 4 条(f)款(2)项(C)目规定,除非该外国法律禁止这么做,否则送达可以通过下列方式完成:(1)在外国直接送达;或(2)通过任何要求签署收条的邮寄方式,邮件由法院的书记官向在外国的被告寄出。

最后,《规则》第 4 条(f)款(3)项允许"通过法院命令采用而又不为国际协议禁止的其他方式"送达。该规定允许法院对外国被告指定不违反"国际协议"的送达诉讼书状的任何方式。因此,任何不违反条约或其他国际协定

---

① 可能的情况是,通过向法院地的被告代理人送达诉讼书状而避开《海牙公约》域外送达的要求。在大众汽车诉施伦克案[Volkswagenwerk v. Schlunk,《美国联邦最高法院判例汇编》第 486 卷,第 694 页(1988 年)]中,联邦最高法院支持了通过向在伊利诺伊州的子公司(subsidiary)送达诉讼书状而在伊利诺伊州对德国公司行使对人管辖权。伊利诺伊州法律授权不将文书发往德国,而通过对子公司的替代送达,实现对德国公司的送达。因为该法律的要求得到了满足,且对德国公司行使对人管辖权符合宪法,尽管(送达)没有满足《海牙公约》的要求,联邦最高法院仍支持行使管辖权。

的方式均是可以的，即使该方式违反了送达完成地国家的法律。① 咨询委员会(The Advisory Committee)之注释，认识到了该送达(范围的)广泛性，曾提醒法院小心对该(送达完成地国家)法律的违反。(当然，法院根据《规则》第 4 条(f)款(3)项指定的任何方式都必须符合马兰案确立的宪法标准)。

此外，很显然，《规则》第 4 条(f)款(3)项可以作为《规则》第 4 条(f)款(2)项所许可方法的替代物使用。一个有趣的案件是里奥财产公司诉里奥国际联锁案(Rio Properties, Inc. v. Rio International Interlink)②，在该案中，一家内华达赌场的经营者因商标侵权而起诉哥斯达黎加互联网赌博经营者。在美国和哥斯达黎加都找不到可送达诉讼书状的代理人，原告要求法院根据《规则》第 4 条(f)款(3)项发布命令，允许通过电子邮件向被告的电子邮箱(e-mail address)送达。第九巡回法院支持了这一送达，拒绝了这样的说法:《规则》第 4 条(f)款规定了一个等级，据此等级，法院在根据《规则》第 4 条(f)款(3)项指定送达方式前，必须穷尽其他的送达方式，包括查询书的方式。原告"在向法院申请可替代的救济办法前，不需要尝试每一种
149 可能的送达诉讼书状的方式。相反，[它]只需要证明目前案件的事实和情况使地区法院的介入成为必要。"③

第九巡回法院在里奥财产案(Rio Properties)中对电子邮件送达合宪性的支持没有遇到麻烦。法院意识到它"行走在无人涉足之地"，因为它知道尚没有上诉法院支持电子邮件送达的案例，它裁决说电子邮件送达满足

---

① 见马约拉尔—艾米诉 BHI 公司案(Mayoral-Amy v. BHI Corp.)，《联邦规程判例汇编》第 180 卷，始于第 456 页，第 459 页，注释 4 (佛罗里达南部地区法院 1998 年)。该规定比《规则》第 4 条(f)款(2)项(C)目的范围要广得多，第 4 条(f)款(2)项(C)目没有允许使用为送达完成地的"外国法律"所禁止的方式。

② 《联邦判例汇编第三辑》第 284 卷，第 1007 页(第九巡回法院 2002 年)。判决意见为史蒂芬·特罗特(Stephen Trott)法官起草，此人在进入法学院之前是 20 世纪 60 年代的民间乐队(folk music band)的成员，该乐队拥有销量排名第一的红极一时的唱片，演奏的是《迈克尔把船划到岸》(Michael Row the Boat Ashore)。

③ 同前注，第 1016 页。("我们明确同意地区法院对该案的处理以及为确保我们法院的平稳运作而使用《规则》第 4 条(f)款(3)项")

了马兰案的标准，第三章第二节探讨过此标准。电子邮件不仅是为了通知被告案件待审（pendency of the case）的目的，根据所有的情况合理筹划过的，而且，根据案件事实（含有被告试图逃避送达情节），“它是最可能送达至［被告］的送达方式”。[1]

最后，注意《规则》第 4 条（f）款规定了如果被告没有根据《规则》第 4 条（d）款放弃正式送达时的送达方法。除了有一个小的例外之外，《规则》第 4 条（d）款在国际背景下的运作与在国内背景下一样。如果被告在美国之外，有两个时间安排上的微调。第一，根据《规则》第 4 条（d）款（1）项（F）目，必须给被告至少 60 天的时间（而不是 30 天）寄回弃权声明书格式文件。第二，根据《规则》第 4 条（d）款（3）项，放弃正式送达的国际被告（international defendant）拥有 90 天（而不是 60 天）时间答复（起诉书），该期限从向其寄送弃权声明书格式文件后起算。

## 六、后续文书的送达

上述探讨，从第三章第三节第一目到第三章第三节第五目，阐述了诉讼书状的送达。当然，诉讼书状包括了传票（summons），它是源自政府司法机构的命令，责令被告出庭。它是政府对被告拥有权力的象征（symbol）。因为主张此权力是如此重要之事情，所以法律设置了我们看到的严苛要求。但这种权力展示对每一被告只需要做一次。

此后，后续文书的送达（可能有许多，包括补充的诉答文书、申请、披露
请求及答辩）不这样正式。首先，不需要传票。其次，《规则》第 5 条（b）款 150
（2）项允许通过直接交付（personal delivery），或将文书留在当事人办公室，

① 同前注，第 1017 页。法院依赖于一个更早的案件，该案件支持通过电传（telex）向伊朗的被告送达诉讼书状。在此案中，法院解释道：“我们不再居住在一个信息只能通过快速帆船（clipper）……海船（ships）携带的邮件传达的世界。借助卫星的电子通讯能够且确实提供了通知或信息的瞬间传输。即使大门是钢制的且被闩上，被告在其办公室的电子终端也能收到完整的通知，这样诉讼书状就不再必须邮寄到被告大门口了。”新英格兰商人国民银行诉伊朗发电和输电公司案（New England Merchants Natl. Bank v. Iran Power Generation & Transmission Co.），《联邦补编》第 495 卷，始于第 73 页，第 81 页（纽约州南部地区法院 1990 年）。

或通过普通邮件，送达后续文书。如果使用了邮件，《规则》第 5 条(b)款(2)项(C)目规定，这些文件的送达完成于邮寄之时。如果有当事人的书面同意，《规则》第 5 条(b)款(2)项(E)目允许通过电子传输方式送达这些后续文件。在大多数案件中，当事人只是将这些文件邮寄给其他的当事人。如果通过邮寄或电子传输送达的文件是要求答复的文件(例如披露请求书)，《规则》第 6 条(d)款给了接受文书的当事人额外 3 天时间进行答复。

## 第四节　获得听审机会的问题

除了通知外，正当程序还要保证被告有一个有意义的被听审机会。[①]在多数案件里，这一要求不会产生严重问题。根据《联邦规则》第 12 条(a)款，被告拥有诉讼书状送达后的至少 20 天的时间，通过答辩或者提出申请，回应起诉书。在州法院，实践做法至少也那样时间充裕。[②] 给了这么长的时间，特别是听从传票提供的清晰通知，通常已足以让被告进行回应，并避免缺席判决之作出。如果被告需要更多的答复时间，根据《规则》第 6 条(b)款，其可以提出“增加”答复时间的申请。因此，典型案件不会产生有关被听审机会的问题。

那么，何时产生这样的问题呢？一般来说，产生的时机为，争议在实体上获得解决之前原告就寻求夺取被告的财产。在系列判决意见中，联邦最高法院阐述了原告试图做这些事的各种程序，并给出了有关这种诉讼可能合适之条件的指导。在参阅这些案件之前，复习一下一些专业术语是有帮助的。**扣押**(garnishment)通常指扣押被告的工资。债权人可能想扣押债务人的工资以确保债权人获得支付。**收回**(replevin)是一个程序，借助此程序货物的卖方寻求收回货物(因为买方没有支付货款)或收回与货物等值的现金。例如，假设零售商(retailer)以分期付款方式向被告出售了一套立体音响设备，根据分期付款方案买方每月支付某一确定的金额。如果买方没 151
有付款，卖方就想拿回该立体音响设备或从买方那里取得与立体音响等值的现金。但是，因为买方可能没有足够的钱，因此拿回财产可能就成了优先

---

① 马兰案，《美国联邦最高法院判例汇编》第 339 卷，第 314 页。(除非获知事项正在待审，且可以自己选择出庭还是缺席，默认还是驳斥，否则被听审的权利就不太真实，或没什么价值。)我们在第三章第二节探讨了马兰案。

② 例如，佐治亚州给被告自诉讼书状送达后的 30 天时间进行回应。《佐治亚州注释法典》第 9 编第 11 章 12 目。

的考虑。

注意这样案件呈现出的合法利益间的冲突。卖方有权获得支付或拿回财产。其不想在整个漫长的诉讼过程中都这么等着，因为在诉讼的数月或数年时间里，买方可能会毁坏该财产或携带它潜逃，或它完全贬值了。另一方面，买方想获得提出抗辩的机会，解释为什么其没有支付货款。毕竟，可能该立体音响设备是有缺陷的，或者其可能会说实际上已经全额支付了音响的款项。联邦最高法院面临的问题一直是如何平衡这些相冲突的合法期待。

当代处理这些问题的第一个案件是斯尼亚沙达赫诉家庭金融公司案(Sniadach v. Family Finance Corporation)。[①] 在该案中，联邦最高法院认为威斯康星的一部法律不符合宪法，该法律允许债权人在其诉求的实体部分经历任何审理前，就扣押债务人的工资。因缺乏对债务人的保护，这样的扣押将"把工薪家庭逼上绝路"，[②]并且侵犯了债务人的正当程序权利。

但是，为了让法律符合宪法，应加入什么类型的保护呢？联邦最高法院在富恩特斯诉谢文案(Fuentes v. Shevin)[③]中提供了一些(但不多)指导，该案例使得宾夕法尼亚州和佛罗里达州的收回法律(replevin statutes)变得无效。这些法律允许卖方在法院对争议的实体部分审理前就扣押财产。它们向买方提供了一些保护，允许其通过交纳保证金在庭审前要回该财产。然而，联邦最高法院的意见是，该保护是不充分的。

联邦最高法院在米切尔诉 W. T. 格兰特公司案(Mitchell v. W. T. Grant Company)[④]中的态度较为宽松。在该案中它支持了路易斯安那州的一个做法，此做法是在原告害怕被告在诉讼期间转移或毁坏财产时，允许审前的财产扣押[sequestration，该词不过是 seizure 一词的华丽表达]。路易斯安那州的法律，不像富恩特斯案(Fuentes)中处理的法律，它要求由司法

① 《美国联邦最高法院判例汇编》第 395 卷，第 337 页(1969 年)。

② 同前注，第 341—342 页。

③ 《美国联邦最高法院判例汇编》第 407 卷，第 67 页(1972 年)。

④ 《美国联邦最高法院判例汇编》第 416 卷，第 600 页(1974 年)。

官员(judicial officer)[*]而不是行政司法长官(sheriff)签发允许扣押财产的命令[writ,它是 order 的华丽表达]。它也要求原告在宣誓的情况下详细提出扣押的理由,而不是做出简单的推论性的声明。并且,路易斯安那州的法律还允许买方在诉讼期间即刻索回财产。此外,原告对财产拥有留置权(lien)。[①] 这些因素使得此案有别于富恩特斯案而满足了正当程序的要求。 152
注意,在路易斯安那州的法律中,司法的介入不是审理基本诉讼请求的实体问题(有关买方是否不恰当地没向卖方支付货款)。相反,它只是依据原告的宣誓陈述,决定是否发布允许在诉讼前扣押财产的命令。

在北佐治亚精加工公司诉迪彻姆公司案(North Georgia Finishing, Inc. v. DiChem, Inc.)[②]中,联邦最高法院否决了佐治亚州的一部法律,债权人已经依据该法查封了被告的银行账户。根据该法律,这样的查封是允许的,查封依据的是原告经宣誓的结论性陈述以及原告交纳了所要求扣押被告金额的两倍数额的保证金。允许扣押的命令是由法院书记官(court clerk)而不是由司法官员(judicial officer)签发。尽管被告可以通过交纳自己的保证金重新占有财产,但没有加速实体问题审理的规定。这些是对被告的不充分的保护,该法律违反了正当程序。

该领域的更近期的案例是康涅狄格州诉德尔案(Connecticut v. Doehr),[③]该案涉及在判决前原告扣押被告的不动产,以便确保有足够的财产满足殴打诉求的判决。联邦最高法院认为康涅狄格州的法律违宪,因为它

---

* judicial officer,指根据宪法、制定法或法院规则的规定行使司法权的人,即司法官员。司法官员的种类较多,其权限各不相同。最通常的司法官员即法官,助理司法人员(parajudicial personnel)或助理法官(parajudge)。——译者

① 留置权是财产上一种权利。回顾一下第二章第二节中,一个有效的对人判决(in personam judgment)产生一个针对被告不动产的留置权,这意味着可以公开拍卖该财产,以凑集款项清偿留置债务。在米切尔案(Mitchell)中,原告拥有卖方留置权(a vendor's lien),这是一种针对财产拥有的收回已出售货物的权利。[lien 不要求留置物必须在债权人占有之下。优先权(charging lien)即为财物不在债权人占有下,债权人要求就该财物具有优先受偿权。海商法中的船舶优先权(maritime lien),其中有的具有占有性,有的则不在债权人占有下,如船舶碰撞中对有过错船舶要求财产赔偿优先受偿权。——译者]

② 《美国联邦最高法院判例汇编》第 419 卷,第 601 页(1975 年)。

③ 《美国联邦最高法院判例汇编》第 501 卷,第 1 页(1991 年)。

允许依据原告经宣誓的推断性陈述，即“大概有支持原告诉讼请求有效的理由”，进行这样扣押。不像米切尔案（Mitchell）中的法律，康涅狄格州的法律没有要求原告交纳保证金。原告不拥有财产上的留置权，这一点也与米切尔案（Mitchell）不同。因此，除了所有原告都拥有的保证被告有足够财产履行判决的一般利益外，原告在不动产上不拥有利益。没有证据证明被告将转让土地或用其他方式减少其财产以逃避判决。

这些案件给我们留下了在审判前扣押中可能采取的一系列保护被告的措施，包括：(1)司法官员介入认定是否应该扣押；(2)告知被告原告在寻求庭审前扣押；(3)要求原告交纳保证金；(4)要求原告经宣誓陈述具体的、详细说明的扣押理由；以及(5)有在实体事项审理期间被告可以索回财产的程序，或许是通过交纳保证金索回财产。此外，如果原告针对将被扣押的财产拥有留置权，原告就处于更好的地位，这一点似乎是明确的。

但是，这些保障措施应该出现多少以及怎么组合，该终局性问题（的答案）是不确定的。米切尔案（Mitchell）只是遭受质疑法律获得支持的众多
153 案例中的一个，①因此有人想说在该案件中出现的这些因素构成正当程序的最低要求。然而，很难得出这一结论，因为每一个案件至少在事实上都稍有差异。或许，我们所能说的全部只是，法院必须在弹性的一案一议的评估中，权衡诸如被列举因素那样的因素以及当事人的相关权利，以确保向被告提供适当保护。

---

① 在D. H. 奥弗迈耶公司诉弗里克公司案[D. H. Overmyer Co. v. Frick Co.，《美国联邦最高法院判例汇编》第405卷，第174页(1972年)]中，联邦最高法院支持在合同中使用“自认责任”条款。[“cognovit” provision，是一合同条款，债务人据此同意由某法院管辖，放弃通知要求，授权在未履行债务或违约情况下作出对其不利的判决——译者注。]该条款授权债权人起诉债务人，并不经通知自动地获得被告败诉的“承认原告诉讼理由为正当的判决”（“judgment by confession”）。联邦最高法院强调该条款是具有同等议价能力（bargaining power）的当事人之间诚信谈判的结果，原告对这一权利已经给予了充分的考虑，相关的州法律保护了被告，办法是在存在有效抗辩时允许被告推翻该判决。因此，奥弗迈耶案（Overmyer）不过是承认人们可以放弃有关听审机会的正当程序权利。然而，如果当事人的议价能力不平等，而放弃是被强加在弱方当事人身上的，则这一放弃就不被承认。并且，如果它们被用于不利于财力有限的债务人，则它们就特别不可靠。见斯沃布诉伦诺克斯案（Swarb v. Lennox），《美国联邦最高法院判例汇编》第405卷，第191页(1972页)。

# 第四章　事物管辖权



## 第一节　问题的说明

重要的是区分对人管辖权和事物管辖权。对人管辖权是一个地理问题——它解决原告是否可以在一个(或一些)特定的州起诉被告。正如我们在第二章所学到的，可以在与被告有足够联系能满足制定法和宪法对对人管辖权检验要求的任何州起诉被告。相反，它涉及（在一个有对人管辖权的
156 州）什么法院将审理案件。回顾一下第一章第二节的阐述：每一个州都有两种不同类型的法院——州法院系统的众多法院和至少一个联邦法院系统的法院（初审法院）。因此，基本的事物管辖问题是案件将在联邦法院还是在州法院审理。

换言之，对人管辖权处理法院对当事人的权力。事物管辖权处理法院对案件以及案件中所提诉求的管辖权。为能作出有效判决，法院必须既有对人诉讼管辖权又有事物管辖权。

联邦法院拥有**有限的事物管辖权**，这意味着它们只能审理特定类型的案件。我们主要关心**初审管辖权**，在第一章第二节第二目中指出过，它指的是由初审法院受理和裁决的案件（与**上诉管辖权**相对，上诉管辖权涉及从初审法院向更高级别法院的上诉）。援用联邦法院**专属事物管辖权**的案件类型很少，这意味着没有其他法院可以受理此类案件。[①] 与联邦法院形成对照的是，州法院系统拥有一般事物管辖权，这意味着它们可以审理任何管辖权内诉讼请求（当然，那些联邦法院拥有专属事物管辖权的诉求除外）。你们从此简短探讨中可以得出判断，在许多例子中，案件可以由联邦法院审理，也可能由州法院审理。在这样的案件中，联邦法院和州法院拥有**并存的事物管辖权**。

判断一个法院是否拥有事物管辖权，要根据州的或联邦的宪法以及执行宪法授权的制定法。在一些案件中，如我们将看到的，也有影响事物管辖权的普通法（法院制定的）规则。

---

① 例子包括海事（第 1333 条）、破产［第 1334 条（a）款］、专利和著作权侵权和植物品种保护案件［第 1338 条（a）款］、反垄断（《美国法典》第 15 编，第 15—26 条）和证券案件（《美国法典》第 15 编第 78 条 a 款）。

## 第二节　州法院系统的普通事物管辖权

正如我们刚才指出的,每一个州的司法系统都有一般事物管辖权——它可以审理任何诉讼请求(那些极少数援引联邦法院专属管辖权的案件除外)。每一个州都自由地在其希望建立的众多法院间划分事物管辖权。州为其审理一审案件的法院起的名字种类繁多;常见的名字包括高级法院(superior court)、市法院(municipal court)、巡回法院(circuit court)以及地区法院(district court)。常见的情况是在州司法系统有一个以上的初审法院。例如,在一些州,有专门的法院处理遗嘱检验法(probate law)、家事法(family law)以及类似法律上的问题。在一些州,事物管辖权依照金额界限划分;例如,一法院可以审理涉及 1.5 万美元或之下金额的诉讼请求,而另 157
一法院可以审理涉及更大金额的诉讼请求。

要点是简单的。首先,州法院系统内的案件划分纯属州法律处理的事项。州可以通过宪法或通过制定法决定设立什么样的州法院以及这些法院将审理什么类型的案件。多数民事诉讼法教师不在州法院结构和事物管辖权上花费很多时间。如果你们的老师花了很多时间,你们应该知道什么规定与此目的相关。第二,每一个州的司法系统——总的说来——拥有一般事物管辖权。因此,虽然不是特定州的每一个法院都能审理任何案件,但原告在任何州都能够找到某个法院提起诉讼。要习惯于考虑这样的事实:州法院"总在那里"。即使一个案件不能援引联邦事物管辖权,它也总是可以被起诉到州法院。

# 第三节　联邦法院系统

## 有限的事物管辖权

在宪法上，州将权力让渡给了中央或联邦政府。整个联邦政府是一个权力受限的政府（尽管，如你们在宪法课程中将看到的，联邦最高法院从宽解释了许多这些权力）。在民事诉讼法上，我们主要关心《宪法》第三条。第三条第二款规定了九类（categories）[或“项（heads）”]管辖权——即联邦法院系统可以审理的九类争议。联邦法院完全无权裁决不处在这些管辖依据中的案件。在复习联邦管辖权的九个类型时，注意有一些是建立在适用于纠纷的实体法之上的，①而另外一些是因为当事人的特性而交由联邦法院审理。②

158 有趣的是，第三条第二款列举的管辖权不是自动授予联邦法院的。相反，国会有责任决定联邦法院行使多少宪法赋予的管辖权。③ 事实上，如《宪法》第三条第一款所清楚表达的，国家的缔造者们将此事项完全留给了国会决定：国家究竟是否拥有下级联邦法院（lower federal courts）。④ 从一开始国会就规定了这样的下级联邦法院。⑤ 在设置它们的管辖权时，不要

---

① 第三条第二款罗列的第一类是产生于联邦法律的案件；其他还包括涉及破产的案件。起草人显然认为联邦法院将拥有或培养出这些联邦法律领域的特殊技能，或者它们可能特别能感悟这些实体法律背后的联邦政策。

② 例如，涉及大使和领事的案件、州之间的案件以及对民事诉讼法课程特别重要的是，涉及不同州州民的案件。对这些，美国宪法起草者显然认为，特定类型当事人之卷入需要联邦法院关注（或保护）。

③ 第二款第二项规定，在影响到大使和类似官员以及国家是一方当事人的案件中，联邦最高法院有“最初的（original）”（初审）管辖权。国会无权取消这些案件中的联邦事物管辖权。但有关其他的管辖权类型，国会有权决定联邦法院是否应有管辖权。

④ 第三条第一款只要求有一个联邦法院：联邦最高法院。设立下级联邦法院是一个在政治上有争议的问题，而缔造者们决定将该问题之解决留给国会。

⑤ 在第一章中，我们指出，联邦系统的初审法院是美国地区法院（United States District Courts），而中级上诉法院是各种巡回区的美国上诉法院（United States Courts of Appeals）。见第一章第二节第二目。

求国会给予宪法规定其能够给予的全部具体管辖权类型。例如，国会可以设置争议金额的限制。通常，如我们将看到的，制定法授予的联邦事物管辖权小于《宪法》准予的管辖权。因此，认定联邦法院是否有管辖权的关键问题是制定法是否授予此管辖权；国会仅在罕见场合通过超越第三条规定权力的管辖权的法律。[①]

因为联邦法院只能审理有限类型的案件，其争议不能满足联邦事物管辖权依据之一的诉讼当事人不能同意由联邦法院管辖。存在着一个不利于联邦管辖权的假设。因此，在联邦法院起诉的当事人承担确立联邦管辖权的举证责任。[②] 其必须主张联邦管辖权，并且如果遭到质疑，还必须举证有事物管辖权的事实。我们在第六章第二节中看到，被告必须在诉讼的早期提出某些抗辩，否则就放弃了提出这些抗辩的权利。然而，当缺乏事物管辖权时，情况不是这样。事物管辖权缺陷（之抗辩）不能为当事人或法院所放弃。无论何时一旦法院认定它审理的案件缺乏联邦事物管辖权，它都有义务撤销案件。[③] 该规则可能会导致联邦诉讼资源的巨大浪费，比如，一个案件已经诉讼了好几年，之后联邦法院认定案件不归其管辖。[④]

两个主要的所准予的联邦事物管辖，实际上也是每一《民事诉讼法》课 159

---

① 也许你们的案例书特别提到了霍奇森诉鲍尔班克案[Hodgson v. Bowerbank，《美国联邦最高法院判例汇编》第 9 卷，第 303 页(1809 年)]，它处理的正是这一情况。国会授予了对外国人为当事人案件的管辖权。就这一准许对外国人诉外国人案件行使管辖权而言，它超越了第三条的规定。见第四章第五节第三目和第四章第五节第五目。

② 见《联邦民事诉讼程序规则》第 8 条(a)款(1)项（要求起诉书包含“一个对法院管辖依据的简短和清楚的陈述”）。

③ 见《联邦民事诉讼程序规则》第 12 条(h)款(3)项（可以在任何时间提出事物管辖权之缺乏）。

④ 见，如得佩克斯·雷娜九合伙诉得克萨斯国际石油公司案[Depex Reina 9 Partnership v. Texas Intl. Petroleum Corp.，《联邦判例汇编第二辑》第 987 卷，第 461 页(第十巡回法院 1990 年)]（一个经历了全部的初审、上诉、被上诉法院发回重审以及在地区法院的进一步诉讼，之后以缺乏事物管辖权而被撤销的案件）。

程的主要部分和联邦地区法院日常工作的主要部分，[①]是第 1332 条(a)款(1)项[②]规定的异籍管辖权(diversity of citizenship jurisdiction)和第 1332 条规定的联邦问题管辖权(federal question jurisdiction)。这些准予管辖的事项之一(异籍)建立在诉讼当事人的特征上，而另一个(联邦问题)建立在用于决定纠纷结果的实体法上。在仔细审视它们之前，重要的是认识到，为什么案件可以诉至联邦法院(与州法院相对应)关系重大。

---

① 在民事诉讼法中我们感兴趣的是联邦地区法院的管辖权，联邦地区法院是联邦系统主要的初审法院。正如我们在第一章第二节第二目中看到的，来自这些法院的上诉诉至美国上诉法院(the United States Court of Appeals)。美国联邦最高法院可以审查来自那里的案件(如果它同意审理该案件的话)。尽管这超出了你们民事诉讼法课程的范围，但注意还有其他专门的联邦法院，如联邦索赔法院(the Court of Federal Claims，审理针对联邦政府的金钱索赔案件，简称 Fed. Cl. 或 C. O. F. C.，由国会根据《美国宪法》第一条设立，法官由总统任命，非终身，任期为 15 年，可连任——译者)和国际贸易法院(the Court of International Trade)，它们的管辖权相当具体。当事人在错误的法院错误提起诉讼时，根据第 1631 条，可以将案件转移到合适的法院(一个具有事物管辖权的法院)。

② 一些课程阐述第 1332 条(a)款(2)项的有关外国人的管辖基础。我们在第四章第五节第五目阐述外国人管辖问题。

## 第四节　联邦法官的政治绝缘

《宪法》第三条第一款为联邦法官规定了一个非同凡响的职业保障，是州法官无法享有的保障。第一，联邦法官的薪水不可降低。第二，一个联邦法官在“表现良好(good Behaviour)”期间任职，这就意味着其终身任职，不可被迫退休。除非联邦法官去世或辞职，否则只能通过弹劾(impeachment)才能让其去职(在我国历史上只有 7 名联邦法官被弹劾去职)。第三，根据任命条款(the Appointments Clause)，联邦法官由总统任命，但必须由参议院投票确认。[①] 因此。联邦法官不面对选民，不经受规定了任期的重新任命。

理论上，作为这些保护的结果，联邦法官与政治绝缘。法官们不必担心因将法律解释为违宪或甚至以违宪为由撤销法律而得罪国会，因为国会不能降低其薪酬。法官们不必担心因作出不受欢迎的裁决而冒犯公众，因为公众不能用选票将其逐离岗位。更具体地说，因为权力掮客不能影响法官的就职，因此法官们不必担心裁决不利于当地权贵或企业。

州法官没这么幸运。州法官不拥有联邦宪法规定的薪酬不可降低的保 160
障。而更重要的是，大多数的州法官，甚至是州最高法院一级的法官，都必须面对选民。他们或者最初是由选举任职的，或者必须取得选民对新任期的同意，或者两者均有。因此，作出违背大众意见裁决的州法院法官可能会发现丢了岗位。此原理下的戏剧性例子是，20 世纪 80 年代，在剧烈批判法官起草或支持具体判决意见(主要关于拒绝维持判决死刑)系列行动之后，加利福尼亚州选民从加利福尼亚最高法院逐走了三名法官。

---

① 美国《宪法》第二条第二款。

# 第五节 异籍和外国人案件的管辖权

## 一、导论

异籍管辖权是多数《民事诉讼法》课程中的标准内容。在实践中它也是重要的话题，约占在联邦法院起诉的民事案件数量的五分之一。在法学院，异籍管辖权不仅允许教授测试各种相对机械的规则，第四章第五节第三目阐述这些规则，而且允许测试一些涉及联邦法院作用的有趣的政策问题，在第四章第五节第二目中会看到这些政策问题。

《宪法》第三条第二款允许联邦法院受理“不同州州民之间的(between citizens of different states)”案件。[①] 自1789年第一版《司法法》(Judiciary Act)开始，国会就已经制定法律，授予联邦法院这一“异籍管辖权(diversity jurisdiction)”。它(指法律)总是包含管辖权授予中的争议金额要求。今天，异籍管辖权由第1332条(a)款(1)项授予，该条款使用了宪法中的语言，给了法院权力审理“不同州州民之间的”案件，但增添了案件争议金额超过7.5万美元的要求。因此，从制定法的字面上看，对异籍管辖案件有两项要求：它必须涉及“不同州的州民”和争议金额必须超过7.5万美元。如我们将看到的，不仅仅是眼前的这些要求。

与异籍管辖权密切相关的是外国人管辖权。罗列在第三条第二款的管辖权的最后一“项(head)”是针对“一个州或其州民与外国国家、国民或臣民
161 之间的”案件。根据这一点，外国人案件(alienage)，如律师和法官使用的，包括以(美国)一个州的州民为一方，和以外国人(即外国国家的国民或臣民)为另一方之间的纠纷。国会总是规定联邦法院的这种管辖权。今天，它

---

① 这是第三条第二款中列举的9项管辖权中的第7项。不要将其与其之前的两项相混淆，即“在两个或更多的州之间的”和“在一州和另一州州民之间的”。这些依据中的每一个都涉及州实际上为一方当事人的诉讼。后一依据为《第十一修正案》所废除。

见之于第 1332 条(a)款(2)项,[①]该条文使用了宪法的语言,但也增添了对异籍案适用的相同金额的美元要求:争议金额必须超过 7.5 万美元。外国人案件管辖权在联邦法院待审案件表中从未达到相当的比例,也从来没有引起争议。没有人认为应该取消(联邦法院的)外国人案件管辖权。然而,对异籍案件的管辖权,情况就不是这样。我们在第四章第五节第五目中探讨外国人案件。现在我们转向异籍案件背后的政策争论——讨论为什么异籍案件的管辖权引发争论。

## 二、有关异籍管辖权的持续争论

尽管(国家)的缔造者在《宪法》中规定了异籍管辖权,并且首届国会在最早的 1789 年《司法法》中对此做了规定,但总是有评论家批判它。为什么?这些案件诉至联邦法院不是因为适用联邦法,而是因为当事人碰巧是不同州的州民。这些案件适用州的实体法。[②] 许多人(包括许多法学教授)视之为联邦司法资源的不当分配。他们认为,在一个法庭登记表上排满了联邦法院待审案件的时代,不应该逼迫联邦法院将宝贵的时间耗费在解释和适用州法上。

然而,在课堂上进行这一争论之前,要记住:州法院照例必须审理源自联邦法律的案件。除了那些罕见的联邦问题管辖权为专属的(exclusive)案件外,原告可以自由地将涉及联邦法律的案件诉至州法院。但是存有两大困难。第一,根据《宪法》的至上条款(the Supremacy Clause),要求州法院适用调整(实体争议)的联邦法律。[③] 第二,当州法院解释了联邦法律时,至

---

① 因为授予(联邦法院)外国人案件管辖权的规定与授予异籍管辖权的规定出现在相同的法律中,因此一些律师和法官将之作为异籍的一种类型提及。这样做无害,但更好的做法是——特别是根据宪法上对两者的分开授予——在专业术语方面将它们分开。因此,我们称第 1332 条(a)款(1)项是授予异籍案件管辖权,而称第 1332 条(a)款(2)项是授予外国人案件管辖权。

② 这是第十章论述的伊利原则的结论。

③ 《美国宪法》第六条第二款。见特斯塔诉卡特案(Testa v. Katt),《美国联邦最高法院判例汇编》第 330 卷,第 386 页(1947 年)[罗德岛(Rhode Island)必须执行《联邦紧急状态价格管制法》(*Federal Emergency Price Control Act*)]。

162 少在理论上，案件可以上诉至美国联邦最高法院。① 因此，如果州法院犯了一个涉及联邦法内容的错误，最高级别的联邦法院能够纠正它。但是，如果审理异籍案件的联邦法院在解释州法时犯了错误，不可能由州法院纠正错误，因为州法院不能复审联邦法院的判决。②

为什么（国家）缔造者规定联邦法院的异籍管辖权呢？历史性的理由是异籍管辖权为诉讼当事人提供了一个中立的法院，该当事人可能在另一州的地方法院遭遇了偏袒（或者其至少害怕会遭遇偏袒）。用律师们使用的语言更直白地说，外州的当事人（the out-of-state litigant）害怕在当地法院会“被（利益）当地化（hometowned）”。记住州法院的法官通常是选举产生的，因此必须对当地人的要求作出回应。如果州法院的法官作出了有违当地利益的裁决（以及有利于外州人的裁决），有可能会丢了饭碗。

在批准宪法之前，好几个州已经制定了债务人解救法（debtor-relief statutes），该法不准债权人收取贷款和其他合同款项。因此，几位学者，包括费力克斯·法兰克福特（Felix Frankfurter），③认为（国家）缔造者在规定异籍管辖权时主要关心的是缓解商业阶层的忧虑（毕竟，商业阶层的一些成员出席了制宪会议）。④ 政治上绝缘于州权力结构的中立法院的前景，会鼓励州外商业企业来投资。它似乎已经奏效。威廉·霍华德·塔夫脱（William Howard Taft）得出结论：异籍管辖权“是确保开发美国南部和西部资金的

---

① 回忆一下第一章第二节第二目，联邦最高法院可以审理从州最高法院上诉的案件，但仅在涉及联邦法律事项时才可以。然而，事实上，这可能不是一个保护的重要来源，因为联邦最高法院在一个确定的年份能够审理的案件屈指可数。尽管如此，该制度确实有这种潜在的保护。

② 联邦法院在异籍案件中肯定偶尔也会错误解释州的法律。此裁决对该案件当事人有拘束力，但它在州法院系统不成为先例。州法院系统在随后的案件中可以自由忽视联邦法院对州法的解释（并且，甚至指出联邦法院做法中的错误）。为了避免错误适用州的法律，超过一半的州有“确认”法律（“certification” statutes），该法律允许联邦法院询问州最高法院，获取有关棘手的州法律问题的指导。我们在第十章第八节探讨这一法律。

③ 法兰克福特曾为哈佛大学的法学教授，由富兰克林·罗斯福总统任命为最高法院法官。他在1939至1962年期间任职联邦最高法院，担任法官。

④ 费力克斯·法兰克福特（Felix Frankfurter）和詹姆斯·兰迪斯（James Landis），《最高法院的职责》（*The Business of the Supreme Court*），第8—9页（1928年）。

最重要的单个因素。”①

今天的问题是异籍管辖权是否已经超过了需要它发挥作用的时代(has outlived its usefulness)。许多人相信它是超过了。他们断言,当代的旅行和大规模的通讯已经使得美国文化同质化,以至于地方性的或地域性的偏袒不再流行了。并且,他们指出,因为审理异籍案件的联邦法院必须适用州 163
的实体法,异籍管辖权的存在不会导致法律的改变。这些反对异籍管辖权的评论员认为,有限的联邦司法资源应该花在涉及联邦法律问题的案件上。② 因此,他们敦促国会取消(联邦法院的)异籍管辖权。③

然而,另外一些人认为,地区性的偏袒没有消亡,当今异籍管辖权的需求仍然存在。他们认为即使不能证明有对外州当事人的偏见,但当事人对地方偏见的担心也不是毫无道理。在这一点上,考虑一下一位西弗吉尼亚州最高法院法官的下述陈述:

> 只要允许我将外州公司的财富重新分配给本州受损害的原告,我就应该继续这么做。不仅是当把别人的钱散发出去时我睡得更香,而且我的饭碗得到了更好保障,因为本州的原告、他们的家人和朋友将再次投票予我。④

再次说明,在理论上,外州的当事人在联邦法院没有这种担忧,因为联邦法院法官从来不面对选民;他们的职位是终身的。见第四章第四节。并

---

① 威廉·霍华德·塔夫脱:“联邦法院实施法律方面的可能的和必要的改革”,载《美国律师协会杂志》(William Howard Taft, Possible and Needed Reforms in Administration of Justice in Federal Courts, *A. B. A. J.*)第 8 期,始于第 601、604 页(1922 年)。塔夫脱是唯一一位既做过总统(1909—1913 年)又当过最高法院法官(首席法官,1921—1930 年)的人。

② 见,如拉里·克雷默:“异籍案件管辖权”,载《杨百翰大学法律评论》(Larry Kramer, Diversity Jurisdiction, *BYU L. Rev.*)1990 年卷,第 97 页;《联邦法院研究委员会报告》,第 38—43 页(1990 年)。

③ 取消异籍管辖权的努力瞄准的是第 1332 条(a)款(1)项。似乎没有人想取消第 1335 条的法定的确定竞合权利诉讼管辖权(interpleader jurisdiction),该条建立在异籍的基础上,但涉及(针对财产所有权纠纷的)非常专业的诉讼,在第十三章第二节中探讨其内容。

④ 理查德·尼利:《产品责任的混论:如何将企业从州法院的政治中拯救出来》(Richard Neely, *The Product Liability Mess: How Business Can Be Rescued from the Politics of State Courts*),第 4 页(1988 年)。

且，联邦法院通常坐落在主要城市而不是农村地区，常常从州的较大范围的地区抽取陪审团，而不是仅从一个县抽取。因为所有这些原因，当代的外州当事人可能仍愿意在联邦法院而不是在州法院起诉当地人。并且，取消异籍管辖权只是将这些案件集中返回至已经不堪重负的州法院系统。

根据实际的政治现实，国会任何时候都不可能废除异籍管辖权。为什么？简单的理由是执业律师支持异籍管辖权，而这是一股强大的游说力量。反对异籍管辖权的声音常常是法律教授和一些联邦法官发出的，他们中没人对国会有可观的影响力。但国会可以不时地提高争议金额的要求，或对第 1332 条(a)款(1)项进行小幅修改，从而减少异籍案件的数量。例如，甚至异籍管辖权的支持者也承认，当援引异籍管辖权的原告是法院所在州的
164 州民时，就不存在支撑异籍管辖权的理由。[①] 这一本地的原告不需要联邦法院的保护，然而——根据现行的制定法——却能够援引它。近年一些国会议员建议修改异籍管辖权法律，取消这一本地原告情形中的管辖权，但国会尚没有这么做。[②]

## 三、对是否援引异籍管辖权的评估

### 完全异籍规则

有关异籍管辖权的最重要和最著名的案例是斯特劳布里奇诉柯蒂斯案(Strawbridge v. Curtiss)，[③]该案是联邦最高法院在 1806 年判决的。首席法官约翰·马歇尔(John Marshall)的判决意见出奇地简短——不管是在长度方面还是在说理方面。在斯特劳布里奇案(Strawbridge)中，众原告[在判决意见(opinion)的要点说明(syllabus)中，原告被称为控告人(complainants)]据称是马萨诸塞州的州民；有多个被告，多数是马萨诸塞州的州

① 见《穆尔论联邦实践》第 15 卷，第 102 章第 12 节。

② 然而，如我们在第四章第八节将看到的，很可能被告能根据异籍管辖权的理由将这一案件从州法院“转移(remove)”到联邦法院。所以禁止州内的原告援引异籍管辖权，从长远来看，可能不能将许多案件排除在联邦法院之外。但是，它将让案件进入该(联邦)法院的举证责任置于被告身上——被告是这种案件中需要联邦法院保护的人。

③ 《美国联邦最高法院判例汇编》第 7 卷，第 267 页(1806 年)。

民，而其中一个是佛蒙特州的州民。联邦最高法院认为，即使原告之一与被告之一具有不同的州籍，案件也不能援引异籍管辖权。在法院看来，“每一个不同的利益都应该有人(persons)代表，所有的这些人都有权在联邦法院起诉或被诉。”[①]换言之，每一原告都必须和每一被告异籍。这就是著名的“完全异籍规则(complete diversity rule)”。

《宪法》或异籍管辖权制定法的用语都没有强求建立这一规则。实际上，一个马萨诸塞州的州民起诉佛蒙特州州民和马萨诸塞州州民的案件似乎是“不同州州民之间的”案件。此外，马歇尔也没有给出任何暗示，表明为什么联邦最高法院的结论是必须完全异籍。一些人认为，因为佛蒙特州的州民有与原告为同一州籍的共同被告(co-defendant)，因此，其没有必要害怕当地法院的偏袒。[②] 但另一方面，佛蒙特的州民在该案中是唯一的“外州人”似乎特别有理由害怕在马萨诸塞州法院“被(利益)当地化”。 165

尽管缺乏令人信服的案件说理，但斯特劳布里奇案的完全异籍规则时至今日仍然是有效的法律。尽管该规则难以证明为合理[除非是作为旨在减少联邦法院案件数量的待审案件控制机制(a docket control device)]，但它容易适用。该规则极其机械。每一《民事诉讼法》的教授都评阅到这样的考卷，学生在卷中说该规则意味着“每一方当事人必须和每一其他当事人异籍”。这完全不正确。该规则是每一原告必须和每一被告异籍。纠纷同一方的当事人可以是同州籍的人(co-citizens)。

- 两个原告，每一个原告都是加利福尼亚州州籍，他们起诉了十个被告，每个被告都是亚利桑那州州籍。该案满足了完全异籍规则的要求。尽管在该案中存在相同州籍的人(原告与每一其他原告同籍，被告和每一其他被告同籍)，但每一原告和每一被告异籍。

---

① 斯特劳布里奇案，《美国联邦最高法院判例汇编》第7卷，第267页。

② 见，戴维·柯里(David Currie)，《联邦法院和美国法学会》(The Federal Courts and the American Law Institute)，《芝加哥大学法学评论》(*U. Chi. L. Rev.*)第361期，始于第1、18页(1968年)[支撑斯特劳布里奇案的明显的假设是，案件两边都有马萨诸塞州人，这将抵消(neutralize)任何可能的影响其他州当事人利益的偏袒]。

很清楚，完全异籍规则是制定法的要求而不是宪法的要求。[①] 它适用于根据第 1332 条(a)款(1)项提起的诉讼。[②] 宪法第三条第二款对异籍管辖权的规定只要求有"最低限度的(minimal)"异籍——即至少有一个原告与一个被告异籍。相应地，斯特劳布里奇案本身的案件事实(马萨诸塞州原告；佛蒙特州和马萨诸塞州的被告)处在宪法授予的联邦法院对异籍案件审理权力之范围内，但不处在根据第 1332 条(a)款(1)项制定法所授予的异籍管辖权的范围。

完全异籍规则不是由宪法规定的事实产生了两个重要的结果。第一，国会可以根据宪法修改第 1332 条(a)款(1)项，以推翻斯特劳布里奇案并允
166 许将管辖权建立在最低限度异籍基础之上。根据不断膨胀的联邦法院待审案件表和进行中的异籍管辖权是否应保留的争论(见第四章第五节第二目)，在政治上很难想象会采取这一行动。

第二，即使国会不修改第 1332 条(a)款(1)项，它也可以根据其他法律授予以最低限度异籍为依据的管辖权。事实上，它已经三次这么做了。一次是第 1335 条的法定的确定竞合权利诉讼(interpleader)。确定竞合权利诉讼是一个非常特殊的诉讼类型，我们在第十三章第二节中阐述。允许其(指确定竞合权利诉讼)以最低限度异籍为基础援引(异籍管辖权)，使得该援引更容易获得，但(因为它是如此的特殊)不会产生使联邦法院不堪重负

---

① 这是在州农场火灾和意外事故公司诉塔希尔案[State Farm Fire & Cas. Co. v. Tashire，《美国联邦最高法院判例汇编》第 386 卷，始于第 523 页，第 530—531 页(1967 年)]中建立起来的，该案确认，在"法定的确定竞合权利(interpleader)"案件中(在第十三章第二节探讨)，以"最低限度"异籍(与完全异籍相对)为依据的管辖权符合宪法规定："只要任何两个相对的当事人不是同一州的州民，(《宪法》)第三条就不妨碍国会以异籍为依据扩展联邦管辖权。"许多评论员认为，从斯特劳布里奇案(Strawbridge)本身角度看这一结论是清楚的，在斯特劳布里奇案中马歇尔没有提到宪法对异籍(管辖权)的授予，而只是提到"国会制定的法律的用词"。[斯特劳布里奇案，《美国联邦最高法院判例汇编》第 7 卷，第 267 页。]但法院在裁判塔希尔案(Tashire)之前，没有明确这样认为。

② 有趣的是，完全异籍规则不是在第 1332 条(a)款(1)项中表达的。法院经常必须解释制定法，就如在斯特劳布里奇案中联邦最高法院解释第 1332 条(a)款(1)项的早先版本一样。如果国会不认同司法机关的解释，其可以通过修订法律自由地改变它以拒绝司法的"曲解"。在斯特劳布里奇案后，国会已经数次对一般异籍法律进行了重新立法，没有否决联邦最高法院在该案中的解释。当该情况发生时，我们推定国会接受了该司法解释。

的风险。最近，国会在《多当事人、多法院审理管辖权法》(the Multiparty, Multiforum Trial Jurisdiction Act)中使用了最低限度的异籍，该法已在2003年生效。它对“产生于一个事故”的任何案件，“如果在一个单独的地方至少有75个自然人在事故中死亡的”，如果其他条件也得到了满足，则授予建立在相对当事人(adverse parties)间最低限度异籍基础上的(异籍)管辖权。[①] 至于确定竞合权利诉讼，不大会有因这类案件而待审案件列表爆满的危险，并且使用最低限度异籍(标准)允许联邦法院在一个诉讼中解决纠纷，否则纠纷解决可能牵涉几个州的和联邦的法院。更近些时候，在2005年的《集团诉讼公平法》(the Class Action Fairness Act)中，国会允许援引最低限度的异籍，以方便集团诉讼案件诉至联邦法院。在第十三章第三节第八目探讨这一有争议的法律。

作为政策事项，让宪法授予的管辖权宽于制定法授予的管辖权是有道理的。修改制定法远比修订宪法容易。因此，更宽松的宪法条款给了国会灵活空间，让其决定是否设置完全异籍的限制。尽管如此，令人奇怪的是，宪法对异籍管辖权的规定与第1332条(a)款(1)项的制定法版本在文字上完全一样——都提到“不同州州民之间的(between citizens of different states)”案件。这可能是你们整个法律生涯的入门之学——同样的用词在不同背景中指代不同事项的情形。然而，在你们学习到这些其他法律之前，最低异籍的概念没有什么影响。探讨第1332条(a)款(1)项规定的异籍管辖权时，你们必须适用完全异籍规则。

联邦最高法院在埃克森美孚公司诉阿拉帕塔服务公司案(Exxon Mobil Corp. v. Allapattah Services, Inc.)[②]中让人理解了完全异籍规则的重要
性。在该案中，它认为联邦事物管辖权只是不能隶属于两边都有相同州籍 167
州民的案件。[③] 发生了什么？据信，原告可以抛弃非异籍的当事人(nondi-

① 《美国法典》第28编，第1369条。

② 《美国联邦最高法院判例汇编》第545卷，第546页(2005年)。

③ 《美国联邦最高法院判例汇编》第545卷，始于第546、562页(2005年)。法院将这称为“污染理论(contamination theory)”——即诉讼两边的非异籍当事人(nondiverse parties)的出现“污染了”案件，因为它“消除了提供联邦法院的正当理由(justification)”。

verse parties)，[①]借以调配案件，以援引异籍管辖权。如果原告更喜欢在一个案件中一揽子解决所有当事人纠纷的高效率，当然可以选择在州法院起诉。

● 原告们是俄克拉荷马州、内布拉斯加州和得克萨斯州的州民。被告有 28 个。其中 27 个是加利福尼亚州的州民，1 个是内布拉斯加的州民。根据第 1332 条(a)款(1)项的规定，案件不能援引异籍管辖权，因为它没有满足完全异籍规则的要求。只有所有原告都是与所有被告州籍不同的州民时，该规则才得到满足。这儿，案件的每一边都有内布拉斯加州的州民。原告可以将内布拉斯加州的被告从案件中剔除，而得以援引异籍管辖权。或者，原告可以在(联邦)法院撤销案件后，在州法院提起一个新的诉讼(合并每一个人——甚至该内布拉斯加州的州民)。记住，州法院基本上可以审理任何类型的案件；当事人的州籍与州法院的事物管辖权无关。

**各种诉讼当事人州籍的认定**

我们知道，为了援引异籍管辖权，案件必须满足完全异籍规则的要求。但为了适用完全异籍规则，我们必须懂得如何认定当事人的州籍。存在不同类型的当事人——人类(humans)，公司(corporations)和其他商业组织[如合伙(partnerships)和有限责任公司(limited liability companies)]，代表其他人起诉的受托人(fiduciaries)——认定它们州籍的标准可能是不同的。专业化的表述是极其重要的。这儿我们提的是异籍。不过一些法院(不幸的是，一些教授也这样)对专业术语使用随便，精确是一个好的法律人的品格。州籍是一个专业词汇；它是一个具体的技术性词汇。理解其意思，然后使用它。它(异籍)不是异“居所(residence)”[②]或“住所(domicile)”或当事人的“家乡”。它是异州籍(diversity of citizenship)。

---

① 见《联邦民事诉讼程序规则》第 21 条。见纽曼—格林公司诉阿方索—拉腊因案[Newman-Green, Inc. v. Alfonzo-Larrain,《美国联邦最高法院判例汇编》第 490 卷，始于第 826、832 页(1989 年)](甚至上诉法院为保持异籍都可以抛下非异籍当事人，即使在判决作出后)。

② 居所是认定审判地的一个重要的概念，审判地是与事物管辖权完全不同的问题。不要混淆这些术语。如果你们试图援引异籍管辖权而提出的却是当事人居所，则法院应撤销案件。

那么，我们如何认定各种当事人的州籍呢？

自然人（人类）。来法学院之前，你们使用"人（person）"时只指代人类 168
（human beings）。然而，从法律的角度看，有不同类型的人。人类显然是人，而一些实体如公司也是人。因此有必要对其作出区分。人类是"自然人（natural persons）"，与"法定的人（artificial persons）"如公司相对。

就（确定）异籍的一般目的，国会从来没有在一般意义上（generally）给自然人的州籍下定义。[1] 它把该问题留给了法院。根据联邦最高法院的意见，就异籍的目的，为了成为一个州的州民（a citizen of a state）（州指美国的一个州），一个自然人必须是（1）美国的国民，[2]以及（2）住所在那个州。[3]在多数情况下，此要求的第一个部分是清楚的。但第二个部分会引发有趣的问题。

在给住所下定义之前，重要的是理解一个人每次只能拥有一个住所。在任何确定的时间点都不可能拥有一个以上的住所。因此，就确定异籍的目的，一个自然人一次只能成为一个州的州民（我们马上可以看到，其他类型的当事人情况不是这样）。未成年人通常以其父母的住所为住所。而达到成年时，或到解放（emancipation*）时，他们就能够建立自己的住所。令人惊讶的是直到最近，带有性别歧视的普通法规则仍规定结婚妇女以其丈夫的住所为住所。[4] 此外，自然人总是拥有一个住所。[5] 你们不会失去住

---

① 但是，它为较窄的诉讼当事人群体下过定义。正如我们在下面看到的，为永久居民的外国人（permanent resident aliens）被认定为其住所所在州的州民。遗嘱执行人（executors）和其他的受托人（fiduciaries）被认定为具有其所代表之人的州民身份，我们也能在下面看到这一点。

② 我们下面阐述涉及其他国家国民的案件。但在整个材料中，除非案件事实表明当事人是另一国家的国民，否则均假定其是美国国民。就不在每一假设案件中表达这一（推定）要求了。

③ 萨恩打印和出版联盟诉爱德华兹案（Sun Printing & Publishing Assn. v. Edwards），《美国联邦最高法院判例汇编》第194卷，始于第377、383页（1904年）；布朗诉基恩案（Brown v. Keene），《美国联邦最高法院判例汇编》第33卷，第112页（1834年）。

* emancipation 指未成年子女从父母的控制下解放出来而获得自立。——译者

④ 这是马斯诉佩里案[Mas v. Perry，《联邦判例汇编第二辑》第489卷，第1396页（第五巡回法院1974年）]中探讨的诸多问题中的一个，在大多数民事诉讼法案例教科书中都有该案，此案在后面不同部分有探讨。

⑤ 卡茨诉古德伊尔轮胎和橡胶公司案（Katz v. Goodyear Tire & Rubber Co.），《联邦判例汇编第二辑》第737卷，始于第238、243页（第二巡回法院1984年）。

所。在你们明确改变住所前，你们保留着出生时给你们的住所。你们保留此新住所，直到明确变更了住所。

那么，什么是人的住所呢？法院使用了不同的表述，但一个经典的定义是，住所是一个人“拥有[其]真实、固定和永久之家和主要住宅的，以及不管何时离开，都想再回到那里的地方”。[①] 非常清楚，改变住所需要两个并存的因素：(1)在新的州实际出现(physical presence)，以及(2)让该州成为其
169 住所地的主观意图。没有文件需要填写。没有官方的命令。它是建立这两个因素的事情——一个是物质的，一个是心理的——要同时建立。只有一个因素永远是不够的。在新的州实际出现之前，世上变更住所的所有意图都不能实现实际变更。与此类似，在新州的居所，即使有持久的期间，也不能构成住所的变更，除非也有(改变住所的)意图。因此，人的居所地不一定是其住所地。[②]

在这一点上一个广为人知的案例是马斯诉佩里案(Mas v. Perry)，[③]在该案中，一对夫妇起诉其房东，声称他侵犯了隐私，因为他安装了单向透明玻璃镜(two-way mirrors*)，让他能偷窥在卧室和卫生间里的他们。被告显然是路易斯安那州的州民。关键问题是马斯太太是否也是路易斯安那州的州民。[④] 如果是，显然就不存在异籍管辖权。马斯太太出生在密西西比

---

① 赖特和凯恩(Wright & Kane)：《联邦法院》，第 163 页[解释斯托里(Story)法官在其所著的《冲突法》(Conflict of Laws)(1883 年第 8 版)第四十一章中的著名定义]。

② 不要掉入(fall into)一处理异籍管辖权就探讨居所地的习惯。如我们在第五章中看到的，居所地与审判地(venue)相关。它与事物管辖权无关。这儿我们提的是州籍(citizenship)，而不是居住地(residence)。

③ 《联邦判例汇编第二辑》第 489 卷，第 1396 页(第五巡回法院 1974 年)。

* two-way mirrors 是一种特殊的镜子，镜子后面的人能看到镜前面的人，但镜子前面的人不能看到镜后面的人。——译者

④ 马斯案(Mas)是一个很受欢迎的案件，因为它探讨了许多重要问题。马斯先生是法国人，因此其针对被告的诉讼请求援引了外国人管辖权(alienage jurisdiction)。见第四章第五节第五目。案件也显示，原告实际获赔的金额与第 1332 条规定的争议金额要求是否得到满足无关。见第四章第五节第三目。它还表明，事物管辖权的要求是在案件开始时评估的。最后，它表明了有关性别歧视规则的废除，此规则以丈夫的住所为已婚妇女的住所。所以，尽管该案件已经判了 30 多年了，它仍然在民事诉讼法课程中大受欢迎。

州并在密西西比州长大，因此该州是其原始州籍。她在路易斯安那州住了好几年，在研究生院学习并以研究生助手（graduate assistant）身份工作。她和丈夫搬到了伊利诺伊州但想回到路易斯安那州接受更多的教育。她还没有决定此后居住在哪里。法院认为马斯太太从来没有改变她的密西西比州的住所。尽管她在路易斯安那州居住了数年，但没有形成在那里安家的主观意图，因此，她和被告是异籍。

- 鲁滨逊（Robinson）女士是纽约州的州民。她形成了变更住所去亚利桑那州居住的意图。她将其财物塞进汽车，离开纽约州驶往亚利桑那州。然而在途中，她在俄克拉荷马州卷入了与被告发生的车祸。鲁滨逊女士仍然是纽约州的州民。纵然她已经满足了在亚利桑那州建立住所的主观意图的要求，但她没有满足物质要素（physical component），因为她没有成功到达亚利桑那州。因此，即使她已经离开了纽约，不想再回去，但仍然是住所在纽约之人（a domiciliary of New York）（并因此为其州民）。
- 假设鲁滨逊女士在纽约时有了让亚利桑那州成为其永久之家的意图。她将财物塞进汽车，驾车前往加利福尼亚，没有出事。一旦她 170
驾车穿过州的分界线进入加利福尼亚，她大概（probably）就是住所在加利福尼亚之人（并因此是其州民）。她的（有关住所）意图非常清楚，并且她现在人在加利福尼亚。在她被认定为在加州设立住所之前，几乎不需要租公寓或买房子。然而，在多数情况下，意图的表达不如鲁滨逊女士那么清楚。
- 特拉韦林·乔（Travellin' Joe）是得克萨斯州的州民。他18岁时离开得克萨斯州去密歇根州上大学。他知道他不想回得克萨斯，但不确定想在哪里定居。在密歇根待了2年后，他转学到俄勒冈州的大学。又过了2年，他大学毕业，在马里兰州上医学院。在那里待了4年后，他（从医学院）毕业了，迁居夏威夷去完成一年的见习期（internship）。在转来转去的过程中，他从来没有形成让任何这些地点成为住所地的想法，但是很肯定不想再回得克萨斯州了。就（确定）

> 异籍(管辖权)的目的,他的州籍是哪里?得克萨斯州。尽管特拉韦林·乔现在居住在夏威夷,并且还在其他州居住过,但他从来没有形成过让任何这些地方成为其住所地的意图。

某人是否形成建立新住所的主观意图问题可能难认定。显然,我们大多数人不会在某一天跳起来大喊:“我有了让此州成为我永久之家的想法!”该问题经常被诉讼,在确立变更住所的意图上,没有任何单一因素是决定性的。尽管被检验的意图(intent)是主观性的,但法院为了认定它通常必须考虑客观性的事实。它们考虑所有的相关信息,包括这些事项,如选民登记、按州内学生标准支付学费的资格、汽车登记、不动产和动产税的缴纳、银行账户所在地[①]——正如一个法院所解释的,是“一个日常生活印记的汇总”[②]——这些事项可以表明建立住所的意图。

人们改变住所的原因是无关的。如果某人改变住所明确地是为了制造异籍管辖权,会怎么样呢?只要变更住所的两部分的检验标准(two-part test)得到满足,其就能够援引异籍管辖权。[③] 此结果与在第四章第五节第三目中探讨的一般规则相符,该一般规则是评估事物管辖权的时间为案件起诉时,而非诉讼请求产生之时。

其他三个问题值得注意。第一,几个美国的政治上的分区(political subdivisions)——如哥伦比亚特区、波多黎各、关岛和维尔京群岛——不是州。但是,第1332条(e)款规定为异籍(管辖权)的目的,这些地方的人应被作为州民对待。

171 国会可以简单宣布非一州州民的人被视为一州的州民吗?该法律明显与一个1804年的联邦最高法院的判决意见相悖,该判决意见是为异籍(管

---

① 见,如卢诉莫斯案(Lew v. Moss),《联邦判例汇编第二辑》第797卷,第747页(第九巡回法院1986年)。

② 西蒙斯诉奥卡拉航路案(Simmons v. Skyway of Ocala),《联邦补编》第592卷,始于第356、366页(佐治亚州南部地区法院1984年)。

③ 威廉森诉奥森滕案(Williamson v. Osenton),《美国联邦最高法院判例汇编》第232卷,第619页(1914年)(为制造异籍管辖权而改变住所是允许的)。在第四章第五节第四目中,我们探讨了“共谋的合并(collusive joinder)”,看到了为制造异籍管辖权的目的改变州籍不是“共谋”。

辖)的目的,哥伦比亚特区的居民不是一个州的州民。[①] 然而,1949 年联邦最高法院支持了第 1332 条(e)款。[②] 所以底线相当清楚:将所罗列的分区(subdivisions)视为州,尽管它们不是州。

第二,在 1990 年,国会通过了第 1332 条(a)款的最后一句,该句规定,被允许进入美国永久居住的外国国民或臣民(我们将其统称为外国人)[③],应视为他们住所地州的州民。换言之,该法律将美国的州籍赋予了外国人。表面上看,该法律是有问题的,因为联邦最高法院很久以前就认为,只有一个人是美国的国民且在一个州拥有住所时,其才能是该州的州民。[④] 根据一些判决的说法,国会的意图是,在涉及为永久居民的外国人(a permanent resident alien)和在同一个州拥有住所的美国人之案件中,使用该规定废除(此种情况下的异籍)管辖权。[⑤] 但在该法律中没有任何规定这样地限制其适用范围。

- P 是联合王国的国民,但被允许进入美国永久居住。其在新罕布什尔州建立起了住所。P 起诉 D,一个新罕布什尔州的州民,提出了一个金额超过 7.5 万美元的依据州法的诉讼请求(a state law claim)。尽管这起案件似乎引起了外国人管辖权(见第四章第五节第五目),因为案件发生在一个外国人和一个州的州民之间(而且金额超过了 7.5 万美元),但是第 1332 条(a)款的最后一句赋予了原

---

① 赫本和邓达斯诉埃尔齐案(Hepburn & Dundas v. Ellzey),《美国联邦最高法院判例汇编》第 6 卷,始于第 445、453 页(1804 年)。

② 国民共同保险公司诉蒂德沃特转让公司案[National Mutual Ins. Co. v. Tidewater Transfer Co.,《美国联邦最高法院判例汇编》第 337 卷,第 582 页(1949 年)]。此判决意见非常的不同寻常,因为没有多数派意见的判决理由。5 个法官认为该制定法符合宪法,但其理由是两个相互排斥的理由,两个理由中的任何一个都没有获得多数!直到 2005 年,该规定才被编纂进法典成为第 1332 条(d)款。

③ 照一般说法,为永久居民的外国人被称为持绿卡的外国人(green card aliens)(尽管发给他们以确认身份的卡不再是绿色的)。与他们形成对比的是持临时或学生签证合法处在美国的外国人和非法(在美国逗留的)外国人。第 1332 条(a)款授予住所所在州的州籍只适用于持绿卡的外国人。

④ 见上述注释第 40 和第 41 及其附带的文字。

⑤ 见李诉泛美卡车运输服务案(Lee v. Trans-Am. Trucking Serv.),《联邦补编第二辑》第 111 卷,第 135 页(纽约东区法院 1999 年);荒井诉田知花案(Arai v. Tachibana),《联邦补编》第 778 卷,第 1535 页(夏威夷地区法院 1991 年)(如此解释了该法律)。

告新罕布什尔州籍。结果是该案件不能援引异籍管辖权。很明显，国会的意图是像P这样的人不能被视为外国人，而应被视为其建立了住所的州的州民。

- 现在让我们假想，P是前面假设案例中的同一人，其起诉D，D是西班牙的国民，诉讼请求超过了7.5万美元，依据的是州的法律。如果我们从字面理解第1332条(a)款的最后一句，该案件引起外国人管辖权，因为它是一个外国人和（美国）一个州州民之间的案件（且
172 金额超过了7.5万美元）。但是，有一个严重的问题出现了。这是一个外国人起诉外国人的案件。如我们在这些假设之前的段落中所注意到的，联邦最高法院认为没有同时成为美国国民的人不可能是（美国）一个州的州民。因此，P是一个外国人，该案件是由外国人起诉外国人。（《宪法》）第三条完全没有（将联邦法院的管辖权）扩展至外国人起诉外国人的案件，因此联邦法院不能对这类案件拥有事物管辖权。[①] 迄今为止，法院避开了由这一制定法赋予外国人州籍所引发的宪法问题。[②]

第三，美国国民可以在外国建立其住所。这样做时并不能使其成为那个国家的国民。记住，美国国民在美国一个州的住所使其成为该州的州民。在外国的住所不能使其成为该国的国民。每一国家都是决定谁是其国民的最后决定者。并且，因为此人不是（美国）一个州的州民（因为不在一个州拥有住所），其不能根据异籍管辖权起诉和被诉。因此，住所在外国的美国人从异籍和外国人法律的“漏洞(hole)”中掉出去了。[③] 这意味着其被拒绝给予正义了吗？不是。这只是意味着其不能根据异籍或外国人管辖权在联邦法院起诉和被诉。他们可以在州法院起诉和被诉，并且可以按照其他的联

---

① 霍奇森诉鲍尔班克案(Hodgson v. Bowerbank)，《美国联邦最高法院判例汇编》第9卷，第303页(1809年)。外国人管辖权涉及一个外国人和（美国）一个州州民之间的案件。见第四章第五节第五目。

② 见，如辛格诉戴姆勒—奔驰股份公司案(Singh v. Daimler-Benz, A. G.)，《联邦判例汇编第三辑》第9卷，第303页(第三巡回法院1993年)。

③ 在第四章第五节第五目中探讨外国人（管辖权）时，还会再看到这一问题。

邦事物管辖权依据（如联邦问题管辖权，见第四章第六节）在联邦法院起诉和被诉。

公司和其他商业组织。不是所有的诉讼当事人都是自然人。各种类型的商业组织（businesses）和实体（entities）常常在联邦法院诉讼。为了评估它们能否根据异籍管辖权起诉或被诉，显然我们必须能够认定其州籍。在高年级的《商业组织》（Business Associations）的课程中，你们将学到商业组织可以采用的不同形式——如公司（the corporation）、普通合伙（the general partnership）、有限合伙（the limited partnership）、有限责任公司（the limited liability company）、有限责任合伙（the limited liability partnership）以及其他商业组织。就（确定）异籍管辖权的目的，法律将商业组织分成两部分——每一个商业组织要么是（1）公司，要么是（2）非公司。历史上，出于各种目的（包括对收入征税），公司一直被视为一个实体（entity）——一种独特的“拟制的人（artificial person）”。[①] 但其他的商业形式——“没有组成公司的（non-incorporated）”的商业形式——其本身（unto themselves）传统上一直不被视为实体，而是经营它们的个人的集合。

这一两分法影响了法院认定商业组织州籍的方式。国会通过法律对公 173
司的州籍进行了界定，该界定（如我们刚才看到的）视公司为物（thing），有别于经营它的人。另一方面，国会从来没有界定过非公司商业组织（non-incorporated businesses）的州籍。与法律一般将这样的商业组织作为集合体而不是实体处理相吻合，法院通过审视商业组织个体成员的州籍来评估商业组织的州籍。

公司只能通过满足州法律规定的公司成立要求而创立[律师们通常说“组成公司（incorporated）”或“获得许可（chartered）”]。每一个州都有规定了这些要求的公司法。尽管细节规定随州的不同而有变化，但是在每一个区域，想设立公司的人都必须向州政府机关（state agency）提交适当的文件。当政府机关认为这些文件合适而接受时，则宣布公司成立。公司是它

① 和自然人相对，自然人如我们前面探讨过的，是人类。

设立地州的人(creature),但能够"有资格"在其他州经营,而不必在这些其他州设立。联邦法院花费了数十年的时间,努力为异籍管辖权的目的认定公司的州籍。当国会在1958年介入并界定了公司的州籍后,我们的工作就变得容易多了。该界定现在规定在(《美国法典》)第1332条(c)款(1)项中,该条文是极其重要的规定。

很难想象法学院有关异籍管辖权的考试题不涉及公司的州籍。用心阅读第1332条(c)款(1)项是必要的。它规定,公司是它所设立地的"任何州(any State)"(将其作为复数解读)和它拥有"主要营业地(principal place of business)"的"州(the State)"(将其作为单数解读)的州民。有关前者,公司在一个以上的州设立是可能的。如果是这样,它就是每一个这样州的州民。但实际上,在今天几乎不可能找到一个在一个以上的州设立的公司。[①] 这是因为现代公司法,如我们刚才指出的,允许一个商业组织在一个州设立而
174 有资格在其他的州经营(无需在该其他州设立)。因此,实际上通常只有一个公司设立的州。教授完全不可能隐瞒该点;考试题很可能会告诉你们公司设立的州。[②]

但是记住,一个公司同时也是它在那里拥有"主营业地"的州的州民。因此,公司不像自然人,它可以同时是一个以上州的州民。如果一个公司在特拉华州设立,在加利福尼亚州拥有主营业地,那么它就是特拉华州和加利福尼亚州的州民。[③] 但并不是所有的公司都是两个州的州民。许多公司在

---

① 就今天双重设立(dual incorporations)的公司来说,它们通常是经营两州之间通道的桥梁或高速公路的机构。出于政治上的原因,它们可能在每一州组成公司。因此,经营宾夕法尼亚州和新泽西州之间桥梁的机构可能在两州设立。见扬科斯凯诉特拉华河港口当局案(Yancoskie v. Delaware River Port Auth.),《联邦判例汇编第二辑》第528卷,第722页(第三巡回法院1975年)。公司的双重设立在过去是非常普遍的,因为如果它们要在某州拥有不动产,则该州常要求公司在那里获得许可。然而,现代公司法允许未在一州设立的公司在该州经营,消除了这种需求,并因此消除了多次设立的做法。

② 例如,可能会说,公司是根据宾夕法尼亚州的法律设立,或在宾夕法尼亚获得许可,或是一个宾夕法尼亚的公司。所有这些都在告诉你们同样的东西:它是在宾夕法尼亚设立的。

③ 不要说特拉华州或加利福尼亚州。它是两个州的州民,这一点第1332条(c)款(1)项规定得很清楚。

设立的州拥有主营业地。该公司只是此一个州的州民。然而，一个公司可能具有一个以上州籍的事实可能会使得援引异籍管辖权变得更为困难。

- 比格公司(Big Co.)在特拉华州设立，在纽约州有主营业地，它起诉XYZ公司，XYZ公司在纽约州设立，主营业地在加利福尼亚州。比格公司既是特拉华州的州民，也是纽约州的州民。XYZ公司既是纽约州的州民，又是加利福尼亚州的州民。因此，不存在异籍管辖权，因为原告和被告都是纽约州的州民。该案件不符合完全异籍规则。

然而，注意，只有一个主营业地。根据第1332条(c)款(1)项，没有公司能够拥有一个以上的主营业地。[①] 即使公司在50个州中的每一个州都拥有一个价值10亿美元的生产车间，它也不是所有50个州的州民。它是公司设立州的和拥有主营业地的那个州的州民。所以，假设公司未在一个以上的州设立[这是可靠的假设，因为这种(在一个以上州设立的)公司是异常罕见的]，公司至多是两个州的州民——公司设立的州和它拥有主营业地的州。

- P公司在特拉华州设立，在伊利诺伊州有主营业地，有资格在加利 175
福尼亚州、纽约州、俄亥俄州、密歇根州和弗吉尼亚州经营。P公司是哪一个州的州民呢？[②]

评估什么构成主营业地要根据事实作出具体判断(也是非常值得考虑的)。不管是第1332条(c)款(1)项还是任何其他的法律都没有给该专业术语下定义，因此留待法院解决。法院常常考虑两个基本的因素。今天，大多数法院将这两个因素合并于一个"完全行为(total activities)"检验标准。一个因素是公司的实际商业运作方面。这视主营业地在公司比其他任何地

---

① 不要犯许多法学院的学生(以及律师考试的考生)已经犯过的错误，说公司是它在那从事经营的所有州的州民。尽管一些人建议这样的规则，将其作为降低异籍案件数量的手段，但是它不是且从来也不是法律。我们在第五章第四节第一目中看到，为(确定)审判地的目的，一个公司可以居住在所有50个州。但这儿与探讨相关的是州籍，而不是居所。

② 只是特拉华州(在那里设立公司)和伊利诺伊州(在那里有主营业地)的州民。有资格在一个州经营不能使得一个公司成为该州的州民。

方从事更多的行为(生产设施、提供服务等)的州。[①] 这一强调点被冠以了各种名称:行为地(place of activities)标准、行为量(bulk of activities)标准、行为中心(center of activities)标准或肌肉中心(muscle-center)标准。另一个主要因素是公司的决策行为(decision-making activity)。它视主营业地在公司监督(direct)其行为并作出决定的州。[②] 这一强调点有时被称为神经中心方法(the nerve center approach)。根据两个因素中的任意一个——强调行为的因素或强调决策的因素——赋予公司的总部(headquarters)或执行机构(executive offices)或登记的机构(registered office)任何像"主营业地"这样的推定地位,这是错误的。[③]

同样错误的还有视这两个因素为想办法竞争成为公司主营业地荣誉的因素。如所指出的,大多数的法院似乎审视全局,根据案件的事实决定哪一个侧重点——"肌肉"还是"神经"——最有意义。法院一般将这一方法称为全面行为检视标准(the total activities test)。[④] 使用这一方法,形成了一些粗略但实用的规则(rules of thumb)。第一,当公司的行为在几个州发生时,法院一般得出结论:神经中心是主营业地。第二,如果公司的活动局限在一个单一的州而决策在另外一个州时,法院倾向认定肌肉中心(the mus-

---

① 一个典型的例子是凯利诉美国钢材公司案[Kelly v. United States Steel Corp.,《联邦判例汇编第二辑》第 284 卷,第 850 页(第三巡回法院 1960 年)]。也参见托普诉康普艾公司案[Topp v. CompAir, Inc.,《联邦判例汇编第二辑》第 814 卷,始于第 830、834 页(第一巡回法院 1987 年)]["经营场所(locus of operations)"]。

② 一个典型的例子是斯科特打字机公司诉安德伍德公司案[Scot Typewriter Co. v. Underwood Corp.,《联邦补编》第 170 卷,第 862 页(纽约南部地区法院 1959 年)]。也参见达尼亚克公司诉帕特通讯公司案[Danjeq S. A. v. Pathe Communications Corp.,《联邦判例汇编第二辑》第 972 卷,始于第 772、776 页(第九巡回法院 1992 年)]["神经中心(nerve center)"]。

③ 见兰达佐诉伊格尔—皮徹实业公司案(Randazzo v. Eagle-Picher Industries, Inc.),《联邦规程判例汇编》第 117 卷,第 558 页(宾夕法尼亚东区法院 1987 年)(原告提出了登记的机构和其他无关的事项;法院作出了影响事实权利的撤案,并批判说"律师对……第 1332 条的熟悉程度只不过是从只有通过大功率望远镜才能看到距离的友好的挥挥手")。如果兰达佐案(Randazzo)不在你们的案例教科书里,你们可以将其找出,该案不长且极其有趣。

④ 一个典型的例子,它出现在基本案例教科书中,是 J. A. 奥尔森公司诉威诺娜市案[J. A. Olson Co. v. City of Winona,《联邦判例汇编第二辑》第 818 卷,第 401 页(第五巡回法院 1987 年)]。

cle center)是主营业地。[①] 第三，如果公司的行为是“被动的(passive)”，大 176
多数法院的结论是神经中心是主营业地，因为被动的行为完全没有把经营置于与当地民众的重要联系中，以至于认为公司是从事该行为地方的州民。

回答该部分考题时要聪明一点。你们可以想象一下考题的事实类型看起来像什么。

- 原告是一个加利福尼亚的公司，主营业地[②]在康涅狄格州的达里恩(Darien)，它起诉威杰特公司(Widget Corp.)。威杰特在特拉华州设立，在宾夕法尼亚州有总部和经营决策者(executive decision makers)，生产车间位于加利福尼亚州(是最大的车间，生产了30%的公司产品)、佐治亚州(生产了25%的公司产品)、伊利诺伊州(生产了25%的公司产品)和康涅狄格州(生产了20%的公司产品)。很显然，原告是加利福尼亚州和康涅狄格州的州民。问题是威杰特是否也是这两个州的州民。

威杰特是特拉华州的州民，因为它在那里设立。但何州是其主营业地呢？如果主营业地是加利福尼亚州或康涅狄格州，则不存在异籍。如果它是佐治亚州、伊利诺伊州或宾夕法尼亚州，则存在异籍。不要犯单纯适用一个标准或另外一个标准(例如肌肉标准或神经标准)的错误而不提出其他的思路。你们已经学过了处理该问题的不同方法，让教授知道你晓得它们。这儿，严格适用肌肉标准将得出加利福尼亚州为主营业地的结论，因为该地是公司比任何其他地方生产更多产品的地方。另一方面，严格适用神经标准将得出宾夕法尼亚为主营业地的结论，因为它是决定作出地。但是因为该公司在几个州从事经营，其行为没有局限于单个地方，强调肌肉标准没有太大意义。多数的法院将得出结论，主营业地在宾夕法尼亚，存在异籍。

对许多类型的不是公司的商业组织，该如何认定呢？正如我们上面指

---

① 总体参见《穆尔论联邦实践》第15卷，第102章第54节。

② 这儿，案件事实告诉了你们主营业地，所以没有必要探讨这一问题的各种(认定)方法。接受你们的教授给你们的事实。至于原告，很清楚其州籍是加利福尼亚(设立地)和康涅狄格州(主营业地所在地)。

出的，有许多这样的商业组织，包括普通的和有限的合伙、有限责任公司以及有限责任合伙。正如我们说过的，这些商业形式不被法律视为与经营人分开的实体，国会从来没有试图对它们的州籍进行界定。因为它们不是公司，第1332条(c)款(1)项(与界定其州籍)是无关的；因此，“主营业地”的概
177 念是无关的。界定非公司商业组织州籍的工作就留给了法院。认定规则非常简单，且与这些商业组织不被视为实体而被视为其成员集合体的理念相吻合：法院审视该商业组织每一成员的州籍。

典型的非公司商业组织是合伙。它是两个或更多的人为盈利从事经营，可能是通过行为组成合伙，而不(向政府部门)提交任何文件(尽管拥有书面的合伙协议书是好的做法)的商业组织。建立合伙——不像建立公司——不要求向州的政府机构提交文件。多数的合伙是“普通(general)”合伙，在该合伙中一组合伙人中的每个人都有平等的经营商业组织的权利、平等的分享利润的权利和平等的承担合伙损失的责任。[①] 在评估合伙的州籍时，法院会审视所有普通合伙人的州籍，情况一直是这样。因此，一个律师事务所，它作为普通合伙建立，其众合伙人是纽约州、新泽西州、宾夕法尼亚州和佛罗里达州的州民，则该律师事务所被视为纽约州、新泽西州、宾夕法尼亚州和佛罗里达州的州民。

如何认定有限合伙的州籍呢？在这一安排里，只有“普通(general)”合伙人通常有权经营商业组织。有限合伙人(limited partners)向商业组织投资，但在管理上没有发言权，对合伙的亏损也不承担责任。在卡登诉阿尔科马合伙案(Carden v. Arkoma Associates)[②]中，联邦最高法院认为，在评估该商业组织的州籍时，法院必须审视所有合伙人的州籍——不管是普通合伙人还是有限合伙人。因此，一个有限合伙，其众普通合伙人是纽约州和新泽西州州籍，众有限合伙人是康涅狄格州、宾夕法尼亚州和俄亥俄州州籍，它应被视为纽约州、新泽西州、康涅狄格州、宾夕法尼亚州和俄亥俄州州籍。

---

① 所有这些事项都可以通过协议加以修改，但就异籍(管辖)的目的，这样的协议不影响认定合伙的州籍。

② 《美国联邦最高法院判例汇编》第494卷，第185页(1990年)。

因此，根据完全异籍规则，如果相对的诉讼当事人是任何这些州的州民，就不可能有异籍管辖权。工会通常不是公司。因此，一个全国性的工会，如蒂姆斯特斯(Teamsters)，其成员是每一个州的州民，为异籍(管辖)的目的它被视为是每一个州的州民。因此，它永远不能根据异籍管辖权起诉或被诉。[①]

过去二十多年里，商业组织法上最重要的发展之一是出现了一个新的 178
商业组织形式——有限责任公司[the limited liability company (LLC)]。它享有传统公司的一些特征——如向州的政府机构提交某些文件而建立——又与一些非公司的商业组织分享一些特征——如所得税的处理方法。因为其混合的性质，就有了为评估其州籍的目的应如何对待有限责任公司问题上的一些最初的混乱。尽管有人强烈主张应该根据第 1332 条(c)款(1)项将它作为公司对待，[②]但法院得出的结论是有限责任公司应该被视为其他类型的非公司商业组织。[③] 因此，法院审视有限责任公司的所有成员的州籍。

因此，作为一个最低的要求(a bottom line)，我们有了一个非常清楚、机械以及标准明确的(bright-line)规则。法院不从事功能分析，认定一个具体的商业组织是否或多或少像一个公司，而是审视一个事项——根据设立

---

① 尽管如此，不用为此事实感到惊慌。很显然，这一组织能够在州法院起诉或被诉。并且，如果案件是根据联邦法律产生的(正如与工会有关的案件可能经常出现的情况，因为在劳工领域普遍有联邦立法)，它就可以根据联邦问题管辖权诉至联邦法院。见第四章第六节。

② 这一方法的主要支持者是德布拉·科恩(Debra Cohen)教授。见德布拉·科恩，"异籍管辖权认定中有限责任公司的州籍"(Citizenship of Limited Liability Companies for Diversity Jurisdiction)，《中小企业法律杂志》(J. of Small & Emerging Bus. Law)第 6 期，第 435 页(2002 年)。(我自豪地说，科恩教授是我的学生之一。)

③ 见，如罗林希尔斯 MHP 有限合伙诉康卡斯特 SCH 股份有限责任公司案(Rolling Hills MHP, LP v. Comcast SCH Holdings, LLC)，《联邦判例汇编第三辑》第 374 卷，第 1020 页(第十一巡回法院 2004 年)；GMAC 商业信用有限责任公司诉迪拉德百货商店公司案(GMAC Commercial Credit LLC v. Dillard Dept. Stores, Inc.)，《联邦判例汇编第三辑》第 357 卷，第 827 页(第八巡回法院 2004 年)；贝尔维尔食物供应公司诉尚佩恩市场地有限责任公司案(Belleville Catering Co. v. Champaign Market Place LLC)，《联邦判例汇编第三辑》第 350 卷，第 691 页(第七巡回法院 2003 年)。

州的法律，该商业组织是否被视为"公司"。如果它被视为公司，则第1332条(c)款(1)项适用；如果它不被视为公司(即使它在许多方面像公司一样行事)，第1332条(c)款(1)项仍然不适用，而法院会审视所有成员的州籍。所以，当可适用的州法视一个电力合作企业(an electrical cooperative)为公司时，尽管有它缺乏公司一些典型属性的事实，法院仍对它适用了第1332条(c)款(1)项。[1] 而另外一法院将第1332条(c)款(1)项适用于一个"职业法人(professional corporation)"——再次不顾存在这样的事实，即它缺乏一些通常与普通商业公司相联系的属性——原因是相关的州法给其贴上了公司的标签。[2]

现在我们将问题搞得稍微复杂一点。公司作为合伙关系中的合伙人行事是可能的。当这种情况发生时，小心适用我们已经学过的规则。

- 原告是一个有限责任公司，其众成员是亚利桑那州、新墨西哥州和加利福尼亚州的州民，原告起诉被告，被告是一个有限合伙(a limited partnership)。被告的普通合伙人是纽约州州民，有限合伙人是一个公司，该公司在特拉华州设立而主营业地在加利福尼亚州。没有异籍管辖权。为什么？

179 - 对初学者来说，注意原告和被告都是非公司商业组织(non-incorporated associations)(有限责任公司和有限合伙)，因此每一方都被视为其成员所拥有州籍的各个州的州民。对于原告，其成员是亚利桑那州、新墨西哥州和加利福尼亚州州籍；这些州均是原告的州籍。对于被告，根据卡登案(Carden)，我们既要审视普通合伙人的州籍，又要审视有限合伙人的州籍。案件事实清楚显示，普通合伙人是纽约州州民。有限合伙人是一家公司，由第1332条(c)款(1)项界定其州籍。因为它在特拉华州设立而主营业地在加利福尼亚州，所以

---

① 孔茨诉拉马尔公司案(Kuntz v. Lamar Corp.)，《联邦判例汇编第三辑》第385卷，始于第1177页，第1182—1183页(第九巡回法院2004年)。

② 霍格兰诉桑德伯格案(Hoagland v. Sandberg)，《联邦判例汇编第三辑》第385卷，始于第737、740页(第七巡回法院2004年)。

它是该两个州的州民。因此，被告是纽约州、特拉华州和加利福尼亚州的州民。因为原告和被告都是加利福尼亚州的州民，所以没有异籍管辖权。

**借助代理人的诉讼。**不是所有拥有可诉讼利益(litigable interests)的当事人都有能力起诉和被诉。例如，未成年人和智力有障碍的人(persons suffering a mental disability)一般不能在诉讼中代表其自己的利益。未成年人缺乏起诉的法律上的能力而智力有障碍的人缺乏起诉的智力上的(并因而缺乏法律上的)能力。涉及这一类人的诉讼——不管是为其诉讼还是针对其诉讼——均由代表未成年人或无行为能力人(incompetent)的受委托人(fiduciary)提起或向受委托人提起。典型的情况是，代理人是监护人(guardian)、诉讼监护人(guardian ad litem)或精神病人或其财产的监护人(committee)。[①] 这一代理人被委以代表缺乏能力者利益的责任，作为受托人对所代表的人承担最大的忠诚义务。与此类似，当一个人死亡时，可能会有为其遗产或针对其遗产的诉讼请求。受托人常常被称为遗嘱执行人(executor)(如果死者立有遗嘱)或遗产管理人(administrator)(如果死者没有立遗嘱而死亡)，受托人代表死者遗产(estate)利益，是涉及遗产诉讼的适合的当事人。

当死者、未成年人或无行为能力人之代理人为被代理人的利益起诉(或者被诉)时，就异籍管辖权的目的，谁的州籍相关呢？法院是审视代理人的州籍还是被代理人的州籍呢？在国会于第1332条(c)款(2)项中提供清楚答案之前，该问题有较大争论，尚不确定。此条文规定死者、无行为能力者或“未达成年年龄之人(infant)”[它只是指未成年人(minor)——没有达到成年年龄之人]“应该被视为只是与死者[未成年人或无行为能力人]州籍相同的人”。相应地，法院不考虑代理人的州籍，而使用诉讼中的被代理人的州籍。这是严密的、机械性的规则，它常常导致清晰的管辖权裁决。 180

① 普通监护人是日常一般管理缺乏法律能力人之人。诉讼监护人无一般的管理，而只是“为了诉讼”代表被监护人(ward)。精神病人或其财产的监护人(发音为 comb-ee-TAY)是实质站在当事人立场之人。一般根据联邦法院坐落地州的法律决定选用何种类型的代理人。

- 死者是怀俄明州的州民，死于怀俄明州的医院。死者的家人想要遗产（管理人）起诉医院，声称医院的医疗事故导致了死者的不当死亡。死者的遗嘱执行人是科罗拉多州的州民。遗嘱执行人代表死者的遗产利益，起诉怀俄明州的医院。根据第1332条(c)款(2)项，法院要审视死者的州籍，而不是其代理人的州籍。因此，遗嘱执行人的州籍是无关的。该案被视为怀俄明州人起诉怀俄明州人，不能援引异籍管辖权。

死者、未成年人或无行为能力人是原告还是被告，这是无关紧要的；在两种情况下（即为原告或为被告）（异籍的）认定是相同的。

我们应该注意有关第1332条(c)款(2)项的其他要点。第一，该法律规定代理人应该被视为与被代理人"相同州的(of the same State)"州民。当"州(State)"这个词在第1332条中使用了大写字母时，它指代的是美国的一个州（而不是外国国家）。当"国家(state)"这个词在第1332条中[如在第1332条(a)款(2)项中]没有使用大写字母时，它指的是外国国家。① 如果被代理人不是美国一个州的州民，情况如何呢？例如，假设死者是一个外国人（比如，是哥斯达黎加的国民），而遗嘱执行人是加利福尼亚州的州民。进一步假设被告是加利福尼亚州的州民。第1332条(c)款(2)项在此似乎不适用，因为死者不是（美国）一个"州(State)"的州民。因此，很显然（因为第1332条(c)款(2)项不适用），我们要审视遗嘱执行人的州籍。如果我们这样审视了，则没有事物管辖权，因为原告（遗嘱执行人）和被告均是加利福尼亚州的州民。因此，当被代理人——死者、未成年人或无行为能力人——是外国国民时，第1332条(c)款(2)项似乎不适用。②

第二，如我们已经看到的，第1332条(c)款(2)项只适用于涉及死者、未成年人和无行为能力人的案件。它在集团诉讼中不适用，集团诉讼是代理人起诉时所代表之群体如此巨大以至于其成员不可能实际加入单个案件的诉讼。③

---

① 该事实不是一眼就能看出来的，但法院就是这样解读此表述的。

② 如果该条文适用了，则可能会有第四章第五节第五目探讨的外国人管辖权。

③ 《联邦民事诉讼程序规则》第23条。我们在第十三章第三节探讨集团诉讼。

就异籍(管辖权)的目的,谁的州籍"作数(count)"的问题留给了法院解决,法院得出的结论是只有代理人的州籍相关。[1] 因此,在集团诉讼中,仅是代理人必须和被告异籍。

- P是亚利桑那州民,其代表1000个成员提起了一个集团诉讼,其中 181
990个人是加利福尼亚州的州民,而10个人是亚利桑那州的州民。被告是加利福尼亚州的州民。存有异籍。第1332条(c)款(2)项不适用。法院只看集团的代表,而不是集团的成员。因此,案件被视为是亚利桑那州的州民起诉加利福尼亚州的州民。

**(当事人的)配置和重新配置**

原告起诉书中提出的当事人的配置并不是神圣不可改变的。事实上,法院有责任评估任何诉讼当事人的真正的利益是否处于诉讼(当事人)的另外一方。如果处于另外一方,法院可以将当事人重新放置到另外一边。这一过程可以挫败异籍(管辖权),并导致因缺乏事物管辖权而撤销案件。[2] 在典型的印第安纳波利斯市诉大通国民银行案(City of Indianapolis v. Chase National Bank)中,联邦最高法院指出,初审法院必须认定是否有不同州州民之间的"事实上的、真实的争议"或者"利益的碰撞"。[3]

法院根据诉答文书(pleadings)表面情况进行这种最初的认定,同时诉讼期间发现的信息可能会导致法院得出结论:应该重新配置当事人。[4] 探究的不是当事人是否在案件开始后改变了州籍;如我们后面看到的,只在案件开始时评估管辖权是否存在。相反,法院努力认定原告对当事人的最初

---

① 本—胡尔的苏普雷梅部落诉考卜勒案(Supreme Tribe of Ben-Hur v. Cauble),《美国联邦最高法院判例汇编》第255卷,第356页(1921年)。我们在第十三章第三节第八目再次探讨这一问题和相关话题。

② 见,如美国诚信和保证公司诉阿尔杰农—布莱尔公司案(United States Fidelity & Guar. Co. v. Algernon-Blair, Inc.),《联邦补编》第705卷,第1507页(阿拉巴马州中部地区法院1987年)。

③ 《美国联邦最高法院判例汇编》第314卷,始于第63、69页(1941年)。

④ 见美国驾车人保险公司诉特拉内公司案(American Motorists Ins. Co. v. Trane Co.),《联邦判例汇编第二辑》第657卷,始于第146、151页(第七巡回法院1981年)(诉讼中的随后发生的情况表明最初的配置是错误的)。

配置是否反映了真实的冲突。

- P 知道 V 准备为侵权赔偿起诉她。P 觉得所指控的侵权为她与英斯考(Insco*)约定的保险所涵盖,且如果 V 赢得了诉讼,则英斯考应该支付赔偿金(并为诉讼中的 P 辩解)。P 首先提起了诉讼,将 V 和英斯考列为被告,寻求一个宣告性判决(declaratory judgment),即宣告英斯考必须为 P 辩解并支付赔偿金。[①] 法院可能将 V 重新配置到诉讼的原告一边,因为 V 和 P 在保险涵盖范围的宣告上拥有相同的利益。[②]

涉及重叠利益(overlapping interests)的案件中应如何配置当事人,存
182 有巨大的不确定性,涉及该利益的有些当事人认同这一边,有些当事人认同另外一边。[③] 要点是意识到法院是认定谁的利益位于案件的哪一边的最终裁定者,这一认定可能会影响异籍管辖权。

**争议金额的要求**

满足完全异籍的要求只是援引异籍管辖权之争的一半。案件还必须满足争议数额的要求。异籍(管辖权)(以及外国人管辖权,见第四章第五节第五目)的这一面给了教授许多出考试题的机会。让我们将各种规则划分为两组。第一组是基本规则(the basic rules),这些规则不难而只是必须记住。第二组是合计规则(the aggregation rules),这些规则在概念上更难,值得单独论述。

**基本规则**。宪法授予异籍管辖权和外国人管辖权的规定中没有包含或要求争议金额的规定。然而,国会(颁布的法律)总是包含这种的规定,并且定期提高数额。显而易见,争议金额的要求是待审案件表的控制机制。通

---

* 是 insurance company 的组合。——译者

① 寻求宣告式判决(declaratory judgment)的原告寻求获得法院发布规定了当事人相关权利的命令,该命令相对应是一些形式的"强制性(coercive)"救济,如损害赔偿或禁令。更详细的探讨参见第四章第六节第三目。

② 见赖特和凯恩(Wright & Kane),《联邦法院》(*Federal Courts*),第 180 页。

③ 见《穆尔论联邦实践》第 16 卷,第 102 章第 20 节第[3]至[5]目;赖特和凯恩(Wright & Kane),《联邦法院》(*Federal Courts*),第 180—183 页。

过要求只有一定金额的案件才可以援引（异籍）管辖权，国会避免了让联邦法院不胜负荷。与此类似，该要求努力确保联邦法院不成为小额诉讼法院。此外，构成异籍管辖权基础的对当地法院偏袒的害怕，在更大金额的案件中可能更强烈。

1997 年生效的规定是，异籍和外国人案件争议金额必须超过 7.5 万美元。此前的 1989 年规定是争议金额增至超过 5 万美元。那些主张取消异籍管辖权的人，意识到完全取消是不可能的，因而提出应该大大提高争议金额（要求）。一些人也提出各种类型的赔偿金，如惩罚性赔偿金（punitive damages），应该排除在计算公式之外。近来，制定法（立法）对自动提高争议金额有兴趣，手段是将其与通货膨胀指数相联系。然而，目前尚无这样的规定。现在，转向探讨有关争议金额的一系列基本规则。

第一，争议金额必须超过 7.5 万美元。提起异籍管辖权诉讼的原告不需要宣布赔偿金的精确数额，但必须声称金额超过 7.5 万美元。不止一个律师因声称争议金额刚好是 7.5 万美元而导致案件遭撤销，面临尴尬（即使你们的教授不吹毛求疵地测试这一问题，一些律师考试的出题者也会考这一问题）。

第二，第 1332 条(a)款规定该金额之要求“不包括利息（interest）和诉讼费（costs）”。因此，基本要求是利息和诉讼费都不能包含在所请求的金
额中。法条中所提的“利息”只是指因为支付时间的耽误而自然产生的金 183
额。与此形成对比，如果所要求的利息“本身是诉讼的基础”——例如要求获得债券孳息（coupons on a bond）的诉讼请求——它就包含在争议金额中。[①] 这种区分有点晦涩，而“诉讼费”的含义却不晦涩，且是重要的。诉讼费是专业术语，应与律师费相区分。总的规则是诉讼的胜诉方从败诉方那里取得其诉讼费。[②] 但根据美国的规则，双方承担各自的律师费。诉讼费实际上是除律师费以外的所有诉讼费用，因此包括这样的项目：起诉费、迫

① 赖特和凯恩，《联邦法院》，第 210 页。

② 见《联邦民事诉讼程序规则》第 54 条(d)款。

使证人出庭的费用、证人的旅差费(mileage fees for witnesses)、专家证人费用(fees for expert witnesses)、披露费、文件复印费等。尽管它们可能加起来达到可观的数额,但案件中产生的诉讼费数额通常肯定不及律师费。根据第 1332 条(a)款诉讼费不能包含在争议金额的计算公式中,但律师费,如果根据美国规则的例外情况允许追索,可以包括在其中。[①]

第三,原告最终获得的赔偿金是无关的。假设原告起诉要求赔偿 10 万美元,而赢得了获赔 7000 美元的判决。被告可能受诱惑提出法院缺乏事物管辖权,因为争议金额,如结果所呈现的,没有超过 7.5 万美元。该主张不被认可,理由是常识性的:司法系统不可能允许案件处于管辖权不确定的状态。这儿接受被告的说法将意味着,在判决作出之前没人知道是否有事物管辖权,而判决可能在起诉之后很多年才作出。这一不确定性是站不住脚的。广受欢迎的马斯诉佩里案表明了这一点。[②] 该案决定何时争议金额得超过 1 万美元。马斯先生和马斯太太两人都提出了合适的赔偿金额,但马斯夫妇获得的赔偿金仅仅 5000 美元。法院完全支持(异籍)管辖权。

第四,如果原告最终获赔金额低于 7.5 万美元,尽管管辖权不受影响,但第 1332 条(b)款规定原告不能从被告处索回其诉讼费,事实上原告可能得支付被告的诉讼费。该规定大概不会使大多数原告感到恐惧。它只涉及
184 诉讼费,不涉及律师费。此外,它也不要求评估针对这一原告的诉讼费。如果原告声称基于诚信确定了最初的金额,法院通常允许其从被告处取得诉讼费,即使最后的判决金额低于法定的争议金额。[③]

---

① 例如,根据合同律师费可能可追索,或者法律可能规定胜诉方应该索取律师费。如果是这样,要求支付律师费的合理的诉讼请求可以包括在争议金额中。见,如阿博特实验室案(In re Abbott Laboratories),《联邦判例汇编第三辑》第 51 卷,第 524 页(第五巡回法院 1995 年)(将法定的律师费包含在集团诉讼代理人的诉讼请求中)。原告必须主张适用美国规则的例外情况。休闲部诉世界拳击协会案(Department of Recreation v. World Boxing Assn.),《联邦判例汇编第二辑》第 942 卷,始于第 84 页,第 89 页(第一巡回法院 1991 年)。

② 《联邦判例汇编第二辑》第 489 卷,第 1396 页(第五巡回法院 1974 年)。在探讨州籍时,我们看到了该案例的其他方面。见第四章第五节第三目。

③ 见富兰克林·珀金斯博士学校诉弗里曼案(Dr. Franklin Perkins School v. Freeman),《联邦判例汇编第二辑》第 741 卷,始于第 1503、1523 页(第七巡回法院 1984 年)(只有原告不诚信作为时才让原告承担诉讼费)。有关诉讼费,见第九章第三节。

第五，联邦最高法院已经确立，原告有关管辖权的金额已经得到满足的诚信声明起支配作用，除非“呈现出法律上的确定性：诉讼请求确实低于管辖权（要求）的金额”。[①] 在原告声称案件包含了必要的金额后，被告可以质疑该声明。[②] 此时，原告承担举证责任，要证明达不到管辖权（要求的）金额之结论不具有“法律上的清晰确定性”。[③]

法院很少因没有满足争议金额要求而撤销案件。一个例子是原告寻求不能在法律上准许的赔偿金。例如，假设原告提起诉讼要求 5 万美元的违约赔偿和 10 万美元的惩罚性赔偿，而相关的法律不允许合同领域的惩罚性赔偿。在法律上，原告只是要求赔偿 5 万美元，因此不能援引异籍管辖权。[④] 偶尔（但不是经常），法院会撤销案件，因为法院认为所声称的损害，尽管没有被法律阻止起诉，只是不足以严重到满足争议金额的要求。例如，有一个法院认为原告的诉讼请求，即航班服务员如此粗暴地对待他以至于造成了尴尬，过于轻微而达不到争议金额的要求。[⑤]

这样的裁决是罕见的。在奥尔特加诉斯塔尔—基斯特食品公司案（Ortega v. Star-Kist Foods, Inc.）[⑥]中，原告代表在打开金枪鱼罐头时划破

---

① 圣保罗水银防护公司诉雷德出租车公司案（St. Paul Mercury Indem. Co. v. Red Cab Co.），《美国联邦最高法院判例汇编》第 303 卷，始于第 283、288 页（1938 年）。

② 法院很少主动提出争议金额是否满足要求的问题。见 A. H. 罗宾斯公司案（In re A. H. Robins Co.），《联邦判例汇编第二辑》第 880 卷，始于第 709、724 页（第四巡回法院 1989 年）（缺乏这样做的“明显理由”时，没有明确的探究义务）。

③ 吉布斯诉巴克案（Gibbs v. Buck），《美国联邦最高法院判例汇编》第 307 卷，第 66 页（1939 年）。

④ 与此类似，如果法律，例如有关旅馆对财产损失赔偿责任的法律，将可获得的赔偿金限定在不超过（异籍管辖权所要求的）该争议金额的数额，在法律上具有清楚确定性的是诉讼请求没包含必要的金额。见，如帕欣格诉米高梅豪华旅馆—拉斯维加斯公司案（Pachinger v. MGM Grand Hotel-Las Vegas, Inc.），《联邦判例汇编第二辑》第 802 卷，第 362 页（第九巡回法院 1986 年）。

⑤ 迪芬塔尔诉民事航空董事会案（Diefenthal v. Civil Aeronautics Board），《联邦判例汇编第二辑》第 681 卷，第 1039 页（第五巡回法院 1982 年）。这是一个律师们提到的“一脸严肃”检视标准（“straight-face” test）的适用领域。没有人可以一脸严肃地表示，所声称的损害足够严重以至于达到了要求。

⑥ 《联邦判例汇编第三辑》第 370 卷，第 124 页（第三巡回法院 2004 年）。尽管联邦最高法院推翻了奥尔特加案（Ortega）的判决，但这样做的理由与原告个人诉讼请求的估值无关。见埃克森美孚公司诉阿拉帕塔服务公司案（Exxon Mobil Corp. v. Allapattah Servs, Inc.），《美国联邦最高法院判例汇编》第 545 卷，第 546 页（2005 年）。

了手指的未成年儿童提出赔偿金要求。原告声称赔偿金额超过了 7.5 万美元，提出儿童遭受了割断肌腱之苦，得接受数次外科手术。地区法院，适用了波多黎各法律（诉讼是在波多黎各地区提起的），以没有达到争议金额要
185 求为由撤销了案件。第三巡回法院（它除了审理来自其他地区的上诉外，还审理来自波多黎各地区的上诉）推翻了此结论。尽管地区法院依赖了波多黎各最高法院（它是州最高法院在该联邦对应的法院）有关赔偿金的判决，但它（指地区法院）没有考虑这样的事实：在联邦法院，该案件将由陪审团审理，而在波多黎各法院系统没有获取陪审团审理的权利。第三巡回法院注意到陪审团裁决的金额通常大于“法官”审理（“bench” trials）（没有陪审团的审理）中裁决的金额，因此认为缺乏认定赔偿的金额不能超过 7.5 万美元的“法律上的清晰确定性”。①

到此为止，我们阐述了要求赔偿金的诉讼请求。然而，当原告寻求衡平法上的救济时，如禁令或确认性判决，争议的金额是多少呢？② 例如，假设被告建起了一所侵占原告财产的建筑。原告提起诉讼，要求移除或改建该建筑以消除侵权。很清楚，该禁令的“价值（value）”可能不同，这取决于谁的观点得到接受。如果我们从原告的观点看待此纠纷，被告建设所引起的损害可能很小——它依赖（对财产的）侵占有多大以及它在多大程度上妨碍了原告对土地的享用。然而，如果我们采用被告的观点，所要求的禁令显然金额可观，因为禁令要求其搬走建筑物（或建筑物的一部分）。案件反映了这两种观点。大多数的法院似乎采用“原告观点”的检视标准（the “plaintiff's viewpoint” test），认为只有被告的行为对原告造成了所要求金额的损害，规定的金额才达到。③

---

① 《联邦判例汇编第三辑》第 370 卷，第 128—129 页。

② 在第一章第二节第三目中我们探讨了普通法（law）和衡平法（equity）之间的区别。衡平法发展出了不同的救济，如禁令。在联邦民事案件中认定（是否有）获取陪审团审理的权利时，该区分是重要的。见第九章第二节第二目。

③ 见，如爱立信通用移动通讯诉摩托罗拉通讯和电子案（Ericsson GE Mobile Communications v. Motorola Communications & Electronics），《联邦判例汇编第三辑》第 120 卷，始于第 216 页，第 218—220 页（第十一巡回法院 1996 年）。总的参见布里顿·肖：“7 万 5 千美元的问题：强制性救济的价值是什么？”载《乔治梅森法律评论》（Brittain Shaw, The $75,000 Question: What Is the Value of Injunctive Relief? *Geo. Mason L. Rev.*）第 6 期，第 1013 页（1998 年）。

然而，存在这样的一个趋势：如果根据原告观点或者被告观点两者中的任何一个，争议金额得到了满足，就支持管辖权。[①] 尽管如此，其他法院仍审视援引异籍管辖权的当事人的观点——如果最初是在联邦法院提起诉讼的，则是原告的观点，如果是从州法院（向联邦法院）转移案件的，则是被告的观点。[②]

合计问题。许多学生发现诉讼请求的合计是一个挑战。成功的关键是记住合计的认定：它是为满足争议金额的要求而将两个或更多的诉讼请求相加。例如，假设原告有两个针对被告的独立的诉讼请求。一个是要求赔偿 5 万美元的侵权诉讼请求，另一个是没有关联的要求赔偿 3 万美元的合同诉讼请求。显然，两个中的任何单个诉讼请求都不能满足争议金额的要求。满足（金额）要求的唯一的途径是将两个诉讼请求合计（aggregate）[它 186
只是指相加（add）]。调整合计的规则是法院制定的。它们（指规则）通常呆板而容易说明，但并不总是容易适用且经常难以证明为正当。

基本的规则是：如果案件涉及一个原告起诉一个被告，原告可以尽可能多地将其诉讼请求相加，以满足规定金额的要求。因此，在前面小节假设的案例中，原告可以合计诉讼请求；争议的金额是 8 万美元。诉讼请求可以相加，即使它们在法律上（legally）和交易上（transactionally）完全没有关联。原告可以尽可能多地合计其拥有的诉讼请求，只要其是唯一的原告并且只有一个被告。

- P 起诉 D，提出了 100 个独立的、完全没有关联的诉讼请求，每一个诉讼请求都是 800 美元。争议的金额是 8 万美元，因为是一个原告控告一个被告，在决定争议金额时，允许原告合计其针对该被告提起的所有诉讼请求。该规则似乎是愚蠢的，因为它会使联邦法院被（相互之间）无关联的小额诉讼压垮，但该规则清楚地建

---

① 见，如史密斯诉华盛顿案（Smith v. Washington），《联邦判例汇编第二辑》第 593 卷，第 1097 页（哥伦比亚特区巡回法院 1978 年）。

② 见，如麦克卡蒂诉美国石油管道公司案（McCarty v. Amoco Pipeline Co.），《联邦判例汇编第二辑》第 595 卷，第 389 页（第七巡回法院 1979 年）。

立了起来。[①]

该规则的必然结果是：案件两边的任何一边有多个当事人的，则不允许合计。问题是该结果据说带有例外，该例外是：在多当事人的情况下，如果诉讼请求是“连带的(joint)”或者是“共同和不可分割的(common and undivided)”，法院就允许合计。[②] 该规则的要点(thrust)是认定多位被告的责任或多位原告的权利是否是“连带的”，“连带的”与“个别的(several)”相对应。你们可能在你们的侵权法课堂上熟悉了连带责任和个别责任的概念。尽管连带和个别的术语不是不言自明的，但常识大有帮助。(此外，坦率地说，对“连带”一词的探究也一样，该词通常透露出所涉诉讼请求是连带的。)

- P—1 和 P—2 在与 D 发生的一起汽车交通事故中受伤。P—1 的人身伤害赔偿请求为 5 万美元。P—2 的人身伤害赔偿请求是 3 万元。这两个针对 D 的诉讼请求可以合计吗？不能。因为有多个原告，允许合计的基本规则不适用。并且，人身伤害的诉讼请求是分开和独立的，不是连带的，甚至在它们产生于同一个交易或者同一件事件时，仍是这样。这是有道理的，因为每一当事人在身体不可侵犯方面的利益是与每一其他人分开的。看待它的另一个方法是注意 P—1 和 P—2 都不能获得超过 7.5 万美元的赔偿金(因为两个
187 诉讼请求都不超过 7.5 万美元)。因为诉讼请求不能合计，该案件没有满足争议金额的要求。
- P 起诉 D—1 和 D—2，声称根据运货合同 D—1 欠原告 5 万美元，根据另外一个分开的运货合同 D—2 欠他 3 万元。P 提出的这两个诉讼请求可以合计吗？不能。因为有多个被告，允许合计的基本规则不适用。此外，这些诉讼请求源自分开的合同，因此不能被视为是

---

① 见，如琼斯诉特勒迪内公司案(Jones v. Teledyne, Inc.)，《联邦补编》第 690 卷，第 310 页(特拉华州地区法院 1988 年)(合计了 54 个分开的、金额相对较小的诉讼请求)。总的参见《穆尔论联邦实践》第 16 卷，第 102 章第 108 节[1]目。

② 扎恩诉国际纸业公司案(Zahn v. International Paper Co.)，《美国联邦最高法院判例汇编》第 414 卷，始于第 291、294 页(1973 年)。被引用以支持该主张的更老的案件是皮内尔诉皮内尔案(Pinel v. Pinel)，《美国联邦最高法院判例汇编》第 240 卷，第 594 页(1916 年)。

连带的。看待它的另外一个方法是注意不能让两个被告中的任何一个承担超过7.5万美元的责任(因为两个被告中的任何一个都没有被起诉而要求赔偿超过7.5万美元的金额)。因为诉讼请求不能合计,案件没有满足争议金额的要求。

- P将D—1和D—2作为连带责任侵权人(joint tortfeasors)起诉,声称他们对其人身进行了攻击和殴打。P请求赔偿8万美元。争议金额的要求得到满足了吗?得到满足了!不错,有两个被告,但这是一个连带的诉讼请求。对一个连带的诉讼请求,法院审视总的诉讼请求额。这儿,诉讼请求是8万美元,它超过了7.5万美元,因此满足了法定的要求。

因为前面假设案件的责任理论是连带责任,可以要求任何侵权人(tortfeasor)对全部的诉讼请求额承担责任。因此,可以起诉D—1而让其为全部的8万美元承担责任,或可以起诉D—2让其为全部的8万美元承担责任。不是外表所显示的原告对D—1拥有4万美元的诉讼请求,对D—2拥有分开的4万美元的诉讼请求。只有一个诉讼请求——它是连带地针对D—1和D—2的,且它超过了7.5万美元。如果以这一方式考察,我们可以看出连带的诉讼请求压根未真的涉及合计。为了合计,需要有多个诉讼请求。这儿,只有一个诉讼请求(尽管针对的是两个被告),且它达到了(异籍管辖权要求的)争议金额。同样的理由对一个以上原告提出的连带拥有的权利(a jointly held right)也发挥着作用:

- P—1和P—2提出了对一小块土地的共同所有权(joint ownership),D也声称拥有该土地的所有权。P—1和P—2起诉D,想使对财产的权利不受打扰。该财产价值为8万美元。该案件满足了(异籍管辖权的)金额要求了吗?满足了。两个原告在提出共同的诉讼请求,所以只有一个诉讼请求,P—1和P—2都"拥有(own)"它。因为它是一个诉讼请求且超过了7.5万美元,所以(异籍管辖的金额)要求得到了满足。同样,它不是外表显示的P—1拥有一个4万美元的诉讼请求,P—2拥有一个4万美元的不同的诉讼请求。

一旦我们看到利益是共同的，则每一原告都拥有 8 万美元的诉讼请求。

在结束我们的争议金额探讨前还有两个小点需补充。第一，联邦最高法院的一个看法可能提供了这种看法的判例依据，即在认定原告的诉讼请
188 求是否满足管辖金额要求时，被告对原告的反诉金额可以包括在内。① 然而，众法院没有扩展性地解读该案件，并且多数评论员认为它是建立在得克萨斯州法律的特殊规定上的。② 因此，多数评论员相信，被告的反诉与决定原告的案件是否达到争议金额是无关的。第二，对援引异籍管辖权的集团诉讼，在认定争议金额的标准上，存在相当的不确定性。我们在第十二章第八节第四目探讨该问题。

**评估是否有管辖权的时间。**一般规则是联邦事物管辖权之要求于原告启动案件时评估，③这意味着是其提交起诉状之时。④ 因此，法院审视诉讼提起时当事人的州籍。如果在该时间点异籍管辖权的要求得到了满足，则管辖权依附于该案件，且在整个诉讼过程中都不受影响。当诉讼请求产生时可能不存在异籍，或者在诉讼提起后当事人改变了州籍损害了州籍的不同，这些情况（与异籍管辖权）是无关的。⑤ 该规则符合前面探讨过的原则，即异籍案件中的最终获赔金额（与管辖权认定）不相干。管辖权在（诉讼）开

---

① 霍尔顿诉自由共同保险公司案（Horton v. Liberty Mutual Ins. Co.），《美国联邦最高法院判例汇编》第 367 卷，第 348 页（1961 年）。反诉是在待审诉讼中被告对原告提出的诉讼请求。见第十二章第五节第一目。

② 见赖特和凯恩（Wright & Kane），《联邦法院》（Federal Courts），第 221—224 页。根据得克萨斯州的法律，由工人赔偿金保险人提出的撤销部分裁决的诉讼会使全部补偿裁决面临审查。可以认为，这使得整个潜在的裁决成为争议金额。

③ 纽曼—格林公司诉阿方索—拉腊因案（Newman-Green, Inc. v. Alfonzo-Larrain），《美国联邦最高法院判例汇编》第 490 卷，始于第 826、830 页（1989 年）；纳瓦罗储蓄协会诉李案（Navarro Sav. Assn. v. Lee），《美国联邦最高法院判例汇编》第 446 卷，始于第 458、459 页（1980 年）。

④ 《联邦民事诉讼程序规则》第 3 条[诉讼“开始（commenced）”于提出起诉状时]。

⑤ 费桑德有限责任公司诉联合椰子化学公司案（Faysound Ltd. v. United Coconut Chemicals, Inc.），《联邦判例汇编第二辑》第 878 卷，始于第 290、296 页（第九巡回法院 1989 年）；菲尔德诉德国大众汽车股份公司案（Field v. Volkswagenwerk AG），《联邦判例汇编第二辑》第 626 卷，始于第 293、304 页（第三巡回法院 1980 年）。

始时，在原告诚信宣称争议金额超过 7.5 万美元的背景下，依附于案件。

- P 是明尼苏达州的州民，D 也是明尼苏达州州民，他们卷入了一起汽车交通事故。P 受损伤的金额超过了 7.5 万美元。在交通事故发生后，诉讼提起前，P 变成了威斯康星州的州民。然后，P 提起了诉讼。尽管在诉讼请求产生时没有异籍，但在诉讼提起时有了异籍。因为我们衡量管辖权的时间是诉讼提起时，所以异籍管辖权建立。
- P 是华盛顿州的州民，她对 D 提起了异籍管辖的诉讼，D 是俄勒冈州州民，原告要求超过 7.5 万美元的赔偿金。但起诉后，在案件有任何可察知诉讼行为（any appreciable litigation）之前，P 成了俄勒冈州的州民。尽管现在没有了州籍的不同，但诉讼提起时有州籍的不同。因为那时（起诉时）才是作出认定的相关时间，异籍管辖权建立。[①]

这一原则的反命题（converse）也是成立的：如果诉讼开始时当事人不 189
是异籍，则该缺陷不可弥补。联邦最高法院 2004 年在格鲁珀·达塔福鲁克斯诉阿特拉斯环球集团有限合伙案（Grupo Dataflux v. Atlas Global Group）[②]中阐述了这一原则。在该案中，一个有限合伙起诉墨西哥的被告。它试图援引外国人管辖权，声称原告是得克萨斯的州民，被告是墨西哥的国民。[③] 诉讼进行了好几年——一路诉讼，经历庭审——后来才发现在诉讼提起时有限合伙有一个为墨西哥国民的合伙人。正如我们前面探讨过的，有限合伙的州籍认定要审视所有合伙人的州籍。因此，在诉讼提起时，因为有墨西哥的有限合伙人，原告是墨西哥籍。这就意味着在这一时间点，没有外国人管辖权，因为原告和被告都是墨西哥国民。但是，在诉讼过程中，在

① 如果马斯诉佩里案（Mas v. Perry）在你们的判例教科书中，核查该案的注释 2——它准确地表达了这一看法。

② 《美国联邦最高法院判例汇编》第 541 卷，第 567 页（2004 年）。

③ 外国人案件必须处于美国一个州的州民和外国人之间，争议的金额必须超过 7.5 万美元。见第四章第五节第五目。

初审法院作出最终判决前，墨西哥的有限合伙人离开了合伙企业。所以，法院在作出判决时，有了外国人（管辖权），因为在那时原告只是得克萨斯州的州民。尽管有这一变化，法院仍认为没有管辖权，案件必须撤销。在诉讼开始时，没有外国人（管辖权），当事人之一随后的州籍变化不能弥补这一缺陷。

这一情节——在诉讼过程中一方当事人的州籍变更——必须与为挽救管辖权将一个当事人从诉讼中舍弃掉相区别。在卡特皮拉尔公司诉刘易斯案（Caterpillar Inc. v. Lewis）[①]中，在案件从州法院转移到联邦法院时没有完全的异籍（complete diversity）（见第四章第八节），但当事人和法院都没有注意到该事实。在缺陷被发现后而最终判决作出之前，法院摒弃了影响异籍的当事人。联邦最高法院支持了该判决，将这一起诉完之后的摒弃（post-filing dismissal）作为挽救管辖权缺陷的途径予以肯定。这一原则体现在《联邦规则》第 21 条第二句当中，该第二句允许法院在诉讼的任何阶段“根据公平的条件”舍弃当事人。事实上，法院已经认为这一为挽救管辖权舍弃当事人的做法可以在上诉阶段实施。[②] 然而，不管挽救管辖权缺陷的是初审法院还是上诉法院，关键是被舍弃的当事人必须是非必要的（dispensable）。这一表述指的是根据《联邦规则》第 19 条进行的评估（在第十
190 二章第六节第一目中探讨）。根据该规则，一些当事人对诉讼来说不是不可缺少的而因此可以舍弃掉。只有不是不可缺少的（indispensable）当事人——“非必要的（dispensable）”当事人——才可以为挽救诉讼缺陷而舍弃掉。

重要的是看出格鲁珀·达塔福鲁克斯案（Grupo Dataflux）和卡特彼勒案（Caterpillar）之间的不同。在前者中，在案件开始时没有（异籍）管辖权，

---

① 《美国联邦最高法院判例汇编》第 519 卷，第 61 页（1996 年）。在从州法院转移到联邦法院的案件中，一般的规则是联邦事物管辖权不仅在案件起诉时存在，而且在案件转移时也存在。我们在第四章第八节探讨这一点。

② 纽曼—格林公司诉阿方索—拉腊因案（Newman-Green，Inc. v. Alfonzo-Larrain），《美国联邦最高法院判例汇编》第 490 卷，始于第 826、832 页（1989 年）。只有在不引起对任何当事人损害时才应该这么做。同上，第 838 页。

但案件的当事人之一——该人在整个案件中始终是当事人——在诉讼过程中改变了州籍。这不能弥补管辖权上的缺陷。在后者中，在案件开始时没有（异籍）管辖权，但将影响管辖权的当事人从案件中剔除，以挽救该缺陷，这是允许的。联邦最高法院在出格鲁珀·达塔福鲁克斯案中解释道：

> 意图的挽救不产生于诉讼当事人的改变，而是产生于持续当事人(continuing party)的州籍的变化。墨西哥合伙人从[原告有限合伙企业中]退出的行为没有改变这样的事实：[有限合伙企业是]一个根据得克萨斯州法律设立的单个的人为的实体，它仍然是诉讼的当事人。因此，合伙企业的组成改变了，随之州籍也改变了。但是，允许改变州籍弥补在起诉时就存在的管辖权缺陷，将违反开始时间规则（the time-of-commencement rule）的原则。

总之，因而一般的规则是法院于诉讼开始时评估事物管辖权。继续留在案中的当事人州籍的变化不影响管辖权，既不产生管辖权也不损害管辖权。但是，如我们在这部分前面所看到的，法院有权根据它所发现的案件开始时当事人的真正利益所在重新配置当事人。如果法院重新配置了一当事人，而该重新配置损害了异籍状态，该（异籍）诉讼将被撤销。除此之外，可能还有案件开始后当事人的变化，该变化也可能影响管辖权。第一，如我们刚才看到的，缺乏异籍可以通过撤下非必要的同州籍当事人(dispensable nondiverse parties)而获得挽救。第二，如我们在第十二章第六节第一目中看到的，在某些情况下，法院可以因为一个非当事方(a non-party)是"不可缺的"或"当事人提出了要求"而命令将其加入案件中。当这一情况发生时，法院要评估该缺席者的加入是否损害异籍。如果损害异籍，法院可能裁定该非当事方是"不可缺少的(indispensable)"而于该时间点撤销案件。

## 四、异籍管辖权的例外：串通的合并、家事关系和遗产管理案

存有三个领域，即使异籍管辖或外国人管辖的要求得到了满足，联邦法

院也不行使管辖权。

191 **串通的合并案件**

根据第1359条，对“为援引该（联邦）法院管辖权的目的，通过（权利）转让或其他方式，不恰当地或串通地制造或添加任何当事人”的案件，联邦法院没有管辖权。[①] 有很多年，在该法律是否适用于为产生异籍而任命代理人如监护人上，法院的立场前后不一。该问题现在悬而未决，因为，正如我们在第四章第五节第三目中看到的，第1332条(c)款(2)项规定法院要审视诉讼中被代理人的州籍。

今天，第1359条主要针对努力通过转让诉讼请求而制造异籍的行为。例如，假设原告和被告是同一个州的州民，但原告想在联邦法院起诉被告，要求赔偿10万美元。原告将其诉讼请求转让给第三人，第三人和被告异籍。在首创案例(leading case)，即克莱默诉加勒比米尔斯公司案(Kramer v. Caribbean Mills, Inc.)[②]中，第三人[受让人(the assignee)]答应向原告[转让人(the assignor)]转交任何获赔金额的95%。联邦最高法院得出结论，该事实，加上第三人之前缺乏与纠纷的联系，使（法院）不得不适用第1359条。第三人实际上是原告的收债代理人。克莱默案(Kramer)指示法院在评估是否适用第1359条时，审视所有的相关情况。[③] 一些这些（情况）包括是否有转让的真实商业目的、转让人所保留利益的性质以及当事人的主观意图，尽管法院在后者（即当事人的主观意图）的重要性上得出了不同的结论。[④]

第1359条的适用不会使转让无效。转让是否有效受转让进行所依据的法律支配。相反，第1359条之适用只是要求法院在评估事物管辖权时不考虑该转让。因此，在像克莱默案这样的案件中，第1359条建议法院审视原告的州籍而不是第三人的州籍。当诉讼当事人为创建异籍而改变州籍

---

① 《美国法典》第28编，第1359条。

② 《美国联邦最高法院判例汇编》第394卷，第823页（1969年）。

③ 同前注，第827—828页。

④ 总的参见《穆尔论联邦实践》第15卷，第102章19节[4]目[a]。

时，并不涉及第 1359 条。这一行为是单边的，而不是串通的。如果某人想不怕麻烦改变州籍，只为因此就能援引异籍管辖权，第 1359 条将不会成为障碍。换言之，改变住所的动机（与异籍管辖权的确定）是无关的。[①]

**家事关系案件** 192

联邦法院不审理家事关系案件。然而，重要的是强调就这一目的的家事关系被认定得比较窄；不能仅仅因为案件发生在家庭成员之间就适用（家事案件的）例外。相反，它只适用于“涉及宣告离婚（the issuance of a divorce）、抚养费（alimony）或儿童监护令（child custody decree）”的案件。[②] 在这狭窄的领域之外，联邦法院可以行使异籍管辖权审理任何家庭内部的纠纷（intrafamily dispute）。

该规则不仅根植于政策，还根植于历史。在最初的《司法法》（Judiciary Act）中，国会就不同州州民间的“普通法和衡平法上的”案件授予了（联邦法院）管辖权。历史上，家事关系案件不是由普通法院审理的，也不是由衡平法院审理的，而是由教会法院[ecclesiastical (church) courts]审理的。相应地，法律（向联邦法院）授予的异籍管辖权就不包括家事关系案件。[③] 异籍管辖权法律的更新的版本，包括今天的第 1332 条（a）款（1）项没有提到“普通法（law）”和“衡平法（equity）”，而提到了“民事诉讼（civil actions）”，该事实没有改变这一结果。[④] 至于政策，联邦最高法院指出，州法院已经培养出了家事关系案件中的专门技能，并且在婚姻的承认和儿童监护问题的

---

① 莫里斯诉吉尔默案（Morris v. Gilmer），《美国联邦最高法院判例汇编》第 129 卷，第 315 页（1889 年）。当然，另一方当事人可能会提出，试图改变住所的当事人没有满足主观意图的要求，该主观意图即是她想让新的州成为其永久之家。见第四章第五节第三目。

② 安肯布兰特诉理查兹案（Ankenbrandt v. Richards），《美国联邦最高法院判例汇编》第 504 卷，始于第 689、704 页（1992 年）。这一看法是对家事关系例外的当代的主要讨论，尽管该讨论是法官的附带意见（dictum）。联邦最高法院认为根据该案件的事实（异籍管辖权的）例外不适用，该案件涉及一个所指控的家庭内部的侵权。

③ 该理由的说明最初是在巴伯诉巴伯案[Barber v. Barber，《美国联邦最高法院判例汇编》第 62 卷，始于第 582 页，第 603—605 页（1859 年）]的（不认同多数派意见的）不同意见中探讨的（Daniel 法官的不同意见）。

④ 安肯布兰特案（Ankenbrandt），《美国联邦最高法院判例汇编》第 504 卷，第 700 页。联邦最高法院表示，国会可以修改该规则。

处理上，拥有特殊的地方利益。

**遗嘱检验案件**

当某人去世时，法律必须提供一个机制，清理其事务，支付税款和其他债务并向其在遗嘱中指定的人（或者，如果未立遗嘱，则根据未立遗嘱时处理遗产的法律）分配遗产。该过程就叫做遗嘱检验（probate[*]）。联邦法院不验证遗嘱或监督死者遗产的管理。“遗嘱检验案件（probate cases）”例外的最终轮廓尚不清晰。[1] 例如，审理异籍案件的联邦法院可以裁决以遗嘱执行人（executor）为被告的针对遗产所提出的诉讼请求，但是只有在联邦法院不对遗产进行一般控制或没有干预州法院的遗嘱检验诉讼时才行。[2]
193 这一原则是由法院创制的而不是由制定法创立的，它促进了（州法院结论的）终局性，确保有关遗嘱有效性的任何问题将与在州法院进行的遗嘱检验诉讼一并判决。它确立的基础也是承认州法院在这些事项上有特殊的专业技能，以及联邦法院应该避免在地方事务问题（issues of local concern）上对州法院进行不必要的干预。

回想一下第二章，我们将遗嘱检验诉讼（同样的情况还有婚姻）视为州法院拥有对物管辖权（in rem jurisdiction）的“物（thing）”；联邦法院不干预此管辖权。有一个常识性的一般规则，即任何（联邦）法院都不干预已经对财产行使了管辖权的（州）法院的管辖权。

联邦最高法院在这一领域的最新的努力涉及由安娜·妮科尔·史密斯（Anna Nicole Smith）提起的诉讼，而就在她死亡之前不久作出了判决。史密斯［其婚后之姓是马歇尔（Marshall）］与一富翁结婚，该富翁死于她之前。

---

* probate 不仅是验证遗嘱有效或无效，其含义现扩大到了遗产管理的法律程序，包括搜集遗产、清偿债务、缴纳税款、向继承人分配遗产。——译者

① 波斯纳（Posner）法官将其称为“联邦管辖权法律中最神秘的（mysterious）和难懂的（esoteric）分支之一”。德拉甘诉米勒案（Dragan v. Miller），《联邦判例汇编第二辑》第 679 卷，始于第 712、713 页（第七巡回法院 1982 年）。更详细的探讨参见《穆尔论联邦实践》第 15 卷，第 102 章 92 节[3]目。

② 见马卡姆诉阿伦案（Markham v. Allen），《美国联邦最高法院判例汇编》第 326 卷，第 490 页（1946 年）。

她起诉已故丈夫的儿子，声称该儿子阻挠其父努力执行一个文件，而该文件是向安娜•妮科尔(Anna Nicole)提供信托所必备的。她在联邦法院的破产案件中提出了该诉讼请求，并赢得了一个支付 4.49 亿美元的补偿金和 2500 万美元的惩罚性赔偿金的判决。儿子声称法院没有联邦事物管辖权，因为属于遗嘱检验的例外。联邦最高法院不认同这一看法，强调了遗嘱检验例外的范围狭窄性。它(即遗嘱检验例外)不排除联邦法院对涉及所指控的遗产管理人不端行为的案件行使管辖权。向安娜·妮科尔的诉讼请求是公认的侵权案件，确实不要求联邦法院干预州法院对丈夫遗产的管理。因此，它不属于遗嘱检验的例外。[①]

## 五、外国人案件的管辖权

如我们上面所探讨的，第 1332 条(a)款(1)项处理“不同州州民之间的”案件，该条文授予了异籍管辖权。与此相对，第 1332 条(a)款(2)项规定了对“(美国)一个州的州民和外国国民或臣民之间”案件的管辖权。[②] 该后一管辖依据在专业上被称为外国人管辖权(alienage jurisdiction)；许多人视其为异籍管辖权的一个分支。尽管异籍管辖权遭到了很多批判，但外国人管辖权却获得了普遍拥护。(美国的)缔造者认为，两个强有力的政策支持外国人(管辖权)，评论家们同意该两点在今天仍然至关重要。第一，外国人可能害怕，至少和外州人同样程度地害怕，在州法院诉讼时会遭遇地方性的偏袒。第二，外国人管辖权的授予是对外国国家的一项声明，即涉及它们国民的诉讼对美国来说是如此重要，从而归全国性的法院而不是州法院管辖。

美国联邦最高法院解释道： 194

> 在美国独立战争期间及之后，州法院对试图从美国人那里收取债权的英国债权人不友好，声名狼藉……州法院这一干扰国际关系和妨

① 马歇尔诉马歇尔案(Marshall v. Marshall)，《美国联邦最高法院判例汇编》第 547 卷，始于第 293、299 页(2006 年)。

② 当“states”这个词大写时，如在第 1332 条(a)款(1)项中出现的，指的是美国的州。当没有大写时，如在第 1332 条(a)款(2)项中出现的，该词指的是外国国家。

碍外国投资的倾向，直接导致了《宪法》第三条规定的外国人管辖权。[①]

制定法将外国人定义为外国国家的“国民或臣民”。这一语言反映，效忠外国国家之人与该国家可能存有不同的关系。在摩根大通诉交通流（英属维尔京群岛）基础设施有限责任公司案[JPMorgan Chase v. Traffic Stream (BVI) Infrastructure, Ltd.][②]中，一个在英属维尔京群岛（the British Virgin Islands）获准成立的公司声称它不是联合王国的“国民（citizen）”，因为，作为一个英国属地的居民，它拥有的权利比国民少。联邦最高法院支持了外国人管辖权，强调“国民或臣民”的表述范围很广。没错，该公司不是联合王国的国民，但它肯定是该国的臣民（a subject），因此就确定外国人管辖权的目的它是外国人。所以，法院得出结论：“联合王国的法律可能向其属地的个人提供不同的居民权利，就我们的（确定外国人管辖权的）目的，这一点是无关紧要的”。[③] 查询的要点是该诉讼当事人是否是一个外国人。

在适用第1332条(a)款(2)项时要当心。第一，注意外国人（管辖权）要求有和异籍管辖权案件相同的争议金额。因此，在第四章第五节第三目中探讨的涉及争议金额的所有规则在外国人（管辖权）中均适用。第二，外国人管辖权不是仅因为外国人是当事人而规定管辖权。它也不能这么做，因为《宪法》第三条不允许仅仅依据这一基础准予（联邦法院）管辖。[④] 因此，一个西班牙国民起诉加拿大国民的案件不能援引外国人管辖权。这一案件必须诉至州法院（当然，除非它源自联邦法并因此援引联邦问题管辖权）。

第三，为了援引外国人管辖权，案件必须是在（美国）一个州的州民和外国人（an alien）[外国人（a foreigner），非美国人（a non-U. S. person）]之间。

---

① 摩根大通银行诉交通流（英属维尔京群岛）基础设施有限责任公司案[JPMorgan Chase Bank v. Traffic Stream (BVI) Infrastructure, Ltd.]，《美国联邦最高法院判例汇编》第536卷，始于第88、94页(2002年)。

② 同前注。

③ 同前注，第99页。

④ 霍奇森诉鲍尔班克案(Hodgson v. Bowerbank)，《美国联邦最高法院判例汇编》第9卷，第303页(1809年)。

该外国人是原告还是被告无关紧要——只要一边的诉讼当事人是(美国)一个州的州民。在马斯诉佩里案(Mas v. Perry)[1]中(我们在第四章第五节第三目中在涉及异籍管辖部分探讨过该案),回想一下,一个原告即马斯先生是法国国民。因此针对路易斯安那州州民的诉讼请求援引了外国人管辖 195
权,因为它产生于外国人和一个州的州民之间。[2]

- P是一个住所在英国的美国国民,他起诉D,被告是堪萨斯州的州民,起诉依据的是州的法律,诉讼请求超过了7.5万美元。没有异籍,因为P不是美国一个州的州民。尽管P是美国的国民,并因此可以成为其居住的州的州民(第四章第五节第三目),但P的住所不在某一个州。没有外国人管辖权,因为P不是英国国民。在外国设立住所不能使一个人成为该国的国民。只有外国国家能决定谁是它的国民。因此,尽管争议金额满足了异籍管辖权或外国人管辖权的要求,但该案件不能援引两者中的任何一个。

最后,回顾一下第四章第五节第三目,第1332条(c)款(1)项将公司的州籍界定为其成立的州和有主营业地的州。但是,该法律没有涉及根据外国法成立或者在外国有主营业地的公司。尽管法院在这一情形下并不总是前后一致,存有很大的不确定性,[3]但似乎有朝下面两个规则发展的趋势:(1)在另外一个国家设立但主营业地在美国的公司被视为是其主营业地所在州的州民,[4]以及(2)在美国设立但在外国有主营业地的公司被视为它设立州的州民。[5]

---

① 《联邦判例汇编第二辑》第489卷,第1396页(第五巡回法院1974年)。

② 在第1332条(a)款最后一句中,国会赋予为永久居民的外国人其住所地所在州的州籍。见第四章第五节第三目中对这一疑难法律的探讨。

③ 见赖特和米勒著书,第13B卷,第3628目。

④ 见,如达尼亚克公司诉帕特通讯公司案(Danjaq, S. A. v. Pathe Communications Corp.),《联邦判例汇编第二辑》第979卷,第772页(第九巡回法院1992年)。

⑤ 见,如卡巴尔塞塔诉标准水果公司案(Cabalceta v. Standard Fruit Co.),《联邦判例汇编第二辑》第883卷,第1553页(第十一巡回法院1989年)。

# 第六节 联邦问题管辖权

## 一、概述

美国《宪法》第三条第二款规定的第一项是“源自宪法、法律或条约的”案件。第1331条用完全一样的关键性用语(operative language)授予了联邦地区法院管辖权。当然,提到美国宪法、法律或条约,指的就是联邦法律。因此,
196 根据第1331条,根据联邦法律产生的案件可以在联邦法院起诉。联邦事物管辖权的这一分支通常被称为联邦问题管辖权(federal question jurisdiction),但有一些人称它为源自(联邦法律)的管辖权(arising under jurisdiction)。

确切地说,第1331条是普通联邦问题的法律。它对依据任何联邦法律所产生的案件授予管辖权。还有其他专门的联邦问题法律,它们准许(联邦法院)管辖依据特定的联邦法律所产生的诉讼请求,如联邦反垄断法(第1337条)、民权法(第1343条)和专利法(第1338条)。一些特别的联邦问题法律授予了专属的联邦问题管辖权,①指根据这些法律产生的诉讼请求必须在联邦法院提出,而第1331条不授予专属管辖权。根据第1331条提出的任何诉讼请求,可以根据原告的选择,改在州法院提出。

和异籍案件不同,联邦问题案件不是因为当事人的特性而诉至联邦法院,而是因为所提诉讼请求之实体法性质。因此,在决定一个案件是否援引联邦问题管辖权时,州籍是绝对无关的,也没有争议金额的要求。有很多年的时间,第1331条确实有争议金额的要求,但在1980年此要求被取消了。②

---

① 主要例子列在本书第182页注释①中。

② 出于这一原因,你可以读到的1980年之前的联邦问题案件探讨争议金额。根据1331条不要求金额的事实并不意味着在联邦问题案件中永远没有管辖的金额要求。一些特殊的联邦问题管辖权仍然执行争议金额的要求。见,如《美国法典》第15编,第2310条(d)款[根据《莫斯—马格努森消费品担保法》(Moss-Magnuson Consumer Product Warranties Act)提出的诉求必须超过5万美元]。

因此，科罗拉多州的州民可以为一美分的损害赔偿金起诉科罗拉多州的州民，只要原告的诉讼请求是依据联邦法产生的，联邦法院拥有事物管辖权。

联邦问题管辖权的政策依据清晰而无争议。可以预期联邦法院的法官逐步获得联邦法律事项方面的专门知识，也可能更加理解支持联邦法律背后的政策。然而，有趣的是，从作为一个国家的早期岁月开始，就一直指望州法院裁决源于联邦法律的案件。[1] 这一点从第1331条不授予（联邦法院对源于联邦法律诉求）专属的联邦管辖权之事实得到证实。它也可以从在1875年之前没有普通联邦问题（管辖权）法律的文本这一事实（除有一年的例外之外[2]）得到证实。所以，直到那时，大量的联邦问题案件只能诉至州法院。当案件涉及联邦法（例如，《宪法》、联邦制定法）时情况通常是清楚的，较难的问题是认定何时案件“根据”联邦法“产生”。正如我们将看到的，197
宪法的授权范围被解释得比制定法的授权广，尽管它们使用了相同的关键用语。[3]

## 二、对联邦问题管辖权的宪法限制

为了源于联邦法律，案件的每一个方面都必须涉及联邦法律吗？在奥斯本诉美利坚银行案（Osborn v. Bank of the United States）[4]中，联邦最高法院对宪法授予的联邦问题管辖权给出了一个令人惊讶的宽泛解释。首席法官约翰·马歇尔（John Marshall）的意见认为，如果联邦法律在整个案件中可能“构成一个要素”，则案件处于（《宪法》）第三条的范围。即使联邦问题只是由州法律问题主宰的纠纷中的一个很小部分，第三条仍允许联邦法

---

① 见第四章第五节第一目（探讨了联邦法院裁决适用州法律的案件以及相反的情况）。

② 在1801年，著名的《午夜法官法》（*Midnight Judges Act*）包括了一般授予联邦问题管辖权的规定，但它在1802年被废止了。

③ 在第四章第五节第三目中涉及异籍管辖权时我们看到了同样的情况，在该部分对《宪法》所使用的“不同州的州民之间（between citizens of different states）”用语之解释宽于制定法中使用的同样的表达。

④ 《美国联邦最高法院判例汇编》第22卷，始于第738、823页（1824年）。

院裁决整个案件。马歇尔法官的确走得比较远，他表示联邦问题是否确实在诉讼中产生是无关紧要的；仅仅有潜在的可能性，即联邦问题可能被引入诉讼，就足以得出结论：就第三条而言，案件源于联邦法律。

在奥斯本案(Osborn)中，美利坚银行提起诉讼，意图阻止俄亥俄州的政府官员根据向非俄亥俄州银行(non-Ohio banks)征税的俄亥俄州法律征收税款。该银行争辩说，《宪法》第六条第二款的至上条款(the Supremacy Clause)禁止州向其征税，因为它是一个联邦的机构(a federal instrumentality)。仅出现这一联邦问题就意味着，就宪法的目的而言，该案件是根据联邦法律产生的。马歇尔法官继续阐述道，例如，如果银行根据一个简单的合同起诉，一个可能提出的问题是设立该银行的联邦法律是否给予其提起诉讼的能力。[①] 即使能力问题获得了确定的解决，它至少可能潜在地隐藏于涉及银行的每一个合同案件中。任何这一联邦问题的这种幽灵式的存在(phantom presence)满足了(《宪法》)第三条的要求。因此，例如，任何围绕土地所有权的私法性州法律的纠纷(private state-law dispute)，其中的权益可以追溯到美国政府的，就满足了第三条对联邦问题管辖权的要求。

显而易见，让联邦法院疲于应付这些以及类似的与某一联邦问题可能
198 具有关联的案件，这是没有道理的。因此，国会在通过准予联邦问题管辖权的制定法时，很可能被指望收缩这一范围广泛的宪法权力。但是，第1331条似乎没有包含这种限制，因为它重复了宪法授权的关键用语。尽管如此，如联邦法院在异籍管辖权中做的一样，它们长期一直将制定法中的该用语解释得比宪法中的相同用语范围窄。它们对第1331条的范围所及设置了两个这样的“制定法上”的限制(“statutory” limitations)：充分主张的起诉状规则(the well-pleaded complaint rule)和联邦法律是原告诉求的充分中心要求。国会从来没有解除这些限制中的任何一个，所以它们继续有效。

---

① 马歇尔实际上在提及一个公司案件，即美利坚银行诉佐治亚州耕作者银行案(Bank of the United States v. Planters' Bank of Georgia)，《美国联邦最高法院判例汇编》第22卷，第904页(1824年)。

## 三、一项法定的限制：充分主张的起诉书规则

尽管根据宪法对联邦问题管辖权的授予，如果任何联邦问题在案件中可能会被提出来，则准许（联邦法院行使）管辖权，但第 1331 条远没有如此地范围宽泛。为了根据第 1331 条援引（联邦问题）管辖权，联邦法律必须是原告"充分主张的（well-pleaded）"起诉书的一部分。这一规则有两个要点。第一，为认定是否有联邦问题管辖权，法院只审视原告的起诉书——不审视被告的答辩主张[①]或被告对原告的反诉[②]。第二，在审视原告的起诉书时，法院只评估起诉书中"充分主张的"部分。这是一个糟糕的表述。它听起来像是法院在评判句子的结构和字句排列。事实上，充分主张指的是仅支持原告诉讼请求的那部分起诉书。换言之，法院不考虑原告可能在起诉书中加入的任何无关的材料（extraneous material）——与其诉讼请求没有关联的材料。例如，如果原告起诉书预料到被告可能会提出特别的答辩而事先试图驳斥，在评估联邦问题管辖权时，则不考虑这样的（有关被告答辩的）断言。为什么？因为它们与原告诉求本身无关。只有在原告的诉求（而不是原告对诉求之外其他事项的探讨）源自联邦法律时，案件才满足第 1331 条的要求。

有关充分主张起诉书规则的最有名的例子是路易斯维尔和纳什维尔铁 199
路公司诉莫特利案（Louisville&Nashville Railroad Co. v. Mottley），[③]该法涉及一对已婚夫妇即莫特利夫妇的意外事故（misadventures）。莫特利夫妇好像是在 1871 年，即在案件起诉的好多年前，在乘坐路易斯维尔和纳什维尔铁路时遭遇一起事故而受伤。在诉求的解决中，莫特利夫妇接受了一

① 见格利诉第一国民银行案（Gully v. First Natl. Bank），《美国联邦最高法院判例汇编》第 299 卷，始于第 109、113 页（1936 年）。

② 见霍姆斯集团公司诉沃尔纳朵空气循环系统公司案（Holmes Group, Inc. v. Vornado Air Circulation Sys., Inc.），《美国联邦最高法院判例汇编》第 535 卷，始于第 826、831 页（2002 年）。反诉是被告答辩的一部分，因此不可能是充分主张起诉书的一部分；"我拒绝将长期存在的充分主张起诉书规则转变为被告竭力推荐的'充分主张的起诉书或反诉书规则'"。该案件涉及根据第 1338 条（a）款行使的管辖权，该条款涉及专利诉讼请求。充分主张起诉书规则在此法条中以与第 1331 条相同的方式发挥作用。

③ 《美国联邦最高法院判例汇编》第 211 卷，第 149 页（1908 年）。

个允许他们终身免费乘坐铁路的通行证。[①] 他们享用了此通行证长达数十年，直到国会制定了法律禁止铁路发放免费的通行证。[②] 因为有了该法律，路易斯维尔和纳什维尔铁路就拒绝准许莫特利夫妇习惯了的自由通行，莫特利夫妇则在联邦法院起诉铁路一方。大体上，莫特利夫妇的起诉书表示：(1)我们与铁路一方有合同，根据该合同，我们将获得免费的乘坐；(2)铁路一方拒绝兑现该通行权，尽管我们完全遵守了我们被要求遵守的一切；(3)我们认为铁路一方会提出这一新颁布的联邦法律不准它继续兑现我们的通行权；(4)我们认为该法律对我们不适用；以及(5)即使该法律对我们适用，它也因未经公正补偿就剥夺我们的财产而侵犯我们的宪法权利。

在初审法院，问题(1)和(2)确实没有遭受质疑。毕竟，铁路一方得承认它与莫特利夫妇有协议，且它违反了协议。唯一遭质疑的问题是铁路一方的抗辩[问题(3)]是否奏效，或者莫特利夫妇的不遵守联邦法律的理由[问题(4)和(5)]是否排除了联邦法律的适用。换言之，在审理中争执的唯一问题是与联邦法律的适用有关的问题。初审法院处理了该问题，莫特利夫妇胜诉。

联邦最高法院答应审理该案件。[③] 铁路一方向联邦最高法院提出的仅有的疑问是问题(4)和(5)。然而，联邦最高法院拒绝处理它们，因为该案件不在第 1331 条规定的范围内。[④] 换言之，联邦初审法院对该案件没有联邦问题管辖权，因此该法院作出的判决是无效的。为什么？因为有充分主张
200 的起诉书规则。莫特利夫妇充分主张的起诉书——即只提出其诉求，而不是无关材料的起诉书——只涉及问题(1)和问题(2)。这些问题中的任何一

---

① 该事实使你们对莫特利夫妇感到好奇。他们想无限次地免费乘坐据称造成了其伤害的铁路。

② 有趣的是，该法律就是财政改革运动的早期形式，因为国会议员通常接受这种免费的通行证回去探访选民。该法律是一项努力，表明国会议员不能接受铁路方提供免费通行证的贿赂。

③ 在那时，在联邦系统还没有中间的上诉法院。

④ 事实上，在那时普通联邦问题法律的编号不同，并且有争议数额的要求。但在联邦最高法院判决意见中所解释的关键性的“源自(arising under)”用语与第 1331 条的用语是一样的。记住，一旦联邦法院认定没有事物管辖权依据，联邦法院就有责任主动撤销案件。见第四章第三节。

个无论如何都不涉及联邦法律。他们的诉讼请求只是依据州的法律违反合同的诉讼请求;没有和其相关的联邦事项。联邦法律被引入案件的唯一途径是借助铁路一方的答辩,即联邦法律禁止它兑现通行证。莫特利夫妇(恰当地)预料到铁路一方将提出联邦(法)方面的抗辩,但是预期的抗辩不是充分主张的起诉书的一部分。因此,在评估案件是否根据联邦法律产生时,必须忽视它。[①] 联邦最高法院将案件发回初审法院,指示撤销案件。

显而易见,在那时,原告在起诉书中提出了有关联邦法律的事项,这并不意味着依据第 1331 条案件源自联邦法律。诉讼请求本身必须建立在联邦法律的基础上。迫使你们自己适用充分主张的起诉书规则的办法,就是适用这一简洁的检视标准(shorthand test)。询问你们自己:原告正试图维护由联邦法律所赋予的某项权利吗?案件中所涉及的联邦法律只是不让铁路一方发放免费的通行证。它并没有向莫特利夫妇提供任何在诉讼中证明为正当的权利。事实上,莫特利夫妇有关联邦法的仅有的主张是它(指联邦法)不对他们适用。所以,很清楚,他们不是在试图维护任何由该(或任何其他)联邦法律授予的权利。

充分主张的起诉书规则遭到一些人严厉批评。[②] 最显著的批评是该规则清楚地将解决的中心问题为纯粹联邦性的案件导出了联邦法院。莫特利案就是一个极好的例子;即使只有问题(4)和(5)——纯粹的联邦法律问题——被争论,该案件还是不能在联邦法院起诉。当然,结果是这一案件诉至州法院,由州法院认定这一联邦法律问题。只有在联邦最高法院同意复审的极少数的案件中(在这些案件中,当事人付钱诉至联邦最高法院),联邦法院才会处理该(联邦法律)问题。[③] 事实上,这一情况在莫特利夫妇身上

---

① 在起诉书中预测(被告的)答辩并没有什么道德上和职业上的错误。充分主张的起诉书规则只是支持这样的观点:任何这种预测的答辩不能为联邦问题管辖权的依据。

② 见,如唐纳·德恩贝格(Donald Doernberg),"没有这样做的理由;它只是我们的政策:为什么说充分主张的起诉书规则破坏了联邦问题管辖权的目的"(There's No Reason for It; It's Just Our Policy: Why the Well-Pleaded Complaint Rule Sabotages the Purposes of Federal Question Jurisdiction),《黑斯廷斯法律杂志》(*Hastings L. J.*)第 38 期,第 597 页(1987 年)。

③ 记住只有联邦最高法院才能审查州法院的判决,此时只审查州最高法院的判决,只审查有关联邦法律问题的判决。

发生了。在联邦最高法院命令撤销他们的案件后，莫特利夫妇在州法院重
新提起了诉讼。该案件经历了州法院系统的上诉，联邦最高法院最终同意
201 复审案件，针对的是他们在联邦法院原先试图提出的完全相同的联邦问题！
上面探讨过的莫特利案判决意见发表三年后，联邦最高法院裁判了该联邦
问题（莫特利夫妇败诉）。[①]

充分主张的起诉书规则确实产生了这些问题。然而，它有好处，允许及早认定是否存在事物管辖权。法院只需要审视起诉书，而不必等待被告的答辩。如果管辖权可以建立在被告答辩的基础上，在被告事实上提出联邦问题的答辩之前，法院将处于（管辖权）不确定的状态。允许将管辖权建立在原告对答辩的预测上更会产生疑问，因为不能保证被告事实上将提出该问题。在该情况下（即被告没有提出联邦法律问题的情况），即使从来没有引入联邦问题，案件也由联邦法院审理了。因此，尽管有对充分主张起诉书规则的批判，它仍然至关重要："这一界限清晰的规则防止在诉讼当中因联邦问题的产生或消失而（致使）案件在州法院和联邦法院之间转来转去，从而给（司法）系统和当事人带来混乱。"[②]

在第十二章第五节第一目中，我们看到被告可以提出诉讼请求——称为反诉——针对的是待审案件中的原告。在评估原告的起诉书是否提出了一个源自联邦法律的诉讼请求时，法院不应该审视任何由被告提出的反诉，这一点似乎是显而易见的。毕竟，如果不能用被告提出联邦问题的答辩赋予原告起诉书联邦问题管辖权，那么其诉求的主张也同样是不起作用的（unavailing），这一点似乎是清楚的。联邦最高法院在霍姆斯集团公司诉沃

---

① 《美国联邦最高法院判例汇编》第 219 卷，第 467 页（1911 年）。联邦最高法院裁判这些问题的事实证明第 1331 条的范围窄于宪法准予的联邦问题管辖权。只有在这些问题处于《〈宪法〉》第三条的范围内，联邦最高法院才能处理该问题，因为第三条限定了包括联邦最高法院在内的所有联邦法院的管辖权。但是，正如莫特利案的判决意见所主张的，该问题没有满足第 1331 条的要求。因此，第 1331 条的范围比《〈宪法〉》第三条窄。

② 阿瑟·米勒："诡诈的诉答文书：一个探究界定的理论"，载《得克萨斯法律评论》（Arthur Miller, Artful Pleading: A Doctrine in Search of Definition, *Tex. L. Rev.*）第 76 期，始于第 1781、1783 页（1998 年）。

尔纳朵空气循环系统公司案(Holmes Group v. Vornado Air Circulation)[①]中就是这样认为的,在该案中,原告的诉求不源自联邦法律,但被告的反诉却源自联邦法律。该案件不能援引联邦问题管辖权,因为确实源自联邦法律的诉求不是原告充分主张起诉书的一部分。

充分主张起诉书规则在寻求宣告判决的诉讼中遭遇了特殊问题。我们认为多数原告是在寻求通常所称的强制性救济(coercive relief)——一个命令原告支付金钱(赔偿金)或命令其做或不做某事(禁令)的命令。然而,对宣告性的判决,原告寻求的是一个法院界定当事人之间相对权利的命令。因为(《宪法》)第三条第二款规定联邦法院只能审理"案件(cases)"或"争议(controversies)",因此它们不能发布咨询意见(advisory opinions)。为了确保在宣告性判决的程序中不发布咨询意见,国会要求请求作出宣告性判决的申请只能"在实际存在纠纷的案件中"提出。[②] 202

充分主张起诉书规则在宣告性判决案件中如何发挥作用呢?毕竟,对宣告性的判决,提起诉讼而没有寻求强制性救济的人可能是原告。已故的查尔斯·艾伦·赖特(Charles Alan Wright)教授总结了一些案件,表示:"只有因缺乏宣告性判决程序,可能已经提起必需的强制救济诉讼(coercive action)时,宣告性判决诉讼(declaratory action)才可以由联邦法院受理"。[③]例如,假设专利的持有人寻求一个宣告:其专利是有效的,被告正侵犯该专利。其诉求引发联邦问题管辖权,因为她可以同样容易地提出赔偿金或其

---

① 《美国联邦最高法院判例汇编》第535卷,始于第826、831页(2002年)["我们之前的案件只是要求我们处理联邦法院的答辩而非联邦法院的反诉是否能建立起'源自(联邦法律)的'管辖权。尽管如此,这些案件是根据原则裁判的,即联邦管辖权一般只有'当联邦问题呈现在原告适当提出的起诉状中的事实上时'才存在。……追随之后的是反诉——它作为被告答辩的一部分出现——不能作为'源自(联邦法律)的'管辖权依据发挥作用。"]尽管霍姆斯集团案(Holmes Group)是根据第1338条(处理专利侵权的条文)而不是第1331条裁决的,但联邦最高法院指出两个法律中的源自语言被给予了同样的解释。毫无疑问霍姆斯集团案适用于第1331条。

② 《联邦宣告性判决法》(*Federal Declaratory Judgment Act*),《美国法典》第28编,第2201条、第2202条。该法只是提供了一种救济而没提供事物管辖权的依据。斯凯利石油公司诉菲力普斯石油公司案(Skelly Oil Co. v. Phillips Petroleum Co.),《美国联邦最高法院判例汇编》第339卷,第667页(1950年)。

③ 赖特和凯恩(Wright & Kane),《联邦法院》,第113页。

他的强制性救济的诉求。或者，假设莫特利案中的铁路一方起诉，寻求宣告它据以拒绝兑现莫特利夫妇通行证的联邦法律是有效的。该案件不能援引联邦问题管辖权，因为铁路一方寻求宣告性判决的诉求和莫特利夫妇的寻求强制性救济的诉求都不是根据联邦法律产生的。[①]

不管充分主张起诉书规则的优点和缺点为何，它仍然是对援引联邦问题管辖权能力的重要的限制。然而，它不是唯一的限制。

## 四、另一项法定的限制：联邦问题的中心性

法院对第 1331 条下的联邦问题管辖权施加了第二个限制。这一个限制比充分主张的起诉书规则更难给出概念，许多教授在基础的《民事诉讼法》课程中不阐述这一内容。它涉及可被称为联邦法是所提诉讼请求中心的东西。这是一个相对来说尚未定形的探究，要求我们审视一些（相互间）
203 很难调和的联邦最高法院的判决。如我们将看到的，该问题之产生是因为一些诉讼请求是州法和联邦法的混合物（admixtures）。更具体地说，有时州法律产生了一项诉讼权利——一项诉讼请求——而它却要根据联邦标准加以衡量，有时情况相反。

开端是美国韦尔沃克斯公司诉莱恩和鲍勒公司案（American Well Works Co. v. Layne&Bowler Co.），[②]霍姆斯（Holmes）法官起草了该案的多数派意见。案中 A 公司生产抽水机。B 公司拥有抽水机上的专利（专利本质上是联邦授予的排除其他人制造、使用、销售或提供销售专利产品的权利）。B 公司显然认为 A 公司的抽水机侵犯了其专利，但没有起诉（尽管它正考虑这样做）。相反，A 公司起诉了 B 公司，指控 B 公司错误地宣称 A 公司的抽水机侵犯了 B 公司的专利。进而，它指控 B 公司通过威胁要起诉购买 A 公司抽水机的任何人，驱赶其客户。A 公司将其诉讼请求建立在州的贸易诽谤法上。尽管州的法律产生了所提出的诉因，但诉讼将集中在一个

---

① 铁路方没有提出以联邦制定法为依据的救济诉求。根据充分主张的起诉书规则，如我们上面探讨的，莫特利夫妇也没有提出该诉求。

② 《美国联邦最高法院判例汇编》第 241 卷，第 257 页（1916 年）。

联邦问题上：A 公司的抽水机是否侵犯了 B 公司的（联邦）专利。联邦最高法院认为该案件不引起联邦问题管辖权，[①]而采纳了一个机械的检视标准："诉讼源自确立诉因的法律"。[②] 因为诉讼请求是由州法律确立的，所以案件不是源自联邦法律。这一方法有时被称为霍姆斯检视标准（Holmes test）（因为霍姆斯法官的缘故）或则叫"创建检视标准（creation test）"（因为它审视什么法律创建了诉讼请求）。

尽管霍姆斯检视标准容易适用，但仅仅 5 年后，联邦最高法院似乎就忘记了它。在史密斯诉堪萨斯城产权和信托公司案（Smith v. Kansas City Title & Trust Co.）[③]中，原告是一个公司的股票持有人，他提起诉讼，意图阻止该公司投资根据联邦法律[《联邦农业贷款法》（the Federal Farm Loan Act）]发行的公债（bonds）。他辩称该联邦制定法违反了宪法，所以公司的投资违反了密苏里州的法律（该法禁止公司向非法发布的投资项目投资）。该案件似乎与韦尔沃克斯案（Well Works）难以区分——州的法律创建了诉讼请求，但诉讼集中在联邦法律（一项联邦法律的合宪性）上。然而，令人惊讶的是，联邦最高法院支持了联邦问题的管辖权。根据多数派的意见（可以预见，霍姆斯法官持反对意见），"似乎从[起诉书]中可以看出来……获得救济的权利依赖于对美国宪法或法律的解释或适用，而这一联邦诉讼请求……建立在合理的基础之上时，（联邦）地区法院有管辖权。"[④]整个分析似 204
乎与史密斯案是相反的，因为法院愿意评估可以被叫做"诉讼真实性（litigation reality）"的东西——即如果案件付诸庭审，将实际产生什么问题。

13 年之后，联邦最高法院用穆尔诉切萨皮克和俄亥俄铁路案（Moore v. Chesapeake & Ohio Railway）[⑤]把事情搞得更糊涂了，在该案中，原告根

① 该案涉及第 1338 条之前的条文，涉及专利案件，而不涉及第 1331 条，即一般联邦问题的制定法。然而，清楚的是两个法条中"源自（arising under）"的解释是相同的。

② 美国韦尔沃克斯案（American Well Works），《美国联邦最高法院判例汇编》第 241 卷，第 260 页。

③ 《美国联邦最高法院判例汇编》第 255 卷，第 180 页（1921 年）。

④ 同前注，第 199 页。

⑤ 《美国联邦最高法院判例汇编》第 291 卷，第 205 页（1934 年）。

据州的雇主责任法起诉了其雇主。根据该项法律，如果雇主违反了“为雇员安全而制定的”法律，雇主不能主张原告犯有混合过错(contributory negligence)。原告声称雇主违反了《联邦安全设备法》(the Federal Safety Appliance Act)。因此，和韦尔沃克斯案和史密斯案一样，穆尔案也涉及在一个由州创设的诉讼请求，而案件却根据对联邦法律的解释裁决。在穆尔案中，联邦最高法院认为没有联邦问题管辖权。

两年之后，联邦最高法院裁决了格利诉梅里第安市第一国民银行案(Gully v. First National Bank in Meridian)，[①]该案以法兰克福特(Frankfurter)法官写的某种有代表性的优雅语言为特色。在该案中，国民银行将其权利和责任转让给了另一家(继受)银行。根据合同，继受银行负责州的税收，税收是根据国民银行的股份估定的。继受银行没有支付税收，州的政府官员在州法院起诉了该银行。继受银行将案件转移到联邦法院。初审法院支持联邦问题的管辖权。初审法院承认诉讼请求是根据州的法律产生的，但它对这一事实印象深刻：向国民银行征税的权力是在联邦法律中建立起来的。联邦最高法院推翻了该结论，否决了联邦问题的管辖权。其分析与史密斯案中的分析类似，因为联邦最高法院审视了诉讼的真实方面，并得出结论：联邦问题只是“潜藏在”案件的背景中且很可能并不产生。因此，总而言之，格利案是相当容易的。它涉及源自州法律的诉讼请求，在该诉求中，诉讼将集中于州合同法的问题。很清楚，不需要联邦法院。

此后，联邦最高法院有50年的时间没有述及该领域，直到它裁判让人愤怒的梅里尔道药房公司诉汤普逊案(Merrell Dow Pharmaceuticals, Inc. v. Thompson)。[②] 该案件涉及要求损害赔偿的诉讼请求，据称损害是由原告们的母亲在怀孕期间摄入盐酸双环胺药(Bendectin)引起的。原告们提出了一系列的以州法律为依据的诉讼请求，包括法律上的当然过失(negli-

---

① 《美国联邦最高法院判例汇编》第299卷，第109页(1936年)。

② 《美国联邦最高法院判例汇编》第478卷，第804页(1986年)。

gence per se*）。他们声称作为药物生产者的被告犯有法律上的当然过失，因为它据称因为“错误标注（misbranding）”盐酸双环胺药而违反了《联邦食品、药品和化妆品法》[the Federal Food，Drug，and Cosmetic Act（FD-
CA）]。所以，法院再次面对一个由州法律产生诉求而诉讼却集中在联邦法 205
律解释方面的案件。① 联邦最高法院认为没有联邦问题管辖权。在下面的图表中复习一下这四个案件。在没有认定这个脱离常轨的史密斯案（Smith）判决是否仍然是有效法律的情况下，法院似乎不可能裁决梅里尔道案（Merrell Dow）。

| 案件 | 产生诉求的法律 | 要解释的法律 | 第1331条规定的管辖权 |
|---|---|---|---|
| 韦尔沃克斯公司案（Well Works） | 州的 | 联邦的 | 没有 |
| 史密斯案（Smith） | 州的 | 联邦的 | 有 |
| 穆尔案（Moore） | 州的 | 联邦的 | 没有 |
| 格利案（Gully） | 州的 | 州的 | 没有 |
| 梅里尔道案（Merrell Dow） | 州的 | 联邦的 | 没有 |

在详细考察梅里尔道案（Merrell Dow）之前我们需要一点背景知识。有时候国会通过了一个禁止某种行为的法律，但却没有创建一个允许该行为的受害人提起诉讼的诉因。通俗的说法，国会没有创设“一个私人的诉讼权利”。相反，这些法律经常允许联邦政府的行政机关采取强制行动（enforcement actions），或者允许总检察长（the Attorney General）对那些违反法律的人提起寻求禁令的诉讼（suits for injunctions）或者甚至提起刑事诉讼。然而，联邦法院偶尔会认为，即使法律没有这样表述，国会仍确实创设了一个私人的诉讼权利。这些“隐含的诉讼权利”制造了纷争，因为它们将

* negligence per se，指由于法律明确规定了应承担的义务，如违反义务而造成损失的，则违反行为有无可争议的过失，对法定义务的违反属法律上的当然过失。——译者

① 原告在州法院提起了诉讼。是被告试图援引联邦管辖权；其这么做的途径是将案件“转移（removing）”到联邦法院。我们在第四章第八节探讨案件转移。

没有明确包含在法律文本中的目标说成国会的意思。然而,当法院裁决这一隐含的诉讼权利时,就清楚存在联邦创设的诉讼请求。在这样的案件中,霍姆斯检视标准(the Holmes test)支持援引联邦问题管辖权(因为联邦法律确立了该诉讼请求)。

在梅里尔道案(Merrell Dow)中,当事人同意《联邦食品、药品和化妆品法》没有创设一个私人诉讼权利——不管是用明示的方式还是默示的方式——以便起诉违反该法规定的行为。因此,梅里尔道案涉及一个州创设的诉讼请求[基于法律上的当然过失(negligence per se)行为]。但是,如所指出的,裁决被告的行为是否构成法律上的当然过失,需要适用在联邦法律(《联邦食品、药品和化妆品法》)所宣布的标准。联邦最高法院是采纳史密斯案(Smith)的结论呢还是采纳穆尔案(Moore)的结论?多数派[5个法官,在由史蒂文斯(Stevens)法官起草的判决意见中]提到缺乏有关联邦法律的"重要性",并强调国会没有创设联邦诉讼权利的事实。多数派的结论
206 是,一旦国会决定不提供联邦的救济,则联邦最高法院"不能以使得[该决定]'无意义'的方式自由地'补充'该决定。"[①]

这一结论至少存在两个问题。第一,它是没有依据的推论(non sequitur)。没有什么东西与国会不创设诉讼权利的决定以及允许源自该法律的案件援引联邦问题管辖权的决定相抵触。正如一位评论家所指出的,"给州创建的诉因提供联邦管辖权……其本身不是'补充'联邦的救济;州的救济本身已经做了这一点了。"[②]第二,联邦最高法院的结论似乎是命令推翻史密斯案,因为该案的判决理由明显与法院所表达的内容相冲突。然而,奇怪地是,多数派的判决意见并没有推翻史密斯案。相反,它试图调和史密斯案和穆尔案,说史密斯案中"联邦利益的性质"比穆尔案中的更为重要。[③]

布伦南(Brennan)法官的不同意见(多数评论家发现该意见令人信

① 梅里尔道案,《美国联邦最高法院判例汇编》第478卷,第812页,注释10。

② 《穆尔论联邦实践》第15卷,第103章第31节第[4]目(强调为原来就有)。

③ 梅里尔道案(Merrell Dow),《美国联邦最高法院判例汇编》第478卷 第814页,注释12。在脚注中叙述了围绕着史密斯案是否继续有效的全部辩论。

服)[①]得出的结论是,史密斯案和穆尔案是不可调和的,而穆尔案(它从来没有产生多少追随者)应该被推翻。[②] 在其看来,多数派意见对联邦利益"重要性"的信赖是如此的易变(malleable),以至于不可行。事实上,梅里尔道案之后,初审法院不清楚一个重要联邦问题的要求是否需要提出联邦宪法问题而不是联邦制定法的问题。

在一个更加基础的层面,梅里尔道案的多数派意见和反对意见反映了对联邦问题管辖权作用的不同看法。多数派意见清楚地将第 1331 条的目的看成是:为实现联邦创设的救济提供一个联邦法院。如果人们采纳这样的看法,国会没有创设诉讼权利的事实意味着联邦初审法院(的管辖)是不必要的——没有(需要)实现的联邦权利。另一方面,布伦南(Brennan)法官清楚地支持一个范围更广的观点。对他来说,第 1331 条具有确保联邦法律统一性的作用。在他看来,一旦如在梅里尔道案中一样,案件的结果依赖于
对联邦法律的解释,就应该有联邦初审法院的管辖权。[③] (关于那一点,根 207
据此看法,在像莫特利案这样的案件中,应该有联邦问题管辖权。见第四章第六节第三目。然而,甚至布伦南法官也拒绝取消案中确立的令人尊重的充分主张的起诉书规则。[④])

---

① 见,如《穆尔论联邦实践》第 15 卷,第 103 章第 31 节第[4]目;帕蒂·阿莱瓦:"权利的逝去:梅里尔道案后制定法联邦问题原则之麻烦",载《俄亥俄州法律杂志》(Patti Alleva, Prerogative Lost: The Trouble with Statutory Federal Question Doctrine After Merrell Dow, *Ohio St. L. J.*)第 52 期,第 1477 页(1991 年)。马丁·雷迪希:"州和联邦法院司法事务分配的再评估:联邦管辖权和'火星纪事'",载《弗吉尼亚法律评论》(Martin Redish, Reassessing the Allocation of Judicial Business Between State and Federal Courts: Federal Jurisdiction and "The Martian Chronicles," Va. L. Rev.)第 78 期,第 1769 页(1992 年)。

② 梅里尔道案,《美国联邦最高法院判例汇编》第 478 卷,第 821 页,注释 1(布伦南法官的不同看法)。

③ 该初审法院根据第 1331 条行使管辖权是必要的,因为联邦最高法院自由决定的对由州法院裁决案件的复审只可能在很少的情况下被援引。

④ 特许权税务委员会诉建筑劳工休假信托案(Franchise Tax Board v. Construction Laborers Vacation Trust),《美国联邦最高法院判例汇编》第 463 卷,第 1 页(1983 年)。该案件的事实致使已故的赖特(Wright)教授将其称为"来自地狱的乔装打扮成联邦诉讼的考试题"。赖特和凯恩(Wright & Kane),《联邦法院》(Federal Courts)第 110—111 页,注释 3。幸运的是,他是在探讨高年级的《联邦法院》课程的考试,而不是《民事诉讼法》的考试。

幸运的是,梅里尔道案并非定论。2005 年,联邦最高法院在格拉布尔和松斯金属产品诉达鲁埃案(Grable & Sons Metal Products v. Darue)[①]中提供了一些非常需要的指导。在此该中,国内税务署[the Internal Revenue Service (IRS)]以没有交税为由查封了原告的土地。原告没有赎回该财产,之后它被公开拍卖给了被告。此后,原告在州法院起诉了被告,根据的是州法律规定的请求确定物权归属(quiet title)的诉讼请求。原告的主张是被告没有从国内税务署获得有效权利,因为国内税务署没有依照程序告知原告说它没有交税。被告将案件转移到了联邦法院,联邦最高法院全体法官一致支持有联邦问题管辖权。这样做时,联邦最高法院使史密斯案复活了,而拒绝了任何的联邦问题管辖权需要有联邦创设的诉讼请求的观点。相反,州法规定的诉讼请求因足够程度地牵涉联邦法律而能够满足中心性的要求(the centrality requirement)。因此,联邦问题管辖权之存在至少部分地让下级联邦法院可以解释联邦法律。该联邦法律不需要是宪法性的——联邦制定法的问题就足够了。

此外,联邦最高法院提出了在认定州法律规定的诉讼请求是否应该被视为根据联邦法律产生时应考虑的三个因素。具体地说,如果(1)案件必定产生一个联邦问题,(2)该联邦问题实际上是被争论的且是重要的,以及(3)联邦管辖权将不会干扰"任何国会批准的联邦和州之间司法责任的平衡",[②]则中心性的要求得到了满足。该检视标准出奇的实用主义。它允许法院审视诉讼的真实性——评估如果案件进入庭审阶段,是否实际诉讼的是联邦问题。第三个因素也反映了实用主义。法院将这一因素作为"否决权"看待,如果意识到联邦问题管辖权会使这些法院忙得不可开交,该否决权就可以将案件挡在联邦法院之外。

根据格拉布尔案的案件事实,联邦问题确实被争辩。事实上,作为诉讼的真实事项,国内税务署是否满足联邦法律规定的通知要求是唯一被争论

---

① 《美国联邦最高法院判例汇编》第 545 卷,第 308 页(2005 年)。

② 同前注,第 313—314 页。

问题。它也是实质性的问题。关于这一点上，联邦最高法院注意到了联邦政府在快速收税中拥有的利益。此外，行使联邦管辖权不影响案件在联邦 208
法院和州法院的分配；很少有以州法律为依据的涉及不动产权利的案件引发严重的联邦问题。因此，行使管辖权不会使联邦法院应接不暇。与此相对，联邦最高法院指出，在梅里尔道案中承认联邦问题的管辖权将使大量的侵权案件从州法院转移到联邦法院。

这后一要点也可以从另一个角度看待。通过拒绝受理会使联邦法院不堪重负的案件，格拉布尔检视标准(the Grable test)也给州法院留下了解释和发展州法律的任务。例如，在梅里尔道案中，原告根据州法律提出了几个前沿性的普通法上的侵权理论。如果联邦法院认可联邦问题管辖权，许多的这类案件将诉至联邦法院，这在某种程度上将剥夺州法院影响州法律发展的能力。

在格拉布尔案裁判后的一年，联邦最高法院在帝国健康选择保险公司诉麦克维案(Empire Healthchoice Assurance, Inc. v. McVeigh)[①]中拒绝了联邦问题管辖权。在该案中，一家保险公司根据州的合同法提起诉讼，要求返还其根据联邦法律已经支付给被保险人的赔偿金。根据合同，要求被保险人将从其他途径收到的补偿转付给保险公司。该诉讼没有援引联邦问题管辖权，部分的原因是它没有提出重要的联邦法律问题。此外，作为诉讼真实事项，尚不清楚裁决纠纷需要适用任何联邦法。

总而言之，格拉布尔案是对联邦问题管辖权法学理论的一个大受欢迎的补充。当然，霍姆斯检视标准(the Holmes test)仍然是评估中心性的首要标准。其不可触犯的检视标准在大多数案件中将起到决定性作用。但霍姆斯检视标准并不总是定论。在适当案件中，格拉布尔案以一套实用主义的标准取代了其规则。[②]

---

① 《美国联邦最高法院判例汇编》第 547 卷，第 677 页(2006 年)。

② 见理查德·D. 弗里尔："有关规则和标准：'源自'管辖权法定限制的调和"，载《印第安纳法律杂志》(Richard D. Freer, Of Rules and Standards: Reconciling the Statutory Limitations on "Arising Under" Jurisdiction, *Ind. L. J.*)第 82 期，第 319 页(2007 年)。

# 第七节 附属管辖权

**何时你们需要它；何时你们不需要它**

许多学生对附属管辖权颇伤脑筋。麻烦常常是由不理解附属管辖权所处理的基本要点所造成的。对于这一点，原告已经提起了一个满足了某种
209 联邦事物管辖权的诉讼请求；她提起了一个满足异籍、外国人或联邦问题管辖权要求的诉讼请求。[①] 我们可以说，该诉讼请求满足了一个“独立的”事物管辖权依据——它本身可以诉至联邦法院。因为这一点，案件目前在联邦法院。但是（这是关键性的）在案件中可能有所提出的附加诉讼请求。原告本人可能在其最初的起诉书中有附加的诉讼请求（或者之后通过修改起诉书而增加了一些附加的诉讼请求）。被告可能提出未决案件中的诉讼请求（可能是回过头来针对原告，可能是针对共同被告，甚至可能是针对还没有加入到案件中的人）。事实上，一个诉讼之外的人（absentee）[一个非当事人（nonparty）]可能会介入案件，并提出诉讼请求或被提出诉讼请求。关键点在这儿：在联邦法院提出的每一单个的诉讼请求（不只是原告最初提出的让案件进入联邦法院的那个诉讼请求）都必须满足联邦事物管辖权的依据。

因此让我们区分两种诉讼请求：最初的引发管辖权的诉讼请求，根据该诉求案件进入了联邦法院审理，和所有这些附加的诉讼请求。我们可以将这些（诉讼请求）简单地称为，一边是“最初的（original）”或“引发管辖权的（jurisdiction-invoking）”诉讼请求，而另一边是“附加的（additional）”诉讼请求。它们全部都必须有（联邦）事物管辖权的依据，否则完全不能在联邦法院提出。显而易见，如果附加的诉讼请求满足了独立的事物

① 记住还有其他的联邦事物管辖权的依据，如有关美国是一方当事人的案件，或个人和国家之间的纠纷。《民事诉讼法》课程很少阐述这样的依据。关注点，如本章上面所示，是异籍、外国人和联邦问题。

管辖权依据——如异籍、外国人或联邦问题——它就能在联邦法院被提出。

但是，如果这些附加诉讼请求的其中之一不能满足独立的（管辖）依据，如异籍、外国人或联邦问题管辖权，怎么办呢？在这样的情况下，可能的结果是根据附属管辖权（supplemental jurisdiction），该诉讼请求仍然可以留在联邦法院审理。所以，附属管辖权允许联邦法院审理本身不能诉至联邦法院的诉讼请求——即，不能援引异籍、外国人或联邦问题（管辖权）[①]的诉讼请求。但这里有两点至关重要。第一，附属管辖权之获得永远不可能是为了让最初提起的诉讼案件本身进入联邦法院；它只为附加的诉讼请求（诉至联邦法院）而获得。为了让案件诉至联邦法院，原告绝对必须提出至少一个满足了异籍、外国人或联邦问题（或某种其他的初始联邦事物管辖权依据）（要求）的诉讼请求。在此情况发生之后，才可能获得附属的管辖权，结果是让附加的诉讼请求进入了联邦法院。第二，如果该诉讼请求有标准的独立的（联邦）事物管辖权依据，则不需要附属的管辖权。换言之，如果该诉讼请求没有异籍、外国人或联邦问题管辖权，附属管辖权才是必要的，才是相关的。

- P是一个明尼苏达州的州民，其对D提出了一个依据州法的诉讼请求（a state law claim），被告也是明尼苏达州的州民。该案件不能诉至联邦法院。没有异籍管辖权，没有联邦问题管辖权（因为P提出的是依据州法的诉讼请求）。附属管辖权在此不能适用；除非P提出了满足异籍、外国人或联邦问题管辖权要求的诉讼请求，案件因而恰当地处于联邦法院，否则不能获得附属管辖权。 210
- P是明尼苏达州的州民，被告D是一位威斯康星州的州民，原告提出(1)被告侵犯了P根据联邦证券法享有的权利，和(2)被告也侵犯了P根据州证券法享有的权利。原告要求获得40万美元的赔偿金。这儿，诉求(1)引发联邦问题管辖权，所以案件进入了联邦法

① 或者联邦事物管辖权的任何其他初始依据。

院。诉求(2)也引发异籍管辖权。所以,诉求(2)有独立的联邦管辖权依据。它本身就"归属于(belongs)"联邦法院。因此,附属管辖权是不相干的(对其的探讨不会给你们的教授留下深刻印象——至少不会留下好印象)。

- P是一个明尼苏达州的州民,被告D也是明尼苏达州的州民,原告主张(1)D侵犯了原告根据联邦证券法享有的权利,和(2)D也侵犯了原告根据州证券法享有的权利。原告要求获得40万美元的赔偿金。这儿,诉求(1)引发联邦问题管辖权,因此案件进入了联邦法院。然而,诉求(2)没有满足异籍管辖权的要求(因为压根就没有异籍)。诉求(2)也没有引发联邦问题管辖权(因为P提出的是根据州法律的诉讼请求)。
    - 通过适用附属的管辖权,可以让诉求(2)进入联邦法院。首先,案件本身已经处于联邦法院[因为诉求(1)引起了联邦问题管辖权],所以我们这儿探讨对附加诉讼请求的管辖权。其次,附加的诉讼请求不能援引众多基本的、独立的(联邦)事物管辖权依据中的一个。

**附属管辖权的合宪性:吉布斯检验标准(The Gibbs Test)**

因此,现在我们理解,附属管辖权让非联邦的(nonfederal)、非异籍的(nondiversity)附加诉讼请求进入联邦法院。但在什么情况下可以这样做呢?为了回答这一问题,我们需要问一个更为基本的问题:为什么这是符合宪法的?毕竟,联邦法院拥有有限的事物管辖权(就我们的目的,基本上是审理异籍、外国人和联邦问题案件)。该有限的事物管辖权是《宪法》规定的。那么,联邦法院受理的诉求未满足联邦事物管辖权有限依据中的一个,这怎么可能符合宪法呢?

211 答案是:当原告提起援引联邦事物管辖权的最初的诉讼请求(例如,异籍、外国人或联邦问题诉讼请求)时,联邦法院行使了对整个"案件(case)"或"纠纷(controversy)"的管辖权,该诉求是其中的一部分。(《宪法》)第三条准予(联邦法院)的管辖权涵盖涉及各种联邦管辖权项的“案件”或“纠纷”。[①] 因此,联邦最高法院长期以来一直承认,如果并且只要一诉求和援引联邦法院管辖权的诉求关系密切,以至于可视为与该诉求为同一案件或纠纷之一部分,联邦法院就可以行使对(其本身没有满足独立的联邦事物管辖权依据的)该诉讼请求的管辖权。换言之,如果附加的诉讼请求与原告最初提出的诉讼请求(它引起异籍、外国人或联邦问题)关系如此密切,以至于是同一个完整纠纷的一部分,联邦法院就能够审理该附属的诉讼请求。

尽管联邦最高法院首次承认附属管辖权概念是在 1861 年,[②]在以后的岁月中断断续续地(sporadically)阐述了这一话题,[③]但其在这一领域的最重要的案件却是 1966 年判的联合矿藏工人诉吉布斯案(United Mine Workers v. Gibbs)。[④] 在该案中,原告和被告都是田纳西州的州民,[⑤]所以不可能有异籍管辖权。将案件事实简化一点,原告提出了两个诉讼请求:(1)被告侵犯了他根据联邦劳动法享有的权利,和(2)被告的同一行为也侵犯了原告根据州的法律所享有的权利。显然,诉求(1)引发联邦问题管辖权(因为诉求根据联邦法律产生)。同样显而易见的是,诉求(2)没有引起异籍或联邦问题管辖权(当事人是同一个州的州民,诉讼请求是根据州的法律而不是联邦法律产生的)。换一个表述方式,诉求(2)本身不能进入联邦法院;它没有独立的(联邦)事物管辖权依据。

---

① 在列举联邦事物管辖权时,第三条第二款提到了涉及一些管辖权项的“案件”和涉及其他项的“纠纷”。在案件和纠纷的范围上没有区别。

② 弗里曼诉豪案(Freeman v. Howe),《美国联邦最高法院判例汇编》第 65 卷,第 450 页(1861 年)。

③ 见,如胡姆诉奥斯勒案(Hum v. Oursler),《美国联邦最高法院判例汇编》第 289 卷,第 238 页(1933 年)。

④ 《美国联邦最高法院判例汇编》第 383 卷,第 715 页(1966 年)。

⑤ 原告是自然人。为什么他是田纳西州的州民呢?被告是一个非公司组织。为什么它是田纳西州的州籍呢?经常检测这些要点,以便它们成了你的本能的反应。(答案是:就确定异籍管辖权的目的,美国国民被视为他们拥有住所州的州民;非公司组织被视为其成员为其州民的所有州的州民。)见第四章第五节第三目。

然而，联邦最高法院认为，联邦法院对诉求(2)拥有附属管辖权，[①]因为该诉求与援引了联邦事物管辖权的诉求“源自相关事实(operative fact)的
212 共同的核心(common nucleus)”。[②] 因此，共享这一相关事实共同核心的诉讼请求，是与宪法规定的引起联邦管辖权诉求的同一案件或纠纷之一部分，并因此可以由联邦法院裁判。在几十年里，法院和评论家们同意，如果诉讼请求出自相同的“交易或事件”，则“共同核心”检视标准总是得到满足。(事实上，我们将从下面部分即从第 216 页开始的部分看到，“共同的核心”比“交易或事件”范围还要广。)[③]这是一个很好的公式，因为根据《联邦规则》(如我们在整个第十二章看到的)许多的诉讼合并规则使用了“交易或事件”的标签。

吉布斯案提出了另外一个有趣的问题。在它诉至联邦最高法院之前，该案件已经被审理过，并且陪审团已经裁决在诉求(1)和诉求(2)上原告均胜诉。但是，审案的法官不接受诉求(1)上的陪审团裁决，因为他认为，作为

---

① 该法院提到了“依从的(pendent)”管辖权。在附属管辖权法律即第 1367 条在 1990 年通过之前，法院不称“附属的(supplemental)”管辖权，而称“依从的(pendent)”和“从属的(ancillary)”管辖权。[依从的(pendent)一词主要用以指原告提起的诉讼请求，而从属的(ancillary)一词主要用以指非原告们(nonplaintiffs)提起的诉讼请求。]在 1769 条中，国会对整个领域使用了一个表示类属的名称——附属管辖权(supplemental jurisdiction)。所以，不要让老案件对依从的(pendent)或从属的(ancillary)管辖权之探讨困扰你们；今天，整个领域都被称为附属的管辖权。

② 用更实用主义的方式表达，法院表示附属的管辖权对这样的一些诉讼请求更合适，即人们“通常……期待审理……一个司法诉讼中所有事项的”诉讼请求。吉布斯案(Gibbs)，《美国联邦最高法院判例汇编》第 383 卷，第 726—727 页。然而，奇怪的是，所引用的话之前用了“但是如果(But if)”，而不是“且如果(And if)”。然而，现实中，所引用的要点很少那么意味深长。显而易见，如果(两个)诉讼请求在交易上是相互关联的，人们将期待将其一并审理，因为一组事实的证据支撑着两个诉讼请求。此外，正如我们在第十一章第二节中看到的，诉讼请求排除原则(the doctrine of claim preclusion)可能要求原告在一个案件中提出在交易上有关联性的多个诉讼请求，否则就放弃了提出它们的权利。

③ 事实上，尽管《联邦规则》不能扩大联邦法院的管辖权(《联邦民事诉讼程序规则》第 82 条)，但联邦最高法院在吉布斯案中承认，规则中的适当合并观点有权得到尊重。吉布斯案(Gibbs)，《美国联邦最高法院判例汇编》第 383 卷，第 725 页。总体见理查德·D. 弗里尔：“避免重复诉讼：原告自治和法院在界定诉讼单元上作用的再思考”，载《匹兹堡大学法律评论》(Richard D. Freer, Avoiding Duplicative Litigation: Rethinking Plaintiff Autonomy and the Court's Role in Defining the Litigative Unit, *U. Pitt. L. Rev.*)第 50 期，始于第 809 页，第 815—817 页(1989 年)。

法律事项，证据不支持这一诉求。① 所以，案件中唯一遗留需要最终裁决的诉求是（联邦法院）对之仅有附属管辖权的诉求。引起（联邦法院）管辖权的诉求现在没了！联邦法院可以对这一（仅有附属管辖权的）诉讼请求作出判决吗？联邦最高法院解决问题的办法是区分联邦法院的权力（power）和其使用附属管辖权的自由裁量的决定（discretionary decision）。

如果非联邦问题的（nonfederal）、非异籍的（nondiverse）诉求满足了共同核心检视标准，则联邦法院有权审理它。管辖权是适当的。但根据联邦最高法院的意见，存在一系列的自由裁量的因素，根据这些因素，有权审理诉讼请求的法院可以决定不行使该权力。我们下面详细探讨这些因素。例
如，如果引起（联邦）管辖权的诉求在诉讼的早期就被驳回了，或者如果州的 213
法律问题在诉讼中居实质性的支配地位，或者如果将引起（联邦）管辖权的诉求和附属的诉求一并审理将把陪审团弄糊涂，则法院可以拒绝行使附属的管辖权。② 在吉布斯案中，非联邦问题的（nonfederal）、非异籍的（nondiverse）诉讼请求满足了共同核心的检视标准（因为同一行为被指控为既违反了联邦的法律，又违反了州的法律），并且直到庭审完了后才被驳回（换言之，只在联邦法院已经投入了大量时间和精力后才被驳回）。因此，有拒绝所需要的权力但没有拒绝所需要的自由裁量因素。联邦最高法院支持了初审法院的判决。

行使附属管辖权的实际后果是值得注意的。假设联邦最高法院不准（联邦法院行使）对吉布斯案中诉求（2）的附属管辖权。必然发生两个结果中的一个，两者都是糟糕的。第一，因为原告不能在联邦法院提出诉求（2），她只能在联邦法院对诉求（1）进行诉讼，而在州法院提出一个以诉求（2）为依据的独立的诉讼。该结果对原告来说是不经济的，其现在必须支付两个分开的诉讼费用（并从事两个分开的诉讼）。它对司法系统来说也

---

① 在吉布斯案被裁决时，该程序被称为否决陪审团裁决的判决[judgment notwithstanding the verdict (JNOV)]。现在，它被称为重新提出作为法律事项判决的申请（a renewed motion for judgment as a matter of law）。见第九章第五节。

② 吉布斯案（Gibbs），《美国联邦最高法院判例汇编》第383卷，第727页。

是不经济的，因为它要求审理两个案件，要求两个系统裁决产生于同一组事实的纠纷。（另外，可以想象，两个案件解决结果的不一致，这可能会侵蚀公众对司法体系的信心）。第二，原告可以通过只在州法院提出诉求(1)和诉求(2)而避免这些问题。这一方法是经济的，但要求原告让联邦问题的诉讼请求避开联邦法院。此外，如果引起（联邦）管辖权的诉讼请求处于联邦法院的专属管辖权范围内，她就不能这么做，而不得不继续忙于两个案件。

因此，附属的管辖权提升了效率、方便和结果的一致。它允许联邦法院裁决与引起联邦事物管辖权的诉求在交易上有关联的所有的诉求。但附属管辖权也引发了一些问题。显而易见的是，如果附属管辖权扩展至异籍案件的限制情况，它将抽走完全异籍规则的精华。例如，设原告是马里兰州的州民，她起诉 D—1，一个弗吉尼亚州的州民，依据州的法律要求赔偿 40 万美元。这一诉讼请求引起异籍管辖权。现在假设原告增加了一个在交易上具有关联性的根据州的法律提出的诉讼请求，起诉 D—2，D—2 是一个马里兰州的州民。该诉讼请求既不引发异籍也不引发联邦问题（管辖权）。但因为它与指控 D—1 的诉求产生于同一个交易（指控 D—1 的诉求恰当地处于联邦法院），它就满足了吉布斯案的共同核心的标准，并因此能够获得附属管辖权的支持。然而这样做嘲弄了斯特劳布里奇案（Strawbridge）的完全异籍规则（第四章第五节第三目）。此外，它还存在着以过多的案件让联邦法院不堪重负的危险。因此，联邦最高法院试图在附属管辖权的使用欲望与保护完全异籍规则的需要之间保持平衡。[①]

214　有趣的是，自 1861 年至 1990 年，联邦最高法院在没有国会通常介入的情况下制定了有关附属管辖权的规则。[②] 这一事实可能产生宪法上的问

---

① 见，如欧文设备和建造公司诉克罗格案（Owen Equipment & Erection Co. v. Kroger），《美国联邦最高法院判例汇编》第 437 卷，第 365 页（1978 年）。我们称之为克罗格案（Kroger），在第十二章第六节第二目阐述第三人参与诉讼（impleader）时详细探讨该案。

② 但涉及专利的案件除外。第 1338 条(b)款允许在没有异籍管辖权的情况下，对与专利侵权有关的以州法律为依据的诉讼请求行使附属管辖权。

题,因为《宪法》授权国会(而不是法院)规定联邦法院的事物管辖权。然而,联邦最高法院不断表示,只要吉布斯案的检视标准得到了满足且国会未加禁止,附属管辖权就是合适的。因此,联邦最高法院创设了一个推定:除非国会行动起来否决附属管辖权,否则国会认可了对满足吉布斯案(标准)的诉求的附属管辖权。① 换言之,国会的沉默被视为国会对附属管辖权的同意。这一推定在1989年之前没有受到质疑,这一年联邦最高法院在芬利诉美国案(Finley v. United States)②中给出了其令人遗憾的判决意见。

**芬利案(Finley)导致颁布附属管辖权的制定法**

在芬利案(Finley)中,原告的丈夫和孩子们在一起小飞机失事中死亡。她有两个要求承担责任的说法。第一,联邦航空管理署[the Federal Aviation Administration (FAA)]可能因为在航空交通管制和机场跑道灯光维护上的过失而负有责任。第二,该城市和一家公用事业公司(a utility company)可能因将电力线架设得过于靠近机场而需承担责任。原告起诉了联邦航空署,③根据《联邦侵权赔偿法》(Federal Tort Claims Act*)主张责任,该法律规定了专属的联邦管辖权。她也合并了起诉该城市和公用事业公司的诉讼请求,要求其根据州的侵权法承担责任。针对联邦航空署的诉求引发联邦问题管辖权,但针对城市和公用事业公司的诉求不引发联邦问题或异籍

---

① 在奥尔丁杰诉霍华德案[Aldinger v. Howard,《美国联邦最高法院判例汇编》第427卷,第1页(1976年)]中,联邦最高法院得出结论,国会已经排除了根据《美国法典》第42编第1983条起诉案件中的附属管辖权,该条允许因违反联邦宪法权力而对州的管理人(state actors)提起民事诉讼。尽管国会在该制定法中或任何立法过程(legislative history)中绝对没有提到附属的管辖权,但联邦最高法院仍认定有这一意思的清晰的国会命令。也见克罗格案(Kroger),《美国联邦最高法院判例汇编》第437卷,第365页(1978年)。

② 《美国联邦最高法院判例汇编》第490卷,第545页(1989年)。

③ 事实上,因为联邦航空署是一个联邦机构,因此诉讼请求是针对美国政府的,美国政府根据《联邦侵权赔偿法》放弃了其主权豁免。

* 美国传统上奉行主权豁免原则,公民因联邦官员执行职务中的侵权行为而提出的赔偿请求受到严格限制。但《联邦侵权赔偿法》很大程度上放弃了联邦政府的侵权责任豁免权,它规定如果联邦官员执行职务中的过失或不法作为或不作为造成损失的,联邦政府应承担赔偿责任,而且对赔偿数额也不予限制。——译者

的管辖权。因此，让后者在联邦法院审理的唯一途径是借助附属管辖权。[①]
那时法院提及这一案件时称涉及“未决当事人”的管辖权（“pendent par-
215 ties” jurisdiction），因为非联邦问题的、非异籍的诉讼请求涉及的当事人与
引起联邦事物管辖权诉求的当事人不同。[②]

根据吉布斯案，附属管辖权显然符合宪法，因为依据州法的诉求（state law claim）和引起（联邦）管辖权的以《联邦侵权赔偿法》为依据的诉求（jurisdiction-invoking FTCA claim）共享相关事实的共同核心；两个诉讼请求都产生于同一个飞机失事。但联邦最高法院用5票对4票的判决否决了附属的管辖权。循着该思路，联邦最高法院推翻了在缺乏国会行动情况下支持附属管辖权的这一推定。联邦最高法院没有推定，如果吉布斯案的检视标准得到满足以及国会没有制止它时则附属管辖权适用，而是认为除非国会明确地准予行使附属管辖权，否则不可能有附属管辖权。联邦最高法院推理道，既然国会从来没有规定根据《联邦侵权赔偿法》的附属管辖权问题，那附属管辖权就不存在。

该判决拒绝了上诉法院的多数派的意见，对原告来说是制造了一个梦魇。芬利太太被迫在联邦法院继续其指控联邦航空署的诉讼（因为联邦法院对《联邦侵权赔偿法》下的案件有专属的管辖权），而在州法院提出以市和公用事业公司为被告的诉讼请求。因此，她（以及纳税人）被迫为两个诉讼支付费用，并冒着矛盾判决的危险，尽管显而易见的事实是只有一起飞机失事。此外，法院推翻历史性推论的宽泛语言（该历史性推论支持在国会没有行动时行使附属管辖权）可能已经威胁到了所有的附属性管辖权。

因为这一点，国会对芬利案（Finley）作出了回应，制定了一个处理整个

---

① 这一版本的附属管辖权被称为依从当事人的管辖权（pendent parties jurisdiction）。它不同于吉布斯案中的依从诉讼请求的管辖权（pendent claim jurisdiction），因为在芬利案中，非联邦问题的、非异籍的诉求针对的被告与引起（联邦）管辖权诉求的被告不同。

② 与此形成对比的是，吉布斯案涉及“依从诉讼请求”的管辖权，因为非联邦的、非异籍的诉求牵涉的当事人和引起联邦事物管辖权的诉求相同。

领域问题的法律，而不是仅仅推翻芬利案的结论。[①] 国会迅速(in short order)通过并由总统签署了附属管辖权的法律，即第 1367 条。该法律宣称其目标是推翻芬利案的结论，除此之外，还法典化联邦最高法院在芬利案之前形成的做法。现在该法律支配着普通民事案件中的所有附属管辖权问题。

该法律已经实现了一些宣称的目标。它澄清了(所使用的)语言，为之前所称的依从的和从属的管辖权(pendent and ancillary jurisdiction)创造了一个通用术语——附属管辖权(supplemental jurisdiction)。它也确保了芬利案造成的(诉讼资源)浪费的结果不会降落到其他原告身上。但该法律也产生了之前没有的问题。[②] 它不是将芬利案之前的实践法典化，而是以 216
某种公开的方式和其他无意的方式改变了实践中的做法。然而，它是法律，你们必须依照其办事。

**附属管辖权法律的适用:管辖权方面**

在详细审视该法律之前，注意第 1367 条的整个结构。第(a)款是对附属管辖权的准予。在芬利案后，国会觉得有必要明确准予附属管辖权。之后，第(b)款撤回了某些情况下的附属管辖权。理解这些情况对成功适用该法律至关重要。第(c)款是国会编纂联邦最高法院在吉布斯案(Gibbs)中所提出的自由裁量因素的努力，有这些因素的，法院可以拒绝行使附属管辖权。第(d)款是一个时效中止条款(a tolling provision)，它在某些情况下停

---

① 有趣的是，处理芬利案冲击的联邦法院基本上将该案限定在该事实上。见，如阿鲁麦克斯米尔制品公司诉康格雷斯财务公司案(Alumax Mill Prods., Inc. v. Congress Fin. Corp.)，《联邦判例汇编第二辑》第 912 卷，第 996 页(第八巡回法院 1990 年)。然而，多数观察家的结论却是制定一个精心起草的通用的附属管辖权法律是一个好主意。

② 第 1367 条引起了惊人数量的评论。首篇批判性的文章是理查德·D. 弗里尔(Richard D. Freer)的"增加混乱并妨碍异籍:芬利案和附属管辖权法律之后的状况"(Compounding Confusion and Hampering Diversity: Life after Finley and the Supplemental Jurisdiction Statute)，载《埃默里法律杂志》(Emory L. J.)第 40 期，第 445 页(1991 年)。紧随其后的是激烈的论战，为该法律辩护的史蒂文·伯班克(Steven Burbank)、托马斯·罗(Thomas Rowe)和托马斯·门勒(Thomas Mengler)等教授为一方，批判该法律的弗里尔(Freer)教授和托马斯·阿瑟(Thomas Arthur)教授为另一方。见《埃默里法律杂志》第 40 期，第 943 页(1991 年)。该讨论之后，又有其他评论家在《埃默里法律杂志》[第 42 期第 31 页(1992 年)]上的交锋。更近一点，在《印第安纳法律杂志》[第 74 期第 1 页(1998 年)]上有一个有关第 1367 条可能修订的专题讨论。在此期间和之后，又有数不清的文章。

止法定时效的计算。最后，第(e)款规定"州(State)"包括哥伦比亚特区和其他政治地区，这和第1332条(d)款规定是一样的。几乎所有的《民事诉讼法》课程都强调最前面的两款，其运作是关键性的。[1]

第(a)款用尽可能宽泛的措辞授予了附属管辖权。国会非常清楚，它准许联邦法院行使附属管辖权时，打算达到(《宪法》)第三条规定的全部范围。第1367条(a)款意在将吉布斯案的共同核心标准法典化，对这一点鲜有疑问。[2] 因此，第1367条(a)款对在联邦民事诉讼中提出的所有诉求准予附属管辖权，条件是它们与案中引起联邦事物管辖权的诉求具有相关事实的
217 共同核心。[3] 该款的最后一句清楚表明附属管辖权包括涉及追加的当事人(additional parties)的诉讼请求，这就清楚显示该法律推翻了芬利案的结论。

然而，正如我们前面探讨的，这一附属管辖权的授予掏空了完全异籍规则的精华，除非国会用某种方式对其加以阻止。国会在第1367条(b)款中处理了这一问题。对于第1367条(b)款，我们要理解三个事项是绝对必要的。第一，它禁止附属管辖权。因此，尽管(a)款赋予了该管辖权，但(b)款却将在某些情况下的该附属管辖权拿走了。第二，第1367条(b)款只适用于引起(联邦)管辖权的诉求是根据(《美国法典》)第1332条提出之案件。

---

[1] 一些教授可能将大量时间花在第1367条(c)款上。尽管国会表示它想将吉布斯案中提出的因素制定成法律，但第1367条(c)款(1)项和(4)项的因素没有出现在吉布斯案中。此外，至少有一个吉布斯案中提到的因素(避免让陪审团产生困惑)也没有反映在该法律中。

[2] 《众议院报告》(*H. R. Rep.*)，第734号，第101届国会，第二会期(2d Sess.)(1990年)，刊于《1990年美国法典的国会和行政部门新闻》(1990 U. S. C. C. A. N.)，始于第6873、6875页，注释15。每一个人都同意，这一标准包含了与引起(联邦)管辖权的诉求源自相同交易和事件之诉求时，而法院通常得出的结论是该法律范围更广。一个代表性的意见之结论是，该法律所要求的不过是诉讼请求之间的某些"松散的事实联系"。见，如琼斯诉福特汽车信贷公司案(Jones v. Ford Motor Credit Co.)，《联邦判例汇编第三辑》第358卷，始于第205页，第210—215页(第二巡回法院2004年)[支持对任意性反诉(permissive counterclaim，即反诉的诉讼请求与原告的诉讼请求并非出于同一件业务或同一事由——译者)的附属管辖]。第十二章第五节第一目更详细地探讨该问题。

[3] 该法律没有明确说这一点。相反，它提及在(《宪法》)第三条的范围内准予附属管辖权。普遍认为吉布斯案界定了第三条附属管辖权的适用范围。

换言之,如果原告最初的诉求——让案件进入联邦法院的原先的诉求——援引了联邦问题管辖权,则第 1367 条(b)款永远不可适用。只有在最初的诉讼请求是根据异籍管辖权提起之时,它才适用。[①]

第三,第 1367 条(b)款对异籍案件中附属管辖权的禁止,只适用于由原告或之后加入诉讼中原告一边的当事人提出的诉讼请求。[②] 谨慎地关注用词。尽管法律没有具体描述那么一些类型,但很容易将第 1367 条(b)款的详细规定划分为三个部分。这样做可以清楚表明该款排除了对三类诉讼请求的附属管辖权。

(1) “原告对依据《联邦规则》第 14、19、20 或 24 条……被列为当事人之人所提出的诉讼请求”;

(2) “由依据《规则》第 19 条……被提议增添为原告之人提出的诉讼请求”;以及

(3) 由“根据《规则》第 24 条寻求作为原告介入之”人提出的诉讼请求(加了强调)。

因此注意,第 1367 条(b)款不适用于由原告之外的当事人提出的诉讼请求。所以,在异籍案件中,由被告(或加入到被告一边的当事人)提出的满足了第 1367 条(a)款要求的诉求将引起附属管辖权。

在第十二章中,我们阐述此法律提到的这些联邦规则,并且我们阐述此 218
时附属管辖权对每一类诉讼请求的可获得性(availability)。更有效的做法是,在我们学习每一类诉讼请求在程序上的可用性时,复习附属的管辖权对每一类诉讼请求的可获得性。目前,重要的是注意,第 1367 条(b)款只是排除这样的附属管辖权的要求:(1)在异籍管辖权案件中的,(2)是由原告提出的。即使不了解错综复杂的各类联邦规则,我们也能够对下面的事实范例

---

① 很显然,如果最初的管辖权是建立在外国人(管辖权)基础上的,第 1367 条(b)款的禁止也适用。这一结论似乎是清楚的,因为第 1367 条(b)款提到的是根据第 1332 条提起的诉讼,而不仅仅是根据第 1332 条(a)款(1)项(异籍管辖权)提起的诉讼。一些帮助起草该法律的教授表示他们没有想让第 1367 条(b)款适用于外国人案件,但是该法律,从其字面上看似乎就是这样规定的。

② 正如我们在第十二章所看到的,各种合并规则规定了诉讼提起后的当事人合并。

适用该法律。

- 吉布斯案(Gibbs)式的情节。P是田纳西州的州民,其起诉了作为田纳西州州民D,声称被告:(1)违反了联邦劳动法,以及(2)违反了州的劳动法。两个诉讼请求都建立在所指控的被告实施的同一个行为之上。诉求(1)引发了联邦问题管辖权,但诉求(2)没有满足异籍或联邦问题管辖权的要求。[①] 根据第1367条(a)款,诉求(2)引起附属管辖权,因为它与诉求(1)[引起(联邦)管辖权的诉求]产生于相关事实的共同核心。第1367条(b)款完全不适用,因为案中的(联邦)事物管辖权的基本依据(案件在联邦法院审理的根本性理由)不是第1332条。[相反,它是第1331条(联邦问题)]。所以,附属管辖权支持诉求(2)(在联邦法院审理)。
- 芬利案(Finley)式的情节。P是加利福尼亚人,其提出以下诉求:(1)针对联邦航空署提出了依据《联邦侵权赔偿法》的诉讼请求,以及(2)针对的是作为加利福尼亚州民的D—2,提出了依据州法规定过失的诉讼请求。这些诉讼请求均产生于一起飞机失事事故。诉求(1)引起联邦问题管辖权,但诉求(2)没有满足异籍或联邦问题(管辖权的要求)。根据第1367条(a)款,诉求(2)引起附属管辖权,因为它与诉求(1)产生于相关事实的共同核心。根据第1367条(a)款的最后一句,寻求(行使)附属管辖权以提出针对追加当事人(an additional party)的诉求,如本假设案件中的情况,这是(与附属管辖权之存在与否)无关的。第1367条(b)款不适用,因为案中的(联邦)事物管辖权的基本依据不是第1332条(再一次是第1331条)。因此,附属管辖权对诉讼请求(2)适用。
- P是密歇根州的州民,起诉衣阿华州的州民D,依据州的法律要求赔偿40万美元。D对P提出了反诉(反诉是针对对方当事人提出

① 不存在异籍,因为原告和被告是同一个州的州民。对诉求(2)没有联邦问题管辖权,因为它是以州法律为基础的,而不是以联邦法律为基础的。

的诉讼请求)要求赔偿 6 万美元;反诉源自与 P 所提诉求相同的交易。P 的诉讼请求引起异籍管辖权,但 D 的反诉没有满足异籍管辖权的要求(因为它未超过 7.5 万美元),且没有满足联邦问题管辖权的要求(因为它是以州法律为依据的)。[①] 根据第 1367 条(a)款,D 的诉讼请求满足了附属管辖权的要求,因为它与 P 的诉求(该诉求借助引起异籍管辖权而引起了联邦事物管辖权)源自相关事实的共同核心。但必须阐述第 1367 条(b)款,因为案中基本的管辖权依据 219
是第 1332 条。然而,这儿反对行使附属管辖权的禁止性规定不适用,因为这不是由原告或增添到案件原告一边之人提出的诉讼请求。它是由被告提出的。因此附属管辖权对诉讼请求(2)适用。

**附属管辖权法律的适用:自由裁量因素**

我们前面在吉布斯案中注意到,联邦最高法院区分行使附属管辖权的权力和拒绝这样做的自由裁量权。根据吉布斯案,如果存在任何下述事项之一,对一个诉讼请求有附属管辖权的法院可以决定不行使该管辖权:(1)在诉讼的早期引发联邦管辖权的诉讼请求被驳回了;(2)州(法律)的问题"实质性地占据主导地位,不管是从证据考虑,还是从所提问题的范围考虑,抑或从所寻求救济的综合性(comprehensiveness)考虑";(3)如果"司法的经济、便利和对诉讼当事人的公正"之考虑建议(counsel)这样拒绝行使附属的管辖权。[②] 后者的一个例子是"在处理意见分歧的法学救济理论时让陪审团陷入困惑的可能性……为将州的和联邦的诉讼请求分开审理提供正当性"。[③]

在通过附属管辖权的法律时,国会支持这样的看法:法院应该拥有不行使附属管辖权的自由裁量权。国会没有将自由裁量的因素留给判例法来发

---

① 记住,我们只是在需要时阐述附属管辖权。如果案件事实相同,但被告针对原告提出的诉讼请求是 8 万美元,被告的诉讼请求引起异籍管辖权(因为它是由衣阿华州的州民针对密歇根州的州民提出的诉求,且超过了 7 万 5 千美元)。在此情况中,附属的管辖权是无关的。

② 吉布斯案(Gibbs),《美国联邦最高法院判例汇编》第 383 卷,第 726—727 页。

③ 同前注,第 727 页。

展，而是在第 1367 条(c)款中将这些因素法典化了。该法律没有一丝不差地将吉布斯案提到的因素法典化。它规定法院依据(下述)这些因素中的任何一个，“可以对一个诉讼请求拒绝行使附属的管辖权”:(1)该诉讼请求“引起了一个新颖的或复杂的州法律问题”;(2)该诉讼请求“实质性地主导了”引起联邦事物管辖权的诉讼请求;(3)法院“已经驳回了它最初拥有管辖权的所有的诉讼请求”;(4)“在特殊情况下，有其他拒绝管辖的令人信服的理由”。

最前面的两个法定因素与吉布斯案中的担心有关，该担心是州法律不应本末倒置左右联邦问题。即，如果案件的主要点是关于州法律的——或者是因为该(依据州法律的)诉讼请求起主宰作用或者是涉及新颖的(州法律的)问题——则(联邦)法院可以拒绝管辖。第三个法定因素与吉布斯案中提到的第一个因素有关。这些都是承认拒绝附属管辖权的最显而易见的
220 理由——最初让案件进入联邦法院的诉讼请求已经被驳回了。当这一情况发生在诉讼的早期——在联邦法院向附属的诉求投入大量时间之前——撤销案件并让当事人在联邦法院*争讼附属的诉讼请求是合理的。另一方面，如果引起(联邦)管辖权的诉讼请求撤销得比较晚——在(联邦)法院向附属诉求的诉讼投入了时间和资源之后——将附属的诉求保留在联邦法院由其作最后判决是合理的。事实上，这正是吉布斯案中所发生的情况，当时联邦问题的诉讼请求只是在庭审之后才遭驳回。

法定方程式中缺失的是明确采纳吉布斯案中的对司法经济、便利和对当事人公平的关注。这一遗漏是奇怪的，因为国会明确表示，它想将之前的做法规定为法律，之前的做法当然包括了吉布斯案中提到的自由裁量因素。此外，该法律的早先的草案含有考虑这些因素的明确规定;出于某种原因，在最后草案批准前它被删除了。

法院采纳了两种基本的思路。明显的多数派意见的看法是第 1367 条(c)款取代了吉布斯案，限制了根据该案件享有的自由裁量的范围。事实

---

* 原文如此，使用了“联邦法院(federal court)”，此处似乎应为州法院。——译者

上，第二、三、八、九和十一巡回法院[①]得出的结论是，除非第1367条(c)款中的因素之一得到了满足，否则法院必须行使附属的管辖权。然而，它们以及其他的法院同意，一旦法定因素之一适用，法院在决定是否拒绝行使管辖权时，就可以全方位地审视吉布斯案的“司法上的经济、便利和对当事人公平”的“具有活力的价值”。[②]

另一方面，第七巡回法院和哥伦比亚地区巡回法院得出的结论是，第1367条(c)款没有剥夺吉布斯案提到的普通法上的自由裁量权。[③] 这些法院不会说一旦第1367条(c)款的具体规定不适用，法院就必须行使附属的管辖权。事实上，理论上它们似乎得出结论：吉布斯案的自由裁量因素之运用不依赖于该制定法。然而，值得注意的是，持这两种观点的法院似乎都没有在缺乏第1367条(c)款规定的法定因素时就允许自由裁量地拒绝管辖权。[④]

---

① 帕克诉废金属加工公司案(Parker v. Scrap Metal Processors, Inc.)，《联邦判例汇编第二辑》第468卷，始于第733、743页(第十一巡回法院2006)；特雷利亚诉曼利厄斯镇案(Treglia v. Town of Manlius)，《联邦判例汇编第三辑》第313卷，始于第713、723页(第二巡回法院2002年)；麦克劳林诉普拉特案(McLaurin v. Prater)，《联邦判例汇编第三辑》第30卷，始于第982、984页(第八巡回法院1994年)；北美管理软件诉美国地区法院案(Executive Software North America, Inc. v. United States District Court)，《联邦判例汇编第三辑》第24卷，始于第1545页，第1555—1556页(第九巡回法院1994年)；成长地平线公司诉宾夕法尼亚州特拉华县案(Growth Horizons, Inc. v. Delaware County, Pa.)，《联邦判例汇编第二辑》第983卷，始于第1277、1283页(第三巡回法院1993年)。

② 见，如安努利诉潘尼迦案(Annulli v. Panikkar)，《联邦判例汇编第三辑》第200卷，始于第189、202页(第三巡回法院1999年)；马森戏剧公司诉联邦出口公司案(Musson Theatrical, Inc. v. Federal Export Corp.)，《联邦判例汇编第三辑》第89卷，始于第1244、1255页(第六巡回法院1996年)；格利克森诉西南航空飞行员协会案(Gullickson v. Southwest Airlines Pilots' Assn.)，《联邦判例汇编第三辑》第87卷，始于第1176、1187页(第十巡回法院1996年)；罗奇诉约翰汉考克共同生命保险公司案(Roche v. John Hancock Mut. Life Ins. Co.)，《联邦判例汇编第三辑》第81卷，始于第249、257页(第一巡回法院1996年)；沙纳格汗诉卡希尔案(Shanaghan v. Cahill)，《联邦判例汇编第三辑》第58卷，始于第106、110页(第四巡回法院1995年)。

③ 拉肖恩·A.诉巴利案(LaShawn A. v. Barry)，《联邦判例汇编第三辑》第87卷，始于第1389页，第1393页(哥伦比亚地区巡回法院1996年)；蒂姆诉米德公司案(Timm v. Mead Corp.)，《联邦判例汇编第三辑》第32卷，始于第273页，第276—277页(第七巡回法院1994年)。

④ 事实上，第七巡回法院现在可能要求援引该规定下一个因素。蒙塔诺诉芝加哥市案(Montano v. City of Chicago)，《联邦判例汇编第三辑》第375卷，始于第593、602页(第七巡回法院2004年)(推翻了拒绝行使附属管辖权的裁定，指出地区法院没有援引作出决定的法定理由)。

221　因此，第1367条(c)款下的最终的自由裁量范围不是完全清楚。例如，因为合并审理最初的诉讼请求和附加的诉讼请求有可能将陪审团弄糊涂，法院可以(如它根据吉布斯案可以做的那样)拒绝行使附属管辖权吗？第1367条(c)款中提到的因素没有明确规定这一问题。也许，至少对某些法院来说，这一因素没有作为例外的情况列入第1367条(c)款(4)项赋予的自由裁量权之内。如果法院根据第1367条(c)款行使其自由裁量权，而拒绝了附属的管辖权，它只是驳回了附属的诉讼请求。它没有驳回恰当援引了联邦事物管辖权的最初的诉讼请求。[①]

- P针对D提出了两个诉讼请求：(1)因违反了联邦反垄断法，以及(2)因违反了州的反垄断法。两个诉讼请求产生于相关事实的共同核心。P和D是同州的州民(co-citizens)，因此没有异籍管辖权。诉求(1)引起联邦问题管辖权。诉求(2)没有引起(联邦问题管辖权)(因为它建立在州法之上)，如刚才所指出的，也没有引起异籍管辖权。

但是，诉求(2)引起了附属管辖权，因为它和诉求(1)共享相关事实的共同核心。假设法院自由裁量地决定：它将拒绝行使附属的管辖权，因为，比如，诉求(2)据实质性主宰地位并且涉及新颖的法律问题。法院将只驳回诉求(2)。诉求(1)将继续在联邦法院历经诉讼。

当法院根据第1367条(c)款驳回依据州法律的诉讼请求时，它这样做时不影响实体权利(without prejudice)，因此原告可以在州法院提出该诉讼请求。[②] 但是，原告可能担心，其诉讼请求上的法定时效期限是否已经期满。第1367条(d)款可减少其担心，它规定案件在联邦法院待审期间以及驳回后的30天内时效暂停计算。(它还规定州的法定时效可以将该中止期

---

① 见，如西米福林自治市诉兰开斯特案(Borough of West Mifflin v. Lancaster)，《联邦判例汇编第三辑》第45卷，始于第780、787页(第三巡回法院1995年)。

② 见，如戈尔德诉本地七联合食品和商业工人工会案(Gold v. Local 7 United Food & Commercial Workers Union)，《联邦判例汇编第三辑》第159卷，始于第1307、1311页(第十巡回法院1998年)。

间延长至一个更长的时间。)在第七章第六节第三目中,我们看到中止时效期限意味着抑制或阻止它而不让其期满。

- 回到之前的假设。原告在依据州法所提诉求的法定时效届满之前一天提起了诉讼。提起诉讼,以及对依据州法的诉求援引附属管辖权的行为,中止了法定时效。第1367条(d)款在法院驳回诉求(2)之后的额外30日内中止法定时效。因此,如果原告在联邦法院驳回诉讼请求后的30日内在州法院提出诉讼请求,则该诉求之提出是及时的。

清楚的是,当根据第1367条(c)款诉讼请求被驳回时,适用第1367条 222
(d)款的时效中止规定。更好的看法是第1367条(d)款应只适用于这样的驳回。换种假设,比如法院驳回了依据州法律的诉讼请求,因为它没有满足附属管辖权的要求。第1367条(d)款不应该适用于这一驳回的诉讼请求。为什么?因为它规定的是"根据(a)款所提出诉讼请求"的中止。没有恰当引起附属管辖权的诉讼请求不是第1367条(a)款下的诉讼请求。联邦最高法院认为,第1367条(d)款不适用于根据《第十一修正案》驳回的诉讼请求的时效中止,该修正案向州(政府)(states)提供了在联邦法院的诉讼豁免。[①] 通常,联邦最高法院没有必要认定,除了涉及根据第1367条(c)款的自由裁量拒绝(管辖)外,第1367条(d)款是否还适用于其他的拒绝行使附属管辖权。

---

① 雷戈尔诉明尼苏达大学董事会案(Raygor v. Regents of Univ. of Minnesota),《美国联邦最高法院判例汇编》第534卷,第533页(2002年)。《第十一修正案》移除了联邦法院受理起诉州(政府)[或州(政府)的"分支机构(arm)"]案件的管辖权。它不禁止在州法院起诉州(政府)的诉讼。因此,雷戈尔案中的诉讼请求不能在联邦法院提起的事实并不意味着原告不能在州法院诉讼。但是,联邦最高法院认为,根据《第十一修正案》被驳回的诉讼请求的法定时效不能根据第1367条(d)款暂停计算。

## 第八节　转移管辖

**转移(removal)和发回(remand)的概念**

到目前为止,在联邦法院进行诉讼的决定是由原告作出的。转移(removal)是一个值得注意的程序,它给了在州法院被诉的被告将案件“转移”到联邦法院的权利。换言之,它允许被告推翻原告对法院的选择。(显而易见,如下面详细探讨的,这只有在满足了联邦事物管辖权的案件中才有可能)。转移不是在《宪法》中提到的,而完全是制定法的产物。今天,普通民事案件中转移管辖和程序的多数规则见之于第 1441 条、1446 条和 1447 条的各项规定。相关的规定最好被视为一系列有关联的、相当机械的规则。这些规则本身没有特别难的地方,但汇总起来,就有众多在处理转移问题时需要记住的东西。

转移只是根据被告的请求,将案件从州法院转移到联邦法院的机制。[①]尽管转移(removal)实现了案件的移送(transfer),但我们不称它为移送
223 (transfer)。移送(transfer)是一个律师和法官使用的专业词汇,如我们在第五章第五节中看到的,指审案地点(venue)从一个联邦初审法院到另一个联邦初审法院的改变(或者从一个州的初审法院到同州的另一个初审法院的改变)。对我们这里所阐述的内容——即案件从州的初审法院转到联邦初审法院——使用另一个专业词汇指代,即转移(removal)。记住,转移是单向的。案件只能从州法院转移到联邦法院。没有将案件从联邦法院转移或移送到州法院的规定。如果案件被不恰当地转移到了联邦法院(或者是因为被告犯了程序上的错误,或者是因为没有联邦事物管辖权),联邦法院可以将案件发还给(remand)州法院。

---

① 转移不是上诉。记得第一章第二节第二目中谈到人们不能将普通的民事案件从州的初审法院上诉至联邦法院上诉。

**程序问题**

只有被告可以转移案件。原告不能转移。即使被告在未决案件中对原告提出了一个诉讼请求，因而在该诉讼请求上原告变成了“被告”，原告仍然不能将该案件转移至联邦法院。[1] 毕竟，原告对法院做了最初的选择；如果她想在联邦法院诉讼，她应该最初就在联邦法院起诉。因为第 1441 条(a)款将转移权授予了“被告或被告们(the defendant or the defendants)”，所以法院的结论是必须所有的被告都同意转移案件。[2] 如果有多个被告，而他们中有任何一个拒绝参与发出转移通知的，则案件不能被转移。[3]

但我们何时决定所有的被告是那些人呢？假设原告在州法院提交了起诉状，指定三个被告，但只向两个被告送达了诉讼书状(process)。案件很清楚，一致同意规则(the rule of unanimity)要求案件中被送达诉讼开始文书的所有被告一致同意参与转移通知。[4] 因此，如果被送达文书的两名被告将案件转移到联邦法院，该转移是适当的——因为它是由该时间点在州法院诉讼中被送达文书的所有被告所完成的。

在下面我们将看到，被告必须在被送达开始诉讼文书后的 30 日内，将案件转移到联邦法院。如果众被告被送达文书时有时间间隔，会怎么样呢？例如，假设原告在州法院起诉了两个被告(D—1 和 D—2)，提起了一个显然可转移的诉讼。原告随即向 D—1 送达了诉讼书状(process)，但没有向
D—2 随即送达(不管是出于何理由——可能 D—2 暂时不在该国)。D—1 224
没有在被送达开始诉讼文书后的 30 日内转移案件。现在，原告对 D—2 完成了文书送达。D—2 可以转移案件吗？制定法没有给出在这种情形下(处

① 沙姆罗克石油和天然气公司诉希茨案(Shamrock Oil & Gas Corp. v. Sheets)，《美国联邦最高法院判例汇编》第 313 卷，第 100 页(1941 年)。

② 芝加哥、岩岛和太平洋铁路公司诉马丁案(Chicago, R. I. &P. Ry. Co. v. Martin)，《美国联邦最高法院判例汇编》第 178 卷，第 245 页(1900 年)；布朗诉德姆科公司案(Brown v. Demco, Inc.)，《联邦判例汇编第二辑》第 792 卷，始于第 478、481 页(第五巡回法院 1986 年)。

③ 根据第 1441 条(c)款，就针对数个被告中的一个提出“分开的和独立的”联邦问题诉讼请求的案件，该规则存有一个范围狭窄和有点恼人的例外。我们在下面探讨该例外。

④ 见，如刘易斯诉雷戈公司案(Lewis v. Rego Co.)，《联邦判例汇编第三辑》第 757 卷，第 66 页(第三巡回法院 1985 年)。(被指定但没有被送达文书的被告不需要加入转移)。

理的)指导意见。不令人意外,众法院对如何处理意见不一。

早期的规则——不可否认许多年间它是通用规则——是D—2不能转移案件,除非她能够证明:原告在向D—1送达起诉文书的30天期限内知道她的存在而非善意地(in bad faith)延后将她加入诉讼。显而易见,做这样的证明是困难的。所以,这一思路的结果常常是否决D—2的转移努力。换言之,D—1没有转移案件的事实剥夺了D—2努力让D—1同意转移案件的机会。第五巡回法院1986年在布朗诉德姆科公司案(Brown v. Demco, Inc.)[①]中采用了这一观点。第四巡回法院以及一些地区法院[②]效法该案件,采纳了在可转移性(removability)上的"最先送达"规则("first-served" rule)。

然而,随着时间的推移,该规则遭到了侵蚀。今天多数派的意见是,在D—2被送达诉讼书状(process)时,该30天对她才重新开始起算。根据采纳此"最后送达"规则("last-served" rule)法院的意见,D—2应该有机会在向其送达(诉讼书状)后的30日内说服D—1同意将案件转移到联邦法院。[③] 采用这一思路的法院在某种程度上是担心,让D—2因D—1的不作为而失去转移的机会似乎不公平。

被告不需要取得转移案件的许可。她通过在联邦法院提出"转移通知"

---

① 《联邦判例汇编第二辑》第792卷,第478页(第五巡回法院1986年)。也见格蒂石油公司诉北美保险公司(Getty Oil Corp. v. Ins. Co. of North America),《联邦判例汇编第二辑》第841页,始于第1254页,第1262—1263页(重申了判决理由)。

② 在这一点上的最有趣的地区法院的案件,无疑是诺贝尔诉布拉德福海运公司案[Noble v. Bradford Marine. Inc.,《联邦补编》第789卷,第395页(佛罗里达南部地区法院1992年)],该案用《"韦恩世界"》("Wayne's World",又译作《反斗智多星》)风格的语言写成。它简洁而有趣。有空余时间时看看它。它不再是有效的法律,因为自那以后第十一巡回法院,在一个正文脚注里引用的案件中,采用了最后送达规则(last-served rule)。

③ 见贝利诉詹森制药公司案(Bailey v. Janssen Pharmaceutica, Inc),《联邦判例汇编第三辑》第536卷,始于第1202页,第1205—1208页(第十一巡回法院2008年);堪萨斯马拉诺娱乐诉泽—特卡餐饮有限合伙(Marano Enterprises of Kansas v. Z-Teca Restaurants, LP),《联邦判例汇编第三辑》第254卷,始于第753、755页(第八巡回法院2001年);布赖尔利诉阿鲁素衣瑟包装公司案(Brierly v. Alussuisse Flexible Packaging, Inc.),《联邦判例汇编第三辑》第184卷,第527页(第六巡回法院1999年)。

而开始该程序。[通知所要求的内容规定在第 1446 条(a)款中]。在联邦法院提出通知后,第 1446 条(d)款要求被告向"所有的对方当事人(all adverse parties)"提供转移的书面通知,并且要求她向州法院提交该通知的副本。向州法院提交(通知)副本"将完成转移,而州法院将不再进一步诉讼,除非且直至(unless and until)案件被发回"。换言之,该行为解除了州法院对案件的管辖权。

如果转移因缺乏事物管辖权之外的原因而不合适——例如,如果被告没有在转移通知中包含第 1446 条(a)款所要求的所有信息,或者不是所有的被告都参与了转移通知——则原告必须在转移后的 30 内申请发还(remand)。第 1447 条(c)款。如果她没有这样做,则程序存在缺陷(的抗辩)就被放弃了,案件将不被发回。另一方面,如果没有联邦事物管辖权,则 225
不存在原告申请将案件发还州法院的时间限制。事实上,正如第 1447 条(c)款也清楚规定的,一旦法院认定缺乏事物管辖权,它就必须主动发还案件。

最后,可能的情况是,被告通过在州法院采取一些没有要求她采取的行动而放弃转移的权利。[①] 例如,在州法院提起一个任意性反诉(permissive counterclaim),* 则很可能就放弃了转移的权利。[②] 然而,通常情况是,在州法院提交答辩,而该答辩提出了可能最终决定案件实体方面的抗辩(defense),这并不导致这样的放弃。[③] 此外,被告没有因将案件转移到联邦法院而放弃缺乏对人管辖权的抗辩,这一点是清楚的。[④]

---

① 见《穆尔论联邦实践》第 16 卷,第 107 章第 18 节第[3]目[a]。

* 与强制性反诉(compulsory counterclaim)相对,强制性反诉指与本诉请求有关联且与本诉请求针对同一诉讼标的的反诉。——译者

② 见,如艾萨克斯诉集团保健公司案(Isaacs v. Group Health, Inc.),《联邦补编》第 668 卷,始于第 306 页,第 308—309 页(纽约南部地区法院 1987 年)。反诉是由被告针对原告提出的。任意性反诉(permissive counterclaim)在交易上与原告的诉讼请求没有牵连,不是必须在未决案件中提出。强制性反诉(compulsory counterclaim)在交易上与原告的诉讼请求有牵连,通常必须在未决案件中提出。见第十二章第五节第一目。

③ 见,如迈阿密先驱出版公司诉费雷案(Miami Herald Publ. Co. v. Ferre),《联邦补编》第 606 卷,始于第 122、124 页(佛罗里达南部地区法院 1984 年)。

④ 兰伯特鲁恩煤矿公司诉巴尔的摩和俄亥俄铁路公司案(Lambert Run Coal Co. v. Baltimore & Ohio R. R. Co.),《美国联邦最高法院判例汇编》第 258 卷,第 377 页(1922 年)。

**管辖权和审判地的问题**

有关转移的最重要的(和最显而易见的)规则是,只有在案件"是美国地区法院拥有最初管辖权的案件之一时",被告才能转移。这是第1441条(a)款的规定。这当然就意味着案件必须满足联邦事物管辖权的依据。这里,我们看到了案件转移中对你们的教授有很大吸引力的内容之一。它使其不仅能够测试你们对各种转移规则的掌握程度,而且能测试你们对联邦事物管辖权要求的掌握程度。前面阐述的援引联邦事物管辖权的规则(包括,例如,异籍案件中的完全异籍规则和联邦问题案件中的充分主张起诉书规则),在被告寻求转移的案件中均适用。然而,如我们下面看到的,事实上,转移的管辖权范围窄于原告在联邦法院起诉的权利,至少有关异籍案件是如此;对异籍案件的可转移性有两个重要的例外。

显而易见,如果案件没有满足联邦事物管辖权的依据,则联邦法院必须将案件发还州法院。通常,管辖权之缺乏随即就清楚了。但偶尔直到转移后的很长时间,联邦法院才意识到它缺乏事物管辖权。即使法院已经投入了大量的时间和资源,但一旦发现没有事物管辖,仍然必须将案件发还。这
226 是第1447条(c)款的规定。我们在第四章第三节看到了这一原则,在该节中我们表示,一旦认定案件没有引起联邦事物管辖权,就必须撤销该最初在联邦法院起诉的案件。联邦法院完全不能攫取权力而裁判不引起其管辖权的案件。但注意该原则执行中的差异。如果一个缺乏管辖权的案件最初在联邦法院起诉,则撤销该案件。如果该缺乏管辖权的案件最初在州法院起诉而被转移到联邦法院,则不撤销该案件,而是将其发回州法院。

- 莫特利(Mottley)是肯塔基州的州民,她在州法院起诉也为肯塔基州州民铁路一方,要求赔偿8万美元,声称铁路方违反了合同,根据合同它答应向她提供终身的乘坐。莫特利还声称禁用这一乘坐的联邦法对她不适用,且即使该法律适用,它也是违宪的。铁路方将案件转移到联邦法院,原告以缺乏联邦事物管辖权为由,申请将案件发回(州法院)。法院该如何裁决呢?法院将同意该申请而将案件发回州法院。第一,显而易见,不存在异籍,因为原告和被告是同

州的州民。第二,案件没有引起联邦问题管辖权。为什么?根据充分主张的起诉书规则(the well-pleaded complaint rule),参见第四章第六节第三目,该诉讼请求不是根据联邦法律产生的;所提到的联邦规定是作为料想的答辩(an anticipated defense)提出的,不构成其诉讼请求的一部分。

- 同样的案件事实,同样的诉讼请求,这儿不同的是莫特利是伊利诺伊州的州民,铁路方是肯塔基州的州民,所声称的铁路乘坐权价值是8万美元。铁路方将案件转移到联邦法院,而原告以缺乏事物管辖权为由申请发还案件。法院怎样裁决呢?法院将否决发还的申请。该案件是可转移的,因为它满足了异籍管辖权的要求。
- 州(政府)在州法院起诉印第安部落,声称其拖欠了各种州的税款。部落提出答辩:联邦法律使其豁免于州的税收要求。部落将案件转移到联邦法院,原告以缺乏事物管辖权为由申请发还案件。法院如何裁决?法院将准予申请,将案件发还州法院。即使部落提出了严肃的联邦问题,但它不能转移案件,因为该案件没有引起联邦问题管辖权。联邦问题是通过答辩加入案件的,这违反了充分主张的起诉书规则。只有联邦法律是原告提出的充分主张起诉书的一部分时,才有联邦问题的管辖权。既然这儿的情况不是这样,那么被告不能转移案件。[①]

另一方面,如果管辖权上的缺陷在作出判决之前在联邦法院获得了解 227
决,则可能支持案件的转移。联邦最高法院在卡特皮拉尔公司诉刘易斯案(Caterpillar, Inc. v. Lewis)[②]中处理了这一情形。在该案件中,当被告转移案件时,没有联邦事物管辖权的依据,但联邦法院未意识到这一事实。对案件进行了诉讼,在此期间,在判决作出前,驳回了破坏异籍管辖权被告的诉

---

① 俄克拉荷马税务委员会诉格雷姆案(Oklahoma Tax Commn. v. Graham),《美国联邦最高法院判例汇编》第489卷,第838页(1989年)。尽管法院承认,在转移上抛弃充分主张起诉书规则可能是有道理的,但它的结论却是只有国会才能这么做。

② 《美国联邦最高法院判例汇编》第519卷,第61页(1996年)。

讼请求。在此情况下——尽管案件本不应该被转移，但在作出判决前该缺陷被解决了——联邦最高法院维持了该判决。[①]

在被转移的案件中，是被告在援引联邦法院的管辖权，承担确立联邦事物管辖权的举证责任。然而，她这么做时必须依据原告的起诉书。引起联邦事物管辖权的必须是原告提起的诉讼。因为州的起诉规则通常不要求原告提出当事人的州籍，被告在转移通知中经常得表明存在异籍管辖权。一般规则是，只有案件在州法院起诉时和被告转移案件时异籍要求均得到满足，才能根据异籍管辖权准予转移。[②] 在历史上，建立这一规则的理由是，防止州法院的被告在被诉后改变其州籍，而之后再以异籍的理由转移案件。[③] 然而，在不可能使用这种手腕（gamesmanship）的场合，该规则——其建立之目的是阻止被告操纵联邦管辖权——就不应该适用。相应地，如果一个最初不可转移的案件因原告自愿的行为而变得可以转移了，随着时间的流逝，联邦法院终于会支持转移。

- 假设P是加利福尼亚州的州民，其起诉的D—1是亚利桑那州州民，
起诉的D—2是加利福尼亚州州民，原告在内华达州法院[④]起诉，依
228 据州法律要求赔偿50万美元。显而易见，没有联邦问题（管辖权）
（因为诉讼请求依据的是州法律，而不是联邦的法律）。也没有异籍
管辖权（因为原告和D—2是同州的州民）。因此，如其最初的情况

---

① 也见芭芭拉诉纽约证券交易公司案（Barbara v. New York Stock Exch., Inc.），《联邦判例汇编第三辑》第99卷，第49页（第二巡回法院1996年）。[联邦的判决准许了（转移），即使案件在转移时缺乏事物管辖权；原告修改了起诉书，提出联邦问题的诉讼请求。]该情形与本书第223页注释②中的格鲁珀·达塔福鲁克斯诉阿特拉斯环球集团有限合伙案（Grupo Dataflux v. Atlas Global LP）形成了对比，在该案中联邦最高法院认为援引联邦管辖权时（存在的）管辖上的缺陷不能因当事人诉讼期间改变州籍而获得补救。形成对比的是，在卡特彼勒案（Caterpillar）中，补救来源于诉讼期间将非异籍的当事人剔除。（我们在第四章第五节第三目中探讨了这一区别。）

② 普尔曼公司诉詹金斯案（Pullman Co. v. Jenkins），《美国联邦最高法院判例汇编》第305卷，始于第534、537页（1939年）。

③ 见赖特和凯恩（Wright & Kane），《联邦法院》（Federal Courts），第233页。

④ 不要让这一事实绊倒你们。原告是否能在内华达州（州法院或联邦法院）起诉这些被告是一个对人管辖权问题。或许被告们（与内华达州）有足够的联系，使得内华达州行使对人管辖权为合法。如果被告们不反对，则放弃了对人管辖权上的抗辩。

显示的，被告不能转移案件。几个月后，假设针对D—2的诉讼请求被驳回了。现在有异籍管辖权了，因为非异籍的被告(nondiverse defendant)被从案件中剔除了。现在D—1可以转移案件吗？

- 如果针对D—2的诉讼请求被原告自愿撤销，[①]可以，案件变得可以转移了，D—1就可以在30日内转移案件。[②] 但是，如果针对D—2的诉讼请求被非自愿地撤销(例如，法院发现对D—2没有对人管辖权)，D—1就不能转移案件。[③] 原理是一个非自愿的撤销有可能在上诉阶段被推翻，在此种案件中，该诉讼请求将被恢复，而异籍遭到破坏。但是，如果撤销是自愿的，原告不能对之上诉，它不能被推翻。

在案件根据异籍的理由被转移后，如果原告要求增加额外的被告(additional defendants)而该被告破坏异籍，会发生什么？根据第1447条(e)款，"法院可以拒绝合并(当事人)，或允许合并(当事人)而将诉讼发还州法院"。

回顾一下第四章第二节，至少在总体上州法院拥有一般事物管辖权。因此，几乎每一个从州法院转移到联邦法院的案件，都是有并存的事物管辖权(concurrent subject matter jurisdiction)的案件，这意味着州法院系统和联邦法院系统都能够恰当地受理诉讼请求。然而，情况并不总是这样，因为

---

① 《联邦民事诉讼程序规则》第41条(a)款。

② 相关的法律规定，被告必须转移的时间为"在被告通过送达或其他方式收到修订后的起诉书、申请、命令或其他文书后的30天内……从这些文件可以确定案件……是或已经是可以转移的了"《美国法典》第28编，第1446条(b)款。在墨菲兄弟公司诉米凯蒂管道架线公司案[Murphy Brothers, Inc. v. Michetti Pipe Stringing, Inc.,《美国联邦最高法院判例汇编》第526卷，第344页(1999年)]中，联邦最高法院拒绝了对"通过送达或其他方式(through service or otherwise)"的宽松的解释。在此案中，原告向法院提交了起诉状，并用传真将其传给被告，但直到几天后才将起诉文书(process)送达给被告。联邦最高法院认为30年转移的时间自送达起诉文书(process)开始起算，而不是从非正式地送达起诉状(complaint)副本开始起算。我们在第三章第三节探讨了起诉文书的送达。

③ 见普洛斯诉纳斯食品公司案(Poulos v. Naas Foods, Inc.)，《联邦判例汇编第二辑》第959卷，始于第69、72页(第七巡回法院1992年)；因辛加诉拉贝拉案(Insinga v. LaBella)，《联邦判例汇编第二辑》第845卷，始于第249、254页(第十一巡回法院1988年)。

存在一些罕见的情况,州法院缺乏事物管辖权,原因是有专属的联邦问题管辖权。[①] 假设原告在州法院提起了这一诉讼——一个处于联邦法院专属管辖权中的诉讼。正如多少年来法律所规定的,原告不能将案件案件转移到联邦法院。那时转移被认为是(从州法院管辖权)“派生的(derivative)”,因此它只有在州法院拥有事物管辖权时才是合适的。这是相当愚蠢的规则,因为它意味着得由原告在州法院撤销案件,并在联邦法院重新起诉。在此
229 期间,可能会有法定时效问题。即使情况不是这样,也造成了诉讼程序的浪费。之后,国会做了件好事,通过了第 1441 条(e)款,该条文正是处理这一情况的。它拒绝了转移的管辖权是从州法院管辖权中“派生出来的”观点,而规定不管州法院是否对案件有事物管辖权,转移都是适当的。

从州法院转移到联邦法院的案件有其自己的审判地规则,有别于原告最初在联邦法院起诉的案件。根据第 1441 条(a)款,案件只能转移至“(辖区)涵盖了[该]待审诉讼所处地点的”联邦地区。换言之,唯一的案件可以移往的联邦法院是,“(其辖区)涵盖(embrace)”——指在地理上——案件在那里等待审理的州法院(辖区)的联邦地区法院。因此,普通的审判地规则,它支配原告在联邦法院直接提起诉讼时哪一个联邦法院是合适的问题(第 1391 条,在第五章第四节中阐述),不适用于从州法院转移过来的案件。例如,在布法罗市(Buffalo)* 的州法院起诉的案件,只能转移至纽约西部地区(Western District of New York)的美国地区法院,因为它是“涵盖”布法罗市的地区。情况就是这样,不管根据普通的审判地法律审判地在那里是否合适。

假设原告只想在州法院诉讼。其可以用某种方式在州法院提起诉讼而阻止(案件向联邦法院)转移吗?一般规则是,原告是“其起诉书的主人”,因此如果她提起一个不能转移的诉讼,被告对此无能为力。但为了审视案件是否应该转移,法院审查的范围偶尔会超出提出的事项,因此我们需要限定

---

① 我们在本书第 182 页注释①中看到了主要例子。

* Buffalo,美国纽约州西部一城市。——译者

“其起诉书主人”的理论(the “master of her complaint” theory)。

考虑一下原告可以努力提出诉求而妨碍转移的三个主要方式,这是有帮助的。第一,假设其诉讼请求是以州的(而不是联邦的)法律为依据的,原告可以添加一个其州籍妨碍转移的被告。例如,增添一个和其为同州州民的被告,由此破坏完全异籍。[①] 这儿,只有在被告能够让法院相信:破坏(联邦异籍)管辖权的当事人合并为欺诈性的(fraudulent)时,她才能够转移案件。在这一背景下,欺诈性的(fraudulent)是一个专业性词汇,不是质疑原告或其律师的诚实。相反,它指的是不存在由该当事人提起的或针对该当事人的真实的诉讼请求(bona fide claim)。[②]

第二,也假设原告的诉讼请求是以州法律(而不是联邦法律)为依据,案
件之(当事人)组合满足了完全异籍规则的要求,原告可能起诉索赔正好7.5万 230
美元,或更少。原告提出,这一诉讼请求不能转移,因为它没有满足异籍管辖权争议金额的要求。(记住,对异籍案件,争议金额必须超过 7.5 万美元。)我们想说原告阻止了转移,因为她自我设限于获赔金额低于异籍案件管辖权数额。但有一个问题。在许多的州,原告起诉书对判决的要求不限制她能够获得赔偿的金额。因此,在起诉书中正好要求 7.5 万美元赔偿的原告可能实际获赔远大于该金额。在这样的案件中,法院倾向于允许被告通过清楚证明原告的诉求事实上满足了(联邦)管辖权的金额要求,而转移案件。[③] 再次说明,举证责任由被告承担,因此一些(联邦)法院清楚表明,除非被告

---

① 或者,她可能增添一个法院所在州州民的被告,即使异籍管辖权的其他的要求得到了满足,这也将挫败以异籍为依据的转移。我们在下面在本小节的最后一部分探讨这一点。

② 皮特·罗斯(Pete Rose)在它家乡辛辛那提市(Cincinnati)的州法院起诉了美国职棒大联盟专员(the Commissioner of Major League Baseball)(挑战将他驱逐出棒球界的决定)。他将辛辛那提红人队(the Cincinnati Reds)增加为被告,其出现破坏了异籍并阻碍了转移。然而,法院发现,罗斯(Rose)没有针对红人队(the Reds)的真实的诉讼请求,而准予了转移。罗斯诉吉亚玛提案(Rose v. Giamatti),《联邦补编》第 721 卷,第 906 页(俄亥俄南部地区法院 1989 年)。

③ 见,如邓恩诉百事可乐大都会装瓶公司案(Dunn v. Pepsi-Cola Metropolitan Bottling Co.),《联邦补编》第 850 卷,第 853 页(加利福尼亚北部地区法院 1994 年)[在起诉书要求低于(联邦)管辖权金额的赔偿,但指控表明原告能获得超过足以满足该要求的赔偿金额时,拒绝(将案件)发回(州法院)。]总的见《穆尔论联邦实践》第 16 卷,第 107 章第 14 节第[2]目[g]。

在法律上确定性地(to a legal certainty)证明(联邦管辖权的)金额要求得到了满足,否则它们将案件发回(州法院)。[①] 联邦管辖权是于案件转移时衡量的,而不是依据之后发生的事件。因此,如果在转移(至联邦法院)时案件所涉金额超过了7.5万美元,原告不能因之后(双方)商定了一个较低金额的赔偿而获准(案件)发回(州法院)。[②] 另一方面,如果原告在转移之前承诺其获赔不超过7.5万美元,案件就不能依据异籍管辖权的理由转移。

第三,我们知道许多现实世界的事件,既产生依据州法律的诉讼请求,又产生依据联邦法律的诉讼请求。如果该原告选择不提出联邦问题的诉讼请求,会什么样?她能够通过这样的方式挫败转移的努力吗?[③] 一般而言,答案是能够。不能逼迫任何人提出联邦(问题)的诉讼请求。而且,被告不能通过提出以联邦法律为依据的答辩,而将以州法律为依据的诉求转换成联邦问题的诉求,因为联邦问题必须在充分主张的起诉书中提出,正如我们在第四章第六节第三目中学习了该问题。另一方面,对该规则有一个范围狭窄的例外——尽管该例外在民事诉讼法课程中很少述及。该例外就是:如果一个实体法领域已经被联邦法律"完全"先占,那就没有州法诉求的依据了。在此情况下,原告不能通过提出一个自称以州法为依据的诉求而规避转移。[④] 这样的完全先占的领域是很少的,包括《劳资关系法》(Labor Management
231 Relations Act)和《就业关系收入保障法》(ERISA)。[*] 在这些领域,因为联邦法律在涉及某些诉讼请求时完全取代了州的法律,因此根据释义任何诉

① 见,如克利贝尔特诉厄普约翰公司案(Kliebert v. Upjohn Co.),《联邦判例汇编第二辑》第915卷,第143页(第五巡回法院1990年)。

② 布兰德内姆处方药反垄断诉讼案(In re Brand Name Prescription Drugs Antitrust Litigation),《联邦判例汇编第三辑》第248卷,始于第668页,第670—671页。(第七巡回法院2001年)。("如果原告最初的诉讼请求之值超过了7.5万美元,转移就是合适的,案件处于联邦法院管辖权中,原告不能通过缩减其诉求而挫败此管辖权。")

③ 这儿我们假定没有异籍管辖权的依据。

④ 见,如皮洛特生命保险公司诉德多案(Pilot Life Ins. Co. v. Dedeaux),《美国联邦最高法院判例汇编》第481卷,始于第41页,第47—48页(1987年)(《就业关系收入保障法》预先控制了由雇员起诉保险公司的普通法诉讼)。

* ERISA,为 Employment Relations Income Security Act 的缩写。——译者

讼请求都是联邦的诉讼请求并引起联邦问题管辖权。因此法院准予这样案件上的转移，纵然原告的起诉书没有提到一个以联邦法律为依据的诉求。[1]

**异籍案件转移的两个重要例外**

正如我们上面所指出的，只有案件是联邦法院拥有事物管辖权的案件时，才允许转移。该一般规则有两个重要的例外，两例外都只在异籍案件中才适用。第一，如果任何一个被告是法院所在州的州民，就没有异籍案件的转移。[2] 该规则符合异籍（管辖权）的传统理论依据；如果被告之一是法院地的州民，她就不需要联邦法院的保护。见第四章第五节第二目。

第二，案件在州法院起诉后超过了一年时间的，不能以异籍管辖权的理由转移案件。[3] 该规则很少发挥作用，因为如我们在前面所看到的，案件必须在其变得可转移之后的 30 日内被转移；因为大多数的案件，如果有的话，在起诉后就可以转移了，所以通常不涉及该一年的时间限制。对那些在起诉时不可转移但之后因为原告的自愿行为而变得可转移的案件，该规则成为了一个障碍。

例如，原告是佛罗里达州的州民，她起诉的 D—1 是佐治亚州的州民，D—2 是阿拉巴马州的州民，根据州的法律要求赔偿 20 万美元。原告在佐治亚州的法院提起诉讼。此时，案件是不可转移的，因为（即使它满足了异籍管辖权的要求，但）被告之一为法院地州的州民。在诉讼了一段时间后，假设原告与 D—1 协商解决了诉求，并自愿撤销了对 D—1 的诉讼请求。此

---

① 尽量避免只指控案中依据州法的诉求被称为“诡诈的诉答文书（artful pleading）”而谋求案件转移。见《穆尔论联邦实践》第 16 卷，第 107 章第 14 节第[3]目[b]。该原则的最终轮廓尚不清楚。见阿瑟· 米勒：“诡诈的诉答文书：一个探究界定的理论”，载《得克萨斯法律评论》（Arthur Miller, Artful Pleading: A Doctrine in Search of Definition, *Tex. L. Rev.*）第 76 期，第 1781 页（1998 年）。最近，联邦最高法院认为，当被告提出了先前联邦判决的排斥效力时，其不能以联邦问题管辖权的理由转移案件。里韦特诉雷吉奥恩斯银行案（Rivet v. Regions Bank），《美国联邦最高法院判例汇编》第 522 卷，第 470 页（1998 年）。

② 《美国法典》第 28 编第 1441 条（b）款规定：联邦问题的案件“应该是可转移的，不考虑当事人的州籍或居所。”所有其他的案件，显然包括异籍案件，“只有在任何因有利害关系而被恰当加入，且以被告身份被送达了文书的当事人，都不是起诉州的州民时，（案件）才应该可转移。”

③ 《美国法典》第 28 编第 1446 条（b）款规定，“在诉讼开始后超过一年的……案件不可以根据第 1332 条授予的管辖权基础转移。”

232 时，案件变得可转移了，因为：(1)它满足了异籍管辖权的要求，并且(2)不再有法院地州州民的被告。剩下的被告，即 D—2，必须在撤销 D—1 之后 30 日内转移案件。但是，如果自案件在州法院起诉后，已经经历了超过一年的时间，则不允许转移。这是一个糟糕的规则，因为它允许原告增加妨碍转移的被告，等待一年，之后再主动地撤销对妨碍转移被告的诉讼请求。被告对此无计可施。

- P 是一个得克萨斯州的州民，在得克萨斯州法院起诉同为得克萨斯州州民的 D，要求赔偿 4.5 万美元。P 的指控是，被告侵犯了原告根据联邦证券法享有的权利。D 可以将案件转移到联邦法院吗？可以。这儿不要去作假。该案件引起联邦问题管辖权。任何一个被告是法院所在州州民则排除转移的规则只在异籍案件中适用，因此它在这里是无关的。

**分开和独立的联邦问题诉讼请求问题**

第 1441 条(c)款的运作并不顺利。它规定，如果原告将一个“分开和独立的”联邦问题诉求“与一个或多个原本不可转移的诉求”合并，则被告可以转移整个案件，包括不这样就不可转移的事项。该条文赋予了联邦法院自由裁量权，决定将“由州法律主宰的所有事项”发回州法院。在 1990 年之前，引发联邦事物管辖权的分开和独立的诉讼请求不必是一个联邦问题的诉讼请求。有两个案件比其他案件更多地出现在案例教科书中，它们分别涉及分开和独立的异籍管辖权诉讼请求的转移①和外国人管辖权诉讼请求的转移。② 今天这两个案件都不能援引第 1441 条(c)款。

① 美国火灾和伤害公司诉芬恩案(American Fire & Cas. v. Finn)，《美国联邦最高法院判例汇编》第 341 卷，第 6 页(1951 年)。

② 20 世纪福克斯电影公司诉泰勒案(Twentieth Century-Fox Film Corp. v. Taylor)，《联邦补编》第 239 卷，第 913 页(纽约南部地区法院 1965 年)。在该案中，电影制片厂起诉理查德·伯顿(Richard Burton)和伊莉莎白·泰勒(Elizabeth Taylor)，声称它们在拍摄《克利奥帕特拉》(Cleopatra，又译作《埃及艳后》)期间违反了合同。伯顿根据第 1441 条(c)款以外国人的理由(他是威尔士人，因此是英国臣民)转移了案件，并且(转移)包含了无此情节本不可转移的针对泰勒的诉讼请求。(联邦)地区法院拒不发回案件，尽管似乎有很强的理由支持诉讼请求并非分开的和独立的说法。

适用第1441条(c)款提出了几个问题。第一，“分开的和独立的”定义很难满足。诉讼请求必须确实是无关联的。正如联邦最高法院所解释的，“如果有对原告的一桩不公行为，为此寻求救济，而该不公行为又源自相互牵连的一系列交易，则没有第1441条(c)款下的分开和独立的诉讼请求。”[①]在大多数的州，除满足其他条件外，只有对众被告的诉讼请求源自同一交易时，多个被告才可以被并入一个案件。如果诉讼请求在交易上是有关联的，满足第1441条(c)款的要求似乎就有困难。第二，从表面上看，该 233
法律似乎允许转移不具备附属管辖权资格的非异籍、非联邦问题的诉求[(不具附属管辖权)精确地说是因为它们在交易上与引起联邦问题管辖权的诉求没有关联]。显然，这一解释引发了一个严重的宪法问题，因为它将不处于(《宪法》)第三条范围的诉讼请求给了联邦法院审理。第三，上述引用的发回(州法院)的规定是不清晰的。一些法院已经得出结论：它允许发回整个案件，包括联邦问题的诉讼请求。[②] 因为这些理由以及其他原因，该法律一直遭评论家们批判，在实践中基本上是被弃之不顾的。[③] 查尔斯·艾伦·赖特(Charles Alan Wright)教授合理得出的结论是，该法律“是无价值的，早就应该被废止了。”[④]

① 芬恩案(Finn)，《美国联邦最高法院判例汇编》第341卷，第14页。

② 见，如莫拉莱斯诉肉类切割机539号地方分店案(Moralez v. Meat Cutter Local 539)，第778卷，始于第368、370页(密歇根州东部地区法院1991年)。

③ 见《穆尔论联邦实践》第16卷，第107章第14节第[6]目。

④ 赖特和凯恩(Wright & Kane)，《联邦法院》，第235页。

# 第五章　审判地



## 第一节　问题的说明

视审判地(venue)为法院选择中需要跨越的第三道障碍，这是有帮助的。第一，对人管辖权规则决定原告是否能在一特定的州起诉被告。第二，事物管辖权规则决定原告在该州的州法院还是联邦法院起诉。第三，审判地问题询问，在该被选法院系统内，将在哪里提起诉讼。例如，假设由加利福尼亚州行使对人管辖权是合适的，诉讼可在那里的州法院系统提起。但是在哪里起诉呢？圣地亚哥？旧金山？洛杉矶？加利西哥(Calexico)？这是审判地的考虑。事物管辖权将案件置于某一法院系统(联邦的或州的)。审判地决定在该系统的哪里——地理意义上的地点——提起诉讼。

在州司法系统，如我们在第五章第三节所看到的，审判地被置于政治上的小分区，如县。在联邦系统，如我们在第五章第四节探讨的，审判地被置于联邦地区。审判地法律，不管是州的法律还是联邦的法律，都给予原告选择在何地起诉的权利。通常，这些选择权体现了立法机关对诉讼方便地点评估的看法。审判地法律所允许的两个最常见的选择是(1)被告居住地，和(2)诉讼请求发生地。通常，这些选择承认，对被告来说审理在其居住地是 236
方便的，且在诉讼请求发生地也是方便的，因为在那里可以找到相关的证人和证据，并且原告和被告与该场所至少有某种联系。尽管显而易见原告居住地对原告来说是很方便的，但只在很少的情况下，法律才认可原告居住地为审判地。人们有理由问，为什么审判地法律应该青睐被告而不是原告。[①]

审判地不引起联邦宪法上的问题。换言之，不存在在某个特定地点提起诉讼的联邦宪法权利。[②] 因此，联邦法院的审判地障碍[③]只涉及制定法的探究。因为审判地不当的抗辩不涉及法院的事物管辖权，所以法院一般不主动提出审判地的问题。相反，被告必须及时提出审判地不当的主张，否则此抗辩就被放弃，我们将在第六章第二节中探讨它。[④]

所有的司法系统(联邦的和州的)都规定了在系统内审判地从一地向另一地的移送。这一移送可以获准，目的是将案件从一个不合适的审判地点转移到合适的审判地点。或者可以允许从一个适合的审判地移送到另一个适合的审判地，也许是因为后一地点对当事人和证人更为方便，或从节省司法资源的角度看更值得做。见第五章第五节。但是注意，移送只在从一司法系统的法院移送到同一系统的另一个法院时才是可能的。因此，如果更

① 这一点尤其如此，因为我们推定该法院有对人管辖权。因此，被告在一个与其有宪法上的足够联系以至于作出有拘束力的判决为合理的州被起诉。

② 内尔博公司诉伯利恒造船公司案(Neirbo Co. v. Bethlehem Shipbuilding Corp.)，《美国联邦最高法院判例汇编》第 308 卷，第 165 页(1939 年)。

③ 在多数的州法院系统，情况也是这样。然而在一些州，审判地是州宪法规定的事项。参见，例如《佐治亚州宪法》第 6 条第 11 款第 3 项至第 5 项(规定了具体案件的审判地)。

④ 参见《联邦规则》第 12 条第(h)款第(1)项。但对有关“属地诉讼(local actions)”的审判地是否也是这样，存有某种疑问。参见第五章第二节。

方便及更合适的法院处于与待审案件法院不同的司法系统，则移送是不可能的。在这样的案件中，法院不能命令移送，但可以根据不方便法院原则(the doctrine of forum non conveniens)驳回，而允许原告之后在更方便的法院提起诉讼。见第五章第六节。

最后，不管审判地法律如何规定，当事人一般可以自由约定在哪里提起诉讼。此协议可以在诉求产生后订立，办法是简单地放弃对审判地的异议。或者它可以在诉讼前通过合同中的“法院选择条款(forum selection clause)”订立。联邦法律以及大多数州的法律允许当事人为未来的诉讼约定法院，只要该协议不是欺诈或不公平的过分行为的产物，并且所选择的法
237 院不是不合理的或不公正的。① 在涉及国际甚至州际商业交易的合同中，这样的条款比较常见。

---

① 首创判例是M/S不来梅诉扎帕塔案[M/S Bremen v. Zapata,《美国联邦最高法院判例汇编》第407卷，始于第1、15页(1972年)](强制执行了海事领域经谈判达成的法院选择条款)。也参见嘉年华游艇航线公司诉舒特案[Carnival Cruise Lines, Inc. v. Shute,《美国联邦最高法院判例汇编》第499卷，第585页(1991年)](强制执行了格式合同中的未经历谈判的法院选择条款)。

## 第二节　属地诉讼和追身诉讼

根据多数的审判地安排，首先要问的问题是案件是否为属地诉讼（local action）。这是专业术语，其定义各州不同。但一般而言，属地诉讼是直接涉及土地所有权（title）、占有（possession）或损害（injury）的诉讼。[①] 更具体地说，属地诉讼包括：（1）将土地作为管辖依据的对物（in rem）或准对物（quasi-in-rem）诉讼；要求不动产（real property）上救济的案件，如要求取消对抵押品的赎回权（foreclose on a mortgage）或确定产权（quiet title）或驱逐承租人（eject a tenant）；以及（3）涉及不动产损害的案件，包括由非法侵入引起的损害。但再次说明，定义会有所不同，例如一些州不将侵入案件列为属地案件。[②] 不属于属地诉讼的所有诉讼，就确定审判地的目的，均被称为追身诉讼（transitory actions）。因此大多数的诉讼是追身诉讼。所有的州司法系统和联邦司法系统均有确定追身诉讼审判地的具体标准，我们在第五章第三节、第四节中会看到这一点。

尽管属地诉讼的定义会有所变化，但涉及其审判地的规则似乎是放之四海而皆准的：审判地只可以置于相关不动产的所在地。在州法院系统，原告将审判地置于土地所在的县（或其他相关的政治分区）。在联邦法院，审判地处于土地所在的联邦地区是合适的。在联邦的和州的系统，如果争议不动产位于一个以上的县或联邦地区，审判地处于土地任何部分所在的县

---

① 土地经常以“不动产”（“real property” or “realty”）身份被提及。不要将不动产和有形财产（tangible property）概念相混，有形财产指任何有物质存在（corporeal existence）的财产。手表是有形财产，但不是不动产。

② 参见，例如里索—希尔公司诉哈里森案（Reasor-Hill Corp. v. Harrison），《西南判例汇编第二辑》第 249 卷，第 994 页（阿肯色州 1952 年）；英格拉姆诉北美五大湖管道线公司案（Ingram v. Great Lakes Pipe Line Co.），《西南判例汇编第二辑》第 153 卷，第 547 页（密苏里州上诉法院 1941 年）。见“评注”，载《美国注释判例汇编第二辑》（Annotation，*A. L. R. 2d*）第 30 卷，第 1219 页。

或地区都是合适的。[①]

将审判地置于争议不动产所在地在对物诉讼和准对物诉讼中特别有意义。在这些诉讼中，如第二章第二节所探讨的，财产正是确定管辖权的基础；管辖权只能隶属于财产所在地的审判地。[②]

238 然而，在大多数的辖区，属地诉讼的定义范围不止是对物诉讼和准对物诉讼。如上面所指出的，例如，大多数州法院和联邦法院认为，有关非法侵入不动产的对人诉讼案件(in personam cases)是属地诉讼。某一法院对其管辖权做了如下的表述：

> 属地诉讼和追身诉讼的区别不是想象的或技术性的。它建立在敏锐的正义感之上。一个涉及土地重要特征的普通法诉讼(action at law)，在土地所在地法院诉讼比在其他地方诉讼通常在审理时更可能确认真相，并在当事人之间实现正义。在土地附近区域比在遥远的地方，在每一和所有的方面，能更好地理解土地的性质，方便提供记载其权利证据，领会重要利用上的性能(properties)和可调整性(adaptability)，断定对其造成损害的自然力(the elements)，理解其实质性的特征(features)，以及确定其精确的价值。[③]

没错，在土地所在地诉讼能方便进入土地，以认定它遭受的损害。但不明显的是，为何财产所在地(而不是，比如被告或原告的居住地)应该是非法侵入对人诉讼案件的仅有的合适审判地。尽管如此，有关非法侵入案件的管辖规则已经被许多辖区沿用了好几代了。

在许多州，属地诉讼的审判地规则是制定法规定的。[④] 然而，在联邦法

---

① 参见，例如《美国法典》第28编第1392条(“涉及财产位于同一个州不同地区的”属地诉讼，“可以在该任何地区提起”)。

② 也记住，对对物和准对物管辖权，发挥管辖权属性作用的财产不必是土地；它可以是任何财产。与此形成对比的是，属地诉讼的审判地规则只涉及不动产。

③ 亚利桑那商业矿业公司诉艾恩卡普铜公司案(Arizona Commercial Mining Co. v. Iron Cap Copper Co.)，《东北部地区判例汇编》第128卷，始于第4、6页(马萨诸塞州1920年)。

④ 参见，例如《马里兰州注解法典》(Md. Ann. Code)第6章第202(b)目。在一些州，它是由宪法规定的。参见，例如《佐治亚州宪法》第6条第11款第4项(“涉及土地所有权的案件应该在土地所在的县审理，除非一块地遭县的分界线分割，此时辖两县的上级法院有管辖权。”)

院，普通的审判地制定法对属地诉讼没有规定。[①] 而属地诉讼规则在普通法上得到牢固确立，渊源可溯至著名的利文斯顿诉杰斐逊案(Livingston v. Jefferson)。[②] 在该案中，原告在对人诉讼中起诉了托马斯·杰斐逊(Thomas Jefferson)，寻求因非法侵入原告在路易斯安那州的土地产生的损害赔偿。[③] 原告在弗吉尼亚州起诉杰斐逊，因为(在那个早期的时代，在国际鞋业案审理之前很久)他不能在路易斯安那州对该前总统建立起对人管辖权。杰斐逊反对说弗吉尼亚不是合适的审判地。认定该案件为属地诉讼的判决(在属地诉讼中，审判地得被置于路易斯安那州)，将等同于告诉原告它拥有一项不能获得救济的权利。那正是所发生的事情：法院认为，至少在联邦法院，非法侵入土 239
地是属地诉讼。[④] 尽管法院倾向于将属地诉讼限定在对物诉讼和准对物诉讼案件上，但根据英国的先例，它觉得有义务也包括非法侵入案件。时至今日它仍然是规则，尽管今天可以避免原告在利文斯顿诉杰斐逊案中所遭受的不公平，因为在路易斯安那州实施侵权行为很可能会赋予该州针对被告的对人管辖权。

联邦法院的属地诉讼规则是否仅为审判地事项，抑或，相反发展到法院事物管辖权，对此尚存有某些令人惊讶的不确定性。该区别是重要的。如果该规则只是审判地的规则，则可以被放弃，而被告可以同意土地所在地之外的审判地。[⑤] 另一方面，如果该规则是一个事物管辖权的规则，则对缺陷

---

① 参见《美国法典》第28编第1391条。普通联邦审判地制定法对此概念的唯一提及在第1392条中，该条文涉及关于处于一个以上地区的不动产的案件。见本书第284页注释①。

② 《联邦案例汇编》第15卷，第660页(弗吉尼亚州中央地区法院1811年)。

③ 原告不认为杰斐逊本人亲自侵入。而诉讼请求是杰斐逊指示美国的执法官(marshals)迫使原告离开其在新奥尔良毗邻密西西比河的土地。杰斐逊错误认为该土地属于联邦政府。

④ 判决案件的法官是约翰·马歇尔(John Marshall)，当然他是美国的首席法官。在那个时代，法官被要求“巡回办案”，这意味着除了其他事外，他们还得担当所负责的巡回区的联邦初审法院法官。[首席法官一直总是第四巡回区的巡回法院法官，因为其总部里士满(Richmond)离华盛顿相对较近。]就个人层面，如他所作的那样，裁决必定使得马歇尔难以释怀，因为他和杰斐逊相互间绝非朋友。如想获取案件的生动描绘和背景资料，参阅罗南·德格南(Ronan Degnan)：《利文斯顿诉杰斐逊案——一个单独的脚注》(Livingston v. Jefferson — A Freestanding Footnote)，《加利福尼亚法律评论》第75期，第115页(1987年)。

⑤ 同意可以是自愿的，也可以是非自愿的(例如，因没有及时提出以审判地为依据的抗辩)。参见《联邦规则》第12条(h)款(1)项。也参见第六章第二节。

的抗辩不能被放弃。见第四章第三节。两个结论都有案例的支持。[①] 认为属地诉讼规则是管辖权性质的观点是过时的，它源自对不动产的神秘主义历史观，[②]应该遭抛弃而支持属地诉讼规则只牵涉审判地的观点。

就应该遵守管辖权理论而言，属地诉讼应该被限制在对物诉讼和准对物诉讼案件上，[③]因为在这样的纠纷中，为了给予法院审理案件的权力必须查封财产。(我们在第二章第二节探讨过这一点)但没有理由将该规则视为绝非对人诉讼审判地规则。对被告拥有对人诉讼管辖权的法院可以迫使其
240 在另外一个州(或者甚至在另外一个国家)履行财产转让契约。[④] 此外，一个对被告拥有对人诉讼管辖权的法院没有理由不能因被告非法侵入另一州的土地而强加赔偿判决。再次说明，审判地处于土地所在地可能特别方便(因为，例如，陪审团能够看到对土地造成的损害)。该事实可能预示支持将案件移送到此审判地，但不应该击败(defeat)其他地方的审判地。

---

① 见信托公司银行诉美国石膏公司案(Trust Co. Bank v. United States Gypsum Co.)，《联邦判例汇编第二辑》第 950 卷，始于第 1144、1149 页，注释 7 (第五巡回法院 1992 年)(指明案例意见的分歧而没有表明立场)；海耶斯诉海湾石油公司案(Hayes v. Gulf Oil Corp.)，《联邦判例汇编第二辑》第 821 卷，始于第 285、287 页(第五巡回法院 1987 年)(属地诉讼规则是管辖权性质的)。

② 在法学院的整个时光，你们将看到所有的不动产都是独一无二的假设。这一假设的一个结果是法院能命令土地转让合同的特别履行。创造所有的土地都是独一无二之见解的普通法法官(1)从没看到密密匝匝房屋的开发，且(2)从没有飞越过美国的许多地方。

③ 对这一限制的建议见之于"评论：联邦法院的属地诉讼"，载《哈佛法律评论》(Note, Local Actions in the Federal Courts, *Harv. L. Rev.*)第 70 期，始于第 708 页，第 712—714 页(1957 年)一文。

④ 见佩恩诉巴尔的摩勋爵案(Penn v. Lord Baltimore)，《英国判例汇编》第 27 卷，第 1132 页(1750 年)。在该案中，英国衡平法院(Court of Chancery)命令巴尔的摩勋爵(Lord Baltimore)(对他法院拥有对人管辖权)遵守约定，在美洲殖民地(实质上是现在的特拉华州)将土地转让给威廉·佩恩(William Penn)。因为该法院对巴尔的摩勋爵拥有对人管辖权，所以它能够在必要时通过藐视法庭的传讯执行其判决。

## 第三节　州法院追身诉讼的审判地

假设在州法院提起诉讼的案件不是属地诉讼，参见第五章第二节，原告必须面对支配追身诉讼审判地的州的法律。在大多数的州，该法律规则反映在制定法中(尽管一些州在宪法中阐述了该论题)。该制定法几乎总是由置审判地于适当政治单元的供选择的“详细清单”组成。这些规定的复杂程度和内容因州而异，因此律师必须小心阅读相关规定。一个常见的制定法模式列举通常可接受的具体审判地，并为具体类型的案件添加其他的审判地。例如，马里兰州的普通制定法规定，审判地为被告的下列地点：(1)居住地；(2)通常从事经营的地点；(3)被雇佣地；或(4)习惯从事职业的地点。[1]此外，另一规定允许过失侵权案件的审判地处于产生诉讼请求的县。[2]

审判地法律体现了立法机关对方便审判地点的评估。马里兰州的法律是将审判地通常置于被告居住地或有重要联系地或诉讼请求产生地的典型。因此，被告热切地希望允许他们“在家里”被诉。此外，诉讼请求产生地是被告和原告都去过的地点和可能找到证人的地点。制定法偶尔也准许审判地处在原告居住地；例如，在离婚或支付抚养费(alimony[*])案件中，或在针对非居民(nonresidents)提出的诉讼请求中，被告就原告的规则可能是合
适的。 241

① 《马里兰州注解法典》第6章第201(a)目。

② 《马里兰州注解法典》第6章第202(8)目。多数的长臂法和非居民驾车人法将审判地置于诉讼请求发生地。在这些例子中，被告是非居民，因此被告的居住地不是一个选项。

* alimony，指离婚或分居后或在离婚诉讼期间，配偶一方付给另一方的费用，通常由男方付给女方。——译者

# 第四节 联邦法院追身诉讼的审判地

## 一、在联邦法院初诉的案件

如果在联邦法院的案件不是属地诉讼，参见第五章第二节，它当然就是追身诉讼。问题就变成了根据联邦审判地的法律审判地在哪里合适。在联邦法院，审判地只能根据联邦法律决定，不管联邦事物管辖权的依据是什么。因此，在联邦法院，州的审判地法律是不相干的。尽管有许多处理特殊类型诉讼请求的特别联邦审判地法，[①]但大多数的案件（以及肯定地说大部分的法学院课程）涉及《美国法典》第 28 编第 1391 节的一般审判地规定。与许多州的审判地规则相比，第 1391 条相当简单，但同时起草得不是特别好，因此必须仔细阅读。

第 1391 条第(a)款适用于“管辖权只是建立在异籍之上”的案件。第 1391 条(b)款适用于所有其他案件（显然包括联邦问题的案件）。这两款结构相同：它们在第(1)项和第(2)项中列出了一般可选择的审判地，之后在第(3)项中规定了退一步的选择项。尽管这些退一步的规定——第 1391 条(a)款(3)项和第 1391 条(b)款(3)项——稍有不同，但它们几乎永不相干（原因下面探讨）。因此，几乎每一个案件都将受各自条款的第(1)项和第(2)项支配。幸运的是，第 1391 条(a)款(1)项和第 1391 条(b)款(1)项是完全相同的，而第 1391 条(a)款(2)项与第 1391 条(b)款(2)项是完全相同的。因此在实践中，异籍案件和联邦问题案件的审判地规则在几乎每一个案件中都是相同的。为了简洁，我们一并探讨异籍案件和其他案件的基本规则；

① 参见，例如《美国法典》第 28 编第 1397 条[法定的确定竞合权利诉讼案件(interpleader cases)的审判地]。

然而,记住第1391条(a)款适用于前者,而第1392条(b)款适用于事物管辖权不"只是"依赖异籍的案件。[①]

这些规定给了原告两个基本的审判地选项:建立在被告居所上的选项和建立在引起诉讼请求事件上的选项。[②] 根据制定法的清晰措辞,这些都是可选择的,任何一方都不享有优惠。换言之,如果一个选项允许审判地位于A地区而另一个选项允许审判地位于B地区,原告可以选择其喜欢的地方。[③] 242
不要求原告选择不同选项中最方便的一个。[④]

在审视这些选项之前,注意联邦系统的审判地与联邦地区(federal districts)相连。国会已经将国家(以及联邦的飞地,如哥伦比亚地区和关岛地区)分成94个地区,并在每一个地区建立起了(有多名法官的)联邦地区法院。除一个不重要的例外(涉及黄石国家公园)之外,地区(districts)不跨州的分界线。[⑤] 在亚利桑那州、新泽西州、马萨诸塞州和其他几个州,整个州构成一个单一的联邦地区。而其他州被进一步分成两个、三个甚至四个联邦地区。只有三个州——加利福尼亚州、纽约州和得克萨斯州——拥有四

---

① 为什么要有分开的条款——第1391条(a)款和第1391条(b)款?在相当长的岁月,异籍案件中审判地的获得比联邦问题案件更宽松,法律长期允许异籍案件的审判地位于原告居住的地区。当国会废除了该规定而使得第1391条(a)款和(b)实质上相同时,它本应该使之简化,将这些规定压缩到一个条款中。但相反,它仍保留了独立分开的条款。

② 第1391条(a)款(2)项和(b)款(2)项也规定审判地位于"受诉财产的重要部分坐落的"地区。该规定很少被援引,特别是在确定竞合权利诉讼中是不相干的。第十三章第二节第二目探讨竞合权利诉讼。

③ 一位联邦法院法官得出结论,要用等级的观念解读该制定法。因此,如果一个地区满足了第1391条(a)款(l)项或(b)款(1)项,就必须选择它,即使另一个地区满足了1391条(a)款(2)项或(b)款(2)项。参见,例如科布拉合伙人限制性合伙诉利格尔案(Cobra Partners L. P. v. Liegl),《联邦补编》第990卷,第332页(纽约南部地区法院1998年)。这一 解读与该制定法所使用的语言相悖,且同一地区的法官们也没有听从这一等级化的解读。参见,例如I. M. D.美国公司诉沙利特案(I. M. D. USA, Inc. v. Shalit),《联邦补编第二辑》第92卷,第315页(纽约南部地区法院2000年)。

④ 参见,例如萨斯曼诉以色列银行案(Susman v. Bank of Israel),《联邦判例汇编第三辑》第56卷,始于第450、457页(第二巡回法院1995年)(如果所选择的法院是合适的法院,不能因选择了一个不方便的法院而施加制裁)。

⑤ 当然,每一个州都有联邦地区。此外,国会已经在美国拥有的但不是州的地方建立起了联邦地区,这些地方包括哥伦比亚(Columbia)、波多黎各(Puerto Rico)、维京群岛(the Virgin Islands)、关岛(Guam)和北玛丽安娜群岛(the Northern Mariana Islands)地区。

个地区。国会制定法律规定哪些县划进每一个地区，并给每一地区取了名字。名字是地理性的而不具创造力，如亚利桑那地区、加利福尼亚州南部地区等等。我们将注意力集中于置审判地于适当联邦地区。[1]

**以被告居所为基础的审判地**

根据第 1391 条(a)款(l)项和第 1391 条(b)款(l)项，“如果所有的被告都居住在同一个州”，原告可以将审判地置于任何“被告居住的(reside)”[2]的地区。该条款起草得很糟糕。应该重新起草这些项，清楚表达它们想表达的意思：合适的审判地位于(1)所有被告均在那里居住的任何地区，以及(2)如果所有被告居住在同一个州的不同地区，审判地在被告居住的任何地区都是合适的。将这些原则应用于这些假设的案件。

- P 起诉的 D—1 居住在佐治亚州南部地区，D—2 居住在加利福尼亚州中部地区。这些地区中没有一个是合适的审判地。尽管每一个都是“任何被告居住的”地区，但两个被告不居住在同一个州，因此第 1391 条(a)款(l)项和第 1391 条(b)款(l)项的要求均未得到满足。
- 243 P 起诉的 D—1 居住在纽约南部地区，D—2 也居住在纽约州南部地区。审判地在纽约州南部地区是合适的，因为所有的被告都居住在那里。尽管如此，注意，根据这些规定，审判地在纽约州任何其他地区都不合适。因此，如果 P 将审判地置于纽约州东部地区(或者纽约州的北部或西部地区)，被告可以以不合适为由对该选择提出异议。
- P 起诉的 D—1 居住在伊利诺伊州北部地区，D—2 居住在伊利诺伊州南部地区。针对该两被告的诉讼可以在这两个地区中的任何一个提起。纵然两个地方中的任何一个都不是所有被告居住的地区，但所有的被告都居住在同一个州。在此情况下，审判地处于两个地

---

[1] 出于方便，国会将一些地区进一步划分为分区。例如，明尼苏达州是一个地区，但由六个分区组成，在每一个分区至少驻有一个地区法官。这意味着农村更偏远地区的人没必要仅在位于明尼阿波利斯市(Minneapolis)的联邦法院诉讼。

[2] 《美国法典》第 28 编，第 1391 条(b)款(1)项。

区中的任何一个都是合适的。

- 因事物管辖权的依据，对上面三个假设中任何一个的回答会不同吗？换言之，案件是援引了异籍管辖权还是联邦问题管辖权，有区别吗？没有区别。第1391条(a)款(1)项(为异籍案件规定的)和第1391条(b)款(1)项(为其他类型的案件规定的)是完全相同的。

**为确定审判地目的的居所界定**

重要的是注意第1391条(a)款(l)项第1391条(b)款(l)项规定了以被告居所(residence)为依据的审判地；该审判地法律没有提到州籍(当然，州籍可能与事物管辖权相关；参见第四章第五节)。

- 尽管一些律师、教授甚至法官比较草率，但我们还是应该将事物管辖权和审判地的用语区分开来。如果你们想援引异籍管辖权，则你们必须提出当事人的州籍。如果你们提出的是当事人的居所，案件就应该因缺乏事物管辖权而被驳回。为什么？因为宪法和成文法准予了异籍管辖权，没有准予异居所的管辖权。参见第四章第五节第一目。另一方面，如果你想根据第1391条(a)款(l)项或第1391条(b)款(l)项设置审判地，你就必须探讨被告的居所。为什么？因为这是成文法所规定的。

**自然人的居所**

如我们将看到的，联邦的审判地法律界定了一些被告的居所，而没有界定其他被告的居所。引人注目的是，它们没有给自然人被告的居所下定义。就确定审判地的目的，自然人居住在哪里呢？很久以前，联邦最高法院提议，该被告居住在其拥有住所的地区。[①] 这一解释基本上将(为确定审判地 244
目的建立的)居所的标准与(为确定事物管辖权的目的建立的)自然人的州

① 肖诉昆西采矿公司案(Shaw v. Quincy Mining Co.)，《美国联邦最高法院判例汇编》第145卷，始于第444、449页(1892年)。

籍标准等同起来了。[①] 绝大多数的下级法院认同这一解释，[②]其传达的意思当然是自然人被告只有一个居所（因为正如我们在第四章第五节第三目中看到的，其只能有一个住所）。

另一方面，因为审判地规则旨在将一个案件置于方便的法院，所以采用更加灵活的标准似乎更为可取。例如，大学生、研究生或军人可能在非住所地的州生活了很长的时间。更好的做法是给出该人在那里“居住(reside)”的结论，并因此允许审判地位于其实际生活地。

- D是美国的国民，在俄克拉荷马州出生并长大。几年之前其离开俄克拉荷马去纽约州上大学，之后进入了法学院。D没有回过俄克拉荷马州，但也没有形成让纽约州成为其永久之家的意思。其住所地仍然是俄克拉荷马州（因此其州籍仍是俄克拉荷马州）。如果将为确定审判地目的的居所等同于住所，D将被视为“居住”[根据第1391条(a)款(1)项和第1391条(b)款(l)项]在俄克拉荷马州联邦地区。但事实上，因为其已经在纽约州南部地区居住了七年，后者（即纽约州南部地区）是一个方便得多的审判地，应该被视为其居住的地区。

尽管有该支持灵活解读“居民(resident)”的理由，但大多数法院仍继续将一个人的居住地区等同于其住所所在的地区。

如果被告是一个外国人（即外国公民或臣民），情况又如何呢？第1391条(d)款规定外国人“可以在任何地区被诉”。因此，如果被告是一个外国人，没有必要操心其在何地居住；完全没有必要操心第1391条(a)款或(b)

---

① 回忆一下，美国公民（为异籍的目的）被视为其住所地所在州的州民。第五节第三目中探讨的，住所的建立借助出现(presence)外加使该地点成为永久之家的意图(intent)。国会明显想准许审判地处于被告为其这层含义上“州民”的地方。然而，严格说来，自然人是州的州民，而不是联邦地区的州民。因为审判地被置于联邦地区，而不是州，所以国会的结论是它不能在审判地法律中使用“州民”这一用语。从技术上讲，不存在一个地区的州民这样的东西；人们是一个州的州民。所以国会使用居住(resides)的术语取而代之。

② 参见，例如曼利诉恩格拉姆案(Manley v. Engram)，《联邦判例汇编第二辑》第755卷，始于第1463、1466页，注释3（第十一巡回法院1985年）[“满意建立的”住所是决定适当审判地的基准(benchmark)]。

款，因为第1391条(d)款使得事情对原告来说容易多了。即使外国人被允许为永久居留的目的进入美国，第1391条(d)款也应该适用。如我们在第四章第五节第三目中所探讨的，国会特别规定了被允许永久居留的外国人的州籍，规定在《美国法典》第28编第1332条(a)款中。

该规定表明它为特别的目的[包括法律规定的确定竞合权利的诉讼(interpleader)和案件转移(removal)]发挥作用，但没有提到审判地。因此，为永久居民的外国人被告——就确定审判地的目的——被作为任何其他的外国人对待，并适用第1391条(d)款。 245

**公司的居所**

国会没有为确定审判地的目的给公司居所下定义。根据第1391条(c)款第一句，公司被告居住在"当案件开始时它服从其对人管辖权的"所有地区。这可能在范围上比为确定事物管辖权目的对公司州籍所下的定义要广得多。

- 比格汽车公司(Big Motor Corporation)在特拉华州成立，在密歇根州有主营业地。它在美国的每一联邦地区从事经营，因为它在每一地区至少有一个零售店。比格汽车公司的州籍是什么？① 比格汽车公司居住在哪里？②
- P是一位威斯康星的州民，起诉在特拉华州成立而主营业地在密歇根州的XYZ公司。诉讼请求超过了7.5万美元，因此该案显然引起异籍管辖权。P在威斯康星州地区的联邦地区法院提起诉讼。XYZ公司以缺乏对人管辖权和不适当的审判地为由申请撤销案件。法院得出结论是，它对XYZ公司拥有对人管辖权，因为该公司与此州有足够的联系。法院对有关审判地的申请应如何

---

① 它是特拉华州的州民，因为它在那里成立，它也是密歇根州的州民，因为它在那里有主营业地。见第四章第五节第三目。这些事实与援引异籍管辖权相关。

② 它居住在美国的每一地区(district)，因为(根据它在每个地区都有零售店)它得服从每一地区的对人管辖权。为在以比格汽车公司为被告的案件中根据第1391条(a)款(l)项或第1391条(b)款(l)项设置审判地，这一事实是有关联的。

裁决呢?①

- 如果案件援引了联邦问题管辖权,而不是异籍管辖权,对前述假设案件的答案会不同吗?②

246 当然,通过提及对人管辖权给公司居所下定义,是将所有对人管辖权法律上的奇思妙想(我们在第二章看过)合并到审判地(规则)中。但它也带来了一个真实的好处——一旦法院评估了对人管辖权,它也就评估了公司被告的居所;对该单独的问题,没有独立的、具有模糊可能性的标准(根据之前的法律,曾经有该种情况)。③ 一般对人管辖权和特别对人管辖权没有什么区别。显然,法院将要评估公司被告——根据一般对人管辖权的依据,或者特别对人管辖权的依据——是否在该案中受对人管辖权管辖。

还要注意,现在的第1391条(c)款规定了评估对人管辖权的明确时间。它要求公司"在诉讼开始时"就受对人管辖权管辖。这有点奇怪。根据《联邦规则》第3条,诉讼于登记起诉状时开始。如我们在第三章第三节第一目中看到的,在起诉状登记后,才向被告送达诉讼书状。那么,严格说来,直到诉讼开始后,对公司的对人管辖权才在一个具体案件中实际行使。这一点在第1391条(c)款下产生问题吗?一般来说不会。法院在适用该法律时不会这样地讲究细节。它们倾向于审视公司与法院的联系(contacts)——评估时间是起诉书登记时——是否导致它受法院的对人

---

① 它应该否决撤销申请。审判地在所有被告居住在那里的地区是合适的[依据第1391条(a)款(l)项]。这儿,只有一个被告,即XYZ公司。公司居住在案件开始时它应服从其对人管辖权的所有地区[根据第1391条(c)款]。这儿,一旦法院认为它对被告拥有对人管辖权,因为被告是一个公司,法院也会得出被告居住在那里的结论。

② 不会。根据第1391条(b)款(l)项——它适用于联邦问题案件——审判地在所有的被告都居住在那里的地区是合适的,正如根据第1391条(a)款(l)项得出的结论。第1391条(c)款下的公司被告居所的定义是相同的。

③ 第1391条(c)款现行的版本是在1988年通过的。在此之前,该条款将公司的居所定义为公司"成立的(incorporated)"或"获准经营的(licensed to do business)"或"正经营着的(doing business)"地区。前面的两个措辞的意思相当容易认定,而认定一个公司在哪里"正经营着",与目前的制定法标准一样是模糊不清的。实际上,许多法院将旧的制定法解读成:将公司的居所界定在受其对人管辖权管辖的地方。因此,1988年的修正案被看成是至少法典化了大多数法院的做法。

管辖权管辖。[①]

如果诉讼在拥有一个以上联邦地区的州提起,则情况变得有些复杂。如果这样,正如第1391条(c)款第二句所规定的,则公司居所依每一地区评估,而不将州作为一个整体。换言之,公司被告受加利福尼亚州对人管辖权管辖的事实,不一定意味着它居住在该州四个联邦地区中的每一个地区。相反,法院看待每一个地区就像它是独立的州一般,以审视公司的联系是否使得在那里行使对人管辖权为正当。因此,一个受加利福尼亚州对人管辖权管辖但只在加州北部地区拥有联系的公司,居住在加州北部地区。它不 247
居住在加利福尼亚州的中部、东部或南部地区。[②]

然而,如果一个公司受一个具体州的对人管辖权管辖,但缺乏足够的联系不能使它受该州一个具体地区的管辖,情况就变得更为复杂。第1391条(c)第二句在这种(希望它是罕见的)情况下也适用,它规定公司居住在其有"最重要联系"的地区。

- 一家公司被告与加州有足够的联系,如将联系汇总,它受加利福尼亚州对人管辖权管辖。然而它与加州的四个联邦地区中的任何一个都没有足够的联系,以至于不能使它受其中任何一个的对人管辖权管辖。但在加州的四个地区中,它与南部地区的联系超过任何其他地区。根据第1391条(c)款,它只居住在加州南部地区。

**非公司组织的居所地**

正如我们在第四章第五节第三目中探讨异籍管辖权时所看到的,商业组织可能组建成了公司,也可能未组建成公司。组建成公司的商业组织当然是公司。国会在第1331条(c)款(l)项中界定了其州籍,如我们刚才看到的,在第1391条(c)款中界定了其居所。没有组建成公司的商业组织可采

---

① 在"开始(commenced)"的措辞被放进1988年的制定法之前,一些法院得出的结论是公司必须在诉讼请求产生时就受对人管辖权管辖。该法律的现行版本因此对评估管辖权问题的时间规定得更为精确。

② 比奇克勒塔斯·温莎公司诉美国自行车公司案(Bicicletas Windsor, S. A. v. Bicycle Corp. of America),《联邦补编》第783卷,始于第781、785—786页(纽约南部地区法院1992年)(审判地要求将对人管辖权的分析"局限在"提起诉讼的地区)。

用很多形式，包括合伙、有限合伙、多数的工会和有限责任公司。国会从来没有对这一组织的州籍做过界定，也没有为确定审判地的目的对其居所做过界定。因此留给法院自己琢磨这些事情。如我们在第四章第五节第三目中探讨过的，法院参悟出了一个判别这一商业组织州籍的标准，该标准与国会为公司规定的标准很是不同。那非公司组织的居所又如何呢？

令人高兴的是法院在此问题上已经形成了共识：我们用界定公司居所的方法界定非公司组织的居所。① 即，法院对非公司组织适用第 1391 条(c)款(尽管该法律没有提到公司之外的任何东西)。因此，采用任何形式的非公司组织——合伙、工会、有限合伙、有限责任公司，不管是什么——就确定审判地目的而言，居住在案件开始时它们受其对人管辖权管辖的所有地区。

**一些回顾**

248 设计这些问题是为了复习我们刚才阐述的以被告居所为基础的有关审判地的几个问题。

- P 是俄勒冈州的州民，被起诉的 D—1 为个人，是科罗拉多州的州民，但在圣地亚哥(位于加利福尼亚州南部地区)上大学，D—2 是一个在佐治亚州成立而主营业地在内华达州的公司。该公司在加利福尼亚中部地区也有生产厂(尽管不是其主营业地)。诉讼请求超过了 7.5 万美元。原告将审判地置于加利福尼亚州中部地区(洛杉矶市坐落在该地区)。审判地合适吗？②

---

① 联邦最高法院对有关第 1391 条(c)款早先的版本就是这么做的。丹佛和里奥·格兰德 W. R. R. 公司诉铁路列车员同业会案(Denver & Rio Grande W. R. R. Co. v. Brotherhood of R. R. Trainmen)，《美国联邦最高法院判例汇编》第 387 卷，始于第 556、562 页(1967 年)。众法院支持对第 1391 条(c)现行版本的同样的解释。见赖特和米勒著书，第 15 卷，第 3812 目。

② 这是一个异籍案件，因此要根据第 1391 条(a)款评估审判地。[异籍得到了满足，因为原告(俄勒冈州籍)与两个被告(D—1 是科罗拉多州籍，D—2 是佐治亚州和内华达州州籍)州籍不同，并且争议金额超过了 7.5 万美元]根据第 1391 条(a)款(1)项，如果所有的被告都居住在加州中部地区，或者如果他们均居住在同一个州的不同地区而其中之一居住在那里，那么审判地在加州中部地区就是合适的。这儿，D—2 是一个公司，根据第 1391 条(c)款它居住在加州中部地区，因为它在那里有生产厂并因此清楚地受那里的对人管辖权管辖。D—1 是个人，他将到加州南部地区上大学，但他居住在那里吗？没有。对个人，居所等同于住所。对 D—1，其居所是科罗拉多州(如事实所显示的，他为该州的州民)。因此 D—1 压根不居住在加州。所以，允许审判地处于任何被告居住地区的规则——条件是所有的被告均居住在同一个州——在此不适用。

● 除了 D—1 的住所在加利福尼亚州南部地区和原告在加利福尼亚州南部地区提起诉讼外，其他事实相同。审判地合适吗？[①]

**以事件为依据的审判地**

根据第 1391 条(a)款(2)项和第 1391 条(b)款(2)项，原告可以将审判地置于“引发诉讼请求的事件或不作为之实质性部分发生的”任何地区。[②]这一点起草得很好，避免了该法律先前版本中出现的问题。老版本允许审判地处于“该诉讼请求产生的”地区。联邦最高法院认为，该用语——提及“该”诉讼请求产生的地区——意味着只有一个这样的地区。[③] 但是，在许 249
多案件中，难以认定诉讼请求产生的单个地点。例如，假设一个加利福尼亚州籍的人和内布拉斯加州籍的人缔结了一个合同。他们在科罗拉多州进行了合同谈判而在新墨西哥州正式签署了合同。合同要求当事人在得克萨斯州和亚利桑那州履行。当出现合同争议时，产生诉讼请求的地点在何处呢？答案显而易见存有不确定性。它是作出被控违约决定的地点吗？它是履行的地点吗？很难说。

幸运的是，该法律的现行版本在很大程度上避开了这种困难。我们不再为诉讼请求产生的单个地点发愁。该法律清楚地考虑了可作为审判地的多个地区。只要产生诉讼请求的事件的“实质性部分”发生在一地区，根据第 1391 条(a)款(2)项和第 1391 条(b)款(2)项，该地区就是合适的审判地。下面的情节反映了该规定在诉讼中的运作：

● 出借方向借款方发送信件，要求付款并进行威胁。该信件违反了联邦欠款收取法。出借方将邮件从宾夕法尼亚寄往借款方位于纽约

---

① 不合适。在这里，D—1 居住在加州南部地区而 D—2 居住在加州中部地区。当所有的被告都居住在同一个州的不同地区，这些地区中的任何一个对所有的被告来说都是合适的审判地。因此，两个被告都可以在加州的南部地区或中部地区被起诉。然而，在这儿原告在加州北部地区起诉。没有被告居住在那里，因此它不是合适的审判地。

② 或者如该条所规定的，处于“作为诉讼标的物的财产的实质性部分坐落的”地区。《美国法典》第 28 编第 1391 条(a)款(2)项和(b)款(2)项。所以，例如，一个涉及动产所有权(ownership of personal property)的诉讼可以在该财产(或其实质性部分)的发现地提起。

③ 勒罗伊诉格雷特西部联合公司案(Leroy v. Great Western United Corp.)，《美国联邦最高法院判例汇编》第 443 卷，第 173 页(1979 年)。

> 州的家庭地址。但债务人已经搬到了亚利桑那州，而在纽约州住址居住的新住户将信件寄给亚利桑那的债务人，在那里债务人阅读了信件。借款方根据联邦欠债收取法，援引联邦问题管辖权起诉贷方。审判地在亚利桑那州合适吗？根据该法律的现行版本，法院不需要从事艰难的工作认定“诉讼请求”产生的地区。很清楚，诉讼请求的“实质性部分”产生于亚利桑那州，在那里借款方阅读了信件，接收到了威胁信号。审判地在那里是合适的。①

这儿，支撑性的说法当然是诉讼请求实质性部分产生的地方是方便的，因为在那里可能找到事件的任何证人，据信原告和被告都去过那里，或者在那里实施了产生影响的行为。

**退一步条款**

只有在美国没有地区(district)满足已经探讨过的两个审判地选项中的任何一个时，才适用第 1391 条(a)款(3)项和第 1391 条(b)款(3)项的规定。
250 这样的案件几乎总是涉及完全产生于美国之外的诉讼请求。为什么？因为如果诉讼请求的任何实质性部分产生于美国的某个地方，都将会有一联邦地区满足第 1391 条(a)款(2)项或第 1391 条(b)款(2)项的要求。甚至在诉讼请求完全产生于美国之外的案件中，如果所有的被告都居住在美国的一个州，也不适用第 1391 条(a)款(3)项和(b)款(3)项。如果他们都居住在美国的一个州，根据第 1391 条(a)款(l)项或第 1391 条(b)款(l)项，在任何被告居住的地区，审判地都将是合适的。在罕见的适用后退一步规定(fall-back provision)的案件中，法律规定了一个依赖对人管辖权依据的稍微不同的审判地判别标准。在“只”援引异籍管辖权的案件中，第 1391 条(a)款(3)项规定，在“诉讼开始时任何被告受对人管辖权管辖的”任何地区，审判

① 该事实模式改编自贝茨诉 C 和 S 调节器公司案(Bates v. C&S Adjusters, Inc.)，《联邦判例汇编第二辑》第 980 卷，第 865 页(第二巡回法院 1992 年)。可能有其他地区也发生了引发诉讼请求事件之实质部分。例如，贷方起草违法信件的地区似乎是合适的。如果根据异籍管辖权提起了诉讼，结果当然是一样的，因为第 1391 条(a)款(2)项(适用于异籍)和第 1391 条(b)款(2)项(适用于联邦问题案件)是一样的。

地是合适的。然而，在所有其他案件中，第1391条(b)款(3)项允许审判地处于“可以找到任何被告的”地区。似乎前者比后者范围更广，后者可能要求在审判地所处地区向被告实际送达起诉状。法院不认同第1391条(a)款(3)项和第1391条(b)款(3)项使用不同语言的重要性。[①] 似乎没有人知道，为什么用到退一步的审判地(fall-back venue)时，在异籍案件和其他案件之间存在这样的差异。幸运的是，该问题很少产生，因为很少有案件牵涉退一步的审判地规定。务必小心，当退一步的条款不适用时，不要使用其规定。

- P起诉D的诉求产生于国外。该诉求援引了异籍管辖权。D居住在堪萨斯州地区，但受佛罗里达州中部地区对人管辖权管辖(在那里他拥有房子并在一年的相当部分时间里居住在那里)。P在佛罗里达州中部地区提起诉讼，声称根据第1391条(a)款(3)项审判地是合适的，因为D受那里的对人管辖权管辖。只有在美国的任何地方，都没有满足第1391条(a)款(1)项或(a)款(2)项[或者第1391条(b)款(1)项或(b)款(2)项]要求的地区时，才适用第1391条(a)款(3)项(以及如果是联邦问题案件，则为第1391条(b)款(3)项)。这儿，堪萨斯州地区满足了第1391条(a)款(1)项[以及第1391条(b)款(1)项]的要求，因为仅有的被告就居住在那里。据此，完全不能适用第1391条(a)款(3)项[或第1391条(b)款(3)项]。

## 二、从州法院转移过来的案件

只有当原告在联邦地区法院提起诉讼时，前面部分探讨的审判地规则才适用。第1391条完全不适用于在州法院提起诉讼而被告将其转移到联邦地区法院的案件。相反，在转移的案件中，如我们在第四章第八节中所看到的，根据《美国法典》第28编第1441条(a)款，只有在辖区涵盖了提起诉讼的州法院的联邦地区法院，审判地才是合适的。

---

① 参见，例如赖特和米勒书，第15卷，第3802.1目。

251 ● P在圣路易斯市(St. Louis)的州法院起诉D。D将案件转移到密苏里州东部地区的联邦地区法院(其辖区涵盖了圣路易斯市)。D不居住在密苏里州的东部地区。诉讼请求没有任何部分发生在密苏里州的东部地区。换言之,根据第1391条(a)款(1)项或(2)项,或第1391条(b)款(1)项或(2)项,密苏里州的东部地区不是合适的审判地。尽管如此,但密苏里东部地区仍是合适的审判地。为什么?因为在移送案件中,只有在辖区涵盖了案件最初起诉的州法院的联邦地区法院,审判地才是可能的。第1391条与从州法院转移到联邦法院的案件完全不相干。[①]

① 波利齐诉考尔斯杂志公司案(Polizzi v. Cowles Magazines, Inc.),《美国联邦最高法院判例汇编》第345卷,始于第663、665—666页(1953年)。

# 第五节　审判地的移送

## 一、概述

所有的州和《联邦司法法典》(Federal Judicial Code)都有允许移送案件的规定。然而,重要的是记住,移送只能在一个法院体系内部进行。因此,阿拉巴马州伯明翰(Birmingham)市的州法院可以将案件移送给阿拉巴马州莫比尔(Mobile)市的州法院,因为两个法院都在阿拉巴马州法院系统内。但伯明翰市的州法院不能将案件移送给密苏里州的州法院,因为这两个法院不在同一个司法系统内。与此类似,在转移管辖权(removal jurisdiction)之外,[①]不可能有州法院的案件移送到联邦法院,或相反的情况。在联邦系统内,案件可以由一个联邦地区移送到另一个联邦地区,州的分界线是无关系的。为什么?因为该移送,尽管跨越了州的界限,但是它是在同一个(联邦)系统内从一个法院移送到另一个法院。因此,在阿拉巴马州的联邦法院可以将案件移送到密苏里州的联邦法院。

显然,移送的命令凌驾于(override)原告对法院的选择。这一移送申请不是能轻易获准的,因此,申请移送的当事人(常常是,但并非总是被告)有责任证明诉讼应该在联邦系统的另一个法院进行。命令移送的法院是移送法院(the transferor court)。案件移往的法院是受移送法院(the transferee court)。移送法院作出决定;受移送法院在该事项上没有发言权。根据在 252
第五章第五节第二目中探讨过的基本移送制定法,就各方面而言,一个移送的命令将整个案件置于受移送法院;一旦案件被移送,移送法院对案件就没有管辖权了。被移送法院接过了当前阶段的案件;它并不是重新开

---

① 回顾一下,转移案件(removal)允许州法院案件中的被告将案件"转移(remove)"到辖区涵盖州法院的联邦地区法院。因此转移(removal)是移送(transfer)的一种类型,但它是如此的特殊(涉及一个以上的法院系统),因此在事物管辖权的材料中探讨较为合理。见第四章第八节。

始诉讼。

当事人可以要求转移审判地的理由因州而异，但有一些确定的共同事项。第一，实际上，当移送法院(the transferor court)没满足审判地规则时，所有的司法系统都允许移送；这样的案件可以被移送至同一个司法系统内的适当审判地。第二，甚至当诉讼在适当的审判地提起时，法律一般也允许依据对当事人和证人相对方便程度的评估而移送案件。[①] 例如，假设根据阿拉巴马州的法律伯明翰市(Birmingham)是合适的审判地，因为被告公司在那里从事经营，但诉讼请求发生在莫比尔市(Mobile)，所有的证人和证据都在莫比尔市，公司的总部设在莫比尔市。伯明翰市的法院，依据其自由裁量，可能会命令移送案件，因为被移送法院是进行诉讼的更方便且更符合逻辑的地方。

通常被告要求移送。其提出要求的办法是根据适当的法律提出移送申请。但是，偶尔原告也提出移送申请。这是罕见的，因为毕竟是原告选择了原审法院。因此，原告决定放弃该法院而转向另一法院似乎是奇怪的。然而，它确实会发生，且在移送法律中一般没有禁止这样做的规定。[②] 尽管基本的联邦移送法律，后面探讨该法律，没有对移送申请设置时间限制，但申请方应该早点提出申请。实际上，法院不太可能在该事项上花费了时间和资源之后再命令移送。法院主动命令移送——即，没有任何当事人提出申请——也是合适的。在此情况下，好的做法是法官告知当事人可能有这一事项上的移送，并听取其反对意见，如果有这种情况的话。[③]

还必须区分移送和根据不方便法院原则(the doctrine of forum non

---

① 除了这些理由之外，许多州还增加了请求移送的其他具体理由；例如，因为原审地审理之前的公众舆论，一方当事人不能得到公平的审理。佛罗里达州的法律是最好的法律之一。该法在申请方"在县居民眼里是如此可憎，以至于他或她"在原审判地"不能得到公平审判"情况下，允许移送案件。《佛罗里达注释制定法》第47章第101条(b)款。

② 参见，例如科菲诉范多恩铁厂案(Coffey v. Van Dorn Iron Works)，《联邦判例汇编第二辑》第796卷，始于第217、219页(第七巡回法院1986年)(根据联邦移送法律第1404条(a)款)。

③ 见福特·诺克斯音乐公司诉巴普蒂斯特案(Fort Knox Music, Inc. v. Baptiste)，《联邦补编》第139卷，始于第505页，第512页(纽约南部地区法院2001年)。

conveniens)的撤销案件。我们在第五章第六节中探讨后者,它在案件不能被移送时使用。为什么案件不能被移送呢?因为更方便的法院——诉讼应该在那里进行的法院——位于一个不同的司法系统。为方便当事人和证人 253
而命令移送案件时所要评估的因素,和因不方便法院而命令撤销案件时所使用的因素,两者是一样的。(一些人将这种类型的移送称为"不方便法院的移送"。)然而这不令人惊讶,因为在不方便法院导致的撤案中,必须特别强有力地证明其他法院更为方便、更合适。

## 二、联邦法院的基本移送规定

### 两个法律

在联邦法院,有两个基本的移送法律:第 1404 条(a)款和第 1406 条(a)款。律师和法官们通常用数字来指代它们,说"1404 移送"或"1406 移送"。[①] 它们之间的主要区别在两规定的面上表现得非常明显:当移送法院(最初受理的联邦法院)是合适的审判地时,适用第 1404 条(a)款,而当移送法院是不合适的审判地时,适用第 1406 条(a)款。该事实解释了为什么第 1406 条(a)款规定了"为了正义的利益"而移送,或换个说法,规定了撤销案件。根据《联邦规则》第 12 条(b)款(3)项,在一个不合适的审判地提起的诉讼可以被撤销。另一方面,第 1404 条(a)款不允许撤销,简单的理由是提起诉讼的法院是合适的审判地。

因此,评估适用哪一个制定法,需要分析移送法院——最初受理案件的联邦地区法院——是否是合适的审判地。如果它是,则移送(如果进行的

---

① 这些制定法实际上实现了将整个案件从一个联邦地区法院移送到另一个联邦地区法院的移送。这有别于根据第 1407 条进行的多地区诉讼移送[Multidistrict Litigation (MDL) transfer]。该移送将关联案件移送到一个地区,以便统一审前事项的解决方案。理论上,在审前的诉讼程序完成后,案件随后被送回它们最初起诉的地区。多地区诉讼移送不由移送法官(the transferor judge)发布命令,而是由法庭(a panel of judges)发布命令,法庭由首席法官(the Chief Justice)任命,以多地区诉讼司法庭(the Judicial Panel for Multidistrict Litigation)的名义审案。为了统一审前程序而移送案件的被移送法院不可以援引第 1404 条(a)款将案件移送给它自己审理。莱克塞康公司诉米尔贝格·外斯·伯沙德·海因斯和勒拉齐案(Lexecon Inc. v. Milberg Weiss Bershad Hynes & Lerach),《美国联邦最高法院判例汇编》第 523 卷,第 26 页(1998 年)。

话)将根据第 1404 条(a)款。如果它不是,则移送(如果进行的话)将根据第 1406 条(a)款。对最初受理案件的联邦地区法院是否为合适审判地的评估,适用第 1391 条(a)款(针对异籍案件)和第 1391 条(b)款(针对其他案件),这些在第五章第四节第一目中探讨过。一个例外处于从州法院转移到联邦法院的案件中。在这些案件中,如我们在第五章第四节第二目中探讨过的,第 1391 条是完全不相干的。

- P 在圣路易斯市的州法院起诉 D,D 将案件转移到密苏里州东部地区的联邦地区法院(其辖区涵盖了圣路易斯市)。任何从密苏里东部地区法院向外的移送都将依据第 1404 条(a)款,而不是第 1406
254 条(a)款进行。为什么?因为,在密苏里东部地区审判地是合适的,而不管根据第 1391 条它是否为合适。第 1391 条不适用于转移的案件(removed cases)。审判地处于其辖区涵盖案件最初起诉的州法院的联邦地区。话就讲到这里。再次说明,参阅第五章第四节第二目。

一些法院搞乱了问题,认为——即使相关的审判地规则的条件得到了满足——但如果移送法院对被告缺乏对人管辖权,审判地仍然是不合适的。这一解释混淆了对人管辖权和审判地。法律明显只提到最初受理案件的法院是否为合适的审判地,而没有提到它是否拥有对人管辖权。事实上,在移送法院为合适的法院但缺乏对被告的对人管辖权的案件中,案件移送应援引哪一个法律,这些法院意见不一,它们进一步把问题弄糊涂了。一些法院认为这种案件只可以根据第 1406 条(a)款移送,[①]而其他法院得出的结论却是:这一类案件的移送,根据第 1404 条(a)款或第 1406 条(a)款都是合适的。[②]

---

① 参见,例如皮托克诉奥的斯电梯公司案(Pittock v. Otis Elevator Co.),《联邦判例汇编第三辑》第 8 卷,始于第 325、329 页(第六巡回法院 1993 年)。

② 参见,例如马尔登诉特罗皮托内家具公司案(Muldoon v. Tropitone Furniture Co.),《联邦判例汇编第三辑》第 1 卷,始于第 964、967 页(第九巡回法院 1993 年);屋面和薄板金属服务公司诉拉昆塔汽车旅馆公司案(Roofing & Sheet Metal Services v. La Quinta Motor Inns, Inc.),《联邦判例汇编第二辑》第 689 卷,始于第 982、992 页,注释 16(第十一巡回法院 1982 年)。

幸运的是，这种情况——审判地是合适的但最初受理案件的法院缺乏对人管辖权——根据目前的一般审判地法律，应该是罕见的。第 1391 条较早的版本允许异籍案件中的审判地处于原告居住的地区。如果被告不受那里的对人管辖权管辖，人们可能就很容易碰到前面部分讨论的问题。但今天，第 1391 条不允许将审判地置于原告居住地。相反，如我们在第五章第四节第一目中看到的，在所有被告都居住的任何地区或诉讼请求的实质部分产生的地区，审判地是合适的。如果这两个条件中的任何一个得到了满足，一般来说，此法院将对被告拥有对人管辖权。毕竟，被告要么居住在该地区，要么在那里实施了为此被诉的行为或者不作为(omission)的实质性部分。因此，根据现行的第 1391 条，很难想象有这么一个案件：审判地是合适的但该地点的法院对被告没有对人管辖权。

很难想象，但并非不可能。别忘了案件转移(removal)(你们的教授是不会忘记的)。在从州法院转移到联邦法院的案件中，审判地在辖区涵盖了提起诉讼的州法院的地区是合适的。如果被告不受那地方的对人管辖权管辖，那么我们就有了没有对人管辖权但审判地是合适的问题。在这样的案件中，更好的看法是根据第 1404 条(a)款进行移送；审判地在最初受理案件的联邦地区是合适的，这应意味着不适用第 1406 条(a)款。

适用哪一法律的问题——是第 1404 条(a)款还是第 1406 条(a)款——可能会很重要，因为它会决定各种移送原则的适用，这些原则源自三个重要的联邦最高法院案例，我们后面探讨这三个案例。但首先让我们更具体地 255
考察一下这两个制定法。

**适用第 1404 条(a)款**

第 1404 条(a)款允许为“方便当事人和证人，为了正义的利益”而移送案件。如上面所指出的，任何当事人都可以申请移送(尽管提出申请的人通常是被告)，申请人承担举证责任，证明移送是正当合理的。考虑是否移送的法院拥有巨大的自由裁量权，这一点反映在法律的灵活用语中。一般而言，法院要考虑公共的和私人的因素，这些因素与裁判不方便法院的撤案时所评估的因素类型相同，我们在第五章第六节考察这些因素。在本质上，法院是在试图认定是否另一个法院可能为案件的“重力中心(center of gravity)”——比在目前的审判地诉讼更有意义的地方。根据第1404条(a)款,案件目前在适合的审判地;问题为是否有另外的一个审判地,该地方足够的方便,以致法院应不顾原告的选择而将案件送到那里。

在进行这样的评估时,必须给予原告的法院选择重要的分量。移送是例外,而不是常态。此外,法院还考虑这样的一些事项,例如相关事件的发生地,某一法院是否会更愿意强迫证人出庭,在两个法院中相关法院的待审案件量(docket loads)以及对准据法(the applicable law)的熟悉程度。法院也可能会考虑法院选择条款(a forum selection clause)的存在,尽管这一条款并不自动决定案件是否应该被移送。①

**适用第1406条(a)款**

因为涉及第1406条(a)款的案件在一个不合适的法院待审,该法院可以撤销案件,或者,如果符合“为了正义的利益”,移送案件。该制定法的较早的版本不允许移送。因此,缺乏审判地的法院不得不撤销案件,这常常造成浪费,因为原告得在合适的法院重新起诉,且同时可能冒时效法律发挥效力的风险。因此移送几乎总是更好的选项,因为它消除了提起新诉讼的需求。相同的诉讼只是在新的法院继续,因此如果它是及时提起的,将不存在法律时效问题。尽管如此,法院仍可能会得出结论,移送不符合正义的利益——例如,如果它是徒劳无益的,因为案件在最初起诉时就遇到了时间上的阻碍而没能在法定时效内起诉——以及,因缺乏审判地而驳回。

**戈尔德拉渥(Goldlawr)案**

256 在戈尔德拉渥公司诉海曼案(Goldlawr, Inc. v. Heiman)②中,联邦最高法院支持对被告缺乏对人管辖权的移送法院依据第1406条(a)款实施移

① 斯图尔特组织公司诉理光公司案(Stewart Organization, Inc. v. Ricoh Corp.),《美国联邦最高法院判例汇编》第487卷,第22页(1988年)。

② 《美国联邦最高法院判例汇编》第369卷,始于第463、466页(1962年)。

送。绝大多数联邦法院得出的结论是,这一规则*也适用于第 1404 条(a)款的移送,[①]尽管一些法院不认同这一看法,它们只在移送法院对被告拥有对人管辖权时才允许进行第 1404 条(a)款的移送。[②] 多数派的观点无疑是对的,因为它与戈尔德拉渥案相符。毕竟,在戈尔德拉渥案中,联邦最高法院支持了由既没有对人管辖权又不拥有审判地的法院的移送[因为它是一个第 1406 条(a)款规定的移送,审判地在最初受理案件的法院是不合适的]。很难想象,为什么一个只是缺乏针对被告的对人管辖权的法院,不应该拥有同样的移送权力。

还有另外一个制定法,我们在第四章第三节提到过,在这儿它可能有间接的联系(tangential relevance)。第 1631 条允许从一个联邦法院向另一个法院的移送,以纠正"管辖权的缺乏"。尽管该法律似乎旨在纠正事物管辖权的缺乏,[③]但也有一些观点支持援引该条,以纠正对人管辖权的缺乏。[④]然而,尚不清楚为什么要这样使用第 1630 条。毕竟,根据戈尔德拉渥案的裁决意见,如所指出的此案应该适用于第 1404 条(a)款和第 1406 条(a)款

---

* 指法院对被告缺乏对人管辖权却可以实施移送。——译者

① 参见,例如马尔登诉特罗皮托内家具公司案(Muldoon v. Tropitone Furniture Co.),《联邦判例汇编第三辑》第 1 卷,始于第 964、967 页(第九巡回法院 1993 年);科特诉瓦德尔案(Cote v. Wadel),《联邦判例汇编第二辑》第 796 卷,始于第 981、984 页(第七巡回法院 1986 年)。

② 参见,例如罗斯诉科罗拉多外展教育学校公司案(Ross v. Colorado Outward Bound School, Inc.),《联邦判例汇编第二辑》第 822 卷,始于第 1524、1526 页(第十巡回法院 1987 年)。

③ 见医疗照料第一公司诉照料第一紧急医疗中心有限责任公司案(Carefirst of Md., Inc. v. Careflrst Urgent Care Center, LLC),《联邦判例汇编第三辑》第 305 卷,始于第 253、257 页,注释 2(探讨案件);桑伯德公司诉格罗斯曼地产案(Songbyrd, Inc. v. Estate of Grossman),《联邦判例汇编第三辑》第 206 卷,始于第 172、179 页,注 9(第二巡回法院 2000 年)(在法官附带意见中提到"第 1361 条的立法史提供了一些理由,让人相信该条款只是为纠正缺乏事物管辖权而授权移送");佩德泽威克诉弗案(Pedzewick v. Foe),《联邦补编》第 963 卷,始于第 48、49—50 页(马萨诸塞州地区法院 1997 年)(法律只在涉及事物管辖权时才适用)。

④ 参见,例如北美梅隆银行(东)费城储蓄基金会诉迪维罗妮卡兄弟公司案(Mellon Bank (East) PSFS, N. A. v. DiVeronica Bros., Inc.),《联邦判例汇编第三辑》第 983 卷,始于第 551、558 页,注释 3(第三巡回法院 1993 年)(在一个句子里,表明了这一观点,未加探讨);罗斯诉科罗拉多外展教育学校公司案(Ross v. Colorado Outward Bound School, Inc.),《联邦判例汇编第二辑》第 822 卷,始于第 1524、1527 页(第十巡回法院 1987 年)。

的移送，即使法院对被告缺乏对人管辖权，法院仍拥有普通法上的命令移送的权力。更佳的看法是第 1631 条只适用于为纠正事物管辖权缺乏的移送。[①]

**霍夫曼(Hoffman)案**

第 1404 条(a)款允许向诉讼"本可能已经被提起"的地区移送案件。在霍夫曼诉布洛斯基案(Hoffman v. Blaski)[②]中，联邦最高法院将这一用语解释为意指受移送的法院(the transferee court)必须为合适的审判地(参见
257 第五章第二节、第五章第四节)并且必须对被告拥有对人管辖权。尽管霍夫曼案是一个有关第 1404 条(a)款的案件，但毫无疑问其裁定原则(holding)对第 1406 条(a)款的移送也适用，因为后者的法律也只允许移送至诉讼"本可能已经提起"的地区。[③] 然而，重要的是霍夫曼案认为这两个要求——受移送法院有审判地和对人管辖权——必须单独地获得满足，不能由被告放弃。法院的推理道：相反规则只会给被告太大的权力，让其推翻原告的法院选择；被告实质上可以宣布将案件移送至特定的联邦地区，手法就是放弃对审判地和对人管辖权的异议。原告对审判地的选择不应该如此容易地被被告推翻。

- P 在明尼苏达州地区起诉 D。D 申请将案件移送至夏威夷地区。审判地在夏威夷地区是不合适的，夏威夷也不拥有对 D 的对人管辖权。但 D 宣布其将放弃这两项抗辩而服从夏威夷联邦法院的审判地和对人管辖权。根据霍夫曼案，明尼苏达州地区不能将案件移送至夏威夷地区，因为后者的法院不是一个在那里审判地和对人管辖

---

① 见赖特和米勒著书，第 15 卷，第 3842 目，第 323 页。(第 1631 条"只涉及事物管辖权。它与对人管辖权和审判地无关。")

② 《美国联邦最高法院判例汇编》第 363 卷，始于第 335、343—344 页(1960 年)。

③ 参见，例如明妮特诉时代华纳案(Minnette v. Time Warner)，《联邦判例汇编第二辑》第 997 卷，始于第 1023、1026 页(第二巡回法院 1993 年)。奇怪的是国会没有在这一点上适用同样的语言。在第 1404 条(a)款中，被移送的法院是一个在那里案件"可能已经被提起的(might have been brought)"法院，而在第 1406 条(a)款中它是一个在那里案件"可能已经被提起(could have been brought)"的法院。然而，法院将这些表达解释为同样的意思，因此霍夫曼案对每一种情况都适用。

> 权均单独为合适的法院。放弃抗辩是不作数的。这对第1404条(a)款的移送和1406条(a)款的移送都是一样的。

因此，根据戈尔德拉渥案和霍夫曼案，依据两个法律中任何一个的案件移送，都只能移送至拥有合适的审判地并具有对人管辖权的地区。但案件移送可以从一个缺乏审判地[第1406条(a)款]和对被告缺乏对人管辖权的法院移出。

**范·杜森(Van Dusen)案**

在范·杜森诉巴拉克案(Van Dusen v. Barrack)[①]中，联邦最高法院认为，在第1404条(a)款的移送中，受移送法院(a transferee court)必须适用移送方(transferor)(最初受理案件的地区)将适用的法律选择规范(the choice of law rules)。其推理道：审判地的改变应该只是改变了法庭，而不是改变对案件实体事项所适用的法律。在异籍案件中，如我们在第十章看到的，联邦法院必须适用州的实体法(与程序法相对)。法律选择规则是实体性的，因此审理异籍案件的联邦法院必须适用州的法律选择规范。因此，位于加利福尼亚州的联邦法院必须适用加利福尼亚州的法律 258
选择规范。

什么是法律选择规则呢？它们可能因州的不同而有很大不同，是法学院高年级课程《冲突法》(Conflict of Laws)的主题。就现在的目的而言，理解法律选择规则决定什么法律支配一个具体的问题就足够了。例如，假设一个马萨诸塞州人与亚利桑那州人签订了一个合同。他们在得克萨斯州会面时对合同进行了谈判。合同要求在加利福尼亚州和关岛履行。在当事人之间产生纠纷时，对认定一方当事人是否违约，以及如果违约，合适的救济是什么的问题，将适用什么法律呢？该问题的答案(谢天谢地)不是我们这个课堂上需要知道的东西。我们的确需要知道的是，法律选择规则将作出决定。如果诉讼在得克萨斯州提起，法官将适用得克萨斯州的法律选择规则，决定纠纷是否将适用马萨诸塞州或亚利桑那州或加利福尼亚州或关岛

---

① 《美国联邦最高法院判例汇编》第376卷，第612页(1964年)。

(或其他什么地方)的合同法实体规则。如果诉讼在加利福尼亚州提起,法官将适用加利福尼亚州的法律选择规则,决定纠纷是否适用马萨诸塞州或亚利桑那州或得克萨斯州或关岛(或其他什么地方)的合同法。不管案件是在联邦法院还是在州法院,都是一样。得克萨斯州的联邦法官将使用得克萨斯州的法律选择规范,而加利福尼亚州的联邦法官将使用加利福尼亚州的法律选择规范。

这儿的要点相当简单:当根据第1404条(a)款移送案件时,范·杜森案要求受移送法院(案件移往的法院)适用移送法院(最初受理案件的法院)所使用的法律选择规则。因此,范·杜森案确保法律选择规则不致因审判地的改变而改变。

- 原告在加利福尼亚州北部地区提起了一个异籍诉讼,但依据第1404条(a)款案件被移送到了佛罗里达州南部地区。加利福尼亚州法律选择规则的结论是:应根据新加坡法律裁判纠纷的实体事项。佛罗里达州法律选择规则的结论是:应根据佛罗里达州的法律裁决纠纷。佛罗里达州的法官必须适用加利福尼亚州的法律选择规则,因此将根据新加坡的法律裁判实体事项。

在令人遗憾的费伦斯诉约翰·迪尔公司案(Ferens v. John Deere Co.)①中,联邦最高法院将范·杜森案扩展至由原告发起的第1404条(a)款的移送。在该案中,原告在使用被告生产的器械时受了伤。事故发生在宾夕法尼亚州,该州对此种诉讼请求规定有两年的法律时效。

259 原告没有在两年时间内起诉。两年之后,原告在位于密西西比州的联邦法院起诉。密西西比州对该类诉讼请求规定了六年的法律时效,原告的起诉在此时间内。但起诉后不久,原告就申请将案件移送至位于宾夕法尼亚州的联邦法院。法院根据第1404条(a)款移送了案件,密西西比州的法律选择规则(它指示适用更长时效的法律)随案件(根据范·杜森案)一并转移。因此,最终在宾夕法尼亚州的联邦法院原告能够提出诉讼请求,而如果

① 《美国联邦最高法院判例汇编》第494卷,第516页(1990年)。

他首先在那里起诉，宾夕法尼亚州的时效法律则会禁止该诉讼请求之提出。换言之，原告借助在密西西比州起诉，被允许“抓住（capture）”密西西比州的更长的法律时效（借助适用密西西比州的法律选择规范），并且甚至在案件被移送到位于宾夕法尼亚州的联邦法院之后，仍使用它。因此费伦斯案（Ferens）准许原告间接做了他不能直接做的事情（即在宾夕法尼亚州起诉）。

范·杜森案是一个适用第 1404 条（a）款的案件。很清楚，其判决的原则不应该适用于第 1406 条（a）款的移送，因为在这样的案件中移送法院是不合适的审判地。[对 1406 条（a）款的移送]适用范·杜森案会允许原告抓住不合适审判地的对其有利的法律选择规则。因此，法院得出的恰当的结论是，范·杜森案不适用于第 1406 条（a）款的案件；[①][在第 1406 条（a）款的移送中]受移送法院要适用其自己的法律选择规范。这显然也是任何戈尔德拉渥（Goldlawr）类移送案件中的恰当结论。在这一类的案件中，移送法院缺乏对被告的对人管辖权。允许原告在一个被告不受其对人管辖权管辖的地方起诉被告，而逮住（对原告）有利的决定案件结果的法律选择规范，这样做是不道德的。因此，绝大多数的法院恰当地拒绝了这样的努力，认为范·杜森案不适用于戈尔德拉渥案式的移送。[②]

以下图表归纳了可适用于第 1404 条（a）款和第 1406 条（a）款的基本规 260
则：

---

① 参见，例如戴维斯诉路易斯安那州立大学案（Davis v. Louisiana State University），《联邦判例汇编第二辑》第 876 卷，始于第 412、413 页（第五巡回法院 1989 年）。

② 参见，例如马尔登诉特罗皮托内家具公司案（Muldoon v. Tropitone Furniture Co.），《联邦判例汇编第三辑》第 1 卷，始于第 964、967 页（第九巡回法院 1993 年）；曼利诉恩格拉姆案（Manley v. Engram），《联邦判例汇编第二辑》第 755 卷，始于第 1463、1467 页，注 10（第十一巡回法院 1985 年）。然而至少有一个法院得出了相反的结论，而将范·杜森案适用于戈尔德拉渥案式的移送。见迈尔勒诉美国氰氨基钙肥料公司案（Myelle v. American Cyanamid Co.），《联邦判例汇编第三辑》第 57 卷，始于第 411、412 页（第四巡回法院 1995 年）。

| 移送法律 | 移送地区 | 受移送地区 | 霍夫曼案适用吗 | 戈尔德拉渥案适用吗 | 范·杜森案适用吗 |
|---|---|---|---|---|---|
| 第 1404 条(a)款 | 合适的审判地 | 独立具有适合的审判地和对人管辖权 | 适用 | 适用 | 适用[①] |
| 第 1406 条(a)款 | 不合适的审判地 | 独立具有适合的审判地和对人管辖权 | 适用 | 适用 | 不适用 |

---

① 除非移送法院缺乏对人管辖权。在戈尔德拉渥案式的移送[根据第 1404 条(a)款或者第 1406 条(a)款]中,范·杜森案规则不应该适用,我们在紧靠表格前的文字中对此进行了探讨。

# 第六节　不方便法院

Forum non conveniens 是拉丁语词组，不令人意外其意思是“法院是不方便的”。一些法院在提到根据第 1404 条(a)款所进行的移送时引用这一词组，正如我们在第五章第五节中看到过的，该移送涉及将案件从一个合适的审判地向更方便合适的审判地移送。在这样的案件中使用“不方便法院的移送(forum non conveniens transfer)”是合适的。尽管如此，更常见的情况却是，该词组用于指代一个撤销案件的原则：一个案件，尽管在一个合适的法院待审，因为有另外一个更加合适的法院，因此案件遭撤销。但为什么法院要撤销案件(而不是移送)呢？法院撤销案件是因为它不能移送。为什么是这样的呢？因为更合适的法院位于另外的司法体系。记住，只有在同一个司法体系内，才可能移送。

- 诉讼在阿拉巴马州合适的州法院提起。该法院拥有对人管辖权、事物管辖权，根据阿拉巴马州的法律是合适的审判地。然而，根据相关的因素(我们待会探讨它们)，诉讼在印第安纳州进行更为合理。阿拉巴马州的法院不能将案件移送到印第安纳州，因为它们处于不同的司法系统。[①] 如果证明足够强有力，阿拉巴马州的法院可以根据不方便法院原则撤销案件，以便让诉讼在印第安纳州进行。
- 诉讼在纽约州的州法院或联邦法院提起。该法院拥有对人管辖权、事物管辖权，并且是合适的法院。然而，根据相关因素，诉讼在玻利维亚远更为合理。显然，不管是联邦法院还是州法院都不能将案件移送到玻利维亚，因为它是一个独立的主权国家。如果证明足够强 261

---

① 但是，正如我们在第五章第五节第一目中探讨过的，位于阿拉巴马州的联邦法院可以将案件移送至位于印第安纳州的联邦法院。尽管这些联邦法院可能处在不同的州，但它们处于同一司法系统内。

有力，联邦法院或州法院可以根据不方便法院原则撤销案件，以便让诉讼在玻利维亚进行。

每一个州都能自由建立其自己的适用不方便法院的规则。许多的州，但不是全部，已经采纳了和该问题上的联邦法律十分类似的版本。联邦方面的不方便法院原则之权威案例(leading case)是派珀航空公司诉雷诺案(Piper Aircraft Co. v. Reyno)，[①]该案事实也提供了一个复习第二章、第四章和本章大量内容的绝好机会。我们在第五章第七节中做了复习。目前，我们探讨派珀案阐述不方便法院联邦撤案标准的观点。

**派珀航空公司诉雷诺案(Piper Aircraft Co. v. Reyno)**

派珀案涉及一小型飞机的坠毁，机上的六人全部死亡。坠机发生在苏格兰。五位乘客和飞机驾驶员均为苏格兰人。拥有并经营飞机的公司为苏格兰籍。利用飞机从事租赁业务的公司也为苏格兰籍。坠机事故中死者的继承人和近亲属是苏格兰人。但肇事飞机是由派珀航空公司在宾夕法尼亚生产的，飞机上的推进器是由哈策尔公司(Hartzell Corporation)在俄亥俄州生产的。原告提出，根据各种侵权理论，包括过失责任和严格产品责任理论，这些生产者对乘客的不当死亡负有责任。

盖内尔·雷诺(Gaynell Reyno)是美国国民，住所在加利福尼亚州。她和案件中的任何当事人都没有亲属关系，但她被洛杉矶的州法院任命为五位乘客的遗产管理人(这就意味着在加利福尼亚州法院她是死者的财产代言人，有权为乘客的财产利益提出有关不当死亡的诉讼请求)。为这些财产已经在苏格兰提起了不当死亡诉讼，但是，几乎任何美国州的法律都承认严格产品责任和准予精神损害赔偿，根据这些法律可以获得多得多的赔偿金。(苏格兰的法律对这两者都不承认)。雷诺在洛杉矶的州法院提起诉讼。她只将派珀和哈策尔列为被告。苏格兰的飞机所有者和经营者以及飞行员的财产，均不受美国任何地方的对人管辖权管辖，因此没有将它们列入被告当中。派珀和哈策尔将案件转移到加利福尼亚州中部地区的联邦法院[它的

① 《美国联邦最高法院判例汇编》第 454 卷，第 235 页(1981 年)。

辖区涵盖了洛杉矶]。该法院同意了被告提出的将案件移送到宾夕法尼亚州中部地区联邦法院的申请(该地区是派珀生产飞机的地方)。有关案件转移(removal)和移送(transfer)的细节在接下来的部分探讨,这些细节提供了一个有趣的故事。处于宾夕法尼亚州的联邦法院法官根据不方便法院撤销了案件。第三巡回法院推翻了此裁决,认为不应该撤销案件。之后,联邦 262
最高法院受理了该案,并推翻了第三巡回法院的结论。联邦最高法院支持地区法院撤销案件,并澄清了因不方便法院而撤案的联邦标准。

法院在该(不方便法院)原则的适用上拥有很大的自由裁量权,而最终结果总是由案件的具体事实决定。但做一些一般的评论是可能的。出发点,和当事人根据第 1404 条(a)款寻求移送的案件一样,都是应该尽量少地干扰原告对法院的选择。① 只有当事人能证明可替代的法院明显更合适时,才应该命令移送案件或撤销案件。事实上,因为撤销比移送更为严厉,因此寻求不方便法院撤案的当事人,必须提供更强有力的证明,甚至比请求法院支持移送所要求的证明更为有力。另一方面,如果原告是一个外国人,获得撤案将相对更为容易;在这样的案件中,支持原告法院选择的一般倾向就不那么强烈。②

审理派珀案的法院,在脚注 6 中,将相关因素分作两组:"公共利益的因素"和"私人利益的因素"。③ 公共利益的因素包括:(1)维持案件的管理上的困难;(2)让地方化的纠纷(localized controversies)在本地审理的地方利益;(3)让案件由精通被适用法律的法院审理的愿望;(4)回避有关法律冲突的或在适用外国法中产生的不当问题(undue problems);以及(5)在与法院

① 当然,我们假设,案件在那待审的法院对被告拥有对人管辖权,并且是合适的审判地。如果这两个条件中的任何一个不具备,可以基于这两个理由中的任何一个撤销诉讼。

② 这一观点的进一步反映是,如果原告居住在法院地,一些法院将完全不准许以不方便法院为理由的撤案。本地居民原告于在那里诉讼拥有特别强烈的利益。

③ 联邦最高法院在海湾石油公司诉吉尔伯特案[Gulf Oil Corp. v. Gilbert,《美国联邦最高法院判例汇编》第 330 卷,第 501 页(1947 年)]中探讨了这些因素。在该案中,当更方便的法院是位于弗吉尼亚的联邦法院时,联邦最高法院便支持了以不方便法院为由撤销在纽约联邦法院的诉讼请求。在那时候,案件尚不能被移送,因为还没有允许这样做的制定法。第 1404 条(a)款之通过是对海湾石油案(Gulf Oil)的回应。

地无关的案件中让本国人承担参加陪审团义务的不公平。私人因素集中在方便性方面的实际问题上，与案件的迅速有效而成本低廉的审理有关，包括：(1)获取证据的相对容易性；(2)利用传票(subpoena)迫使证人出庭的能力；以及(3)获得自愿出庭证人出庭的成本费用。

在派珀案中，所有的因素都支持撤销案件。在苏格兰的可替代的法院(alternative forum)已经对有关诉讼行使了管辖权，该相关诉讼涉及所有利害关系人，包括派珀和哈策尔。从具体操作角度看，对宾夕法尼亚州法院来说，诉讼将是非常困难的，因为(出于在下面小节中探讨的理由)，针对派珀
263 的诉讼请求要适用苏格兰的法律，针对哈策尔的诉讼请求要适用宾夕法尼亚州的法律。这一事实将迫使法院依赖苏格兰法方面的专家。它还有可能将陪审团弄糊涂，并且给远离构成诉讼根本原因之事件(事件发生在苏格兰)的社区居民增添了负担。与此形成对比的是，苏格兰对案件结果拥有实质性的利害关系。因为不能在美国起诉飞机的所有人、经营人和飞行员的财产，所以让案件在美国继续诉讼支持的是低效的、零碎的诉讼。因此总而言之，众因素表明另一个法院是可获得的，且比宾夕法尼亚州的联邦法院更合适。

但这不是探究的结束。其他的法院不能仅仅是可获得的(available)——它还必须是充分的(adequate)。在派珀案这样的案件中——在此类案中，要求撤销案件是为了方便在外国诉讼——原告照例会辩称外国法院是不充分的，因为其在外国不能获得和在美国一样多的赔偿金。在派珀案中这无疑是真实的。在苏格兰诉讼将适用苏格兰的法律，该事实意味着原告们不能利用(美国)先进的侵权责任和精神损害赔偿的理论。但审理派珀案件的法院确认，法律上的这种变化不是决定性的(dispositive)。只有“可替代法院提供的救济是如此明显地不充分或不能令人满意，以至于压根儿没有救济时”，[①]可适用法律上的不利变化才应该被赋予实质性的分量。根据派珀案的事实，法院认为，压根没出现这种情况。

---

① 派珀案，《美国联邦最高法院判例汇编》第454卷，第254页。

以不方便法院为由的撤案经常“附带条件(conditional)”。即,在被告放弃某些抗辩或同意某些事项的条件下,法院才同意被告的撤案申请。例如,在派珀案中众被告承诺他们将不反对苏格兰法院的对人管辖权,他们也同意放弃该诉讼中的任何基于法律时效的抗辩。另一个例子是,一位被告答应允许原告从事美国式的披露,即使这一侵扰性的措施在外国法院本不被允许。[①] 当然,被告们常常很乐意做这些让步。为什么?因为与相对来说倾向原告的侵权法律和救济相比,为躲避在美国被诉而作出的这些让步常常代价很小。[②] 因此,常见的情况是,被告申请以不方便法院为由的撤案,而同时主动服从外国法院的管辖或放弃某些抗辩。

在一个早期的不方便法院案件中,联邦最高法院表示该原则“在缺乏管 264
辖权的情况下永远不能适用。”[③]作为回应,一些联邦初审法院得出结论:在得出对被告拥有对人管辖权的结论之前,它们不能根据该原则撤销案件。2007 年联邦最高法院拒绝了这一思路,认为“当司法经济(judicial economy)证明这样做为必要时”,法院可以绕过对人管辖权和事物管辖权的问题,而根据不方便法院原则处理诉讼。[④]

---

① 该情况出现在有关印度博帕尔市(Bhopal)毒气侵权灾难的诉讼中。见印度博帕尔市联合碳化物毒气工厂灾难案(In re Union Carbide Corporation Gas Plant Disaster at Bhopal, India),《联邦判例汇编第二辑》第 809 卷,第 195 页(第二巡回法院 1987 年)。

② “正如飞蛾被吸引奔向灯光一样,诉讼当事人也被吸引奔向美国。只要他能将案件弄进他们的法院(美国法院),他就有可能赢得一大笔钱。”罗素·温特劳布:“国际诉讼和不方便法院”,载《得克萨斯国际法杂志》(Russell Weintraub, International Litigation and Forum Non Conveniens, Tex. Intl. L. J.)第 29 期,始于第 321、322 页(1994 年)(引用了丹宁勋爵的阐述)。

③ 海湾石油公司诉吉尔伯特案(Gulf Oil Corp. v. Gilbert),《美国联邦最高法院判例汇编》第 330 卷,始于第 501、505 页(1947 年)。该案件在本书第 315 页注释②中探讨过。

④ 中化国际有限责任公司诉马来西亚国际航运案(Sinochem Intl. Co. Ltd. v. Malaysia Intl. Shipping),《最高法院判例汇编》第 127 卷,始于第 1184、1192 页(2007 年)。也见第六章第五节。

## 第七节　运用派珀航空公司诉雷诺案复习法院选择问题

### （你们应该阅读本小节，它是一个绝好的复习）

派珀案的事实非同寻常，因为它牵涉我们在第二章、第四章和本章学过的如此多的法院选择因素。在我们叙述各种各样的事实时，正文部分询问了许多问题，逼着你记住该课程的众多方面的内容。将这用作复习；问题的答案在课文下面的脚注里。[①]

雷诺起诉了派珀航空公司，后者生产了引发诉讼的坠机事故中的飞机。派珀总部在宾夕法尼亚州的洛克海文（Lock Haven）并在那里生产飞机，此地处于宾夕法尼亚州中部地区。派珀明显在该国（美国）各地都有重要经营，通过地方分销商出售飞机。无疑它受加利福尼亚的对人管辖权管辖。哈策尔生产飞机的推进器，包括本案失事飞机上的推进器。其总部和工厂均在俄亥俄州。它向宾夕法尼亚的派珀出售了许多它的推进器。每个人似乎都同意在加利福尼亚州法院对哈策尔没有对人管辖权。[②]

雷诺在洛杉矶的州法院提起了诉讼，她是坠机事故中丧生的苏格兰居民的遗嘱执行人。雷诺是一位住所在加利福尼亚州的美国公民，派珀是宾夕法尼亚州的州民，哈策尔是俄亥俄州的州民。诉讼请求达数百万美元。

265　我们知道，洛杉矶的州法院对派珀有对人管辖权，但对哈策尔没有对人

---

① 我在一篇文章中为法学教授们写了一个稍微深入一些的后续的版本，建议他们可以向课堂上的学生询问16个出自派珀案事实的问题，借以复习大量的民事诉讼法内容。理查德·D.弗里尔：“通过个案的镜头所折射出的国内和全球的选择法院原则”，载《杨百翰大学法律评论》(Richard D. Freer, Refracting Domestic and Global Choice-of-Forum Doctrine Through the Lens of a Single Case, *BYU L. Rev.*)2007年卷，第959页。

② 也许，你们可以创建商业流（a stream-of-commerce）的论据，支持在加利福尼亚对哈策尔有管辖权的说法。见第二章第四节第四目。

管辖权。洛杉矶的州法院对案件有事物管辖权吗？[①] 被告将案件转移到加利福尼亚州中部地区的联邦法院。为什么会有联邦的事物管辖权呢？[②]（对这一问题要小心。在原告这边，谁的州籍是相关的？[③]）该联邦法院（指加利福尼亚州中部地区联邦法院）将案件移送到宾夕法尼亚州中部地区的联邦地区法院。为什么该移送依据的肯定是第 1404 条(a)款，而不是第 1406 条(a)款？[④] 换言之，为什么纵然加利福尼亚州中部地区根据第 1391 条不是合适的审判地，但它仍然是合适的审判地呢？[⑤]（随便问一下，为什么根据第 1391 条加利福尼亚州中部地区不是一个合适的审判地呢？[⑥] 换

---

① 有。州法院拥有普通的事物管辖权。它们可以审理不处于专属性的联邦问题管辖权范围内的任何问题。依据各种侵权理论，这就是一个不当死亡的案件。压根没有联邦问题，更不用说专属性的联邦问题了。参见第四章第二节。

② 不存在联邦问题的管辖权，因为，如我们前面所述，诉讼请求不是源自联邦法律。异籍或外国人身份又如何呢？这不易回答。雷诺是加利福尼亚州的州民。被告是宾夕法尼亚州州民和俄亥俄州州民。争议金额的要求显然得到了满足。但雷诺代理的是苏格兰国民。起关键作用的是雷诺的州籍还是死者们的国民身份呢？如果起关键作用的是雷诺的州籍，案件引发异籍管辖权。如果起关键作用的是死者们的国民身份，案件引发外国人管辖权。我们在接下来的脚注中阐述起关键作用的是异籍还是外国人身份的问题。

③ 在第四章第五节第三目中，我们看了一个制定法，它规定在涉及诉讼中由受托人（fiduciary，受托人包括受信托人、破产管理人、遗嘱执行人、监护人等——译者）代理死者、未成年人或无行为能力人的案件中，法院应审视死者、未成年人或无行为能力人的州籍，而非受托人的州籍。《美国法典》第 28 编第 1332 条(c)款(2)项。因此，咋看起来，该法律似乎是告诉我们是死者的国籍（苏格兰）而不是代理人的州籍（加利福尼亚）起支配作用。因此案件引起外国人管辖权而不是异籍管辖权。但我们需要非常小心。第 1332 条(c)款(2)项规定代理人被视为死者、未成年人或无行为能力人的“同州”州民。在管辖权的制定法中，大写字母的单词“State”指美国的州。因为死者不是美国任何一个州的州民，照理，第 1332 条(c)款(2)项对这一事实模型是不适用的。（我们在第四章第五节第三目中探讨过这一点）因此，想必法院审视的是代理人的州籍（加利福尼亚州），所以本案引起了异籍管辖权，不引起外国人管辖权。

④ 因为第 1404 条(a)款适用于从一个合适审判地向外的移送。加利福尼亚州中部地区是合适的审判地。如果对这一点的理由不清楚，参见接下来的注释。

⑤ 在从州法院（向联邦法院）转移的案件中，第 1391 条是无关的。它只适用于原告在联邦法院起诉的案件。在转移案件（removed case）中，只有在其辖区涵盖了最初起诉的州法院的联邦地区，审判地才是合适的。《美国法典》第 28 编第 1441 条(a)款。见第五章第四节第二目。洛杉矶位于加利福尼亚州中部地区。

⑥ 飞机是在宾夕法尼亚州制造而在苏格兰坠毁的。因此，诉讼请求的任何部分都不产生于加利福尼亚州中部地区，且根据第 1391 条(a)款(2)项审判地在那里是不合适的。此外，该中部地区不是所有被告的居住地，因此根据第 1391 条(a)款(1)项审判地在那里是不合适的。有一个被告（派珀）居住在那里，但另一个被告（哈策尔）没有居住在那里。如果不清楚这一点的理由，见接下来的脚注。

言之，为什么哈策尔不居住在中部地区呢？①）

266 加利福尼亚州中部地区的法官将案件移送到宾夕法尼亚州中部地区。根据霍夫曼诉布洛斯基案（Hoffman v. Blaski），该被移送法院（transferee court）必须具备什么？② 换言之，(1)为什么宾夕法尼亚州中部地区对被告拥有对人管辖权，③以及(2)为什么根据第1391条它是合适的审判地？④ 但当加利福尼亚州中部地区法院对哈策尔没有对人管辖权时，它如何能进行涉及哈策尔的案件移送呢？⑤ 在案件被移送后，为什么宾夕法尼亚州中部地区法院得对两个被告适用不同的法律选择规范呢？⑥（换言之，为什么范·杜森案对派珀适用，但对哈策尔不适用？⑦）因此，当案件到了位于宾夕法尼亚州的联邦法官手上，他对涉及派珀的事项得适用加利福尼亚州的法律选择规范，而对涉及哈策尔的事项得适用宾夕法尼亚州的法律选择规范。法官得出结论：加利福尼亚州的法律选择规范规定，对以派珀为被告的诉讼

① 根据第1391条(c)款，公司居住在提起诉讼时它受其对人管辖权管辖的所有地区。哈策尔不受加利福尼亚州的对人管辖权管辖。注意，派珀受加利福尼亚州的对人管辖权管辖，因此就确定审判地的目的而言它居住在那里，但根据第1391条(a)款只有所有的被告都居住在该地区或居住在同一个州的不同的地区，审判地才是合适的。

② 根据霍夫曼案（Hoffman），在被告没有放弃抗辩的情况下，根据第1391条只有移送目的地的法院对被告拥有对人管辖权且是合适的审判地时，移送才是合适的。参见第五章第五节第二目。

③ 因为派珀在那里有总部且在那里产生飞机，它显然（与那里）有最低限度的联系。哈策尔在俄亥俄州生产推进器，但根据长期的商业联系，它将相当百分比的推进器运送给位于宾夕法尼亚的派珀。因此，它与宾夕法尼亚州有最低限度的联系。注意，哈策尔与宾夕法尼亚的关系不是通过商业流的理论建立的。它直接运送了这些货物且有目的地送往宾夕法尼亚[它们（指货物）不是通过商业流的行为运送到那里的]。参见第二章第四节第四目。

④ 因为所有的被告都居住在那里，根据第1391条(a)款(l)项，审判地是合适的。一个公司居住在在提起诉讼时它受其对人管辖权管辖的每一地区。（第1391条(c)款对此做了规定）除此之外，也有强有力的理由支持诉讼请求的实质性部分发生在那里，因为那里是飞机的制造地点，因此根据第1391条(a)款(2)项审判地是合适的。

⑤ 因为戈尔德拉渥案甚至允许一个对被告缺乏对人管辖权的法院移送案件。参见第五章第五节第二目。

⑥ 因为根据范·杜森案，加利福尼亚的法律选择规范跟随案件一并被移送了。然而，这在涉及派珀时是这样，涉及哈策尔时却不是这样。参见第五章第五节第二目。

⑦ 因为范·杜森案不适用于戈尔德拉渥案式的移送，即不适用于移送法院对被告缺乏对人管辖权的移送。参见第五章第五节第二目。加利福尼亚州中部地区对派珀拥有对人管辖权，因此范·杜森案适用于以派珀为被告案件的移送；然而，它对哈策尔没有对人管辖权，因此范·杜森案不适用于以哈策尔为被告的诉讼请求的移送。

请求适用宾夕法尼亚州的法律。他还得出结论:宾夕法尼亚州的法律选择规范将对以哈策尔为被告的诉讼请求适用苏格兰的法律。

# 第六章　对法院选择的异议



## 第一节　问题的说明

我们已经花了很多时间来阐述诉讼选择适当法院方面的问题。对人管辖权、事物管辖权和审判地的法律规则(doctrines)对此进行指导。在此我们将阐述被告如何对原告选择的法院提出异议。①

异议的依据影响着提出异议的方法。对对人管辖权(包括诉讼书状送达的得体性)和审判地的限制,正如我们在第二、第三和五章中所述及,给了被告对人权(personal right),该权利和大多数的对人权一样是可以放弃的。此外,因为它们提出了诉讼是否位于合适法院的门槛问题,因此尽早认定似乎是可取的。花费很长时间诉讼且付出了所有努力后才发现案件不在适格

① 在一个从州法转移到联邦法院的案件中,见第四章第八节,对被告选择联邦法院提出异议的可能是原告;例如,借助申请将案件送还州法院。

法院审理，这极不明智。因为此类诉讼将浪费当事人与法院的资源，所以法院可能想施加严格的限制，限制被告在对人管辖权和审判地等事项方面提出异议的时间和途径，以确保异议在诉讼早期提出，否则就放弃。在第六章第二节中，我们看到多数州已经这样做了。在第六章第三节中，我们讨论了 268
被告做出这一决定有关考量因素：直接异议对人管辖权还是在附带程序(collateral proceeding)中异议对人管辖权。

但事物管辖权是一个不同的问题。没错，有效率的做法是迫使被告尽早异议事物管辖权，否则就放弃。但正如我们在第四章第三节中所述，事物管辖权不牵涉诉讼当事人的个人权利。相反，事物管辖权原则事涉联邦法院和州法院间恰当分配诉讼的问题。它们是关于政府结构的规则。[①] 因此，诉讼当事人不能放弃对事物管辖权的责难权。尽管有时可能会效率低下，但清楚的是，至少在一般情况下，几乎在任何时候都可以首次提出法院缺乏事物管辖权——甚至可以在判决之后提出。然而，有一个是否可以在附带程序(collateral proceeding)中攻击事物管辖权的重要问题，我们在第六章第四节中会看到。

① 记住，联邦法院只能受理某些类型的案件，因为宪法是这样规定的。《美国宪法》第三条第二款。我们在第四章第三节探讨过这一点。

# 第二节 质疑对人管辖、审判地及程序问题的不同方法（以及《规则》第12条的运作方式）

## 一、在对人诉讼管辖权中：特别出庭及《规则》第12条规定的现代方法

### 特别出庭的发展

想象一下被告想辩称在被诉的州缺乏对人管辖权所面临的两难困境。其想去该州提出撤销案件的申请。但是，因为去了该州甚至派律师去该州，被告就服从那里的对人管辖权了吗？提出异议时其终究没在法院出现吗？或者，能说因去了那里其就同意由那里管辖了吗？法院体认到了这一困境，开发出了一种"特别出庭（special appearance）"制度，允许被告仅为主张法院缺乏对人管辖权的目的而出庭。该特别出庭与"一般出庭（general appearance）"相对，后者构成对对人管辖权的同意。

特别出庭质疑对人管辖权的方法不是今天的主流观点；多数的州已经采纳了我们下面探讨的现代方法。但重要的是记住，一些州——包括像加
269 利福尼亚州和得克萨斯州这样人口众多的州——仍在使用特别出庭。尽管对特别出庭制度，有些州比另外一些州规定得更严格，但要记住特别出庭的被告通常只能对对人管辖权提出异议。如果在提出对人管辖权抗辩之前甚至同时主张另一个抗辩或提出答辩的，均可能构成一般出庭，并因此放弃了对对人管辖权的异议。[①] 一般出庭的理念则是，在某时间点被告已经如此深入地介入了诉讼，以至于必须公平地说，其已经认同了法院对其行使管辖

---

① 总的参见克利福德·普伦基特："在阿肯色州的弃权和特别出庭"，载《阿肯色法律评论》(Clifford Plunkett, Waiver and the Special Appearance in Arkansas, *Ark. L. Rev.*)第47卷，第883页(1994年)。

的权力。

特别出庭具有的一个优点，便是向法院提出一个潜在而有决定性意义的问题。如果法院得出缺乏对人管辖权的结论而较早撤案，即可避免实体诉求上的无谓诉讼。但另一方面，它也有着明显的缺点：迫使被告将所有鸡蛋放在一个篮子里，至少在初期是这样。一般而言，在特别出庭的法院，被告只能在输了对人管辖权抗辩后，才能提出其他可能的抗辩。[①]

另一个问题是特别出庭规则对不谨慎之人可能构成一个陷阱。再次说明，特别出庭时能提些什么而没放弃对人管辖权抗辩，一些州规定得比另一些州严格。例如，在多数的州，被告可以安全地交替提出缺乏对人管辖权和不方便法院的撤案申请（我们在第五章第六节探讨过不方便法院）。然而，在要求特别严格的州，合并对人管辖权问题和替代性申请会构成一般出庭。[②] 如果有抗辩的话，律师必须非常谨慎地认定具体法院在允许被告对 270
对人管辖权提出异议时可一并提出怎样的抗辩。有趣的是，一些对特别出庭要求严格的州，似乎允许被告同时对对人管辖权和事物管辖权提出异议，而不会导致权利的放弃。[③]

---

① 这一限制的一个很好的例子是第二章第四节第四目探讨的朝日诉高等法院案（Asahi v. Superior Court）。在该案中，阀门生产商朝日特别出庭，对加利福尼亚行使对人管辖权提出异议。异议失败后，朝日成功获得了加利福尼亚上诉法院复审对人管辖权问题，并最终获得由美国联邦最高法院审查对人管辖权问题。在复审导致的漫长延误期间，朝日的律师显然发现它甚至都没有生产过事故涉及的阀门。但如果它向法院提出该事实（例如，通过申请简易判决的方式），它就属于一般出庭了，而放弃了对对人管辖权的异议。

② 在紧张等待法律执业生涯中的第一次口头陈述时，作者见证了在加利福尼亚高等法院正好发生这一情况的口头的辩论。被告被认为做了一般出庭并因此被视为放弃了对对人管辖权的异议。事实上，一些法院是如此的严格，以至于说请求延期（推迟）审理因缺乏对人管辖权而撤案的申请，也构成一般出庭。见，如布姆加纳诉联邦储蓄保险公司案（Bumgarner v. Federal Dep. Ins. Corp.），《太平洋判例汇编第二辑》第 764 卷，第 1367 页（俄克拉荷马州上诉法院 1988 年）；法伊弗诉阿什案（Pfeiffer v. Ash），《太平洋判例汇编第二辑》第 206 卷，第 438 页（加利福尼亚州上诉法院 1949 年）。另一方面，在将案件转移到联邦法院的同时质疑对人管辖权不是一般出庭。兰伯特鲁恩煤矿公司诉巴尔的摩和俄亥俄铁路公司案（Lambert Run Coal Co. v. Baltimore & Ohio R. R. Co.），《美国联邦最高法院判例汇编》第 258 卷，第 377 页（1922 年）。

③ 见，如古德瓦恩诉中级法院案（Goodwine v. Superior Court），《太平洋判例汇编第二辑》第 407 卷，第 1 页（加利福尼亚州最高法院 1965 年）。

**(第 12 条规定的)现代方法**

对法院选择提出异议的现代方法以《联邦规则》第 12 条为代表。它(当然)适用于联邦法院,多数州也适用,因为多数州以《联邦规则》为范本制定了它们的规则。《联邦规则》第 12 条废除了特别出庭,允许被告同时提出包括对人管辖权抗辩在内的数个抗辩。这样做时并没有放弃对人管辖权的抗辩。用《规则》第 12 条(b)款第三句的话来表示,"没有抗辩(defense)或异议(objection)会因在诉答文书或申请中加入了一个或多个其他抗辩或异议而遭放弃"。

《规则》第 12 条是如何运作的呢?对初学者来说,要记住,被告可以选择如何应对针对其的诉讼:其或者提出并送达诉答文书(a responsive pleading)[称为答辩状(answer)]或者提出申请。(我们在第七章第四节中详细探讨了这些选择)。在答辩状中,被告回应原告的起诉状,并提出肯定性的答辩(affirmative defenses)。当事人利用申请要求法院发布具体命令。在诉讼过程中,可能会有数百个申请——例如,修改诉答文书的申请、强制披露的申请、延长答辩时间的申请、要求做简易判决的申请——很长的单子。最重要的一些申请是因选择法院上的某个问题而要求撤销案件的申请。

这里,我们注意力集中在《联邦规则》第 12 条(b)款规定的七种抗辩。[不令人意外,它们被称为"第 12 条(b)款的抗辩"]["12(b) defenses"]。仔细审视第 12 条(b)款规定的这七种抗辩(一定注意前五个均与法院选择有关):(1)无事物管辖权;(2)无对人管辖权;(3)不适格的审判地;(4)诉讼书状不全;(5)诉讼书状送达不到位;[①](6)没有陈述能获救济的诉讼请求;以
271 及(7)没有根据《规则》第 19 条合并缺席者。《规则》第 12 条(b)款规定,第

① 第 12 条(b)款(4)项和第 12 条(b)款(5)项的区别是什么?前者针对的是诉讼书状本身的问题——如没有同时有传票(summons)和起诉状副本。见前第三章第三节第一目。这种问题是罕见的。后者针对的不是文件问题,而是如何将它们送达给被告的问题——如替代送达(substituted service)没有送达给达到适合年龄并具有适当辨别力的人,或没有向合适的公司代理人送达。见第三章第三节第二目和第三目。这种问题更为常见。

12 条(b)款的所有七项抗辩均可以通过申请提出，或者在被告的答辩状中提出。[①]

被告选择了如何提出第 12 条(b)款的抗辩，该事实引起一个因疏忽导致放弃抗辩(inadvertent waiver of defenses)的可能性。小心《规则》第 12 条(g)款和(h)款的规定。它们对提出第 12 条(b)款的抗辩设置了时间要求，并含有不谨慎的律师(或粗心的法律专业学生)可能掉入的陷阱。《规则》第 12 条(g)款(2)项规定，提出第 12 条[②]申请的被告必须在该申请中加入"当事人之前可以提出但没有加入申请中的抗辩或异议"。如果其没有这样做，[*]则其"不得提出该规则下的另外申请"，《规则》第 12 条(h)款(2)项和(h)款(3)项另有规定的除外。因此，《规则》第 12 条(g)款涉及被告提出两个《规则》第 12 条的申请。如果其在第一个申请中没有提出某个在当时本可提出的《规则》第 12 条的抗辩，则其不能提出第二个第 12 条规定的申请，除非属于第 12 条(h)款(2)项或(h)款(3)项规定的可弥补的范围(saving grace)。换言之，一般规则是，如果从《规则》第 12 条的申请中省却了一个《规则》第 12 条的抗辩，则放弃了第二次提出第 12 条下申请的权利。

《规则》第 12 条(h)款涉及放弃《规则》第 12 条(b)款的所有 7 项抗辩，该条根据时间安排将它们归入 3 组。与选择法院相关的 5 个抗辩中的 4 个(无对人管辖权、不适格的审判地、诉答文书不全、诉答文书送达不到位)，规定在《规则》第 12 条(h)款(1)项中。该条文规定如果这些抗辩没有出现在《规则》第 12 条规定的申请中，或如果没有出现在诉答文书中(或理所当然，出现在修改了的诉答文书中，我们在第七章第五节第一目中会看到此内容)，则这些答辩遭放弃。因此，注意(有关这 4 项抗辩)《规则》第 12 条(h)

---

① 那么，为什么被告在其答辩中，而不是通过申请，提出任何一个此类抗辩呢？将抗辩放在答辩中是保留此抗辩，因此被告如果认为第 12 条(b)款中一项抗辩可能有道理，则不必现在提出申请，而可以保留之，将问题推后，推迟到当其有支持该问题的更多事实理由之时。

② 一个《规则》第 12 条的申请可以以《规则》第 12 条(b)款规定的七项抗辩中的任何一项为依据，或者它可能是一个《规则》第 12 条(e)款规定的要求更明确陈述的申请，或是《规则》第 12 条(f)款规定的删除申请。见第七章第四节第一目。

* 指第一次申请时能提但事实上没提抗辩或异议。——译者

款(1)项是如何补充《规则》第 12 条(g)款的,它不仅规定,如果被告试图提出两个 12 条规定的申请,而且规定如果被告没有将该抗辩之一加入申请或答辩而试图在之后的申请或答辩中提出,则均将导致放弃抗辩。这事变得相当复杂,我们将使之简单化。然而,在我们做这事之前,注意《规则》第 12 条(h)款(3)项规定了其他的法院选择问题——缺乏事物管辖权——的时间安排,并基本(essentially)规定该异议可以在任何时间提起。《规则》第 12 条(h)款(2)项涉及两个与选择法院无关的第 12 条(b)款的抗辩——申请因没有陈述诉求而撤案和因没有根据规则第 19 条加入缺席的人而撤案。

272 可以将《规则》第 12 条(g)款和(h)款的所有时间问题概括为三个原则。

第一个原则。《规则》第 12 条(b)款(2)、(3)、(4)和(5)项规定的抗辩必须放在第 12 条规定的首次抗辩(defensive response)中——不管该答复是申请还是答辩。如果没有这样放置,则它们遭放弃。这一规则很有道理,因为这 4 项抗辩——缺乏对人管辖权、不适当的审判地、诉讼书状不充分和诉讼书状送达的不充分——是门槛性问题,它们应该在诉讼开始时就决定。它们也是可放弃的抗辩(waivable defenses),因此该条规则给被告恰当设置了在首次提出第 12 的回应(申请或答辩)时提出的责任,否则就不能提出这些抗辩。

第二个原则。《规则》第 12 条(b)款(6)项和(7)项的抗辩可以推迟至"审理时"提出,其意思是在审案法院做出判决之前的任何时候。这一结论规定在《规则》第 12 条(h)款(2)项中,也是有道理的,因为这些抗辩——没有陈述可予救济的诉讼请求和没有根据第 19 条合并缺席的人——可能在诉讼后期才充分表现出来。[①] 这两个抗辩不必放在被告首次提出的第 12 条的答辩中。只有它们没有在审案法院判决前的某个时候提出时,才遭放弃。

---

① 《规则》第 12 条(b)款(7)项尤其如此,该条文涉及没有根据第 19 条合并缺席的人,这些人经常被称为"必要的(necessary)"当事人[尽管该条文称其为"法律规定的"当事人(a "required" party)]。通常,存在这种缺席者的事实直到案件少有进展后,也许在披露阶段,才可能被确定。见第十二章第六节第一目。

第三个原则。任何时候都可以提出《规则》第 12 条(b)款(1)项的抗辩。该结论规定在《规则》第 12 条(h)款(3)项中,也是有道理的,因为此抗辩是缺乏事物管辖权。正如在第四章第三节中所探讨过的,联邦法院的有限的事物管辖权属于政府结构事项。如果一个案件不引起联邦事物管辖权,则联邦法院必须撤销案件,即使它根据好像有事物管辖权的不正确印象已经在案件上耗费了数年时间。见第六章第四节。

这三个原则能让你解决这一领域的任何事实模型(fact pattern)。

- P 起诉 D。D 在适合时间内申请因缺乏对人管辖权的撤案。法院驳回该申请。之后,D 申请因不适当审判地的撤案。根据《规则》第 12 条(g)款,其已经放弃了审判地的抗辩。为什么?[①]
- P 起诉 D。D 在适当时间内提出了因缺乏对人管辖权的撤案申请。法院驳回该申请。之后,D 提出答辩,在答辩中其提出诉讼书状不 273
当送达的抗辩。该抗辩遭放弃,可以被删除。为什么?[②]
- P 起诉 D。D 在适当时间内送达并登记了答辩状,提出不合适审判地的抗辩。之后,其以缺乏对人管辖权为由申请撤案。其已经放弃了此抗辩。为什么?[③](你们的教授可能会增添事实,非常清楚地表示,D 与法院绝对没有联系;尽管如此,那里的对人管辖权仍然是合适的,因为 D 放弃了对人管辖权的抗辩)。
- P 起诉 D。D 在适当时间内提出了根据《规则》第 12 条(f)款删除 P 诉讼文书的申请。法院否决该申请。之后,D 送达并登记了答辩状(或提出申请),提出缺乏对人管辖权。其再次放弃了后者的抗辩。

---

① 这为第一个原则所涵盖。D 提出了一个《规则》第 12 条的申请,之后提出了另一个《规则》第 12 条的申请,提出 4 个"可放弃"答辩中的一个;根据《规则》第 12 条(g)款,放弃生效了。

② 这也为第一个原则所涵盖。根据《规则》第 12 条(h)款(1)项(B)目,D 已放弃了这一抗辩。《规则》第 12 条(g)款不适用,因为该款规定的只是 D 提出了《规则》第 12 条申请后又提出另一个《规则》第 12 条申请的情形。这里,其现提出申请,之后提出了答辩状,但时间原则是相同的。

③ 这再次受第一个原则支配。它不受《规则》第 12 条(g)款支配,因为它只在 D 提出一个申请后又提出了一个申请时才适用。这儿,其在提出了答辩状后提出申请。根据《规则》第 12 条(h)款(1)项(B)目(ii),放弃生效了。

为什么？①

- P起诉D。D在适当时间内提出了延长答复起诉书时间的申请。法院准予了申请，之后D提交答辩(或提出申请)，提出缺乏对人管辖权。其放弃这一抗辩了吗？没有。为什么没有呢？②
- P起诉D。D根据不方便法院原则提出撤案申请(我们在第五章第六节中探讨过不方便法院原则)。法院没同意该申请，之后，D申请因对人管辖权的撤案。其放弃该抗辩了吗？没有。为什么呢？③
- P起诉D。D在适当时间内送达并登记答辩书。案件进入庭审阶段，审案法院做出了P胜诉的判决。在上诉阶段，D首次提出案件因没有根据《规则》第19条合并缺席的当事人而应被撤销。该抗辩被放弃了。为什么？④
- P起诉D。D在适当的时间内送达答辩状并登记答辩状。案件进入庭审阶段，审案法院作出P胜诉的判决。在上诉阶段，D首次提
274 出案件因缺乏联邦事物管辖权而应该被撤销。D没有放弃该抗辩。为什么没有呢？⑤

---

① 第一个原则。其最初的申请是《规则》第12条(f)款准许的，因此它构成一个《规则》第12条(g)款所述的“根据本条的申请”。

② 第一个原则。根据第12条(g)款和第12条(h)款(1)项(A)目，D必须将“可放弃的抗辩”包含在“根据本规则提出的申请中”，它指根据《规则》第12条提出的申请。延长时间的申请是根据《规则》第6条(b)款提出的，而不是根据《规则》第12条提出的。

③ 第一个原则再次涵盖了此情形。尽管缺乏对人管辖权是一个可放弃的抗辩，这意味着它必须包含在根据《规则》第12条所做的首次答复中。大多数法院的结论是依据不方便法院提出的撤案申请不是《规则》第12条的答复。提出该问题的D不是在质疑管辖权或审判地。相反，其在主张尽管现在的法院是合适的，但是有处于另一个司法系统的另外一个法院，在那个法院诉讼更有道理。见，如阿比奥拉诉阿布巴卡尔案(Abiola v. Abubakar)，《联邦补编第三辑》第267卷，始于第907、918页(伊利诺伊北部地区法院2003年)。

④ 这一问题受第二个原则支配。放弃的依据是《规则》第12条(h)款(2)项。这一抗辩必须在不迟于“庭审(at trial)”时首次提出，它意味着不能迟于审案法院作出判决。这儿，D直到判决作出后才提出该抗辩。

⑤ 该问题受第三个原则支配。《规则》第12条(h)款(1)项清楚规定，缺乏事物管辖权问题可以在问题变得明显的“任何时候(whenever)”提出。见第六章第四节。

## 二、在对物和准对物诉讼管辖权中

如果被告想对对物诉讼或准对物诉讼的法院管辖权提出异议，会怎么样呢？这些案件涉及扣押被告财产而将其作为管辖依据。（如果对这一点模糊不清，参见第二章第二节。）被告面临的困境是其是否能去法院对管辖权提出异议而不因此构成对对人诉讼管辖权的同意。[①] 不同的州对这一问题采用不同做法。处理该问题的多数案件都已年代久远，它们反映了在对人诉讼管辖权膨胀的时代，对物诉讼和准对物诉讼管辖权重要性的不断下降。

一些州允许被告出庭并争讼（litigate）支撑诉求的实体事项，如果被告"有限出庭（limited appearance）"，则表示没有同意对人诉讼的管辖权。[②] 和特别出庭一样，众多的州可能会对有限出庭的方式施加不同的技术要求。实际上，一些州明确不允许有限出庭。[③]

联邦法院的做法不完全清楚。《联邦规则》第 4 条（n）款（2）项是规定诉讼书状送达的条文，它允许联邦法院根据其所在州的法律扣押被告的财产。但是，不管是该条还是其他的联邦规则，都没有提到有限出庭。此类案件有两点是不清楚的：在联邦法院是否允许有限出庭，[④]如果允许，联邦法院是

---

① 记住，对物或准对物判决只针对作为管辖依据的财产之价值具有效力。然而，在对人诉讼案件中，一个有效的判决产生一个被告向原告支付判决金额的对人义务（a personal obligation）。原告可以借助充分信任和尊重（full faith and credit）条款在任何州执行一个有效的对人诉讼判决。

② 典型的案件是切希尔国民银行诉杰恩斯案（Cheshire Natl. Bank v. Jaynes），《东北部地区判例汇编》第 112 卷，第 500 页（马萨诸塞州 1916 年）。具有传奇色彩的法学教授布雷纳德·柯里（Brainerd Currie）是有限出庭的倡导者。见布雷纳德·柯里："联邦法院的扣押令和扣押第三债务人财产令"，载《密歇根法律评论》（Brainerd Currie, Attachment and Garnishment in the Federal Courts, *Mich. L. Rev.*）第 59 卷，第 337 页（1961 年）。

③ 见，如约翰逊诉霍尔特管理人案（Johnson v. Holt's Administrator），《西南判例汇编第二辑》第 31 卷，第 895 页（肯塔基州 1930 年）（抗议扣押财产的行为将案件转化成对人诉讼案件）。

④ 见，如麦奎兰诉全国收银机公司案（McQuillan v. National Cash Register Co.），《联邦判例汇编第二辑》第 112 卷，第 877 页（第四巡回法院 1940 年）（允许）；坎贝尔诉默多克案（Campbell v. Murdock），《联邦补编》第 90 卷，第 297 页（俄亥俄州北部地区法院 1950 年）（不允许）。

否有义务遵守该问题上的州的法律。① 因为该问题完全不再频繁出现，未
275 来也不太可能制定该问题上的联邦规则。如果有联邦规则，根据汉纳诉普卢默案（Hanna v. Plumer）确立的规则，它将支配联邦法院的实践，我们在第十章第六节探讨汉纳诉普卢默案。

---

① 见，如卡吉尔公司诉萨拜因贸易和航运公司案（Cargill, Inc. v. Sabine Trading & Shipping Co.），《联邦判例汇编第二辑》第 756 卷，第 224 页（第二巡回法院 1984 年）；美国实业公司诉格雷格案（U. S. Industries, Inc. v. Gregg），《联邦规程判例汇编》第 58 卷，第 469 页（特拉华州地区法院 1973 年）（适用了州的法律）；德里·克利梅电灯公司诉爱德华兹案（Dry Clime Lamp Corp. v. Edwards），《联邦判例汇编第二辑》第 389 卷，第 590 页（第五巡回法院 1968 年）（适用了联邦的法律）。

# 第三节　针对对人管辖权的直接攻击和间接攻击

不管一个具体的地区是使用特别出庭还是使用《联邦规则》第 12 条的模式，想质疑对人管辖权的被告必须决定是直接(direct)攻击还是间接(collateral)攻击该问题。直接攻击出现于被告寻求利用缺乏对人管辖权的理由撤销待审案件，办法是在案中提出适当申请。[①] 正如我们刚才在本章第二节中看到的，这一申请必须在诉讼的早期提出。整个的理念是：在开始时，在法院和当事人向案件实体诉讼投入大量精力和时间前，就澄清此问题。当然，如果申请成功，则案件遭撤销，被告开开心心回家[然而，原告当然可能会在被告所在州(home state)起诉被告]。

但是，被告还有另一个选择。其可能只是拒绝在案件中出庭，而让法院作出对其不利的缺席判决。[②] 然而，其等待原告在被告的本土州(home state)寻求执行判决——收取判决的款项。该判决是可执行的——根据充分信任和尊重(full faith and credit)条款有此权利——只要前一个法院(the first court)拥有对人管辖权。因此，被告可以在第二个案件中提出审理第一个案件的法院没有对人管辖权。这被称为间接攻击(a collateral attack)，因为它发生在第二个诉讼或附带诉讼中。

① 在一些州，特别是那些采用特别出庭做法的州，该申请被称为“宣布诉答文书无效申请”。根据《规则》第 12 条，在大部分的州，它只是“基于缺乏对人管辖权而撤案的申请”(a “motion to dismiss for lack of personal jurisdiction”)，或者有时被称为，“基于缺少对人管辖权而撤案的申请”(a “motion to dismiss for want of personal jurisdiction”)。所有的州都准许某种直接攻击，纵然联邦最高法院很早以前就认为正当程序(due process )不要求各州规定这一异议。约克诉得克萨斯案(York v. Texas)，《美国联邦最高法院判例汇编》第 137 卷，第 15 页(1890 年)。

② 我们在第七章第五节中探讨缺席和缺席判决。

- P在密歇根州起诉D。D是亚利桑那州州民,[①]其认为密歇根州对其没有对人管辖权。D没有去密歇根州直接攻击,没有在密歇根州
276 出庭,而仍由那里的法院作出其败诉的缺席判决。现在,P将判决带到亚利桑那州的法院(那里显然对D拥有对人管辖权,且D在那里有财产),寻求强制执行判决。[②] D可以出席亚利桑那州的诉讼,辩称密歇根的判决不能享有充分诚信和尊重的权利,因为密歇根对其不拥有对人管辖权。

间接攻击有直接攻击所没有的一些优势。被告不必离开亚利桑那去密歇根,不必聘请密歇根律师[③]在密歇根提出直接的管辖权异议。相反,其可以在亚利桑那"家里(at home)"雇佣自己的律师在熟悉的环境里诉讼。但是,间接攻击也有很大缺陷:在间接攻击中,被告只能提出第一个法院是否有对人管辖权的问题。如果密歇根的法院被认定为有对人管辖权,则被告不能在第二个诉讼中争辩支撑诉讼请求的实体事项。换言之,因缺席密歇根的诉讼,被告放弃了对支撑诉求的实体事项的争辩,[④]至少在密歇根法院被认为有对人管辖权的情况下是如此。

- P根据殴打产生的诉求在密歇根起诉D。在诉讼请求的实体事项上,D承认猛击了P,但想辩称这样做是出于自卫,因为P袭击了D。

---

① 当你们听到这些有关州籍的事实时,你们可能开始思考异籍管辖权问题了。然而记住,异籍管辖和我们这儿讨论的问题完全无关。异籍是联邦事物管辖权的基础。见第四章第五节。我们这儿讨论的事项——对人管辖权——提出的是不管案件在联邦法院还是在州法院都会遇到的相同问题。这儿涉及不同州的事实引发密歇根州(州法院或联邦法院)的判决在亚利桑那州(州法院或联邦法院)是否可执行的问题。

② 换言之,将判决转换成金钱。P可以在D有可供扣押财产且可以出售满足密歇根判决的任何地方这样做(条件是判决是有效的,并因此享有充分诚信和尊重的权利)。

③ 你们可能知道,律师是由各州准予执业的。亚利桑那律师协会的会员很可能不是密歇根律师协会的会员(尽管也可能是其会员)。非密歇根州的律师(non-Michigan lawyer)不能在密歇根州的法院出庭,除非为了单个案件的目的被允许执业[它被称为仅限这一次的许可(pro hac vice admission)]。甚至此时多数律师协会仍要求至少要有一位当地律师提供案件合作。所以去密歇根诉讼涉及被迫找密歇根律师的费用和时间上的耽误。

④ "实体事项(merits)"一词指有关诉讼请求本身的事实。如果P因被殴起诉D,实体事项的认定将是D是否确实实施了殴打,以及如果打了,D是否有这样做的任何理由。有可能是D确实打了P,但这样做是出于自卫。

> 如果亚利桑那法院认定密歇根确实拥有针对D的对人管辖权，则密歇根的缺席判决拥有充分诚信和尊重的权利，P可以在亚利桑那州强制执行该判决。D将没有机会争辩自卫问题。[1]

换言之，如果D依赖间接攻击，其就将所有鸡蛋放在对人管辖权的篮子里了。显然，如果D对诉讼请求在实体上拥有有力的答辩理由时(如证人的有力证词表明其当时是出于自卫)，其将不想采用这一思路。相反，其 277
应该选择直接攻击。这一手段允许D提出对人管辖权的问题，之后如果输了，再争辩实体事项上的诉求。

然而，这一思路也有一些问题。某些问题很明显：D得聘请密歇根州的律师，且得在远离家乡的地方诉讼，据信是P的本土地盘(home turf)。但有一个问题不那么明显：如果密歇根州的法院认定它有对人管辖权，将会发生什么？D可以立即将该裁决上诉至州的上诉法院吗？

在大多数州，答案是否定的。认定法院有对人管辖权的判决不是"终局判决(final judgment)"，因此根据一般规则，在诉讼的这个时间点它是不可上诉的。见第十四章第四节。只有作出案件的实体判决后，该问题才可以被诉至上诉法院。因此，一旦被告在对人管辖权问题上输了，其应该准备留下来争辩基础纠纷的实体事项。然而，在一些州，被告可以立即寻求有关对人管辖权问题的上诉复审，办法是借助明确规定的终局判决规则(final judgment rule)的例外，或通过特别令状(extraordinary writ)，[2]但这是例外情况。一般规则是：在判决案件的实体事项前，法院作出的有管辖权的裁定是不可上诉的。

因此，注意在建议D是否直接攻击时亚利桑那律师必须考虑的一系列

---

① 当然，如果亚利桑那法院认定密歇根州没有对人管辖权，亚利桑那的法院将不执行密歇根州的判决；判决不是有效的，不能享有充分诚信和尊重的权利。P可以尝试在亚利桑那州起诉D，那里明显对D有对人管辖权。

② 我们在第二章第四节第四目的国际大众案(World-Wide Volkswagen)和朝日案(Asahi)中探讨过这一可能性。在每一个这样的案件中，都允许被告通过特别令状寻求对对人管辖权的立刻上诉复审。加利福尼亚在利用特别令状复审管辖问题上特别开明。见《加利福尼亚民事诉讼法典》(Cal. Code Civ. Proc.)第418条10款(c)项。

因素。其至少得评估这些因素：

(1)在密歇根如何进行直接攻击；

(2)对人管辖权异议的力度(strength)；

(3)D 实体答辩的力度；

(4)密歇根州是否允许上诉法院立即复审对人管辖权裁决，或者，还是要求等到作出对诉求的实体判决。

(5)如果密歇根允许中间的审查(interlocutory review)，它是自动允许的还是法官自由裁量决定的；以及

(6)对人管辖权问题能否在对实体判决的上诉阶段提出。[①]

278 律师必须小心地向 D 解释，直接攻击的决定意味着对人管辖权的问题将由密歇根法院裁决，并在密歇根法院上诉。在间接攻击中，密歇根州是否拥有对人管辖权的问题将由亚利桑那州的法院裁决，并在亚利桑那州上诉。当然，关键的是解释间接攻击意味着 D 将不能争辩实体事项，除非亚利桑那州的法院认定密歇根州没有管辖权。

- 假设 D 的实体答辩非常有力。其拥有独立的证人，该人将证明 P 无预警地(without warning)袭击了 D，D 猛击 P 是出于自卫。假设在密歇根是否有管辖权的问题上双方当事人势均力敌。你们会向 D 提出什么建议呢？这似乎是一个有力的直接攻击案件。如果对人管辖权是一件不明朗的事(a toss-up)，既然 D 在实体事项上较强，那将所有鸡蛋都放在管辖权的篮子里就没有多少道理。
- 另一方面，如果管辖权是一件不明朗的事，而 D 的案件在实体事项上很软，则不妨间接攻击。这样，其在本地争辩管辖问题而放弃实体答辩，这不是什么大问题，因为不管怎么说答辩是软弱无力的。

不管被告选择什么路径——直接的攻击还是间接的攻击——重要的是

---

① 一般规则是，被告能够在实体事项判决后在上诉阶段提出对人管辖权问题，只要其对异议的适当保留记录在案。见第十四章第六节。这无疑是联邦法院实践中形成的规则。托莱多铁路和电灯公司诉希尔案(Toledo Ry. & Light Co. v. Hill)，《美国联邦最高法院判例汇编》第 244 卷，第 49 页(1917 年)。

将其进行到底，不要和其他方法相混淆。不要犯鲍德温诉爱荷华州旅行人协会案（Baldwin v. Iowa State Traveling Men's Assn.）[①]中被告不幸所犯的错误。在此案中，原告在密苏里州提起诉讼，控告一位衣阿华州的州民。被告进行了直接攻击，去密苏里州法院辩称该州对被告没有对人管辖权。当事人对该问题争论了之后，密苏里州法院认为它有对人管辖权。之后，被告拒绝进一步参与密苏里州的诉讼。密苏里州的法院别无选择，只能作出被告败诉的缺席判决。之后原告寻求在衣阿华州强制执行该密苏里州的判决，[②]而被告在那里提出间接攻击，声称密苏里州的判决毫无价值，因为密苏里州缺乏对人管辖权。

美国联邦最高法院认为密苏里州的判决有权获得强制执行。根据既决争点阻却再诉原则（the doctrine of issue preclusion）[或者间接再诉禁止（collateral estoppel）]，[③]当事人拥有一次对问题诉讼的机会。一旦它历经诉讼且被裁决，不满的当事人可以对裁判上诉，但不可以在其他的法院再次诉讼。在鲍德温案（Baldwin）中，被告在密苏里州的直接攻击中争辩过对人管辖权的问题。因此，它不能在衣阿华州的间接攻击中再次争辩该问题。279
它本应该在密苏里州对密苏里州的裁决提起上诉。鲍德温案的被告混用了几个手段。在直接攻击失败后，它试图做间接攻击。既决争点阻却再诉原则禁止这么做。

教训是清楚的。一旦被告选择了直接攻击，其得在该州将此进行到底——要么就对人管辖权问题立即提起上诉（如果允许的话），要么在实体判决作出后对对人管辖权问题提起上诉。[④] 教训来自这样的事实：每一个

---

① 《美国联邦最高法院判例汇编》第 283 卷，第 522 页（1931 年）。

② 实际上，密苏里州和衣阿华州的诉讼均处在这些州的联邦法院。然而，该事实不影响对人管辖权问题。

③ 见第十一章第三节。事实上，法院适用了一事不再理（res judicata）的专业术语，但是是作为包含着间接再诉禁止（collateral estoppel）的通用术语使用的。表示间接再诉禁止的更现代的术语是争点排除（issue preclusion）。

④ 即使鲍德温案的被告在实体事项上缺席，只要它在密苏里州就对人管辖权的依据问题对判决提起上诉，它就没事。问题是它将该问题交由密苏里州判决，而之后没有抗争到底。

法院都有权决定其是否拥有管辖权。如果诉讼当事人不喜欢法院的决定，它必须上诉，而不是尝试间接攻击。[①]

① 对实施直接攻击地方的法院所作出判决的上诉不是间接攻击。它被视为直接攻击的一部分。

## 第四节　对事物管辖权的异议

和异议对人管辖权一样，对事物管辖权的异议可以是直接的，也可以是间接的。被告根据《规则》第 12 条(b)款(1)项进行直接攻击途径通常是提出因缺乏事物管辖权而撤案的申请。在从州法院转移到联邦法院的案件中，提出案件不属于联邦法院管辖的人是原告，如果有人提申请的话。见第四章第八节。根据《规则》第 12 条(h)款(3)项，法院“一旦认定它缺乏事物管辖权”，就必须撤销案件。见第六章第二节(特别是第三个原则)。事实上，该规则也清楚表明法院有责任主动(sua sponte)提出事物管辖权的问题。因此，即使当事人没有提出缺乏事物管辖权，一旦法院发现案件不引起这样的管辖权，它也必须撤销案件。见第四章第三节。相应地，被告可以在判决作出后，在初审法院或在上诉阶段首次提出缺乏事物管辖权，这一点是清楚的。[①] 见第四章第三节。

这些事实产生了这一著名的基本原则(catechism)：“事物管辖权是不可放弃的；它可以在任何时候首次提出。”这一论断在直接攻击中是绝对正确的。然而，当我们考虑间接攻击时，可能需要做一些修订。但在修正之 280
前，想象一下该原则是多么浪费和低效率。

因为事物管辖权是一项不可放弃的抗辩，所以甚至在联邦法院起诉的当事人都可以在审理后，通过辩称缺乏事物管辖权而对一个对其不利的判决提起上诉。在历史悠久的凯普伦诉范·诺登案(Capron v. Van Noorden)[②]中，原告在联邦法院起诉，声称依据的是异籍管辖权。然而，在庭审败诉后，原告提起上诉，提出该案从来没有异籍。结果是原告是对的，联邦

---

① 这样的异议仍然是直接攻击(和间接攻击相对)，因为它是在最初的诉讼中发生的。没有第二个(或附带的)诉讼就不可能有间接攻击。上诉不是间接攻击。它是诉讼的延续，而不是新的诉讼。

② 《美国联邦最高法院判例汇编》第 6 卷，第 126 页(1804 年)。

最高法院认为得撤销案件，尽管司法机关（和当事人）已经在案件的审理中投入了相当的资源。其结果与被告将案件转移到联邦法院的情形一样。在美国火灾与损失公司诉芬恩案（American Fire & Casualty Co. v. Finn）①中，被告转移案件但在联邦法院的审理中败诉。之后它提起上诉，因为如最后结果显示的，没有联邦事物管辖权。联邦最高法院再次认为，得将案件送还州法院，因为没有联邦事物管辖权。

除了浪费资源之外，该规则还为某些不道德的诉讼策略开了方便之门。假设原告声称其和被告州籍不同。但被告知道原告在被告的州籍问题上不正确，知道事实上不存在异籍。被告不泄露这一事实而让法院审理案件。如果被告在庭审中赢了，则闭口不谈管辖问题。但是如果被告输了，则可以披露其真实的州籍，并提起上诉，因为缺乏事物管辖权。尽管依据职业道德规范或根据《规则》第 11 条，见第七章第六节，该隐瞒可能会有问题，但判决仍将被撤销。② 因此与此相同，一些被告暂不提出缺乏对人管辖权，坐等州法律规定时效期限的届满。甚至在这样的案件中，如果事实上联邦法院确实缺乏事物管辖权，它也必须撤销案件，原告在州法院可能处于不能获得救济的状态。③

出于对这类案件的回应，一些评论人主张诉讼当事人应该受禁反言限
281 制，不能主张事物管辖权的缺乏，至少在缺乏诚信的案件中应该如此。④ 然而，这一主张没有获得广泛接受，一旦无事物管辖权就必须撤案的原则对直

① 《美国联邦最高法院判例汇编》第 341 卷，第 6 页（1951 年）。

② 见，如门嫩公司诉大西洋共同保险公司案（Mennen Co. v. Atlantic Mut. Ins. Co.），《联邦判例汇编第三辑》第 147 卷，第 287 页（第三巡回法院 1998 年）；鲁宾诉巴克曼案（Rubin v. Buckman），《联邦判例汇编第二辑》第 727 卷，第 71 页（第三巡回法院 1984 年）。

③ 见，如沃贾恩诉通用汽车公司案（Wojan v. General Motors Corp.），《联邦判例汇编第二辑》第 851 卷，第 969 页（第七巡回法院 1988 年）。

④ 见，如丹·多布斯："超越障碍：在作出终局判决前终止事物管辖权问题"，载《明尼苏达法律评论》（Dan Dobbs, Beyond Bootstrap: Foreclosing the Issue of Subject Matter Jurisdiction Before Final Judgment, *Minn. L. Rev.*）第 51 卷，第 491 页（1967 年）；评述："在管辖苹果上咬的第二口：防止提出虚假异籍的建议"，载《黑斯廷斯法律杂志》（Comment, Second Bites at the Jurisdictional Apple: A Proposal for Preventing False Assertions of Diversity of Citizenship, *Hastings L. J.*），第 41 卷，第 1417 页（1990 年）。

接攻击仍然是极其重要的。[①]

但在事物管辖权上的间接攻击又如何呢？声称法院缺乏事物管辖权，这能够提供一个在分开的诉讼中攻击判决的理由吗？在这儿，有益的是认识到，在事物管辖权上的这种间接攻击可以以两种方式出现：(1)当事人在第一个诉讼中争辩了事物管辖权问题的案件，以及(2)在第一个案件中没有提出该问题的案件。

至于前一组案件，规则与质疑对人管辖权的情况基本相同。正如我们在第六章第三节中所看到的，联邦最高法院在鲍德温诉爱荷华州旅行人协会案(Baldwin v. Iowa State Traveling Men's Assn.)[②]中认为，一旦法院的对人管辖权的问题被诉讼过并被裁判过，它就不能在附带诉讼中被攻击。理由是争点排除原则(the doctrine of issue preclusion)——它是诉讼当事人只有一次机会对某个问题进行诉讼的规则——要么在直接攻击中争讼，要么在间接攻击中争讼。一旦问题被诉讼过，当事人就不能再次对它诉讼。见第十一章第三节。

有关事物管辖权的一个类似的案件是德菲诉杜克案(Durfee v. Duke)[③]，该案涉及沿密苏里河(the Missouri River)的土地所有权纠纷，该河流形成密苏里州和内布拉斯加州的分界线。纠纷集中在土地是位于密苏里州还是位于内布拉斯加州。(其结果依赖河流改道的原因。[④])在起先的

---

① 有两个案件似乎表现出采纳了这种禁反言的思路。见迪弗里斯基亚诉纽约中央铁路案(DiFrischia v. New York Cent. R. R.)，《联邦判例汇编第二辑》第279卷，第141页(第三巡回法院1960年)；克莱诉匹兹堡和西弗吉尼亚铁路公司案(Klee v. Pittsburgh & W. Va. Ry. Co.)，《波多黎各判决汇编》第22卷，第252页(宾夕法尼亚州西部地区法院1958年)。该"趋势"毫无结果。事实上，第三巡回法院之后明确拒绝了迪弗里斯基亚案(DiFrischia)。鲁宾诉巴克曼案(Rubin v. Buckman)，《联邦判例汇编第二辑》第727卷，第71页(第三巡回法院1984年)。

② 《美国联邦最高法院判例汇编》第283卷，第522页(1931年)。

③ 《美国联邦最高法院判例汇编》第375卷，第106页(1963年)。

④ 这类事发生得比人们想象的要频繁(特别是，在有关内布拉斯加州的界限上似乎是这样)在第十二章第六节第二目中，我们看到公司的主营业地(以及因此其州籍)是在内布拉斯加州还是在衣阿华州的纠纷。其不确定性再次源自密苏里河的改道。欧文设备和建造公司诉克罗格案(Owen Equipment & Erection Co. v. Kroger)，《美国联邦最高法院判例汇编》第437卷，始于第365、373页，注释5(1978年)。

案件里，德菲在内布拉斯加州的州法院起诉杜克。该法院只有在争议土地位于内布拉斯加州时才有事物管辖权。当事人针对该问题进行了诉讼，法院认定土地位于内布拉斯加州。满心不高兴的杜克向内布拉斯加州的最高法院上诉，法院维持了原判。

然而，杜克没有寻求美国联邦最高法院的进一步审查。而是通过提起第二个诉讼的方式发起间接攻击——以德菲为被告——在密苏里州法院起诉。他要求发布一个确定产权（quiet title）的命令，辩称土地在密苏里州。德菲将案件转移到联邦法院。该案件最终诉至美国联邦最高法院，该法院认为密苏里州无权再次认定（redetermine）内布拉斯加州的事物管辖权问
282 题。内布拉斯加州的判决，在这样的问题上，即"在作出最初判决的法院获得了完全和公正审理并最终被裁判"的那些问题上，有权获得充分诚信和尊重。[①] 正如在涉及对人管辖权时我们所看到的，见第六章第三节，一个法院有权决定其自身的管辖权。不喜欢法院结论的当事人必须对判决上诉，而不能从事间接攻击。

然而，在德菲案中联邦最高法院认识到，该终局性原则（principle of finality）不是僵硬不变的。当其他考虑的重要性超过该原则时，就可能存在例外。[②] 例如，州法院作出的它有对人管辖权结论，在联邦破产法院可以遭受间接攻击，因为国会已经授予联邦破产法院专属的事物管辖权。[③] 在此领域，让州法院决定该问题明显违反联邦法院的专属管辖权。然而，在无这种清晰违反重要政策的情况下，终局性原则还是应该占据优势的。

现在探讨更难的情形：在第一个案件中没有争辩事物管辖权问题，对事

---

① 德菲案（Durfee），《美国联邦最高法院判例汇编》第 375 卷，第 111 页。

② 判决终局性的原则[即其既判力（res judicata）或间接再诉禁止效力（collateral estoppel effect）]总有可能被其他因素超越。联邦最高法院在德菲案中注意到了这一事实[德菲案（Durfee），《美国联邦最高法院判例汇编》第 375 卷，第 114 页]。见第十一章第四节。

③ 卡尔布诉福伊尔施泰因案（Kalb v. Feuerstein），《美国联邦最高法院判例汇编》第 308 卷，第 433 页（1940 年）。卡尔布案在德菲案之前。审理德菲案的法院将卡尔布案作为终局性原则的例外进行了探讨，该案的判决建立在终局性依据上。然而，应该指出的是卡尔布案中的事物管辖权问题在州法院的诉讼中明显没有遭争辩。德菲案（Durfee），《美国联邦最高法院判例汇编》第 375 卷，第 114 页，注释 12。

物管辖权的间接攻击又会如何呢?[①] 当事人可以在间接攻击中首次提出该问题吗?简洁的争点排除原则(principles of issue preclusion)之答复是肯定的;毕竟,该问题没有诉讼过且没有被裁决过,因此不能成为既决争点阻却再诉原则的妨碍对象。见第十一章第三节第二目。

但是联邦最高法院的回答似乎是:在这种情况下当事人不可以在间接攻击中提出该问题。在奇科特县排水区管理委员会诉巴克斯特州银行案(Chicot County Drainage District v. Baxter State Bank)[②]中,有一个据称是想建立联邦事物管辖权的法律。没有人有理由怀疑法律存在问题,因此当事人在联邦法院争辩了纠纷的实体事项。之后,在一个完全无关的诉讼中,该法律被认定为违宪而遭废除。因此在第一个案件中败诉的当事人,可以理解,对该判决发起了间接攻击。毕竟,该案中的联邦法院行使了事物管辖权,而该管辖权是以现在被宣布违宪的法律为依据的。然而,令人惊讶的是,在奇科特县案(Chicot County)中,联邦最高法院不准许间接攻击。根 283
据法院的说法,当事人本应在第一个案件中质疑管辖法律的合宪性(constitutionality)。[③] 该结果似乎有点严苛,因为没有理由在第一个案件中怀疑法院没有事物管辖权,但自那之后联邦最高法院没有再拷问过奇科特县案。

有关此问题还有一个最后的小问题。如果第一个案件以缺席判决结案,没有争辩关于诉求实体方面的任何事项,又如何呢?一则可以说,如奇科特县案清楚显示的,在最初的案件中,争辩基本纠纷的当事人本应该提出事物管辖权的问题[即使这样做需要有先知先觉(prescience)]。但说应该

① 我们知道当事人可以在初审判决的上诉阶段首次提出事物管辖权,但那是直接攻击的一部分。见第六章第三节。

② 《美国联邦最高法院判例汇编》第308卷,第371页(1940年)。该案是和上注50的卡尔布诉福伊尔施泰因案是在同一天宣判的。

③ 一些人可能会提出:这一结果是合适的,因为诉讼请求的排除(claim preclusion)[也叫一事不再理(res judicata)]不仅妨碍对在第一个案件中实际争辩过并被裁决过的问题再次诉讼,而且妨碍第一个案件中那些本来可以提出问题的再次诉讼。然而,这似乎是错误的,因为这儿的问题是一个涉及争点排除(issue preclusion)[也叫做间接再诉禁止(collateral estoppel)]的问题,而不是诉讼请求排除的问题。争点排除,只有在涉及在第一个案件中实际上争辩过且裁决过的问题时,才是合适的。见第十一章第三节第二目。

不准缺席的被告提出事物管辖权的抗辩，这是另一回事吗？这一被告可没有对任何事项进行过诉讼。[①] 这一被告被获准对对人管辖权问题提起间接攻击。然而，在这一情形下很少有人支持对事物管辖权的间接攻击。[②] 但为什么在缺席案件中，应该区别对待对人管辖权和事物管辖权呢？或许答案在于这两项抗辩的极度不同(profound difference)上。对人管辖权保护被告，防止在不合适的地点诉讼。它是可放弃的。如果被告没有提出对人管辖权问题，法院就不需要处理。在缺席案件中，被告没有提出任何问题，因此对人管辖权问题只是没有提交法官处理。事物管辖权是不同的，理由在第六章第一节中探讨过。法院始终有义务认定它是否有事物管辖权——不管是否有任何一方当事人提出该问题。事实上，它应该是起诉状一经登记，法官就要处理的首要问题。或许，我们推测在那时法院对该问题已经做
284 了认定——即使当事人没有提出该问题，甚至即使被告缺席。直截了当地说，除非法院满意地得出结论它拥有事物管辖权，否则它无权作出缺席判决。因此，也许我们有理由推定，虽然该问题没有经历激烈争论，但至少在第一个案件中被认定过了，因此有权享有终局性。

---

① 在奇科特县案(Chicot County)中，一些权利请求人(claimants)没有在第一个案件中出庭。见《联邦判例汇编第二辑》第103卷，第847页(第八巡回法院1939年)。然而，其他人出庭了，并且对基础的实体事项进行了激烈的争讼。联邦最高法院没有提及权利请求人的缺席或缺席判决。尽管如此，卡伦·穆尔(Karen Moore)教授(现在是法官)将奇科特县案视为缺席判决的案件。见卡伦·穆尔："对事物管辖权的附带攻击：对《第二次判决法重述》的批判"，载《康奈尔法律评论》(Karen Moore, Collateral Attack on Subject Matter Jurisdiction: A Critique of the Restatement (Second) of Judgments, *Cornell L. Rev.*)第66卷，始于第534、553页(1981年)。

② 见《判决重述(第二版)》第12条，评述f(1982年)。《判决重述(第二版)》第66条(2)款允许基于缺乏事物管辖权而对缺席判决进行间接攻击，除非这样做"将损害另一方当事人对该判决的重大依赖利益"。

## 第五节 对假设性管辖权的拒绝

有好些年,联邦下级法院(lower federal courts)使用"假设性的管辖权"(Hypothetical Jurisdiction),以避开困难的事物管辖权问题。根据这一理论,如果很容易作出实体事项上的判决,并且判决对想援引联邦事物管辖权的当事人不利,则法院将绕开困难的管辖权问题而径直裁决案件的实体部分。[①] 毕竟,即使没有管辖权,无论如何还是同一个当事人胜诉。1998 年,在钢铁公司诉追求更好环境的公民案(Steel Co. v. Citizens for a Better Environment)[②]中,联邦最高法院反对这一做法。斯卡利亚(Scalia)法官代表多数派给出如下结论:"我们拒绝支持这一方法,因为它让法院超越了对司法机关行为的授权界限,并因此违反了分权的基本原则。"[③]换言之,一个拥有有限事物管辖权的法院,在确信有权发表意见——即,确信有管辖权之前,是不能裁决实体事项的。

然而,在接下来的岁月里,联邦最高法院认为,一方面联邦法院必须在审理案件实体事项之前解决管辖权问题,但同时,在因为缺乏对人管辖权而

① 见,如伊斯比诉贝赫案(Isby v. Bayh),《联邦判例汇编第三辑》第 75 卷,第 1191 页(第七巡回法院 1996 年)(因为在案件的结果上实际上没有区别,所以法院抛开可能费力的管辖问题而直接进行实体事项审理)。伯林顿北方铁路公司诉洲际商业委员会案(Burlington Northern R. R. Co. v. Interstate Commerce Comma),《联邦判例汇编第二辑》第 985 卷,第 589 页(哥伦比亚地区巡回法院 1993 年)(当案件的实体部分清楚地对寻求援引联邦事物管辖权的当事人不利,且管辖权问题异常费力时,上诉法院将裁决实体事项而不处理管辖问题)。

② 《美国联邦最高法院判例汇编》第 523 卷,第 83 页(1998 年)。

③ 《美国联邦最高法院判例汇编》第 523 卷,第 93 页。另一方面,如果管辖权问题和实体问题纠结在一起,以至于管辖权问题依赖于交付审理的事实问题的解决,则应该搁置管辖权的认定,直到认定了提交申请上的或审理中的相关事实。麦格劳诉美国案(McGraw v. United States),《联邦判例汇编第三辑》第 281 卷,始于第 997、1001 页(第九巡回法院 2002 年),引用了奥古斯丁诉美国案(Augustine v. United States),《联邦判例汇编第二辑》第 704 卷,始于第 1074、1077 页(第九巡回法院 1983 年),被以其他理由做了修改,《联邦判例汇编第三辑》第 298 卷,第 754 页(第九巡回法院 2002 年)。

撤销案件前，不一定必须认定有事物管辖权。在鲁尔加斯股份公司诉马拉松石油公司案（Ruhrgas AG v. Marathon Oil Co.）[①]中，事物管辖权问题特别困难。实际上，这是一个第一印象的问题。相对来言，对人管辖权问题比较直截了当（straightforward），不会引发棘手的州法律问题，因为州的长臂
285 法律达到了宪法允许的界限。联邦最高法院认为，在这种情况下，认定法院缺乏对人管辖权而不处理事物管辖权，这不是对自由裁量权的滥用。

在2007年的中化国际有限责任公司诉马来西亚国际航运案（Sinochem International Co. Ltd. v. Malaysia International Shipping）[②]的判决中，联邦最高法院可能从钢铁公司案（Steel Company）的严格标准稍稍向后退却了一点。在早先的不方便法院案件中，联邦最高法院已经表示，该（不方便法院）原则“在缺乏管辖权时，永远不能适用”。[③] 作为回应，一些下面的联邦法院得出结论说，它们在得出对被告拥有对人管辖权之前，不能根据不方便法院原则撤销案件。在中化案（Sinochem）中，联邦最高法院拒绝了这一做法，认为“在司法经济要求如此时”一个法院可以绕过对人管辖权和事物管辖权问题，而根据不方便法院原则处理诉讼。[④]

---

① 《美国联邦最高法院判例汇编》第526卷，第574页（1999年）。

② 《联邦最高法院判例汇编》（S. Ct.）第127卷，第1184页（2007年）。

③ 海湾石油公司诉吉尔伯特案（Gulf Oil Corp. v. Gilbert），《美国联邦最高法院判例汇编》第330卷，始于第501、505页（1947年）。

④ 中化案（Sinochem），《联邦最高法院判例汇编》第127卷，第1192页。

# 第七章　诉答文书、修订的诉答文书和以诉答文书为依据的判决

第七节 职业责任——《规则》第 11 条及其他制裁

## 第一节 问题的说明

288 现代民事诉讼之审理鲜有惊奇。尽管在电影和电视的庭审叙述中，经常出现令人惊讶的证人和来自证人席的让人震惊的揭露场面，但在现实世界中却极其罕见。为什么？现代程序已经放弃了“突然袭击式庭审（trial by ambush）”的理念。现代程序变革的方向是完全披露，努力查明真相，而不是奖励那些能利用突袭为当事人谋利的聪明律师。通常，案件只有在经历了数月的（实际上经常是数年）审前诉讼后方才走向庭审。诉讼的大部分进程实为获取信息的过程（an education process），如果案件走向庭审阶段，则每一方当事人知道其他每一当事人将提出的全部论点。

该获取信息过程始于诉答阶段（the pleading stage）。诉答文书（pleadings）是原告提出诉讼请求及被告回应其请求并提出答辩的文件。尽管在早些时候曾指望诉答文书执行多项功能，这一点我们将在本章第二节看到，但今天，它们的主要作用是告知其他当事人每一方的主张。根据《联邦规则》，诉答阶段相对短暂，之后便转入披露阶段，我们将在第八章中研究披露问题。将诉答文书和披露视为当事人获取信息过程的两个阶段，这是有益的。诉答文书设定诉讼的基本界限和要点，而在披露中，当事人获悉细节，查明现实世界的证据是否支持他们在诉答文书中提出的主张。

诉答文书是审判制度的看门人（gatekeepers）。为了让一个案件进入诉讼流程，原告必须在其起诉文书（pleading）（通常称诉状（complaint））中提出一个可审理的诉讼请求。如果其做不到这一点，案件在诉答阶段就可能被驳回，而不在披露和其他诉讼事项上浪费诉讼当事人和司法机关的时间。诉答的历史发展，相当部分反映了有关起诉障碍究竟应该设置得多高的争论。一般而言，老的程序法制度用起诉书构筑起一个非常高的进入障碍，有时挫败了理应获得支持的原告（deserving plaintiffs）争取正义之努力。现代程序大大降低了该障碍，使其易于原告通过诉答阶段，来到披露阶段。对该政策选择不是没有批评。考虑到诉讼披露阶段的开支，一些评论人和法官认为，应提高起诉的障碍，以使提出诉讼请求而使案件进入诉讼流程的难度大为增加。

被起诉后，被告必须及时以适当的方式作出回应。其或者提出动议或者提交并送达答辩书（pleading）［经常被称为答辩状（answer）］。没有作出
适当的回应将使被告面临因缺席而遭受败诉的风险。原告在其诉状中适当 289
提出而遭被告在答辩状中否认的问题被称作“成为诉讼争议点”，之后案件可以进入该问题的诉讼披露阶段。

不容否认，诉答操作不如早年那么重要了。不容否认，今天的诉答操作比其早年更宽容。例如，如我们将看到的，现代程序通常在允许当事人随案件的发展而修改诉答文书上是开明的。但不能得出诉答操作不重要的结论。诉答文书很重要，律师会因忽视诉答规则的要求而使其当事人（及其本人）陷入严重困境。

在第七章第二节，我们看到，在美国有两个主要的诉答方法：“法典”诉答（“code” pleading）和《联邦规则》。如一直实行的那样，《联邦规则》支配联邦法院的实践。当然，州可以自由采纳有关所有程序事项的它们自己的规则，包括诉答，供其法院使用。然而，有关诉答的《联邦规则》一直具有影响力，大部分的州采纳了这方面的《联邦规则》规定。但是，有一些州拒绝了《联邦规则》的方法，而另一些州没有全盘接纳《联邦规则》之诉答规则。结果，诉答实践可能随州的不同而有较大变化。整个这一章我们都专注于《联邦规则》，但也注意法典诉答州的占主导地位的变更。

## 第二节 诉答文书作用的演变

有三个重要的诉答理论贯穿英美民事诉讼的历史：(1)普通法的诉答(common law pleading)，(2)“法典”诉答(“code” pleading)，和(3)《联邦规则》的诉答(Federal Rules pleading)。法典和《联邦规则》的诉答在今日之美国都极其重要。尽管今天没有美国法院使用普通法诉答，但我们仍有必要对其历史作出说明，原因有二：首先，其残余仍存在并影响着我们今天的某些行为。其次，法典诉答和《联邦规则》诉答之产生，均为对普通法诉答所施不恰当限制的回应。

普通法诉答曾在英国占据统治地位达几个世纪，主宰着英国的殖民地，且控制着美国的最初的一百年。它大都以“令状制度”为基础，想起诉的原告得为其诉讼请求选择适当的实体令状。其请求法院为其案件类型签发令状，之后得为其案件类型提出诉讼形式(form of action)。对简约之诉(assumpsit)、动产侵占之诉(trover)、侵害之诉(trespass)——简言之，针对所有被承认的诉讼请求，存有不同的令状和诉讼形式。在普通法的实践中，当事人没有充分的披露权利。即，没有用以查明另一方当事人(或第三人)可
290 能占有的相关信息的正式诉讼机制。[①] 这意味着诉答文书是查明事实、缩小所审理问题的主要工具。在普通法诉答中，当事人借助一轮又一轮的主张反复进行交锋。这一做法旨在框定一个有争议的事实问题，之后审理之。然而，如果问题与原告在案件之初所选择的令状不吻合，会发生什么呢？这是常发生的事，因为在缺乏披露的情况下，当事人不得不就庭审将确立的事实进行以事实和经验为基础的猜测(make an educated guess)。并且，令状范围极其狭窄，很容易出现原告在庭审中确立的赔偿权利与其所择令状不同。该“不一致(variance)”的代价是严峻的——原告败诉。

---

① 与此相对应的是，现代诉讼的特征是广泛的披露权限，这一点我们将在第八章讨论。

- 普通法的“侵害之诉”令状（writ of “trespass”）主要处理故意侵权。普通法的“间接侵害之诉”令状（writ of “trespass on the case”）主要处理过失（negligence）。原告在所乘马车与另一马车相撞时受了伤。其根据间接侵害之诉令状起诉驾车人；其主张是驾车人有过失，该过失导致了车辆的相撞。然而，在庭审中，证据认定驾车人故意与其他车辆相撞，企图伤害其他车辆的驾车人。尽管原告受了伤，且驾车人显然对其受伤负有责任，但结果却是原告根据错误的令状提起了诉讼。其应该寻求侵害之诉令状，而不是间接侵害之诉令状。这一不符的后果是致命的，原告输掉了官司。

普通法诉答给不可思议的精度（arcane niceties）赋予了非同寻常的价值。这是令人难以忍受的做法，在更大程度上被认为致使判决依赖于技巧而不是案件的是非曲直。诉状本身变成了某种程度上的目标，比陪审团做的事实查明更为重要。普通法诉状将形式抬高得超过了实体，经常妨碍正义的实现。

在英国和美国，均有很多改革的呼吁。大西洋这边的最非凡的改革者是戴维·达德利·菲尔德（David Dudley Field），他是纽约奥尔巴尼市（Albany）的律师。[①] 他以非同寻常的勤奋，起草了一部改革法典，该法典1848
年为纽约州采用。时至今日，该法典以“《菲尔德法典》（Field Code）”为许 291
多人所知，是“法典诉答程序”这一表达的根据。菲尔德努力的起始点是取消普通法令状和诉讼形式。然后，菲尔德限定了诉答文书的数量；只有一个原告的起诉状和被告的答辩状［和间或有的原告提出的“复答复状”（reply）］，而不是一轮又一轮的诉答。最重要的是，菲尔德认识到，诉答文书是判断真实世界所实际发生事情的拙劣的工具。因此，其改革方案将事实查

① 菲尔德家族是一个令人印象非常深刻的家族。戴维·达德利是美国19世纪的主要的法律改革者。他的兄弟亨利（Henry）是世界旅行家，是对富有异国情调地点如直布罗陀描写的有广泛读者书籍的作者。另一个兄弟赛勒斯（Cyrus）在建立跨大西洋电报电缆上发挥了重要作用。别忘了叫史蒂芬（Stephen）的兄弟——他作为最高法院法官（Associate Justice）在美国最高法院服务了34年［并起草了彭诺耶诉内夫案（Pennoyer v. Neff）的意见，我们在第二章第四节第一目中详细学习该案例］。

明的功能从诉答阶段移至披露阶段。菲尔德认为，诉答文书应叙述事实，应发挥一项核心作用：告知另外一方当事人其主张。

截至 20 世纪初，在美国法典诉答在很大程度上已经取代了普通法诉讼。但一些法院没有能力操控更好的制度。一些法官如此沉浸于过度技术化的（而经常是愚蠢的）普通法诉答方式，以至于向法典诉答引入了无价值的东西。在最糟糕的情况下，他们窒息了改革的努力，用另一套神秘规则取代这一套神秘规则。我们在第七章第三节第二目中看到他们是如何这样做的。眼下，注意到贯彻菲尔德设想所产生的问题导致了对改革的另一番呼吁，这就够了。

对该呼吁的回应是 1938 年的《联邦规则》。《联邦规则》的诉答不是对菲尔德方法的革命性抛弃。事实上，《联邦规则》在很大程度上改良了法典诉答方法。再次说明，只有数量有限的诉答文书，诉答文书限于发挥通知当事人的作用，而事实查明则由广泛的披露规定实现。《联邦规则》诉答与法典诉答的差异在很大程度上限于人们被期待提出的细节。正如本章第三节第二目所探讨的，采用法典的州——甚至在今天——通常也要求陈述作为诉讼请求依据的事实，该陈述一般包含比《联邦规则》要求稍许具体化的主张。《联邦规则》不要求陈述事实，而只要求"简短和清楚陈述诉讼请求，表明起诉者有权获得救济。"[①]换言之，在 2007 年，最高法院随判决发出了不一致的信息，在判决中最高法院认为原告必须陈述支持"合理"诉求的"事实"。我们将在本章第三节第二目中讨论此案潜在的巨大影响。

显而易见，《联邦规则》适用于在联邦法院审理的所有民事诉讼。各州自由决定其自己的法院诉答规则。大部分州的诉答规定以《联邦规则》为范本。然而，有一些州，包括加利福尼亚州，仍适用法典诉答。现代方法——不管是依据《联邦规则》诉答还是依据法典诉答——都避开普通法诉答的愚

---

① 贝尔大西洋公司诉通布利案（Bell Atlantic Corp. v. Twombly），《最高法院判例汇编》第 127 卷，第 1955 页（2007 年）。

蠢的神秘规则。它(指现代方法)采用简化的诉答方法并赋予其以有限功
能,该功能与广泛的披露机制携手共进。它还接受自由的修订规则,我们将 292
在本章第六节讨论这一规则,允许当事人在整个诉讼流程中,针对事实呈现
而做出相应的调整和修改。

## 第三节　当代实践中的诉答文书

### 一、形式问题

当代起诉规则——在采用法典诉答的州和根据《联邦规则》(以及,很显然,在采纳《联邦规则》的州)——限制每一当事人在案件中可能提交的诉答文书的数量。《联邦规则》第 7 条(a)款只规定了三个基本的诉答文件:起诉状(complaint)[在《规则》第 7 条(a)款(1)项中],答辩状(answer)[如在《规则》第 7 条(a)款(2)项、(3)项、(4)项以及(6)项中所见,它可以是针对各种诉讼请求提出],复答辩状(reply)[在《规则》第 7 条(a)款(7)项中,它只在法院命令当事人提交时才提交]。[①] 因此,一项当事人请求法院发布特别命令的"申请"(motion)不是诉答文书。我们在第七章第三节第三目再次考察这一点。

在考察单个诉答文书(及相关申请)之前,注意《联邦规则》第 10 条为所有的诉答文书之形式提供了总的指导意见。《规则》第 10 条(b)款要求当事人用"数字编号的段"(与用字母编号的段相对)提出其主张,"每一段的内容应尽可能地限于一组单独的情况"。此外,《规则》第 10 条(b)款和第 10 条(c)款明确允许借助段落的参见进行合并。《规则》第 10 条(c)款也规定当事人可以在诉答书中附上书面文件作为展示的证据(exhibit),为所有目的该文件均因此被视为诉答书的一部分。

这些条款是有益的。如果案件涉及合同争议,原告可以简单地在起诉

---

① 该规则也考虑到了"第三人提出的起诉状",这是在有限的情况下可以增添另外当事人的机制,我们在第十二章第六节第二目中能见到该机制。除此之外,《规则》第 7 条(a)款也谈到了各种诉求,如第三方诉求和交叉请求(cross-claim),我们在第十二章第五节第二目中学习它们。因此,我们说有三个"基本的"诉答文书[起诉状(complaint),答辩状(answer)和再答辩状(reply)],因为这些是典型的双方当事人案件中原告和被告提出的诉答文书。

状后附上一份合同副本。合同副本因此被视为诉状的一部分，省去了被迫将整个合同重新打印进起诉状的无谓工作(make-work)。此外，当事人只是通过参见和合并前面的陈述，而不是在需要时在诉答文书的不同部分重复陈述段落。例如：

- 原告的起诉状提出两个针对被告的诉讼请求。在起诉状的第 5 段，
该段是第一诉讼请求的一部分，原告也做了与第二个诉讼请求有关
的陈述。阐述第二诉讼请求时，比如在起诉状的第 10 段中，不必将 293
第 5 段重新打一遍，而可以只表示“原告在此通过参见合并第 5 段
陈述”。

《规则》第 10 条(a)款涉及所有诉答文书的形式，它要求每一文书必须有一个标题(caption)，包含法院名称、案件名称、案件编号和《规则》第 7 条(a)款规定的文书名称。当原告提起诉讼时，法院的书记官(the clerk of the court)给诉讼分配一个案卷号(或“案件号”或“待审案件编号”)。这一号码必须出现在该案件的每一文件中。案卷号之前冠以“民”(Civ.)字，表明它是民事(而非刑事)案件。之后，案卷号最先的数字是用两位数表达的案件起诉的年代。该号码之后是案件的具体号码，该号码以此年度在该地区起诉案件的顺序分配。因此，2010 年在该地区起诉的第 305 个案件拥有的案卷编号为：“民 10—00305(Civ. 10—00305)”。在这些数字后，书记官将附上被指派审理案件的地区法官姓名的首字母。案件分配在该地区的法官间随意抽取。[①] 在假想的纽约南区法院(the Southern District of New York)审理的这一案件中，起诉状的标题看起来是这样的：

---

① 每一地区都有地方规则，规定关联诉讼可以分配给被指派审理第一个关联案件的地区法官。因此，如果古博拉滋(Gooblatz)法官被指派审理有关一起飞机失事的第一个案件，该地区涉及同一失事的所有其他案件将不会随意分派给其他法官，而将被分派给古博拉滋法官。该程序常被称为低编号规则(low-numbering)，因为之后的案件被送给受指派审理最低编号(即最早起诉的)案件的法官。

**美国地区法院**
**纽约南区**

罗杰·斯特林(Roger Sterling)
原告
诉　　　　民 10—00305—JG①
唐·德雷珀(Don Draper)　　　　起诉状
被告

294 之后,起诉状的主干部分在数字编号的段落中提出斯特林的诉讼请求。被告答辩状的标题除了标明“答辩状”而不用“起诉状”外,其他部分看上去一样。它将在编了号的段落中提出德雷珀对起诉状的答辩和肯定性答辩(affirmative defenses)。*

《规则》第 11 条(a)款规定,除了其他事项外,“除非规则和制定法作了明确相反规定,诉答文书不需要有宣誓书(affidavit)证明或附有宣誓书。”一个“被证明的(verified)”诉答文书是承受伪证罪处罚危险的(它是一个宣誓书)完成使其生效手续的(executed)文书。因此,第 11 条(a)款的规定通常意味着,当事人不要求在宣誓的情况下陈述。诉答文书可以以最佳信息及当事人信念为基础完成。如我们在本章第七节中所述,诉答文书甚至通常不由当事人签署,它们由律师签署。只在《规则》或制定法有要求时,当事人才必须在被证明的诉答文书中签字或盖章。[联邦法院中偏离被证明诉答文书规定的为数不多例子中的一个见之于《规则》第 23 条 1 款,该款涉及一个被称为股东派生诉讼(shareholder derivative suit)的特殊类型的诉讼。]现在,我们转向每一个诉答文书的要求。

## 二、起诉状

根据《联邦规则》,以及几乎每一个州的法律,原告所提出的主要的诉答

---

① 这些字母是法官姓名首字母。在一些地区法院,书记官还将向案件分派限权法官(magistrate judge),其首字母可能会出现在法官首字母后的括号里。我们在第八章第六节中探讨限权法官的作用。

* 肯定性答辩指不否认原告所提出事实的真实性,而提出其他理由,如混合过失、时效、胁迫等,说明自己为什么不承担责任的答辩。——译者

文书——以及任何案件的最初的诉答文书——是起诉状。一些州对这一诉答文书使用不同的术语,如请求书(petition)或声明(declaration)。根据《联邦规则》第 3 条,案件始于原告提出起诉状时。[回顾一下第三章第三节第一目,之后原告必须作出安排,向被告送达传票(summons)和起诉状副本,合称诉讼书状(process)]。《联邦规则》第 8 条(a)款提出了对任何起诉状的三项要求:(1)陈述拥有事物管辖权的理由;(2)陈述诉讼请求;以及,(3)要求所寻求的救济。缺少三项要求中的任何一项的起诉状都将遭驳回,驳回通常"不影响实体权利(without prejudice)",或是"允许修改的(with leave to amend)",它意味着将允许原告提交改正问题的修正起诉状。在三项要求中,第二项——陈述诉讼请求——最值得注意,因为它常常是最容易被质疑为不充分的部分。

值得注意的是第 8 条(a)款不限于起诉状。事实上,"起诉状"一词甚至没有出现在第 8 条(a)款中。确切地说,该条规定了对所有"提出救济请求诉答文书"的要求。换言之,它给出了提出任何诉讼请求的规则。起诉状将提出最初的诉讼请求,因此受第 8 条(a)款支配。在第十二章,我们探讨其他文件,当事人在这些文件中提出诉讼请求——包括反诉、交叉请求和第三人的请求。这些诉讼请求中的每一个,都是随着原告提交了援引联邦法院 295
事物管辖权的起诉状,从而启动案件之后才提出的。当你在第十二章看到这些诉讼请求时,提醒自己,《规则》第 8 条(a)款所提要求的适用。为方便起见,我们在起诉书背景下探讨第 8 条(a)款。

**《规则》第 8 条(a)款(1)项:陈述拥有事物管辖权的理由**

《规则》第 8 条(a)款(1)项对谨慎行事之律师不应该引发任何麻烦。起诉状必须包含一个"简短而清晰的对法院管辖理由的陈述"。[1] 提及的是事物管辖权,而不是对人管辖权。[2] 如我们在第四章所学到的,联邦法院拥有

---

① 该条规定了一个在法院已经拥有事物管辖权时的例外。该例外不适用于起诉状,因为是起诉状首先赋予了法院事物管辖权。

② 《穆尔论联邦实践》第 2 卷,第 8 章第 3 节第[1]目。一些州的规则还增加了要求,要求原告在被告不是法院地居民的情况下阐述行使对人管辖权的理由。

有限的事物管辖权，原告承担证明其诉讼请求能被联邦法院审理的举证责任。对程序的启动者(starters)，必须满足《规则》第 8 条(a)款(1)项的要求。尽管该条款规定了一个“简短而清晰的”陈述，但律师不应将它弄得过于简短或过于结论性。例如，只是表示“存在对纠纷的异籍管辖权”是不够的。人们如何知道包含多少细节呢？

至少，部分回答存在于格式上，这些格式见之于《联邦规则》附录。你在为本课程购买的《规则》册子中能找到它们，它们位于《规则》本文之后。《规则》起草者为律师和法官们提供这些格式作为范文。《规则》第 84 条表示，这些格式“根据这些规则足以满足要求，并展示了这些规则所规定的简明和简短”。因而，如果你使用了其中的一个格式，将永远不会遇到麻烦；根据说明，它们是充分的。

毫无疑问，对于事物管辖权的陈述，没有理由使事态比格式所允许的表达更为困难。格式 7 提供了事物管辖权的恰当的表述。注意陈述联邦问题管辖权的格式 7(b)的简明性。格式 7(a)处理异籍管辖权，允许这样的表述，即原告是某一具体州的州民(citizen)，被告是某一具体州的州民，争议事项在不计算利息或诉讼费的情况下超过了《美国法典》第 28 卷第 1332 条
296 所规定的金额。因此，不需要表示为什么一方当事人是某一具体州的州民或为什么争议事项超过了 7.5 万美元。[①]

这儿对明白人毋庸多言：主张异籍管辖权时使用合适的专业术语。“居住(resides)”一词永远不应该在这儿出现。与异籍(diversity of citizenship)相关联的是当事人的州籍；居所(residence)与审判地有关联，没要求你根据《规则》第 8 条(a)款阐述审理地。此外，在阐述公司州籍时，你必须说明公司组建的州和(而不是“或”)公司主营业地所在的州。不要说明诸如“总部(headquarters)”或“获准经营”或任何其他无关的事实。第 1332 条对必须用什么术语陈述规定得绝对清楚[格式 7(a)也一样地清楚]。如果这一点

---

① 记住，根据第 1332 条，争议金额必须超过 7.5 万美元，不包括利息和费用。因此，一个正好是 7.5 万美元的请求将不能援引异籍管辖权。见第四章第五节第三目。

的任何部分感觉模糊，复习第四章第五节第三目。

如果你不相信我，则阅读兰达佐诉伊格尔—皮彻实业公司案（Randazzo v. Eagle-Picher Industries, Inc.）[1]的材料。在该案中，地区法院采取公认为严厉步骤，损害实体权利地（with prejudice）驳回案件（这意味着原告不能再次提出诉讼请求）。该观点，尽管有趣，但是对律师的不寒而栗的控诉，傲慢无礼的律师没有逮住机会正确提出异籍管辖权。法官批判律师在提出公司州籍时没有理解“且”和“或”之间的区别，从而得出结论：原告律师“对第 1332 条……的熟悉，至多是从一个仅能借助功能强大的望远镜才能看到的地方作出的友善的挥手致意。”[2]这不是你们想取得的荣誉。

**《规则》第 8 条(a)款(3)项：对所寻求救济的要求**

《规则》第 8 条（a）款（3）项只是要求原告提出其“对所寻求救济的要求”。该要求经常被称为救济请求（prayer for relief）。当原告要求金钱方面的赔偿（与衡平法上的救济如禁令相对），该要求有时又被称为关于损害赔偿的条款（ad damnum clause*）。根据普通法的实践，原告在起诉状的结尾提出判决要求，前面使用“因此（Wherefore）”或“为此（Therefore）”。《联邦规则》的《格式附录》(Appendix of Forms)之格式 10 包含了一个经典的请求：“为此，原告要求对被告做出赔偿[　　]美元的判决，外加利息和诉讼费”。

赔偿常常以一次总付的金额提出。然而，在某些情况下，例如要求“特定损害赔偿（special damages）”**的，原告必须详细提出。（我们将在本章第三节第五目中探讨这一特定事项的诉辩）。在《规则》第 8 条（a）款中（或任 297
何其他地方）没有要求原告提出具体金额的赔偿。通常，原告将在其起诉状中提出用美元计算的数字。但是，一些原告只是要求支付“审理中证明金额的赔偿”。当然，在异籍案件中，原告为满足《规则》第 8 条（a）款（1）项的要

---

① 《联邦规程判例汇编》(F. R. D.)第 117 卷，第 557 页（宾夕法尼亚东部地区 1987 年）。

② 同前注，第 558 页。

* ad damnum clause，指令状或起诉状中陈述原告的金钱损失或其请求的损害赔偿金的条款。——译者

** special damages，指赔偿的损害不是从原告所指控的作为或不作为中推定的自然与可能的结果，而是由此实际造成的结果。——译者

求，将声称争议的金额超过了7.5万美元。先声称超过了这一金额，之后要求作出审理中认定金额的判决，这样做也没什么错。[①]

当然，原告可能不限于寻求损害赔偿。相反（或者可能是另外），其可能寻求衡平法上的救济，如禁令、确认性判决、撤销、修正或实际履行。格式17、19和20提供了适当要求这种救济之范例。如我们将在第九章第二节第二目所述及的，所寻求的救济对于在联邦法院是否有权获得陪审团审理有重大影响。

有趣的是，或许也令人惊讶，原告获得的赔偿不受其判决要求中所寻求事项的限制。《联邦规则》第54条(c)款清楚表明，不管原告在请求中所要求的是什么，均有权获得在审理中证明为合适的任何金额和任何类型的救济。然而，这一规则有一个例外，该例外也是在《规则》第54条(c)款提出的：在缺席判决案件中（在第七章第五节探讨），原告不能获得超过其在判决要求中所寻求的赔偿（或不同的救济）。

- P提交了适当的起诉状，在起诉状中，其要求从D处获得金额为25万美元的赔偿。根据审理中提出的证据，陪审团作出P胜诉的35万美元的判决，并且法官根据审理中提出的证据，认定P也有权获得禁令救济。这一救济——超过了P要求的赔偿且是一个与P所提要求的类型不同的救济——是合适的。
- 另一方面，如果P借助缺席判决赢得了同样的案件，则不能获得超过25万美元的赔偿，且不能被给予禁令救济（因为其在起诉状中没有要求禁令救济）。

**《规则》第8条(a)款(2)项：陈述诉讼请求**

根据《规则》第8条(a)款(2)项，原告必须“简短和清晰地陈述有关诉讼请求，表明其有权获得救济。”与此形成对照的是，在采用法典式诉答的州，原告必须提交“一份对构成诉因事实之陈述”。正如我们在本章第二节所注

---

① 记住，善意声称争议金额超过7.5万美元将满足第1332条的要求，除非“在法律上确定无疑”原告不能获赔这一金额。这样的案件是罕见的。见第四章第五节第三目。

意到的,《联邦规则》的规定是对采法典诉答州的一些法院在适用法典要求时所作所为的回应。这些法院制造了一个怪物,给法典式的要求披上"事实"和"诉因"神秘定义的外衣。

在评估原告是否诉请充足且满足了《规则》第 8 条(a)款(2)项要求或法 298
典对构成诉因事实的要求时,重要的是理解起诉状可能会因两个方面的不充分而遭受攻击:它可能是*法律上*的不充分,也可能是*事实方面*的不充分。(有关*事实方面*的不充分性,《联邦规则》和法典方法之间的区别非常重要。)被告如何质疑起诉状的法律上的不足或事实方面的不足呢?这儿,我们需要一点专业术语。在联邦法院,被告将申请驳回,理由是没有根据《联邦规则》第 12 条(b)款(6)项提出诉讼请求。[①] 在许多的州法院(肯定地说,在那些遵循法典诉答的法院),被告将提出诉求不充分抗辩(demurrer*)。[②] 在技术层面,在多数的法典式州,如果被告质疑法律方面上的不充分,其将提出一般诉求不充分抗辩(a general demurrer),如果被告质疑事实方面的不充分,其将提出特别诉求不充分抗辩(a special demurrer)。一个更加专业的术语:在联邦法院请求根据《规则》第 12 条(b)款(6)项驳回的申请,或者"被准许(granted)"或者"遭否决(denied)";与此形成相对,在大多数的州法院,诉求不充分的抗辩(demurrer)要么"被认可(sustained)",要么"被推翻(overruled)"。再次说明,在联邦法院,质疑事实方面或法律方面不充分的申请,是请求基于没有根据《规则》第 12 条(b)款(6)项提出诉讼请求而驳回

---

① 没提诉讼请求的抗辩可以在庭审的任何时候提出[;见《规则》第 12 条(h)款(2)项]。通常,被告在诉讼之初根据《规则》第 12 条(b)款(6)项提出这一申请,用之代替答辩。但她也可以在答辩后提出该申请,在此类案件中,申请是根据《规则》第 12 条(c)款提出的,被称为根据诉答文书进行判决的申请。见第七章第三节第三目。

* demurrer 又译作法律抗辩,指诉讼一方当事人承认对方主张的事实是真实的,但认为它在法律上却不足以支持其救济请求。——译者

② 法学院的学生学会像律师一样说话很重要。Demurrer 发音带短音"u",和"fur"中的发音一样。它不发带长音的"u",如"demure"中的音。我在进法学院的第一天就学了这一课。我的一位同伴同学将该词发成了"demyoorer"。教授说:"它是 demurrer,说 demyoorer 是业余级别水平的表现。"你不想在你的教授面前(或者更加糟糕的,在就职面试的法官或律师面前)听起来属于业余级别。见下注第 46。

诉讼的申请，在联邦法院，没有诉求不充分抗辩这样的事。

**法律方面的充分性。**起诉状必须陈述一个诉讼请求[或者，在法典式的州，陈述“诉因(cause of action)”]。如果诉状没有这样做，法院可以主动地(sua sponte)驳回诉讼(这意味着法院可以在没有当事人提出申请的情况下自动地这样做)，或可以根据《规则》第12条(b)款(6)项准予驳回的申请(或，在法典式州，可以认可一般诉求不充分抗辩)。如果起诉状提出了几个所声称的诉讼请求，只有其中的一个是充分的，法院则可以只是驳回有缺陷的诉讼请求。这种驳回常常不影响实体权利，该驳回给原告另外一个机会，由其努力提出一个在法律上充分的诉讼请求。然而，在某一时间点，如果清楚表明原告不能提出在法律上充分的诉讼请求，法院将作出影响实体权利的驳回。如果原告没有法律认可的诉讼请求，让诉讼进一步进行下去完全是浪费被告的时间(以及法院的时间)。

裁定起诉状(或起诉状中单个诉讼请求的)法律方面的充分性时，法院
299 只注意起诉状的表面。它不考察证据。(在这一点上，验证起诉状法律上的充分性和申请根据《规则》第56条作简易判决有很大不同，我们在第九章第四节中学习申请简易判决。对简易判决的申请，法院可以审视证据。[①])在法院审视起诉状的外表时，它问：“如果原告证明了在此所指控的每一件事，会胜诉吗?”换言之，法律认可其基于诉称事实的索赔权利吗?

如果答案是否定的，正如我们刚才所指出的，让诉讼继续下去就没有意义了。如果答案是肯定的，诉讼应该继续，以查看原告是否真的能证明所声称的事项。因此，如果法院认定起诉状在法律上是充分的，它不是在说原告胜诉。它只是允许案件进入诉讼流程的下一阶段。原告可能最终没有证明赢得诉讼所必须的事实。或者被告可能对诉讼请求拥有有效抗辩。这些考虑——案件的实体事项——是其他时间要解决的事项。现在，法院只认定原告是否“通过了诉答阶段”以及能否从事进一步的诉讼。正如最高法院所述，“问题

---

① 《规则》第12条(d)款规定，如果法院确实审视了根据《规则》第12条(b)款(6)项所提出申请中与诉答文书无关的事项，则它可以将该请求转化成请求简易判决的申请。

不是原告是否将最终胜诉，而是[其]是否有权提供证据支持其诉讼请求。”[1]

- 假设相关法律将配偶权(consortium)定义为“夫妻(spouses)间在婚姻上的伴侣关系和两性关系”。P的同居情人(live-in lover)因D的过失而受严重伤害。P起诉D，寻求配偶权损害的赔偿。P声称，D对受害人造成了伤害，该伤害剥夺了P与受害人的婚姻伴侣关系和两性关系。然而，P没有声称其和受害人是夫妻。法院将同意D根据《规则》第12条(b)款(6)项提出的驳回申请。为什么？因为，即使P证明其声称的一切，法律也不认可赔偿，因为其没有声称和受害人是夫妻。法律只允许夫妻间配偶权的赔偿。
- 法院将根据《规则》第12条(b)款(6)项作出不影响实体权利的驳回，因而允许P再次尝试提出诉讼请求。因为P和受害人事实上没有结婚，不能声称他们是夫妻。但是，其提交了修正后的起诉状，提出了在原起诉状中提出的事项并增补了陈述，说P和受害人是“同居情人”。法院将根据第12条(b)款(6)项同意D的驳回申请。为什么？再一次，即使P证明其所声称的一切，法律也不承认能获得赔偿，因为其和受害人不是夫妻。这一次，法院将做出影响实体权利的驳回，并作出D胜诉的终局判决(final judgment)。

在这一阶段，P对终局判决可以自由地上诉至上诉法院。[2] 在上诉法 300
院，其可以主张应改变法律，以承认非夫妻间配偶权损害的赔偿请求。在第一章第二节第二目，我们探讨了先例原则(the doctrine of precedent)，或叫遵循先例(stare decisis)。该原则规定，上诉法院就法律事项的声明(pronouncements)在其管辖区对下级法院有约束力。配偶权之承认是否应超越婚姻关系的问题是一个法律问题。一审法院不能自由改变法律，而必须像

---

① 朔伊尔诉罗兹(Scheuer v. Rhodes)，《美国联邦最高法院判例汇编》第416卷，始于第232、236页(1974年)。

② 在联邦系统，上诉是诉至联邦地区法院(federal district court)坐落地的巡回上诉法院(the court of appeals for the circuit)。在州法院系统，可能存在受理该案件的中间上诉法院(intermediate appellate court)。如果没有，原告或许能够寻求由州最高法院做的自由裁量的复审(discretionary review)。见第一章第二节第二项、第十四章第二节。

其辖区的上诉法院所宣布的那样适用法律。然而，上诉期间，P肯定会试图说服上诉法院改变法律。如果说服了，上诉法院将撤销判决，并将案件发回初审法院进行适当诉讼，包括对配偶权请求的审理。此外，从这一点进一步发展，该辖区的初审法院将不得不适用“新的”法律。[①] 然而，如果上诉法院没有修改法律，它将维持对P不利的原判决。

显而易见，原告的律师必须就什么诉讼请求在法律上能获得承认做前期功课。其必须找到典据——不管是成文法的还是判例法的——以断定诉讼请求的要素，并如我们刚才所见，在其起诉状中阐述这些要素。在法学院第一年，你们在修习几门“实体法”课程，包括《合同法》、《侵权法》和《财产法》。在那些课程中，你们学到(除其他事项外)各种各样诉讼请求的要素。那些是必须提出以满足起诉状在法律方面充分之要求的要素。

**事实方面的充分性。**我们刚才看了实体法构筑的进入诉讼流程之障碍。假定法律给予了原告获得救济的权利，在陈述其诉讼请求时，必须具体到什么程度呢？总的回答是，法典式州对起诉书的要求，即原告提出“构成诉因事实之陈述”，比《联邦规则》的“简短和清晰的诉讼请求陈述，表明提出诉状的人(pleader)有权获得救济”之要求，更为具体细致。近来，法典式州在评估起诉状事实方面的充分性时已经变得更加宽松了，但认为所有的法典式州在这一点上都与联邦法院一样地宽松是错误的。

如第七章第二节所探讨的，法典式诉答是在19世纪为回应荒诞的技术细节而发展起来的，这种荒诞的技术细节在早年普通法“令状”诉答制度中
301 盛行。让原告简单地提出“构成诉因事实之陈述”是开明的进步。问题是旧的习惯很难消逝，许多法官长期习惯于普通法制度中的技术细节，忍不住向新制度输入愚蠢的难以捉摸的东西。尽管法典式的提出“事实”的要求似乎足够清晰，但法院却将其具体化，要求陈述“基本事实(ultimate facts)”(不管其意思如何)。如果原告为合法官心意而陈述得过于笼统，则会被说成是

① 存在某些情况(这超出了我们探讨的范围)，上诉法院有关法律的正式发表的意见可能被溯及既往地适用，并因此对在上诉法院发布意见之前就起诉的案件有拘束力。你可以在《宪法》中学习这一主题。

在提出"法律的结论(conclusions of law)",而不是事实,法院将认可诉求不充分抗辩,驳回案件。另一方面,如果原告为讨好法官陈述了太多的细节,则会被说成是提出了"证据性事实(evidentiary facts)",结果是法院将认可诉求不充分抗辩,驳回案件。法院创建了一个荒诞的游戏,该游戏的每一细微处都与普通法制度所一直表现的一样神秘和愚蠢。他们忘记了这样的事实,即在诉答阶段,没人真正知道究竟发生了什么——尚没机会进行披露。所构筑的形式主义的篱笆,该篱笆依赖单个法官对什么构成"基本事实"的理解,妨碍了正义的实现,手段是增加诉答阶段的驳回而将潜在的应获救济的原告排斥在诉讼流之外。

有许多这样的形式主义的事例。在一个案件中,原告是一个线务员(lineman),当他踏上电线杆上长钉时,该长钉断了,他从 30 英尺高的电线杆上跌落,身受重伤。是被告将长钉打入电线杆的。原告声称被告"粗心大意地打入所提到的踏脚,且在上述电杆上打入得不够深,从而未使其合理地具有安全性。"一审法院否决了被告的诉求不充分抗辩,案件进入庭审。原告赢得了赔偿金额较大的判决。然而,在上诉阶段,密苏里州最高法院认为,一审法院应该认可诉求不充分抗辩。法院得出结论:原告的陈述过于结论性,它构成一个法律的结论,而不是陈述"构成诉因的事实"。① 因此,原告的胜诉被夺走了,因为其诉讼请求的文字表达没满足复审法院(reviewing court)的爱好。该结果是荒谬可笑的。不存在被告被(原告的)该陈述所误导的可能性。阅读陈述,被告清楚地理解原告所指控的事项。司法系统和当事人已经为该事项的诉讼倾注了很大的努力和花费。然而,因为微小的技术性事项,这一切都毁了。这些案件——特别是老的案件——涉及在法典式州的事实方面的充分陈述,不能被无奈地接受。对几乎所有的情形,均存在似乎有道理的看法:原告的陈述或是过于笼统,或附有过多的细节。

---

① 克莱默诉堪萨斯电力和照明公司(Kramer v. Kansas City Power & Light Co.),《西南判例汇编》第 279 卷,第 43 页(密苏里州,1925 年)。

- P提起诉讼,意图将D从不动产(real property)中驱逐出去。根据可适用的法律,P必须主张并证明几个问题;问题之一是其对争议
302 财产拥有优先产权(superior title)。人们该怎样陈述优先产权的"基本事实(ultimate fact)"呢?
- P"对财产拥有优先产权"的表述,会被指责为太笼统,并因此被指责为陈述法律结论而不是事实。[①]
- 与此类似,P"有权占有该财产"的表述会因同样的理由遭到指责。[②]
- P声称其"根据合同支付了财产的款项并且[D]向其交付了财产证书(deed to the property)"。[*] 这一陈述会被指责为过于具体——指责为提出证据,而不是提出事实。[③]

我不是暗示所有法典诉答州的法院都会对这些表述找茬。我也不否认许多采用法典诉答州的法院今天比它们的前几代更开明。我只是向明白人简单提醒:一些采用法典诉答的法院仍可能要求文字上的精确,该精确很难预测和描绘。特别是,一些采用法典式诉答州的法院,在判断原告是否陈述了诉因时,仍驳回(ignore)在它们看来是法律结论的陈述。在20世纪90年代,内布拉斯加州最高法院提醒律师,该州的初审法院将考虑"所提出的事实,有别于法律结论"。[④] (有趣的是,在那之后内布拉斯加州抛弃了法典式诉答而采纳《联邦规则》方法。)

无疑,《联邦规则》旨在放宽对原告起诉书要求的限制。《规则》第8条

---

① 谢里登诉杰克逊案(Sheridan v. Jackson),《纽约判例汇编》第72卷,始于第170、173页(1878年)。

② 同前注。

* deed是证书、契据,指一种由当事人签名、盖章并交付的文据,它记载一项契约或约定,表示当事人同意转移某项地产权利,或设定某项义务,或确认某项转移地产行为。——译者

③ 这是麦考伊诉舒特案[(McCaughey v. Shuette),《加利福尼亚最高法院判例汇编》第117卷,第223页(1896年)]中,对一个类似陈述的结论。

④ 加利恩诉沃伊塔塞克(Gallion v. Woytassek),《西北判例汇编第二辑》第504卷,始于第76、79页(内布拉斯加州,第1993年)。也参见帕平建筑人公司诉利茨案(Papin Builders, Inc. v. Litz.),《西南判例汇编第二辑》第734卷,始于第853、858页(密苏里上诉法院,第1987年)(法典式诉答不如《联邦规则》式诉答宽容)。

(a)款(2)项不操心什么是构成“诉因”的“事实”(更不用说“基本事实”),而要求一个“对诉讼请求的简短且清楚的陈述,表明原告有权获得救济”。毋庸置疑,起草者之目标是降低由诉答规则所构建的进入诉讼流程的形式障碍。这一降低了的限制与根据《联邦规则》扩展了的披露规定一道发挥作用(正如我们在第八章中将看到的)。想法是在诉讼开始时原告不处在提供许多细节的地位,诉答规则不应该为进入诉讼披露阶段施加不切实际的限制。

为满足《规则》第8条(a)款(2)项的要求,需要多具体呢?很显然,仅仅表示“被告欠我一百万美元”是不够的。但还需要些什么呢?对此一般问 303
题,有一个年代久远且颇为著名之案例——迪奥加迪诉德宁案(Dioguardi v. Burning),①查尔斯·克拉克(Charles Clark)法官撰写了第二巡回法院的意见。② 克拉克在20世纪30年代一直担任耶鲁大学法学院院长,是1938年颁布的原《联邦规则》的主要起草人。该1944年裁决的案件给了克拉克一个机会解释《联邦规则》有关起诉书作用和《规则》第8条(a)款(2)项所要求的具体程度(the type of detail)的理论。尽管该案年代久远,但该案仍出现在大多数的《民事诉讼法》教科书中。

迪奥加迪先生是一位在英国的身体有残疾的意大利移民。一批“滋补品(tonics)”从意大利发送给了迪奥加迪先生,这显然是根据寄售协议(consignment agreement)实施的;这意味着迪奥加迪先生[“承销人(consignee)”]将出售这些滋补品并将一些款项汇给在意大利的寄件人[“寄售人(consignor)”]。因为没交关税,纽约海关官员没收了滋补品。迪奥加迪先生主张寄售人有责任缴纳关税。不管怎样,关税征收人根据联邦法律行事,

---

① 《联邦判例汇编第二辑》第139卷,第774页(第二巡回法院1944年)。

② 克拉克20世纪30年代耶鲁法学院的门生J. W. 穆尔(J. W. Moore)成了法学教育的传奇人物,是一个重要的多卷本著作的主要作者,该著作仍承载其名字,叫《穆尔论联邦诉讼》(Moore's Federal Practice)。有趣的是,穆尔的一个学生之后成了克拉克的法官助理(law clerk),他也成了法学教育的传奇人物,并且是这一领域其他重要的多卷本著作的主要作者。他就是查尔斯·艾伦·莱特(Charles Alan Wright),其著作是《莱特和米勒论联邦诉讼和程序》(Wright & Miller's Federal Practice and Procedure)。克拉克当时是这两人的导师,该两人出版了有关联邦管辖权和实务的多卷本的两本主要著作。如果你在联邦法院进行任何诉讼,你将会熟悉这两本著作。

扣押了滋补品达一年，之后通过公开拍卖出售这些滋补品。显而易见，迪奥加迪先生对滋补品出价 110 美元，但拍卖时其他人出价 120 美元，滋补品被卖给了其他人。迪奥加迪先生没有聘请律师，自己起诉了关税征收人。他起草了其自己的起诉状，在诉状中他声称被告"用我出的 110 美元的价而不是他出的 120 美元的价，将我的商品出售给了其他的出价人"。此外，起诉状还声称"在出售前三周，两只箱子，每箱装 19 瓶，不见了"。[①]

地区法院准予了以没有"陈述足以构成诉因的事实"而驳回的申请。在上诉阶段，克拉克法官耐心地指出，"新"的《联邦规则》在地区法院裁决迪奥加迪案件前已生效达数年，该《联邦规则》没有提到"足以构成诉因的事实"这一表述。他接着解释为什么迪奥加迪先生的起诉书满足了《规则》第 8 条(a)款(2)项的要求，该要求就是他提出"对诉讼请求的简短而清楚的陈述，表明[他]有权获得救济"。在被广泛引用的表述里，克拉克解释道：

> 不管这些诉讼请求表达得多么不具艺术性，原告已经公开了他的诉讼
> 304 请求，即那些税收征收人变卖了或用其他方式处理掉了两箱的医药滋
> 补品，并以不符合他所宣布的公开拍卖方式出售了剩下的滋补品……
> 我们没有看出，原告如何可能被适当地剥夺在法院说明他显然如此坚
> 信东西的机会……。[②]

一些评论员批判迪奥加迪案的判决，指出案件进入庭审时原告败诉了。但该事实与诉答问题无关。《规则》第 8 条(a)款(2)项下的唯一的问题是原告是否已经作了足够的陈述，以至于使案件进入诉讼流程成为正当。原告是否在庭审中赢得诉讼是不同的事项。尽管遭受了批评，迪奥加迪案还是受住了长久的时间考验。事实上，联邦最高法院在康利诉吉布森案(Conley v. Gibson)[③]中明确地支持了克拉克法官的方法。

在康利案中，最高法院表示，《规则》第 8 条只要求原告给被告"原告的

---

① 《联邦判例汇编第二辑》第 139 卷，第 774 页。

② 同前注，第 775 页。

③ 《美国联邦最高法院判例汇编》第 355 卷，第 41 页(1957 年)。

诉讼请求是什么以及该请求所依据的理由的合理的通知"。[①] 该表述产生了一个节略的说法，即《联邦规则》使用"通知式起诉状（notice pleading）"——即原告所必须做的全部事项是"通知"被告诉讼请求是什么。细节可以在披露中充实。《联邦规则》之运作建立在这样的假设之上，即没有好的起诉状上的本质上如此重要的东西，以至于因没有满足形式方面的精确而应该牺牲原告潜在的有价值的诉讼请求。正如一个判决理由所解释的，《联邦规则》"使得起诉状仅仅成为出发点。地区法院应该让案件进展下去，而不是慷慨地将大量的注意力集中于起诉状，直到使它刚好正确……"。[②]

克拉克法官不喜欢"通知式起诉状"的表述，因为它不够精确。[③] 尽管如此，该表述获得了普遍使用。克拉克比较满意《联邦规则附录》中的《格式集》。事实上，他认为在诉答文书事实充分性主题上，这些格式是《联邦规则》最重要的部分。值得花时间仔细查看《格式集》中的一些起诉状，如格式11—15中的起诉状（在你们的《联邦规则》小册子中有《附录》，就在《规则》之后）它们显示在联邦法院要求得是多么的不具体。然而，在现实世界的实践是，鲜有律师使用这些格式，这一点很清楚。

康利案的另外一段，成了受理依据《规则》第12条(b)款(6)项提出请求的任何联邦法院引用的标准材料（standard fare），提出请求的理由是没有以适当的事实充分性提出起诉状。

> 在评价起诉状的充分性时，我们当然遵循公认的规则，毫无疑问，除非 305
> 原告似乎不能证明支持其诉讼请求的一组事实，否则起诉状不应因没有陈述诉讼请求而被驳回。[④]

这是相当开明的，肯定是这样。第七巡回法院的波斯纳（Posner）法官

① 同前注，第46页。

② 本内特诉施密特案（Bennett v. Schmidt），《联邦判例汇编第三辑》第153卷，始于第516、518页（第七巡回法院1998年）。

③ 查尔斯·克拉克："《联邦规则》下的起诉书"，载《怀俄明法律评论》，（Charles Clark, Pleading Under the Federal Rules, Wyo. L. Rev.）第12期，始于第177、181页（1985年）。

④ 同前注，第45—46页。

得出的结论是:“尽管经证实的针对起诉书缺陷的极度宽容的态度,该态度为……康利诉吉布森案所表达……,继续被以赞赏的口吻引用,但是它从来没有被刻板地接受。”[①]

**通布利案**(The Twombly Case)。波斯纳法官继续有所贡献。2007年,最高法院用贝尔大西洋公司诉通布利案(Bell Atlantic Corporation v. Twombly)[②]的判决给联邦诉答功能机制设置了障碍。通布利是一个复杂的案件,其对联邦诉答标准的最终的影响还远非清晰。对该案的理解需要了解有关电话公司运作的背景。在1984年,美国电话电报公司(American Telephone & Telegraph Co.),它是一个对美国电话服务拥有事实上垄断地位的公司,被要求放弃地方电话服务(local phone service)。被称为最具实力的地方交换电信公司(Incumbent Local Exchange Carriers,简称ILECs)的地区性企业被建立起来以处理各地区的地方电话业务。很清楚,它们在其地方市场免于竞争,但不能提供长途电话服务。1996年,国会试图增加地方电话市场的竞争,办法是通过法律,允许ILECs提供长途电话服务(该服务利润很丰厚),但条件是它们允许其他的ILECs就地方业务与其开展竞争。

如所预期的,ILECs进入了长话业务领域。然而,和预期不同的是,ILECs没有努力在其他人的地方市场开展业务。它们没有在地方电话市场上进行互相竞争。结果,地方电话服务的价格没有(如存在竞争时将出现的那样)下降。

如果ILECs不在地方市场上互相竞争是密谋(ILECs之间的协议)的结果,则违反了联邦反垄断法。具体地说,《谢尔曼反垄断法》(the Sherman Antitrust Act)第一条禁止“限制贸易的”合同,毫无疑问,ILECs之间的这样的协议处于该条款禁止的核心部分。对《谢尔曼法》的违反将导致刑事追
306 诉,并肯定导致由地方电话用户提起的私人损害赔偿案件(private damages

① 萨特利夫公司诉多诺万公司(Sutliff, Inc. v. Donovan Cos., Inc.),《联邦判例汇编第二辑》第727卷,始于第648、654页(第七巡回法院1984年)。

② 《最高法院判例汇编》第127卷,第1955页(2007年)。

cases)。另一方面，如果 ILECs 没有在地方市场竞争不是约定的结果——如果，例如，ILECs 独立地认为，“哎呀，我不介入其他人的市场，或许他将不介入我的市场”——就没有违反反垄断法律。

在通布利案中，原告们代表所有的地方电话用户提起了一个集团诉讼(a class action)，试图指控违反了《谢尔曼法》第一条。他们试图指控 ILECs 共谋不在地方电话服务上相互竞争。原告们没有这种协议的直接证据。例如，他们没有参与 ILECs 共谋会议的证人，没有证实 ILECs 间存在谅解的备忘录。很明显，原告们想走到诉讼的披露阶段，看他们是否能在 ILECs 的档案里或通过从可能知道任何这样交易的人那里提取证词，发现任何这样的确凿证据。但是，要到达披露阶段——事实上，要在诉讼流程中继续下去——原告们必须经受得住根据《规则》第 12 条(b)款(6)项提出的因没陈述诉讼请求而驳回诉讼的申请。

原告们试图通过断言存在“有意识的平行行为”认定共谋。这意味着他们断言众被告知道每一方所做的事——提供长途服务但在地方服务领域不在本区域之外进行竞争——并且干了同样的事。例如，如果 X 公司知道 Y 公司不试图在 X 的地盘竞争地方业务，那么 X 公司可能会通过拒绝在 Y 的后院竞争而让睡着的狗躺着。然而，根据实体方面的竞争法，原告必须庭审时证明任何有意识的平行行为是协议的结果。根据该法律，他们能这样做的手段是展现有意识的平行行为和一些“外加因素(plus factor)”以证明行为是协议的结果。

通布利案的问题是为满足《规则》第 8 条(a)款(2)项的要求，原告必须提出什么。记得康利案曾表示，“毫无疑问，除非原告似乎不能证明支持其诉讼请求的一组事实”，否则起诉书即为充分。[①] 因此，通布利案中的原告们很可能认为，当他们声称被告 ILECs 从事有意识的平行行为是协议的结果时，他们就高枕无忧了。

但是，法院认为，原告没有陈述诉讼请求。在审判过程中，法院否决了

---

① 见本书第 369 页注释④。

从康利案中引得的表达。[①] 通布利案中的原告们没有陈述倾向排除 ILECs
307 只是独立行事的事实。他们没有陈述“足够的事实事项……表明签订了协议。”[②]尽管当然存在已经定有协议的“可能性(possibility)”,但原告必须超越可能性而提出“可信性(plausibility)”。通布利案的核心是其为提出诉讼请求需要说什么的阐述。根据苏特(Souter)法官为多数派起草的意见,“我们……只需要……足够的在表面上(on its face)是可信的(plausible)事实,陈述要求救济的诉讼请求。因为这儿原告们没有将其诉讼请求推过从想象到可信的界限,所以必须驳回他们的诉讼请求。”[③]

有关这一标准的最惹人注目的事情是它在《规则》第 8 条(a)款(2)项中找不到依据。该《规则》——或任何《规则》——没有什么地方提到“可信性(plausibility)”。考虑到《规则》明确地故意避用“事实(facts)”这一用词——希望——避开在法典式诉答州的与该词相伴的所有羁绊,因此对“事实”的专注是令人惊讶的。

通布利案解开了诉讼雪崩之扣。在判决后的 18 个月内,有 6000 多个判决意见引用了该案。我们得承认,这些判决中大多数是根据《规则》第 12 条(b)款(6)项申请驳回起诉的判决,在这些案件中,被告为对原告设定的明显更高的诉答责任所鼓动。一些人辩称,通布利案将限于反垄断案,但很难回避这样事实,即多数派意见频繁提及《规则》第 8 条(a)款(2)项下的起诉书,而不是反垄断的起诉书。多数派观点也断然拒绝这样的说法:它正为所有案件施加一个“提高了的起诉标准(heightened pleading standard)”。另一方面,斯蒂文斯(Stevens)法官在其近乎严厉的异议意见中,谴责多数

① 《最高法院判例汇编》第 127 卷,第 1968—1969 页。法院注意到,正如在前注本书第 369 页注释②引自波斯纳(Posner)法官的引语所显示的,该表述已久遭质疑和批判。按照法院的说法,康利案的“不能(证明)一组事实”的表达,在令法律界困惑 50 年后“理应退位(earned its retirement)”。同上,第 1969 页。“最好将该表述视作对已获接受的诉答标准的不完整的、负面的注释,予以忘却:一旦已经陈述了诉讼请求,它可以通过展现与起诉状中的主张相符的任何一组事实获得支持。”同上。根据法院的意见,通布利案中原告的问题是,他们没有陈述诉讼请求。

② 同上,第 1965 页。

③ 同上,第 1974 页。

派为“保护反垄断案的被告——它们是我们经济中的一些最富有的公司——使它们免于庭审前诉讼程序的责任。”①

通布利案的结论当然是，原告将永远到达不了披露阶段，因此永远不能检查被告的文件档案以获取共谋证据。事实上，多数派认识到了裁决(holding)的这一效果。该意见表示：

这样的表述不是回答，说恰好缺乏获得救济可信资格的诉讼请求，如果其无根据，可以在披露程序之前加以剔除，……，原因是普遍存在的伤痛，即司法监督在成功抑制披露滥用上一直成效有限。不言自明的是……披露开销的威胁将逼迫意识到其代价的被告在审理前解决甚至是无太大道理的案件。那么，或许只有通过费心要求提出达到指称共谋级别的陈述，我们才能够指望，在无合理建立期待的案件中，该期待是[披露]程序将揭示相关证据支持(《谢尔曼反垄断法》)第一条所规定的诉讼请求，避免披露程序的潜在的巨额开销。②

本节反映了许多评论人多年来表达的意见——《联邦规则》起诉书的宽 308
松化未必完全有益。就这些规则使得跨越起诉门槛非常容易而言，它们使得走到披露阶段轻而易举。披露程序可能令人惊讶地代价昂贵且具有侵入性。就《规则》允许不太牢靠的诉讼请求穿越门槛并迫使被告经历披露而言，它们耗费司法资源，并使被告承担不正当的费用支出。③

通布利案向起诉规则注入了相当的不确定性。很难使该案件与两周后裁判的案件相协调。在埃里克森诉帕尔杜斯案(Erickson v. Pardus)④中，审案法院用欣赏口气引用了康利(Conley)案。在埃里克森(Erickson)案

① 同上，第1989页(史蒂文斯法官，异议意见)。

② 同上，第1967页(删除的引用和引述)。

③ 宽松起诉规则的另外一个更加隐含的潜在的代价是，它们可能允许原告继续诉讼而不充分专注于她必须在庭审中主张的因素。诉讼请求的因素是由实体法决定的。庭审时原告得证明这些因素。这儿我们所讨论的全部事项是她必须用多少细节提出诉求。在庭审时，无疑她得证明所有的因素，即使她在主张它们时可以一带而过。马马虎虎的起诉可能导致马马虎虎的案件准备——准备不充分集中于收集在庭审中证明这些因素的证据。

④ 《联邦最高法院判例汇编》第127卷，第2197页(2007年)。

中，一个遭受病痛折磨的囚犯起诉了监狱官员，声称他们对其医疗需求的有意的冷漠侵犯了其宪法权利。他声称，被告已经诊断出了他的病况并对他做了治疗，但之后取消了对他的治疗。最高法院推翻了驳回的裁定，支持了起诉状，表示“具体的事实是不必要的，陈述需要的‘仅仅是给被告合理的通知(fair notice)，告知……诉讼请求是什么以及它所依据的理由’”。[①] 几乎很难想象，书写了通布利案意见的同一个法院，在两周后竟能给出这样的阐述。

2008年，联邦最高法院在一与通布利案有关的案件中发出了调卷令(certiorari)。[②] 法律界希望法院使一个本身不太清晰的领域变得清晰。然而，出于对法院的公平相待，人们忍不住想知道，规则咨询委员会(Rules Advisory Committee)，它专注于执业上的问题——而不是专注于痴迷的“改变风格(restyling)”及其他愚蠢的修补——是否本可以做完善性的贡献，考虑能否对《规则》第8条(a)款(2)项加以改进。

**基本诉因**(The Common Counts)。法院总是允许原告用被叫做基本诉因(the common counts)的一种法律简略表达(legal shorthand)提出某些诉讼请求。这些基本上是对诉讼请求的一句话的陈述，它们已经为几乎所有法院长期接受的，不管这些法院对陈述其他诉讼请求可能要求多么苛刻和严格。基本诉因不能直截了当地满足法典诉答的“陈述构成诉因的事实”
309 的要求，可能仅是勉强满足《联邦规则》的陈述可以给予救济的诉讼请求标准。尽管如此，它们仍在所有地方被许可。经典的基本诉因是你们在《合同法》中可能学到的表达——服务的合理价格(quantum meruit)(请求支付履行了的劳务的价值)，货物的合理价格(quantum valebant)(请求支付交付了的货物的价值而提出的诉讼请求)和债务人承诺偿还(indebitatus assumpsit)(请求支付所欠款项)。《联邦规则》没有提到基本诉因这一术语。

---

① 同前注，第2200页，引用了康利案。

② 伊克巴尔诉黑斯蒂(Iqbal v. Hasty)，《联邦判例汇编第三辑》第490卷，第143页(第二巡回法院2007年)。美国联邦最高法院同意发出调卷令，《美国联邦最高法院判例汇编》第128卷，第2931页(2008年)。

然而,《规则》后《格式附录》中的格式 10 和 15[在你们的《规则》册子中有]提出了一些主要基本诉因的例子。

## 三、被告的回应:答辩状和申请

### 选择和计时

除了提出起诉状外,原告还必须根据《规则》第 4 条作出安排将诉讼书状(process)送达给被告[或者,被告可能根据《规则》第 4(d)条放弃了诉讼书状的正式送达]。根据每一管辖法院的规则,被告必须以规定的方式在给出的期限内对起诉状作出回应,否则要承担缺席败诉的危险(我们将在本章第五节探讨此问题)。[①]《联邦规则》第 12 条(a)款(1)项规定,被告须在被送达起诉文书后 20 天内作出回应。[②] 尽管有些州给予被告 30 天的回应期限,但大部分州似乎都规定了同样的期限。

根据《规则》第 12 条,被告有权选择如何回应起诉书。一个选项是送达并提出叫做答辩书(answer)的诉答文书(pleading),对此我们下面将做详细阐述。另一选项是提出申请(motion)。这些选择项分别体现在《规则》第 12 条(a)款(1)项(A)目和 12 条(a)款(4)项中。申请不是答辩状。相反,它是要求法院作出某种命令的请求。在案件的诉讼期间,可能有数百个申请。他们中的一些将书面提出,如以缺乏对人管辖权为由而要求驳回的申请或以不恰当法院为由请求移送案件的申请。另一些可能口头提出,如庭审时请求删除证人回答的申请。本章我们专注于可提出用以代替答辩的典型的防御性申请。它们见之于《规则》第 12 条(b)款、第 12 条(e)款和第 12 条(f)款。

被告是应该提出申请回应还是提出答辩状回应,这是一个策略性问题。 310

---

① 从头到尾,我们一直提到回应起诉书的被告。然而,记住每一防御的当事方都必须对指控她的诉讼请求作出回应。因此,举例说,被反诉(counterclaim)所指控的原告和交叉请求(cross-claim)所针对的当事人也必须根据《规则》第 12 条作出回应,否则承担在诉讼请求上缺席回应的风险。见《规则》第 12 条(a)款(2)项。

② 如果被告根据《规则》第 4 条(d)款放弃起诉文书的正式送达,《规则》第 12 条(a)款(1)项(A)目(ii)允许其在原告向被告寄送弃权格式文件(waiver form)后 60 天内"送达答辩状"。

申请可能导致驳回案件，从而压根不再需要起草答辩状。另一方面，当被告需要更多时间寻找支持特定驳回请求事实时，提交答辩状的回应可能更合适。通常的情况是，被告回应的途径是既提出申请又提交答辩状。例如，当遭指控时，被告可能申请驳回(move[①]to dismiss)(比如，以缺乏对人管辖权为由)。如果法院准予了申请，很显然，案件就结束了，被告不再需要答辩了。但设想法院拒绝了申请。在此时，被告必须送达并登记答辩状。因此，在这一场合，其将既提出申请又提出答辩状作出回应。然而，必须不得与《规则》第12条(g)款和(h)款所规定的重要的(也是值得考试的)放弃规定相抵触，我们在下面探讨这些规定。

在深入探讨两类防御性回应之前，我们需要知道如何计算日期。确切地说，我们如何计算自起诉文书送达给被告起20日的时限呢?《规则》第6条(a)款清楚规定，启动相关期间的事件(这儿指诉讼书状的送达)发生之日不包括在期间之内。除非供回应的相关时间不足11天，期间的计算包括星期六、星期天和法定假日。[②] 如果期间的最后一天恰好是星期六、星期天或法定假日，行为可以在下一个工作日实施。

- 在6月2号向D送达了诉讼书状。D必须在送达的20日内通过提出答辩状或提出申请作出回应。在计算20天时6月2号不算。6月3号是第一天，6月4号是到二天，6月5号是第三天，以此类推。这意味着6月22号是第20天，是其可以回应的最后一天；因此D必须根据《规则》第12条的规定在6月22号工作日结束之前作出回应。然而，如果6月22号是星期六、星期天或法定假日，D可以在下一个工作日结束前作出回应。

根据《规则》第12条(a)款(1)项，被告必须在被送达起诉文书后的不迟

---

① 像律师一样说话。记住：motion(申请书)不是动词。当事人 moves for(申请)某事或 makes a motion(提出申请)。没有人“motions”法院。将 motion 作为动词使用是业余级别的表现。参见本书第361页注释①(另一个听起来像业余级别的例子)。

② 如果计算的时间少于11日，依据《规则》第6条(a)款(2)项，它不包括星期六、星期天和法定假日。《规则》第6条(a)款(4)项罗列了获得承认的法定假日。

于 20 日内送达（而不是登记）其“答辩文书（responsive pleading）”。因为申请（motions）不是诉答文书（pleadings），如《规则》第 12 条（a）款（1）项（A）目（i）提到的，“答辩文书（responsive pleading）”只指答辩书（answer）。被告想用提出申请方式回应又如何呢？《规则》第 12 条（a）款（4）项规定“根据本规则送达申请”（意味着《规则》第 12 条是一个整体）改变了送达答辩状的时间。具体地说，根据《规则》第 12 条（a）款（4）项（A）目，如果法院拒绝了 311
申请（或推迟作出最后的结论），“答辩文书必须在法院的行动通知后 10 日内送达。”因此，在被送达起诉文书后 20 日内，根据《规则》第 12 条，被告必须送达答辩状或送达申请。任一行动都将（至少暂时）排除缺席的风险。如果被告提出了申请，而法院拒绝了申请（或推迟其最后结论），被告必须在被通知法院对申请裁定后 10 日送达其答辩状。

- 6 月 2 日 D 被送达了诉讼书状。在 6 月 20 日，D 送达并提出了以缺乏对人管辖权为依据的驳回申请。申请是及时的，因为它在不迟于 D 被送达诉讼书状后的 20 日内被送达了。在 7 月 10 号，法院否决了 D 的驳回申请，并通知了当事人这一事实。因此，现在 D 将不得不送达并登记答辩状。其必须在不迟于 7 月 20 日这样做。为何？因为，根据《规则》第 12 条（a）款（4）项（A）目，其必须在被告知法院驳回申请的裁决后不迟于十日内作出回应。

值得注意的是法院可以自由命令实施不同的时间表。此外，根据《规则》第 6 条（b）款，当事人可以申请延长其被要求做某事的时间。并且，双方当事人可以（也经常确实）自己约定时间的延长。在联邦法院，这一约定并不自动生效。相反，他们只在获得法院批准并包含在一个命令中时才有效。因此，如果原告同意给被告自送达之日起 45 天对起诉状作出回应，双方当事人将签订书面的约定并准备一份供法官签字的具有这一效果的命令。缺乏法官签字的协议是无效的。同样，注意一字之差能造成的区别。原告可能愿意延长被告可以“答辩（answer）”起诉状的时间，但不是被告可以“回应（respond）”起诉状的时间。为何？给予被告更多时间“答辩”的约定只允许被告送达和提出答辩状。它没有给予其更多时间提出申请。相比较而言，给被告更多时间“回应”的约定包括答辩和提出申请的选择。

**通过申请作出回应**

**根据《规则》第 12 条(b)款提出的申请。**我们刚才看到被告可以根据《规则》12 条用答辩状或申请书回应。根据《规则》第 12 条，可以提出什么样的申请呢？主要的申请建立在《规则》第 12 条(b)款规定的基础上，该条列举了七个抗辩(defenses)，并规定被告可以选择在答辩书[如肯定性答辩(affirmative defenses)][*]中或通过申请书提出这些抗辩。具体地说，《规
312 则》第 12 条(b)款规定的抗辩是(1)缺乏事物管辖权，(2)缺乏对人管辖权，(3)不合适的审判地，(4)不充分的起诉文书，①(5)不充分起诉文书送达，②(6)没有陈述能给予救济的诉讼请求(claim)(在第七章第三节第二目探讨)，以及(7)没有根据《规则》第 19 条合并缺席当事人(absentee)[传统称呼为“必不可少的当事人(indispensable party)]”(我们将在第十二章第六节第一项看到)。

有关《规则》第 12 条(b)款规定抗辩，需要记住的最重要的事项是《规则》第 12 条(g)款和(h)款规定的放弃。我们在第六章第二节第一项对之做了详细探讨(还提供了一些适用它们的假设例子)。简言之，这些条款要求被告在根据《规则》第 12 条所作第一次回应中，提出《规则》第 12 条(b)款所规定的四个抗辩中的任何一个——这些抗辩涉及对人管辖权[第 12 条(b)款(2)项]、审判地[第 12 条(b)款(3)项]、诉答文书[第 12 条(b)款(4)项]和诉答文书的送达[第 12 条(b)款(5)项]。因此，如果被告的首次回应是根据《规则》第 12 条提出的申请书，这四个抗辩必须包括在申请书中，否则就被放弃了。如果其首次回应是答辩状，同样，这四个抗辩必须包含在其中，否则也遭放弃。另一方面，没有提出诉讼请求的抗辩[第 12 条(b)款(6)

---

* 指被告不否认原告主张之事实的真实性，而是提出其他理由说明不应承担责任。——译者

① 这一抗辩是相当罕见的。它处理送达给被告的文件里的缺陷。回顾一下第三章第三节第一目中的起诉文书包括由应诉通知(summons)和起诉状副本。例如，如果起诉状副本没有送达，或如果应诉通知没有遵守《规则》第 4 条(a)款，被告将根据《规则》第 12 条(b)款(4)项提出该问题。

② 这一抗辩比前一脚注所探讨的抗辩要常见得多。在这里，构成起诉文书的文件是好的，但它们被送达给被告的方式有问题。

项]和没有根据《规则》第 19 条合并缺席当事人的抗辩[第 12 条(b)款(7)项]不需要放在首次回应中。他们可以在审理结束前的任何时候提出。缺乏事物管辖权的抗辩,如我们在第六章第二节第一目和第六章第四节所见,可以在案件的任何时候提出,甚至在上诉阶段首次提出。

**根据《规则》第 12 条(c)款请求根据诉答文书作出判决的申请。**《规则》第 12 条(c)款允许申请根据诉答文书作出判决。这与根据《规则》第 12 条(b)款(6)项申请以没有陈述诉讼请求为由驳回起诉一样。如果申请是在被告送达了答辩状之后提出的,就被称为请求根据诉答文书判决的申请(a motion for judgment on the pleadings)。认可申请的标准和第七章第三节第二项中我们在阐述《规则》第 12 条(b)款(6)项时所探讨的内容一样。因此,法院将接受所有的起诉状的指控,视之为真实,并断定它们是否陈述了一个在法律上可以审理的诉讼请求。

**根据《规则》第 12 条(e)款请求更明确陈述的申请。**《规则》第 12 条(e)款允许被告提出陈述得更加明确之申请,它处理一个"太含糊(vague)或不明确(ambiguous)以至于当事人不能合理准备其答复"的起诉状。该申请没有如《规则》第 12 条(b)款(6)项规定的申请那样(见第七章第三节第二目),处理法律上或事实上的充分性(insufficiency)。相反,它针对的只是不能被理解的起诉状。要求做更明确陈述的申请必须"指出所指控的缺陷和所希望得到的细节"。被告必须在答辩之前作出《规则》第 12 条(e)款规定的申请。毕竟,被告在说起诉状是如此的含糊和不明确以至于无法回应。313
如果法院准予了申请,原告有 10 天时间给出更清晰的陈述。被告必须在(希望是)澄清了的起诉状送达后的 10 天内对其作出回应。[①]

注意,要求更明确陈述的申请只能用于挑战"允许答辩(responsive pleading is allowed)"的诉答文书。因为,一般而言,对答辩状不允许做回应性答辩,原告不能针对觉得难以理解的(unintelligible)答辩状提出《规

---

① 见《规则》第 12 条(a)款(4)项(B)目和第 12 条(e)款。当然,法院总是可以自由地改变时间上的要求。

则》第 12 条(e)款规定的申请。相反,其可以根据《规则》第 12 条(f)款请求删除(strike)该答辩书。

**根据《规则》第 12 条(f)款请求删除的申请。**尽管我们认为《规则》第 12 条(f)款位列被告可使用的申请,但该规则清楚地允许任何当事人申请删除诉答文书或其中的部分。具体地说,"法院可以从诉答文书中删除不充分的抗辩(insufficient defense)或任何多余的(redundant)、不相关的(immaterial)、无礼的(impertinent)或诽谤性的(scandalous)事项。"《规则》对申请的时间似乎要求严格。《规则》第 12 条(f)款(2)项要求被告在回应起诉状之前提出删除的申请,要求原告在被送达被告之答复后 20 日内提出删除申请。尽管如此,《规则》仍规定法院可以"主动(on its own)"删除。该表述被解释为允许法院准予当事人超时的(untimely)删除申请。[①]

删除申请遭受了冷遇,因为它经常只是被用于拖延诉讼。它很少获准。事实上,即使《规则》第 12 条(f)款没有提到损害,法院也不会简单地准予申请,除非申请方证明如果将被删除的事项留在诉答文书中将对其造成伤害。这种伤害的一个例子是在陪审团商议时该诉答文书可能要提供给陪审团审视。陪审团可能会受诉答文书中的不适当的或不相干的指控影响,而观点被不当动摇,从而对当事人造成伤害。无疑还是其他的伤害例子,该事项总是由审案法院自由裁量决定的。然而,实际上,在提交法院(而不是陪审团)审理的案件中,似乎明显的是成功的删除申请特别罕见。我们对法官的不受诉答文书中不当指控干扰或动摇的能力相当有信心。

《规则》第 12 条(f)款明确允许法院删除"不充分的抗辩"。一项抗辩作为法律事项可能是不充分的或者被告可能没有用充分的事实细节提出抗辩
314 (尽管不需要许多的细节)。法院可以同意删除而允许修改,允许被告适当地提出抗辩。《规则》第 12 条(f)款也允许法院删除"多余的"、"不相关的"

---

① 参见,例如,齐兰实业公司诉德泽乌(Zeelan Indus., Inc. v. De Zeeuw),《联邦法院判例汇编补遗》第 706 卷,始于第 702 页,第 704—705 页(明尼苏达州联邦地区法院 1989 年)。"即使当事人的删除申请没有在[《规则》]第 12 条(f)款规定的时间范围内提出,地区法院仍有权考虑申请,因为法院可以主动地(on its own initiative)从诉答文书中删除材料(material)。"

和“无礼的”的事项。重申一下，实际上，申请方必须证明存在伤害，通常很难暗示由于另一方的冗长啰唆(prolixity)而引起伤害。有关管辖权的不必要的详细陈述或与审判地(venue)不相干的陈述不属于好的诉答文书，但除非他们对某个当事人造成了伤害，否则很难看出为何法院要花费时间将这些事项从诉答文书中修剪掉。显然“无礼的”并未给“不相关的”事项增添太多内容。

另一方面，有时删除的申请能被用于在诉讼早期决定重要的问题。例如，假设在联邦法院诉讼的一方当事人要求陪审团审理，而另一方当事人认为在本案中《第七修正案》没赋予陪审团审理权利。该另一方当事人可以通过申请删除陪审团审理的要求提起该问题，使问题在庭审之前就完全决定。

最后，《规则》应许法院删除“诽谤性的”事项。在这儿，当事人提出的删除申请有稍微多一些的成功，因为，诽谤性的陈述会使他们在陪审团和公众面前成为嘲笑的靶子(因诉答文书通常被视为公共记录)。当事人无权将所有的有关她的不愉快陈述都删除。陈述令人不快或者甚至冒犯了它所指控的当事人，这是不够的。毕竟，对无耻行为的指控可能与故意侵权或惩罚性损害赔偿的诉讼请求相连。但不恰当贬损的陈述可以被删除。例如，在一个雇员声称在雇主手下遭受了身体和精神伤害的案件中，法院删除了这样的陈述：被告企图对原告像“中共在朝鲜”那样进行“洗脑”和“折磨”。①

最后，我们将在第七章第三节第五目中看到，一些陈述必须写得详细或具体——即对某些问题，原告必须表述得比一般的诉答文书相对更加细化。如果原告没有提出该事项上所要求的细节，一些法院允许被告根据《规则》第12条(f)款提出删除诉答文书的申请并作出回应。

**通过答辩书作出回应**

被告可以不通过提出申请作出回应[或者在答辩前提出的申请(pre-

① 阿尔瓦拉多—莫拉莱斯诉数字设备公司案(Alvarado-Morales v. Digital Equip. Corp.)，《联邦判例汇编第二辑》第843卷，始于第613、618页(第一巡回法院1988年)。

answer motion)遭拒绝的情况下],而通过提交答辩状作出回应。答辩状是
315 诉答文书。(记住,申请不是诉答文书。)在答辩状中,被告必须实现两个主要的目标:必须回应起诉状的指控且提出肯定性答辩(affirmative defenses)。对起诉状指控的回应规定在《联邦规则》第 8 条(b)款中。提起肯定性答辩则规定在《联邦规则》的(c)款中。

**对起诉书中指控的回应。**起草一个好的答辩状需要相当的耐心并注意细节。其任务是回应原告在起诉书中所作的每一指控。谨慎的律师们对起诉书逐字逐句地推敲,以确保他们小心地作了回应。《规则》第 8 条(b)款(1)项(A)目和第 8 条(b)款(5)项(外加常识)告诉被告,对原告的指控有三个可能的答复。被告可以(1)承认指控,(2)否认指控,或(3)表示其缺乏作出承认和否认表态的足够信息。《规则》第 8 条(b)款(5)项清楚表明,第三个选项(如果适当使用)"具有否认的效果"。

该三种选择——承认、否认或表示缺乏承认或否认的足够信息——必须针对《规则》第 8 条(b)款(6)项规定的严重后果进行评估。一项指控(除涉及赔偿金额的指控外),"如果要求回应性答辩(responsive pleading),且指控没有被否认,则获得了承认"。这是律师在此非常谨慎的原因:没有否认起诉书中的指控则被视为承认该项指控。(如所指出的,尽管没有否认不构成对赔偿金额的承认。)所以,《规则》第 8 条(b)款(6)项制造了一些紧张。

- P 在其起诉状的特定小节声称 D 莽撞驾车,造成事故并致其身体受伤。D 没有否认该指控。则 D 已经承认了该指控。在这些事项上不需要裁决。就本案而言,它们被视为已经确立。

我们下面更详细地探讨否认。现在我们看一下两个其他的可能答复。首先,被告可能完全承认各种指控。这与诉讼的竞争性似乎可能对立,但常常存有被告基于诚信完全不能否认的指控。正如我们在第七章第七节所探讨的,《规则》第 11 条以及其他的职业化标准要求当事人(及其律师)不做无根据的陈述。否认当事人(或律师)知道为真实的指控违反了这些标准。因此,被告可能会承认管辖权方面的陈述,因为,例如,被告认同其和原告具有不同的州籍且争议金额超过了 7.5 万美元。或者被告可能认同原告说的双方当事人在某

一日子签订了合同的说法。对这种的问题之承认则将这些事项确立为不需要裁决之事实。因此，被告很可能承认存在合同，而否认违反合同的指控。

其次，被告在引用《规则》第8条(b)款(5)项提出“缺乏足够知识和信息，以形成指控为真实之信念”时必须小心翼翼。《规则》第11条及职业责 316
任意味着，如果被告拥有相关的信息，或如果所指控的事项是具有公共记录的事项，则被告不能使用这一手段。因此，例如，如果原告提出了被告没有精确记忆的事项，但该事项记录在被告的档案中，则被告完全不能回应说没有足够的信息。如果合适，其必须努力找到答案，否认指控。如果其没有这样做，则被视为没有否认指控。根据《规则》第8条(b)款(6)项，这意味着已经承认了指控。另一方面，如果原告提出的事项确实超出了被告的知识和信息，被告可以这样表述，这一表述起到了否认作用。

现在，被告该如何否定起诉状中的指控呢？《规则》第8条(b)款(2)项警告被告说“否认必须清楚地针对指控的实质作出回应。”这是告诉被告，一旦否认，就要力求简洁。不要富有争议，不要注入新的事实，只是否认。

- 在起诉状的第六节中，P声称：“在2009年11月20日，D在洛杉矶的威尔夏大道(Wilshire Boulevard)上驾车疏忽，撞了原告。”
- D应该在其答辩状中简单回应道：“D否认起诉状第六节的指控”。如果其这样做了，则原告主张的问题“构成了争点(joined)”，这意味着需要裁判。
- 换一种情况，D在其答辩状中声称：“D要求P在庭审时用证据证明其主张的事实”。D没有否认指控，根据《规则》第8条(b)款，已经承认了指控。如果你们想否认指控，直接否认它。
- 取而代之，D在其答辩状中声称：“在2009年11月20日，D在巴巴多斯(Barbados)度假”。这被称为“可争议的否定(argumentative denial)”。* 在法典式诉答的州，它很可能被视为承认，因为它没有

---

* 又叫基于推论的否定，它是以推理的形式，而非以直接的、积极的答辩方式进行的否认。——译者

直接否认P的指控。在联邦法院,D很可能侥幸成功,但拖泥带水。再次重申,如果你们想否认指控,直接否认它。

- 换一种情况,D在其答辩状中声称:"D否认在2009年11月20日在洛杉矶威尔夏大道过失(negligently)驾车撞了P。"这一字面上的否认充满了"蕴含肯定之否定(negative pregnant)"之可能。* 那是什么? 一些法院将这一表示视为否认所作的精确表述,而承认了其他的可能性。因此,D这儿已经非常精确地否认了某事,但该否认是"蕴含肯定的(pregnant)",蕴含着承认在那天疏忽大意行事(recklessly)[而不是过失(negligently)]驾车,或在另一天过失驾车。①

317 蕴含否定之肯定是一个形式超越实质的例子。联邦法院有可能谅解这些技术手法,但在一些法典诉答州的法院有可能不谅解。为什么要将一个容易的事情搞得困难呢? 聪明的律师将避免产生该问题,办法是通过回应避免蕴含肯定之否定。

书写答辩状的一项技术是对起诉状的各段落依次作出答复。例如,"被告承认起诉书第1段的指控。被告否认起诉书第2段的指控,"如此等等。然而,人们不需要这样做。相反,被告可以一起列出想承认的段落和想否认的段落。例如,"被告承认起诉书第1段、第6段的指控。被告否认起诉书其他各段的指控。"

尽管如此,实际上,该任务常常更为困难,因为起诉书的每一段都可能既包含被告想否认的材料,又包含应该承认的材料。答复的首选方法是明确承认能够承认的部分,并否认剩余的段落。《规则》第8条(b)款(3)项的

---

* 对对方主张所作的回答仅在表面否定对方的主张,或回答中暗含了对对方主张的承认。——译者

① 另一例子:P声称车辆的损失价值超过了8万美元,对此,被告"否认车辆价值超过8万美元。"被告的回应是"蕴含肯定的(pregnant)",承认车辆价值刚好80000美元。参见国民银行诉北伊利诺伊公司案(National Bank v. Northern Illinois Corp.),《联邦判例汇编第三辑》第202卷,第601页(第七巡回法院1953年)。来自日常生活的另一个例子是:空港大厅的记录写着"禁止抽烟、进餐和饮酒"。我们能声称允许做三项行为中的任何一项或两项吗? 换言之,如果我们在大厅里进餐或喝酒,我们会有麻烦吗? 我会说不会,因为我不是在抽烟、进餐和喝酒,我只是在进餐和喝酒。

第二句教导我们，当一方当事人只想否认指控的一部分时，其“必须或者具体否认指明的指控，或者一般性地否认除明确承认事项外的所有部分。”《规则》第 8 条(b)款(4)项规定“基于公允善良只想否认部分指控的当事人，必须承认真实的部分，而否认剩下的部分”。

- 在起诉书的第 4 段中，原告声称：“D 是一个根据宾夕法尼亚州的法律组建的公司，其主营业地在西弗吉尼亚。”D 是一个宾夕法尼亚公司，但其主营业地在新泽西。在其答辩状中，D 应该表示：“作为对起诉状第 4 段的答复，D 承认其根据宾夕法尼亚法律建立，而否认该段剩余的部分。”

最后，存在一个“概括否认(general denial)”，它是一个非常简略的文件。在该文件中，被告只是像这样陈述：“被告否认起诉书中的每一项和每一个(each and every)指控。”《规则》第 8 条(b)款(3)项的第一句认可概括否认的可能性，且法典式诉答州一般也认可它们，但人们应该谨慎。考虑到《规则》第 11 条和职业责任的其他规则，很难想象一个被告能够恰当使用概括否认的案件。毕竟，如果在起诉书中有任何应该获得承认的事项，被告就应该承认它。被告可以基于诚实信用否认起诉书中每一指控的案件是罕见 318
的。

**提出肯定性的答辩。**除了回应起诉书的指控外，被告还将在其答辩状中提出肯定性答辩。正如我们刚看到的，被告在回应原告的指控时，将不(或至少不应该)注入新的事实。相反，其只是承认或否认原告所主张的事实。然而，使用肯定性答辩，被告确实向争议注入了新的事实。肯定性的答辩是对原告提出的事实添加的材料，如果材料为真实，则使被告有权获得判决。肯定性的抗辩是被称为“承认与规避答辩(plea of confession and avoidance)”之普通法答辩的现代翻版。该答辩允许被告承认原告主张的事实，但通过提出新的事实避免承担责任。

《规则》第 8 条(c)款(1)项列出了 19 个典型的肯定性答辩，但它不是穷尽的列举。《规则》规定，被告“必须肯定地(affirmatively)陈述任何规避或肯定性的抗辩，包括”所列举的 19 项。检视 19 项的名单。每一项都是被告可以怎样向案件注入新的事实以试图规避责任的例子。日常被引用最多的可能是时效法律(statute of limitations)、欺诈法律、混合过错(contributory negligence)和承担风险(assumption of risk)。注意,自卫(self-defense)没有列在《规则》第8条(c)款中,但它肯定构成肯定性答辩。

- P因被殴打起诉D,声称D猛击了其鼻子。如果D否认其打了P,D只是否认指控。另一方面,如果D确实打了P,但是这样做是自卫,D将承认指控,但提出了自卫的肯定性答辩。这是肯定性答辩,因为它向案件注入了新的事实因素,如果该因素正确,将导致对D有利的判决。

没有提出肯定性的答辩会给被告造成严重问题。除非被告被允许进行修订以提出该种抗辩,否则其不可以在庭审中提出该抗辩的证据。如果被告试图提出其没有提出的肯定性答辩证据,则原告可以反对说证据与答辩状"不一致"而法院应该不允许提出该证据。其后果是肯定性的答辩被有效
319 地放弃了。① 然而,正如我们在第七章第六节第二项所看到的,被告可能寻求准予甚至在此时间之后的修正。但谨慎的律师不能将自己置于这样的处境;其将勤勉刻苦地在答辩状中提出肯定性抗辩。

爱德华·克利里(Edward Cleary)教授很早以前,就提出系列"附条件的义务(conditional imperatives)"说法,考虑一下诉讼请求和肯定性抗辩的众要素是有益的。假设,例如,诉讼请求有四个要素。即实体法规定如果A、B、C和D得到确立,原告将获得赔偿。② 在庭审中,原告试图说服事实裁决者

---

① 在某些情况下,法院可以为被告提出肯定性的抗辩。在戴诉麦克多诺案(Day v. McDonough),《美国联邦最高法院判例汇编》第547卷,第198页(2006年),一个囚犯起诉要求获得联邦人身保护令救济(habeas corpus relief)。他声称正被州非法拘禁着。在其回应中,州方面表示时间计算表明原告是及时起诉的。然而,地区法院注意到,州方面犯了错。根据该法院的计算,原告的案件是在法律允许的法定期限外提起的。地区法院主动驳回案件,最高法院作了肯定。该答辩不是司法权范围的,因此法院没有提出的义务。被告没有故意放弃该项抗辩,根据案情,法院之提出是允许的。尽管如此,被告显然不应指望法院将她从错误或错误计算中解救出来。

② 你们正在其他课程里学习各种诉讼请求的因素。例如,在《侵权法》中,你们可能将学到因殴打、人身攻击、过失行为以及其他行为而提出诉讼请求的要素。与此类似,在《合同法》中,你们将学到因违约而提出的诉讼请求的要素。

(fact-finder)A、B、C 和 D 都是真实的。被告试图说服事实裁决者至少有一个因素是不真实的。但即使原告说服了陪审团其诉讼请求的所有因素均为真实，如果被告确立起肯定性抗辩，被告仍将赢得诉讼。例如，被告可能证明是在自卫的情况下打了原告或原告自己承担风险或法律时效已经届满，等等。

那么，用方程式(equation)表示，如果 A 加 B 加 C 加 D 是真实的，原告将赢得诉讼，除非被告确立起肯定性抗辩。概言之，原告有提出并证明其众多如果(ifs)(即诉讼请求之因素)的责任，而被告有提出并证明起众多除非(unlesses)(即肯定性抗辩)的责任。

然而，有一些案件不适合做这种责任分配。设想，例如，一个因诽谤而提起的诉讼请求。你们或许已经在《侵权法》中学到过诽谤。它是散布涉及原告的而让原告遭受鄙视的不真实描写。注意，只有描写是不真实的，它才是毁誉性的(defamatory)。阐述同一说法的另一方式是引用著名的短语“真实是一项答辩(truth is a defense)”。因此，问题变成了：谁(原告还是被告)应该承担责任主张并证明真实性问题呢？换言之，原告得证明涉及原告的描述是非真实的吗，抑或是被告得证明其说的关于原告的话是真实的吗？更进一层，谁应该承担在法庭上证明该问题的责任呢？通常，证明责任追随主张责任，因此如果当事人被要求主张某问题，其通常也就被要求证明该问题。

然而，诽谤的情形与寻常情形不同的，因为原告和被告都必须提出有关真实和虚假的主张。显而易见，原告必须声称被告的陈述是假的。但与此相反，被告必须对真实性提出肯定性的抗辩，而不能只否认原告的指控。为 320
什么？因为，事实上，法律承认被告处于提供该问题证据的最佳位置。

- D 对一些人说 P 是妓女，损害了 P 的名誉。P 告 D 诽谤，除了其他事项外，还表示此说法是不真实的。然而，D 认为 P 确实是妓女，因此有关 P 的陈述是真实的。其对事实提出了肯定性的抗辩。
- 事实上，D 必须对问题承担举证责任。为何？因为由 P 证明其不是妓女事实上是不可能的。想一想，人怎么能证明一个不存在的东西呢？你如何能确定性地证明你不是妓女或不是叛国者或任何其他东西呢？除非能将世界上的每一个人都传唤到法庭的证人席，否则，完全不能证明这一问题。

- 另一方面，将举证责任置于D身上有道理。D只需要提供一个证人证明证人与P有金钱目的的性关系，结果就证明了P是妓女。

因此法律用实用主义的办法考虑主张和证明责任。尽管P和D都将提出问题（P提出描述是虚假的，D提出描述是真实的），但D承担举证责任。因此，诽谤是为数不多的举证责任与诉答责任不相随的实体领域之一。

另一个领域是欠债不还。假设P起诉D未归还借款。P必须提出D没有归还借款。D不可以只是否认指控，而必须提出归还了欠款的肯定性抗辩。为什么？因为D有证明确实还了欠债的责任。这种责任分配的理由和诽谤一样——实际上，由P证明D没有还欠款是不可能的。一个人怎么证明其没有收到钱呢？将举证责任置于D身上更为合理，D可以通过提交一个划了款项的支票作为证据而获胜。

## 四、再答辩

再答辩（reply）是原告做出的回应被告答辩的诉答文书。[①] 正如《规则》第7条(a)款(7)项所清楚规定的，"如果法院命令提交这样的文书"，才需要
321 该诉答文书。法院很少发出这样的命令。再答辩完全不必要，因为其他条款保护原告不受被告答辩中提出的任何事项伤害。例如，《规则》第8条(b)款(6)项第二句规定："如果没有要求提交回应性诉答文书，则指控被视为遭否决或否认。"因为对答辩不需要提交回应性诉答文书，这就意味着被告在答辩中所做的任何指控都被视为自动遭原告否认。唯一的例外是，如果法

---

① 在2007年《规则》修订之前，《规则》第7条(a)款承认两个用"再答辩(reply)"命名的完全不同的文件。一个是被保留下来的此中探讨的再答辩。另一个是对反诉的答辩性回应文书。在第十二章第五节第一目中，我们看到反诉是被告针对原告提起的要求救济的肯定性诉讼请求(affirmative claim)。显而易见，原告必须对该诉讼请求作出回应，否则面临不作为之风险。出于某种理由，回应性的诉答文书被称作"再答辩(reply)"。这是没有道理的，正如2007年所修订的，《规则》第7条(a)款(3)项现在只是将这一回应性诉答文书称为"对反诉的答辩"。与此类似，《规则》第7条(a)款(4)项现在将对交叉请求(crossclaim)的回应性文书(见之于第十二章第五节第二目)称为"对交叉请求之答辩(an answer to a crossclaim)。"

院出于某种原因命令原告再答辩。该制度避免了原告再次提交文件，因其很可能是浪费精力。

在一些没有遵从《联邦规则》的州，如果被告在其答辩状中提出了肯定性答辩，原告想使肯定性答辩无效，则原告必须提交再答辩书。

- P 针对 D 提出了适合的起诉状。D 用适当的答辩状做了回应，在答辩状中其提出了《反欺诈法律》(the Statute of Frauds)方面的肯定性答辩。[①] P 觉得《反欺诈法律》答辩对本案不适用，因为合同已经部分履行了。[②] 在一些州，P 必须提出"再答辩书"，反驳以《反欺诈法律》为理由的肯定性答辩。然而，在联邦法院，不需要提出这样的再答辩，除非法院命令提交再答辩。

## 五、特别"提高的"诉答文书要求

我们已经看到，特别是在第七章第三节第二目中，《联邦规则》一般不要求当事人提出细节。这一事实的代表是《规则》第 8 条(a)款的要求，即原告陈述"一个简短而清楚的诉讼请求，表明提出起诉状的人(pleader)有权获得救济。"然而，在一些实体法领域，《联邦规则》(有时还有法律)施加了更严格的起诉书方面的要求。换言之，有关某些话题，仅仅满足《联邦规则》的"通知"诉答机制之要求是不够的。相反，有提高了的诉答文书要求，当事人必须提供涉及这些话题的更加具体的事实主张。

这些话题是什么？根据《规则》第 9 条(b)款，"在声称存在欺诈(fraud)
或错误(mistake)时，当事人必须具体陈述构成欺诈或错误的情节"。与此 322
相类似，《规则》第 9 条(g)款规定"一项特别的损害……必须具体陈述"。合起来，这两个条款规定了有关三个话题的详细陈述诉答文书——欺诈、错误和特别的损害。在该三个话题中，绝大部分的案例法涉及对构成欺诈情形

① 你们可能从《合同法》课程中想到，根据《反欺诈法律》(the Statute of Frauds)某些类型的合同必须用书面形式，如果它们只是口头的，则不能获得执行。

② 这是一个获得广泛承认的情形，根据《反欺诈法律》如无此情况(即部分履行)得用书面形式的合同，即使没有用书面形式，也可以执行。

的陈述，[1]对这些话题要求详细陈述，有几个获充分理解的理由。首先，设定要求旨在保护其他当事人（被指控实施欺诈的当事人），防止欺诈行为的指控引起名誉损害。此外，经验表明，欺诈说法之提出常常是出于滋扰目的或为提高获得有利解决方案之机会。再次，因欺诈的事实类型众多，意味着被指控实施欺诈的当事人应该被告知具体的指控，以便能作出回应和答辩。

显而易见，提高诉答文书要求之目的，在于使指控更难以通过诉答阶段而进入诉讼流程。尽管欺诈经常以原告的诉求提出，但《规则》第 9 条(b)款适用于主张存在欺诈和错误的所有当事人。例如，合同案件中的被告可以以受诱骗被欺诈或存在错误为理由提出肯定性抗辩。其必须具体陈述欺诈或错误的情节。另一个例子是，根据《规则》第 60 条(b)款(1)项，当事人可以寻求以错误为由推翻判决，或根据《规则》第 60 条(b)款(3)项，可以寻求以欺诈为理由推翻判决。提出这一申请的当事人必须用足够的细节提出两种情形中的一个，以满足《规则》第 9 条(b)款的要求。

当然，恼人的问题是，为了满足《规则》第 9 条(b)款的要求需要陈述得多具体。[2] 在这一点上，重要的是记住《规则》第 9 条(b)款要与《规则》第 8 条(a)款(2)项和第 8 条(d)款(1)项联系起来阅读，《规则》第 8 条(a)款(2)项只要求对诉讼请求作简短而清楚的陈述，而《规则》第 8 条(d)款(1)项规定“每一诉称(allegation)都必须简单(simple)、简洁(concise)和直接(direct)”。其理念在于，在要求欺诈和错误指控具体和希望建立简单诉答制
323 度以便作出基于实体而非技术细节的判决间建立平衡。数十年的实践没有

---

① 很少有案件处理没有用足够的细节主张错误之情形。在银行家信托公司诉老共和国保险公司案(Bankers Trust Co. v. Old Republic Ins. Co.)中，《联邦判例汇编第二辑》第 959 卷，始于第 677、683 页(第七巡回法院 1992 年)，法院表示，在 50 多年的时间内，只有 2 个被报道的案件认为因对错误所作陈述不充分而应该驳回起诉书。此外，法院得出结论：要求关于错误的详细陈述之理由是“不可解释的事物(a mystery)”。见《穆尔论联邦实践》第 2 卷，第 9 章第 3 节第[2]目。

② 有趣的是，在为《联邦规则》一部分的《格式附录》(the Appendix of Forms)中，正式格式之第 21(Official Form 21)允许诉讼请求中存有似乎是非常结论化的旨在撤销欺诈性转让(fraudulent conveyance)的欺诈指控。该格式的第 4 段提出在一个特定的日子，被告将财产转让给了原告，“目的是欺骗原告并阻碍或推迟收取欠债(collection of the debt)。”

对事情作出重大澄清。事实上，根据《规则》第 9 条(b)款提出诉答申请的案件数量“非常令人惊讶(quite stunning)”，主流评论员的结论是“要求诉答文书对欺诈和错误作详细说明的成本超过了获益。”[①]然而，没有迹象显示，《规则》第 9 条(b)款将在不久的将来要被修改。

实现简洁(simplicity)和具体(detail)之间适当平衡的困难为法院试图执行《规则》第 9 条(b)款所采纳的无数的方法所证明。执行《规则》第 9 条(b)款的适当方法是依据《规则》第 12 条(b)款(6)项以没有陈述诉求为理由准予驳回的申请，[②]或根据《规则》第 12 条(f)款准予删除的申请。[③] 然而，奇怪的是一些法院完全拒绝做两项中的任何一个，从而不执行《规则》第 9 条(b)款规定的提高了的诉答要求。[④] 另外一些法院则认为，细节上不充分的有关欺诈和错误的诉答文书，受制于《规则》第 12 条(e)款的更明确陈述申请(motion for more definite statement)。这一思路是错误的，因为《规则》第 12 条(e)款针对的是含糊或不明确以至于答辩方不能回应的诉答文书。尽管如此，一些法院还是准予了根据《规则》第 12 条(e)款提出的要求提供有关欺诈或错误更多细节的申请，即使诉答文书并不是如此含糊或不明确以至于满足了《规则》第 12 条(e)款的要求。[⑤]

从这些判例法中我们可以得出一些一般性的结论。第一，必须由相对方(the opposing party)提出《规则》第 9 条(b)款规定的提高了的诉答文

---

① 赖特和米勒著书，第 5 卷，第 582、581 页(第二版补编 2005 年)。

② 见，例如，卡巴莱罗—里韦拉诉北美美国大通银行(Caballero-Rivera v. Chase Manhattan Bank, N. A.)，《联邦判例汇编第三辑》第 276 卷第 85、87 页注 3(第一巡回法院)，调卷后，遭否决，《美国联邦最高法院判例汇编》第 536 卷，第 905 页(2002 年)。驳回申请之准予一般不影响实体权利(without prejudice)，而给予原告另外提出充分诉求的机会。

③ 因为《规则》第 12 条(b)款(6)项只能被用于质疑原告诉求(claims)[而不能质疑答辩(defenses)]，当对欺诈的不充分陈述包含在答辩文书中时，删除的申请是唯一合适的途径。见，诸如，王朝服饰产业公司诉伦茨(Dynasty Apparel Indus., Inc. v. Rentz)，《联邦规程判例汇编》第 206 卷始于第 603、606 页(俄亥俄南区 2002 年)[作简易判决(summary judgment)的申请遭否决，原告本应申请删除欺诈肯定性答辩的不充分指控]。

④ 参见赖特和米勒著书，第 5 卷，第 667—669 页(第二版补编 2005 年)。

⑤ 见，例如，戴维·K. 林德姆斯公司诉香农财务公司(David K. Lindemuth Co. v. Shannon Fin. Corp.)，《联邦补编》第 637 卷，始于第 991、993—994 页(加州北区 1986 年)。

书要求。若没有以适当的方式提起该问题，则显然放弃了具体化的要求。① 第二，有关欺诈的结论性主张是不充分的。例如，声称被告通过不告诉原告存在污染危险而“积极实施对原告的欺诈”，这种陈述是不够的。② 第三，欺诈的指控一般应包括虚假陈述者的身份、虚假陈述的时间和地点、传达的方式以及造成的损害。③ 正如一个法院所表达的，原告“必须充分地指出[其]指控为虚假或误导人的陈述，给出该陈述虚假方面的细节，提出作
324 出该陈述的时间和地点，确定对该陈述承担责任之人。”④最后，在一些情形中，法律规定了特别的诉答文书要求。1995 年《私人证券诉讼改革法》[The Private Securities Litigation Reform Act(PSLRA)]施加了比《规则》第 9 条(b)款更严格的要求。它尤其适用于证券欺诈案件，除了其他事项外，它还要求原告“具体陈述产生事实，从该事实得出一个强有力结论：被告是以所要求的心理状态(with the required state of mind)行事的。”⑤

如上面所提到的，《规则》第 9 条(g)款要求“特殊损失(special damages)项”必须“具体陈述”。特殊损失有别于“一般损失(general damages)”。一般损失是由事件自然产生的损失；它们作为行为或不作为(an act or omission)之通常结果，是可以容易地预见到的。例如，车祸受伤者会蒙受诸如医疗费支出、工资损失、疼痛以及痛苦这样的可以预见的损害。因为这些损害是一般性的，因此可以一般主张它们，并以一个总额提出要求。

相对而言，特殊损失是通常不由一事件产生的那些损失。换言之，它们

---

① 见，如伯顿诉 R. J. 雷诺兹烟草公司(Burton v. R. J. Reynolds Tobacco Co.)，《联邦补编第二辑》第 181 卷，始于第 1256、1263 页注 5(堪萨斯州地区法院 2002 年)。

② 科菲诉福梅克斯有限合伙(Coffey v. Foamex L. P.)，《联邦判例汇编第三辑》第 2 卷，始于第 157、162 页(第六巡回法院 1993 年)。

③ 《穆尔论联邦诉讼》第 2 卷，第 9 章第 3 节第[1]目[b]。

④ 科斯马斯诉哈西特案(Cosmas v. Hassett)，《联邦判例汇编第二辑》第 886 卷，始于第 8、11 页(第二巡回法院 1992 年)。

⑤ 《美国注释法典》第 15 编，第 78 章第 u—4 节(b)(1)目。

是“对争议中的诉求类型来说是非同寻常的(unusual)”。[1] 例如，在非法拘禁(false arrest)的诉求中，原告要求获得构成特殊损失的“大额的经济赔偿(great financial damage)”。[2] 人们通常预期非法拘禁导致痛苦、情感上的受难甚至羞辱，一般不会产生经济损害之诉求。与此类似，要求律师费的大多数诉求构成特殊损害，因为美国的规则是指望每一当事人承担自己的律师费。[3] 再次表示，在特定案件中难以准确描绘多具体才足够，而对特殊损害的具体化的诉答文书要求旨在给答辩方足够的通知以提供答辩机会。

一些联邦法院对《规则》第 9 条和制定法未包括的情形施加了提高了的诉答要求。面对迅速增加的案件数量，这些法院试图通过对某些类型案件要求原告具体陈述而剔除掉案件。主要的例子是根据《美国法典》第 42 编第 1983 条提起的诉讼，该条允许对“依据州法(under color of state law)”而导致剥夺原告基于联邦法律赋予的民权(federal civil rights)行为提起诉讼。每年州囚犯提起数千个这样的诉讼，许多这样的诉讼请求缺乏实质依据(merit)。[4]

只有在所指控的剥夺是由市政当局的官方政策(official policy)、惯例 325
(custom)或习惯做法(practice)所引起的时，市政当局(如市或县)才根据第 1983 节承担责任。[5] 许多初审法院(lower courts)要求原告具体指称存在

---

① 艾薇艾特诉大都会俱乐部公司(Aviate v. Metro. Club, Inc.),《联邦判例汇编第三辑》第 49 卷，始于第 1219、1226 页(第七巡回法院 1995 年)。总体见《穆尔论联邦诉讼》第 2 卷，第 9 章第 8 节[1]目[a]。

② 芬克诉凯布尔(Funk v. Cable),《联邦补编》第 251 卷，始于第 598、601 页(宾夕法尼亚州中部地区法院 1996 年)。

③ 见，例如国民自由公司诉沃尔玛商店公司(National Liberty Corp. v. Wal-Mart Stores, Inc.),《联邦判例汇编第三辑》第 120 卷，始于第 913、916 页(第八巡回法院 1997 年)。

④ 一法院感谢国会为减少这种诉讼量的努力，注意到了“由被囚人员轻率提起的案件数量，这些囚犯没什么可失去而又有的是空闲的投诉时间。”纳比尔诉普里斯克里克案(Napier v. Priestlike),《联邦判例汇编第三辑》第 314 卷，始于第 528、531 页(第十一巡回法院 2002 年)。

⑤ 莫内尔诉纽约市社会服务部案(Monell v. New York City Dept. of Social Servs.),《美国联邦最高法院判例汇编》第 436 卷，第 658 页(1978 年)。换言之，民权遭到市官员侵犯的原告可以起诉该官员要求赔偿，但只有原告能证明该官员对原告实施的行为是官方政策、管理或习惯做法的一部分时，才可以起诉该官员为之工作的城市。

这样的政策、惯例或习惯做法。该努力是可以理解的。大多数这类案件在实体上败诉,通过施加提高了的诉答文书要求,这些法院希望在诉答阶段就驳回那些原告不能具体指称存在城市政策、惯例和习惯做法的案件。然而,在莱瑟曼诉塔兰特县案(Leatherman v. Tarrant County)中,最高法院断然否决了这样的努力。[①] 其推理非常简单和直截了当:因为在《规则》第 9 条或在其他任何法律中,没有任何规定要求根据第 1983 节提起的案件需详细化的诉答文书,法院无权施加提高了的诉答文书要求。

9 年之后,在斯沃尔基尔沃科斯诉北美索雷玛案(Swierkiewicz v. Sorema N. A.)中,联邦最高法院不得不再次向初审法院发出同样的信息,在该案中,联邦最高法院否决了在就业歧视案件中要求详细陈述的起诉书的努力。[②] 尽管实体性的联邦法律要求原告在庭审中确立起某些事实,证明存在初步证据的案件(a prima facie case),但《规则》第 9 条或联邦制定法中没有任何规定要求原告详细提出每一因素(each element)。再次说明,法院态度坦率:提高了的诉答要求可以由《联邦规则》或制定法施加,但不能由司法裁决(judicial fiat)施加。尽管最高法院判例态度清晰,但一些有趣的研究(scholarship)表明,地区法院在某些案件类型中事实上(de facto)继续要求更多细节。[③] 值得注意的是在第七章第三节第二目详细探讨的谜一般的通布利案(Twombly)判决中,审案法院在 2007 年坚持说它没有施加提高了的诉答文书要求,并反复表示在缺乏《规则》和制定法规定的情况下这样做是不合适的。[④]

除了提高了的诉答文书要求外,《规则》第 9 条(b)款还包含有关诉答文

---

① 《美国联邦最高法院判例汇编》第 507 卷,第 163 页(1993 年)。

② 《美国联邦最高法院判例汇编》第 534 卷,第 506 页(2002 年)。

③ 克里斯托弗·费尔曼:"通知式诉答文书的神话",《亚利桑那法学评论》(Christopher Fairman, The Myth of Notice Pleading, *Ariz. L. Rev.* )第 45 卷,第 987 页(2003 年);克里斯托弗·费尔曼:"提高了要求的诉答文书",《得克萨斯法学评论》(Christopher Fairman, Heightened Pleading, *Tex. L. Rev.* )第 81 卷,第 551 页(2002 年)。

④ 贝尔大西洋公司诉通布利案(Bell Atlantic Corp. v. Twombly),《最高法院判例汇编》第 127 卷,始于第 1955、1973—1974 页(2007 年)。

书的其他值得注意的规定。《规则》第 9 条(b)款允许指控有恶意(malice)、故意(intent)、明知(knowledge),以及“可以一般提出的”其他的“个人意识状况(conditions of a person's mind)”。该规定反映了这样的事实:声称这一事项的人只是不处于了解另一方当事人主观意图(subjective intent)的位置,因此,其不能具体地主张有这样的事。《规则》第 9 条(c)款允许人们 326
“一般主张所有的先决条件已经发生或已经被履行”。它还规定,“当一方当事人否认先决条件已经发生或已经被履行时,必须具体否认”。这些规定承认,合同案件的答辩方可能处于最佳地位,提出几个先决条件中的哪一个可能没被满足的。被告也可以这样做,当然,办法是借助提出肯定性答辩(affirmative defense)。与此类此,《规则》第 9 条(a)款(1)项(A)目规定原告不必主张有起诉或被诉的能力。该规则也承认,声称诉讼方缺乏能力的当事人可以将该问题作为肯定性答辩提出。

## 六、假设的和前后矛盾的诉答文书

根据《规则》第 8 条(d)款(2)项,任何当事人“可以选择性地(alternatively)或假设性地(hypothetically)在一个诉因(count)或答辩中,或在分开的多个诉因或答辩中,提出两项或更多的诉求或抗辩。”更进一层,“如果当事人做了选择性的陈述,只要它们中的任何一个是充分的,诉答文书就是充分的。”《规则》第 8 条(d)款(3)项允许当事人“陈述尽可能多的单独的诉求或抗辩,而不管这些诉求或抗辩之间是否具有一致性(consistency)”。当然,当事人必须记住,其主张受《规则》第 11 条支配,如我们在第七章第七节所探讨的,该条施加了善意(good faith)的职责标准。

《规则》第 8 条(d)款(2)项和(d)款(3)项标志着向宽松化发展的进步,克服了早期普通法和法典式(诉答)惯例。早期那些诉答制度一般不允许有事实矛盾或说法不一(inconsistent facts or theories)的诉答文书。它们要求当事人自始至终对案件事实采用一种说法或猜测。如果如披露和庭审中所提证据表明的,案件的事实与当事人当初的主张不同,通常当事人的运气就到头了。即使事实显示原告有权获得救济,但如果救济依赖有别于当初所提的说法或一组事实,其仍败诉。《联邦规则》的思路要好得多。它承认,在案件之初,当事人可能不处于知道实际发生了什么或知道庭审中可以确立什么事实的地位。它允许当事人提出选择性的甚至前后矛盾的意见和事实,承认通过披露当事人将获知事实真相。作为这一宽松诉答实践的一部分,《联邦规则》承认,诉答文书可能得随诉讼的展开而加以修改。我们在第七章第六节探讨诉答文书的修改。

今天,许多的州系统已经采纳了《联邦规则》对待假设的和前后矛盾诉答文书的方法。伊利诺伊上诉法院裁决的一个旧案提供了一个很好的例
327 证,该案被许多民事诉讼法案例教材收入。在麦考密克诉考普曼案(McCormick v. Kopmann)[①]中,麦考密克夫人在一个案中起诉了两组被告,寻求对所声称的其丈夫非正常死亡的赔偿。麦考密克先生死于车辆碰撞;当时他拜访了小酒店(tavern)后正驾驶自己的车辆。麦考密克夫人起诉了考普曼,该人是与麦考密克先生汽车相撞车辆的驾驶人,她还起诉了胡尔斯家族(the Hulses),他们是麦考密克先生饮酒小酒店的经营者。

针对考普曼的诉求(第一诉因)声称考普曼驾驶卡车有疏忽,该疏忽导致了麦考密克先生的死亡。作为诉求之一部分,原告声称麦考密克先生无混合过错(contributory negligence)。在针对胡尔斯家族的诉求(第四诉因)中,原告指控违反酒类供应商责任法(dram shop law)——换言之,胡尔斯家族甚至在麦考密克先生醉酒后还向他提供了酒。显而易见,第一诉因中的指控,即麦考密克先生无混合过错,与第四诉因的指控,即在车辆碰撞发生时他处于醉酒状态,是相矛盾的。庭审中陪审团得出的结论是麦考密克先生不处于醉酒状态,考普曼有过失。法院作出了赔偿 15500 美元的原告胜诉考普曼败诉的判决。

在上诉阶段,考普曼重复了他在初审法院已经表达过的理由——原告诉状中有矛盾,需要驳回针对他的诉讼请求。法院不认同这一看法,维持了对考普曼不利的判决。在引用了相关的伊利诺伊州的规定后,这些规定反

① 《东北部判例汇编第二辑》第 161 卷,第 720 页(夏威夷州上诉法院 1959 年)。

映了《规则》第 8 条(d)款(2)项，法院审查了麦考密克夫人立场(standpoint)中的情形(situation)：

> 在我们面前的记录中没有任何东西表明，原告在审理之前就知道第一诉因的指控，而不是第四诉因的指控，是真实的。事实上，在审理中，考普曼曾努力证明第四诉因指控的真实性，即麦考密克在碰撞发生时处于醉酒状态以及醉酒导致了其死亡。现在很难听取他说的在审理前原告应该已经知道这些不是事实的说法。在……受伤害一方仍然活着能回忆起交通事故事实的场合，选择性的诉答文书或许不具有正当性，但像审理中案件中那样，在关键证人死亡的场合，提出选择性的几组事实经常是仅有的可行的起诉途径。[①]

考虑一下如果麦考密克夫人不被允许提起选择性诉讼会面临的困境。她得在诉讼之初选择一种推测，只能一次起诉一个被告。如果她起诉胡尔斯家族败诉，她得提起针对考普曼的第二个诉讼。可以想象的是，审理起诉 328
胡尔斯家族案件的陪审团得出的结论是考普曼承担责任，而审理起诉考普曼案件的陪审团得出的结论却是胡尔斯家族承担责任。选择性的诉答允许在一个案件中针对两个人提出的诉求继续进行下去，让该原告避免如果被迫在分开的诉讼中起诉被告而不能胜诉的可能。

然而，再次声明，在联邦法院诉讼的律师必须根据《规则》第 11 条签署诉答文书。正如我们在第七章第七节所探讨的，律师的签名，除了其他事项外，还构成一个证明(certification)，证明已经阅读了文件，做了合理调查，诚信地(in good faith)得出结论：指控具有事实和法律的依据。可能有这么一些案件，当事人的认知状态排斥选择性的诉答。另一方面，如果当事人对支持其诉求或答辩的事实背景(factual background)或法律上的理论心存疑虑，则不要求其采纳单一的说法。

前后矛盾的诉答并不限定于原告。如我们在第十二章第五节第一目中所探讨的，在待决案件(pending case)中被告可以提出对原告的反诉，而不

---

① 同上，第 728 页(省略了引注)。

是就其请求分开起诉。被告一方面在答辩中采纳选择性说法，另一方面在反诉中采纳选择性说法，这种情况并不罕见。例如，因违约而遭起诉的被告，可以提出双方当事人从来没缔结合同作为答辩，同时又提出反诉，寻求从原告处获得合同上的赔偿。[1] 再此重申，被告免于承担被迫猜测在审理中哪组事实将被证实的责任，司法系统被授权在单个案件中裁决全部争议(overall dispute)。

---

① 见，例如，奥林匹亚旅馆公司诉约翰逊瓦克斯发展公司(Olympia Hotels Corp. v. Johnson Wax Dev. Corp.)，《联邦判例汇编第二辑》第 908 卷，第 1363 页(第七巡回法院 1990 年)。

## 第四节　自愿和非自愿的撤销诉讼

《规则》第41条(a)款规定了自愿撤销诉讼(voluntary dismissal),《规则》第41条(b)款规定了非自愿撤销诉讼(involuntary dismissal)的效果。不管案件何时被撤销——自愿地还是非自愿地——原告都非常关心撤销诉讼是否"不影响实体权利(without prejudice)"。不影响实体权利的撤销诉讼意味着原告可以再次提出诉讼请求(假设诉讼时效尚未届满)。表述同一事项的另一方法是撤销诉讼"不是有关实体权利的(not on the merits)"。与此形成对比的是,"影响实体权利的(with prejudice)"(或关于实体权利的)撤销案件意味着原告不可以再提出请求。请求权消灭了。

### 一、自愿撤销诉讼[《规则》第41条(a)款]

自愿撤诉正是其文字所表达的撤诉——原告已提起诉讼而现在想撤销 329
诉讼。也许原告改变了想法;也许当事人已经解决了案件,达成了协议,协议要求原告撤销诉讼。不管原告的理由为何,注意《规则》第41条(a)款(1)项(A)目限制原告在没有法院命令情况下自愿撤诉的能力。事实上,原告只在两种情况下根据两种机制才能这样做。第一,根据《规则》第41条(a)款(1)项(A)目(i),原告可以单方面地(unilaterally)提交撤销通知。提交通知之规定明确要求撤诉通知不能是口头的——而必须采取书面形式。然而,只能在对方当事人(the adverse party)"送达答辩状或简易裁判申请书"之前,提出撤诉通知。第二,根据《规则》第41条(a)款(1)项(A)目(ii),原告可以依据"所有已经出现的当事人所签署的"撤诉约定(stipulation of dismissal)撤销诉讼。注意,该第二种选择不允许原告单方行动——其必须取得所有已出现的当事人签署的协议。

- P起诉D。D提交并送达了其答辩状。现在,P想自愿撤销诉讼。其能通过提交撤诉通知单方面这样做吗?不能,为什么?因为,根据《规则》第 41 条(a)款(1)项(A)目(i),只能在 D 送达答辩状之前才可以这样做。其只有在取得与 D 共同签署的书面协定的情况下,才可以在没有法院命令的背景下自愿撤销案件。

- P 起诉 D。D 提交并送达了撤销案件的申请,撤销理由是没有根据《规则》第 12 条(b)款(6)项陈述诉求。现在 P 想自愿撤销案件。其可以通过提交撤销通知单方面这样做吗?可以,为什么?因为在 D"送达答辩状或简易判决申请书之前"的任何时候都有权这么做。在该假设案件中,D 没有做两个行为中的任何一个。以未陈述诉求为由提出的撤案申请既不是答辩状,也不是简易判决申请书。

《规则》第 41 条(a)款(1)项(B)目明确规定,两种撤诉途径中的任何一种——撤诉通知或根据当事人间的约定——通常都不影响实体权利。因此,原告可以再次提出诉讼请求,但有一个例外,该例外见之于《规则》第 41 条(a)款(1)项(B)目的第二句。"但是如果原告之前撤销过联邦或州法院的基于或包含相同请求的诉讼,撤诉通知作为实体裁决(adjudication on the merits)发挥作用。"换言之,第一个自愿撤销诉讼不影响实体权利。但如果原告再次提起诉讼,之后通过提交撤销通知撤销(而不是通过协议约定),则第二个撤销作为实体裁判发挥作用(这意味着该撤销影响实体权利,诉讼请求权消灭)。重要的是,如《规则》所清楚指出的,不管第一个案件是
330 在联邦法院还是在州法院,都是这样。只要第二个案件是在联邦法院,且通过提交撤销通知而被撤销,该撤销就影响实体权利(with prejudice)。

- P 在州法院(或联邦法院)起诉 D。P 自愿撤销该案件。此撤销不影响实体权利。之后,P 在联邦法院起诉 D,提出了同样的诉讼请求(并援引联邦事物管辖权为依据)。现在,P 提交撤销诉讼的通知(notice of dismissal)。提交该通知所导致的撤销影响实体权利。
- P 在州法院(或联邦法院)起诉 D。P 自愿撤销该案件。此撤销不影响实体权利。之后,P 在联邦法院起诉 D,提出了同样的诉讼请求(并援引联邦事物管辖权为依据)。现在,P 通过当事人间的约定撤销第二个案件。该撤销不影响实体权利。《规则》第 41 条(a)款(1)

> 项(B)目的文字清楚规定，只有在通过撤销通知而不是通过约定实施的情况下，第二个撤销才对实体事项起作用。[①]

限制原告可以在不影响实体权利情况下单方面自愿撤销案件的次数是有意义的。如果不这样，原告就能够通过不断地提出和撤销诉讼请求骚扰被告。将原告单方面自愿撤诉的权利限定在诉讼的早期，这也是有意义的。这样，不太可能在被告或法院已经在案中投入了许多资源后再撤销案件。因为，《规则》第 41 条(a)款(1)项(A)目(i)只允许在被告送达了答辩状或简易裁判申请书之前单方面自愿撤诉，不太可能发生撤销案件而浪费许多资源。

另一方面，有一些案件，在被告送达答辩状或简易裁判申请书之前，被告及法院已经投入了可观的时间和资源。在这样的案件中，根据《规则》第 41 条(a)款(1)项(A)目(i)，原告是否仍然应该拥有撤销案件的权利呢？答案似乎是肯定的。在美国足球公司诉斯科尔第一娱乐案(American Soccer Co. v. Score First Enterprises)[②]中，当事人争诉(litigate)的困难问题是，案件起诉后原告是否有权获得为期两个月的临时禁令(preliminary injunction)。被告和法院在该事项上投入了大量的时间和精力。然而，另一方面，被告没有送达答辩状或简易裁判申请书。两个月后，原告提交了撤销案件的通知。法院认为原告有权这样做，因为《规则》第 41 条(a)款(1)项(A)目(i)的条件(terms)得到了满足。原告和法院耗费的精力与此(权利)无关。

我们对自愿撤诉的相关讨论没有涉及法院的行为。《规则》第 41 条(a)款(2)项规定了法院命令的自愿撤诉。它规定，在任何《规则》第 41 条(a)款(1)项所没有涵盖的情形中，法院可以同意原告自愿撤诉的申请。《规则》明 331
确规定法院可以施加它认为合适的任何条款和条件(terms and conditions)。

---

① 见萨顿位置校准公司诉阿巴库斯抵押投资公司案(Sutton Place Level. Co. v. Abacus Mortg. Inv. Co.)，《联邦判例汇编第二辑》第 826 卷，第 637 页(第七巡回法院 1987 年)。

② 《联邦判例汇编第三辑》第 187 卷，第 1108 页(第九巡回法院 1999 年)。

- P起诉D。D提交并送达了答辩状。P想自愿撤诉，但D不同意撤诉。根据《规则》第41条(a)款(1)项(A)目(i)，P不能单方面行事，因为D已经送达了答辩状。P不能根据《规则》第41条(a)款(1)项(A)目(ii)撤销案件，因为D不同意撤销。P只有在法院根据《规则》第41条(a)款(2)项命令撤诉的情况下，才能将案件撤销。

除非法院在命令中做了相反的表示，否则推定法院的撤销案件不影响实体权利。在什么情况下法院会同意一个会影响实体权利的自愿撤案申请呢？毕竟，法院这样做时消灭了(extinguish)原告的诉讼请求，原告不能再次提出此请求。格罗弗诉伊莱莉莉公司案(Grover v. Eli Lilly Co.)[①]提供了一个实例，在该案中，第六巡回法院认为，地区法院在作出影响实体权利的撤案决定时，滥用了其自由裁量权(discretion)。案件援引了异籍管辖权(diversity of citizenship jurisdiction)，涉及根据俄亥俄州法律提出的诉讼请求。因为俄亥俄州有关责任问题的法律规定得不清楚，地区法院(the district court)将该问题提交俄亥俄最高法院要求澄清(我们在第十章第八节中会看到该程序)。俄亥俄最高法院以4票比3票的比例通过结论，认为原告没有请求权。地区法院做出了不影响实体权利的撤销案件的命令，其推理是俄亥俄法院可能会改变想法或俄亥俄的立法机构可能会为像被告这样的人规定救济。第六巡回法院推翻了该结论，解释说要求法院根据《规则》第41条(a)款(2)项同意(原告)撤案的"主要目的""是保护没有提出申请的当事人(the non-moving party)\[被告\]，使其免于不公正待遇。"[②]这一不公正待遇包括由不影响实体权利的撤销案件所引起的"直接的法律上的损害"，以及使被告遭受承担以将来法律变更为基础的潜在责任。它得出的结论是："在法律清楚地为被告规定了结果这一点上，通过不影响实体权利的撤销案件使他继续遭受承担潜在责任的危险，这是不公正的。"[③]

最后，《规则》第41条(a)款(2)项明确规定了反诉未决时的撤诉。(换

---

① 《联邦判例汇编第三辑》第33卷，第716页(第六巡回法院1994年)。

② 同前注，第718页。

③ 同前注，第719页。

言之，在未决案件(pending case)中，在原告申请撤销案件之前，如果被告针对原告提出了诉求请求。)在该情形下，“只有在反诉可以继续留在法院审理以作出独立裁决”，法院才应该不顾被告的反对撤销案件。因此，如果反诉 332
不能留在法院(例如，因为没有事物管辖权①)，法院就不应该允许原告撤销诉讼请求。如果反诉能够留在法院独立裁决，法院可以允许原告撤销诉讼请求。该规则旨在确保被告针对原告的诉讼请求能继续留在法院的备审案件表(docket)中，如果被告希望这样的话。

## 二、非自愿撤销诉讼[《规则》第 41 条(b)款]

《规则》第 41 条(b)款规定了三种情况下的撤销诉讼：因为原告没有(1)继续推进案件，(2)遵守《联邦规则》，或(3)遵守法院的命令。三个起始的要点(initial points)很重要。第一，《规则》第 41 条(b)款不是排他性的(exclusive)。我们已经知道有几个违背原告意愿撤销案件的方式。例如，《规则》第 12 条(b)款中的所有的抗辩——包括缺乏对人管辖权，缺乏事物管辖权，不合适的审判地——都可以导致非自愿的撤销案件。此外，如我们在本章第七节所看到的，严重违反职业道德规则(ethical rules)也可以导致撤销案件。在第八章第四节中，我们看到在极端的案件中，作为披露方面的制裁(discovery sanction)，也可能撤销案件。因此，《规则》第 41 条(b)款对允许非自愿撤销的其他条款做了添加。第二，《规则》第 41 条(b)款允许撤销“诉讼或任何诉讼请求”。可能存在一些情形，在这些情形中不作整个案件的驳回是合适的，如当原告没有遵守涉及特定诉讼请求的法院命令。第三，尽管《规则》第 41 条(b)款明确规定，“被告可以”因存在任何所列举的理由而“申请撤销案件”，但联邦最高法院在林克诉瓦巴西铁路公司案(Link v. Wa-

① 一个例子是反诉没有援引异籍(diversity of citizenship)或联邦问题或附属管辖权(supplemental jurisdiction)为依据。见《穆尔论联邦实践》第 8 卷，第 41 章 40 节[8]目。此外，如果要撤销的诉讼请求与待审的反诉不可分割地相联系，法院通常不撤销诉讼。见博斯蒂夫有限责任公司诉马劳茨维基案(Bosteve Ltd. v. Marauszwki)，《联邦规程判例汇编》第 110 卷，始于第 257、259 页(纽约东区法院 1986 年)。

bash Railway Co.)[①]中得出的结论却是,《规则》允许地区法院不经被告申请主动地(sua sponte)撤销案件。

林克案是被广泛引用的有关非自愿撤销诉讼的案件。[②] 在该案中,原告在 1954 年 8 月提起诉讼。1960 年 10 月,案件未经历审理就被撤销了,这意味着这一相对简单的人身伤害案件在法院的待审案件表(docket)中待
333 了六年却未进入庭审。这是怎么发生的呢?原告花了十六个月的时间争取推翻地区法院法官对案件的错误撤销。但,除此之外,耽误的理由是原告律师寻求延长期限以完成披露。然而,严峻的事情是 1960 年 10 月原告的律师没有出席审前会议(pretrial conference)(我们在第八章第五节探讨的事项)。律师在审理的那天给法官办公室(the judge's chambers)打电话,汇报说他忙着一个州法院的案件,不能出席会议。地区法官的耐心耗尽了,他"以原告的律师没有出席审前会议,没有推进诉讼"为由,撤销了案件。

联邦最高法院维持了结论,认为地区法院的法官没有借助撤销案件滥用自由裁量权。布莱克(Black)法官起草了言辞激烈的反对意见,批判了法院因律师的恶劣行为(misdeeds)而惩罚原告的意愿。由哈伦(Harlan)法官执笔的多数派意见认为,原告聘请了律师,因此得承受其后果。[③] 通过暗示,多数派似乎是说,当(相对简单的)案件六年还没进入庭审时,理性的客户会想到出了问题。显而易见,每一个观点都会产生问题。不管律师怎么

---

① 《美国联邦最高法院判例汇编》第 370 卷,第 626 页(1962 年)。

② 还有其他案件。联邦最高法院似乎不时地表达一下这样的观点,以提醒原告的律师,他们必须根据规则出牌,并以适当的勤勉推进案件。见,如亨德森诉美国案(Henderson v. United States),《美国联邦最高法院判例汇编》第 517 卷,始于第 654、662 页(1996 年)["《规则》第 41 条(b)款规定了'因原告没有推进案件'的撤销,能够被援引作为遏制不合理延误的手段"];车道快递公司诉派珀案(Roadway Exp., Inc. v. Piper),《美国联邦最高法院判例汇编》第 447 卷,第 752 页(1980 年);全国曲棍球联盟诉大都会曲棍球俱乐部公司案(National Hockey League v. Metropolitan Hockey Club, Inc.),《美国联邦最高法院判例汇编》第 427 卷,第 639 页(1976 年)。

③ 该理论——客户雇佣了律师,因此受其"代理人"错误约束——是很流行的理论。我们在第九章第七节再次看到了这一说法,该节涉及撤销判决的申请。当律师的错误已经导致了对被告不利的缺席判决(a default judgment)时,被告可以因特殊情况(extraordinary circumstances)根据《规则》第 60 条(b)款(6)项尝试撤销判决。尽管传统的观点一直是律师的错误不赋予撤销判决正当性,但如果律师犯重大过失(gross negligence),一些法院将给予救济。

拖拉，只要当事人没有参与到耽误中，布莱克法官的意见似乎使得撤销案件变得不可能。另一方面，哈伦(Harlan)法官的可以从法院的待决诉讼表中清除这种案件的意见，忽视了这样的事实，即撤销案件会导致原告提起以律师为被告的玩忽职守的诉讼(malpractice case)。

在林克案中，地区法院的法官没有警告原告或其律师不参加审判前会议会导致撤销案件。此外，法院没有向律师提供听证(hearing)机会，在该听证中，律师可以解释为什么他没参加审判前会议。然而，根据案件的记录，联邦最高法院得出的结论是：很清楚，律师知道情况有多严重。尽管如此，在作出撤销决定之前，法院给出警告或给予解释拖沓行为的机会，这样明显地更可取。正如我们在第七章第七节所讨论的，《规则》第11条现在明确要求，法院在施加不如撤销案件那么严厉的制裁之前，给予通知和听证机会(an opportunity to be heard)。

《联邦规则》第83条(a)款允许每一联邦地区采用增补了《联邦规则》的《地方法院规则》(Local Rules)。(在现实世界中，至关重要的是你们查阅相关的《地方规则》，永远不要让那些规则中的任何规定打你们个措手不 334
及)。一些地区有一条地方法院规则，规定如果法院的待决案件表显示，在一个确定的期间内，如一年，没有案件行为，则可作非自愿的撤销。在这种情况下，法院将发布一个要求说明理由的命令(Order to Show Cause)(O. S. C. [①])，该命令要求原告说明为什么法院不应该以没有推进案件为由撤销案件。[②] 即使缺乏地方法院规则，在法院认为原告在推进案件进行上缺乏勤勉时，也当然拥有发布要求说明理由的命令的固有权力。在第八章第五节中，我们看到《联邦规则》通过施加一些日程安排上的要求和召开催促当

① 在一些州，要求说明理由的命令(O. S. C.)为古老的术语非最后的命令(rule nisi)(读作nigh-sigh)提及。法院可以因许多理由发布要求说明理由的命令(或非最后的命令)；例如，它可能要当事人解释为什么法院不应该对其作出制裁。此处，我们关心的是因没有推进案件而发布的要求说明理由的命令。

② 许多州有类似的规定。加利福尼亚州有更强效的药方。根据制定法，如果庭审没有在诉讼提起后的5年内开始，则审案法院丧失对案件的管辖权。《加利福尼亚民事诉讼法典》第583、360目。

事人行动的会议，寻求避免案件中这样的停顿(lulls)。

《规则》第 41 条(b)款的第二句规定了非自愿的撤销案件是否影响实体权利(或作为实体裁判发挥作用)。总的回答是肯定的——非自愿撤销案件被视为是有关实体的，因此请求权消灭。但《规则》第 41 条(b)款承认该一般规则的例外。第一，法院可能在其撤销命令中做相反规定。因此，如果法院“不影响实体权利(without prejudice)”地撤销案件，则该撤销不作为实体的裁判发挥作用。第二，如果撤销的依据是缺乏管辖权(对人管辖权或事物管辖权)、不合适的审判地或没有根据《规则》第 19 条合并当事人，则该撤销不被视为是有关实体事项的。该规定承认这样的撤销——本质上是因为法院缺乏审理案件的权力——没以任何方式处理实体事项，因此不应该阻挡原告再次提出诉讼请求。

另一方面，该规定意味着因没有推进案件导致的撤销(在缺乏法院相反命令的情况下)以实体裁判发挥作用，因而妨碍重新起诉。这似乎有点奇怪。当法院以此为依据撤销案件时，事实上并没有作出实体裁判。但《规则》第 41 条(b)款规定，非自愿的撤销“作为实体裁判发挥作用”。当我们讨论诉讼请求和争点排除(issue preclusion)时，再在第十一章中回到这一话题。一个判决是否被视为“关于实体事项的(on the merits)”，这一点是极
335 其重要的。我们也看到(在第十一章第二节第二目中)，联邦最高法院已经为限制《规则》第 41 条(b)款的排除效力(preclusive effect)敞开了大门。不过，眼下一般规则简单明了：任何非自愿的撤销，除了建立在管辖权、审判地或必不可少的当事人(indispensable parties)基础上外，都被认为影响实体权利。

# 第五节　没有回应：缺席和缺席判决

## 一、缺席和缺席判决之间的差异

在第七章第四节中，我们看到案件可能会因原告没有按规则出牌而被撤销——因其没有推进案件、没有遵守《联邦规则》或没有服从法院命令。在本部分，我们认为糟糕的命运可能会降落在被告身上——具体地说，就是根据《规则》第 55 条作出的缺席认定和缺席判决。值得注意的是《规则》第 55 条不是唯一一个会导致作出不利被告的缺席判决的条款。我们在第八章第四节中看到，在一些极端的案件(extreme cases)中，法院可以因没有遵守《联邦规则》的披露规定而命令作出对被告不利的缺席判决。然而，这儿我们探讨的是由被告未适当回应针对其的诉讼所引起的缺席。该情况引起了政策的冲突。其一，我们喜欢裁决案件实体事项，而不是程序方面的技术细节。另一方面，尽管如此，原告仍不应该被不当耽误，应该要求被告依规则行事。

从一开始就区分“缺席(default)”和“缺席判决(default judgment)”是重要的。缺席只是法院书记官办公室(clerk's office)在案件的待审表中所标注的一种符号(notation)，表示被告在《规则》第 12 条规定的时间内没有回应。然而，缺席登记并不赋予原告获得救济的权利。为了获得诉求的救济，原告必须取得缺席判决，该判决像任何其他判决一样因此能获得执行。根据《规则》第 55 条，在有限的几个情况下，法院的书记官可以作出判决。然而，在另外一些情况下，判决只能由法院本身作出。缺席登记是取得缺席判决的一个绝对的先决条件(an absolute prerequisite)。因此，当被告没有根据《规则》第 12 条及时回应时，第一步就是原告寻求缺席登记。当这一步完成后，原告才能寻求作出缺席判决(entry of default judgment)。 336

## 二、缺席登记[《规则》第 55 条(a)款]

缺席结论往往由法院书记官登记，[1]而不是由法官登记。[2] 根据《规则》第 55 条(a)款，书记官在这一事项上没有自由裁量权。如果原告“通过经宣誓的陈述(affidavit)或其他方式”证明被告[3]没有“如这些规则规定那样做抗辩(plead)或其他方式的争辩(defend)”，书记官就“应该(shall)”登记被告缺席。另一方面，《规则》第 55 条(a)款没有规定，一旦供被告回应的时限届满，就自动登记缺席。在一些州的法院，习惯做法正好相反，在这些法院，当回应时间届满，自动登记缺席。尽管如此，《规则》第 55 条(a)款清楚要求，为了使缺席获得登记，原告得做某些行为。

在第七章第四节第一目中，我们看到根据《规则》第 12 条，被告一般必须在诉讼书状(process)送达后的 20 天内作出回应。向被告送达起诉文书的人被要求向法院提交报告，告知送达何时生效(我们在第三章第三节中探讨过该要求)。书记官办公室在待审案件表上为案件记录下这些信息。即使送文书的人(server)没有向法院提交报告，原告也可以提交送达何时完成的证据，向书记官证明已经过了 20 天了。被告提出的任何答复都被记录在案件待审表中，因此书记官可以很快断定被告是否已经根据《规则》第 12 条作了回应。

尽管缺席登记并不赋予原告救济权(为此其需要取得一个判决)，但登记做了一个重要的事——它切断了被告对起诉状提出回应的权利。如果被

---

① 不要将法院的书记官(clerks of the court)与法官助手(law clerks)相混淆。前者是法院系统的职员，他们被要求承担监督文件的归档和卷宗的维护以及其他的管理事务。后者是新近从法学院毕业的学生，他们为法官(或法院自己)所雇佣，向法官提供研究和起草文件的协助。司法书记官职位享有声望并向任何对诉讼实务有兴趣的人提供珍贵的经历。你们从法学院毕业时，不要将它们作为就业机会而加以忽视。

② 从技术层面看，尽管《规则》第 55 条(a)款允许书记官登记缺席，但它不禁止法院(法官)这样做。因此，法官肯定有权登记缺席，但一般没有理由找书记官之外的任何人做缺席登记。

③ 事实上，是任何处于答辩地位的当事人。记住，在反诉中原告可能遭到被告控告。在反诉中，原告就是答辩的当事方，必须根据《规则》第 12 条对反诉进行回应。这里我们假设缺席的当事人是被告。

告在被送达起诉文书20天后想送达并提出答辩状，会发生什么呢？如果原告已经使缺席登记在案，被告就不能提出答辩状，得申请撤销缺席登记。（我们在第七章第五节第四目中论述之。）如果原告没有使缺席登记在案，从技术角度而言，被告应该根据《规则》第6条(b)款申请延长回应时间。然 337
而，实践中，一些法院简单地允许被告在书记官作出缺席登记之前的任何时候作出回应，即使没有申请延期也一样。[①] 因此，原告希望尽可能快地把缺席登记上，因为登记将妨碍被告回应，被告得申请撤销缺席登记。

- P提出了针对D的起诉状并在6月1号送达了诉讼书状。根据《规则》第12条(a)款(1)项(A)目(i)，D必须不迟于6月21号作出回应。D没有这么做。在6月22号，P向法院书记官证明，D没有及时回应。书记官在记录中做了缺席登记。现在D不能答辩或用其他方式回应起诉书，除非D说服法院撤销缺席登记。
- 这儿除了P没有要求做缺席登记外，其他事实都相同。D在6月24号送达并提交案件中的答辩状。答辩状是不及时的，因为它不是在D被送达诉讼书状后20日内送达的。但另一方面，P没有使书记官做缺席登记。很可能，书记官将允许D答辩。对D来说更加合适的方法是根据《规则》第6条(b)款提出延期答辩的申请。但许多的法院似乎愿意让D做早就该做的答复，而不是麻烦地提出这一申请。毕竟，P能够在一发现D行动晚时就使缺席获得登记，从而切断D的答复权。

## 三、缺席判决的作出[《规则》第55条(b)款]

一旦原告获得了缺席登记，其就希望获得缺席判决，这样可以执行该判

---

① 见，如巴赫诉梅森案(Bach v. Mason)，《联邦规程判例汇编》第190卷，始于第567、574页(爱达荷地区法院1999年)；巴恩斯利诉茹安云案(Barnsley v. Runyon)，《1997莱克西斯美国地区法院判例汇编》，第23551页(俄亥俄南部地区法院1997年)，被维持原判，《1999莱克西斯美国上诉法院判例汇编》，第4009页(第六巡回法院1999年)。得陶勒诉第245号地方分工会案(DeTore v. Local No. 245)，《联邦补编》第511卷，第171页(新泽西州地区法院1981年)。

决而获得救济。在联邦法院,缺席判决之作出受《规则》第 55 条(b)款支配。它规定法院的书记官能够在非常有限的几种情况下作出缺席判决。然而,在这些情况之外,书记官不能擅自行动,原告必须寻求由法院本身(意指由法官)作出的缺席判决。对书记官可以作出判决的情形进行限制是合适的。毕竟,判决是一种命令——依据法院的权力颁发——它产生被告对原告的法律义务。可以理解,我们不太情愿让行政官员(a bureaucratic officer)作出这样的命令,因此限制了可以作出该命令的案件类型。事实上,根据一些州的程序性规定,书记官永远无权作出判决;在这些州,作出缺席判决总是需要司法介入。

根据《规则》第 55 条(b)款(1)项,只有在四个事项成立时,书记官才能
338 够依据原告要求作出缺席判决。第一,诉讼请求必须是要求赔偿一个确定金额(sum certain)或能通过计算能确定的数额。第二,原告必须提供一个有关应支付赔偿金的宣誓书(affidavit)[它是一个宣誓陈述(sworn statement),依据伪证罪(perjury)的惩罚予以执行]。第三,被告必须没有在案件中出现。[我们一会看到(在下面的两个假设案件中),出现后就不可能缺席。只有在被告完全没有出现,才可能从书记官处获得缺席判决。]第四,被告不能是未成年人(minor)或无行为能力人(incompetent)。[①] 如果这些要求得到了满足,书记官没有自由裁量权,而"应该作出;宣誓书所证明金额以及由被告支付诉讼费的判决。"总而言之,书记官因此只能在不需要司法自由裁量权的案件中作出判决。诉讼请求是为赔偿确定金额,且被告已经表明对答复没有兴趣,更别说争讼实体事项或损害赔偿额问题。

- P 起诉 D 要求赔偿因违反合同产生的 10 万美元的赔偿金。6 月 1 号,D 被送达了诉讼书状。在《规则》第 12 条规定的允许答复的 20 天内,D 没有以任何方式回应。6 月 22 日,P 使书记官登记了缺席。

---

① 尽管《规则》第 55 条(b)款只提到被告不是未成年人或无行为能力,当被告是武装部队(the Armed Services)的成员时,《军人和海员民事救济法》[(*The Soldiers' and Sailors' Civil Relief Act*),《美国法典补遗》第 50 编,第 501 条及以下的规定]的规定还为获得缺席判决施加了某些要求。

只要D既不是未成年人(infant)又不是无行为能力人,并且符合P提供宣誓书的条件,表明10万美元是P所遭受的损害数额,P就能够要求书记官根据第55条(b)款(1)项作出判决。因为该案是要求赔偿确定金额的且D没有作任何回应,因此书记官可以作出缺席判决。

另一方面,如果上面提到的四个要求中有任何一个没有得到满足,书记官就不能根据《规则》第55条(b)款(1)项作出判决。因而,原告必须根据《规则》第55条(b)款(2)项寻求由法官作出缺席判决。这样做的途径是提出《规则》所称的缺席判决"申请(application)"。

- 事实和前述假设相同,但这儿D回应起诉状的办法是及时地申请以缺乏对人管辖权为由的撤案。法院拒绝了申请。之后,D没有在适当时间内送达并提交答辩书。P请求书记官登记缺席。然而,这儿P不能要求书记官作出缺席判决。为什么呢?因为这儿,D在案件中出现了——申请撤销案件——因此,《规则》第55条(b)款(1)项规定的条件没有全部得到满足。P只能从法院获得判决。

法院将几乎总是对缺席判决的申请举行听证。[①] 在这些案件中,重要 339
的是理解即使被告清楚缺席,根据《规则》第55条(b)款(2)项,原告仍无权获得缺席判决。[②] 为什么?因为,如我们前面所述,我们的司法制度喜欢解决实体领域的纠纷,而不是技术细节上的纠纷。该事情属于联邦地区法官自由裁量权范围,法官可以要求提供任何相关事项的证据,包括原告实体诉求的说服力(strength)和被告可能提出任何答辩之成功可能性(viability)。法院通常根据下述依据决定是否准予缺席判决申请:(1)被告不回应是否故意为之;(2)原告是否已经受到伤害;以及(3)被告是否对基础案件(under-

---

① 然而,显然存在不要求听证的案件。见,如美国诉卡布雷拉—迪亚斯案(United States v. Cabrera-Diaz),《联邦补编第二辑》第106卷,第234页(波多黎各地区法院2000年)。

② 见甘瑟诉英格尔案(Ganther v. Ingle),《联邦判例汇编第三辑》第75卷,第209页(第五巡回法院1996年)。

lying case)具有有价值的答辩(meritorious defense)。[①] 当实体事项(merits)明显存有争议,潜在责任(potential liability)明显巨大时,法官可以拒绝作出判决。[②] 另一方面,如果被告在实体事项上的论点软弱无力(weak),或者如果案件的耽误已经对原告造成了伤害,或者如果被告恶意行事(acted in bad faith),法院将倾向作出缺席判决。[③] 在一案件中,纵然被告们作了有价值的答辩,因为被告们故意不与他们的律师联系,并在缺席之前完全不认真对待诉讼,且因而导致的耽误损害了原告利益,使原告的产品专利是否无效的重要问题不能解决,为此法院作出了缺席判决。[④]

根据《规则》第 55 条(b)款(2)项,需要被告收到对缺席判决申请进行审理通知吗?《规则》清楚要求给被告书面通知,通知至少在审理申请之三天前送达,但只有"本人或代表已经"在案件中"出现(appeared)"才适用。[⑤] 出现的最明显的例子是被告在案件中提出了申请或进行了答辩。但这儿法院
340 在认定什么构成出现上是相当宽松的。甚至有观点支持认定被告可以不向法院提交任何材料而出现。在一案件中,被告的律师没有向法院提交任何东西,但向原告的律师写了一封信,表示被告没钱,并表示希望和解解决案

---

① 见杰克逊诉比奇案(Jackson v. Beech),《联邦判例汇编第二辑》第 636 卷,始于第 831、836 页(哥伦比亚地区巡回法院 1996 年)。这一点上,根据一些法院的意见,被告不需要证明其答辩可能会胜诉。相反,只要提出貌似有理的答辩(a colorable defense)就足够了。同前注,第 837 页。

② 见,如皮瑙德诉萨福克县案(Pinaud v. County of Suffolk),《联邦判例汇编第三辑》第 52 卷,第 1139 页(第二巡回法院 1995 年)。

③ 见,如班布塞尔斯诉奥扎克贸易案(Bambu Sales v. Ozak Trading),《联邦判例汇编第三辑》第 58 卷,第 849 页(第二巡回法院 1995 年)。

④ 本田动力设备生产商公司诉伍德豪斯案(Honda Power Equip. Mfg., Inc. v. Woodhouse),《联邦规程判例汇编》第 219 卷,始于第 2、9—13 页(哥伦比亚地区法院 2003 年)。仅仅获取救济的耽误一般不构成《规则》第 55 条(b)款下的相关"损害(prejudice)"类型。同上,第 12—13 页。然而,在本田动力案中,耽误对原告造成了损害,因为它让其持有的专利可能是无效的说法笼罩在其头上。

⑤ 被告是否在案件中出现对另一理由来说也是重要的。如果她出现了,则书记官不能根据《规则》第 55 条(b)款(1)项作出缺席判决。(正如如果诉求不是要求一确定的金额或者如果案件是针对未成年人或无行为能力人,则书记官不能作出判决一样。)

件避免缺席登记。[①]

如果法院决定作出缺席判决，它如何决定给原告的救济呢？如我们前面所看到的，当书记官根据《规则》第 55 条(b)款(1)项作出缺席判决时，判决是为了给予原告宣誓书(affidavit)要求的金额。根据《规则》第 55 条(b)款(2)项，如果原告已经起诉要求获取一确定的金额(a sum certain)，而被告没有质疑该金额，则法院可以作出该金额的判决而不需要做进一步的调查。但当该金额不容易计算时，或者如果被告质疑该金额，法院将进行审理，以决定恰当的救济。尽管缺席的被告基本上承认了其责任，但缺席一般不等于认同赔偿的金额。[②] 法院对有关赔偿金额问题进行实质性的审理，在审理中，(当事人)可以享有获得陪审团审理的权利(在第九章第二节第二目探讨)。然而，在这一点上，注意《规则》第 55 条(c)款规定，判决不能超过原告在起诉状中要求的赔偿金数额，它也不能包含原告在起诉状中没有要求的救济类型。[③] 这些限制反映了对缺席判决的担心(uneasiness)。被告不应该遭受大于通知损失的损失。

- P 在联邦法院起诉 D，要求赔偿 10 万美元，恰当援引了事物管辖权和陈述了诉求。在被送达起诉文书后的 20 天内，D 以缺乏对人管辖权为由申请撤销案件。法院拒绝了该申请，并命令 D 在十日内回复起诉状。D 没有这样做。P 根据《规则》第 55 条(a)款让书记官做了缺席登记，但没能根据《规则》第 55 条(b)款(1)项让书记官作出缺席判决。为什么不能？因为，这儿 D 在案件中出现了(made an appearance)，因此《规则》第 55 条(b)款(1)项的要求，即 D 因没有

① 见缅因州基银行诉桌布纺织品公司案(Key Bank of Maine v. Tablecloth Textile Co.)，《联邦判例汇编第三辑》第 74 卷，第 349 页(第一巡回法院 1996 年)。

② 见，如高恩公司诉 F/V 质量第一案(Gowen, Inc. v. F/V Quality One)，《联邦判例汇编第三辑》第 244 卷，第 64 页(第一巡回法院 2001 年)，被调卷，遭否决，《美国联邦最高法院判例汇编》第 534 卷，第 886 页(没有反对作出缺席判决的被告有权质疑赔偿金额)。

③ 在非缺席案件中(nondefault cases)，这些限制都不适用。如我们在第九章第二节第四目所见(并在第七章第三节第二目所提到)，在非缺席案件中，被告的责任是裁决认定的，原告能够获得证据表明她有权获得的任何和所有的救济。

出现而缺席，不能获得满足。

- 这就意味着P必须申请法院作出缺席判决。因为D在案件中出现了，其将获得审理的通知。如果在审理后，法院作出缺席判决，法院将根据审理中证明为适合的金额作出判决，例外情况是判决不能超越10万美元，因为这是起诉书要求的金额。不能给予P与起诉状
341 中所要求类型不同的救济。因此，即使审理中提出的事实表明P有权获得针对D的禁令(injunction)，P也不能获得该禁令。缺席判决限于起诉状中所寻求的救济类型。然而，P将从D处获得P在案件中蒙受的诉讼费。[①]

## 四、撤销申请[《规则》第55条(c)款和第60条(b)款]

遭受缺席认定或者缺席判决之苦的被告可以申请撤销之。然而，重要的是区分两种情形。《规则》第55条(c)款规定，缺席的当事人(the defaulting party)可以“根据充足的理由(good cause)”申请撤销缺席认定。然而，对缺席判决，该规则将《规则》第60条(b)款作为适当的救济手段(vehicle for relief)提及。《规则》第60条(b)款适用于撤销任何判决的申请，而不仅仅是缺席判决，我们在第九章第七节中探讨之。与撤销缺席判决相比，法院常常更愿意撤销缺席认定，就当前的目的而言，注意这一点就足够了。该一般规则是有道理的。缺席认定只是案件审理过程中一个中间的(interlocutory)[非终局的(nonfinal)]裁定。与此形成对比的是，判决是正式的司法命令(official judicial order)，认定原告有权从被告处获得补偿。因此，根据《规则》第60条(b)款，缺席判决的废除只能通过满足适用于终局性、可上诉命令的更严格标准，而缺席登记可以因“获得证明的充足理由”而被撤销。[②]

---

① 这与诉讼赢家从输家处获得其诉讼费的一般规则吻合。记住，诉讼费不包括律师费。见第一章第一节、第九章第三节。

② 见贝特尔森诉凯恩案(Berthelsen v. Kane)，《联邦判例汇编第二辑》第907卷，始于第617、620页(第六巡回法院1990年)。在该案被裁决时，《规则》第55条(c)款提到的是“获得证明的充足理由”。现在，如2007年修改的式样，它提到的是“充足的理由”。

被告无权仅仅因提出了请求就使缺席认定和缺席判决被撤销。该事项被授予地区法院自由裁量。在裁定撤销的申请时，法院必须注意两个相冲突的政策（我们在第五章第七节第一目确认了这些政策）。当然，一个政策是原告对正义的追求不应该为被告不依规则行事不当耽搁。另一政策是我们的司法制度喜欢从实体上解决纠纷，而不是从技术细节上解决纠纷。

**撤销缺席认定的申请。**为了顺应这些政策，《规则》第55条(c)款要求申请撤销缺席认定的被告证明存在未及时答辩的“充足的理由”。充足的理由指合理的解释(a reasonable excuse)。例如，如果缺席是源自各当事人律师之间的误解，①或源自被告律师的错误（与被告本人的错误相对），②或者 342
不能与律师取得联系，③或者生病，④或源自被告的某种诚实的疏忽，则法院可以裁决被告已经证明了有充足的理由。如果法院相信被告善意行事，撤销缺席认定尤其具有可能性。

尽管《规则》第55条(c)款没有提到时间，法院仍将坚持撤销缺席认定的申请应在“合理的时间内”提出。实际上，被告提出撤销缺席认定耽搁的时间越长，越难让法官相信其在善意行事，或甚至越难让法官相信其有“充足的理由”。每一案件都依据其自身的事实裁决，因此明智的被告显然将尽可能快地提出申请。地区法院有权要求被告提供保证金或其他担保作为撤销缺席认定的条件。

---

① 见，如谢泼德索赔服务公司诉威廉达拉和合伙人案(Shepard Claims Serv., Inc. v. William Darrah & Assocs.)，《联邦判例汇编第二辑》第796卷，第190页（第六巡回法院1986年）（对原告律师给予的延期做了错误解释）。

② 见，如奥古丝塔玻璃纤维外壳公司诉福多尔承包公司案(Augusta Fiberglass Coatings, Inc. v. Fodor Contracting Corp.)，《联邦判例汇编第二辑》第843卷，第808页（第四巡回法院1988年）。

③ 见，如比顿诉巴勒斯坦临时自治机构案(Biton v. Palestinian Interim Self Govt. Auth.)，《联邦补编第二辑》第233页，始于第31、33页（哥伦比亚地区法院2002年）（卷入巴勒斯坦—以色列冲突的被告不能与在美国的律师取得联系）。

④ 见，如雷肖勒诉伍斯特县案(Leshore v. County of Worcester)，《联邦判例汇编第二辑》第945卷，第471页（第一巡回法院1991年）。

但也有重要的第二个要求。尽管《规则》第 55 条(c)款没有提及,但法院仍很可能坚持被告表明其有切实可行的答辩。[①] 如果被告没有乍一看有道理的实体上的答辩,撤销缺席认定从而将案件退回诉讼流程就没有意义。[②] 因为问题是交给法院自由裁量的,故并无一致之方法要求被告必须证明其答辩如何强劲有力。大多数的法院似乎坚持,至少被告要提出构成实体答辩的具体事实,而不是结论性的指控。一些法院要求更苛刻,坚持要被告证明不仅存在有价值的答辩(meritorious defense),而且有“实体上取得成功的相当大的可能性”。[③] 协调有关撤销缺席认定的判例法是不容易的。一些观点认为,如果被告没有及时答辩在某种程度上就该受谴责,不管是否存在切实可行的答辩,法院似乎都不愿撤销缺席认定。[④] 在其他案件中,尽管被告应受谴责,当没出现对原告的伤害,而被告又有有价值的答辩时,法院仍撤销了缺席认定。[⑤]

**撤销缺席判决的申请。**正如我们在第九章第七节中所见,根据《规则》第 60 条(b)款,任何判决——包括缺席判决——都可由作出判决的法院撤
343 销。该条陈述了几个可能的撤销判决理由,包括《规则》第 60 条(b)款(4)项中规定的判决无效。例如,如果作出缺席判决的法院缺乏对人管辖权或事物管辖权,判决可以因该理由而遭受质疑。

缺席判决情况中有更大的可能性的是《规则》第 60 条(b)款(1)项,该条中撤销申请的依据是“错误、疏忽(inadvertence)、意外(surprise)或可原谅

---

① 贝特尔森案,见前注,《联邦判例汇编第二辑》第 907 卷,第 620—621 页。

② 答辩必须是有关案件实体事项的。只是陈述欧洲的被告缺乏在美国获取律师帮助的手段,则“没有用实体法的方式阐述[原告]诉求的实体事项”。本田动力设备生产商公司诉伍德豪斯案(Honda Power Equip. Mfg., Inc. v. Woodhouse),《联邦规程判例汇编》第 219 卷,始于第 2、10 页(哥伦比亚地区法院 2003 年)。

③ 联邦储蓄与贷款保险公司诉克伦克案(FSLIC v. Kroenke),《联邦判例汇编第二辑》第 858 卷,始于第 1067、1071 页(第五巡回法院 1988 年)。

④ 见,如奥尔布赖特诉艾伦纽曼出品公司案(Albright v. Alan Neuman Prods., Inc.),《联邦判例汇编第二辑》第 862 卷,始于第 1388、1391—1392 页(第九巡回法院 1988 年)。

⑤ 见,如贝特尔森诉凯恩案(Berthelsen v. Kane),《联邦判例汇编第二辑》第 907 卷,始于第 617、621 页(第六巡回法院 1990 年)。

的疏忽(excusable neglect)”。根据这一理由提出申请的被告必须使法院相信,其犯了应该用撤销判决予以原谅的错误或可原谅的疏忽。至于此规则这一部分下的“错误”是否指法院犯的法律错误,判例(authority)观点存有分歧。一些法院根据《规则》第 60 条(b)款(1)项允许对司法错误予以救济,至少在某些情况下是如此,[①]而另外一些法院不允许救济。[②] 然而,即使被告根据《规则》第 60 条(b)款(1)项成功确立充分的理由,其也必须证明存在切实可行的答辩。[③] 地区法院拥有巨大的自由裁量权,有权决定被告是否已经做了所要求的证明,决定如何衡量诸如对被告的损害以及被告的善意等因素。此外,准予撤销缺席判决申请的法院可以要求被告提供保证金(bond)或其他担保。

许多意见一般断言,缺席判决不受青睐,因为我们的司法制度更喜欢从实体上解决问题而不是从技术细节上解决问题。[④] 然而,有趣的是跟踪了大量的联邦法院案例,发现可能存在对被告采取更强硬路线的趋势。第七巡回法院,非常坦率已经“偏离了传统的”宽大“立场”,“越来越不情愿推翻下级法院的拒绝撤销[缺席判决]的结论”。正如该法院所具体表达的,“缺席判决的作出正变成——如果没有来自本法院的干预——对被告迟到作为的常见的制裁。在史无前例有大量案件时代,联邦法官不愿意让联邦法院的程序被用于延误债务清偿的目的。”[⑤]

---

① 见,如国际控制公司诉韦斯科案(International Controls Corp. v. Vesco),《联邦判例汇编第二辑》第 556 卷,始于第 665、669 页(第二巡回法院 1977 年)(但认为以这一理由要求对判决进行救济的申请必须在上诉期届满前提出)。

② 见,如帕克—蔡普特雷建筑公司诉彻林顿案(Parke-Chaptley Constr. Co. v. Cherrington),《联邦判例汇编第二辑》第 865 卷,始于第 907、914—915 页,注释 7(第七巡回法院 1989 年);佩奇诉施韦克案(Page v. Schweiker),《联邦判例汇编第二辑》第 786 卷,始于第 150、154—155 页(第三巡回法院 1986 年)。

③ 见《摩尔论联邦诉讼》第 12 卷,第 60 章第 24 节。

④ 见,如阿德里安娜国际公司诉索隆内恩案(Adriana Intl. Corp. v. Thoronen),《联邦判例汇编第二辑》第 913 卷,始于第 1406、1412—1413 页(第九巡回法院 1990 年)。

⑤ 州交易金融公司案(In re State Exch. Fin. Co.),《联邦判例汇编第二辑》第 896 卷,始于第 1104、1106 页(第七巡回法院 1990 年)。

# 第六节 修改和补充的诉答文书

现代诉答的规定，如《联邦规则》作为典范所展现的，在允许当事人修正

344 诉答文书上是非常宽容的。该宽容有道理。通常，随着案件的发展，当事人获知了一些事项，让他们觉得有必要或希望变更早些时候的主张。《联邦规则》第 15 条支配联邦法院的修订实务，该条涉及面广泛。有用的是看出每一分段(subpart)处理不同的事实情节(factual scenario)。有帮助的是将讨论或《规则》第 15 条划分成四个分段，每一分段处理款项中的一款——从《规则》第 15 条(a)款到《规则》第 15 条(d)款。

## 一、修正的权利及对修正的许可[《规则》第 15 条(a)款]

《规则》第 15 条(a)款处理两种修正——“作为理所当然事项”[规定在《规则》第 15 条(a)款(1)项中]和通常所称的“获准的”修正[规定在《规则》第 15 条(a)款(2)项中]。一旦当事人有权修正时，很明显，不需要取得法院的批准。其只是提出并送达修改了的诉答文书。如果另一当事人认为无权修改，可以根据《规则》第 12 条(f)款提出驳回(strike)诉答文书的申请。获准的修改在所有无权修改的案件中适用。在获准的修改项下，只有在另一方当事人书面同意或法院给出了修正“许可”的情况下，当事人才可以修改。给出修改“许可”只是拯救的另一个途径，法院允许当事人修改。

《规则》第 15 条(a)款(1)项(A)目清楚地规定何时原告[①]有权修正；《规则》第 15 条(a)款(1)项(B)目清楚规定何时被告有权修正。原告“在被送达答辩文书(responsive pleading)之前”有一次修正的权利。注意该文字的三个方面的细节。第一，没有天数的限制；修正权为被告的行为所阻断。第

---

① 实际上是任何诉讼请求人。因此，对原告提起反诉的被告在该规则规定的情况下也有权修改。就当前的目的，我们只是认为诉讼请求人是原告。

二，只有一次的修正权；第二次的修正，即使在被告应诉之前作出，也只能在取得法院许可的情况下为之。第三，是“答辩文书（responsive pleading）”的送达阻断了修正权。记得第七章第三节第三目中的论述，“答辩文书”指被告的答辩状（answer）。申请不是诉答文书。这一点引起了重大的检验问题。

- P提交其起诉状，并在同一天将诉讼书状（process）送达给D。14天后，D根据《规则》第12条（b）款（6）项申请撤销案件，声称P没有提出诉求的要素（an element of the claim）。三周后，法院为申请举行听证。同时，在D提交撤销申请后10天（以及在P向D送达起诉文书后的28天），P提出并送达了修正了的起诉状，在起诉状中其加入了D在撤销申请中提到的要素。P有权修正其起诉状吗？有，因为D尚未送达“答辩文书（responsive pleading）”。没错，D已经 345
通过提出申请适当回应了起诉状。但《规则》第15条（a）款（1）项（A）目给了P在D送达答辩文书之前修正起诉状的权利，而申请不是诉答文书。

常常（often），也许是大抵（usually），修订后的起诉文书将对与原起诉状中指定的相同被告提出另外的诉讼请求。但原告可能希望进行修订，以向案件添加新的当事人（或从案件中剔除现有的当事人）。一些法院的结论是修订权不涵盖这一情形，为了剔除当事人，原告必须根据《规则》第21条提出申请（并以此方式获得法院许可）。① 然而，大多数法院得出的结论似乎是，修正权——因为是能够“作为当然事项”加以修正——包括不经法院同意增加或剔除当事人的权利。②

根据《规则》第15条（a）款（1）项（B）目，在答辩状“送达后的20天内”，

---

① 见，如穆尔诉印第安纳案（Moore v. Indiana），《联邦判例汇编第二辑》第999卷，第1125页（第七巡回法院1993年）。

② 见，如美国根据精密公司的告发起诉科克实业公司案（United States ex rel. Precision Co. v. Koch Indus., Inc.），《联邦判例汇编第三辑》第31卷，第1015页（第十巡回法院1994年）。

被告①有权修订一次。注意关于这一规定的两项。第一，和原告的修订权一样，它只能行使一次；被告想做第二次修订，即使是在 20 天内，其也必须寻求法院的许可。第二，该权利为天数的经过而阻断，而不是为另一方当事人的行为所阻断。因此，如果被告在送达其答辩状（想修改的答辩状）的 20 天内行事，被告有权修正，能避免其原答辩状可能造成的灾难。

- P 提出起诉状并在同一天将起诉文书送达给 D。D 在适当的时间内提出并送达了其答辩状。在送达其答辩状后的 18 天，D 意识到没有在答辩状中提出缺乏对人管辖权，将该理由作为肯定性答辩（an affirmative defense）。如果 D 在两天内行动（在自送达答辩状后的 20 日期满前），其有权修正，并因此能挽救对人管辖权的抗辩。

如果（每一方当事人的）有权修订的时间已经期满，会发生什么呢？那么，适用《规则》第 15 条(a)款(2)项。它规定寻求修正许可的当事人必须取得法院的同意或对方当事人书面的修订同意。当事人提出"准予修订的申请"以获得法院的许可。《联邦规则》的宽容体现在这一表达中，即"当正义
346 如此要求时，法院应该自由地给予许可"。这一标准既赋予了地区法院法官自由裁量权，又表现出对准予修正的偏爱。与这一偏爱相吻合，联邦最高法院在典型案件（leading case）福曼诉戴维斯案（Foman v. Davis）②中清楚表示，地区法院必须陈述其否决修正许可申请的理由。

每一案件均依据其自身事实作出裁定，且在得出结论过程中，法院倾向于衡量相同的众多因素。在福曼诉戴维斯案（Foman v. Davis）案中，法院列出了相关的因素，强调需要衡量两种伤害：如果不允许申请方修订诉答文书，对申请方的伤害，和如果准予修正，对另外一方造成的伤害。联邦最高法院指示法院还须考虑其他因素：申请方在寻求修订许可时是否有不当耽

① 实际上是任何答辩一方。例如，被告可以针对原告提出反诉；在该诉求上原告就成为答辩方，用专业术语表示被称为"原告及反诉案的被告（counter-defendant）"。她得对反诉作出回应，正如被告得对起诉书作出回应一样。就目前的目的，我们只是将被告视为答辩方。

② 《美国联邦最高法院判例汇编》第 371 卷，始于第 178、182 页（1962 年）。

误、恶意(bad faith)或申请方的拖拉动机(dilatory purpose),申请方是否在之前的修正中没能修改缺陷,以及修正是否是徒劳无益的。[①] 显而易见,如果修正是徒劳无益的——例如,如果修订增加的诉讼请求不为法律所认可[②]——则法院应该拒绝给予修订许可。显而易见,如果所寻求的修订将损害另一方当事人的利益,法院将很可能拒绝给予修订许可。[③]

一旦原告做了修订(依据权利的修订或者获准的修订),《规则》第 15 条(a)款(3)项规定,答辩当事人(defending party)必须在“剩余的对原起诉状的应诉时间内或在修订了的起诉状送达后 10 日内,以较迟者为准”,作出回应(除非法院作出了相反规定)。剩余的对原起诉状的应诉时间指《规则》第 12 条规定的准予答复的时间。通常,如我们在本章第三节第三目所见,该期限是自送达之日起 20 天。因此,除非法院给出了相反的命令,被告将永远拥有不少于修订了的起诉状送达后的十天时间作出应诉。

## 二、审理期间和审理后的修正——“不符”[《规则》第 15 条(b)款]

如果有关联的话,《规则》第 15 条(b)款只在庭审中才相关联。更具体地说,只有在庭审中当事人寻求提出其当初没有提出的诉求或答辩之证据时,它才会出现。尽管《规则》没有使用该词,你们应该知道这是一种不符(variance)——有人试图提出其当初没有主张事项的证据。该人可能是原 347
告,寻求提出没有包括在起诉状中的诉讼请求的证据。或者,该人可能是被告,寻求提出没有包括在答辩状中的的肯定性答辩(an affirmative defense)

① 同前注。

② 见,如西奈诉拉姆森和塞申斯公司案(Sinay v. Lamson & Sessions Co.),《联邦判例汇编第二辑》第 948 卷,第 1037 页(第九巡回法院 1991 年)。

③ 见,如麦克奈特诉金伯利克拉克公司案(McKnight v. Kimberly Clark Corp.),《联邦判例汇编第三辑》第 149 卷,始于第 1125、1130 页(第十巡回法院 1998 年)。(如果准予了修订,答辩方的证人就得再次宣誓作证,对被告一方造成损失;因为原告尽管知道支持新提诉求的事实,但她在寻求修订中还是造成了耽误,所以否决特别合适。)

的证据。[1]

在普通法中以及根据一些法典,如果另一方当事人抗议不一致,该不一致可能会是致命的。一个例子是瓦伯许河西铁路诉弗里德曼案(Wabash Western Railway v. Friedman)[2],在该案中,原告因其乘坐的列车脱轨遭受人身伤害而起诉。他购买了从莫薄里(Moberly)到奥塔姆瓦(Ottumwa)的旅行车票,在莫薄里登车。火车在途中的两个中间站之间脱轨——在柯克斯维尔(Kirksville)和格伦伍德交汇点(Glenwood Junction)之间——当列车脱轨时,毫无疑问原告在列车上,并严重受伤。陪审团作出了赔偿30,000美元的裁决,初审法院以该金额作出了原告胜诉的判决。然而在上诉阶段,被告指出原告声称他在柯克斯维尔登上列车去格伦伍德交汇点旅行。伊利诺伊州最高法院推翻了该判决,因为原告所声称的(他在 Kirksville 登车,去 Glenwood Junction)与他所证明的(他在 Moberly 登车,去 Ottumwa)不一致。该结果是荒谬的。原告在哪里登车的问题并不改变列车脱轨时他在列车上以及他严重受伤的事实。铁路方肯定理解它因 Kirksville 和 Glenwood Junction 两站间的脱轨而遭起诉。然而,因为在无关紧要的在哪里登车这一事项上的不一致,原告失去了救济。

《规则》第 15 条(b)款代表了现代处理不一致的方法。甚至在采用法典诉答制度的州,是否任何法院都将得出瓦伯许河西案(Wabash Western)中的结论在今天仍存疑。今天,不一致是庭审中另一方当事人提出反对的根据。换言之,当一方当事人寻求在审理中提出超出其诉答文书范围的证据时,另一方当事人可以提出反对并要求法院排除该证据,因此该证据将不是事实调查者在得出结论时加以考虑的法庭记录的组成部分。但不一致不应成为推翻庭审判决的依据。

---

① 在整个小节中,我们都提到了对起诉书和答辩书的修订。事实上,被修订的具有法律效力文件(operative document)可能是审前会议命令(pretrial conference order)。在第八章第五节中,我们看到审前会议命令取代了诉答文书——它代替了诉答文书。因为不一致问题,根据定义,是在庭审中出现的,为了与证据相吻合而进行的修订可能将修改该文件。

② 《东北部地区判例汇编》第 30 卷,第 353 页(伊利诺伊州 1892 年)。

至关重要的是看到《规则》第 15 条(b)款处理两种可能的不一致模式——一个是《规则》第 15 条(b)款(1)项规定的不一致,另一个是《规则》第 15 条(b)款(2)项规定的其他不一致。模式依赖另一方当事人在面临不一致时所采取的行动。另一方当事人可以做两个事情中的一个:(1)可以答应
允许不一致,或(2)可以反对不一致。在第一种情况下,法院适用《规则》第 348
15 条(b)款(2)项,我们关心的是让诉答文书与证据保持一致。在第二种情况下,法院适用《规则》第 15 条(b)款(1)项,我们关心的是在审理中修改诉答文书的可能性。

首先,设当事人甲(是原告还是被告无关紧要)在审理中提出超越诉答文书范围的证据。正如我们所知,相对方当事人(当事人乙)可能以与诉答文书不一致为由反对该证据,并请求法院不准在审理中提出该证据。但当事人乙可能默许并允许提交该证据,手段是不加反对或明确同意。一旦当事人乙默许提出该证据时,《规则》第 15 条(b)款(2)项的第一句规定,该证据处理的问题"必须在所有方面均被视为如同在诉答文书中提出"。因此,该不一致被忽略,审理中容许提出该证据,我们就好像诉答文书包括了该证据所提出的问题一般对待该诉答文书。

此外,《规则》第 15 条(b)款(2)项第二句规定"一方当事人可以请求——在任何时候——甚至在判决之后——修正诉答文书,以便使之与证据相吻合并提出一个原来没有提出的问题。"接下来的一句规定,没有这样做不影响审理结果。换言之,当事人甲提出超出诉答文书范围的证据,而当事人乙既没有反对也没有明确同意庭审中接受该证据,证据已经被收到,则当事人甲可以申请修改该诉答文书,以便与证据相符——反映在庭审中真实争讼的事项。与证据吻合的修正是日常措施。它确保诉答文书反映被实际审理的和被裁决的事项。[①]

- P 起诉 D 违反合同,只提出赔偿金的诉求。然而,在审理中,P 不仅提出了赔偿金的证据,而且提出了利于法院给予衡平法上的救济如

① 该事实可能有助于澄清上诉的记录或决定该案件判决的排他性的效果(如,问题排他)。

撤销合同的证据。D没有反对这些证据的提交。这意味着证据在审理中被允许提出，法院将如同P的起诉状提出了衡平法上的救济一般对待起诉状。假设P赢得了诉讼，则法院既判给赔偿金又裁决撤销合同。P可以申请(甚至在判决后)修改其起诉状以便与证据相吻合——以便表明是衡平法上的诉讼请求。然而，不管是否这样做了，衡平法诉求上的判决都将有效。①

- P因被殴起诉D。在其起诉状*中，D没有提出出于自卫的肯定性答辩。然而，在审理中，D提出了出于自卫殴打P的证据。P没有
349 反对该证据。这就意味着审理中容许提出证据，并且法院将视D的答辩如同它已经提出肯定性答辩一般。D可以申请修改其答辩状以反映(reflect)此肯定性答辩。

第二种可能，针对不一致，当事人对它提出了反对。在这里，当事人甲提出超出其诉答文书范围的证据，当事人乙遂提出反对，并提出应在审理中排除该证据。如果法院同意一方当事人提出的证据超出了诉答文书范围这一说法，它将支持另一方当事人的反对并不准提出该证据。

然而，在这一点上，《规则》第15条(b)款(1)项允许提供证据的当事人申请修正！正如《规则》所规定的，当事人乙以不一致的理由反对当事人甲提出证据，"法院可以允许修正诉答文书。"因此，即使该不一致在非常迟的阶段(记住，我们处于审理阶段)才显示当事人甲的诉答文书存有缺陷，当事人甲仍能够修改其诉答文书，以涵盖在审理阶段其所提供证据提出的问题。允许修正的标准出现在《规则》第15条(b)款(1)项的第二句中："当修订将有助于呈现实体事项，且反对的当事人没有让法院相信该证据将在实体上损害该当事人的诉讼或答辩时，法院应该自由地(freely)许可修改"。该规定显示《联邦规则》对修正可以多么宽松。即使当事人甲的诉答文书是有缺陷的，纵然直到案件审理阶段问题还没有显露，证明存在损害的责任仍由另

---

① 见，如D.费德里科公司诉新贝德福德重新开发当局案(D. Federico Co. v. New Bedford Redev. Auth.)，《联邦判例汇编第二辑》第723卷，第122页(第一巡回法院1983年)。

* 原话使用了起诉状(complaint)，疑为答辩状。——译者

一方当事人承担。《规则》第 15 条(b)款(1)项的最后一句进一步推进了宽松诉答文书的精神(ethos)，提醒法院能继续审理，以允许当事人乙作为回应证据而不得不做的事。

尽管不否认《规则》第 15 条(b)款(1)项规定之宽松，但在审理中出现这样的修订是罕见的。再次提醒，案件处于审理阶段；披露已经完成。为到达这一时间点，当事人已经耗费了数月(甚至可能是数年)。特别是，如果有陪审团，法院将不愿意中止庭审，以便让当事人乙从事披露，或为回应新的证据而做必须做的事。毕竟，没有纳入与该证据有关的指控是当事人甲的错。因而，在大多数的这种情况，我们预测法院将拒绝接受证据，并拒绝当事人甲的修改申请。如果所提出的证据确能促进实体判决，而且如果有任何损害的话损害也很小，修订是合适的，但此类案件实属罕见。

- P 起诉 D，只提出欺诈的诉讼请求。在审理中，P 寻求提出证据，该证据佐证了 D 存在替代责任(vicarious liability)。尽管 P 之前没有主张替代责任，但这本质上仅是另外一个说法，根据此说法 P 可能赢得对于欺诈引起的同一损害之赔偿。因为它与欺诈的诉讼请求直接相关联，也因为 D 有充分的机会提出证据逃避责任，法院可以允许其在审理阶段进行修订。 350

## 三、修正和法律时效——回溯[《规则》第 15 条(c)款]

《规则》第 15 条(c)款规定法律时效(statute of limitations)届满后诉答文书的修改。该问题可以两种方式出现。第一，原告可能寻求法院许可其修订起诉状，以便在法律时效届满后增加一项新的诉讼请求(或被告提出新的答辩)。这一情况规定在《规则》第 15 条(c)款(1)项(B)目中。第二，原告可能寻求修正许可以便在法律时效届满后添加新的被告。这一情况规定在《规则》第 15 条(c)款(1)项(C)目中。在每一案件中，都存在明显的重要政策冲突。一方面，我们赞成从实体上解决纠纷，并因此赞成一个宽松的修订政策。另一方面，诉讼时效法律又保护被告免受所提失效请求(stale claims)之损害；被告应受该政策保护，不能因时间的不公平延长而遭受诉讼之折磨。

《联邦规则》通过“回溯”理论（the doctrine of “relation back”）来平衡这两个政策。《规则》第15条(c)款规定，一项修订了的诉答文书——在法律时效届满后提出的——“回溯”至在法律时效届满之前提交的诉答文书。这只是意味着修订了的诉答文书被视为似乎是在更早的、及时的诉答文书提出时被提出。因此，回溯避免了法律时效的障碍。[①]

我们从诉讼时效法律的一些背景谈起。对每一诉讼请求，不管是由制定法产生还是由普通法产生，都有一个时效期间，该时效期间规定了原告必须开始其诉讼的外在的时间界限。这些期间因州而异，随诉讼请求的不同而不同。一般而言，法律为侵权案件规定的时效比合同案件短。典型的时效法律给原告两年的时间主张其侵权的诉求。这意味着原告从诉讼请求“产生(accrual)”之日起拥有两年的时间“启动(commence)”其诉讼。当诉
351 讼请求“产生(accrues)”时，[②]诉讼时效法律开始“运行(run)”。[③] 这意味着两年的(或法律规定的其他任何期限)的时间之钟开始滴答作响。如果原告没有在期间终了前提起诉讼，其诉讼请求将为时效法律所禁止。

有了这一背景，我们就能够更容易地理解《规则》第15条(c)款回溯原则的重要性。

- P在5月10日提出了控告D的起诉状，并在同一天将起诉文书送达给D。相关法律时效在7月30日届满。因此，P的起诉状是及时的——其在法律期间终了之前开始了案件。P在9月24日寻求获得修订诉状的许可(或许是为了添加新的诉讼请求或添加新的诉讼

---

① 回溯是溯及既往(nunc pro tunc)对待事物的例子。该拉丁词汇不时悄悄地出现在类似于律师的讨论中，你们应该熟悉它。其意思是“现在就如当时”。因此，有了回溯，一个修订了的诉答文书现在被看作是好像在最初的文书提出时——当时——就已经提出了。

② 这是不同的司法辖区可能采用不同定义的另一个术语。多数派的规则是诉讼请求在被告违反了对原告责任时产生。

③ 这不应该与法律时效的“中止(tolling)”相混淆，中止指让时效法律之钟停止的事件。例如，如果原告是未成年人，时效法律中止，直到她达到成年。它只是意味着法律没开始发挥作用，直到她到了18岁(或者任何相关的成年年龄)。中止与我们第十章第五节探讨的问题相关。

> 当事人)。当然,问题是如果其现在才提交起诉状,9月24日的时间太晚了(因为法律时效在7月30日就届满了)。但如果该修订满足了《规则》第15条(c)款的要求,其在9月份修订了的起诉状——即使是在法律时效届满后提出的——将回溯至最初的起诉状。这就意味着它将被视为好像修订后的起诉状是在原起诉状被提出时提出。它是5月10日,所以P避免了时效法律的障碍。

当然,在该假设中,被告对回溯申请是不满的。对被告而言,它延长了可以被诉的时间,并损害了诉讼时效法律的保护。因为问题之严重性,《规则》第15条(c)款在有限的情况下允许回溯——即被告将不遭受损害的情况下。这些情况是哪些呢?就此,我们可以很快地予以回答。《规则》第15条(c)款(1)项(A)目规定,当"有法律规定可允许回溯时",则适用回溯规则。因此,如果规定有时效期间的法律也明确允许修订回溯时,则将存在回溯。

对此,更为重要的规定是《规则》第15条(c)款(1)项(B)目和(c)款(1)项(C)目的规定。如我们前面所注意到的,《规则》第15条(c)款(1)项(A)目涉及在法律规定的时效届满后增添新诉求的修订。如果增加的诉求遭时效法律所禁止,法院允许这一修订是没有道理的。《规则》第15条(c)款(1)项(A)目规定的标准是清楚的:如果修订了的诉答文书"产生于在原诉答文书中陈述的或试图陈述的行为、交易或事件",则允许回溯。该规则的理论依据(rationale)也是清楚的:如果修订了的诉答文书源自和原诉答文书相同的现实世界的事项,则被告在法律时效终了前收到了有关其潜在责任的通知。该通知——告知因某些行为、交易或事件而具有潜在的可受责备性——满足了时效法律的要求。

因此,当添加的诉求只是支持源自原起诉状提出的真实世界同一事件 352
的一个新的责任理论(a new theory of liability),法院通常允许带修订回溯。同样,如果修订只是修补了原起诉状中的有缺陷的有关管辖权的表述,但涉及的仍然是和原起诉状相同的现实世界中的事件,则回溯就是合适的。只有修订引发了原起诉状没有适度(fairly)通知被告的新的事项,回溯才是不合适的。例如，在一个案件中，当修订的起诉状提出了一个比原起诉状提到的日期更早的伤害时，则回溯是不合适的。[①]

《规则》第 15 条(c)款(1)项(C)目规定了一个更加困难的情形——在法律时效届满后增加新当事人的修改。这儿，可以理解，我们担心新的被告在法定诉讼期间之后不能加入到案件中。《规则》第 15 条(c)款(1)项(C)目规定，这一背景下只有下述三个要求得到了满足，才允许回溯：(1)诉讼请求源自原起诉状所陈述的相同行为、交易或事件；[②](2)在提交原起诉状后的 120 天内，新的被告收到了不有损其应诉的诉讼通知[《规则》第 15 条(c)款(1)项(C)目(i)]；以及(3)在同一时期，新的被告"知道或应该知道，要不是有关适当当事人认定上的错误，诉讼本应针对其提起。"[《规则》第 15 条(c)款(1)项(C)目(ii)]

基本上有一类案件满足了这些条件——在这类案件中，原告最初起诉了"错误的"被告，但"正确的"被告知道该案件，知道要不是出错，最初就会将其指定为被告。

- P 在乔的超市(Joe's Supermarket)滑倒受伤。3 月 1 日，其提交了最初的起诉状，在诉状中将"乔的超市"列为被告。事实上没有"乔的超市"这样的法律实体。商店是由乔考公司(Joeco, Inc.)经营的。乔是乔考公司的总经理。3 月 10 日，原告诉讼请求的法律时效届满。3 月 20 日，P 将起诉文书送达给乔，将其作为被告的代理人。4 月 15 日，P 寻求修改起诉状的许可，想将乔考公司列为被告。
- 该修改在法律时效届满后将乔考公司纳入诉讼。然而，《规则》第 15 条(c)款(1)项(C)目允许修正后的起诉状回溯至原起诉状的日期。因此，案件被视作如同在 3 月 1 日已经针对乔考公司提起，该时间是及时的。为什么在此适用回溯呢？

---

① 奥洛克林诉全国铁路乘客公司案(O' Loughlin v. National R. R. Passenger Corp.)，《联邦判例汇编第二辑》第 928 卷，第 24 页(第一巡回法院 1991 年)。

② 当然，我们只看到在《规则》第 15 条(c)款(1)项(B)目中的这一要求；它通过引用被合并到了《规则》第 15 条(c)款(1)项(C)目中。

> 第一，修改了的起诉状涉及的是与原起诉状相同的滑倒。第二，乔考公司在3月20日收到了诉讼通知(当乔被送达了起诉文书时)， 353
> 该行为是在3月20日提交最初起诉状后的120天内作出的。第三，在3月20日(当乔被送达起诉文书时)的通知里，乔考公司获知，“要不是有关适当当事人认定上的错误”，诉讼已经针对其提起。即当乔在3月20日接受起诉文书送达时，他看到了P指定了一个不存在的被告，并懂得P应该指定乔考公司为被告。

在适用《规则》第15条(c)款(1)项(C)目时有一点特别值得注意。注意第二个和第三个要求——即将案件通知适当的被告且其知道要不是身份认定上的错误就已经被诉了——必须“在《规则》第4条(m)款规定的送达应诉通知(summons)和起诉状的期间内”加以满足。《规则》第4条(m)款规定送达应该在提交起诉状后的120内完成。因此，在法律时效期满前绝对必须发生的唯一的事情是提交起诉状。在法律时效届满前不必通知新的被告。只要在提出起诉状后的120天内通知新的被告，该规则的要求就得到了满足。[①]

## 四、补充的诉答文书[《规则》第15条(d)款]

补充的诉答文书和修正的诉答文书在一个根本方面是不同的：补充的诉答文书涉及提出在诉答文书提交后发生的事项。正如《规则》第15条(d)款所规定的，一个补充的诉答文书“陈述在被补充的诉答文书提交之后发生的任何交易(transaction)、事件(occurrence)或事项(event)”。另一方面，修正则涉及提出在诉答文书提交之前就发生但在诉答前没有发现(或至少没有提出)的事项。因此补充的诉答文书之送达，通过提请注意在诉答文书提交时尚未发生的之事实，旨在向当事人和法院更新信息。除了其他事项

---

① 1991年修订了规则以使这一点清晰无疑。该修订是对斯基亚沃内诉福琼案(Schiavone v. Fortune)[《美国联邦最高法院判例汇编》第477卷，第21页(1986年)]判决的回应，在该案中，联邦最高法院认为根据《规则》第15条(c)款较早的版本，得在法律时效届满之前通知新的被告。因为该立场被视为过于严厉，此规则被修订。

外，补充的诉答文书可以增加新的诉讼请求，甚至增加新的当事人。

正如我们在第七章第六节第一目所看到的，尽管在某些情况下有修正诉答文书的权利，但并无补充诉答文书的权利。该事项必须由寻求补充许可的当事人在申请中提出，且地区法院法官在决定是否准予申请时有很大的自由裁量权。除非该补充将导致不适当的耽误或损害，或如果寻求补充许可的当事人有恶意，基于与支撑联邦法院宽容修正思路相同的政策，大多
354 数的法院允许补充。但也要注意，即使原诉答文书有缺陷——例如，如它没有陈述诉求（a claim），《规则》第 15 条（d）款也允许补充诉答文书。当原告被允许补充其起诉状时，法院似乎很可能允许被告答辩。

- P 有一个与某制造公司（MC）签订的合同，根据该合同，该制造公司每月向 P 交付小器具（widgets）。制造公司没有交付 2009 年 1 月应交付的小器具，就该没有交付，P 在 2009 年 2 月起诉制造公司。2009 年 9 月，当案件处在披露阶段时，制造公司没有交付该月份的小器具。如果 P 想就 2009 年 9 月的未交付起诉制造公司，并在待审案件（pending case）中提出该诉讼请求，则它将寻求获得补充起诉状的许可。如果法院认为诉答文书可以通过添加该事项而获得补充，而不引起不当耽误并不损害制造公司利益，则它将准予该补充申请。①

① 双环公司诉比格巴德拖拉机公司案（Twin Disc, Inc. v. Big Bud Tractor, Inc.）[《联邦判例汇编第二辑》第 772 卷，第 1329 页（第七巡回法院 1985 年）]涉及类似的事实。然而，在该案件中，原告直到庭审前一周才寻求补充其起诉状的许可。法院否决了补充的申请，理由是原告有延误，不能期待被告准备有关新事实的庭审。上诉法院维持该结论，其结论是地区法官在否决补充申请时没有滥用自由裁量权。

# 第七节 职业责任——《规则》第 11 条及其他制裁

尽管你们处在学习法律的第一年，但你们已经听到了许多律师的笑话。大多数笑话将该职业描写成嗜钱如命，为赢得诉讼而不择手段。不幸的是，该职业需要一些此类指责（尽管我们知道多数的批评只是嫉妒的表现）。当然，律师中的绝大部分是诚实的、体面的自由职业者。但几个坏苹果会使该职业名声蒙羞。事实上，该职业以对问题知晓和采取措施提升专业化而获得赞赏。你将修的最重要课程之一是《职业责任》。无论如何，要确保没有将你们所学的东西限定在课程上。对该职业最高理想的承诺应该影响你所做的每一件事。

在《民事诉讼法》中，我们阐述一个特别重要的专业主义手段：《联邦规则》第 11 条。甚至没有采纳《联邦规则》的州一般也拥有类似于《规则》第 11 条的规定，其目的是确保诉答和其他诉讼实践因素中的诚实。第 11 条 355
的历史反映了诸多隐忧。最初的规则是在 1938 年通过《联邦规则》时所颁布的，它只是要求律师要有“可靠的理由支持”诉答文书中的论点。在 40 多年里，所报道的适用该规则的案件不足一打（12 个）。

1983 年，联邦最高法院修订了该规则，以明显强化该规则。毫无疑问，对“诉讼爆炸（litigation explosion）”的感知为修订增添了动力，诉讼爆炸至少部分由轻率诉讼所引发。修订了的《规则》第 11 条不仅适用于诉答文书，而且适用于案件的所有文件，它施加了证明的要求。律师在文件上签字构成对各种事项的证明，主要目的是确保律师已经做了调查，并且能够诚实地（in good faith）支持所提的主张。有趣的是，《规则》第 11 条的 1983 年版本要求对违法行为实施制裁。该充满活力的规则导致了指控违反《规则》第 11 条从而寻求制裁的诉讼案数量惊人。这反过来又导致产生数量惊人的对该规则的学术评论，包括批判学说所要求的制裁吓阻了切实可行的诉求，并产生了附属诉讼(satellite litigation)的数量衰竭。

出于对批评的回应,联邦最高法院 1993 年将《规则》第 11 条修订为目前的基本形态。[和其他所有的《规则》条款一样,《规则》第 11 条在 2007 年被"重新设计了(restyled)"。]该修订清楚地去掉了《规则》第 11 条中的一些尖锐的部分(bite),意图降低围绕制裁的诉讼案件数量,并确保对制裁的恐惧不会抑制创造性的律师工作(creative lawyering)。《规则》第 11 条(a)款对律师设定了为当事人签署记录的要求。① 它也清楚规定,《规则》第 11 条适用于"每一诉答文书、书面申请以及其他文件。"同时,《规则》第 11 条(d)款清楚规定该规则不适用于披露文件(discovery documents)。[正如我们在第八章第四节所看到的,对披露文件有一个类似的证明,规定在《规则》第 26 条(g)款中。]因此,诉答文书、申请、律师辩论意见书(briefs)——除披露文件之外的所有文件——都要根据《规则》第 11 条签署。《规则》第 11 条(a)款的最后一句清楚规定法院"必须删除(strike)"任何未经签署的文件,除非签名遗漏立即被纠正。

签署代表什么?根据《规则》第 11 条(b)款,它是向法院提出的有关几个重要事项的证明。尽管注意力集中在《规则》第 11 条(b)款罗列的四个具体编号的事项上是自然的事,但还有一些重要的序言性的语言(prefatory language)。具体地说,该规则规定通过签署,该人"就其本人的知识、信息及根据当时情况(under the circumstances)合理调查后形成的信念,证明"该四个具体的事项是真实的。

356 因此,该规则推定签署了文件的律师已经做了"根据当时的情况为合理的调查"并确信所列的事项是真实的。什么构成合理调查,这有赖案件事实,也有赖时机。例如,在诉讼时效将届满的前一天被咨询的律师,完全不能从事不在这样的时限内工作时所可能做的那种具体调查。尽管如此,要点(main point)是简单的:该规则施加了一个在签署提交法院文件之前做

① 如果没有记录在案的律师(attorney of record)——即,如果当事人亲自(pro se)诉讼(代理她自己)——《规则》给当事人本人施加了签署的要求。当然,在多数的案件中,当事人由律师代理,这意味着在大多数的案件中当事人从不签署文件。他们的律师签署文件。

合理调查的义务。重要的是,《规则》第 11 条(b)款强加了一个持续证明的责任。具体地说,根据《规则》第 11 条(b)款,证明不仅仅在律师签署文件时为之,而且在其每次向法院提交文件时也为之。第一句表明,"提交(presenting)"包括"签署(signing)、提出(filing)、递交(submitting)或之后主张(advocating)"在文件中提出的事项。在 1993 年之前,证明只涉及签署的时间。此区别是明显的(stark)。

- 律师代表原告起草、签署并提交了起诉状。其在这样做时满足了《规则》第 11 条(b)款的要求,因为做了合理的调查,并真诚相信起诉状中陈述的事项满足了《规则》第 11 条(b)款的要求。6 个月之后,其向法院公开提出了一个在起诉状中阐述的立场。在这一点上——纵然这事发生在签署并提交起诉状的 6 个月之后——但律师正"再次确认(re-certifying)"根据《规则》第 11 条(b)款所做的证明仍然是真实的。如果其不再作这样的证明,向法院提出该问题就违反了《规则》第 11 条。

在《规则》第 11 条(b)款中,被证明的事项有哪些?归纳起来,它们旨在确保所提出的对事实和法律的主张有合理依据。第一,根据《规则》第 11 条(b)款(1)项,签署者证明文件的提交不是出于不恰当的目的,如拖延或侵扰。第二,根据《规则》第 11 条(b)款(2)项,其证明法律主张有法律依据,或"为延展、修订或推翻现有法律或建立新法律的非轻率的(nonfrivolous)主张"所支持。该规定旨在保护创造性的律师工作以及提出新颖的法律理论;唯一的限制是它们不能是轻率的。所指明的第三项和第四项与事实主张有关,事实主张与法律主张相对应。具体地说,根据《规则》第 11 条(b)款(3)项,签署者证明事实方面的论点"有证据支持或者,如果这样具体指出,在有合理机会做进一步调查或披露后将可能获得证据支持。"这是好的语言表达,它保护那些相信能找到证据支持事实主张的律师。最后,《规则》第 11 条(b)款(4)项用类似的术语规定了对事实主张的否认。因而,显而易见,《规则》第 11 条(b)款(3)项针对的是提出诉讼请求的当事人,而《规则》第 11 条(b)款(4)项针对的是抗辩诉讼请求的当事人。

对《规则》第 11 条的故意违反可以以两种方式提出。第一，法院当然可
357 以主动提出此违反。根据《规则》第 11 条(c)款(1)项(B)目，可以发布要求说明理由的命令(O. S. C.)，要求当事人、律师或律师事务所(law firm)提供理由，说明为什么提到的行为没有违反《规则》第 11 条(b)款。第二，当事人可以根据《规则》第 11 条(c)款(2)项，请求对另一方当事人或其律师或律师事务所进行制裁。申请必须具体陈述什么行为据称违反了《规则》第 11 条(b)款，并且必须与任何其他申请分开提出。然而，重要的是要注意，《规则》第 11 条(c)款(2)项有一个为被指控违反《规则》第 11 条的当事人提供的 21 天的"安全港(safe harbor)"条款。

- 原告认为被告(或其律师或律师事务所)违反了《规则》第 11 条。原告的律师根据《规则》第 11 条(c)款(2)项起草了一个要求制裁的申请，具体指明所指控的被告(或其律师或律师事务所)的违反行为。原告的律师向被告送达了申请，但没有向法院提交申请。那么，被告拥有 21 天的时间改正问题(fix the problem)。如果被告改正了问题，则不予制裁。然而，如果被告没有在 21 天内改正问题，那么原告可以提交申请。尽管如此，注意不能就《规则》第 11 条的违反立即(向法院)提交申请。相反，申请方必须给另外一方 21 天的时间改正问题。这一安全港条款的目的是免得法院受累于《规则》第 11 条规定的制裁申请。

不管这事情是如何到达法院的——是法院主动行事还是通过安全港期限后的申请——那可以给予什么制裁呢？首先，制裁不再是要求的，而将由法院自由裁量施加。其次，制裁的目的不是惩罚错误的行为，而是吓阻将来的此类行为。正如《规则》第 11 条(c)款(4)项所表述的，"根据该规则施加的制裁必须限于足以吓阻其他人在类似情况下重复该行为或类似的行为。"

《规则》第 11 条(c)款(4)项提到非金钱制裁是适当的。这些制裁包括指示违反该规则的当事人实施某些行为。法院可以命令违犯者"向法院支付罚款"。如果是根据申请施加且"为有效吓阻所需要"，法院也可以要求违犯者支付所有的或部分的费用——明确包括律师费——这些费用是申请人

所蒙受的作为违反《规则》第11条行为直接结果的费用。注意，根据《规则》第11条(c)款(5)项(A)目，由律师代理的当事人不能因违反《规则》第11条(b)款(2)项而承担金钱制裁的责任。这是有道理的，因为证明与法律论点相关；不能推定由律师代理的当事人知道足以满足该证明事项的法律。

当然，《规则》第11条不是惟一的针对诉讼行为之规定。例如，《律师执业行为示范规则(Model Rules of Professional Conduct)》的第3条1款规定，除非有这样做不属轻率的依据，否则"律师不应提起或辩护(defend)一个诉讼，或者主张或否认其中的一个问题。"此外，《美国法典》第28编第 358
1927条，它在联邦法院适用，规定"在任何案件中不合理地(unreasonably)和骚扰性地(vexatiously)增加诉讼数量的"律师，"可以被要求……清偿因该行为而合理蒙受的额外的开支、费用以及律师费。"

此外，联邦法院清楚具有制裁律师或当事人实施的恶意诉讼行为的"固有的权利"。一个有关该权力行使的令人不寒而栗的警醒案例，即是钱伯斯诉奈斯科公司案(Chambers v. NASCO, Inc.)，[①]在该案中联邦最高法院支持了地区法院的命令，该命令要求败诉的当事人向原告支付将近100万美元的律师费。在诉讼中为不当行为的是被告而不是其律师。一些被制裁的行为没有违反《规则》第11条或(《美国法典》第28编)第1927条。尽管如此，联邦最高法院仍援引法院惩罚不当诉讼行为的固有的权利，支持整个裁决(the entire award)。

在一个案件中，律师没有适当权衡法院对案件是否拥有事物管辖权。地区法院也没有涉及这一问题，案件经历了庭审，最后导致了原告胜诉的判决。在上诉阶段，第七巡回法院撤销了该判决，因为，如结果所示，没有事物管辖权。尽管是缺乏事物管辖权，上诉法院仍要求律师在州法院重新提起诉讼而不准向委托人收费。法院解释道：

> 注定袭扰联邦法院的代价，应由没有做功课的律师承担，而不是由不幸的委托人承担。尽管我们缺乏解决实体事项的管辖权，但我们有权管

① 《美国联邦最高法院判例汇编》第501卷，第32页(1991年)。

辖诉讼中的律师行为……律师让当事人不受损害的最好的途径是履行责任而无额外收费,有必要在州法院提起诉讼或通过和解了结此案而提供后续服务。这样当事人只为诉讼支付一次费用。其目的不在于惩罚,而只是在于确保委托人不必支付因委托人控制之外的原因而被浪费的律师时间费用。①

最后,任何律师都必须对诉讼费和律师费进行区分。诉讼费是诉讼的支出,如案件提起费、送达费用、披露费用、支付给证人包括专家证人的费用、在集体诉讼中需要时给集体成员通知的费用,等等。简言之,诉讼费之一般组成是诉讼开支而不是律师费。《联邦规则》第 54 条(d)款(1)项规定该费用"应该提供给胜诉的当事人",除非法院做出了相反的命令。换言之,
359 通常败诉的当事人支付胜诉当事人的诉讼费。该费用由法院书记官向败诉的当事人"收取",并包含在判决中。见第九章第三节。

律师费怎么样呢?在几乎所有的案件中,它们很可能远高于诉讼费。美国的规则是每一方当事人承担其自己的律师费。换言之,通常败诉方不支付胜诉方的律师费。这一规则有争议,许多人建议美国诉讼也像英国诉讼那样操作,在英国,败诉方支付胜诉方的律师费。尽管有所争论,但美国的规则似乎注定要在这里继续有效,很大程度上是因为(人们)相信相反的规则将吓退有价值的诉讼。即,有合法诉求但(和多数当事人一样)对胜诉没把握的人,将不冒如败诉则承担责任支付被告方律师费的风险。因此,在美国,除非存有例外情况,每一方当事人承担己方律师费。

如我们在前面所看到的,(《美国法典》第 28 编)第 1927 条规定了例外,就像法院拥有固有权力惩罚诉讼中的错误行为一样。也如我们所看到的,《规则》第 11 条在某种情况下也允许这样的"费用转嫁"。该美国规则存在其他制定法上和普通法上的例外,律师要谨慎研究每一案件中的问题。

---

① 贝尔维尔给养公司诉尚佩恩市场地有限责任公司案(Belleville Catering Co. v. Champaign Market Place LLC),《联邦判例汇编第三辑》第 350 卷,始于第 691、694 页(第七巡回法院 2003 年)。

# 第八章　披露和对诉讼的司法管理



## 第一节　问题的说明

披露是诉讼中极其重要的阶段，但你们不能从关于律师的电影和电视节目中获知这一点。那些表演聚焦庭审和法庭场景。然而，在案件到达庭审阶段前很长一段时间内，披露阶段已经降低了庭审中出现任何惊奇之事的可能性。通过披露，每一方当事人都有机会获知每一其他当事人手中的相关信息。如果操作正确，则披露主要是由当事人自己管理的。法院通常对披露阶段实施监督，但只在当事人存有分歧时才更直接地介入。

《联邦规则》清楚地采纳这样的理念，即信息多比信息少好，每一方应
362 该——在进入审判前——事实上知道另一方知道的所有相关事项。这一理念，反过来，促进对真相的探究，能为当事人提供"真相核实（reality check）"，这些可以鼓励和解而不是庭审。例如，当事人通过披露可能发现其立场不似想象的那样获得证据有力支持。获知这一点给了当事人和解的动力，或许提供了在和解中追求什么的现实主义的看法。信息自由交换可以为审判打磨（hone）问题，途径是指出没有争议的问题和当事人真的希望裁判的问题。它避免"突袭式的审判（trial by ambush）"，并确保审判阶段能立足于提交当事人知道将出现的证据，而不是律师从魔术师帽子下拖出令人惊讶的证人或证据的能力。

没有接触过披露程序的人，常常惊叹《联邦规则》规定的广度和披露可能造成的侵扰和费时。现今对诉讼的一个重要批评，是它过于昂贵和耗时，而这一批评所针对的经常是披露。正如我们将看到的，起草人定期地修订《联邦规则》，试图给过于繁重的披露设限，法官拥有保护当事人（以及可能受披露影响的非当事人）的自由裁量权，让他们免受过度侵扰或过于昂贵的披露请求之伤害。尽管如此，这些规则仍然范围十分广泛，诉讼的披露阶段可能仍是一个费用昂贵的命题。①

广泛的披露不是在真空中产生的。它是《联邦规则》设想的一个部分，该设想对诉答文书附加了相对较小的重要性。正如我们在第七章第三节所见，在联邦法院历史上要求诉答文书做的远不止通知另一方当事人各种诉求和答辩。普通法上的及法典式诉答之经历告诉我们，诉答文书就查明隐藏在诉求和答辩背后的事实来说，不是有效的工具。《联邦规则》诉答文书

---

① 认为每一案件都涉及披露上的巨大精力投入和金钱开销，该看法是错误的。一些数据显示当事人广泛使用披露的案件数量相对较少。见，如琳达·马莱尼克斯："普遍滥用披露之神话及其结果对毫无事实根据的规则制定之影响"，载《斯坦福大学法律评论》（Linda Mullenix, The Pervasive Myth of Pervasive Discovery Abuse and the Consequences for Unfounded Rulemaking, *Stan. L. Rev.*）第 46 期，第 1393 页（1994 年）。案例的最终价值引导律师评估披露的需要；例如，显而易见，在涉及 1 万美元诉讼请求的案件中律师将不会从事值 10 万美元的披露。

的狭窄作用为广泛的披露规则所弥补。通过披露，当事人查明了另一方当事人诉求和答辩的真实内容以及它们所依据的事实。尽管《联邦规则》只在联邦法院适用，但多数州采纳了《联邦规则》披露规定中的大部分内容。

在披露学习的全程中，记住该程序可能会变得多么的昂贵——不管是以金钱来衡量还是以时间来衡量。出于对披露费用和负担的担心，一些人主张联邦法院的诉答标准应该得到加强。正如我们在第七章第三节所述， 363
其主张是原告所应做的远不止于提出确定性的诉讼主张将被告置于诉讼中的披露阶段。事实上，2007 年联邦最高法院在贝尔大西洋公司诉通布利案(Bell Atlantic Corporation v. Twombly)[①]中的意见，我们在第七章第三节第二目业已涉及，就反映了这种担心。在许多人的眼里，该法院提高了陈述关键事实的障碍，非常直截了当地想避免披露的费用和负担。

在第八章第二节，我们考察了可及之披露工具。《联邦规则》允许当事人使用五个传统的披露工具(这些工具实际上在每一个州的法院系统都能获得)。正如我们将看到的，五个工具允许一方当事人从案件的另外一方当事人处获得信息，而它们中的两个还允许对非当事人(nonparties)的披露。此外，自 1993 年起，《联邦规则》规定了“强制的披露”，正如其名字所清楚传达的，它要求每一当事人甚至在缺乏请求的情况下披露信息。《联邦规则》的强制披露规定引起一些争议，各州一般不急于采纳这些规定。

在第八章第三节中，我们将探讨披露的范围。知道了可以使用什么工具后，这儿我们认定每一方可以在多大的范围进行查问。各种各样的准则——包括“相关性(relevance)”和“特权(privilege)”——限制了查问的范围。最终，我们发现披露的范围相当广泛，并理解为何该程序会如此代价昂贵。相应地，为限制对披露过于热衷使用，法院被赋予了相关权力。

第八章第四节阐述当事人不按规则行事时法院的作用。相关之制裁取决于违反行为的性质，但很清楚法院有充分的手段迫使当事人遵守规则以及处理披露滥用问题。

---

① 《最高法院判例汇编》第 127 卷，第 1955 页(2007 年)。

在第八章第五节和第八章第六节中，我们将考虑远超出诉讼披露阶段的有关话题。这些话题一并探讨现代诉讼世界的法官作用。正如我们在第八章第五节所述，法官越来越多地发挥管理方面的作用，因为其负责“推进案件”以及确保当事人继续积极诉讼。《联邦规则》给当事人施加了避免案件拖拉的不寻常的义务；遵守这些义务将产生相当之代价，随着时间的流逝，会增加（当事人）和解解决案件的动力。但《规则》也给法官设置了重要的案件管理义务。联邦司法系统等待处理的案件数量巨大，[1]法官肩负着借助制度推进诉讼的相当大的压力。[2]

364 即使有这一压力，通常从提起诉讼到庭审要经历数年。相当部分的时间花在受法官监督的（以及偶尔催促的）披露上。在披露和诉讼的其他阶段，增加的案件量导致了在联邦法院系统更多地使用附属司法人员（adjunct judicial personnel），包括“治安法官（magistrate judges）”和“法官助理（masters）”。我们在第八章第六节探讨他们发挥的作用。重要的是注意，他们对该体系的效用不限于披露事项。可以通过多种途径使用他们协助法官。不断增加使用此类人员是现代联邦司法制度的特征之一。

---

① 国会确定联邦法官的数量，它拒绝了各种各样的大大增加联邦法官数量的呼吁。许多州法院系统面临更加令人生畏的案件数量。

② 详细的讨论超出了我们的范围，但值得注意的是联邦法官承担的相当部分的压力来源于数量巨大的刑事案件。刑事被告有权获得快速的审判，而民事诉讼当事人不享有此项权利。因此，刑事审判经常享有对民事审判的优先权。州法院的法官面临类似的压力。

## 第二节 可及之披露工具

在披露的工具箱中，每一方当事人都拥有六个工具。其中的五个——书面证词(depositions)、书面质询(interrogatories)、举证请求(requests for production)、医学检查(medical examinations)和承认请求(requests for admission)——长久以来是联邦和州的民事诉讼的一个部分。正如我们在这部分所看到的，每一方当事人决定(在《联邦规则》设定的时间框架内)是否以及何时使用这些工具。在联邦法院，这五个传统的披露工具为“必须披露(required disclosures)”所强化。

### 一、必须披露

自 1993 年起，《联邦规则》在第 26 条(a)款下规定了必须披露。顾名思义，必须披露是指尽管没人提出请求，每一当事人也必须进行的披露。该披露富有争议，主要是因为其与对抗式诉讼制度(the adversary system)相左，也因为它们剥夺了当事人决定如何以及何时使用披露工具的自治权。事实上，在 1993 年，就有三个联邦最高法院法官不同意联邦最高法院颁布必须披露制度(the required disclosure regime)。[①] 尽管如此，在很大程度上，《规则》第 26 条(a)款要求提交的材料，通常也是好的律师无论在何种情况下，均会要求提交的材料，所以对该规则的一些抵制随着其施行而消失。《规则》第 26 条命令每一当事人在诉讼的三个阶段提交信息。所要求的三组披 365
露中的每一组都必须是书面的，经签署且送达给其他当事人。[②] 然而，只有

---

① 《美国联邦最高法院判例汇编》第 507 卷，第 1099—1100 页。(1993 年)[斯卡利亚(Scalia)法官的反对意见，托马斯(Thomas)法官和苏特(Souter)法官支持](“通过给律师施加披露对其当事人不利信息的义务——主动披露……——新《规则》给律师的伦理责任设置了难以容忍的负担，该伦理责任是代理其客户而不协助对方。”)

② 根据《规则》第 5 条，它们只能通过邮件送达。见第三章第三节第六目。

最后一组的披露必须向法院登记。

**必须的初始披露。**《规则》第 26 条(a)款(1)项(A)目要求当事人向每一其他当事人提供以下信息:(1)披露当事人(disclosing party)用以支持其诉求或答辩的"可披露信息(discoverable information)之每一可能拥有者"的姓名、地址和电话号码,"以及该信息的主题(subjects),除非信息的使用只限于质疑(impeachment)的目的"[①];(2)披露当事人拥有或控制的可能用以支持其诉求或答辩的所有文件、电子储存信息以及实物(tangible things)的副本(或有关种类和所处地点的说明)(再次说明,除非只用于质疑的目的);(3)原告必须提供所主张的损害赔偿金的计算方法,以及计算所依据的证据材料;和(4)被告必须确定(并为复制的目的而提供)保险人可能据此负责满足全部或部分判决要求的任何保险协议。

在第八章第五节中我们探讨这些披露的时间安排。在诉讼的早期阶段,当事人就有义务提交这些事项,目前懂得这一点就足够了。再次说明,不需要任何人对它们提出要求;提交是强制性的。该要求是有意义的——这些属于准备性事项的类型,称职之律师在任何案件中无论如何都会要求提供。在诉讼的早期获得这些信息也可以推进披露程序,帮助当事人决定如何继续下去。

《规则》第 26 条(a)款(1)项(B)目免除了某些种类案件的初始强制披露。所列举的案件是非常具体的;《民事诉讼法》教程中阐述的多数种类的民事案件没有被豁免。《规则》第 26 条(a)款(1)项(A)目允许法院命令或当事人约定变更时间安排和初始披露的范围。如 1993 年所宣布的,该规则允许每一联邦地区法院通过《地方规则》,在所有案件中拒用初始披露。结果不幸地出现了巴尔干化(balkanization)现象,一些法院要求初始披露,而

① 质疑(Impeachment)这儿不是指将联邦官员驱离职位的程序(即弹劾,impeachment 有弹劾、质疑、检举、控告等意思。——译者)。相反,它是一个你们在证据法课程中将学到的专业词汇,指质疑(discredit)证人席上的证人的程序。例如,一方当事人可以质疑证人,指出她在庭审中的提供的证词与书面证词(deposition)中提供的证词相反。某人预期只用于质疑的信息,不必根据《规则》第 26 条(a)款(1)项作为初始强制披露材料的一部分提交。

一些法院无这样的要求。2000 年修订了该规则，删除了地区法院借助《地方规则》(Local Rule)选择不提披露要求的权利。因此，除非案件处于《规则》第 26 条(a)款(1)项(B)目规定范畴或法院有相反命令或当事人有相反约定，否则均适用初始披露。

值得再次提到的是《规则》第 26 条只在联邦法院适用，尽管有关披露的 366
其他联邦规则已被州法院广泛采纳，但州法院一般不采纳强制披露制度。

**必须的专家证人披露。**根据《规则》第 26 条(a)款(2)项，必须披露的第二组涉及“专家”证言。该披露在案件晚期阶段才牵涉到，在借助传统披露工具实施的披露(我们在第八章第二节第二目探讨)已经大部分上了轨道，当事人心思已经集中于庭审中，是否有专家证言之后才牵涉到。《规则》第 26 条(a)款(2)项规定通常这一披露起码在庭审前 90 天实施。一般来说，在案件等候审理达数月甚至数年后，这一问题才凸显出来。不像《规则》第 26 条(a)款(1)项的初始披露，这儿没有豁免案件的规定，没有借助法院命令或当事人的约定逃避要求的一般性规定。

不是所有的案件都涉及专家证言。专家证言是拥有与案件有关的专业知识并有权就其专业看法作证的人提供的证言。一般规则是，不允许在庭审中作证的任何人(叫证人)提供其看法。相反，证人就其观察到的或感知的事实作证。然而，如我们在第八章第三节第三目将更加详细地述及，专家经常被聘请准确地就其专业看法作证。他们的证言对陪审团可能非常有帮助。例如，以专家证人身份作证的精神病学家(psychiatrist)，可以提供其看法，说明在事故发生时案件当事人正处于错觉(delusions)中。在反垄断案件中，以专家证人身份作证的经济学家可以提供意见，说明被告的商业做法在市场抑制了贸易；非专家证人[或称“外行证人(lay witness)”]可以就其所感知的东西作证，但不能提供这样的个人看法。

为了避免庭审中的专家证言突袭，《规则》第 26 条(a)款(2)项要求，每一方当事人应向他方当事人披露可能在庭审中提供专家证言的任何人之身份。此外，当事人必须提供一个有关该证人的书面报告，包括描述要表达的所有观点以及其依据，专家形成这些看法所使用的信息，专家的资格以及当事人支付的报酬，还有在过去 4 年其以专家身份作证的案件目录。根据法院命令或当事人的约定，可以取消或修改最后一句中提到的这些要求。这一强制的披露强化了涉及专家披露的其他规定，我们在第八章第三节第三目探讨这些规定。

**必须的审前披露。**必须披露的最后一组在案件接近庭审时才涉及。根据《规则》第 26 条(a)款(3)项(A)目，每一当事人必须向每一其他当事人送
367 达其预期在庭审中出示证据的详细信息(只为质疑目的出示的除外)。在此阶段，当事人可能已经进行了好几年的诉讼——经历了诉答文书、各种类型的申请以及披露——现在只剩下历经打磨而留下的待决问题。

根据《规则》第 26 条(a)款(3)项(A)目，要求提供的信息包括当事人将传唤的每一证人(以及如果庭审中出现需要时可能传唤之人)的姓名、地址和电话号码，指明其证言将被以庭外证言记录(deposition transcript)提出而不是当场作证的证人，以及确认每一文件或其他在庭审中被提出的展示品。事实上，早在必须披露于 1993 年成为联邦规则之前，每一地区都有一条地方规则，要求交换此类信息。该交换为颁布最后的审前会议命令提供便利，该秩序起着为庭审制定蓝图的作用，我们将在第八章第五节中述及。根据《规则》第 26 条(a)款(3)项(A)目，该当事人不仅要向其他当事人送达该信息，而且要向法院提交该信息。因此，庭审前必须披露是仅有的必须提交法院的披露。法院不获取其他的必须披露材料的副本。

## 二、传统披露手段

1993 年《联邦规则》增加的必须披露制度不改变传统的披露工具。根据《联邦规则》，这些工具始终是诉讼的一部分。尽管教授们用不同方法处理这一材料，但许多教授都同意，重要的是理解每一工具是什么，它是如何被使用的，用它获取什么信息为最佳，它是否能用以从非当事人(nonparty)处获取信息。正如我们将看到的，每一个工具都能用以从当事人处获取信息，只有两个工具一般能用以从非当事人处直接获取信息。在缺乏法院命令或当事人约定时，《规则》第 26 条(f)款规定的会议召开之后，才可以使用

这些工具。见第八章第五节。

你们可能读过了一些老的案例[如第八章第三节第二目探讨的著名的希克曼诉泰勒案(Hickman v. Taylor)],这些案例提到了向法院提交披露答复(discovery responses)。过去常要求当事人提交书面证词副本(deposition transcripts),对书面质询的答复,等等。这一要求从来就没有太大意义,只是浪费占用联邦法院的地方。而且,决定披露答复的哪些部分对动议或庭审来说是相关的,这是当事人的责任——而不是法官的责任。因此,联邦规则不再要求提交传统披露工具。相反,将答复(和披露请求一样)送达至每一方当事人。我们按照披露工具在《规则》中出现的顺序依次阐述。正如我们所述及的,其与它们在大多数案件中被使用的顺序并不对应。

**书面证词**。很难想象存在任何当事人不使用书面证词的重要案件。在 368
书面证词中,向被要求宣誓作证的人[称作宣誓作证者(deponent)]提出问题,其口头回答这些问题。证言被记录下来[1]并在之后能转换为文本格式。[2] 基于伪证罪惩罚之威慑,在签字之前,宣誓作证者可以要求给予机会,审查书面证词的证言,并修改任何错误。[3] 开始时,法院的记录员对宣誓作证者进行监誓,宣誓作证者确认将提供的证言为真实,否则受伪证罪惩罚。[4] 在某些方面上,书面证词看起来像庭审中提供的证言。宣誓证人"被要求宣誓(sworn in)",之后当场回答问题。但是在某些方面它又和庭审不

---

① 传统的做法是,记录由法院记录员(a court reporter)在速记机上完成。《规则》第 30 条(b)款(3)项也允许借助音频或者视频/音频机器进行记录。提取书面证词的当事人必须做出安排,以便法院记录员出席并记录证言。每个城市都是法院记录公司(court reporting firms),提供这些服务。也参见《规则》第 30 条(b)款(4)项(允许法院命令或当事人约定通过电话或其他远程方式提取书面证词)。

② 如果提供书面证词(或其任何部分)将被法庭作为证据使用,对它(或提供的部分)必须改写成文字。《联邦民事诉讼程序规则》第 32 条(c)款。

③ 《规则》第 30 条(e)款(1)项允许宣誓作证者或当事人提出请求,要求宣誓作证者拥有 30 天的时间审查抄本,该时间自法院记录员通知可以取得誊本后计算。如果她做了"形式或实质上"的修改,宣誓作证者必须签署一项声明,声明详述所做的修改以及修改的理由。法院记录员必须注意是否提出任何这样的审查请求,如果提出了该请求,则将任何变更附在誊本之后。

④ 《规则》第 28 条(a)款(1)项要求宣誓证词之提取在被授权监督有效宣誓的官员面前进行。法院记录员获官方许可做此事(指监督)。

相似。例如，书面证词不在法庭提供，没有法官出席。相反，当事人及其律师有权出席；每一方当事人的律师有权提问。[①] 通常出席的唯一的其他人是法院的记录员，记录员监督宣誓并记录宣誓证言。

希望召唤某人宣誓作证的当事人必须“通知”有宣誓作证，这意味着其必须就宣誓作证给所有当事人发送书面通知。根据《规则》第 30 条(b)款(1)项，该通知(通常为一页)必须提供被要求宣誓作证者的姓名，指出宣誓作证的日期、时间和地点。[②] 重要的是当事人可以要求拥有可披露信息的任何人——甚至是非当事人宣誓作证。[③] 对非当事人宣誓证人，应该传唤
369 (subpoena)其出席宣誓作证活动。否则，非当事方没有义务出席宣誓作证活动。[④] 根据《规则》第 45 条，发出的传票(subpoena)由法院签发，传票命令当事人出席某一活动(如宣誓作证或庭审)并提供证词。[⑤] 然而，获取诉讼当事人的书面证词不需要传票；适当送达的宣誓作证通知，足以要求该当事人出席其自己的宣誓作证活动，这一区分是有意义的。当事人已经被置于法院司法权管辖之下(原告通过起诉，被告通过被送达起诉文书)，因此进一步的法院命令是不必要的。与此形成对照的是，非当事人没有被置于法院司法权管辖之下，而为了强迫其出席，对其如此行使“权力(power)”是必

---

① 没有律师代理的当事人——被称为自己代理的当事人(a pro se party)——有权出席并提问。不是当事人的宣誓证人(nonparty deponent)可以让其律师出席。

② 根据《规则》第 5 条，书面证词的通知要送达所有的当事人，除了其他方式外，该条还允许通过邮件或递送给当事人律师的方式送达。见第三章第三节第六目。《规则》第 27 条(a)款规定了诉讼提起之前提取的宣誓证词。该书面证词提取之目的是为案件保存证据[或“使证词永存(perpetuate testimony)”]。例如，如果一个关键目击证人(eyewitness)病得很重，潜在的当事人可能想在起诉前提取书面证词，以保存证人证言。获取这样的书面证词需要有法院的命令，发布命令的依据是证明满足了《规则》第 27 条(a)款(1)项中规定的标准。

③ 《规则》第 30 条(a)款(1)项和第 31 条(a)款(1)项允许要求“任何人，包括当事人”宣誓作证。

④ 如果一方当事人通知非当事方宣誓作证而没有对其用传票传唤，非当事方因为没有传票而没有出庭，则该当事人负责出席宣誓作证的其他当事人所蒙受的诉讼费和律师费。《联邦民事诉讼程序规则》第 30 条(g)款。所以始终用传票传唤非当事人宣誓证人。

⑤ 《规则》第 45 条(a)款规定迫使出席宣誓作证活动的传票应由宣誓作证举行地的地区法院签发。《规则》第 45 条(c)款通过限定迫使非当事人宣誓作证的地点，保护非当事人宣誓证人，让其免于承担不当负担和费用。

要的。[①] 传票可以要求非当事人不仅出席并宣誓作证，而且随身携带文件或其他东西；这一命令被称为提交书面文件传票（subpoena duces tecum）。[②]

宣誓证人被要求以其现有的认识和记忆为依据作证。如果其知道某一特定问题的答案包含在其办公室的文件中，但不记得文件是如何表达的，则简单表示缺乏记忆。其没有义务在宣誓作证前查看所有的相关文件。因为证人“当场”作证，因为律师能够根据宣誓证人所说调整询问，所以宣誓作证可能会变得高度紧张，甚至戏剧化。例如，有时候，宣誓证人会丧失镇定，或承认重要的事情。偶尔，宣誓证人聘请的律师可能提出反对，并指示证人不回答问题。[③]《规则》第45条(c)款(2)项限制了在宣誓作证中可以适当提出反对的类型。最终可能要求法官决定反对是否合适。

显而易见，书面证词是非常有用的。但书面证词也是代价昂贵的。律师事先对每一宣誓作证做大量准备，研究相关的文件并设计问题的底线。根据《规则》第30条(a)款(2)项(A)目(ii)，除非法院命令额外的宣誓作证，否则在一个案件中任何人被宣誓作证的次数都不得超过一次。因为当事人 370
只有一次要求宣誓作证的机会，因此他们必须做充分的准备，以利用每次的宣誓作证。这一事实给出忠告，要用协同的方式勤勉地利用所有的披露工具。很少一开始就运用庭外宣誓作证。通常，更为合理的做法是，在决定要求谁宣誓作证和提出什么样的问题之前，首先送达质询书（interrogatories）（下面作探讨），以获取有帮助的背景信息。

假设当事人想让某人提供宣誓证言，但不知道此人的姓名。比如，假设事关汽车油箱的设计。当事人可能想让负责此设计的工程师提供宣誓证词。如果该人为之工作的生产商是诉讼当事人，最好的办法或许是向生产商送达质询书，要求它指认该工程师。一旦工程师被指认，就可以对其提取

① 当然，没有被传票传唤的非当事方可以自由出席并宣誓作证，如果其选择这么做的话。尽管如此，如果没有传票，非当事方不能因没这么做而遭受惩罚。

② “Duces tecum”是拉丁文，意思（大致）是“随身带来”。

③ 如我们在第八章第三节第一目讨论的，例如，律师这样做可以用以维护作证豁免权。

宣誓证言。但如果生产商不是当事人[且因此(如我们在下面看到的)不能向其送达质询书]又如何呢?《规则》第 30 条(b)款(6)项允许当事人指定生产商为宣誓证人并说明披露所想查获的事项。因此,生产商被要求指认并提供适当的人供宣誓作证。

作为对披露滥用的回应,1993 年《规则》的起草人对宣誓作证施加了一些推定性的限制。除非法院命令或当事人约定[1]允许,否则《规则》第 30 条(a)款(2)项(A)目(i)将每一当事人限定在案中不超过 10 次的宣誓作证。此外,除非法院命令或当事人约定允许,否则《规则》第 30 条(d)款(1)项将每一宣誓作证限定为一天且不超过 7 小时。2000 年修订了《规则》,剥夺了每一地区法院通过制定《地方规则》(Local Rule)改变这些限制的能力。再次说明,法院可以发布命令,增加宣誓作证的数量,或允许要求某人多次宣誓作证,或延长宣誓作证的时间(或者当事人可以这样约定)——但法院的命令必须以具体案件为基础作出,而不是作为一个确定的地方规则作出。

最后,大多数的宣誓证词是根据《规则》第 30 条提取的,该条允许口头询问(oral examination)的宣誓作证。这意味着向宣誓证人提出的问题是由每一当事人聘请的律师口头提问。然而,《规则》第 31 条允许书面提问的宣誓作证。书面提问是非常罕见的。宣誓证词一直是以口头宣誓作证进行的,有一个例外——问题不是由当事人的律师口头提问的。相反,问题要事先提交并由法院的记录员念出,之后法院记录员记录宣誓证人的口头回答。
371 《规则》第 31 条的宣誓证言比《规则》第 30 条的宣誓证言成本更低廉,因为提取宣誓证言的当事人不需要让其律师出席并提问。但是,它们有重大和明显的缺陷,因为问题是事先写好的,不能根据宣誓证人的反应而调整。大多数的律师想提取口头的宣誓证言,这样他们就不仅能听取宣誓证人的回答,还能对宣誓作证人进行观察。这使得律师能感知宣誓证人立场上的弱

---

① 《规则》第 29 条(b)款允许当事人对披露程序的方方面面做出约定。根据该条,如果延长时间将扰乱已经为完成披露或审理申请或开始庭审所确定的时间,则当事人不能对其加以约定。在此情况下,约定只有获得法院批准才能发挥作用。除此之外,当事人在拟定披露的时间安排和范围上有很大的自由空间。见第八章第五节。

点，并用后续的适当的问题获取想取得的东西。

**书面质询**。几乎在每一案中都使用这一工具。书面质询受《规则》第33条支配，它是书面的问题，对这些问题的答复方必须在被送交问题后的30日内书面进行回答。[①] 因此不像宣誓作证，书面质询很少发现确凿证据。处于宣誓作证压力下的人可能“在压力下崩溃”并脱口说出对其案件具有破坏性的事情。书面质询很少导致出现这一戏剧性时刻，部分原因是提问和回答之间有时间间隔，部分原因是当事人的律师将协助当事人起草答复。对问题的回答由答复的当事人在宣誓后签署，受伪证罪处罚威胁。被提问的当事人可以反对书面质询，例如，因为书面质询要求提供受免证特权(evidentiary privilege)保护的材料；如果被提问的当事人反对了，其必须明确援引相关的特权。我们将在第八章第三节第一目中探讨该特权。

书面质询可能极具价值，能揭示背景事实——相关人员的姓名、住址、合同订立的日期、当事人间合同的编号——与任何当事人的诉求和答辩有关的任何客观资料。它们也有助于澄清当事人的诉答文书。回想一下，联邦法院的诉答文书具有相当的推断性。被指控存在疏忽的被告想向原告发送书面质询，迫使其具体描绘指控的疏忽行为。当事人经常使用这种“论点的书面质询(contention interrogatories)”，迫使另外一方表明立场，办法是询问类似的问题：“你认为原告具有共同过失吗？”通常，当事人利用对书面质询的回答，准备对其他当事人的宣誓作证。所以，对书面质询的回答以及初始强制性披露常常提供有价值的信息，帮助决定要求谁宣誓作证以及向其询问什么类型的问题。

正如我们刚才所看到的，当事人可以向非当事人提取宣誓证词。与此形成对比的是，书面质询只能向其他的当事人提出。[②] 没有向非当事人发出书面质询的规定。另一个不同涉及答复方在回答前必须权衡的信息种

---

① 答复依据《规则》第5条(b)款被送至所有当事人。如果书面质询是通过邮件送达的，答复的当事人被给予了自它们被邮寄之日起的(20天之外的)额外3天期间。《联邦民事诉讼程序规则》第6条(d)款。见第三章第三节第六目。

② 《规则》第33条(a)款(1)项规定，书面质询可以送达给“任何其他当事人”。

类。回想一下，宣誓证人被要求只就其目前的认识和记忆作证。然而，回答
372 书面质询时，当事人必须提供其能合理获得的信息。因此，如果书面质询问的是当事人想不起来但包含在其文件中的信息，则其必须查阅这些文件并找出答案。

然而，在这一点上，《规则》第 33 条(d)款规定了“商业记录选择权(business records option)”。假设，当事人甲向当事人乙发送了书面质询，问题的答案在乙的商业记录(包括电子储存信息)中。如果找到问题答案的负担对双方当事人来说实质上是一样的，当事人乙(不是自己寻找答案)可以只是给当事人甲一个查阅商业记录的机会，这样甲能自己找到答案。

在披露滥用中当事人相互发送大量书面质询，出于对滥用披露的回应，《规则》第 33 条(a)款(1)项施加了一项基于合理之推测的限制(a presumptive limit)：每一当事人可以向案中的每一其他当事人送达至多一组 25 个问题(包括子问题)。地区法院不可以通过《地方规则》改变这一限制。另一方面，法院可以根据个案发布命令增加允许的问题数量，或者当事人可以约定更多的数量。①

**举证请求**。这一工具，规定在《规则》第 34 条中，几乎在每一重要案件中都得以使用。它允许一当事人要求另一当事人提交文件、电子储存信息或有形物(tangible things)，或允许进入土地实施各种许可行为，如测试。物品必须为被请求方(the party to whom the request is made)“拥有、保管或控制”。《规则》第 34 条最常见的利用方式是获取接触文件的途径，之后请求方可以检查和复制该文件。然而，该规则之用途远非此点。例如，当原告指控被告侵犯了原告在小器具(widget)上的专利权，《规则》第 34 条允许原告获取被告的小器具并对之进行检查(或让其顾问检查)。在涉及损害原告房屋的案件中，被告可以进入该财产对其进行检查(或让其顾问检查)。

根据 2006 年生效的《规则》，其第 34 条具体包括“电子储存信息

---

① 《规则》第 29 条(b)款允许当事人约定有关披露的时间安排和范围的许多事项。见本书第 448 页注释①。

(ESI)”。在第八章第三节第五目中，我们从一般角度，探讨了2006年为了适应新近技术发展对《规则》所做的修订。受到特别关注的一个领域，即是电子邮件的披露。2006年之前，许多人辩称根据《规则》第34条，电子邮件作为“文件”是可披露的。但电子邮件经常只储存在服务器中，而不以硬拷贝格式(hard-copy format，即已经打印的格式)存在。具体提到披露电子储存信息祛除了任何的疑问——电子储存信息是可披露的。《规则》第34条(b)款(1)项(C)目允许发出提交电子储存信息请求的当事人具体指明电子储存信息的提交格式。例如，当事人可以要求该信息的硬拷贝(hard copies，即打印好的文本)。根据《规则》第34条(b)款(2)项(D)目，被请求方可以反对所要求的电子储存信息提交格式。然后，可以指明其在提交该信息 373
时想使用的格式。比如，其可能喜欢以可做电子搜索的格式提交该信息。

提出请求的当事人根据《规则》第34条(b)款(1)项起草请求书并将之送达所有的当事人。[①] 请求必须“合理具体地(with reasonable particularity)”指出想获得的文件和物品。它可以单独地指明文件(如“2008年11月4日由甲发给乙的信件”)，也可以指出类型(如“从2009年10月1日到2010年1月5日的销售凭据”)。被请求方必须在请求书送达后的30日内[②]做出答复，其别无选择，或表示允许查阅，或提出反对查阅。《规则》第34条(b)款(2)项(E)目规定“[一方]当事人必须依照文件在通常商业过程中被保管的状态提供，或者必须按请求书中提到的类型对文件进行分类排序并贴上标签。”提出该要求之目的，是避免被请求方将关键性文件隐藏在堆积如山的不重要材料中。

通常，当事人想从被宣誓作证的当事人那里找到文件(或物品)。可能的情况是将提交请求与宣誓作证通知一并提交，在此案件中，(被请求的)当事人得携带被要求提交的文件(或物品)现场宣誓作证。另一方面，在提取

---

① 根据《规则》第5条(b)款请求书送达给当事人通常采用邮寄方式。见第三章第三节第六目。

② 答复也要根据《规则》第5条(b)款送达给所有的当事人。如果请求书是通过邮寄送达的，答复方也被给予自它们被邮寄之日起的额外3天。《联邦民事诉讼程序规则》第6条(d)款。

另一方当事人宣誓证词前获取并审查文件可能更为有用。因此，律师喜欢在提取宣誓证词前使用提交的请求。实践中，建议安排交换文件和让当事人庭外宣誓作证两者间有大量配合。①

《规则》第 34 条(a)款和(b)款只提到要求当事人提交；它们不允许要求非当事人提交。然而，《规则》第 34 条(c)款提醒我们，根据《规则》第 45 条能够迫使非当事人提交文件或物品，《规则》第 45 条规定了传票(subpoenas)。反过来，《规则》第 45 条(a)款(1)项(A)目清楚表明，可以迫使非当事人提交文件、电子储存信息和有形物供检查，或允许进入地产。② 相应地，和可以要求事人一样，可以要求非当事人提交物品，但除非向非当事人送达了传票(subpoena)，否则不能要求其服从请求。

只是为了从非当事人处拿到文件或物品，现在获取该传票是容易的。在其能根据《规则》第 34 条(c)款完成前，寻求从非当事人处获取文件的当
374 事人曾经得通知非当事人宣誓作证，并将携物出席传票(subpoena duces tecum)送达给非当事人(该传票要求非当事人出席并要求其随身携带所指明的文件或物品)。之后，非当事人被要求宣誓作证，并被问及是否随身带来所要求的文件。一旦非当事人指明了该文件，则宣誓作证结束，双方当事人检查该文件。现在，如果某人只是想要从非当事人处获取文件或物品(不要宣誓证言)，她只需要向非当事人送达要求提交材料的传票，不需要费劲通知其宣誓作证。

**医学检查**。这一披露工具是独特的，因为正如《规则》第 35 条(a)款(2)项(A)目清楚指出的，只有在法院准予一方当事人提出让某人做身体或精神检查(我们简称其为医学检查)的申请时，这一披露才可用。首先，根据《规则》第 35 条(a)款(1)项，医学检查申请人必须证明某人的"精神或身体状态[包括血型(blood group)在内]存在问题。"其次，根据《规则》第 35 条

---

① 规则第 26 条(b)款允许当事人约定涉及披露时间安排和范围的许多问题。见本书第 448 页注释①。

② 注意《规则》第 45 条(a)款(1)项(A)目(iii)是如何提到对与"当事人(party)"相对应的"人(person)"发布命令的。因此，传票的对象不必是诉讼的当事人。

(a)款(2)项(A)目,其必须表明有做这一检验的充分理由。依据该证明,法院可以命令某人由“获得适当执照的或持有证书的检验人”做医学检验。申请(以及法院发布的命令,如果法院同意申请的话)必须规定检查的时间、地点、方式和范围,并提供检验执行人的姓名。要求有法院命令是有意义的,没有此要求,该披露工具容易被用于骚扰或打压其他当事人。[①]

联邦最高法院法院强调,推断性的表述不足以为医学检验命令提供正当性。相反,要求该检验的当事人必须“确实证明……与要求检验相关的每一状态确实和真实地存在争执,以及命令做每一具体检验有充分理由。”[②]并且,以产生较少侵扰的方式获取所想得到信息的能力与当事人是否确立起发布该命令的充分理由是相关的。

《规则》第 35 条(a)款(1)项不仅允许命令对“当事人(a party)”做医学检验,而且允许法院命令当事人“提供受其监护或控制的人供检验”。法院从严解释后一措辞表述。该人包括,如当事人的孩子,因为孩子(至少在理论上)处于其父母的监护和控制中。[③] 它不包括雇员。[④]

- 司机驾驶公司经营之汽车与其他汽车相撞。原告为车里乘客,受 375
伤而起诉汽车公司。原告认为司机糟糕的视力促成了该灾难,请求法院命令让有适当执业许可的专业人士检查其视力。显然,如果司机是当事人,原告可以请求获得该命令。但在本案中,原告只起诉了汽车公司。原告不能获得命令,因为司机,尽管是当事人(汽车公司)的雇员,但不被视为处于汽车公司的“法律控制或监护中”。如果情况是这样,你们能想出一个获取司机视力信息的披露

---

① 另一方面,佛罗里达州长期允许一些无法院命令的医学检验,似乎并无重大滥用。见《佛罗里达州民事诉讼程序规则》第 1 条 360 款(2004 年)。

② 施拉根霍夫诉霍尔德案(Schlagenhauf v. Holder),《美国联邦最高法院判例汇编》第 379 卷,始于第 104、118 页(1964 年)。

③ 见,如申普诉雷尼尔案(Schempp v. Reniker),《联邦判例汇编第二辑》第 809 卷,始于第 541、542—543 页(第八巡回法院 1987 年)(父母对未成年孩子的监护或法定控制)。

④ 不时地有人建议扩展《规则》第 35 条以涵盖当事人的雇员或代理人,但所有的这种努力均失败了。见《穆尔论联邦实践》第 7 卷,第 35 章第 6 节。

方案呢？

- 首先，原告可以对司机提取宣誓证言。其得保证司机经传票传唤出席。在宣誓作证时，原告可以询问司机的视力。例如，可以问司机检查视力的频度，是否戴眼镜等。
- 另一方法是，通过携证出庭传票(a subpoena duces tecum)，(在宣誓作证之前或同时)，要求司机提交其眼镜供原告的专家检查。原告也可以获得所提交的与司机眼镜有关的任何文件或处方。并且，在宣誓作证中，原告可以向司机发问，以确定其医生，然后要求负责司机视力的医生宣誓作证。①

医学检验通常由医生进行，但注意《规则》第35条考虑到，应由获得职业许可证的或持有执照的适格人士实施检验。许多此类人士并不持有医学博士学位(M. D. degree)。该规则旨在方便由任何适格保健专业人士实施检验。因此，检验可以由脊椎指压治疗者(chiropractors)、足病治疗者(podiatrists)、理疗专家(physical therapists)及其他的这种专业人士实施。当然，这些专业人士因做医学检验会获得报酬。由要求检验的当事人支付报酬，该费用是诉讼“费用(cost)”。[回顾一下第一章第一节，通常胜诉的一方从败诉的一方那里取得其诉讼费用(该费用不包括律师费)]

医学检验实施之后，检验专家向要求检验的当事人发送其报告。被检验者有权获得报告副本。其要做的全部事情是，向请求法院发布检验命令的当事人索要副本。根据《规则》第35条(b)款(1)项，该当事人必须向提出该要求的人交送副本。但要求获取此报告是有代价的。根据《规则》第35条(b)款(4)项，通过要求和获取报告，被检验者“放弃了其可能享有的任何特权——在涉及相同争议的本诉讼或任何其他诉讼中——涉及对同一身体状态所做所有检验的证言。”换言之，该被检查者放弃了涉及同一个身体状态的其他专业人士报告中享有的特权。

---

① 我们在第八章第三节第一目中看到，司机和其医生之间的秘密通讯享有受特权，并因此不能被披露。

实际上，根据《规则》第 35 条(b)款(3)项，一旦被检验者收到了法院命令检查的报告，就必须(根据另一方当事人的申请)提交其自己医生提出的有关医疗状况的报告。 376

**承认请求**。该工具可能非常有用；当你们处在“现实世界(real world)”* 时别忘了它。规则第 36 条(a)款(1)项(A)目允许一方当事人迫使另一方当事人承认或否认，有关“事实、适用于事实之法律或关于该两者之看法”的任何可披露事项。《规则》第 36 条(a)款(1)项(B)目允许对涉及“任何所记述文件之真实性”做同样的事。正如你们将在《证据法》课程中学到的，文件只有在被鉴定后——即确认为真实后，才能被允许在庭审中考虑。诉讼当事人应该在承认文件的真实性上尽可能地通力合作，以避免费用，而不用历经寻找每一文件的作者和在其宣誓情况下询问是否起草了该文件。

与其说《规则》第 36 条是一个披露工具，还不如说它是迫使当事人表明在某一具体问题上立场的策略。请求承认能将当事人之足放在火上烤炙，并可以缩小审理问题的范围。尽管《规则》第 36 条没有对案中被送达的请求书数量施加可推定之合理限制(a presumptive limit)，但《规则》第 26 条(b)款(1)项授权法院通过发布命令或通过颁布《地方规则》施加这一限制。

承认的请求书只能向当事人送达。① 没有向非当事人发送承认请求书的规定。被请求方自请求书送达之日起有 30 天时间，向全体当事人送达其书面制作并签署了的对请求书的答复。② 在答复中，其必须或者明确否认该事项，或者“详细陈述”其不能承认或否认的理由；对于后者，不能说缺乏对该事项的了解，除非其表示已经做了合理查询，可获得的信息不足以让其承认或否认。(当然，当事人可以反对询问不适当事项的任何承认请求，如

---

* 现实世界(real world)是与学术世界(academic world)相应的。——译者

① 《规则》第 36 条(a)款(1)项规定，承认请求可以送达给“任何其他当事人”。根据《规则》第 5 条送达通常通过邮件完成。见第三章第三节第六目。

② 答复也根据《规则》第 5 条送达给所有的当事人。如果请求书是通过邮件送达的，给予被请求方自它们被邮寄之日算起的额外 3 天。《联邦民事诉讼程序规则》第 6 条(d)款。

针对无关的或享有特权的资料。见第八章第三节第一项。)如果被请求方没有否决承认的请求,则视为该事项获得了承认。《规则》第36条(b)款规定根据《规则》第36条获得承认的事项"获得了最终认定,除非法院根据申请允许撤回或修订该承认。"《规则》第36条(a)款(1)项清楚规定,承认只在待决案件中有约束力因而不能用于其它诉讼。

这儿智者获得的结论很简单:如果你能诚实地否认承认请求,则否认
377 之。不要以辩论回答问题。简单地回复该当事人"否认此承认请求"。做任何其它事都有可能冒没有否认的危险,正如我们已经看到的,构成一项承认。

- 原告向被告送达了一组承认请求书。其中之一表示"被告在汽车碰撞前的30分钟内喝了酒"。被告在其答复中表示"被告是否在汽车碰撞之前的30分钟内喝酒是将在庭审中认定的有争议的事实。"被告没有否认请求,因此被视为已经做了承认。除非法院允许撤回或修改,否则,被告在碰撞前的30分钟内喝了酒这一点现在就作为事实获得了确认。注意《规则》第36条(a)款的第十句[《规则》第36条(a)款第二段的最后一句]具体规定了这一问题,表示一方当事人不可以仅仅因为请求书提出了一个应审理的事实问题而加以反对。

### 三、补充答复义务

我们必须记住,诉讼程序经常花费数年才完成。很可能当事人对披露的答复在几个月或几年之前是完全正确的,在进一步披露事实后则可能不正确。另一方面,很可能考虑到时间的流逝和法律操作的严格,当事人或其律师认识到随着新事实的披露早先的答复不正确了。

在1993年,修订了《规则》第36条(e)款以处理该焦虑。正如现在所规定的,《规则》第36条(e)款(1)项给每一方当事人施加了责任,要求"补充或更正"任何所要求的披露和对任何书面质询(interrogatories)、举证请求(requests for production)和承认请求(requests for admission)的答复。只

有“当事人获知在一些材料方面，披露或答复是不完整的或不正确的”，才根据《规则》第26条(e)款(1)项(A)目附加该责任。[①] 即使那样，只有“增加的或修正性的信息没有在披露过程中通过其他方式为其他当事人所知或者采用书面形式时”，才适用该义务。

即使没有当事人提出请求，也要求做这些补充性答复。因此，《规则》第36条(e)款(1)项要求每一方当事人自我约束，以确保之前所做的答复不是误导性的或随案件的展开而变得不精确。因此，每一方当事人有义务(在其律师的指导下)审查对披露请求的答复，以确保这些答复随案件展开仍为精确。

《规则》第26条(e)款(2)项只处理要求披露专家证人的非常具体的案 378
件，专家证人披露规定在《规则》第26条(a)款(1)项(B)目中。它[第26条(e)款(2)项]要求不仅补充和修正包括在专家报告中的信息，而且补充和修正其在庭外宣誓作证(deposition)期间提供的信息。

① 《规则》第26条(e)款(1)项(B)目要求，如果法院命令补充答复，则补充答复。《规则》第26条(e)款(1)项(A)目中更重要的自我约束规定在正文中探讨。

# 第三节　披露的范围

## 一、相关的、不享有特权的事项及比例理念

**可披露信息与可采信信息。**我们刚才审视了在诉讼披露阶段用于获取信息的工具。本部分我们阐述诉讼当事人用这些工具可以获取哪些种类的信息。认定披露信息的基本标准规定在《规则》第26条(b)款(1)项中：除非法院发布相反命令，否则当事人可以披露"与任何当事人的诉求或答辩有关的不享有特权的任何事项。"《规则》没有对其下定义。在通常措辞中，该词的意思是实质性相关联。《规则》第26条(b)款(1)项的第三句话提供了帮助，它规定"如果披露表现出通过合理推算(reasonably calculated)导致披露可采信的证据，就不需要相关的信息在审理中采信"。因此，即使这些信息在审理中不被采信，相关的信息仍可以披露。换一种说法，可披露(discoverability)的概念比可采信(admissibility)的概念范围要宽。

你们将在《证据法》课程中详细学习可采信性。对审理中可以提供给事实查明者(fact-finder)(事实查明者可能是陪审团，也可能是法官)考虑的证据设有限制，目前知道这一点就足够了。最重要限制之一涉及"传闻"证据("hearsay" evidence)。传闻是证人(在庭审中作证的人)已经遇到(has encountered)但不是观察到的或通过其他方式直接感知到的信息。例如，假设你的室友告诉你她曾考试作弊。如果你将该信息告诉了某人，你说的话就是传闻。它可能是真实的，但你不知道它是真实的；对这一问题你没有独立的知识。一般规则是传闻证据在审理中是不可采信的(尽管该规则有数量惊人的例外，但此处我们不必关心这些例外)。

因此，如果庭审中要裁决的问题是你的室友是否考试作弊，作为一般规则，你的证词很可能不被采信以证明该要点。然而，信息不可采信的事实并
379 不一定意味着它不能成为披露对象。再次说明，这是因为《规则》第26条

(b)款(1)项的第三句话规定:如果是"经合理推算可导致披露可采信的证据",则该信息是可以披露的。因此,假设该问题与诉讼有关,如果在庭外宣誓作证时你被问到你的室友是否告诉你她考试作弊,你将被要求叙述她所告诉你的话。在庭审中不可采信之事实与披露无关。

- 在一起汽车碰撞案件中,W可能在庭审中作证说就在听到碰撞声音前她听到了急刹车声音。该证据可采信,因为它在W的亲身感知范围内。但W不能在庭审中作证说其男友告诉她他听到了刺耳的刹车声和碰撞声。此证据不可采信,因为它是传闻;她作证的是别人告诉她的事,而不是感知的事。
- 尽管如此,W的传闻证言是相关的。此信息合理推算可导致披露可采信证据,因为它将导致当事人向W的男友发问,男友确实听到过刺耳的刹车声和碰撞声。因此,当事人可以问W(例如,在庭外宣誓作证中)关于其男友告诉她所听到的声音。但同一当事人不能要求W就其男友告诉她的事在庭审中作证。再次说明,该信息是相关联的,但是在庭审中不可采信。①
- P控告D性骚扰,D是其工作监督人。P寻求披露D作为监督人在不同时间监视其他雇员时所作所为之鉴定。该证据可能不能被采信以证明他对P进行了性骚扰,但它是可披露的。②

《规则》第26条(b)款(1)项要求信息与"任何当事人的诉讼请求或答辩"相关。直至2000年12月,该规则一致允许披露与"诉讼标的(subject matter)"相关的信息。现在的标准更窄,反映了对披露范围过广的担忧。一些观察家不相信现行标准——即与诉讼请求或答辩相关的标准——以任

---

① 另一个例子或许是《规则》第26条(a)款(1)项(iv)目中的要求,即在强制披露中被告需要透露其所拥有的保险赔偿额,该数额能弥补针对被告所提出之诉讼请求。保险的存在在庭审中是不可采信的,但显然是披露的对象,即使没证明它将导向披露可采信证据。

② 见琼斯诉堪萨斯陆军兵工厂指挥官案(Jones v. Commander, Kansas Army Ammunitions Plant),《联邦规则判例汇编》第147卷,始于第248、251页(堪萨斯州地区法院1993年)。

何可界定的方式规定得比旧标准更窄。[①] 事实上，不可能量化两者之间的任何区别。或许，可以说，新标准构成咨询委员会（Advisory Committee）的（它为最高法院起草《规则》）一项的努力，向法官发出一个信号，要求监督披露的范围，密切关注当事人主张的事项。

380 《规则》第 26 条(b)款(1)项的第二句允许法院，基于充足理由，命令披露遵循范围更广的路线："与诉讼标的相关的。"为该扩张提供正当性的情况（像认定什么信息是相关的）随个案事实的不同而变化，对该事项交由地区法院法官行使充分的自由裁量权。

- P 因人身伤害起诉 D，声称是 D 的疏忽致她受伤。她要求 10 万美元的补偿性赔偿金。P 想披露有关 D 资产净值（net worth）的信息。所要求披露的信息可披露吗？答案应该是否定的，因为信息与案中的诉讼请求和答辩没有关联。P 寻求补偿性赔偿。这样的赔偿旨在补偿 P 所遭受的损失。D 在银行拥有 1 美元还是拥有 1 百万美元，这不影响计算使 P 完好无损需要多少钱。[②]
- P 因据称是由 D 的恶意行为（wanton conduct）造成的人身伤害起诉 D，并要求惩罚性赔偿（punitive damages），根据可适用于恶意引发伤害行为的法律，允许惩罚性赔偿。P 要求 10 万美元的补偿性赔

---

① 为最高法院起草《联邦规则》的咨询委员会近年因做了太多的意义不大的修订而饱受批评。其后果是，按照评论家的说法，增加了繁重的工作。一个有趣的例子涉及可披露性定义的变更，该定义，如正文所说明的，于 2000 年 12 月生效。在对一个申请 2001 年 3 月 29 日所做的裁决中，地区法官使用了老的标准，该事实可能表明 2000 年 12 月颁布的修订没有很好地得到宣传。安德森诉黑尔案（Anderson v. Hale），《美国联邦地区法院判决莱克西斯法律数据库 2001 年》第 3774 页（伊利诺伊北部地区法院 2001 年 3 月 29 日）。提请法院关注新标准时，法院给出了第二个意见，在此意见中它得出的结论是根据新标准和旧规定答案是相同的。安德森诉黑尔案（Anderson v. Hale），《美国联邦地区法院判决莱克西斯法律数据库 2001 年》第 7538 页（伊利诺伊北部地区法院 2001 年 6 月 1 日）。最终，仍不清楚与"诉讼请求或答辩"相关和与"诉讼标的"相关两者究竟如何大不同。

② 见，如亨德森诉朱恩案（Henderson v. Zurn），《联邦规则判例汇编》第 131 卷，始于第 560、562 页（印第安纳南部地区法院 1990 年）。[因为被告的财务状况与补偿性赔偿无关，因此被告的报税单（tax returns）是无关联的。]但见贝克诉西纳保险公司案（Baker v. CNA Ins. Co.），《联邦规则判例汇编》第 123 卷，始于第 322、329—330 页（蒙大拿州地区法院 1988 年）（在相似的情况下允许了披露）。

> 偿和100万美元的惩罚性赔偿。P要求披露有关D资产净值的信息。该要求披露的信息可披露吗?答案应该是肯定的,因为D资产净值与惩罚性赔偿问题有关。这一赔偿旨在惩罚D恶名昭彰的行为。不知道D的资产净值,则完全不能评估惩罚性赔偿金。坦率地说,惩罚亿万富翁需要一个比惩罚中等收入者金额大得多的惩罚性赔偿金判决。在法院知道D资产净值前,它不可能知道多大金额的惩罚性赔偿判决才足以惩罚。①

**享有特权的事项。**假设所要求披露的事项“与任何当事人的诉讼请求 381
或答辩相关”,《规则》第26条(b)款(1)项只有在该事项“不享有特权(non-privileged)”时,才允许披露。特权的理念是你们在《证据法》课程中将学到的另外一个主题。该术语指对某事保密的特权。如果某事享有这一层意义上的特权,则不能强迫享有该特权之人泄露它——不管是在披露阶段还是在庭审中。

此类型特权保护特定人之间的秘密通信。例如,律师和客户之间、医生和病人之间、神职人员和教民之间、配偶之间的秘密通信或许享有特权(有赖可适用的法律)。其他人间的通信不享有特权,不管人们可能想让它们变得多保密(confidential)和“秘密(secret)”。因此,如果被告在保密的通信中向其律师、牧师或丈夫坦承,在事故发生时她正在加速,则不管是在披露阶段还是在庭审中,都不能使她透露该说法。② 并且,如果她主张享有特权,则不能使其律师、牧师或丈夫透露该说法。据称该特权是“绝对的”,意思是没有当事人能证明到足以击破这一保护。只要主张特权而不放弃,它就提

---

① 见,如卡鲁索诉科尔曼公司案(Caruso v. Coleman Co.),《联邦规则判例汇编》第157卷,始于第344、348页(宾夕法尼亚州东区法院1994年)。多数法院和审理卡鲁索(Caruso)案的法院一样,即使缺乏表面证据证明存在施加惩罚性赔偿的情节,仍允许披露。尽管一些法院暂停披露,直到确立惩罚性赔偿的责任,但相关要点是一样的——惩罚性赔偿的诉求牵涉被告的资产净值。

② 当然,假定相关法律承认这些人间秘密通信的特权。几乎每一个法院都承认课本中列出的这些特权,但值得注意的是联邦法律一般不承认医生病人间的特权。见,如帕特森诉卡特彼勒公司案(Patterson v. Caterpillar, Inc.),《联邦判例汇编第三辑》第70卷,始于第503、506页(第七巡回法院1995年)。然而,在涉及州法的联邦法院案件中,州规定的医生病人间的特权可以被适用。

供保护——绝对地——对抗披露。但通信必须是在拥有被承认能主张特权的特定关系人之间进行。例如，如果妇女没有结婚，而“绝对秘密地(strict confidence)”告诉其男友，说她当时正在加速，该通信将不享有特权。存在配偶特权，而不存在“其他重要的”特权。

正如你们在《证据法》中将学到的，特权观念体现的是政策上的坚定信念，即如果秘密通信的当事人被迫泄露通信内容，特殊的关系将受到伤害。无疑，所有的特权[包括反对自证其罪(self-incrimination)的宪法特权]都抑制了寻求真相的功能。社会因为珍惜这些关系才容忍了此妨碍。如果诉讼的追求真相功能是唯一的相关目标，则将没有任何特权。但是我们希望人们向其律师、配偶、牧师等自由倾诉，而不用担心秘密通信日后被泄露。

尽管社会非常重视这一关系，但特权是可以放弃的。在披露中寻求特
382 权保护的当事人必须主张该特权。如果披露请求要求一方当事人透露享有特权的资料，该当事人必须在拒绝公开这些资料时主张特权。正如《规则》第 26 条(b)款(5)项(A)目所规定的，以享有特权为理由不公开信息的当事人，必须“明确地主张”并“描绘不予提交的或不予公开的文件、通信或有形物的性质——并且所使用的方式，在不泄露享有特权或受保护信息本身的情况下，能使其他当事人评估该主张。”没有主张特权将导致放弃特权。

记住特权只附设于秘密通信。因此，如果客户在拥挤的电梯里告诉律师某事，它就不享有特权。同样，与律师这样的专业人员的秘密通信，其进行必须有助于提供专业服务。为考察决定是否聘请律师而悄悄对律师说的作为最初会见内容一部分的事项，即使最终没有聘请该律师，也将享有特权。但在高尔夫球场秘密对律师说的事，在不知道该人是律师的情况下且与聘用其法律服务无关时，将不享有特权。

**比例的理念**。当事人有权披露所有相关的不享有特权的事项吗？我们已看到《规则》第 30 条(a)款(2)项(i)目对庭外宣誓作证(depositions)的次数和时间长度设定了推定为合理的限制，《规则》第 33 条(a)款(1)项对书面质询(interrogatories)次数设定的类似的限制。此外，《规则》第 26 条(b)款(2)项(C)目允许法院通过命令或通过《地方性规则》，限制在每一案件中发

送的承认请求的数量。除了这些机械的要点外，《规则》第 26 条(b)款(2)项(C)目还要求法院根据可能被称为比例原则的一般认识(general sense of proportionality)限制披露。[①] 具体地说，法院必须限制三种情况(在接下来的三段中加以探讨)中任何一种的“披露的频率和范围”。在任何这样的案件中，法院可以通过发布保护令(在第八章第三节第四目中更详细地探讨)或主动行事，在给受影响的当事人通知后，限制披露。

第一种要求限制披露的情况——见之于《规则》第 26 条(b)款(2)项(C)目(i)——“所要求的披露为不合理累赘(cumulative)或重复(duplicative)，可以从其他更方便、负担更轻或成本更低的途径获得。”这儿，存在某些重叠或重复的请求是不够的。法院必须认定——根据其他情况以及所涉诉求——请求是否为“不合理”冗赘。例如，当已提交的材料包含了足够的信息，能认定是否有对一组雇员的种族偏见时，法院会拒绝为获取额外信息 383
而要求被告(雇主)审查 1700 个人事档案。[②] 此外，可以从另一个途径获得信息这一仅有的事实，不能排除对一方当事人的披露。法院必须以个案为基础评估情况。[③]

第二种要求限制披露的情形——见之于《规则》第 26 条(b)款(2)项(C)目(ii)——“当要求披露的当事人已经有了充分机会通过诉讼披露获取信息”。该规定传递强烈的反对拖拉的信息。如果当事人有机会披露某事项，就应该立即这样做，而不是通过不当延后来冒违反该条之危险。

最后的要求限制披露的情形——见之于《规则》第 26 条(b)款(2)项(C)目(iii)——“所提议披露的负担或费用超过了其可能的收益。”法院被要求考虑诸如案件的需要、纠纷的金额、问题的重要程度以及当事人的财力等具体的事实事项(fact-specific things)。显然，法院在此拥有巨大自由裁量

---

① 见会聚技术担保诉讼案(Convergent Tech. Securities Litigation)，《联邦规则判例汇编》第 108 卷，始于 328 页，第 331 页(加利福尼亚北部地区法院 1985 年)[对披露规则的修订，特别是对《规则》第 26 条(b)款(2)项的修订，作为“对披露领域的所有行为所施加的比例理念”而受到欢呼]。

② 阿拉姆布如诉波音公司案(Aramburu v. Boeing Co.)，《联邦地区法院判例汇编》第 885 卷，始于第 1434、1444 页(堪萨斯州地区法院 1995 年)。

③ 总体见《穆尔的联邦实践》第 6 卷，第 26 章第 60 节。

权,可以根据披露所获认定披露请求所生成本是否完全不值得披露。许多观察家高度期待,迫使法院考虑这种比例问题的该种修订将抑制披露滥用。截至 2000 年,许多人觉得法院没有足够谨慎地实施《规则》第 26 条(b)款(2)项(C)目中的限制。在此年,修订了规定披露总体范围的《规则》第 26 条(b)款(1)项,增加新的最后一句,明确提醒法院注意其根据《规则》第 26 条(b)款(2)项(C)目拥有限制披露的权力。

为了审查,《规则》第 26 条(b)款(1)项因此将可披露的信息界定为(与任何当事人的诉讼请求和答辩)相关的信息以及不受特权保护的信息。但不存在披露每一细微可披露信息的权利。法院拥有重大自由裁量权,可以根据《规则》第 26 条(b)款(2)项(C)目对比例之关切而限制披露。

**有关电子储存信息的限制**。在第八章第二节第二目对提交请求的讨论中,我们注意到《规则》第 34 条在 2006 年获得修订,以允许披露(除了其他事项外)电子储存信息。我们也注意到一个特别的关注,一直是披露电子邮件和其他可能在服务器上但没有转化成硬复制(纸质打印本)的电子储存信息。咨询委员会增加了《规则》第 26 条(b)款(2)项(B)目,作为 2006 年有关电子储存信息修订之一部分。它规定,当事人不必从它认定为"因为过重的负担或成本而不可合理获取的"源头提供电子储存信息。例如,如果电子储存信息保存在不是由当事人维护的服务器上,则获取它就是不合理地花费昂贵或任务繁重,当事人必须如此主张并因此可以拒绝提供披露。

384 显然,另一方当事人可能不认同。其可以申请签发命令迫使实施披露(我们将在第八章第四节中阐述)。被要求披露的当事人承担举证责任,证明服从要求将过度负担沉重(burdensome)或成本昂贵(expensive)。然而,即使该当事人做了这样的证明,要求披露的当事人仍可以依据充分理由的证明获取披露。法院可以因此指明披露的条件。

## 二、工作成果

在第八章第三节第一目中，我们看到特权法律保护特殊人群间的通信，使其免遭公开。该法律也为“工作成果(work product)”提供保护。我们应该使用工作成果的“保护”而不用工作成果的“特权”。工作成果的保护与工作成果的特权在两个重要的方面存在不同：(1)它不一定由秘密通信组成，和(2)其保护经常不是绝对的。在联邦法院中，工作成果的概念由《规则》第26条(b)款(3)项管辖，该条文颁布于1970年，有趣的是该条文没有使用工作成果这一表述。相反，它提到的是“庭审准备资料”。① 尽管在《规则》中使用的语言表达不同，但几乎每个人都叫它工作成果。

何为工作成果？《规则》第26条(b)款(3)项(A)目将其定义为“诉前或为庭审而准备的文件和有形物”。为什么这些材料应受保护不能披露呢？最高法院在著名的希克曼诉泰勒案(Hickman v. Taylor)②中探讨了此问题，此案是在《联邦规则》对此问题做出规定前所做的判决。今天，联邦法院的工作成果问题由《规则》第26条(b)款(3)项管辖，该条文在一些方面上比希克曼案确立的普通法原则范围更宽，而在一些方面可能更窄。然而，希克曼案件中所做的普通法讨论是问题的出发点，因而其几乎被所有的《民事诉讼法》案例教材收录。

该案涉及一艘拖船的沉没，拖船拖动一艘火车车厢渡轮(car ferry)穿越费城边上的特拉华河(the Delaware River)。拖船9名船员中有5人淹死。灾难发生后不久，拖船船主(以及其保险公司)便雇佣了一个叫福腾博(Fortenbaugh)的律师代表他们应付因不当死亡引起的潜在诉讼，并起诉拖船为其拖拉车厢渡轮的铁路一方。福腾博会见了幸免于难的船员，记录下了他们的陈述，并让他们签了字。③ 在淹死船员中一位亲属起诉拖 385

---

① 该名称范围狭窄，令人误解。此保护涵盖诉讼之前产生的资料，而非庭审之前产生的资料。正如我们在第九章中看到的，(通过提起诉讼)在诉讼流程中开始的案件很少在庭审阶段结案。

② 《美国联邦最高法院判例汇编》第329卷，第495页(1947年)。

③ 这些证人证言是非正式的，不是庭外宣誓证词(depositions)。

船船主和铁路的不当死亡诉讼中，原告试图披露福腾博所记录的证人证言。[①]

所有人都同意，该陈述不受律师——委托人间特权的保护，因为它们不是律师与其委托人之间的秘密通信。这些（陈述记录）是福腾博和第三方之间的谈话。因为当时没有关于工作成果的联邦规则，因此原告辩称该材料不受保护因此必须提交。联邦最高法院不同意此说法。该法院在认可《联邦规则》宽松披露政策的同时，裁决说，存在抵消性政策（a countervailing policy），该政策保护“着眼于……诉前”[②]准备的材料。这些材料“处于披露范围之外，并且（披露该材料）违反了支撑着有序提出法律诉求指控和答辩的公共政策。甚至连最宽松的披露理论都不能为毫无根据地调查律师的文件和脑海中的印象提供正当性。”[③]如果缺乏必要性证明，或缺乏证据证明“拒绝这种提供将不当损害对[当事人]案件的准备或对他造成困难或不公平”，则法院不应允许披露此类材料。[④]

希克曼诉泰勒案（Hickman v. Taylor）导致了采纳《规则》第26条(b)款(3)项，该条文在一些重要的方面有区别于该案中所宣布的普通法的规则。就《规则》第26条(b)款(3)项，有7个重要的方面需要说明。

第一，如上所述，工作成果由“诉前或为庭审而准备的”材料组成。该词汇表达是重要的。用希克曼诉泰勒案的话来表述，工作成果的产生必须“着眼于诉讼”，即使还没有案件被受理。只要未来的当事人（the party-to-be）因为预期将有诉讼而准备材料，该要求就得到了满足。另一方面，“在普通商业交往中，或基于公共需要而与诉讼无关的，或为其他非诉讼目的而积累

---

① 从福腾博那里获取任何信息的努力都遭遇了严重困难。原告寻求通过书面质询（interrogatory）询问证人的陈述内容而从他那里获得信息。正如我们在第八章第二节第二目中看到的，书面质询不能用于从非当事人处获得信息。福腾博不是当事人，因此不能受制于通过书面质询所做的任何披露。最高法院注意到了这一事实，但在当时的情况下，“认为将[其]决定建立在打破程序法常规基础上是不必要的，也是不明智的”。《美国联邦最高法院判例汇编》第329卷，第505页。因为工作成果的保护问题是如此的重要，所以法院继续阐述该问题。

② 同上，第498页。

③ 同上，第510页。

④ 同上，第509页。

起来的材料"是不受保护的。① 相应地,如果制造商例行起草一份有关某产品的每一事故报告,这些报告可能不能以工作成果获得保护。② 386

第二,《规则》第 26 条(b)款(3)项(A)目规定:"通常(ordinarily),当事人不可以披露"工作成果。因此,前提很清楚——一旦我们认定某东西是工作成果,作为一般的规则,它就受到保护而不能披露。③ 该规则有道理。如果当事人甲为准备诉讼做了调查(像在希克曼诉泰勒案中福腾博所做的调查),则当事人乙不应该能获取它。允许当事人乙轻易获得该材料是奖励不劳而获行为(freeloading)。如果当事人乙想获得调查的好处,其应该自己做调查(或雇佣某人进行调查)。④ 然而,和对待特权一样,主张工作成果保护的当事人有责任提出该问题。⑤ 没有提出的则放弃保护。

第三,《规则》第 26 条(b)款(3)项(A)目只将工作成果界定为诉前为诉

---

① 《联邦民事诉讼程序规则》第 26 条(b)款(3)项顾问委员会注释(1970 年)。

② 见,如瑟德尔诉通用动力公司案(Soeder v. General Dynamics Corp.),《联邦规则判例汇编》第 90 卷,始于 253、255 页(内华达州地区法院 1980 年)。该解释似乎过于吝啬,因为事故几乎不可避免地导致诉讼。在另一案件中,消费者向生产商投诉说其产品有缺陷。生产商搞了一个内部备忘录,探讨该产品可能的缺陷。之后,消费者起诉了生产商。法院允许披露该备忘录,认为它们是在努力维持与消费者良好关系中所准备的,而非针对诉讼准备的。斯科特纸业公司诉凯尔库特公司案(Scott Paper Co. v. Ceilcote Co.),《联邦规则判例汇编》第 103 卷,始于第 591、596 页(缅因州地区法院 1984 年)。另一法院区分了事故调查(它不产生工作成果)和调查潜在的诉求(它产生工作成果)。斯波尔丁诉登顿案(Spaulding v. Denton),《联邦规则判例汇编》第 68 卷,始于第 342、346 页(特拉华州地区法院 1975 年)。这一判决反映了这样的事实:工作成果的保护(和特权一样)妨碍了诉讼的事实查明功能,因此要从窄解释。

③ 注意,工作成果的保护从当事人手中夺走了有用的信息,索恩伯格(Thornburg)教授得出的结论是该代价超过了获益。伊丽莎白·索恩伯格:"对工作成果的再思考",载《弗吉尼亚法律评论》(Elizabeth Thornburg, Rethinking Work Product, *Va. L. Rev.*)第 77 卷,第 1515 页(1991 年)。

④ 而芝加哥大学教授弗兰克·伊斯特布鲁克(Frank Easterbrook)(在他成为第七巡回法院法官之前)质疑我们是否应该鼓励所有当事人做独立调查。"说……限制律师—客户和工作成果的特权范围将降低对诉讼信息收集的投入,此说法可能是赞扬此后果,而不是谴责它。"弗兰克·伊斯特布鲁克(Frank Easterbrook),《内幕交易、间谍、证据特权和信息的提交》,《最高法院法律评论》第 1981 年卷(该刊物为年刊,译者注),始于第 309、381 页。

⑤ 《规则》第 26 条(b)款(5)项(A)目(i)要求主张享有特权或工作成果保护的当事人"明确提出这一主张"。

讼准备的“文件和有形物”。严格说来，该文字表述似乎是允许当事人乙向当事人甲发送书面质询(interrogatories)，而在质询中乙询问和证人会谈的内容。毕竟，书面质询不寻求披露文件和有形物。长期以来，法院一直拒绝此类规避工作成果保护的做法。

387 正如一法院在《规则》第26条(b)款(3)项通过后不久所解释的，“通过书面质询披露文件内容的详细描述，等同于披露文件本身”，而理应不被批准。[①]

第四，根据《规则》第26条(b)款(3)项(A)目(ii)，如果寻求披露信息的当事人(我们例子中的当事人乙)证明了两件事情，则工作成果的保护可以被推翻：(1)“非常需要此材料准备[其]案件”；(2)其“若不经历过度的困苦，则不能通过其他途径获得实质上等价的材料。”[②]换言之，其需要这一材料，且基本上不能通过其他途径获得。在这一情况下，工作成果的保护就被推翻了。因而，显而易见工作成果保护不是绝对的。如果当事人乙就涉及当事人甲的工作成果做了规定的证明(我们简称为工作成果的例外)，则其可以获得该材料。该规则也是有道理的，如果当事人乙能做这样的证明，就不存在其不劳而获占便宜的危险。

- 一事故后，预期会有涉及该事件的诉讼，A的代理人调查了事故现场并会见了事故目击者乔(Joe)，记录了乔的陈述。设B就该诉讼起诉A并寻求披露乔的陈述。对披露的发起者而言，该陈述是工作成果，因为它是预料到有诉讼后而准备的，因此(假设A提出了保护主张)B不能获取它。如果B想从乔那里获取信息，B可以会见乔并提取其庭外宣誓证词(deposition)。
- 尽管如此，假设乔无法找到，他是巴西人，回国了。现在B将能推翻

① 彼得森诉美国案(Peterson v. United States)，《联邦规则判例汇编》第52卷，始于第317、320页(伊利诺伊南部地区法院1971年)。

② 《规则》第26条(b)款(3)项(A)目(i)只是说根据《规则》第26条(b)款(1)项，所要求的该材料必须是可披露的，正如我们在第八章第三节第一目中所看到的，该条文的意思是该材料是相关联的且不享有特权的。

> A 的工作成果保护。首先，B 非常需要乔的陈述，因为他是证人。其次，不经历过度的困苦（去巴西并找到乔），其不能获得该信息。所以 A 将不得不为 B 提供该陈述。它是工作成果，但 B 通过援引工作成果例外推翻了通常所给予它的保护。

第五，一些类型的工作成果似乎受到绝对的保护。《规则》第 26 条(b)款(3)项(B)目规定：法院命令提交所援引的工作成果例外涉及的材料时，“必须防止泄露”某些事项：“脑子里的印象、结论、观点或法律见解……。”许多律师和法官将这一不可披露的事项称为“观念工作成果（opinion work product）”，只要我们牢记引用的列表所涵盖的内容不止是观念，它就是一个很好的简称。法院“必须防止泄露”该材料的命令似乎是绝对的，且一些法院已经得出结论：任何举证都不能推翻该保护。[①] 另一 388
方面，其他法院将准予披露观念工作成果，但只在证明存在特殊情况的基础上才这么做。[②]

如果一个文件既含有可披露的工作成果（例如乔的证人证言）又含有不可披露的工作成果（例如律师得出的乔似乎可信赖以及在庭审中将是一个好证人的结论），法院应命令提交对不可披露材料做过删改的材料。这意味着受保护的材料在给寻求披露当事人的复印件中被遮掉了。

第六，重要的是理解，根据《规则》第 26 条(b)款(3)项，工作成果不限于律师制作的材料。许多人（相当草率地）将这一主题称为“律师工作成果”，[③]该

---

① 见，如关于大陪审团调查案（In re Grand Jury Investigation），《联邦地区法院判例汇编》第 412 卷，始于第 943、949 页（宾夕法尼亚州东区法院 1976 年）。

② 见，如洛夫蒂斯诉阿尼卡共同保险公司案（Loftis v. Arnica Mut. Ins. Co.），《联邦规则判例汇编》第 175 卷，始于第 5、11—12 页（康涅狄格州地区法院 1997 年）。（披露观念工作成果不被支持，只在特别的案件中才可被准许）。似乎清楚的是，当事人如将这些直接争论的观念置于诉讼中，如将得出这一观念结论的人指定为专家证人，则放弃了观念工作成果。见，如黑格诉布卢菲尔德地区医疗中心公司案（Hager v. Bluefield Reg. Med. Ctr., Inc.），《联邦规则判例汇编》第 170 卷，始于 70、78 页（哥伦比亚地区法院 1997 年）。这种案件是罕见的。

③ 他们或许是从希克曼诉泰勒案中得出了这一表述，该案探讨了律师制作的工作成果，并因此使用了律师工作成果（attorney work product）的表达。

表述是不精确的。[①]《规则》第 26 条(b)款(3)项(A)目保护诉前的"由当事人或其代表(包括[其]律师、顾问、保证人、赔偿人、保险人或代理人)"制作的材料。工作成果可能由当事人的律师制作,但不必一定是律师所制作。只要它是诉前而制作的——由当事人自己、其律师、其私人侦探、其保险人或其任何代理人制作——根据《规则》第 26 条(b)款(3)项(A)目,它就受保护。甚至"观念工作成果"——由法律见解这样的东西组成——都不必由律师制作。《规则》第 26 条(b)款(3)项(B)目清楚规定了对由"律师或其他代理人"创造的观念工作成果的保护。

第七,《规则》第 26 条(b)款(3)项(C)目给了任何人(不管其是否为当事人)一项权利,获取其"自己之前所做的有关诉讼或其争议问题的陈述"。因此,例如提供了证人证言而由当事人或其代理人做了记录的任何人,不需要做任何举证就能够获得该证言的副本。如果其要求该副本,就有权获得
389 该副本。

## 三、专家证人和咨询员

**不同的专家类型。**在许多(但肯定不是所有的)案件中,当事人将发现聘请专家是值得的,可能的理由有二:第一,相关领域的专家可以担任当事人顾问,协助其准备案件。例如,在医疗事故案件中,可能双方均发现请教医学专家是有帮助的。第二,当然,当事人可以聘请专家为其在法庭作证。不管是在法庭作证还是庭审前的庭外宣誓作证(deposition),专家证人均获准就其专业知识提供对争论点的意见。(我们在第八章第二节第一目中注意到了这一点,探讨了有关专家证人的必须披露内容。)《联邦证据规则》第 702 条规定,如果"科学、技术或其他专业知识将有助于事实裁决人理解证

---

① 显而易见,和所有的联邦规则一样,《规则》第 26 条(b)款(3)项只在联邦法院适用。各州以它们喜欢的任何方式自由界定工作成果,或选择压根不保护工作成果。例如,见《宾夕法尼亚民事诉讼规则》第 4003 条 3 款。(允许披露预料到会有诉讼而准备的大多数材料。)州可能将观念工作成果的概念限定在律师制作的材料。例如,在加利福尼亚,工作成果必须是律师或其代理人制作的。《加利福尼亚民事诉讼法典》第 2018 条 020 款。

据或根据证据判断事实”,则允许具有资格的专家提供意见。例如,在涉及指控某一商业安排对市场有妨碍竞争效果的反垄断案件中,常见的情形是双方都聘请经济学家作证,向陪审团灌输有关市场活力的知识,提供据审查该交易是否以及如何影响竞争的观点。与此形成对比的是,不允许非专家(或外行)证人提供其对诉讼中事项的看法。

显然,当事人想尽其所能披露对方以法庭证人身份传唤专家的计划,专家的资格以及专家的看法。根据常识,披露另一方当事人预计在庭审时作为证人加以传唤的专家,比披露可能担任顾问但不在庭审时传唤作证的专家,应该更为容易。毕竟,作证专家所处的地位,比那些事实认定者在庭审时见不着的专家,更容易影响案件结果。我们使用“专家证人(expert witness)”指代预期在庭审时作证的专家,用“咨询专家(consulting expert)”指代预期不在庭审时作证的专家。

专家证人。在联邦实践中,涉及专家的披露被《规则》第26条(a)款(2)项下的必须披露大大简化了。具体地说,《规则》第26条(a)款(2)项(A)目规定,每一方当事人必须确认,其“可能在庭审时使用的”根据《联邦证据规则》各条款提供证据的任何证人。这些规定是允许专家表达其看法的规定。因此,总而言之,《规则》第26条(a)款(2)项(A)目针对的是可能在庭审中以专家身份作证的那些专家。

《规则》第26条(a)款(2)项(B)目要求每一位这样的专家准备一份书面的报告,该报告必须由该专家签字。作为必须披露的一部分,该报告必须提交给其他的当事人。这是一个重要的文件。此报告包含详细的信息,对这些信息该款做了罗列。在这些信息中,主要的有:(1)“对证人将表达的所 390
有观点以及这些观点的依据和理由的完整的阐述”;(2)形成这些观念所考虑的资料;(3)用以支持或归纳出其观念的证据(exhibits);(4)证人的资格,包括过去10年出版物的列表;(5)在过去的4年其(指专家)担任专家的其他案件的列表;以及(6)在此案中因其劳动支而付给专家的报酬。

通常,法院指示当事人何时交换专家证人的这些信息。无法院指示或相反约定时,《规则》第26条(a)款(2)项(C)目(i)要求该信息必须在庭审之日前至少 90 天提交。当然，没有提交所要求的信息会招致制裁，对制裁，在下面的第八章第四节中探讨。（一个可能的制裁是发布不准其专家在庭审中作证的命令，这儿讲这一点就够了。[1]）

在当事人根据《规则》第 26 条(a)款(2)项做了要求的披露后，依据《规则》第 26 条(b)款(4)项(A)目，另一方当事人有权提取该专家证人的庭外宣誓证词(deposition)。很难想象当事人会不利用该项权利。没有人想在没让另一方的专家证人宣誓提供证据的情况下就参与庭审。宣誓提供书面证词(deposition)不仅允许披露专家看法的相关信息和解释，而且给律师一个很好的机会评估专家是否会在陪审团前给人深刻印象。根据《规则》第 26 条(b)款(4)项(C)目(i)，除非将出现"明显的不公正"，否则法院会要求寻求披露的当事人"为回应披露所耗费时间向专家支付合理费用"。

**咨询专家**。《规则》第 26 条(a)款(2)项下的必要披露和《规则》第 26 条(b)款(4)项(A)目中的庭外宣誓证词只适用于专家证人。对被咨询但庭审时不作证的专家，披露情况怎么样呢？对立中的当事人喜欢获取该材料，因为专家不作证的事实可能意味着其向聘用的当事人提供的是坏消息。毕竟，如果专家所说的话对聘用她的当事人有利，为何不让专家在庭审时作证呢？然而，不受限制地获取这些信息，将使得当事人为咨询的目的聘用专家的可能性降低，反过来，降低了从咨询专家处得到"事实核实"的可能。因此，《联邦规则》给这一情形下的此类披露设置了限制。《规则》第 26 条(b)款(4)项(B)目规定了该事项，该条提出了一些饶有兴趣的问题。

第一，只有咨询专家"为诉前或准备庭审的另一方当事人所聘请或特别雇佣时"，该规则才适用。"诉前"这一表达的解释和涉及工作成果时一样，我们在第八章第三节第二目看到过此解释。

391 "被聘请或特别雇佣"这一表述不包括接受非正式咨询的专家，即使非正式的咨询涉及待裁决的诉讼。法院在认定专家是被聘请还是仅仅接受非

① 见，如中国资源产品诉飞达国际案(China Resource Prod. v. FAYDA Intl.)，《联邦地区法院判例汇编》第 856 卷，始于第 856、866—867 页(特拉华州地区法院 1994 年)。

正式咨询时，得考虑各种因素，包括启动咨询的方式、提供给专家的信息或材料的广度以及该关系的持续期间。对这些事项的考虑以个案为基础。[①]如果法院得出结论，专家没有被实际聘用，而是接受非正式咨询，则不能从事涉及该专家的披露——甚至不允许披露其身份。[②]

第二，假设专家是在诉前被聘请，只有该专家是根据《规则》第 35 条[③]规定的检查健康医疗情况的专业人士，或者（更重要的是）如果寻求信息的当事人能证明"存在例外情况，即寻求披露的当事人用其他途径对同一对象(subject)获取事实或观念是不现实的"，《规则》第 26 条(b)款(4)项(B)目才允许披露。这一标准施加了一个较高的举证责任，法院不愿意得出条件已经满足的结论。[④] 在相对罕见的可能满足要求的事实模型(fact patterns)中，曾有这么一个案件，咨询专家在一机器或设备被破坏或丢失或弄坏前，检查了该机器或设备。当事人的咨询专家检测得出的信息可能是可披露的，因为其他当事人没有其他有效途径能获取该信息。[⑤]

第三，做出该证明的当事人有权"披露"咨询专家"所知道的事实或所持的看法"。然而，《规则》第 26 条(b)款(4)项(B)目没有对披露咨询专家的姓名，设置任何特别的要求。因此，一些法院允许在没有进行任何特别证明的情况下披露咨询专家的身份。[⑥] 但如果咨询专家的身份可以随意披露，

---

① 一个探讨《规则》第 26 条(b)款(4)项(B)目下这一问题和其他问题的著名案例（出现在几个《民事诉讼法》案例教科书中）是阿热诉简 · C. 斯托蒙特医院和护士培训学校案(Ager v. Jane C. Stormont, Hospital & Training School for Nurses)，《联邦判例汇编第二辑》第 622 卷，始于第 496、501 页（第十巡回法院 1980 年）。

② 同前注。

③ 我们在第八章第二节第二目中见过《规则》第 35 条。它要求有一当事人迫使另一当事人接受医疗检查的法院命令。通过要求提交报告副本，被检查的当事人放弃了涉及该病状的，涉及对她进行了检查的任何其他健康医疗专业人士的任何特权。这些专业人士因此接受针对非当事人的披露，如庭外宣誓证词(depositions)。

④ 赖特和凯恩(Wright & Kane)，《联邦法院》(*Federal Courts*)，第 589 页。（"多数案件拒绝承认有赋予该披露正当性的例外情况。"）

⑤ 见阿热案(Ager)，前注①，《联邦判例汇编第二辑》第 622 卷，第 503 页注释 8（给出了此例子）。

⑥ 见，如勒斯贝格诉约翰斯—曼维尔公司案(Roesberg v. Johns-Manville Corp.)，《联邦规则判例汇编》第 85 卷，始于第 292、303 页（宾夕法尼亚州东区法院 1980 年）。

本《规则》所提供的保护则为虚幻。一方当事人完全可以请求另一方当事人确认任何被咨询但不出庭作证的专家。有了该专家的身份，那么披露方完
392 全能够与该专家谈话，或提取其庭外宣誓证词(deposition)。因此，其他法院已经得出结论：恰如其所显示的，不仅为了披露顾问所知事实和所持看法，而且即使为披露其身份，[1]前面小结探讨之证明——对例外情况之证明——也必须得到满足。

## 四、保护令

正如我们已看到的，《联邦规则》设置了广泛的披露。[2] 该《规则》试图为每一当事人获知真实发生情况之努力提供便利。如果当事人知道每一其他当事人的观点和事实，在理论上，他们或者会不经庭审而解决纠纷，或者会将注意力集中于真正存有争议的事实而加快审理。但获取披露收益需要付出诸多代价。

第一，如前所述，披露成本昂贵且费时。第二，披露可能会大大侵犯人们的隐私。意识到了对披露的滥用，出于回应，《联邦规则》的起草者历经数年施加了醒目的限制，包括对庭外宣誓作证和书面质询次数的事先限制(在第八章第二节第四目中探讨过)，《规则》第 26 条(g)款规定的证明要求(在第八章第四节中探讨过)，以及《规则》第 26 条(b)款(2)项中以比例为依据的限制(在第八章第三节第一目中探讨过)。但，他们没有抛弃广泛披露的总核心。[3]

《规则》也反映出对披露代价的担心，它允许法官，根据每一案件背景，

---

① 见阿热案(Ager)，本书第 473 页注释①，《联邦判例汇编第二辑》第 622 卷，第 502—504 页。

② 值得注意的是，似乎没有其他国家信奉美国这样的广泛披露。见斯蒂芬·N. 萨布林(Stephen N. Subrin)，《全球视角中的披露：我们疯了吗?》(Discovery in Global Perspective: Are We Nuts?, *De Panl L. Rev.*)，《德保罗法律评论》第 52 卷，第 299 页(2002 年)。

③ 想知道对《联邦规则》强行塞人披露条款的周期性变化的探讨，见理查德·L. 马库斯："只是昨天：对电子披露规则制定回应的思考"，载《福德姆法律评论》(Richard L. Marcus, Only Yesterday: Reflections on Rulemaking Responses to E-Discovery, *Fordham L. Rev.*)第 73 卷，始于第 1、1—7 页(2004 年)。

保护当事人(或被寻求披露的非当事人),使其免受过高成本和因披露而被过度侵扰之苦。《规则》第 26 条(c)款(1)项允许法官发布“保护令”,提供庇护抵御“骚扰(annoyance)、窘迫(embarrassment)、压迫(oppression)或不当负担或花费(undue burden or expense.)”。《规则》详细列举了合适发布保护令的八种可能事由。该列表并不穷尽,法院在发布保护令上拥有很大的自由裁量权。我们已经探讨了合适强加保护令的一个领域——推动《规则》第 26 条(b)款(2)项的比例限制,在第八章第三节第一目中做过探讨。此外,当遵守披露电子储存信息的请求的任务过于繁重或成本高昂时,如《规则》第 26 条(b)款(2)项(B)目中所指出的,被请求方可以寻求保护令。本部分我们集中精力探讨保护令的其他重要作用。《规则》第 26 条(c)款进行 393
了精心设计,在大量加入披露条款和满足个体诉讼当事人需求之间达致精妙平衡。它不允许法官免除当事人披露的义务或改写(re-write)披露条款。但它要求法官在必要时提供保护。《规则》第 26 条(c)款(1)项允许寻求保护的当事人提出发布保护令的申请,在申请中,其必须证明已尽善意努力,与其他当事人协商以实现在没有法院介入的情况下解决纠纷。

许多情形可以为保护令的申请提供正当性。例如,披露的请求可能是负担过重(overburdensome),因为它寻求提交文件所含之时段远超披露相关资料所需要的时间。收到这一(披露)请求的当事人可以根据《规则》第 34 条(b)款(2)项(B)目简单地提出反对。如果提呈披露请求的当事人不同意此说法,即披露请求过于负担繁重,将申请强制披露(我们在第八章第四节探讨强制披露)。在审理该申请时,法院将认定披露请求是否负担过重,以及如果负担过重,什么材料是恰当可披露的。另一方面,被请求方可以首先出击,以请求负担过重为由申请保护令。相对方可以反对此申请,法院将对该问题进行裁决。当然,它可以准予(保护令)申请并发布命令,保护(披露请求的)被请求方,让其免于被迫提交另一方寻求的材料。

在罕见的案件中,法院可以根据《规则》第 26 条(c)款(1)项(E)目发布保护令:披露进行时,仅允许有限的人员出席。法院可以限制房间里的人数,努力使小孩感觉更舒服。在另外一些案件中,根据《规则》第 26 条

(c)款(1)项(D)目,法院可以限制披露中提问的范围,以确保宣誓作证者或当事人不被纠缠(badgered)或遭遇困窘(embarrassed)。然而,再次说明,法院必须依职权衡量保护的必要性,以便如披露条款所设想的那样准许披露。

在商事案件中,当事人可能为涉及商业秘密(trade secrets)的保护令而争斗。如你们在《侵权法》课堂上可能探讨的,商业秘密是没有注册专利的或由法律以别的方法加以保护的东西,但是公司做出很大努力保护其免遭泄露。实例包括可口可乐(Coca-Cola)的配方和肯德基(Kentucky Fried Chicken)烹饪法。如果公司将这些东西申请了专利,它们将拥有联邦授予的排除其他人使用的权利,但只在有限的期限内(排除其他人使用)。通过以商业秘密持有,公司想永远地使用它们。显然,公司将竭力防止竞争者获得商业秘密信息。然而,如果披露是合适的,公司就可能被迫提交该信息。

394 另一方面,根据《规则》第 26 条(c)款(1)项(G)目,法院可以命令仅以可保护竞争优势的特殊方式披露。你们可以在有关复杂诉讼(Complex Litigation)的课程中详细学习保护令。

在第八章第四节中,我们看到如果当事人不遵守披露规则,将发生什么后果。在一情况下,寻求保护命令是唯一可获得的救助。当一方当事人完全不答复自己的庭外宣誓证词通知(a notice of its own deposition)、不答复书面质询,或不答复提交的请求,提出要求的一方(the propounding party)可以请求制裁裁决。在对这一制裁申请的回应中,没有答复的当事人不能简单地主张该请求令人不快。相反,如《规则》第 37 条(d)款(2)项中所规定的,其必须申请保护命令。

## 五、对披露电子储存信息的评注

前代人的技术革命是惊人的。当你们的(老)教授学习民事诉讼法时,当时了不起的东西是自动纠错的电子打字机(a self-correcting electric typewriter),而这些东西现在只在博物馆才能见着。传真机、个人电脑、互联网、手机、pdf 格式文件、光盘、光学扫描机、电子邮件、即时通知系统、手持通讯设备和现在的许多其他日常生活用品，在当时完全不为人知。一个重要的问题是技术革命该如何影响（如果有的话）我们的披露规定。《联邦规则》业已修改以适应早期的技术进步。例如，复印机（photo-copying machines）的广泛运用（和在该领域的发展）明显大幅增加了可披露文件的数量。相对来说，《规则》第 34 条的变化较小——即允许无法院命令的提交申请——足以适应该发展。[①]

法院和诉讼当事人越来越关心电子储存信息特别是电子邮件的披露问题。一些观察家认为，不必修改《联邦规则》以考虑这一问题；相反，他们认为，应该对允许披露“文件（documents）”的条文加以解释，以包括对电子储存信息的披露。出乎一些人的意料，规则咨询委员会（The Rules Advisory Committee）2006 年宣布了对披露规则的修改，以解决对电子储存信息的焦虑。前面我们已经看到了其中的一些修改内容。正如在第八章第二节第一目所指出的，根据《规则》第 26 条（a）款（1）项，现在初始的必须披露不仅要求当事人确认其他相关信息，而且要求确认电子储存信息。并且，如在第八 395
章第二节第二目中所看到的，现在有关传统披露工具的条文处理着电子储存信息。一则，根据《规则》第 33 条（d）款，答复书面质询的当事人可以打发请求方去查阅商业记录以寻找答案；现在商业记录包括电子储存信息。另外，《规则》第 34 条明确包括电子储存信息，将其作为一种披露形式。此外，如在探讨《规则》第 34 条时所看到的，《规则》第 26 条（b）款（2）项（B）目允许一方当事人拒绝提交电子储存信息，条件是从其他来源获取它造成不合理的高昂成本或过重负担。

涉及电子储存信息的其他主要规定将在下面看到。具体地说，在第八章第五节中探讨的《规则》第 26 条（f）款的会议中，当事人必须讨论一系列的问题，包括由披露电子储存信息所引发的问题，如电子储存信息所提交的格式。并且，如在接下来的部分所见到的，《规则》第 37 条（e）款创

① 同前注，第 4 页。

制一个“安全港(safe harbor)”,不让制裁没有提交电子储存信息的当事人,因为该信息在电子储存信息系统中,由于日常的、诚信善意的操作而丢失。

## 第四节　披露滥用的制裁

《联邦规则》总是想象当事人将通力合作并善意披露。在相对较宽时间安排范围内（在第八章第五节中探讨）以及符合必须披露例外（在第八章第二节第一目中探讨过）的情况下，当事人拥有相当大的自由，可决定使用何种披露工具以及何时使用它们。他们也有责任按规则行事。当合作方式崩溃时，则由法院介入。有时候，当事人只是对某一具体披露请求是否合适存有合理分歧。另一些时候，某人完全拒绝做要求其做的事。在本部分，我们关心的是为强制披露，及惩罚那些未恰当参与（披露）之人，法院能做些什么。

《规则》第 37 条是法院强迫当事人遵守披露规则的主要法源。如《规则》第 37 条(a)款(2)项清楚规定，通常在诉讼待决的法院寻求对当事人的制裁，而在寻求披露的地区法院寻求对非当事人的制裁。总的来说，《规则》第 37 条最好被视为规定有对某些行为的具体制裁，以及针对最常见的披露滥用建立起两部分方法（a two-part approach ）。我们从该条出发开始探讨。

**针对普通披露滥用的一步骤方法与两步骤方法。**

《规则》第 37 条，在两者之间，亦即我们所称的部分未遵守基本披露规定和完全未遵守基本披露规定之间，划下了一条重要的分界线。[①] 就部分 396
未遵守（下面给定义），该规则设想，未依规则行事之前经历了两步骤的当事人面临重大制裁（significant sanctions）。与此形成对比的是，完全未遵守基本披露规定的当事人，面临即刻施加的严厉的制裁（serious sanctions）。

**部分未遵守和第一步：申请强制执行。**部分未遵守基本披露规定的行

---

① 《规则》和其他任何人都没有像我们这儿使用部分未遵守和完全未遵守的表述。这只是我们对不同种类制裁的简略的区分方法。因此，如果你们在课堂上使用“部分”和“全部”违反这些表达，或与没有学习本书的人使用这些表达，他们可能不明白你们在谈什么。

为罗列在《规则》第37条(a)款(3)项(B)目中,有以下几种:(1)没有回答庭外宣誓作证(deposition)中提出的问题;(2)实体组织(an entity)没有根据《规则》第30条(b)款(6)项为庭外宣誓作证指定适当之人;(3)没有答复书面质询;以及(4)在对依据《规则》第34条提出的提交申请的答复中,没有表示将允许检查或允许实际检查。我们称这些为部分未遵守,因为当事人实际上遵守了一部分(或许遵守了大部分)。例如,除一个问题外,其可能已经回答了庭外宣誓作证中提出的所有问题,或者除一个问题外已回答了所有书面质询。这一情形与当事人完全不回答问题的情形形成对比。

- 经通知庭外宣誓作证的当事人出席了宣誓作证活动。其回答了所提的一些问题,但又拒绝回答一些问题。或者经送达书面质询的当事人回答了一些质询,但没有回答其他的质询。至多这些是部分未遵守,因为当事人确实做了回答,只是没有回答全部。

尽管如此,重要的是理解,没有回答一些问题可能完全不是"未遵守(failure)"。有时候,不回答特定问题是正当的。例如,也许当事人声称该问题侵犯了特权或作为工作成果而受到保护。在这一情形下,寻求披露的当事人无权要求披露,被请求披露的当事人完全有权拒绝回答并提出适当反对。但在法院对该问题做出裁决前,我们不知道被请求方所声称的享有特权或是工作成果(或其他理由)是否为正当。

法院如何介入呢?《规则》第37条(a)款清楚规定,在此阶段,对上面列举的部分不遵守行为,可获得的制裁仅是法院发布命令,迫使被请求方回答尚未回答问题。因此,要求披露的当事人根据《规则》第37条(a)款(1)项将
397 提出申请,要求强迫(被请求人)回答问题。该规则要求提出申请的当事人向法院证明其已经在没有法院介入的情况下诚实善意地尽力获取信息。[①]被请求方在对请求做简要回答和争辩时,可以努力说服法官该材料享有特权或因其他理由受保护而免于披露。法院将考虑当事人的观点并作出裁

---

① 该要求于1993年添加,旨在迫使当事人在求助法院之前努力解决披露方面的争论,并因此减少强制披露申请的数量。

决——要么准予强制答复的申请，要么否决该申请。因此，强制披露的申请，是朝着因未遵守披露规定而予以严厉制裁方向走的两步旅程中迈出的第一步。

遵循此思路，注意根据《规则》第 37 条(a)款(4)项，一个逃避性的答复被视为没有答复。因此，如果当事人在其庭外宣誓作证的证词中不置可否(hems and haws)，或以其他方式对问题不做回答，则没有回答该问题。与此类似，对书面质询的不完整回答被视为对问题没有回答。寻求披露的当事人可以请求强制回答此问题。

如果法院准予了强制披露申请，申请人能从其他当事人那里获得其开支，包括在申请过程中支付的律师费。① 发布的命令所针对的当事人之后被允许回答尚未回答的问题。如果其这样做了(回答了问题)，事情就解决了，诉讼继续进行。换言之，对部分未遵守(披露规定)的制裁是发布命令，迫使当事人回答没有回答的问题(以及，或许支付申请方提出申请过程中蒙受的开支和律师费)。

**部分未遵守和第二个步骤：违反了强迫答复的命令。**可是，如果当事人不遵守根据《规则》第 37 条(a)款发布的强迫其回答问题的命令，会发生什么呢？答案规定在《规则》第 37 条(b)款(2)项(A)目中，该条文允许法院对拒不遵守的当事人施加重大制裁。该规则授权法院发布"公正(just)"命令，在《规则》第 37 条(b)款(2)项(A)目(i)至(vii)中规定了一系列的可能措施。这些可能的措施之一，规定在《规则》第 37 条(b)款(2)项(A)目(i)中，常被称为认定性命令(an establishment order)，它只是为该诉讼目的认定事实。

- 被告声称其不受对人管辖权管辖。在书面质询和庭外宣誓作证中，原告询问被告与法院的联系。被告拒绝回答这些问题。在法院命令被告回答后，仍拒绝回答。作为一项制裁，法院可以发布命令，认

---

① 该事项受《规则》第 37 条(a)款(5)项(A)目约束，该条文规定，除了其他事项外，如果申请人没有尝试在法院之外解决该纷争，或如果被申请人不回答问题的行为"具有充分正当性"，则法院可以不同意(由申请人)获取此费用。

定被告受对人管辖权管辖。

398 根据《规则》第37条(b)款(2)项(A)目(ii),另一个可能的制裁是,不让违反命令的当事人在庭审中就与该披露相关的问题提出证据。根据《规则》第37条(b)款(2)项(A)目(iii),法院可以删除不服从命令当事人的与披露事项有关的诉答文书。《规则》第37条(b)款(2)项(A)目(v)和(vi)是终极制裁——作出对原告不利的撤销案件或作出对被告不利的缺席判决。这些应留给涉及恶意(bad faith)的极端案件。我们在第七章第四节第二目中见过这一非自愿的撤销案件,在第七章第五节第三目中见过此缺席判决。

除此之外(或者代替前述制裁),《规则》第37条(b)款(2)项(A)目(vii)允许法院将拒不服从命令的当事人认定为犯藐视法庭罪。法院拥有自由裁量权,在当事人违反法院命令的任何时候裁定其犯藐视法庭罪,这在此处当然为该情况,因为当事人违反了强迫其回应披露的命令。认定犯藐视法庭罪的判决(contempt citation)是可上诉的。见第十四章第五节第二目、第十四章第六节。

**请求法院作出任何所列举的制裁。**根据《规则》第37条(b)款(2)项(A)目(iv),法官可能只是中止诉讼,直到不服从命令的当事人遵守之前发出的强制答复的命令。总而言之《规则》第37条(b)款(2)项(A)目所列的制裁不是排他性的。该事项留给法官做自由裁量。不管怎样,《规则》第37条(b)款(2)项(C)目允许法院要求未答复的当事人(nonresponsive party)支付申请方(moving party)的开支和律师费。

因此,在上述列出的部分未遵守披露的情形中,在给当事人严厉制裁前,我们需要经历两个步骤。第一,必须要有强制命令,强迫其回答具体的未加回答的问题;如果被请求方的理由(如主张享有特权)遭否决,则该命令是唯一适当的。第二,发布的命令所针对的当事人必须违反了该命令。如我们刚才所见,这使当事人面临严厉的制裁和藐视法庭罪的惩罚。

**完全未遵守(Total Failures)和制裁。**《规则》第37条(d)款处理“完全未遵守”情形。在这儿,当事人不是在庭前宣誓作证或书面质询中简单地拒绝回答一些问题,而是犯有《规则》第37条(d)款(1)项(A)目所罗列的恶劣行为(misdeeds)：(1)没有出席庭外宣誓作证；(2)没有对书面质询送达答复或提出反对；或(3)没有送达对举证请求(request for production)的书面答复。在这些情形中，请求披露的当事人不必寻求获得强制披露的命令。取而代之的是，其可以立即申请制裁。

《规则》第 37 条(d)款(3)项通过援引合并了我们在《规则》第 37 条(b)款(2)项(A)目中看到的制裁，但有一个例外。它不允许发布有关藐视法庭罪的命令。[①] 为什么不允许呢？因为，在这儿，不服从规则的当事人还没有违反法院的命令。当我们根据《规则》第 37 条(b)款(2)项(A)目(vii)考虑作为制裁的藐视法庭罪时，是因为当事人已经违反了法院发布的回应披露的命令。

所允许的制裁，正如我们刚才所看到的，包括认定命令(establishment 399
order)、不让违反规则的当事人在庭审时提交证据和删除其诉答文书。此外，根据《规则》第 37 条(d)款(3)项，法院可以发布命令，告知陪审团(如果案件进入陪审团审理阶段)违法当事人的未遵守行为。并且，根据《规则》第 37 条(b)款(2)项(C)目，可以要求被制裁的当事人支付另一方当事人在寻求制裁过程中所蒙受的费用支出，包括律师费。

有与《规则》第 37 条(d)款有关的其他两点需强调：第一，《规则》第 37 条(d)款(1)项(B)目规定，如果未遵守披露规定涉及书面质询或举证请求(而不是庭外宣誓作证)，请求制裁的当事人必须证明在无法院介入的情况下努力善意取得披露。如果另一方当事人没有出席其庭外宣誓作证，(制裁)申请人不必做这一证明。[②]

第二，《规则》第 37 条(d)款(2)项告诉我们，没有回应的当事人不能通

---

① 通过《规则》第 37 条(d)款(3)项援引《规则》第 37 条(b)款(2)项(A)目(i)至(vi)中的制裁，这一点是清楚的。此罗列省却了《规则》第 37 条(b)款(2)项(A)目(vii)，该条文是对藐视法庭的制裁。

② 为理解这一点，你们得阅读《规则》第 37 条(d)款(1)项(B)目。只在制裁申请涉及"没有回答或回应"时，才要求证明。该表达涉及《规则》第 37 条(d)款(1)项(A)目(ii)，该条文处理未回答书面质询或没有回应举证请求。它不适用于《规则》第 37 条(d)款(1)项(A)目(i)，该条针对的是没有"出席(appear)"庭外宣誓作证。

过辩称披露要求令人讨厌而逃避制裁。相反，必须求助于异议(objection)，办法是根据《规则》第26条(c)款申请保护令，我们在第八章第三节第四目中探讨过保护令。这与《规则》第37条(b)款下的部分未遵守情形有相当不同。在那里(指部分未遵守)，当事人回应了披露请求，但是提出了对具体问题的反对。此程序在那种场合足够了，因为当事人已经对披露请求做了一些答复。与此形成对比的是，在完全不遵守披露规定的情形中，因为被请求披露方"没有行动(no-show)"，所以该规则给其设置了责任，即寻求(法院)保护[根据《规则》第26条(c)款]而免于遵守披露请求。

**涉及必须披露的制裁。**在第八章第二节第一目中，我们探讨了《规则》第26条(a)款规定的必须披露。《规则》第37条(a)款(3)项(A)目处理当事人未"实施《规则》第26条(a)款所要求的披露"。该规定显然针对的是这样的当事人：他作为必须披露提出了某事项，但其披露又是不完整的。在这一点上，此情形像上面探讨的部分未遵守情节。根据《规则》第37条(a)款(3)项(A)目，任何其他当事人可以提出申请，"强制披露或请求适当制裁"。提出这一强制披露申请的当事人必须证明，已经试图和未披露的当事人协商，努力在没有法院介入的情况下解决问题。如果当事人违反了强制其实施必要披露的命令，则《规则》第37条(b)款(2)项(A)目允许法院作出该条文列举的重要制裁，包括前述之藐视法庭罪。

400　此外，《规则》第37条(c)款处理"没有如《规则》第26条(a)款要求的那样提供信息或确认证人身份"的当事人。该规定显然旨在处理完全未提供三项必须披露中的任何一个。该规则规定，该当事人将不被允许在庭审中使用根据《规则》第26条(a)款本应提供的任何证据，除非此未遵守行为足以证明为正当或无害。除了该制裁外，法院可以根据申请并向当事人提供听证机会后，施加适当的制裁，包括由不遵守行为所引发的律师费以及包括《规则》第37条(b)款(2)项(A)目(i)至(vii)所列之制裁。另外在庭审中，可以告知陪审团当事人没有遵守《规则》第26条(a)款。对《规则》第37条(b)款(2)项(A)目中所列制裁的合并，反映了对完全不遵守关于前面探讨的其他披露工具的制裁。因为处于该位置的当事人没有违反法院在这点上的命令，所以不能施加藐视法庭罪的制裁。因此，总而言之，对必须披露的处理和书面质询相同——部分的不遵守规定导致申请强制披露，如果违反强制披露，将导致严重制裁；而完全不遵守披露规定则立即招致严重制裁。

**与补充义务有关的制裁。**在第八章第二节第三目中，我们看到《规则》第 36 条(e)款给当事人设置了义务，要求根据确定的情况，补充、改正或修正其对各种类型披露的答复。如果当事人没有履行此项义务，能给予什么样的制裁呢？《规则》第 37 条(c)款(1)项处理这一情形，允许法院施加与有关未实施必须披露时相同的制裁，我们在前面一段看到过这些制裁。

**涉及医学检查的制裁。**在第八章第二节第二目中，我们探讨了《规则》第 35 条，该条允许法院根据当事人所做的适当证明，命令另一方当事人或处在该当事人"监护或法律控制"下的人接受医学检验。如果当事人被命令接受检验而没有这样做，则会遭受《规则》第 37 条(b)款(2)项(A)目所规定的制裁。[①] 该条规定可实施法院认为合理的任何制裁，并具体列举《规则》第 37 条(b)款(2)项(A)目(i)至(vi)的重大制裁。这些制裁，如前所述，包括确认命令(establishment order)，借助禁止庭审时提供证据而不准当事人支持或反对诉求的命令；删除不遵守规则当事人诉答文书的命令。除了所列的制裁外，根据《规则》第 37 条(b)款(2)项(C)目，法院还可以命令不遵守规定的当事人支付申请方在寻求制裁过程中所承受的支出，包括律师费。

《规则》第 37 条(b)款(2)项(B)目清楚规定，对命令其提交处于其"监 401
护或法律控制"下的某人接受检查而没有这样做的当事人，受同样制裁。然而，如果能证明其不能遵守该命令，则免除责任。例如，也许此人表面上处于其监护或法律控制之下，而(实际上)该人处于其管辖之外。

① 《规则》第 37 条(a)款(1)项允许请求披露的当事人申请发布命令，迫使另一当事人回应，但该条与这儿的情形无关。根据《规则》第 35 条，已经有了迫使当事人参与医学检验(或提供处于其监护或法律控制下的人供做医学检验)的法院命令。所以违反这一命令适用《规则》第 37 条(b)款(2)项。

因为违反了一个《规则》第 35 条所规定的命令涉及未遵守法院的命令，我们本指望看到作为可施加制裁的有关藐视法庭罪的命令。然而，关于这一点，《规则》第 37 条(b)款(2)项(A)目(vii)明确规定，对未遵守接受医学检验命令的行为，不施加藐视法庭罪制裁。且针对不提交处于“监护或法律管制”下之人接受医学检验而列举的制裁中，《规则》第 37 条(b)款(2)项(B)目不包括藐视法庭罪的制裁。[①]

**涉及要求承认的制裁。**在第八章第二节第二目中，我们探讨了《规则》第 36 条，该条允许一方当事人要求另一方当事人承认可披露的事项。如该条所示，被请求方对此种类请求，若不加否认，就诉讼目的而言，即被视为对事实的承认。

可是，如果被请求方否决承认请求，但申请方事后庭审时确立该事项为真实，会发生什么呢？《规则》第 37 条(c)款(2)项规定，承认请求人可以申请命令，命令违规当事人“支付”庭审中证明该问题“所承受的合理费用，包括律师费”。如果申请方做出该证明，除非满足了《规则》第 37 条(c)款(2)项(A)至(D)所列之任一要件，否则法院“必须”发布该项命令。例如，如果法院发现未承认的当事人有合理理由相信它将在该问题上胜出，则这一命令将被豁免。

- D 是一家公司，P 在与 D 的卡车碰撞中受伤，卡车当时为 X 驾驶。P 声称 D 对 X 的侵权承担雇主责任(vicariously liable)，主张 X 是 D 的代理人，碰撞发生时正在其雇佣范围内行事。D 声称，X 当时不在雇佣范围内行事，“超越了受雇工作范围(frolic)”，因此，D 对 X 实施的侵权不承担雇主责任。P 向 D 发送了承认请求书，要求其承认“在碰撞发生时，X 的作为处于为公司 D 雇佣过程中(in the course of her employment with D, Inc.)”。在庭审时，P 令人满意地向陪审团确认，在碰撞发生时 X 正在雇佣范围内行事。根据《规

---

① 该事实通过提及《规则》第 37 条(b)款(2)项(A)目(i)至(vi)的事实获得了证明，上述条文不包含藐视法庭[藐视法庭规定在第 37 条(b)款(2)项(A)目(vii)中]。

> 则》第 37 条(c)款(2)项,P 可以获得为在庭审中证明该事项为真实
> 而蒙受的所有费用,包括律师费。但是,如果法院发现,D 有合理理 402
> 由认为它在该问题上能赢的结论,或有其他不承认的充分理由,则
> 可以拒绝给予该项制裁。

**《规则》第 26 条(g)款下的证明。**《规则》第 11 条,我们在第七章第七节探讨过该条,要求律师(或者无律师的则由本人[①])证明各种文件在法律和事实上基本是有理的。他们起初通过签署文件进行证明。但是《规则》第 11 条,如我们在该节所述,不适用于披露文件。而《规则》第 26 条(g)款适用。该条文被分成三个部分。第一,《规则》第 26 条(g)款(1)项就某些必须的披露和其他披露请求和答复施加了证明要求。和《规则》第 11 条一样,证明是通过签署文件进行的。第二,《规则》第 26 条(g)款(2)项表示,当事人没有必要回应未经签署的披露(disclosure)、请求(request)、答复(response)或反对(objection)。只有律师签署了文件,当事人才有义务实施与此相关的行为。第三,《规则》第 26 条(g)款(3)项列举了对不当证明的制裁。《规则》第 26 条(g)款的第一部分和第三部分需要做进一步探讨。

根据《规则》第 26 条(a)款(1)项和(a)款(3)项实施的必要披露,必须由至少一个注册律师以其个人的名义签署,并且必须包含其地址(或由当事人亲自签署)。对根据《规则》第 26 条(a)款(2)项所做的披露,该规则完全不适用。根据《规则》第 26 条(g)款(1)项(A)目,对根据《规则》第 26 条(a)款(1)项和(a)款(3)项所做披露文件的签署构成一项证明,证明"竭尽当事人的知识、信息和信念,在合理调查后形成的",证明该披露"在其做出之时是完整的和正确的"。该要求的第一个引号内部分与第 11 条使用的语言相呼应,并设置了合理调查的义务。

至于其他传统披露工具,《规则》第 26 条(g)款(2)项(B)目要求"每一

---

① 亲自(pro se)意指在诉讼中当事人代表她自己,没有聘用律师。偶尔,这样的当事人被称为在亲自行动(be acting in propria persona)[或本人(in pro per)行动],意思是代替她自己(in her own stead)。

披露要求、答复或异议”都必须签署，签署构成一项证明——再次强调，其是在竭尽签署者知识、信息和信念，在合理调查后形成，证明各种事项均为真实。具体地说，签署者证明，该要求、答复或异议：(1)符合《联邦规则》且有现行法律作为依据或善意论证法律的修改；(2)其提出不是出于不正当的目的(如骚扰或拖延)；以及(3)不会不合理地造成过重负担。该规定适用范围相当广泛。它对双方当事人都适用——提出请求的当事人和做出答复的当事人——且它既适用于答复，也适用于对披露请求提出的反对。①

403 《规则》第 26 条(g)款(3)项规定，对违反证明要求的行为，法院可以根据当事人的请求或主动进行制裁。它适用于对有关必须披露[规定在《规则》第 26 条(g)款(1)项(A)目中]证明要求的违反和对有关传统披露工具[规定在《规则》第 26 条(g)款(2)项(B)目中]证明要求的违反。如果当事人“无充分理由”违反该规则，则准予制裁。该规则呼吁“适当的制裁”，制裁可包括向另一方当事人支付因该违反规则行为而蒙受的包括律师费在内的费用。制裁可针对作出证明的(签署的)律师或由律师代表其做披露、提请求、作回答或提质疑的当事人。

**有关电子储存信息的安全港。**第八章第三节第五目探讨了 2006 年对《规则》的修订，针对的是电子储存信息披露中遇到的各种各样的问题。此修订的一部分是《规则》第 37 条(e)款中规定的安全港。在缺乏例外情况时，它针对当事人没有提供“因电子信息系统的日常、善意操作”而丢失的电子储存信息，法院“可以不施加制裁”。该保护被认为是不可缺少的，因为许多信息系统定期删除某些电子储存信息。例如，让电子邮件系统删除 6 个月以上的邮件是常见的。只要这一删除是基于系统运作方式善意和例行发生的，就不应该因没有提供遭删除的信息而制裁当事人。

然而，如果法院已经命令保留各种电子储存信息，该安全港对当事人就没有利用价值。常见的情况是法院指示诉讼当事人避免对电子储存信息的

---

① 记住，正如我们在第八章第二节第二目所看到的，当事人必须亲自签署对书面质询的实体答复和庭外宣誓作证证词。

例行删除，例如办法是在删除信息之前打印硬拷贝（hard copies）。违反这一命令的当事人不能仰仗《规则》第 37 条(e)款，可以因违反法院的信息保留命令而遭受惩罚。

## 第五节 披露和案件其他阶段的时间安排

本小结阐述根据《联邦规则》所做的民事案件时间安排。它处理的事项远不止于诉讼披露阶段。在这一材料的始终，脑海里记着两个主题：第一，注意《联邦规则》——特别是《规则》第 16 条和第 26 条——是如何给当事人施加推进案件的重要义务的。这些条款中的许多内容比较新，反映了《规则》有意将当事人之脚置于火上炙烤。在早年，《规则》将时间问题更多地交
404 由当事人自主决定。第二，注意法官是如何介入案件进程管理的。这是上一代人的重大发展成果之一，上一辈人见证了顺应当事人要求的法官作用之演变，从听从当事人的被动裁判者变成了积极的案件管理者。一些联邦法院抱怨，其工作已经变得过于程式化了。联邦法院的行政办公室要求每一位法官定期汇报待处理案件的数量和每一案件的进程。该要求至少向法官施加了无形压力，迫使法官迅速推进事情的处理。在第八章第六节，我们将探讨随着案件之日益增加，法院使用司法助理来降低案件积压问题。

将《规则》第 16 条和第 26 条放在一起阐述有助于认清它们建立的时间表。早先阶段的驱动点是《规则》第 16 条(b)款(1)项，该条规定除一些例外情况外，法院必须发布日程安排命令(scheduling order)，勾勒出从该点出发到庭审的诉讼进程。正如我们所提到的，这可能涵盖相当长的时间。几乎没有听说过这一时间窗口开得不足一年；更典型的情况是，该期限更长，甚至大大地延长。关键要注意在法院发布日程安排命令前，当事人必须在很短时间里做很多事情。根据《规则》第 16 条(b)款(2)项，日程安排命令将在向被告送达起诉状后的 120 天内作出。

在这 120 天内必须做些什么呢？① 在一特定案件中，这些要求和时间

---

① 在一个特定的案件中，该期限可能少于 120 天。记住，《规则》第 16 条(b)款(2)项规定，120 天是向被告送达起诉状和发布日程安排命令间的可用的最长时间。

设定可以由法院命令或约定加以修改，若无例外情况出现，我们将勾勒《规则》中典型情况下的时间表。第一，至少在发布日程安排命令前21天，当事人必须召开《规则》第16条(f)款规定的会议。该由当事人及其律师参照事件要求做重要准备。根据《规则》第16条(f)款(2)项，当事人必须协商考虑他们的诉讼请求、答辩以及案件可能和解或以其他方式快速解决的可能性。此外，他们必须安排《规则》第26条(a)款(1)项所规定的必须披露，以及，重要的是"制定一个建议的披露计划"。如《规则》第16条(f)款(3)项规定的，该计划相当具体，要求当事人明确表示其涉及各种问题的"观点和建议"。在所处理的问题中，包括对必须的披露所做的任何变更，可能需要披露的主题，披露完成的时间，披露是否按阶段实施，以及电子储存信息的提交格式。

第二，在《规则》第26条(f)款所规定会议召开后的14天内，当事人必须就建议的诉讼披露计划达成协议，并向法院提交简述该计划的书面报告。405
因此，在《规则》第26条(f)款规定的会议召开后可能有大量工作要做，因为当事人必须就披露计划达成协议并提交联合起草的展现计划的书面报告。

第三，也是在《规则》第16条(f)款所规定会议召开后的14天内，当事人必须根据《规则》第26条(a)款(1)项实施必须的披露，我们在第八章第二节第一目中讨论过该条款。显然遵守该规则要作出进一步的努力。

总之，这些规定要求每一方当事人在向被告送达起诉状后的最初120天内，投入相当大的时间和精力。原告在提起起诉后坐下休息几个月的日子已经一去不复返了，至少在联邦法院是这样。[①] 这一密集的行动耗费了当事人不菲的费用，因为律师将对其按时间收费。[②] 这些要求的一个暗含的目标是使诉讼当事人切实检查案件的可能花费，并因此对纠纷的解决负起更大责任。因此，典型案件的第一阶段的时间架构看起来是

---

① 一些州设置了类似的责任，尽管如此，值得注意的是《规则》第26条(a)款下的必须披露在州法院并没有获得广泛采纳。

② 在被告一方该情况总是如此。在原告一方，律师可能以胜诉分成收费制度(a contingent fee basis)接受了案件，在此类案中，原告并未"支付其本应支付的钱"，而是与其律师一起分享一定百分比的任何赔偿(不管赔偿是通过判决获得还是和解获得)。甚至在这样的案件中，尽管原告不在向律师付费，但其将支付各种诉讼费，如起诉费和披露费。

这样的：

| 提起诉讼 | 诉讼书状的送达[1] | 《规则》第 26 条(f)款规定的会议 | 向法院提交书面计划和规则第 26 条(a)款(1)项规定的披露 | 《规则》第 16 条(b)款规定的日程安排命令 |
|---|---|---|---|---|
| 第 1 天 | | 第 90 天 | 第 113 天 | 第 120 天 |

这当然只是开始。在这些任务完成后，当事人仍必须切实承担案件中的所有披露。使用和回应每一披露工具要求每一当事人及其律师投入时间和精力。随着数月和数年的流逝，以及披露的完成，案件变得成熟适合裁判。如果案件涉及专家证人，如我们在第八章第三节第三目中讨论过的，当事人将要求依据《规则》第 26 条(a)款(2)项进行披露，并要求其他当事人的专家宣誓作证。

406 大多数案件在程序的某个点不经历审理而得到解决。它们中的多数和解解决了，当事人对和解条件达成协议，如我们在第七章第三节第五目探讨的，原告根据《规则》第 41 条(a)款(1)项自愿撤销了案件。其他案件可能根据申请或通过缺席判决获得了解决。

在进入审理的案件中，《规则》第 16 条和第 26 条进一步给当事人设置了任务。《规则》第 16 条(a)款允许法院自由裁量为多种目的召开审前会议(pretrial conferences)，如出于从速处理诉讼和“建立较早和连续的”案件“管理”。[2]《规则》第 16 条(c)款(2)项罗列了在任何此种会议中可以考虑的各种事项。法院有时召开会议仅仅是为了评估当事人处于案件的什么位置以及为什么案件似乎没有如法官所期待的那样推进；这些会议常被称为状况会议(status conferences)。根据《规则》第 16 条(d)款，所有审前会议均导致作出“详述所采取行动的”命令。该规则也规定，该命令“管理诉讼的进程，除非法院对之进行修改”。相应地，归纳审前会议的法院命令起着诉

① 回顾一下第三章第三节第一目，该诉答文书一般必须在诉状提交后的 120 天内送达。

② 根据《规则》第 16 条(f)款，法院拥有全套的严厉制裁手段惩罚没有适当参与此会议的当事人和律师。

讼路线图(roadmap)的作用。它经常设定完成各种任务的日期。

最后,根据《规则》第16条(e)款将有一个最后的审前会议。[①] 这必须在"尽可能临近开庭的合理时间内"举行,并将导致制定庭审计划。当事人在此相当具体地讨论一些事项,庭审计划将包括庭审中"方便证据采信的计划"。根据《规则》第26条(a)款(3)项,他们对会议的准备受最后一组必须的披露指引。该条文要求每一当事人披露计划在庭审时提交证据的非常具体的信息,包括传唤的每一证人(以及如果庭审中需要增加可能传唤的证人[②])的姓名和地址,以及对庭审中提交的每一文件和展示证据(exhibit)的确认。[③] 这些披露要求做大量工作,且必须按照法院指示进行,但在任何情况下都不能少于开庭前30天做出。[④]

在最后的审前会议召开后,法院将发布一项命令(不出意料,叫最后审
前会议命令)。该命令冗长而具体,列举了当事人的论点、每一当事人将提 407
出的证人和证据和《规则》第26条(a)款(3)项或法院所要求的其他信息。根据《规则》第16条(d)款,该文件管理以后的事项,这意味着它成为庭审本身的路线图(进程计划)。本质上,该文件取代了诉答文书。

因此,在诉答文书中提起问题的当事人必须确保该问题在最后审前会议命令中得到了保留和体现,否则面临危险,失去在庭审时提出有关该问题证据的权利。与此类似,忘记罗列证人的当事人,当试图在庭审中传唤该证人时,可能会遭遇严重问题。《规则》第16条(f)款清楚规定,"法院只为防止显而易见的不公正,才可以修改在最后审前会议召开之后发

---

① 在许多案件中,这可能是唯一的审前会议。

② 例如,也许当事人拥有证人,该人将提供证词以抵消另一方当事人可能传唤证人的证词。只有在另一方当事人的证人实际作证时,(本方证人作证的)需要才增加。

③ 在1993年颁布必须的披露规定之前,大多数的联邦地区法院依据《地方规则》要求这种类型的详细披露。因此,《规则》第26条(a)款(3)项并不完全具有那种革命性。

④ 在《规则》第26条(a)款(3)项要求的材料披露后14天内,每一当事人都必须对另一当事人打算提交的证据提出各种异议,如果不如此则承担放弃某些证据性异议的风险。

布的命令”。[①] 寻求修改命令的当事人承担举证责任，通常，只有在拒绝修改将招致对寻求修改方不公平时，法院才允许修改，反对修改的当事人不得因修改而遭受重大损失，且法院不得因此遭受不便。[②]

在沃克诉安德森电气连接器案(Walker v. Anderson Electric Connectors)案[③]中，原告因性骚扰而提起诉讼，寻求损害赔偿和衡平法上的救济，包括认定被告从事了该性骚扰行为的确认判决。然而，在最后审前会议上，原告放弃了衡平法上的诉讼请求，继续参与审理只寻求损害赔偿。陪审团认定被告确实实施了性骚扰，但也认定原告没有遭受金钱上的损失。原告寻求修改审前命令，以恢复衡平法上的救济，包括一项被告从事了禁止行为的结论。其这样做的原因是根据联邦制定法，“胜诉当事人(prevailing party)”能够寻求获得律师费。如果没有衡平法上的救济，其不能声称是“胜诉当事人”。该法院拒绝修改审前会议命令，第十一巡回法院维持了判决，认为修改将造成对被告的不公正。原告已经选择其诉讼策略，得忍受这一选
408 择的结果。

① 复习一下，假设当事人在庭审中提出了没有在最后审前会议命令中得到体现的证据，而另一方当事人也没有提出反对。可能会发生什么呢？根据《规则》第 15 条(b)款(2)项，证据可以被采信(因为没有反对)，因此可以形成修改最后审前会议命令以与证据吻合的依据。见，如柯克兰诉哥伦比亚地区案(Kirkland v. District of Columbia)，《联邦判例汇编第三辑》第 70 卷，第 629 页(哥伦比亚地区法院 1995 年)。我们在第七章第五节第二目中探讨过这种可能性。

② 见，如数据处理解决方案公司诉罗林斯公司案(DP Solutions, Inc. v. Rollins, Inc.)，《联邦判例汇编第三辑》第 353 页，始于第 421、435 页(第五巡回法院 2003 年)。

③ 《联邦判例汇编第二辑》第 944 卷，始于第 841、844 页(第十一巡回法院 1991 年)。

## 第六节　司法助理的使用

在前面部分，我们看到法官的作用(或许尤其是联邦法院法官)在最近几十年已经变得更加官样化或行政化了。法官不仅负责裁决申请、管理庭审和发挥其他“司法”作用，而且对法院日益增加的待决案件数量承担控制责任。例如，《规则》第16条(a)款(2)项考虑了法官“建立较早的和连续的”对案件“控制”。随着任务的增多，产生了使用助理协助联邦法官的倾向。

在联邦法院系统，主要的助理担当人是美国治安法官(the United States Magistrate Judge)。这一官员的数量几乎与美国地区法院法官相当。治安法官不是(《美国宪法》)第三条规定的法官。因此，他们不是由总统根据参议员的建议和同意任命的，他们也不享有宪法所赋予的终身任职和不受减薪的保护。[①] 相反，治安法官在若干年限的任期内提供服务，并由联邦地区法院法官为每一地区挑选。

国会1968年首次规定了治安法官，应付联邦法院大量的复杂案件，这些复杂案件出自一系列反垄断法的案件。从一开始，国会就意图让治安法官协助联邦地区法院法官处理案件。尽管治安法官可以履行涉及刑事案件的职责，我们的关注点是在民事案件中他们干什么。这些助理司法官员的权力规定在《美国法典》第28编第636条中，也反映在《规则》第72条和第73条中。治安法官根据地区法院法官的命令，在刑事和民事案件中履行多种职责，地区法院法官通过命令将事务“交给”治安法官处理。很难想象没有治安法官，法院如何能处理目前的案件量。在民事案件中除了其他任务外，他们经常对披露的进程进行监督，主持日程安排和审前会议，介入案件的和解努力。

---

① 在第四章第四节中我们探讨了(《宪法》)第三条规定的法官，以及《宪法》所给予他们的非同寻常的保护。

地区法院法官和治安法官的分工必须明确。因为治安法官不是(《美国宪法》)第三条规定的法官,在案件中他们不能被赋予对案件作决定性裁决的权力,除非当事人放弃第三条规定的法官审理案件的权利。根据(《美国法典》第28编)第636条(b)款(1)项(A)目和《规则》第72条(a)款,地区法院的法官可以(不经当事人同意)将非决定性的审前事项(nondispositive
409 pretrial matters)(如强制披露的申请)交由治安法官审理。[①] 治安法官对这些问题发布的命令受地区法官复查。该审查依据的是治安法官制作的记录(因此,地区法院法官不必做新的审理)。此外,地区法院法官在审查这些事项时表现出司法克制,除非有"明显错误",否则将维持治安法官的命令。

根据(《美国法典》第28编)第636条(b)款(1)项(B)目和《规则》第72(b)条,地区法院法官可以(也不经当事人同意)将决定性的审前事项提交治安法官处理。[②] 例如,其可以将简易判决申请交给治安法官处理。根据第636条(b)款(1)项(C)目,治安法官对该决定性事项作出裁决或提出建议,该裁决或建议受地区法院法官审查。然而,因为该问题是决定性的,地区法院法官必须重新(de novo)审查治安法官的决定。该审查标准(我们在第十四章第七节涉及上诉部分阐述此问题)意味着地区法院法官不会遵从治安法官的决定,而独立地对事实适用法律标准。

庭审又怎么样呢?第636条(c)款(1)项明确规定,只有所有当事人均同意时,治安法官才可以主持民事案件的庭审(有陪审团的庭审和无陪审团的庭审)。通过同意由治安法官审理,他们放弃了由第三条规定的法官裁决其案件的权利。在勒尔诉威思罗案(Roell v. Withrow)[③]中,联邦最高法院

---

① 第636条(b)款(1)项(A)目没有使用非决定性的(nondispositive)这一用语。相反,它允许地区法院法官将"任何审判前事项"交付给治安法官并之后列出例外——包括申请禁止令救济(injunctive relief),申请集团诉讼的证明和申请作简易判决。律师和法官通常将剩余的部分称为"非决定性的(nondispositive)"。另一方面,《规则》第72条(a)款没有提到将"非决定性的事项"交给治安法官。

② 第636条(b)款(1)项(B)目没有使用决定性的用语,但《规则》第72条(b)款使用了该用语。

③ 《美国联邦最高法院判例汇编》第538卷,第580页(2003年)。

认为，这一同意不需要是明示的，而可以从当事人的行为中推断出来。在此案中，治安法官一再告知当事人，他们可以反对由其审理而坚持由地区法院法官审理。没有人提出反对而诉讼继续进行。当治安法官表示相信所有的当事人已经同意由其审理案件时，没有人提出反对。只是在作出了对其不利的(陪审团)裁定和(法官)判决后，被告才反对由治安法官审理。然而，根据他们自愿参与整个诉讼和没有发出反对的声音，美国联邦最高法院裁定被告们已经同意了由治安法官审理。当事人同意由治安法官审理时，最终判决就不受地区法院法官审查；判决被直接上诉至上诉法院。第 636 条确保法院不向当事人不当施压而迫使其放弃由(《宪法》)第三条规定的法官审案的权利。

通常，治安法官被非常有效地用于主持审前会议，管理案件进程。他们在努力协商解决案件中也很重要。主持庭审的地区法院法官不愿过于卷入和解努力，因为可能察觉到了在庭审中不被认可的东西，且这可能危及其公正性。然而，治安法官可能不主持审理，他们可能更愿意并能够说服当事人 410
进行和解。

另外一个司法助理是“主事官(master)”，主事官通常是当地律师界享有崇高声望的人，如《规则》第 53 条规定，受地区法院法官任命执行各种任务。他们几乎总是被称为“特别主事官”，反映了他们被一次性任命处理一个事情的事实。当地区法院法官和治安法官非常忙不能及时处理事项时，可能使用特别主事官处理审前和审后的事项。然而，对特别主事官的最常见的使用或许是，如体现在《规则》第 53 条(a)款(1)项(B)目中的，为法院进行财务核算或解决复杂的损害赔偿金计算。

# 第九章　宣判及相关的申请



## 第一节　问题的说明

我们在第七章中看到,原告登记了起诉状时案件就进入了诉讼流程。有许多可能导致案件离开诉讼流程的途径。例如,被告可以依据多个要素中的任何一个申请撤销案件——包括没有陈述诉求或法院选择有问题,例如对人管辖权、事物管辖权或审判地有问题。如果法院准予了撤案申请,则案件终结。然而,如果法院的准予撤案是“不影响实体权利的(without prejudice)”或“准许修改的”,则此终结可能是暂时的。在此情况下,原告可以再次提起诉讼。另一方面,如果撤销是“影响实体权利的(with preju-

dice)”，则作出了被告胜诉的判决，在初审法院案件就结束了。[①] 另外一种可能性是被告可能压根没有回应，则法院可能会作出原告胜诉的缺席判决。412
或者有可能当事人参与了替代性纠纷解决(alternative dispute resolution)，如仲裁或调解，对此我们在第一章第三节谈到过。案件离开诉讼流程的可能性最大的途径是和解——当事人，也许是在披露阶段提供了“事实核查(reality check)”后，解决了纠纷，原告自愿撤诉。[②]

在本章我们阐述，如果案件没有因为有法院命令、替代性纠纷解决或当事人和解而离开诉讼流程，会发生什么。该案件通常将经历诉答阶段，经历各种申请，经历披露，并最终成熟到可以作出裁判。裁判意味着对纠纷实体事项的司法解决。当然，实体事项涉及基础纠纷，包括这样一些问题：被告违约了吗？被告实施侵权了吗？原告有共同过错吗？汽车开得多快？所受伤害有多严重？谁讲了实话？在整个诉讼流程中提出这些问题，它们“被确认为争点(joined)”，现在准备对其裁决。

在裁决实体事项时，司法系统必须完成两项任务：第一，它必须有一个认定事实究竟是什么的机制。这是“事实认定(fact-finding)”功能。第二，它必须对这些事实适用法律以决定谁应胜诉。

裁判的典型模式是庭审，对此我们将在第九章第二节中探讨。这是电影和电视剧通常描绘的诉讼阶段。法庭剧(the courtroom drama)是这样的——证人宣誓作证，律师提出反对，法官为维持法庭秩序敲击法槌(实际上不会那么频繁地发生)。庭审是最后的诉讼历程。在经历了数月(更加可能的是数年)的审前诉讼后——经历了诉答文书、申请、披露等——当事人及其律师已准备好在法庭争斗了。你们将在《证据法》和像《庭审技巧》这样的“实践性”课程中学习庭审。

---

① 原告可以上诉，我们将在第十四章探讨上诉，但在一审法院该案件结束了。

② 诉讼律师也必须擅长合同谈判和合同起草。案件和解涉及让当事人缔结合同——涉及精心起草的合同条款。一般而言，原告同意从被告处接受金钱，作为代价，原告签署一个放弃诉讼请求和放弃就同一事项起诉被告的弃权书。付了钱后，通常原告会自愿撤诉，对此我们在第七章第四节第一目中探讨过。

就当前目的而言，我们将注意力集中在与庭审中裁判有关的几个要点上。在本章第二节第一目中，我们探讨庭审中法官和陪审团的相对作用。当我们使用陪审团时，陪审团是事实认定者，其功能是认定在“真实世界”发生了什么。此功能包括考虑庭审中提出的证据和作出有关证人可信性(credibility)的判断。法官就适用于这些事实的法律给陪审团提供指导。在本章第二节第二目中，我们看到在一些(但非全部)联邦法院审理的民事
413 纠纷中，有让陪审团作这些事实认定的宪法权利。(尽管如此，当事人可以放弃获得陪审团审理的权利而让法官认定事实。)

甚至在有权获得陪审团审理的民事案件中，法官仍肩负着重要的看守功能。“作为法律事项判决”的申请让法官实质上绕开陪审团而自己认定事实，但只在对事实仅存在一种合理解释的情况下采用。考虑到获取陪审团审理权利的重要性，这一申请必须非常谨慎地使用，以便不篡夺陪审团的功能。在有限的情况下，法官可以事实上“取消(undo)”陪审团裁决的结论，同意“要求作为法律事项裁决的新申请”，或命令重新审理，或撤销判决。我们在本章第五节、第六节和第七节阐述这些申请。

尽管庭审是裁判的典型模式，但不是所有的案件都在庭审中裁判。对一些案件法院可以作出简易判决(summary judgment)，案件压根不进入庭审阶段就裁决掉了。再次重申，考虑到陪审团审案权利的重要性，对简易判决必须谨慎对待。法院可以在庭审之前作出简易判决，其理由与可以不让案件“诉诸陪审团审理”的理由相同，即在重大事实上不存在纠纷。这一事实允许法官在案中作为法律事项判决。我们在本章第四节研究简易裁决。

# 第二节　庭审

## 一、庭审的目的、操作以及法官和陪审团的作用

前面说过，裁判需要认定事实和对所认定的事实适用法律。以裁判模式运用庭审的唯一理由是解决重大事实上的纠纷。如果在重大事实上不存真正分歧，则没有必要庭审（对此，我们在本章第四节谈论简易判决时将看到）。在本小节，因为我们阐述庭审，所以显然有一个（或更可能的情况是有一个以上）需要解决的重大事实分歧。记住争点事实（disputed facts）是如何产生的。原告在起诉状中提出了其说法，被告对此加以承认或否认。如果被告承认了原告的这些说法，则视其获得确认而无争执。但遭被告否认的那些说法就“被确认为争点（joined）”，或存在争议。也许，在披露阶段，当事人能明确争议事实的数量。最后的审前会议命令（pretrial conference order）会罗列庭审中需裁决的问题。当事人清楚知道有争执的问题是什 414
么，为证明其对争议事实的见解已经精心准备了在庭审中将提出的证据。除了与原告诉求的要素和被告的肯定性答辩（affirmative defenses）（如果有的话）相关的事实外，庭审还推定解决各种证人的可信性。具体地说，当众证人对事实提供了矛盾证词时，结果将部分依赖事实认定者相信哪一个证人。

谁解决这些争议事实问题呢？换言之，谁是“事实认定者”呢？在许多案件中，当事人拥有选择权：可以由法官认定事实[出现在“法官审理（bench trial）”中]，也可以由陪审团[1]认定事实（不令人惊讶，出现在“陪审团审理

① 在我们的全部材料中，严格说来我们始终提的是“小”陪审团（“petit” jury）（发音为“petty”），在庭审中其成员作为事实查明者审案。这些陪审员与“大”陪审员（“grand” jurors）形成对比，大陪审员也从公民中抽取，但其工作有很大不同。大陪审员的工作是秘密的，他们听审由适当执法官员提出的指控犯罪的证据。在联邦法院系统，由当地美国检察署（the United States Attorney）的律师提出证据。大陪审团将认定是否有足够的起诉证据，如果有，则“正式宣布（returns）”进行公诉。

(jury trial)”中)。并不总能获得陪审团履行此功能。在本章第二节第二目中,我们看到在联邦法院审理的民事案件中何时有获得陪审团审理的权利。在所有的庭审中——不管是法官审理还是陪审团审理——均由法官负责分辨(discern)可适用的法律。在陪审团审理的案件中,法官就法律是什么的问题向陪审团提供指示,指导陪审团认定事实。我们在本章第二节第四目探讨这一过程。在法官审理的案件中,法官运用可适用的法律指导自己认定事实。

此外,在所有庭审中,法官还监督证据的提交和诉讼参与人的行为。其必须解决有关证据可接受性方面的(一个关键性的论题,你们将在《证据法》课程中学到)不可避免的分歧。法官必须确保庭审迅速推进,同时要给每一当事人公平的提出证据的机会。在陪审团审理中,法官将特别努力地控制证据的采信和当事人及其律师的行为,以确保陪审员不受可能让其产生偏见或难以冷静履行事实认定职责之事项影响。

在庭审之初(有陪审团的话,在选择了陪审团之后),每一当事人的律师常常发表开场陈述(an opening statement)。该口头陈述追求的目标是让陪审团和法官熟悉纠纷的背景,熟悉律师对即将提交证据的看法。在陪审团选择过程中(在本章第二节第三目中探讨),陪审员只是最简略地获知了一点案情,开幕陈述是其听到案件细节的第一次机会。陈述时可能伴随展示图标和图示(charts and diagrams),但不提供证据。首先由原告的律师
415 作开幕陈述,之后由被告律师做开幕陈述。[①] 律师们懂得开幕陈述在向陪审团提供信息和开始赢得陪审员信任上的重要性。

开幕陈述后,原告开始展示“负举证责任的当事人应提交的证据(case-in-chief)”,办法就是传唤证人,安排证人“宣誓(sworn in)”,并向法官和陪审团作证。证人作证是回应律师的提问,而不是滔滔不绝地自言自语。在原告的律师询问(examines)了其中一位证人后,允许被告的律师交叉询问

① 有时候,被告的律师可能选择将其开幕发言推后,拖到原告呈交证据之后。但通常被告方律师想在原告方律师作了开幕陈述后马上进行其开幕陈述,以冲淡原告方律师陈述的影响。

(cross-examine)该证人。在交叉询问(cross-examination)中,律师经常试图制造对证人记忆的怀疑,或揭露其证词与其他证人证词之间的矛盾。对每一位原告方的证人重复这一过程。除了证人的口头证词外,原告还可以提出文件性的或其他的证据。通常,将迫使证人确认文件证据的真实性,每一证据都被标上“出示了的证据(exhibit)”字样。这些证据不断被打上记号,当询问证人有关某一具体的证据时,可以提及这些证据,如“原告出示了的证据A”。当原告陈述完了其案件,则“休息”,意味着原告先进行的证据提供结束了。

正如我们在本章第五节看到的,此时被告可以申请作为法律事项判决(JMOL),如果获得准许,它将排除余下的庭审并导致给出被告胜诉的判决。[①] 如果没有提出该申请,或申请遭否决,被告接着开始上演负举证责任方的举证(case-in-chief),[②]做法和原告一样——向一个证人又一个证人发问,让其提供宣誓后的证词。原告的律师可以交叉询问每一被告方的证人。被告也可以提交文件性的和其他的证据。当被告陈述了案件之后,则“休息”,结束对案件的陈述。

此时,原告可以申请作为法律事项判决,如果获得同意,意味着排除余下的庭审并导致作出原告胜诉的判决。如果没有提出这样的申请,或申请被否决,则原告可以提交“反驳”的证据(“rebuttal” evidence),做法与负举证责任方举证的规则相同,但由反驳被告方证据的证词和其他证据组成。之后,被告也可以提交反驳证据。在某个时候,当事人呈交完了所有的负有举证义务的举证和反驳证据后,法院将“结束所有的举证”。

此时双方当事人均可以申请作为法律事项判决。如果获得同意,则由 416
法院裁决案件,解散陪审团,并由法院作出判决。如果没有提出这一申请,

---

① 正如我们在第九章第五节中看到的,只能在另一方的意见“被充分听取”后才能提出该申请。在另一方律师已有机会提交证据后,该条件才得到满足。

② 在普通法上,如果申请遭否决,则申请作为法律事项裁判[因而被称为指示裁判(directed verdict)](指示裁判指负举证责任的当事人举不出证据,因而法官指示陪审团按其指示作出裁判,这种指示不容陪审团考虑,必须照做。——译者)的被告放弃了提出证据的权利。如我们在第九章第五节所见,这一做法已不再实行。

或申请遭否决，则法官将就法律事项向陪审团提供指导（如果有陪审团的话），陪审团退席商讨和认定案件事实。陪审团这样做的依据是“记录在案的证据（record evidence）”，——即庭审中法官容许采信的证据。陪审员将不考虑在庭审中向其展示过但法院裁定为不可采信的（inadmissible）任何证据。[①] 陪审团用“裁决（verdict）”宣布其结果，而法院则将该裁定包含在其“判决（judgment）”中。甚至在此时，如我们在本章第五节和第六节所见，当事人仍可以申请避免判决或取消（un-do）判决。当然，如果没有陪审团，则由法官认定事实并宣布案件判决。

## 二、获得陪审团审理的权利

**《美国宪法第七修正案》**

在联邦法院，民事案件[②]获得陪审团审理的权利规定在《美国宪法第七宪法修正案》中，该修正案规定：“在普通法诉讼中，当争议的价值超过20美元时，由陪审团审理的权利应该得到保留。”《联邦规则》第38条(a)款(1)项重申了这一宪法保证的重要性，规定根据《美国宪法第七修正案》获得陪审团审理的权利“保留给当事人，不受侵犯”。

我们从英国引进了民事陪审团制度。尽管在1920年的大不列颠（Great Britain）取消了大多数案件获得陪审团审理的权利，但美国人却继续信奉陪审团审理，将其作为一个最珍爱的、几乎是神圣的权利之一。陪审团制度因向法律体系引入了普通人的智慧而受称赞。陪审团反映的是社会的声音（the voice of the community），是民主价值和美德的宝库。然而，有批评者指责陪审团审理成本昂贵、笨拙低效，而更愿意将诉讼结果托付给博学的审案法官，而不是作为门外汉（lay person）的陪审团。不管争论的价值

① 这是可能发生的，例如，证人作证说某人告诉他发生了X、Y和Z。根据异议，法院可能会宣布这一陈述不可采信，因为它是“传闻证据（hearsay）”（你们将在《证据法》课程深入学习它）。法官因此指示陪审团不要理睬证人所说的关于X、Y和Z的事，因为它是不可采信的。（当然，正如所有参与庭审的律师所知道的，人们在听到这些话之后很难不受影响）

② 与此相对应，《美国宪法第六修正案》规定了刑事案件中获得陪审团审理的权利，其超出了我们的讨论范围。

如何，在美国陪审团制度就此保留下来了。一方面，在联邦法院系统要彻底废除获得陪审团审理的权利需要修改宪法，另一方面联邦最高法院已笼统地广泛接受了该权利。

重要的是，《第七修正案》只适用于在联邦法院审理的民事案件。它是 417
《权利法案》(the Bill of Rights)*的条款之一，而后者没有并入《第十四修正案》而适用于州。因此，《第七修正案》在州法院完全不适用，因此各州可以自由决定是否以及何时在其法院审理的民事案件中提供陪审团。在许多州(很可能是大部分的州)，州的宪法或州的成文法保证了陪审团审理的权利，通常用和《第七修正案》类似的语言给出这样的规定。我们将注意力集中于联邦法院审理的民事案件中获得陪审团审理的权利。在理解《第七修正案》规定的获得陪审团审理的权利时，必须特别注意两个表述。第一，该《修正案》没有“创设(create)”或“准予(grant)”陪审团审理的权利；相反，是“保留(preserve)”该权利。第二，该《修正案》不适用于所有的民事案件；相反，该权利只是隶属于“普通法上的诉讼(suits at common law)”，而普通法诉讼与衡平法诉讼相对应。在一些简单的案件中，这一事实并不产生大的问题，但在较为复杂的案件中，它使情况变得困难，复杂案件能轻易牵涉法律和衡平两个方面。(我们在第一章第二节第三目中探讨了普通法院和衡平法院的演化。)

《第七修正案》保留获得陪审团审理权利的事实，将联邦法院拴到了历史检验标准上。因为众州在1791年批准了《第七修正案》，所以联邦法院得出结论：起始的探究是在那一年是否已经有了获得陪审团审理的权利。并且，因为该权利只隶属于普通法上的诉讼(suits at common law)，所以更为精确的问题变成了，在1791年在普通法法院(common law courts)是否已经有了陪审团审理。更进一步地说，相关的普通法是指英国的普通法！斯托里(Story)法官1812年在一个他以巡回法官身份审理的案件中对这一点

---

* 即《美国宪法的第一修正案》。——译者

作了认定。[①] 他得出的结论是：

> 毫无疑问，这儿提到的普通法不是任何州的普通法（因为它可能完全不同），相反它是英国的普通法，英国的普通法是我们所有法学的巨大宝库。没必要由我来说明持这一看法的理由，因为其对每一个熟悉法律史的人来说一定是显而易见的。[②]

418 不管这一结论是否显而易见，但此后再没有人认真质疑过它。想一想这意味着什么：为了认定——现在，在21世纪——某人在联邦法院审理的民事案件中是否有权获得陪审团审理，法院得评估在1791年根据英国普通法是否有权获得陪审团审理。（如果这给你留下的印象是一种古怪的做法，正如我们下面所看到的，你不是唯一这么看的人。）在现实世界中，许多案件（很可能是大多数案件）并不困难。[③] 为何？因为许多案件涉及的是在1791年就清晰存在的传统诉讼请求。例如，诉求依据的是历史上早就获得承认的侵权和合同理论——过失（negligence）、殴打（battery）、侵占（conversion）、欺诈（fraud）、侵入（trespass）、违反合同以及其他许多事项——这些诉求无疑是1791年待审案件名单的一部分。它们是在普通法的待审案件名单上（并因此有权获得陪审团审理），还是在衡平法的待审案件名单上，由所寻求的救济决定。

---

① 在美国立国后的许多年里，最高法院的法官们被要求"巡回审案（ride circuit）"。这意味着除了在联邦最高法院的职责外，他们还在巡回法院（circuit courts）作为初审法官（trial judges）审理案件。那时，巡回法院是联邦系统的初审法院（the trial court）。当然，现在初审法院是地区法院（the district court）。让联邦最高法院的法官作为初审法官审理案件的做法很久之前就被取消了，但遗留下来的做法是分派法官们以巡回法官身份（Circuit Justices）为每一美国上诉法院的巡回区工作。在一些特别的事项中，如要求中止死刑罚案的执行，可能交由巡回法官处理。首席大法官（the Chief Justice）一直是第四巡回区的巡回法官，其理由可追溯到巡回审案的时代。第四巡回区坐落在弗吉尼亚的里士满（Richmond），它是离华盛顿特区最近的一个巡回地点（the circuit seat）。因此，首席大法官被要求走的路比其他法官少。

② 美国诉旺森案（United States v. Wonson），《联邦案例汇编》（F. Cas.）第28卷，始于第745、750页（案件号16,750）（马萨诸塞州巡回法院1812年）。

③ "陪审团审理权利难以认定的案件数量很少……针对陪审团审理权的范围形成了大量有争议的文献，但幸运的是，它与该问题在法院实际运行中的现实重要性不成比例。"赖特和凯恩：《联邦法院》（Wright & Kane, *Federal Courts*），第657页。

**法律救济和衡平救济**

典型的普通法的(或“法律的”)救济是损害赔偿,这是金钱上的赔偿,目的是补偿原告所遭受的损失,这解释了为什么它们经常被称为补偿性的赔偿(compensatory damages)。无疑你们会在《合同法》、《侵权法》和《财产法》课程中学习这些赔偿。例如,因为一方违约,合同关系中的原告可以提起诉讼,获取代表其“交易利益(benefit of the bargain)”* 的损害赔偿——目的是使其完好无损。在典型的案件中,如果被告违反了合同,预期原告将从另外的途径获得等价物,“铺平”违约损失。然后,原告可以从被告那里获得这一“铺平”行为超出其在原合同下支付额的差额。与此类似,在侵权中,原告可以获得损害赔偿,以补偿其工资损失、医疗费开支以及因被告侵权或不作为而遭受的痛苦和磨难。如所指出的,毫无疑问,对这一损害赔偿的评估是陪审团核心功能中的事实问题。

与此形成对照的是,惩罚性赔偿(punitive damages)旨在惩罚被告的过分行为。它们有时又被称为惩戒性的赔偿(exemplary damages),因为判给惩罚性赔偿是给被告一个警戒。不同州可以采用不同的认定行为等级的方法,此认定为决定惩罚性赔偿金额所不可缺少。例如,为了让被告遭受这种惩处,一些州要求被告必须从事了恶意的(malicious)、压迫性的(oppres-
sive)或欺诈的(fraudulent)行为。惩罚性赔偿金的评估——为了惩罚被 419
告,判决赔偿多少金额是必要的——也是陪审团决定的问题。[①]

正如我们在第一章第二节第三目所看到的,衡平法(equity)开发出了全套的救济方法,旨在在法律救济(legal remedy)不足时提供补救。典型的衡平法救济包括:(1)禁令(injunction)(法院据此命令当事人做某事或不做某事);(2)特定履行(specific performance)(法院据此命令当事人做其有义

---

* 交易利益指在完全履行合同的情况下本可以得到的全部利益,包括利润。——译者

① 墨菲(Murphy)教授有说服力地辩称,惩罚性赔偿金的评估应交给法官处理,而不是交给陪审团。她将惩罚性赔偿比作评估民事处罚,如我们下面所看到的,其是由法官评估的,而不是由陪审团评估的。见科林·墨菲:“统一民事和刑事陪审团的宪法权力”,载《乔治·华盛顿法律评论》(Colleen Murphy, Integrating the Constitutional Authority of Civil and Criminal Juries, *Geo. Wash. L. Rev.*),第61卷,始于第723页,第739—782页(1993年)。

务做的事）；(3)撤销合同(rescission of a contract)；以及(4)合同的变更(reformation of a contract)。在1791年，普通法法院和衡平法院是分开的，因此评估某人是否有权获得陪审团审理相对容易——在普通法法院可以有陪审团，但在衡平法法院没有陪审团。[①] 然而，今天，在联邦法院系统和几乎所有的州，普通法院和衡平法院合二为一了。[②]

但现在的真实情况却是，在所有的法院系统（联邦系统和州系统），人们都可以获得衡平法上的救济，除非已经表明损害赔偿足以为其情况提供救济。同样真实的还有，决定在联邦法院获取陪审团审理权利的关键是，原告是在寻求法律上的救济还是衡平法上的救济。

- A和B缔结了合同，根据该合同，B在规定的时间向A交付某产品。B没有按照合同的要求交付货物。A起诉B要求特定履行——即请求发布命令要求B按照协议交付货物。然而，除非A能证明损害赔偿的法律救济是不充分的，否则其不能寻求这一衡平法上的救济。例如，在普通的案件里，法院会指望A出去"购买替代物(cover)"——从其他的来源获得货物，并寻求从B处获得赔偿金，弥补其为该货物被迫向第三人付款的超额部分。因而，缺乏特别情况(extraordinary circumstances)时，A的诉讼请求将是赔偿金，其不能利用诸如特定履行这样的衡平法上的救济。因为损害赔偿是法律上的救济，带有获取陪审团审理的权利。
- P拥有不动产，D每天非法穿越该不动产。如果P提起普通法上的
420 诉讼，其获得的法律救济将是赔偿（例如每天X美元），计算出一定金额弥补由D非法穿越所遭受的损害。D可能乐意每天向P支付

---

① 偶尔，衡平法院的大臣(chancellor)会选择任命咨询陪审团(an advisory jury)以协助审理案件。但在衡平法院没有获取陪审团审理的一般性权利。（我们在第一章第二节第三目探讨了作为独立司法体系的衡平法院的发展）

② 1938年《联邦民事诉讼程序规则》之颁布，我们在第十章第六节中探讨过该规则，在联邦法院实现了这一融合。在1938年之前，联邦地区法院仍然维持分开的普通法院案件待审表和衡平法法院案件待审表。大多数的州法院系统长期维持分开的普通法院和衡平法院的案件待审表；自那(1938年)之后几乎所有的州法院都合并了普通法院和衡平法院。

X 美元的赔偿金而继续穿越。P 拥有强有力的理由说明其获得的法律救济是不充分的，其不想要每天的 X 美元，而要 D 停止穿越。其要求获得禁令——一个由法院向 D 发出的命令，吩咐 D 停止以 X 美元财产为代价的穿越。

- 如果法院发出了对 D 不利的禁令，而 D 违反了禁令，则 D 藐视了禁令。法院可以向被告罚款或命令将被告投入监狱，直到其答应不再穿越原告的土地。一个衡平法上的判决可以通过这一援引藐视法律的规定而加以执行，这通常是非常有效的。如果没有遵守禁令，把其投进监狱直到答应不再穿越将促使其改变行为。

这些案件是相当简单的，因为其所涉诉求所要求的要么全部是法律上的救济，要么完全是衡平法上的救济。如果原告只寻求衡平法上的救济，则不享有根据《第七修正案》获得陪审团审理的权利。但如果原告只寻求赔偿金，《第七修正案》将准予对所有事实问题由陪审团审理，包括为补偿被告对原告造成的损失需要多大金额的赔偿金问题。

**法律和衡平法的混合案件**

你们教授感兴趣的可能是更为复杂的事项，具体地说，如果一个案件既涉及法律问题又涉及衡平法问题，会怎么样？在英国，历史上给法院提供指导的是其认为的案件主旨(the primary thrust of the case)。例如，如果法院认为案件主要涉及衡平法上的救济——如果案件的重心(the center of gravity of the case)，案件的最重要的部分，是衡平法的——整个案件将在衡平法院审理。英国的衡平法院发展出了一个“一揽子原则(clean-up doctrine)”，该原则允许衡平法院提供有限的(limited)或“附带的(incidental)”法律救济。一揽子原则因此避免了需要有两个案件，一个案件在普通法院，一个案件在衡平法院。另一方面，因为案件是在衡平法院，所以没有陪审团，甚至裁决有关附带的法律问题也没有陪审团。因为有该一揽子原则，原告可能因此失去在法律救济上取得陪审团审理的机会。衡平法院将裁决全部的争议。与此相对应，普通法院没有这样的一揽子权力。原告寻求其判决赔偿金的普通法院无权给予衡平法上的救济。

- 让我们回到上述事实模式。P为寻求禁令(衡平法上的救济)起诉D,以阻止D穿越其土地。此外,P还要求赔偿金(法律上的救济),就过去的穿越土地行为进行补偿。
- 案件的要旨(basic tenor)——重力中心——是衡平法的,因为(如我
421 们上面探讨的)P最关心的是禁令救济。P所寻求的赔偿仅仅是禁令的附属——赔偿金是过去穿越行为的自然结果。在历史上,整个案件——即寻求禁令和赔偿金——都将在衡平法院审理。禁令的诉求能援引衡平法院的管辖权,根据一揽子原则,赔偿金的诉求能够在衡平法院在无陪审团参与的情况下获得审理。

所有这些规则在1959年发生了戏剧性的变化,此年美国联邦最高法院裁决了比肯戏院公司诉韦斯托弗案(Beacon Theatres, Inc. v. Westover)。[①] 比肯戏院案(Beacon Theatres)是《第七修正案》发展过程中至关重要的案件之一,并为《第七修正案》建立起了重要的新视角。首先,根据联邦最高法院的意见,决定获取陪审团审理权利的历史标准不是一成不变的。探寻不完全是在1791年的英国该案件是怎么处理的;相反,今天的法院要考虑当代的诉讼程序改革,包括《联邦民事诉讼程序规则》。[②] 记住衡平法只在向某人提供法律救济为不充分时才发挥作用。当代诉讼程序法——包括《联邦规则》下的自由合并规则——允许在单个案件中提出超出普通法规则范围的更多的诉讼请求。相应地,寻求法律救济的案件(对此类案件配有陪审团)可以与衡平法救济的诉求合并。

第二,该重新的评估招致了重力中心理论和一揽子原则的终结。对这些理论和原则"必须根据《联邦规则》的自由合并规定进行重新评估,该规定允许在一个民事诉讼中提起并解决法律上的和衡平法上的诉讼事由。"[③]因

---

① 《美国联邦最高法院判例汇编》第359卷,第500页(1959年)。

② 该法院也引用了《确认判决法》(Declaratory Judgment Act),《美国法典》第28编第2201条和第2202条,作为这种诉讼程序发展的例子。该法允许联邦法院在存在实际的纠纷时宣布当事人相对的权利。例如,保险公司可以寻求一个宣告,宣布某一具体的事件不被与被保险人约定的保单所涵盖。

③ 比肯戏院案,《美国联邦最高法院判例汇编》第359卷,第510页。

此，比肯戏院案（Beacon Theatres）之后，联邦法院不再评估案件的主旨是衡平法上的还是法律上的，结果是不再评估是否整个案件由陪审团审理。相反，法院一案一议地评估陪审团的可用性（availability）。仅仅出现衡平法问题不能剥夺当事人在法律问题上获取陪审团审理的权利。联邦最高法院确立起了下述规则：

- 如果一项事实问题支撑着要求法律救济的诉讼请求，则该问题必须交由陪审团审理，不考虑案件的整个要旨或主旨是否为衡平法的。
- 如果一项事实问题既支撑要求法律上救济的诉讼请求又支撑要求衡平法上救济的诉讼请求，则该事实问题必须交由陪审团审理。
- 只有一项事实问题支撑纯粹衡平法上的事项时，它才交由法官审理，排除陪审团。
- 最后，除非存在"强制性的情形（imperative circumstances），即根据 422
《联邦规则》的灵活程序我们不能期待"相反结论的情形，否则陪审团审理的问题应在衡平法问题之前审理。这一审理顺序确保了法官受陪审团事实认定的约束，而不是相反情况。

比肯戏院案大大扩展了在联邦法院审理的案件中获取陪审团审理的权利，不再探究案件的主旨，《第七修正案》规定的权利被视为隶属于问题（issues），而不是隶属于诉讼请求（claims）。每一疑惑的解决都有利于陪审团裁判——从由陪审团审理同时支撑法律上和衡平法上诉求的问题，到在审理衡平法问题之前先审理由陪审团审理的问题。

- 让我们回到前述事实模型：P 为获取禁令提起诉讼以阻止 D 穿越其土地，并同时寻求获取因 D 过去的穿越行为而支付的赔偿金。如我们前面所看到的，在比肯戏院案之前，没有什么问题将由陪审团裁决，因为案件的中心主旨（central thrust）是衡平法上的，且根据一揽子原则将允许衡平法院决定与法律救济（赔偿金）有关的问题。
- 然而，根据比肯戏院案，法院将一个一个地考虑《第七修正案》规定的问题。D 是否非法穿越的问题是赔偿（法律上的救济）诉求的基础，因此陪审团将审理该问题。由过去的非法穿越造成的损害问题是法律上诉求的基础，因此陪审团也将审理该问题。只有 P 是否有权获得禁令（衡平法上的救济）的问题由法官决定。在该问题上，法官受制于陪审团对过去穿越行为的裁决结论，该结论可能会影响对禁令的需求。

并且，法律问题和衡平法问题在案件中提出的顺序是无关的。

- P 起诉 D，两人为一合同的当事人。P 要求撤销（rescind）合同，理由是其受 D 欺诈性陈述诱导而签订了合同。D 主张合同有效，不应该撤销，并声称 P 违约，要向其支付赔偿金。P 起诉 D 寻求撤销合同，撤销是典型的衡平法上的救济。D 作了答辩并对 P 提出反诉，[1]要求违约赔偿金。显然，反诉提出了要求给予法律上救济（赔偿金）的诉求。
- 在比肯戏院案之前，案中不会有陪审团审理。原告撤销合同的诉求能援引衡平法院的管辖权，而根据一揽子原则，衡平法院能够裁决如果合同有效 D 是否有权获得赔偿金问题。
- 423 然而，在比肯戏院案后，陪审团的问题是一个一个评估的，不考虑诉讼请求提出的顺序。D 要求赔偿金的反诉提出了要求法律上救济的诉求，很显然，支撑这一诉求的每一个问题——包括合同是否有效以及是否被违反——都将由陪审团裁决。因此，要求撤销合同的衡平法诉求的相当部分将受陪审团裁决影响，因为其对合同有效性（validity）的结论将影响法官作出撤销是否合适的结论。换言之，如果陪审团认定合同是有效的，法官就很难命令撤销。

1962 年联邦最高法院用牛奶女皇公司诉伍德案（Dairy Queen, Inc. v. Wood.）[2]强化了比肯戏院案的结论。在该案中，原告寻求禁令，阻止被告使用其商号（trade name）并寻求对过去不当使用其商号的“清偿（accounting）”。后一诉讼请求实质上是要求支付赔偿金，但原告想通过使用了“清

---

① 反诉是在未决案件（the pending case）中由被告向原告提出的诉讼请求。见第十二章第五节第一目。

② 《美国联邦最高法院判例汇编》第 369 卷，第 469 页（1962 年）。

偿(accounting)"一词——这在历史上是衡平法院的诉讼——挫败任何要求陪审团审理的要求。该案件呈现了一个在过去将由衡平法院根据一揽子原则处理的典型例子。寻求禁令能援引衡平法院的管辖权,而要求清偿的诉讼请求——即使将其视为赔偿——也可以作为禁令的附属由衡平法院处理。因此,在过去任何问题都不会由陪审团审理。尽管有比肯戏院案,初审法院仍使用了一揽子原则,否决了被告要求陪审团审理的请求。

联邦最高法院利用审理牛奶女皇案(Dairy Queen)的机会让人们理解它在比肯戏院案中所表达的想法。第一,要求法律上救济的诉求是否被视为"附属的(incidental)",这是无关紧要的——在这一问题上获取陪审团审理的权利不能因为下述事实而遭剥夺:该诉求是在一个同时也包含了衡平法上诉求的案件中提出。衡平法的救济是否在某种程度上更为重要是无关的。第二,如果不存在联邦最高法院不能预见的例外情况,由陪审团审理的问题是先审理的。

该点摆脱了清偿的诉讼请求是衡平法方面的还是法律方面的问题。再次说明,在作出评估时,法院很愿意考虑当代诉讼程序上的发展。历史地看,清偿的诉求准确地说原来是在衡平法院处理的,因此不使用陪审团。理论依据是复杂的计算事项超出了作为非专业人士的陪审员的能力,因此这一诉讼请求应在衡平法院处理,而不在普通法院处理。然而,审理牛奶女皇案(Dairy Queen)的联邦最高法院指出,《联邦规则》第 53 条(b)款允许地区法院任命特别主事官(special master)帮助陪审团计算赔偿金。(我们在第八章第六节探讨了特别主事官的使用。)因为可以使用特别主事官,原告更难证明赔偿的法律救济是不充分的了,因此,更难证明需要清偿(accounting)的衡平法救济。只有在罕见的情况下,当事人才能够证明赔偿是不充 424
分的,但在牛奶女皇案中并未出现这种情况。

最后,因此在支撑原告赔偿诉求的所有问题上,被告都有获得陪审团审理的权利。那些问题也是原告禁令诉求的基础,因此,陪审团将裁决案中的所有重要问题。法官决定发布禁令是否适当,但权力受到限制,他得服从陪审团对被告是否不当使用原告商号的事实认定。

在比肯戏院案和牛奶女皇案之后的几十年中，联邦最高法院基本上继续支持对《第七修正案》的宽泛解释。例如，它裁定，在衡平法院发展出来的程序背景下起诉的案件，在某些情况下，有权获得陪审团审理。具体而言，集团诉讼（class actions）、确定竞合权利的诉讼（interpleader）和股东代位诉讼（shareholder derivative suits）（所有这些，我们将在第十三章看到）是衡平法院开发出来的。这意味着在这样的案件中没有获得陪审团审理的权利吗？不是。法院将考察在诉讼中提出的诉讼请求，决定是否有获取陪审团审理的权利。[①] 在发源于衡平法院的诉讼工具中提出诉求的事实与陪审团审理的权利是无关的。[②] 因此，如果集团诉讼或股东代位诉讼中的原告寻求赔偿金，则有权获得陪审团审理，正如提出任何法律上的诉求时有此权利一样。

**《第七修正案》对新获承认诉求的适用**

到现在为止我们看到的例子涉及的都是在18世纪就清楚获得认可的诉讼请求。但自那以后大量实体法得到了发展。法律已发展出的诉讼请求涉及：故意施加心理伤痛、实际上的整个劳动法（labor law）和民权法（civil rights law）以及证券欺诈（securities fraud）和反垄断法（antitrust statutes）。对1791年尚不存在的实体法上的诉求，联邦法院是如何评估《第七修正案》规定的陪审团审理权利的呢？与其通常所持的对获取陪审团权利的开放观点一致，法院不要求所提诉求是一个在1791年就存在的诉求。这一要求明显将肯定导致这样的结论：在依据现代法律和普通法理论起诉的
425 许多案件中，无获得陪审团审理的权利。相反，联邦最高法院采用了两分叉的检验标准（two-prong test），既考查1791年的普通法，又考查所寻求的救济。

---

① 首创判例是罗斯诉伯恩哈德案（Ross v. Bernhard），《美国联邦最高法院判例汇编》第396卷，第531页（1970年），此案是股东代位诉讼。在该案中，法院得出的结论是，股东代表公司所提出的基本诉求是法律方面的，因而有权获得陪审团审理。

② 对宣告判决案件（declaratory judgment cases）结论也是一样。尽管宣告判决基本上是在衡平法院发展出来的，但宣告权利的救济既非衡平法方面的也非法律方面的。为了获知是否有获得陪审团审理的权利，法院必须审查案件中的基本主张。换言之，法院审查查明如果作为传统的案件提出，而不是作为原告寻求宣告的案件提出，纠纷将如何产生。

一个蛮好的例子是汽车卡车司机及助手工会地方第391号分会诉特里案(Chauffeurs, Teamsters & Helpers, Local No. 391 v. Terry),[①]该案涉及的是工人起诉工会的地方分会。在特里(Terry)的原告们为一家货运公司工作,该公司是地方分工会为一方的集体谈判合同的当事人。原告们是地方分工会的会员。货运公司精简机构,裁退了众原告。他们向地方分工会申冤,而地方分工会拒绝将他们的控诉材料交给申诉委员会(grievance committee)(根据集体谈判合同,申诉委员会是裁判申诉的机构)。他们起诉货运公司和地方分工会。但货运公司破产了,被从诉讼中剔除,案件变成了起诉地方分工会。原告们指控工会违背对原告们负有的合法代表义务(a duty of fair representation),他们要求复职(reinstatement)以及对欠薪和所丧失医疗补助的补偿性赔偿。原告们要求由陪审团审理,而被告对此表示反对。

在1791年,不存在因违反合理处置义务而产生的诉求。实际上,在1791年,连工会都是非法的。然而,审理特里案的联邦最高法院支持获取陪审团审理的权利,适用了一个现在大家熟悉的两部分的检验标准。第一,联邦法院要认定所提出的诉求——尽管依据的是最近的规定——在18世纪的普通法上有没有类似物(analog)。如果很清楚没有类似物(这种情况很罕见),则没有根据《第七修正案》获取陪审团审理的权利。如果可能有相似物,则法院适用该检验标准的第二部分,即"审查所寻求的救济,并认定其在性质上是法律上的还是衡平法上的救济"。[②] 联邦最高法院明确承认,该第二个步骤更为重要。

找出所提诉求在普通法上的类似物,与其说是科学(science),倒不如说是艺术(art)。希望阻止由陪审团审理的当事人将提出1791年衡平法实践中的类似物,而要求获得陪审团审理的当事人将提出1791年法律实践中的类似物。联邦最高法院有好几次处理了这一类的事情,但特里案的结论是一个特别有帮助的意见(这是为何如此多的教科书收录此案的原因),因为

① 《美国联邦最高法院判例汇编》第494卷,第558页(1990年)。
② 同前注,第565页。

审案法院无结论地(inconclusively)在当事人提出的一系列可能性之间漫游。它表明,检验标准的这一部分是多么的可延伸(malleable)。法庭的多数派意见表示,因违反合法代表义务而引发的诉求与撤销仲裁裁决的诉讼不相似,但与受益人基于违反信托义务(fiduciary obligation)而起诉受托人的诉讼相似。在18世纪这是衡平法上的诉讼请求,该事实暗示的结论对获取陪审团审理权利不利。多数派意见说,该案件在某种程度上类似于律师玩忽职守诉讼(an attorney malpractice action),而该诉讼在18世纪据说是
426 在普通法院审理的,但实际上并非如此。因此,它在某种程度上得出结论:受托人的类比是最好的,这似乎是说无权获取陪审团审理。

但与比肯戏院案等案件一致,多数派接着考查了所处理的问题,而不是整个诉讼请求。在此法院注意到原告们必须证明两个事项:(1)货运公司违反了集体谈判的合同,[①]且(2)工会违反了合法代理的义务。尽管问题(2)类似于基于信托的诉讼请求,这是衡平法上的(equitable),但问题(1)更像违反合同,这属于法律上的(legal)。因此,在意见第三部分(A)的结尾,多数派法官绝望地放弃了,表示两种情况处于"平衡状态"——同样都不能肯定在1791年这一类案件是诉诸普通法院还是诉至衡平法院的。

既然案件是这样,则多数派法官在意见的第三部分(B)中接着考查了救济。原告想要获得拖欠的薪水和福利。法院欣然得出结论[没有再像意见的第三部分(A)表现得那样恍惚游离]:诉求是赔偿金,该请求当然是法律方面的(而不是衡平法方面的)。[②] 总之,法院接着得出结论:原告在案件

① 即使货运公司不是案件的一方当事人,其也必须证明这一点。如果货运公司的行为没有违反集体谈判的合同,工会就不能为其违反公平代理义务承担责任。

② 法院对赔偿(damages)和恢复原状(restitution)做了区分,赔偿是弥补损害,而恢复原状是强制归还不当收益。赔偿是法律上的救济,而恢复原状则是衡平法上的救济。如果收费员(a toll collector)向你索要了2美元,而不是1.5美元,他就不当多收了50美分。你要回这一金额的诉讼请求就是恢复原状,而不是赔偿。在特里案(Terry)中,法院所提出恢复原状的救济完全是衡平法上的。然而,墨菲(Murphy)教授得出的结论却是,历史上多数要求恢复原状的诉求是在普通法院审理的。科林·墨菲:"对货币式恢复原状的错误归类",载《南部循道大学法律评论》(Colleen Murphy, Misclassifying Monetary Restitution, *SMU L. Rev.*)第55卷,始于第1577、1598—1607页、1626—1628页(2002年)。

所有问题上均有权获得陪审团审理。

布伦南(Brennan)法官持相同看法,但辩称审案法院应抛弃第一部分的探讨,为当代的诉讼请求寻找一个历史上的对应物是不严谨的且有困难,该困难是不必要的。此外,他表示,法官接受的不是法律史的训练。尽管许多教授看法不同,但我明确认为布伦南的话相当有道理。实际上,多数派的意见表明了类比检验标准的可延展性(malleability)。基本上人们可以为几乎任何案件中的任何结果辩护。但事情的真正症结归纳起来就是:法院如何对救济定性。布伦南法官谨慎地表示《第七修正案》要求做某种历史的分析,但当法院分析了救济本质上是法律的还是衡平法的时,就满足了该要求。 427

**《第七修正案》规定的权利能因各种担忧而遭弃之不顾吗?**

一个挥之不去的问题是在异常复杂的案件中能排除《第七修正案》规定的权利吗?换言之,一些案件非常复杂,因此就不能指望陪审团履行其职能吗?联邦最高法院不时地表示(至少在脚注中):"陪审团的实际能力和局限性"是《第七修正案》下的相关考虑因素。[①] 1791 年的普通法不承认获取陪审团审理的权利有"复杂性的例外"。[②] 可能也有人会辩称,要求陪审团超出其能力认定案件事实,这违反了诉讼当事人的正当程序权利(due process rights)。但下级法院(lower courts)不太愿意认定有这一例外,即使可能非常需要(cry out for)这一例外时也一样。在美国财政证券诉讼案(In re U. S. Financial Securities Litigation)[③]中,地区法院拒绝让陪审团审理,理由是案件涉及复杂的问题,会羁绊陪审团达 2 年,并涉及"相当于《联邦法院判例汇编第二辑》(Federal Reporter, Second Series)前 90 卷阅读量的"[④]证据。第九巡回法院推翻了这一结论,依据的理由是联邦最高法院事实上从

---

① 见,如特里案,《美国联邦最高法院判例汇编》第 494 卷,始于第 558、565 页,注释 4(1990 年);罗斯案,《美国联邦最高法院判例汇编》第 396 卷,第 538 页,注释 10。

② 总的见罗杰·基斯特:"复杂案件中陪审团的历史版图",载《华盛顿法律评论》(Roger Kirst, The Jury's Historic Domain in Complex Cases, *Wash. L. Rev.*)第 58 卷,第 1 页(1982 年)。

③ 《联邦判例汇编第二辑》第 609 卷,第 411、9 页(第九巡回法院),拒绝了调卷令申请,《美国联邦最高法院判例汇编》第 446 卷,第 929 页(1979 年)。

④ 同前注,第 416 页,注释 13。

来没有支持过“复杂性的例外”。该法院还表示，在诸如复杂的电子学或经济学方面，没有理由相信法官比陪审员有更了不起的知识背景。

在马尔克曼诉韦斯特维纽器械公司案(Markman v. Westview Instruments, Inc.)①中，当联邦最高法院提出应由法官而不是由陪审员认定专利范围时，让人觉得有点惊讶。因此，尽管在专利侵权案中存在陪审团审理的权利，但如何解释专利的问题归法官决定。在得出这一结论时，联邦最高法院使用了功能分析法(functional analysis)，推崇的是法官决定问题的相关能力而不是陪审团的能力。马尔克曼案(Markman)不支持朝接受一般“复杂性例外”方向的发展。第一，联邦最高法院没有用扩张性的术语(in expansive terms)表述，而明确将其意见限定在“专利案件专业术语”的解读上。② 第二，它没有提及谈论陪审员实际能力的前面出现的任何脚注(footnotes)。第三，专利解释问题是由法官决定还是由陪审团决定，历史上的做法是不清晰的。总而言之，对马尔克曼案作狭义解释可能最好。

428 联邦最高法院并不总是支持获得陪审团审理的权利。在第十一章中，我们探讨了在一个案件中作出的有效判决，借助“排除原则(preclusion doctrines)”如何能对以后的诉讼具有约束力。

在帕克莱恩针织品公司诉肖尔案(Parklane Hosiery Co. v. Shore)③中，我们将在第十一章第三节第五目中探讨此案，联邦最高法院认为这些原则可以合法剥夺人们拥有的由陪审团认定事实问题的权利。在该案中，第一个案件是在行政机关诉讼的，在行政机关从来没有获得陪审团审理的权利。第二个案件是在联邦法院诉讼的民事诉讼，在联邦法院由陪审团审理是合适的。第一个案件裁决的问题与第二个案件有关，联邦最高法院认为该裁判对第二个案件的当事人有约束力。即使最终结果是将这些问题从第二个案件的陪审团审案权限内(jury's purview)拿走，其仍然是对的。看待结果的另一个方法是表示：因为存在排除原则，所以案中没有遗留需要联邦

---

① 《美国联邦最高法院判例汇编》第517卷，第370页(1996年)。

② 同前注，第384页，注释9。

③ 《美国联邦最高法院判例汇编》第439卷，第322页(1979年)。

法院审理的事实问题了。

正如前面段落所提到的，很清楚国会可以创设诉讼请求，并规定由行政法庭(administrative tribunals)强制执行，行政法庭不是《宪法》第三条规定的法院。国会这样做的权力超出了我们的探讨范围，你们将在高年级课程《联邦法院》中详细学习。就当前目的而言，说联邦最高法院一般承认国会有这样做的权力，至少在案件涉及"公共权利(public rights)"时是如此，这就足够了[公共权利指在公民(citizens)和政府(government)之间关系中存在的权利]。① 当案件涉及私权利(private rights)时——即纠纷处于普通市民(private citizens)之间时，情况又如何呢？偶尔国会会创设由联邦法院执行的实体权利，并明确表示偏爱由法官裁决问题而不用陪审团。当然，宪法规定的效力高于与此相抵触的国会立法。因此，如果《第七修正案》承认在联邦法院有获得陪审团审理的权利，国会无权否定该项权利。② 至于相反的情形，长期以来一直清楚的是国会可以通过立法赋予陪审团审案权，即使关涉不处于《第七修正案》范围的事项也一样。③ 因此，如果国会明确规定了陪审团审理的权利——或如果法律没有明确规定但被解释成授予了陪审团审理的权利——则法院就不必再认定《第七修正案》是否适用。 429

**与某些货币救济有关的问题**

并非所有的货币补救(monetary recoveries)都构成赔偿金，并因此属于法律救济(legal relief)。我们在前面第516页注释②中指出，"恢复原状

① 见阿特拉斯屋顶材料公司诉职业安全和健康审查委员会案(Atlas Roofing Co. v. Occupational Safety & Health Review Commn.)，《美国联邦最高法院判例汇编》第430卷，始于第442、460页(1977年)。

② 见，如格兰菲南西耶拉公司诉诺德伯格案(Granfinanciera, S. A. v. Nordberg)，《美国联邦最高法院判例汇编》第492卷，始于第33页，第52—53页(1989年)(国会无权剥夺争执私权利事项之当事人宪法所赋予的获得陪审团审理的权利)；柯蒂斯诉洛瑟案(Curtis v. Loether)，《美国联邦最高法院判例汇编》第415卷，第189页(1974年)(因种族歧视而要求赔偿的法定诉求引起《第七修正案》规定的获取陪审团审理的权利，尽管国会对案件是否应由陪审团审理态度摇摆不定。)一般参见玛丽·凯·凯恩："民事陪审团的审理：合乎逻辑的破除旧习案"，载《黑斯廷斯法律杂志》(Mary Kay Kane, Civil Jury Trial: The Case for Reasoned Iconoclasm, *Hastings L. J.*)第28卷，始于第1页，第20—27页(1976年)。

③ 总的见赖特和米勒著书，第9卷，第2303.2目。

(restitution)”——尽管是货币上的救济——但不一定是法律救济。在塔尔诉美国案(Tull v. United States)[①]中,联邦政府根据《清洁水源法》(Clean Water Act)寻求民事惩罚(civil penalties),指控被告向湿地倾倒废料违反了该法律。根据该法,政府寻求每天1万美元总额为2200万美元的民事惩罚。联邦最高法院拒绝依赖“对18世纪最类似规则所做的令人难解的历史搜索”,[②]相反将注意力集中在救济上。因为该惩罚的目的在于吓阻并惩罚(而不是恢复原状),它们与赔偿类似,而赔偿传统上可在普通法院获得。有趣的是,一方面法院得出结论《第七修正案》因此要求由陪审团对被告的责任问题作出认定,但又认为民事惩罚的裁判不由陪审团作出。根据联邦最高法院的说法,民事惩罚的评估基本上不受重要计算标准限制并因此交由法官自由裁量,该评估完全不是一个陪审团审理的“基本要素(fundamental element)”。[③]

另一方面,费尔特纳诉哥伦比亚电影电视公司案(Feltner v. Columbia Pictures Television, Inc.)[④]支持让陪审团决定的权利,让陪审团决定因违反《著作权法》而要赔偿的法定赔偿金的数额。根据该法,原告可以选择证明实际的损害数额,或取得最低500美元最高2万美元由法院认定何为合适的法定赔偿金。尽管该法律清楚地考虑到了由法官决定法定赔偿额,但联邦最高法院得出的结论却是《第七修正案》要求由陪审团决定。法院找到了“压倒性的证据,表明普通法中的连续一贯的实践是由陪审团裁决赔偿金”。[⑤] 联邦最高法院该案和塔尔案(Tull)做了区分,指出“没有证据表明历史上由陪审团决定付给政府的民事惩罚金额。”[⑥]

---

① 《美国联邦最高法院判例汇编》第481卷,第412页(1987年)。

② 同前注,第421页。被告辩称诉讼请求与债务诉讼类似,而债务诉讼是在普通法院审理的。政府声称它更像排除公众滋扰的诉讼(an action to abate a public nuisance),该诉讼历史上一直是在衡平法院审理的。

③ 同前注,第426页,注释9。

④ 《美国联邦最高法院判例汇编》第523卷,第340页(1989年)。

⑤ 同前注,第353页。

⑥ 同前注,第355页。

从这些案件中获得的教训是不应想当然地断定金钱上的获取(a monetary recovery)自动构成损害赔偿(damages)。民事惩罚和恢复原状是这种可能不具备法律救济资格的例子,另一方面,旨在弥补原告所受损失的裁 430
决,或旨在惩罚被告过分行为(egregious behavior)的裁决,构成典型的法律救济,对此可以要求陪审团评估赔偿金的数额。

**需要有要求陪审团审理的书面请求**

在《第七修正案》允许陪审团审理的案件中陪审团不是自动组建起来的。根据《规则》第 38 条(b)款(1)项,当事人必须"最迟在对[可由陪审团审理]问题的最后的诉答文书送达之后的 10 日内",书面提出由陪审团审理的请求。请求可以在诉答文书中提出,也可以在单独文件中提出,但必须是书面的。当事人没有提出这一书面请求以及没有向另一方当事人送达此请求的,则放弃了其获取陪审团审理的权利,案件将交由法官审理,《规则》第 38 条(d)款对此规定得很清楚。另一方面,《规则》第 39 条(b)款又规定,法院拥有自由裁量权,纵然当事人没有提出适当的请求,法院也可以同意由陪审团审理适当问题的申请。

根据《规则》第 38 条(d)款,请求由陪审团审理随后又改变了主意的当事人,只有在所有当事人均同意的情况下,才可以撤回要求陪审团审理的请求。并且,值得注意的是,不存在一个不要陪审团审理的权利。如果一方当事人不要陪审团,但另一方当事人要陪审团——并且针对可由陪审团审理的问题及时提出了适当的书面请求——则拥有陪审团审案。

## 三、陪审团成员的选择

**预先审查程序(The Voir Dire Process)**

律师们非常严肃地对待陪审团的选择问题。每一参与庭审的律师都有想在潜在陪审员身上寻找的东西,并培养出了一种"第六感觉(sixth sense)",能发现潜在的陪审员中谁富有同情心而谁没有同情心。陪审团的选择已经变成了咨询员们(consultants)的小产业(a cottage industry),律师们经常雇佣他们帮助选择陪审团,至少在引人注目的案件(high-profile ca-

ses)中是如此。这儿,我们集中注意力于选择陪审团的程序。在联邦的和州的司法系统,法院的行政人员(court administrators)根据多种公开的资料编制一份潜在陪审员的"候选人名册(master roll)"。登记的选民、拥有驾照的人、纳税人和社会福利接受人的花名册是这一名单的通常的资料来源。在我们历史的相当时间里,某些群体被系统排除在各种社区的候选人名册之外。联邦最高法院废除了此类排除,确认宪法要求候选人名单体现对当地人口的合理的代表性。① 陪审团反映的是地方的声音,候选人名单
431 必须能合理代表该地方。不存在让陪审团"全部或部分由本种族的人组成的"权利,但诉讼当事人"确实拥有依非歧视标准选出成员的陪审团审理案件的权利。"②

法院的行政人员根据需要传唤公民,要求其报到以履行陪审团职责。每天都有这样的一组受传唤人被派送至需要陪审团的法庭。他们构成从中选择陪审团的候选陪审人员(venire)。之后候选人名单中的成员——可能有两打人——要经历预先审查程序(the voir dire process)审查,该程序有一系列的设问问题。"预先审查(Voir dire)"意指"说真话"或"审查所说的话"。其目标是选任不带偏见的人组成陪审团,这些人对争议中的交易没有独立的认知(independent knowledge)*。③ 因此,设计的问题旨在确定任何潜在的陪审员是否带有偏见,对事实是否有个人的了解,或者是否与一方当事人或律师有关系。在联邦法院,《联邦规则》第 47 条(a)款允许法官从事预先审查询问,或让当事人或其律师做这些事。对如何预先审查,法官拥有很大的自由裁量权,例如其可以使用书面的问卷表(questionnaires)同时口

---

① 见,如泰勒诉路易斯安那案(Taylor v. Louisiana),《美国联邦最高法院判例汇编》第 419 卷,第 522 页(1975 年)(推翻了对被告的定罪,理由是陪审团排除了妇女且不是该社区的公平代表)。

② 巴特森诉肯塔基案(Batson v. Kentucky),《美国联邦最高法院判例汇编》第 476 卷,始于第 79、85 页(1986 年)。

* 即事先对争议事实不知情,无先入为主情况。——译者

③ 陪审团裁决(verdict)的依据是庭审中提出的证据。由目击者或以其他方式独立获知事实的人做陪审员,可能会将其决定建立在(自己)独立的认知上,且其他陪审员可能会受这一陪审员独立认知的影响,因此在预先审查程序中要剔除这些人。

头询问。一成不变的情况是，当法官从事预先审查时，其总是允许当事人及律师对提问的问题提出建议。每一方当事人的律师都仔细观察每一个潜在的陪审员，仔细研究他们对各种问题的反应，努力发现该人在案件中可能“倾向”哪边的线索。

在每一司法系统里，诉讼的每一方均有两个途径不让潜在陪审员为案件提供服务。这些异议(challenges)[也叫排除(strikes)]可能是“根据法定理由的(for cause)”[也叫“根据法律上的事由(for favor)”]，也可以是“无因回避(peremptory)”。根据法定理由的排除依据的是潜在陪审员的偏见或与当事人或律师的关系。例如，可以根据法定理由反对原告的姐姐成为陪审员，也可以反对被告公司的雇员或潜在争讼事件的目击人成为陪审员。法院决定是否准予当事人提出的根据法定事由的回避请求。

与这种异议形成对比的是，无因排除权的行使不需要说明理由。此种异议源自13世纪英国的实践(至少在刑事案件上是如此)。在美国，无因排除(peremptory strikes)自殖民地时代就在民事案件中获得了认可。许多律师和评论人为使用无因异议(peremptory challenges)辩解，说它允许怀疑存有偏见但在预先审查中又不能诱导发现证据的律师，剔除潜在的陪审员。一些评论员还辩称，有能力剔除潜在的陪审员而不用说明理由，这使得 432
最后得出的裁决具有合法性。①

每一司法体系都允许不限制数量的有因剔除，但却限制无因异议的数量。在联邦民事案件中，《美国法典》第28编第1870条规定，每一当事人应该有三次无因剔除机会。② 如所指出的，无因剔除是不用作出解释的剔除。在使用无因剔除时律师可能是根据直觉(intuition)，“通灵”能力(“psychic”

---

① 具有传奇色彩的英国法律学者布莱克斯通(Blackstone)对此作了充分解释，指出当事人“应该对其陪审团抱有好感，需要陪审团可能完全使他难堪，法律不希望由他对之抱有成见的任何人审理其案件，即使他不能说出这一……不喜欢的理由”。威廉·布莱克斯通：《评论》(William Blackstone, *Commentaries*)第4卷，第353页(1859年)。

② 它还规定在具有多个原告或被告的案件中，为剔除陪审员的目的，法院可以将多当事人视为“一个单一的当事人”。因此，每一方——原告一方和被告一方——拥有总共三次的无因剔除机会。然而该同一部法律接着规定，允许法院同意额外的无因剔除要求。

abilities),甚至是预感(hunch)行事。然而,这是否意味着律师在行使无因排除权时可以进行种族歧视呢?联邦最高法院在巴特森诉肯塔基案(Batson v. Kentucky)[1]中给出了否定的回答。在该案中,联邦最高法院认为公诉人(prosecutor)以种族偏见为依据使用无因排除权,违反了宪法规定的平等保护原则。因为巴特森案依据的是《第十四修正案》中对州适用的联邦宪法规定,所以其判决理由不仅对联邦法院的实践有影响,而且对州法院的实践也有影响。所有法院都有进行"巴特森案式的审查(Batson hearings)"以断定无因排除之使用是否带有种族歧视的经历。

但巴特森案是一个刑事案件,在此案中,公诉人——政府的代理人(a government actor)——从事了种族歧视行为。在没有政府代理人的私人间的民事案件中,情况又如何呢?正如你们在《宪法》课程中所获知的,宪法保护人们免受被剥夺平等的法律保护,但此剥夺必须是由"国家行为(state action)"引起的。纯粹私人性的歧视不违反宪法(尽管它可能违反法律)。在重要的 1991 年审理的埃德蒙森诉利斯维尔混凝土公司案(Edmonson v. Leesville Concrete Co.)[2]中,联邦最高法院将巴特森案扩展到了私人之间的民事案件。判决的多数派意见强调,政府(不管是联邦政府还是州政府)建立起了允许使用无因排除的法院体系。它得出的结论是:这些排除的使用——即使在涉及非政府当事人(nongovernmental parties)的诉讼中——也构成国家行为。

433 三年之后,在 J. E. B. 诉阿拉巴马案(J. E. B. v. Alabama)[3]中,联邦最高法院将其在埃德蒙森案中得出的结论扩展至性别歧视。在此案中,阿拉巴马(Alabama)代理一个未成年小孩的母亲为确认生父和小孩抚养费而起诉一男子。诉讼在州法院进行,阿拉巴马为排除潜在的男性陪审员,(根据州法)使用了 10 次无因回避机会中的 9 次。被告反对州以性别为依据使用无因回避,声称侵犯了其平等保护权。在国家行为问题上此案件比埃德蒙

---

① 《美国联邦最高法院判例汇编》第 476 卷,第 79 页(1986 年)。

② 《美国联邦最高法院判例汇编》第 500 卷,始于第 614、631 页(1991 年)。

③ 《美国联邦最高法院判例汇编》第 511 卷,第 127 页(1994 年)。

森案要容易得多，毕竟使用无因异议的是州。更为困难的问题是性别歧视是否违反平等保护。联邦最高法院得出的结论是它违反了平等保护，手法与种族歧视类似。法院还用宽泛的刷子勾画出了谁的权利受到侵犯的画面：

> 陪审团选择中的歧视，不管是基于种族还是性别，所造成的伤害及于诉讼当事人、社区和遭受错误排除而不能参与司法程序的陪审员个人。诉讼当事人受到了伤害，因为要承担这样的风险：导致歧视性选择陪审团的偏见会腐蚀整个诉讼……，社区受到了伤害，因为国家参与巩固让人反感的群体区分，不可避免会导致对我们的司法制度丧失信心，因为在法庭发生了这一国家批准歧视。当国家代理人依据性别的刻板模式行使无因异议权时，他们认可并强化了有关男女能力的带有偏见的看法……陪审员本身有权享有非歧视性的陪审团选择程序……如果排除单个陪审员所依据的是这样的假设：仅仅因为性别不同，他们就会持有某种看法……，这样的排除损害了被排除陪审员的尊严……。①

毫无疑问，J. E. B. 案中的判决理由将适用于完全私法性质的诉讼(wholly private litigation)。埃德蒙森案要求的是这一结果。埃德蒙森案和 J. E. B. 案的结论在州法院和联邦法院均同样适用，这一点也是完全清楚的。判决的依据是凭借《第十四修正案》建立起来的既适用于联邦政府又适用于州的平等保护承诺。

在埃德蒙森案和 J. E. B. 案之后，出现了一些令人瞩目的问题。第一，哪一类(classes)的潜在陪审员受到保护？我们可以肯定地说，诉讼当事人不可以因种族和性别而使用无因异议以剔除潜在的陪审员。那基于出生国(national origin)而排除会怎么样呢？基于性别偏好(sexual preference)而排除会怎么样呢？基于宗教信仰而排除会怎么样呢？联邦最高法院还没有处理有关这一群体的问题，下级联邦法院(lower federal courts)和州法院在界限划定上正面临困难。有一个州上诉法院得出的结论是：允许基于宗教 434

① 《美国联邦最高法院判例汇编》第 511 卷，第 140—142 页(省略了脚注和引用)。

信仰使用无因回避权剔除潜在的陪审员。其推理是:宗教信仰透露出某种信念(certain beliefs),而因为信念而排除陪审员却是一直被允许的。另一方面,种族和性别类型的成员资格不能说明人们信念方面的任何东西。①

埃德蒙森案和J. E. B.案之后出现的第二个麻烦问题是程序问题,即法院在认定诉讼当事人是否违宪使用无因异议权时应该使用的程序。正如我们前面所指出的,尽管不存在由本种族人组成陪审团审理的权利,但有依非歧视标准选出的陪审团审理的权利。奥康纳(O'Connor)法官在J. E. B.案的认同意见中抱怨说,法院的"陪审团选择程序的进一步宪法化……增加了这样案件的数量:陪审团的选择——曾经的次要活动(sideshow)——变成主要活动的一部分。"②虽然这一"次要活动"的步骤是清楚的,但其标准却不是始终一贯适用的。

完全清楚的是,质疑另一方使用无因排除权的当事人,必须立即提出该问题——具体地说,在其对陪审团候选人提出异议时就提出。法院无义务主动提出该问题,当事人不及时反对则放弃反对。③ 接着法院必须在通常所称的巴特森审查中调查这一事项。在此调查中,反对方(the objecting party)必须初步证明(prima facie showing),有望成为陪审员之人(would-be juror)是某一群体的成员,并因其该群体成员身份而遭到排除。法院在认定什么构成初步证明上遭遇了很大困难。④

如果反对方对歧视做了初步证明,则举证责任就转移到了另一方当事

① 卡萨雷兹诉得克萨斯案(Casarez v. Texas),《西南判例汇编第二辑》第913卷,始于第468、495页(得克萨斯刑事上诉法院1995年)。

② J. E. B.案,《美国联邦最高法院判例汇编》第511卷,第147页(奥康纳法官的认同意见)。

③ 见,如道森诉沃尔玛商店公司案(Dawson v. Wal-Mart Stores, Inc.),《联邦判例汇编第二辑》第978卷,始于第205、210页(第五巡回法院1992年)(庭审后的异议是滞后的异议);克拉克诉纽波特纽司造船和干船坞公司案(Clark v. Newport News Shipbuilding & Dry Dock Co.),《联邦判例汇编第二辑》第937卷,始于第934、939页(第四巡回法院1991年)(法院没有义务提出巴特森案的问题)。

④ 比较两案件:拜拉姆诉奥兹明特案[Byram v. Ozmint,《联邦判例汇编第三辑》第339卷,第203页(第四巡回法院2003年)(使用九个无因排除指标和四个额外的质疑理由排除白人陪审员不是初步的证明)]和马哈菲诉佩奇案[Mahaffey v. Page,《联邦判例汇编第三辑》第162卷,第481页(第七巡回法院1998年)(使用无因排除权排除每一个被告种族的陪审员构成初步的证明)]。

人身上，其要提供使用无因异议排除特定陪审员的公平的理由（neutral reason）。之后，允许反对方提出反驳证据（rebuttal evidence），努力证明该另一方的“公平的”理由实际上是不当歧视行为的借口。说服法官的责任由反对使用无因回避的当事人承担。因为该问题涉及主观事项（subjective matters），初审法院有关是否支持无因异议的决定，在上诉阶段很少受干预。

马歇尔（Marshall）法官在巴特森案中发表了认同意见（concurring opinion），表示应该取消无因异议。他担心，任何称职的庭审律师都能说出 435 行使无因排除权的“公平的”理由。例如，如果律师认为潜在陪审员的“沉默寡言”或“不苟言笑”构成行使无因排除权的非歧视性的合法理由，则“联邦最高法院建立起来的保护可能就变得虚幻不实。”[①]一些人认为情况就是这样。此外，尚不清楚如果种族或性别是排除潜在陪审员的众多理由之一，那法院该做些什么。第二巡回法院得出结论说，“巴特森案式的异议可以由能证明种族歧视是……无因异议动机的实质部分的[当事人]提出。”[②]

**陪审团的规模**

预先审查程序甄别陪审员候选人，将其缩减成陪审团本身[有时被称为陪审员小组（the jury panel）]。历史上，法院在民事（刑事）案件中要选任12名陪审员，并使用“候补陪审员（alternate jurors）”。候补陪审员（通常有两名）和其他陪审员一起坐在陪审员席（jury box）上，但只在最初的陪审员（original jurors）在案件审理期间被免职时才发挥作用。陪审员总能因“充分的理由（good cause）”被免职，即使在审理期间也一样。这类理由包括如生病或家庭突发情况（family emergency）。[③] 如果最初的陪审员因该原因离开了案件，则候补陪审员将顶替其位置，参与商议案件和作出裁决。如果最初的陪审员没有被免职，则候补陪审员在商议和裁决中不发挥作用。

---

① 巴特森案，《美国联邦最高法院判例汇编》第476卷，第106页（马歇尔法官的认同意见）。

② 霍华德诉森科夫斯基案（Howard v. Senkowski），《联邦判例汇编第二辑》第986卷，始于第24、30页（第二巡回法院）（加了强调）。

③ 一个有趣的案件是邦迪诉比克公司案（Bondie v. Bic Corp.），《联邦判例汇编第二辑》第947卷，始于第1531、1535页（第六巡回法院1991年），在该案中法院以多次迟到为由辞退了陪审员。

这仍旧是多数州法院的制度。但在联邦法院系统，情况已经变了。如所指出的，尽管老传统仍支持12人组成的陪审团，但一些联邦地区法院尝试着使用了更少人数的陪审团，通常将其作为降低成本的手段。在科尔格罗夫诉巴廷案(Colgrove v. Battin)[①]中，联邦最高法院支持在民事案件中使用6个人的陪审团。尽管《第七修正案》如其在"普通法"中存在的那样保留陪审团审理，但如我们在第九章第二节第二目探讨的，它所提到的是在普通法中存在的权利，而不是"有关陪审团审理的各种附带物(incidents)"。[②]陪审团的规模只是陪审团审理的"附带物"，因此今天的联邦法院并不受普通法使用12人的做法约束。

联邦法院民事陪审团的规模受《联邦规则》第48条约束，该条允许有不少于6人但不超过12人的陪审团。出于经济的理由，联邦法院通常选任较
436 少人数的陪审团，常见的做法是使用6个人。1991年修订了《规则》第47条，取消了联邦法院民事案件中的候补陪审员。每一个被选任的陪审员都参与庭审、商讨和裁判，除非根据《规则》第47条(c)款因"充分理由"被解职。《规则》第48条要求，除非当事人作了相反约定，否则裁决必须由"至少有6名成员的陪审团宣布"。这意味着谨慎的法官在审理涉及冗长庭审的案件时将至少选任7名陪审员。因此，如果某人因法定事由被解职，剩下的6名陪审员能宣布裁决。

## 四、给陪审团的指示、陪审团的商议和裁决

### 给陪审团的指示和陪审团的商议

在所有当事人在庭审中提交了证据后——在"所有举证终结"时——各当事人的律师将发表"最后的陈述(closing statement)"[或"总结(summation)"]。和开庭陈述(opening statement)一样，原告先发言。律师们用对委托人最有利的方式总结证据，并敦促陪审员确认对其委托人有利的事实。

---

① 《美国联邦最高法院判例汇编》第413卷，第149页(1973年)。

② 同前注，第156页。

之后，案件就准备提交陪审团裁决了。[①]

我们在第九章第二节第一目指出，陪审团的工作是认定事实，而由法官决定法律。当案件提交给陪审团时，法官就可适用的法律通过“给陪审团的指示(jury instructions)”向陪审团提供指导。[②] 给陪审团的指示由法官口头传达。在这之前，当事人向法官提交向陪审团发出指示的建议。[③] 法官根据当事人的建议或自己的想法，决定向陪审团提供何指示。根据《规则》第51条(c)款(1)项，反对给陪审团指示的当事人必须“清晰地(distinctly)”提出其反对，并陈述反对的理由。《规则》第51条(c)款(2)项努力确保在陪审团退席商议前提出反对给陪审团指示的意见，这就给了法官一个纠正指示中存在错误的机会。

显而易见，向陪审团宣读指示(也叫做告诫陪审团)很难成为活泼有趣
之事(a scintillating event)。想象一下听法官(用嗡嗡的低沉声)宣读诉讼 437
请求的要素，如过失(negligence)、近因(proximate cause)的定义，宣读抗辩的要素，如自担风险(assumption of risk)等等。除了陈述法律外，至少是在联邦法院的实践中，法官还可以评述证据。在许多的州，法院已经被取消了这一来源于普通法的权力。尽管联邦法院法官可以探讨证据，但其应清楚表示事实是什么最终是由陪审团裁决的，其也必须小心翼翼，不向陪审团提出具体的看法。然而，除此之外，联邦法院法官肯定可以“清除虚假问题，引导陪审团恰当理解事实。”[④]

---

① 这儿假定案件不涉及法官审判(a bench trial，即没有陪审团参与仅由法官审理——译者)。在法官审判的案件中，律师们向法官发表总结。这儿我们还假定法院允许案件交由陪审团审理。我们在第九章第五节中探讨过，在民事案件中法院在某些情况下有权直接作出裁决(或者使用目前联邦法院用的术语，同意“作为法律事项判决的申请”)，这意味着由法官作出判决，不让陪审团发挥任何作用。显而易见，考虑到由陪审团审理权利的重要性，只有在证据明显不支持将案件交由陪审团审理时，才可以采取这一做法。

② 传统做法是，给陪审团的指示要在陪审团退席商议之前立即读给陪审团听。在某些罕见的情况下，法官至少可以在审理之初就教导陪审团，让陪审员庭审时在法律知识背景下听取证据。

③ 在多数地区有“给陪审团指导的格式”手册，律师和法官可以从中进行挑选和选择。这种格式的使用可能促成了给陪审团指示的固定刻板性。

④ 赖特和凯恩：《联邦法院》，第676页。

在法院向陪审团提供指示之后，陪审团"退席(retire from the bar)"商议案件。陪审团的商议总是在极其秘密的状态下在陪审团室(the jury room)不受干扰地进行的。在很大程度上，陪审团工作的方式是一个法律上不为人知的重大事项之一。陪审团被吩咐选举一个首席陪审员(foreperson)，如果商议过程中出现了问题或疑问，该人可以与法官沟通，也要求由此人宣布陪审团的裁决。每一陪审团自主决定如何选择首席陪审员，此后陪审团如何运作由陪审员们决定。有时候，陪审团初始进行"非正式表决(straw poll)"，以断定是否有大的分歧。对陪审团如何履行职能，没有统一规则。

法官教导陪审团的最重要事项之一是说服责任(burden of persuasion)的承担。我们在第七章第三节第三目中探讨过这一责任以及主张责任和举证责任。在那里我们表示，(一般规则是)必须提出具体问题的当事人也必须提供该事项的证据，且还必须说服事实认定者(the trier of fact)它是真实的。在民事案件中，说服的责任是"根据优势证据"确立事实。这意味着负举证责任的当事人必须说服事实认定人(fact-finder)某事"发生的可能性比不发生的可能性大"。作为势均力敌状态下给出最后结论的制度，说服责任的分配是重要的。

举例说明，假设当事人提供了问题 A 存在的证据。此问题可以是任何事项——当事人是否缔结了合同、被告是否对原告负有义务、车辆的刹车是否有缺陷。一方当事人提供证据证明 A 是真实的。另一方当事人提供证据证明 A 是不真实的。如果陪审团得出结论：问题发生的可能性和不发生的可能性一样大——换言之，每一情况都不比另一情况更具可能性——那么可以说证据处于"平衡状态(equipoise)"。在这一例子中，在问题 A 上负有说服事实认定人责任的当事人将败诉。如果原告承担此责任，原告将败诉，因为其没有说服陪审团相信 A 是真实的。如果被告承担此责任，被告
438 将败诉，因为其没有说服陪审团相信 A 是不真实的。在评价事实时，由陪审团决定各项证据的分量以及各位证人的可靠性。实际上陪审团的脑海里有这样的据以衡量证据的图表。

一些案件涉及更大的说服责任。在刑事案件中，政府必须"排除合理怀疑(beyond a reasonable doubt)"地证明被告有罪。显而易见，如果政府只是证明被告有罪的可能性比无罪的可能性大(而不是它是真的，排除合理怀疑)，则公诉一方将败诉。在民事案件中，偶尔可能会有说服责任的折中标准(intermediate standard)。例如，经常要求原告用"清楚而有说服力的"证据证明有权获得惩罚性赔偿金。这是一个比"证据优势"要求更高的证明，但比"排除合理怀疑"要求低。

**陪审团的决定：裁决**

陪审团的决定是裁决(verdict)，法院的决定是判决(judgment)。裁决的形式通常很简单。在多数案件中，要求陪审团宣布一项"总括裁决(general verdict)"，该裁决只是说哪一方当事人胜诉，如果原告胜诉，还要说明赔偿金额是多少。但还有其他形式的裁决，法院可能自由裁量决定是否使用。其中之一是《联邦规则》第49条(a)款中规定的"特别裁决(special verdict)"。使用这一程序时，陪审团不宣布总括裁决，而是书面回答法官提出的一系列问题。通常，对庭审中提出的每一事实争点会提出一个问题，问题在陪审团开始商议时提交。显而易见，存在陪审团立场前后不一的风险。陪审团可能以否定的结论回答"被告对原则承担义务吗?"而又用肯定的结论回答"被告违反了对原告承担的义务了吗?"甚至没有出现这样的问题时，一些评论员仍批评使用特别裁决(special verdict)，理由是它使得事实认定的程序过于精确和过于科学化，剥夺了普通人作为总体结论得出者的判断力(sense)。[①]

《规则》第49条(b)款中规定了裁决形式的一个折中方法，该条文让陪 439

① 见，如，赖特和凯恩：《联邦法院》，第678—679页。

审团宣布总括裁决并回答具体的问题。[①] 这些问题涉及裁决所依赖的争执事实。这一方法可以将陪审团的注意力集中在重要的事实问题上，并因此让陪审团确保其总括裁决是适当的。

不管裁决形式为何，《规则》第 48 条规定，除非当事人有相反约定，否则“裁决必须是一致作出的(unanimous)”。因此，一般来说，陪审团要一直商议下去，直到其成员对裁决达成一致意见。当然，如果当事人有约定，例如商定 5 名陪审员得出的结论构成裁决，情况就不一样。如果陪审团令人绝望地陷入僵局(这在刑事案件中比在民事案件中更容易发生)，在某一时间点，法官可以宣布审判无效，并命令将案件交给新的陪审团重新审理。

在估算赔偿金时，陪审团不受原告起诉书所要求救济的限制，我们在第七章第三节第二目中学过诉答文书。《规则》第 8 条(a)款(3)项要求原告提出请求，但并不要求请求书陈述具体的美元金额。然而，有一些原告确实提出了有具体美元数额的请求。在联邦法院，这些请求并不能限制陪审团能裁定的赔偿金数额。[②] 对判决所提出的要求也不限制法院所可能判给的救济类型。

- P 起诉 D，要求 10 万美元的赔偿金外加诉讼费。[③] 在庭审中，P 所提证据显示其遭受了 15 万美元的损失，且其有权获得禁令，禁止 D 以某一特别方式行事。陪审团宣布了赔偿 15 万美元的裁决，法官作出赔偿该金额的判决并向 D 施加了禁令。该判决是有效的。即使原告只请求损害赔偿(且只要求赔偿 10 万美元)，给予更大金额的
440 救济和不同类型的救济都是允许的。[④]

---

① 该具体的问题被称为向陪审团提出的“书面询问(interrogatories)”。不要将这种询问与《规则》第 33 条规定的书面质询(interrogatories)相混淆，后者是一方当事人向另一方当事人发出的用于披露的工具，第八章第二节第二目探讨过该书面质询。

② 在联邦法院这一说法的唯一例外是缺席判决。正如我们在第七章第五节第三目探讨过的，在缺席判决案件中，原告的获赔不能够超过其起诉状所提的要求。此外，在一些州，即使在庭审案件中，对判决所提的要求也确实限制原告的最终获赔。见，如《弗吉尼亚注释法典》第 8 编第 1 章第 421 目。

③ 我们在探讨一般规则之前就指出，胜诉方从败诉方那里获得其诉讼费，该费用不含律师费。

④ 由法院而不是由陪审团决定可适用的衡平法上的救济。见第九章第二节第二目。

## 第三节　判决的作出及诉讼费和(可能的)律师费的裁定

### 判决

陪审团的决定反映在裁决(verdict)中,而法院的决定反映在判决(judgment)中。根据《规则》第54条(a)款,判决构成"任何可以对之上诉的命令"。我们在第十四章第四节中看到,上诉通常针对的是"终局判决(final judgment)",它是初审法院对整个案件实体事项给出的最终结论。[①] 因此,法院对因没有陈述诉讼请求而所提撤案申请之同意——同意撤案而允许修改诉状重新陈述诉讼请求——不构成判决。为什么? 因为该命令并没有最终对案件作出裁决;原告可以重新提出其诉状。

不管案件是怎么裁判的——是由陪审团审的,还是由法官审的,是申请简易判决的,还是用了其他方式,最终的结论都将反映在判决中。因此,并不是所有案件都含有陪审团裁决(jury verdicts)(因为,比如,没有获得陪审团审理的权利,或准予了作为法律事项判决的申请),但每一个在初审法院终局解决的案件都将产生一个判决。判决是一个非常简短的文件,其最重要的语言经常含在一句话中。例如,它可能会说"判决原告胜诉,获赔金额10万美元,外加诉讼费",或者"判决被告胜诉,外加诉讼费"。事实上,《联邦规则》第54条(a)款提出该文件应简短,建议的办法是该文件"不应该包括"无关联的东西,如详述诉答文书或诉讼过程的记录。

《规则》第58条(a)款要求(mandate)"必须在独立的文件中宣布"每一

---

① 也存在这样的情况,对此我们将在第十四章第五节学习,可以对一个非终局的(nonfinal)或中间的(interlocutory)命令提出上诉。法院在这一可上诉命令方面所作的裁决(ruling)也包含在《规则》第54条(a)款规定的判决中。

判决。[①] 一般由法院的书记官准备这一文件。[②] 要求有独立文件的目的是避
441 免不确定性,即不能肯定是否想让命令(order)和裁决(ruling)成为判决。如果法院想让其成为判决,就必须在独立的文件中作出这样的表述。此外,要求法院的书记官迅速在案件诉讼事件列表(the docket sheet)中标注已判决。[③]

该两行为合在一起——在独立的文件中给出判决和在案件诉讼事件列表上注明——构成判决的“作出(entry)”。这是一个非常重要的事件,因为它启动了提出审判后申请(post-judgment motions)的计时之钟,诸如申请重新作为法律事项判决,申请重新审理,申请撤销判决。此外,如我们在第十四章所见,它也启动了提出上诉通知的计时之钟。但在依《规则》作出判决前,这些时间之钟一个也没有开动计时。

有关作出判决的规定极其机械,并因此而获益良多。在联邦法院,因为有了这些要求,所以对何时作出判决以及寻求审后救济的期限或上诉期何时开始起算,不会存在疑问。

- 在陪审团裁决作出之后,书记官起草了判决并加盖“已归档(filed)”的图章。此时判决尚未作出。等到书记官在案件的诉讼事件列表中标注已判决时,才算作出了判决。
- 陪审团的裁决作出后,书记官在案件诉讼事件列表中标注了已判

---

① 该规则还表示,不要求用独立的文件发布处理5个具体请求的命令,包括同意或否决各种庭审之后所提申请的命令,此申请包括那些我们在第九章第五节、第六节和第七节看到的申请。注意,《规则》第54条(b)款允许法院就多个独立的诉讼请求或一个案件中的不同当事人作出多个独立的判决。我们在第十四章第四节第三目在探讨当事人何时可以提起上诉时一并探讨这一规则。

② 《规则》第58条(b)款(1)项详细规定了书记官对判决书的制作。在某些情况下,如宣布了总括裁决,由法院的书记官准备、签署并作出判决,不要法官发布任何命令。在更加复杂的案件中,如陪审团宣布了特别裁决(special verdict),根据《规则》第58条(b)款(2)项,法官必须批准判决的形式,之后书记官才能作出判决。在例外情况下,法院可以请律师提交判决草案供法院考虑。见,如戈尔德诉美国案(Gold v. United States),《联邦补编》第552卷,始于第66页,第72—73页(科罗拉多州地区法院1982年)(因为律师熟悉税务案件中的复杂的计算,所以法院请律师起草判决)。

③ 在每一案件中,《规则》第79条(a)款要求书记官办公室保留“民事案件诉讼事项列表(civil docket)”,在该表中简短且按照时间顺序标注各种各样的事件。因此,案件诉讼事件列表将显示起诉状提出的日期、文书送达的日期、被告出庭的时间,申请的提出以及结果等。作为要尽的一项行政责任,书记官办公室必须记录的一个事项是作出了判决。

决，但没有起草独立的代表判决的文件。此时判决尚未作出。作出判决，既需要在独立的文件上给出判决，也需要在案件诉讼事件列表中加入标注。

**裁定诉讼费和(或许还有)律师费**

在第一章第一节中，我们指出每一诉讼当事人随诉讼的进行支付其自己的诉讼费和律师费。我们也看到了诉讼费和律师费之间的重要区别。一旦作出了判决——一旦有了胜诉的当事人——胜诉方将寻求将其诉讼费(可能还有律师费)转嫁给另一方当事人。根据"美国规则(American Rule)"，该规则规定在《规则》第 54 条(d)款中，胜诉方一般有权从败诉方那里收回诉讼费。[①] 然而，一般规则是其无权从另一方那里收回其律师费。只有某些例外规则适用时(我们在第一章第一节中看到了其中的一 442
些)，法律才允许转嫁律师费。

根据《规则》第 58 条(e)款，通常申请"审定(taxation)"[它只是指"收回(recovery)"]诉讼费或裁定律师费不耽误在案件中作出判决。我们在第十四章第四节中看到，败诉方有权自判决作出之日起 30 天内提出上诉通知。该 30 天时间是自判决作出时起算的 30 天，它不是自法院对审定诉讼费的申请或转嫁律师费的申请作出裁决时起算的 30 天。(对此，我们将在第十四章第四节第二目中进行探讨。)

诉讼费的裁决不一定让胜诉方收回在诉讼中从口袋里掏出的所有费用。《司法法典》(Judicial Code)第 1920 条罗列了可审定的费用，给一些费用设定了法定限制。奇怪的是，为向被告送达诉讼书状而支付给私人诉讼书状送达人的费用通常是不可审定的，因此不能向被告索回。[②]

---

① 对此存有一些例外。第一，根据《规则》第 68 条，被告可能主动提出以申明的条件对其作出不利判决。如果原告拒绝了这一提议，而最终又没有取得对其更加有利的判决，则可以要求原告向被告支付在其提议之后蒙受的诉讼费。第二，如我们在第四章第五节第三目看到的，异籍案件中的原告如获得的赔偿低于 7.5 万美元，则可以要求其支付被告的诉讼费。

② 见《穆尔论联邦实践》，第 10 卷，第 54 章第 191 节。此外，法院还拥有一般衡平法上的权利，能限制或拒绝向胜诉方裁定可审定的诉讼费，尽管在前面脚注探讨的情况之外这样的拒绝是罕见的。同前注，第 54 章第 101 节[1]目[b]。

《规则》第54条(d)款(1)项没有限制提出审定诉讼费申请的时间。许多地区通过《地方规则》(Local Rule)设置了限制。没有这种限制性规定的,申请只需要在合理时间内提出。胜诉方的"诉讼费用清单(bill of costs)"必须获得证明——意指它必须在宣誓(under oath)的情况下完成——或者由当事人编制,或者由其代理人或律师编制。法院书记官有认定哪些诉讼费可索回的初审责任(initial responsibility)。之后,另一方当事人可以对书记官审定的诉讼费提出异议,出现这一情况时,由地区法官重新(de novo)审查诉讼费事项。

# 第四节　不需要庭审：简易判决
## （《联邦规则》第 56 条）

**背景和标准**

在第九章第二节第一目中，我们指出裁判由认定事实和针对这些事实适用法律组成。我们还说要庭审的唯一理由是解决重要事实（material fact）上存在的真正纠纷。因此，如果法院在庭审之前认定在重要事实上不存在任何真正的纠纷，则它可以作为法律事项作出判决，不用庭审。这一方式的裁决工具就是简易判决，在联邦法院的实践中简易判决受《规则》第 56 条支配。多数州的简易判决规定是第 56 条的翻版。

不要将简易判决申请与《规则》第 12 条（b）款（6）项规定的因没有陈述 443
诉讼请求而申请撤案混为一谈。后一申请，如我们在第七章第三节第二目探讨过的，针对的是权利请求人（claimant）[①]的主张。它是一个工具，用于测试原告是否提出了足够的主张而能通过诉答阶段的检验并让案件留在诉讼流程中。它不关心现实世界真的发生了什么，相应地，处理《规则》第 12 条（b）款（6）项下申请的法院也不审视诉答文书表面事项之外的东西。在处理《规则》第 12 条（b）款（6）项的申请时，法院推定原告的指控是真的，并审视这些指控是否提出了一个法律所认可的诉求。它不审视在庭审中可能会被接受的证据。

至于简易判决，原告已经陈述了诉讼请求。案件已经处于诉讼流程中。也许当事人已经经历了诉答、申请和披露阶段。然而，在这一时间点，当事人之一认为没有必要审理。为什么？准予申请的标准藏匿在《规则》第 56 条（c）款的第三句中："对任何重大事实没有真正的争议（issue）……申请人

---

① 权利请求人（claimant）是提出诉讼请求的任何人。在每一案件中，原告当然是权利请求人，但其他当事人也可能是权利请求人，如当被告对原告提出了反诉（counterclaim）时。为了简便起见，我们这儿的权利请求人指的是原告。

(movant)有权获得作为法律事项的判决。”引文中的第一个词组是最重要的，因为它指出了为什么没有必要进行庭审。如果“对任何重大事实没有真正的争议”，就没有需要在庭审中解决的事实方面的争执。如果情况如此，则引文中的第二部分通常就跟随出现了——如果在重大事实问题上没有争议，法院就可以作为法律事项作出判决。没有事实方面的争议，遗留的所有争议都是法律问题，对法律问题法官可以不经庭审径直判决。

重要的是，在裁判简易判决申请时，法院可以超越诉答文书而考虑证据。即，它可以审视如果举行庭审可能提供的宣誓陈述。这一事实能让人理解对简易判决的抨击——简易判决申请可以“突破(pierce)”诉答文书而审视现实世界实际发生了什么。尽管当事人在其诉答文书中声称有各种纠纷，现在——通过审视当事人提供的证据——结果显示对所发生之事并没有实际的真实争执。因此，法院可以得出结论，不需要庭审，能作为法律事项判决，简易判决是合适的。

尽管法院在作简易判决裁判时可以审视证据，但申请不是一个让法院审理事实的工具。相反，它是一个法院据此认定是否有重大事实争议的工具。一旦简易判决申请文件显示在重大事实问题上有真实纠纷，法院就必须拒绝作简易判决，该事项必须进入庭审。

任何当事人都可以申请简易判决。因此，例如，原告可以要求就其诉讼请求作简易判决，被告也可以要求就其肯定性答辩(an affirmative defense)
444 作简易判决。此外，申请人不需要要求对整个案件作简易判决。《规则》第56条(d)款(1)项清楚规定，法院可以在简易判决中决定案件中的具体问题。之后，案件就有争议的重大事实问题进入庭审，并告知陪审团无争议的事实已经获确认接受。①

- 原告起诉被告，其诉讼请求有四个要素：A、B、C和D。尽管被告的答辩对原告所有4个问题的指控都作了否认，但随着诉讼的进行，

① 每个人都称之为部分简易判决(partial summary judgment)，但该名称有点误导人。正如我们在第九章第三节所看到的，“判决(judgment)”一词只应用于指代可上诉的命令——即处理了整个案件的命令，而不是只处理部分案件的命令。

可以清楚看出(也许在披露阶段)A是真实的,对此没有真正争议。原告申请对部分事项作简易判决——以确立A是真实的——该申请可以获得同意。如果情况是这样,之后案件将进入庭审,以认定B、C和D是否为真实(以及认定被告提出的任何肯定性答辩)。如果案件交由陪审团审理,法官将告知陪审团A是真实的,如果原告能确立B、C和D,其将胜诉。

**简易判决中使用的材料**

法院如何认定没有"重大事实上的真实争议"呢?《规则》第56条(c)款的第三句规定,在裁判简易判决申请时,法院可以考虑:(1)诉答文书,(2)披露,(3)卷宗中的披露材料,以及(4)宣誓陈述书(affidavits)。

尽管《规则》第56条(c)款没有要求使用宣誓陈述书(affidavits),但它们在简易判决的申请中获得了普遍使用。宣誓陈述书是在宣誓的情况下完成的书面陈述,意指在伪证罪惩罚(penalty of perjury)的威慑下完成的。此外,《规则》第56条(e)款(1)项的第一句要求宣誓陈述书(1)以个人知识为依据,(2)"陈述在证据上可接受的事实",(3)证明宣誓作证者"有能力就陈述的事项提供证言"。这些要求反映出一个要点——在裁判简易判决时,法院可以超越诉答文书而审视证据。《规则》第56条(e)款(1)项之要求旨在确保宣誓陈述书包含这样类型的信息——在宣誓的情况作出,以个人的知识为依据——因此,在庭审中可以被认可。[①]

当事人的律师常常起草其当事人的和支持其当事人之证人的宣誓陈述 445
书。宣誓陈述书可以针对具体问题并且是"量身定做的(tailor-made)",以

---

① 事实上,宣誓陈述书本身在庭审中就有可能不被接受,原因是如果它们被用于认定所主张事实的真实性,则构成传来证据(hearsay)。证据的可接受性和传来证据超出了我们的探讨范围。只是要意识到,在评估当事人及其证人在庭审中(如果有庭审的话)所能陈述什么时,《规则》第56条允许法院处理在宣誓陈述书中提出的满足了《规则》第56条(e)款要求的证据。在裁判简易判决申请时这一点是相关的。杜安(Duane)教授充分阐述了《规则》第56条和证据规则之间的关系。一个特别有帮助的文章是詹姆斯·杜安:"简易判决的四个大谜团",载《华盛顿和李法律评论》(James Duane, The Four Greatest Myths About Summary Judgment, *Wash. & Lee L. Rev.*)第52卷,始于第1523页,第1523—1533页(1996年)。

支持(或反对)简易判决的申请。律师依据和宣誓证人的谈话起草宣誓陈述书,并且必须谨慎行事,确保宣誓陈述书反映宣誓作证人的真实记忆。因为宣誓证人是以伪证罪惩罚威慑签署宣誓陈述书的,律师必须告诉其事情的严肃性。《规则》第56条(e)款(1)项的第二句允许宣誓陈述书提到文件,但要求该文件附在宣誓陈述书之后或与宣誓陈述书一并送达。

在法院考虑书证(documentary evidence)的任何时候,该文件都必须是"证明为真实的(authenticated)",这意味着提供文件的当事人必须提供出自直接知晓事实之人的可采信的证据,其第一手的知识足以使该人让文件被采信为证据。否则,不能考虑该书证。

- 在一起不当致死案件(wrongful death case)中,原告需要证明出租直升机给其丈夫的公司要对向直升机中注入的燃料负责。其根据表明该公司购买过此燃料的发票申请简易判决。然而,由于这些发票未经证明为真实(unauthenticated),不能使用,所以简易判决的申请遭到了否决。[①]

法院可能会审查"披露以及卷中的披露材料"。当然,披露包括书面证词(depositions)和对质询书的答复(answers to interrogatories)。这些文件,和宣誓陈述书(affidavits)一样,是在伪证罪威胁下完成的,而可以在裁判简易判决申请时加以考虑(见第八章第二节第二目)。为了能在简易判决时使用,书面证词(deposition testimony)和对质询书的答复(interrogatory answers)必须满足前面为宣誓陈述书列出的要求——它们必须建立在个人知识之上,提出可采信的事实,并证明陈述之人有能力证明该问题。[②]

---

① 加拿大诉布莱恩直升机公司案(Canada v. Blain's Helicopters, Inc.),《联邦判例汇编第二辑》第831卷,始于第920、925页(第九巡回法院1987年)。也见霍夫曼诉挤泥器销售和服务公司案(Hoffman v. Applicators Sales & Services, Inc.),《联邦判例汇编第三辑》第439卷,第9页(第一巡回法院2006年)(旨在说明雇员数量和其年龄的图标不能被考虑,因为它是建立在未经证实的数据基础之上的)。

② 见,如胡佛诉斯维特利克降落伞公司案(Hoover v. Switlik Parachute Co.),《联邦判例汇编第二辑》第663卷,始于第964页,第965—967页(第九巡回法院1981年)[书面证词(deposition)]。总体见《穆尔论联邦实践》第11卷,第56章第14节第[2]目[a]和[b]。

同时注意,《规则》第 56 条(c)款中的可用材料列表包含不一定构成证据的文件,具体地说它允许法院审查“诉答文书(pleadings)”。诉答文书,如我们从第七章第三节第一目所获知的,通常不是在宣誓的情况下完成的,因此其不能被视为证据。在极其罕见的情况下,当事人可以提出“经证实的诉答文书(verified pleadings)”,该文书是在伪证罪威慑下完成的。[①] 如果这 446
些诉答文书满足了《规则》第 56 条(e)款(1)项第一句提出的要求,则视其为在功能上与宣誓陈述书等价的文件。但未证明为真的诉答文书(nonverified pleading)也可能与简易判决有关——不是因为它们构成证据,而是因为它们包含着自我承认(admission)。

- 原告起诉被告,并提出了诉求的必要要素:A、B、C 和 D。被告在其答辩中否认了 A、B 和 D,但没有否认 C。因此,根据诉答文书的表面情况,法院有理由相信:在问题 C 上不存在纷争。被告没有否认它,因此可以被认定为已经对其作了承认。(我们在第七章第四节第二目中对此做过探讨。)法院可以对该问题作出部分简易判决,因为对该事实问题不存在真正的纷争。

与此类似,法院可以考虑根据《规则》第 36 条所作的自认(admissions)(我们在第八章第二节第二目中见过)或在案件的任何时间点所作的自认,如在诉答文书中,在公众有权旁听的法庭里,在当事人的约定中,或者甚至在与法院的通信中。[②] 法院可以将这些事项理解为获得了承认,并因此没有真正纷争。如果这样的自认允许法院作为法律事项判决,那法院也可以作出简易判决。

- 政府对纳税人提起民事诉讼,意在确立税务责任,所依据的说法是:纳税人欺诈性地(fraudulently)向他人转移财产,意图设法逃避税收。政府向纳税人发送了自认请求书,声称纳税人转移财产是虚假的,意在逃避税收。纳税人对请求自认的事项没有加以否认。在政

---

① 在联邦法院,根据《规则》第 23 条 1 款,股东代表诉讼(在第十三章第一节中作了界定)的起诉状必须证明为真实。

② 见《穆尔论联邦实践》第 11 卷,第 56 章第 14 节第[2]目[d][iii]。

府的简易判决申请中，纳税人欺诈性地转移财产意图逃避税收义务的“事实”就确立起来了。

《规则》第 43 条(c)款规定，当申请书依赖于不记录在案的事实时，法院可以利用当场作证(live testimony)审理证据。尽管有这一规定，法院在考虑简易判决申请时极少允许这样作证。[①] 简易判决的目的正是避免庭审，而让证人当场作证，实际上是将申请的审查至少变成了一场微型庭审(a minitrial)。

《规则》第 56 条(e)款(2)项是重要的，但也应该是明确的。它规定一个简易判决申请被提出并获得证据支持时，“反对方不能仅仅依赖其在诉答文
447 书中提出的说法或否认”。相反，其必须用宣誓陈述书或其他方式提出事实，证明在重大事实问题上存有真实的纷争。该句子意味着人们不能仅仅依赖其诉答文书反对有证据的简易判决申请。如果其能够这样的话，那《规则》第 56 条就丧失功效(efficacy)了。

- 原告就一本票(promissory note)事项起诉被告，声称被告借了 10 万美元，答应在某日期之前还本付息。原告声称该日期已经过了，而被告并没有付钱。被告提出一个未经证实的答辩，声称从来没有签署过该本票。原告申请简易判决，依据的是两个证人的宣誓陈述书，两证人宣誓后表示看到被告签署了该协议。被告依赖其答辩状反对申请，在答辩状中否认签署过该本票。

在这儿，法院应该同意简易判决申请，支持原告的请求。在裁决申请时，法院通常审查当事人提供的可采信的证据——例如，在形式上，除了自认(包括诉答文书中的任何自认)外，还有宣誓陈述书、书面证词、对质询书的答复。之后，法官向其自己提出这样的问题：依据这些证据，在重大事实问题上存有真实的纷争吗？如果答案是否定的，就没有必要庭审，则法院可以对确定了的事实适用法律并作出简易判决。这正是这儿的情况。提供给

---

① 见，如西曼斯诉斯诺案(Seamons v. Snow)，《联邦判例汇编第三辑》第 206 卷，始于第 1021 页，第 1025 页(第十巡回法院 2000 年)(在简易判决申请中口头证词应该很少被使用)。

法院的唯一的证据是支持原告立场的宣誓陈述书。被告试图依赖其未经证实的诉答文书反驳证据。允许被告这么做将违反《规则》第 56 条(e)款(2)项,更重要的是违反了设置简易判决的目的。如果被告想反对该申请,其应该提供证据证明没有签署过协议(或者,证明虽然签署了,然而是受胁迫而为之)。如果被告提供了这样的证据,则简易判决申请将遭否决。

当然,如果申请简易判决的人没能证明在重大事实上没有真实纷争,且证明其有权获得作为法律事项的判决,则将败诉。即使反对方什么也没提供,情况依然如此。[1] 只要申请简易判决的当事人满足了《规则》第 56 条(c)款第三句提出的标准,反对简易判决的当事人就需要作出回应。 448

**什么构成"重大"事实上的"真实"纠纷呢?**

简易判决不能仅仅因为在某些事实上有纠纷就不用。相反,纠纷必须是"真实的(genuine)"且必须是"重大(material)"事实上的。重大性(materiality)之判断依据产生诉求和答辩的实体法。重大事实是根据所适用的法律(the governing law)可能影响案件结果的事实。因此,"不考虑无关的或不必要的事实纷争"。[2] 什么构成重大事实通常是一目了然的。在前面段落的假设案例中,被告是否签署过本票的事实显然是重大事实。

什么构成这一重大事实上的"真实(genuine)"纠纷呢?联邦最高法院在安德森诉自由游说组织案(Anderson v. Liberty Lobby)[3]中阐述了这一问题,该案是 1986 年一天内宣判的三个案件之一。总的说来,这三个案件

---

① 一个著名的例子是阿迪克斯诉 S. H. 克雷斯公司案(Adickes v. S. H. Kress & Co.),《美国联邦最高法院判例汇编》第 398 卷,第 144 页(1970 年)。在该案中,一位白人妇女起诉一家商店声称其民权(civil rights)遭到了侵犯。她声称商店因她与黑人结伴而行而拒绝提供服务。案中的一个争点是商店雇员是否按照警官的吩咐行事,在原告被拒绝提供服务时该警官在场。(这一州官员的卷入是提出此诉讼请求的必要要件。)被告申请简易判决,依据的是商店经理的宣誓陈述书,陈述书说他并没有和警官进行交流。原告在答复中没有提出满足《规则》第 56 条(e)款(2)项要求的证据。然而,联邦最高法院认为,必须拒绝被告的简易判决申请。被告没有提供证据排除这一可能性,即警官和商店雇员达成协议,不向原告提供服务。

② 安德森诉自由游说组织案(Anderson v. Liberty Lobby),《美国联邦最高法院判例汇编》第 477 卷,始于第 242、248 页(1986 年)。

③ 《美国联邦最高法院判例汇编》第 477 卷,第 242 页(1986 年)。

向下级联邦法院(the lower federal courts)发出了清晰的信息:放松要求,提高作出简易判决的意愿。显然,该信息不是一个罔顾《规则》第 56 条要求的特许证。但联邦最高法院清楚地表示,下级法院不应该发明不同意简易判决的理由。有了这些案件,“简易判决就从一个被视为仅在罕见案件中勉强同意申请的东西,发展成了被一些人认为的杠杆支点(fulcrum),用于撬动联邦法院所面对的大量案件的裁判”。[①]

除其他事项外,阿瑟·米勒(Arthur Miller)教授还对更积极地使用简易判决表达了哀叹。他表示,基本没根据的“诉讼爆炸”假设和有关效率的陈词滥调,被用来证明在他看来是当代危险的简易判决偏好和与此相伴的对庭审权的侵蚀。[②] 其著作有可能引发对三个简易判决案件抨击的一些再思考。在你们的教科书中可能至少有三个案件中的一个。现在我们审视一下这三个案件。有益的做法是将每一案件都视为拒绝接受下级法院对简易判决提出法条之外的障碍。

安德森案(The Anderson Case)。安德森案之所以重要的原因有两个。
449 第一,它清楚表明,简易判决的探究在功能上类似于裁判直接裁决申请(a motion for directed verdict)时的探究(直接裁决申请现在称为作为法律事项判决的申请,或 JMOL,我们在第九章第五节探讨过)。第二,它澄清了考虑未申请当事人(the nonmoving party)提供证据的标准,该证据提出之目的是显示有重大事实上的“真实的”纠纷并因此挫败简易判决申请。安德森案是有难度的案件,因为它涉及你们可能尚未熟悉的名誉损害法。

联邦最高法院 1964 年确立:“公众人物(public figure)”,只有在能够证明被告“确实有恶意(actual malice)”时,才可以因损害名誉而提起诉讼,确实有恶意意味着行为时知道有损名誉的陈述是虚假的或放任性地不考虑其

---

① 《穆尔论联邦实践》第 11 卷,第 56 章第 26 节。

② 阿瑟·米勒:“庭审前匆忙判决:‘诉讼爆炸’、‘责任危机’和效率的陈词滥调正侵蚀我们在法院的美好时光和让陪审团审理的承诺吗?”,载《纽约大学法律评论》(Arthur Miller, The Pretrial Rush to Judgment: Are the “Litigation Explosion,” “Liability Crisis,” and Efficiency Cliches Eroding Our Day in Court and Jury Trial Commitments?, *N.Y.U. L. Rev.*)第 78 卷,第 982 页(2003 年)[以下称“庭审前匆忙判决”]。

是否真实。[①] 此外,原告必须用"清楚和令人信服的证据"确认有这一恶意。在安德森案中,一群公众人物因为有文章将其归类为种族主义者、反犹太(anti-Semitic)和新纳粹(neo-Nazi)而提起损害名誉诉讼。众被告申请简易判决,主要依据是一位作者所做的宣誓陈述书,此人写了一些被指控为损害名誉的文章。宣誓陈述书表示,该作者就文章内容尽一切努力(exhaustively)做了调研,其相信有关原告的陈述是真实的。原告们反对简易判决,提出被告们没有证实其信息为真实,且一位刊载文章杂志的编辑将其定性为是"荒谬可笑的(ridiculous)"。

联邦最高法院阐述原告的这一反对是否产生在重大事实问题上的"真实"纠纷。一些法院认为,如果未申请方(nonmoving party)(安德森案中的原告)提出哪怕是"一点点"证据支持其主张,就应该拒绝作简易判决。在安德森案件中,联邦最高法院明确拒绝了这一思路,认为未申请方必须提出足够的证据,据此理性的陪审团能够作出对未申请方有利的裁决。此外,重要的是,"清楚和令人信服的"要求与认定原告能否逃避简易判决是有关的。换言之,要求原告提交足够的反对简易判决证据,据此理性的陪审团能够得出结论:原告用清楚和令人信服的证据证明有事实上的恶意。因为下级法院没有使用该标准,所以联邦最高法院将案件发还重审,要求重新考虑请求作简易判决的申请。

**西洛特克斯案**(The Celotex case)。1986 年判决的三个案件中的第二个是西洛特克斯公司诉卡特雷特案(Celotex Corp. v. Catrett),[②]该案涉及对几个石棉生产商提出涉及不当致死的诉讼请求。有一个被告申请简易判决,其手段不是提供证据,而是指出原告缺乏证据证明死者接触的是其生产的石棉(而不是其他生产商生产的石棉)。申请人使用申请,意图确立原告 450
对质询书的答复和其他披露都没有揭示任何证据,证明死者受其产品之害。联邦地区法院准予申请,但上诉法院推翻了此结论。上诉法院的意见是,在

① 纽约时报诉沙利文案(New York Times v. Sullivan),《美国联邦最高法院判例汇编》第 376 卷,始于第 254 页,第 279—280 页(1964 年)。

② 《美国联邦最高法院判例汇编》第 477 卷,第 317 页(1986 年)。

此之前的联邦最高法院的判例，即阿迪克斯诉 S. H. 克雷斯公司案（Adickes v. S. H. Kress & Co.），[①]要求提出简易判决申请的当事人用证据支持其申请。

联邦最高法院推翻了该结论，认为在阿迪克斯案中没有任何东西支持上诉法院的推理。因此，在西洛特克斯案后，很清楚，不承担举证责任的当事人在庭审中可以在不提供证据的情况下申请简易判决。这一当事人可以仅仅指出记录中缺乏支持另一方立场的证据。申请方作了这样的说明后，举证责任就转移到了在审理中负举证责任的当事人身上，其要提供证据支持其立场。显而易见，西洛特克斯案对被告特别有利，它允许被告以案卷中缺乏证据支持原告诉求的因素为由，申请法院作简易判决。被告这样做时，可以迫使原告"在桌上摊牌"，出示支持其诉讼请求因素的证据。尽管在判决意见中发现了"混合信号（mixed signals）"，但米勒（Miller）教授仍然得出结论："不奇怪，西洛特克斯案被解读为向下级法院发出指示：根据《规则》第 56 条增加对案件的（简易）裁判数量，以便保护被告或提升司法系统的效率。"[②]

**松下案**（The Matsushita Case）。1986 年宣判案件中的第三个是松下电器实业公司诉齐尼思无线电公司案（Matsushita Electric Industrial Co. v. Zenith Radio Corp.），[③]该案是一个复杂的反垄断（antitrust）案件。一般说来，反垄断法涉及的是反竞争的（anticompetitive）商业行为。在松下案中，美国的电视机生产商起诉日本的几个生产商，指控日本的公司进行密谋人为地保持在美销售产品的低价格。这一"掠夺性的定价（predatory pricing）"能支持一个因违反美国反垄断法而提出的诉求。

联邦最高法院支持了被告提出的简易判决申请。它指出，原告提出的掠夺性定价说法是"难以置信的（implausible）"，因为它要求被告为了将美国生产商逐出此行业而容忍多年的亏损。因为此说法令人难以置信，所以

---

① 《美国联邦最高法院判例汇编》第 398 卷，始于第 144 页，第 159 页（1970 年）。

② 阿瑟·米勒："庭审前匆忙判决"，本书第 544 页注释②，第 1133 页。

③ 《美国联邦最高法院判例汇编》第 477 卷，第 574 页（1986 年）。

联邦最高法院认为，为了能阻止简易判决，原告应主动提供比在其他情况下更多的有说服力的证据。法院通常会说，反对简易判决申请的当事人将得益于对是否真有事实纷争的所有合理怀疑。[1] 但怀疑必须是合理的，且在 451
评估非申请方立场时法院应不"掉入单纯的猜测"。[2] 松下案表明，当非申请方(the nonmoving party)是原告且它支持一个不太可信的有关责任的说法时，则法院会坚持要特别有说服力的证据。

受松下案启发，在后来的一个案件中，即柯达公司诉影像技术服务公司案(Kodak Co. v. Image Technical Services, Inc.)[3]中，被告申请反垄断案简易判决，声称原告的说法在经济上难以置信。联邦最高法院拒绝了这一要求，理由是它发现原告的说法是可信的(plausible)。因为理性的陪审团可能会接受原告提出的违反反垄断法的说法，所以松下案在此不适用。很难知道柯达案是否对简易判决的法律或对反垄断法提供了更多阐述。然而，至少松下案表明了两点：第一，值得注意的是，在争议金额较大的复杂诉讼中，简易判决仍可能是合适的。第二，法院在决定非申请方为挫败简易判决申请必须提供多少证据时，可以适当评估说法的可信度(plausibility)。

**可信性问题和法院的自由裁量权**

即使达到了简易判决所要求的标准，也不要求法院必须准予简易判决的申请。法院拥有自由裁量权，可以认定让案件进入庭审比准予该申请更合适。[4] 当然，在上面探讨的1986年联邦最高法院判决曾提出忠告：法院不应该自创不同意简易判决申请的理由。但消除不利于简易判决的合理怀疑却是完全合法的。一个怀疑的根据可能是提供证据之人的可信度。对质询书的答复(answers to interrogatories)和宣誓陈述书可能是小心起草的，

---

① 总的见赖特和凯恩：《联邦法院》，第712页。

② 吉普森诉旧城电车游览案(Gibson v. Old Town Trolley Tours)，《联邦判例汇编第三辑》第160卷，始于第177、181页(第四巡回法院1998年)。

③ 《美国联邦最高法院判例汇编》第504卷，第451页(1992年)。

④ 见，如林德诉美国包裹服务公司案(Lind v. United Parcel Serv., Inc.)，《联邦判例汇编第三辑》第254卷，第1281页(第一巡回法院2001年)(尽管缺乏重要事实上的纠纷，法院仍可能得出应该审理案件的结论)。

起草时获得了律师的帮助，并且是在未经交叉询问（cross-examination）的情况下作出的。另一方面，书面证词（deposition testimony）是“当场（live）”提供的，且每一当事人的律师都有权提问。这些特征可能使得法院根据表面价值（face value[*]）接受书面证词时不那么感觉不踏实。

这并不意味着宣誓陈述书和对质询书的答复不能以表面价值加以接受。它只是提出了一种可能性：对可信度的真实怀疑（true doubts）可能会使得简易判决变得不合适。1963 年咨询委员会对《规则》第 56 条（e）款之注释特别警告，“有关重大事实上的纠纷，如果不观察证人的行为举止（de-
452 meanor[**]）评估其可信度就不能获得解决，则简易判决是不合适的。”另一方面，这不可能意味着，反对作简易判决的当事人只要表示实际上“宣誓作证人有说谎的动机”，就能够挫败该申请。相反，法院通常会寻找具体事实，据此提出有关可信度的合理质疑。[①]

一个好的例子是托马斯诉格雷特大西洋和太平洋茶叶公司案（Thomas v. Great Atlantic & Pacific Tea Co.），[②]在该案中，原告代表被机动车撞死的行人，根据酒吧责任理论（a dram shop theory）起诉超市。原告声称超市向机动车驾车人出售啤酒，违反了酒吧责任规定，因为驾驶员显然（visibly）处于醉酒状态。超市申请简易判决，该申请部分获得了机动车驾车人宣誓陈述支持，在宣誓陈述中其表示在撞行人之前没有喝在超市购买的啤酒。法院拒绝作简易判决，表示可以质疑宣誓证人的可信度，因为陈述中的任何相反表示都将在待审刑案中对其不利。

其他的情形也会鼓动法院拒绝在特定案件中作简易判决。例如，尽管情况证据（circumstantial evidence[***]）是可采信的并能提供判决依据，但法院可以得出结论说应进行充分的审理。此外，即使《规则》第 56 条适用于所

---

* 根据 face value 接受证词，即直接相信其所说，不加质疑。——译者

** demeanor，包括证人作证时的语调、表情、眼神、手势等。——译者

① 见赖特和米勒著书，第 10A 卷，第 446 页（有可能被指责的具体理由）。

② 《联邦判例汇编第三辑》第 233 卷，第 326 页（第五巡回法院 2000 年）。

*** circumstantial evidence 又可译为间接证据或环境证据，指基于常识可以推断出的非个人亲历或亲见的事实或情况。——译者

有的案件,但实际情况确是,简易判决在某些类型的诉讼中似乎比在其他类型的诉讼中更有适用的可能。普遍的感觉是,简易判决在债务(debts)和票据(notes)案件中比在过失案件(negligence cases)中使用得更频繁。事实上,“在[过失]案件中,对一特定事实情况适用理性人标准时,根据陪审团可信的独特能力,要特别敬重陪审团。”[①]此外,在涉及主观意图事项(matters of subjective intent)的案件中,一些法院似乎不太愿意作出简易判决[尽管安德森案可以读解成在这类案件中拒绝任何不利于作出简易判决的总体规则(blanket rule)]。

**何时必须拒绝作简易判决**

如果可采信的证据表明有重大事实问题上的真实纷争,则法院没有自由裁量权,必须拒绝作简易判决。举一个简单的例子,假设一方当事人提出可采信的证据,证明事故发生时交通灯是绿的,而另一方提出可采信证据证明交通灯是红的。法院必须否决简易判决申请,简单的理由是在这里可采信的证据引发了重大事实问题上的真实纠纷,该重大事实问题即是:在事故发生时交通灯的颜色。这正是我们需要庭审解决事实纷争的情形。

法院不应该依据简易判决申请决定可信性(credibility)——即谁在说 453
谎,谁在说出真相。换言之,宣誓证人的可信性是真实的事实问题。[②]哪一个宣誓证人讲了真话的问题——是说信号灯是红色的人,还是说信号灯是绿色的人——未经事实认定者(fact-finder)在庭审中观察两人作证就不能作出判定。与此类似,法院不应该仅仅因为简易判决申请方比反对方提供了更多的宣誓陈述书就同意作简易判决。因此,如果声称当时信号灯是绿色的当事人有 5 份这样的宣誓陈述书,而声称当时信号灯是红色的当事人有 1 份宣誓陈述书,法院仍将拒绝作简易判决。证据显示存

---

① 赖特和米勒著书,第 10A 卷,第 533 页。

② 这一陈述与我们之前刚做的探讨不一致。在前面,我们说如果法院有理由质疑宣誓证人的可信性,则可能会否决简易判决的申请。在这儿,我们说,法院不应该其得出的一组宣誓证人比另一组宣誓证人更可信的结论而准予简易判决的申请。

在重大事实问题上的真实纷争，作简易判决是不合适的。记住，否决简易判决的申请并不导致未申请方（the nonmoving party）胜诉，它只是导致让争议庭审解决。

**申请的时间**

尽管在罕见的案件中法院可以主动作简易判决，但通常当事人会提出简易判决的申请。根据《规则》第 56 条(a)款，原告在提起诉讼至少 20 日后（除非在此期间被告申请简易判决）才可以提出申请。在此期限（window）让答辩方（the defending party）对起诉书作出答辩。《规则》第 56 条(b)款规定答辩方可以在任何时间提出申请。这些规定并不总是重要，因为简易判决通常是后来的选项，在当事人从事了披露并且在重大事实问题上缺乏真实纷争已变得显而易见之后。《规则》第 56 条(c)款规定，简易判决申请的送达必须早于所安排的审理申请时间，至少要提前 10 日送达。它允许反对方"在审理日之前（before the hearing day）"送达宣誓陈述书。法院在设定审理和回应简易判决申请的时间上拥有很大的自由裁量权，通常对时间限制比较慷慨大方。例如，适合时，它可以给答辩方时间，让其就申请提到的问题从事披露。

简易判决申请将含有一个摘要（brief），它向法院说明为什么简易判决是合适的，并附上用以支持申请的宣誓陈述书和其他文件。反对方也会提出一个摘要，也应附上反对申请的宣誓陈述书和其他文件。当事人有义务
454 将相关证据和其他文件与申请文件一起送到法官手上。正如一个法官所解释的："地区法官不是考古学家。他们不需要对一大堆的文件进行挖掘以搜寻揭示真相的珍品（revealing tidbits）——这不仅是因为诉讼规则给当事人设置了责任，而且还因为法官们的时间是稀缺的。"①

① 波斯特斯克里普特实业诉布里奇顿市案（Postscript Enterprises v. City of Bridgeton），《联邦判例汇编第二辑》第 905 卷，始于第 223 页，第 226—227 页（第八巡回法院 1990 年）。

# 第五节　申请作为法律事项作出判决（以及"再次"申请）

## ［《联邦规则》第 50 条(a)款和第(b)款］

**背景和与简易判决申请的比较**

在前面部分我们看到准予简易判决申请会完全避免庭审。我们也看到，只在证据和庭审前提供的自认显示，在重大事实问题上没有真实纷争时，简易判决才是合适的。这样的案件不需要庭审，法院可以作为法律事项判决。

在本部分，我们处理功能上与简易判决类似但是是在庭审中（甚至庭审后）提出的申请。在这儿，法院没有作出简易判决（可能是因为没人提出申请），案件进入了陪审团审理阶段。现在，在庭审中，依据庭审时提出的证据法官认为不应该让陪审团认定事实——案件不应该"交给陪审团"。为什么？因为没有充足的证据证明让陪审团考虑案件是对的。换言之，庭审中提出的证据显示，实际上没有重大事实问题上的纠纷——理性的人只会得出一个结论。如果情况是这样，就没有必要让陪审团考虑，法院完全可以作为法律事项作出判决。历史上，它一直被称为直接判决（a directed verdict），这是一个好的名称，因为法官确实直接给出了案件的结果，没有陪审团的参与。今天，在联邦系统，根据《规则》第 50 条(a)款(1)项，它被称为作为法律事项的判决（judgment as a matter of law）（或简称为 JMOL）。[①] 大部分的州法院提到它时仍使用其传统名字，即直接判决。

事实上，还有另外一个申请，出现得甚至更晚。因为有这第二个申请，法院已经将案件交给陪审团考虑，而陪审团得出了理性的人完全不可能得
出的结论。这时，法院能将胜利从胜诉方（陪审团选择的胜诉方）手中夺走，455

① 1991 年对《规则》第 50 条(a)款进行了修订，将直接判决（directed verdict）的名称改为作为法律事项的判决（JMOL）。这是一个愚蠢的修订，它只是让联邦法院和州法院对该申请使用的术语（terminology）变得不同。许多律师和法官日常使用的仍然是旧的术语。

而判决另一方胜诉！历史上，它一直被称为不顾陪审团裁决的判决(judgment notwithstanding the verdict)，或者叫 JNOV，这是其拉丁语词汇(judgment non obstante veredicto)的缩写。这也是一个非常好的名称，因为法院所做的正是作出一方胜诉的判决，罔顾陪审团作出的另一方胜诉的裁决。但是今天，在联邦系统，根据《规则》第 50 条(b)款，这被称为**重新申请作为法律事项判决**(the renewed motion for judgment as a matter of law)(或叫 RJMOL)。[①] 对此，州法院也一般使用旧的术语。

这些工具——作为法律事项判决和重新作为法律事项判决——似乎显得对陪审团不够尊重。在一个工具中，法官拒绝让陪审团发挥作用。在另一个工具中，法官不顾陪审团已经做的工作，而作出另一方胜诉的判决。为什么这些程序没有违宪侵犯《第七修正案》规定的获取陪审团审理的权利呢？答案是，在联邦法院审理的民事案件中没有绝对的获得陪审团审理的权利——甚至在《第七修正案》的规定中也是如此。刑事法律的情形则不同。在刑事案件中，被告拥有让案件交由陪审团审理的绝对权利。即使其没有辩护的理由，即使证明其有罪的证据是压倒性的(overwhelming)、无可争辩(unassailable)，刑事被告仍可以迫使公诉方展示证据，说服陪审团相信被告有罪并排除了合理怀疑。

此外，刑事案件中的陪审团有权宣布刑事被告无罪，甚至在证明其有罪的证据确信无疑时仍可这样做。这被称为陪审团的否决(jury nullification)——陪审团，作为社会的良心，可以允许一个"有罪的(guilty)"被告离开。陪审员可以宣布任何明显有罪的人无罪，原因是他们认为政府做错了事(acted wrongly)，或者他们认为法律规定没道理(senseless)，或者因为有任何其他理由。陪审团不必为其结论说明理由，公诉人不能对无罪裁决上诉。

民事案件情况则不同。在民事案件中，法官总是发挥守门人的功能。只有在有足够证据证明将案件提交给陪审团为合理时，才允许陪审团考虑

---

① 再次说明，许多律师和联邦法院的法官仍然将其称为不顾陪审团裁决的判决(JNOV)。

案件。法官在裁判请求作为法律事项判决的申请时，作出了这一认定。该标准，如《规则》第 50 条(a)款(1)项所述，是"理性的陪审团在法律上没有充分的证据就该问题裁决此当事人胜诉"。当法院准予作为法律事项判决，实际上它是在说在重大事实问题上没有纷争。如果情况真是这样，和简易判决一样，所遗留的全部问题就是有关谁应胜诉的法律问题，对此法院可以裁判。因此它和简易判决的区别在很大程度上是时间上的安排。简易判决的申请在庭审之前提出(基本依据当事人提供的证据)，准予了此申请则不需要庭审。作为法律事项判决的申请在庭审中提出(依据庭审中提出的证 456
据)，准予此申请则不需要让陪审团审议案件。在前面探讨过的安德森诉自由游说组织案中，联邦最高法院强调了两种申请间的相似性，在案中它表示："每一种申请下的探寻都是相同的：证据是否表明有需要交陪审团审理的足够分歧，或者证据是否如此一边倒，以至于作为法律事项一方当事人肯定胜诉。"①

**申请的时间**

根据《规则》第 50 条(a)款(1)项，任何当事人都可以申请作为法律事项判决，但只能在另一方当事人"就一项问题获得陪审团充分听审后(has been fully heard)"。在认定该要求是否获得满足时，我们必须理解在民事案件中的审理次序，我们在第九章第二节第一目中对此做过阐述。原告先呈现其证据，然后歇息，此时原告的案件呈现结束。在这一时间点，被告可以申请作为法律事项判决，因为原告已经获得了充分的听审(其已经提供了

① 《美国联邦最高法院判例汇编》第 477 卷，始于第 242 页，第 251—252 页(1996 年)。米勒(Miller)教授将这种申请的公式(equation of the motion)批评为过于乐意允许作出简易判决。他指出，作为法律问题判决的申请产生于庭审过程中，与简易判决相比需要更好地展现证据，当然简易判决申请是在庭审之前提出的，且在很大程度上依赖未经验证的证据(untested evidence)。"人们期待法院会倾注相当的关注使庭审期间的申请实践能适应庭审前的申请背景。然而，这似乎并没有发生；至少在司法意见中没有其出现的证据。"阿瑟·米勒："庭审前匆忙判决"，本书第 544 页注②，第 1062 页。马莱尼克斯(Mullenix)教授在提倡赋予简易判决更加有限的作用时，提出了类似的看法。琳达·马莱尼克斯："简易判决：驯化责任之兽"，载《美国审判辩护杂志》(Linda Mullenix, Summary Judgment: Taming the Beast of Burdens, *Am. J. Trial Advoc.*)第 10 卷，第 433 页(1987 年)。

证据证明其诉求)。原告在这一时间点不可以申请作为法律事项判决,因为被告还没有被听审(被告已经交叉询问了原告方的证人,但还没有提出其自己的证据)。

在普通法上,被告这时面临一个艰难的选择:如果其申请作为法律事项判决,而该申请又遭否决的,则放弃了提出证据的权利。这一残酷的规则现在不再被遵守了。如果被告的申请遭到否决,则案件进入下一阶段的审理,即由被告提出证据。在被告陈述了其案件并且当事人提出了反驳证据后,法院结束所有举证。在这一时间点,双方——原告和被告——都可以申请作为法律事项判决。为什么?因为此时各方都被"充分听审了"。

因此,被告可以两次申请作为法律事项判决——典型的情况是,在原告结束其案件陈述后申请一次,在所有举证结束后再申请一次。或者其可能只是在所有举证都结束后提出申请。不要求被告在原告陈述案件结束后就提出申请。通常,原告只能在所有举证结束后才能提出申请,因为通常在此
457 时被告才获得了充分听审。不要求庭审前当事人就申请简易判决以保留在庭审中申请作为法律事项判决的权利。

- 原告起诉被告,其诉讼请求有四个要素(elements)。因此,为了能胜诉原告必须确立起A、B、C和D要素。其在起诉状中适当提出了这些要素,而被告在其答辩状中适当否认了这些要素。双方当事人都没有申请简易判决。在庭审中,原告呈现了其证据,然后歇息。被告相信,原告提交了A、B和D要素上的证据,但没有提交有关C要素的证据。被告应该申请作为法律事项判决。根据记录在案的这一情形,法院应该同意这一说法:"理性的陪审团在法律上没有充足的证据依据就这一问题裁决[原告]胜诉",因此可以同意被告提出的作为法律事项判决的申请,被告因此将赢得诉讼。
- 被告在原告陈述案件结束时没有申请作为法律事项判决——或如果其申请遭拒绝——该事实不禁止其在所有举证结束时再次提出申请。同样,如果原告的证据中存在"漏洞(hole)"——如果没有提出其诉求要素之一的证据——法院就没有必要让陪审团考虑案件。

> 根据记录的情况，理性的陪审团都不会裁决原告胜诉，法院可以作为法律事项作出被告胜诉的判决。

然而，假设法院让该案件交由陪审团审理。一些法官不太愿意给出作为法律事项的判决，因为这样做会剥夺当事人拥有的由陪审团考虑案件的权利。[①] 如果事实是如我们刚才所指出的那样——原告缺乏支持其诉求要素之一的证据——很可能陪审团会解决该问题，宣布被告胜诉的裁决。但如果陪审团宣布了一个原告胜诉的裁决，怎么办呢？此时，被告可以再次申请作为法律事项判决，该申请如果得到批准，将做出不平常之事情。它将从原告手上夺走胜利，将其交给被告。[记住其历史上使用的名字——被告将赢得“不顾陪审团裁决的判决(judgment notwithstanding the verdict)”。]

准予重新作为法律事项判决，是在陪审团脸上重重打了一记耳光。重新作为法律事项判决比不让陪审团审案还要糟糕，确切地说它撤销了陪审团的结论，并作出了另一方胜诉的判决。什么东西赋予这一非同寻常行为正当性呢？其标准与作为法律事项的判决是一样的——法院必须依据庭审中提出的证据得出结论：不存在“法律上的充足的证据依据能裁决[陪审团
裁决中的胜诉方]胜诉”。换言之，陪审团得出了理性的人不可能得出的结 458
论。在我们前面阐述的案情中——原告没有就其诉讼请求的要素之一提出证据——该标准很清楚达到了。然而，和简易判决一样，对重新申请作为法律事项判决，虽然达到了同意申请的标准，但仍不能迫使法院一定准予申请。取而代之，法院可以发布一个提供较小强度救济(the lesser remedy)的重新审理命令，我们将在第九章第六节探讨重新审理。

但重新申请作为法律事项判决设有一个重要的先决条件。《第七修正案》的一部分[叫做再审查条款(reexamination clause)]规定，联邦法院不可

---

① 要看坦率的评估，见科尼克诉尚普兰谷医师医院案(Konik v. Champlain Valley Physicians Hosp.)，《联邦判例汇编第二辑》第733卷，始于第1007、1013页，注释4(第二巡回法院1984年)：可取的做法是不同意作为法律事项判决的申请，而允许案件——至少在一审中——由陪审团裁决……如果陪审团得出了在法官看来是非理性的裁决，法官可以准许[作为法律事项重新裁决]。如果该裁决在上诉阶段被推翻，陪审团的裁决可能只是被强化。但如果[初审法院作出了作为法律事项的裁决]，而该裁决在上诉阶段被推翻，则必须全部重新审理。

以再次审查陪审团认定的事实,“除非审查是……根据普通法规则进行的”。普通法认可重新作为法律事项判决(那时的名称是不顾陪审团裁决的判决),但只有在寻求该判决的当事人在所有举证结束时申请了作为法律事项判决(JMOL)(那时叫直接裁决),才允许提出该申请。[①] 在这一情形下,庭审后的重新申请作为法律事项判决可以被视为在庭审中提出的申请作为法律事项判决的延续,并因此不构成对陪审团所认定事实的不当重新审查。另一方面,如果庭审之后再次申请作为法律事项判决的当事人,在庭审中在所有举证终结时没有申请作为法律事项判决,则该申请作为法律事项判决将构成对陪审团认定事实的不恰当重新审查,因而不能获得准许。这一要求被《规则》第 50 条(b)款发扬光大了,该款长期以来一直只在“法院没有准予在所有举证结束时提出的作为法律事项判决的申请时”,才准予重新作为法律事项判决。[②]

但 2006 年 12 月 1 日该规则变了,《规则》第 50 条(b)款被修订为:只要求寻求重新作为法律事项判决的当事人在庭审中申请过作为法律事项判决。换言之,它不再要求当事人在所有举证结束时申请作为法律事项判决。为了保留重新申请作为法律事项判决的权利,现在全部的要求是当事人在庭审中适当申请过作为法律事项判决。

- P 在庭审中提出其所有证据,然后歇息。之后,D 根据《规则》第 50 条(a)款(1)项申请作为法律事项判决(JMOL)。法院否决了该申请。接着 D 在庭审中提出其证据,歇息。因此举证结束。陪审团宣布了一个 P 胜诉的裁决,法院以该裁决为依据作出了 P 胜诉的判

① 巴尔的摩和卡罗莱娜·莱恩诉雷德曼案(Baltimore & Carolina Line v. Redman),《美国联邦最高法院判例汇编》第 295 卷,第 654 页(1935 年)。在该案中,联邦最高法院承认,普通法允许将案件提交给陪审团审理,但所受制于法院的权力保留,即法院之后可以裁判直接裁决(directed verdict)申请中提出的法律问题。《规则》第 50 条(b)款不要求法院明确表达这样的保留。它产生了一个推论:当提出了作为法律事项判决的申请但却遭到拒绝时,法院会将案件提交给陪审团审理,但受制于以后法院对申请的裁决。

② 此外,即使当事人恰当保留了重新申请作为法律事项裁决(RJMOL)的权利,《规则》第 50 条(b)款仍要求其在不迟于判决作出后的 10 日内提出申请。我们在第九章第三节中探讨了判决的作出。

决。现在D重新申请作为法律事项判决。

    - 根据原来的《规则》第50条(b)款,如该规则在过去几代人的时间里存在的那样,D已经放弃了重新申请作为法律事项判决的权利。为什么?因为其没有在所有举证结束时申请作为法律事项判决。
    - 但今天的《规则》第50条(b)款允许D申请重新作为法律事项 459
判决。该条文只要求申请重新作为法律事项判决的当事人在庭审的适当时候[①]提出过作为法律事项判决的申请——不一定是在所有举证结束时提出申请。D确实在庭审中的适当时候(在原告被完全听审后)提出过作为法律事项判决的申请,因此其保留了重新申请作为法律事项判决的权利。

- P提交了其所有的证据,歇息。D没有根据《规则》第50条(a)款(1)项申请作为法律事项判决。接着D在庭审中提交了其证据,歇息。此时举证结束。D又没有申请作为法律事项判决。陪审团宣布了P胜诉的裁决,法院以此裁决为依据作出了P胜诉的判决。现在D重新申请作为法律事项判决。
    - D运气不好。因庭审中没有寻求作为法律事项判决,其放弃了重新申请作为法律事项判决的权利。为保留其重新申请作为法律事项判决的申请权,当事人必须在庭审的适当时候申请作为法律事项判决。这儿,D没有这样做。

正如我们已经看到的,重新作为法律事项判决是一个功效强大的药剂——它把胜利从一方当事人手中夺走,而将其给了另一方。与此形成对比的是,申请重新审理——我们在第九章第六节中会看到——则不那么剧烈。它导致把胜利从一方手中拿走,但之后重新开始新的庭审,因此同一当事人还有可能最终胜诉。放弃了重新申请作为法律事项判决之权利的当事

① 关于"适当时间",我们只是指:根据《规则》第50条(a)款(1)项规定,该当事人提出申请的时间是在另一方当事人在庭审中被"充分听审"后。

人(例如,如在最后一个假设案件中被告所做的,没有在庭审中申请作为法律事项判决)可以寻求剧烈程度较低的救济,即重新审理。

甚至保留了重新申请作为法律问题判决之权利的当事人也可以选择申请重新审理。因此,如果法院否决了作为法律事项判决的新申请,其仍可以获得一个不那么剧烈的命令重新审理的救济。我们在第九章第六节可看到这些替代性的申请。(这些替代性的申请在考题中经常出现,因为它让教授既能测验你们的重新作为法律事项判决的知识,又能测试你们的重新审理的知识。)

**逃脱作为法律事项判决所要求的证据充分性**

到目前为止我们所看到的例子都是相当容易的。在每一例子中,原告都没有提交涉及其诉讼请求因素之一的证据。毫无疑问,在这样的案件中,作为法律事项判决(以及重新作为法律事项判决)的标准得到了满足,因为对事实不存在争议,在法律上被告有权获得判决。大多数的申请作为法律事项判决涉及更加微妙的情形,许多申请(包括大多数的《民事诉讼法》教科书中的那些申请)引发了这样的问题:原告必须提出多少证据才能击溃被告方提出的作为法律事项判决的申请,从而将案件交到陪审团手上。

一个更年代久远但很有用的案件是拉文德诉库尔恩案(Lavender v. Kurn),[①]在该案中,原告根据《联邦雇主责任法》[(The Federal Employers'
460 Liability Act)(FELA)]提起诉讼。该法律规定,如果伤害是由于雇主的过错造成的,则准许赔偿从事州际商务的铁路雇员(或其他人)所遭受的人身伤害(和不当死亡)。雇员(或其代表)可以在州法院或者联邦法院起诉。[②]在拉文德案中,一位铁路的雇员[黑尼(Haney)先生]在以扳道工身份在孟菲斯(Memphis)铁路终点站工作时,被一样东西击中后脑而遇害。黑尼为伊利诺伊中央铁路(Illinois Central Railroad)工作。遇害时他正在扳道,让

① 《美国联邦最高法院判例汇编》第 327 卷,第 645 页(1946 年)。

② 在这些案件中,国会在某些程序法方面的政策是如此的有力,以至于州法院不得不听从联邦的指示。我们在第十章第八节学习这一要点[经常被称为反向伊利原则(reverse Erie)]。

圣路易斯至旧金山铁路(St. Louis-San Francisco Railroad)所经营的列车经由支线轨道进站。没有目击证人,没人知道是什么东西击中了黑尼的头。当然,不同的当事人有不同的说法。黑尼的个人代表起诉了两段铁路经营线,依据的是替代性说法(alternative theories)。对圣路易斯至旧金山铁路,他声称列车上悬挂着的邮件挂钩在通过弯道时甩出了车厢,击中了黑尼。对伊利诺伊中央铁路,其说法是没有向黑尼提供安全工作环境,在天很黑的情况下让他如此近地靠近轨道工作,以至于邮件挂钩能打到他。两铁路方均辩称不承担责任,因为黑尼是被某人谋杀的。

诉讼在密苏里州[①]的州法院提起,进入了庭审阶段。被告申请指示裁判(directed verdict)[在联邦法院现在叫做作为法律事项判决(JMOL)]。初审法院否决了该申请,而让案件交由陪审团审理,陪审团宣布了裁决:两被告败诉赔偿 3 万美元。两被告申请不顾陪审团裁决的判决(在联邦法院现在叫做申请重新作为法律事项判决)。在上诉阶段,密苏里州最高法院推翻了裁决,认为不应该将案子交给陪审团审理,因为原告没有提出足够的证据克服被告的直接裁决(directed verdict)申请。美国联邦最高法院推翻了这一结论,认为原告已经提出了足够证据让案件交陪审团审理。联邦最高法院表示,因为原告在庭审中赢了,所以要依据对原告最有利的思路来考虑事实。证据显示,根据黑尼的身高和被击中地点附近的地面高度——以及车厢邮件挂钩的高度和它可以甩出的距离,很有可能是邮件的挂钩击中了黑尼。

至于被告提出的黑尼遭谋杀的说法,这也是有可能的。但联邦最高法院注意到黑尼没有遭抢劫,其手表还在他身上,其钱包之后在附近找到了 461

① 总是审查法院选择事项。第一,密苏里州无疑对两个国内的铁路方有对人管辖权。第二,根据成文法,州法院有审理《联邦雇主责任法》案件的事物管辖权。同样根据成文法,被告不能将《联邦雇主责任法》案件转移到联邦法院。《美国法典》第 28 编第 1445 条。第三,令人烦恼的问题是审判地。黑尼在孟菲斯遇害。诉讼是在圣路易斯(St. Louis)提起。不适用《美国法典》第 28 编第 1391 条,我们在第三章阐述过该条,因为该条规定的是民事案件在联邦法院时的审判地。本案诉讼是在州法院提起的。我们不知道密苏里州的审判地规则为何,但有趣的是黑尼的代理人没有在孟菲斯起诉,那里肯定是黑尼一直居住的地点,也是两铁路方受其对人管辖权管辖的地点。

(里面没钱,但黑尼太太作证说她丈夫从来不随身带很多钱)。没人知道是什么东西或者是谁杀了黑尼。陪审团认定导致黑尼遇害的是邮件挂钩,即被告的过错。问题是是否存在足够证据让陪审团作出这样的裁定。如果没有,那陪审团只是猜测,判决不应该成立。

联邦最高法院得出的结论是,"只有在完全缺乏证据事实(probative facts)支持所得出的结论时",[①]陪审团的裁决才可以因重新申请作为法律事项判决而被推翻。因为有证据,理性的陪审团能够据此认定黑尼被邮件挂钩击中遇害,所以陪审团的裁决应该获得尊重。一些人将拉文德案解读成采纳"细微证据"检验标准("scintilla" test)——即如果非申请方(the nonmoving party)提出了细微证据支持其诉讼请求,则必须拒绝作为法律事项判决(以及重新作为法律事项判决)。联邦最高法院从来没有使用过这一表述,但刚才引用的话似乎确实在为这一思路辩护。但是请记住,联邦最高法院在安德森诉自由游说组织案[②]中拒绝了细微证据的检验标准,我们在第九章第四节中探讨过此案。安德森案(Anderson)是一个作出了简易判决的案件,但联邦最高法院强调,简易判决和作为法律事项判决应该根据同样的标准作出决定。如果说拉文德案确实支持了细微证据检验标准,那它可能局限于适用《联邦雇主责任法》的案件。[③]

从安德森案中,我们应该得出结论:如果证明得足以让理性的陪审团作出对其有利的裁决,则提交的证据足以克服作为法律事项判决的申请。[④]通常,法院提到需要由非申请方提供"充足的证据(substantial evidence)"。[⑤] 据说它指的是"证据的质量和分量是如此之重,以至于理性的、

---

① 《美国联邦最高法院判例汇编》第 327 卷,第 653 页。

② 《美国联邦最高法院判例汇编》第 477 卷,第 242 页(1986 年)。

③ 见,如波音公司诉希普曼案(Boeing Co. v. Shipman),《美国联邦最高法院判例汇编》第 411 卷,始于第 365 页,第 370—373 页(1969 年)。

④ 如果其诉求需要呈现"清楚和令人信服的"证据[与通常采用的"优势证据"检验标准形成对比],这是罕见的情况,我们在前面第九章第二节第四目探讨过,则举证责任更大——必须提交证据,让理性的陪审团能据此得出已经满足了该标准要求的结论。

⑤ 见,如康克尔诉鲍勃·埃文斯耕种公司案(Konkel v. Bob Evans Farms, Inc.),《联邦判例汇编第三辑》第 165 卷,始于第 275、279 页(第四巡回法院 1999 年)。

揣着公平信念的(fair-minded)的陪审员可以得出不同的结论。”[①]换言之，法院“不应该满足于证据仅能确立一种纯粹理论上的可能性，即非申请人(nonmovant)有可能会胜诉。”[②]新近联邦最高法院认为，在裁判申请时，法院应该审视所有的证据——支持非申请方(the nonmoving party)的证据和对其不利的证据。[③] 众法院通常会说它们将从证据中作出有利于非申请 462
方的“合法的”推论。[④] 但什么推导结论是“合法的”，这可能因每一案件的事实而存有争议。

不管喜欢与否，事实上不存在裁判这种申请的精确数学模型。我们得坦率地承认，在某种程度上是要求陪审团进行猜测。问题——以及法院的关注点——为是否猜测如此牵强(far fetched)，以至于导致作出不公平的、缺乏依据的裁决。在记录中有能让理性的陪审员得出非申请方应胜诉的足够证据吗？或者证据是如此的倾向于一方，以至于理性的陪审团只能得出一个结果吗？在最后分析中，大量的是旁观者眼中的看法。

- 原告的壮牛(prize bull)跑上了铁轨，被火车撞死。铁轨和铁路用地(right-of-way)是被栅栏围上的，铁路公司负责栅栏的维护。如果壮牛是通过栅栏上的缺口跑到铁轨上去的，则铁路公司将承担责任。如果壮牛是通过没关闭的门跑到铁轨上去的，则铁路公司不承担责任。壮牛在靠近门的地方被撞，而离栅栏有缺口的地点有1英里。原告提出了这一证据后，铁路方申请作为法律事项判决。法院该如何裁决呢？
- 和拉文德案中的情况一样，没人知道基本事件是如何发生的。问题是陪审团是否只能猜测——猜测是不被允许的——或者是否存在足够证据让陪审团认定牛是如何跑到铁轨上去的。联邦法院通常

---

① 《穆尔论联邦实践》第9卷，第50—91页。

② 同前注，第50—92页。

③ 里夫斯诉桑德森管道产品公司案(Reeves v. Sanderson Plumbing Prods., Inc.)，《美国联邦最高法院判例汇编》第530卷，第133页(2000年)。

④ 见赖特和凯恩：《联邦法院》，第687页。

会说，应该从有利于非申请方的角度看待证据，应该给予该当事人根据事实合法推导出的利益。[①]

- 在这里，公牛穿越大门似乎是可能的。但似乎理性的人也可能会得出结论：公牛穿过栅栏上的缺口，走了一英里路之后被撞。[②] 一些法院因此会拒绝作为法律事项判决的申请。另一方面，一些法院很可能会认定从栅栏的缺口中穿过的说法是如此的不可信，结果它们将准许该申请。

陪审团的一个重要的功能是评估庭审中作证证人的可信度。如果证人证言提出了足以影响陪审团的证据，法官就不应该因认为证人不可信而准
463 予作为法律事项判决。什么样的证人可信的问题，以及对每一证词给予多大分量问题，是由陪审团决定的。因此"证人的可信度和证据的证明力(weight of the evidence)……不是裁判申请[作为法律事项判决或重新作为法律事项判决]的法院所关心之事"。[③]

最后，法院无权主动作为法律事项进行判决和重新作为法律事项判决。当事人必须提出这一救济的申请。另一方面，法院确实有发布不那么剧烈的重新审理命令的固有权力。事实上，《规则》第 50 条(b)款指示被请求重新作为法律事项判决的法院考虑这一替代解决方案。我们现在考虑重新审理。

---

① 见，如西姆布莱斯特诉梅纳德案(Simblest v. Maynard)，《联邦判例汇编第二辑》第 427 卷，始于第 1、4 页(第二巡回法院 1970 年)。(究竟证据是否是这样，不用权衡证人的可信度或用其他方法考虑证据分量，对于裁决有理性的[人]只可能得出的唯一结论。)

② 这里的案情取之于一个老的案件——里德诉圣皮得罗、洛杉矶和盐湖铁路案(Reid v. San Pedro, Los Angeles & Salt. Lake R. R.)，《太平洋判例汇编》第 118 卷，第 1009 页(犹他州最高法院 1911 年)——在该案中，犹他州最高法院认为案件不应该提交陪审团审理，因为原告没有提出足够的证据让陪审团能得出结论：公牛穿越栅栏上缺口的可能性比没穿过缺口的可能性更大。

③ 赖特和凯恩：《联邦法院》，第 687 页。

## 第六节　申请重新审理(《联邦规则》第59条)

**背景和与重新申请作为法律事项判决的对比**

尽管根据《联邦规则》第59条(a)款申请重新审理与重新申请作为法律事项判决是在同一时间作出的——即在判决作出后10天内提出[1](我们在第九章第三节作了详细说明)——但它们是完全不同的申请。正如我们刚才所见,当法院准予重新作为法律事项判决时,其效果是:(1)将判决从陪审团宣布胜诉的当事人手中夺走了,以及(2)作出了另一方当事人胜诉的判决。与此形成对比的是,当法院准予重新审理的申请时,其效果是:(1)从陪审团宣布为胜诉方的当事人手中夺走了判决,以及(2)开始一个新的审理。因此,很明显,重新审理的命令不如准予重新作为法律事项判决的申请严厉。陪审团宣布为胜诉方的当事人虽然被夺走了胜利,但其仍有机会赢得诉讼,因为将有一个重启的审理。

重新审理的申请必须陈述为什么要重新审理的理由。然而,根据《规则》第59条(d)款,法院可以根据任何理由自由地准予重新审理,甚至可以依据一个在申请中没有提到的理由。这一很有用的规定,在法院难以认定律师寻求重新审理的理由时,可以救了当事人。事实上,正如《规则》第59条(d)款也清楚规定的,法院可以不经当事人申请主动命令重新审理。

**命令重新审理的理由**

有趣的是,《规则》第59条没有规定可以命令重新审理的具体理由。相反,《规则》第59条(a)款(1)项(A)目规定,在陪审团审理的案件中,可以"基于在联邦法院的法律诉讼中迄今为止已经准予重新审理的任何理由"命令重新审理。一般而言,申请的依据是某些可能影响到审理结果的错误。464
在裁决重新审理申请时——与裁决重新申请作为法律事项判决(RJMOL)

① 这一时间要求见之于《规则》第59条(b)款。

不同——法院可以考虑证人的可信赖性以及证据的证明效力。此外，在裁决重新审理的申请时，不要求法院从有利于庭审中胜诉方的角度审视证据。[①]

有许多理由可以支持重新审理的申请。例如，可能法官犯了某种错误——如错误地让一方当事人承担说服责任，向陪审团给出了错误的指示，或错误地允许提交不当证据——此错误致使法官相信，让新的陪审团重新审理当事人的案件能实现正义。也可能发现了有证明力的新证据(probative new evidence)，当时虽付诸了应有的注意却没能及时发现而供庭审使用。[②] 或者可能是一方当事人或律师从事了不当行为而为重新审理提供了正当性。然而，不管是谁犯了错误或有不当作为，除非其有损当事人权利(prejudicial)，否则该错误或不当行为都不能成为发布重新审理命令的理由。如果该错误或不当行为是无害的，不影响案件的结果，重新审理就不合适。[③]

一个有趣的问题是是否可以以陪审员的不当行为为依据申请重新审理。在普通法上，不能为“质疑(impeach)”陪审员所作裁决之目的而审查陪审员。[④] 这一规则强化了裁决的稳定性和判决的终局性，也保护了陪审员使其免受败诉当事人可能实施的骚扰。然而，有这样的发展趋势：允许基于

---

① 霍尔茨阿普费尔诉纽伯格镇案(Holzapfel v. Town of Newburgh)，《联邦补编》第 950 卷，始于第 1267、1272 页(纽约南部地区法院 1997 年)。

② 我们在第九章第七节思考了《规则》第 60 条(b)款规定的这一撤销判决理由。根据这一理由寻求重新审理的标准和《规则》第 60 条(b)款下的标准是一样的。参见《穆尔论联邦实践》第 12 卷，第 60 章第 113 节。

③ 见，如纽约巡警慈善协会诉纽约市案(Patrolmen's Benevolent Assn. of N. Y. v. City of New York)，《联邦判例汇编第三辑》第 310 卷，第 43 页(第二巡回法院 2002 年)(维持了对重新审理申请的拒绝，理由是对陪审团指示的错误不会造成损害)；克劳利诉 L. L. 比恩公司案(Crowley v. L. L. Bean, Inc.)，《联邦判例汇编第三辑》第 303 卷，第 387 页(第一巡回法院 2002 年)(维持了对重新审理申请的拒绝，理由是陪审团在得出存在系统的性别歧视结论时可能的犯错不会造成损害)。

④ 严格说来，普通法的规则是一项证据规则：陪审员所作的有关不当行为的证词是不可采信的。但是，因为在多数情况下，陪审员本人是陪审员不当行为的仅有证人，所以该规则有让陪审员的行为免受审查的效果。

对陪审员的“外在的(extrinsic)[和‘内在的(intrinsic)’相对]”影响而质疑陪审团裁决。外在的影响是可以客观验证的事项。例如,如果陪审员将其决定建立在法庭之外对事实的独立调查基础之上,或建立在一方当事人贿赂的基础之上,则在命令重新审理时可以考虑这一“外在的”因素。内在的因素(intrinsic factors)是那些对作出裁决来说是固有的,不能客观验证的因素。这一区分保护了裁决,不让法官侵扰陪审员的思考过程。[①]

在坦讷诉美国案(Tanner v. United States)[②]中,据说一些陪审员在中 465
午餐歇期间喝了酒,有两个陪审员在庭审期间吸食了可卡因,联邦最高法院认为,证明有这些事情的证据,就质疑陪审团裁决的目的来说,是不可采信的。联邦最高法院拒绝将该证据视为是关于“外在”因素的,相反将其类比为和生病或睡眠不足的证据一样,是关于内在因素的。在麦克多诺动力设备公司诉格林伍德案(McDonough Power Equipment, Inc. v. Greenwood)[③]中,联邦最高法院阐述了陪审员在预先审查程序(voir dire process)中所做的错误回答是否可以作为重新审理的理由。它得出的结论是要求重新审理的当事人必须证明:(1)陪审员没有回答预先审查问题清单中的重要问题,且(2)对该问题的如实回答将提供有效依据,导致根据法定事由剔除该陪审员。这是一个非常难以满足的标准,重新审理很少是根据这一理由获得同意的。

重新审理申请的一个富有争议的理由是,陪审团的裁决违反了庭审中所提证据的证明效力。它富有争议,因为至少有这种可能性,它似乎是邀请法官用其事实认定取代陪审团的事实认定。即使审案的法官对案件得出了不同结论,仍应该尊重陪审团的评估,除非这样做实际上会导致不公正的结果。对依此理由准予重新审理之标准,有益表述是:“如果,在充分尊重陪审

---

① 《联邦证据规则》第606条(b)款规定:“陪审员不得对在……商议……期间的发生的任何事项或所作的任何陈述作证,例外情况是陪审员可以就以下问题作证:无关的带偏见的信息是否不适当地被提请陪审团注意,或者是否有任何外来的影响不适当地被引入而施加在任何陪审员身上。”

② 《美国联邦最高法院判例汇编》第483卷,第107页(1987年)。

③ 《美国联邦最高法院判例汇编》第464卷,第548页(1984年)。

团裁决的基础上，法官根据所有的证据形成了明确而坚定的信念：已经犯了错误，则应该期待他或她准予重新审理。”[①]其结果是，多数法院会说，这一重新审理的理由是，陪审团的裁决有违证据的“重要的证明效力（great weight）”。

应该牢记下面案件中的这一重新审理的理由：当事人本来有权重新申请作为法律事项判决，但因为其没有在举证结束时提出作为法律事项判决的申请，结果放弃了提出该申请的权利。正如我们在第九章第五节中探讨过的，重新作为法律事项判决允许法院从一方当事人手中夺走胜利，而作出另一方当事人胜诉的判决。然而，只有在陪审团得出了理性之人不可能得出的结论，且寻求重新申请作为法律事项判决的当事人在所有的举证结束时申请了作为法律事项判决时，该救济途径才适合使用。让我们回到前面看过的例子。

- 原告起诉被告，诉讼请求有A、B、C和D四个要素。在庭审中原告提出了其证据，支持要素A、B和D。其没有提出任何支持要素C
466 的证据。被告提出了其证据，之后法院结束所有举证。在庭审中被告没有申请作为法律事项判决（尽管毫无疑问有这么做的依据[②]）。陪审团宣布了原告胜诉的裁决，法院以该裁决为依据作出判决。
- 被告不能重新申请作为法律事项判决。正如我们在第九章第五节所看到的，因其没有在庭审的适当时候申请作为法律事项判决而放弃了提出这一申请的权利。但被告毫无疑问可以依据该裁决有违证据证明效力而申请重新裁决。显而易见，被告情愿获得重新作为法律事项判决，因为该命令将导致作出一个对其有利的判决。尽管已经放弃了该权利，但其应该为获得重新审理的命令而感到兴奋。其将能摆脱对原告有利的判决，有机会在新的庭审中取得胜诉。

---

① 赖特和凯恩：《联邦法院》，第681页。

② 为什么？因为原告没有提交诉讼请求要素之一的证据，这意味着被告理所当然（as a matter of law）应该赢得诉讼。在此情况下，一个理性的陪审团不能得出原告胜诉的结论。见第九章第五节。

另一个令人头疼的发布重新审理命令的理由是裁决中给出的赔偿金过多或者过少。再次说明，法官不能完全用其对赔偿金额应是多少的看法取代陪审团的结论。另一方面，如果陪审团有关赔偿金的决定偏离标准够大，法官可以命令重新审理。结论必须偏离目标多远呢？尽管《规则》第59条没有这样规定，但联邦法院确实适用了一个“给良知造成震撼(shock the conscience)”的检验标准；如果陪审团对赔偿金的评定给法官的良知造成了震撼，则可以成为发布重新审理命令的依据。另一方面，在加斯佩里尼诉仁爱中心公司案(Gasperini v. Center for Humanities, Inc.)[①]中，联邦最高法院认为可以要求审理异籍案件的联邦法院适用州法律的标准，评估赔偿金是过多了还是过少了。在加斯佩里尼案中，纽约州的立法机关通过了一项法律，规定在陪审团的裁决“实质性地偏离(deviates materially)”在类似案件中作出的裁决时，允许法官命令重新审理。这一标准与联邦法院通常使用的“给良知造成震撼”标准相比，更加允许法院自由干预陪审团裁决。

**部分的和附条件的重新审理命令**

假设审案法官认为陪审团的责任认定清楚获得证据支持，但惊讶于裁决的金额(要么高了要么低了)，可以不命令重新审理所有问题，而准予部分重新审理(a partial new trial)——只涉及赔偿金。因此，在重新审理中，责任认定已经确定，当事人就赔偿金问题交给新的陪审团重新审理。

或者，法官可以考虑一个附条件的重新审理命令。只有在当事人拒绝了法院在命令中设置的条件时，才准许就赔偿金额(或者如果合适，对所有问题)命令重新审理。在联邦法院，这是一个法院尝试对过分的裁决降低赔偿额(remittitur)的方法。

- P因人身伤害起诉D。在审理中，P提出了被告承担责任的实质性 467
证据(substantial evidence)，但涉及赔偿金的证据显示只有微小伤害。陪审团宣布了P胜诉而D败诉的判决，要求赔偿75万美元。法院发现该裁决过分得令人吃惊，因为证据只清楚支持小额赔偿

① 《美国联邦最高法院判例汇编》第518卷，第415页(1996年)。

金。D以赔偿金过高为由申请重新审理。法院可以准予申请，命令对赔偿金额进行重新审理。

- 然而，一个替代的办法是，法院可以命令将赔偿金额降至4万美元而避免重新审理。这是法院对原告施展强硬手段的方法。它实际上是在说，"除非你，原告，同意接受4万美元而不是陪审团裁决给你的75万美元，否则我将命令重新审理赔偿金额（你甚至可能连这数都拿不到）。"

这种使用附条件的重新审理降低赔偿金额，显而易见，是法院可以对原告施展强硬手段的办法。法院努力向原告施压，以降低在法院看来是过分的赔偿金额。降低赔偿金额（remittitur）在多数州是被允许的。在联邦法院，只在法院允许原告选择接受以下两个选项时，它才被允许：(1)接受法院提出的数字，或(2)接受重新审理的命令。换言之，《第七修正案》禁止联邦法院发布一个更低数额赔偿金的命令。① 法院所能做的全部事情是给原告选择权。

相反的情况——即陪审团裁决的赔偿金额低得令人吃惊——提出了一个增加赔偿金额（additur）是否合适的问题。这儿，法院将对被告施展强硬手段。

- P因人身伤害起诉D，提交了D承担责任和该事件造成了严重损害的实质性证据。陪审团宣布了P胜诉而D败诉的裁决，但只裁决赔偿4万美元。这么低的金额震撼了法官的良知。P根据裁决赔偿额不足的理由申请重新审理。法院可以准予申请而命令就赔偿金额进行重新审理。
- 但法院可以通过给被告一个选择而避免重新审理吗？该选择是：要么支付增加的赔偿金额，比如50万美元，要么面对重新审理。这是对被告施展强硬手段——说"要么付给这位可怜的原告50万美元，

---

① 赫策尔诉威廉王子县案（Hetzel v. Prince William County），《美国联邦最高法院判例汇编》第523卷，第208页（1998年）。

要么由我命令重新审理(在重新审理中,你可能因为裁决了更可观的赔偿额而遭受打击)。”

该后一做法在联邦法院是不被允许的。在迪米克诉沙伊特案(Dimick v. Scheldt)[1]中,联邦最高法院认为以增加赔偿金额为基础的附条件的重新审理违反了《第七修正案》。迪米克案(Dimick)在当今没有支持者,且联邦最高法院暗示该案即将寿终正寝。[2] 但它在目前仍然至关重要,因此在联邦法院不能运用增加赔偿金额的做法。因为《第七修正案》对州不适用, 468
正如我们在第九章第二节第二目中看到的,州法院不受迪米克案约束。因此,在许多的州法院,增加赔偿金额是被允许的。

**交替使用申请重新审理和重新申请作为法律事项判决**

当事人经常会申请重新作为法律事项判决(RJMOL),同时替代性地申请重新审理(当然,条件是当事人在庭审的适当时候申请了作为法律事项判决,从而保留了重新申请作为法律事项判决的权利,对此我们在第九章第五节中看到过)。《规则》第50条(c)款(1)项允许申请重新作为法律事项判决并已获得批准的当事人,也请求法院“有条件地”裁决重新审理的申请。乍一看这似乎是愚蠢的,因为作出了重新作为法律事项判决后就不需要重新审理了。但请求有条件地裁决重新审理的申请实际上很有意义。为什么?因为所作出的重新作为法律事项的判决(RJMOL)是可以上诉的。[3] 如果上诉法院以不合适为由撤销了该判决,则案件得发还地区法院,让其裁决重新审理的申请。为了省下这一步骤,《规则》第50条(c)款(1)项指示地区法院对两种申请都进行裁决。根据《规则》第50条(c)款(2)项,有条件地同意重新审理的申请不影响(重新作为法律事项所作判决的)终局性(finality)(因此不影响其可上诉性)。如果重新作为法律事项作出的判决在上诉阶段被推翻了,则案件将被发回到初审法院,由其重新审理。

---

① 《美国联邦最高法院判例汇编》第293卷,第474页(1935年)。

② 加斯佩里尼诉仁爱中心公司案(Gasperini v. Center for Humanities, Inc.),《美国联邦最高法院判例汇编》第518卷,始于第415、433页,注释16(1996年)。

③ 如我们在第十四章第四节第一目中看到的,该裁决构成一个终局裁决,可以对之上诉。

存在一些典据(authority),认为如果当事人没有要求对替代性的申请(alternative motions)作出附条件的裁决,就放弃了申请重新审理的权利。在阿伦森诉南方大学法律中心案(Arenson v. Southern University Law Center)[①]中,原告在庭审中获胜。被告申请重新作为法律事项判决,并替代性地申请重新审理。法院准予了重新作为法律事项判决的申请,而没有对重新审理的申请作出裁决。上诉法院推翻了重新作为法律事项作出的判决,并将案件发还给地区法院。被告再次提出了重新审理的申请,该申请获得了批准。在第二次的庭审中,被告赢得了诉讼。原告提起上诉,辩称同意重新审理是不合适的。第五巡回法院推翻了重新审理的命令,认为《规则》第50条(c)款(1)项产生了一个"使用它或失去它(use-it-or-lose-it)"的选择。因为没有让地区法院法官有条件地裁决最初的重新审理申请,被告放弃了在案件发还时要求重新审理的权利。因此,案件从上诉法院发还后,地
469 区法院无权同意重新审理。

① 《联邦判例汇编第三辑》第43卷,第194页(第五巡回法院1995年)。

# 第七节 申请撤销判决或命令
## (《联邦规则》第 60 条)

《规则》第 60 条允许当事人寻求对判决或命令的救济。它由两部分构成。第一,《规则》第 60 条(a)款允许法院纠正"判决、命令或其他记录部分"出现的"笔误(clerical mistake)或因为疏忽(oversight)或疏漏(omission)而产生的错误"。法院可以主动行动或根据任何当事人的申请行动。笔误是对法院实际想命令事项的不正确表述。这一错误可能是不重要的(inconsequential),如在事实认定部分将段落的编号弄错了。该错误也可能是相当严重的,如在判决中将数字的位置放错了,[①]将当事人的姓名写错了,[②]或弄错了所裁决的律师费金额。[③]《规则》第 60 条(a)款的要旨是澄清判决,以确保贯彻法院的初衷,它针对的是因漫不经心引起的错误,而不是因为错误判决造成的错误。

第二,《规则》第 60 条(b)款允许初审法院纠正不能依《规则》第 60 条(a)款进行处理的实体法上错误。正如一个法院所解释的:

> "笔误(clerical mistakes)"和不能依《规则》第 60 条(a)款纠正的错误两者之间的基本的界限是,前者是"制作中的粗心犯错(blunders in execution)",而后者是法院改变了主意,或者是因为最初裁决时犯了法律或事实上的错误,或者是因为作了进一步思考,最后决定用一个有别于

---

① 见,如埃斯夸尔无线电和电子公司诉蒙哥马利·沃德公司案(Esquire Radio & Electronics, Inc. v. Montgomery Ward & Co.),《联邦判例汇编第二辑》第 804 卷,始于第 787 页,第 795—796 页(第二巡回法院 1986 年)(将判决从 269000 美元改为 296000 美元)。

② 见,如麦克纳马拉诉芝加哥市案(McNamara v. City of Chicago),《联邦判例汇编第三辑》第 138 卷,始于第 1219 页,第 1221 页(第七巡回法院 1988 年)[在判决意见中将"芝加哥警察局(Chicago Police Department)"改成了"芝加哥消防局(Chicago Fire Department)"]。

③ 见,如杜拉-伍德处理公司诉世纪森林实业案(Dura-Wood Treating Co. v. Century Forest Industries),《联邦判例汇编第二辑》第 624 卷,始于第 112、114 页(第五巡回法院 1982 年)。

最初裁判案件时所使用的方式行使自由裁量权。[①]

《规则》第 60 条(b)款列举了 6 个法院可对“终局判决、命令或程序”进行救济的理由:(1)错误、疏忽(inadvertence)、意外(surprise)或可原谅的疏忽(excusable neglect);(2)发现了新证据;(3)对方当事人有欺诈、虚假陈述(misrepresentation)或其他不当行为(misconduct);(4)判决为无效;(5)判决已经得到了满足,或它所依赖的之前的判决已被推翻或撤销;以及(6)使救济变得正当的任何其他理由。所寻求的救济几乎总是撤销判决的命令。该规则要求当事人申请救济,并规定可以根据“公正”的条件给予救济。

470 根据《规则》第 60 条(c)款(1)项,必须“在合理的时间内”提出《规则》第 60 条(b)款下的申请。并且,如果申请依据的是上面所列理由的(1)、(2)或(3),则申请之提出不能超过该判决、命令或程序作出之日的一年时间。注意,依据这三个理由时,申请方不一定拥有一年的时间提出申请。一年的时间是**绝对时限**(absolute limit),法院可以认定低于一年的期限违反“在合理时间内”提出申请的要求。

除了[《规则》第 60 条(b)款(4)项规定的]判决无效外,是否准予申请的决定总是由法院自由裁量作出。换言之,除了判决无效的情形外,不存在让判决撤销的**权利**。[②] 我们的司法制度很重视判决的终局性,因此不应该轻易撤销判决。此外,通常不应允许没有及时上诉的当事人使用《规则》第 60 条(b)款规定的申请,提出本来在上诉阶段可以提出的理由。更进一步说,司法制度支持以是非(merits)为依据的判决,而不是支持以技术细节(technicalities)为依据的判决,因此缺席判决可能比充分诉讼后作出的判决更容易被撤销。[③] 并且,除非判决为无效,寻求撤销判决的当事人必须证明拥有

---

① 美国诉格里芬案(United States v. Griffin),《联邦判例汇编第二辑》第 782 卷,始于第 1393、1397 页(第七巡回法院 1986 年)(省略了引用)(原来就有强调)。

② 见,如美国联合矿业工人 1974 养老金诉皮茨顿公司案(UMWA 1974 Pension v. Pittston Co.),《联邦判例汇编第二辑》第 984 卷,始于第 469、476 页(哥伦比亚地区巡回法院 1993 年)。

③ 见《穆尔论联邦实践》第 12 卷,第 60 章第 22 节第[3]目[a]。

有价值的(meritorious)诉求或答辩。如果当事人没有可提出的诉求,或没有对诉求的答辩,则撤销对其不利的判决就没有意义。

《规则》第 60 条(b)款(1)项经常是撤销缺席判决申请的依据(我们在第七章第五节第三目探讨过缺席判决)。在这些申请中,缺席的被告试图让法院相信其犯了错误或有可原谅的疏忽,这些错误或疏忽应该通过撤销判决获得"宽恕(forgiven)"。对该规则这一部分规定的"错误"是否指法院所犯的法律错误,判例的意见有分歧。一些法院对司法机关所犯错误(judicial mistakes)允许根据《规则》第 60 条(b)款(1)项提供救济,至少在某些情形下是这样,[①]而另外一些法院则不允许。[②]

《规则》第 60 条(b)款(2)项明确将新发现证据的使用限定于那些"通过合理的勤勉,未能即时发现从而根据《规则》第 59 条(b)款申请重新审理"的证据。《规则》第 59 条下的申请,正如在我们在第九章第六节中看到的,必须在判决作出后 10 日内提出,因此《规则》第 60 条(c)款(1)项对《规则》第 60 条(b)款下的申请所设置的时间要求是相当宽松的。法院对重新审理的 471
申请和以新发现证据为依据的撤销申请,实际上提出了同样的证明要求。[③]尽管众案例探讨了各种因素,但在很大程度上,申请方得证明在当初裁判时证据就已经存在了,只是即使付诸合理的勤勉仍未能发现证据从而及时影响最初的裁判,而新发现的证据是如此重要,以至于它有可能改变案件结果。[④] 显然这是一个很难满足的标准。

根据《规则》第 60 条(b)款(3)项,法院可以因对方当事人的欺诈或其他

---

① 见,如国际控股公司诉韦斯科案(International Controls Corp. v. Vesco),《联邦判例汇编第二辑》第 556 卷,始于第 665、669 页(第二巡回法院 1977 年)(然而,认为依据这一理由申请对判决的救济必须在上诉期间届满前提出)。

② 见,如帕克—蔡普特雷建筑公司诉彻林顿案(Parke-Chaptley Constr. Co. v. Cherrington),《联邦判例汇编第二辑》第 865 卷,始于第 907 页,第 914—915 页,注释 7(第七巡回法院 1989 年);佩奇诉施韦克案(Page v. Schweiker),《联邦判例汇编第二辑》第 786 卷,始于第 150 页,第 154—155 页(第三巡回法院 1986 年)。

③ 总的见《穆尔论联邦实践》第 12 卷,第 60 章第 42 节第[2]目。

④ 见,如琼斯诉航空/化学公司案(Jones v. Aero/Chem Corp.),《联邦判例汇编第二辑》第 921 卷,始于第 875、878 页(第九巡回法院 1990 年)。

不当行为而撤销判决。该规定处理种类繁多的恶行(misdeeds)。例如,一方当事人不回应披露请求从而妨碍了申请方准备庭审的能力,这可能就足够了。[①]

《规则》第 60 条(b)款(5)项允许基于各种理由撤销判决,包括该判决"所依赖的之前的判决已被推翻或撤销。"对起草者使用"依赖(based)"一词时意图表达什么,存在一些不确定。法院通常把该条款解释成指一判决与另一判决联系如此密切,以至于对后者具有排除效力(preclusive effect)。[②]当一判决依赖于以前的判决,将其作为判例(legal precedent),而前面的判决被推翻或撤销了时,并不涉及该规则。[③]

《规则》第 60 条(b)款(6)项是一个包罗万象的规定,允许因为有"使救济变得正当的任何其他理由"而准予救济。只有在确立起两事项后,才能援引该规则。一、案件不得符合《规则》第 60 条(b)款规定的任何其他救济依据。因此,《规则》第 60 条(b)款(6)项不能拯救没有在合理的时间内申请救济的当事人,或没有在一年的绝对时限内根据《规则》第 60 条(b)款(1)项、(2)项或(3)项中的理由提出申请的当事人。[④] 二、申请方必须确立有获得救济的"非同寻常的情形(extraordinary circumstances)"。[⑤] 用理查德·波斯纳(Richard Posner)法官典型的风趣语言表示,"[《规则》第 60 条(b)款的]前 5 项似乎包括了各种各样的东西(cover the waterfront),留给第(6)项的唯一可做之事是,当其援引的情形'非同寻常(extraordinary)'时,准许

---

① 见,如舒尔茨诉布彻案(Schultz v. Butcher),《联邦判例汇编第三辑》第 24 卷,始于第 626 页,第 630—631 页(第四巡回法院 1994 年)。

② 见,如汤姆林诉麦克丹尼尔案(Tomlin v. McDaniel),《联邦判例汇编第二辑》第 865 卷,始于第 209 页,第 210—211 页(第九巡回法院 1989 年)。我们在第十一章中探讨了排除的效力——诉讼请求排除和争点排除。

③ 见,如汤姆林案,《联邦判例汇编第二辑》第 865 卷,第 211 页。

④ 见皮奥内尔投资服务公司诉布伦兹维克合伙人有限合伙案(Pioneer Investment Servs. Co. v. Brunswick Assocs. LP),《美国联邦最高法院判例汇编》第 507 卷,始于第 380、393 页。(1993 年)["如果判决后超过一年的,尽管是'可原谅的疏忽'但没有及时采取行动的当事人不能通过求助第(6)项寻求救济"。]

⑤ 见《穆尔论联邦实践》第 12 卷,第 60 章第 48 节第[1]目和第[2]目。

不受时间限制撤销判决。”[①]

一个有趣的问题是当事人律师的不当行为能否为《规则》第 60 条(b)款 472
(6)项规定的救济提供正当性。在诸如林克诉瓦巴希铁路公司案(Link v. Wabash Ry. Co.)[②]这样的案件中,联邦最高法院表示,律师是客户的代理人,客户必须承受其律师不当行为的后果。毕竟,该推理成立:客户雇佣了律师,如果雇佣了拙劣的律师,其必须为此付出代价。在缺席判决的情况下,经常依据《规则》第 60 条(b)款(6)项提出该问题。

- 被告的律师没有答辩或以其他方式维护客户权益,法院作出缺席判决,判决被告败诉。现在,被告根据《规则》第 60 条(b)款(6)项申请撤销判决。律师的过失是赋予救济正当性的“非同寻常”情形吗?

一般规则的答案是否定的。如果律师犯有简单失职(simple malpractice),法院肯定不撤销判决。然而,当客户能够证明律师犯有重大过失(gross negligence)时,判例的看法有分歧。一些法院甚至在这类情况下也拒绝提供救济,[③]而另一些法院则根据此理由撤销判决。一个例子是社区牙科服务诉塔尼案(Community Dental Services v. Tani)[④],在该案中,被告的律师提出了答辩(尽管是迟了)但始终没有将答辩送达给原告,即使法院命令这么做时其还是没送,并且没有遵守法院的其他命令,但同时却一直对被告说事情进展得很顺利。因为律师犯有“极端的过失或极端恶劣的行为”,[⑤]第九巡回法院命令地区法院撤销缺席判决,允许案件继续诉讼。

---

① 洛诉麦格劳—希尔集团公司案(Lowe v. McGraw-Hill Cos.),《联邦判例汇编第三辑》第 361 卷,始于第 335、342 页(第七巡回法院 2004 年)。

② 《美国联邦最高法院判例汇编》第 370 卷,第 626 页(1962 年)(根据律师未继续致力于案件工作并服从法院命令而支持非自愿撤案)。我们在第七章第四节第二目中探讨了林克案(Link)。

③ 见,如迪克森诉教育委员会案(Dickerson v. Bd. of Educ.),《联邦判例汇编第三辑》第 32 卷,始于第 1114、1118 页(第七巡回法院 1994 年);海姆诉专员案(Heim v. Commissioner),《联邦判例汇编第二辑》第 872 卷,始于第 245、248 页(第八巡回法院 1989 年)。

④ 《联邦判例汇编第三辑》第 282 卷,第 1164 页(第九巡回法院 2002 年)。

⑤ 同前注,第 1168 页。也见威廉达拉和合伙人案(William Darrah & Assocs.),《联邦判例汇编第二辑》第 796 卷,始于第 190、195 页(第六巡回法院 1986 年);博夫纳诉卫生、教育和福利部长案(Boughner v. Secretary of Health, Educ. & Welfare),《联邦判例汇编第二辑》第 572 卷,始于第 976、978 页(第三巡回法院 1978 年)(在律师有重大过失的案件中准予救济)。

如前面所指出的,《规则》第 60 条(b)款(4)项是独特的。它规定了对无效判决的救济。不像《规则》第 60 条(b)款规定的其他救济理由,在这里法院没有自由裁量权。如果法院认定判决无效(和简单错误相对),则它**必须**撤销判决。[①] 为什么?因为无效判决是无法律拘束力的东西,它不存在。换言之,一个无效的判决是超越法院权力的判决。大多数情况下,“无效”意味着法院缺乏对人管辖权或事物管辖权,[②]它肯定不包括法院所作的错误
473 判决。实际上,可以在上诉阶段推翻的初审法院所犯的绝大部分错误都不会使得判决无效,所以不能提供《规则》第 60 条(b)款(4)项规定的申请理由。

最后,需要强调的是,要求获得《规则》第 60 条所规定救济的申请——像重新作为法律事项判决的申请(在第九章第五节中探讨过)和重新审理的申请(在第九章第六节中探讨过)——要向作出了该判决或命令的初审法院提出。换言之,这时还没有寻求上诉复审。败诉的诉讼当事人可以寻求上诉法院的复审,我们在第十四章中探讨该问题。

---

① 见,如巴利出口公司诉巴利卡尔有限责任公司案(Bally Export Co. v. Balicar, Ltd.),《联邦判例汇编第二辑》第 804 卷,始于第 646、649 页(第七巡回法院 1995 年)。

② 见,如农业信贷银行诉费雷拉—戈伊蒂亚案(Farm Credit Bank v. Ferrera-Goitia),《联邦判例汇编第三辑》第 316 卷,始于第 62、67 页(第一巡回法院 2003 年);加西亚财务集团公司诉弗吉尼亚助燃剂公司案(Garcia Fin. Group, Inc. v. Virginia Accelerators Corp.),《联邦补遗》(Fed. Appx.)第 3 卷,始于第 86、88 页(第四巡回法院 2001 年)。

威科法律译丛

# 美国民事诉讼法

第二版

（下）

〔美〕理查德·D.弗里尔 著

罗伯特·豪厄尔·霍尔 法律教授

埃默里大学

张利民 孙国平 赵艳敏 译

2013年·北京

# 目　　录

# 第十章　伊利原则



## 第一节　问题的说明

很少有一个词像简单的伊利(Erie)一词那样向如此多的人传达如此多

的信息。法学院的学生、法律教授、法官和律师知道，该词指代联邦最高法院审理的最重要的案件之一：伊利铁路公司诉汤普金斯案（Erie Railroad Co. v. Tompkins）。[①] 许多学生（和教授）认为伊利原则的内容是民事诉讼法中最难的材料。

476 部分问题是我们所叫伊利（或“伊利原则”）的东西实际上是两个原则。尽管如此，我们在开始阐述该问题之前，起先的任务只是要知道该材料是关于什么的。伊利问题仅在联邦法院产生，关涉在联邦法和州法之间的选择。具体地说，联邦法院在什么时候适用州的法律呢？

该问题通常出现在异籍案件（diversity of citizenship cases）中。毕竟，在联邦问题案件中，诉讼请求是根据联邦法产生的，联邦法最有可能提供裁决案件的规则。然而，在异籍案件中，诉讼在联邦法院进行只是因为当事人恰巧具有不同的州籍（以及，当然，满足了争议金额的要求）。因为在异籍案件中提出的诉讼请求不是根据联邦法产生的，有适用州法律的空间。事实上，正如我们将看到的，联邦宪法要求对一些部分的案件适用州的法律。

关于伊利，有两点提醒很重要。第一，与民事诉讼法的大多数论题相比，教授们在这一领域有众多的观点，许多教授对具体案件的解释和重要性看法不一。这儿提供的不是牧师的说教，显然你应该如你们的教授做的那样尽力理解这些材料。正如你将看到的，材料很丰富且能提供深入讨论法学问题的跳板。有些教授对这些问题作了较多的探讨，而有些则探讨不多。第二，直接跳跃式地奔向伊利话题是不可能的。理解和运用现行原则需要有背景知识，包括通过联邦最高法院判决的一系列案件实现的历史发展。我在第十章第四节至第六节审视了其发展后，在第十章第七节提出了一个处理任何伊利问题的分析模式。但在开始讨论该案件之前，我们探讨为什么伊利原则提出了一个纵向的（与横向相对应）法律选择问题。

---

① 《美国联邦最高法院判例汇编》第 304 卷，第 64 页（1938 年）。

## 第二节　纵向的法律选择对应横向的法律选择

这可能显得有点奇怪，但法院照例会适用其他地方的法律。为确定一纠纷的结果，加利福尼亚州的法院会适用纽约州的法律，或者佛罗里达州的法院会适用科罗拉多州的法律。适用哪一个州法律的问题引起**横向法律选择**(horizontal choice of law)的探讨。换言之，准据法的选择在平等的政治实体之间进行。法院以“法律选择”原则为基础得出结论，该法律选择原则是一个叫《冲突法》的高年级课程的主干内容。就《民事诉讼法》目的而言，我们只需要知道存在这么一个法律部门，且各州可以自由采纳自己的决定横向法律选择问题的规则。

例如，在合同案件中，一个常用的(但不是普遍性的)法律选择方法是适 477
用当事人缔结合同的州的法律。此外，当事人通常可以通过协议自由规定其争议适用某一个具体州的法律，这种约定条款叫法律选择条款，[1]只要这些条款合理且不是过度行为的产物，大多数州会执行它们。在侵权案件中，一个常见的(但不是通用的)法律选择方法是法院应该适用损害发生地的法律。

- P是一个俄亥俄州人，D是新墨西哥州人，两人相互不认识。他们均在夏威夷度假。在夏威夷，驾驶着租来车子的D疏忽撞了P，当时P正在路边散步。P在新墨西哥州因人身伤害起诉了D，要求赔偿。(复习一下，为什么是新墨西哥州？[2])新墨西哥州的法院适用新

---

① 还记得对人管辖部分(第四章第三节第四项)阐述的汉堡王案(Burger King case)吗？在该案中，密歇根州的特许经营者与汉堡王签订了一个包含法律选择条款的合同，该条款规定合同项下的任何争议均适用佛罗里达州的法律。

② 因为她能在新墨西哥州取得对D的对人管辖权，D的住所在该州。P能否在俄亥俄州(她的本土州)起诉是令人怀疑的，除非D因某种原因与该州有足够的联系，以至于服从那里的对人管辖权。当然，P也可以在夏威夷起诉，夏威夷对D拥有对人管辖权，因为交通事故发生在那里。就此假设案件，假设P在新墨西哥州起诉。

> 墨西哥的"法律选择"规则，很可能会得出结论：应适用夏威夷的侵权法，因为在夏威夷受到了伤害。因此，新墨西哥州法院将考察夏威夷的法律，认定 P 的诉求和 D 的答辩之要素。

伊利原则（它在我们的《民事诉讼法》课程中处重要地位）处理一个不同的法律选择问题。这儿，问题不是适用甲州的法律还是乙州的法律，而是联邦法院是否压根应适用州的法律。这儿是在州的法律和联邦的法律之间进行选择。如果法院断定问题应根据州的（而不是联邦的）法律决定，那么它将做横向法律选择的探究，以决定适用何州的法律。但先决问题——这是本章的关注点——是纵向法律选择的探究。

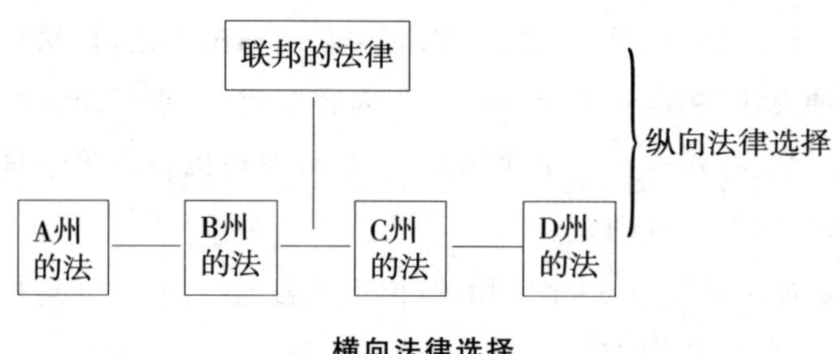


横向法律选择

## 第三节 《裁判规则法》和斯威夫特诉泰森案确立的制度

学习纵向法律选择的起点是《裁判规则法》(Rules of Decision Act),该 478
法1789年后成为《司法法典》(Judicial Code)的一部分。现在,它被编入了《美国法典》第28编第1652条。[①] 仔细阅读其文字,其全文规定为:

> 众州的法律,除宪法或美国加入的条约或国会颁布的法律有相反要求或规定外,在其适用的案件里,应被视为美国法院民事诉讼的裁判规则。

这是一个表达笨拙的条款。它似乎是表示:除适用联邦法律的场合外,在适用州法的案件中,州法提供了联邦法院民事案件的裁判规则。不管起草得多么糟糕,但该法律表明,除适用联邦法的场合外,联邦法院必须将州法作为民事案件的裁判规则适用。重要的是理解为什么该法律要为联邦的法律要求不适用州法的案件创设例外。根据宪法上的至上条款(the Supremacy Clause),联邦法律是"该领土上的至上的法律"。[②] 因此,举例说,当国会在宪法授予权力的某领域制定了法律,该法律就是至上的,在联邦和州的法院具有约束力。这就是为什么《裁判规则法》通常不在联邦问题案件(federal question cases)中引发问题的原因。根据定义,这些案件中的诉求产生于联邦法律,依据至上条款,联邦法必须适用。州法在对此类诉求的认定上没有发挥作用的余地。

然而,在异籍管辖权中情况就不一样。如我们所知,那些案件处于联邦法院不是因为诉讼请求产生于联邦法律,而是因为当事人的州籍(以及争议

---

① 该法原为1789年《司法法》的第34条。你们所读到的一些案件——包括斯威夫特诉泰森案和伊利案本身——将其称为"第34条"。不要被它搞糊涂,它和你们法规附录中的《美国法典》第28编第1652条是同一个法律。

② 《美国宪法》第6条第2款。

的金额)。因此,正如我们在第十章第一节所指出的,第 1652 条似乎针对的是异籍案件,似乎要求将州的法律作为这类案件的判决规则适用。该事项可能不能完全免于质疑,但我们这儿说的话肯定是一个合理的解释。[①]

不管国会想让《判决规则法》服务于什么目的,联邦最高法院在 1842 年
479 得出的结论是:联邦法院没有必要在所有的异籍案件中均适用州法。它得出此结论的著名的判决是斯威夫特诉泰森案(Swift v. Tyson),[②]在被伊利案本身推翻前,该案保持了长达 96 年的效力。没有斯威夫特案的背景,就不能完全理解伊利案。在该被废弃的案件中,争议问题是合同法上的问题,即债务的清偿(discharge of a debt)是否构成合同的对价(consideration)。它是在一个众多的州法院得出了不同结论的问题。传统的观点是债务的清偿不构成对价,但当时的最新趋势却持相反的结论。

斯威夫特案是在纽约联邦法院起诉的异籍案件。纽约州的法院清楚地坚持传统规则,即债务清偿不是对价。联邦最高法院认为审理异籍案件的联邦法院不必在这一问题上遵守纽约的先例(precedent),它支持当时属现代的原则,即债务清楚是对价。法院如何解释不适用州法呢?联邦最高法院解释说,《裁判规则法》中的"众州的法律(laws of the several States)"之表述仅包括州的制定法和与涉及属地事务(例如,也许是土地)的州普通法。至于一般性的普通法事项(例如,侵权和合同的基本原则,包括什么构成合同的对价),联邦最高法院得出的结论是,审理异籍案件的联邦法院可以自由适用其自己的"一般(general)"普通法观点。[③] 审理斯威夫特案的斯托里(Story)法官,在解释《裁判规则法》中的"众州的法律"时表示:

根据通常使用的语言,很难认为法院的判决构成法律。它们至多只是

---

① 见帕特里克·博彻斯(Patrick Borchers),"异籍管辖权的起源,法律实证主义的兴起和伊利案和克拉克森案的美好新世界"(The Origins of Diversity Jurisdiction, the Rise of Legal Positivism, and a Brave New World for Erie and Klaxon),《得克萨斯法律评论》(*Tex. L. Rev.*)第 72 卷,始于第 79 页,第 79—81 页(1993 年)。

② 《美国联邦最高法院判例汇编》第 41 卷,第 1 页(1942 年)。

③ 同上,第 18—19 页。如我们在第一章第一节所探讨的,普通法由司法判决意见组成。与此形成对比的是,成文法是制定法。

> 法律是什么的证据，其本身不是法律……。州的法律(laws of a state)更常见的理解为规则(rules)和州立法机构颁布的制定法(enactments)，其身份是长期确立的有法律强制力的习惯……。我们从来不认为，[《裁判规则法》]确实适用于或旨在适用于更加一般性的问题，比如说……一般性的商法问题。

斯威夫特案存在几个问题。第一，法院判决不构成"法"的说法应该让你们觉得奇怪。今天我们习惯于将司法意见视作"法"。记住斯威夫特案是在超过一个半世纪前判决的。直到 20 世纪的早期，随着法哲学中的"法律现实主义"学派出现，才广泛接受法官肯定能和立法机构一样立"法"的观念。在整个法学院学习期间，你们已经欣然接受了这一看法。例如，在你们的《侵权法》课程中，你们会看到过失和严格责任的原则在普通法中的发展。480
尽管这些原则是由法院而不是由立法机构宣布的，我们仍将其视为"法"。因此，斯托里法官认为州法院的判决是不如"法"的东西，对现代律师来说，感觉奇怪。

第二，斯威夫特案建立在 19 世纪获得广泛接受的一个观念之上，即只有一个真正的普通法。斯托里法官用西塞罗(Cicero)说的生动语言表达这一信念，即法律不可能在罗马是一个意思，而在雅典又是另外一个意思。[①]对他来说，以及对那个时代的多数法哲学家(legal philosophers)来说，法官要"发现(discover)"一个真正的思路，将来某一天，所有的法院都最终看到其中的智慧并接受之。这一说法，和州法院的判决不是法一样，对今天的我们来说是陌生的。我们坦然接受了普通法在不同州可以不同的观念。同样，你们在其他课程上已经看到了很多例子，如一些州支持某种侵权理论而另外的州却不接受。

第三，斯威夫特案将决定真正普通法的任务派给了联邦法官(the federal bench)。斯威夫特案反映着一个特别傲慢的信条：只有联邦法官才能够悟出(divine)真正的一般性的普通法(the true general common law)。他

---

① 《美国联邦最高法院判例汇编》第 41 卷，第 19 页。

们在异籍案件中宣布真正的一般性的普通法,不仅努力裁决这些案件,而且教导州法院一般性的普通法应该是什么。州的法官,如该理论所表示的,将看到其联邦法院同行所采用思路中的智慧,并使州的判决与之相符。

但斯威夫特案没有强迫州法院采纳联邦法院在一般普通法事项上的推理。州法院可以在其判决中坚持适用不同版本的一般普通法。该事实导致了斯威夫特原则的最具灾难性缺点:所适用的一般普通法依赖何法院审理案件——是州法院还是联邦法院。例如,在斯威夫特案后,纽约法院继续采用传统规则,即债务的清偿不是合同的对价。联邦法院受斯威夫特案影响,宣布债务清偿是支持合同的对价。那么,纽约州的州民怎么办呢?当对价问题对合同来说为重要时,纽约州的律师对其客户怎么说呢?律师得解释说在纽约有两套法律:如果在州法院诉讼将适用一套法律,而如果案件在联邦法院则适用一套完全不同的规则。说得更直白一点,在这一问题上纽约州民要服从两套意见相反的法律。一些评论家将这一现象称为"纵向的不
481 统一"——在同一个州,随着问题是在联邦法院还是在州法院处理而法律变得不同。显而易见,纵向的法律不统一让纽约人(或纽约人的客户)难以规划其商业行为。

此外,纵向的不统一大大激励了选择法院(forum shopping)。毕竟,能避开纽约法而利用联邦法院版的一般普通法的人是那些能援引异籍管辖权的人。纽约州州民之间的纠纷不能诉至联邦法院(因为没有异籍),不能诉诸联邦一般普通法。然而,当纽约州的州民与另一州的州民缔结合同时,纠纷就能诉至州法院或联邦法院(当然,假设异籍案件争议金额的要求得到了满足)。因此,当纠纷产生时,诉讼当事人能选择一个可能会适用更称心的一般普通法版本的法院。即使纠纷提出了一个联邦法院还没有明确表态的问题,能援引了异籍管辖权的当事人至少还有机会说服联邦法院,让其采纳与州法院采纳的普通法不同的一般普通法。

利用纵向不统一来选择法院的最恶名昭彰的例子是黑白出租车公司诉棕黄出租车公司案(Black & White Taxicab Co. v. Brown & Yellow

Taxicab Co.)。[①] 在此案中，棕黄出租车公司的经营人与铁路方签订了独家交易合同（exclusive dealing contract）。根据合同，肯塔基州鲍林格林市（Bowling Green）的火车乘客只能乘坐棕黄公司提供的出租车。显然其他出租车公司——包括一个叫做黑白公司（Black & White）的公司——反对该合同，因为合同排挤它们，不让其为火车乘客服务。肯塔基州法院明确认定这样的独家交易协议是无效的，正因为如此黑白公司继续在鲍林格林火车站载客，相信根据州的普通法意图排斥它载客的合同是无效的。

与此同时，棕黄公司想在联邦法院起诉黑白公司，声称应有更宽松的联邦一般普通法能执行此排他性合同。问题是棕黄公司与黑白公司均为肯塔基州州民，因此不可能援引异籍管辖权。性格好胜的棕黄公司拥有人随后解散了公司，而在田纳西州重新设立公司，让该公司成为田纳西州的州民。[②] 之后该公司在联邦法院根据异籍管辖权起诉了黑白公司（一个肯塔基州的州民）。棕黄公司寻求一项禁令，禁止黑白公司在鲍林格林市火车站 482
与其竞争。联邦法院认为联邦一般普通法允许签订独家交易合同，并发布了禁令，禁止黑白公司与棕黄公司竞争。联邦最高法院维持了该禁令。

该结果非同寻常。[③] 棕黄公司的所有人显然人为制造了异籍管辖权，目的仅仅是为了利用因为斯威夫特案而变得可能的法律纵向不统一。联邦最高法院发布了黑白出租车案判决意见后，在肯塔基州，有关强制执行独家交易合同的法律将是什么样的呢？答案依赖由什么法院裁判案件。它使得在肯塔基的情况变得麻烦了，因为其州民要服从此问题上的两个不可调和法律。对黑白出租车案有相当多的批判，因此也批判了斯威夫特诉泰森案

① 《美国联邦最高法院判例汇编》第 276 卷，第 518 页（1928 年）。

② 回顾一下，根据第 1332 条(c)款(l)项，一个公司既是设立州的州民又是其主营业地州的州民。见第四章第五节第三目。直到 1959 年，在黑白出租车公司案裁判后很久，才有了该制定法上的定义。在审理该案件的时候，一个公司只被视为是其设立州的州民。因此，重新设立公司会制造异籍。现在，如果棕黄公司的主营业地在肯塔基州，它将也是肯塔基州的州民，在它和黑白公司之间就不存在异籍。第 1359 条在此案判决时也尚未出现，在第四章第五节第四目探讨过该条文，它处理共谋产生异籍管辖权的问题。

③ 奥利弗·温德尔·霍姆斯（Oliver Wendell Holmes）法官起草了案中令人难忘的反对意见，联邦最高法院在推翻斯威夫特诉泰森案时大量引用了该意见。见第十章第四节。

(Swift v. Tyson)确立的制度。尽管当时没人意识到这一点,但十年后斯威夫特案确实被推翻了。

在转向该要点之前,我们还应该注意由斯威夫特案产生的另外一个问题。正如所指出的,该案对"属地(local)"性的普通法和"一般(general)"性的普通法作了区分——对前者,联邦法院必须遵守州法院宣布的法律,对后者,联邦法院可以弃之不顾。联邦法院在斯威夫特案盛行的近一个世纪时间里很不成功地努力阐明该界限的所在。许多事项是明显的,如合同法和侵权法上的基本问题——像要约、承诺、合同对价和责任以及过失侵犯等事项。这些事项很清楚是一般普通法事项,对这些事项斯威夫特案允许联邦法院宣布其自己的解释。什么构成属地普通法的问题还远不清晰,但一般认为它包括对州法律的解释和与土地有关的问题。[①] 然而伊利案本身涉及一个明显既不是属地性的又不是一般性的问题。当事人根据这一属地性和一般性的理由对联邦最高法院审理的该案件提出辩论意见,但是正如我们
483 将看到的,此判决使得该划分变得没有意义了。

---

① 见,如库恩诉费尔蒙特煤矿公司案(Kuhn v. Fairmont Coal Co.),《美国联邦最高法院判例汇编》第215卷,第349页(1910年)(遵守土地问题上的属地普通法,除非州的法律不确定)。那个时代的一位评论员注意到有几百个案件涉及斯威夫特案下的属地和一般普通法划分,但"这些规则及其适用的不清晰是臭名昭著的"。阿米斯特德·多比(Armistead Dobie),《联邦程序》(*Federal Procedure*),第558页(1928年)。

# 第四节　伊利案本身

## 一、案情

有趣的是，这一如此重要间或也是有难度的原则竟然出自一个情节如此简单的案件。哈里·汤普金斯（Harry Tompkins）是宾夕法尼亚州的州民，他"在一漆黑的夜晚"行走在宾夕法尼亚州胡赫斯敦市（Hughestown）铁道边的小路上。一列由伊利铁路（the Erie Railroad）（简称伊利）经营的货车从汤普金斯先生后面开来。有一样东西——可能是打开的门——凸出到车厢外，击中了汤普金斯先生的头，致使他遭受了严重伤害。他在纽约的联邦法院起诉铁路一方。伊利铁路是纽约州的州民，诉讼请求满足了争议金额的要求，因此案件能援引异籍管辖权。

汤普金斯先生行走的小道处于铁路用地（railroad's right-of-way）上，该用地是涵盖铁路的狭长土地。汤普金斯认为该小道为公众公开和普遍使用着，且铁路一方知道这一事实。汤普金斯辩称，这一点使他成了土地上的"受邀请人（invitee）"。当一个人是受邀请人时，财产所有人就对他负有义务，该义务因简单过失（simple negligence*）而遭违反。因此，汤普金斯主张，他能够因为铁路一方过失让东西伸出列车并击中他而起诉铁路一方。另一方面，铁路一方认为汤普金斯不是受邀请人，而是非法闯入者（trespasser）。如果他是非法闯入者，铁路一方将不对简单过失行为承担责任。对非法闯入者承担的唯一义务是不蓄意（willfully）或放任性地（wantonly）致其受伤。汤普金斯大概能证明铁路一方有疏忽，但他不可能证明存在蓄意的或放任的行为。因此，最终结果将是：如果汤普金斯是受邀请人，则能让

---

* 又称单纯过失，是过失的一种，指缺乏在普通情形中一般谨慎的人所应当付诸的注意。——译者

铁路一方为简单过失向其承担责任;但如果汤普金斯是非法闯入者,就不能让铁路一方为简单过失而向其承担责任。

在这一点上,州的法律[①]规定得极其清楚:汤普金斯是非法闯入者,因此他将败诉。这是为什么汤普金斯的律师在联邦法院起诉的原因——他想让联邦法院根据斯威夫特诉泰森案的结论适用联邦的一般普通法,认定汤普金斯是一个受邀请人,这样只要证明有过失就能赢得诉讼。联邦地区法院认同汤普金斯的说法,适用了一般联邦普通法。法院依据陪审团作出的
484 裁决,作出了汤普金斯胜诉获赔 3 万美元的判决。第二巡回区上诉法院维持了原判,联邦最高法院同意审理该案。

为什么联邦最高法院同意审理该案呢?似乎的理由是,需要认定汤普金斯的地位,即是受邀请人呢还是非法闯入者,是一般(general)普通法事项还是属地性的(local)普通法事项。根据斯威夫特诉泰森案的结论,正如我们在前面部分所看到的,**只有**在它是一般的(而非属地性的)普通法事项时,联邦法院才可以适用其自己的普通法见解。这是当事人在联邦最高法院对案件提供的辩论意见和进行的争辩所围绕的问题。想象一下,之后当听到审理伊利案的布兰代斯(Brandeis)法官在判决意见的第一句中这样宣布时,每个人感受到的震撼:"要裁判的问题是现在是否应否决斯威夫特诉泰森案所确立的屡遭质疑的(oft-challenged)原则。"在该案中没人提出要推翻斯威夫特案的结论。当事人、初审法院以及似乎口头辩论阶段的联邦最高法院均认为斯威夫特案的结论是好的法律。想象一下,当联邦最高法院在伊利案中不仅宣布推翻斯威夫特案的结论,而且宣布因为斯威夫特案联邦法院在长达近一个世纪的时间里一直违反联邦宪法时,所进一步造成的震撼!

---

① 尽管案件在纽约的联邦法院诉讼,但相关的州法却是宾夕法尼亚州的法律。为什么?回顾一下第十章第二节的阐述,横向法律选择原则决定是适用甲州的法律还是适用乙州的法律。我们在下面看到,横向的法律选择是一个由州法(不是联邦法)支配的问题。根据纽约州的法律选择规则,将适用宾夕法尼亚州的法律,因为事故发生在那里。不必为这一事实操心。记住,法院如何作出横向法律选择的决定是在不同的课程——冲突法课程中阐述的。

## 二、判决意见及其两个主题：诉讼当事人的平等和《第十修正案》

由布兰代斯起草的法院意见分成四个部分（其中的第三部分是真正令人震撼的部分）。在第一部分中，法院表示“一位杰出学者近期的研究”提出斯威夫特案判错了。查尔斯·沃伦（Charles Warren）教授进行的该研究，他是一位具有传奇色彩的哈佛大学教授。[1] 他在审视了最初的《裁判规则法》文本后得出结论：起草者的意图是要求联邦法院适用州的法律——制定法和普通法——将它们作为联邦法不适用事项的判决规则。[2] 不管沃伦教授的结论是否正确，[3]联邦最高法院也注意到了对斯威夫特案所引起的纵向法律不统一的广泛批评，特别是第十章第三节探讨的黑白出租车案[4]判决后的批评。

在判决意见的第二部分，联邦最高法院率直地承认：斯威夫特案确立的
理论，即联邦法院将悟出（divine）一个真正的一般普通法供州法院遵从，在
实践中已经以失败告终。州法院坚持其自己对一般普通法事项的看法，而 485
所期待看到的先验性的（transcendental）、普遍的（universal）一般普通法并
没有出现。该事实引发了纵向法律不统一的问题和法院所称的斯威夫特案
的“有害（mischievous）”后果：“在努力提升全美国法律的统一时，该原则却
妨碍了州执法的统一。”[5]因为能诉诸联邦法院的那些人拥有了适用不同体
系的一般普通法的途径，斯威夫特案

---

① 许多人相信沃伦教授是电影《寒窗恋》（The Paper Chase，又译作《平步青云》。——译者）中的金斯菲尔德（Kingsfield）教授的原型。如果你从没看过此电影，可能想租一部来看看。但愿你们喜欢20世纪70年代的服饰和发型，那可是对法学院第一年生活的永恒描写。

② 查尔斯·沃伦：“对1789年《联邦司法法》历史的新领悟”，载《哈佛法律评论》（Charles Warren, New Light on the History of the Federal Judiciary Act of 1789, *Harv. L. Rev.*）第37卷，始于第49、51—52、81—88、108页（1923年）。

③ 一些人不同意沃伦的结论。见，如威尔弗雷德·J. 里茨（Wilfred J. Ritz），《改写1789年〈联邦司法法〉的历史》（*Rewriting the History of the Judiciary Act of 1789*），第148页（1990年）。

④ 我们前面探讨过该案。见正文第482页注释①至注释②。

⑤ 《美国联邦最高法院判例汇编》第304卷，第75页（1938年）。法院在探讨我们所称的纵向的不统一。

引出了非州民(non-citizens)对州民(citizens)的严重歧视。它使得根据不成文的"一般法律(general law)"所享有的权利,因为在州法院还是联邦法院寻求执行而变得不同;而选择应在何法院裁判权利的特权被授予了非州民(non-citizen)。因此,该原则**使得法律的平等保护变得不可能**。[①]

提到"法律平等保护"时,联邦最高法院说的不是宪法的平等保护条款(Equal Protection Clause of the Constitution)。相反,正如阐述的文本所清楚表达的,法院关注的是由纵向的不统一所引起的不公平类型——具体地说,能援引异籍管辖权的人(在联邦法院)有途径获得在州法院不能获得的法律。我将这一担忧称为对"诉讼当事人平等"的担忧。[②] 这是一个基本的理念,即类似情况下的当事人应受到类似的待遇。如果独占交易合同(exclusive dealing contracts)在肯塔基州的法院为无效,这些合同在联邦法院也应该为无效;如果债务清偿在纽约州法院不是合同的符合要求的对价(good consideration),那它在联邦法院也不应该是符合要求的对价。斯威夫特案违反了这一重要的原则(tenet)。

在伊利案第二部分判决意见的最后一段,联邦最高法院似乎清楚导向推翻斯威夫特案。当然,为了达到这一目的,法院要做的全部是认定《判决规则法》中的"众州的法律"表述包括了一般普通法类型的州的裁判法(decisional law)。这一裁决(holding)将使司法系统摆脱"斯威夫特诉泰森案理论附带引起的非正义和混乱"。[③] 但法院接着做了令人惊讶的转向:"如果只是涉及成文法的解释问题,我们就不应准备放弃一个在近一个世纪时
486 间里获得如此广泛适用的原则。"[④]换言之,法院不愿意仅仅为了修正案件对《裁判规则法》"众州的法律"表达的解释而推翻斯威夫特案。

---

① 同前注(加了强调)。

② 理查德·D.弗里尔(Richard D. Freer),《对加斯佩里尼案后伊利原则状态的一些思考》(Some Thoughts on the State of Erie After Gasperini),《得克萨斯法律评论》(*Tex. L. Rev.*)第76卷,始于第1637、1645页(1998年)。

③ 《美国联邦最高法院判例汇编》第304卷,第77页。

④ 同前注。

之后，在意见第二部分的最后一句，法院讲出了令人目瞪口呆的话："但所遵循路线的违宪性(unconstitutionality)现在已经变得清楚，迫使我们[推翻斯威夫特案的结论]"。[①] 因此，在一个没有当事人提出应推翻斯威夫特案的案件中，法院推翻了斯威夫特案——且不是仅仅以对《裁判规则法》的解释事由为依据，而是以宪法事由为依据。斯威夫特案不仅曲解了《裁判规则法》，而且——根据第二部分判决意见的最后一句和整个第三部分——斯威夫特案确立的原则违反了宪法！

判决意见的第三部分探讨了判决的宪法依据，我们接下来详细阐述。判决意见的第四部分将案件发还给第二巡回法院进一步审理。显而易见，这是要求第二巡回法院将案件发还地区法院，然而要求地区法院在铁路对汤普金斯先生承担何责任的基本问题上适用州的法律。正如我们所知道的，按州法律的规定汤普金斯只是一个非法闯入者，因此铁路对其除了承担不蓄意和放任致伤的责任外，不承担任何(其他)责任。因为汤普金斯不能证明有铁路方实施的蓄意和放任行为，适用州法律的结果是他败诉。

当然，在法学院，重要的是获知我们研究的案例所确立的原则。但关注诉讼所涉人性故事也是不错的主意。法学院给了你们数百个——可能是数千个——有关真实世界对抗的，有时候是令人心痛的代理意见(vicarious view)。在一审中汤普金斯已经赢得了获赔3万美元的判决。在上诉阶段，铁路一方提议向其支付7500美元解决案件。这在20世纪30年代可是一大笔钱，对一位已婚且有小孩的失业者来说尤为如此。案件的背景研究显示汤普金斯倾向接受该和解方案，但其律师——一位想在联邦最高法院审理的案件中露脸的律师——力劝他不要接受。在上诉期间，律师让汤普金斯和他一起待在其纽约的家里长达两周，直到铁路一方撤回和解方案。正如结果所示，律师实现了在联邦最高法院诉讼的梦想，但很不幸，结果却是汤普金斯没有获得一文钱的伤害赔偿。[②] 现在，让我们看看伊利案判决意

① 同前注(加了强调)。

② 见欧文·扬格："伊利案中发生了什么"，载《得克萨斯法律评论》(Irving Younger, What Happened in Erie, *Tex. L. Rev.*)第56卷，始于第1011页，第1021—1022页(1978年)。

见的最重要部分——第三部分。

许多的观察员很惊讶，为什么联邦最高法院将伊利案判决建立在宪法之上，而不是建立在《判决规则法》之上。[毕竟，法院可以主张该成文法中的“众州的法律”包括州法院作出的一般普通法的判决(而不仅仅是成文法
487 和属地性的普通法的判决)，而径直推翻斯威夫特案的结论。]通常，在法院能够避开宪法问题时，会根据成文法上的理由裁判案件。然而，在伊利案件中，联邦最高法院似乎刻意将其判决建立在宪法之上。正如所指出的，法院说它不愿意仅仅因成文法上的理由而推翻一个有了 96 年效力的先例。然而，最终法官觉得有义务认定《判决规则法》本身符合宪法，而斯威夫特案对该成文法的适用违反了宪法。

法院的宪法探讨因这一理由而显得奇怪：尽管作出了宪法裁决，但法院没有明确认定斯威夫特诉泰森案建立的制度违反了宪法的哪个部分。尽管有这一奇怪的省却，但似乎每一个都同意判决的依据是《第十修正案》，该修正案规定“没有由《宪法》授予美利坚合众国的，也没有被宪法禁止州享有的权力，保留给各州，或保留给人民”。《第十修正案》体现了联邦制度的重要原则——州保留其没有在《宪法》中让渡给联邦政府的权力。[①] 因此，伊利案是联邦制度的重要宣示。正如联邦最高法院在判决意见的第三部分所表示的：

> 除了由《联邦宪法》或国会颁布法律所支配事项外，任何案件中所适用的法律均为州的法律。州的法律是应该由州的立法机关在制定法中宣布，还是应由其最高法院在判决中宣布，这不属与联邦相关之事。**不存在联邦一般普通法。国会无权宣布在州适用的普通法实体规则，不管**

① 伊利案中布兰代斯法官起草的多数派意见依赖对巴尔的摩和俄亥俄铁路公司诉鲍案[(Baltimore & Ohio R. Co. v. Baugh)，《美国联邦最高法院判例汇编》第 149 卷，始于第 368、401 页(1893 年)]中菲尔德(Field)法官异议意见的长长的引用，在此异议意见中他清楚地断言斯威夫特案违反了《第十修正案》。他提到了宪法的“承认并保护州的自治和独立”部分，并将斯威夫特案作为“对州权力的侵犯”而提及。我们前面已经看到过菲尔德法官——他起草了第二章第四节第一目中探讨过的彭诺耶诉内夫案(Pennoyer v. Neff)的多数派意见。也参见阐述由州让渡权力而建立起联邦政府的第一章第二节第一目。

> **它们在性质上是属地性的(local)还是“一般性的(general)”,也不管它们是商法还是侵权法之一部分。《宪法》中无任何条文意图授予联邦法院这一权力。**[①]

换言之,斯威夫特案是违宪剥夺了授予州的权力,该剥夺是由联邦法院实施的。说得更重一点:“怎么夸大伊利案判决的重要性都不为过。它宣布的绝不是程序性的或管辖权的技术性原则,而是进入了联邦政府和州政府关系的核心,并归还给了州已由联邦政府行使了近一个世纪的权力。”[②]

上述缩进排版引文中的三个被强调的句子给出了两个重要的要点。一 488
个要点(在最后两句中给出)是关于组织结构的:《宪法》在任何地方都没有授予联邦政府——立法机关和法院——宣布普通法实体规则的权力。第二个要点,在第一个强调句中,所得出的结论是压根就没有“联邦一般普通法”这样的事。当然,斯威夫特案建立在对真正的一般普通法的探索上,该法将由联邦法院宣布。现在,96 年之后,结果是斯威夫特案是让联邦法院探索压根就不存在的东西——事实上,也是不可能存在的。让我们更仔细地审视一下这两个要点。

许多人在进入法学院时可能认为联邦政府能够做很多事,不管其想做的是什么。然而,在《宪法》课程中,你们获知联邦政府的权力是由宪法列举的。因此,当法院说“国会无权宣布在州法院适用的普通法实体规则”时,它不是在说国会决不能通过取代州法的成文法。它当然能——但只能在《宪法》向联邦立法机关授予权力的那些事项上。因此,国会可以通过成文法宣布铁路一方对沿铁道用地行走之人所承担责任吗(伊利案的核心问题)?可以,你们在《宪法》课程中将看到这一点——但只有在它拥有行使联邦立法权的宪法依据时才可以这么做。例如,国会调整州际商务的权力无疑给了它通过这一成文法的权力。

尽管国会能够就伊利案中提出的问题制定法律,但它并没有立法。不

---

① 《美国联邦最高法院判例汇编》第 304 卷,第 78 页(加了强调)。

② 赖特和凯恩(Wright & Kane),《联邦法院》(*Federal Courts*),第 378 页。

存在规定要适用联邦法的成文法。所以联邦最高法院增加了上引材料中的最后一句，它提醒这一国家说，《宪法》中没有任何条文授权联邦司法机关(federal judiciary)任何一般权力来制定普通法。因此，不存在适用联邦法律的司法权力。因为没有相关的联邦法律(立法机关制定的或司法判决确立的)，所以《第十修正案》(以及《裁判规则法》)要求适用州的法律。

但为什么联邦司法机关无权在联邦立法机关可以通过法律的领域制定普通法呢？答案似乎是：联邦司法权不及联邦立法权范围宽。这一事实体现了分权的理念，而分权的理念限制了与立法机构相对比的法院的作用。它也用两种方式体现联邦制度：第一，如《第十修正案》所规定的，没有明确
489 授予联邦政府的权力保留给州或人民。第二，州的利益在国会有代言人(因为州的居民选举众议院和参议院的议员[①])，而这些利益不一定被联邦司法机关的成员(他们完全不是选举产生的)所代言。

除了伊利案的宪法依据外，毫无问题，该案也反映出与斯威夫特案不同的法哲学模式(jurisprudential model)。判决意见引用了霍姆斯(Holmes)法官的著名论断，即斯威夫特案结论的依据是假定存在一个真正的一般普通法——“一个处于任何具体州之外但在州内有拘束力的先验性的法律体系，除非以及直至它被制定法所更改。”[②]截至20世纪初，法官、律师和学者——受法律现实主义者影响——更愿意将普通法理解成是每一个州的最高等级的法院将其认定为普通法的东西。正如法兰克福特(Frankfurter)法官后来解释的：

> 在推翻斯威夫特案时……伊利案……不是只推翻一个因年久而受尊重的案件，它还推翻了看待法律的具体思路，该思路在其不充分性已被揭示后很久仍然主宰着司法程序(judicial process)。法律曾被认为是一

① 原先，参议院的议员是由州立法机关选举的。时至1913年，随着《第十七修正案》获得批准，参议员议员才由州的人民直接选举产生。

② 《美国联邦最高法院判例汇编》第304卷，第79页，援引了黑白出租车公司诉棕黄出租车公司案(Black & White Taxicab Co. v. Brown & Yellow Taxicab Co.)，《美国联邦最高法院判例汇编》第276卷，第518页(霍姆斯法官的反对意见)(我们在第十章第三节探讨过该案)。

个理性(reason)的“孵化中的无所不在(brooding omnipresence)”,[州法院的]判决不过是其证据,而判决本身不是控制性的公式(controlling formulations)。[①]

诸如霍姆斯(Holmes)和布兰代斯(Brandeis)这样的法律现实主义者欣然接受这样的观念,即“法律”不仅包括制定法,而且包括法院的法律宣告。(如在第十章第三节中所指出的,我们处于21世纪,能欣然接受此观点。)在一篇著名的法律评论文章中,霍姆斯说道:“对法院事实上将做什么的预言,毫不夸张地说,就是我所指的法律。”[②]在伊利案时代,据支配地位的另一个法学派是实证主义学派。实证主义的一个信条是法律不是某个抽象的和先验的真理,相反只是主权者的命令。因此,对实证主义者来说,所有的法律必须是要么由联邦政府发布,要么由州政府发布。两学派联合在一起支撑了伊利案的结论:(1)普通法是法官所说为普通法的东西;以及(2)没有横跨各州的一般联邦普通法;每一州自由地颁布其自己的普通法。从这一点出发,《第十修正案》发布了非常清楚的命令:异籍案件将适用州的普通法。

尽管伊利案的结论令人震惊,但其重要性并没有引起大众媒体关注。490
费利克斯·法兰克福特(Felix Frankfurter)当时是哈佛大学法学院的教授,他给罗斯福总统写了封信,表示:“我肯定没指望活着看到这样的一天:联邦最高法院宣布,如法官们在星期一做的那样,其自己在近百年的时间内一直篡夺权力。想象一下竟没有一家纽约的报纸——至少我没有看到有一家报纸——能敏锐地嗅到该判决的重要性。”[③]斯通(Stone)法官对媒体没有报道该案感觉非常失落,以至于写信给《纽约时报》的一位专栏作家,敦促他提

① 担保信托公司诉约克案(Guaranty Trust Co. v. York),《美国联邦最高法院判例汇编》第326卷,始于第99、101—102页(1945年)。

② 小奥利弗·温德尔·霍姆斯:“法律之路”,载《哈佛法律评论》(Oliver Wendell Holmes, Jr., The Path of the Law, *Harv. L. Rev.*)第10卷,始于第457、461页(1897年)。

③ 《罗斯福和法兰克福特:他们1928年至1945年间的通信》(*Roosevelt and Frankfurter: Their Correspondence 1928—1945*),第456页[马克斯·弗里德曼(Max Freedman)编辑,1967年]。

请公众注意该“重要的判决(momentous decision)”。[①]

总结一下,伊利案推翻了斯威夫特案,并指出了这样做的两个主要的考虑。当然,清晰的宪法上的考虑是《第十修正案》——对一般普通法事项必须适用州法律。另一个考虑不是建立在宪法上而是建立在政策上,即诉讼当事人平等的理念。这一理念是相似情况下的当事人应该得到相似的对待——支配的法律不应该随案件是在州法院审理还是在联邦法院审理而有所不同。在之后的案件中,联邦最高法院有时对其中一个考虑的强调甚于另一考虑。

## 三、实体和程序两分法的诞生

斯坦利·里德(Stanley Reed)法官认同伊利案结论,并起草了一个单独的重要意见。[②] 他同意斯威夫特诉泰森案应被推翻,也同意布兰代斯(Brandeis)法官的推理,但不同意有关斯威夫特案违宪的结论。他只想将裁决建立在《裁判规则法》上,认为“众州的法律”,如在该法律中使用的,应该包括州法院的所有判决。(我们前面指出,许多人质疑为何大多数法官觉得有义务将伊利案判决建立在宪法理由之上。)

里德法官提出,《宪法》第三条和必需与适当条款(the Necessary and Proper Clause)*一起,可以授权国会通过在联邦法院适用的“实体法规则”。他断言,毫无疑问,伊利案不会强迫联邦法院遵守州法的每一项规定。
491 毕竟,“没人怀疑对诉讼程序联邦拥有权力”。[②] 这儿,里德阐述了一个多数派意见的法官没有阐述的问题:伊利案是否会让联邦法院自由忽视在任何

---

① 赖特和凯恩(Wright & Kane),《联邦法院》(*Federal Courts*),第 378 页,第 13 个注释。有趣的是,首席法官斯通之后将伊利案中的宪法判决理由称为“不合适的附带意见(unfortunate dicta)”。同上注,第 383 页,第 4 个注释。

② 卡多佐(Cardozo)法官没有参与伊利案判决,因为他当时病得很重。在参与判决的八个法官中,布兰代斯(Brandeis)和其他四位加入了多数派意见,里德(Reed)表示认同。两个法官——巴特勒(Butler)和麦克雷诺兹(McReynolds)——不同意推翻斯威夫特诉泰森案。

* 指《美国宪法》第一条第八款第十八项。该条款授权国会为行使宪法授予国会的权力以及授予政府或政府部门或官员的权力制定必需的、适当的法律。——译者

② 《美国联邦最高法院判例汇编》第 304 卷,第 29 页[里德(Reed)法官的赞同意见]。

问题点上的州法律。他的同意意见(concurring opinion)产生了你无疑会在法学院听到的标签式说法(labels):在异籍案件中,联邦法院必须适用州的“实体”法,但却可以适用联邦的“程序”法。在一定程度上,该区分是无害的,给联邦法院必须遵守州法的那些个规则贴上“实体”的标签,给联邦法院不需要遵守州法的那些规则贴上“程序”的标签,也没什么错。然而,如我们在下面部分所看到的,标签不应该用来代替分析。

程序和实体的区分从《裁判规则法》本身看似乎是清楚的。该法只要求有关“裁判规则(rules of decision)”适用州的法律(伊利案也一样)。无疑,纯粹的程序事项似乎不构成裁判规则,因此审理异籍案件的联邦法院可以自由地针对该事实“做它自己想做的事情”。

## 四、不平凡的 1938 年

伊利案不是 1938 年变革的唯一引擎。此年还见证了《联邦民事诉讼规则》(Federal Rules of Civil Procedure)最初版本的颁布。这些规则,我们现在视之为理所当然,因《规则制定授权法》(the Rules Enabling Act)而变得具有可能。该授权法在 1934 年获得通过,现编入《美国法典》第 28 章第 2072 条。《规则制定授权法》是国会对联邦最高法院的授权法,授权其为联邦法院颁布统一的诉讼规则。该授权法通过后,《规则》最初版本的起草、法院批准和国会认可耗时四年。在 1938 年之前,《一致法》(Conformity Act)要求联邦地区法院适用其所在州的程序法。因此,想象一下 1938 年在异籍案件中强加在联邦法院身上的变化。在此之前,联邦法院法官适用州的诉讼法并创建其自己的一般普通法。与此形成对比的是,此年之后,他们适用统一的联邦程序规则,但遵守州的普通法。换言之,在每个领域,实体的领域和程序领域,都变得反过来了。

1938 年的事件也必须放在富兰克林·罗斯福新政的整个政治背景下考察,新政标志着联邦权力的大大扩展,无疑是以牺牲州的自治为代价的。联邦最高法院,在经历了最初的不情愿后,最终支持并因此合法化了多数的这些对行使联邦权力的要求。伊利案似乎与那个时代的潮流趋向不合拍,

492 因为它欣然接受州颁布法律的重要性。另一方面，普遍认为斯威夫特诉泰森案机制下的异籍管辖权在联邦法院制造了一个有利于大公司利益的诉讼气候，而经常以牺牲“小人物(little guy)”的利益为代价。[①] 伊利案剥夺了联邦法院创设一般普通法的权力，该案可以被看成是一个不利于公司利益的判决，并因此被认为更加符合新政(the New Deal)的一些要旨。[②]

① 见小爱德华·珀塞尔:《诉讼和不平等:工业化美国的联邦异籍管辖权》(Edward Purcell, Jr., *Litigation and Inequality: Federal Diversity Jurisdiction in Industrial America*),第 1870—1958 页(1992 年)。

② 具备讽刺意味的是，对汤普金斯来说也是不幸的，伊利案判决本身偏袒公司被告。

## 第五节　1965 年前伊利原则的演变：从克拉克森案到伯德案

当然，伊利案之后，联邦法院在异籍案件中必须适用州的法律（包括普通法）作为判决的规则（或者，简言之，在实体法律上是这样）。不管"实体"指什么——不管"裁判规则"是什么——清楚的是，在伊利案中关键问题（bottom-line issue）在两个事项中。该案的问题是汤普金斯先生是不法闯入者还是受邀请者的身份，以及因而铁路方对他承担的责任。毫无疑问，这些问题决定了一方对另一方承担责任的情形并因此构成实体规则。

伊利案后，法院得认定一系列的问题是否为在异籍案件中必须适用州法的实体事项。联邦最高法院得对一些难以定性的事项作出认定——如法律选择、时效法律、法律时效是否中止以及审判中的举证责任。联邦最高法院花了近三十年的时间阐述这一纵向法律选择问题，似乎建立起了认定异籍案件中联邦法院何时必须适用州法的不同标准。本部分我们的任务是审视这些案件以及它们所宣布的检验标准。尽管联邦最高法院在 1965 年有戏剧性的发现，这一发现我们将在第十章第六节能看到，但我们这儿研究的案件一直没有被推翻。最终，我们得决定它们是如何融入一个全面、综合的纵向法律选择方法的。

处理了伊利案四年后，联邦最高法院判决了克拉克森诉斯腾特电气生产公司案（Klaxon v. Stentor Electric Manufacturing Co.），[①]在该案中，它认为审理异籍案的联邦法院必须适用州的法律选择规则。因此，用给出结论的方式表示，法律选择规则是实体法的，它们构成必须适用州法的裁判规则。我们在第十章第二节探讨过法律选择规则。它们是决定"横向法律选择"问题的规则——即，是甲州的法律还是乙州的法律支配争议。克拉克森

---

① 《美国联邦最高法院判例汇编》第 313 卷，第 487 页（1941 年）。

案的裁判认为，审理异籍案件的联邦法院必须适用联邦法院所在州的法律
493 选择规则。联邦最高法院在伊利案件本身通过暗示已经这样做了。克拉克森案在纽约的联邦地区法院审理。纽约的法律选择原则规定争议适用宾夕法尼亚州的法律（因为在宾夕法尼亚州遭受了人身伤害）。① 尽管评论员们批判了克拉克森案，但联邦最高法院还是肯定了该案的裁判，该案在今天无疑是好的法律。②

**保证信托案**

1945 年，联邦最高法院在保证信托公司诉约克案（Guaranty Trust Co. v. York）③中裁判了一个重要的案件。原告根据异籍管辖权在联邦法院提出了诉讼请求，该诉求过了州的法律时效。但它是一个衡平法上的诉讼请求。传统的做法是，衡平法院会适用“懈怠”原则（the doctrine of “laches”），决定原告是否应该因“在其权利上睡得”太久而遭禁止起诉；在涉及提出衡平法上诉求的案件中，懈怠制度的法律效力高于时效法律。在保证信托案中，联邦地区法院承认州的时效法律妨碍诉求的提出。然而，它以衡平法院的身份认定原告没有懈怠，因此应该能继续诉讼。联邦最高法院认为地区法院犯了错，伊利案要求其适用州的时效法律。法兰克福特（Frankfurter）法官的判决意见承认，众法院和评论人谈了许多有关伊利案是如何建立起了一个“横跨在整个法律领域的巨大分界线”——“实体”和“程序”之

---

① 见第 588 页注释①。该探究可以变得复杂难解。在这一案件中，法官表示：“我们的主要任务……是认定纽约法院认为加利福尼亚法院将怎样看待一个两个法院都没有考虑过的问题。”诺兰诉跨洋航空公司案（Nolan v. Transocean Air Lines），《联邦判例汇编第二辑》第 276 卷，始于第 280、281 页（第二巡回法院 1960 年）。但再次说明，法律选择是一个不同的法学院课程——《冲突法》中的一个重要话题。

② 戴和齐默尔曼公司诉查洛纳案（Day & Zimmerman, Inc. v. Challoner），《美国联邦最高法院判例汇编》第 423 卷，始于第 3 页，第 4 页（1975 年）。我们在第五章第五节第二目探讨审判地转移时看到过涉及该要点的问题。在那里，我们指出一个根据第 1404 条（a）款移送的案件将随案带走转让法院的法律选择规范。

③ 《美国联邦最高法院判例汇编》第 326 卷，第 99 页（1945 年）。判决意见为法兰克福特法官起草。回顾一下第 595 页注释③，当他是哈佛大学教授时，他曾写信给罗斯福总统说广泛发行的报纸没有意识到伊利案的重要性。

间的分界线。[1]

然而，联邦最高法院拒绝适用一个标签式的检验标准，相反从功能角度分析问题。弗兰克福特法官的意见承认，联邦法院应该自由地规定实体权利实现的方式。因此，他表示，“实现权利的方式(forms)和模式(mode)，可能偶尔地、非常自然地因为两个司法体系不完全相同而有所变化。”[2]另一方面，联邦最高法院表示，“既然联邦法院仅仅因为当事人的州籍不同而裁
判由州创设的权利，为此目的，它实际上只是该州的另外一个法院，因此如 494
果该州使权利之恢复变得不可能，那么联邦法院也不能提供此权利之恢复。”[3]最终，联邦最高法院认为：“在法律规则决定诉讼结果的范围内，在联邦法院的诉讼结果，应该与在州法院审理时的结果实质上一样。”[4]现在州的法律(时效法律)要求驳回起诉。联邦地区法院根据懈怠原则漠视该法律，将导致允许案件继续诉讼。因为忽视州法将导致得出与适用了州法不同的“结果”，因此它违反了伊利案的命令。

在第十章第四节第二目中，我们探讨了两个支撑伊利案的考虑。一个，当然是《第十修正案》中保护州主权(state sovereignty)的宪法规定。另外一个是“诉讼平等”的宪法外理念——即相似情况下的当事人应得到相似的对待。保证信托案，如其所应用的，似乎是说伊利案要求在联邦法院的诉讼结果与在州法院的结果相同。伊利案中没有这么说。因此，一些人批评保证信托案对伊利案诉讼当事人平等之考虑采纳了一个过于僵硬的思路。这一批判在一定程度上是不公正的。法兰克福特法官的意见写得比后来适用它的案件更为精致细腻。如上面指出的，法兰克福特法官实际上说的是，“在**法律规则**决定诉讼结果的范围内”，[5]在联邦法院和州法院诉讼的结果应该是一样的。

---

① 《美国联邦最高法院判例汇编》第 326 卷，第 109 页。

② 同前注，第 108 页。

③ 同前注，第 108—109 页。

④ 同前注，第 109 页。

⑤ 同前注(加了强调)。

但之后的案件——特别是初审法院审理的案件——未抓住保证信托案在这一意思表达上的细微差别。这些案件将保证信托案解释成规定了“结果决定的”检验标准(“outcome determinative” test),该标准实际上要求联邦法院确保案件结果——谁赢谁输——不能与州法院的结果不同。这一解读是不幸的,因为它导致了持这样的观念:异籍案件中的联邦法院只不过是州法院的克隆体。联邦法院由独立于州系统的司法系统组成,该体系必须有权力制定自己的除裁判规则(rules of decision)之外的规则。压根就不存在在某些要点上不“决定结果”的规则——不管它是多么清楚地不涉及事实事项。如果僵硬笨拙地解读保证信托案,那么似乎就要求联邦法院甚至在这一点上也采纳州的规则。

- 假设州法院要求所提交的诉答文书写在 14 英寸的纸上,但联邦法院要求诉答文书写在 11 英寸的纸上。没什么比起草诉答文书的纸张尺寸要求更远离实体事项了。不可能认为书写诉答文书的纸张尺寸要求是一项“判决规则”。当原告在联邦法院用 14 英寸的纸提出诉讼请求时,对保证信托案结论的僵硬适用依然可能
495 导致沿着这样思路推论下去:(1)州法院接受 14 英寸的纸,因此案件能继续审理;(2)联邦法院的书记官办公室不接受 14 英寸的纸,该案件不能继续审理;(3)因此,14 英寸纸张的规则决定了案件结果;(4)联邦法院必须遵循州法,允许在 14 英寸的纸上提出诉讼请求。

这样的结果是荒谬的。显然,联邦司法系统必须能够为它自己制定这样的规则。正如法兰克福特法官在保证信托案中所表达的,“实现权利的方式和模式,可能偶尔地、非常自然地因为两个司法体系不完全相同而有所变化。”[①]甚至连联邦最高法院在保证信托案之后的岁月里似乎也忘记了这一点。它把对诉讼当事人平等的担心转化成了一个僵硬的“结果平等”规则。对于这一点,没什么地方比“三重杀出局”案件(“triple play” cases)更为明

① 同前注,第 108 页。

显了。

**“三重杀出局”案件**

在 1949 年的某一天联邦最高法院判决了三个案件，这三个案件向许多观察家发出了这样的信号：伊利案可能会掏空《联邦民事诉讼规则》。三个案件似乎全部都要求审理异籍案件的联邦法院适用似乎清晰为州“程序”规则的东西。在拉根诉商人流通和仓库公司案（Ragan v. Merchants Transfer & Warehouse Co.）[①]中，争议问题是：就中断法律时效的目的，诉讼何时“开始”。理解该案需要一些适用诉讼时效的背景知识。时效法律允许原告在一个规定的时限内——比如两年[②]——开始诉讼。该期限从权利要求“产生（accrual）”时“起算”。这意味着当原告的权利请求产生时，对原告的两年时间（或不管什么时限）的计时之钟就开始滴答计时了。不同州的法院对何时权利请求产生采用不同的标准。一个典型的方法是，权利请求产生于所指控的被告违约或加害之日，即使原告未意识到有该违约或损害。另一主要方法是权利请求产生于理性的原告本应发现其受害之时。无论如何，在时效期间届满前开始诉讼据称将“中断（toll）”该（期限）法律运行。中断只意味着时效之钟的滴答计算停止。[③] 其底线是简单的：原告必须在时 496
效期限届满前“开始”诉讼。

在拉根（Ragan）案中，诉讼时效在原告提起诉讼后但在被告被送达诉讼书状之前届满。[回忆一下第三章第三节第一目，在登记起诉状（complaint）之日与被告被送达诉讼书状之日间经常有一个时间间隔。]州法律规定法律（时效）自被告被送到诉讼书状之日——而不是起诉状登记之日中

① 《美国联邦最高法院判例汇编》第 337 卷，第 530 页（1949 年）。

② 诉讼时效随着州的不同而有很大的区别，甚至在一个州内随诉讼请求不同而不同。典型情况是侵权的诉求拥有比合同或财产诉求更短的诉讼时效。诽谤常常拥有短的时效期间，经常是自请求产生起的一年时间。

③ 其他事项也能中断法律时效的计算。例如，缺乏精神的或法律的能力一般中断该法律（时效）。设被告实施了造成原告伤害的侵权，原告为 14 岁。让我们假设相关的诉讼时效为 2 年。但原告缺乏法律上的能力，因为在权利请求产生时她为未成年人。法律（时效）中断（并因此不开始计算）直到原告达到 18 岁（成年的年龄，此时她有法律上的能力）。相应地，两年的法律（时效）将在原告到达 18 岁时开始起算。在她满 20 岁前都可以起诉。

断。因此，根据州的法律，原告为法律时效所阻碍。另一方面，《联邦规则》第3条规定："民事诉讼以向法院登记起诉状的方式开始。"拉根案的原告提出，根据《规则》第3条，诉讼时效自起诉状被登记之日中断。联邦最高法院拒绝了这一说法，认为州的法律支配中断问题。为什么？因为它"决定着结果"。如果适用州的法律，案件将被驳回，如果忽视州的法律，诉讼将继续进行。和在保证信托案中的表现一样，联邦最高法院认为在联邦法院审理和在州法院审理有不同"结果(outcome)"是不合适的。

这一天判决的第二个案件是伍兹诉洲际不动产公司案(Woods v. Interstate Realty Co.)。[①] 在该案中，密西西比州的法律规定，在他州设立的公司在密西西比营业之前必须向该州登记。根据该法律，没有登记则放弃在密西西比法院起诉的公司权利。[这一规定被称为关门法(a door-closing statute)，显而易见的理由是它向这类公司关上了(州)法院的大门。]一个非密西西比的公司(non-Mississippi corporation)根据异籍管辖权的规定在联邦法院提起诉讼，问题是联邦法院是否应该遵守州的关门法。联邦最高法院认为应该遵守。它再次援引决定结果说作为判别标准。如果适用州的法律，案件将被撤销，如果忽视它，诉讼将继续进行。这一不同的结果——就像保证信托(Guaranty Trust)案的情况——要求联邦法院必须适用州的法律而撤销案件。

497 第三个案件是科恩诉收益产业贷款公司案(Cohen v. Beneficial Industrial Loan Co.)，[②]该案涉及一个叫做**股东派生诉讼**(a shareholder derivative suit)的特殊类型诉讼。[③]《联邦规则》第23条第1款列举了在联邦法院

---

① 《美国联邦最高法院判例汇编》第337卷，第535页(1949年)。这并不意味着联邦法院必须遵守每一个州的关门法。伍兹案中所涉及的法律为州的目的服务[要求外州公司(out-of-state corporations)登记并付费]，如果联邦法院允许它们(指没有登记的外州公司)起诉，该目的将遭颠覆。目的只在于降低州法院案件量的关门法不因受理异籍案件而遭违反。见绍瑙忒诉比奇航空公司案(Szantay v. Beech Aircraft Corp.)，《联邦判例汇编第二辑》第348卷，第60页(第四巡回法院1965年)。

② 同前注，第541页。

③ 我们在第十三章第一节简略探讨过该类型的诉讼。

提起派生诉讼的先决条件。它不要求这类案件中的原告向法院交付保证金(post a bond)。一些州的法律,包括纽约州的法律(纽约州是科恩案的关联州),要求原告交付保证金作为提起派生诉讼的先决条件。设立这一(保证金)要求的目的是防止"恶意的(strike)"或"滋扰性的(nuisance)"诉讼。被逼迫交付保证金的股东[保证金是如果诉讼为轻率的(frivolous),公司能从中获取诉讼费的一笔钱],与不承担这一案件经济风险的人相比,提起虚假派生诉讼的可能性要小。在科恩案中,联邦最高法院认为联邦法院必须适应州法律的保证金要求,即使如所指出的《联邦规则》第23条第1款没有包含这一要求,也必须要求保证金。

这儿应该提及帕默诉霍夫曼案(Palmer v. Hoffman),[①]尽管它是较早判决的案件(严格说来,也不是"三重杀出局"案之一)。该案涉及在原告混合过错(contributory negligence)问题上在庭审中由哪一方承担举证责任。在一些州,被告必须证明原告有疏忽,而在另外一些州,原告必须证明她自己没有疏忽。《联邦规则》第8条(c)款(1)项将混合过错列为被告必须提出的肯定性答辩。在帕默案中,联邦最高法院认为尽管有《规则》第8条(c)款(1)项[该条在当时只是《规则》第8条(c)款],行使异籍管辖权的联邦法院仍必须适用有关庭审中举证责任的州的法律。该(州)法律将举证责任置于原告身上,并因此决定了帕默案的结局。

许多有影响的观察家将这些案件视为对联邦法院权力的严重威胁,甚至威胁到联邦法院就明显的案件程序方面适用其自己的规则。一篇著名的法律评论文章将1949年的这些案件描绘成《联邦民事诉讼规则》上的"三重杀出局(triple play)"。[②] 查尔斯·克拉克(Charles Clark)本人——他是《联邦规则》的主要起草者——得出的结论是《规则》中很少有条文在三重杀案

---

① 《美国联邦最高法院判例汇编》第318卷,第109页(1943年)。

② 爱德华·梅里根:"从伊利案到约克案再到拉根案:《联邦规则》的三重杀出局",载《范德比尔特法律评论》(Edward Merrigan, Erie to York to Ragan: A Triple Play on the Federal Rules, *Vand. L. Rev.*)第3卷,第711页(1950年)。"三重杀出局(Triple play)"出自棒球。在三重杀出局中,一场比赛记录三个队员出局。因此击球队在一次急促行动中就失去了一轮击球。这(对击球队来说)是糟糕的事。

件后还可以“被认为经得起攻击而属安全”。[①]

这样高度紧张有合理依据吗？有。从外表情况看，拉根（Ragan）案似乎使《规则》第 3 条空洞化了，毕竟该规则清楚地规定案件在被登记时开始，
498 然而该案认为联邦法院必须适用州法关于何时案件开始的定义。帕默案似乎是轻视《联邦规则》第 8 条(c)款(1)项，要求原告证明她没有混合过错。与此类似，科恩案似乎使《规则》第 23 条 1 款空洞化了，要求联邦法院在派生诉讼先决条件列表中附加州法院的保证金要求。然而，在某种程度上，伍兹案对联邦司法系统似乎最具威胁，它认为州法可以要求联邦司法系统关上其大门，拒绝行使有效援引的异籍管辖权。

这些案件共同表明，钟摆已经过于摆向“州”的一边了，过于偏离“联邦”一边了。对结果平等的迷恋(fixation)——其本身是对伊利案议题的曲解——似乎注定要将联邦法院降格为仅仅是州司法系统克隆体的地位。该是联邦最高法院重新主张联邦司法系统拥有不向州法律屈膝之合法利益的时候了。在三重杀出局案后的第 9 年，它在伯德诉蓝脊乡村电力合作公司案(Byrd v. Blue Ridge Rural Electrical Cooperative, Inc.)[②]中这么做了。

**伯德诉蓝脊案(Byrd v. Blue Ridge)**

伯德先生在为一家建筑公司工作时受伤。建筑公司是蓝脊乡村电力合作社(Blue Ridge Rural Electrical Cooperative)[简称“合作社(Co-op)”]的一分部，合作社在卡罗莱纳农村地区出售电力。因为存在雇员赔偿法，伯德先生不能起诉其直接的雇主(建筑公司)。该雇员赔偿法规定雇员不能因与工作相关的人身伤害起诉雇主，而雇主承担严格责任，必须根据法定明细表(a statutory schedule)赔偿雇员所受伤害。一方面，这对受伤严重的雇员不利，因为不能起诉并获得超出法定明细表允许范围的赔偿；另一方面，这对雇员又有利，因为完全不必起诉，有权自动获得雇员赔偿利益，不必浪费时间诉讼任何事。

---

① 查尔斯·克拉克：“书评”，载《康奈尔法律季刊》(Charles Clark, Book Review, *Cornell L. Q.*)第 36 卷，始于第 181、183 页(1950 年)。

② 《美国联邦最高法院判例汇编》第 356 卷，第 525 页(1958 年)。

伯德先生的律师对合作社提起了异籍诉讼，[①]依据的说法是伯德不是合作社的雇员，因此不受雇员赔偿金额限制。合作社辩称伯德是一个“法律上的雇员(statutory employee)”，这意味着他被视为合作社的雇员，并因此受限于由合作社提供的雇员赔偿利益。显然，伯德是否为合作社法律上的雇员问题是关键问题。如果他是，则无权起诉，案件将被撤销。正如明显显示的，该问题是一个事实问题——某人得依证据认定伯德是否为合作社法律上的雇员。诉至联邦最高法院的纠纷围绕着谁将作出这一事实认定—— 499
是法官还是陪审团。

根据南卡罗莱纳州的判例法，将由法官而不是陪审团作出该认定。尽管南卡罗莱纳州最高法院已经清楚认定此为法律，然而它没有解释为什么要由法官而不是由陪审团作出认定。伯德的律师辩称，南卡罗来纳州法律对行使异籍管辖权的联邦法院没有约束力，因此该问题应由陪审团认定。[②]

联邦最高法院认为伊利案没有要求联邦法院在该问题上遵守州法。[③]所以注意，伯德案是斯威夫特诉泰森案被推翻后，联邦最高法院面对(与联邦法)相冲突的州法时主张联邦法院特权的首个案件。法院对伊利案的解释出现在判决意见的第二部分，由年轻的布伦南(Brennan)法官起草。该部分意见又进一步被分成三个小部分。在评估它们之前，给出另外一个告诫之语。我认为伯德案是联邦最高法院展示认定标准的最好时刻，该标准决定何时伊利案要求联邦法院适用州法。不是所有的教授都同意这一点。甚至我们这些伯德案的粉丝都不得不承认其作用有限，因为联邦最高法院在随后的几十年里在很大程度上忽视了此案。你们的教授对伯德案和其他案

---

① 伯德是北卡罗莱纳州的州民，合作社是南卡罗莱纳州的州民，争议金额要求得到了满足。

② 考虑一下为什么伯德要陪审团审理而合作社不要。伯德严重受伤，陪审团大概会对他更加同情而不喜欢大企业合作社的说法，即伯德应局限于工人赔偿法提供的(相对微薄的)救济。正如我们在第九章第二节第二目看到的，当事人情愿花费大量时间和大笔金钱纠缠谁是具体事项的事实认定者(fact-finder)问题。

③ 联邦最高法院在裁判结论之后在伯德判决意见的第一部分阐述了该问题，裁决结论为初审法院犯了错，没有允许伯德提交法律上雇员问题的证据。由于该案件因为此问题上的事实认定而被迫发回，联邦最高法院得决定谁(法官还是陪审团)将作出这一(事实)认定。

件的重要性无疑有其自己的看法，你们应该知道其看法。

在第二部分之第一小部分的第一句，联邦最高法院表示，“在[伊利案]中决定了的是，联邦法院……必须(must)尊重州法院对州产生的权利和义务的界定。”①注意“必须(must)”一词——其言外之意是没有自由裁量权。这是对联邦法院发出的命令，并显然出自《第十修正案》。也注意，“必须”与“州产生的权利和义务的界定”相联系。该词组(指“州产生的权利和义务的界定”)似乎是指所有人都认同的纯粹实体性事项——例如，诉讼请求和答辩的要素。对于它们，伊利案要求联邦法院尊重州的法律，这是有道理的。毕竟，诉讼请求和答辩的要素毫无疑问构成案件的裁判规则，因此《裁判规则法》要求适用州的法律。我们可以将这些问题称之为提出“纯粹实体事项”的问题。

500 接下来的句子也一样有趣。“因此我们必须首先审查该规则[即南卡罗莱纳州判例认为法官将决定法律上的雇员问题的规则]，以断定它是否与这些(州产生的)权利和义务如此密切相关(bound up)，以至于要求在联邦法院适用之。”②注意“密切相关”的表述，联邦最高法院没有对之进行解释。尽管如此，很显然它肯定是指有一些州的规则与纯粹的实体事项是如此紧密地相牵连，以至于《第十修正案》要求联邦法院尊重州的规则，这些规则处于《第十修正案》命令的范围内。

不幸的是，联邦最高法院从来没有对“密切相关(bound up)”进行解释。然而，似乎是该表述包含这么一些事项，它们完善(refine)州对何时某人有权从另一方处获得赔偿的认定(assessment)。我们已经看到一些例子。克拉克森(Klaxon)案要求审理异籍案件的联邦法院适用州的法律选择规则。这类规则并不界定诉讼请求或答辩的要素，但其作用是完善州法对何时原告能够获得赔偿的认定。它们指示法院适用哪一个州的法律，因此似乎与州法律界定的“权利和义务”密切相关。此外，帕默诉霍夫曼案认为审理异

① 《美国联邦最高法院判例汇编》第356卷，第535页(加了强调)。

② 同前注(加了强调)。

籍案件的联邦法院必须适用州的有关庭审中举证责任的法律。同样，举证责任并不准确界定何时当事人可以获得赔偿，但它与此有紧密联系。它似乎与确定原告何时能获得赔偿密切相关，因为当对具体问题没有提供证据时，则由它决定谁是胜诉方。[①]

在伯德案中，联邦最高法院接着给出了一个很长的段落，认定南卡罗莱纳州的规则没有界定州产生的权利和义务，且不与这样规则密切相关。相反，它只不过是“执行诉讼豁免(immunity)的方式和模式”。[②] 有关“方式和模式”问题，发生了什么？联邦最高法院在第二部分的第二小节中作了解释。第一句长而有趣：

> 但紧随伊利案之后的案件已经表明了一个更广泛的政策(broader policy)，其大意是联邦法院应该尽可能地遵守——在缺乏其他考虑因素的情况下——州的规则，甚至是有关方式和模式的规则，条件是州的规则可能与这样的问题有实质性的关联，即如果联邦法院不适用具体的地方规则，诉讼是否在联邦法院为一个结果而在州法院是另外一个结果。[③]

这一句子是一个金矿。更广泛政策的表述指伊利案中的诉讼当事人平 501
等的主题。回忆一下我们在第十章第四节第二目所作的探讨，即伊利(Erie)案不仅包括《第十修正案》的宪法上的理由，而且包括宪法之外的一项受关注的政策基础，即类似情况下的当事人应受到同等的对待。保证信托(Guaranty Trust)案，至少在它逐渐运用的过程中，已经将这一诉讼当事人平等(litigant equality)的利益扭曲成结果平等(outcome equality)的利益。这儿，在伯德案中，联邦最高法院首次解释该政策所适用的案件是：州的法律问题不是纯粹实体性的或与纯粹实体事项密切相关的。这一政策建

① 我想时效法律是另外的一个例子。该法律不界定权利和义务，但对当事人主张纯实体权利的能力设定了一个时间界限。然而，考虑到保证信托(Guaranty Trust)案的判决，在该案中联邦最高法院将时效法律描写成执行权利的“形式和模式”事项，也许这些规则没有密切关联。

② 《美国联邦最高法院判例汇编》第356卷，第536页。担保信托案(Guaranty Trust)第一次使用了形式和模式一词描述时效法律。

③ 同前注，第536—537页(加了强调)。

议——而不是强迫——联邦法院在不适用州法将影响结果的案件中适用州法。它因此给出了保证信托案分析的背景：至于方式和模式，当不适用州的法律将影响结果时，联邦法院“在缺乏其他考虑因素的情况下”将适用州的法律。法院打开了可能性的大门：“其他考虑因素”可能克服结果决定，并允许联邦法院拒绝遵守州的法律。

实际上，伯德案本身就是这样的案件。联邦最高法院给出了重要解释：联邦法院，作为维护正义的独立的系统，在保持该系统的“关键特性（essential characteristic[s]）”使之免于州法律干预上拥有利益。该利益构成一个“肯定的抵销性考虑因素（affirmative countervailing consideration）”[①]，它为联邦法院忽视州的法律提供正当性。在伯德案中，联邦系统的利益是法官和陪审团工作的分工，该分工受《第七修正案》影响。[②] 州的法律——至少不属于纯粹实体的或与此密切相关的州法律——“不能在每一案件中都坚持要求遵守州的……干扰了联邦的法官和陪审团职能划分制度的规则。”[③]因为州的系统没有清楚说明制定其规则的理由，联邦（司法）系统在法官和陪审团之间分配事实认定功能方面拥有强大的利益，因此联邦法院有理由忽视州的让法官决定伯德是否为法律上雇员问题的规则。

在判决意见第二部分的第三小部分中，法院表示，其之前的分析建立在这样的假设之上，即谁决定伯德先生是否为法律上的雇员的问题在保证信托案意义上是“决定结果的”。这儿，它暗示该问题可能不决定结果。如果情况是这样，很可能法院在第二部分的第二小部分（subpart）中所说的很大
502 部分是法官的附带意见（dicta）。然而，人们希望它不是法官的附带意见，因为该部分判决意见很有意义。它告诉我们在方式和模式事项上——对这些事项，《第七修正案》没有命令（command）联邦法院适用州的法律——然而

① 同前注，第 537 页。

② 奇怪的是联邦最高法院没有简单地认为，伯德是否为法律上雇员的问题是一个适用《第七修正案》以便在联邦法院授予陪审团审理权问题。如果它这么做了，至上条款（Supremacy Clause）将使得伊利案不可适用。

③ 同前注，第 538 页。

可以建议(conscript)联邦法院适用州的法律。如果不这样做将影响结果并且联邦(司法)系统的在分配职责上的利益没有超过州利益的,它将这么做(指适用州的法律)。伯德案以将“权衡(balancing)”代入伊利案的公式(equation)而闻名,但重要的是看到它仅仅在本段归纳的有限的情况里才这么做。

伯德案因此建立起了有益的线状的模式(linear model),下面用图表示该模式。在一端是所有人都同意为纯粹实体的事项(像诉讼请求的要素),法院将其描写成“涉及界定州创立的权利和义务的”规则。在另一端是所有人都同意为纯粹程序性的事项(像提出诉答文书的纸张尺寸)。显然,联邦法院在纯粹的程序事项上可以“做它自己想做的事”。《裁判规则法》或伊利案没有任何内容要求联邦法院在此情况下适用州的法律。同样清楚的是,《第十修正案》命令联邦法院在纯粹实体事项上适用州的法律。然而,当从纯实体事项向前移动时,就有与权力和义务的界定如此密切关联的规则,以至于根据伊利案它们被视为是纯粹实体的。《第十修正案》要求审理异籍案件的联邦法院遵循州的这样的规则,如法律选择的规则和举证责任的规则。

从纯实体事项继续向前挪动,就是方式和模式的规则(这可能是“程序”的一个别致表达方式)。这儿,伯德案确定《第十修正案》不适用。但伊利案中支持的诉讼当事人平等的政策适用。如果忽视这一点上的州的法律将影响结果,联邦法院将——作为礼让(comity)事项,为避免在两个司法系统得出不同的结论——适用州的法律。但如果这将违反联邦法院作为独立司法系统的某些利益,联邦法院将不这么做。这儿,指联邦法院将权衡(两个司法)系统的相关的利益。在伯德案中,联邦司法系统的利益巨大,而州没有提供制定其规则的理由,因此在其中没有什么利益。联邦利益超过了州的利益,联邦法院有正当理由忽视州的法律。

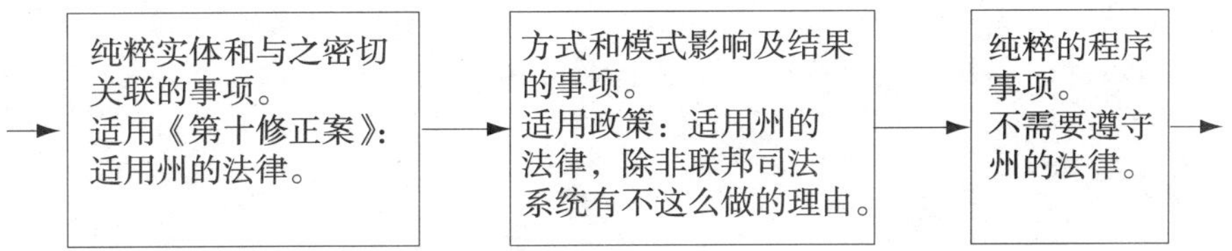

503 总之,伯德案并不完美[它没有对“密切关联(bound up)”进行解释,也没有告诉我们怎么确实权衡联邦和州的相竞争的利益],但它比我们迄今为止所看到的所有案件要好很多。它允许联邦法院避免适用干扰联邦(司法)系统运作的州的法律,并告诉我们伊利案的哪一部分是《第十修正案》命令的,哪一部分是政策所建议的。它也向我们提供了适用保证信托案的结果决定标准的背景。可悲的是,法院在伯德案之后几乎没做什么。

# 第六节　伊利原则的裂变：汉纳诉普卢默案及后续发展

## 一、汉纳案建立的两个层次的纵向法律选择：汉纳分支和伊利分支

背景。下一个重要案件是影响巨大的判例(a giant)——汉纳诉普卢默案(Hanna v. Plumer)，①该案是在 1965 年判决的。在该案中，原告在马萨诸塞州的联邦法院提起了异籍诉讼。被告是死者的遗产执行人。根据现在为《联邦规则》第 4 条(e)款(2)项(B)目的规定，向被告送达了诉讼书状，该条文允许"替代"送达("substituted" service)诉讼书状，方法是送达给居住在被告住处(dwelling)或常住地(usual abode)的达到适当年龄和具有适当智力的人。② 然而，根据马萨诸塞州的法律，向死者代表如遗产执行人送达必须向本人送达，不允许替代送达。问题很清楚：伊利案要求联邦法院在这一案件中适用州法吗，抑或是联邦法院可以自由地忽视州的法律而适用《规则》第 4 条呢?

根据我们前面所看到的(特别是伯德案)，我们预料联邦法院会审视要求向本人送达诉讼书状的州规则，认定其是否为州所创立的界定权利和义务规则的一部分，或是否与该界定密切关联。如果(这似乎是可能)它不是——而其只是一个方式和模式的规则——法院接下来将审视根据保证信托案它是否影响结果。结论似乎肯定是这样：如果适用州的法律，案件将被驳回；如果忽视州的法律，案件将继续审理。因此，我们预料法院会适用州的法律，除非联邦(司法)系统的利益超过了该规则中蕴含的州利益。似乎 504

---

① 《美国联邦最高法院判例汇编》第 380 卷，第 460 页(1965 年)。

② 在裁决该案时，"替代"送达起诉书的规则规定在《联邦规则》第 4 条(d)款(1)项中，因此该意见指的就是该条文。我们在第三章第三节第二目中探讨过替代送达。

并不明显存在这样的联邦系统的利益，如我们已经看到的，因此可能预料伊利案要求适用州的法律。事实上，下级法院的结论就是应该适用州的法律，认为诉讼书状的送达是不合适的，因为它没有以州法律要求的方式完成。在联邦最高法院，被告(其在下级法院胜诉了)辩称根据保证信托案下级法院是正确的，因为该规则影响结果。

那么联邦最高法院是怎么做的呢？它不想根据伯德案的方案处理案件，因此没有探讨州的法律是否是界定州创立权利义务规则的一部分或者是否与该界定密切关联。它探讨的却是保证信托案和结果决定论。和伯德案一致，它似乎将结果决定论作为一个只适用于州的有关方式和模式规则的东西加以探讨。但汉纳案提出了一个审视结果决定的根本不同的方式。首席法官沃伦(Warren)的判决意见指出，"结果决定的分析绝对不是旨在发挥护身符(talisman)的作用。[1] 事实上，[保证信托案]本身提供的信息是，州法律和联邦法律之间的选择不是通过适用任何自动的'石蕊试纸'标准(litmus paper' criterion)完成的，而是通过参考支撑伊利案规则的政策完成的。"[2]这是重要的表述，因为它承认法院逐渐僵硬适用保证信托案了。事实上，联邦最高法院注意到(如我们在第十章第五节中所注意到的)，在某些问题点上，联邦法院和州法院程序上的每一项不同，在某种程度上都影响结果，结果是法院使用此(结果决定)标准。

**伊利案的双重目标。**联邦最高法院提出，结果决定当与《裁判规则法》的探究发生关联时，应接受它所称的伊利案的双重目标指导：即(1)挫败挑选法院(forum shopping)以及，(2)避免不公平的执法。这是联邦最高法院第一次这样认定该双重目标。它不是将双重目标的渊源追溯到伊利案的《第十修正案》依据，而是追溯到我们所称的该案中的当事人诉讼平等主题："认识到，因诉讼在联邦法院提起诉讼的性质和结论会有重大不同，这一点

[1] 在这一点上，法院引用了伯德案，这是联邦最高法院在 1958 年至 1996 年期间唯一一次引用伯德案。然而，它没有用任何方式探讨伯德案。

[2] 《美国联邦最高法院判例汇编》第 380 卷，第 467 页。

是不公平的。”[①]按照联邦最高法院的说法，伊利案(至少部分)是建立在对挑选法院的回应上的，而我们在第十章第三节中探讨过的斯威夫特诉泰森案鼓励了这种挑选。在这些原则的指导下，结果决定标准在诉讼中不应在遵守州法律成为问题时才被关注，而应该在诉讼之初就被关注。问题应该 505
是适用州法和忽视州法之不同结果是否会影响原告对联邦法院的选择。如果影响选择，那么联邦法院就应该倾向于适用州的法律。

来自汉纳案的这一新的结果决定论的分析被称为“修订了的结果决定”标准或“双重目标”标准。它似乎比法院从保证信托案中发展出来的僵硬的标准更为细腻，更符合法兰克福特法官在保证信托案中所做的暗示。而且，将结果决定分析作为当事人诉讼平等政策的一部分，而不是作为伊利案的《第十修正案》核心，这一点似乎与伯德案是一致的。[②]

然而，一些评论员质疑在双重目标标准中是否确有两个目标。相反，似乎联邦最高法院只关心一个事项——避免挑选法院。如果有了挑选法院，似乎就自动有了“不公平的执法”。换种说法，如果忽视州法将导致诉讼当事人蜂拥至联邦法院，这就自动导致了不公平执法结果。为什么？因为只有其他州的公民能够获得向联邦法院起诉的途径(因为只有他们才能够援引异籍管辖权)。给一个例子能证明这一点。

- 假设A州的法律要求医疗事故诉讼(a medical malpractice suit)的原告起诉时与起诉状一并提出医疗专业人员的宣誓书(affidavit)，陈述渎职有可能已经发生的专业上的结论。原告不喜欢这一要求，因为它使得仅仅提起这样的诉讼都变得更加费钱和困难。原告是B州的州民，她以医疗事故为由在联邦法院起诉医生，医生为A州的州民。如果联邦法院不遵守州的法律，原告将能够在没有宣誓书

① 同前注。在其同意意见中，对之我们在本目的近结尾部分进行探讨，哈伦(Harlan)法官贬抑了多数派对当事人平等的关注。对哈伦法官来说，伊利案与其说是关于法庭选择还不如说是涉及《第十修正案》。

② 奇怪的是汉纳案只引用伯德案一次，且没有探讨伯德案对纵向法律选择所提出的全部方法。

> 的情况下提起诉讼。这无疑将引起挑选法院——每一个能诉至联邦法院的原告都将会这么做，因为将因此避开宣誓书的要求。因为只有非A州的州民才能诉至联邦法院（因为只有他们才能够援引异籍管辖权起诉作为A州州民的医生），因此联邦法院不遵守州的法律将自动地产生不公平的执法。

不管该标准真的是有一个目标还是有两个目标，重要的是看到汉纳案的思路——在关注点和结果上——是如何有别于保证信托案思路的。汉纳案中的问题（诉答文书的送达是否合适），从僵硬的保证信托案角度看，肯定是决定结果的。为什么，因为，如我们已经指出的，如果适用州的法律，案件
506 将遭驳回；如果忽视州的法律，案件将继续进行。这正是在保证信托案中法院认定的决定结果的情形。但在新的双重目标意义上，汉纳案的事实不决定结果。为什么？因为没有诉讼当事人——在诉讼之初评估去哪里起诉时——仅仅为了避开州的向本人送达诉讼书状的要求而在联邦法院起诉。汉纳案中的原告可能完全有向被告本人送达的意图。在尝试了送达之前，尚未产生替代送达的需要。

因此，根据汉纳案中反映出的决定结果表述的新含义，人们如何向被告送达起诉状的问题不“决定结果”。因为该问题不决定结果，所以不需要适用州的法律。因此，在判决意见的这一点上，联邦最高法院似乎在修正结果决定标准，几乎是认为根据伊利案不适用州的法律。然而，法院并没有这么做，而是突然告诉我们新的双重目标分析法与其要审理的问题无关！事实上，迄今我们所读到的所有阐述都是无关的。为什么？因为我们迄今读到的所有阐述都是论述《裁判规则法》（the Rules of Decision Act）的，该法与汉纳案中法院要处理的问题无关。相反，法院解释道，汉纳案中的纵向的法律选择问题涉及一个完全不同的法律：《规则制定授权法》（the Rules Enabling Act）。

**《规则制定授权法》（The Rules Enabling Act）和至上条款（the Supremacy Clause）。**审理汉纳案的法院震惊了读者，说被告的说法——即应适用保证信托案的标准——有一个“根本的缺陷（fundamental flaw）”——

即有不正确的假设，假定伊利案的规则构成了判别《联邦［民事诉讼］规则》某一规则有效性（validity）和因此是否可适用（applicability）的适当标准。[①] 当《联邦民事诉讼规则》的某一规则适用时，伊利案压根就不适用！在这样的案件中，该问题“与典型的，相对不受约束的伊利选择方法大不相同。”[②] 相反，只要《联邦规则》的规定有效，它就构成国会发出的适用该规定的指令。为决定该规则是否有效，法院必须根据《规则制定授权法》进行分析。

正如我们在第十章第二节第四目所表示的，《规则制定授权法》——《美国法典》第 28 编第 2072 条——使《联邦民事诉讼规则》之颁布成为可能。根据第 2072 条(a)款，国会授权联邦最高法院行使国会拥有的为联邦法院颁布有关“手续和程序”规则（rules of “practice and procedure”）的权力。历时数年，联邦最高法院任命了一个咨询委员会（Advisory Committee）起草《规则》并考虑对其的修订。咨询委员会历史性地发布了其建议的修正案和新规则供大众评说，之后联邦最高法院决定是否将之作为建议（向国会）提出供采纳。如果决定作为建议提出，则法院将建议的《规则》送交国会。如果国会在规定的期限内不修改或拒绝任何此等建议，则规则生效。因此， 507
在《联邦规则》生效时，它已经（至少在理论上）经历了咨询委员会、公众、联邦最高法院和国会等的审查。

这些层层审查不仅旨在确保任何修订和新规则起草良好，而且还确保建议不违反《美国法典》第 2072 条(b)款。该条款规定《联邦规则》“不应该缩减、扩大或修改任何实体权利”。这是一个重要的限制，旨在确保联邦政府不用程序规则作掩饰蚕食州的实体法律。因此，它具体体现了《第十修正案》的关注——即没有让渡给联邦政府的权力由州保留。

汉纳案宣布根据《规则制定授权法》评估联邦规则是否有效。联邦最高法院解释说，国会设立初审法院的宪法权力包含了制定在这些法院使用的程序规则的权力。根据汉纳案中联邦最高法院的说法，该权力让国会能够

---

① 《美国联邦最高法院判例汇编》第 380 卷，第 469—470 页。

② 同前注，第 471 页。

制定任何“能够将其合理归类”为属于程序性的规则。许多人将其称为“可认为是程序性的”标准(the “arguably procedural” test)——如果该规则“可证明为程序性的”，则联邦规则处于国会拥有的制定在联邦法院适用程序的宪法权力范围内。正如审理汉纳案的法院所承认的，这算不上是一个好标准。很难想象联邦最高法院会建议，国会会批准甚至都不能认为是程序性的联邦民事诉讼规则。因此认定联邦规则有效性(validity)的宪法标准不是什么障碍。

但还有另外的标准。如我们所看到的，《美国法典》第 2072 条(b)款规定《联邦规则》“不应该缩减、扩大或修改任何实体权利”。因此，一个规则只有处于国会的宪法所授权力范围内，且处于《规则制定授权法》授权范围内时，才是有效的。联邦最高法院从来没有以违反第 2072 条(b)款为由而否决一个规则。实际上，规则颁布的过程给了规则“宪法和制定法限制下的推定的有效性(presumptive validity)”。[①] 联邦最高法院走得是如此之远，以至于表示“如果为维持该规则体系的完整所合理必要，附带影响诉讼当事人实体权利的规则不违反这一规定。”[②]在汉纳案中，法院不难得出结论：《联邦规则》第 4 条符合宪法，处于《美国法典》第 2072 条(b)款的范围内。该规定涉及的是通知被告，因此处理的是程序和手续问题(issue of procedure and practice)。因此，《规则》第 4 条适用，该规则胜过了州的法律。

为什么要适用联邦法？为什么它胜过州的法律呢？尽管法院没有如它能够做的那样澄清这一点，但答案是由《宪法》的至上条款(the Supremacy Clause)规定了的。该条款规定在《宪法》的第六条中，它规定联邦法律是
508 “该土地上至上的法律”。汉纳案的裁判只是至上条款的应用。因此，一旦法院认定联邦的指令(directive)(如《联邦民事诉讼规则》)(1)适用于案件的事实，且(2)是有效的，至上条款将要求适用之。在这一情况下，联邦的命令就胜过了在该问题点上州的法律。

---

① 伯林顿北方铁路公司诉伍兹案(Burlington Northern R. R. Co. v. Woods)，《美国联邦最高法院判例汇编》第 480 卷，始于第 1、6 页(1987 年)。

② 同前注，第 5 页。

这就是汉纳案中的判决。《联邦规则》第 4 条适用于案件事实，且根据《宪法》和《规则制定授权法》是有效的，因此它适用。所以根据至上条款《规则》第 4 条必须适用，它胜过了州的法律。压根就没有伊利案的分析，没有结果决定论，没有双重目标，没有伯德案。这些都均与《裁判规则法》下的分析有关，但当存在相关的有效联邦指令(directive)时，均不适用。

分析的两个分支。无论赋予汉纳案多大的重要性都不为过。该案确认我们以前认定的单一原则——伊利原则——实际上是两个(原则)。在运用(apply)"典型的，相对不受控制的"伊利案探究(Erie inquiry)之前，我们在从伊利案到伯德案的所有的案件中都看到，法院必须问是否有有关的联邦指令。如果有联邦指令，只要它是有效的，就要适用联邦指令。我们称这为纵向法律选择原则的汉纳分支。它总是纵向法律选择中的第一步。尽管在汉纳案中联邦指令是一联邦民事诉讼规则，但汉纳案的指令清楚地适用于所有的联邦规定——包括联邦宪法规定或联邦制定法。如果它是相关的且有效的，至上条款指示将适用它。

那么，何时伊利案确立的原则被考虑呢？仅仅在缺乏相关的联邦指示时才被考虑。在这一情形中，联邦政府没有制定可适用的规则，因此，法院必须做纵向法律选择的伊利案或《裁判规则法》的探究。我们将这称为纵向法律选择的伊利分支(the Erie prong)。正如我们已经知道的，这是一个令人困惑的分析。汉纳案更增添了困惑，针对结果决定标准提出了双重目标的建议。然而，因为联邦最高法院将其汉纳案的裁判建立在《规则制定授权法》基础之上，因此，它对结果决定的讨论——结果决定是双重目标的素材——就成了法官附带意见(dicta)。它对案件裁决来说是不必要的。然而，后续的案件采纳了双重目标，将其作为伊利分支分析的一部分。[①]

但下级法院(lower courts)并不完全清楚双重目标检验标准(the twin aims test)是否完全取代保证信托案的僵硬的决定结果标准(outcome-de-

---

① 见，如沃克诉阿姆科钢铁公司案(Walker v. Armco Steel Corp.)，《美国联邦最高法院判例汇编》第 446 卷，始于第 740、753 页(1980 年)。

termination test)。许多法院继续适用僵硬的方法,有些法院用之代替双重目标标准,而有些法院将之与双重目标标准一并使用。此混乱只是表明,法
509 院还不善于将各种各样的因素融合到伊利案分支的分析中。就考试目的来说,这使得你们应付起来比较困难。努力理解你们的教授是否认为汉纳案的双重目标方法已经取代了保证信托案的结果决定分析。许多教授认为已经取代了。我认为,这些教授忽视了下级法院的所作所为。尽管有汉纳案,许多下级法院仍继续使用僵硬的保证信托案的方法。因此,我在第十章第七节建议的对素材进行综合分析的方法中,推荐同时适用保证信托案和双重目标的标准。

自裁判汉纳案起,联邦最高法院多次阐述了纵向的法律选择。多数的这些努力涉及分析的汉纳案分支和认定联邦指示是否涵盖争议的问题。联邦最高法院对纵向法律选择的伊利分支没多少话可说。其澄清该领域法律的最有意义的机会出现在 1996 年,在审理加斯佩里尼诉仁爱中心公司案(Gasperini v. Center for Humani-ties, Inc.)[①]时,我们在第十章第六节第五目探讨此案。可惜的是,如我们将看到的,法院没有利用该机会提供澄清。

**哈伦(Harlan)法官的认同意见。**哈伦法官认同汉纳案的结论,但其推理与多数派意见不同。哈伦法官的看法值得研究,许多教授在课堂上对之花费相当时间。哈伦法官直率地承认联邦最高法院没有清楚讲出伊利案下可行的原则,而担忧汉纳案中多数派的意见过于简单化。他尤其谴责多数派对诉讼当事人平等主题的专注;对哈伦法官而言,伊利案远不仅是一个表达了对挑选法院担心的案件。它是有关《第十修正案》的,而汉纳案的多数派冷遇了这一部分分析。对哈伦法官来说,主要问题应该是:当该问题"实质性地影响那些涉及人类行为(human conduct)的主要决定"时,州的法律是否必须适用。[②] 如果此问题有这样的影响,则州法必须适用。如果它没

① 《美国联邦最高法院判例汇编》第 518 卷,第 415 页(1996 年)。

② 汉纳案,《美国联邦最高法院判例汇编》第 380 卷,第 475 页(哈伦法官的同意意见)。

有这样的影响，就能被忽视州法。就汉纳案的事实，他得出的结论是，没有人愿意依据不当致死案件（wrongful death case）中送达诉讼书状的方式构建其真实世界的人类行为。因此，不能适用州的法律。

哈伦的公式（equation），即州法律支配那些"涉及人类行为主要决定"的事项——对许多评论家和教授来说具有很强的吸引力，特别是作为认定一联邦规则是否违反《规则制定授权法》的替代标准。正如我们上面所看到的，《美国法典》第 2072 条（b）款规定联邦规则不能影响实体权利。旨在支配"与人类行为有关的主要决定"的联邦规则将影响实体权利并因此违反了第 2072 条（b）款，这似乎是清楚的。

**困难的问题**。当汉纳案在纵向法律选择的汉纳分支和伊利分支之间画
出清晰的界限时，它留下了几个问题需要解决。根据汉纳案，法院必须首先 510
评估联邦的指令是否是相关的——它是否涵盖了摆在法院面前的问题。就汉纳案的事实而言，这是件容易的事——《规则》第 4 条清楚适用于如何送达诉讼书状的问题。但该问题并不总是那样明朗。正如我们在下面小结所看到的，联邦最高法院在对联邦指令做广义解读还是狭义解读上观点前后不一。该前后矛盾导致了不确定性（对你们的教授来说，则有了出重要考题的可能）。此外，如果法院认定联邦指令是相关的，如果它又有效的话，则法院必须适用联邦法律。因此，我们必须知道如何评估联邦指示的有效性（validity）。我们在第十章第六节第四目探讨该问题。最后，当然，我们还有不肯定的地方（uncertainty），该不确定性在适用伊利案分支的《裁判规则法》时一直存在。例如，人们如何对待伯德案，尤其是考虑到联邦最高法院对其的忽略。我们本希望在 1996 年联邦最高法院裁判加斯佩里尼（Gasperini）案时获得答案。正如我们在第十章第六节第五目将看到的，该案所留下的未解决的问题几乎和它回答了的问题一样多。此外，如我们所看到的，有双重目标标准是否取代保证信托案的结果决定标准抑或是与其并存的问题。我们在第十章第七节中在建议一个全面的纵向法律选择方法时阐述这些话题。

## 二、汉纳分支的适用：认定何时与联邦指令相关

根据联邦最高法院的说法，其汉纳案判决是《联邦民事诉讼规则》与州的规定发生直接冲突的首个场合。然而，拉根（Ragan）案和科恩（Cohen）案[①]等案件使这一说法显得不符合事实，在这些案件中联邦最高法院挫伤了联邦规则的元气。然而汉纳案的多数派意见解释说，这些案件不认为联邦规则被州的法律所取代。相反，他们认为联邦规则**范围没有广得能涵盖争议问题**，这是一个重要的要点。例如，在帕默诉霍夫曼案（Palmer v. Hoffman）[②]中，争议问题是庭审中的举证责任，法院认为《规则》第 8 条（c）款要求被告提出肯定性答辩（affirmative defense）。尽管如此，正如在汉纳案中所解释的，《规则》第 8 条（c）款规定的只是提出肯定性的答辩，它没规定哪一方当事人承担庭审中的举证责任问题。因为没有相关的联邦指令，因此联邦最高法院有理由根据纵向法律选择的伊利案分支处理举证责任问题。

哈伦法官在汉纳案中的认同意见，对此我们在前面小节的末尾做过探
511 讨，表明了在这一问题上的怀疑态度（skepticism）。具体地说，他不能理解拉根案——在该案中联邦最高法院认为审理异籍案件的联邦法院必须适用有关法律时效中断的州法——如何能经得起汉纳案的检验而继续有效。他得出的结论是《联邦规则》第 3 条——该条规定诉讼于（起诉状）登记时开始——涵盖了中断问题并因此必须胜过州的法律。联邦最高法院在 1980 年，在哈伦法官去世后的很长时间，又转回到了该问题。沃克诉阿姆科钢铁公司案（Walker v. Armco Steel Corp）[③]的案件事实和拉根（Ragan）案的事实没什么区别。联邦最高法院支持了拉根案，得出的结论是《联邦规则》第 3 条压根不涉及时效中断。相反，它只是为适用《联邦规则》的目的，而不是为认定法律时效是否中断的目的，界定了诉讼的开始。因为没有相关的联

① 这些案件是第十章第五节中探讨的“三重杀出局”案中的两个案件。

② 此案也在第十章第五节中探讨过。

③ 《美国联邦最高法院判例汇编》第 446 卷，第 740 页（1980 年）。

邦指令，所以法院根据《裁判规则法》的分支（the Rules of Decision Act prong）处理了时效中断问题，并得出了必须适用州法的结论。

在数年的时间里，联邦最高法院用不同的方式阐述对汉纳案分支的探究。在汉纳案中，它问联邦的指令是否"涵盖了争议的要点。"[①]在两个案件中，它问联邦指令是否"范围足够广以至于支配摆在法院面前的问题。"[②]语法分析的要点是断定联邦最高法院认为对联邦指示应该做广义解读呢还是做狭义解读。尽管许多案件涉及的是对《联邦规则》的解释，但记住联邦的指令可以是任何联邦的法律——宪法、制定法或联邦规则。

似乎适合的做法是，联邦法院在适用汉纳案分支时应该狭义地解读联邦指令。换言之，只有在联邦指令清晰地涵盖了争议点时，才应该援引汉纳案。如有疑问，解决办法应该是拒绝援引汉纳案。为什么？因为适用汉纳案意味着联邦的指令将支配案件中的情况（当然，假设联邦的法律是有效的）。在这一情形下，联邦的法律胜过州的法律，不评估结果决定、伊利案的双重目标，或对联邦和州司法系统的相关利益做任何衡量。汉纳案下手重，心肠硬。对州利益的细腻关心要求联邦法院应该建议采用对联邦指令的狭义解释，并因此从事更为灵活的和更加同情州一方的伊利分支分析。

在这一点上，联邦最高法院做了什么？它一直观点摇摆。在沃克诉阿姆科钢铁公司案（Walker v. Armco Steel Corp）中，在本小节的前面探讨过该案，联邦最高法院表示在适用汉纳分支时它将赋予《联邦规则》第 3 条"明显意义（plain meaning）"。[③] 但似乎联邦最高法院狭义解读了《规则》第 3 条，裁定该条没有就法律时效中断的目的规定诉讼的"开始"。它这样做，显 512
然是为了避免该联邦规则和州的法律在该话题上发生冲突，这似乎是合适的。再次说明，狭义解读联邦指令给了法院一个机会，让其能像联邦最高法

---

① 《美国联邦最高法院判例汇编》第 380 卷，第 470 页。

② 伯林顿北方铁路公司诉伍兹案（Burlington N. R. R. v. Woods），《美国联邦最高法院判例汇编》第 480 卷，始于第 1、5 页（1986 年）；沃克案（Walker），《美国联邦最高法院判例汇编》第 446 卷，第 750 页，第 9 个注释。

③ 《美国联邦最高法院判例汇编》第 446 卷，第 750 页，第 9 个注释。

院在沃克案中做的那样，裁定应该适用州法。[①] 此外，狭义地解读联邦规则将避免根据《规则制定授权法》认定规则是否有效的潜在棘手问题。例如，如果《规则》第 3 条被解释为延长了法律时效，它很可能就侵犯了《规则制定授权法》即《美国法典》第 2072 条(b)款的命令，该命令即是联邦规则"不能缩减、扩大或修改任何实体权利。"

联邦最高法院在盛美泰国际公司诉洛克希德马丁公司案(Semtek Intl. Inc. v. Lockheed Martin Corp.)[②]中干了类似的事情，在该案中它对《联邦规则》第 41 条(b)款做了诠释。如我们在第七章第四节第二目中所看到的，该条款支配强制性驳回诉讼(involuntary dismissals)，它规定——除了一些例外之外——该驳回将作为实体判决发挥作用，即该驳回被视为"影响实体权利的"驳回起诉(dismissals "with prejudice")。该短语，转而又意味着诉讼请求遭驳回且不能再起诉，案件结束了。然而，在盛美泰(Semtek)案中，联邦最高法院用令人难受的狭义方式理解解读《规则》第 41 条(b)款，认为它只是指案件不能在另一个联邦法院再起诉，但该驳回不妨碍在州法院再起诉。斯卡利亚(Scalia)法官在向联邦最高法院提供的意见中表达了担忧：对《规则》第 41 条(b)款的更宽泛解释——解释为甚至妨碍在州法院重新提出诉求——因修改了实体权利而与《规则制定授权法》相悖。为了避免这一可能后果，联邦最高法院对该规则做了狭义解释，避免了汉纳案的冲突而适用伊利案的分支。

然而，联邦最高法院在其他案件中又从宽解释了联邦指令。伯林顿北方铁路公司诉伍兹案(Burlington Northern R. R. v. Woods)[③]涉及《联邦上诉程序规则》(the Federal Rules of Appellate Procedure)第 38 条适用的

---

① 但奇怪的是，联邦最高法院在韦斯特诉联合铁路公司案[West v. Conrail，《美国联邦最高法院判例汇编》第 481 卷，始于第 35 页，第 39 页(1987 年)]中，裁决《规则》第 3 条有不同的"明显意义"。在该案中，联邦最高法院在一联邦问题案件上得出结论，《规则》第 3 条不涵盖法律时效的中断。它与沃克(Walker)案做了区分，指出后者(即沃克案)是一个异籍案件。但是，再次指出，当能像沃克案那样避免否决州法时，对联邦指令做狭义解读是很恰当的。

② 《美国联邦最高法院判例汇编》第 531 卷，第 497 页(2001 年)。

③ 《美国联邦最高法院判例汇编》第 480 卷，始于第 1 页，第 4—8 页(1987 年)。

可能性。[1] 该条规则允许(但不是要求)上诉法院在发现上诉为不严肃(frivolous)时作出支付双倍诉讼费的裁决。另一方面,州的法律要求,如果上诉人延缓执行初审法院的判决而在上诉阶段又败诉时,必须对上诉人课以 10%判决金额的罚款。联邦最高法院的结论是,《规则》第 38 条通过仅 513
允许任意性的制裁和禁止强制性的制裁而涵盖了争议的事项。对第 38 条的这一解释似乎很宽泛,因为从该规则外表判断,没有任何文字显示有在州的规则涵盖的情况下排除强制性制裁的意图。换言之,似乎是规定了自由裁量制裁的《规则》第 38 条,与规定了强制性制裁的州法在某些情况下能共存。

过度热心使用汉纳案的最好例子是斯图尔特组织有限公司诉里科公司案(Stewart Organization, Inc. v. Ricoh Corp.)。[2] 在该案中,一阿拉巴马州州民与一纽约州州民签订了合同。合同含法院选择条款,规定产生于合同的诉讼将在纽约进行。阿拉巴马州的法律禁止执行法院选择条款,而纽约州的法律允许该条款。[3] 阿拉巴马州的州民在阿拉巴马州法院起诉了纽约州的州民。被告将案件转移到了联邦法院,并通过将案件转到纽约的联邦法院而寻求执行该法院选择条款。联邦最高法院认为审判地转移的法律即《美国法典》第 28 编第 1404 条(a)款[4]是相关的,并指示联邦法院根据该法律将法院选择条款的存在视为支持移送的因素。法院将这视为"法律解释上的一个直接明了的举动,意在决定法律是否涵盖争议的要点。"[5]它因

---

① 注意,这不是《联邦民事诉讼规则》的一条文,《联邦民事诉讼规则》在联邦地区法院适用,我们在《民事诉讼法》中对此花费了很多时间。这是一个《联邦上诉程序规则》(*The Federal Rules of Appellate Procedure*)的规定,《联邦上诉程序规则》在联邦上诉法院适用。它们也是根据《规则制定授权法》以与《联邦民事诉讼规则》相同的方式通过的。在你们的规则手册中有《联邦上诉程序规则》。

② 《美国联邦最高法院判例汇编》第 487 卷,第 22 页(1988 年)。

③ 该条款的当事人同意在某一特定法院进行有关合同事项的诉讼。当代趋势明显是只要这些法院选择条款不是过分行为(指从他人处获取不公平商业利益的行为,尤指以欺诈手段为之者——译者)的产物,就执行该条款,但有一些州不执行它们。

④ 我们在第五章第五节第二目中探讨了根据这一法律所做的审判地的转移(transfer of venue)。

⑤ 《美国联邦最高法院判例汇编》第 487 卷,第 30 页。

此支持将案件移送至位于纽约的联邦法院，执行了该（法院选择）条款。

斯图尔特案的裁决存在两个重大的问题。第一，国会在第 1404 条(a)款中没有用任何语言表示法院选择条款的存在与移送有关；立法的过程也没有显示国会有任何使这样的条款可执行的结论。事实上，该结论是不可想象的，因为第 1404 条(a)款通过时实际上还没有哪个州执行这样的条款。第二，也是更重要的一点，考虑一下该裁判的结果：在阿拉巴马州，现在法院选择条款的可执行性取决于是在州法院还是在联邦法院处理问题。在联邦法院，它们是可执行的；在州法院，它们是不可执行的。这正是由斯威夫特诉泰森案引发而因此为伊利案所批判的纵向法律不统一。联邦最高法院借助认定联邦指令相关，肆意践踏了州的合法的利益。根据汉纳案分支，没有机会评估结果决定、双重目标，没有机会权衡州和联邦的相关的利益。

514 在纵向法律选择上联邦最高法院近期最重要的努力是加斯佩里尼诉仁爱中心公司案(Gasperini v. Center for Humanities, Inc.)。[①] 它可能表示(signal)一个适用汉纳案分支的更加细腻的方法。然而，它对改善我们对纵向法律选择的伊利案分支的理解没有什么贡献。尽管该案件出现在所有的《民事诉讼法》教科书中，但一些教授不阐述它。它是一个在事实方面相对粗糙的案件，并且至少在多数的评论家眼里，没有提供清晰的法律阐述。在考察加斯佩里尼案之前，我们需要探讨一下如何认定联邦指令是否是有效。

- 记住以诸如沃克(Walker)案和盛美泰(Semtek)案为一方，以诸如伯林顿北方铁路公司(Burlington Northen)案和斯图尔特(Stewart)案为另一方，在案件中所采用的不同的方法。在这些案件中众多规则字面上没有任何明显的规定被解释成必须得出法院得出的结论。有时候，联邦最高法院从严解释规则（如在沃克案和盛美泰案中），而有时候它从宽解释规则（如在伯林顿北方铁路公司案和斯图尔特案中）。在考试中，如果教授给了你们一条联邦规则（或建议的联邦规则），你们应该既准备主张从严解释，也准备主张从宽解释。从严

---

① 《美国联邦最高法院判例汇编》第 518 卷，第 415 页(1996 年)。

解释很可能导致得出该规定是无关的结论，并因此不适用汉纳案。当不适用汉纳案时，学生就应该根据伊利案的分支评估案件。另一方面，从宽解释很可能导致得出适用汉纳案的结论，并需要评估该规定是否有效（我们在接下来的一目中会看到这一点）。

- 沃克案、盛美泰案、伯林顿北方铁路公司案和斯图尔特案中，所阐述的联邦指令的语言可以作两种解释——解释为对手头事实适用或解释为不适用。在考试中你们应该准备提出这样的（两种）论点。
- 不要因没有主张两个方面而丢分。我评阅到了太多的这种考卷，在卷中学生得出的结论是联邦指令范围广得足以涵盖案件，因此适用汉纳案。尽管这样的学生经常在评估联邦指令的有效性方面做得很好，但他们丢掉了所有支持相反结论的分数——此相反观点是汉纳不适用，因此应该根据伊利案分支评估案件。

## 三、汉纳案分支的适用：认定联邦指令是否有效

我们刚才看到，认定联邦指示是否相关可能是一项困难的任务。假设联邦指令是相关的，根据汉纳案下一步则是评估该指令是否有效。如果它 515
有效，根据至上条款（the Supremacy Clause），它将适用并胜过（trump）州的法律。如果它无效，则显然不能被适用。重要的是记住，联邦的指令并不总是一条联邦民事诉讼规则。如我们在前面的三个小节中看到的，在斯图尔特案中，联邦的指示是制定法。联邦指令也可能是一个宪法的条款。各种指令有效性的判别标准是什么呢？

很清楚，宪法的条款总是有效的。因此如果联邦宪法条款相关，则适用该条款。到此打住（Period）。在前注 68* 中提到的例子可能出自伯德案的事实。在该案中，法院本可以得出结论，非常简单，《第七修正案》适用并授权陪审团（而不是法官）认定有关伯德是否为法律上雇员问题的事实。如果法院这样做了，则《第七修正案》胜过州的法律，法院压根儿不必评估伊利案。

---

* 第 610 页，注②。——译者

制定法又如何呢？国会的立法权在宪法中有列举。在第十章第四节第二目，我们指出国会能够通过一个有效的法律，宣布铁路一方对诸如伊利案中汤普金斯(Tompkins)这样人的责任。该制定法处于国会的调整洲际商业权力的范围内，这是联邦立法权的最具扩张性的依据之一。很少有《民事诉讼法》课程深入探索国会立法在宪法上的有效性问题，相反你们将在《宪法》课程中详细学习该论题。

如果联邦指令是一条联邦规则，我们必须像联邦最高法院在汉纳案中做的那样评估其有效性。正如我们在第十章第六节第一目中详细看到的，联邦最高法院明确表示，如果下述两个事项是真实的，则联邦规则就是有效的。第一，它得处于宪法规定的国会为联邦法院制定程序规则的权力范围内。这一检验标准只要求该规定"可以认为是程序性的(arguably procedural)"。第二，它得处于《规则制定授权法》范围内。根据《美国法典》第 2072 条(a)款，它必须是一个规定联邦法院"手续或程序(practice or procedure)"的条款。根据第 2072 条(b)款，它"不应该缩减、扩大或修改任何实体权利"。正如我们在第十章第六节第一目也注意到的，一些教授认为汉纳案中哈伦法官的认同意见给了一个认定何时一项规定影响实体权利的良好的替代标准。这一(影响实体权利的)规定是涉及"有关人类行为主要决定"的规定。[①] 伪装成联邦民事诉讼程序规则但涉及这种人类行为主要决定的规定违反《美国法典》第 2072 条(b)款，因为它将修改实体权利。尚没有联
516 邦(民事诉讼)规则被认定为违反第 2072 条(b)款。

## 四、加斯佩里尼案(The Gasperini Case)

在加斯佩里尼诉仁爱中心公司案(Gasperini v. Center for Humanities, Inc.)[②]中，原告在纽约的联邦法院援引异籍管辖权作为起诉依据。被告承认有责任，案件进入审理阶段只是决定赔偿金额。陪审团作出赔偿 45

---

① 汉纳案，《美国联邦最高法院判例汇编》第 380、475 页(哈伦法官的同意意见)。

② 《美国联邦最高法院判例汇编》第 518 卷，第 415 页(1996 年)。

万美元的裁决。被告根据现在为《规则》第 59 条(a)款(1)项(A)目的规定申请重新审理,该条文允许“因迄今为止准予在联邦法院进行法律诉讼时重新审理的任何理由”发布这样的(重新审理)命令。

被告辩称,陪审团的裁决是过分的,这是发布重新审理命令的传统依据。《规则》第 50 条没有规定认定何时裁决可以被认定为过分的标准。联邦法院在案例法中建立起了一个标准:如果裁决“震撼”了法院的“良心”,法院将命令重新审理。另一方面,根据纽约的侵权改革法,法院适用一个更具干预性的标准,将评估裁决是否“实质性地偏离了合理的补偿。”并且,纽约的侵权改革法要求上诉法院重新(de novo)评估裁决是否过分的问题,换言之,上诉法院将不迁就初审法院的评估,而独立地适用“实质性偏离”的标准。纽约的立法机关清楚地阐明了其目的。实质性偏离标准旨在请求对陪审团的裁决进行更加细致的司法审查。该州得出的结论是“给良心带来震撼”的标准(“shocks the conscience” test)不足以提供保护而抵御过分的裁决。该州想通过限制陪审团裁决的(赔偿金额的)幅度而影响诉讼的结果。

纵向的法律选择问题是清楚的:审理异籍案件的联邦法院(1)在准予重新审理(赔偿金额)过分的陪审团裁决时,必须适用该州的限定性规定吗?如果必须适用该规定,(2)必须适用该州的规定了上诉法院重新适用该标准的条款吗? 联邦最高法院得出的结论是联邦法院必须适用纽约州的准予重新审理的实质性偏离标准,但不适用上诉法院重新复审的规定。

在汉纳分支上,联邦最高法院得出的结论是,《规则》第 59 条是无关的。它解释说,联邦法院“解释联邦规则时已经……细腻考虑了州的重要利益和制定规则的政策(regulatory policies)”。[①] 该表述不完全精确。尽管它符合法院从严解释联邦指令的案件——如沃克案——但它不符合从宽解释的伯林顿北方铁路公司案和斯图尔特案。还有,人们希望联邦最高法院说话当真(meant what it said),希望加斯佩里尼预示重新体谅从严解释联邦指令的需要,并因此避免过度热衷于适用汉纳案。联邦最高法院恰当地得出 517

① 同前注,第 421 页第 7 个注释。

结论:《规则》第59条不适用于审理中的问题。尽管该规则确实允许基于各种原因的重新审理,包括过分的陪审团裁决,但它完全没有给出认定何时裁决为过分的标准。因此,没有相关的联邦指令,法院得适用纵向法律选择分析的伊利案分支。

至于此分析,加斯佩里尼案是在伯德案之后探讨伯德案的第一个联邦最高法院案例(汉纳案对伯德案有引用,但没有探讨)。然而,令人惊讶的是,法院没有就联邦法院是否必须适用纽约的重新审理标准问题探讨伯德案。它没有努力评估州的实质性偏离标准是否为州的权利和义务界定之一部分,或是否与该界定密切关联。相反,联邦最高法院诉诸汉纳案的双重目标标准,该标准提出了联邦法院拒绝适用州法是否将导致挑选法院的问题。答案似乎是肯定的——原告希望避开实质偏离标准,因为该标准允许法官随意干预原告获得的陪审团裁决。但是,在提出该问题之后,法院没有接着适用双重目标检验标准。相反,它跳跃式地转换到一个当事人没有争论的问题点上——根据伊利案,在赔偿金额上法律设定的上限是"实体性的(substantive)"。之后,它将实质性偏离标准类比成这一上限,表示它具有相同的限制赔偿金额的目的。因此法院得出结论,实质性偏离标准肯定是实体性的。得出这一结论后,法院适用了双重目标检验标准,断定漠视州的法律将导致原告们蜂拥至联邦法院。这是对双重目标检验标准的奇怪适用,因为它出现在认定该规则为实体性之后,而不是作为评估它是否为实体性的评估之一部。

如所指出的,联邦最高法院得出结论,纽约的要求上诉法院适用实质性偏离标准的规定,对联邦法院没有约束力。正是在此处联邦最高法院在近40年后首次探讨了伯德案。根据该法院的说法,伯德案确认保证信托案没有为"相对立的(countervailing)"联邦利益提供充分保护。在伯德案中,相对立的联邦利益的是《第七修正案》规定的就诉讼中的事实问题获得陪审团审理的权利。在加斯佩里尼案中,它是《第七修正案》的另外一部分——"复审条款(reexamination clause)"。该条款规定,"除非符合普通法规则,否则经陪审团审理的事实,不应该在任何美国的法院被复审。"

然而，完全不清楚，法院是将其在这一方面的裁决建立在伊利案之上呢，还是建立在《第七修正案》之上。如果裁决建立在《第七修正案》之上——如果《第七修正案》指令上诉法院可以不适用一个(纽约州的)重新复审标准——则伊利案因素的任何讨论都是无关的。为什么？因为联邦指令与这一问题有关，根据至上条款，联邦指令将不经评估州的关切而胜出。[①] 518
然而，如果裁决建立在伊利案之上，则法院的努力令人困惑(vexing)。当针对实质性偏离标准适用伊利案时，正如我们刚才看到的，法院(在某种程度上)使用了双重目标检验标准。然而，在该案中法院甚至都没有提到双重目标。

很清楚，加斯佩里尼案的底线是正确的：有关初审法院和上诉法院之间权力分配的州法律不应该影响在联邦法院如何分配该权力。联邦司法系统在独立决定如何分配初审法院和上诉法院的职能上肯定拥有强大利益——正如在伯德案中它在分配法官和陪审团职能上拥有强大利益一样。法院在加斯佩里尼案中得出该结论的思路尚不清楚，也没有透露多少如何着手进行伊利案的评估。[②]

---

① 回顾一下第九章第二节第二目中的阐述：《第七修正案》只在联邦法院审理的民事案件中适用，它对州不适用。

② 评论员通常对法院在加斯佩里尼案中的努力评价不高。见，如C.道格拉斯·弗洛伊德："伊利案的偏差：对加斯佩里尼诉仁爱中心公司案的评论"，载《杨百翰大学法律评论》(C. Douglas Floyd, Erie Awry: A Comment on Gasperini v. Center for Humanities, Inc., *BYU L. Rev.*)第1997年卷，第267页；理查德·D.弗里尔："对加斯佩里尼案后伊利原则状态的一些思考"，载《得克萨斯法律评论》(Richard D. Freer, Some Thoughts on the State of Erie After Gasperini, *Tex. L. Rev.*)第76卷，第1637页(1998年)；温迪·柯林斯·珀杜："联邦程序性普通法的渊源和范围：对伊利案和加斯佩里尼案的一些反思"，载《堪萨斯大学法学评论》(Wendy Collins Perdue, The Sources and Scope of Federal Procedural Common Law: Some Reflections on Erie and Gasperini, *U. Kan. L. Rev.*)第46卷，第751页(1998年)。甚至肯定的评论也不是过度支持。见托马斯·D.罗："就政府工作来说不算坏：任何其他人想到最高法院在其伊利—汉纳法哲学的恰当工作中正处于中途？"，载《诺特戴姆法律评论》(Thomas D. Rowe, Not Bad for Government Work: Does Anyone Else Think the Supreme Court Is Doing a Halfway Decent Job in Its Erie-Hanna Jurisprudence? *Notre Dame L. Rev.*)第73卷，第963页(1998年)。

## 第七节　所建议的综合方法

律师、法官和法律专业的学生得将在第十章第四节、第五节和第六节中所探讨过的案件思路用于特定案件的事实，并就州的法律是否适用作出决定。在本小节，我对这些案件中的方法进行综合，并就分析任何纵向法律选择问题提出一个建议的方法。① 从头至尾，我们都假设州的法律规定了一个具体的规则。问题是联邦法院在审理异籍案件时，是否必须适用该州的规则呢。

首要问题总是是否有相关的联邦指令。换言之，是否存有某个联邦规定(来自宪法、联邦制定法、联邦规则——来自任何联邦渊源)，它支配着州法律所规定的事项？如果答案是肯定的，则该案件受汉纳案支配，不涉及伊利案或《裁判规则法》。当联邦指令相关时，只要它是有效的，它就适用。我们在第十章第六节第三目探讨了评估各种联邦指令有效性的检验标准。

519 在你们的考试中，不要疏于承认汉纳案分支。记住，法院对应多广义地解读联邦指令采取了前后不一的思路。尽管有最新的努力，即加斯佩里尼案，建议采用从严的解释，但其他的案件，如伯林顿北方铁路公司案和斯图尔特案，仍然登记为有效，它们对联邦规定采用了非常宽松的解释。法学院考试的要点很简单：准备辩称任何联邦指令范围足够广，以至于涵盖了州法律涵盖的问题点，也准备辩称其范围没有广到与州法律相关。

如果联邦的指令不相干，纵向法律选择中的第二个步骤是适用伊利案或《裁判规则法》的分析。这一分析特别困难，因为，正如我们看到的，联邦最高法院在不同的时期向这一方程式扔进了不同的因素。此外，据称尽力整合各种因素的案件——伯德案——存有疏忽。还有，伯德案下的出发点

① 这儿建议的方法是我对这些案件的最好诠释。你们的教授可能有不同的思路，务必理解你们教授提供给你们的思路。

(starting point)有重大意义：即问州的法律是该州权利义务界定的一部分吗？例子包括诉讼请求或答辩的要素。如果是界定的一部分，《第十修正案》要求联邦法院在异籍案件中适用州的法律。如果不是，我们就必须询问州的规则是否与州权利或义务的界定密切关联。这些规则与纯粹的实体事项关系是如此密切，以至于在这儿《第十修正案》也要求联邦法院在异籍案件中遵从州的法律。尽管联邦最高法院从来没有给“密切关联”下过定义，但该表达似乎适用于像法律选择规则和举证责任这样的事项，并可以解释克拉克森案(Klaxon)和帕默诉霍夫曼案案(Palmer v. Hoffman)的结论。

如果州的法律既不是纯粹实体性的，也不与纯粹实体事项密切关联，那么根据伯德(Byrd)案的说法，我们正面临一个有关“方式和模式(form and mode)”的问题。对这些规则，我们询问在联邦法院忽视州的法律是否将影响结果。这儿，我们面临着一个困境(dilemma)，因为我们有两个结果决定检验标准。保证信托案(Guaranty Trust)的版本构建粗糙(rough-hewn)，它询问如果我们忽视州的法律，与我们适用州的法律相比，案件是否结果不同。这样，在保证信托案本身中，适用州的法律意味着案件必须被撤销，而忽视州的法律则意味着案件将继续，这被认为影响结果。但我们也有汉纳案的“修正了的结果决定论”或双重目标的检验标准。它要求我们询问忽视该问题点上的州的法律是否将导致诉讼当事人蜂拥至联邦法院。为了避免这样的挑选法院，联邦法院应该适用州的法律。

但这提出了两个大问题。第一，我们使用哪一个版本的结果决定论呢？第二，它怎么和伯德案相协调呢？法院对这两个问题从来都没有回答，尽管加斯佩里尼案肯定暗示在第一个问题上修订了的结果决定论更受喜欢。另一方面，加斯佩里尼案在其适用双重目标检验标准上并不完
全清晰，因此留给我们的是做谨慎的律师和法官将做之事。一个谨慎的 520
人，在面对两个检验标准时，将使用它们两个。因此，我鼓励你们既使用保证信托案的结果决定论版本，也使用汉纳案的双重目标版本。尽管如此，还得小心，因为许多教授得出的结论是汉纳案的双重标准已经完全取代了保证信托案的模式。如果你们的教授处于这些教授之列，你们应该采纳你们

教授的思路。[①] 我也得出结论，它们应该被并入伯德案的检验标准。因此，如果忽视州的法律将导致不同的结果，或鼓励诉讼当事人挑选联邦法院，伯德案教导我们，联邦法院将适用州的法律，除非有不这样做的充分理由。重要的是，这一结论不是《第十修正案》所要求的，而是伊利案的诉讼当事人平等主题所建议的。

什么是不适用州法的充分理由呢？我们拥有两个例子。在伯德案中，它是联邦司法系统在法官和陪审团之间分配责任上拥有的利益。在加斯佩里尼案中，它是联邦司法系统在初审法院和上诉法院之间分配责任上拥有的利益。在两个案件中，联邦在其系统完整性（systemic integrity）上的利益超过了任何州的与此相反的利益。

让我们尝试一些假设性情况

- 假设案件一。在一个异籍案件中，原告想让其案件批准为集团诉讼。根据州的集团诉讼规则，该案件不能获准。根据《联邦规则》第23条（联邦集团诉讼规则，我们在第十三章第三节探讨），该案件可以被认定为集团诉讼。联邦法院适用哪一个规定呢？
    - 有相关的联邦指令吗？有。争议的问题是：为了具有集团诉讼的资格，必须满足什么标准。《联邦规则》第23条涵盖了争议中的问题。因此，根据汉纳案，只要《联邦规则》第23条是有效的，它就适用。只要《联邦民事诉讼规则》是"可以认为是程序性的（arguably procedural）"，它们就是有效的。因为该规则界定了（构成）集团的程序上的必要条件，它不受所适用的实体法影响，因此该规则明白无误是程序性的。因此，它胜过州的法律。该案受《规则制定授权法》和汉纳案支配。伊利案和《裁判规则法》不起作用。
- 假设案件二。P在州法院起诉D。D申请作出简易判决。州法院适

① 一些教授认为汉纳案已经取代了保证信托案的粗糙的结果决定检验标准，无冒犯之意，我认为得出该结论的教授没有阅读足够多的下级法院的判决意见。不管是出于什么原因，许多下级法院仍继续使用保证信托案，没有受汉纳案影响。

用州的法律，否定了该申请。D援引异籍管辖权，及时将案件转移到联邦法院，而在联邦法院申请作出简易判决。尽管没有满足州法院的简易判决的标准，但满足了《联邦规则》第56条的简易判决标准（该条文支配联邦法院的简易判决，我们在第九章第四节中阐述过）。联邦法院应该根据《规则》第56条准予简易判决的申请吗？

- 应该。推理和第一个案件相同。有相关联的联邦指令。案件 521
现在在联邦法院，受《联邦规则》的有效规定支配。[①]

- 假设案件三。A州的立法机关担忧不断上涨的医疗保险费率，通过了旨在降低医疗事故案件中陪审团裁决金额的法律。该法律要求该类案件让由医疗专业人员和律师组成的仲裁庭（an arbitration panel）审理。原告可以接受该结论，也可以继续诉诸陪审团审理。如果其诉诸（陪审团）审理，仲裁庭的结论在证据上是可采信的。原告们不喜欢该仲裁程序，因为她们相信由医生和律师组成的仲裁庭不大可能比陪审团更支持原告（且不大可能裁定更大的赔偿金额）。一位B州的州民在A州接受了医生治疗，医生为A州州民。病人声称有医疗事故，并援引异籍管辖权，在A州的联邦法院起诉了该医生。要求位于A州的联邦法院适用仲裁程序吗，或案件可以在联邦法院直接经历披露后进入陪审团审理吗？
    - 首先，没有相关的联邦指令。在《联邦规则》中没有有关医疗事故仲裁案件的规定，没有联邦法律规定该问题。因此，该案件不能援引汉纳案。它是伊利案或《裁判规则法》的问题。
    - 其次，州的法律是权力义务界定的一部分吗？它似乎不是，因为仲裁的规定没有提到任何将适用的认定责任的标准。它与界定权利义务的规则密切相关联吗？也许人们可以合理辩称，仲裁庭的程序与决定谁赢得医疗事故诉讼的标准密切关

① 费尔班克诉旺德曼·加图·约翰逊案（Fairbank v. Wunderman Cato Johnson），《联邦判例汇编第三辑》第212卷，第528页（第九巡回法院2000年）。

联,但这似乎是不大可能的。因此,州的规则似乎是一个方式和模式的事项。

- 联邦法院忽视州法将影响判决结果吗?
  - 尚不清楚它是否为保证信托案意义上的影响结果。毕竟,仲裁庭和陪审团可能会得出相同的结论。另一方面,仲裁庭的规定似乎旨在降低原告获得的赔偿金额。
  - 修改了的结果决定论,或双重目的又如何呢?联邦法院忽视州的法律将导致诉讼当事人"挑选"联邦法院吗?绝对会。每一个能向联邦法院起诉的原告都会去联邦法院起诉,以避开仲裁庭。
  - 因为只有A州之外的居民才能够诉诸联邦法院(通过援引异籍管辖权),在联邦法院不适用州的法律将导致不公平执法。A州的州民将被仲裁庭缠住,而其他州的州民则不受影响。

522 - 因为该方式和模式的规则决定结果,所以联邦法院应该适用州的法律,除非有不这么做的充分的联邦制度的理由。
- 联邦法院在陪审团审理中拥有利益。但和伯德案中的情况不同,这一州法律的规定不会损害该权利,它只是将其延至仲裁审理后。同样和伯德案的情况不同的是,这儿州在其规则中拥有引人注目的利益(compelling interest)。它试图降低医疗事故的判决金额,努力降低医疗费用,这显然是州的重要的利益。

最后,让我们用图表总结一下这一对纵向法律选择的建议方法,图表出现在第523* 页中。

* 原书页码,在中文版中出现在第638页。——译者

## 第八节　其他问题：认定州法律的内容和“反向伊利”

在本节中，我们阐述两个纵向法律选择引起的附带问题。这些问题一个影响联邦法院，一个影响州法院。具体地说，联邦法院如何认定州的法律是什么？以及要求州法院适用联邦“程序”法吗？

假设联邦法院已认定某一问题是必须适用州法的问题。法院到哪里去查找该法律呢？显然，一些事项可能清晰受州的制定法规定支配。如果不是这样，而法院就得查询普通法或对制定法的司法解释，弄清楚这些规则是什么。在伊利案中，布兰代斯(Brandeis)法官表示联邦法院必须遵守该州“最高级别法院(highest court)”①认定的州法。然而，经常没有州最高法院对该问题的正式表态。有很多年的时间，联邦法院的结论是它们被迫适用从该州找到的上诉法院的判例(authority)。在一个案件中，联邦法院认为它有义务遵守州中间上诉法院(a state intermediate court of appeals)作出的未公开的判决意见(unpublished opinion)——尽管该意见在州法院系统没有先例价值！②

然而，很清楚现在不要求联邦法院这样做。相反，它应该适用它认为州的最高法院(state high court)将适用的法律。坦率的说法是，联邦法院的法官得努力猜测州最高法院对该问题将如何裁决。为了作出这一认定，它通常会查询所有可获得的资料，包括其他州法律上的发展趋势和州最高法院过去在采纳这一趋势上的特定做法。在许多例子中联邦法院猜错了，并 523*
因此迫使州的法院表达在该事项上它们的立场。例如，在迪克代理进口诉 524

① 伊利案，《美国联邦最高法院判例汇编》第 304 卷，第 78 页。

② 古斯廷诉太阳生命保险公司案(Gustin v. Sun Life Assurance Co.)，《联邦判例汇编第二辑》第 154 卷，第 961 页(第六巡回法院 1946 年)。

* 原书第 523 页为图表，该图表出现在中文版第 638 页。——译者

住友公司案(Dick Proctor Imports v. Sumitomo Corp.)①中,联邦法院的法官认为密苏里州最高法院(该法院有 80 多年的时间没有对相关问题发表看法)将支持现代发展趋势,允许执行法院选择条款。第二年,密苏里上诉法院清楚表态,该州坚持老的法律,认为该条款无效。② 联邦法院的猜测(guess)对其审理案件的当事人有拘束力,但显然不能拘束州法院。

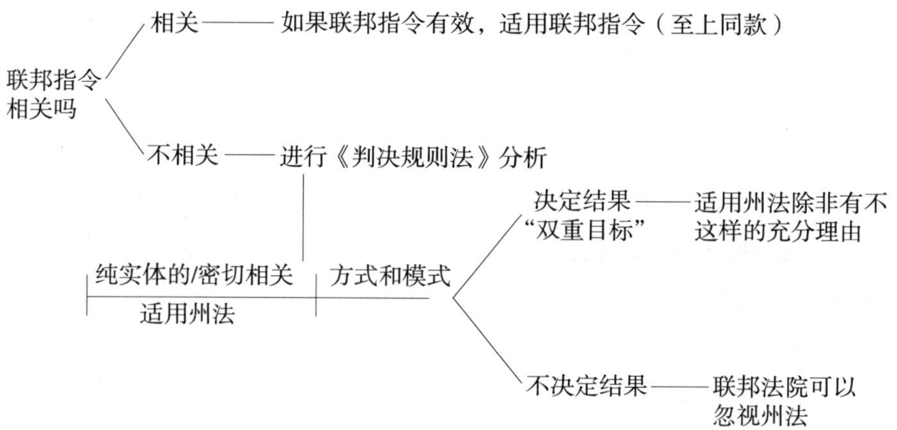


联邦地区法院的法官通常是其所在州法律协会的会员,因此有可能猜测州最高法院对特定问题的看法相对而言并不为难。然而,联邦上诉法院的法官是从整个巡回区挑选产生的,经常不是被评估法律所属州的法律协会会员。很自然,上诉法院的外州法官(out-of-state judges)可能会听从为该州法律协会会员的地区法院法官的决定。例如,一位上诉法院的法官是新墨西哥州法律协会的会员,其在审查科罗拉多州联邦地区法官所作出的判决时,可能倾向于听从当地法官对科罗拉多州最高法院对法律问题会如何表态的猜测。有很多年的时间,这一言听计从的现象在上诉法院很普遍——该法院将尊重初审级的当地地区法院法官(a local district judge)所

① 《联邦补编》第 486 卷,第 815 页(密苏里东区法院 1980 年)。

② 《西南判例汇编第二辑》第 619 卷,始于第 928、930 页(密苏里上诉法院 1981 年)。

做的判决。但在沙尔瓦·瑞金纳学院诉罗素案(Salve Regina College v. Russell)①中,联邦最高法院否决了这一做法。在该案中,联邦最高法院认为,上诉法院必须像它们审查任何其他法律问题一样审查伊利原则猜测(an Erie guess),不迁就于当地法官的专业评估。

有超过一半的州现在采纳"验证"程序,根据该程序,联邦法院可以将州的法律问题交给州最高法院澄清。这一程序非常有用,它避免了联邦法院法官猜测州法院将做什么。验证的法律规定随州的不同而有重大变化。例如,有一些法律不允许州法院决定有赖于事实结果的问题。通常,人口最稠密的州没有验证法律。此外,还有过一些案件,联邦法院不能读懂州最高法院向其提供的答复。尽管如此,验证的做法仍然是有用的。

当然,至上条款(the Supremacy Clause)要求州法院遵守可适用的联邦法律。例如,根据《联邦雇员责任法》[the Federal Employees' Liability Act (FELA)],在工作中受伤的铁路方的雇员既可以在联邦法院也可以在州法院起诉其雇主。如果雇员在州法院提起了《联邦雇员责任法》上的诉讼,联 525
邦法律确立了诉讼请求并支配相关铁路方的责任。此处的假设是州法院将适用其自己的程序规则。另一方面,联邦最高法院认为某些程序对"实现"联邦实体法背后的目的是"不可缺的"。这些程序是"所提供的[联邦]救济的主要部分",在州法院必须得到遵守。因此,在戴斯诉亚克朗、坎顿和扬斯敦铁路案(Dice v. Akron, Canton & Youngstown R. R.)②中(上述引文来自于该案),联邦最高法院要求州法院提供陪审团审理的权利,即使根据州的法律没有该项权利。这一结果有时被称为"反向伊利(reverse Erie)",只适用于与基础的联邦诉讼请求(the underlying federal claim)密切关联的这一程序问题。因此,审理《联邦雇员责任法》案件的州法院也必须遵守联邦的有关支撑陪审团裁决之证据是否足够的法律。③

---

① 《美国联邦最高法院判例汇编》第 499 卷,第 225 页(1991 年)。

② 《美国联邦最高法院判例汇编》第 342 卷,始于第 359、361 页。

③ 布雷迪诉南方铁路案(Brady v. Southern Ry.),《美国联邦最高法院判例汇编》第 320 卷,第 476 页(1943 年)。

## 第九节 联邦普通法

伊利案并没有认为不存在联邦普通法。它认为不存在一般联邦普通法。在联邦最高法院判决伊利案的同一天，也判决了欣德利德诉拉普拉塔河流和彻丽克里克沟渠公司案（Hinderlider v. La Plata River & Cherry Creek Ditch Co.），[①]在该案中，它得出的结论是联邦普通法支配是否必须在两州之间分配州际河流之水的问题。毕竟纠纷处于两个州之间，我们可以预料到甲州的法律将宣布甲州为胜诉方，乙州的法律将宣布乙州为胜诉方。这种州际纠纷必须根据联邦法律裁判。因为没有相关的宪法或制定法规定，所以可获得的唯一联邦法就是联邦普通法。

因此，很显然可能存在一种创制联邦普通法为合适的情形。在这些年里，联邦最高法院在陈述需要联邦普通法的理由或界定创制联邦普通法为合适的情况上，并不总是表达清楚。多数观察家得出的结论是，联邦普通法具有正当性的情形是：为实现某些国会政策的目的，在此情况中，国会在制定法规定的机制中留下了空白；或者为保护联邦利益的目的。[②] 杰克逊(Jackson)法官在一赞同意见中，用有帮助的（以及被广泛引用的）表达重复了这些考虑：

> 联邦法院没有一般的普通法，正如在某种意义上它们没有任何类型的一般或全面的判例法（general or comprehensive jurisprudence）一样，因为在传统普通法上显得重要的许多私法问题一般都处于州的（权力）
> 526 范围内，而不处在联邦政府的（权力）范围内。但这不是说，在任何我们有机会裁判联邦问题的场合，而对这些问题又不能仅从联邦制定法中找出答案时，我们都可以不诉诸普通法的所有渊源材料，或者说当我们

① 《美国联邦最高法院判例汇编》第 304 卷，第 92 页(1938 年)。

② 见理查德·D.弗里尔和马丁·H.雷迪西：《联邦法院》(Richard D. Freer & Martin H. Redish, *Federal Courts*)，第 357—370 页(2004 年)。

已经形成了一个答案时，该答案都不能成为联邦非制定法的(non-statutory)或普通法的一部分。①

对联邦普通法的详细思考常常有待学习《联邦法院》的高年级教程。很少有《民事诉讼法》教程深度阐述这一话题。就我们的目的来说，我们注意到在某些一般性的领域联邦普通法已被认定是合适。如所指出的，一个情形是当国会在制定法规定的制度中留下了“空白(gaps)”。例如，国会可能颁布一个总的成文法的制度，而规定由联邦法院发展实施的规则。最好的例子是《劳资关系法》(Labor Management Relations Act)第301条，它对违反(工会)集体谈判合同的诉讼授予了联邦事物管辖权。国会没有规定裁判该纠纷的任何规则。在纺织工人工会诉林肯·米尔斯案(Textile Workers Union v. Lincoln Mills)中，联邦最高法院认为，该制定法“授权联邦法院为执行这些集体谈判协议而制定一套联邦法律。”②

此外，也存在各种实体法的领域，在这些领域甚至在没有制定法上空白时，联邦最高法院也支持使用联邦普通法。其中的一个领域涉及联邦政府在发挥“专利”作用(“proprietary” role)上实施的行为。政府通过许多方式发挥这一作用——通过签订合同、监督管理程序、发布商业文件等等。涉及这些行为的任何纠纷都涉及不可否认的联邦利益。有时候，联邦最高法院裁定这一利益是如此的具有“独特的联邦性”，以至于联邦法——包括联邦的普通法——将适用并优先于州的法律。最好的例子是克利尔菲尔德信托公司诉美国案(Clearfield Trust Co. v. United States)。③ 在该案中，美国政府签发了一张支票，之后该支票遭盗并承兑成现金。联邦最高法院认为联邦普通法——而不是州的法律——支配该款项的责任问题。法院强调，联邦政府签发支票的权力源于宪法和联邦制定法。它接着得出结论，重要

① 迪欧恩奇、杜梅和公司诉联邦储蓄保险公司案(D'Oench, Duhme & Co. v. Federal Deposit Ins. Corp.)，《美国联邦最高法院判例汇编》第315卷，始于第447、469页(1942年)(原来就有强调)。

② 《美国联邦最高法院判例汇编》第353卷，始于第448、451页(1957年)。

③ 《美国联邦最高法院判例汇编》第318卷，第363页(1943年)。

的是要有一个决定这一商业票据责任的统一标准，美国政府不能受各州不同的法律支配。[①]

527 联邦最高法院有时候认为要适用联邦普通法，但又认为联邦普通法的内容应该反映州法——换言之，联邦普通法应该采纳州法的规定，将其作为联邦普通法。一个例子是美国诉亚泽尔案(United States v. Yazell)，[②]在该案中，联邦最高法院认为联邦普通法支配妻子是否就丈夫向小企业管理署[Small Business Administration (SBA)]借的钱承担法律责任。因为小企业管理署的贷款——不像克利尔菲尔德案中的支票——不是全国性安排的一部分，还因为得克萨斯州在适用其亲属法(law of domestic relations)上拥有很强的利益，所以联邦最高法院主张联邦普通法要吸纳得克萨斯州的法律而将其作为自己的法律。另外一个例子是在第十一章第二节第二目就这一点做过详细探讨的盛美泰国际公司诉洛克希德·马丁公司案(Semtek International, Inc. v. Lockheed Martin Corp.)。[③] 在该案中，联邦最高法院认为，联邦法院在异籍案件中所作判决的排除效力由联邦普通法决定。然而，根据该案的事实，法院认为联邦普通法要吸纳加利福尼亚州的法律。

联邦普通法适用的另一个实体法领域是国际关系。同样，对联邦法的需求是明显的，因为是联邦政府参与国际事务。国家必须以一个声音说话，并拥有一套处理国际关系的法律。因此，有关美国与其他国家关系的问题

---

① 与此形成对比的是，在帝国健康选择保险公司诉麦克维案[Empire Health Choice Assurance, Inc. v. McVeigh，《美国联邦最高法院判例汇编》第547卷，第677页(2006年)]中，联邦最高法院得出的结论是《1959年联邦雇员健康福利法》(*Federal Employees Health Benefits Act of 1959*)——根据该法，联邦政府谈判并控制联邦雇员的健康福利计划——不需要制定联邦普通法。在该案件中合同约定的追偿(reimbursement)的诉讼请求不对可辨认的联邦利益造成威胁。[同上注，第692—693页。]

② 《美国联邦最高法院判例汇编》第382卷，第341页(1966年)。联邦最高法院在美国诉金贝尔食品公司案[United States v. Kimbell Foods, Inc.，《美国联邦最高法院判例汇编》第440卷，始于第715、740页(1979年)]中探讨了“谨慎的做法”，在国会找到不同的解决办法之前，采纳现成的一套州的法律，将其作为联邦判决规则。

③ 《美国联邦最高法院判例汇编》第531卷，第497页(2001年)。

由联邦普通法决定。海商法(Admiralty law)也会提出希望对之适用联邦标准的问题。海商法(Admiralty)是一个很吸引人的话题,它处理在可航行水域发生的各种令人担心之事。在一些海商法的领域,适用州的法律会很别扭,因此联邦最高法院使用一种对比权衡的标准认定联邦普通法是否应在各种海商问题上取代州法。在比文斯诉联邦麻醉品局六个不知姓名的特工案(Bivens v. Six Unknown Named Agents of Federal Bureau of Narcotics)中,[①]联邦最高法院承认,针对联邦官员违反《第四修正案》规定从事该法所禁止的不合理搜查和扣押,私人拥有起诉联邦官员要求赔偿的诉讼权利。该修正案本身没有规定任何此种救济,国会也从来没有对联邦官员实施的该种剥夺权利行为规定救济,[②]但联邦最高法院得出结论,该问题由联邦普通法处理是合适的。

一旦准予适用联邦普通法,根据至上条款它就要求和其他联邦法律一样获得遵从。[③] 因此,它可以在特定的实体法领域取代州的法律。并且,根据《美国法典》第1331条依据联邦普通法提出的诉讼请求能援引联邦问题管辖权。[④] 国会可以通过在该领域制定法律而废除联邦普通法。[⑤] 528

---

① 《美国联邦最高法院判例汇编》第403卷,第388页(1971年)。

② 国会针对在州法的幌子下剥夺联邦权利的行为,例如,由州的官员实施的剥夺——规定了一个很重要的救济——规定在《美国法典》第42编第1983条中。

③ 古巴国家银行诉萨巴蒂诺案(Banco Nacional de Cuba v. Sabbatino),《美国联邦最高法院判例汇编》第376卷,第398页(1964年)。

④ 伊利诺伊诉密尔沃基市案(Illinois v. City of Milwaukee),《美国联邦最高法院判例汇编》第406卷,第91页(1972年)。

⑤ 新泽西诉纽约案(New Jersey v. New York),《美国联邦最高法院判例汇编》第283卷,第336页(1931年)。

# 第十一章　排除原则

第一节　问题的说明

第二节　请求排除(既判力)

一、案件1和案件2均由同一诉讼请求人针对同一被告提起

二、案件1就案件实体事项已作出有效终局判决

三、案件1和案件2均基于同一诉讼请求提起

第三节　争点排除(间接再诉禁止)

一、案件1基于案件实体已作出有效终局判决

二、同一争点在案件1中得以诉讼和裁决

三、该争点对案件1的判决确属必要

四、正当程序:对谁主张排除

五、相互性:由谁来主张排除

第四节　排除原则的例外

一、总论

二、请求排除

三、争点排除

第五节　充分信任与尊重及其相关主题

一、总论

二、州—州排除

三、州—邦排除

四、邦—州排除

五、邦—邦排除

## 第一节　问题的说明

本章所讨论的问题有着诸多名称。在你们的案例书中，可以称之为“在先判决原则(doctrine of former adjudication)”或“既判力(res judicata)”或“请求和争点排除(claim and issue preclusion)”或“判决效力(effect of judgments)”或“排除原则(preclusion doctrines)”。最高法院倾向于单独地称之为请求排除原则和争点排除原则，并统称为既判力问题。[①] 然而，不管采用哪种术语，仅当事实模型存在至少两个案件时，排除问题才能出现。第 530
一个案件(我们称之为案件 1)业已审结并做出判决。现在的问题是案件 1 的判决，对任何人在未决的案件 2 中诉讼的任何事项是否产生排除效力。[②] 这样的排除效力可以通过适用两个原则中的任何一个(请求排除或争点排除)来达到。

**请求排除**是“既判力”(其字面意思是指“已经裁决的事项”)的现代术语表达；有时候也被称之为**反对拆分请求的规则**。这一现代术语表达受到《判决法重述》(第二版)之影响。[③] 现在“请求排除”和“既判力”说法都在使用并且互为通用。我们将在本章第二节详细讨论请求排除问题。其代表了这样一种观点，即诉讼请求人仅有一次机会提出自己的诉求。如果你有一项

---

① “判决的排除效力是由请求排除和争点排除来规定的，统称为‘既判力’。”泰勒诉斯特杰尔案(Taylor v. Sturgell)，《联邦最高法院判例汇编》第 128 卷，始于第 2161、2171 页(2008 年)。

② 贯穿本章始末，我们都称之为案件 1 和案件 2。这样的指称并非必然反映此处所指案件的起诉顺序。案件 1 之所以称之为案件 1 是因为其已经首先做出判决。排除，无论是请求排除抑或是争点排除，皆针对满足一定标准的案件做出的终局判决而言。参见第十一章第二节第二目和第三节第一目。

③ 法律重述由美国法律学会发布，该学会由颇负声望的律师、法官和学者组成，拥有近 3000 名会员。学会定期关注法律的特定问题并为每一个研究方案指定一名报告人。由顾问组和咨询组来协助报告人的工作。报告人须向学会的全体成员呈报该研究方案，以让学会投票决定是否采纳该研究方案。法律重述一直富有影响力，毫无疑问，你们将会在法学院各种各样的课程中不期而遇。在此，《判决法重述》尤其重要。一共有两个判决法重述，《第一次判决法重述》于 1942 年颁布而《判决法重述》(第二版)于 1982 年颁布。

诉讼要求，请通过一次诉讼证明其为正当。你仅有“一次咬苹果”的机会。你如果就同一诉讼要求再次起诉，该案就会因请求排除原则而予以驳回。此即意味着诉讼请求人须审慎地将所有救济权利通过案件 1 中的单个诉讼请求来实现。如果其做不到，其就不可能通过案件 2 来寻求其他救济权利。各州能够通过不同方式来界定每个人的诉讼请求的范围。

- P 与 D 发生汽车碰撞。P 遭受人身伤害且其汽车受损。在案件 1 中，其仅提出人身损害赔偿要求，待判决作出后，其提起第二次诉讼，为在同一碰撞事故中受损的汽车提出财产赔偿请求。如果法律将其“诉讼请求”界定为在单一交易（我们将在本章第二节第三目探讨）中引起的所有救济权利，因其正就同一诉讼请求第二次起诉，依据请求排除原则，案件 2 会被驳回。但是，如果法律将其诉讼请求界定为单个受到侵害的权利（也将在本章第二节第三节探讨），因为其在主张一种不同于案件 1 中的权利（因此也是一种不同的诉讼请求），依据请求排除原则，案件 2 将不会被驳回。

531 **争点排除**是“间接再诉禁止（collateral estoppel）”的现代术语［受《判决法重述》（第二版）影响］表达。两个术语现在都在使用且可互相通用。我们将在本章第三节详细讨论争点排除问题。较之请求排除，争点排除的一个重要方面便是其范围要窄于请求排除——其对已在案件 1 中诉讼和裁决过的某一特定争点，若在案件 2 中再次诉讼，则将予以排除。这样，其关注的焦点不在于相对较为宽泛的东西——“诉讼请求”的范围，而在于那些相当狭窄的东西——在案件 1 中诉讼和裁决过的一个争点。如果争点排除原则予以适用，则该争点在案件 2 中即被视为业已审定，将不会允许再次诉讼，案件 2 中的事实裁决者会被指示，该争点业已审定。这样一来，争点排除并非必然导致案件 2 的直接驳回；相反，它只是缩小了案件 2 中必须审理内容的范围。

- 在案件 1 中，P 诉 D，其诉讼请求需要 P 举证来确认四个争点：A、B、C 和 D。审理完毕，P 胜诉。现在 P 在案件 2 中又诉 D，提出一种不同的诉讼请求（因此不存在请求排除问题）。案件 2 中的诉讼请求需要 P 去确认五个争点：W、X、Y、Z 和 A。如果适用争点排除原则，争点 A 将会在案件 2 中视为业已审定，P 不必对此再次举证加以确认，同时 D 也不能对其再次提起诉讼。在审理过程中，P 仅需对争点 W、X、Y 和 Z 加以举证确认。

当阅读有关排除原则的案例时，请切记另外一种术语上的混淆。一些法院（尤其是在一些较为古老的案例里）将请求排除和争点排除通称为“既判力”。所以你可能读到法院探讨既判力的案例但实际上却是适用争点排除原则。[①]

在《联邦民事诉讼规则》第 8 条(c)款(1)项中，请求排除和争点排除都被视为肯定性答辩。[②] 因此被告有责任提出排除请求，否则承担放弃请求的风险。一旦被告提出请求排除或争点排除的抗辩，其便负有针对争点的证明责任。[③] 虑及当代众多积案，一些法院似乎愿意自身提议适用排除原则。[④]

尽管请求排除和争点排除规则能够机械地予以适用，但重要的是知道 532
它们不仅仅是程序上的技巧。几个密切相关的重要政策支撑着这些原则。第一，案件终局性的正当性考虑。从某种角度而言，诉讼必须宣告完成。让已在有管辖权的法院提出的诉讼请求或业已裁决的争点进行连续诉讼，对

① 一个例子是著名的克伦威尔诉索克县案(Cromwell v. County of Sac.)，《联邦最高法院判例汇编》第 94 卷，第 351 页(1877 年)，我们将在本章第三节第二目探讨。

② 《联邦民事诉讼规则》第 8 条(c)款(1)项将“再诉禁止”和“既判力”都列为肯定性答辩。毋庸置疑此种提法既包含请求排除又包含争点排除。西米投资公司诉得克萨斯州哈里斯县案(Simi Inv. Co. v. Harris County, Tex.)，《联邦判例汇编第三辑》第 236 卷，始于第 240、252 页，注释 16(第五巡回法院 2000 年)；莫津戈诉科雷特制造公司案(Mozingo v. Correct Mfg. Corp.)，《联邦判例汇编第二辑》第 752 卷，始于第 168、172 页(第五巡回法院 1985 年)[对《联邦民事诉讼规则》第 8 条(c)款既判力的提及包含争点排除]。我们在第七章第三节第三目探讨过肯定性答辩问题。

③ 泰勒诉斯特杰尔案，《联邦最高法院判例汇编》第 128 卷，始于第 2161、2179—2180 页(2008)(被告就肯定性答辩的所有要件承担证明责任)。

④ 如参见多伊诉普夫罗默尔案(Doe v. Pfrommer)，《联邦判例汇编第三辑》第 148 卷，始于第 73、80 页(第二巡回法院 1998 年)。但参见谢勒诉美国公正生活保障协会案(Scherer v. Equitable Life Assur. Soc. of America)，《联邦判例汇编第三辑》第 347 卷，第 394 页(第二巡回法院，2003 年)(初审法院错误地对以前州法院案例适用排除效力；被告未能主张而放弃排除答辩)。

当事人或整个社会而言都不富有效益。第二，被告在一定程度上享有终止权——其知道不能就同一诉讼请求重复地被诉。第三，案件判决一致性的考虑。如果同一争点被多次提起诉讼，可能会出现该争点在不同的案件中作出不同裁决的情形——一个陪审团会认为被告卤莽驾车，而另一陪审团在对待同一争点会得出相反的判断。如此这般的不一致性会损毁公众对于司法制度的信心，因为这样的司法制度似乎更像抽彩给奖，而非一个有序的解决纠纷机制。第四，社会对司法效率的合理预期。诉讼是公众资助的纠纷解决机制，公众有权期望司法资源不被浪费。而排除原则的适用昭示了对司法制度的信心——对一个诉讼请求或争点提供一次机会足够确保每一方当事人的“出庭权”。[①]

法院可能针对既定案件强调上述政策基础的某一个或另一个，但其作为基本规矩非常重要。因此，最高法院认为排除原则包含了“公共政策和私人和平”[②]并服务于“极为重要的公共利益”[③]。一些重要的评论家将其誉为“现代司法理念的支柱”。[④] 另一方面，排除原则必须具有灵活性。确实存在极少的情形——适用排除原则将导致不公平，或者作为排除原则的奠基政策应该让位于其他政策。我们将在本章第四节看到这样的情况。而这些极为有限的例外情形再次表明司法制度对待排除原则的严肃性。

此外，有时令人伤脑筋的问题是，当案件1和案件2在不同的州法院诉讼时，究竟应该适用哪一州的排除法律？如果案件1在堪萨斯州法院裁决而案件2在马萨诸塞州法院待决，应该适用哪一州的排除法律——是适用堪萨斯州的还是马萨诸塞州的？只要各州不违反正当程序，均可自由决定其应该适用的排除规则，各州针对不同问题已经采用了不同的处理办法。

---

① 当然，如果初审法院错误地裁决案件，恰当的途径并非提起一个新的诉讼再次解决纠纷而是通过上诉解决。参见第十四章第二节。

② 哈特钢铁公司诉铁路供应公司案（Hart Steel Co. v. Railroad Supply Co.），《联邦最高法院判例汇编》第244卷，始于第294、299页（1917年）。

③ 联邦百货公司诉莫伊特案（Federated Dept. Stores, Inc. v. Moitie），《联邦最高法院判例汇编》第452卷，始于第394、401页（1981年）。

④ 《穆尔论联邦实践》第18卷，第131章第21节。

此时如果一个联邦法院也卷入其中，这一问题将变得更为复杂，尤其是当其
行使异籍管辖权时。这些情形事涉宪法和制定法的充分信任和尊重观念及 533
其相关原则。我们将在本章第五节研究这些问题。

在我们探讨请求排除和争点排除之前，应该将其与你们可能见到的其他一些相类似的概念相比较。**双重追诉**(double jeopardy)是一个在刑法上请求排除的相似物；其确保任何一个刑事被告人不因同一罪行而受两次追诉。因其是一个刑法上的原则，我们在民事诉讼里不会碰到它。

**遵循先例**(Stare decisis)，正如我们在第一章第二节第二目探讨过的，就是指先例原则。其要求处于同一司法辖区内的法院遵守其上诉法院的法律宣告，这样的宣告潜在地影响所有公民。而与此相对照的是，既判力和间接再诉禁止，仅对案件 1 中的诉讼当事人(或案件 1 当事人的关系人)有拘束力。

**案件的法律准则**(law of the case)确立某特定诉讼中已经裁决的所有争点将不会在后来的同一案件中再次诉讼。它与争点排除原则不同，因为所有的争点都已在单个案件中提出。争点排除关注的问题是，如果一个判决在案件 1 中已经作出，则该判决是否影响当事人在案件 2 中对诸争点再次诉讼的能力。

最后，**司法陈述不容否认原则**(judicial estoppel)防止诉讼当事人在不同案件中采取不一致的立场。这是一个衡平的原则，对此没有永恒不变的规则。一个例子是新罕布什尔州诉缅因州案(New Hampshire v. Maine)[①]，事涉这两州的边界纠纷。联邦最高法院指出，因为新罕布什尔州在 30 年前的诉讼中就边界问题采取了不同立场，因此法院援引司法陈述不容否认原则，拒绝了该州在较近的案件中采取不同的立场。

---

① 《联邦最高法院判例汇编》第 532 卷，第 742 页(2001 年)。

## 第二节 请求排除(既判力)

正如在第十一章第一节里指出的,请求排除原则规定诉讼请求人仅可通过一次诉讼来主张其权利。但正如第十一章第二节第三目所讨论的,对什么构成一项诉讼请求是富有争议的。说单个诉讼请求可能包含不止一项损害赔偿请求权,这就足够了。比如,如我们在第十一章第一节里所举的例子,由一起汽车事故引起的单一诉讼请求,可以既包含人身损害赔偿请求权又包含财产损害赔偿请求权。因为诉讼请求人只有一次通过诉讼获得权利救济的机会,其必须小心地行事,以便在这次诉讼中获得所有的权利救济。如果其做不到,其第二次咬苹果的机会——提起第二次诉讼——依据请求
534 排除原则将遭驳回,历史上称之为既判力。如前所述,两个术语现在都在使用,但我们倾向于使用现代术语。此外,早先的案例倾向于将该原则解释为禁止基于同一**诉因**提起两次诉讼,而更现代的案例则是禁止基于同一**诉讼请求**提起两次诉讼。尽管这些术语可相互通用,但我们倾向于使用现代术语。

法院偶尔会用不同的方式说明既判力需满足的要件。然而在迫不得已的情况下,关于请求排除原则之适用需要三要件。第一,案件 1 和案件 2 必须都是由同一诉讼请求人针对同一被告提起的;第二,案件 1 必须已经在案件实体事项上作出了有效的终局判决;第三,案件 1 和案件 2 必须基于同一“诉讼请求”。[①]

再谈一点术语问题。有些法院称请求排除原则会造成**合并**(merger)或**阻却**(bar)。不要让这些术语给你添乱。权利融合是指诉讼请求人在案件 1 **胜诉**情况下的简单请求排除。其本想在案件 2 中提出的诉讼请求而合并

---

① 如参见,卡尔诉联合保险公司案(Kale v. Combined Ins. Co.),《联邦判例汇编第二辑》第 924 卷,第 1161 页(第一巡回法院 1991 年)。

到了案件 1 的胜诉判决中因而被排除了。阻却则是指诉讼请求人在案件 1 败诉情况下的请求排除，诉讼请求人据称被“阻止”去进行案件 2 的诉讼。这些术语并不包含太多的含义，不论案件是否属于合并抑或是阻却的情况，请求排除的满足要件都是相同的。现在我们转谈请求排除的各个要件。

## 一、案件 1 和案件 2 均由同一诉讼请求人针对同一被告提起

仅当案件 1 和案件 2 皆由同一诉讼请求人针对同一被告提起的情况下，请求排除原则方可适用。[①] 一些学生（包括法院）常说，满足该要件只不过要求案件 1 和案件 2 都“包含了相同的当事人”，在此我不得不说明一下，这样的表述并不足够准确。请切记，请求排除告诉诉讼请求人他们仅有一次咬苹果的机会——亦即他们仅能针对其诉讼请求一次性地提起诉讼，所以除非由同一当事人在两个案件中提出一项诉讼请求，否则请求排除原则显然不能适用。

- A 和 Z 发生汽车碰撞，双方都受伤。在案件 1 中，A 诉 Z。该案进行了审理并作出判决。现在案件 2 中，Z 诉 A。问 Z 是否因既判力而受阻？否！Z 之前从未成为原告，因此对其来说不可能就同一诉讼请求提起两次诉讼。
- 让 Z 能够就这一事故单独起诉似乎仍然不太对。那是什么让我们 535
得出结论说 Z 不应该被允许提起这次诉讼？是强制反诉规则（compulsory counterclaim rule）！依据《联邦民事诉讼规则》第 13 条第 (a) 款 (1) 项，对此我们将在第十二章第五节第一目探讨（这一规则已被诸州采用），如果被告要对原告提出诉讼请求，且该请求与原告的诉讼请求源自同一交易或事件，则其必须在该待决案件中提出。没有提出的，则放弃了其诉讼请求。但这样排除 Z 的诉讼请求乃是出于强制反诉规则之适用，而非请求排除原则。

---

① 实际上，正如我们在后面章节的行文里见到的，只要案件 2 由与案件 1 中诉讼请求人有利害关系的人提起或者针对与案件 1 中被告有利害关系的人提起就足够满足要求。我们将在本章第三节第四目、第五目详细讨论这些概念。

我们也应该抑制说这话的欲望：请求排除原则要求案件 1 和案件 2 应由同一"原告(plaintiff)"针对同一被告提起。正如我们在第十二章要谈到，被告在待决案件中能够针对原告提出其诉讼请求。如果其这样做了，在第二个案件中其可能受制于请求排除原则。请求排除原则适用于两次主张同一诉讼请求的当事人；因此，其适用于"诉讼请求人(claimants)"而不仅仅是"原告(plaintiffs)"。[①]

- A 和 Z 在做一笔交易。在交易之外，A 和 Z 各自驾车发生碰撞；各自人身受伤、汽车受损。在案件 1 中，A 因双方的交易问题诉 Z。Z 在案件 1 中对 A 提起任意性反诉(permissive counterclaim)[②]，试图获得因汽车碰撞而致的人身损害赔偿。全案都作出了判决。现在案件 2 中，Z 因汽车碰撞而致其汽车受损对 A 提起财产损失赔偿之诉。如果可适用的法律对诉讼请求采用交易标准(将在第十一章第二节第三目讨论)，依据请求排除原则，案件 2 将被驳回。
- 为什么？因为 Z 已就同一诉讼请求提起两次诉讼(第一次在案件 1 中提起反诉，第二次作为原告在案件 2 中起诉 A)。其在两个案件中都是诉讼请求人，尽管其在案件 2 中仅是个原告。依据界定诉讼请求的交易标准，Z 的两个主张涉及同一诉讼请求(因其事涉同一交易——汽车损毁)。[③]

仅在案件 1 和案件 2 皆由同一诉讼请求人针对同一被告提起的情况下才适用请求排除原则，这一要求反映了一个重要的宪法规定。正当程序规定，一个人仅当其作为案件的当事方时，才可受该案判决的拘束。既然请求排除原则可用来反对仅在案件 1 中充当诉讼请求人的人，那这样的要求可通过我们对请求排除的界定来满足。我们将在本章第三节第四目详细讨论

---

① 所有的原告都是诉讼请求人，但并非所有的诉讼请求人都是原告。

② 《联邦民事诉讼规则》第 13 条第 2 款。该规则允许被告在待决案件中提出任何针对原告的诉讼请求，即使这一诉讼请求与原告的诉讼请求毫无关联。我们将在第十二章第五节第一目讨论任意性反诉问题。

③ 然而，如果适用法律采"基本权利"理论来界定诉讼请求(我们在本章第二节第三目讨论)，则案件 2 依据请求排除原则将不会被驳回。

这一点。

最后，请求排除并不必然要求诉讼请求人和被告在案件 1 和案件 2 中相同。这其中有一些灵活安排来反映这样一种事实，有些人或实体是如此地紧密联系在一起以至于由一方参与诉讼而作出的判决应当拘束另一方。换言之，在某些情形下，排除效力可能波及非案件 1 当事人的某个人。这种"非当事人排除"据说经常用于该非当事人与案件 1 中的当事人有"利害关系"的情况。据此，如果案件 1 和案件 2 由同一诉讼请求人（或与该诉讼请求人有"利害关系"的某人）针对同一被告（或与被告有"利害关系"的某人）提起，则请求排除原则将予以适用。尽管阐释"利害关系"含义的主要案例来自包含请求排除问题的案例，[①]但这一问题通常也来自事涉争点排除的案例。我们将在第十一章第三节第四目详细讨论这个问题（以及该主要案例）。 536

## 二、案件 1 就案件实体事项已作出有效终局判决

排除（请求排除或争点排除）并不与每个法院命令相关联。仅有特定种类的法院命令才被赋予排除效力——其一般有下列三大特点：(1)必须有效；(2)必须是终局判决；(3)必须是基于案件实体作出。如果案件 1 中的法院命令有此三个特点，据此才有足够的保障来证明其存在排除效力。换言之，只有这样的法院命令才值得敬畏，它可以阻止当事人参加后续诉讼活动。[②]

### 有效性

第一，法院命令必须有效。这个要求针对的是案件 1 审理法院的权限问题。这种探究特别关注审理案件 1 的法院是否具有事物管辖权和对人管

---

① 该案是泰勒诉斯特杰尔（Taylor v. Sturgell），《联邦最高法院判例汇编》第 128 卷，第 2161 页（2008 年）。

② 几乎毫无例外，法院总会就案件 1 作出有效的终局判决。然而，案件 1 的诉讼有可能由行政法院、仲裁员或仲裁委员会进行，这些机构或人员作出的裁决能够在后续的司法案件中产生请求排除和争点排除的效果，但受制于诸多不在我们话题范围之内的考量。欲知详情，参见赖特和米勒著书，第 18B 卷，第 4475 目。

537 辖权。如果其具备这些管辖权,其所作出的判决即被认为有效。[①] 判断一个法院命令是否有效,与其对案件基本诉讼请求的实体解决是否正确毫无关联,一个有效判决的实体审理可能不正确。如果判决的实体审理有误,败诉方应该将案件1的判决上诉至上诉法院。援用最高法院的话说,"一个基于案件实体作出的终局且未上诉的判决之既判力结果,不被判决本身有误的事实所更改,或者仰赖于后被另案推翻的某一法律原则。"[②]

**终局判决**

第二,该法院命令必须是个终局判决。正如我们将在第十四章第四节中讨论的,这是大多数司法制度在决定一项法院命令能否上诉时所强加的同一基本要求。[③] 一个终局判决是指"对诉讼的实体审理完毕初审法院除了执行判决之外别无他做"[④]的判决。它是案件的总结局,它宣告谁赢得诉讼,如果是诉讼请求人胜诉,则告知什么救济是适当的。案件中其他法院命令都是"中间的",亦即并非终局性的。在诉讼当中,法院在作出一个终局判决之前,可能要作出成百上千个中间裁决。但重要的是仅终局判决才可以上诉,也仅有终局判决才被赋予请求排除或者争点排除效力。一个中间命令可能在诉讼过程中被修改,若允许对此类中间命令进行上诉或给予排除效力,因其可能经受不起时间的检验,[⑤]将会造成司法资源的浪费;它可能

---

① 如今,似乎有这样一种趋势——即使案件1的审理法院缺乏管辖权,在某些情况下其作出的判决也被认为具有排除效力。参见赖特和米勒著书,第18A卷,第4428目和第4430目。这种趋势反映了一种当代认识,即认为如果案件1中唯一的问题只是技术上缺乏管辖权,鉴于法院已是如此超负荷运转以至于社会承担不起让案件2进行诉讼的代价。这种趋势对判决终局性和效率性的利益考量(为排除法律所认可)与对法院管辖限制的关切(在对人管辖权和事物管辖权的要件中有所反映)之间有所平衡。对此种平衡,法院日益偏向于排除方面。

② 联邦百货公司诉莫伊特案(Federated Dept. Stores, Inc. v. Moitie),《联邦最高法院判例汇编》第452卷,始于第494、398页(1981年)。

③ 这种类比并非绝对,因为有时"从上诉案件到排除问题终局性的限定并不能自动保持下去"。赖特和米勒著书,第18A卷,第55页。但这种类比对大多数案例和我们在此的行文目的是合适的。

④ 卡特林诉美国案(Catlin v. United States),《联邦最高法院判例汇编》第324卷,始于第229、233页(1949年)。

⑤ 尽管中间命令未被赋予请求排除或争点排除效力,但依据我们在本章第一节简单提及的"案件中的法律问题"原则,法院可能在裁决时遵从此类决定。

随着诉讼的进行或被修改或被放弃。①

尽管如此，如果案件 1 的终局判决被提起上诉，结果会如何？毫无疑 538
问，完成上诉程序将会耗费数月（也许数年）。显然，如果上诉法院推翻或撤销初审法院的终局判决，该判决也就不再具有排除效力——其所寄身的同一形式已不再存在。同样显而易见的是，如果上诉法院维持了初审法院的终局判决，该判决将依法继续保持其排除效力。

但是在上诉案件处于待决状态时，事情的状态又会怎样呢？在上诉法院裁决之前，终局判决是否具有排除效力或者其效力处于中止状态？就此问题，联邦法律认为该终局判决具有排除效力，②而且大多数州也同意此种观点。③ 然而在有些州，上诉待决的事实即意味着初审法院的终局判决并未产生排除效力。④ 但出于政策考虑，多数规则保持与现实的一致，即大多数上诉结果都是维持初审法院的判决。

**基于案件实体**

具有排除效力的法院命令的第三个特点是其必须基于案件实体作出。

---

① 我们将在第十四章第五节里讨论终局判决规则的例外情形，即使在法院尚未做出终局判决之时亦允许当事人上诉，但这些例外情形相当少见。此外，正如我们在第九章第七节述及，一个终局判决在审理法院可能因撤销判决的动议而遭受攻击，然而，这种程序的存在并不使得判决的排除效力变得无效。显而易见，如果法院撤销了该判决，其便不再值得去保持其排除效力；当然在此之前，判决都有排除效力。

② 如参见史密斯诉美国证交会案（Smith v. Securities & Exch. Commn.），《联邦判例汇编第三辑》第 129 卷，始于第 356、362 页第 7 个注释（第六巡回法院 1997 年，“史密斯对判决提起上诉待决的事实并不使判决的既判力效力丧失。”）同样参见赖特和米勒著书，第 18A 卷，第 4433 目。

③ 如参见，费尔普斯诉汉密尔顿案（Phelps v. Hamilton），《联邦判例汇编第三辑》第 122 卷，始于第 1309、1318 页（第十巡回法院 1997 年，“堪萨斯法院已采用现在多数针对上诉案件待决问题的观点，规定案件处于上诉待决期间的事实一般并不撤销判决的既判力效力。”）；卡利诉卢瑟兰医疗中心案（Cully v. Lutheran Med. Ctr.），《东北判例汇编第二辑》第 523 卷，始于第 531、532 页（俄亥俄州上诉法院 1987 年）（“上诉待决并不阻止判决的既判力效力已是既定原则。”）；琼斯诉美国家庭互助保险公司案（Jones v. American Family Mut. Ins. Co.），《东北判例汇编第二辑》第 489 卷，始于第 160、166 页（印第安纳州上诉法院 1986 年，“对初审法院判决的上诉并不具有撤销初审法院判决的效力”）。

④ 如参见，费森诉郝德森案（Faison v. Hudson），《东南判例汇编第二辑》第 417 卷，始于第 302、305 页（弗吉尼亚州最高法院 1992 年，“较好的规则……乃是就既判力，或对判决在上诉期间的间接再诉禁止，或在完成上诉程序的固定期限未满之前等情形而言，判决不具终局性。”）

案件实体(merits)这个术语指案件的基本争议——是否诉讼请求人已经证明其有权得到判决,因为比如说被告违反了合同义务或实施了侵权行为,如果确实如此,诉讼请求人又遭受何种损害。因此要使一个有效终局判决具有排除效力,其必须基于案件实体作出——基于案件的基本争议,即谁做了什么的问题。而与此相对照的是,一个判决的之作出是基于与基本争议毫无关联的一些事情——比如说,基于一些程序上或管辖上的事项——就不应该给予其排除效力。

然而尽管我们已经说了这么多,正如我们将要看到的,许多判决即使根本未对案件实体进行过真正审理,也都被赋予了排除效力。出于这个原因,
539 一些评论家认为"基于案件实体"这个短语应该加以抛弃。[①] 但法院继续使用这一短语,所以我们在使用时弄清楚其含义还是很重要的。对初学者而言,认识到排除效力并不要求案件1判决在作出之时真正做到基于案件实体是大有帮助的,相反更准确的认知则是,这一要求使得法院有机会顾及案件实体,即使其实际上并未这样做。对相关情形的审查应该说明了这一点。

让我们从最简单的情形开始。如果案件1得以审理,作为其结果的有效终局判决,毋庸置疑应是基于案件实体作出的。事实上,这样的例子乃是基于案件实体作出判决所意指的典型。但"基于案件实体"并不要求对案件必须进行审理。举例说,一个有效终局判决是通过简易判决作出的(正如我们在第九章第四节所讨论的)。回想一下简易判决允许法院不经审理直接就案件的法律问题作出裁决,因为其并无重大的事实争议。这样的判决具有排除效力。其达到了这里基于案件实体作出判决的目的,因它是一方当事人出于法律问题而胜诉的裁决。[②]

那么很显然,"基于案件实体"并不等于"诉讼审理"。但我们能把这种

---

① 《判决法重述》(第二版)并未使用这一短语。参见《判决法重述》(第二版)第24、25及26条。

② 如参见,坎帕内利诉全州保险公司案(Campanelli v. Allstate Ins. Co.),《联邦地区法院判例汇编第二辑》第119卷,始于第1073、1076页(联邦加州中心地区法院2000年)("简易判决构成基于案件实体做出的终局判决"具有请求排除效力)。

观念推进到多远？假设原告因被告缺席而胜诉，获得缺席判决（已在第七章第四节第三目探讨）。因为缺席，被告未能在规定时间内进行答辩。一个基于案件实体作出的缺席判决能够达到排除效力的目的吗？其答案通常是肯定的，[①]因为缺席确实确认（尽管是由被告未能答辩而致）了原告的诉讼请求实体有效。

但对于似乎与基本的实体诉讼请求毫无关系的撤销案件，情况又会如何呢？比如说，对于自愿撤诉（voluntary dismissal）（已在第七章第四节第一目探讨），原告只不过停止了案件的诉讼行为。像这种基于案件实体的撤销案件，能产生排除效力吗？《联邦民事诉讼规则》第 41 条第（a）款规定这种撤销案件“不影响实体权利”，亦即其不被视为基于案件实体作出，除非撤案的通知、约定、命令有相反规定。[②]

这将我们的目光转到强制驳回起诉（involuntary dismissals）方面，其几乎可依据无数原因作出。这些基于案件实体作出的强制驳回起诉裁定具有排除效力吗？此处讨论的起点为《联邦民事诉讼规则》第 41 条（b）款，该条款可经受仔细的审查并设想了三种可能发生的情况。第一，如果强制驳回起诉裁定是基于管辖权缺失（意指对人管辖权或事物管辖权[③]）、不当审判 540
地或未能依据《联邦民事诉讼规则》第 19 条并入一方当事人（在第十二章第六节第一目讨论的必不可少当事人问题）作出，则第 41 条（b）款规定这种驳回起诉并未“基于案件实体作出裁决”。当然这意味着此类驳回起诉裁定没有排除效力。第 41 条（b）款的意义在于：根据任何上述三种答辩作出的判决确未对案件实体作过核查。

第二，除非法院在驳回起诉令中有相反表达，对于“原告未能执行或遵守这些规则或任何法院命令”，驳回起诉裁定“将视为基于案件实体作出之

① 如参见，莫里斯诉琼斯案（Morris v. Jones），《联邦最高法院判例汇编》第 329 卷第 545 页，第 550—551 页（1947 年）（针对伊利诺伊州保险公司的密苏里州缺席判决的既判力问题）。

② 或者你会想起，除非它是第二次自愿撤诉和经由通知的情形。见第七章第四节第三目。

③ 参见美国国民银行诉联邦存款保险公司案（American Natl. Bank v. FDIC），《联邦判例汇编第二辑》第 710 卷，始于第 1528 页，第 1535—1536 页（第十一巡回法院 1983 年）。请参见赖特和米勒著书，第 18A 卷，第 149 页。

裁决”。请注意这条规定写得很宽泛。这里提到未能执行规则相当精准,[①]正如未能遵守法院命令一样。但除此之外,因未能遵守“这些规则”而被驳回起诉,很明显包含未能遵守任何《联邦民事诉讼规则》而被驳回起诉的情形。举例说,法院可能驳回原告的起诉作为对其滥用披露规定的惩罚。除非法院在其驳回起诉令中另外有所指示,诸如此类的驳回起诉“是基于案件实体的裁决”并且阻止原告就同一诉讼请求再次诉讼。[②] 这一规则的合理性在于,因为原告错在本该有一次机会将其案件呈堂供实体审理,却未能采取行动或遵守《联邦民事诉讼规则》,没有恰当而为。法律制度已经给其一次机会,同时法律制度也对如何推进案件审理从而执行自身规则进行利益衡量。因此,除非法院在其驳回起诉令中另有规定,《联邦民事诉讼规则》第41条(b)款将此类判决视为基于案件实体作出,从而赋予其请求排除和争点排除之效力。

第三,依据《联邦民事诉讼规则》第41条(b)款之规定,除非法院另外有所命令,“任何依据本条的驳回起诉裁定……视为基于案件实体作出的裁决。”按其字面意思,该条要求每个强制驳回起诉裁定(除了那些基于管辖权、审判地或《联邦民事诉讼规则》第19条之外)将被视为基于案件实体作出。但最高法院在塞姆特克国际公司诉洛克希德·马丁公司(Semtek International, Inc. v. Lockheed Martin Corp.)[③]案中清楚地表明,该规则在此方面并不是严格按其字面意思解读。在塞姆特克案中,原告在加利福尼亚州法院提起案件1的诉讼,被告基于异籍管辖权将案件移送至联邦法院。该联邦法院依据加州两年的诉讼时效法律规定将案件驳回。[④] 该驳回起诉令很明确地表示该驳回起诉是“关于实体权利方面的(on the merits)和影
541 响实体权利的(with prejudice)”。因为马里兰州的诉讼时效法律规定是三

① 我们在第七章第四节第二目讨论过因未能实施规则而导致驳回起诉问题。

② 如参见关于里德案(In re Reed),《联邦判例汇编第二辑》第861卷,第1381页(第五巡回法院1988年)。

③ 《美国联邦最高法院判例汇编》第531卷,第497页(2001年)。

④ 请回想依据伊利案原则(Erie doctrine),一个拥有异籍管辖权的联邦法院适用州的诉讼时效法律。参见第十章第五节。

年，因而不会阻止该诉讼请求之提出，所以原告就同一诉讼请求在马里兰州法院提起案件 2 的诉讼。[①] 请问案件 2 会因请求排除而受阻吗？更具体地说，基于实体作出的案件 1 判决具有排除效力吗？审理案件 1 的法院再次明确表示其判决是基于案件实体作出。而且即使没有这一声明，《联邦民事诉讼规则》第 41 条(b)款也宣示，这种驳回起诉裁定将视为基于案件实体作出(因为它属于"非本条规定的驳回起诉情形")。

然而，联邦最高法院裁决认为(法官们一致认为)，位于加州的联邦法院判决并不具有请求排除效力。因而原告可在马里兰州进行诉讼。为什么？首先，最高法院认为《联邦民事诉讼规则》第 41 条(b)款根本不是针对请求排除。其所规定的驳回起诉裁定"视为基于案件实体作出的裁决"，仅指原告不能在已作出驳回起诉裁定的同一联邦地区法院就同一诉讼请求再次提起诉讼。根据最高法院的裁决，该条并非旨在建立请求排除方面的联邦法律。正如最高法院的判决意见书里所解释的，"作出裁决的法院从其管理自身内部程序的规则中"[②]发现具有请求排除效力的规则，这是一个"非常奇怪"之举。

其二，因为《联邦民事诉讼规则》在此并不适用，最高法院然后裁定联邦法院在此问题上是否被要求适用州法律。法院裁定对这一主题应该受联邦普通法管辖，[③]但这种情况下的联邦普通法——一个拥有异籍管辖权的联邦法院受理的案件 1——将会采用联邦法院所在地的州法律。[④] 法院然后

---

① 被告将该案移送至马里兰州联邦法院而后者将案件发到马里兰州法院重审。尽管异籍管辖权的要求得以满足，但因为被告是受审法院所在州的公民，所以案件不能再行移送。(我们在第四章第八节已讨论过对移送管辖的限制规定。)故诉讼在马里兰州法院进行。

② 塞姆特克案(Semtek)，《联邦最高法院判例汇编》第 531 卷，第 503 页。确实，如果《联邦民事诉讼规则》第 41 条(b)款的确规定了有关请求排除的要求，最高法院指出，则该条就可能与规定实体规则的《规则制定授权法》相冲突。

③ 在第十章第九节里，我们发现联邦普通法能够充当裁决规则的领域相当少。伊利案原则确认不存在一般的联邦普通法，但并不排除联邦普通法在专门领域适用的可能。塞姆特克案就包含这样一种领域——联邦法院判决的排除效力问题。最高法院在泰勒诉斯特杰尔案[《联邦最高法院判例汇编》第 128 卷，始于第 2161、2171 页(2008 年)]中重申了这一点。

④ 塞姆特克案，《联邦最高法院判例汇编》第 531 卷，第 507—508 页。参见第十一章第五节第四目。

裁决，加州法律不会将请求排除的效力赋予基于其诉讼时效法作出的驳回起诉裁定。亦即，加州州法院会驳回原告的起诉但不该反对原告利用马里兰州更长的诉讼时效规定而选择在马里兰州起诉。

542 塞姆特克案清楚表明，《联邦民事诉讼规则》第 41 条(b)款的表达——除了依据该条(和基于管辖权、审判地或第 19 条)之外的强制驳回起诉裁定“视为基于案件实体作出的裁决”——并非排除效力方面的普遍真理。的确，该条阻止原告在作出驳回诉讼裁定的同一联邦法院再次提起诉讼。但第一个法院基于案件实体作出的驳回起诉裁定是否就在其他法院产生请求排除和争点排除效力，需要对联邦普通法做具体分析，这样在一个异籍案件里反过来通常又要看审理案件 1 的联邦法院所在地的州的法律。所以，最终，一个加州联邦法院的判决是否应在马里兰州州法院产生请求排除效力，将依赖于加州州法院是否该将其视为基于案件实体作出的具有排除效力的裁定。

## 三、案件 1 和案件 2 均基于同一诉讼请求提起

即使在案件 1 和案件 2 均由同一诉讼请求人针对同一被告提起，而且案件 1 已基于案件实体作出有效终局判决的前提下，适用请求排除原则也仅当两个案件均基于同一诉讼请求提起才能成立。请求排除的本质在于诉讼请求人只有一次机遇——一次诉讼机会——来提出其诉讼请求。遗憾的是，“诉讼请求”并非一个不解自明的词语。其在不同的语境中可能具有不同的意思。① 更为重要的是为了当下的目的，即使在请求排除的语境中，该

① 比如说，满足《联邦民事诉讼规则》第 12 条(b)款(6)项规定的答辩目的的“诉讼请求”之构成要件与满足请求排除目的的诉讼请求(或“诉因”)之构成要件可能并不相同。用大法官卡多佐(Cardozo)的话说：

> 一个“诉因”可能指满足一种目的一件事情而在满足另外一种目的情况下，可能又指代不同的一些事情。其所指的一件事情可能是异议是否正当的问题，而不同的一些事情可能是诉状修改的问题或既判力原则的适用问题……有时候且在一定的语境中，其可能被认定为侵权或违反义务。而在其他时候和其他语境中，可能是救济法律的概念……另外一方面将其揭示为……一组形成了某种冤情的主体事实。

美国诉孟菲斯棉籽油公司案(United States v. Memphis Cotton Oil Co.)，《联邦最高法院判例汇编》第 288 卷，始于第 62、67—68 页(1933 年)。

词在不同的州可能意指不同的事情。各州对该词的不同界定反映了各州为其自身目的可自由衡量的政策选择。很可能在你的案例书中就包含了诸多对诉讼请求一词存在不同定义的案例。

因此尽管不同的州在其处理方式上有所不同，但一种不可否认的趋势是已经对诉讼请求一词采取更加宽泛的定义。这种更为宽泛定义之产生并非空穴来风。相反，其反映了法律相关领域的发展变化。在更早的程序制度中，诉答和合并规则对单一诉讼中原告主张诉讼权利和合并当事人的能力施加了严格的限制。因此，请求排除法律对诉讼请求的范围界定得相当 543
窄，反映了这样一种事实，亦即原告可能需要通过案件 2 来寻求其不可能依据案件 1 中的合并规则得到的东西。如今对诉讼请求更加宽泛的定义，反映了诉答和合并规则上的宽松的规则。因为这些规则允许原告将大量诉求打包放入案件 1，故不太需要法律制度给原告提供提起案件 2 之机会。

**两大主题：关注交易抑或被侵犯的基本权利**

今天的联邦法律和大多数州的法律都采用了一种交易标准（transactional test）来界定诉讼请求。[①] 这种关注交易的表述各有不同，包含两个案件是否包含同一"起作用的事实（operative facts）"[②]、"交易或事件（transaction or occurrence）"[③]、"基本事实情况（basic factual situation）"[④]、"被告不

① 如参见，米切尔诉穆尔市案（Mitchell v. City of Moore），《联邦判例汇编第三辑》第 218 卷，始于第 1190、1202 页（第十巡回法院 2000 年）［"我们援用《判决法重述》（第二版）中的交易方法"］；里弗帕克公司诉海兰帕克市案（River Park, Inc. v. City of Highland Park），《东北判例汇编第二辑》第 703 卷，始于第 883、893 页（伊利诺伊州最高法院 1998 年）；奥布莱恩诉锡拉丘兹市案（O'Brien v. City of Syracuse），《东北判例汇编第二辑》第 429 卷，始于第 1158、1159 页（纽约州上诉法院 1981 年）；拉什诉梅普尔海茨市案，《东北判例汇编第二辑》第 147 卷，始于第 599、607 页（俄亥俄州最高法院 1958 年）；埃达佩诉埃金斯案（Adape v. Akins），《太平洋判例汇编第二辑》，第 668 卷，始于第 130 页，第 134—135 页（爱达荷州上诉法院 1983 年）。

② 如参见，风景财产公司诉惠森亨特案（Landscape Properties, Inc. v. Whisenhunt），《联邦判例汇编第三辑》第 127 卷，始于第 678、683 页（第八巡回法院 1997 年）。

③ 如参见，五大湖卡车运输公司诉布莱克案（Great Lakes Trucking Co. v. Black），《西北判例汇编第二辑》第 477 卷，始于第 65、68 页（威斯康星州上诉法院 1991 年）。

④ 如参见，加斯巴拉诉帕克—俄亥俄实业案（Gasbarra v. Park-Ohio Indus.），《联邦判例汇编第二辑》第 655 卷，始于第 119、121 页（第七巡回法院 1981 年）。

法行为(defendant's wrongdoing)”[1]、“起作用事实的单一本质(a single core of operative facts)”[2]等。最富影响力的表述来自《判决法重述》(第二版),它规定一项诉讼请求包含“涉及引起诉讼的交易的,或一系列相关联交易的所有或任何部分的”[3]所有救济权利。

但并非所有的州都已采用交易标准来界定诉讼请求的范围。另一种学派关注的是为被告行为所侵犯的权利。依据这种方法——经常称之为基本权利理论(the primary rights theory)——诉讼请求人对被告侵犯的每一权利拥有一个单独的诉讼请求(因而能够提起一个单独诉讼)。

对这一问题也还有其他的处理方法,其中一些将在下文提到。然而大多数州似乎采用了这两种方法中的某种形式——一种关注基本的交易而另一种关注被侵犯的权利。这两种方法间范围的差异在本章第一节第一次所举的假设案例中已有恰当说明:

544 ● P与D发生汽车碰撞事故。P人身受伤且汽车受损。在案件1中,其仅提出人身损害赔偿请求。案件1作出判决之后,其又基于同一碰撞事故提起案件2的诉讼,请求财产(汽车)损失赔偿。

请问案件2将因请求排除而受阻吗?答案完全取决于管辖法院对诉讼请求采用何种定义。如果法律将其“诉讼请求”界定为交易式的——基于同一交易而引起的所有救济权利——案件2将依据请求排除原则而被驳回。为什么?因为P已就同一交易两次起诉,这样一来其已就同一诉讼请求两次起诉。另一方面,如果法律将其诉讼请求界定为受侵犯的单个权利,则案件2依据请求排除原则不会被驳回,因为其是在主张一个与案件1不同的权利。

**政策和效率考量**

对诉讼请求进行交易式的界定比受侵犯的权利式界定更加清晰和富有

---

① 如参见,普洛纳诉美国电话电报公司案(Plotner v. AT&T),《联邦判例汇编第三辑》第224卷,始于第1161、1170页(第十巡回法院2000年)。

② 如参见,曼达里诺诉波拉德案(Mandarino v. Pollard),《联邦判例汇编第二辑》第718卷,始于第845、849页(第七巡回法院1983年)。

③ 《判决法重述》(第二版)第24条(1)款。

效率。其迫使原告将其人身损害赔偿请求和财产损失赔偿请求合并在单个诉讼中进行。若做不到这一点，其第二次诉讼依据请求排除原则将会被驳回。如此一来，司法制度对事件进行交易式的界定仅需通过一次诉讼来处理所有问题。而且这种交易标准广泛地与合并标准和附属管辖权标准相适应。在第十二章，我们将讨论各种各样的合并规则设计——其中包括强制性反诉、交叉请求以及《联邦民事诉讼规则》第十四条第一款规定的各种诉讼请求——都采用“同一交易或事件”标准。我们在第四章第七节讨论过，当诉讼请求未能满足联邦事物管辖权的独立管辖依据时，附属管辖权主要也是通过采用交易标准来界定它，从而使其可在联邦法院提出。界定诉讼请求的交易标准反映和弥补了其他法律领域的这些发展。①

当然，仅在合并的程序规则允许诉讼请求人将所有与交易相关的诉讼请求放在案件1中时，司法制度才能通过请求排除原则来要求诉讼请求人这样做。因为《联邦民事诉讼规则》规定宽松（尤其是诉讼请求合并的规则，对此我们将在第十二章第三节述及），其允许诉讼请求人将所有的诉讼请求——甚至那些与交易不太相关的诉讼请求——放入单个诉讼中解决，通过适用请求排除规则来要求诉讼请求人将所有与交易相关的诉讼请求放在案件1中集中解决，这是一种公平的做法。

与交易标准相对照的是，基本权利标准似乎潜在地浪费司法资源。因 545
为其允许上述假设案例中的原告对当事人可能认为的一件现实生活中的事件提起两次诉讼。② 目击证人可能被要求两次出庭作证，被告将经受两次被诉之痛苦。当然司法制度也要处理两次诉讼。考虑到对当代积案之关切，看

---

① 至于有关合并规则、排除规则以及附属管辖权规则是如何能够合力作用来促使诉讼得以有效集中处理的讨论，请参见理查德·D. 弗里尔：“避免重复诉讼：原告自治与法院界定诉讼单位之再思”，载《匹兹堡大学法律评论》(Richard D. Freer, Avoiding Duplicative Litigation: Rethinking Plaintiff Autonomy and, the Court's Role in Defining the Litigative Unit, *U. Pitt. L. Rev.*)第50卷，始于第809页，第813—837页(1989年)。

② 仅仅因为诉讼请求人能够提起两次单独的诉讼并不意味着其会真正这样做。在上述假设案件中，P能够在案件1中将人身损害赔偿请求和财产损失请求加以合并。但是基本权利理论——不似交易理论那样——并不要求其这样做。

到越来越多的州采用更宽泛的交易标准来界定诉讼请求，这就不奇怪了。

一家联邦地区法院在适用伊利诺伊州法律时，表达了对伊利诺伊州尚未接受交易标准的失望之情：

> 面对众多积案，法院难以保证诉讼当事人应有的一天庭审。本案中的原告坚持应有三天。因此我们继续敦促并希望伊州法院能顺从当今州法院接受《判决法重述》（第二版）中交易标准的潮流，其终将看到这样做是合适的。[1]

尽管有这样的批评之声，基本权利理论依然有其拥护者。加州从未放弃信守这一标准。[2] 在佐治亚州，基本权利理论通过制定法规定被用于机动车辆碰撞案件中。[3] 弗吉尼亚州的经验尤为有趣。在1949年，在著名的卡特诉欣克尔（Carter v. Hinkle）[4]案中，尽管该案事实与上述假设案例相似，但弗吉尼亚州最高法院最终采用了基本权利标准而明确拒绝采用交易标准。在卡特案中，案件1为一个碰撞事件的财产损失赔偿提起，而案件2为人身损害赔偿提起。在审查了两种方法的支持意见后，法院采信了基本权利理论，并将其描述为“不太实用但……更符合逻辑的路径”[5]。法院因此认可交易标准更具效率，但同时认为基本权利标准更契合法律的其他方

---

① 萨雷梅诉圣文森特纪念医院公司案（Salaymeh v. St. Vincent Memorial Hosp. Corp.），《联邦地区法院判例汇编》第706卷，始于第643、646—647页（联邦伊利诺伊州中部地区法院1989年）。

② 参见霍姆斯诉布里克案（Holmes v. Bricker），《太平洋判例汇编第二辑》第452卷，始于第647、649页（加州最高法院1969年）。加州对诉讼请求采用基本权利论进行界定遭致沃尔特·海泽（Walter Heiser）的批评。参见沃尔特·海泽：“加州不可预见之既判力（请求排除）原则”，载《圣迭戈法律评论》[Walter Heiser, California's Unpredictable Res Judicata (Claim, Preclusion) Doctrine, *San Diego L. Rev.*]第35卷，第599页（1998年）。

③ 《佐治亚州注释法典》第51编第1章第32目。在这类案件中有一种论调支持基本权利理论的适用。假设一位投保的司机在一起汽车碰撞事故中遭受人身伤害和财产损失。其保险公司可以为其支付财产损失赔偿，然后（作为“代位权人”——即指通过法律操作而受让诉讼请求的人）起诉另一司机。如果被保险的司机已经对另一位司机提起人身伤害赔偿请求，那在一个采用交易标准的州即存在一定的风险，因为被保险的司机及保险公司（即取代被保险人的代位权人）已经将诉讼请求做了分割。参见史密斯诉哈钦斯案（Smith v. Hutchins），《太平洋判例汇编第二辑》第566卷，始于第1136、1137页（内华达最高法院1977年）。

④ 《东南判例汇编第二辑》第52卷，第135页（弗吉尼亚州最高法院1949年）。

⑤ 卡特案（Carter），《东南判例汇编第二辑》第52卷，第138页。

面。比如说，正如前面所指出的，人身损害赔偿与财产损失赔偿的诉讼时效 546
法是不同的；财产损失赔偿请求可以转让且不因原告的死亡而终止诉讼程序，但人身损害赔偿请求不可转让且因原告死亡而终止诉讼。

2006 年弗吉尼亚州最高法院颁布的一条法院规则采纳了交易标准界定诉讼请求。① 尽管耐人寻味的是，该规则明确包含了一种除外情形——针对造成既有人身伤害和又有财产损失事件除外。② 据此，尽管弗吉尼亚州出台了新的法院规则，但类似卡特案这样诉讼仍将如其在 1949 年做的那样判决。

采用基本权利理论的州的经验表明，该理论并非像我们想象的那样没有效率。尽管该理论将允许卡特案中的原告提起案件 2 来请求人身损害赔偿，但并未要求其这样做。原告可自由地将人身损害和财产损失两项诉讼请求组合在单个诉讼中提出。其实毋庸置疑，很多诉讼请求人也是这样做的，仅为避免进行两次诉讼。而且，即使诉讼请求人确已提起两次诉讼，则案件 2 的诉讼将适用争点排除而作出更为简单的判决。比如说，如果审理案件 1 的法院裁决被告不存在过失，则案件 2 将对原告作出简易判决。为什么？因为争点排除将为案件 2 确立：被告对财产（汽车）损毁并无过失。如果案件 1 的法院裁决有利于原告，其中包括裁决被告确有过失，则案件 2 的审理就省力多了，因为争点排除已经为案件 2 确立被告存在过失的事实。

此外，案件 1 裁决可能影响当事方在案件 2 中的和解，在此情况下案件 2 不会给法院系统施加重大负担。一法院在解释争点排除效力时说，即使在实行基本权利请求排除的州，这一方法：

> 即使两次诉讼实际上都进行审理，所消耗的总的司法时间可能不比将两部分放在一次诉讼中所消耗的时间更多。事实上，可能的结果是两次诉讼不可能都加以审理。如果审理财产损失的案件裁决对原告不

---

① 《弗吉尼亚州最高法院规则》第 1 条第 6 款(a)项。该规则自 2006 年 7 月 1 日之后适用于弗吉尼亚州民事诉讼判决，其规定："针对一方当事人因被确认的行为、交易或事件而提起的诉讼请求，法院依据案件实体做出的终局判决，应永远禁止其基于同一行为、交易或事件的任何诉讼请求或诉因向同一对方当事人提起任何第二次诉讼或后续民事诉讼……"。

② 《弗吉尼亚州最高法院规则》第 1 条第 6 款(c)项规定："该规则中的本条款不应禁止一方当事人或其保险人基于同一行为、交易或事件提起单独的人身损害和财产损失诉讼……"

547 利，即不存在第二次审理。如果裁决对原告有利，双方当事人可能会妥善地对财产赔偿请求进行和解。①

**应用**

上述的例子相对简单——明显地基于同一交易而造成人身损害和财产损失，但并非所有的案件都是如此简单。

- P和D，各自驾驶着自己车时发生了碰撞，每人都遭受了人身损害和财产损失。碰撞发生之后，D窜出自己的车，跑到P车前，通过车窗攻击P脸部。之后，D朝P大爆粗口，威胁要杀了P，同时朝众多旁观者喊了各种诽谤性的不实言语中伤P。

这里包含多少诉讼请求？依据基本权利论，P似乎将存在以下单独的诉讼请求：(1)对其汽车的财产损失；(2)因拳击和事故造成的人身损害；②(3)因为威胁和下流话所造成的精神损害以及(4)因诽谤性的不实言语而致的口头诽谤。为什么？因为看起来四种权利已经受到侵犯：(1)其财产免受侵害的权利；(2)其人身免受侵害的权利；(3)其精神免受侵害的权利以及(4)其名誉免受损害的权利。

依据交易标准(transactional test)其结果又会如何？这里究竟有多少交易存在？是否在汽车碰撞时一项交易结束，而当D窜出车走向并猛击P时另一项交易开始呢？是否在D大喊下流话和施加威胁之时另一交易出现，而在实施诽谤之时又出现一交易呢？这很难说清楚。③ 但请记住，正如前所述，

---

① 安德鲁斯诉克里斯滕松案(Andrews v. Christenson)，《太平洋判例汇编第二辑》第692卷，始于第687页，第690页第1个注释(俄勒冈州上诉法院1984年)。俄勒冈州随后采纳了界定诉讼请求的交易标准。彼得森诉坦普尔案(Peterson v. Temple)，《太平洋判例汇编第二辑》第918卷，第413页(俄勒冈州最高法院1996年)(裁决认为因单个事故所造成的人身损害和财产损失将可能认定为一个诉讼请求)。

② 这些损害能分成两种诉讼请求(一个是因汽车损毁而致人身损害而另一个是因拳头攻击而致的人身损害)吗？基本权利标准关注的是所造成的损害，所以或许答案是否定的。但请参见伍德诉阿利森服饰营销公司案(Wood v. Allison Apparel Marketing, Inc.)，《东南判例汇编第二辑》第398卷，第110页(弗吉尼亚州上诉法院1990年)(行政裁决认为，原告未能表明腕管综合症是由工伤事故造成的事实，并不阻却后续的工人因职业病造成的同一伤害而提出工伤赔偿的请求)。

③ 依据“单一不法行为”标准，我们遇到类似问题。是否碰撞是一个不法行为的结果、殴打是另一个不法行为的结果而诽谤是第三个不法行为的结果？《判决法重述》(第二版)建议我们在处理这一情形之时应基于常识和现实生活的实际。

《判决法重述》(第二版)同时也指示我们注意这些交易或“一系列相互关联的交易”。[1]《判决法重述》(第二版)给这一定义增加了一种实际分析的方法，要 548
关注事实是否在“时空、来源或动机方面紧密相联以及这些因素集合在一起是否组成了一个单元以方便法院审判”，同时考虑将这些因素视为单个诉讼请求是否与当事人的愿望和商业预期相符。[2] 因此这种探究变成了一种实际分析的过程，既要受到特定种类案例经验的指导，又要小心对待相关政策。

就上述假设案例事实，是否所有事情皆是一系列相互关联交易的结果，这至少还有待商榷。从实用主义角度考虑，司法制度应该支持上述假设案例提起单独诉讼吗？被告应该进行不止一次的答辩吗？该期望原告将所有这些诉讼请求组合在单个诉讼中吗？或许基于这样的考量，假设案例似乎呈现了单个诉讼请求。诉讼参与者很可能考虑将所有这些事项视为一个事件。一切在一个相对较小的区域在一个相对较短的时间内发生。这样，看见事件某一方面如汽车碰撞的目击证人，也很可能看见了拳击和恶语伤人。进行多次诉讼可能让证人多次出庭作证，不堪其负[3]；而多个案件中的累赘作证将浪费司法资源。

可见这使得决定案件 1 和案件 2 是否包含同一诉讼请求一事，成为一项技术活而非科学。尽管如此，律师有必要关注管辖法院对该问题是采用交易标准还是以权利为基础的方法。在律师的研究过程中，可能惊奇地发现同一个州采用了多种标准。[4] 注意到这些情形的律师可以为获得一个特

---

① 《判决法重述》(第二版)第 24 条第(1)款。

② 《判决法重述》(第二版)第 24 条评论部分(b)款。

③ 而且我们不应忘记，如果将所有权利主张组合在单个诉讼中，为避免混乱或为难，初审法院可自由裁量是否对各种争点进行分别审理。参见第十二章第四节。

④ 比如在弗吉尼亚州，在其采纳前述(第 665 页注释①)的法院规则之前，该州最高法院业已采用至少三种界定诉讼请求的标准。参见弗洛拉、弗洛拉与蒙塔古公司诉桑德斯案(Flora, Flora & Montague, Inc. v. Saunders)，《东南判例汇编第二辑》第 367 卷，始于第 493、495—496 页(弗吉尼亚州最高法院 1988 年)(证据同一性标准)；布朗诉黑利案(Brown v. Haley)，《东南判例汇编第二辑》第 355 卷，始于第 563、568—569 页(弗吉尼亚州最高法院 1987 年)(交易标准)；卡特诉欣克尔案(Carter v. Hinkle)，《东南判例汇编第二辑》第 52 卷，第 135 页(弗吉尼亚州最高法院 1949 年)(基本权利标准)。

定的诉讼结果而备有多种辩诉方案。(而且注意到课程材料里存在各种标准的法学院学生,可将其应用到考试试卷的答题之中。)

**"诉讼请求"的其他界定标准**

法院可能会使用界定诉讼请求范围之其他标准,但不清楚这些标准是
549 否只是我们前已述及的两大方法的变种。可能你的教授并未谈到这些其他界定方法,那么这里的讨论将与你的课程联系不大。确有一些教授阐述对诉讼请求的其他界定,但我们浏览一下其中的主要标准。

一些法院采取一种"证据同一性"标准("sameness of the evidence" test),该标准认为如果"支持第一次诉讼的证据与支持第二次诉讼的证据相同"[①],则诉讼请求相同。这一标准本质上毫无意义,正如我们看到,如果将其适用到卡特案的事实中,原告在案件 1 中请求财产损失赔偿且在案件 2 中请求人身损害赔偿,两个诉讼请求皆由同一汽车碰撞事件而致。如果证据同一性标准是指在整个诉讼中的所有证据,则案件 2 应该允许进行。为什么?因为在案件 2 中,原告必须提供支持人身损害的证据,而该证据在案件 1 中并不需要。但如果该标准仅指确认责任的必要证据,则案件 2 应该被驳回。为什么?因为要求提供以确认被告对汽车损毁担责的证据在案件 1 和案件 2 完全相同——其过失并不受赔偿请求类型不同的影响。大多数法院似乎采用后一种方式来适用这一标准。[②] 就关注责任本身而言,这一标准似乎对交易标准并未增添什么新的东西,因为交易标准关注的就是引起被告责任的交易问题。

还有另外一种标准,认为诉讼请求是由被告的"单一不法行为(single wrongful act)"引起的所有救济权利构成。显然这一标准与交易问题相关,但可能比《判决法重述》(第二版)中所述方法的范围更加狭小。一些评论家

---

① 如参见,阿格里斯瑟公司诉贝尔登案(Agriserve, Inc. v. Belden),《东北判例汇编第二辑》第 643 卷,始于第 1193、1195 页(伊利诺伊州上诉法院 1999 年)。

② 如参见,休尔—斯内普公司诉州街道银行与信托公司案(Sure-Snap Corp. v. State Street Bank & Trust Co.),《联邦判例汇编第二辑》第 948 卷,始于第 869、874—875 页(第二巡回法院 1991 年);肯特县教育委员会诉比尔布拉夫案(Kent County Bd. of Educ. v. Billbrough),《大西洋判例汇编第二辑》第 525 卷,始于第 232、236—237 页(马里兰州最高法院 1987 年)。

认为“因为该标准通过对本可纳入单一交易标准类的权利数量进行抽象思考,可能会导致似是而非的结果”,[①]所以应该抛弃单一不法行为的表述。

另一过时的方法认为,诉讼请求人因“不同的法律理论”而有不同的诉讼请求,即使这些诉讼请求都源自单个交易。这种方法是由普通法规定了狭小范围的诉答规则而致。因为依据普通法的诉答规则,诉讼请求人仅能在案件中援用一种法律理论。因此,排除法律不能因其未能在第一个案件里主张多个理论而“惩罚”诉讼请求人。因为这种对诉答的普通法限制已付之于历史纸堆中,所以对这种“不同法律理论”同样应该加以摒弃。

- 原告在案件1中依据州反歧视法律和合同原理起诉其雇主,因歧视致害而要求损害赔偿。判决作出后,其又对雇主提起案件2的诉
讼,声称案件1中描述的同一行为同时也违反了联邦反歧视法律。550
依据“不同法律理论”标准,案件2包含了一个不同的诉讼请求因此诉讼将继续进行下去。然而依据当今的请求排除原则,案件2将遭驳回,因为案件2包含了与案件1相同的交易,因而存在相同诉讼请求。[②]
- 同样,要求在案件2中提供不同证据不应排斥请求排除原则的适用。[③] 请求排除的要点在于诉讼请求人仅有一次机会提出自己的诉讼请求,因此如果其在这一次机会中遗漏了请求损害赔偿的某一要件或未能有效地整理出事实,便别无他怪,只能责备自己。

**诉讼请求的个人属性**

一项诉讼请求——不管如何界定——对诉讼请求人来说都具有个人属性。假设路易丝(Louise)和帕蒂(Patti)为一辆失事大巴上的乘客。路易丝和帕蒂都遭受人身损害和财产损失(对各自的行李的)。进一步假设管辖法

---

① 赖特和米勒著书,第18卷,第167页。

② 如参见,博滕诉美联大学案(Boateng v. InterAmerican Univ.),《联邦判例汇编第三辑》第210卷,始于第56、62页(第一巡回法院2000年)(案件1基于波多黎各法律和合同法;案件2基于《美国残疾人法》第七节)。

③ 如参见,纽约人寿保险公司诉吉莱斯皮案(New York Life Ins. Co. v. Gillespie),《联邦判例汇编第三辑》第203卷,始于第384、387—388页(第五巡回法院2000年)。

院采取交易标准来界定诉讼请求。这一标准将迫使路易丝在对大巴公司提起诉讼的单个案件中同时提出人身损害和财产损失赔偿请求。(人身损害和财产损失都是单一诉讼请求的构成要件,因为两者都由单个交易引起。)同理,该标准也将迫使帕蒂这样做。但诉讼请求的界定并不将路易丝和帕蒂在单个案件中合并为共同原告。路易丝和帕蒂的诉讼请求各属其自身。请求排除并不强迫在单个案件中受伤的每个人都合并到一次诉讼中。其不过是强迫每个诉讼请求人将一个诉讼请求中的各种损害赔偿要件和法律理论合并在单个案件中提出。[①]

**合同案件**

针对合同和类似案件中的诉讼请求的范围,有一些既定的一般管辖规则。首先,至少对于单个合同中的一项诉讼请求,通常认为包括在案件1提起之时发生的所有违约行为。

- D从P那里租了农场及相关农业用具。租约规定D要每月支付租
551 金,如果未能支付租金,须将农业用具返还给P。D未能支付租金也未能返还设备。P在案件1中诉称D侵占财产(农业用具)。法院作出有效终局判决。现P又提起案件2的诉讼,提出未付租金的赔偿请求。案件2将受到请求排除之阻却,因为两个求偿权——财产求偿权与租金求偿权——在案件1提起之时业已存在,因此二者都是同一诉讼请求的构成部分。
- P和D签订一份分期付款合同(installment contract),合同规定D要每月付款给P。D支付了一月份和二月份的款项,但未支付三月份、四月份和五月份的款项。如果P就这一点提起诉讼,其诉讼请求应包括三个月未支付的款项。如果其仅起诉应付而未付的三月份的款项,依据请求排除原则,其请求支付四月份和五月份的款项的请求将会被阻止。

---

① 在第十二章第四节中,我们将讨论路易丝(Louise)和帕蒂(Patti)如何可以在单个诉讼程序中合并为共同原告。然而不管他们是否这样做,它是由合并规则给出的选择并与请求排除毫无关系。

其次，上述这些假设案例仅假定存在一份合同。如果存在多份单独的合同，它们一般作为多个诉讼请求来处理。因此，如果 D 以同样的方式违反了合同 1 和合同 2，P 可能拥有两个诉讼请求——每一个合同有一个诉讼请求。即使在合同 1 与合同 2 在各个方面都相同的情况下，这一规则通常仍予以适用。[①]

**请求排除的效力**

请记住请求排除的效力，一般在于"剥夺"诉讼请求人进入法院寻求司法救济的权利。除非对请求排除的适用有一些例外规定（请见本章第四节），否则如果一位诉讼请求人在一个对诉讼请求之界定采用交易标准的州提起案件 1 的诉讼，但仅请求财产损失赔偿而忘了人身损害赔偿（或者反之亦然），则其就犯了一个天大的错误。如果其犯了这个错误，案件 2 将会驳回，而且其将不再拥有为人身损害赔偿请求而在法院出现的日子。但这是其自身（或其律师）的过错。司法制度已经为其主张权利提供了一次机会。其自己（或其律师）理应知道"诉讼请求"究竟包括哪些内容。

---

① 参见，冈萨雷斯诉洛佩斯案（Gonzales v. Lopez），《太平洋判例汇编第三辑》第 52 卷，始于第 418、424 页（新墨西哥州上诉法院 2002 年）。

## 第三节　争点排除（间接再诉禁止）

争点排除是历史上知名的间接再诉禁止原则的现代术语。今天这两个术语都在广泛使用。不管我们如何称呼它，争点排除之适用范围要窄于请求排除。如上所述，请求排除通常禁止诉讼请求人主张本该能在案件 1 中提出却未能提出的救济权利，其将导致案件 2 被驳回；而与此相对照，争点排除仅禁止当事人就案件 1 中确已诉讼且法院作出裁决的某一争点再次提
552 起诉讼，争点排除本身并不会导致案件 2 被驳回，而是使得案件 2 中的争点数量得以精简，正如本章第一节中所述的那样。[①]

另一方面，因为争点排除的适用并不受交易相关性之限制，因此在某种程度上，争点排除的适用范围要比请求排除宽泛。亦即，在案件 1 中裁决的某一争点可能在案件 2 中认为业已确认，即使案件情形在现实生活中存在巨大差异时亦是如此。比如说，案件 1 的裁决认为某药物造成特定副作用的争点，可能在事涉不同人在不同时间、地点受该药物伤害的其他案件中被认为是已确认的争点。

法院偶尔用不同的方式对争点排除的构成要件进行陈述。对争点排除的标准定义包含五大要件。第一，如同请求排除一样，案件 1 必须基于案件实体作出有效终局判决；第二，案件 2 中出现的相同争点必须已在案件 1 中得以诉讼并作出裁决；第三，该争点对于案件 1 的判决必须绝对必要；第四，由于正当程序的原因，争点排除仅能由案件 1 的一方当事人[或与案件 1 中的一方当事人有“利害关系”（in “privity” with a party）的人]主张；第五，审理案件 2 的法院必须对“相互性（mutuality）”进行评估，因为这将牵涉到谁

① 然而在某些情形中案件 2 中确认的某个唯一争点，通过争点排除之适用可能在实际上具有决定意义。假如说管辖法院认可混合过失原则。又假设诉讼当事人 Z 在案件 1 中被认定存在过失。现 Z 作为原告就同一事件提起案件 2 的诉讼。如果争点排除在案件 2 中被用来确认 Z 存在过失，这终将导致案件 2 被驳回。

可主张争点排除的问题。我们将要看到，现代趋势是拒绝采用传统的观点，即认为仅有案件1的当事人才可在案件2中主张争点排除。现在我们转向讨论这些单个要件。

## 一、案件1基于案件实体已作出有效终局判决

排除——不管是请求排除抑或是争点排除——皆来自基于案件实体已作出终局有效的判决。在本章第二节第二目对请求排除就此构成要件的讨论，对此处争点排除的适用有同样的说服力。

## 二、同一争点在案件1中得以诉讼和裁决 553

请求排除能够用以禁止诉讼请求人不断地就其救济权向法院呈现证据，而争点排除仅能适用于在案件1中得以实际诉讼并作出裁决的某一争点。这种禁止就已作出裁决的争点再次提出诉讼的目的在于——让司法制度免受诉累和冒随之而来的判决不一致的风险。无数案例讨论了这个问题。[①] 然而没有一个案件比克伦威尔诉索克县(Cromwell v. County of Sac)[②]案更为有名。

在克伦威尔案中，原告就该县发行的债券提起损失赔偿诉讼。[债券是一种简单的借据(IOUs)。人们将钱借给该县(在克伦威尔案中人们借此建造一座新的法院大楼)，因而该县发行一种债券——一张纸条，载明该县将在规定时间内按指定的利息偿还所借款项。]然而克伦威尔案中之债券发行属于欺诈，几个骗子得手后卷款潜逃。依据《票据法》，如果欺诈发行债券，该县将不必支付债券金额，除非属于一种另外情形：如果债券是在“正当持

---

① 有少数几个判决意见书里，法院允许就并未在案件1中得以实际诉讼的争点适用争点排除。如参见，萨特分诉斯佩克案(Sutphin v. Speik)，《加州判例汇编第二辑》第15卷，始于第195、203—204页(1940年)。这些案件偏离了争点排除原则的要求；绝大多数法院认为除非争点在案件1中得以诉讼和裁决，否则其不能成为争点排除适用的对象。

② 《美国联邦最高法院判例汇编》第94卷，第351页(1877年)。这一收录在诸多案例教科书中的经典判决意见书，是由我们的老朋友大法官斯蒂芬·菲尔德(Stephen Field)撰写，彭诺耶诉内夫案中的多数意见也由其撰写。

票人(holder in due course)”手里,即使该债券属于欺诈发行,该县也必须支付债券金额。一个正当持票人是指业已支付债券所载价值金额但不知该债券属于欺诈发行的人。[在其他一些语境中,该概念被称为“善意购买人(bona fide purchaser)”。]

在案件1中,克伦威尔起诉该县,就特定债券的利息提出一些赔偿请求。[①] 该县证明债券属于欺诈发行。克伦威尔并未试图表明其属于正当持票人。在案件2中,克伦威尔起诉该县,就债券利息提出一些不同的赔偿请求。该县有权就债券欺诈发行问题的争点要求适用争点排除,故在案件2中债券欺诈发行争点认为业已确认。(为什么?[②])但克伦威尔想要在案件2
554 中提交证据证明其是一个正当持票人。最高法院的裁决认为其有权这样做。而克伦威尔能够在案件1中主张其是一个正当持票人的事实是无关的,正当持票人争点并未在案件1中得以诉讼和裁决,因而并不受制于争点排除原则。[③]

尽管作为争点排除诸要件中的一个要件——同一争点必须在案件1中得以诉讼和裁决——这一条件实际包含三个要点。第一,该争点必须在案件1中得以“诉讼”;其二,尽管得以诉讼,该争点也必须在案件1中得以“裁决”;其三,当然我们在前两种情况下讨论的对象都是“同一争点”。

---

① 实际上案件1是由一位名为史密斯(Smith)的人提起而案件2由克伦威尔(Cromwell)提起。然而判决意见书里写得很清楚史密斯只是克伦威尔的代理人,因而其只是与克伦威尔具有“利害关系”。所以我们把这两个案件视为由克伦威尔提起。我们将在本章第三节第四目谈到这一概念。同时参见内斯托里奥诉联盟商业公司案(Nestorio v. Assocs. Commercial Corp.),《破产法院判例汇编》第250卷,始于第50、55页(马里兰州地区法院2000年)。你将在一门称为《商业组织法》的高级课程里学到,代理人是指代为其他人(称为本人)行事之人。代理人的行为之结果,至少在代理权限内将对本人有拘束力。所以史密斯在案件1中的诉讼行为将对案件2中克伦威尔产生拘束力。

② 因为这一争点在案件1中业已诉讼和裁决而且争点排除的其他要件也得到满足。

③ 该案裁决是在请求排除和争点排除两个术语成形的很久以前作出。在克伦威尔案中,法院从未实际使用“间接再诉禁止”术语。该案中法院使用的是通称的“既判力”术语——来讨论请求排除和争点排除问题。在阅读本案判决意见书时,尤其要注意两个段落。一个是一个很长的段落,由“考虑到本判决的执行,正如律师所言,必须牢记在胸的是……之间存在差异……”开始。该句对现在我们所称的请求排除和争点排除进行区分。接下来的一段(由“但是第二个诉讼……”开头)是有关争点排除问题的,并指出该争点必须在案件1中得以诉讼和裁决。

**确定该争点是否在案件 1 中得以诉讼**

如果案件 1 进入审理程序且就特定争点已提交了证据，这一问题就简单得多。因为很明显，该争点得以诉讼从而满足了争点排除的要求。即使呈堂的证据不足以满足审判对一方当事人的举证责任要求，该争点依然认定在案件 1 中得以诉讼。[①] 其实，甚至有人支持这样一种见解，认为在诉状中提出的争点，在审判中对其没有任何证据呈堂质证也认为得以诉讼。[②]

但是如果案件 1 未经审判而裁决，或者对特定争点未经听审，情况又会如何呢？比如我们在本章第二节第二目讨论的，影响实体权利的自愿撤诉将具有请求排除效力；然而因为在此撤诉中，没有任何争点被诉讼过，故其将不具有争点排除效力。[③] 同理，尽管一个缺席判决能够产生请求排除效力，但因为没有任何争点在缺席情况下实际上被诉讼过，所以其将不能具有争点排除之效力。[④] 所以诉答文书中承认的事实或承认未能根据《联邦民事诉讼规则》第 36 条对请求予以答复，也未经历诉讼，不该在后续案件中支持争点排除。[⑤] 555

---

① 如参见，佩克诉专员案(Peck v. Commissioner)，《联邦判例汇编第二辑》第 904 卷，始于第 525、530 页(第九巡回法院 1990 年)(未能满足案件 1 中的说服责任确定了争点排除适用的事实不存在)。

② 参见赖特和米勒著书，第 18 卷，第 500—503 页。

③ 圣文森特医院诉人权司案(St. Vincent's Hosp. v. Div. of Human Rights)，《联邦地区法院判例汇编》第 553 卷，始于第 375、379 页(纽约南区法院 1982 年)。

④ 最高法院在克伦威尔案中指出了这一点，《联邦最高法院判例汇编》第 94 卷，第 356—357 页("大概不能伪装的是一个缺席判决……将使得数个口述证据用在其他诉讼程序中")。同时参见比塞洛案(In re Biselow)，《破产法院判例汇编》第 271 卷，始于第 178、185 页(第九巡回法院破产上诉庭 2001 年)(适用华盛顿州法律)；巴伦诉布赖恩特案(Baron v. Bryant)，《联邦地区法院判例汇编》第 556 卷，始于第 531、538 页(夏威夷地区法院 1983 年)(采用"多数派的观点认为依据间接再诉禁止原则，一个缺席判决不应给予终结性效力")。尽管一些法院持相反观点，鉴于缺席判决作为一种对重要权利主张的承认应当对这些主张适用争点排除。如参见，卡尔弗特案(In re Calvert)，《联邦判例汇编第三辑》第 105 卷，始于第 315、318 页(第三巡回法院 1997 年)(适用加州法律且裁决认为"允许缺席判决做出的一方当事人承认了起诉状中所主张的所有重要的诉讼请求。一个缺席判决对于起诉状中提出争点之终结性效力，如同该争点已在答辩状中得以回应和得以裁决一样……")。我们在第七章第五节第三目述及，也有一些争点，诸如损害赔偿等，可能在缺席判决案件中实际上得以诉讼；此类得以实际诉讼的争点应受争点排除原则之约束。

⑤ 参见，美国诉杨案(United States v. Young)，《联邦判例汇编第二辑》第 804 卷，始于第 116、118 页(第八巡回法院 1986 年)。《联邦民事诉讼规则》第 36 条明确规定该条所规定的承认仅限于未决案件。

另一方面，一个基于简易判决作出的判决具有争点排除效力。请记住（我们在第九章第四节述及），简易判决之作出，需要法院裁定案件并无重大事实问题争议，而且提出动议的一方有权要求法院基于案件的法律问题作出判决。这一认定并无重大事实争议的裁决本身就是基于一定事实的判决因而构成“诉讼”。[①]

**确定该争点是否在案件 1 中得以裁决**

并非案件中的每个诉讼争点都将被裁决。比如说，诉讼请求人可能在审判中提供两种可选择性的损害赔偿理论，事实裁决者可能将其结论建立在其中的一项上，而忽略另外一种选项。同理，被告可能提供选择性的答辩，一旦事实裁决者裁定其中的一种说法业已确认，它可能会忽略了其他一些理论，或者当事人可能就某一争点提交证据，而后又在争点提交给事实裁决者裁断之前将其撤回。因为争点排除仅适用于在案件 1 中得以诉讼并裁决的争点，故其不适用于这些争点。

在大多数情形中，被裁决过的争点是清楚明了的。在没有陪审团参与的审判中，法官将作出事实认定和法律结论，从而应该看得清楚什么争点已经实际裁决。在陪审团参与的审判中，能够让陪审团通过特别裁决或呈交给陪审团的质询书就具体决定作出说明。参见第九章第二节第四目之内容。然而在有些案件中，什么争点得以实际诉讼和裁决并不是很清楚。法官裁决偶尔会造成不尽全面的事实裁决和法律结论。在陪审团参与的审判
556 中更经常发生的问题是，特别裁决和质询书都未得到应用。如果在案件 1 中什么争点得以诉讼和裁决都不清楚，那案件 2 中的法院该如何推进诉讼程序？因此主张争点排除的一方当事人要承担争点排除要件得以满足的举

---

① 参见罗斯堪烘焙公司诉拉纳姆机械公司案（Roskam Baking Co. v. Lanham Machinery Co.），《联邦判例汇编第三辑》第 288 卷，始于第 895、905 页（第六巡回法院 2002 年）（“密执安州法律允许法官对争点排除之裁量作为简易判决的一部分”）；马托桑托斯商务公司诉阿普尔比国际公司案（Matosantos Comm. Corp. v. Applebee's Intl., Inc.），《联邦判例汇编第三辑》第 245 卷，始于第 1203、1211 页（第十巡回法院 2001 年）；展览者海报交易公司诉全国屏幕服务公司案（Exhibitors Poster Exch., Inc. v. National Screen Serv. Corp.），《联邦判例汇编第二辑》第 421 卷，始于第 1313、1319 页（第五巡回法院 1970 年）。

证责任，其中包括向审理案件2的法院呈交一个有关案件1情况的合适记录来支持自己的主张。[①] 案件2的法院须审查案件1的审判记录(包括证言笔录等)来决定什么争点得以实际诉讼、而且这些争点中的哪些是否已出现在案件2中。

这种困难，可通过奥康纳诉G&R包装公司案(O'Connor v. G&R Packing Co.)[②]得以体现，该案中一个十几岁的男孩在闯入铁路地产范围内时受了伤。被告赢得案件1的诉讼，法官在其裁决中，认为男孩"没遵守为保护公众利益而制定的成文法……"而且"故意和不必要地将自己暴露于众所周知的危险之中"。在案件2中，一位不同的被告试图就男孩的混合过失问题适用争点排除。纽约州上诉法院审查了案件1中初审法官作出裁决的庭审记录，发现尽管上述所引语言与混合过失的裁决相一致，但在整个庭审记录的上下文中，案件1中的初审法官根本未对混合过失的争点作出裁决。[③]

下面所举的假设案例将说明，裁断之形式如何能够对案件1中什么争点得以裁决的评估施加影响。对每一个问题来说，假定可使用的法律承认混合过失在过失案件中是一个阻碍获得损害赔偿的因素。若要在过失案件中胜诉，则必须(1)诉讼请求人必须自己不存在过失；且(2)被告必须存在过失。我们同时也假定这两个争点都得以提起和诉讼——当事人都在审判中就每一方可能存在的过失提交证据。故在这些假设案例中的问题不过是什么争点在案件中得以裁决。

- A诉Z过失。该案审判有陪审团参与。[④] 陪审团作出了有利于A的一般裁决(general verdict)。那我们知道什么争点在该案中得以

---

① 如参见，国王问题案(Matter of King)，《联邦判例汇编第三辑》第103卷，始于第17、19页(第五巡回法院1987年)(一方当事人未能承担证明争点排除要件得以满足的责任)。

② 《东北判例汇编第二辑》第423卷，第397页(纽约州上诉法院1981年)。

③ 奥康纳案(O'Connor)，《东北判例汇编第二辑》第423卷，第399页("案件2中的混合过失争点的诉讼问题不受这样一个非特定非事实性裁决而排除")。

④ 或者该案本该是由法官审判而做出事实裁决，要么因为没有要求陪审团参与审判的权利，要么当事人放弃了这种权利。参见第九章第二节第二目。

裁决吗？是的。一个有利于诉讼请求人的一般裁决从不模棱两可。A能胜诉的唯一方式即是陪审团发现A不存在过失而Z有过失的两点都成立。既然两个争点都实际上在案件1中经由陪审团得以裁决，故在第二个案件中针对任一争点都能援用争点排除原则。

557 - A诉Z过失。该案审判有陪审团参与。陪审团作出了有利于Z的一般裁决。那我们能知道什么争点在该案中得以裁决吗？不能。一个有利于被告的一般裁决是模棱两可的。为什么？因为陪审团可能发现(1)A有过失，或者(2)Z无过失，或者(3)上述两点都成立，但是我们不知道。因为我们不知道什么争点在案件1中经由陪审团实际裁决，故在第二个案件中即不存在争点排除原则的适用问题。
- A诉Z过失。该案审判有陪审团参与。陪审团作出了一个特别裁决(special verdict)，认为A有过失。因而法庭作出对Z有利的判决。那我们能知道什么争点在该案中得以裁决吗？当然，因为陪审团已经准确地告知我们什么争点得以裁决——A的过失。在第二个案件中，A的过失能够通过争点排除得到确认。若Z有过失(或无过失)情况又会怎样呢？对该争点不能适用争点排除，就是因为其在案件1中并未得以裁决，陪审团对此一语未发。
- A诉Z过失。该案审判有陪审团参与。陪审团作出了一个特别裁决认为(1)Z有过失且(2)A无过失。法庭因而作出有利于A的判决。请问我们知道什么争点在该案中得以裁决吗？当然。在此毫无疑问。(该案与这个系列案例中第一个假设案例情形相似，但此处明确说明了证明诉讼请求人胜诉之判决为合理的两个事实，而非将其包含在一般裁决里。)所以在第二个案件中，对其中的任一争点皆可援用争点排除。

**确定案件1和案件2是否包含同一争点**

当然，仅当在案件1和案件2中呈现的是同一争点时，争点排除之适用才是合适的。争点排除的整个要旨在于——确保对有权限的法院业已裁决的东西不再次进行诉讼。有时候，一方当事人通过主张拥有新的证据来支持其在案件1中遭拒的诉讼请求，试图证明其对案件2中的争点再次进行诉讼的正当性。尽管披露新证据可以为撤销依据《联邦民事诉讼规则》第60条第(b)款第(2)项[但仅在有限情况下适用(参见第九章第七节)]作出的判决提供正当理由，但其并不能使争点排除的效力归于无效。[①] 当事人已经拥有机会来对该争点进行诉讼，其不应再获得一次机会。

在确定案件2中什么"争点"已在案件1中得以诉讼和裁决方面，可能产生较为严重的问题。例如，如果诉讼请求人在案件1中援用了一种特定的过失理论，则其是否在案件2中不能提出一种不同的理论呢？如果被告在案件1中提出的答辩理由遭拒，则其在案件2中提出的一种不同的答辩理由是否遭致排除？案件1中裁决之争点，对其范围评估之不同取决于当 558
事人对谁主张排除。

- P和D各自驾车在交叉路口发生碰撞。P因而遭受了人身伤害且汽车受损。在案件1中，P诉D请求人身损害赔偿，诉称D存在过失，因其在碰撞发生之时超速进入交叉路口。经过审理，法庭作出支持D的判决，其中的特定裁决认为D并未超速。在案件2中，P因同一事故起诉D请求财产损失赔偿。假定该诉讼是在一个采用基本权利标准的管辖法院提起，因而D不能依据请求排除原则申请驳回该案。[②] 显然P不能再次主张D超速。但P能以其他方式主张D存在过失吗？例如，P能诉称D在进入交叉路口之际未合理观察或者闯红灯吗？

这些问题的答案取决于审理案件2的法庭如何对案件1中裁决的争点进行定性。如果其对该争点定得较窄——如定为D是否存在超速的事实问题——则案件2并未呈现同一争点，争点排除将遭拒用。另一方面，如果

---

① 如参见，海姆诉美国案(Heim v. United States)，《莱克西斯美国索赔法院判例汇编》第2001年卷，第158页(联邦索赔法院2001年8月10日)；哈林诉巴克案(Harline v. Barker)，《太平洋判例汇编第二辑》第912卷，始于第433、443页(犹他州最高法院1996年)。

② 如果记不起来，请复习本章第二节第三目。

法庭将该争点定得较宽——如定为D是否存在过失的法律结论问题——则案件2确实呈现了同一争点，因此争点排除将被允许适用。这两种方法中的任何一种都存在问题。首先，对争点的狭义解读使得P能够用一种本可在案件1中主张的过失理论来折磨D；其同时也产生了案件1和案件2判决结果不一致的风险，这反映了司法制度之弊。其次，对争点的广义解读将阻止P就从未真正呈堂问审过的特定问题进行诉讼；这一结果似乎违反了争点排除适用的要件之一——仅适用于实际上得以诉讼和裁决的问题。

那法庭究竟该怎么做？《判决法重述》（第二版）鼓励采用一种务实的方法（如本章第二节第三目对于请求排除中诉讼请求范围的界定所采取的方法一样）。《判决法重述》（第二版）特别指导法庭注意这些事情，诸如在案件1中和案件2中证据或辩论重叠的程度如何；案件2中提交的新证据或辩论是否包含与案件1相同的法律规则；案件1的审前准备工作（包括证据披露）是否本可合理的包括案件2中提交的新证据或辩论以及案件1和案件2中提出的诉讼请求是否存在紧密联系等等。①

对于上述假设案例中的事实，《判决法重述》（第二版）建议在案件2中作出一个适用争点排除的裁决。②

559 第一，案件1中的证据与案件2中证明过失责任的新证据之间存在重大重叠部分，二者都是直接围绕D的汽车是如何进入交叉路口，而且大概都将需要同一目击证人提供证人证言。第二，案件1和案件2中的证明过失责任的证据似乎都涉及相同的过失法律规则。第三，案件1中的审前准备工作似乎存在本该揭示D未能合理观察或闯红灯的任何争点问题的可能。最后，案件1和案件2中提出的诉讼请求紧密相联。其实，若出于请求排除的目的，大多数州将得出结论，这两个案件提出的诉讼请求完全相同。下面让我们对一个假设案例的辩护进行审理。

● P与D缔结的合同规定，D要对购买的货物，定期付款。在案件1

① 《判决法重述》（第二版）第27条评论部分（c）款。

② 《判决法重述》（第二版）第27条评论部分（c）款。其中的例证四与此处我们所举的假设案例的事实相似。

> 中,P诉D,诉称D已三次未履行定期付款支付义务。D辩护该合同违反了欺诈法。双方当事人在案件1中进行诉讼,P胜诉,法庭明确地拒绝接受D依据欺诈法提出的抗辩。D对该合同的后续款项也未支付。P又提起案件2的诉讼,请求D支付后来应付而未付的款项。(因为这些未履行义务是在案件1之后发生的,其并非案件1中诉讼请求的一部分,因而在此不存在请求排除的适用问题。①)显然,D不能再次提出以欺诈法为依据的抗辩。但是D能提出一种针对该合同的不同抗辩理由吗?比如,其能诉称合同违反了基本公共利益,或者高利贷法,或者反托拉斯法等诸如此类的抗辩理由吗?

对照适用上述的几个实用因素,《判决法重述》(第二版)在此建议D应该能够提出一个新的抗辩理由。② 换言之,其对案件1中裁决之"争点"采取狭义解读的方式,亦即将其界定为欺诈法。在前述假设案例中,《判决法重述》(第二版)对案件1中得以诉讼的"争点"采取广义解读,亦即将其界定为过失。教训很明显,《判决法重述》(第二版)的起草者认为这样做是合适的——期待诉讼请求人在案件1中主张一切可能的损害赔偿理论,但倾向于允许被告在诸多可能的抗辩理由中挑选,而为他日诉讼保留其他的抗辩理由。搞不清楚的是,为何争点排除规则在这一点上应该更多地关心被告而非诉讼请求人。

当然《判决法重述》(第二版)建议的几个因素之适用,并不总是能得出一个清晰的答案。正如我们在请求排除中界定诉讼请求时所说到的,这一块更多地是个技术活而非科学。然而我们从一流评论家的话语中能得到较好的启迪:

> 最终,事实证明这样做最好——发现包含同样争点仅基于这样一种有说服力的陈述,即再次诉讼将对第一次诉讼中的基本争点有所影响或

---

① 如果记不起来,请复习本章第二节第三目。

② 《判决法重述》(第二版)第27条评论部分(c)款。其中的例证六与这个假设案例的事实相似。

560 者将危害重大的正当信赖利益或安宁。正如请求排除一样……，此类陈述必须适应这样一些特别考虑的需要，而这些特别考虑是依据不同实体法规则进行诉讼和实施而产生。[1]

一方当事人对案件 1 中得以诉讼和裁决的事实问题几乎总是试图援用争点排除。但争点排除适用于案件 1 中的法律裁决吗？答案总体上是肯定的(假定争点排除的其他要件得以满足)。比如，法庭的裁定认为，因雇主非法解雇产生的诉讼请求由联邦法律来管辖——显然这是个适用于既定事实的法律问题——该裁决具有争点排除的效力。[2] 然而联邦最高法院指出，对于因“包含毫无关联的诉讼标的”[3]的连续案件而产生的“非混杂的(unmixed)”或“纯粹的(pure)”法律问题，争点排除可能并不适用。因此这一例外的范围甚至其目的都不是非常清楚明了。[4]

## 三、该争点对案件 1 的判决确属必要

### 必要性(essentiality)的概念

如前所述，当事人想要援用争点排除的争点必须已在案件 1 中得以诉讼和裁决，但这还不够。该争点还必须对案件 1 的判决来说是必要的。必要性的评估迫使我们关注案件中裁决之争点与作出的判决之间的不同。当然争点的范围相对较窄——比如 D 驾车是否太快。而判决之范围则更为宽泛——其关注谁胜诉，而非因何胜诉。必要性的要求在里奥斯诉戴维斯案(Rios v. Davis)[5]中得到体现，该案在一些《民事诉讼法》的案例书里有收录。为说明问题我们对案件事实稍微作简化。

---

① 赖特和米勒著书，第 18 卷，第 432 页。

② 贾维斯诉诺贝尔/西斯科食品服务公司案(Jarvis v. Nobel/Sysco Food Servs. Co.)，《联邦判例汇编第二辑》第 985 卷，始于第 1419、1424—1425 页(第十巡回法院 1993 年)。

③ 美国诉斯托弗化学品公司(United States v. Stauffer Chem. Co.)，《美国联邦最高法院判例汇编》第 464 卷，始于第 165、169—170 页(1984 年)。

④ 至于有助于理解这个问题的讨论以及对“可分事实”的相关例外情形，请参见《穆尔论联邦实践》第 18 卷，第 132 章第 2 节第[5]目。

⑤ 《西南判例汇编第二辑》第 373 卷，第 386 页(得克萨斯民事上诉法院 1963 年)。

- 里奥斯和戴维斯各自驾车，发生碰撞。各自的车辆都受损。在案件1中，戴维斯诉里奥斯，请求车辆损失赔偿。该案进入诉讼。陪审团明确地裁决，戴维斯和里奥斯在造成碰撞方面都存在过失。因此该两争点都得以诉讼和裁决——即戴维斯有过失和里奥斯有过失。正如你在《侵权法》里学到的，依据混合过失原则，如果诉讼请求人被证明存在过失，其将败诉。法庭依据该原则作出支持里奥斯的判 561
  决（因为原告戴维斯存在过失）。
- 在案件2中，里奥斯基于同一碰撞事故诉戴维斯，请求人身损害赔偿。（此处不存在请求排除的适用问题。为什么？[①]）戴维斯对案件1中裁决里奥斯存有过失的争点试图援用争点排除。该争点在案件1中确已诉讼和裁决，但争点排除却不应适用于该争点，因为该争点对于案件1的判决并非绝对必要。[②] 为何不能适用呢？

为决定必要性，我们要问：如果针对该争点的事实裁决以另一种结果出现，这个判决内容还一样吗？若答案是肯定的，则该裁决对该判决来说并非绝对必要，因为该判决的作出并不依赖于对该争点的裁决。现在让我们对里奥斯案中的两个裁决用这一标准进行分析——一个是戴维斯有过失，一个是里奥斯有过失。

- 如果案件1认为里奥斯有过失的裁决改为其没有过失，则案件1的判决还保持不变吗？能。因为依据混合过失，一旦戴维斯（诉讼请求人）被认定为有过失，则判决只能以一种结果出现——其必须作出有利于被告（里奥斯）的判决。里奥斯的行为——不管其是否存在过失——对这一判决结果并不相关。因为改变这一争点的事实裁决并不改变该判决的内容，因此该裁决对该判决来说并非绝对

---

① 除了其他要件，请求排除要求案件1和案件2均由同一诉讼请求人针对同一被告提起（参见本章第二节第一目）。里奥斯并非案件1中的诉讼请求人，其之前从未提出过诉讼请求，因此试图两次提出同一诉讼请求的行为并无过错。

② 参见克洛特诉微软公司案（Kloth v. Microsoft Corp.），《联邦判例汇编第三辑》第355卷，始于第322、328页（第四巡回法院2004年）（争点排除并不适用于“支持”判决的事实裁决；而是要求这些争点对于判决来说必须是“关键和必要”）。

必要。

- 如果案件1认为戴维斯有过失的裁决改为其没有过失，则案件1的判决还保持不变吗？否！如果戴维斯不存在过失，其将在案件1中胜诉。为什么？因为此时的裁决认为(1)诉讼请求人没有过失以及(2)被告有过失。在这样一个案件中，判决将对诉讼请求人有利。因为事实裁决内容的改变将改变该判决的内容，因此该裁决对该判决而言属于绝对必要。

对案件1中认定里奥斯存有过失的裁决拒绝给予争点排除效力的做法有两大政策依据。第一，因为里奥斯在案件1中胜诉，其不能对认定其有过失的裁决提起上诉。[①] 上诉权来自于判决而非个别的裁决。判决中败诉的
562 一方当事人才享有上诉权。因为里奥斯将没有机会对认定其有过失的裁决提起上诉复审，该裁决不接受全面的司法审查，因而不值得适用争点排除。第二，因为认定里奥斯有过失的裁决与判决结果并不相关(一旦认定戴维斯存在混合过失，则里奥斯不得不胜诉)，在此有一种观念认为陪审团没有倾注足够的注意力来对待该争点。[②] 出于这两大理由，法庭得出结论认为，他们应该将争点排除之效力仅用于那些对最终判决非常要紧的裁决。

现在就让我们来讨论其他一些假设案例，检测一下我们对于必要性的理解。

- 假设P在案件1的一个过失案件中赢得陪审团的一般陪审团裁决(general jury verdict)。问在案件2中什么争点对于案件1的判决绝对必要？我们从本章第三节第二目知道，在过失案件中对P有利的一般裁决并非模棱两可。这样的裁决在混合过失的情况下仅当下列两个事实得到确证时才具有可能：(1)D有过失，且(2)P无过

---

① 里奥斯案(Rios)，《西南判例汇编第二辑》第373卷，第387—388页(“该裁决……里奥斯的过失是造成该事故的原因，且如果是主导性的原因，将产生一种不同的结果”)。

② 参见诺斯盖特汽车公司诉通用汽车公司案(Northgate Motors, Inc. v. General Motors Corp.)，《联邦地区法院判例汇编》第111卷，始于第1071、1078页(威斯康星地区法院2000年)(事实裁决者“可能倾注较少的注意力来决定一个并不影响结果的争点”)。

失。因而我们知道这两个争点在案件 1 中得以诉讼和裁决。但请问哪一个(如果两者中任一个)裁决对于 P 胜诉的判决属于绝对必要?

- 两个都绝对必要,因而对后续诉讼都具有争点排除之效力。为什么?因为这两个争点中的任何一个争点有不同裁决,判决都将会不同。
- 第一,如果认为 D 有过失的裁决被改变,则判决不可能支持 P。如果裁决认为 D 没有过失,则判决将会支持 D。
- 第二,如果认为 P 无过失的裁决被改变,则该判决不可能支持 P。如果裁决认为 P 有过失,则该判决将不得不支持 D。

**选择性裁决(Alternative Determinations)的问题**

如果法庭对多个争点作出裁决,而每个争点都与判决相一致,此时将会发生什么结果呢?这种可能性提出了"选择性"裁决的问题——亦即,关于争点的裁决,其中的任何一个都足可让判决作出。下面这个假设案例即为一个好的例证。

- A 诉 Z 过失。该案的审理有陪审团参与。陪审团作出的特别裁决认为(1)Z 无过失,及(2)A 有过失。法庭因而作出支持 Z 的判决。

这些即是选择性裁决,因为两者中的任何一个都将导致对 Z 有利的判 563
决。如果你拿走这两个裁决中的任何一个,支持 Z 的判决依然成立。比如,如果案件 1 中陪审团的所有结论是认定 Z 没有过失,不管 A 是否存在过失,Z 都将胜诉。同样,如果案件 1 中陪审团的所有结论是认定 A 有过失,则 Z 将胜诉(因为裁决认为 A 犯混合过失)。可见,选择性裁决为同一结论提供了两种理由。

就争点排除的目的是否将选择性裁决视为具备必要性,众法庭在这一点上并未达成一致。《判决法重述》(第一版)体现了对这一问题的传统做法,它认为选择性裁决中的两个都属于绝对必要。[①] 因此,认为 Z 无过失的

---

① 《判决法重述》第 68 条评论部分(n)款(1942 年)。

裁决和 A 有过失的裁决在案件 2 中都有争点排除之效力。[①] 然而这一观点遭致批评，当美国法律学会在起草《判决法重述》(第二版)重新考虑这一问题时，其采取了相反的方法。依据《判决法重述》(第二版)，选择性裁决被认为对案件 1 的判决来说不是绝对必要的，因此在案件 2 中，其中的任何一个裁决都不具有争点排除之效力。[②] 所以依据这一更为现代的方法，在前述假设案例中裁决的两个争点中的任何一个在案件 2 中都将不具有争点排除的效力，除非其在上诉中明确得到维持。(然而此处有一例外规定，如果上诉法院明确维持选择性裁决中的一个或者两个，则争点排除对其有效。[③])

《判决法重述》(第二版)的做法令人奇怪。它似乎要惩罚一个做得太好的诉讼当事人。亦即，如果 Z 只是简单地证明自己并无过失，这一裁决将具有争点排除的效力；然而当其不仅证明自身无过失而且证明了 A 有过失，则两个裁决中的任何一个裁决都丧失争点排除的效力。《判决法重述》(第二版)为何采用这种方法？这里有两大原因。其一，选择性裁决对判决(decision)而言并非必要，事实裁决者可能对其未予充分关注。换言之，一旦事实裁决者裁定 A 有过失，则其可能没有倾注更多地注意力来决定 Z 是否存在过失，因为关于这一争点的裁决不会影响判决结果；其二，面对两个
564 不利裁决的败诉方，可能会被劝不要提起上诉审查。因为即使上诉法院仅维持了两个争点裁决中的一个，其仍将在上诉审中败诉。逼其上诉来撤销争点排除之效力将增加法院和诉讼当事人的负担。为避免这一负担，起草者决定将败诉当事人从争点排除效力中解放出来(除非上诉导致争点中的任何一个或者两个都得到维持)。[④]

---

① 此处的案件 2 可能由 Z 就事故对 A 提起(假定其所在州没有强制反诉规则来要求其在案件 1 中提出其诉讼请求；参见第十二章第三节第一目)。或者允许在同一事故中受伤的第三方(可能是其中一辆车上的乘客)提起案件 2，并试图主张非相互性的间接再诉禁止，这一内容我们将在本章第三节第五目讨论。或者或许我们身处一个采用基本权利理论的州，因此 A 将再次诉 Z，这一次是请求财产损失赔偿而非第一次的人身损害赔偿请求，参见本章第二节第三目。

② 《判决法重述》(第二版)第 27 节评论部分(i)款。

③ 《判决法重述》(第二版)第 27 节评论部分(o)款。

④ 《判决法重述》(第二版)第 27 节评论部分(i)款。

这些对《判决法重述》(第二版)中针对选择性裁决所用方法的理由说明并不令人信服。这些理由似乎可以被争点排除的一个要件所吸纳，亦即争点必须在案件1中得以诉讼和裁决(我们在本章第三节第二目业已讨论)。比如，在我们的假设案例中，假如案件2的法庭看完卷宗裁定案件1的事实裁决者确已关注两个争点中的一个，以至于第二个争点基本上是个马后炮(afterthought)。案件2的法庭应该判决第一个争点具有排除效力而第二个则不具有，而不是否认两个裁决的排除效力。但这不是因为必要性的问题。第二个争点不受排除效力影响是因为其在案件1中并未得实际诉讼和裁决。一些法院对这一问题已经采取这种灵活的方法。[①]

能够认识到事实模型中的选择性裁决是非常重要的，但记住法庭对如何对待选择性裁决做法并不一致，这也同样重要。[②]

而且，小心不要将选择性裁决——两个裁决中的每一个裁决都将得出相同判决——与两个裁决对判决结果来说都属必要的情形相混淆。下面就以本章第三节第二目的假设案例来说明。

- A诉Z过失。该案审判有陪审团参与。陪审团作出了一个特别裁决认为(1)Z有过失，且(2)A无过失。法庭因而作出有利于A的判决。

这两个裁决不是选择性裁决。请记住，选择性裁决中的每一个裁决都将得出同一判决，此处却不属于这种情形。如果案件1的所有法官裁决Z有过失，单凭此裁决本身将不能证明作出支持A的判决是正当的。为什么 565
不能呢？因为在混合过失的情况下，诉讼请求人仅当在下面两件事情得到

① 参照马洛伊诉特朗布利案(Malloy v. Trombley)，《东北判例汇编第二辑》第405卷，始于第213、216页(纽约州上诉法院1980年)(尽管案件1中的事实裁决者认为，一个混合过失的裁决对裁判并非必要，但案件2的法院给予该裁决争点排除效力，因为其深信选择性裁决乃是“彻底和深思熟虑的”产物)。

② 这里给法学院学生的考试提供一些建议。不管什么时候，若你的课堂已经包含法院持不同见解的法律领域，要准备好去讨论法院所采取的不同方法。我不能告诉你有多少在我已经阅过的试卷中，学生认识到选择性裁决的问题但仅适用其中的一种方法——要么是《第一次判决法重述》中的方法，要么是《判决法重述》(第二版)中的方法。教授恰好将诸如此类的问题放进考题中，所以你要能展示你所知道的不同方法。

确认后才能胜诉：被告有过失且诉讼请求人没有过失。在这一事实模型中，对于得到一个支持A的判决而言，两个裁决都是必要的。换言之，如果你拿走两个裁决中的任何一个，支持A的判决都不能成立。所以在此，两个争点对于判决而言都属绝对必要而且两者在案件2中都有争点排除效力。

## 四、正当程序：对谁主张排除

**区分正当程序(Due Process)和相互性(Mutuality)**

除了前述的要件之外，争点排除的评估还要求我们处理其他两个问题：正当程序和相互性。许多学生对这两个主题容易混淆。坦率地说，其关键点在于细节上的区别。探究正当程序关心的是——对谁可以主张排除的问题，这是本部分将要探讨的话题。探究相互性关心的是——由谁可以主张排除的问题，这将在本章第三节第五目探讨。正当程序确保一个人当且仅当其在案件1中有充分和公平之机会进行诉讼的情况下，才能受案件1判决之拘束。[①] 所以排除仅能对在案件1中拥有一次充分和公平之机会进行诉讼的当事人主张。[②] 因为这一原则是由宪法规定的正当程序原则的要求，其必须适用于所有案件，不管其处于什么法院体系——联邦还是州的。尽管在此我们讨论的只是争点排除问题，其同样适用于请求排除问题。[③]

**起点：案件1的当事人受案件1判决之拘束**

如前所述，排除仅能对在案件1中拥有一次充分和公平之机会进行诉讼的当事人主张。尽管这个充分和公平之机会之概念看起来较为灵活，其

---

① 艾伦诉麦柯里案(Allen v. McCurry)，《联邦最高法院判例汇编》第449卷，始于第90、95页(1980年)("对在早先裁判中针对其提出诉讼请求之当事人没有在早先案件中给予一次'充分和公平之机会'对该争点进行诉讼的情况下，间接再诉禁止的概念不能予以适用")；布朗德—汤戈实验公司诉伊利诺伊基金会大学案(Blonder-Tongue Laboratories, Inc. v. University of Ill. Found.)，《美国联邦最高法院判例汇编》第402卷，始于第313、317—320页(1970年)。

② 尽管这部分讨论的是争点排除问题，这一规则对请求排除也一样适用。请回顾在本章第二节第一目所讲的内容，即请求排除的一个要件是案件1和案件2均由同一诉讼请求人针对同一被告提起。我们将在以下部分对此(同时也包括争点排除部分)有所提炼。

③ 我们在本章第二节第一目里曾指出这一点。因此，请求排除仅能对在案件1中拥有一次充分和公平之机会进行诉讼的当事人主张。

当然包括那些适当地加入到案件1中的当事人。[①] 反之,非案件1的当事人一般将不受案件1判决之拘束。 566

- 在案件1中,P—1诉航空公司,诉称其在航空公司经营的一辆飞机失事中遭受人身伤害,是航空公司的过失造成飞机失事。该案进入诉讼,航空公司胜诉,因为陪审团作出了一个明确的裁决,认为航空公司没有过失。在案件2中,P—2(其非案件1中的当事人)诉航空公司,请求赔偿在同一失事过程中造成的人身损害。显然航空公司不能对P—2援用请求排除。(为什么?[②])但航空公司能够就其并无过失的裁决主张争点排除吗?(这是同一个争点,其在案件1中得以诉讼和裁决且案件1基于案件实体业已作出一个有效的终局判决。)
- 基于目前我们所知道的知识,答案很明显:航空公司不能援用争点排除。P—2,这个案件2中的当事人,是争点排除主张适用的对象却并非案件1中的当事人,因而不能说其已在案件1中拥有一次充分和公平之机会进行诉讼。诸多评论家和法院愿意说P—2从未有其"出庭日(day in court)"因而不受争点排除之约束。

顺便指出,正当程序让航空公司的日子变得如此困难。假如有100个人在飞机失事中受伤,而他们对航空公司提起100起单独的诉讼。即使航空公司连续赢得50起官司,而且每一起案件都作出了一个明确裁决,认为航空公司并无过失,航空公司依然不能对下一个原告主张援用争点排除,因为没有一个原告是前一个案件的当事人。

**扩大受案件1判决拘束的人的范围:"法律上的利害关系(Privity)"**

这样一来,很明显只有案件1的当事人才能受到案件1判决的拘束。但该判决能拘束严格说来没有加入到案件1而成为其当事人的案件2当事

---

① 一般参见《穆尔论联邦实践》第18卷,第132章第4节[1]目(a)。这里假定任何被告方当事人通过合适的诉讼书状送达程序在拥有对人管辖权的法院以适当方式应诉。

② 因为请求排除仅适用于案件1和案件2均由同一诉讼请求人针对同一被告提起的情形。参见第十一章第二节第一目。此处,案件1是由原告1提起而案件2是由原告2提起。

人吗？答案是肯定的，尽管在哪些情形下能做到这一点，还不总是很清楚。案件 1 的判决不仅能拘束案件 1 的当事人，而且还能拘束那些被认为与案件 1 当事人有“法律上利害关系”的人。[①] “法律上的利害关系”是个极不明确的词语，果腹在历史的包袱之中。一开始其使用仅限于深奥难解的财产权利观念，若不引用库克勋爵（Lord Coke）对普通法中利害关系人种类的讨论，任何判决意见书对这一概念的解读似乎都不完整。[②]

567　随着时间的推移，法院扩大了非案件 1 当事人受案件 1 判决拘束的适用范围。尽管这些情形已不再局限于普通法上的利害关系，诸多法院继续使用这一词语。如今，这个词语不过是个标签（label），它表示“对非当事人适用排除是合适的……。”[③]这一术语用来指称非案件 1 当事人与案件 1 当事人之间的联系。当这一联系足够密切时，法院即认为非当事人受判决之拘束是适当的。这一认识即是，非案件 1 当事人与案件 1 的当事人之间利益如此高度一致以至于其实际上被给予了出庭日的效果。

在 2008 年，最高法院澄清了这些情形，在这些情形下非案件 1 当事人的人可能要受到判决之拘束。在泰勒诉斯特杰尔案（Taylor v. Sturgell）中，最高法院总结出了六种这样的情形。[④] 它们是：

1. 非当事人同意受判决拘束。有时，非案件当事人之人同意受案件结果的拘束。其最佳的例证即是“标准案件（test case）”。

- 有六起案件未决，由六组原告针对同一被告提起，对诉称的缺陷产品请求侵权赔偿。所有这六起案件的当事人同意——其中的一起

---

① 帕克莱恩针织品公司诉肖尔案（Parklane Hosiery Co. v. Shore），《美国联邦最高法院判例汇编》第 439 卷，始于第 322 页，第 327 页第 7 个注释（“让判决拘束既不是诉讼当事人也不是利害关系人且从未有机会参与听审的人违反了正当程序原则。”）。

② 如参见，斯泰西诉思拉舍案（Stacy v. Thrasher），《美国联邦最高法院判例汇编》第 47 卷，始于第 44、59 页（1849 年）。顺便说一句，你将在很多课程里遇到伟大的库克勋爵（Lord Coke）。请注意其名字的发音应是“库克（Cook）”，而非本书作者最喜爱的软饮料——可口可乐（Coke）。

③ 泰勒诉斯特杰尔案（Taylor v. Sturgell），《联邦最高法院判例汇编》第 128 卷，始于第 2161 页，第 2172 页第 8 个注释（2008 年）。最高法院在本案中说其将避免使用“法律上利害关系”这个词语来努力“防止混淆”。同前注。

④ 同前注，第 2172—2173 页。

将首先进行审判，不管输赢，有关被告责任争点的审判结果都将拘束所有其他当事人。

2. 非当事人因与当事人之前存在实体法律关系而受判决拘束。此处的最好例证是不动产利益继承持有人(successive holders)。例如，如果一个非案件 1 的当事人继承了案件 1 中当事人的财产利益，则其可能受该案判决之拘束。这种利益继承者之间的关系非常接近普通法上利害关系的界定。这种继承可能以任何方式得以生效——包括销售或继承——而其财产可以是不动产或动产。认识到利益继承者包括其前手在内皆受该判决拘束这一点，既保护其他当事人免遭反复诉讼之纠缠，又可因此避免发生潜在的判决不一致的结果。

- 在案件 1 中，P 因边界纠纷诉 D—1，后者拥有与原告毗邻的一块地和一幢房子。法庭基于其裁决，认为涉诉边界走过一个特定路径，然后就案件实体事项作出有效的终局判决。后 D—1 将财产卖给 D—2，D—2 现主张该边界划得不正确。在案件 2 中，P 诉 D—2 请求强制执行案件 1 中裁决的边界。尽管 D—2 并非案件 1 中的当事人，其要受该判决拘束。因为其是该财产的一个利益继承者，因而受该判决拘束。[①] 568
- 在案件 1 中，P—1 诉 D，主张其(而非 D)拥有一定数量的证券。法庭就案件实体事项作出支持 D 的有效终局判决。P—1 死亡而 P—2 继承了 P—1 拥有的一切财产。在案件 2 中，P—2 诉 D 请求得到确认判决，宣告其拥有该证券。P—2 受案件 1 判决之拘束。

在 1974 年的一个案件里，联邦最高法院可能扩展了拘束利益继承者的理念。在该案中，公司 1 因解雇一名雇员而被裁定违反联邦劳动法。公司

---

① 在俄克拉荷马诉得克萨斯案(Oklahoma v. Texas)[《美国联邦最高法院判例汇编》，第 256 卷，第 70 页(1921 年)]中，案件 1 发生在美国和得克萨斯州之间而且划定了联邦土地与得克萨斯州之间的边界。判决之后，美国将其财产移交给新成立的俄克拉荷马州。在案件 2 中，俄克拉荷马州就边界问题诉得克萨斯州。俄克拉荷马州作为该财产的利益继承者与作为案件 1 诉讼当事人的得克萨斯州都被认定受案件 1 判决之拘束。

2 购买了公司 1。联邦最高法院裁决，公司 1 侵犯了雇员劳动法上的权利因而命令其让工人复职，该案判决应拘束公司 2。允许公司 2 背离该判决的内容可能会带来重复诉讼并威胁劳动法律政策。[①] 即使可以视该案为拘束利益继承者概念的延伸，但从大的格局上讲，这种拘束非当事人的特定理论的适用范围还是相当地窄。

3. **非当事人因已被案件 1 的一方当事人充分代表而受判决拘束。**一般说来，如果非案件 1 当事人的利益为案件 1 之一方当事人充分代表，则其受该案判决拘束。这样的代表能以各种方式产生。[②] 最明显的例子当数集团诉讼（class action），我们将在第十三章第三节述及，在集团诉讼里，集团代表很明确地代表集团成员进行诉讼。[③] 尽管集团成员并非严格法律意义上的当事人，只要该案被法院批准作为一个集团诉讼进行，他们就将受到该
569 案判决的拘束。[④] 其实，集团诉讼的用途就是让其能够拘束众多的集团成员。

在某种类型的集团诉讼里，集团成员被允许“选择退出（opt out）”诉讼；那些恰当行事的成员将不受该案判决拘束。[⑤] 但一般说来，那些没有选择退出集团以及其他类型的集团诉讼的成员都要受到判决之拘束。正如联邦最高法院所解释的：“当然毫无争议的是，依据先前裁决（prior adjudica-

---

① 戈尔登州瓶装公司诉全国劳资关系委员会案（Golden State Bottling Co. v. National Labor Rel. Bd.），《美国联邦最高法院判例汇编》，第 414 卷，第 168 页（1974 年）。

② 我们讨论几个主要的通过代表进行拘束的例子。但有几个我们在此并不涉及，诸如由行业协会或工会提起的诉讼是否拘束其成员和由政府实体或机构提起的诉讼是否拘束政府的其他部门或个人等。至于对这一部分的深入探讨，参见赖特和米勒著书，第 18A 卷，第 4456 目、第 4458 目和第 4458.1 目。

③ 我们将在第十三章第三节第五目述及，也有被告团体，其代表是代表被告集团来进行诉讼。

④ 只有在法院发现《联邦民事诉讼规则》第二十三条第一款规定的诸要件得以满足的前提下，案件仅能被联邦法院批准作为集团诉讼方可进行。规定这些要件之目的，在于明确保障集团诉讼的代表将会充分代表其成员进行诉讼。参见第十三章第三节第四目。

⑤ 如参见，罗宾逊诉库克县治安官案（Robinson v. Sheriff of Cook County），《联邦判例汇编第三辑》第 167 卷，始于第 1155、1157 页（第七巡回法院 1999 年）；瓦楞集装箱反垄断诉讼案（In re Corrugated Container Antitrust Litigation），《联邦判例汇编第二辑》第 756 卷，始于第 411、418—419 页（第五巡回法院 1985 年）。

tion)的基本原则，一个恰当受理的集团诉讼的判决在任何后续的诉讼中对集团成员具有拘束力。"[①]

另外一个明显的拘束被代表之人的例子是由受托人(fiduciaries)或针对受托人提起的诉讼。有些人不能以自己的名义诉讼，因为其缺乏法律资格(这一组人包括未成年人和有精神障碍的人)。由这些人或针对这些人提起的诉讼能够通过其受托人来进行，此类受托人包括监护人(guardian)、诉讼监护人(guardian ad litem)、法院任命的财产管理人(conservator)或者委员会(committee)等，其明确的功能即是为那些缺乏法律资格人的利益进行诉讼。只要受托人得到有效指定或任命、在授权范围内行事、并无有害的不当行为或利益冲突，判决结果将拘束被代表之人。[②] 同样，当受托人代表信托受益人进行诉讼之时，或者遗嘱执行人代表遗产受益人进行诉讼时，[③]这些受益人将受到判决结果的拘束，即使其非为案件的当事人时亦然。[④]

联邦法院的一些下级法院试图通过"实际代表(virtual representation)"原则来扩大非诉讼当事人的排除效力。在 2008 年，联邦最高法院否定了这种尝试和努力，关于这一点，我们将在下面第六种非当事人排除情形讲完之后加以讨论。

4. 非案件 1 当事人掌控了案件 1 的诉讼。关于这种形式非当事人排除的最有名的案例即是蒙大拿州诉美国案(Montana v. United States)，[⑤]该案起因于蒙大拿州在建的一个联邦大坝工程。美国联邦政府雇了一个承包商来承建该大坝。蒙大拿州对该承包商的总收入征税。承包商和美国联邦政府认为，针对与联邦政府做交易的承包商征税有违宪性的歧视。在案件

---

① 库珀诉里士满联邦储备银行案(Cooper v. Federal Reserve Bank of Richmond)，《美国联邦最高法院判例汇编》，第 467 卷，始于第 867、874 页(1984 年)。

② 一般参见赖特和米勒著书，第 18A 卷，第 4454 目。

③ 参见《判决法重述》(第二版)第 41 节(1)款(a)项与(c)项。

④ 海陆服务公司诉高德特案(Sea-Land Services v. Gaudet)，《美国联邦最高法院判例汇编》，第 414 卷，始于第 573、593—594 页(受益人"在其利益为信托关系的标的物时应受该判决之拘束")。

⑤ 《美国联邦最高法院判例汇编》，第 440 卷，第 147 页(1979 年)。

570 1中，该承包商诉蒙大拿州。尽管美国并非该案的一方当事人，但其控制了承包商方诉讼的几乎所有细节：其敦促承包商提起诉讼、审查了诉状、支付了律师费和相关诉讼费用、指示承包商在蒙大拿州法院系统对不利的判决提起上诉并在上诉阶段提交了一份法庭之友(amicus curiae)[①]意见书等。

该承包商在案件1中败诉，蒙大拿州最高法院作出终局判决。此后，美国联邦政府提起案件2的诉讼，对该州的税收提出同样的异议。美国联邦最高法院认为，联邦政府应受到案件1判决之拘束。尽管法院认识到美国联邦政府与承包商之间的关系并非严格法律意义上的利害关系(not technically privity)，但有两个因素导致法院最终认定联邦政府应该受到案件1判决之拘束。其一，美国政府实际上指挥了案件1的诉讼。援用法院的有名短语，美国"显然在州法院进行的诉讼中拥有一只足以完成任务的'劳作之桨'(亦即提供动力)来促使再诉禁止原则得以适用"[②]。其二，美国在诉讼中也有"直接的经济或财产利益"。[③]

尽管法院在处理非当事人是否受判决拘束问题时，经常提到这两个因素。但显然第一个因素是最为重要的。其实，从实际出发，如果任何非诉讼当事人在案件中没有利益瓜葛而会掌控诉讼，似乎是极不可能的事情。因此，评论家竭力主张抛弃"直接的经济或财产利益"要件。[④] 或许这一点已经做到，联邦最高法院在泰勒诉斯特杰尔案中，尽管是以法官附带意见(dicta)的方式讨论，但在其指出的非当事人排除的目录中除了控制诉讼外没有提到任何其他要求。[⑤]

---

① 法院之友(拉)是一拉丁词汇意为"法院的朋友"。有时，非诉讼当事人——诸如政府机构、利益团体、组织或感兴趣的公民——想协助法院(经常是最高法院)评估争点问题而提交的有关争点含意的辩论摘要。一般提交此类意见书的人须征得法院之许可方可提交此类摘要。

② 蒙大拿案(Montana)，《美国联邦最高法院判例汇编》，第440卷，第155页，援引德拉蒙德诉美国案，《美国联邦最高法院判例汇编》，第324卷，始于第316、318页(1945年)。

③ 蒙大拿案，《美国联邦最高法院判例汇编》，第440卷，第155页。同时参见《穆尔论联邦实践》第18卷，第132章第4节[1]目[b]。

④ 赖特和米勒著书，第18A卷，第384页。《判决法重述》(第二版)第39节评论部分(a)款，也得出任何利益要件皆应放弃的结论。

⑤ 泰勒案(Taylor)，《美国联邦最高法院判例汇编》，第128卷，第2173页。

法院并未对蒙大拿案作扩张性解读，但其希望对诸如在蒙大拿案中的诸多因素进行综合考虑。没有任何一个因素——诸如支付律师费或给诉讼提供经济支持或提出法庭之友意见书——就足以达到要求。在最终的分析中，这种探究总是依赖于案件的特定事实。案件2的法院必须达到这样的确信，非当事人在实际控制诉讼和上诉复审的机会方面，已达到这样一种程度，以至于其应该被视为案件1的一方当事人。最终，这种事实模型所能适用的案件范围有限。

5. 非当事人通过代理人(proxy)进行的诉讼。显然通过代理人进行诉 571
讼所获得的判决对本人具有排除效力。我们在本章第三节第二目(具体是在上述的第674页注释①)讨论的克伦威尔诉索克县案(Cromwell v. County of Sac.)中，看到了这样的例子。该案中案件1由史密斯提起，其在案件中作为克伦威尔的代理人进行诉讼。案件2由克伦威尔提起。在案件1有权享有排除效力的范围内，克伦威尔受其判决拘束。尽管克伦威尔并非案件1的一方当事人，但其受到其代理人行为后果的约束。同样，如果当事人在案件1中诉讼但败诉，其不能通过由其他人作代表提起分开的诉讼而试图逃避该案判决之拘束。

6. 非当事人可能受特别法安排之诉讼拘束。这种非当事人排除形式之范围非常有限。立法机关会偶尔通过制定法的安排来禁止提起连续诉讼。一般说来，单个诉讼可能会代表整个大众提起，而大众必须容忍其诉讼结果，没有机会重新提起诉讼。例如，联邦破产诉讼是一个排除单个诉讼的整体事件；州遗嘱检验诉讼是另外一个这样的例子。

在最高法院2008年泰勒诉斯特杰尔(Taylor v. Sturgell)[①]案的裁决中，联邦最高法院确认，前述六种方式的任何一种的判决拘束力及于非当事人。重要的是，也是在同一案件里，联邦最高法院拒绝了一些下级法院的做法，它们试图通过所称的"实际代表(virtual representation)"原则来扩大非当事人排除的适用范围。众下级法院从未就实际代表的统一定义达成一

① 参见第690页注释④。

致。① 尽管其一般认为，如果非案件 1 的当事人在案件 2 中主张的法律观点已由案件 1 的当事人所主张，则其应受案件 1 判决拘束。在极端情况下，实际代表基于同一法律理论赋予排除效力正当性；法院基本上会说："这一主张前已诉及，即使换了一个不同的当事人，也无正当理由再次对其提起诉讼。"非当事人之所以受案件 1 判决之拘束，是因为案件 1 中为这一主张诉讼的一方当事人已"实际上"代表了她。（当然这一理论假设是案件 1 中诉讼的当事人已拥有一次充分和公平机会来进行诉讼。参见本章第四节第一目和第三目。）

在一个侵权行为丛生而影响成千上万之人、法院不堪其负的时代，实际代表理论的出现不难理解。不得不应对针对同样争点的重复诉讼，法院倍
572 感挫败，实际代表理论就表现了这种挫败。尽管最终这一理论是试图解决当下的诉讼现实的不合时宜的努力，而且威胁正当程序对公民提供的保护。让我们用前面用过的假设案例来说明问题：

- 在案件 1 中，P—1 诉航空公司，诉称其因其所经营飞机的失事而遭致人身伤害且航空公司对飞机失事有过失责任。该案进入审判，因陪审团作出一个明确的裁决，认为航空公司并无过失，航空公司胜诉。在案件 2 中，P—2（非案件 1 中一方当事人）诉航空公司，要求就同一起飞机失事所受人身损害进行赔偿。

如前所述，航空公司不能援用争点排除来应对 P—2 的诉讼，因其并非案件 1 中的当事人。我们也指出过，如果飞机上有 100 名受伤害的乘客，航空公司将要遇到的困难。如果航空公司进行诉讼并赢了起诉它的前 50 起诉讼，其仍将不得不面对后 50 起案件的诉讼。正当程序给予每一个连续诉讼的原告出庭应诉的日子。现在再考虑一下司法制度之困境，法官们不得不审判所有的案件，而每一个都重复同一争点，整个司法制度的车轮反复地碾压在同一块地方。

当然避免这种重复诉讼的一种方式，即是进行代表这 100 名乘客的集

---

① 其实，早在泰勒案中，最高法院曾指出几个下级法院声称要援用实际代表理论但事实上只不过是适用了前述六种允许的非当事人排除情形中的一种。"一些巡回法院使用了这一标签，但界定'实际代表'后得出的结论是，其不过等同于早已认可的充分代表的例外情形。"

团诉讼。然而出于几个理由中的任何一种理由，原告可能选择不采取集团诉讼方式。（其中的一个理由即是诉讼自治——如果你单独起诉能获得更多的个人关注，为何选择作为100个成员中的一分子来进行诉讼呢？）实际代表本质上是通过规定争点一旦得以诉讼便不能由处于同样境况的非诉讼当事人再次诉讼来努力获得集团诉讼的效率。当然这其中的问题是，集团诉讼的程序包含有对集团成员正当程序权利保护的保障措施，而实际代表制度则无这样的规定。

第五巡回法院是实际代表理论的诞生地。它起始于艾劳吉特—通用公司诉艾斯丘案（Aerojet-General Corp. v. Askew）。[①] 在该案中，某公司与两个州政府机构（下称政府机构）达成协议，后者拥有佛罗里达州达德县（Dade County）的一块土地。该协议给予该公司土地的十年期租赁，并赋予其在租期内的任何时间购买该土地的选择权，但在公司行使选择权购买土地前，佛罗里达州通过了一部制定法，规定任何政府机构在没有将其所有的土地首先提出卖给所在地的县府前不得卖给任何人。该法生效之后，公司行使选择权购买了土地。但达德县也想购买这块土地，并认为依据新法有权这样做。

在案件1中，该公司诉两政府机构，请求实际履行该协议。奇怪的是，被告并未依赖这一抗辩理由，即新的制定法要求其先将土地卖给达德县；它们根本就未提到该法。此外，达德县并未加入诉讼成为一方当事人。该公 573
司赢得简易判决，法院命令被告将土地转让给公司。就在这个节骨眼上，达德县请求佛罗里达州最高法院发出一个特别的执行职务令（writ of mandamus），要求两政府机构将土地转让给它。（我们将在第十四章第六节讨论该令状。）该请求完全基于新法，被告也并未对此令提出抗议，因此佛罗里达州最高法院准予发放此令。

该公司随后对两政府机构和达德县提起案件2的诉讼，请求法院发出命令，停止干预案件1判决，并停止进一步执行佛罗里达州最高法院发出的执行职务令。该案被上诉至第五巡回法院，在此该公司基于两项选择性理

---

① 《联邦判例汇编第二辑》第511卷，第710页（第五巡回法院1975年）。

由胜诉。第一，法院裁决，新法的适用并不对公司缔结的协议具有溯及既往的效力。（的确如此，如果该法被认为可以适用于该协议，其将违反美国《宪法》的合同条款。[①]）其二，在该判决意见书中最具影响的部分，法院认为达德县受案件1判决之拘束。尽管该县非为案件1的一方当事人，两政府机构在该案中为其"实际代表"。法院用其著名的表述写道："如果诉讼的一方当事人与非诉讼当事人的利益是如此一致以至于成为其实际代表，则该非当事人可以受到该诉讼判决之拘束"[②]。而达德县与两政府机构之间的紧密联系足以使后者来拘束前者。

艾劳吉特—通用公司案的案情使得其裁决的影响力有限。第一，达德县和两政府机构作为政治实体，它们紧密联系之方式是私人诉讼当事人极少具备的。情况经常是这样，州政府机构被认为是县府和其他政治机构的诉讼中代表。[③] 第二，此处有种认识认为，两政府机构在敷衍，没反驳达德县要求发布执行职务令的请求；法院怀疑两政府机构是否不想撤销案件1的判决。[④] 第三，当然为达此结论，还存在一个可择性理由——新法根本不适用于本合同。的确，仅是因为这一制定法的适用问题，罗尼（Roney）法官才在该案判决中写出附和意见。[⑤]

此后，第五巡回法院对实际代表的适用有所节制。[⑥] 其中的一个有名

---

① 同前注，第722—723页。

② 同前注，第719页（引证省略）。

③ 参见第692页注释②。

④ 艾劳吉特—通用公司案（Aerojet-General），《联邦判例汇编第二辑》第511卷，第721页。

⑤ 同前注，第723页。［罗尼（Roney）法官，附和意见］（"对第一次诉讼的既判力不产生效力上，我持不同意见"我仅同意判决书在制定法适用问题上的意见）。

⑥ 波拉德诉科克雷尔案（Pollard v. Cockrell），《联邦判例汇编第二辑》第578卷，始于第1002、1008页（第五巡回法院1978年）。在此，案件1由一群按摩院所有者针对一个地方条例提起异议。在其败诉之后，案件2由一群不同的按摩院所有者针对同一条例提起。尽管这两群原告雇佣了同一律师团队、拥有几乎一样的诉状，法院拒绝适用实际代表理论。因此，第二群原告并不受案件1判决之拘束。法院嵌入一个责任要件——仅当存在"一个明示的或暗示的法律联系使得第一个诉讼中的当事人对就相同争点提起后续诉讼的非诉讼当事人负有责任之时"，实际代表才有可能适用。关于这种联系的例子，法院仅列举了前已述及的几个代表诉讼的经典例证，诸如代表受益人进行诉讼的遗嘱执行人和受托人等。

的案例即是哈迪诉约翰—曼维尔销售公司案(Hardy v. Johns-Manville Sales Corp.)。[①] 哈迪案所涉及的诉求是请求赔偿因暴露于石棉环境中而 574
造成的人身损害。[②] 该案实际上讲述的是案件 2 中的情节,我们将在此做些简化。(请记住这些年来有很多不同的公司制造石棉产品。)

在案件 1 中[称为博雷尔案(Borel)],原告们起诉了六个石棉产品制造商(制造商 1—6),诉称其因接触石棉而导致人身伤害。原告胜诉且审理案件 1 的法院作出了一系列特定裁决(specific findings),其中包括认定被告们未能提示工人注意接触石棉的危险。在案件 2 中(哈迪案),不同的原告们起诉制造商 1—6 和第二组制造商(制造商 7—14)。初审法院允许原告们对所有 14 个制造商援用争点排除。从正当程序的角度出发,案件 2 的法院允许原告对制造商 1—6 援用争点排除应毫无问题。毕竟,他们是案件 1 的当事人,显然应受该案判决拘束。但初审法院如何证明对非为案件 1 诉讼当事人的制造商 7—14 援用争点排除是正当的呢?它是通过实际代表理论来完成这一任务的。根据初审法院的观点,所有 14 个制造商都共享一种"利益的一致性(identity of interests)",因而构成法律上的利害关系(privity)。他们都制造了同一种产品。他们提出了和制造商 1—6 在案件 1 中所提出的一样的法律问题。人们感到,初审法院——面对不胜负荷的类似案件——简单地得出结论:不应指望司法系统为那些不断以同样方式就相同产品的相同争点提起的诉讼打开方便之门。

但第五巡回法院推翻了这一判决。其裁决认为制造商 7—14 不能受到案件 1 判决之拘束,并且严厉批评了初审法院对法律上利害关系概念之延伸"超出了富有意义的范围"。[③] 而所有 14 个制造商都制造同一产品的事

---

① 《联邦判例汇编第二辑》第 681 卷,第 334 页(第五巡回法院 1982 年)。

② 石棉是一种防火建筑材料用在建筑物中已达几十年之久。在 20 世纪 70 年代开始发现呼吸石棉纤维能够引起潜在的致死性肺部疾病,包括间皮瘤等。原告提起成千上万的案件请求人身损害赔偿。此外,还有成千上万的案件针对满足在建筑物中不用石棉的联邦命令之要求所引起的费用提起。也有成千上万的案件针对保险范围提起。处理好这些与石棉相关的案件无异于做了一场司法噩梦。

③ 哈迪案(Hardy),《联邦判例汇编第二辑》第 681 卷,第 339 页。

实并不产生法律上的利害关系，所有被告都主张同样抗辩理由的事实也不产生法律上的利害关系。正如波拉德案(Pollard)中的情形，案件1中的被告们(制造商1—6)不对非当事人(制造商7—14)负有责任。其没有权利或责任来代表他们(非当事人)。该法院甚至贬低了其在艾劳吉特—通用公司案中的裁决，将其定性为一政府机构代表另一政府机构进行诉讼，“看来似乎是非当事人排除的一个寻常情形”。[①]

然而有其他一些法院扩展了实际代表的概念。如在泰厄斯诉休梅尔案(Tyus v. Schoemehl)[②]中，第八巡回法院的裁决认为，一组在案件1中退出的原告们受该案判决拘束，因其已被留下来的原告所“实际代表”。法院提出了一个七要素标准来进行指导认定何时一方当事人与非当事人间的关系足够密切以至于适用排除是正当的。其他法院也跟着这样做，采用一样灵活和难以预测的多因素衡量标准。

联邦最高法院在泰勒诉斯特杰尔案中给实际代表理论的适用画上了句号。该案中，原告是一位老式飞机的发烧友，援用《信息自由法》(Freedom of Information Act)试图获得有关一老式飞机的文件，想通过这些信息来帮助将飞机恢复到原来的状态。联邦航空局[Federal Aviation Administration (FAA)]认为这些材料属于商业秘密，不在公开之列，因而拒绝了这一要求。原告在联邦法院诉联邦航空局。对案件进行了诉讼，原告败诉。此后，原告的一个朋友对同一信息提出了同样请求，当联邦航空局拒绝公开之后，该第二个原告起诉了联邦航空局。问题是，第二个原告是否应受第一个原告案件判决之拘束。哥伦比亚特区巡回法院援用实际代表理论裁决第二个原告应受拘束。[③] 联

① 哈迪案，《联邦判例汇编第二辑》第681卷，第340页。(“两政府机构是如此紧密联合以至于一个针对一方的先前判决应拘束另一方。”)法院引述《判决法重述》(第二版)第41款第(1)项来支持这一见解；该款包含非当事人排除的几个经典例子，其中包括“经法律授权有权代表他人利益的代理人”案件。

② 《联邦判例汇编第三辑》第93卷，第449页(第八巡回法院1996年)。

③ 泰勒案是个请求排除的案件。亦即下级法院的结论是，因为第二个原告已被第一个案件中的原告得以实际代表，所以第二个原告不能提出获得文件的请求。要考虑的问题是——案件1中的一位陌生人是否可以受案件1判决的拘束——同时存在于请求排除和争点排除当中。参见第十一章第二节第一目。

邦最高法院推翻了这一裁决，并终结了对实际代表理论的实验。法院总结道，在上述六种情况之外，非当事人不受判决拘束。

泰勒案表明，正当程序已深深扎根于我们的正义感之中。让没有机会亲自或通过适当代表参与诉讼之人受判决拘束，完全不公平。问题是如何才算是适当代表。联邦最高法院不允许鉴于再次诉讼的巨大费用而使用实 576
际代表理论的事实，恰恰显示这一概念是何等重要。如果我们愿意让处于同样情形下的诉讼当事人雇用相同律师在相同诉状中反复提出相同之争点，那我们一定是在保护一项非常重要的东西。

## 五、相互性(Mutuality)：由谁来主张排除

### 再次区分正当程序和相互性

在前一部分，我们知道排除效力仅能针对案件 1 的一方当事人（或与其有法律上的利害关系的人）主张。我们也看到对法律上利害关系这一概念的扩展，但这种扩展可谓相当有限。

在这一部分，我们将讨论一个完全不同的问题：可以由（而非针对）谁主张排除效力？这个问题牵涉到一个古老的概念——相互性。因为相互性不是根植于正当程序（或任何其他宪法原则）中，所以并不要求法院强制适用。因而各州可以就相互性采取各种不同方法，事实上它们也这么做了。实际上过去的一代人对排除法律最显著的发展，就是放弃对相互性历史上的坚持。

### 起点：再诉禁止的相互性及其例外

再诉禁止的相互性是一个极为简单的想法：唯有那些受到案件 1 判决拘束之人才能在案件 2 中援用排除效力。这一规则是建立在某种基本的公平感之上——如果一个人不承担案件 1 判决的责任，则其不能获得案件 1 判决之好处。因而依据传统的相互性理论，能在案件 2 中主张排除效力的人只能是案件 1 中的当事人（或与其有“法律上的利害关系”[①]）。

---

① 我们已在本章第三节第四目讨论过法律上利害关系这个概念。

但公平性有可能让其改变方向。为什么在案件 1 中参与诉讼而败诉的当事人能就同一争点对案件 2 中的不同当事人再次提起诉讼？没错，案件 2 中“新”的诉讼当事人一直未受诉讼之累，故对其个人安宁的利益并无损害，但司法系统的利益却与此相关。至少在某种程度上，再次诉讼将迫使法院重复一项任务从而增加其负担。而且，再次诉讼可能产生判决结果不一致的风险。几乎在 200 年前，杰里米·边沁（Jeremy Bentham）就批评了相互性这一概念，指责其创造了“一种赌博的气氛”，因为其明确允许当事人不
577 断诉讼试图获得与案件 1 判决不同的结果。[①] 因而，诸多评论家们期年来一直竭力主张拒绝采用相互性这一要求。

因为再诉禁止的相互性并非根植于任何宪法条文，所以法院对其适用与否可自由取舍。过去的两代人对排除法律的最重要的发展，即在于推动允许“非相互性地”主张争点排除。“非相互性”不过指非案件 1 的一方当事人可主张适用争点排除效力。这种允许非相互性争点排除适用的程序，并非始自对相互性直截了当的拒绝，而是始自承认其存在适用**例外**。

普通法很久以前就形成了这些例外情形。然而其仅适用于具有补偿关系的案件。一个极好的例证是替代责任（vicarious liability），这个概念你可能在《侵权法》课程里学过。该概念是指一个人因其与他人的关系而对他人的侵权行为负有责任。例如，假定某司机在得到车主许可的情况下借用其车外出。司机在驾车过程中因过失致 P 受伤。当然，P 能诉司机，司机是**第一位**责任人（因为是他造成的事故伤了 P）。但 P 也能诉车主，其对司机行为负**替代性的**（或者说是**第二位的**）责任。法律对诸如车主这样的人施加了此类替代责任，因为借用其汽车的人造成了他人人身伤害。

尽管法律对车主施加了替代责任，法律同时也给车主提供了向司机主张补偿的权利。换句话说，最终损失应由第一责任人（司机）来承担。因此如果 P 诉车主并胜诉，车主将不得不依判决向 P 支付赔偿金。但车主然后

---

① 杰里米·边沁：《论司法证据》（Jeremy Bentham, *Rationale of Judicial Evidence*）第三卷，第 579 页（1827 年）。

有权向司机提起补偿之诉。如果车主赢得补偿请求，则司机必须向车主支付车主已向 P 支付的所有赔偿金。经由此种绕圈子的方式，司机通过偿还车主因担负替代责任而支付给 P 的赔偿金了结此事。这一结果是合适的，因为从一开始就是司机造成了对他人的伤害。[①]

- 在案件 1 中，P 诉司机。双方进入诉讼，因本案事实裁决者作出明确的裁决，认为司机并无过失，因此司机赢得法院对案件实体作出的有效终局判决。在案件 2 中，P 诉车主，主张其对司机的过失负有替代责任。车主不能依据请求排除而使案件 2 驳回。（为什么？[②]）但别急！P 说车主应对司机的过失负有替代责任，但在案件 1 中司机被裁决并无过失！就司机无过失的争点车主能对 P 主张争点排除吗？让我们来分析一下：
    - 争点排除的所有基本要件都得以满足：(1)案件 1 基于案件实体 578
已作出有效终局判决；(2)在案件 1 中，司机过失之争点得以诉讼和裁决以，及；(3)有关该争点的裁决对案件 1 判决确属必要。到目前为止，一切皆备。
    - 此外，争点排除的援用不违反正当程序。车主对 P 主张争点排除，而 P 是案件 1 的一方当事人，故正当程序的要求得以满足。
    - 问题是相互性。此处争点排除是由车主来主张的，其并非案件 1 的一方当事人。依据相互性原则，车主不能援用争点排除，故案件 2 将继续进行下去。让我们将此情形再向前推进一点，假定案件 2 将继续进行。
    - 案件 2 审判将存在两种可能的结果。一种是，车主可能让事实裁决者相信司机没有过失而赢得诉讼。如果出现这一结果，司

---

① 当然，原告可通过在单个诉讼中同时将 A 和 Z 作为被告提起诉讼来避免这种走马灯似的诉讼更迭。但如我们在第十二章第四节里讨论的，合并规则并未要求原告这样做。此处我们将继续假定原告在案件 1 中仅诉一个被告。

② 因为请求排除的一个要件乃是案件 1 和案件 2 均由同一诉讼请求人针对同一被告提起。参见本章第二节第一目。

法系统将就同一争点进行了两次诉讼，但案件 1 和案件 2 的判决结果一致。

- 但另一种是车主败诉，因为案件 2 的事实裁决者认定司机有过失且车主对此负有替代责任。那将出现什么结局呢？没什么好结果。假设车主依判决向 P 支付了赔偿金，然后诉司机请求补偿其损失。如果车主胜诉，司机向车主支付损失赔偿金了结，而根据案件 1，司机没造成该损失。但是，如果车主败诉，其将支付判决规定的赔偿金，但法律却认为其并非第一责任者。

这后一种情况是个灾难。不准车主在案件 2 中援用争点排除，仅能导致两种令人不快的结果：要么(1)使司机在案件 1 中的胜诉变得毫无意义，要么(2)使车主的请求补偿权变得毫无意义。为避免这些糟糕的结果，普通法法院(common law courts)被迫承认通常所称的相互性规则的狭义例外。狭义例外的适用范围确实狭窄。仅适用于第一责任方在案件 1 中被认定为无过失的替代责任情形。仅在此情况下，若案件 2 导致造成两种令人不快的结果，才允许车主在案件 2 中援用争点排除来加以避免。现今，有些州并未直接拒绝采用相互性原则，它们显然都将允许在此种情况下适用非相互性的争点排除。

普通法法院形成了另外一种相互性的例外，也仅适用于替代责任案件。它所涉及的事实模型乃是上述模型之变体。

- 在案件 1 中，P 诉车主这个替代责任方。因为事实裁决者明确裁决司机并无过失，因而车主不必承担替代责任，故车主赢得法院基于案件实体作出的有效终局判决。在案件 2 中，P 诉司机，主张是司机的过失造成其伤害。和前述假设案例一样，司机不能援用请求排
579 除。[①] 那能否援用争点排除呢？毕竟，司机过失之争点在案件 1 中业已诉讼和裁决并满足争点排除的所有要件。此外，因为 P 是案件 1 的一方当事人，适用争点排除不违反正当程序。和上面一样，问题

---

① 参见前注。

在相互性上。依据相互性原则，司机不能主张争点排除，因为其并非案件 1 的一方当事人。

这种事实模型中的相互性例外情形，并不如前述假设案例那般紧迫。在前述假设案例中，未能允许援用争点排除，将导致车主对司机提起另外一个补偿权请求诉讼。在此，未能允许援用争点排除将不会导致出现这样一个另外的诉讼。如果司机不被允许主张争点排除，其将在案件 2 中败诉而担负赔偿责任。但这将是事情的终结，司机不能起诉车主，因为车主并不对司机负补偿义务。因此，强制适用狭义例外的政策在此并不适用。但有些法院已经认可通常所称的相互性原则的广义例外，允许车主在案件 2 中主张争点排除。这些法院因此不再坚持相互性仅用于替代责任，即使在案件 1 中是针对第一责任人提起诉讼且该人被认定并无过失时亦是如此。

记住相互性狭义例外和广义例外的两要点非常重要。其一，它们仅是相互性一般规则适用的例外情形。其二，它们仅适用于事涉补偿权的案件。因此其并未触及大多数案件。在 20 世纪中期，一些法院采取了下一步的动作，亦即不是找寻相互性原则适用之例外，它们更愿意简单地拒绝其要求，至少在一定的情况下是如此。

**为被告的利益拒绝适用相互性原则(非相互性的防御性争点排除)**

加州最高法院在拒绝适用相互性原则方面首当其冲，由罗杰·特雷纳(Roger Traynor)法官撰写的伯恩哈德诉美国银行案(Bernhard v. Bank of Amerca)[①]判决意见书可谓具有里程碑意义。该案涉及一位年老而逝妇女的遗产问题。在其死去之前的一段时间里，该妇女与一对名为库克(Cook)的已婚夫妇住在一起。她授权库克先生代表她从账户上签发支票。库克先生从该账户签发了一大笔款项的支票给自己(和妻子)并将钱存入自己的个人账户。在该妇女死后，库克先生成为其遗嘱执行人。在案件 1 中，该妇女的亲戚们起诉库克先生，质疑遗产账目的管理，并坚持要求其归还从该妇女

---

① 《太平洋判例汇编第二辑》第 122 卷，第 892 页(加州最高法院 1942 年)。已故教授查尔斯·艾伦·赖特(Charles Alan Wright)称伯恩哈德案是罕见的“一个由单一裁决和法官确定的对既定法律原则做出重大修改的”案例。赖特和凯恩:《联邦法院》，第 732 页。

580 账户中拿走的钱。诉讼之后，法院明确认定，库克先生拿走钱是得到该妇女许可的，是赠与他的礼物。法院作出了对其有利的判决。

后来，库克先生辞掉了遗嘱执行人职务。该妇女的一位女儿被指定为遗嘱执行人。在案件 2 中，该女遗嘱执行人起诉了处理该妇女支票账户的银行。她主张其母亲从未授权库克先生从其账户中取走钱，因而银行对这笔遗产款项的流失负有责任。问题是银行是否能就该妇女将这笔钱作为礼物赠给库克先生的裁决主张争点排除。当然依据相互性原则，不能援用争点排除，因为欲主张争点排除的银行并非案件 1 的一方当事人。根据我们刚述及的相互性的例外，争点排除同样不可能适用，因为这些例外情形仅适用于替代责任的案件。

但是，加州最高法院却让银行主张争点排除。特雷纳法官说道："对于相互性的要求一直未有令人满意的合理解释。为何不受前一诉讼判决拘束的一方当事人，不能对受该判决拘束的一方当事人主张既判力效力[①]，这让人难以理解。"[②]该法院没有再次试图找寻相互性适用的例外情形，而是径直拒绝采用。这样一来，非相互性排除在替代责任案件之外也可适用了。

但案件 2 中的某人，不管其是否为案件 1 的一方当事人（或与其有利害关系之人）都总能主张争点排除吗？否。对初学者来说要记住，每个州只要其所制定的排除规则不违反宪法规定，皆可自由决定自己的排除规则。除此之外，法院还一直强调任何种类的排除，包括非相互性排除在内，都要求被主张排除之人在案件 1 中拥有一次充分和公平之诉讼机会。参见本章第四节第一目和第三目。

联邦最高法院在布朗德—汤戈实验公司诉伊利诺伊大学基金会案(Blonder-Tongue Laboratories, Inc. v. University of Illinois Foundation)[③]

---

① 请记住法院经常使用统称意义上的"既判力"术语来指称排除原则。参见本章第一节。

② 伯恩哈德案，《太平洋判例汇编第二辑》第 122 卷，第 895 页。

③ 《美国联邦最高法院判例汇编》，第 402 卷，第 313 页（1971 年）。在每个州有其自己的排除法律之外，还存在联邦普通法上的排除法律。关于其具体适用的讨论，参见本章第五节第一、四、五目。

中，在阐述联邦法上的争点排除时，接纳了伯恩哈德案的做法。布朗德—汤戈案涉及专利（它是联邦授予的对发明的垄断使用权）侵权的指控。在案件1中，原告诉被告（D—1），称D—1侵犯了其专利权。经过审理，法院裁决原告的专利无效，所以对案件实体事项作出支持D—1的有效终局判决。

在案件2中，原告诉一个不同的被告（D—2），诉称其侵犯了上述同一 581
专利权。显然，D—2想就案件1中的专利无效认定主张争点排除。尽管争点排除的基本要件得到满足，但很显然相互性规则不允许D—2援用争点排除，因为其并非案件1的一方当事人。而且，相互性的例外也不适用，因为该案并不涉及替代责任问题。

联邦最高法院允许D—2援用了争点排除。其判决意见书在相当程度上依赖于伯恩哈德案的观点，在提供明确保障的同时拒绝采用相互性规则。最高法院认识到，重复诉讼对司法制度增添了负担，而且提出了这样一种可能性，亦即为避免这一负担而抛弃相互性规则可能变得正当。[①] 然而重要的是法院随后指出："其所涉及的不仅仅是堆积如山的案件"。[②]

> 更为广泛的问题是，这是否还站得住脚，即让诉讼当事人就同一争点的司法解决获得不止一次的充分和公平机会……只要不相关的被告坚持诉讼，就允许重复诉讼同一争点，这反映了一种赌桌上的或"缺乏约束的"气氛和"下级法院的冷漠"，"这对制定诉讼程序来说几乎毫无价值或极不明智。"尽管无论是法官、当事人，还是对抗制都不能在所有的案件中表现得完美无缺，但对被作为再诉禁止主张适用对象的一方当事人而言，要求认定其是否在案件1中拥有了一次充分和公平的诉讼机会，这实为一个最为显著的保障措施。[③]

因而，最高法院得出结论：司法制度就一争点要给诉讼当事人一次充分

---

① 在该案判决意见书的末尾，最高法院似乎总结出这样的结论：任何司法制度的例外情形属于"次要之事"且不过是"细枝末节的事情"。布朗德—汤戈案，《美国联邦最高法院判例汇编》，第402卷，第348—349页。

② 同前注，第328—329页。

③ 同前注，第329页，援引凯罗特斯特生产公司诉C—O图公司案（Kerotest Mfg. Co. v. C-O Two Co.），《美国联邦最高法院判例汇编》，第342卷，始于第180、185页（1952年）。

和公平的机会。一旦这一保护已经提供，该诉讼当事人在后续诉讼中能够受有关该争点裁决之拘束，即使主张之人并非案件 1 的当事人（或与其有法律上利害关系的人）亦然。尽管有些观察家认为布朗德—汤戈案的裁决应限于专利案件，但下级法院却没这样做。[①]

伯恩哈德案和布朗德—汤戈案都是“非相互性的防御性争点排除”的例证。“非相互性”意指争点排除是由并非案件 1 的一方当事人来主张。“防御性”是指在案件 2 中主张争点排除之人是被告。（关于这一点有些人将援
582 用非相互性争点排除喻为“使用盾牌”，因为它是由被告来主张适用的。）联邦法律（通过布朗德—汤戈案）和大多数州法律（但显然不是所有州）规定，只要在案件 2 中，被主张适用争点排除之人在案件 1 中已被提供一次充分和公平之机会进行诉讼，就允许适用非相互性的防御性争点排除。

但无论是伯恩哈德案还是布朗德—汤戈案的判决意见书都未明确表示其裁决仅限于非相互性的防御情形。这就给诉讼请求人请求适用非相互性的争点排除留下了空间。这就是接下来的这一法律领域发展的最富有争议的一步。

**为诉讼请求人的利益拒绝适用相互性原则（非相互性的进攻性争点排除）**

随着一些案件接受非相互性的防御性争点排除，有些评论家开始考虑如果诉讼请求人被允许适用非相互性争点排除可能会产生的问题。此类适用通常被称为非相互性的进攻性争点排除（nonmutual offensive issue preclusion）。正如我们所知道的，“非相互性的”是指由非案件 1 的当事人主张适用争点排除。“进攻性”是指在案件 2 中援用争点排除之人是诉讼请求人（当然通常是原告）。[②]

---

① 如参见，米勒酿造公司诉约瑟夫·施利茨酿造公司案（Miller Brewing Co. v. Joseph Schlitz Brewing Co.），《联邦判例汇编第二辑》第 605 卷，始于第 990、995 页（第七巡回法院 1979 年）；哈拉尔诉霍普金斯案（Hallal v. Hopkins），《联邦地区法院判例汇编》第 947 卷，始于第 978、989—990 页（密西西比州南区法院 1995 年）。

② 参见第 652 页注释①。

这一问题在涉及众多人的侵权案件中显得尤为突出。

- 一家航空公司经营的商务飞机失事，造成100位乘客受伤。在案件1中，其中的一位乘客（P—1）起诉航空公司。该案进入诉讼，事实裁决者明确裁决航空公司并无过失，法院基于案件实体作出支持航空公司的有效终局判决。在案件2中，另外一位乘客（P—2）就该起飞机失事而引起的人身伤害起诉航空公司。航空公司能基于其并无过失的裁决主张适用争点排除吗？否。为什么？正当程序！航空公司试图援用争点排除**针对的是**P—2，而P—2并非案件1的一方当事人（且不是我们在本章第三节第四目所界定的任何一种与P—1有法律上利害关系之人）。这一假设案例提出的并非相互性问题，争点排除是**由航空公司**主张的，而它是案件1的当事人。

我们在本章第三节第四目述及，这一假设案例指出了正当程序对被告施加了巨大的负担。为摆脱责任，航空公司将不得不赢得涉及100位乘客的所有100个案件。因为正当程序的缘故，其决不能对后续的原告主张适用争点排除。

- 假定飞机失事的相关事实不变，且在案件1中P—1起诉航空公司。案件进入诉讼，事实裁决者明确认定，航空公司存在过失且其过失是造成P—1受伤的直接原因（proximate cause），法院基于案件实体作出支持P—1的有效终局判决。在案件2中，P—2诉航空公司。P—2能就航空公司存在过失的裁决主张适用争点排除吗？争 583
点排除的所有基本要件都得以满足，且争点排除是针对作为案件1中的一方当事人即航空公司主张的，所以正当程序的要求也得到了满足。此处的问题是相互性——争点排除现是**由**并非案件1当事人之人主张的。

请注意这一假设案例所提出的政策选择问题。如果法院遵从相互性规则，100位原告中的每一位将被要求去证明航空公司存在过失。理论上同一争点将被进行100次单独诉讼审理。不一致的诉讼结果似乎难以避免——亦即，有些原告会胜诉，有些会败诉——即助长这样一种认识，司法制度不过是一张赌博的桌子。因此允许 P—2 援用争点排除将有利于提升效率和促进判决结果的一致。但其代价如何？

允许诉讼请求人援用非相互性争点排除意味着，只要航空公司在案件 1 中败诉，其即能在 100 起单独起诉的案件中被认定存在过失。如果 P—1 证明航空公司存在过失，则后续的原告即能够就该裁决适用争点排除，从 P—2 到 P—100 将不必在他们的案件中再次证明航空公司存在过失。[①] 这对航空公司来说是个完败：如果其在案件 1 中败诉，则 99 个其他原告可利用案件 1 中认为其存在过失的裁决；然而如果其在案件 1 中胜诉，则剩下的99 个原告无人将受该判决拘束。航空公司因争点排除而受损但却不能援用争点排除获益。难道司法系统单凭一个不利裁决之力就应逼迫航空公司去面对潜在的巨大责任吗？这一问题通过修改某些事实即可变得精炼。

- 假设前十位乘客对航空公司提起单独诉讼。在每一个案件中事实裁决者都明确认定航空公司无过失，故航空公司在所有十个案件中均胜诉。现在原告 11 起诉航空公司。如前所述，由于正当程序的缘故，航空公司不能对 P—11 援用争点排除，故所有争点进入诉讼。假定 P—11 获得了一个明示裁决，认定航空公司存在过失，其因此获得法院对案件实体事项作出的有效终局胜诉判决。现在，从 P—12 到 P—100 能够在他们的案件中对航空公司援用争点排除吗？毕竟，P—11 胜诉得到确认的争点正是从 P—12 到 P—100 必须确认的争点。

允许这些诉讼请求人援用非相互性争点排除似乎大有问题。为什么？因为在前 11 个案件的 10 个中，航空公司被裁决不存在过失。因此认定航空公司存在过失的裁决似乎是一种侥幸——一种失常行为。

584 为何法律制度应赋予其如此大的信任呢？另一方面，如果 P—1 胜诉，

---

① 至少在规定混合过失的州里，单个原告是否存在过失的问题可能还需要在每个案件中进行诉讼。但对于航空公司过失的争点排除将是每个原告获得航空公司损害赔偿必须跨出的重大一步。

我们如何相信其不是出于侥幸呢?[①]

当法院在决定是否允许非相互性进攻性争点排除予以适用时,对这类问题已有所考虑。关于这一主题的最重要的判决意见当数帕克莱恩针织品公司诉肖尔案(Parklane Hosiery Co. v. Shore)[②],在该案中联邦最高法院采纳了非相互性的进攻性争点排除,将其作为联邦法,规定了几个保障条款。帕克莱恩案涉及某公司、其部分经理和股东违反联邦证券法之事。在案件1中,联邦证交会[the Securities and Exchange Commission (SEC)]对诸多不同被告提起诉讼,诉称其在与合并有关的委托投票说明书(proxy statement)中发布了重大虚假和误导信息。证交会只是寻求衡平法上的救济。法院审理之后,明确认定认为该委托投票说明书确实有诉称的重大虚假和误导,基于此,法院就案件实体事项作出支持证交会的有效终局判决。在案件2中,一些私人原告(private plaintiffs)就同一委托投票说明书对相同被告提出相同基本诉求,他们请求的是损害赔偿金。案件2中的原告,想对被告在委托投票说明书中发布的重大虚假和误导信息之裁决援用争点排除。当然依据相互性原则,他们不能主张适用争点排除,因为他们并非案件1中的当事人。

在撰写判决意见书的过程中,联邦最高法院将适用非相互性的防御性争点排除带来的潜在效率与适用非相互性的进攻性争点排除带来的潜在的无效率进行了对比。争点排除的防御性适用(正如伯恩哈德案和布朗德—汤戈案中的情形)将激励诉讼请求人将所有潜在的被告并入案件1中。毕竟,如果诉讼请求人未能做到这一点而在案件1中败诉,则案件2中的被告就能利用该不利裁决在案件2中对付诉讼请求人,因此,法院认识到非相互性的防御性争点排除的适用,可能促进案件1进行有效的当事人合并——诉讼请求人将可能把所有的潜在被告并入到该案中。

---

① 在伯恩哈德案后对此提出关切的经典论文是布雷纳德·柯里:“再诉禁止之相互性:伯恩哈德案原则之限制”,载《斯坦福法律评论》(Brainerd Currie, Mutuality of Estoppel: Limits on the Bernhard Doctrine, *Stan. L. Rev.*)第9卷,第281页(1957年)。

② 《美国联邦最高法院判例汇编》,第439卷,第322页(1979年)。

但进攻性争点排除之适用却产生了截然相反的效果。其劝导潜在的诉讼请求人不要加入到案件1中成为当事人。为什么？因为置身案件1之外，潜在的诉讼请求人不冒任何风险却能有所收获。如果P—1在案件一中败诉，P—2不受该案判决之拘束(因为受正当程序保障)。但是如果P—1在案件1中胜诉，且法院认可非相互性的进攻性争点排除的适用，则P—2能够在案件2中利用P—1的胜诉来为其谋利。因而，这种类型的争点排除“将很可能增加而不是减少诉讼总量，因为潜在的诉讼请求人通过不加入案件1的诉讼能收获一切却毫无损失。”[①]这一答案不是为了禁止适用非相互
585 性的进攻性争点排除，而是将其仅适用于这样一种情形，即“不至于奖励本可加入到案件1中的私人原告”。[②]

而且，联邦最高法院对适用非相互性的进攻性争点排除表达了这样的顾虑，它可能对处于不同情况下的被告不公平，为此法院提供了三个例证。第一，因小金额诉求而被诉的案件1被告可能缺乏卖力的动力，特别是在其预见到没有涉及该事件的其他诉讼时尤为如此。如果其在案件1中败诉，而在案件2中允许提出一大笔赔偿金的诉讼请求人援用争点排除，这对被告不公平。[③] 其二，如果争议的基本事件存在诸多判决，此时若允许诉讼请求人选择一个被告败诉的判决而忽略其他的被告胜诉的判决来主张争点排除，对被告不公平。其三，如果被告在案件1中未获得充分和公平的诉讼机会，此时适用排除对被告不公平。这一点与我们在非相互性的防御性争点排除中见到的保障条款一致。(其实，如果被主张适用排除之人在案件1中没有获得这样的一次机会，任何种类的排除原则都不应适用。参见本章第四节第一目和第三目。)

在其最后的分析中，联邦最高法院在帕克莱恩案中接受了非相互性的进攻性争点排除，但仅适用于能消除所有上述顾虑的案件。这就是帕克莱恩案本身的情形。首先，它并非一个允许争点排除适用而使诉讼变得无效

---

① 同前注，第330页。

② 同前注，第331—332页。

③ 参见《穆尔论联邦实践》第18卷，第132—144页。

率的案件。案件2中的私人原告不能加入案件1，因为案件1是由证交会提起的诉讼，不让私人原告加入。其次，上述三个不公平之情形在这里不存在。第一，考虑到案件1中诉讼请求的重要性，且可以明显地预见到如果证交会在案件1中胜诉，私人原告将会起诉，被告有动力积极参与案件1的诉讼。第二，在此并无不一致的判决记录在案，仅有一个对被告不利的判决。第三，在案件2中并无被告在案件1中不能获取而在案件2中能够获取的程序性机会。因此，法院总结道："证明拒绝适用进攻性间接再诉禁止为正当的顾虑在本案中一个都没有"。[①]

有趣的是，帕克莱恩案适用争点排除剥夺了被告要求陪审团审理委托投票说明书是否存在误导信息的权利，法院认为其中并没有什么不公平。因为该争点是在政府机构的行政程序中进行裁决的，而行政程序并无要求陪审团审判的权利。而在联邦法院进行的后续民事诉讼中，被告拥有《第七修正案》规定的就该问题要求陪审团审理的权利。援用争点排除来确定争点，意味着被告无权要求陪审团裁判事实。再次说明，联邦最高法院不认为 586
这是导致争点排除不能适用的程序上的不公平。

帕克莱恩案支持的见解是，只在下述情况下适用非相互性的进攻性争点排除才是合适的：审理案件2的法院确信(1)援用争点排除的一方不能"轻易地加入本可加入的在先诉讼"，且(2)适用争点排除不会对被告造成不公平的结果。尽管限制大量适用非相互性的进攻性争点排除的这些保证条款是合理而明智的，但不幸的是联邦最高法院并未对此主题给出进一步的指导意见。比如，假设案件2中的诉讼请求人本可加入到案件1中进行诉讼，但其却没有这样做。请问这样会使其丧失请求适用争点排除的权利吗？帕克莱恩案判决意见书总结出的只是"一般规则"——本可轻易加入却未加入案件1中进行诉讼之人不能在案件2中援用争点排除。但最高法院对此"一般规则"的例外情形没有提供任何指导意见。

而且，当法院说到案件2中的诉讼请求人本可轻易加入到案件1中进

① 帕克莱恩案(Parklane)，《美国联邦最高法院判例汇编》，第439卷，第332页。

行诉讼时，究竟其意所指为何？在通常的私人民事诉讼的背景下，案件1不会由像联邦证交会这样的政府机构提起，而由私人原告提起。假如任何其他潜在原告如果愿意可以加入到该案中。但案件1在巴尔的摩（Baltimore）待决，而其他潜在原告住在印第安纳波利斯（Indianapolis），结果又会如何呢？其能够加入，但可能不方便。这要紧吗？法院对此同样没有提出指导意见。

对非相互性的进攻性争点排除的司法接纳——在帕克莱恩案中设置了限制——已经导致一种可称之为原告择案起诉（plaintiff shopping）的诉讼策略。被无数潜在诉讼请求人聘用之律师，可能会先将最有说服力的案子交付审理，这样后续的诉讼请求人能够通过援用非相互性的进攻性争点排除“搭上”之前的胜诉判决的便车。①

尽管帕克莱恩案已有20多年的历史，但如果认为其反映了大多数州的观点则大错特错。其反映的只是联邦法律和几个州法律的规定，②但显然大多数州尚未接受非相互性的进攻性争点排除。③ 在许多州，因为其州最高法院几十年来尚未阐述过此主题，因此难以对这一法律现状给出定论。

587 现在让我们回到前面提出的几个假设案例，对这部分做一总结。

---

① 尽管在20世纪70年代和80年代，律师们在一些石棉诉讼中采取了这一策略，但法院并未像一些人预料的那样允许排除原则随便适用。参见迈克尔·格林：“进攻性间接再诉禁止不能如愿以偿：石棉诉讼中再诉禁止之检视”，载《衣阿华法律评论》（Michael Green, The Inability of Offensive Collateral Estoppel to Fulfill Its Promise: An Examination of Estoppel in Asbestos Litigation, *Iowa L. Rev.*）第70卷，第141页（1984年）。

② 如参见，布里格斯诉牛顿案（Briggs v. Newton），《太平洋判例汇编第二辑》第984卷，始于第1113、1120页（阿拉斯加州最高法院1999年）；财产与伤亡保险保证协会诉沃尔玛百货公司案（Property & Cas. Ins. Guar. Assn. v. Walmart Stores, Inc.），《东南判例汇编第二辑》第403卷，始于第625、629页（南卡罗莱纳州最高法院1999年）；席尔瓦诉州政府案（Silva v. State），《太平洋判例汇编第二辑》第745卷，始于第380、384页（新墨西哥州最高法院1987年）；奥茨诉萨菲科保险公司案（Oates v. Safeco Ins. Co.），《西南判例汇编第二辑》第583卷，始于第713、719页（密苏里州最高法院1979年）。

③ 如参见，贝蒂诉麦格劳案（Beaty v. McGraw），《西南判例汇编第三辑》第15卷，始于第819、825页（田纳西州上诉法院1998年）；特拉佩尔诉赛斯科食品服务公司案（Trappell v. Sysco Food Servs.），《西南判例汇编第二辑》第850卷，始于第529、543页（得克萨斯州上诉法院1992年）。

● 一架某航空公司经营的商务飞机失事，伤害了100名乘客。在案件1中，其中的一位乘客(P—1)起诉航空公司。该案进入诉讼审理，事实裁决者作出明确裁定，认定航空公司存在过失且其过失是导致P—1受伤害的直接原因，法院就案件实体事项作出支持P—1的有效终局判决。在案件2中，第二名乘客(P—2)诉航空公司。P—2能对认定航空公司存在过失的裁决援用争点排除吗？

对初学者来说，争点排除的基本要件(案件1就案件实体事项已作出有效终局判决，航空公司有过失的争点得以诉讼和裁决以及该裁决对案件1的判决确属必要)都得到满足。接下来，正当程序也不存在任何问题，因为排除是针对航空公司主张的，而航空公司是案件1的当事人。但此处的排除主张是非相互性的——是由并非案件1的当事人(P—2)提出的。而且是进攻性的——是由案件2中的诉讼请求人主张的。请问应允许适用非相互性的进攻性争点排除吗？

问题的答案取决于可适用的法律。如果适用的州法律仅采纳相互性例外规则，该主张将不会得到允许。为什么？因为该例外情形仅适用于替代责任情形(此处不属此种情形)，而且即使适用，也仅适用于由被告主张的争点排除。如果我们适用的某州法律仅采纳伯恩哈德案或布朗德—汤戈案的规则，该答案也是否定的。为什么？因为这两个案例允许适用的仅是非相互性的防御性争点排除。所以仅当我们处于一个采纳帕克莱恩案规则的州时，才有适用于此类争点排除的机会。

现在，假设我们处在一个采用帕克莱恩案规则的州，我们必须评估该案中给出的几个考量因素。首先，最高法院指出，如果P—2本可加入到案件1中进行诉讼，则不应允许其援用争点排除。让其这样做只会奖励一种“等着瞧”的观望态度，这会使得诉讼变得无效率。另一方面，如前所述，法院没有表示未能加入案件1总会导致丧失主张争点排除的权利。而且，法院也没说明是否在其他因素都支持适用排除的时候，单就这一因素就能不让适用争点排除。而且此处的其他因素似乎正是这样。第一，案件1的诉讼请求非常重要，且航空公司知道飞机失事造成了100人受伤，所以显然被告有动力积极参与诉讼且能够预见到其他乘客将提起后续诉讼。第二,对此并无不一致的案件判决记录在案,所以 P—2 并非简单地挑选一个其喜欢的判决而不顾那些对其目标不利的判决。第三,没有迹象表明航空公司在案件 1 中没有获得一次充分和公平之机会进行诉讼。那么这样最终留给我们的是什么结论呢?它再次取决于我们该怎样权衡这些因素。

588 ● 假设前十个乘客对航空公司提起单独诉讼。在每一个案件中事实裁决者都明确裁定航空公司没有过失,因此航空公司在所有十个案件中均胜诉。现在 P—11 起诉航空公司。正如我们知道的,由于正当程序的缘故,航空公司对 P—11 不能援用争点排除,故所有争点进入诉讼。假定 P—11 赢得了一个明示裁决,认定航空公司存在过失,法院就案件实体事项作出了支持 P—11 的有效终局判决。现在从 P—12 到 P—100 能在他们的案件中对航空公司主张争点排除吗?

在此,对于争点排除的基本要件、正当程序以及非相互性的进攻性争点排除是否被允许的前期分析跟前面一样。只是在一个采用帕克莱恩案规则的州里,其情况更富争议。依据帕克莱恩案的规则,这样的排除将被允许吗?我们再次面对同样的问题,不知道联邦最高法院在评估后来的诉讼请求人是否本可加入在先案件时,其精确所指。然而除此之外,此处我们还拥有不一致的判决,航空公司胜诉十次,只败诉一次。让 P—12 到 P—100 利用这次胜诉判决似乎对被告极不公平。前述三个"公平"因素中的第二个因素似乎明显建议在此反对适用争点排除。这里的情形相当简单,因为第 11 个案件的判决似乎脱离常规,我们不应对其给予太多的信任。

然而该事实让这个大问题并未获得答案。假定 P—1 在案件 1 中胜诉。因为其是第一个案件,所以没有不一致的判决记录,而且依据帕克莱恩案规则支持适用排除的论调更为强烈。但我们如何知道该判决不是一个侥幸的结果呢?也许,如果所有 100 个案件都单独进入诉讼,航空公司将赢得其他 99 个案件。帕克莱恩案并未告诉我们,为何对单个判决应给予如此大的信任。或许正是由于在这一点上的不安,解释了为什么一些州从未接受非相互性的进攻性争点排除。解决这一问题的一个方法，即是审理一起标准案件（或一组标准案件），看看风究竟朝哪边吹，将其作为最终解决所有争议案件的手段。作为对泰勒诉斯特杰尔案（Taylor v. Sturgell）思考的一部分，我们已在第567页对标准案件进行了讨论。

# 第四节　排除原则的例外

## 一、总论

即使在请求排除或争点排除要件都得以满足的情况下，也可能存在排除原则不应适用之情形。法院对每个原则的一些适用例外情形已予以确认。589 我们将要述及，大多数的例外情形的范围是相当的狭隘和约定俗成。在案件2中被主张适用排除之一方当事人在案件1中拥有一次充分和公平的陈述机会，已成为请求排除和争点排除适用的内在要求。所以排除适用例外的最常见的情形，是那些在案件1中没有给予一次充分和公平机会进行诉讼的情况，但这种情况相对罕见，包括未能给案件1的一方当事人发出及时通知、另一方诉讼当事人或诉讼参与人存在重大不当行为(gross misconduct)(经常被称之为“欺瞒法院”)以及案件1法院本身所犯的极大错误(egregious error)等。[①] 诸如此类的行为可能排除请求排除和争点排除的适用。但更频繁发生的是，将这类问题在撤销案件1判决的申请中提出似乎更加合适。[②]

假设在案件1和案件2的判决中间，应适用之法律原则发生了改变。这种法律上的变化应弱化排除之适用，或者案件1的判决应在案件2中具有排除效力吗？这个问题的快速回答是，法律改变并不成为请求排除或争点排除适用的开脱理由，但它服从下面将要讨论的关于争点排除的狭义例外规定。

法院出于一般的“公平(fairness)”利益、“简单正义(simple justice)”、“私人正义(private justice)”或者一些相似的含糊不清观念的考虑，偶尔也试图承认排除适用的一些特别例外(ad hoc exception)情形。作为一个一

---

① 如参见，美国诉陶斯普韦布洛人案(United States v. Pueblo of Taos)，《联邦判例汇编第二辑》第515卷，始于第1404、1407页(联邦索赔法院1975年)(行政机关就印第安人土地“可能受污染”问题的裁决但未能给予一方当事人一次充分和公平之机会进行诉讼)。

② 我们在第九章第七节里已讨论过此类动议，其规定在《联邦民事诉讼规则》的第60条(b)款。

般规则(正如联邦最高法院所强调的),如此毫无限制的例外情形,对于请求排除来说比争点排除更不合适。为什么?因为适用请求排除的例外情形,司法制度为其付出的代价更大。请记住,请求排除是两个排除原则中适用范围更广的一种,且援用请求排除将导致案件2的驳回。因而承认请求排除的例外情形,将导致本不可提起诉讼的案件可以提起。而另一方面,争点排除的适用仅是阻止在案件2中对争点继续进行;其缩减了以任何方式起诉案件的诉讼范围。所以承认争点排除适用的例外情形,将不会导致本不可起诉的案件得以起诉。[①]

## 二、请求排除

请求排除适用的主要例外情形规定在《判决法重述》(第二版)第26条
(a)款中。当案件1中的被告同意或当法院允许诉讼请求人分开其诉讼请 590
求时,一套例外规则得以适用。因此,法院一般允许案件1的当事人同意诉讼请求人将其请求分割而不产生请求排除效力。[②] 这一例外情形承认,例如,允许当事人将诉讼限定于诉求的某一方面,而对剩余部分进行和解谈判等待结论,从而简化诉讼。当然同意这种分割的被告,不能抱怨因此丧失了请求排除所赋予的免于多重诉讼的保护。此类明示的同意通常写在和解协议或核准令(consent decree)中,而且合同解释的通用原则决定对当事人意图的判断,同意亦可默示。因为排除属于肯定性答辩(affirmative defense)[③],被告可能通过默认多重诉讼中的同一诉求而放弃对请求排除的反对。[④] 而且,尽管判决的排除效力是由案件2中的法院来决定的,但案件1中的法院可能明确保留诉讼请求人的分割诉讼请求的权利。[⑤]

---

① 参见赖特和米勒著书,第18卷,第385页。(“通过相应减少公众利益或私人正义的表述,可以用来证明争点排除例外情形之适用是合理的”)

② 《判决法重述》(第二版)第26条(1)款(a)项。

③ 《联邦民事诉讼规则》第8条(c)款(1)项将“既判力”列为一种肯定性答辩。这里显然包括请求排除和争点排除在内,被告负有答辩责任且对该肯定性答辩承担证明责任。

④ 《穆尔论联邦实践》第18卷,第131章第24节[1]目。

⑤ 《判决法重述》(第二版)第26节(1)款(b)项。

如果因为法律对审理案件 1 的法院施加的限制，案件 1 的诉讼请求人未能主张所有的救济权利，则另外一种例外情形得以适用。[①] 例如，如果所适用的合并规则不允许诉讼请求人在一个案件中同时要求赔偿和禁令救济，诉讼请求人在案件 1 中请求一种形式的救济，而在案件 2 中请求另一种不同的救济形式，此时对其适用请求排除则不公平。此类对案件 1 法院的限制常常是州法院的事物管辖权规则。

- P 骑着自行车，被 D 驾车撞倒。P 受伤且其价值 300 美元的自行车遭损毁。在案件 1 中 P 诉 D，原告在某州的小额索赔法院(small claims court)起诉被告，请求财产损害赔偿，而根据该州法律规定，该法院不能受理超过 1500 美元的赔偿请求。P 取得获赔 300 美元的胜诉判决。在案件 2 中，P 起诉 D，要求就撞击造成的人身损害赔偿 15,000 美元。其在一个不同的州初审法院提起案件 2 的诉讼，该法院对超过 1500 美元的赔偿请求有管辖权。D 提出，依据请求排除原则应驳回案件 2 的起诉，指出该州采用了诉求排除的交易标准。请求排除的要件皆已满足，但 P 能通过援用请求排除的适用例外来避免案件遭驳回吗？

591 从表面上看来，主张适用例外似乎是合适的。毕竟，因为事物管辖权的限制，案件 1 的法院未能受理人身损害赔偿金的诉求，该请求超过了小额索赔法院所能受理的争议金额。但假设 P 本可将人身伤害和财产损失的诉求放在一个案件中提出，而受案法院也有权受理超过 1500 美元的赔偿请求。因此 P 本可在该法院将两个诉讼请求有效率地合并在一个案件中。相反，其选择了一种无效率的路径，而此路径将迫使 D 进行两次答辩。面对如此情形，一些法院拒绝适用请求排除之例外，而依据请求排除原则驳回案件 2 的起诉。[②] 仅当州法不允许 P 在某法院的单个诉讼中提出两个诉求

① 《判决法重述》(第二版)第 26 节(1)款(c)项。

② 如参见，梅尔斯诉比洛普斯案(Mells v. Billops)，《大西洋判例汇编第二辑》第 482 卷，始于第 759、761 页(特拉华州高级法院 1984 年)(原告“只要在本庭提起初始诉讼本可呈现其所有诉讼请求……但原告却主动选择了一个对管辖权有所限制的法院提起诉讼”)。

时,才应承认请求排除的例外。

有一个例外与此观念紧密相连,它承认该请求排除违反了宪法或制定法的合理设计的方案。[①] 例如,依据《破产法》,仅某些事项有资格获得快速听审。法院认为,针对此类事项进行快速听审的诉讼请求人,不被禁止就相关事项提起单独诉讼。[②] 破产法的这种安排对此类事项的处理产生了分歧。法院对依据《确认判决法》(Declaratory Judgment Act)提起的诉讼得出相似的结论,我们在第四章第六节第三目讨论过该法律。要求宣布确认判决的诉讼请求人,是在请求法院宣布当事人的相关权利,其不是在要求得到一种"强制性的"救济,如损害赔偿金或禁令。一般规则是,请求确认判决不妨碍诉讼请求人为得到强制救济而提起后续诉讼。[③] (但记住,即使请求排除不能阻止第二个诉讼,来自案件 1 的争点排除可能会妨碍案件 2 中的特定争点再次诉讼。[④])

假设在诉讼请求人提起案件 1 时,其未充分认识到自己受伤的程度。又假设这种不知情造成其在案件 1 中仅提出了诉求的某些方面。请问,其 592
能否提起案件 2 的诉讼来主张那些在案件 1 中所遗漏的赔偿请求,或请求排除是否妨碍其提起第二起诉讼?有人支持请求排除在此不应适用的结论。1978 年,夏威夷州最高法院在判决意见书里写道,大多数州"不禁止原告提出其原来不知道的诉求……除非原告的不知是其自身有过失。"[⑤]然

① 《判决法重述》(第二版)第 26 节(1)款(d)项。

② 关于胡克投资公司案(In re Hooker Investments, Inc.),《破产判例汇编》第 131 卷,始于第 922、929—930 页(纽约南区法院破产庭,1991 年)。

③ 如参见,港湾冷藏服务公司诉沃格尔案(Harborside Refrigerated Servs., Inc. v. Vogel),《联邦判例汇编第二辑》第 959 卷,始于第 368、373 页(第二巡回法院 1992 年)。这一规则假定该诉讼请求人在同一诉讼中请求得到确认判决之时并未请求强制救济。如果其这样做了,随后任何努力请求强制救济的诉讼将受制于请求排除。

④ 而且争点排除在有些情况下可能证明对案件 2 具有决定性作用。例如,假设在案件 1 中当事人请求确认判决,双方进入诉讼且法院做出裁决,认为被告并无过错而诉讼请求人存在过错。尽管依据请求排除原则案件 2 不能被驳回,但针对这些争点的裁决通过争点排除得以确定从而将对案件 2 起决定性作用,亦即被告将胜诉。

⑤ 博尔特诉艾茨公司案(Bolte v. Aits, Inc.),《太平洋判例汇编第二辑》第 587 卷,始于第 810、813—814 页(夏威夷州最高法院 1978 年)。

而，该判决意见书所依据的先例是几十年前的几个案例，而且可能认为没有一个判决意见实际上建立了如此自由的规则。[①] 多数观点似乎对想避免请求排除效果的诉讼请求人提出了更多的要求，要求其必须证明是“欺诈、隐瞒或虚假陈述……造成其未能将某诉讼请求包含在前一诉讼中。”[②]这一更严格的思路，反映了在一个案积如山的时代对请求排除基本政策的现代关切。[③]

请求排除之适用，除了有这些相对具体的例外情形外，一些法院还试图基于更为宽泛的公平理念来创设例外。然而，联邦最高法院在联邦百货公司诉莫伊特案（Federated Department Stores，Inc. v. Moitie）[④]中关上了无限制例外的开发之门。在该案中，购买者针对百货公司的经营者提起数个诉讼，指控被告固定零售价格而违反了联邦反托拉斯法。在案件 1 中[⑤]，因为众原告不能证明其遭受了托拉斯法所认可的伤害，联邦地区法院驳回了诉讼。这些满怀失望的原告以不同的方式作出反应。他们中的一些人（第一组）将驳回的判决上诉至联邦第九巡回法院；而其他的人（第二组）提起案件 2 的诉讼，只是简单地在州法院再次提出原来的诉求。被告将案件移送至联邦法院，而联邦法院依据请求排除驳回了诉讼——毕竟，第二组原告是

---

① 如参见，麦克维诉卡斯特纳拉案（McVay v. Castenara），《密西西比州判例汇编》第 152 卷，始于第 106、113—114 页（1928 年）（指出未对请求排除及例外之可适用性问题进行答辩）；巴杰诉巴杰案（Badger v. Badger），《犹他州判例汇编》第 69 卷，始于第 784、300—301 页（1927 年）（拒绝适用请求排除之例外情形；上诉人）。

② 哈尼特诉比尔曼案（Harnett v. Billman），《联邦判例汇编第二辑》第 800 卷，始于第 1308、1313 页（第四巡回法院 1986 年）。这一令人受益的判决意见书是由迪克森·菲利普斯（Dickson Phillips）法官撰写，其在北卡罗来纳大学法学院教授多年《民事诉讼法》课程并任该大学法学院院长一职。在哈尼特案中采取的立场后被写进《判决法重述》（第二版）第 26 条评论部分(j)款。

③ 在很久之前的一个案例中对诉讼请求人的无知而允许适用请求排除例外情形采取了更为自由的观点，法院说道：“该规则适用于诉因分割仅仅是其中的一种实践而且并非没有例外。”麦克维诉卡斯特纳拉案（McVay v. Castenara），《密西西比州判例汇编》第 152 卷，始于第 106、113 页（1928 年）。这种对于请求排除的观点与今天不太灵活的观点相比非常不同。参见本章第一节的政策讨论部分和下面马上要讨论的最高法院的观点。

④ 《美国联邦最高法院判例汇编》，第 452 卷，第 394 页（1981 年）。

⑤ 实际上，这里存在许多诉讼。然而我们可以将其作为一个总体来对待且将其驳回作为单个的案件 1 来指称。

在主张同案件 1 相同的诉求。之后，第二组原告将该案件 2 的驳回裁决上 593
诉至第九巡回法院。

在这两组案件都在第九巡回法院上诉期间，联邦最高法院裁决了一个不同的案件，改变了认定反托拉斯案件中损害的有关规则。依据该判决意见确立的法律，第一组和第二组原告能够证明遭受了足够损害，从而援用反托拉斯法。这种法律的改变将会如何影响第一组和第二组原告呢？第九巡回法院撤销了针对第一组的判决，而将其发回联邦地区法院重审，指示根据最高法院最新判决意见重审此案。第九巡回法院同时认定，第二组原告尽管没有对其在案件 1 中的损失上诉，也不应受请求排除之阻止。法院认可了为“公共政策（public policy）”和“简单正义（simple justice）”之目的而排除适用请求排除的例外情形，并认定第二组原告应可以继续进行诉讼。

联邦最高法院撤销了该判决，认为第二组原告受请求排除原则阻碍。它运用清楚明白的术语，拒绝适用毫无限制的请求排除例外。联邦最高法院重新强调了请求排除作为一个至关重要的司法原则所具有的重要性。法院写道：

> 我们并未见到适用业已接受的既判力原则带来的不公正的严重结果。当复杂的法律体系经过一段时间形成之后而得以公正适用之时，“简单正义”就已实现。既判力原则服务于极为重要的公众利益，而非个别法官对个案公正的特别裁量所能承载。显然“没有普通法或衡平法原则处罚联邦法院拒绝适用有益的既判力原则”。该上诉法院依据“公共政策”也同样用词错误。最高法院早就认为：“公共政策要求诉讼必须终结；那些对争点业已争辩之人应受争辩结果之拘束，且这些事项一旦审理即视为在案件当事人间得以永远解决。”我们已经强调过“既判力原则不仅仅是我们从比现在要求更严的时代继承得来的实践或程序，它是一个基本的和体现实质正义的规则……”①

① 莫伊特案（Moitie），《美国联邦最高法院判例汇编》，第 452 卷，第 400 页（引证省略）。

最后，如前所述，在涉及保险公司代位追偿的机动车损毁案件中，有一种论调强烈支持适用界定诉求的基本权利标准。[①] 即使对请求排除适用交易标准的州，也对此情形规定有例外，以确保不妨碍保险公司向与被保险人发生碰撞的另一司机寻求赔偿。

594 ## 三、争点排除

本章第四节第一目述及，援用任何一种类型的排除都要求其适用对象在案件 1 中拥有充分和公正的诉讼机会。诸如未能给予通知，或者欺瞒法院，或其他违反公平审理之要求等，都可使请求排除之适用归于无效，这些情形亦同样适用于争点排除。此外，施加于争点排除的几个要件确保其得到公平适用。特别是，争点排除仅能用于在案件 1 中得以实际诉讼和裁决之争点，且该争点必须对案件 1 的判决确属必要，其旨在确保事实裁决者在裁决之前真正关注了该争点。此外案件 2 的法院在决定何种争点在案件 1 中得到实际诉讼和裁决上拥有很大的自由裁量权。为避免法院认为的不公平结果的出现，这一裁量权可能在案件 2 审理过程中得以形成。

争点排除适用的主要例外情形规定在《判决法重述》（第二版）的第 28 条中。该条的一些规定与我们在本章第四节第二目所探讨请求排除内容相同。所以，如果被适用争点排除的一方当事人不能获得针对案件 1 判决的审查机会，[②]或者因为“两个法院所遵从的程序在质量或范围上存在不同，或者影响两个法院管辖权分配的因素”[③]而需要针对该争点作出一个新裁决等情况下，则可以避免适用争点排除。

有时候会要求审理案件 2 的法院评估：不同的说服责任是否应影响争点排除之适用。[④] 例如，在一个刑事案件中，要证明被告有罪必须达到“排

---

① 参见第 664 页注释③。

② 《判决法重述》（第二版）第 28 节（1）款（被适用争点排除的一方“由于法律适用的问题，不能获得对初始诉讼判决的审查机会”）。

③ 《判决法重述》（第二版）第 28 条（3）款。

④ 《判决法重述》（第二版）第 28 节（4）款。

除合理怀疑”的标准；而在一个民事案件中，诉讼请求人仅需通过“证据优势”标准来证明其诉讼请求的诸要件得以满足，“证据优势”是一个更容易达到的证明标准。刑事受害人经常在一个要求损害赔偿的民事案件里提出刑事案件里的争点。比如，如果D潜入P的住宅偷走了其立体声唱机，则D可能因犯罪而被该州提起公诉，而P可能在民事案件里起诉D索赔盗窃罪造成的财产损失。

- 在案件1中，该州成功地指控D盗窃。在案件2中，P就盗窃请求损失赔偿。P能就D是否偷了立体声唱机的争点援用争点排除吗？能。因为在案件1中该州已经对此争点进行了证明，而且在确信度上超过了P需要满足的程度。因而，假定争点排除的其他诸要件得 595
到了满足，[1]则P不必在案件2中再次证明盗窃成立。
- 在案件1中，P起诉D，索要获得因D盗窃而致损失赔偿且胜诉（当然它包含认定D偷了立体声唱机的裁决）。在案件2中，该州因D犯盗窃罪对其提起公诉。请问该州能否就D是否偷了东西的争点援用争点排除？不能，因为P证明盗窃成立在确信度上低于该州在刑事案件中需要达到的程度。

假设被告在刑事案件中表示认罪，而后东西被偷的当事人在民事案件中起诉该人，索要因盗窃而致的损失赔偿。民事案件中的原告能就被告是否偷了东西的问题援用争点排除吗？该问题的快速回答肯定是不能，因为盗窃之争点并未在案件1中得以诉讼和裁决。毕竟该案是以认罪答辩而非通过诉讼结案。另一方面，让被告就其在刑事罪过方面业已承认的争点进行诉讼，这是一些法院难以接受的，它们将拒绝让被告改变说法。法院之所以这样做，很可能是适用司法陈述不容否认原则（judicial estoppel），正如我们在第533页所讨论的，该原则不允许当事人在不同诉讼中采取迥然不同的立场。

---

[1] 这将是非相互性的进攻性争点排除，因为案件2中主张权利的诉讼请求人并非案件1中的一方当事人。

偶尔（但极为罕见）应适用之法律（controlling law）的中途变更，可能会使得适用争点排除的例外变得正当。[1] 一个有名的例证即是国内税务署署长诉森南案（Commissioner of Internal Revenue v. Sunnen）[2]，该案涉及来自使用费协议（royalty agreement）之收入的应税性问题。一位发明人就其发明获得了专利，并与制造商签订许可使用合同，依据该合同，制造商制造机器并向发明者的妻子支付使用费。美国国内税务署（IRS）认为应向发明者本人征收所得税，而不是其妻子征收［这对发明者来说是个糟糕的消息，因为其所处的税收等级（tax bracket）高于其妻子］。在案件 1 中，双方当事人就此问题进行了诉讼，发明人胜诉。

在该合同终结之后，该发明者与制造商又缔结了另外一个合同，再次规定将使用费支付给其妻子。美国国内收入署（IRS）再次起诉（案件 2 中），坚持应向发明者本人而非其妻子征收使用费收入的所得税。[3] 发明人试图
596 主张争点排除，毕竟该争点已在案件 1 中得以诉讼和裁决。联邦最高法院认为，争点排除在此不应适用，因为之间法律发生了变更，它明确地要求应向发明者本人征收所得税。[4] 法院拒绝让发明者对这一问题援用争点排除。由于法律已中途改变，允许发明者援用争点排除锁定对其有利的税收待遇，而其他公民却不能获得此待遇，这是不合适的。

最后，联邦最高法院认为，非相互性的进攻性争点排除不能用于针对美国政府的诉讼。[5] 联邦政府可在全国范围内，在诸多案件中就同一争点进

---

① 《判决法重述》（第二版）第 28 节（2）款（b）项。（"考虑到适用的法律环境中途发生改变或其他为了避免不公平的法律执行结果"而须对某一法律问题做出一个新的裁决）。

② 《美国联邦最高法院判例汇编》第 333 卷，第 591 页（1948 年）。

③ 因为每一个应税年份构成了一个不同的诉讼请求，因而在此不存在请求排除问题。

④ 法院同时认为，即使发明者和制造商之间的两个合同内容一模一样，案件 2 也并未包含和案件 1 完全相同的事实。相反，案件 2 的事实是"可分的"，即使它们是同样的事实！森南案（Sunnen），《美国联邦最高法院判例汇编》，第 333 卷，第 599—600 页。因此，两个案件必须包含相同事实的基本要件并未得到满足。这一"可分事实"观念具有极不确定的现行生命力。参见《穆尔论联邦实践》第 18 卷，第 132 章第 2 节［5］目（c）。森南案可能表现了法律裁决过程中适用争点排除时所遇到的一时困难。

⑤ 美国诉门多萨案（United States v. Mendoza），《美国联邦最高法院判例汇编》，第 464 卷，第 14 页（1984 年）。

行诉讼。最高法院认为，出于政策方面的考虑，不应要求对每个不利裁决都上诉，以便努力避免争点排除之适用。

# 第五节　充分信任与尊重及其相关主题

## 一、总论

这一部分我们讨论案件 1 和案件 2 在不同司法制度中裁决的情况，这一主题已变成有名的“不同管辖法院间的排除(interjurisdictional preclusion)”。[1] 例如，如果案件 1 的判决是由亚利桑那州的某一州法院作出，而案件 2 是在佛罗里达州的某一州法院起诉，则由哪个州的法律来决定判决的排除效力呢？同样，如果案件 1 是由某一联邦法院判决的，而案件 2 在某一州法院起诉(或情况相反)，则究竟是联邦法律还是州的法律决定判决的排除效力呢？而且，在联邦法院诉讼的案件 1 援引了异籍管辖权，而非联邦问题管辖权，这一点重要吗？诸如此类的问题很重要，因为每个州都自由决定各自的排除法律，只要这一排除法律并不违反正当程序的规定，[2]而且还存在与州法不同的联邦排除法律。

597 不同法院间的排除问题可以在四种情况下产生。第一种是案件 1 和案件 2 在不同州州法院裁判，我们将此种情形称为“州—州排除(state-to-state preclusion)”；第二种是案件 1 由州法院判决而案件 2 在联邦法院起诉，我们将这一情形称为“州—邦排除(state-to-federal preclusion)”；第三种是案件 1 由联邦法院判决而案件 2 在州法院起诉，我们称之为“邦—州排除(federal-to-state preclusion)”；最后一种是案件 1 和案件 2 都在联邦法院，毋庸奇怪，我们将其称之为“邦—邦排除(federal-to-federal preclu-

---

① 如参见，《穆尔论联邦实践》第 18 卷，第 133 章；霍华德·埃里克森：“不同法院间的排除”，载《密歇根法律评论》(Howard Erichson, Interjurisdictional Preclusion, *Mich. L. Rev.*)第 96 卷，第 945 页(1998 年)。埃里克森教授的论文是在已故教授罗南·德格南先生的开山大作的基础上写就。参见罗南·德格南：“联邦既判力”，载《耶鲁法律杂志》(Ronan Degnan, Federalized Res Judicata, *Yale L. J.*)第 85 卷，第 741 页(1976 年)。

② 理查兹诉杰斐逊县案(Richards v. Jefferson County)，《美国联邦最高法院判例汇编》，第 517 卷，第 793 页(1996 年)。

sion)”。

我们在第二章第二节讨论对人管辖权时，首次见识了充分信任与尊重的概念，在那里我们知道，一个有效判决在作出判决之外的州，有权获得充分信任和尊重。在那里我们提到，能够在第二个州提起诉讼，强制执行第一个州作出的判决。这里，我们关心的是另外一个问题：在决定案件 1 的判决是否在案件 2 中被赋予请求排除或争点排除的效力时，案件 2 的法院究竟该适用什么排除法律？充分信任和尊重在此发挥了作用。正如最高法院在德菲诉杜克案(Durfee v. Duke)中所说：“充分信任与尊重一般要求每个州给予判决的既判效力至少相当于判决作出州所给予之效力。”[1]因此，充分信任与尊重不仅适用于第二个诉讼中的强制执行判决，而且用于决定一个判决的排除效力。

充分信任与尊重法律存在两个法源：《宪法》中的充分信任与尊重条款(第四条第一款)和充分信任与尊重法，现在编入《美国法典》第 28 卷第 1738 条。宪法的条文规定得非常狭隘，它要求(除了别的事项之外)每个州对“每个其他州的司法程序”予以充分信任与尊重，因而仅适用于州—州排除的情形。而充分信任与尊重法的规定则宽泛得多，其不仅适用于州—州排除的情形，也适用于州—邦排除的情形。其规定案件 2 中的州法院或联邦法院，必须对案件 1 的判决给予与作出该判决的州法院所给的“同样的充分信任与尊重”。有趣的是，这样充分信任与尊重法仅能直接适用于上述四种情形中的前两种情形。但我们即要看到，法院已经形成涵盖后两种情形的类似原则，尽管这些原则的准确法源尚不太明朗。

## 二、州—州排除

● 案件 1 在得克萨斯州的州法院进行诉讼并就案件实体事项作出了有效终局判决。案件 2 由同一诉讼请求人针对同一被告在路易斯 598

---

① 《美国联邦最高法院判例汇编》，第 375 卷，始于第 106、109 页(1963 年)。我们在第六章第四节曾就对事物管辖权的间接攻击问题讨论过德菲案。

安那州的一个州法院起诉。路易斯安那州的排除法律将准许第二个诉讼进行而得克萨斯州的排除法律则不准。问案件 2 中的路易斯安那州法院将如何处理?

答案似乎直截了当:宪法的充分信任与尊重条款和《美国法典》第 1738 条都要求第二个州的州法院尊重这些判决,其中包括依据案件 1 裁决所在州的州法院的排除规则。所以路易斯安那州州法院应适用得州的请求排除法律,根据请求排除撤销案件 2。

我们的假设案例与马格诺利亚石油公司诉亨特案(Magnolia Petroleum Co. v. Hunt)相似。[①] 在该案中,一位得克萨斯州的工人在工作中受伤。在案件 1 中,其在得克萨斯州的行政程序中获得一个工伤赔偿的裁决。得克萨斯州法律明确规定,这样的一位工人无权再向其雇主提起第二次诉讼,请求另外补偿。这样,这位工人在路易斯安那州提起案件 2 的诉讼,请求另外补偿。联邦最高法院的认为,路易斯安那州的州法院应该依据得克萨斯州法律撤销案件 2,案件 1 的判决就是这件事情的结束。同样,在另外一个案件中,俄勒冈州最高法院认定,尽管俄勒冈州法律可能允许第二个案件继续进行,但俄亥俄州的判决妨碍就同一诉求提起第二次诉讼。[②]

如此一来,我们似乎有了一个明确的基本原则(black-letter principle):审理案件 2 的法院必须适用裁决案件 1 法院所在州的排除法律。毕竟,《美国法典》第 1738 条要求审理案件 2 的法院对案件 1 的判决给予其在判决作出州"相同"的效力 。其实,《判决法重述》(第二版)采取了和第 1738 条同样的立场,要求一州对判决给予的效力和判决作出州将要给予该判决的效力"相同",从而要求案件 2 法院"给予该州法院判决之效力,相较于作出案件 1 裁决的州将要给予的效力相同——**不多也不少**。"[③]

但事情并不像此处看来的那样明朗。前述来自德菲诉杜克案(Durfee

---

① 《美国联邦最高法院判例汇编》,第 320 卷,第 430 页(1943 年)。

② 本杰明诉 S. R. 史密斯公司案(Benjamin v. S. R. Smith Co.),《太平洋判例汇编第二辑》第 632 卷,第 13 页(俄勒冈州最高法院 1981 年)。

③ 《判决法重述》(第二版)第 86 节评论部分(g)款(着重号为著者所加)。

v. Duke)的有名引语说到，充分信任与尊重“一般要求每个州给予判决的既判力效力至少相当于判决作出州所给予之效力。”[①]这句话似乎承认案件 2 法院给予该判决的排除效力可能大于案件 1 所在州给予该判决之效力，同时似乎要排除给予较小排除效力的可能性。然而审理案件 2 的法院对案件 1 判决是否可以自由给予小于该判决作出州所给予的排除效力，评论家们对此久有争论。比如，赖特和米勒教授认为，充分信任与尊重所重视的仅是 599
请求排除和争点排除的“中心”或“核心”原则——那些“对终局、安宁、信赖等核心价值有所支持的部分，以及方便审理第一个案件的法院对其自身程序加以掌控的一些规则等”——而非排除原则的“每个细枝末节”部分。[②]特别是，他们主张争点排除非相互性的适用“不是既判力的中心组成部分，不能纳入充分信任与尊重之中。”[③]这样，对他们来说，不应总是强压审理案件 2 的法院，让其接受裁决案件 1 法院所在州排除法律的方方面面。

**“同样”能意味着“更小”吗？**联邦最高法院从未认为，审理案件 2 的法院能够给予案件 1 判决较小的排除效力，小于裁决案件 1 的州将要给予的排除效力。关于这一点，其他法院的判例法尤为少见。赖特和米勒教授提出的问题可由下面这个假设案例加以例证：

- P 诉加利福尼亚州一制药公司(PC)。经过全面审理，原告胜诉，依据的是这样的裁决：该 PC 的产品不合格且对使用该产品的人造成严重的身体伤害。现在全国有成千上万的人基于同样的伤害打算起诉该制药公司。P—2 在弗吉尼亚州起诉，依据的是案件 1 中 P 所用的相同说法。其请求法院对产品是否合格且造成所称的身体伤害问题，使用非相互性的进攻性争点排除。

《美国法典》第 1738 条要求弗吉尼亚州必须适用非相互性的进攻性争

① 《美国联邦最高法院判例汇编》，第 375 卷，始于第 106、109 页(1963 年)(着重号为著者所加)。

② 赖特和米勒著书，第 18B 卷，第 33—34 页。(“充分信任与尊重接受的乃是既判力原则的中心部分。在我们这样一个流动和好讼的联邦国度里，没有其他的结果能得到尊重……然而没有一个裁决可得出这样的结论——充分信任与尊重囊括了既判力原则每个细枝末节部分”)

③ 赖特和米勒著书，第 18B 卷，第 44 页。

点排除吗？如果制定法的要求是绝对肯定的——弗吉尼亚州要给予该判决与加州“相同的”的效力——则该问题的答案似乎是肯定的。但如果评论家们的观点是对的，即认为充分信任与尊重仅包含排除法律的中心部分——主要是那些支持终局性原则的部分——则结论将在很大程度上存在更微妙之差别。特别是充分信任与尊重不应“要求遵守……附属于中心排除作用的、且这样会侵犯后一法院的实质利益的排除原则之方面。”[1]这样一来在我们的假设案例中，合适的作法是评估是否应该逼迫弗吉尼亚州接受非相互性的进攻性争点排除。即使弗吉尼亚州在这一点上没遵循加州法律，加州在允许适用这类排除上拥有的利益并未受损。毕竟，加州仍可在自己法院自由使用非相互性的再诉禁止(nonmutual estoppel)。另一方面，作为对我们在本章第三节第五目所表达担心的回应，如果弗吉尼亚州对大众侵权
600 案件遵从相互性排除原则，则结果会如何？该州可能会认为，任何被告都不应基于一个败诉案件而要承担巨大责任。在这一问题上的利益是否因遵守加州排除法律的每一原则而化为乌有呢？说它没有化为乌有的理由似乎不是很有说服力。但这一问题多半要留给学术去臆测了。

**“同样”能意味着“更大”吗？**也有支持这种观念的情况：审理案件2的法院能够给予案件1判决更大排除效力，超过判决案件1的州所给予的效力。显然，不能要求审理案件2的法院给予案件1判决的效力大于该判决所在州所给予的效力。[2] 但是法院可以够选择这样做吗？让我们分析一下这样的问题会如何出现。

- P卷入一场汽车交通事故，致使人身受伤财产受损。其在佐治亚州提起案件1的诉讼，仅请求人身损害赔偿。对于机动车交通事故案

---

① 赖特和凯恩：《联邦法院》(*Federal Courts*)，第736页。

② 参见关于律师惩戒问题案(In re Attorney Discipline Matter)，《联邦判例汇编第三辑》第98卷，第1082页(第八巡回法院1996年)。伊利诺伊州在案件1中做出宣告一律师伪证罪不成立的判决。案件2在密苏里州提起，是针对同一律师的教唆他人作伪证行为的职业惩戒程序。因为一个刑事案件所要求的说服责任较之职业惩戒程序更高，故伊利诺伊州法律不愿意给予案件1裁决以争点排除效力。密苏里州不能被要求给予该裁决以排除效力，因为其不能被要求给予一判决以大于该判决所在州将要给予的排除效力。

> 件，佐治亚州对诉讼请求的界定采基本权利标准，意味着P对人身损害和财产损失可分别提起诉讼。佐治亚州法院对案件实体作出了一有效终局判决。现在P基于同一事故针对同一被告提起案件2的诉讼，请求财产损失赔偿。但案件2是在内华达州提起，该州对请求排除采用交易标准。

如果内华达州法院援用佐治亚州排除法律，这儿就不存在请求排除问题，P能够继续进行案件2的诉讼。但这样做便要求内华达州受理其排除规则所禁止的诉讼。内华达州能够依据请求排除原则撤销案件2吗？换言之，应该允许内华达州给予佐治亚州的判决大于内华达判决的排除效力吗？如果是这样，则P被“剥夺”依据佐治亚州法律所享有的分开诉讼的权利。P在能分开诉讼上有合理预期，内华达州在控制案件数量上拥有利益，这两者之间存在冲突，应优先考虑哪一个呢？理性人们在这一点上可能看法不一，但有一种强有力的论调认为，内华达州应该能撤销案件但不损害P在佐治亚州(或任何其他允许该诉讼的州)提起案件2诉讼的权利。[①]

这一问题亦可发生在争点排除的情形中。

- 在案件1中，P—1在弗吉尼亚州法院诉D。该案发展到庭审，法院 601
认定D存在过失且其过失直接导致了对P的侵权性伤害。在案件2中，P—2不是案件1的当事人但在同一事故中受伤，其在加州州法院起诉了D。P—2想利用非相互性的进攻性争点排除来确立D在案件2中的过失。[②] 弗吉尼亚州不承认非相互性的进攻性争点排除但加州承认。假如这类排除的其他要求都得到了满足，加州应适用该排除吗？

如果案件2中的加州法院适用弗吉尼亚州法律，它将不适用争点排除，因此诉讼双方将就D的过失和因果关系问题再次进行诉讼。加州法院将承受此次诉讼之负担。司法制度要冒这样的风险：对同一争点的第二次诉

---

① 赖特和米勒著书，第18B卷，第46—48页。

② 或者案件2本可由D对非为案件1中的一方当事人X提起。X想对案件1中认定D有过失的裁决主张适用非相互性的防御性争点排除。

讼会导致不一样的裁决，从而侵蚀民众对司法制度之敬畏。

但加州法院应否自由给予弗吉尼亚州判决更大的效力，超出弗吉尼亚所给予的排除效力呢？[①] 联邦最高法院从未阐述过这一背景下的该问题。其他诸法院对此持不同结论，但在很大程度上支持加州法院对D适用非相互性的进攻性争点排除。[②] 理性的人们可能再次意见不一，但至少有两点理由可以批评让加州法院援用排除的意见：第一，可能的情况是，在案件1中，D依赖弗吉尼亚州坚持的相互性规则，得出了不想把P—2加入到案件1结论。现在告知D，因为针对P—1的案件败诉，依据排除原则其对P—2的案件也很可能败诉，这样是很不公平的。第二，加州的法院此前对案件中的任何争点都未进行过诉讼，所以现在对其加诸的负担并不如案件1在加州法院时那么重。加州避免司法裁判的利益高于弗吉尼亚州排除规则的利益，这似乎令人怀疑。

## 三、州—邦排除

- 案件1在堪萨斯州的一州法院诉讼，法院就案件实体事项作出了有效终局判决。案件2是在纽约州的一联邦法院起诉。问该联邦法院是适用堪萨斯州排除法律，还是纽约州的排除法律，抑或是可自由适用联邦的排除法律？

602 对这种情况的处理方式与前述的州—州排除一样。为什么？因为正如充分信任与尊重法要求州法院对案件1判决给予与其本州将要给予该判决“同样的充分信任与尊重”一样，该法也要求联邦法院做到这一点。[③] 如同最高法院解释的：“国会已经特别要求，只要判决作出州的众法院给予州法院判决以排除效力，则所有的联邦法院也赋予该判决以排除效

---

① 赖特和米勒著书，第18B卷，第49—50页，第81—82个注释。

② 同前注，第49—50页。（“有相当数量的人支持这样一种观点，即第二个法院应该能够在第一个法院对非相互性争点排除拒绝适用的情况下对该判决予以适用。这种相反的观点更好。”）（脚注省略）

③ 而我们在本章第五节第一目述及，《宪法》中的充分信任与尊重条款并不包含州—邦排除情形。

力。”[①]因此，在我们的假设案例中，在纽约州的联邦法院将适用堪萨斯州的排除法律，来决定案件1判决是否有权在案件2中援用请求排除或争点排除效力。

我们在本章第五节第二目所探讨的问题，即案件2中的法院是否能给予案件1判决更大或更小的排除效力，在此也会出现。因此比如说，如果案件1是在一个不接受非相互性的进攻性争点排除的州进行裁决，则案件2中的联邦法院似乎不应适用此类排除。[②] 但在此有两种特别情形值得关注。

第一种是贝克诉通用汽车公司案（Baker v. General Motors Corp.）[③]所揭示的情形，在该案中，联邦最高法院指出，充分信任与尊重法并不要求案件2中的法院，在强制执行判决方式方面不必使用与案件1所在州相同的方式。在贝克案中，案件1是在密执安州州法院，由一名美国通用汽车公司（下称通用）的工程分析师[埃尔韦尔（Elwell）]对通用提起的雇佣请求。法院发出禁令禁止埃尔韦尔在其他针对通用的案件中作为专家证人作证。案件2是由一位不同的原告在密苏里州的一个联邦法院提起，基于各种不同的侵权理论，其诉称通用应当对不当致死负责。案件2中的原告称埃尔韦尔为一名专家证人，而通用坚持认为密执安州禁令在案件2中应有权得到充分信任与尊重，而该禁令阻止埃尔韦尔出庭作证。

联邦最高法院的裁决认为，没有要求案件2中的联邦法院对该禁令予以尊重。其依据有两点。第一，充分信任与尊重并不要求案件2中的法院“在强制执行判决的时间、方式以及机制方面采取其他州的各种做法。”[④]第二，一个

---

① 艾伦诉麦柯里案（Allen v. McCurry），《美国联邦最高法院判例汇编》，第449卷，始于第90、96页（1980年）。同时参见圣雷莫宾馆诉旧金山县案（San Remo Hotel v. County of San Francisco），《美国联邦最高法院判例汇编》第545卷，始于第323、342—343页（2005年）（拒绝承认第1738条的例外适用）。

② 如参见，库奇恩诉加西亚案（Kuchn v. Garcia），《联邦判例汇编第二辑》第608卷，始于第1143、1146—1147页（第八巡回法院1979年）（案件1判决由北达科他州州法院作出；因为该州不承认非相互性的进攻性争点排除原则，故案件2中的联邦法院拒绝适用该原则）。

③ 《美国联邦最高法院判例汇编》，第522卷，第222页（1998年）。

④ 同前注，第235页。

法院“要求作为或不作为”的命令不能用来干预不同法院系统的诉讼。[①] 换
603 言之,一个密执安州的命令将不允许用来禁止密苏里州联邦(或州[②])法院允许某人作为专家证人作证。最高法院在贝克案中强调,其裁决的适用范围相当狭隘,并说明其并不旨在创设“充分信任与尊重命令的一般例外情形。”[③]当然,最高法院说,其裁决“并不允许一个州法院,基于法院地的法律选择或政策偏好而拒绝尊重其姊妹州的判决。”[④]

这是否意味着通用无救济可用了呢?否。最高法院明确地认为,通用本可在密执安州强制执行该禁令(若埃尔韦尔在密苏里州出庭作证可指控其藐视法院),或者通用本可在密苏里州诉埃尔韦尔个人来强制执行该禁令。[⑤] 尽管贝克案产生于州—邦排除的情形中,其亦可适用于州—州排除情形。

第二种特别情形,仅能发生于案件 2 在一联邦法院依据专属的联邦问题管辖权受理的情况。在这种情形中,要求联邦法院对案件 1 判决(包括其所在州的排除规则)给予充分信任与尊重的规则,会造成一些奇怪的问题。例如,在马雷塞诉美国整形外科学会案(Marrese v. American Academy of Orthopaedic Surgeons)[⑥]中,一群医生在伊利诺伊州的州法院受理的案件 1 中诉一专业协会。他们诉称该协会开除其会员资格违反了多种州法律。法院就案件实体作出有效终局判决,判其败诉。然后这些医生又对该协会提起案件 2 的诉讼,这一次是在一联邦法院提起,诉称该协会违反了联邦反托拉斯法。我们在第四章第一节和第六节第一目述及,基于反托拉斯法的诉讼请求属于那些为数极少的几个联邦法院拥有联邦问题专属管辖权的情形,所以这些诉讼请求本不可能在州法院的案件 1 中提出。另一方面,假如

---

① 同前注。密执安州法院命令不应“干预其并无权管辖的诉讼。”同前注,第 239 页。

② 尽管贝克案(Baker)产生于州—邦排除情形,其亦可适用于州—州排除情形。

③ 同前注。

④ 同前注,第 239 页。

⑤ 同前注,第 239—240 页。通用试图强压密苏里州的联邦法院对密执安州诉讼中的禁令给予充分信任与尊重,而非径直诉埃尔韦尔本人,显然,通用的做法是大错特错。

⑥ 《美国联邦最高法院判例汇编》,第 470 卷,第 373 页(1985 年)。

案件 1 是在一联邦法院提起，则所有的诉讼请求——基于联邦反托拉斯法的诉讼请求和基于州法的诉讼请求——皆可在案件 1 中提出。[①]

案件 2 中的联邦法院应否依据请求排除将案件驳回？所有的要件都得以满足，但问题变成是否应该承认这样一个例外，因为案件 1 中的州法院本不能受理基于联邦反托拉斯法的诉讼请求。联邦地区法院和上诉法院都裁 604
决应该驳回案件 2，并指出这些原告本可将基于联邦法律的诉讼请求和基于州法的诉讼请求都放在联邦法院提出。联邦最高法院撤销了该裁决并发回重审，并指示地区法院适用伊利诺伊州排除法律。在此过程中，最高法院指导其下级法院在做一件似乎徒劳无益的事情——依据伊州法律来决定应否排除一个不可能在该州法院提起之诉讼。对于发回重审，正如联邦地区法官承认的，其“任务是一种推断练习，当然是因为伊利诺伊州法院从未处理过与专属于联邦的诉讼有关的问题。”[②]

联邦最高法院在松下电器工业公司诉爱泼斯坦案（Matsushita Electric Industrial Co. v. Epstein）[③]中得出同一结论，该案涉及指控证券交易中的欺诈行为。案件 1 是一个在特拉华州州法院提起的集团诉讼，且提出的仅是基于州法的诉讼请求。法院对案件实体作出了有效终局判决。案件 2 是在加州一联邦法院提起的集团诉讼，就同一交易基于联邦证券法律提出诉讼请求。基于联邦证券法律的诉求，和马尔斯案中的基于联邦反托拉斯法的诉求一样，援用的是联邦问题专属管辖权，因而不能在案件 1 中提出。联邦最高法院的裁决认为，特拉华州法律支配是否依据请求排除原则驳回案件 2 的问题。最高法院以比马尔斯案更为直截了当的态度承认了给出结论的困难——法院得认定特拉华州是否对完全不能在州法院提出的诉求适用请

---

① 为什么？因为基于联邦反托拉斯法的诉讼请求本该援用联邦问题管辖权。基于州法的诉讼请求或者本该援用异籍管辖权或者未能做到的话，就该援用附属管辖权。为什么是后者？因为这些诉讼请求与联邦问题之诉讼请求都是因同一交易或事件引起。

② 马雷塞诉美国整形外科学会案（Marrese v. American Academy of Orthopaedic Surgeons），《联邦地区法院判例汇编》第 628 卷，第 918—919 页（伊利诺伊北区法院 1986 年）。该联邦地区法院拒绝适用请求排除，并允许案件 2 继续进行。

③ 《美国联邦最高法院判例汇编》，第 516 卷，第 367 页（1996 年）。

求排除。不可能有针对该问题的州法律。但充分信任与尊重要求审理案件2的法院进行这一探究。联邦最高法院也拒绝这样看法:授予联邦问题专属管辖权则创设了充分信任与尊重法适用的例外,它最终得出结论:根据特拉华州法院判决的排除效力,得驳回该联邦诉讼。

马尔斯案和松下电器案都揭示联邦最高法院将充分信任与尊重法视为一个严格的命令,即要给予案件1判决与在判决作出州享有的"同样的"充分信任与尊重。[①] 这些案件可能也构成了一种有信服力的证据,说明联邦最高法院
605 不认为审理案件2中的法院所给的排除效力能小于判决案件1的法院之所给,甚至可能涉及联邦问题专属管辖权时亦是如此。将那些援用了联邦问题专属管辖权的诉求保留给联邦法院审理,这种利益所在可能提议在此情形下拒绝适用请求排除,但联邦最高法院准许州法院的判决排除联邦的诉求。[②]

## 四、邦—州排除

- 案件1在印第安纳州的联邦法院诉讼,法院对案件实体事项作出了有效终局判决。案件2是在佛罗里达州一州法院起诉。在认定案件1判决的排除效力时,佛罗里达的州法院应适用联邦的法律,还是印第安纳州的法律,抑或是佛罗里达州的法律?

在通常情况下,答案是明确的:佛罗里达州法院将适用联邦的排除法律,即联邦普通法。[③] 一些法院认为这一结论是充分信任与尊重法规定

---

① 这些案件也与《判决法重述》(第二版)第26条(a)款(3)项中所采取的立场相左,其规定当案件2在联邦法院提起并援用联邦问题专属管辖权时,案件1中的州法院判决应该在案件2中具有请求排除效力。

② 再次出现的情况是,从效率的角度来看,也许这一结果是好的。假如案件1是在一个联邦法院提起,这些原告们本可将所有诉讼请求——联邦的和州的——集合在单个案件中进行裁决。其本该为事涉联邦的诉讼请求援用联邦问题管辖权以及为事涉州的诉讼请求援用异籍管辖权或附属管辖权。有效率地将所有这些诉讼请求合并在一个案件中本该能够实现——但仅限于在联邦法院提起诉讼。当原告决定先在州法院提起诉讼,则其就要冒这样一种风险,即其事涉联邦的诉讼请求可能会在联邦法院遭致驳回。

③ 尽管伊利案的裁决认为,不存在普遍适用的联邦普通法,其允许法院能够在个别领域形成普通法;排除法律即属这样一种情形。参见第十章第九节。

的。[①] 然而，事实上在案件 1 判决是由联邦法院作出时，无论是宪法还是制定法对充分信任与尊重法的规定都不适用。[②] 所以让审理案件 2 的法院适用联邦排除法这一规则的渊源何在呢？有些人认为，《宪法》第三条中的“案件或争议”概念本身就包含了有权界定联邦法院判决的范围。此外，《宪法》的至上条款也使联邦判决具有拘束力。[③]

不管迫使适用联邦排除法的准确法源如何，该结论肯定是正确的。毕竟，如果州法院和联邦法院都必须适用案件 1 判决作出州的排除法，则当联邦法院作出案件 1 判决时，联邦制的诸多原则怎能降低要求呢？这一认识 606
似乎如此明显，“以至于这一规则，即要求州法院尊重联邦法院判决的既判效力的规则，一直见之于不断出现的案件，虽然这些案件不能提供任何明确的司法思考或解释。”[④]

但案件 1 中的联邦法院裁决的是联邦法问题还是州法问题，这是否重要？当案件 1 涉及的是联邦法律问题时适用联邦排除法律，这是认定时遇到的较为容易的情形。在这样的情形中，在认定给予判决之排除效力范围时，没有明显的州利益牵扯其中。但如果案件 1 涉及争讼依据州法律的诉求（如，依据异籍管辖权或附属管辖权而管辖），不同的考虑是否具支配地位呢？尽管一些评论家们认为，在这样类型的案件中，其排除问题应适用州法，但大多数法院对此并不苟同。第二巡回法院曾经说道：

> 法院拥有的一个最强有力的政策，即是决定其自身判决的适用范围……因为联邦管辖权的依据是异籍，就说一个联邦法院判决之效力由该法院所在地的州法决定，这是对《联邦民事诉讼程序规则》之基本原

---

① 如参见，利维诉科恩案（Levy v. Cohen），《太平洋判例汇编第二辑》第 561 卷，始于第 252、257 页（加州最高法院 1977 年）。

② 每个法条语言所提及的仅是给予州法院判决以充分信任与尊重。最高法院在塞姆特克国际公司诉洛克希德·马丁公司案[《美国联邦最高法院判例汇编》，第 531 卷，第 497、506 页（2001 年）]中明确承认了这一事实。（“无论是《宪法》中充分信任与尊重条款……还是《充分信任与尊重法》……都不处理这一问题。依其术语含义，其仅对州法院判决给予充分信任与尊重的效力进行管辖。”）

③ 赖特和米勒著书，第 18B 卷，第 51—55 页。

④ 赖特和米勒著书，第 18B 卷，第 52 页。

则的践踏。[①]

联邦最高法院在塞姆特克国际公司诉洛克希德·马丁公司案(Semtek International, Inc. v. Lockheed Martin Corp.)[②]中提到了这一问题。在塞姆特克案中,原告在加州的州法院提起案件1的诉讼,而被告根据异籍管辖权将其移送至联邦法院审理。联邦法院依据加州的两年诉讼时效之规撤销了案件。原告又在马里兰州的州法院就同一诉求提起了案件2的诉讼,而该州拥有更长的诉讼时效规定(三年)而允许该诉讼。[③]

联邦最高法院的法官一致认为,对是否应依据请求排除撤销案件2的问题,审理案件2的马里兰州法院必须适用联邦普通法。[④] 因此,适用联邦
607 法律认定由联邦法院根据州法所作判决的排除效力。但在认定联邦普通法内容这一点上,联邦最高法院做了一件非常有趣的事情。其认为联邦普通法的做法是通常采用审理案件1的联邦法院所在州的州排除法律。

的确,塞姆特克案的事实要求采用加州法律作为联邦法律,原因有这么几个。第一,因为案件1是基于加州的诉讼时效而予以驳回,故参照加州法律来决定该驳回之效力显得很有意义;第二,在塞姆特克案这样的案件中,这一认定尤显合理,因为其中并不需要适用统一的联邦规则;第三,联邦最高法院援用伊利(Erie)原则后,发现适用州法规则可降低诉讼当事人挑选联邦法院、希冀获得适用不同的排除规则的积极性。[⑤] 因此最后的分析结

---

① 克恩诉赫廷格案(Kern v. Hettinger),《联邦判例汇编第二辑》第303卷,始于第333、340页(第二巡回法院1962年)。《判决法重述》(第二版)第87条采取了同样的立场。支持这一观点的一流学者是已故教授罗南·德格南先生。参见罗南·德格南:"联邦既判力",载《耶鲁法律杂志》(Ronan Degnan, Federalized Res Judicata, *Yale L. J.*)第85卷,第741页(1976年)。

② 《美国联邦最高法院判例汇编》,第531卷,第497页(2001年)。我们在本章第二节第二目讨论过塞姆特克案的另一方面,是关于判决是否"基于案件实体"作出。

③ 被告曾将案件移送至马里兰州联邦法院后者将其发回到州法院。尽管异籍管辖权的要件得以满足,因为被告属于法院地的公民,故该案不能再行移送。(对移送管辖的这种限制我们在第四章第八节里业已讨论。)所以案件2在马里兰州州法院继续进行。

④ 最高法院说,不管是宪法还是制定法,没有"联邦文本条文对一个联邦异籍诉讼判决的请求排除效力进行处理。"塞姆特克案,《美国联邦最高法院判例汇编》,第531卷,第507页。从诸多评论家努力使这一规则——联邦法律适用于《宪法》第三条和至上条款——生根发芽的视角来看,最高法院的如此表述是很有趣的。参见第739页注释②及所附文本。

⑤ 塞姆特克案,《美国联邦最高法院判例汇编》,第531卷,第508—509页。

论是，只要加州法律规定了如此结果，审理案件 2 的马里兰州的法院就应该依据请求排除撤销案件。

尽管根据塞姆特克案的案情联邦最高法院发现，采用州法将其作为联邦普通法涉及排除的内容是合适的，但其也为联邦法无视州法的存在预留了空间。按照联邦最高法院的看法，当在维护精心打造的联邦规则上拥有利益之时，就可以这样做。作为例证，联邦最高法院指出，故意违反《联邦民事诉讼规则》的披露规定，可能会导致直接依据联邦法而排除，不考虑州法。[①] 除了这一例子，联邦最高法院对何时联邦法将不顾州法，很少提供指导意见。如此一来，联邦最高法院确保了最大程度的灵活性，只要审查案件 2 的法院认为有正当理由，就可以不顾州法之规定而径直适用联邦法律。

## 五、邦—邦排除

有充分的理由相信，这种情形中排除问题的处理方式，与前述邦—州排除完全相同。与前面一样，在这种情形中，宪法中的和制定法中的充分信任与尊重条文均不适用，如前所述，这些条文仅适用于案件 1 由州法院判决的情形。这里，和前面一样，答案通常是联邦法律将支配案件 1 所作判决的排除效力。这里和前面一样，完全不清楚是否特定的宪法性条文——诸如《宪法》第三条或至上条款——规定了这一结果。

如果案件 1 是由联邦法院判决的，且是依据联邦法律作出了判决，则从 608
来无人怀疑应由联邦普通法支配排除效力。[②] 不管案件 2 中的争议是适用联邦法律还是适用州法，这一结论都是正确的。[③] 但若案件 1 是依据州法作出判决（如，是根据异籍管辖权或附属管辖权管辖的案件），其结果又会如何呢？尽管前面探讨的最高法院对塞姆特克案的判决，严格说来涉及的是

① 同前注，第 509 页。

② 如参见，冈特诉大西洋海岸线铁路案（Gunter v. Atlantic Coast Line R. R.），《美国联邦最高法院判例汇编》，第 200 卷，始于第 273、284—289 页（1906 年）。

③ 如参见，七个小精灵公司诉埃斯凯纳齐案（Seven Elves，Inc. v. Eskenazi），《联邦判例汇编第二辑》第 704 卷，始于第 241、243—244 页第 2 个注释（第五巡回法院 1983 年）。

邦—州排除的情形，但其处理思路在此应被遵循。因此，审理案件 2 的联邦法院将适用联邦普通法，决定案件 1 判决的排除效力。但联邦普通法会经常并入审理案件 1 的联邦法院所在州的州法。审理案件 2 的法院在决定联邦普遍通法的可适用内容方面拥有很大的灵活性。

# 第十二章　诉讼范围之界定：合并规则与事物管辖权



## 第一节　问题的说明

在本章我们要界定民事诉讼的范围。我们尤其关心的是，在单个案件中有多少当事人能够并入诉讼以及可以提出多少诉讼请求。每个州通过自己的"合并"规则来处理这些问题。历史上，合并规则受到严格限制，比如，我们在第七章第二节讨论过的普通法上的令状制度，就只允许原告提出一个范围被界定得非常狭隘的诉讼请求。民事诉讼的概念范围也相应地非常窄。衡平法实践则是更为宽泛，其旨在完整解决整个争议而非着眼于狭隘的逐个解决。现代合并规则基本上是基于衡平法实践建立起来的，并进一步扩大了单个民事诉讼的概念。《联邦民事诉讼规则》开创了现代合并的时代。当然其适用于在联邦法院进行的诉讼。尽管各州可以自由规定其合并规则，但《联邦规则》在此领域极富影响力。许多州都采纳了合并问题上的联邦规则。

610 联邦规则的方法主要关注引发责任的“交易或事件”。诸多(尽管不是全部)合并规则在允许当事人合并和诉讼请求合并之时遵循的是交易路线。规则起草者想将与交易相关的诸多争议放在单个案件中解决，而不鼓励零碎解决发生在真实生活中的事件。此类将与交易相关的当事人和诉讼请求并入单个案件“整体处理”的趋势，其部分原因在于对提升效率和保持判决一致的渴求。对司法制度而言，一案的负担轻于众案。它也想避免可能出现的判决结果不一致，因为这将侵蚀大众对司法制度的信心。当然，强调整体处理和避免重复诉讼之期望，在一个案积如山和诉讼迟延的时代再次得到强化。[①]

我们在第十一章第二节第三目探讨请求排除时曾经关注过交易标准。在那里，现代方法将一个人的诉讼请求界定为因一个交易或事件(或系列相关交易或事件)引起的所有救济权利。这种定义迫使诉讼请求人将所有与交易相关的诉求都放入单个案件中集中处理(否则要冒请求排除之风险)。毋庸奇怪，我们在联邦规则的合并条款中看到了与请求排除相似的政策理由——交易标准对请求排除的强制效力提高了诉讼效率并保持判决结果的一致性。而大多数合并条文是**任意性的**(permissive)，亦即诉讼当事人可以利用潜在的整体处理方式，但并不被要求这么做。这些合并规则体现了诉讼当事人自治的政策——即规则本身倾向于遵从原告对案件的安排。在我们对合并规则探讨的整个过程中，体会到促使诉讼有效集中处理与原告有权以其认为合适的方式来安排案件之间存在有紧张。对是否应牺牲诉讼当事人自治，至少在一定程度上如此，而满足更广泛地整体解决争议的利益，

---

① 对整体处理好处的经典论述来自约翰·麦科科伊特。参见约翰·麦克科伊德：“多方当事人争议的一揽子解决”，载《斯坦福法律评论》(John McCoid, A Single Package for Multiparty Disputes, *Stan. L. Rev.*)第27卷，第707页(1976年)。

对此存在重大争议。[①]

在本章,我们就要对联邦规则中合并条款进行研究。但仅掌握各种合并规则也是不够的,合并规则只是提供了将当事人和诉讼请求合并在单个案件中集中解决的程序性工具。它们不(事实上依据《联邦规则》第 82 条为不能[②])影响对对人管辖权、事物管辖权或审判地之要求。因此,每当合并条文在联邦法院适用时,都需要对管辖权和审判地进行考察。在本章我们不会在对人管辖权问题上花费很多时间,只是说明在一方当事人以被告身份被并入诉讼时,法院必须对其拥有对人管辖权。[如果新的一方当事人以原告身份加入诉讼(提出一个诉讼请求)时,则其自愿服从了法院的对人管辖权,放弃了这一点上的任何异议。]同样,在本章我们对审判地也不会涉及太多,只是指出何时审判地可能因合并而受影响。[③] 611

另一方面,我们将对事物管辖权重点讲述。请记住,正如我们在第四章第一节里所探讨的,每个被合并到联邦法院的诉求都必须得到联邦事物管辖权支持。因而(正如我们所要做的那样,假定该案是在联邦法院),对每一

---

① 一些评论家认为诉讼当事人自治应让位于更高的诉讼效率。如参见,理查德·D. 弗里尔:“避免重复诉讼:原告自治与法院界定诉讼单元之作用的再思考”,载《匹兹堡法律评论》(Richard D. Freer, Avoiding Duplicative Litigation: Rethinking Plaintiff Autonomy and the Court's Role in Defining the Litigative Unit, *U. Pitt. L. Rev.*)第 50 卷,始于第 809、833 页(1989 年)(“原告有权受到正当程序之保护,有权选择公平和方便的法院,但原告不能不顾司法资源稀缺之后果而独占舞台中心”);马丁·H. 雷迪舍:“制度间之冗余与联邦法院权限:建议对重复诉讼采取零容忍的解决方法”,载《诺特戴姆法学评论》(Martin H. Redish, Intersystemic Redundancy and Federal Court Power: Proposing a Zero Tolerance Solution to the Duplicative Litigation Problem, *Notre Dame L. Rev.*)第 75 卷,第 1347 页(2000 年)(给予原告选择法院权利的传统偏好并不说明重复诉讼造成的负担和浪费是正当的)。另一方面,其他一些评论家主张有必要给予原告自我控制案件安排的权利,在侵权案件中尤为如此。如参见,罗杰·特兰格斯鲁德:“大众侵权诉讼中之合并选择”,载《康奈尔法律评论》(Roger Trangsrud, Joinder Alternatives in Mass Tort Litigation, *Cornell L. Rev.*)第 70 卷,始于第 779 页,第 848 页(1985 年)(诉讼之集合“对侵权诉讼当事人主导分开提出侵权责任诉求的传统权利有负面影响,并不可预测地要扭曲审判程序的公正性”)。

② 《联邦规则》第 82 条规定,联邦规则“并不扩大或限制地区法院的管辖权或其管辖区域”。

③ 如果审判地放在一个发生了重大事件的地区,依据《美国法典》第 1391 条(a)款(2)项和(b)款(2)项之规定,对所有与那些事件交易相关的诉讼请求来说,审判地放在该地区是合适的。同样,如果审判地置于被告所在地,依据《美国法典》第 1391 条(a)款(1)项和(b)款(1)项之规定,对所有针对那些被告的诉讼请求来说,审判地放在该地区可能是合适的。

个诉求，我们都必须考察其是否援引异籍、外国人或联邦问题管辖权。因此，在每个合并规则的背景中，我们有机会复习在第四章探讨的诸多事物管辖权问题。如果一个确定的诉求确实援引了事物管辖权的一个“独立的管辖依据”——意味着其援引了异籍、外国人或联邦问题管辖权——显然，其能够在未决案件中提出。

但如果我们有一个诉讼请求——依据合并规则在未决案件中提出——却并未援引异籍、外国人或联邦问题管辖权，结果又会如何呢？其依然能够通过援引附属管辖权(supplemental jurisdiction)在联邦法院提出。正如我们在第四章第七节里述及，附属管辖权允许联邦法院对不符合事物管辖权三大独立管辖依据中的任何一个要求的诉讼请求进行审理，但仅在该诉求满足了附属管辖权法即《美国法典》第 28 编第 1367 条诸要件的情况下才予以适用。因为诉讼请求的合并能够很容易引起附属管辖权的问题，你们应该熟悉第四章第七节中的内容，尤其是“适用附属管辖权法：管辖权方面”的部分。

612 然而要记住，附属管辖权仅与不存在异籍、外国人或联邦问题管辖权的诉求有关。在处理合并和事物管辖权问题时，做到按部就班是很明智的。一个诉讼请求能否提出(或一方当事人能否合并)需要我们从事以下三步考察：

- 第一步，《联邦民事诉讼规则》里有合并条文允许提出这一诉求(或允许这一方当事人合并)吗？
- 第二步，如果有此规定，该诉讼请求引起异籍、外国人或联邦问题管辖权吗？如果是，则可在该未决案件中提出。
- 如果不，第三个问题即是该诉求是否因引发附属管辖权而可在联邦法院提出。再次说明，本章的讨论基础是假定你已经懂得附属管辖权法的基本操作，尤其是第 1367 条(a)款和(b)款之规定。

# 第二节　有利益关系的真实当事人、诉讼能力及相关问题

我们的法律制度不允许每个人碰巧对某事不高兴就提起诉讼。对谁能够提起诉讼的问题,存在诸多不同的法律原则。其中一个限制起诉权的原则即是当事人适格原则(doctrine of standing)。尽管有关适格的详细讨论超出了本课程的范围,[①]但这一原则要求诉讼请求人因被告的行为而遭受某种"事实上的损害(injury in fact)"。[②] 适格性经常成为公共利益诉讼中的一个重要考量因素,诸如,州民试图质疑政府的行为。例如,假设一个热心环境问题的组织试图阻止联邦政府修建大坝或军事基地的行为,因为其可能致某些野生物种濒临灭绝。通过将起诉权限定赋予那些因政府行为而实际遭受损害之人,适格性使司法机构与其他政府机构间的摩擦最小化。

**有利益关系的真实当事人** 613

我们所关注问题的一个更关键的概念,包含在《联邦民事诉讼规则》第17条(a)款(1)项中:"诉讼必须以具有利益关系的真实当事人的名义提起。"有利益关系的真实当事人(此后简称RPI)是指"拥有可通过诉讼强制执行的权利或利益"的个人或实体。[③] 其功能与诉讼资格的功能相似——确保有权主张法律权利的人就是所列举的诉讼请求人。但适格问题大多出现在公益诉讼中,而有利益关系的真实当事人的问题却并不受此限制。

---

① 适格性和其他"可诉性(justiciability)"的话题,诸如诉由消失之事项(mootness)、案件时机成熟(ripeness)以及政治问题原则等,在《宪法》和《联邦法院》课程里有详细讨论。

② 在这一要求之外,在损害与被告行为之间还必须有因果关系,这样才足以作出一个对原告有利的裁决来对其所遭受的损害施以救济。

③ 《穆尔论联邦实践》第4卷,第17章第10—11节。

有时候有利益关系的真实当事人并非胜诉获益之人。《联邦民事诉讼规则》第 17 条(a)款(1)项中的第二句写得很清楚,代表他人起诉的受托人(fiduciary)可以是有利益关系的真实当事人。比如,代表信托受益人(trust beneficiaries)起诉的受托人(trustee)即是有利益关系的真实当事人,其成与败都将拘束其所代表的受益人。即使胜诉判决带来的任何好处都归受益人,受托人仍然是有利益关系的真实当事人。

诉讼请求的转让会产生有利益关系的真实当事人问题。(你们可能在《合同法》课程里对转让这一概念已有所熟悉。)

- 假设 A 和 Z 为合同双方当事人,依据合同规定,A 对 Z 享有受偿权(right to be paid)(因为,比如说其按照合同规定交付了一批小装置的货物)。A 也许能将此受偿权转让给 P。[①] (A 为何愿意这样做?或许是欠 P 钱但没有足够的现金支付,所以通过这种转让受偿权的方式来向 P 支付。)假设其确实这样做了。[A 为转让人(assignor),P 为受让人(assignee)。]现在 P 成为接受 Z 支付款项的权利人。P 是有利益关系的真实当事人,且在 Z 拒绝支付货款的情况下,P 将提起诉讼。[②]

不像转让,“代位(subrogation)”是个在进法学院前鲜少闻及的词语。代位只不过是一种转让,但它是通过法律的实施发生的,经常出现在保险案件中。

- 假设 P 在英斯科公司(Insco Corp.)投了汽车保险。P 的汽车因 D 的过失造成5000美元的损失。因为有保险,英斯科公司将支付给

---

① 我们在第四章第五节第四部分已讨论过诉讼请求的转让问题,在那一部分我们关心的是有人可能通过转让诉讼请求来达到异籍管辖权的要求,因而违反了《美国法典》第 28 编第 1359 条规定。

② 在很久以前的日子里,生活更加艰难。普通法不认可诸如此类的债权转让。故在 A 将其诉讼请求转让给 P 之后,普通法将坚持认为只有 A 才能提起诉讼(因为该转让并不被普通法所认可)。这一规则其实毫无意义,因为对此事 A 不再拥有利益而不可能提起诉讼。在这一点上(与在其他方面一样,正如我们在第一章第二节第三部分里所讨论的),衡平法认可这种转让并采取了务实的做法——即 P 是现在的有利益关系的真实当事人而避免了普通法的严苛规则。对此情形,《联邦民事诉讼规则》第 17 条(a)款采取了与衡平法一样的处理方式。

P 5000 美元(或者,可能代表 P 直接支付给汽修店)。P 诉 D 的权利现已被英斯科公司所"取代"。[P 是被代位人(subrogor)而英斯科公司是代位权人(subrogee)。]所有这些意味着 P 对 D 请求汽车损失赔偿的权利现已自动转让给英斯科公司。这样的结局是有道理的,因为 P 已得到完整赔偿,其车已修好且其不需从口袋里掏一分钱。而另一方面,英斯科公司赔了 5000 美元,现享有 P 对 D 提出诉讼请求的权利,因而最终的损失将由 D 来承受。代位之后,英斯科公司成为本诉讼请求的有利益关系的真实当事人。其操作过程与转让相似。 614

截至目前,我们一直假定转让或代位都是完整的——即将所有的诉讼请求都转让给受让人或代位权人,但转让和代位也可能是部分进行的。例如,A 可能将与 Z 缔结的合同的一部分受偿权转让给 P。比如说 A 将对 Z 的 75%的受偿权转让给 P,则谁是有利益关系的真实当事人呢?两者都是。A 在合同额 25%的范围内是有利益关系的真实当事人,P 在合同额 75%的范围内是有利益关系的真实当事人。因为保单中有"免赔额(deductible)"的规定,所以代位也经常是部分代位。由于有免赔额,被保险人同意就其财产所遭受的保单涵盖的损失承担一笔金额(免赔额)。在上述例子中,P 在英斯科公司投了汽车保险,很可能在其保单中有免赔额的规定——比如说是 500 美元。这便意味着 P 同意对其汽车遭受的损失承担 500 美元的损失,剩余的由英斯科公司支付。[①] 在该案中,谁是有利益关系的真实当事人?和部分转让的情况一样,两者都是。P 是在 500 美元的范围内是有利益关系的真实当事人,而英斯科公司在 4500 美元的范围内是有利益关系的真实当事人。

《联邦民事诉讼规则》第 17 条(a)款(3)项规定得很清楚,法院对无利益关系之人提起的诉讼,在提供给原告弥补(fix)[法院常称之为"纠正

① 免赔额是可变的。显然,免赔额越高,保险公司的成本越低(因为被保险人个人同意承受更多的损失)。反之,免赔额越低,则保险公司的成本越高。当你购买此类保险之时,对特定的免赔额享有选择权。

(cure)”]瑕疵(通常由有利益关系的真实当事人来替换提起诉讼之人①)的一段“合理时间”终止前,不应直接驳回诉讼。如此一来,如果一个无利害关系之人提出某一诉讼请求(该事实可由被告提出或由法院主动提出),则法院不可以径直驳回案件。如果该瑕疵事项在合理时间内得以纠正,《规则》第 17 条(a)款(3)项规定,则该有利益关系的真实当事人视为自诉讼开始时
615 就加入。另一方面,如果有利益关系的真实当事人之瑕疵在合理时间内未得到纠正,则法院可基于此理由撤销诉讼。②

尽管对非合格当事人提起的诉讼,法院不能基于此理由直接驳回,但总要留意这样一种可能性,即替换有利益关系的真实当事人可能造成不能援用联邦事物管辖权。

- A 和 Z 为合同当事人,依据合同,A 享有对 Z 的 10 万美元的受偿权。A 将其受偿权转让给 P。A 是佛罗里达州州民。P 和 Z 都是肯塔基州州民。A 在联邦法院诉 Z,请求支付基于合同的 10 万美元赔偿。因为该案是一个由佛罗里达州州民对肯塔基州州民提起的争议金额超过了 7.5 万美元的诉讼,所以看来引发了异籍管辖权。当然问题出在转让之后,A 已不是有利益关系的真实当事人。Z 不能基于此理由请求法院马上将案件驳回。但请注意当有利益

---

① 此种替换是由《联邦民事诉讼规则》第 17 条(a)款(3)项规定的,应与《规则》第 25 条所规定的替换加以区分。要求替换有利益关系的真实当事人是基于原先的诉讼请求人并非适格的有利益关系的真实当事人的事实。而另一方面依据《规则》第 25 条之规定,原先当事人本身适格却要被替换,或是因为诉讼能力的变化(诸如诉讼当事人死亡,其遗嘱执行人必须代其进行诉讼)或是因为在诉讼过程中权益已发生转让。

② 如参见,韦斯曼诉威纳案(Weissman v. Weener),《联邦判例汇编第三辑》,第 12 卷,始于第 84 页,第 86 页(第七巡回法院 1993 年)(原告未能纠正有利益关系真实当事人的瑕疵后被驳回)。从这一点来看,似乎有利益关系的真实当事人规则并无多少价值。毕竟,非由有利益关系的真实当事人提起之诉讼最终会因实体法而不能得到赔偿。出于这方面原因以及其他方面原因(包含下一部分将要探讨的“借贷凭证”问题等原因)的考虑,一些人主张应废止《规则》第 17 条(a)款。评论家们认为,从本质上看,该规则带来的麻烦要多于其自身之价值。最为著名的主张废除该规则的呼声来自遗嘱法和信托法领域的一流学者托马斯·阿特金森。参见托马斯·阿特金森:“建议废除有利益关系的真实当事人规则”,载《纽约大学法律评论》[Thomas Atkinson (who was a leading scholar of wills and trusts), The Real Party in Interest Rule: A Plea for Its Abolition, *N.Y.U.L.Rev.*]第 32 卷,第 926 页(1957 年)。

关系的真实当事人由P替代A后，会发生怎样的后果。因为该案现已变成两个肯塔基州州民间的诉讼，所以不能再援用异籍管辖权了，所以Z将提出申请将P作为有利益关系的真实当事人，并申请因缺乏事物管辖权而驳回案件，其应该同时提出这两个申请。

- 采用上述相同的事实模型，且假定A对P的转让不是全部转让。其将合同权利金额的25%转让给P。如上所述，这样就意味着A就7.5万美元部分是有利益关系的真实当事人，而P就2.5万美元部分是有利益关系的真实当事人。A和P中的任何一位能否依据异籍管辖权对Z提起诉讼呢？不能。让我们来看看原因何在。
    - 如前所述，P不能依据异籍管辖权来起诉Z，因为他们同是同州州民（肯塔基州）。不仅如此，而且P的诉讼请求标的额仅为2.5万美元，没有达到争议金额的要求。
    - 对A来说，情形又会怎样呢？其（佛罗里达州州民）与Z（肯塔基州州民）为异籍。但因其诉求没有满足争议金额的要求，所以也不能援用异籍管辖权。为何不能呢？因为其争议金额恰好是7.5万美元。而异籍案件的争议金额必须超过7.5万美元，故该诉讼请求差之毫厘。参见第四章第五节第三目的内容。
- 而且，A和Z不能为管辖的目的将其诉求的金额合并计算。它们并
非共同的诉讼请求，合计仅在一个原告起诉一个被告的情况下得以
允许。再次参见第四章第五节第三目。最后，附属管辖权在此也无 616
所助益。其仅适用于能够单独援用联邦法院事物管辖权的诉讼请
求。此处的A或Z的诉讼请求皆未达此要求。参见第四章第七节
内容。

当然，这些问题亦可在代位情况下产生。保险公司偶尔会运用“借贷凭证”来避免代位之适用。在此分析其是怎样运作的。

- P，一个新罕布什尔州州民，在兼具特拉华州和加州州籍的英斯科公司投了房主险（homeowner's insurance）。P的房屋因来自弗蒙特州州民D的过失而受损，损失金额合计10万美元。P与英斯科公

司的保单里有一个 1000 美元的免赔额规定。如果英斯科公司根据保单支付给 P 9.9 万美元，则其代位获得 P 对 D 的诉权。英斯科公司成为 9.9 万美元部分的有利益关系的真实当事人，能够对 D 援用异籍管辖权。P 仅是 1000 美元部分的有利益关系的真实当事人，因而不能援用异籍管辖权，因为其诉讼请求未满足争议金额的要求。

- 但经常发生的情况是保险公司更愿意不以自己的名义起诉。为什么？它们害怕陪审团的偏见，因为很多陪审员与其投保的保险公司有过节，同时因为保险公司常被视为财力雄厚，不对小民进行痛宰照样安然无恙。所以有的保险公司会采取这样的策略，认为其支付给 P 的 9.9 万美元并非依据保单的补偿支付，而仅是个"借贷款(loan)"。这样他们辩称其并未代位 P 对 D 的诉权，P 依然是所有 10 万美元的有利益关系的真实当事人，因此诉讼应由 P 来提起。(且基于这里的事实，如果 P 的诉讼请求是为了得到 10 万美元的补偿，则 P 可援用异籍管辖权。)当然他们之间增加了一个"借贷"条款——如果 P 胜诉则 P 必须偿还该借贷款项。在这样一个"借贷凭证"情形中，谁是 9.9 万美元的有利益关系的真实当事人呢？对此法院的意见并不一致。一些法院认为(更恰当地说法应是其似乎认为)保险公司是 9.9 万美元的有利益关系的真实当事人；其他一些法院则将被保险人视为整个保单金额的有利益关系的真实当事人。[①]

### 起诉和被诉的能力

《联邦民事诉讼规则》第 17 条(b)款规定了起诉或被诉的能力，这是一个比有利益关系的真实当事人更为宽泛的概念。有利益关系的真实当事人

---

① 参见琼·恩特曼："废除《联邦民事诉讼规则》第 17 条(a)款的更多理由：适格原告与保险代位问题之思考"，载《北卡罗来纳法律评论》(June Entman, More Reasons for Abolishing Federal Rule of Civil Procedure 17(a): The Problem of the Proper Plaintiff and Insurance Subrogation, *N. C. L. Rev.*)第 68 卷，第 893 页(1990 年)。

决定的是一个人在特定案件中是否拥有提起诉讼的权利,而诉讼能力则旨在决定该人是否具有胜任诉讼当事人的一般能力。有些人在法律上是“无行为能力”之人,亦即其不能完成法律规定的行为。例如,未成年人和法院宣告的精神病人(或“无行为能力”之人)通常缺乏诉讼能力或从事其他法律行为的能力,诸如缔约能力。《联邦民事诉讼规则》第 17 条(b)款试图确保这些人的利益在诉讼中得到充分代表。因此由此类人提起的诉讼或针对此 617
类人的诉讼皆须由其代表或针对其代表进行。一个无行为能力之人可能需要有人对其日常生活负责——或许是一般监护人、保护人或一个委员会等。这些人可在诉讼中充当无行为能力人的代表。或者法院可能指定一个“诉讼监护人(guardian ad litem)”,意指专为此诉讼服务的监护人,将在特定诉讼中代表无行为能力人。

依据《联邦民事诉讼规则》第 17 条(b)款(1)项之规定,联邦法院将依据其住所地法来决定自然人的起诉和被诉的能力。《规则》第 17 条(b)款也规定了企业维护其利益的诉讼能力。例如,依据《规则》第 17 条(b)款(2)项之规定,**公司**的诉讼能力由公司成立州的法律决定。如今的公司法已普遍规定公司具有应诉和被诉的能力。然而,如我们在第四章第五节第三目探讨的,就异籍管辖权而言,并非所有的企业都是以公司形式来经营。《规则》第 17 条(b)款(3)项还规定了**非法人企业**,诸如合伙和有限责任公司,其一般规则是此类企业形式的诉讼能力由联邦法院所在州的州法决定。尽管有少数几个州依然不允许合伙以其共用(合伙)名称来应诉和被诉,但大多数州允许这样做。[①] 在这一点上无论州法如何规定,《联邦民事诉讼规则》第 17 条(b)款(3)项(A)目规定,如果合伙或有限责任公司提出的是有关联邦问题的诉讼请求,则允许其以自身的名义在联邦法院提起诉讼。

---

① 法律总是将公司视为一个实体,将其与那些自我拥有所有权并自我经营的组织相区分。然而在历史上,法律将合伙视为其成员的集合体,而非单独的一个实体。根据这种“集合”的观点,普通法(和如今的一些州的州法)要求不能以合伙的名义、而只能对合伙的每个成员或由其每个成员来提起诉讼。允许合伙以合伙的名义来应诉和被诉将视合伙为一个实体,而与历史上的观点相悖。集合观点日渐式微,且法律出于各种目的日益将合伙视为实体。与合伙不同,有限责任公司已被普遍允许应诉和被诉。

# 第三节 由诉讼请求人提出的诉求合并 [《规则》第18条(a)款]

**程序与政策问题**

《联邦民事诉讼规则》第18条(a)款适用于原告在一个案件中能够提出
618 什么诉讼请求[①]的问题。这一规则本质上并无甚要求。它允许原告对被告提出所有其能提出的诉讼请求，这些诉讼请求无需存在任何联系，无论是在交易方面、法律方面还是在所寻求的救济方面，都可以完全不相关。可以是单独的诉讼请求，也可以是选择性的诉讼请求；可以是普通法上诉讼请求，也可以是衡平法上的诉讼请求。在程序方面可谓毫无限制。该规则的特点可归结为"干什么都行"或者在对被告提出诉求上可谓是"自由开放"。尽管该条文相当简单，但却令人产生几点疑问。

其一，为什么联邦规则应支持合并毫无关联的诉讼请求？尽管有很多州在诉讼请求合并方面采用了联邦规则的规定，但也有一些州拒绝采用《规则》第18条(a)款"自由开放"式做法，而将能合并的诉讼请求限制于因同一交易或事件引起的情形。[②] 当此类案件进入审判时，施加这样的限制颇有意义，因为其意在让陪审团仅关注与交易相关的问题。而在另一方面，《联邦民事诉讼规则》可能导致提出各种不同且不相关的诉讼请求，这将冒这样一种风险，即陪审团将被扰得无可适从。联邦规则的起草者们预知到这种

---

① 《规则》第18条(a)款中所用的"诉讼请求"一词，并不必然与请求排除中的"诉讼请求"的定义同义。在讨论后者之时，我们已经指出该词可能在不同的情况下意指不同的事情，参见第十一章第二节第三目。而在《规则》第18条(a)款中该词指称责任主张或责任基础。然而众多的责任主张可能构成请求排除意义上的单个诉讼请求。

② 如参见，《弗吉尼亚法典注解》第8编第1章第272目。("只要当事人认为有必要，无论是法律方面还是事实方面的事情，其可对任何事情进行辩论，当事人可将事关侵权方面的诉讼请求与事关合同方面的诉讼请求加以合并，只要所有这些合并的诉讼请求是因同一交易或事件所引起……")

可能性,除了其他理由外,为避免陪审团出现此种混淆,允许主审法官命令分开审理。[①] 由于政策原因,联邦规则允许原告将双方当事人之间的整个争议放进单个案件中。这种开放式的诉求合并允许当事人将所有的诉求放入一个诉讼,从而可以解决他们之间的所有争议。如果案件进入审理,主审法官配有各种工具来为事实裁决者管理好案件提供帮助。

其二,该规则规定原告"可以"将其针对被告的诸多诉讼请求进行合并。"可以"一词使得该规则成为"任意性"规则,意指其并不要求原告必须将所有诉讼请求并入单个案件中。[②] 这样原告可以选择将多少诉求放进单个案件中。但别忘了还有另外一个原则——请求排除原则——它可能会影响原告选择。

- P和D,各自驾车发生碰撞,两人都遭受人身伤害且各自汽车受损。P诉D,仅提出人身损害赔偿的诉讼请求,其并未提出财产损失赔偿的诉讼请求。依据《规则》第18条(a)款之规定,这一诉讼过程并无甚问题,因其是一个任意性规则,并未要求其必须将所有诉讼请求集中放进一个案件中提出。假设,该案法院就案件实体作出有效终局判决,且P对D提起第二起诉讼,请求因同一事故造成的财产损失赔偿。在一个对诉讼请求采用交易标准的州里,该第二起案件将会依据请求排除原则予以驳回。参见第十一章第二节第三目。因此,尽管《规则》第18条(a)款是任意性的,但大多数州对请求排除原则之适用,迫使原告将所有与交易相关的诉讼请求并入一个案件中提出。

其三,尽管我们在这一部分谈的是"由原告提出的诉讼请求合并"问题, 619
但《规则》第18条(a)款并不只是适用于原告一方。相反,其允许提出权利救济主张的任何一方合并其"诸多针对对方的诉讼请求"。这一措词承认(正如我们在第十一章第二节第一目讨论请求排除的情形一样)原告并非唯

① 参见《联邦民事诉讼规则》第20条(b)款与第42条(b)款,在本章第四节目讨论。

② "可以"与"必须"形成鲜明对照,后者很明显表述一种命令。参见本章第五节第一目。

一的诉讼请求人。被告可能通过提出反诉、交叉请求或第三人请求而成为原告。但需要指出的是,《规则》第 18 条(a)款原本并不适用于这些人,除非其提出上面列举的几种诉求中的一种而成为诉讼请求人。

- 我们在本章第五节第二目中将述及,交叉请求是针对同一方的当事人(co-party)提出的诉讼请求,且必须源自基本争议事项的同一交易或事件。假设 P 就一合同纠纷,诉两被告 D—1 和 D—2,且进一步假设 D—1 有一个针对 D—2 的与本合同争议完全无关的诉求。除非 D—1 已向 D—2 提出一个交叉请求,否则其不能援用《规则》第 18 条(a)款来主张这一与合同纠纷毫无关联的诉求。为什么?让我们再次看看这一规则:该规则中的"你可提出任何你想提出的诉讼请求"部分仅适用于那些"正在提出一个诉讼请求"(比如交叉请求)之人。
- 所以如果 D—1 对 D—2 提出一个基于基本合同争议的诉求,则可将其作为交叉请求提出,然后援用《规则》第 18 条(a)款将该毫无关联的诉讼请求并入本案。但如果不提出该交叉请求,D—1 就不能在未决案件中提出这一不相关的诉讼请求。

**事物管辖权**

《规则》第 18 条(a)款,像《联邦民事诉讼规则》中的其他合并条文一样,不过是提供了一个提出诉讼请求的程序。即使一方当事人满足该规则之要求,该诉讼请求若想在联邦法院提出,也仅在其能援用联邦法院事物管辖权的条件下方可如愿。

- P 是加州州民,D 是内华达州州民,P 提起诉讼,援用《规则》第 18 条(a)款合并两个诉讼请求:(1)D 在解雇 P 的过程中违反了联邦雇佣法律,以及(2)D 违反了二者之间与本诉无关的合同约定,造成 P 损失 10 万美元。依据《规则》第 18 条(a)款之规定,将这两个诉讼请求进行合并在程序上并无不妥。这些诉讼请求符合事物管辖权的规定吗?是。因其依据的是联邦雇佣法律,故诉讼请求(1)能援用联邦问题管辖权。诉讼请求(2)能援用异籍管辖权,因其由一加州州民诉一内华达州州民,且争议金额超过7.5万美元。

- 马萨诸塞州州民P诉亚利桑那州州民D,援用《规则》第18条(a)款来合并两个事关州法的诉讼请求:(1)D违反了二者之间的合同约定,造成P损失4.5万美元;(2)D实施了与本诉无关的侵权行为,造成P损失5万美元。依据《规则》第18条(a)款之规定,将这两个诉讼请求进行合并在程序上并无不妥。这些诉讼请求符合事物管 620
辖权的规定吗?符合。该案能够援用异籍管辖权,因其是由马萨诸塞州州民对亚利桑那州州民提起,且争议金额超过7.5万美元。为什么?争议金额合计的概念允许一个原告将其针对一个被告的所有诉讼请求的金额相加。所以此处的争议金额是9.5万美元。(我们在第四章第五节第三目讨论过争议金额的合计问题。)
- P是田纳西州州民,D也是田纳西州州民,P提起诉讼,援用《规则》第18条(a)款来合并两个诉讼请求:(1)D在劳动争议中违反了联邦劳动法律,以及(2)D在同一劳动争议中违反了州法规定。依据《规则》第18条(a)款之规定,将这两个诉讼请求进行合并在程序上并无不妥。对这些诉讼有事物管辖权吗?有。诉讼请求(1)可援用联邦问题管辖权,因为源于联邦劳动法律的规定。诉讼请求(2)不可援用联邦问题管辖权(因为其基于州法而非联邦的法律)。诉讼请求(2)也不可援用异籍管辖权,因为原被告属同州州民。但其确实可以援用附属管辖权。为什么?
- 《美国法典》第1367条(a)款准许作为同一"案件或争议"构成部分的诉求援用附属管辖权,将其作为可适当援用联邦事物管辖权的诉求对待。正如联邦最高法院所解释的,如果这些诉讼请求共享一种"主体事实的共同内核",则这一要求就得以满足。我们在第四章第七节述及,这一标准比交易或事件标准更为宽泛。此处P提出的两个诉讼请求的确基于同一事实关系。《美国法典》第1367条(b)款规定对某些诉讼请求可排除适用附属管辖权,仅它只适用于可援用异籍管辖权的案件。本案援用的是联邦问题管辖权,故第1367条

(b)款并不适用。[如果对这一部分感到迷惑不解,请复习第四章第七节的内容;这里的事实模型与著名的吉布斯案完全相同,而后者被编纂进《美国法典》第1367条(a)款中]

# 第四节　任意性当事人合并
# [《规则》第 20 条(a)款]

**程序与政策问题**

许多案件牵涉的只是一个原告诉一个被告的情形。但另一方面,许多案件包含的则是多个当事人——共同原告或共同被告(或两者都是)。在此,我们要讨论民事诉讼案件中“多个合适当事人”问题,指那些可以被并入单个案件之人。在联邦法院,该问题受《联邦民事诉讼规则》第 20 条(a)款支配。该规则在原告谋划案件时用得上。其要决定是在原告方还是在被告方安排多个当事人,如果确实要这样安排,这些多个当事人将会是哪些人。正如我们在这部分看到的,各种考量因素包括诉讼策略和管辖限制等,都将影响原告的选择。而且我们将在本章第六节里谈到,尽管司法制度在决定谁是当事人方面给了原告第一次选择的机会,但其他诉讼当事人、第三方以及法院本身可以推翻原告的关于当事人的安排,至少在某些情形下是这样。

《规则》第 20 条(a)款(1)项规定了谁可以作为共同原告加入诉讼。《规 621
则》第 20 条(a)款(2)项规定了谁可以作为共同被告加入诉讼。在每种情况下,该规则规定了两重标准。简而言之,如果两个或多个当事人的诉讼请求(1)源自“同一交易或事件或者系列交易或事件”,且(2)至少提出了一个共同问题(法律方面的或事实方面的),则这些人可作为共同原告加入诉讼。同样,如果针对两个或多个当事人的诉讼请求(1)源自同一交易或事件,且(2)至少提出了一个共同问题(法律方面的或事实方面的),则这些人可作为共同被告加入诉讼。很少有案件,即便有的话,在满足第二个要求方面出现问题。该规则要求仅存在一个共同问题,其可以是法律上的问题,也可以是事实上的问题。该共同问题在案件中不必具有绝对重要性,但不过其必须存在,这显然在大多数情况下都是如此。《规则》第 20 条(a)款遭遇的困难在于其第一个要求，即由多个当事人提出的诉讼请求或针对多个当事人提出的诉讼请求必须在交易上有所关联。

在探讨这一问题之前，很有必要指出，《规则》第 20 条(a)款继续贯彻现代程序观的一个主题：将因"同一交易或事件"引起的诸多诉讼请求、涉及的诸多当事人并入一个案件中集中审理。这种关注交易——关注现实生活中的事实分类——为请求排除意义上的诉讼请求概念之现代界定奠定了基础，对此我们在第十一章第二节第三目讨论过。其同样奠定了我们将在本章第五节里讨论的几种诉讼请求合并制度的基础。而且，我们将继续发现，交易相关性概念也决定着附属管辖权的一般适用。

像在其他地方所见到的一样，"交易或事件"之概念颇具弹性。当然存在许多简单案件，诸如很多人在同一机动车事故中受伤或合同的多个当事人违约等。但在模糊地带，一些法院极富创造力地将交易概念延伸至允许合并多个当事人。或许这些法院显得特别自由，因为《规则》第 20 条(a)款(不似其他基于交易的合并规则[①])不仅包含因同一交易或事件引起的诉讼请求，而且包含因"系列交易或事件"[②]引起的诉讼请求。从表面上看，"系列交易或事件"的措词比仅提到一个交易或事件似乎要宽泛得多。但几乎没有判决意见书认为，基于这一附加的措词对该规则进行宽泛地解读是正当的。看起来更具影响力的是原告提出的各种各样的责任理论，尤其是在那些侵权案
622 件中提出的。这一领域的诸多判决意见书，尽管明显是在解释《规则》第 20 条(a)款，但这些案例读起来感觉只有在侵权案例书中才能碰到。

其中一个例证便是波斯特诉中央海湾汽船公司案(Poster v. Central Gulf Steamship Corp.)案，[③]讲的是一个海员即波斯特尔(Poster)先生在辛克莱(Sinclair)公司经营的船上工作时，不幸染上阿米巴病，该种胃肠疾病

---

① 如参见，《规则》第 13 条(a)款(1)项(强制性反诉)；《规则》第 13 条(g)款(交叉请求)，将在本章第五节讨论。

② 这一措词同样反映在《第二次判决法重述》中，出于请求排除目的而对诉讼请求进行界定。参见第十一章第二节第三目。

③ 《联邦规程判例汇编》第 25 卷，第 18 页(宾夕法尼亚东区法院 1960 年)。

着实使人痛苦。其诉称患病的原因在于,当船驶经苏伊士运河时船公司雇用了当地工人来帮助厨房工作人员准备饭菜,而这些本地工人的饭菜操作方法并不卫生,从而导致其发病。数月之后,这位不幸的海员为另一家船公司海湾(Gulf)公司工作,该公司的船也驶经苏伊士运河,也雇用了当地工人帮助准备饭菜,就这样,本案原告再次患上阿米巴病。他将两个船公司作为一个案件的共同被告提起诉讼。尽管法院认为这两个航程是单独的两个"事件",但支持诉讼请求的合并。很重要的一点是,原告非常审慎地诉称其现在的状态是这两个事件造成的。换言之,他并未说他在第一次航程中受伤一次,又在第二次航程中再次受伤。相反,其现在的健康状况,是由于两次都因不卫生的饭菜操作方法而受伤。其不可能说出现在的健康状态有多少比例归因于其中的哪个公司。作为一个侵权法上的问题,从原告提出其诉讼请求的方式上看,两公司可能负有共同责任。这样法院较为妥当地认定,将两公司作为共同被告纳入一个案件中进行审理。

如果法院不愿意用实体的共同责任理论来衡量依据《规则》第 20 条(a)款对诉讼请求进行合并是否适当,则可想而知波斯特尔先生将要面临多少问题。其一,其将不得不进行两个单独的诉讼并支付两次诉讼费用——每个诉讼针对一个船公司。其二,如果这些案件单独审理,则其可能"遭受双重损失"。[①] 亦即在每个案件的审理过程中,基本上,被告可能会对陪审团说:"对波斯特尔先生所受到的伤害我们深表难过,但不是我们的错,他在另一家船公司的船上工作,是那家公司使其受到伤害。"通过突出另一家船公司的过错,每个被告也许都能逃脱责任。其三,如果波斯特尔先生在对一家船公司的诉讼中胜诉,其不能在对另一家船公司的诉讼中对胜诉案件中的争点援用争点排除。(为什么?[②])而在另一方面,如果波斯特尔先生在第一

① 参见,托马斯·罗和肯尼思·西布利:"超越异籍:联邦多方当事人、多法院管辖权",载《宾夕法尼亚大学法律评论》(Thomas Rowe & Kenneth Sibley, Beyond Diversity: Federal Multiparty, Multiforum Jurisdiction, *U. Pa. L. Rev.*)第 135 卷,始于第 7、15 页(1985 年)。

② 因为争点排除仅能针对案件中的一方当事人才能予以主张。格尔夫公司并非波斯特尔诉辛克莱案中的当事人,因此不受该案判决之拘束。参见第十一章第三节第四目。

个判决的案件中败诉，依据所裁决的争点，另一船公司却可能在另一个案件中能够对其主张争点排除。（为什么？①）

623 还有一些有名的案例，牵涉到原告在不同时间发生的交通事故中遭受伤害。如果原告诉称其现在的身体状态是多个事故共同造成的结果，或者第二个事故加重了第一次事故的伤害，或者每个事故所受伤害难以单独分清，则法院会表现出适度的开明，允许将这些被告合并到单一案件中。施瓦茨诉斯旺案（Schwartz v. Swan）即是这样的一个例证，该案中，一个倒霉的原告在十天内连续遭遇两次完全不同的汽车事故。② 法院支持将这两个事故中的司机合并到单个案件中，并强调"如果原告指控行为的累积效果（cumulative effect）看上去是难以分割责任的伤害，或者在医学上不可能合理分清这些伤害是哪起事故造成的"，③这样的合并即属适当。

没有一个案例比霍尔诉杜邦公司案（Hall v. E. I. DuPont de Nemours Co.）④对交易相关性概念之适用更为宽泛的了，该案牵涉十二名儿童玩雷管发生爆炸而致伤害的事实。那时全美所有的雷管皆由六家公司生产。这些受伤的儿童并无关联，他们在分属十个州、四年期间发生的单独雷管爆炸事故中受到伤害。因为这些爆炸已将雷管毁灭，没有一个儿童（或其父母）能够分辨出究竟是哪家公司制造的雷管致人伤害，所有这些受伤的儿童（实际上是其诉讼代理人——为什么？⑤）作为共同原告对所有雷管制造公司及

① 因为大多数州允许援用非相互性的防御性争点排除原则。例如，如果在第一个案件中法庭裁决，若波斯特尔在吃本地人准备的饭菜之时并非别无选择时，其要自承风险。这样第二个案件中的被告可能对其援用这类争点排除。

② 《东北判例汇编第二辑》，第 211 卷，第 122 页（伊利诺伊州上诉法院 1965 年）。倒霉之日：瓦茨诉史密斯案（Watts v. Smith），《西北判例汇编第二辑》，第 134 卷，第 194 页（密歇根最高法院 1965 年）案中的原告，就在同一天又遭受了另外一次交通事故的伤害，法庭允许将另一位司机合并到一个案件中集中审理。

③ 施瓦茨案（Schwartz），《东北判例汇编第二辑》，第 211 卷，第 126 页（着重号为著者所加）。

④ 《联邦补编》，第 345 卷，第 353 页（纽约东区法院 1972 年）。该案的判决意见书由杰克·温斯坦（Jack Weinstein）法官撰写，他是一位备受尊敬的法学家和民事诉讼方面的学者，在任职法官之前是哥伦比亚大学法学院的一名全职教授。

⑤ 因为未成年人缺乏应诉或被诉之能力，故由这些人提起之诉讼或针对这些人之诉讼皆由其诉讼代理人来进行。参见本章第二节。

其行业协会提起诉讼,将它们作为共同被告。本诉讼中所援用的理论是这些被告未能给出恰当警示,未通过标签标明雷管所存在的危险。

尽管显而易见,伤害发生于在不同时间、地点的彼此间无关联的事件中,但法院依据《规则》第 20 条(a)款支持将所有当事人合并审理。法院的判决意见书主要关注侵权责任理论。这些理论,诸如"企业责任"等,将法院的注意力从单个事件转移至整个雷管行业的难辞其咎上来。法院认为,"本 624
案的指控表明,整个雷管行业及其行业协会提供了这一符合逻辑的场所,在该领域必须采取相关预防措施,必须对其施加责任。"[①]因此,原告所采用的实体侵权理论允许法院将交易相关性概念加以延伸,从而在事实上认定本案并非关于十二个单独的爆炸事件,而事关整个可归责的雷管行业。并非每个法院都是如此开明来支持基于此类事实的当事人合并。[②]

这些案件表明了适当处理多个当事人合并问题所潜伏的紧张状况。一方面,法院在意这一有益的相容性合并政策——即在一个案件中裁决所有的案件争议。而另一方面,其又要小心避免陷入一种难以管理和令人烦扰的困境当中。比如我们可以想象一下霍尔案审理的困难所在:十二个原告需要就不同时间和不同州的每个爆炸事件所致伤害进行举证;法院要决定哪个州的法律适用于哪个案件;几个被告中的每个人对其所卷入的特定诉讼都要尽力证明自己没有生产引起爆炸的雷管。审理霍尔案的法院承认,其已经制造了一个难以操作的案件,打算在作出审前裁决(pretrial rulings)后,将诸多单个诉讼请求转移至爆炸事件发生地的联邦地区法院审理。[③]

---

① 霍尔案,《联邦补编》第 345 卷,第 378 页。

② 如参见,萨瓦尔诉 BL 有限责任公司案(Saval v. B LLtd),《联邦判例汇编第二辑》,第 710 卷,第 1027 页(第四巡回法院 1983 年)(基于同样的汽车担保诉讼请求并不是因同一交易或事件引起);德默博斯基诉 CSX 运输公司案(Demboski v. CSX Transp. Inc. ),《联邦规程判例汇编》,第 157 卷,第 28 页 (密西西比南区法院 1994 年)(在不同时间的不同事故中遭致人身伤害却在一个案件中主张横穿铁路的安全保障权利,并未达到合并所要求的交易标准)。

③ 从实用角度看,法庭试图复制《美国法典》第 28 编第 1407 条给予多地区诉讼的待遇。在这样一种"多地区诉讼"的案件转移中,正如我们在第五章第五节第一目所讨论的,原先在诸多不同联邦地区法院提起的案件会经由多地区诉讼专门司法小组的合并审前程序决定,转移至某一联邦地区法院集中审理。但在霍尔案(Hall)中,仅存在一个案件的诉讼。

尤其是为了迎合这种非同寻常的扭曲事例的需要，霍尔案（Hall）的判决意见书似乎不像是在努力适用《规则》第20条（a）款之表达，而更像是在促成多个诉讼请求达成和解。这一目标可能值得赞许，但不清楚的是，《规则》第20条（a）款是否旨在成为实现这种目标的工具。[①]

625 **策略问题**

众所周知，联邦《规则》第20条（a）款所规定的当事人合并是任意性的。正因为该规则给了原告利用或放弃合并机会的权利，所以其允许原告从事策略性的选择。

- P—1和P—2一起搭乘出租车。因司机的过失引发车祸，造成P—1和P—2伤害。该两个人可以依据《规则》第20条（a）款合并到一个起诉出租车司机的诉讼中。为什么？因为他们针对出租车司机的诉讼请求（1）因同一交易或事件（汽车碰撞事故）引起，及（2）至少提出了一个共同问题（出租车司机是否存在过失）。他们并非必须要这么做，如果愿意，每个人皆可对司机提起单独的诉讼。
- P—1（或者P—2或者两者都）能诉两个被告——出租车司机及其雇佣公司吗？能。依据《规则》第20条（a）款（2）项之规定，合并是适当的，因为针对这两个被告的诉讼请求（1）因同一交易或事件（汽车碰撞事故）引起，且（2）至少提出了一个共同问题（依然是司机是否存在过失）。再者，该规则是任意性的，所以原告能够选择是在一个案件中对两个被告提起诉讼还是在单独的诉讼中分别起诉他们。

上述这两个假设案例回避了问题的实质：为何一个原告总是未能依据《规则》第20条（a）款之规定将所有可能的原告和被告都合并进一个诉讼中来？这个问题的回答要考虑具体事实，可能存在管辖方面的规定限制这样

---

① 而且，尽管这种问题并未在霍尔案中出现，但宽泛地支持当事人合并的做法，会迅速蔓延至将一些被告卷入到与基本争议并无多少相关性的案件中来。法庭应该注意到这样的做法，可能对此类处于“旁观者”位置的被告们产生极其高昂的代价，大概其将不得不参加证据披露和其他方面的程序和代价高昂的诉讼。正所谓，若对《规则》第20条（a）款之适用优柔寡断可能会伤害一些原告，而对其过分狂热之适用则可能伤害一些被告。

做。例如,或许法院不能获得对其中一位潜在被告的对人管辖权,或者合并所有的当事人将使其不能援用异籍管辖权等。然而我们在此仅关注会激励原告选择适用《规则》第 20 条(a)款的各种诉讼策略。

一般说来,原告愿意将所有可能的被告——每个可能对其伤害负有责任之人——并入一个案件中进行诉讼,我们在前面讨论波斯特尔案时已谈及这样做的各种理由。第一,与对每个可能的被告提起一个单独诉讼相比,提起一次诉讼的花费要少和负担更轻。其二,非相互性的防御性争点排除原则的出现,也促使原告在一次诉讼中将几个被告一并告上,因为一旦其在对其中一个被告提起的诉讼中败诉,则在另一个诉讼中被告能就任何消极裁决(negative finding)对原告援用争点排除原则。(如果这一点还不太清楚,请复习第十一章第三节第五目。)第三,在诉讼中每个共同被告都尽力把其自身的责任转嫁给其他共同被告,这样原告能从中坐收渔翁之利。第四,作为一个非常重要的实际问题,正如我们在讨论波斯特尔案时所谈到的,对每个被告提起单独的诉讼可能让原告遭受双重损失,亦即一个案件中之被告有可能说服陪审团对原告所受之伤害并非其过错,而是并非本案中一方当事人的某人的过错所致。另一个案件中的被告亦能如法炮制,这样造成 626
原告本可说服两个陪审团其有权得到救济,但却一无所获,因为每个陪审团都认为过错归于一个缺席者。

同样,一般情况下原告并不愿意作为共同原告中的一员起诉。第一,单独起诉让原告在其他原告获得被告财产之前先获得赔偿;第二,其可能认为自己案件的解决较之其他潜在原告案件的解决更具紧迫性,若增加共同原告将拿走其身上的光环,将陪审团的注意力从其身上移走;第三,即使案件没有进入庭审而和解了,一般存在这样一个广泛的共识——因为单个原告不必与其他原告共同分享赔偿金额,故其获偿更多。因此从一般的策略考虑,我们预料原告会援用《规则》第 20 条(a)款(2)项将所有可能的被告都并入单个案件中,但将原告方的中心舞台留给自己。[①]

---

① 欲对诉讼安排策略有更为详细的认识,请参阅第 745 页注释①中所列的几篇论文。

**何为当事人的错误合并、诉的分离、分别审理和诉讼合并？**

如果原告对案件的安排违反了《规则》第20条(a)款之规定，其结果又会如何？《规则》第21条规定这样的“当事人的错误合并”不能作为驳回诉讼的依据。相反，法院可以“对针对一方当事人的诉讼请求进行分割。”诉的分离将产生两个或更多的完全分开的诉讼。每一个诉讼都将拥有自己的案号并将各自作出判决。此处诉的分离概念不同于法院依据《规则》第20条(b)款或《规则》第42条(b)款之规定作出的分别审理。分别审理不过是——对单个案件中的部分诉讼请求(或一个诉讼请求)进行的单独审理。

- P—1和P—2，依据《规则》第20条(a)款(1)项之规定，被并为共同原告而诉D，认为D违反了他们三人之间的合同约定。此外，P—1还对D提出一个与本案诉讼请求并不相关的诉讼请求，事涉一个完全不同的事件。我们在本章第三节里讨论过，依据《规则》第18条(a)款(1)项之规定，P—1有权提出这一与本案诉讼请求并不相关的诉讼请求。尽管这些诉讼请求都是本案中的诉讼请求，但法院可以对P—1针对D提出的与本案诉讼请求并不相关的诉讼请求作出分别审理的命令。毕竟，其所涉及的事实不同于本案中主要诉讼请求所涉及的案件事实，而且可能对陪审团对主要诉讼请求的听审造成分心或混淆，所以将这两个诉讼请求分开审理。因为这些诉讼请求都是一个案件的组成部分，其最终将在一个判决中作出裁决。[①]
- 与上述情形相对照：P诉两被告D—1和D—2，诉称其侵权。然而法院认定，将两被告合并违反了《规则》第20条(a)款(2)项之规定，
627 因为即使有损害，也是在各自的交易中对P造成侵害。在此依据《规则》第21条规定，法院将作出诉的分离的命令。这一诉的分离命令将造成两个案件出现：(1)P诉D—1和(2)P诉D—2。(实际上，法院不过是不让D—2成为被告，这样P将不得不对D—2提起

---

① 但在第十四章第五节第一目里，我们看到法庭为了达到依据《规则》第54条(c)款规定的上诉目的，可能最终将这些单独的诉讼请求作为单独的“案件”对待。但此是后话不说。这里讨论的问题是，这些诉讼请求，尽管分别审理，但都适当地并入单个案件中裁决。

第二个诉讼并为其支付诉讼费。)但是现在存在两个单独的案件,它们都将作出各自的判决。这样的结局是由于这里的事实所决定的——因为针对 D—1 和 D—2 的诉讼请求未满足《规则》第 20 条(a)款(2)项之要求,故不能将 D—1 和 D—2 并入一个案件。①

在该后一情节中,有另外一种程序机制可能发挥作用:依据《联邦民事诉讼规则》第 42 条(a)款所进行的诉讼合并(consolidation)。该规则允许法院对两个(或更多)不同的未决案件,可基于任何目的将其合并审理,唯一的要求即是这些单独案件至少必须包含一个共同的法律问题或事实问题。②诉讼合并就是指不管出于什么目的,只要法院认为合适,就可将这些单独审理的案件合并审理。比如说,法院可能出于证据披露的目的,或因为申请,或方便审理,或甚至出于任何目的。诉讼合并并非将这些单独审理的案件进行融合(merge),即使在出于任何目的而合并审理案件的情况下,它们仍然是个别的案件并将单独作出判决。③

如前所述,原告经常试图将多个被告并入单个案件中以确保由同一陪审团审理这些被告。这样做原告避免了陪审团认为真正的"坏小子"并不在庭的风险。如果原告在依据《规则》第 20 条(a)款所进行的当事人合并战役中失利——或许由于法院认定针对两个被告的诉讼请求并不因同一交易或事件引起——只要法院作出合并庭审的命令,其仍然可能在审理中获胜。

这就是斯坦福诉田纳西山谷管理局案(Stanford v. Tennessee Valley Authority)④所发生的情形,一个较为久远但仍富有启发意义的案例。原告

---

① 如果两个原告依据《规则》第 20 条(a)款(1)项规定进行了错误合并,同样的结果也会发生。

② 如前所述,其同样要求这些单独审理的案件须在同一联邦地区法院(或某地区法院的一个庭)处于未决状态。这样,一个在纽约南区法院未决之案件就不能与宾夕法尼亚东区法院的一个未决案件进行合并。但要记住,在适当的情况下,这些案件可以从一个联邦地区法院移送至另外一个联邦地区法院。如果纽约南区法院的案件被移送至宾夕法尼亚东区法院,则这两个案件就可能被合并。但移送与诉讼合并是两个单独的步骤。

③ 约翰逊诉曼哈顿铁路公司案(Johnson v. Manhattan Ry. Co),《美国联邦最高法院判例汇编》第 289 卷,第 479 页(1933 年)。

④ 《联邦规程判例汇编》第 18 卷,第 152 页(田纳西中区法院 1955 年)。

在田纳西州拥有一处不动产并诉称因两个化工厂排到空气中的化学品而受损。这两个化工厂由不同的公司经营，原告将两个公司作为共同被告起诉。但法院认为每个化工公司的所作所为是不同的交易或事件，因此拒绝将两
628 个公司合并为共同被告。[①] 法院作出诉的分离命令，这样原告就有了两个不同的案件，每个案件诉一家化工公司。但就在同一判决意见书中法院又发出命令，要求将现在分开的两个案件合并庭审。如此一来，原告获得将两个被告同时由同一陪审团审理的便利。

**事物管辖权**

原告援用《规则》第20条(a)款来决定有多少原告和被告可以合并到单个案件中来，一旦这样做了，其必须确保所安排的诉讼能够在其选择的法院起诉。因此其必须考虑法院是否对被告拥有对人管辖权以及审判地是否适当。当然还必须认定案件是否引起事物管辖权。现在我们假定原告想在联邦法院提起诉讼。

- P诉两被告D—1和D—2，依据《规则》第20条(a)款(2)项之规定恰当地将两被告合并为共同被告。三个诉讼当事人都是加州州民。P针对D—1的诉讼请求诉称其侵犯了P依据某联邦制定法所享有的权利。P针对D—2的诉讼请求诉称其违反了某州法规定的应向P履行的义务。针对两被告的诉讼请求显然因同一交易或事件引起[考虑到有《规则》第20条(a)款规定的要件]。在此案的诉讼安排中，是否存在联邦法院事物管辖权呢？
  - 针对D—1的诉讼请求可援用联邦问题管辖权，因为起因是侵犯了联邦制定法所创设的权利。
  - 针对D—2的诉讼请求不能援用联邦问题管辖权，因为诉求产生于州的法律，而非联邦法律。而且，因P和D—2都是加州州民，所以该诉讼请求也不能援用异籍管辖权。

---

① 这一裁决似乎非常不大度，正如像前述波斯特尔一类案件那样，或许原告应该认为其损害是由两个公司行为的共同作用而致。

- 但针对 D—2 的诉讼请求可以援用附属管辖权。第一,因为该诉讼请求事涉与可援用联邦事物管辖权的诉求(P 诉 D—1 的诉求)相同的“案件或争议”,对此《美国法典》第 1367 条(a)款给予附属管辖权。为什么?因为其满足了吉布斯的“主体事实共同内核”标准。我们在第四章第七节说到,《美国法典》第 1367 条(a)款对吉布斯案规则进行了编纂,吉布斯标准实际上要比“交易或事件”标准更为宽泛。故任何诉讼请求,比如此处的诉讼请求,只要与满足联邦法院事物管辖权管辖独立依据的诉求源自同一交易或事件,则总是能够满足吉布斯标准,因而能援用《美国法典》第 1367 条(a)款规定的管辖权。第二,《美国法 629
典》第 1367 条(b)款并不排除附属管辖权的适用,因为其仅适用于异籍管辖权的案件。而本案援用的是联邦问题管辖权,故第 1367 条(b)款在此并不适用。

这里的事实模型与芬利案(Finley)的情形相似,其裁决导致附属管辖权法律的通过。(如果对这一内容不太清楚,请复习第四章第七节。)现在我们将用三个重要的假设案例对此做进一步的讨论。

- 一:两原告,P—1 和 P—2,依据《规则》第 20 条(a)款(1)项之规定恰当地合并为共同原告,对一个被告(D)提出有关州法的诉讼请求。P—1 是加州州民,P—2 是亚利桑那州州民,D 是内华达州州民。P—1 诉讼请求的争议金额是 10 万美元,但 P—2 的金额是 6 万美元。在这样的诉讼安排中是否存在联邦法院事物管辖权?因为这些诉讼请求都是依据州法,故不存在联邦问题管辖权。是否存在异籍管辖权?当然州籍不成问题,因为两原告与被告州籍不同。但在争议金额上存在麻烦。P—1 的诉讼请求满足了要求,因为其超过 7.5 万美元因而可以援用异籍管辖权。但 P—2 的诉讼请求未达到要求的金额,因其并未超过 7.5 万美元。当存在这儿情形的多个当事人时,如我们在第四章第五节第三目所探讨的,他们不可以将其诉求合计以满足争议金额之要求,故看起来法院应该将 P—2 的诉讼请求从本案中剔除。但附属管辖权法会改变此结论吗?

- P—1 诉 D 的诉讼请求可以援用异籍管辖权,但 P—2 诉 D 的诉讼请求却不能。但因为这两个诉讼请求都产生于同一交易或事件,故《美国法典》第 1367 条(a)款将对 P—2 的诉讼请求给予附属管辖权。显然,第 1367 条(b)款应排除其适用,否则争议金额的要求将失去意义。但真的如此吗? 让我们再一次仔细读读法条表述。《美国法典》第 1367 条(b)款仅适用于可援用异籍管辖权的案件(P—1 诉 D 即是如此)。且其对由"几个原告针对依据《规则》……第 20 条成为案件当事人的几个人"所提出的诉讼请求,排除适用附属管辖权。这并非本假设案例中情形。此处的诉讼请求是由依据《规则》第 20 条成为当事人的几个人对一个被告提起的。故第 1367 条(b)款排除适用附属管辖权的规定,在此并无适用余地。

这一结果(显然不为《美国法典》第 1367 条的起草者所期待)与克拉克诉保罗·格雷公司案(Clark v. Paul Gray, Inc.)①的判决结果不一致,该案中联邦最高法院认为,每个原告的诉讼请求必须满足争议金额的要求才能
630 援用异籍管辖权。下级法院一般认为附属管辖权法已经推翻了克拉克案规则,②评论家们一般也认为这一结果颇有意义。③ 在埃克森美孚公司诉阿拉帕塔服务公司案(Exxon Mobil Corp. v. Allapattah Service)④中,联邦最高法院接受了这一解释,只要原告们提出的诉求与其中一个未达到争议金额要求的诉求共享主体事实的共同内核,则支持对这些在管辖上已经够格的原告提出的诉求适用附属管辖权。

---

① 《美国联邦最高法院判例汇编》,第 306 卷,第 583 页(1939 年)。

② 如参见,斯特龙伯格金属制品公司诉冲压机械公司案(Stromberg Metal Works v. Press Mech., Inc.),《联邦判例汇编第三辑》第 77 卷,始于第 928、932 页(第七巡回法院 1996 年)。

③ 参见托马斯·罗:"第 1367 条就是如此:论重新编纂联邦附属管辖权法",载《印第安纳州法律杂志》(Thomas Rowe, 1367 and All That: Recodifying Federal Supplemental Jurisdiction, *Ind. L. J.*)第 74 卷,第 53 页(1998 年)。美国法学会建议修改第 1367 条以接受这一结果。美国法学会之联邦法典修改项目(2004)。

④ 《美国联邦最高法院判例汇编》第 545 卷,第 546 页(2005 年)。

- 二:P是一位加州州民,其起诉了两个被告,D—1和D—2,依据《规则》第20条(a)款(2)项之规定将两者合并为共同被告。D—1和D—2均为堪萨斯州州民。P对D—1和D—2的诉讼请求均依据州法。针对D—1的诉讼请求要求赔偿10万美元,而针对D—2的诉讼请求要求赔偿6万美元。显然P诉D—1的诉讼请求可援用异籍管辖权,但P诉D—2的诉讼请求却不可以,因为即使是由一加州州民诉一堪萨斯州州民,其争议金额并未超过7.5万美元。
- 但根据上述假设,我们期待P诉D—2的诉讼请求可以援用附属管辖权。其实,该诉讼请求确实满足《美国法典》第1367条(a)款之要求,和假设案例一中的情形一样。但仔细研究《美国法典》第1367条(b)款。其适用于异籍案件,如本案,且其对原告诉依据《规则》第20条合并为共同被告之人的诉讼请求排除适用附属管辖权,这恰是本案例所具备之情形!D—1和D—2依据《规则》第20条合并为共同被告,故从表面上看来,《美国法典》第1367条(b)款对该诉讼请求排除适用附属管辖权。

这一结果毫无意义。为何在原告方存在多人之时,异籍案件中的争议金额问题对附属管辖权之适用并无障碍,而一旦被告方存在多人之时却大有问题呢?在阿拉帕特案中联邦最高法院并未阐述“多被告问题”。而且截至目前,下级法院对此也没有任何限定性解释。或许它们能够找到某种避开该法外在要求的方式。本假设案例只不过展示了一个制定得很糟糕的法律带来的诸多问题中一个方面。

- 三:依据《规则》第20条(a)款(1)项之规定,两原告P—1和P—2恰当地合并为共同原告,依据州法对一个被告(D)提出诉讼请求。P—1是加州州民,P—2是亚利桑那州州民,D是亚利桑那州州民。P—1所提诉求的金额是10万美元,P—2的金额是20万美元。这样的案件安排中是否存在联邦法院事物管辖权?因为这些诉讼请 631
求皆根据州法提起,故不存在联邦问题管辖权。是否存在异籍管辖权?表面上看,没有。P—1与D异籍,但P—2并不与D异籍。这样的案件安排违反了完全异籍规则。但《美国法典》第 1367 条是否对此有所影响?

- 若严格按照制定法的字面意思适用,其答案似乎应该与上述假设案例一相同。此处,看起来 P—1 诉 D 的诉讼请求可援用异籍管辖权,而 P—2 诉 D 的诉讼请求不能援用。但因为两诉讼请求都是缘起于同一交易或事件,《美国法典》第 1367 条(a)款将对 P—2 诉 D 的诉讼请求准予适用附属管辖权。显然,第 1367 条(b)款应对此诉讼请求排除适用附属管辖权,否则完全异籍规则将变得毫无意义。但结果真的如此吗?让我们仔细研究一下其法条表述。第 1367 条(b)款仅适用于可援用异籍管辖权的案件(如 P—1 诉 D 可能满足)。而且其对这样的诉讼请求将排除管辖之适用——“即由几个原告诉几个依据《规则》……第 20 条合并为共同被告之人提起的”诉求。这并非本假设案例所叙述的情形。在本案例中,诉讼请求是由几个依据《规则》第 20 条合并的共同原告针对一个被告提起的。故第 1367 条(b)款排除适用附属管辖权的规定,在此并无适用余地。

在逻辑上没有理由让假设案例三的结果与假设案例一的结果不同。在案例一中,附属管辖权弥补了异籍案件中争议金额的不足;而在案例三中,其弥补了异籍案件中完全异籍之不足。依据《美国法典》第 1332 条,完全异籍规则和争议金额要求都仅仅是准予适用异籍管辖权的制定法规定(而非宪法性规定)。就其本身而言,两者都应该对《美国法典》第 1367 条之修改负有平等地遵守义务。另一方面,这种认为当事人可以利用附属管辖权来克服完全异籍规则的要求,将对联邦法院产生威胁,让众多案件涌向联邦法院,使其难以应付。

在阿拉帕特案中,最高法院找到了一种方法来避免这种案件涌入之忧。我们在第四章第五节第三目提及,联邦最高法院在该案中澄清了异籍案件中管辖权是如何依附的。如果存在完全异籍情况,单个诉讼请求争议金额超过 7.5 万美元即可援用异籍管辖权。换言之,正如上述假设案例一中的情形,P—1 诉 D 的诉讼请求构成联邦法院的异籍案件,则 P—2 诉 D 的诉讼请求即可援用附属管辖权。而与此相对照的是,法院在附带意见中说到,如果没有所有原告与所有被告之间的异籍,因为根本不存在异籍案件,所以附属管辖权就根本没有依附之对象。[①] 故在假设案例三中,P—1 诉 D 的诉讼请求未能援用异籍管辖权,所以不存在要适用附属管辖权的案件。换种 632
方式来表述,最高法院认为争议金额要求是"诉讼请求特有的"而完全异籍要求则是"诉讼特有的"。(如果记不清楚,请参见第四章第五节第三目。)

阿拉帕特案的推理给这一实践带来了重大变革。在该案之前,在诸如假设案例三中的事实模型中,联邦法院只不过让非异籍当事人(P—2)退出而让 P—1 诉 D 的诉讼继续进行。因为阿拉帕特案的结论是未能满足完全异籍规则一并排除异籍管辖权,现在整个案件必须予以驳回。

① 同前注,第 552—553 页。

## 第五节　由被告提出的诉讼请求合并

我们在第十一章第二节第一目讨论过，原告之外的当事人也能够成为“诉讼请求人”，意指其可在未决案件中提出权利救济的请求。在这一节中，我们研究由被告提出的诉讼请求。这些诉讼请求不应与第七章第四节的应诉行为相混淆。在那里，被告关心的是避免对其施加责任；而此处的利益在于**诉**某人——对另一方提出诉讼请求。正如我们后面将详细讨论的，**反诉**(counterclaim)是指对“相对方(opposing party)”(比如由被告针对原告)提出的诉讼请求；而**交叉请求**(crossclaim)则是指对“共同方(co-party)”(比如由一被告对另一被告)提出的诉讼请求。[①]

当然，简单地满足联邦规则的某一允许合并的规定还远远不够，除此之外(假定案件在联邦法院提起)，该诉讼请求必须能够援用联邦法院事物管辖权。因此在讨论完每一个合并规则后，我们还要讨论这些诉讼请求如何可能援用事物管辖权的问题。对于由被告提出的诉讼请求合并问题，我们假定法院对被告拥有对人管辖权。(如果做不到这一点，被告应基于此将该案驳回而不是提出一个诉讼请求。)而且，审判地在此应不是问题。我们在第五章第四节讨论的诸多审判地法提及可以在哪里“提起”诉讼，意指它们规定了原告可以起诉被告的地点；它们只不过没有对反诉和交叉请求提出审判地的要求。[②]

《规则》第13条(h)款规定，被告在提出反诉或交叉请求时能够并入新的当事人，只要这些新当事人是依据《规则》第19条或20条合并当事人之
633 规定而并入的。我们在本章第四节已讨论过《规则》第20条，将在本章第六

---

① 在一定情况下被告依据《规则》第14条(a)款(1)项也可能对第三方提出诉讼请求。但因为此种“第三人参加诉讼”诉求涉及到要合并新的当事人到待决案件中来，所以我们将在本章另节处理。参见本章第六节第二目。

② 如参见，斯科特诉范彻案(Scott v. Fancher)，《联邦判例汇编第二辑》第369卷，第842页(第五巡回法院1966年)(交叉请求)；斯库特诉美国案(Schoot v. United States)，《联邦补编》第664卷，始于第293、295页(伊利诺伊北区法院1987年)(反诉)。

节第一目讨论第19条。因此,《规则》第13条(h)款在当事人合并上,将提出反诉或交叉请求的被告,置于和最初起诉的原告同样的地位。我们将在本章第六节第一目看到一个适用《规则》第13条(h)款的例子。

因为反诉和交叉请求都是要求救济的诉讼请求,和被告不得不对原诉状作出答辩一样,被主张的当事方必须作出答复。我们在第七章第四节讨论过,被诉方可以依据《规则》第12条或提出申请或提交答辩状来应诉。

## 一、反诉[《规则》第13条(a)款与《规则》第13条(b)款]

**概述**

《联邦规则》第13条包含有数款,规定了在联邦法院的反诉。下面我们将看到存在两种类型的反诉:"强制性的(compulsory)"[依据《规则》第13条(a)款]和"任意性的(permissive)"[依据第13条(b)款]。在这一部分,我们将讨论两种类型的反诉共享的一般问题。对初学者来说,反诉是对"相对方"提出的。在这种语境中,"相对方"意指已对一方当事人提出诉讼请求的某个人。所以如果被告对原告(其显然对被告提起了诉讼)提出诉讼请求,其肯定被称为反诉。现实生活中(以及法学院的考试中)几乎所有的反诉都是由被告对原告提出的。但必须认识到,被提出诉讼请求的任何一方当事人皆可对提出方提出反诉。例如,假设被告(D—1)对其共同被告(D—2)提出交叉请求(将在本章第五节第二目讨论),如果D—2对D—1提出一个诉讼请求,该诉讼请求即是反诉。一旦D—1对D—2提出交叉请求,两人即成为"相对方",使得D—2对D—1提出的诉讼请求成为反诉。

需要重复的是,反诉也是诉讼请求而非答辩。因此其不是试图"减少或击败相对方所提出的赔偿",[①]这一功能是由诉状和申请来完成的,我们在第七章第三节第三目已经谈到。相反,被告在用反诉起诉原告。在普通法上,被告被允许对原告的赔偿请求提出答辩以抵消其请求,但作为一般规则,不能从原告处获得一个胜诉赔偿判决。《规则》第13条(c)款改变了这

① 《联邦民事诉讼规则》第13条(c)款。

一做法，其明确规定反诉可以超出原告之诉讼请求。此外，较之原告的原诉讼请求而言，反诉可以是一种不同类型的救济请求。比如说，原告的诉讼请
634 求是赔偿金，被告可提出禁令的反诉请求。同样，如果原告诉讼请求的争议金额是 8 万美元，被告可提出 8 百万美元的反诉请求。

依据《规则》第 13 条(a)款和(b)款之规定，反诉要在"一个诉答文书中"提出。因为提出反诉的被告已经被告了，所以该诉答文书即是答辩，故反诉应该在答辩状中提出。如果一方当事人"囿于疏忽(oversight)、大意(inadvertence)或其他可以原谅的过失"未能提出反诉，《规则》第 13 条(f)款规定，经法院许可，其可通过修改答辩状将反诉纳入其中从而达到提出反诉之目的。依据该规则，"如果出于公平需要"，法院将会允许被告这样做。

但如果在被告答辩之时，被告的反诉尚未成熟——并未产生，其结果又会如何呢？对这一情形《规则》第 13 条第(e)款有所规定，其允许被告通过"补充答辩"来提出其反诉，该条文与我们在第七章第五节第四目讨论的补充答辩状的内容一致。你可能会想起，补充答辩状涉及在答辩状提交之后发生的事件。

**强制性反诉**

程序和政策问题。如前所述，有两种反诉。强制性反诉是基于联邦《规则》第 13 条(a)款之规定和适用而形成的一种联邦司法实践。当然，反诉总是针对一"相对方"提出的。依据《规则》第 13 条(a)款(1)项(A)目之规定，反诉与相对方提出的诉求均产生于"同一交易或事件"。在一般情况下，它是由被告对原告提出的诉讼请求，与原告诉被告的诉讼请求产生于同一交易或事件。强制性反诉之所以这样命名，是因为《规则》第 13 条(a)款规定该诉讼请求"必须"在该未决案件中提出。"必须"是个带有强制性的词语，指令该行为不得不完成。有趣的是，虽然该规则并未明确表示违反该指令的后果，但是其后果还是很明显的：未能提出强制性反诉的一方当事人将丧失提出该诉讼请求的机会，并在其他诉讼中也不能提出。[①]

---

① "现在完全接受的认识是，未能提出强制性反诉的一方当事人，将被禁止在此后就该诉讼请求提起单独诉讼。"赖特和凯恩：《联邦法院》(*Federal Courts*)，第 570 页。

- A和Z各自开着自己的车,发生了碰撞,每个人都遭受人身伤害。在联邦法院审理的案件1中,A诉Z请求人身损害赔偿。Z进行了答辩与辩解,该案进入诉讼并作出裁决。在案件2中,Z诉A,就同一事故造成的人身伤害请求损害赔偿。应该驳回案件2。因为Z的 635
诉讼请求是针对相对方提出的,且源自A所提诉求相同的交易或事件,所以Z的诉求是原来案件中的强制性反诉。Z未能在当时的未决案件中提出该诉讼请求,所以不能在任何地方提出了。

当我们说"任何地方"时,是指Z不仅不能在联邦法院的不同诉讼里提出该请求,强制性反诉规则也应该禁止其在州法院的后续案件中提出(即使该州不存在强制性反诉规则亦是如此)。我们随即要谈到,恰当的理解是,强制性反诉规则应被视为形成了一种再诉禁止,禁止被告在第二个案件中提出其诉求。没有理由不让再诉禁止跟随被告,排除其在任何法院提起后续诉讼。尽管有些较早的案例作出了相反的裁决,但大多数州对此问题都持这样的结论。[①] 反之也一样:被告在州法院(该州有此规则)的案件1中未能提出强制性反诉,则应禁止其就该诉求在联邦法院提起案件2的诉讼。[②]

在讨论案件2为何应予驳回的问题上,有些法院造成了一些不必要的混淆。有些法院借用请求排除的语言来说明为什么D(被告)应被禁止提起诉讼。[③] 当第一个案件(该案中被告本该提出却未提出强制性反诉)是通过

---

① 如参见,诺丁汉诉韦尔德案(Nottingham v. Weld),《东南判例汇编第二辑》第377卷,第621页(弗吉尼亚州最高法院1989年);约西汽车运输公司诉约翰逊案(Jocie Motor Lines, Inc. v. Johnson),《东南判例汇编第二辑》第57卷,第388页(北卡罗来纳州最高法院1950年)。

② 如参见,卡尔纳申公司诉T. U. 帕克斯建设公司案(Carnation Co. v. T. U. Parks Constr. Co.),《联邦判例汇编第二辑》,第816卷,始于第1099页,第1103页(第六巡回法院1987年);查普曼诉埃特纳金融公司案(Chapman v. Aetna Fin. Co.),《联邦判例汇编第二辑》第615卷,第361页(第五巡回法院1980年)[尽管该结果并非《充分信任与尊重法》所要求的(参见第十一章第五节第三目),但出于一种礼让,联邦法院应该禁止被告提出该诉讼请求,因其未能在州法院提出强制性反诉]。

③ 如参见,德拉戈船运公司诉联合罐车公司案(Dragor Shipping Corp. v. Union Tank Car Co.),《联邦判例汇编第二辑》,第378卷,第241页(第九巡回法院1967年)。

和解而非裁决解决之时，就使得某些法院陷入困境。其实请求排除原则在此毫无作用。[①] 请记住我们在第十一章第二节第一目的内容，请求排除仅当两诉讼是由同一诉讼请求人针对同一被告提起时才适用。而这里的案件1是由A对Z提起，案件2是由Z对A提起。因此Z在此之前从未成为诉讼请求人，并未就同一诉讼请求两次提起诉讼。其他一些法院援用权利放弃的表述，可能更为准确。[②] 案件2被驳回是因为Z未能在案件1中提出
636 该诉讼请求，从而放弃了提出该诉讼请求的权利。有些法院将强制性反诉规则称为运行中的“规则排除”。[③]

对这一问题的恰当处理方式，是由已故的查尔斯·艾伦·赖特(Charles Alan Wright)教授在几十年前所采用的方式：被告不能继续提起一个不同诉讼是因为“规则禁止再诉”。[④] 未能在案件1中提出该诉讼请求，则禁止被告在其他地方提出该请求。因为再诉禁止是一个衡平法原则，因此其适用富有同情心。例如，让我们再回到刚才的假设案例。假如在案件1中，Z的保险公司替其辩护(情况经常如此[⑤])却未能告知Z该强制性反诉规则，此时如果Z本身并无过错或懈怠，Z未被告知其有权(更别提有义

---

① 参见美国忠实保证公司诉迈施案(United States Fid. & Guar. Co. v. Maish)，《太平洋判例汇编第二辑》，第908卷，始于第1329页，第1340、1341页（堪萨斯州最高法院1995年）（“我们认为既判力原则在本案中并不适用。我们相信本案事实与再诉禁止理论更为协调，因此我们将采纳该理论作为分析基础，禁止其就此紧急问题提出反诉……前一个诉讼通过和解而非基于实体作出裁决的事实，并不撤销在本案中禁止提出强制性反诉的效力。”)

② 如参见，马蒂诺诉麦克唐纳设备公司案(Martino v. McDonald's Sys., Inc.)，《联邦判例汇编第二辑》第598卷，第1079页（第七巡回法院1979年）；丁多诉惠特尼案(Dindo v. Whitney)，《联邦判例汇编第二辑》第451卷，始于第1、3页(第一巡回法院1971年)。

③ 如参见，哈里斯诉赫夫科石油公司案(Harris v. Huffco Petroleum Corp.)，《联邦补编》第633卷，始于第250、255页(阿拉巴马南区法院1986年)。

④ 有关赖特对此的经典表述，参见赖特：“规则禁止再诉：现代诉答程序下的强制性反诉”，载《明尼苏达法律评论》(Wright, Estoppel by Rule: The Compulsory Counterclaim Under Modern Pleading, *Minn. L. Rev.*)第38卷，始于第423、428—436页(1954年)。

⑤ 通常，对保险事故对被保险人造成的损失，责任保险人不仅被要求承担偿付义务，还须对被保险人提供辩护服务。

务)提出该诉讼请求,或许其不应该被禁止提起一个不同的诉讼。[①]

评论家们指出,令人奇怪的是,出版的法院判决意见很少探讨强制性反诉规则禁止再诉的性质。[②] 很有可能,此类案件数量稀少只是反映了这样一种事实:几乎没有被告忘了提出强制性反诉。该规则已深植于联邦司法实践,而且大多数州也有强制性反诉规则。但有趣的是并非所有的州都是如此,如弗吉尼亚州就不要求在未决案件中提出任何反诉——甚至是那些与原告的诉求存在交易相关性的反诉。[③]

尽管强制性反诉规则之适用与请求排除原则不完全相同,但它作为实现此原则的现代方法发挥着相同功能。二者都迫使将交易上相关的诸多救济权利并入到一个案件中处理。[④] 这样做,对事实裁决者来说,富有效率且相对方便,可以将一个现实生活中的事件——双方当事人亦这样认为——引起的所有诉讼请求集中处理。而且我们在第四章第七节里讨论过,此种 637
对于交易的关注一般与附属管辖权的适用是一致的。可以肯定的是,"交易或事件"的界定在模糊地带可能存在麻烦(我们在第十一章第二节第三目讨论过),但在大多数案件中其界限的划定还是比较简单的。

在这一点上,我们需要对强制性反诉的定义作出一点补充。截至目前我们知道,其是指针对相对方提出的,是与相对方的诉讼请求因同一交易或

① 参见丁多诉惠特尼案(Dindo v. Whitney),《联邦判例汇编第二辑》第451卷,始于第1、3页(第一巡回法院1971年)。("其他法院已经将强制性反诉规则……视为创设了一种再诉禁止或权利放弃。后者方式似乎更适当,至少在案件是和解而非审判结案时应是如此……如果某案件已经审结,保护法院和当事人的双方利益要求不应再出现直接相关诉讼。但如果案件是和解结案,通常法庭并未经受很大诉累,且双方当事人可通过相互权利放弃来保护其自身。在这种情况下若不存在权利放弃,可通过适用衡平法上的再诉禁止原则来获得更适当的公平正义");美国忠实保证公司诉迈施案(United States Fid. & Guar. Co. v. Maish),《太平洋判例汇编第二辑》第908卷,始于第1329、1340页(堪萨斯州最高法院1995年)。

② 如参见,赖特和凯恩:《联邦法院》(*Federal Courts*),第571页。

③ 《弗吉尼亚州法院规则》第3条第8款(被告"可以依其选择,提出……反诉……")如此一来,在弗吉尼亚州所有的反诉皆是"任意性的"——当事人有权选择在未决案件中提出反诉或者另行起诉来提出该诉讼请求。

④ 请回想现代请求排除原则将某人的"诉讼请求"界定为因同一交易或事件引起的所有救济权利。参见第十一章第二节第三目。

事件引起的诉讼请求。为体现下述两种情形,这种补充是必要的,在这两种情况中该规则的起草者认为,被告不应被禁止提起另外一个不同的诉讼。其一,如果提出强制性反诉将“要求法院追加一方当事人,而法院对该当事人却不拥有管辖权”,《规则》第 13 条(a)款(1)项(B)目规定,这样的诉讼请求不应视为强制性的。换言之,如果反诉意味着本应并入诉讼的人不能并入,因为诸如法院对其没有对人管辖权,则该诉求不是强制性反诉。这一条文贯彻了《规则》第 19 条的政策精神,其涉及“要求”或“必要的”当事人合并,对此我们将在本章第六节第一目探讨。

其二,《规则》第 13 条(a)款(2)项规定,如果在原告起诉被告之前被告已经提出了该诉求,则在原告对其起诉时,被告不必提出该诉求。这样在上述的假设案例中,假设在 A 诉 Z 之前,Z 已经对 A 提起诉讼,在这样的情况下,Z 不必在 A 诉自己的时候提出反诉。[①] 这一例外很有意义,它告诉人们在已经提出诉讼请求的情形下不必再次提出。[②]

与强制性反诉规则的适用例外有关,要记住(如本部分前面所探讨的)反诉是要在“诉答文书(pleading)”中提出的,诉答文书意指被告的答辩状(answer)。[③] 如果不经被告答辩案件就解决了,则强制性反诉规则将不适用。

638 ● 在案件 1 中,A 诉 Z,起因是双方之间发生的汽车碰撞事故造成了人身伤害。Z 对此未进行答辩,而基于诉讼书状送达不当,申请撤销诉讼。法院准许申请,撤销了案件。在案件 2 中,Z 诉 A,就该事故所致人身伤害请求赔偿。案件 2 将不会被驳回,因为强制性反诉

---

① 当然,在 Z 诉 A 时,A 诉 Z 的诉讼请求在该案中将是一个强制性反诉[假定该州有类似《规则》第 13 条(a)款之强制性反诉规则]。

② 强制性反诉适用的第三个例外规定在《规则》第 13 条(a)款(2)项(B)目中,且这种情形应属罕见。依据其规定,如果原告的诉讼请求是在对物或准对物诉讼中提出,且法庭没有获得对被告的对人管辖权,则被告诉讼请求的提出就不是强制性的。其理由在于避免迫使被告将自己可能置于对人管辖权的管辖之下。但考虑到对物和准对物案件极其稀少,多年以来很少看到因该条引起的诉讼出现。

③ 正如我们在本部分讨论强制性反诉之前所提及的,也要记住如果在原告诉被告之后,被告的诉讼请求才考虑成熟提出来,它已不是反诉了。参见《规则》第 13 条(e)款。

规则与案件 1 从未发生联系。Z 从未在案件 1 中答辩过,所以不可能提出反诉。①

**事物管辖权。**《规则》第 13 条(a)款只是为提出强制性反诉提供一个程序机制。该诉讼请求还必须能够援用联邦法院事物管辖权,否则便不能在联邦法院提出。跟往常一样,对管辖权问题的探讨是单独进行的步骤,在依据《规则》第 13 条(a)款认定强制性反诉是否适当提出后才进行。

- 马里兰州州民 A 诉特拉华州州民 Z,提出一个依据州法且争议金额为 50 万美元的诉讼请求。Z 对 A 提起的诉讼请求与 A 的诉讼请求都基于同一交易或事件,依据的是州法且索要 10 万美元的赔偿金。问对 Z 的强制性反诉有联邦事物管辖权吗? 有。本案事实表明,所有的诉讼请求都依据州法提出,故不存在联邦问题管辖权。但显然,最初 A 的诉讼请求可以援用异籍管辖权——其是由马里兰州州民对特拉华州州民提起的,且争议金额超过了 7.5 万美元。因为 Z 对 A 提出的诉求是强制性反诉,因为它与原先 A 的诉求源自同一交易或事件。其也可援用异籍管辖权,因为双方当事人州籍不同,且诉讼请求的金额超过了 7.5 万美元。
- 与上述假设案例一样,只是 Z 提出的强制性反诉索要 4.5 万美元。跟前面一样,由 A 对 Z 提出的最初的诉讼请求可以援用异籍管辖权。
    - 同样,强制性反诉依据州法提出,故而不能援用联邦问题管辖权。此处的强制性反诉的金额没有满足争议金额的要求,仅要求 4.5 万美元,没有超过 7.5 万美元,所以不能援用异籍管辖权。
    - 但是,联邦法院能够根据附属管辖权受理 Z 的反诉。为什么?《美国法典》第 1367 条(a)款对与可援用联邦法院事物管辖权的

① 如参见,美国诉斯奈德案(United States v. Snider),《联邦判例汇编第二辑》第 779 卷,始于第 1151、1157 页(第六巡回法院 1985 年)。

诉求(A 诉 Z 的诉讼请求)共同构成同一“案件或争议”的诉求,准许适用附属管辖权。我们已经说明,该要求接受了吉布斯标准,而且如果这些诉讼请求共享主体事实的共同内核,则满足了要求。我们在第四章第七节里谈到,若有诉讼请求与已在联邦法院审理的案件中的诉讼请求都基于同一交易或事件发生,则其总是能够满足这一标准。这样一来,强制性反诉总能满足这一标准。依据其定义,其与 A 诉 Z 的基本案件都是基于同一交
639 易或事件发生。《美国法典》第 1367 条(b)款适用于可援用异籍管辖权的案件(如 A 诉 Z 的诉讼请求),但对几个原告(plaintiffs)提出的诉讼请求排除适用附属管辖权。这里的诉讼请求是由一个被告提出的,故第 1367 条(b)款在此并不排除适用附属管辖权。(如果对此内容还不清楚,请参见第四章第七节。)

**任意性反诉**

**程序和政策问题。**第二种反诉是任意性反诉,是基于联邦《规则》第 13 条(b)款之规定和适用而形成的一种联邦司法实践。我们已经知道,任何反诉,都是对一“相对方”提出的。任意性反诉并不具有强制性。换言之,其与相对方的诉讼请求并不是基于同一“交易或事件”而产生。通常情况下,自然是被告对原告提出的诉讼请求,而且其与原告诉被告的诉讼请求在交易上并无关联性。

《规则》第 13 条(b)款所规定的诉讼请求之所以被称为任意性的,完全是因为被告未被要求必须在未决案件中提出其诉讼请求。我们是如何知道的? 因为该规则规定,在未决案件中“可以”(而非“必须”)提出该诉讼请求。这样被告如果愿意的话,可以在该未决案件中提出其诉讼请求,但也可以随时乐意在另一个不同案件中提出。《规则》第 13 条(b)款允许被告将其针对原告的任何和所有的诉讼请求并入到未决案件中,罔然不顾这些诉讼请求与原告诉被告的诉讼请求之间不存在任何关联的事实。该条款反映了原告依据《规则》第 18 条(a)款在合并诉讼请求方面拥有不受限制权利的政策精神,这点我们在本章第三节已做讨论。同样的政策精神也在这里体现出来:

让当事人将整个争议放到一个案件中由法院进行集中处理。我们在讨论《规则》第 18 条(a)款时指出,此类无所限制的合并权利,可能造成在一个案件中存在诸多诉讼请求的混合,这着实令人混淆。任意性反诉规则将加剧这种混淆。如同《规则》第 18 条(a)款一样,其解救之策在于给法院配备自由裁量的权限,好让其对各种诉讼请求进行分别审理。[①]

在本章第三节,我们也指出《规则》第 18 条(a)款——允许在一个案件中提出任何和所有的诉讼请求,不管其在交易上或法律上是否存在关联性——不仅适用于原告,还适用于任何诉讼请求人,其中包括提出反诉之人。但《规则》第 18 条(a)款在反诉情形中毫无用武之地。如果被告诉原告的诉讼请求与原告诉被告的诉讼请求都基于同一交易或事件,其可依据《规则》第 13 条(a)款(1)项提出来;如果其存在一个与原告诉被告的诉讼请求毫无关联的诉讼请求,其可依据《规则》第 13 条(b)款提出。对于《规则》第 13 条(b)款不能给予被告的东西,《规则》第 18 条(a)款也是无能为力。

**事物管辖权**。当然《规则》第 13 条(b)款只是解决了提出诉讼请求的程 640
序机制问题,然而该诉讼请求还必须能够援用联邦法院事物管辖权,否则其便不能在联邦法院提出。跟往常一样,对管辖权问题的探讨是单独进行的步骤,在认定依据《规则》第 13 条(b)款适当提出了任意性反诉请求之后才进行。

- 怀俄明州的州民 A,在联邦法院诉科罗拉多州州民 Z,提出一个依据州法的诉讼请求,索赔 20 万美元。Z 依据州法对 A 提出任意性反诉,索赔 40 万美元。本案中有联邦法院事物管辖权吗? 有。这些诉讼请求都是依据州法提出,故不存在联邦问题管辖权的管辖依据。但 A 的诉讼请求可以援用异籍管辖权,因其是由怀俄明州的州民对科罗拉多州州民提起,且争议金额超过 7.5 万美元。Z 提出的任意性反诉亦可援用异籍管辖权,因其是由科罗拉多州州民对怀俄明州州民提起,且争议金额超过 7.5 万美元。

---

① 参见《联邦民事诉讼规则》第 13 条(f)款、第 20 条(b)款以及第 42 条(b)款。

在这一假设案例中，没有必要适用附属管辖权，因为任意性反诉可以援用异籍管辖权。但当任意性反诉不能援用联邦问题管辖权或异籍管辖权时，结果又会如何呢？我们将探讨其是否可以援用附属管辖权，但此处我们很可能碰到一个问题。

为什么？任意性反诉与基本争议并不源于同一交易或事件的事实，意味着其一般不会援用附属管辖权。依据《美国法典》第 1367 条(a)款之规定，附属管辖权仅适用于那些与确已援用联邦法院事物管辖权的本诉请求一起共同构成同一"案件或争议"的诉讼请求。我们已经说明，该要求吸收了吉布斯标准，则意味着该诉讼请求必须与基本争议的诉讼请求共享主体事实的共同内核。我们在第四章第七节里讨论过，有些法院将"共同内核"标准等同于"交易或事件"标准。此类法院认为这已是一种陈词滥调，亦即任意性反诉依其定义，与本诉请求并不基于同一交易或事件而引起，从而不能援用《美国法典》第 1367 条(a)款规定的附属管辖权。[①]

但再次如我们在第四章第七节所讨论的，诸多法院日益认为《美国法典》第 1367 条(a)款规定的附属管辖权标准之适用范围比"同一交易或事件"标准更为宽泛。一个很有影响的案例即是琼斯诉福特汽车贷款公司案(Jones v. Ford Motor Credit Co.)[②]，成为下面这个假设案例的判案依据。

641 ● 原告从被告处贷款购车。原告诉称被告在提供贷款时存在种族歧视行为，因而违反了联邦法律。原告因被告违反联邦法律而起诉，因此可援用联邦问题管辖权。被告针对原告汽车贷款的未付余款提出反诉。法院认定该反诉为任意性反诉，而非强制性反诉，因其与原告的种族歧视诉讼请求并不基于同一交易或事件而引起，但法院同时认为，《美国法典》第 1367 条(a)款仅要求适用附属管辖权的诉讼请求与本诉请求之间存在"松散的事实联系"。尽管该任意性

---

① 如参见，莱曼诉玩转投资组合有限公司案(Lehman v. Revolution Portfolio LLC)，《联邦判例汇编第三辑》第 116 卷，始于第 389、393 页("仅有强制性反诉能够援用附属管辖权；任意性反诉有其自身的管辖权依据之要求")。

② 《联邦判例汇编第三辑》第 358 卷，第 205 页（第二巡回法院 2004 年）。

> 反诉显然与原告的诉讼请求不是基于同一交易或事件所引起，但它分享了足够的重叠事实，从而依据《美国法典》第1367条(a)款可援用附属管辖权。[①]

似乎很明显，许多(毫无疑问应是大多数的)任意性反诉与本诉请求之间在事实方面毫无关联以至于将不能援用附属管辖权。但琼斯案以及诸如此类的案件，[②]给我们提供了两个重要的启示：(1)《美国法典》第1367条(a)款的适用范围要比"交易或事件"标准更为宽泛，以及(2)附属管辖权的评估要基于具体的个案事实。

## 二、交叉请求[《规则》第13条(g)款]

**程序和政策问题。**交叉请求[③]是基于联邦《规则》第13条(g)款之规定和适用而形成的一种联邦司法实践。其有两个重要的成立要件。其一，交 642
叉请求是针对"共同方"[④]提出的。共同方的存在与否，取决于原告一开始

---

① 同前注，第210—225页。且《美国法典》第1367条(b)款并不排除此种适用。因为原告的诉讼请求援用了联邦问题管辖权，故《美国法典》第1367条(b)款根本就不适用。要记住该条款并不适用于基于联邦问题管辖权而始由联邦法院受理的案件。即使原告提出的基本争议诉讼请求仅可援用异籍管辖权，基于这些事实，该条款将依然不排除附属管辖权的适用。为什么？尽管这一部分适用于诸如Jones案之类的异籍管辖权案件，其仅针对原告的诉讼请求排除适用附属管辖权，因为反诉并非由原告提出，故该条款并不排除适用附属管辖权。若对此理解得不甚清楚，还请复习第四章第七节内容。

② 如参见，香奈儿诉花旗公司全国客服公司案(Channell v. Citicorp National Servs., Inc.)，《联邦判例汇编第三辑》第89卷，始于第379页，第385—386页(第七巡回法院1996年)；坎波斯诉西部牙科服务公司案(Campos v. Western Dental Servs., Inc.)，《联邦补编第二辑》第404卷，始于第1164、1168页(加州北区法院2005年)("《美国法典》第1367条规定的附属管辖权适用标准看起来足够宽泛以至于能够将其适用于一些任意性反诉的情形")。

③ 从《联邦民事诉讼规则》在1938年第一次发布到2007年12月，该词都是用连字符连接的：cross-claim。而当该规则重新修改于2007年12月生效后，该连字符不见了：crossclaim。不知出于何种原因，民事诉讼规则顾问委员会认为这是一个值得法官界、律师界以及学术界庆贺的重大进步。其使研究变得困难，因为在在线搜索"cross-claim"词语时，将检索不到"crossclaim"一词，反之亦然。并非只有我一人表达出这样的愿望，希望民事诉讼规则顾问委员会将来要避免此类毫无意义的繁忙工作(busy-work，或者又变为busywork不成?)

④ 截止到2007年12月，该词与交叉请求一样，也是通过连字符连接的：co-party。参见前注。

依据《规则》第20条(a)款所做的诉讼安排。我们在本章第四节里讨论过，原告在提起诉讼之时，可以决定是否应有多个原告或多个被告。《规则》第20条(a)款对何时可以并入此类多个当事人进行了界定。如果每边都有多个当事人，其相互之间都是共同方。假如两个原告P—1和P—2并入到一个案件中诉三个被告D—1、D—2和D—3，则两原告是共同方，三被告也是共同方。尽管原告可以针对共同原告提出交叉请求[假定《规则》第13条(g)款之其他要件得到满足，且对该诉讼请求有事物管辖权]，但更为普遍的情形则是交叉请求在被告这一边提出。[①]

其二，要成为交叉请求，该针对共同方的诉讼请求必须与“原先之诉讼或与其中之反诉”都是基于同一“交易或事件”而产生。可见，要成为交叉请求，该诉讼请求必须与原被告之间的基本争议存在交易上的关联性。这一“交易或事件”的规定是我们颇为熟悉的语言。其功能如同强制性反诉——将所有交易上相关的诉讼请求都合并在一个诉讼程序中完成。此种合并与请求排除的现代观点(我们在第十一章第二节第三目里讨论过)一致，同时也与附属管辖权要求将交易相关的诉讼请求集中处理的想法(我们在第四章第七节里讨论的)一致。

因为《规则》第13条(g)款规定该诉讼请求“可以”提出，并未强制要求当事人在未决诉讼中提出交叉请求，故该条款属于任意性规定。如果当事人愿意，可提出交叉请求，也可在另行起诉中提出。换言之，并不像强制性反诉那样具有强制性。考虑到我们的目标本该是——不仅要促使更是要迫使将所有交易上相关的诉讼请求合并到一个案件中审理，和强制性反诉的目标一样，故这样的事实存在，实令人感到奇怪。为何对共同方提出交易上相关的诉讼请求时赋予当事人选择权，而对相对方提出此类诉讼请求时却

① 确有一些(但很少)专家认为，仅在被告已对共同原告提出反诉的情况下，原告才能对共同原告提出交叉请求。参见丹纳诉安斯基斯案(Danner v. Anskis)，《联邦判例汇编第二辑》第256卷，第123页(第三巡回法院1958年)。但《规则》第13条(g)款并未表明这种解读是正确的。且该规则并未表明仅处在辩护一方的当事人(如已被提出反诉的原告)才能提出交叉请求。所以不管被告是否已对这些原告提出反诉，P—1应可以对P—2提出交叉请求(反之亦然)。

是强制命令呢？考虑到没有什么正当理由应将这两种诉讼请求区别对待，有些州已经将交叉请求变成强制性规定。[①] 尽管有一些评论家敦促将《规则》第 13 条(g)款改为强制性规定，但规则顾问委员会一直未被说服。其原 643
因很可能在于，很少有诉讼当事人未能提出交叉请求，故其任意性特点并未造成很多重复诉讼。而在另一方面，确有一些当事人在故意不提出交叉请求，而另行起诉，给司法制度增加了负担，[②]且这样的负担并不能通过争点排除来化解。我们不能忘记争点排除(和请求排除一样)都是在对案件实体事项作出有效终局判决后适用的，这一点我们在第十一章第二节第二目有所探讨。假设被告在案件 1 中拒绝提出交叉请求，反而提起案件 2 的诉讼。案件 1 可能历经数年尚未作出终局判决，这就意味着，争点排除原则不能精简同时在审的案件 2 诉讼，两个案件可能都要继续诉讼。虽然一个案件本可了结，但最终我们却以两个案件收场。[③]

《规则》第 13 条(g)款的最后一句规定，交叉请求可能包含这样一种主张：共同当事方要为针对交叉请求提出方提出的诉求，承担(或可能承担)全部或部分责任。此句意味着交叉请求可能包含一种针对共同当事方提出的诉求，要求该当事人就原告提出之诉求承担或共担补偿责任。[④] 这句之规定虽无害处，但却是个赘语。无论如何；一个要求承担或共担补偿责任的诉

---

① 如参见，《堪萨斯州民事诉讼注解法典》第 60 章第 213 (g)目；皮尔逊国民兑换银行诉柯克兰案(Citizens Exch. Bank of Pearson v. Kirkland)，《东南判例汇编第二辑》第 344 卷，第 409 页(佐治亚州最高法院 1986 年)。(尽管佐治亚州交叉请求之规定反映了《联邦规则》第 13 条(g)款之精神，但是其之所以被视为强制性规定，是因为该州一制定法规定，对于本可在一个案件中提出的问题的有关判决是终局性的)

② 如参见，戴维斯和考克斯诉苏马公司案(Davis & Cox v. Summa Corp.)，《联邦判例汇编第二辑》第 751 卷，第 1507 页(第九巡回法院 1986 年)。[被告在早先的案件中拒绝对同案的共同被告提出交叉请求，而是另行诉讼中提出而被允许，因为《规则》第 13 条(g)款是任意性规定]

③ 法庭避免重复诉讼的一个途径，即是禁止当事人在另一法院就同一争议再次诉讼，这样的禁令很难获得，特别是从联邦法院获得禁止当事人在州法院进行诉讼的禁令，尤为困难。《反禁令法》(anti-injunction statute)，即《美国法典》第 28 编第 2283 条规定，禁止在三个适用范围非常窄的例外情形之外获得此类禁令，这样的规定反映了联邦主义的利益诉求，其造成的结果就是——禁止联邦法院和州法院在对人管辖方面的重复诉讼确实很难。

④ 我们将在本章第六节第二目探讨这些内容。

讼请求似乎明显满足了《规则》第 13 条(g)款规定的“交易或事件”标准。

切勿忘了我们在本章第三节里讨论的《规则》第 18 条(a)款之规定，其允许已提出交叉请求(除了别的诉讼请求之外)的诉讼当事人针对共同方提出任何其可以提出的诉讼请求，而全然不顾这些诉讼请求之间是否存在交易或法律上的关联性。

让我们在一个假设案例中复习一下交叉请求的主要特点。其也将表明交叉请求可能和强制性反诉问题一起出现。

- P 开着自己的车与 D—1 开的车发生碰撞。D—1 开的是 D—2 的车。依据所适用的法律，D—2(作为第二辆车的车主)对借用人 D—1 之行为负有替代责任。[①] P 在一个案件中对 D—1 和 D—2 提起诉
644 讼。(D—1 和 D—2 因而成为共同当事方，为何这样可行？[②])假定你代理 D—2，且你不知道在这起事故中谁有过错，可能是 P 也可能是 D—1 有过错。在未决案件中，你必须或可能提出怎样的诉讼请求呢？
    - 首先，你将让 D—1 进行答辩并对 P 提出强制性反诉。后者是针对相对方提出的诉讼请求(因 D—2 的车遭受损失)且与 P 诉 D—2 的诉讼请求源于同一交易或事件。其实，我们在本章第五节第一目有所讨论，D—2 **必须**在未决案件中提出该诉讼请求，否则从此被禁止再诉。
    - 其次，你可对 D—1 提出交叉请求。这是一个针对共同方提出的诉讼请求且与本诉案件源于同一交易或事件。但注意该交叉请求存在两个方面的问题。其一，你将诉称，就 D—2 对 P 所做赔偿，D—1 负有赔偿责任。这样，如果 P 赢得对 D—2 的诉讼，则该赔偿责任将从 D—2 转嫁到 D—1 身上。这将保护 D—2 免受 P 之追责。但如果是 D—1 的过错造成碰撞事故，D—2

---

① 我们已在第十一章第三节第五目对一个相似情形中的替代责任进行过探讨。

② 如果针对共同被告的诉讼请求都因同一交易或事件引起且至少提出了一个共同问题，则《规则》第 20 条(a)款允许将共同被告进行合并。我们在本章第四节已经探讨。

将从D—1那里请求汽车损失赔偿。故该交叉请求的第二个方面就是请求财产损失赔偿。这两个方面共同构成这一交叉请求,因其和本诉都源于同一交易或事件。

- 总之,不管事故是由于P的过错抑或是D—1的过错造成,无论是两种方式中的任何一种,D—2通过提出这些诉讼请求都能保护其自身。若是P的过错,D—2将通过强制性反诉得到赔偿;若是D—1的过错,D—2已经做了两件事情:(1)确保是D—1(而非D—2)将最终对判决之赔偿金额承担赔付责任;(2)就D—2的汽车损失对D—1提出承担赔偿责任的诉讼请求。同样,这两项都是通过交叉请求来达到的。
- 顺便提及,如果D—2对D—1提出的交叉请求中仅要求其对P所主张的赔偿金额承担最后赔付责任(且未对其提出赔偿D—2汽车损失的请求),则D—2在其诉讼之路上将可能遭遇什么问题呢?请求排除!如果D—2确实这么做的,且该州对诉讼请求之界定采交易标准,D—2的行为构成拆分诉讼请求。(如果对这一点还觉得不清楚,请复习第十一章第二节。)

- 现在让我们进入下一步分析。假如D—2对P提起强制性反诉且对D—1提出承担最终赔偿责任和财产损失责任的交叉请求。此外,D—2对D—1还存在一个与本诉根本毫无关联的诉讼请求(比如说,为过去的到期未支付的租金)。其能够在本案中提出这样的诉讼请求吗?是的。《规则》第18条(a)款规定,一旦D—2提出交叉请求,其可将针对该共同方提出的任何诉讼请求合并到该未决案件中来。[①]
- 同样,假设D—2对P提起强制性反诉,且对D—1提出承担最终赔 645
偿责任和财产损失责任的交叉请求。也假设D—1对D—2提出一

① 在没有提出交叉请求的情况下,D—2是不能援用《规则》第18条(a)款来对D—1提出租金支付的诉讼请求的。要记住,《规则》第18条(a)款仅适用于一方已经提出某种诉讼请求(诸如交叉请求)的情形。参见本章第三节。

个因同一事故引起的诉讼请求(比如说,诉称D—2的汽车刹车系统存在缺陷而导致这起交通事故)。D—1在本案中能提出这个诉讼请求吗?是的。事实上,有理由相信其必须提出,否则便没有机会可提了。为什么?我们不禁要说D—1对D—2提出的诉讼请求为交叉请求,因为二者属于共同方。但一旦D—2对D—1提出一个交叉请求,二者即成为"相对方"。如此一来,针对D—2再次提出的诉讼请求即是反诉。因其与D—2针对D—1提出的诉讼请求皆源于同一交易或事件,故其为强制性反诉。

**事物管辖权。**《规则》第13条(g)款只是解决了提出诉讼请求的程序机制问题,然而该诉讼请求还必须能够援用联邦法院事物管辖权,否则便不能在联邦法院提出。跟往常一样,对管辖权问题的探讨是单独进行的步骤,在认定该诉讼请求依据《规则》第13条(g)款适当提出后进行。

- A、B、C三人各自驾车发生碰撞,每个人都受了伤。每人的损失额都超过了7.5万美元。A是纽约州州民,B和C都是新泽西州州民。A将B和C作为共同被告诉上联邦法院。本案没有联邦问题管辖权依据,但确可援用联邦异籍管辖权。(为什么?[①])B就其因该事故所受伤害对A提起强制性反诉。(为何是强制性反诉?[②])B就此伤害也对C提出交叉请求。该诉讼请求是交叉请求,因为其是对共同方提出且与本诉都源于同一交易或事件。现在问题是,对此反诉与交叉请求存在联邦事物管辖权吗?假定所有的诉讼请求都是依据州法提出,故在此并无基于联邦问题管辖权的管辖依据。
    - B对A提起的强制性反诉可援用异籍管辖权。其是由一新泽西州州民对一纽约州州民提起的,且案件事实表明争议金额超过了7.5万美元。(因为其可援用异籍管辖权,故附属管辖权在此并不相关,我们不需要它。)

---

① 因为原告与两被告中的任何一位都不属同一州公民,且争议金额超过7.5万美元。参见第四章第五节第三目。

② 因为其是针对相对方提出且与A诉B的诉讼请求皆是缘起于同一交易或事件。

- 但该交叉请求并不援用异籍管辖权。即使其争议金额满足异籍管辖权的要求(因为其争议金额超过了 7.5 万美元),但 B 与 C 之间不存在异籍。该交叉请求是由一新泽西州州民对另外一新泽西州州民提起。故该交叉请求能够进入联邦法院审理的唯一路径即是通过附属管辖权。这能行吗?
- 《美国法典》第 1367 条(a)款规定,附属管辖权仅适用于那些与确已援用联邦法院事物管辖权的本诉请求(原告的原先诉讼请求)共同构成同一"案件或争议"的诉讼请求。如果诉讼请求满 646
足与本诉请求共享"主体事实的共同内核"的吉布斯标准,则达到了这一标准。如果诉讼请求与本诉请求都缘起于同一交易或事件,[①]则总是可以达到这一标准。而根据交叉请求之定义,交叉请求即可满足这一要求,因为《规则》第 13 条(g)款要求其与本诉争议皆缘起于同一交易或事件。
- 《美国法典》第 1367 条(b)款适用于可援用异籍管辖权的案件中(诸如由 A 对 B 和 C 提出的诉讼请求一样)。其然后用来对某些诉讼请求适用附属管辖权进行排除;但仅对由诸多原告提出的诉讼请求加以排除。但本案中的诉讼请求是由被告提出,故其并不排除附属管辖权之适用。(如果对此还有些模糊,参见第四章第七节。)

- 再看本部分的最后一个假设案例,其会让你感到惊奇。让我们借用与上一假设案例一样的事实,A、B 与 C 三人间发生的汽车碰撞事故。所有的诉讼请求都是基于州法提出,且所有诉讼请求的金额都超过 7.5 万美元。但此处的 B 和 C 是作为共同原告诉 A。A 为纽约州州民,B 与 C 为新泽西州州民。根据安排——两个新泽西州的原告对一个纽约州的被告提起诉讼,且其诉讼标的额超过 7.5 万美

① 其实,我们在第四章第七节里知道,《美国法典》第 1367 条(a)款仅要求适用附属管辖权的诉讼请求与本诉请求之间存在某种"松散的事实联系"。请参见前面第 641—642 页的论述。

元——该案可援用异籍管辖权。很明显，A将要对两原告提出强制性反诉。但关注点在于：假设B就其伤害向C提出交叉请求。这是一个交叉请求因其是针对共同方(此处为共同原告)提出，且与援用异籍管辖权的本诉请求皆缘起于同一交易或事件。请问，对此交叉请求存在联邦事物管辖权吗？

- 该交叉请求依据州法提出，故其不能援用联邦问题管辖权。因其是由一新泽西州州民对另一新泽西州州民提出，故其也不能援用异籍管辖权。那现在，该诉讼请求能否援用附属管辖权呢？答案当然应是肯定的。但适用的是附属管辖权法。显然，《美国法典》第1367条(a)款准予适用附属管辖权，其原因同前一假设案例相同。但仔细研究一下第1367条(b)款之规定。其适用于可援用异籍管辖权的案件(如由B和C对A提出的诉讼请求一般)，且其对那些"由诸多原告对依据《规则》……第20条而成为一方当事人的诸多人"提出的诉讼请求，排除附属管辖权。此处B对C提出的诉讼请求，属于由一个原告对一些依据《规则》第20条而合并为一方当事人之人提出的诉讼请求。[①]因而，按该法的字面解释，对该诉讼请求附属管辖权不能适用。

647 这一结果颇为荒唐，其意味着所有其他诉讼请求(B与C对A提出的诉讼请求；A对B与C提出的诉讼请求)都将在联邦法院审理，但就是B对C提出的交叉请求不能，其只能在州法院提出。这样，当事人与司法制度都被剥夺了享有由合并规则与附属管辖权所倡导的司法效率。这一结果——拒绝对由一个原告提出的交叉请求适用附属管辖权——与《美国法典》第1367条制定之前的联邦司法实践相背离。在通过这一法律时，国会指出(已在第四章第七节里讨论)其旨在将早先的司法实践法典化。但在此领域，正如在其他领域一样，制定法之平实语言改变了之前的实践。这种语境

---

① 我们在本章第四节里讨论过，B与C并在一起作为共同原告起诉的唯一方法，是依据《规则》第20条(a)款(1)项规定并为共同一方当事人。

下法律之字面解释造成的结果也与异籍管辖权的基本前提相背离,毕竟,在我们此处的假设案例中,每一原告与每一被告还属于异籍,此时如果说,对一个原告(P—1)提出的交叉请求准予适用附属管辖权将损害完全异籍规则,则纯属无稽之谈。对此问题并无明确的先例可资借鉴,但依据《美国法典》第1367条在其他情况下的字面解释,上述不幸之结果似乎难以避免。

## 第六节　撤销原告的当事人合并选择

在本章第四节里，我们讨论了依据《规则》第 20 条(a)款规定的“适格”当事人——那些可能并入到联邦法院的一个民事案件中的人。如果每个人都能依据《规则》第 20 条(a)款得以合并至一个案件中，自然就不会出现后续之重复诉讼或导致不一致的诉讼结果，所有相关当事人都将并入到一个案件中，使得该案之判决能拘束所有这些人。但我们在本章第四节里述及，《规则》第 20 条(a)款为一任意性条款，故原告并无必要将其用到极致。出于诸多原因，其中包括司法管辖权的限制和诉讼策略的安排，原告反而经常不充分利用该条款之规定，故意遗漏一些依据其规定本该并入案件的人，我们将这些非当事人称之为“缺席者(absentees)”。

现在我们的问题是，是否有人能够推翻原告对于案件之安排，强制让缺席者并入诉讼？答案是肯定的——至少在某些情况下是如此。三个有关合并的制度设计——《规则》第 19 条规定的强制性当事人合并制度(将在本章第六节第一目探讨)、《规则》第 14 条规定的第三人参加诉讼制度(impleader)(将在本章第六节第二目探讨)以及《规则》第 24 条规定的加入诉讼制度(intervention)(将在本章第六节第三目探讨)——可用来重新架构案件的当事人合并问题。贯穿此处针对三个制度的整个讨论过程中，体会其背后相互竞争的政策考量是很重要的。一方面，我们的司法制度给予原告在
648 当事人合并方面以极大尊重，因为我们重视诉讼当事人自治制度；另一方面，原告之当事人合并选择可能导致诉讼的无效率状态和由多个诉讼带来的诉讼结果的不一致；其可能使缺席者或被告之利益遭受损害。联邦规则对此采取的立场是，在此类情形下原告的自治必须让位。因此他们认识到，出于下面三个政策考量而撤销原告对于当事人合并之安排实为正当：(1)司法效率；(2)避免伤及缺席者；及(3)避免伤及被告。

我们将会看到，《规则》第 19 条规定的强制性当事人合并包含了所有这

三个方面的考量。第三人参加诉讼制度主要基于第一点和第三点之考量，而加入诉讼制度则出于前两个政策之考量。同时我们也将看到，这些制度设计可能由不同的人来援用。《规则》第 19 条的问题，尽管法官有权主动提出，但通常是由被告提出。第三人参加诉讼是由被告方提出。加入诉讼是由缺席者本人提出。故这三个制度授权不同的人提出，基于上述三个政策考量中的任何一种，应撤销原告的自主诉讼安排。

## 一、强制性当事人合并（《规则》第 19 条）

### "适格"、"必须"（或"必要"）以及"必不可少"的缺席者

请记住，这儿（乃至整个第六节）的问题，是应否强制性地将诉讼缺席者（原告并未并入案件之人）并入到诉讼中来。对撤销原告的当事人合并选择问题，《联邦规则》第 19 条作出了全面规定。该条像诸多联邦规则一样，仅适用于联邦法院系统，但大多数州都模仿联邦《规则》第 19 条制订了"强制性当事人合并"制度。但在审视这一规则之前，我们必须先厘清一些传统的术语和概念（都反映在如今的《规则》第 19 条中）。

民事案件的当事人及潜在的当事人可划入三个传统的类别之中，三者可视为组成同心圆。第一，外圆（最大的圆）表示案件的"适格"当事人。这些人，基于原告之选择，可能会被并入诉讼，因其与案件争议有充分联系。如今《规则》第 20 条(a)款界定了这类当事人，这在本章第四节讨论过。第二，在外圆之内，作为适格当事人之子集（subset），是"必须"（或"必要"）的当事人。对这些人，原告并未将其并入到案件中来，但法院认为这些人出庭很有必要，如果合并可行，法院将会推翻原告之当事人合并安排而要求将其并入。如今《规则》第 19 条(a)款界定了此类当事人。第三，在该圆圈之内，作为适格当事人和必要当事人之子集，是我们几十年来一直称为"必不可少（indispensable）"的当事人。这些人，原告本该将其并入诉讼（因为"必要"）但却未并入诉讼，因为不能被并入（原因如法院对其不享有对人管辖权）。在此类人缺席时，法院将决定撤销再审案件，而非不顾其缺席继续审理。

649 在1855年经典的希尔兹诉巴罗案(Shields v. Barrow)①中,联邦最高法院对何为必要和必不可少的缺席者作了著名的阐述。法院将必要的缺席者界定为"对案件争议存在利益、理应成为当事人、其出席之后法院才可对案件进行裁判的一些人"。② 其将必不可少的缺席者界定为这样一类人,其"不仅对案件争议存在利益,且其所涉利益已达到这样一种性质,要么使得法院之终局裁判对该利益有所影响,要么可能使得该争议的最终解决完全背离公平正义。"③

你可能看到了问题之所在。这些话语并非清晰了然。在希尔兹案和其他一些案件之后,诸多法院和律师开始注重案件类别之利用而非对于案件之分析,他们关注利益的"联合性"与"可分性"观念,并认为类别之适用是缺席者是否仅属必要或必不可少的决定性因素。正如一位学者指出的,诸多判决理由开始表现出"一种对解决某些特定案件的类别之既定信赖,对于必要合并之基本原则不做严谨的重新审查工作而只是草率的重复而已。"④

《规则》第19条的原先版本颁布于1938年,继续关注这种案件类别之适用,但司法实践证明其非常僵化。"似乎存在这样一种认识,认为无须审查案件之事实,特定种类案件中的缺席者会自动归入此种或彼种类别之中。"⑤学者们对该规则予以批评并对这些问题提出了更为实际和灵活的解决之策。⑥ 1966年,联邦规则顾问委员会,为回应这些批评,重新起草了《规

---

① 《美国联邦最高法院判例汇编》,第58卷,第130、139页(1855年)。

② 同前注,第139页。

③ 同前注。

④ 约翰·里德:"民事诉讼中当事人的强制合并(1)",载《密歇根法律评论》[John Reed, Compulsory Joinder of Parties in Civil Actions (Pt. 1), *Mich. L. Rev.*]第55卷,始于第327、329页(1957年)。

⑤ 《穆尔论联邦实践》第4卷,第19章第13节。

⑥ 两篇最具影响的文章是:杰弗里·哈泽德:"不可缺少之当事人:程序幻觉之历史由来",载《哥伦比亚法律评论》(Geoffrey Hazard, Indispensable Party: The Historical Origin of a Procedural Phantom, *Colum. L. Rev.*)第61卷,第1254页(1961年);约翰·里德,前注④,以及"民事诉讼中当事人之强制合并(2)",载《密歇根法律评论》[Compulsory Joinder of Parties in Civil Actions (Pt. 2), *Mich. L. Rev.*]第55卷,第483页(1957年)。

则》第 19 条。对第 19 条之修改与加入诉讼权[1]和集团诉讼[2]等规则修改保持一致,并强调了这些概念与强制性当事人合并之间的相互作用。1966 年的修改非常重要,其考量从原先关注案件之类别转移至对案件进行逐步实际审查上来,审查法院何时以及为何应推翻原告的案件安排,而迫使新的一方当事人加入,如果该当事人不能被并入,法院何时及为何能够不顾缺席者缺席而继续诉讼,或撤销未决案件。2007 年《联邦规则》的重新修改对术语之处理相当毛糙,且更令人厌烦的是其对诸多副标题之处理尤为如此。故 650
那些《规则》第 19 条修改前的诸多案件(包括那些可能出现在你案例教材中的案例)提到了诸多已不再存在而被修改后的条款所取代的条款。此种混乱皆是出自联邦规则顾问委员会的好意,虽历经期年之繁忙工作,但不打算改变任何联邦规则之运作。

现在我们转向该规则本身,且从一开始就需强调,对于《规则》第 19 条之探讨总是基于个案分析。要避免基于下意识的反应而形成答案,适用第 19 条须实事求是——要体会法院*为何*可能撤销原告当事人安排,其背后的基本政策考量又是如何。

**《规则》第 19 条之适用**

《规则》第 19 条有点难以解释。正如大法官(时任哥伦比亚特区巡回上诉法院法官)[3]克拉伦斯·托马斯(Clarence Thomas)所指出的,"尽管《规则》第 19 条之语言颇为含糊"[4],但其规定了一种三步骤的程序。

- 第一,法院必须依据《规则》第 19 条(a)款,判断缺席者是否为"必须的当事人"。律师和法官一贯将此类缺席者称为"必要当事人"。尽管在经过毛糙修改的 2007 年版本中避免使用该词,但很可能法官

① 《联邦民事诉讼规则》第 24 条(a)款(2)项,对此我们将在本章第六节第三目讨论。

② 《联邦民事诉讼规则》第 23 条,对此我们将在第十三章第三节讨论。

③ 在就任最高法院大法官之前,其任职于美国哥伦比亚特区巡回上诉法院。在联邦法院系统,任职于最高法院的司法官员称为大法官(justices),而那些任职于上诉法院和地区法院级别的司法官员则称之为法官(judges)。

④ 西部马里兰铁路公司诉哈伯保险公司案(Western Md. R. Co. v. Harbor Ins. Co.),《联邦判例汇编第二辑》第 910 卷,始于第 960、968 页第 5 个注释(哥伦比亚特区巡回法院 1990 年)。

界和律师界对"必要"一词之使用与"必须"一样多。论述中我们将交互使用这两种表达。

- 第二，如果该缺席者确为必须当事人，法院将进一步考虑其是否能并入到未决案件中来。使用《规则》第19条(b)款之表达，法院将判断该合并是否"可行(feasible)"。这一判断要求法院决定(1)缺席者是否受对人管辖权管辖；(2)是否能合并缺席者而不影响异籍管辖权；以及(3)一旦并入缺席者，其是否将对审判地拥有有效异议。按照这三方面的拷问，如果合并可行，则命令合并该缺席者。[①]
- 如果合并该缺席者不可行，法院必须基于"公平和正义"作出决定，法院是否应(1)允许案件在没有缺席者参与的情况下继续审理，或(2)撤销该案。这一判断基于《规则》第19条(b)款规定的各种因素作出。如果法院决定撤销未决案件，而不是在缺席者缺席情况下继续诉讼，则该缺席者总是被标以"必不可少"。尽管前已指出，2007年修改规则时已删去该词，但法官和律师却已习惯使用该词。

651 请回忆《规则》第12条(b)款(7)项之规定，其允许法院驳回未依据《规则》第19条合并当事人的案件。仅当法院经过所有上述步骤的分析后，认为应撤销案件时，才准予该驳回申请。

现在让我们仔细探讨有关《规则》第19条适用的每一步骤。

**探究的问题一：该缺席者为必须的(或必要的)当事人吗？**请记住，该问题是问是否应迫使缺席者加入案件。如果现在的案件当事人安排满足了《规则》第19条(a)款规定的三种情形中的任何一种，则该缺席者将是必须的当事人。除了了解这三种情形之外，理解其背后的政策考量也非常重要，每一种情形皆给出推翻原告案件安排的政策依据。在迫使缺席者加入案件的三种政策考量中，一种见之于《规则》第19条(a)款(1)项(A)目，另外两种见之于《规则》第19条(a)款(1)项(B)目。该规则的这两目之间的差异是很明显的，只要仔细阅读该规则即可发现。

---

① 通常法庭将允许原告修改其诉状，将缺席者作为一方当事人并入案中。

《规则》第 19 条(a)款(1)项(B)目要求缺席者的诉求与“诉讼标的存在利益关联”。为达到这一要求,该利益必须“为法律上保护之权益且不仅仅是一种经济利益或方便利益。”[①]缺席者“必须与该未决诉讼存在直接的利害关系;与诉讼标的事项存在利益关系不足以被界定为必要当事人。”[②]其例证将随后述及。除了利益要求之外,第 19 条(a)款(1)项(B)目还要求,**未能**合并缺席者(考虑到缺席者之利益)将损害某人——要么损害缺席者[《规则》第 19 条(a)款(1)项(B)目(i)],要么损害被告[《规则》第 19 条(a)款(1)项(B)目(ii)]。这样,因为合并之效用在于明确避免伤害某人——缺席者或被告,故《规则》第 19 条(a)款(1)项(B)目可被称为强制性合并规则中之**损害**分支(prejudice prong)。

相反,第 19 条(a)款(1)项(A)目并不要求缺席者在该未决案件中拥有任何利益。其命令的合并并非旨在避免伤害某人,而是提升司法效率。可以称其为强制性合并规则中的**完全救济**分支(complete relief prong)。

从理论上讲,如果缺席者满足了《规则》第 19 条(a)款(1)项(A)目和(B)目规定的三种情形中的任何一种,而合并又是切实可行的,则法院应命令将其并入案件。现在我们更仔细地讨论这三种必要缺席者的界定。

**《规则》第 19 条(a)款(1)项(A)目**。依据第 19 条(a)款(1)项(A)目之规定,如果没有缺席者,“法院不能对现有当事人给予完全救济”,则应该并入缺席者。该条款之规定反映了传统衡平法之宗旨——从整体上裁决争议,而非逐点地解决争议。[③] 该条款下的合并规定,据说是为了确保法院不 652
至于作出一个“空洞的”或“部分的”判决,亦即不能有效解决整个争议的判

① 诺思罗普公司诉麦克唐奈·道格拉斯公司案(Northrop Corp. v. McDonnell Douglas Corp.),《联邦判例汇编第二辑》第 705 卷,始于第 1030、1043 页(第九巡回法院),调卷令申请被驳回,《美国联邦最高法院判例汇编》第 464 卷,第 840 页(1983 年)。

② 《穆尔论联邦实践》第 4 卷,第 19 章第 47—48 节。

③ 联邦规则合并条款所反映的诸多内容都是来自衡平法实践和《联邦衡平法规则》(the Federal Equity Rules),后者在《联邦民事诉讼规则》制订之前适用于民事诉讼领域。衡平法的一个共同主旨在于,试图在一个诉讼中解决整个争议,而不允许诉讼当事人就一个争议提起系列案件。我们在第一章第二节第三目业已讨论过衡平法院的发展和程序问题。

决。[①] 将缺席者并入案件则不必提起其他诉讼，并使缺席者受该未决案件判决之拘束，这样反过来，又避免了因多个诉讼而出现诉讼结果不一致。

尽管这些目标不可否认值得称赞，但实际上，《规则》第 19 条(a)款(1)项(A)目之规定却毫无意义。为什么？因其可以从两方面加以解释，其中一个总是可以得到满足，而另一个却永远不能得到满足。(一条规则，若其一方面的解释总是能得到满足，而另一方面的解释却永远不能满足，则谈不上是个规则。)

首先，该规则意味着，一旦遗漏缺席者将不能解决整个争议——大的说来，将不能在所有潜在的受影响之人中"实现正义"，则必须并入该缺席者。问题在于这种解释每次都可得到满足，因为总有缺席者将在未决案件判决之后提起诉讼(或将被诉)。一些法院已经采纳《规则》第 19 条(a)款(1)项(A)目的这种解释，其无异于裁决，缺席者必须并入案件以避免多个诉讼。[②] 其典型案件据说是涉及原告对一"超额损失保险人(excess insurer)"提起之诉讼，所谓超额损失保险人是指同意就超过特定数额的损失额进行保险的保险公司。

- P 的仓库被烧毁。P 对该仓库及其东西与两家保险公司缔结保险协议：第一保险公司(Primary Ins. Co.)(第一)承诺赔偿 20 万美元内的损失，超额保险公司(Excess Insurance Co.)(超额)承保超过 20 万美元的损失。P 仅起诉超额保险公司，主张其仓库的损失额是 35

① 如参见，诺思罗普公司诉麦克唐奈·道格拉斯公司案，《联邦判例汇编第二辑》第 705 卷，始于第 1030、1043 页(第九巡回法院)，调卷令申请被驳回，《美国联邦最高法院判例汇编》第 464 卷，第 849 页(1983 年)("对那些现有当事人来说，这一因素着眼于完全救济而非部分或空洞救济。")；南部联合公司诉西南天然气公司案(Southern Union Co. v. Southwest Gas Corp.)，《联邦补编第二辑》第 165 卷，第 1010 页(亚利桑那地区法院 2001 年)。

② 如参见，沃尔什诉森特约案(Walsh v. Centeio)，《联邦补编第二辑》第 692 卷，始于第 1239、1243 页(第九巡回法院 1989 年)(未能合并缺席者"将置受托人于多个诉讼之下")；温汉姆诉派珀飞机公司案(Whyham v. Piper Aircraft Corp.)，《联邦规程判例汇编》第 96 卷，始于第 557、560 页(宾夕法尼亚中区法院 1982 年)；达维拉·门德斯诉瓦特肯虾业公司案(Davila Mendez v. Vatican Shrimp Co.)，《联邦规程判例汇编》第 43 卷，始于第 294、298 页(得克萨斯南区法院 1966 年)。

> 万美元(这样该超额保险公司欠 P 15 万美元[1])。一些法院和评论
> 家认为，依据《规则》第 19 条(a)款(1)项(A)目之规定，第一保险公
> 司是必须的当事人，因为如果审理该案(P 诉超额保险公司案)的法
> 院裁决，P 的损失额仅为 19.5 万美元，则其判决将是“空洞的”。为
> 什么呢？有两个原因：(1)其不能对超额保险公司强制执行(因其不
> 对 20 万美元及以下的损失承担责任)；(2)其不能对第一保险公司 653
> 主张责任[因其并非该案之一方当事人，故依据正当程序，不能受本
> 案判决约束(对此在第十一章第三节第四目探讨过)]。

毫无疑问，尽管如此之判决将会如叙述的那样空洞化，但这并不意味着《规则》第 19 条(a)款(1)项(A)目应被用以强迫第一保险公司并入诉讼。对条款作如此解释与其法条文字矛盾。该规则并没有要求，一旦不合并缺席者将导致法院不能解决世上所有人之间的所有争议，则必须合并；相反其表示，仅在不合并缺席者就意味着法院不能对“现有当事人”给予完全救济之时，才须合并。上述假设案例之判决确已解决既有当事人之间的所有争议，因为该判决告诉超额保险公司，其并无向 P 承担保险赔偿责任的义务。更重要的是，对《规则》第 19 条(a)款(1)项(A)目规定做如此宽泛之解释，将使得所有其他的合并制度设计不起作用。要记住不像《规则》第 19 条(a)款(1)项(B)目规定，《规则》第 19 条(a)款(1)项(A)目之规定，并不要求缺席者对未决案件存在利益关联，所以如果该条文被解释为，要求任何缺席者必须合并否则即会产生多个诉讼，如果真的这样，则第三人引入诉讼制度(impleader)或加入诉讼制度(intervention)即无存在之必要。

关注《规则》第 19 条(a)款(1)项(A)目的特定语言表述，会产生第二种可能之解释——仅当不合并缺席者意味着法院不能完全集中地解决未决案件中现有当事人之间的争议之时，该条才可以援用。正如我们刚分析的那样，很难想象有这么一个能满足该标准的案件。要么是被告欠原告什么东西，要么不欠。不论判决怎样，其都将一劳永逸地集中解决现有当事人间的

① 因为超额保险公司负责的仅是超过 20 万美元损失的部分。

争议。如果照此解读，则该规则将永远得不到适用。

鉴于在认定《规则》第 19 条(a)款(1)项(A)目的恰当适用范围时会遇到上述问题，毫不奇怪，一些法院尽量避开更多地援用该条。法院似乎从不专门依赖《规则》第 19 条(a)款(1)项(A)目之规定来命令合并缺席者。相反，在法院关注该目之规定时，将其和第 19 条(a)款(1)项(B)目规定的合并依据之一合并使用。[①] 这样一来，《规则》第 19 条(a)款(1)项(A)目之规定对强制性当事人合并原则所起的作用甚微。这是否意味着对当事人合并之效率的政策考量已毫无意义？非也。这一政策非常重要，但其影响仅限于满足了《规则》第 19 条(a)款(1)项(B)目规定的损害合并依据之一的案件。每次依据《规则》第 19 条(a)款(1)项(B)目进行合并，都带来我们所期望的效率和结果的一致性。但其实现并非简单地以一种践踏原告自治，并使得《联邦规则》的其他合并条文变得无意义的方式完成。

654 《规则》第 19 条(a)款(1)项(B)目(i)。如前所述，依据《规则》第 19 条(a)款(1)项(B)目规定，强迫合并缺席者的两个依据——第 19 条(a)款(1)项(B)目(i)和第 19 条(a)款(1)项(B)目(ii)——要求该缺席者对本诉争议有利益关联，并且如果在缺席者没有参加的情况下继续诉讼，将使某人(该缺席者或被告)受到伤害。如果该缺席者未被并入该未决案件中，则《规则》第 19 条(a)款(1)项(B)目(i)段关注对其利益的潜在伤害。具体地说，法院将判断，该缺席者是否处于这样的地位，以至于不参加"可能会事实上损害其保护自身利益的能力或阻碍其发挥。"此处的合并政策考量非常明显：我们不应允许原告落下缺席者而伤害其利益。我们在本章第六节第三目看到，这也是加入诉讼权的政策考量。

请注意该条文关注的是对缺席者保护自身利益能力的实际伤害。该法条表述表明，如果案件按最初的当事人安排进行诉讼，则缺席者一般不会遭受"法律上"的伤害。我们在第十一章第二节第一目和第三节第五目述及，缺席者[除非其与一方当事人存在利害关系(in privity)，这种情况很少见]

---

① 参见《穆尔论联邦实践》第 4 卷，第 19 章第 3 节第[2]目[c]。

在法律上并不受该案判决之拘束。但在很多情况下，缺席者在法律上虽不受判决之拘束但事实上却深受判决之不利影响。比如说，P 诉一受托人，索要受托人持有的信托基金。缺席者据称是该信托基金的适格受益人。如果 P 赢得这起未决案件之诉讼，缺席者将不受该案判决之拘束。但实际上缺席者保护自身利益的能力可能受损，因为本该进入缺席者钱包里的金钱，在缺席者起诉 P 之前，可能被其挥霍殆尽或业已从该国转移。

一个有趣的问题是，缺席者保护自身利益的能力是否因该未决案件判决的先例效力而受伤害。遵循先例即是先例原则，指上诉法院对法律问题的裁决对其辖区内的所有下级法院有约束力。一般认为，先例不能源自初审法院对于事实问题之裁决。偶尔但很少发生的情况是，因《规则》第 19 条(a)款(1)项(B)目(i)之适用，遵循先例能够造成相关损害。

适当使用遵循先例原则而造成伤害的一个极好例证，是佛罗里达州附近礁石所有权的争议案件。[①] 两个私人当事人声称拥有所有权。但如果这些礁是外大陆架(outer continental shelf)的一部分，则将归美利坚合众国所有。该案由美国政府对声称拥有礁石所有权的其中一个私人提起。另一个私人权利主张人缺席。法院认识到这一问题对当事人各方足够重要，确保了其上诉至上诉法院，由上诉法院认定政府所有权的法律问题。该裁决将形成
先例，缺席者很难在后续的诉讼中将其撤销。[②] 基于这些情况，法院恰当地 655
作出结论，该案的先例性效力会构成伤害，这使得合并缺席者成为必要。[③] 其他一些法院的判决理由没有如此细心，它们援用"遵循先例"标签来证

① 亚特兰蒂斯开发公司诉美国案(Atlantis Dev. Corp. v. United States)，《联邦判例汇编第二辑》第 379 卷，第 818 页 (第五巡回法院 1967 年)。

② 特别是，如果美国政府在第一起案件中胜诉，则美国联邦第五巡回上诉法院将对这些作为外大陆架构成部分的礁的权属法律问题作出裁决。对缺席者而言，若要在另外的案件中诉称其私人所有权，其将使联邦第五巡回上诉法院以全院庭审之方式推翻该裁决或使得最高法院推翻该裁决。这其中的任何一项都不大可能成功。亚特兰蒂斯案(Atlantis)，《联邦判例汇编第二辑》第 379 卷，第 828 页。

③ 实际上，该案依据《规则》第 24 条(a)款(2)项之规定牵涉到加入诉讼权问题。但我们在本章第六节第三目述及，该规则规定的对缺席者造成伤害的主体标准与《规则》第 19 条(a)款(1)项(B)目(i)段规定的标准相同。

明这样的认定：对缺席者的伤害似乎不过是来自初审法院作出的事实裁决。[①]

《规则》第 19 条(a)款(1)项(B)目(ii)。同样，《规则》第 19 条(a)款(1)项(B)目(ii)要求缺席者对未决案件有利益关联。但此处必须并入缺席者，以防止对案件现有当事人造成可能的伤害。具体地说，如《规则》第 19 条(a)款(1)项(B)目(ii)要求的，缺席者必须“与诉讼标的有利益关联”且须处于此种境地——不合并缺席者将可能会使一方当事人担负“双重、多重或其他不一致义务等重大风险。”此处强制性合并的政策考量也很明显：其宗旨不在于避免对缺席者造成伤害，而在于避免对现有当事人造成伤害。诉讼按这样的安排进行而不合并缺席者，将使一方当事人面临风险，可能遭受双重或不一致义务之打击。

在此，我们必须指出两点。其一，尽管该规则关注对未决案件现有当事人之任何一方造成的伤害，事实上其关心的是对被告方的伤害；当然在大多数情况下，被告方指的就是被告。[②] 如果原告安排案件伤及自身，我们不清楚为什么司法制度应尽力为其提供帮助。但如果其安排案件将对以被告身份被迫卷入诉讼的一方造成伤害，则司法制度应尽力改善这其一状况。其二，应该指出该规则旨在解决对被告造成的某种特定伤害：因为有缺席者之利益而担负风险，负担“双重、多重或其他不一致义务”。[③] 该规则并未说，
656 要求合并是为了避免被告应付多个诉讼。故一方当事人安排案件仅是使被告面临多个潜在诉讼之威胁，这还不够。如前所述，这一事实即是建议对《规则》第 19 条(a)款(1)项(A)目做狭义解读的另一因素。

● 公交公司提供巴士运输服务。其中的一辆巴士发生交通事故，造成

---

① 如参见，兰杰保险公司诉新墨西哥联合房屋公司案(Ranger Ins. Co. v. United Housing of N. M., Inc.)，《联邦判例汇编第二辑》第 488 卷，始于第 682、684 页（第五巡回法院 1974 年）（在由一保险公司提起的确认裁决的案件中，依据保单之规定，其保险范围是否可能通过遵循先例制度来拘束缺席者的裁决）。

② 尽管要记住，只要被告对原告提出反诉，原告就可能是被告方。

③ 因为“双重”是“多重”的一种形式，提及前者似无必要。该规则应该简单地表述为“多重或其他不一致义务”。“双重”一词在此应为赘语。

六名乘客受伤。乘客1起诉公交公司要求人身损害赔偿，则依据《规则》第19条(a)款(1)项(B)目(ii)之规定，乘客2到乘客6为必要当事人吗？不是。尽管如此安排诉讼当然会使公交公司面临多个诉讼之威胁，其并未让公交公司承担多个或不一致的**法律义务**。

正如《规则》第19条(a)款(1)项(B)目(i)所示，当两个(或多个)法院命令将被告置于执行一个命令就会违反另一命令之境地，此时不一致的法律义务就出现了。此种问题通常发生于请求衡平法救济(如禁令或确认判决)而非请求赔偿金的情形。比如，如果一判决命令公司发行记有某人姓名的股票，而同时另一判决命令该公司发行记有另一不同人姓名的股票，此时该规则即可援用。该公司不可能执行这一判决而不违反另一判决。金钱赔偿方面不会遇到此类问题。如果乘客1胜诉，法院将命令公交公司对其进行赔偿。然后，若乘客2败诉，法院将判决公交公司不必对其进行赔偿。[①] 这些并非不一致的法律义务。公交公司不得不对一个乘客签发支票，而不必对另外一个这样做，这其间并无什么不一致义务。[②]

**适用《规则》第19条(a)款。**让我们试着用一些假设案例来说明，假设案例的出处是你们案例教科书中的相关案例。

- P做了一个外科手术，一个金属垫板和螺旋装置被植入其脊椎，该手术是由某医院的医生做的，而装置则由某公司制造。P仅对该公司提起诉讼，并未将该医生或医院加入诉讼。(快速复习之问题：P能将该医生、医院和该公司作为三个共同被告并入诉讼中吗？[③])依据《规则》第19条(a)款之规定，该医生或医院为必要当事人吗？

---

① 本案中，如果乘客2能就公交公司的过失(假定该争点在第一个案件中得以诉讼和裁决)问题对公交公司援用非相互性的进攻性争点排除原则，也许就可胜诉。但很多州并不承认非相互性的进攻性争点排除原则。参见第十一章第三节第五目。

② 我们在讨论《规则》第23条(b)款(1)项(B)目规定的集团诉讼制度时将重温这一点，参见第十三章第三节第五目。

③ 是的。这一问题由《规则》第20条(a)款所规定。只要针对共同被告的诉讼请求源自同一交易或事件且至少提出一个共同的法律问题或事实问题，则共同被告的合并即为合适。而本案中针对三人的诉讼请求都是源自在P的脊椎中植入该装置，且呈现出的共同问题即是，如果有人，又是谁对此负有过失。(若对此仍觉迷惑，参见本章第四节内容。)

657 这一假设案例即是坦普尔诉辛塞西公司案(Temple v. Synthes Corp.)[①]中的事实,对此问题联邦最高法院法官一致作出斩钉截铁的回答:不可以。依据联邦最高法院之观点,共同侵权人并非必要当事人。就是这句话。最高法院简单地说道:"不必要将所有的共同侵权人列为共同被告并入一个诉讼中,这一规则已约定俗成。1966 年对《规则》第 19 条之修改并未改变这一原则。"[②]如此一来,如果一方当事人想把另外的共同侵权人并入诉讼,其必须利用《规则》第 19 条之外的当事人合并制度(从后面的内容我们看到,一个合适的做法是被告将缺席者引入诉讼)。

- D 经营一家购物中心。其将其中的一个商店租给 P 经营珠宝生意。现在 D 又计划把该中心的另外一个商店租给 A,也是经营珠宝生意。P 诉称 D 与 A 的交易违反了其与 D 所签租约的一个条款,该条款规定 D 不能允许在购物中心再开另一家珠宝店。P 诉 D,请求法院发出禁令禁止 D 与 A 签订这一租约。问 A 为必要当事人吗?

这即是赫尔兹伯格钻石商店诉西部山谷德梅因购物中心公司案(Helzberg's Diamond Shops, Inc. v. Valley West Des Moines Shopping Center, Inc.)[③]中的事实。不要凭直觉来回答该问题,要务实运用《规则》第 19 条(a)款。因为《规则》第 19 条(a)款(1)项(A)目的独立影响甚微,让我们从其(B)目规定开始。[请记住任何时候,一旦法院依据《规则》第 19 条(a)款(1)项(B)目命令合并缺席者,其(A)目规定所追求的司法效率和一致性目标就得以实现。]

第一,因为 A 已与 D 就在同一购物中心的租赁问题进行过磋商,其与未决案件存在利益关联。(要记住,按《规则》第 19 条(a)款(1)项(B)目之两部分规定,缺席者必须存在这样一种利益。)第二,现在的合并安排有可能

---

① 《美国联邦最高法院判例汇编》第 498 卷,第 5 页(1990 年)。

② 坦普尔案(Temple),《美国联邦最高法院判例汇编》,第 498 卷,第 7 页。这一判决理由非同一般,因为最高法院经由提审并未经口头辩论发布该判决理由(推翻了联邦第五巡回上诉法院认为缺席者为必要当事人的裁决)。这样的程序操作无疑表明最高法院认为该问题极为重要。

③ 《联邦判例汇编第二辑》第 564 卷,第 816 页(第八巡回法院 1977 年)。

威胁到A的利益,因为如果P在本案中胜诉,则法院将发出禁令禁止D将该店租给A经营。故此,A满足了《规则》第19条(a)款(1)项(B)目(i)之规定,因为未能合并A将实际上损害A保护自身利益的能力或阻碍该能力之发挥。[1] 第三,本案也满足了《规则》第19条(a)款(1)项(B)目(ii)之规定,因为如今的当事人安排将威胁到D,其将承受担负不一致法律义务之风险。如果P在本案中胜诉,法院将命令D不与A签订该租约,这样A将另案起诉D,请求法院发出禁令要求D签订该租约。如果A胜诉,D将被置 658
于进退两难之境地:一判决要求其不与A签订该租约,而另一判决要求其与A签订该租约。《规则》第19条(a)款(1)项(B)目(ii)之宗旨,就在于避免这种因将A强制并入未决案件而让D担负矛盾义务的情况。

- A以自己的名义拥有某公司1,000股股票。P诉称这些股票是其与A共同购买,本应以两人共有之名义签发。P诉该公司,请求取消A之股票并重新按P与A共有之名义签发。问A为本案之必要当事人吗?

这一假设案例与前例相似,也与哈斯诉杰斐逊国家银行案(Haas v. Jefferson National Bank)[2]中的事实相似。第一,既然争议围绕A现在完全拥有的股票,故其明显与本案有利益关联。第二,现在的当事人合并安排威胁到了A的利益,因为如果P胜诉,A的股票将被取消并重新以P和A的共同名义签发,A将从股票的唯一持有人变为共同持有人。尽管A在法律上不受该判决之拘束(因其并非本案之一方当事人),但实际上其利益较之现在将明显减少。第三,现有的当事人安排也满足《规则》第19条(a)款

① P诉D案的判决在法律上将不拘束A。其既非案件的一方当事人,也非与本案中的一方当事人存在利害关系,因此囿于正当程序的问题,其不受该判决之拘束。参见第十一章第二节第一目与第三节第四目。但其对A造成实际伤害——D将不会与其签订该租约。

② 《联邦判例汇编第二辑》第442卷,第394页(第五巡回法院1971年)。贯穿我们讨论适用《规则》第19条的案件中,要记住联邦规则2007年的修改对其条文之副标题有所影响。如今的《规则》第19条(a)款(1)项(A)目即为原来的《规则》第19条(a)款(1)项。如今的《规则》第19条(a)款(1)项(B)目(i)段即为原先的《规则》第19条(a)款(2)项(i)目。如今的第19条(a)款(1)项(B)目(ii)段即为原先的《规则》第19条(a)款(2)项(ii)目。

(1)项(B)目(ii)之要求,因为其威胁到了公司,其将要担负不一致的法律义务。如果P在本案中胜诉,法院将命令该公司取消A的股票并重新以P和A的共同名义签发。这样A将另案诉该公司。如果A胜诉,法院将命令该公司仅以A之名义签发这些股票。公司不可能在满足其中一个判决要求的同时而不违反另一判决。

- P作为某死者(因包机失事而丧身)的遗产代理人对该飞机的制造商提起诉讼。缺席者有下列几个:拥有并经营该飞机的公司、为飞机提供服务的公司以及飞行员的遗产管理人,它们中的任何一位都是本案的必要当事人吗?

基于联邦最高法院对前述坦普尔诉辛塞西公司案(Temple v. Synthes Corp.)[①]的裁决,对该问题的迅速的回答应为不是。坦普尔案的裁决认为,共同侵权人非为必要当事人。假设案例依据的是温汉姆诉派珀飞机公司案(Whyham v. Piper Aircraft Corp.)[②]的案情,而该案判在坦普尔案之前,实乃分析毫无条理的《规则》第19条之极好例证。

审理温汉姆案的法院认为,《规则》第19条(a)款规定的所有三个依据皆得以满足。首先,法院认定,因为不并入缺席者将导致多个诉讼发生,故
659 《规则》第19条(a)款(1)项(A)目得以满足。我们在前面已经讨论过,为什么这样认定是对该规则的错误解读。其次,法院认为,因为缺席者不管怎样将受本案判决之伤害,故《规则》第19条(a)款(1)项(B)目(i)得以满足。但在本案中看不出情况会是那样。如果法院判决飞机制造商对P进行赔偿,这怎会伤害到缺席者们呢?的确,制造商可能会起诉这些缺席者请求分摊或要求赔偿,但本案之判决与缺席者无关。最后,因为制造商将会被要求担负多个或不一致法律义务,故法院认定《规则》第19条(a)款(1)项(B)目(ii)得到满足。其认为:如果制造商在本案中败诉,之后起诉缺席者要求分摊或请求赔偿,且再次败诉,则制造商将对所有损失进行赔偿。此处最终使

---

① 参见第806页注释①。

② 《联邦规程判例汇编》第96卷,第557页。(宾夕法尼亚中区法院1982年)

法院觉得理由充足。此情形似乎确实要让被告承担《规则》第19条(a)款(1)项(B)目(ii)描述的多个法律义务。但在大多数案件中，被告能够依据《规则》第14条(a)款(1)项之规定(参见本章第六节第二目)，通过将缺席者并入诉讼来保护其自身。①

基于此，我们认为这些缺席者为本案之必要当事人。

**探究的问题二：合并缺席者可行吗？**假如该缺席者非参加不可，则我们关注的下一个问题是，将该缺席者并入待决案件是否可行。如果答案是肯定的，法院将依据《规则》第19条(a)款(2)项之规定强制将其并入。

有三个因素与可行性的探究有关。第一，要使合并可行，缺席者必须"服从诉讼书状的送达"，亦即审理待决案件的法院必须对其拥有对人管辖权。我们在第二章第五节里述及，审理待决案件的联邦法院可以使用其所在州的州法院能用的任何长臂法。此外，"扩张规则"允许送达至法院地州之外离联邦法院100英里内的地点，而不管州法如何规定。② 当然，缺席者可以通过同意并入待决案件而放弃任何管辖权异议。

第二，《规则》第19条(a)款(3)项也规定，如果缺席者"对审判地提出了异议，而合并缺席者使审判地变得不适当"，则法院必须将缺席者从案中剔除。此缺席者被视为不适合合并的缺席者。③ 但如果缺席者愿意，可以完全放弃对审判地的异议而被并入到诉讼中。

第三，也是最为重要的是，《规则》第19条(a)款规定，如果"合并缺席 660
者不会剥夺法院的事物管辖权"，则合并是可行的。我们已经反复谈到，在联邦法院提出的每一诉讼请求必须符合联邦事物管辖权的要求。对联邦事物管辖权之限制不可放弃，且当事人双方不可通过约定加以规避。《联邦民

---

① 在温汉姆案(Whyham)中，被告制造商不能援用第三人参加诉讼制度，因为其将引入之人法庭对其并无对人管辖权。如此一来，《规则》第19条成为被告在本案中提出本案判决将对其构成潜在伤害而寻求救济的唯一器具。

② 《联邦民事诉讼规则》第4条(k)款(1)项(B)目。该规则不可用于对原始被告的送达却可用于对必要缺席者之送达。参见第三章第三节第四目。

③ 《穆尔论联邦实践》第4卷，第19章第74节。

事诉讼规则》不能影响联邦法院的管辖权。[①] 同时要牢记的重要一点是，事物管辖权适用于诉讼请求而非当事人。[②] 因此，由必要当事人或对必要当事人提出的诉讼请求必须支持行使事物管辖权。显然，由该缺席者提出或对其提出的诉讼请求源自联邦法律，则其可援引联邦问题管辖权，而能在待决案件中提出，此时合并是可行的，法院会命令其合并。这一领域的多数问题涉及由缺席者提出或对其提出的依据州法的诉求，以及合并对异籍管辖权的影响。

在此类案件中，评估事物管辖权问题的关键一步，是对必要当事人的归队(alignment)问题。一旦法院决定应该并入缺席者，接着必须将其纳入待决诉讼，这意味着法院必须要决定，是将缺席者并入原告一方还是被告一方。当事人(甚至是缺席者本人)可就此向法院提交简要意见，但最终由法院作出决定。法院必须基于个案事实决定缺席者的利益更接近于原告还是被告。这一决定对事物管辖权的认定结果有重要影响。

- 俄勒冈州的州民 P，就依据州法的请求(因而不存在联邦问题管辖权)诉科罗拉多州州民 D，要求其赔偿 20 万美元。该诉求可援引异籍管辖权而在联邦法院起诉。缺席者 A 是必要当事人，亦是科罗拉多州州民。如果将 A 并入被告一方，P 将对 A 提出一个超过7.5万美元的依据州法的请求，合并是可行的。为什么？因为 P 对 A 提起的诉讼请求满足异籍管辖权要求。换言之，并入 A 并不影响事物管辖权。因为合并可行，法院将命令将 A 并入诉讼。
    - 但假设法院将 A 并入原告方，其对 D 提出一个超过 7.5 万美元的依据州法的诉求。因为 A 和 D 属同州州民，故 A 对 D 提出的诉求不能援引异籍管辖权。除非可以援用附属管辖权(我们随时要予以考虑)，否则合并不可行，法院就将进入第三个问题的探究(随后述及)，决定弃 A 而继续诉讼或驳回案件。

---

① 《联邦民事诉讼规则》第 82 条。(《联邦民事诉讼规则》"不应解释为扩大或限制美国联邦地区法院的管辖权或其管辖区域")

② 对人管辖权适用于当事人而非诉讼请求。

在上述最后的假设案例中遇到的问题,并不局限于缺席者作为原告方 661
并入诉讼的情形。如果 A 在假设案例中是俄勒冈州州民且归入被告方时,也会遇到同样的问题。在这种情况下,P 对 A 提出的诉讼请求将不能满足异籍管辖权之要求(因为其属于由一俄勒冈州州民对另一俄勒冈州州民提出的诉讼请求)。另一例子则是,即使缺席者与诉讼相对方属于异籍,如果依据州法的请求未满足异籍案件的争议金额的要求,则该诉求仍然不能援引异籍管辖权,合并也不可行。

对由必要当事人提出的或对其提出的诉讼请求,附属管辖权能有所帮助吗?对于附属管辖权,我们反复述及,其允许联邦法院受理这样的诉讼请求,即其本身未能援引任何一项联邦事物管辖权的"独立"管辖依据——异籍管辖权、外国人或联邦问题管辖权。如果附属管辖权将支持由必要当事人提出的或对其提出的诉讼请求,因其允许将该诉求并入待决案件,故使得合并可行。(若对此内容感觉模糊,请复习第四章第七节;此处的随后讨论皆以此内容为基础。)

历史上,在 1990 年附属管辖权法制定之前,法院对由必要当事人提出的或对其提出的诉讼请求拒绝适用附属管辖权。几位评论家对此背景下的附属管辖权缺乏提出了批评。首先,这会使得本可包括在内的合并(inclusive joinder)在联邦法院变得更加不可行;其次,其与法院对《联邦民事诉讼规则》第 24 条(a)款(2)项(我们将在本章第六节第三目述及)规定的、有权加入诉讼人(intervenors)提出或对其提出的诉讼请求行使附属管辖权的法院司法实践完全不一致。可以说《规则》第 19 条(a)款(1)项(B)目(i)规定的必要当事人衡量标准与《规则》第 24 条(a)款(2)项规定的加入诉讼权衡量标准在功能上完全相同,目前说这一点就足够了。换言之,缺席者有资格享受《规则》第 24 条(a)款(2)项规定的加入诉讼权,其也将是《规则》第 19 条(a)款(1)项(B)目(i)规定之必要当事人。然而不统一的是,法院只在加入诉讼权[①]的情形下将

---

① 如参见,柯蒂斯诉西尔斯和罗巴克公司案(Curtis v. Sears, Roebuck & Co.),《联邦判例汇编第二辑》第 754 卷,始于第 81、783 页(第八巡回法院 1985 年);汉堡王公司诉美国国民银行和信托公司案(Burger King Corp. v. American Natl. Bank & Trust Co.),《联邦规程判例汇编》第 119 卷,始于第 672、678 页(伊利诺伊北区法院 1988 年)。

行使附属管辖权，而对必要当事人却不行使附属管辖权。这种适用的不统一被称为《规则》第 19 条/第 24 条之反常(the Rule 19/Rule 24 anomaly)。

每一位对《规则》第 19 条/第 24 条之反常发表观点的学者，皆敦促修改规则，使得在两种情形下都能行使附属管辖权。[①] 不止一位学者建议，应排除对有权加入诉讼人提出的或对其提出的诉求行使附属管辖权，以此解决
662 这种规则间的反常现象。而这正是国会在附属管辖权法里所作的。因此国会宣布了将为人熟知的做法编入《美国法典》第 1367 条的意图，[②]实际上国会修改了涉及加入诉讼权的附属管辖权法律——且其修改之方式不曾为任何人所提倡！至于《规则》第 19 条，该法明显保留了拒绝行使附属管辖权的历史性规则。因为该法的起草者们争辩道，它实际上扩张了在此领域的附属管辖权，但我们必须审视《美国法典》第 1367 条对依据《规则》第 19 条加入诉讼的缺席者所提出的或对其提出的诉求之适用。

第 1367 条(a)款对与可援引联邦事物管辖权的独立管辖依据的诉求构成同一“案件或争议”的诉求，准予附属管辖权。按通常之解释，附属管辖权适用于与援引联邦问题或异籍管辖权的诉求起因于同一主体事实(或同一交易或事件)的诉求。由必要当事人提出的或对其提出的诉讼请求满足这

---

① 乔治·弗雷泽：“联邦法院对若不合并则利益可能受损之当事人的附属管辖权”，载《联邦规程判例汇编》(George Fraser, Ancillary Jurisdiction of Federal Courts of Persons Whose Interest May Be Impaired If Not Joined, *F. R. D.*)第 62 卷，始于第 483、485—487 页；理查德·D. 弗里尔：“对强制性当事人合并之再思考：对重构《联邦规则》第 19 条之建议”，载《纽约大学法律评论》(Richard D. Freer, Rethinking Compulsory Joinder: A Proposal to Restructure Federal Rule 19, *N. Y. U. L. Rev.*)第 60 卷，始于第 1061、1085—1088 页(1985 年)；约翰·肯尼迪：“让我们都加入诉讼吧：《联邦规则》第 24 条之加入诉讼”，载《肯塔基法律杂志》(John Kennedy, Let's All Join In: Intervention Under Federal Rule 24, *Ky. L. J.*)第 57 卷，始于第 329 页，第 362—363 页(1969 年)；琼·斯坦曼：“异籍案件转移后当事人安排之变化：旧法、新法与《规则》第 19 条”，载《堪萨斯大学法律评论》(Joan Steinman, Postremoval Changes in the Party Structure of Diversity Cases: The Old Law, the New Law, and Rule 19, *U. Kan. L. Rev.*)第 38 卷，始于第 864、950 页(1990 年)。

② 国会的明确目标为(1)推翻芬利案之结论；(2)在所有其他方面来“编纂芬利案之前的司法实践”。参见第四章第七节。芬利案之前的司法实践认可附属管辖权适用于有权加入诉讼人提出的或对其提出的诉讼请求。但我们在本章第六节第三目述及，《美国法典》第 1367 条改变了这一实践。

一标准,对此从未有人表示过重大怀疑。[①] 根据其定义,此类缺席者于此案有利益关联,且关系是如此紧密,以至于要么其自身利益可能受损,要么不合并将使得被告面临承担多重或不一致的法律义务之威胁。因此,第 1367 条(a)款对由必要当事人提出的或对其提出的诉讼请求明确地准予行使附属管辖权。

问题出在第 1367 条(b)款之适用上,其切断了附属管辖权之适用。该款仅适用于可援用异籍管辖权的案件中,且对一些特别列举之诉求排除适用附属管辖权,这类诉讼请求可分为三类,其中两类在此相关。具体而言,附属管辖权不适用于异籍案件中"由原告针对依据《联邦民事诉讼规则》……第 19 条而成为诉讼当事人之人提出的诉讼请求"或"由依据《联邦民事诉讼规则》第 19 条或诸如此类的规则加入原告方的人提出的诉讼请求"。故此,附属管辖权不适用于异籍案件中的两类诉讼请求:(1)原告针对加入被告方的必要当事人提出的诉讼请求;或(2)如果必要当事人加入原告方,其所提出的诉讼请求。

- 假设所有的诉讼请求皆是基于州法提起且金额都超过 7.5 万美元。 663
  得克萨斯州州民 P 诉密苏里州州民 D。该诉讼请求援引异籍管辖权得以在联邦法院提起诉讼。A 是必要当事人且为密苏里州州民。如果 A 被并入诉讼作为原告,因为 A 与 D 为同州州民,故其对 D 之诉讼请求不能援引异籍管辖权。因为这是一个由依据《规则》第 19 条并入诉讼作为原告的人提出的诉讼请求,故附属管辖权不能行使[尽管 A 对 D 提出的诉讼请求满足第 1367 条(a)款之要求];第 1367 条(b)款禁止行使附属管辖权。
- 其他事实相同,但 A 为得州州民且将并入诉讼作为被告。此处因 P 与 A 同属得州州民,故 P 对 A 提出之诉讼请求并不能援引异籍管辖权。附属管辖权会有所帮助吗?同样,P 对 A 提出的诉讼请求将满足第 1367 条(a)款之要求。但因为这样的诉讼请求是属于由原

---

① 参见《穆尔论联邦实践》第 4 卷,第 19 章第 4 节第[1]目[b]。

> 告对依据《规则》第19条并入诉讼的人提出的诉讼请求，故第1367条(b)款排除了对该诉讼请求的附属管辖权；第1367条(b)款禁止对此诉讼请求行使附属管辖权。[①]

另一方面，第五巡回法院在《规则》第19条的语境中援用了附属管辖权。对一被告依据《规则》第13条(h)款提出的诉讼请求予以适用。正如我们在本章第五节第一目里所说，《规则》第13条(h)款规定，只要并入新当事人符合《规则》第19条或第20条之规定，就允许被告在其反诉或交叉请求中将其加入。在州国民保险公司诉耶茨案(State National Insurance Co. v. Yates)[②]中，该案是异籍案件，被告对原告提出强制性反诉。该反诉自身满足异籍管辖权之要求。被告援用《规则》第13条(h)款对一缺席者提出反
664 诉，依据《规则》第19条该缺席者是必要当事人。但缺席者与被告属同州州民，这意味着此反诉不能援用异籍管辖权(亦不能援用联邦问题管辖权或外国人管辖权)。法院认为该诉讼请求能援引附属管辖权。首先，因其与案件的基本争议有足够关联而满足吉布斯规则之要求，故其处于《美国法典》第1367条(a)款的授权范围；其次，尽管该条(b)款适用于异籍案件，但该款并不排除附属管辖权之适用。具体而言，该条款对原告依据特定的联邦规则提出的诉求排除管辖权。但耶茨案中的诉讼请求是由被告依据《规则》第

---

① 尽管制定法排除对彼处提出的诉讼请求行使附属管辖权，但一些学者认为第1367条并未禁止将缺席者加入诉讼作为被告。他们认为A可作为被告并入诉讼且与第1367条(b)款相一致，他们接着为制定法在必要当事人领域扩张适用附属管辖权而欢呼雀跃。托马斯·罗，斯蒂芬·伯班克 & 托马斯·门格尔：《增加混乱与妨碍异籍？与弗里尔教授商榷》，《埃默里法律杂志》(Thomas Rowe, Stephen, & Thomas Mengler, Compounding Confusion and Hampering Diversity? A Reply to Professor Freer, *Emory L. J.*)第40卷，始于第943页，第955—959页(1991年)。这一主张非常奇怪。假定A列为被告的理由是因为P对其提出诉讼请求；其被并入诉讼恰是因为P对其提出诉讼请求。而第1367条(b)款明确规定对此诉讼请求不能适用附属管辖权。故此处将A加入有何所获，根本就不明确。A成为当事人但P却不能对其提出诉讼请求。何苦来哉？

这些学者似乎在提倡对当事人行使附属管辖权，此乃根本性的一大误解。像所有事物管辖权一样，附属管辖权仅对诉讼请求适用而非当事人。联邦第一巡回法院拒绝采纳在皮卡西奥托诉大陆灾害保险公司案[Picciotto v. Continental Cas. Co.，《联邦判例汇编第三辑》第512卷，始于第9、23页(第一巡回法院2008年)]案中引用的上述学者的观点。(“我们未能发现支撑相关诉求增加的附属管辖权能对原告有何帮助，因其虽能合并当事人却不能对其提出任何诉讼请求”)

② 《联邦判例汇编第三辑》第391卷，始于第577页，第579—581页(第五巡回法院2004年)。

13 条(h)款提出的,而对该条款第 1367 条(b)款并未提及。[①]

因此,最终附属管辖权法律可以帮助合并《规则》第 19 条规定的缺席者,至少在将他们追加为反诉或交叉请求的一方当事人时是如此。但在缺席者直接依据第 19 条并入诉讼时,附属管辖权法律似乎并无帮助。尽管如此,不要忘记第 1367 条(b)款仅适用于异籍管辖权案件。

- 田纳西州的州民 P 诉该州州民 D,理由是其侵犯了 P 依据联邦法律所享有的权利。该诉讼请求援引联邦问题管辖权因而得以在联邦法院起诉。A 为缺席者,是必要当事人,也是该州州民。其作为原告方被并入诉讼,而依据州法对 D 提出诉讼请求。该诉讼请求不能得到联邦问题管辖权支持(因其是基于州法)或异籍管辖权支持(因 A 与 D 属于同州州民)。其可援引附属管辖权吗?可以。第一,因为该诉求与案件的基本争议都起因于同一主体事实的共同内核,故第 1367 条(a)款准予适用附属管辖权。第二,该条(b)款在此并不适用,故其不能排除附属管辖权之适用。要切记,第 1367 条(b)款仅适用于可援用异籍管辖权的案件。而本案原先的诉讼请求援引的是联邦问题管辖权。

那么,至此法院已经认定该缺席者为必要当事人,且评估了其并入是否可行。如果合并可行,法院一般会给原告机会追加缺席者。若原告没有追加,《规则》第 19 条(a)款(2)项规定法院"必须命令将该缺席者追加为当事人"。法院可发布命令将其并入诉讼的被告方或原告方。如果被并入被告方,原告通常会修改其诉状对其提出诉求。如果被并入原告方,其将提交合适诉答文书,提出其诉讼请求。[②]

---

① 同前注,第 578—581 页。

② 如果一位缺席者为必要当事人理应列为原告却拒绝参加,法庭可发出命令将其并入被告方然后再将其列为原告。在极为罕见的情况下,此类缺席者能够被并入诉讼作为"非自愿原告"而受判决之拘束,纵使其拒绝参加诉讼。仅在缺席者与原告间的关联是如此密切以至于该缺席者必须允许案件中的原告以其名义来寻求救济的情况下,法院才适用非自愿原告原则。这些案件实属罕见,如专利的排他性许可诉讼,专利持有人可能会并入诉讼作为非自愿原告。参见《穆尔论联邦实践》第 4 卷,第 19 章第 4 节第[4]目[b]。

665 但如果法院发现合并缺席者不可行，结果会怎样呢？法院必须继续进行第三步的分析。

**探究问题之三：如果合并不可行，法院是在没有缺席者参与的情况下继续诉讼呢，还是撤销待决案件？** 此时，法院已经得出结论，本应将缺席者并入诉讼，但合并却不可行。现在法院必须从两种选择中择其一，(1)不并入缺席者而继续进行目前的诉讼；(2)撤销目前的案件。每一种选择都存在问题。如果法院继续诉讼，要冒一种风险——将使该缺席者或被告遭受《规则》第 19 条意欲避免的伤害。另一方面，如果法院撤销案件，则否决了原告的法院选择。若法院选择后一种做法，则该缺席者就成了一直被称的“不可缺少”当事人，且将依据《规则》第 12 条(b)款(7)项撤销案件。2007 年对《联邦民事诉讼规则》第 19 条之修改删除了“不可缺少”一词，但法官与律师似乎将继续使用该表述。

法院将如何选择呢？其选择受《规则》第 19 条(b)款之支配，该款开宗明义地指出，法院应基于“公正与良知”考虑驳回是否合适。[①] 除了这一开放性的术语之外，该款还列举了四个非排他性的因素来指导法院作出决定，这四个因素的排列并无位阶之分，初看起来，这些因素似曾相识，其仿效了依据《规则》第 19 条(a)款决定是否将缺席者并入诉讼时对诸多顾虑的处理。然而重要的是对《规则》第 19 条(b)款要旨之判断颇为不同。《规则》第 19 条(a)款要求法院认定，如果缺席者未被并入诉讼，规则预见的诸种伤害是否可能发生[②]，此处判断的是此类伤害是否真的将发生。“这里存在程度上的不同。决定继续进行诉讼还是撤销案件，要求仔细考察不合并和撤销案件所造成伤害的实际可能性和严重性。”[③]

为了反映这种对盖然性(probability)而非可能性(possibility)之强调，

① 该短语来自经典案件希尔兹诉巴罗案(Shields v. Barrow)，《美国联邦最高法院判例汇编》第 58 卷，始于第 130、139 页(1855 年)，且在《规则》第 19 条(b)款中一字不差地予以接纳。

② 《规则》第 19 条(a)款(1)项(B)目要求的仅是相关之伤害“可能”发生；其并不要求此类伤害必须或必然要发生。

③ 《穆尔论联邦实践》第 4 卷，第 19 章第 82 节。

《规则》第19条(b)款(1)项指示法院考虑“缺席者不参与情况下作出判决对缺席者或本案当事人可能产生的伤害程度”。这里法院可能要稍稍兼顾案件之实体方面,决定原告之诉求是否可能造成这两种伤害中的其中一种。此外,法院应考虑该缺席者或被告是否能够采取某种措施来避免此种伤害。比如说,该缺席者可以加入诉讼,其拒绝这样做可能表明其认为潜在的伤害并不大。同样,被告可以通过使缺席者参加诉讼来避免承担多重或不一致 666
的义务,或者如果争议涉及到财产所有权问题,被告可提起确定竞合权利的诉讼。

《规则》第19条(b)款(2)项要求法院富有创造力,考虑“在判决中设置保护性规定”、“引导救济方式”及其他避免或减轻对缺席者或被告带来潜在伤害的措施。有人将此称之为法院的“左右判决”的权力,让案件顺利进行而又保护缺席者和被告使其免遭可能的伤害。例如,如果原告要求解除合同而缺席者是一方当事人,法院可能让胜诉的原告获得金钱赔偿来避免合同解除对缺席者的潜在伤害。[①] 或者如最高法院在普罗维登特商人银行和信托公司诉帕特森案(Provident Tradesmens Bank & Trust Co. v. Patterson)[②]中所为,在诉讼涉及对一基金提出的几个相冲突的诉讼请求时,法院可以命令基金的一部分不得分配,以便缺席者在后续诉讼中所提之诉求能够得以满足。

《规则》第19条(b)款(3)项指示法院在案件没有合并缺席者的情况下,如何使判决做到理由充分、结论妥当。这一因素关涉两个目标:避免伤及缺席者与被告,“法院与公众在争议完全、一致与有效解决中的利益”。[③] 法院再次要审视,在案件继续进行的情况下,作为强制性合并原则关注点的伤害是否将实际发生,而不仅只是理论上有可能发生。

---

① 如参见,坎贝尔诉三角公司案(Campbell v. Triangle Corp.),《联邦规程判例汇编》第56卷,始于第480、482页(宾夕法尼亚东区法院1972年)(“若原告将胜诉,可通过将救济方式限于金钱赔偿来避免对缺席者利益造成伤害”)。

② 《美国联邦最高法院判例汇编》第390卷,始于第102、115页(1968年)。

③ 同前注,第111页。(“我们读出规则的第三标准……提及只要有可能在整体解决争议的过程中要顾及公众利益”)

最后,《规则》第 19 条(b)款(4)项建议法院注意处理好问题的另一方面——“如果案件因未合并缺席者而被撤销,原告是否还能得到适当之救济。”换言之,如果法院将待决案件撤销,原告还能够获得正义吗?在处理这一问题时,大多数法院要看在驳回的情况下,原告是否还有一个适当的替代法院(adequate alternative forum)可资利用。如果存在这样一个法院可让所有的利益相关人——包括缺席者——都能加入该诉讼,此时驳回待决案件可能极富意义:其能够导致在另外一个法院的诉讼,该单一案件将拘束所有的利益相关人,因而避免重复诉讼和对缺席者或被告的任何潜在伤害。正如我们在《规则》第 19 条适用的第二步骤中看到的,不能并入缺席者的理由经常是其并入会破坏异籍管辖权。若情况是如此,很可能存在这样一个州法院,所有当事人都受其对人管辖权管辖而可并入单个诉讼。此时援引第 19 条之结果可能是,引导原告放弃联邦法院而去州法院诉讼。

667 ● 路易斯安那州的州民 P 在得克萨斯州的联邦法院诉得克萨斯州州民 D,其恰当地援引了异籍管辖权。缺席者(A)是案件的必要当事人,也是得州州民。法院认为 A 应该并入待决案件成为原告。但其对 D 提出的诉讼请求不能援引异籍管辖权(因为 A 与 D 同为得州州民),故合并不可行。在决定是在 A 缺席的情况下继续诉讼还是撤销该案时,法院可能会注意到可否让所有三个当事人加入到得州(或其他地点)州法院的一个案件中。探究包括得州州法院是否拥有对人管辖权。如果有管辖权,撤销在联邦法院的诉讼将导致最有效的集中审理。如果法院驳回起诉,实质上是在告诉 P:为了使诉讼得到有效集中审理且不伤及 D 与 A,其必须放弃联邦法院作为案件的审理法院。

联邦最高法院在 2008 年的菲律宾共和国诉皮门特尔案(Republic of Philippines v. Pimentel)[1]中,在一个非同寻常的情况下适用了第 19 条。费迪南德·马科斯(Ferdinand Marcos)是菲律宾前总统,其任上腐败惊人、统

① 《联邦最高法院判决汇编》第 128 卷,第 2180 页(2008 年)。

治残暴，窃取了数十亿美元的资产并将其分散至不同地点以备被赶下台后的不时之需。大部分资产的持有人，是由马科斯成立的一家公司，它对这些资产提起了确定竞合权利的诉讼。在第十三章第二节，我们将研究确定竞合权利诉讼，其允许财产持有人迫使财产请求权人加入一个有关财产所有权问题的诉讼。这些资产的诸多请求权人中有菲律宾共和国及其下设的一个委员会、其他数千名诉称马科斯违反人权的人士等。

菲律宾共和国及其下设的委员会不能加入到确定竞合权利诉讼中来，因其享有主权豁免。问题是该确定竞合权利诉讼能否在没有这些人参与的情况下继续进行。法院认为不能，得依据《规则》第 12 条(b)款(7)项驳回起诉。第一，菲律宾及其委员会是《规则》第 19 条(a)款(1)项第(B)目(i)规定的必要当事人；如果他们不加入诉讼，资产将分配给其他人而这些权利请求人将遭受损失。其二，依据《规则》第 19 条(b)款之规定，应该撤销案件。联邦最高法院确认，在适用第 19 条时，法官照例必须顾及诉求和答辩的实体部分。但基层法院却错误地以菲律宾及其委员会对于金钱资产提出的诉求
为不严肃而予以驳回。基于公正与良知——为了让一个主权国家自己的法 668
院认定谁拥有前领导人隐匿的资产——联邦最高法院认为必须撤销在联邦法院进行的确定竞合权利诉讼。

**提出《规则》第 19 条之问题**

几乎总是由被告提出《规则》第 19 条的问题，不是在申请中要求加入必要当事人，就是依据《规则》第 12 条(b)款(7)项之规定要求撤销案件。因为案件是基于原告的主意而作出安排的，故原告极少会这样做。很少有原告改变想法，提请法院注意其未能将满足《规则》第 19 条规定的某人加入诉讼。为何被告会这样做呢？显然，在满足《规则》第 19 条(a)款(1)项(B)目(ii)段规定的案件中，被告的自身利益要求其必须提出这一问题。在这类案件中，其诉讼安排将可能使被告承担多重或不一致的法律义务，故其想借助强行合并缺席者避免出现这种情况；或者，如果合并不可行，则想辩称依据《规则》第 12 条(b)款(7)项应该撤销案件。

如果案件仅满足《规则》第 19 条(a)款(1)项(B)目(i)规定，结果又会如

何呢？这种情况下的诉讼安排将可能伤害到缺席者的利益。为何被告在此情形下愿意向法院提出第 19 条的适用问题呢？其一，这样做可能出于利他主义(altruism)的考虑。其二，也更为可能的情况是，其这样做的背景是合并缺席者不可行，因此案件可能被法院撤销。若不存在驳回的可能性，很难看出被告为何要操心缺席者可能遭受潜在伤害。除非其能使案件驳回，否则其从中一无所获。因此，正是在缺席者可以被并入诉讼的案件中，其利益才最可能受到威胁。如此情形下，若被告不能依据《规则》第 12 条(b)款(7)项之规定让案件撤销，难以理解为什么有人会留意缺席者的利益。

理论上，在这种情况下有两种方式可以保护缺席者。一种即是《规则》第 19 条(c)款，其要求当事人在提出其诉讼请求时“说明在可能情况下要求(且可以)并入诉讼但尚未并入诉讼之人的姓名(如果知道的话)”及“未合并该人之理由”。想法是提醒法院关注必要当事人的提出问题。因为在实务中，这一规则似乎更多的是被忽略而非执行，故其所能提供的保护甚微。《规则》第 19 条(c)款之要求应予以扩展，要求所有当事人(不单是诉讼请求人)告知法院有《规则》第 19 条规定的缺席者，同时应依据《规则》第 11 条将其纳入确认程序中，以赋之其强制实施的有效性。

另外一种在理论上可用以保护缺席者的方式是加入诉讼权。我们将在本章第六节第三目说到加入诉讼权，其基本上可适用于依据《规则》第 19 条(a)款(1)项(B)目(i)段之规定而成为必要当事人的缺席者，此类缺席者可依据自身意愿参加诉讼。但如果缺席者并未注意到待决案件，则加入诉讼权将变得分文不值。主持修改《规则》第 19 条的顾问委员会在 1966 年修正案里完全仰赖于《规则》第 19 条(c)款。该委员会的起草者们认为，一旦法院知道缺席者满足《规则》第 19 条之要求，便可通知该缺席者并告知他们享
669 有加入诉讼权。[①] 然而这种保护性规定因实务上缺乏对《规则》第 19 条(c)款之尊重而再次受损。

① 1966 年顾问委员会对《规则》第 19 条(c)款之注解。

## 二、第三人参加诉讼或第三人引入诉讼(《规则》第 14 条)

### 程序与政策问题

第三人引入诉讼实践(third-party practice),更为人所知的称谓是第三人参加诉讼(impleader),其是合并制度设计全副装备中的重要工具,在联邦司法实践中适用《规则》第 14 条(a)款的规定,[①]其允许在有限的情况下合并缺席者而推翻原告在待决案件中的诉讼安排。重要的是仅有"被告方(defending party)"才能通过第三人参加诉讼制度来合并缺席者。显然,被告方是诉讼请求所针对的当事人。当然在通常情况下,该当事人是被告,但原告亦可能是被告方,如在另外一方提出反诉或交叉请求的情况下。《规则》第 14 条(b)款对这一点规定得很明确,规定如果对原告提出了诉讼请求,则其可以使第三人参加诉讼。因为《规则》第 14 条(a)款已经规定,仅有"被告方"才能使第三人参加诉讼,故(b)款之规定实属多余。事实上,即使被引入诉讼的某人是被告方,如果其有适当的让第三人参加诉讼之请求,仍可使其他人加入到诉讼中来。[②]

提出让第三人参加诉讼的被告方称为"第三人关系中的原告(third-party plaintiff)",而通过第三人参加诉讼制度被并入诉讼的缺席者称为"第三人关系中的被告(third-party defendant)"(我们将其简称为 TPD)。因此,通常情况下是被告援用第三人参加诉讼制度,该被告将被称为**被告兼第三人关系中的原告**(defendant and third-party plaintiff)。向第三人关系中的被告(TPD)寻求救济的诉状称之为"第三人诉状(third-party com-

---

① 我们将在后文中知道,《规则》第 14 条(b)款并不相关。其(c)款仅适用于海事海商案件,已不在我们的探讨范围之列。尽管《规则》第 14 条仅适用于联邦法院,诸多州基于联邦规则制定有自己的第三人参加诉讼规则。

② 当第三人被引入诉讼然后又引入另外一位缺席者,一些法院将后一种诉讼请求称之为"第四人诉求"。如参见,州际能源公司诉堪萨斯城市能源与照明公司案(Interstate Power Co. v. Kansas City Power & Light Co.),《联邦判例汇编第二辑》第 992 卷,始于第 804、806 页(第八巡回法院 1993 年)。事实上,可能还存在连续的第三人参加诉讼现象,目前的记录似乎是五个。贝弗梅特·梅泰斯有限公司诉加利公司案(Bevemet Metais, Ltd. v. Gallie Corp.),《联邦规程判例汇编》第 3 卷,第 352 页(纽约南区法院 1942 年)。

plaint)”。《规则》第 14 条(a)款(1)项规定，被告方有权在针对原告之起诉状所提出的最初答辩状送达后的十天内，使第三人参加诉讼。十天之后，则必须提出申请寻求法院许可，方可使第三人参加诉讼。除非准予申请会造成案件实体解决之过分延误，否则照例会准予此类申请。被告方一定要使第三人参加诉讼吗？非也。《规则》第 14 条(a)款(1)项之规定明显是任意性的，其第一句规定被告方“可以”(而非“必须”)将第三人引入诉讼。

670　当我们关注第三人参加诉讼中的诉求类别时，仅“被告方”能提出第三人参加诉讼诉求就变得很明显。这类诉求针对的对象必须是，“就针对被告方提出的全部或部分诉求承担或可能会承担责任”的缺席者。这一限制极其重要。不能仅仅因为被告对缺席者拥有诉求，或仅因为原告可能会对缺席者拥有诉求，就让被告方将缺席者引入诉讼。相反，对缺席者提出诉求反映了缺席者对针对被告方提出的全部或部分诉求要承担全部或部分责任。此类诉求几乎总是要求补偿和分摊。通常情况下，被告引入缺席者(TPD)，是因其对原告针对被告提出的全部或部分诉求要承担补偿责任或分摊责任。

我们在第十一章第三节第五目探讨争点排除时谈到补偿问题。补偿义务是一种让某人免遭损害的义务——全额“承担”由该人承担的责任。例如，如果你将车借给同学(D)用，D 开着你的车撞了 P，你就要为 D 的行为承担替代责任。P 可诉你。如果 P 这样做的，且从你那儿获得判决的金额，则你可以起诉你的同学 D，因其(作为负首要责任的行为人)对你(替代责任方)负有补偿之责。另一个例子是保险赔偿。如果你过失驾车伤了某人，受害人起诉你并获得了赔偿，保险公司将替你支付这笔款项。[①]

分摊与补偿类似，但通常涉及他人按比例赔付。一个极好的例子即是共同侵权人间的责任分摊行为。

● X、Y 和 Z 是伤了原告的共同侵权人。基于合并，该原告能在一个

---

① 当然这是建立在该事件在保单的承保范围与限制之内的假设基础之上。如果你保单的最大承保金额是 10 万美元，而原告的胜诉判决里要求你赔偿 13 万美元，则保险公司将仅承担 10 万美元的赔付之责，剩下的由你自己支付。

> 案件中起诉所有的三个人。(为什么?①)但原告并非一定要这样做。(为什么?②)假设原告仅起诉X。据此,Y与Z为缺席者。不能依据《规则》第19条将他们作为必要当事人强制并入待决案件。(为什么?③)但X能够将Y和Z引入诉讼,因为Y与Z作为共同侵权人,对X负有分摊责任,亦即他们每人将按比例承担侵权责任。如果原告获得胜诉判决,由X赔偿15万美元,Y与Z将各自承担5万美元(三分之一的责任)。

没有第三人参加诉讼制度,X将不得不将该待决诉讼进行下去,而且如 671
果其败诉,将不得不向P支付所有的判决金额,比如15万美元。然后在另外一个诉讼中,其将诉Y与Z,希望赢得要求Y与Z分摊的诉求。但其可能在该诉讼中败诉,因为毕竟Y和Z将不受P诉X案判决之拘束。(为什么?④)如果其在此案中败诉,其将独自承担整个15万美元的损失。即使其在诉Y与Z的案件中胜诉,其也不得不将暂时先支付整个赔偿金额,不得不支付第二个案件的诉讼费用以实现其分摊权。

第三人参加诉讼制度推翻了原告的诉讼安排,以避免对被告造成潜在伤害。若无此制度安排,被告(上述假设案例中的X)在原告诉自己的案件和此后其起诉共同侵权人的另一个案件中都会面临败诉的风险。此类避免损失之安排与《规则》第19条(a)款(1)项(B)目(ii)之立法目标相似,即为避免被告背负多重或不一致的法律义务而强制并入缺席者(参见本章第六节第一目)。因此,第三人参加诉讼制度提升了司法效率,保障了判决的一致性以及对待被告的公平性。这些利益考量超过了对原告自治利益的衡

---

① 因为依据《规则》第20条(a)款(2)项之规定,针对所有三个人的诉讼请求皆是源于同一交易或事件且提出了至少一个共同问题。参见本章第四节。

② 因为《规则》第20条(a)款是任意性规定。参见本章第四节。

③ 因为最高法院在坦普尔诉辛塞西公司案(Temple v. Synthes Corp.)[《美国联邦最高法院判例汇编》,第498卷,第5页(1998年)]中认为共同侵权人不是必要当事人。参见本章第六节第一目。

④ 因为Y与Z并非该案中的当事人,故基于正当程序问题,其不受该案判决之拘束。参见第十一章第二节第一目和第三节第四目。故此,Y与Z可能争辩认为,其并非与X为共同侵权人,因而对其不必承担分摊责任。

量，成为允许被告重新安排案件的正当理由。

有些州的实体法规定，除非当事人已对判决金额进行了全额赔付，否则其不可以提起补偿或分摊之诉。换言之，在我们的上述假设案例中，法律可能规定X不能诉Y和Z要求分摊赔偿，除非X在原告诉自己的案件中败诉且已全额支付赔偿金。在这些州里，X能否在联邦法院援用《规则》第14条(a)款(1)项之规定将Y和Z作为第三人关系中的被告(TPDs)引入待决案件中？能。《规则》第14条(a)款(1)项仅促成这一诉讼请求尽快提出。[①] 亦即，X能够在待决案件中对Y与Z提出其诉讼请求，但原告在本诉中胜诉前，该请求尚不能实现、时机不成熟；原告胜诉后法院才能够继续决定X是否有权从Y与Z那里获得分摊。故《规则》第14条(a)款(1)项允许“提前”提出诉讼请求以确保所有相关争点都能在一个案件中予以解决。显然，该项规定并未(也不能)创设一个本不存在的要求补偿或分摊的诉讼请求。所以，如果相关州法并不允许在共同侵权人间进行责任分摊，则《规则》第14条(a)款(1)项将不允许第三人参加诉讼。[②]

672 不要将第三人参加诉讼制度与我们在本章第五节第二目讨论过的《规则》第13条(g)款规定的交叉请求制度相混淆。交叉请求是由一方当事人针对其共同方当事人提出的，而第三人参加诉讼提出的诉求是由一方当事

---

① 如参见，希亚特诉马自达汽车公司案(Hiatt v. Mazda Motor Corp.)，《联邦判例汇编第三辑》第75卷，始于第1252页，第1255页(第八巡回法院1996年)；马克维卡诉布罗德黑德—加勒特公司案(Markvicka v. Brodhead-Garrett Co.)，《联邦规程判例汇编》第76卷，始于第205、207页(内布拉斯加地区法院1977年)。

② 这一问题由汉纳诉普卢默案(Hanna v. Plumer)所规定，我们在第十章第六节曾有所讨论。依据汉纳案之规则，如果存在一个联邦指令[诸如此处《规则》第14条(a)款(1)项之规定]，只要其有效，就将支配联邦法院中的这一问题。依据《规则制定授权法》之规定，一条联邦规则要想有效的话，其必须“可认为是程序上的”且不能“限制、扩大或修改任何实体法规定的权利。”《美国法典》第28编第2072条(b)款。此处《规则》第14条(a)款(1)项仅是促使依据州法的既定诉讼请求尽早提出。如果依据州法的诉讼请求并不存在，《规则》第14条(a)款(1)项就不能允许其提出。此时若允许其提出就将扩大实体法规定的权利，违反《规则制定授权法》。参见康纳斯诉郊区丙烷公司案(Connors v. Suburban Propane Co.)，《联邦补编》第916卷，始于第73、76页(新罕布什尔地区法院1996年)。(“《规则》第14条并非用来创设诉因；仅是依据可适用的制定法或普通法之规定所制定的提出诉因的方法而已。”)

人对缺席者提出的。而且交叉请求与本诉源于同一交易或事件，而第三人参加，如我们所见，范围更为狭窄——基于本诉的诉求要求补偿或分摊。

我们可以用一个假设案例对《规则》第 14 条(a)款(1)项规定的这些内容及其他诸点进行回顾。这是一个极好的事实模型，其将复习相当数量的法条依据。在分析之前，请认真阅读《规则》第 14 条(a)款之规定。

- T 经 D 允许驾驶其卡车。在驾驶过程中撞了行人 P。D 将对 T 的行为承担替代责任。同样，D 对 T 享有补偿权。P 仅起诉了 D。因为在 P 提起的本诉中，T 对或可能对本诉中的所有或部分诉求担责，因此 D 可将 T 引入待决案件中来。为什么？因为如我们所述，T 对 D 负有补偿义务。这并非是对共同方所提出的交叉请求。T 和 D 不是共同当事人，因为 P 并未依据《规则》第 20 条(a)款之规定两人作为共同被告起诉。[①] 其实，在 D 通过第三人参加诉讼制度将 T 引入诉讼前，T 为缺席者，非本案当事人。让我们假定 D 将适时将 T 引入诉讼。
    - 当我们考虑此点时，T 现在希望 D 能在本诉中胜诉。如果 D 在 P 起诉的案件中胜诉，T 将不再担责，没有要由其需要向 D 承担补偿责任的判决。假如 T 注意到 D 在本诉中未能提出一个重要的答辩理由，比如说 D 忘记依据《诉讼时效法》提出一个肯定性答辩(affirmative defense)。即使该答辩理由本该由 D 提出，T 能提出吗？答案是肯定的。这正是《规则》第 14 条(a)款的部分条文所明确规定的吗？[②]
    - 如果 T 认为，其对 D 提出的对第三人引入诉讼诉求(impleader claim)拥有答辩理由，结果又会如何？《规则》第 14 条(a)款的

---

① P 本可依据《规则》第 20 条(a)款之规定将 D 与 T 作为共同被告并入诉讼，但在此假设案例中，其并未这样做。

② 这一问题的答案由《规则》第 14 条(a)款(2)项(c)目所规定，其允许 T 向 P 提出本该由 D 提出的任何答辩理由。

哪些条文允许其在待决案件中提出这一答辩理由呢？①

- 在D将T引入诉讼后，假设T对D提出的诉讼请求与D使T参加诉讼的诉讼请求基于同一交易或事件。比如说，T认为该事故的发生是由于卡车的刹车存在问题，T亦在事故中受伤而
673 对D提出损害赔偿请求。T不仅可在待决案件中提出这一诉求，其大概也必须这样做。为什么？② 不能将此诉讼请求称之为交叉请求。为何其不是一个交叉请求？③
- 再回到D将T作为第三人引入诉讼的阶段。假设（正如可能的情形）D基于以下两点想从T身上获得赔偿。第一，想获得补偿，故若P胜诉，则T不得不对判决要求的赔偿金额担责。第二，如果事故确系T之过错，D要T对其卡车所致损害进行赔偿。我们知道，其可通过第三人参加诉讼制度寻求第一项之补偿，因为这一制度正是为此类诉讼请求所量身定做的。为何D不能通过这一制度来寻求财产损害之赔偿呢？④
- 所以如果D将T引入诉讼并提出补偿请求，其是否也能在该待决案件中提出卡车赔偿之请求？可以。是如何做到这一点的？⑤

---

① 《规则》第14条(a)款(2)项(A)目。一旦D将T作为第三人引入诉讼，T即成为被告方，其像任何被告方一样，必须依据《规则》第12条之规定，在诉讼书状送达后的20天内作出回应。

② 依据《规则》第13条(a)款(1)项之规定，T对D提出的诉讼请求为强制性反诉，我们在本章第五节第一目业已讨论。为什么？反诉是针对"相对方"提出的诉讼请求。一旦D将T作为第三人引入诉讼，其即成为相对方，T提出的这一诉求与D提出的第三人参加诉讼诉求基于同一交易或事件，故符合《规则》第13条(a)款(1)项强制性反诉的规定。如果T未在此提出其诉求，其将禁止在任何其他地方提出该诉求。

③ 交叉请求是针对共同方提出的诉讼请求。D与T并非共同方，P未曾依据《规则》第20条(a)款(2)项之规定，将这二者作为共同被告予以起诉。

④ 因为《规则》第14条(a)款(1)项规定的由被告方启动的第三人参加诉讼制度仅允许从第三人关系被告身上寻求赔偿，该第三人被告对原告诉被告的全部或部分诉讼请求承担责任。其并不允许索赔与本诉基于同一交易或事件的所有损失，故其范围要比《规则》第13条(g)款规定之交叉请求更窄。

⑤ 通过援用本章第三节探讨过的《规则》第18条(a)款(1)项之规定可以做到。请记住，其允许已对某人提出所列诉求之一的诉讼请求人，合并任何其他针对该人的诉求，而不管这些诉求是否相关。获列举的诉求其中之一即是《规则》第14条(a)款(1)项规定的第三人参加诉讼中的诉求。

  - 其实,D不仅可以在待决案件中对T提出赔偿财产损害的诉求,而且可能其应该这么做。为什么?如果其将T引入诉讼而未同时提出合并财产损害赔偿之请求又要冒何种风险?①

**前面我们关注《规则》第14条(a)款(1)项下基本的第三人参加诉讼之诉讼请求及其他一些合并条文,并回顾第十一章有关排除方面的内容。现在我们要更进一步探讨《规则》第14条(a)款规定的其他诉讼请求。**

- 假定基本事实与上述假设案例一样:T经D允许借用D的卡车撞了行人P。D对T的行为担负替代责任且对T享有补偿权。P仅起诉了D。之后D将T引入诉讼要求补偿,并依据《规则》第18条 674
(a)款(1)项规定提出了赔偿卡车损失的诉求。② T对D提出一强制性反诉,认为D提供了一辆刹车有瑕疵的卡车而造成了事故,使D遭受人身伤害。③
- 现在T已被并入诉讼,P想对其提出一诉讼请求,认为其对P之伤害亦负有责任。P可在此待决案件中提出这一诉求吗?可以。为什么?④
  - 是否有法律规定在此待决案件中P一定要对T提出该诉求?没有。为什么?⑤
  - 假定P确实对T提出了该诉讼请求。奇怪的是,依据《规则》第14条(a)款(3)项提出的该项诉讼请求并无一个为大家共同接

---

① 将面临适用请求排除的危险。因为补偿请求与财产损害赔偿请求都基于同一交易或事件,在大多数州,就请求排除而言,它们是同一"请求"的组成部分。所以如果该待决案件就案件实体作出了有效的终局判决,而D又未提出财产损害赔偿请求,其在另案中提出该诉求时可能因请求排除原则而遭致驳回。参见第十一章第二节。

② 参见第826页注释⑤。

③ 参见第826页注释②。

④ 《规则》第14条(a)款(3)项允许原告对第三人关系中的被告(TPD)提出诉讼请求,条件是该诉讼请求与原告之本诉源自同一交易或事件。此处P对TPD提出之诉求确实源自同一事故,该事故构成本案之基础,故符合这一标准的要求,可以提出该诉求。

⑤ 《规则》第14条(a)款(3)项规定原告"可以"而非"必须"提出该诉求,故该诉求之提出是任意性的。而且,由于P从未对T提出过另外之诉求,故也不必害怕请求排除的问题,不必为诉讼请求之拆分而担心。

受的名称。因为P与T还不是相对方，故其不是反诉；P与T当然不是共同方，故其不是交叉请求。基于本案的示意图，我们称其为“上行的《规则》第14条(a)款诉求[upsloping 14(a) claim]”。①

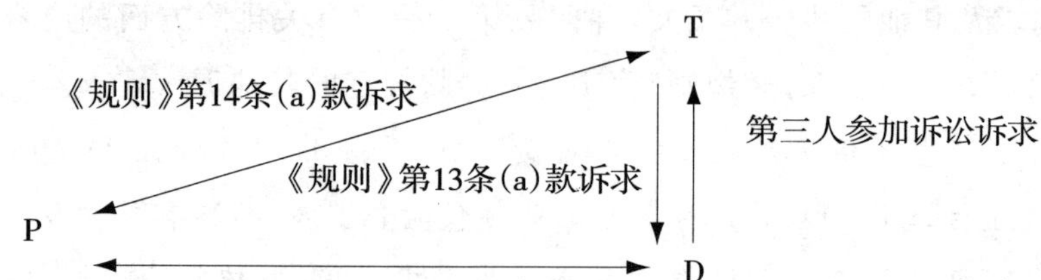


- 在P对T提出上行的《规则》第14条(a)款诉求之后，假设T对P也有一个诉讼请求——比如说，不知何故P由于自己的过失造成了该事故的发生，从而致T受伤，T就所受伤害要求P进行赔偿。T可以在待决案件中提出该诉求，在此局面下，《规则》第14条(a)款(1)项之规定却与此毫不相关。为什么？②

- 现回到P已诉D的阶段，D将T引入诉讼，且T对D提出强制性反诉。

675 - 现在假设T想在该待决案件中对P提出一个诉讼请求。其认为该事故皆是由P之过错引起而致T受伤。T能否在此待决案件中提出此诉求？能。为什么？③ 其必须在待决案件中提出吗？不必。为什么？④

- 这一由T对P提出的诉讼请求也无一个为大家所共同接受的

---

① 参见《穆尔论联邦实践》第3卷，第14章第6节。

② 此处T对P提出的诉讼请求为强制性反诉。一旦P诉T，即成了T的“相对方”。T之诉求与P的上行《规则》第14条(a)款诉求皆是基于同一交易或事件而起，其必须依据《规则》第13条(a)款(1)项之规定在待决案件中提出。

③ 如果第三人关系中的被告(TPD)对P提出之诉求与案件本诉源自同一交易或事件，《规则》第14条(a)款(2)项(d)目则允许该第三人关系中的被告提出此诉讼请求。

④ 《规则》第14条(a)款(2)项第四目规定第三人关系中的被告(TPD)“可以”(而非“必须”)提出此诉求。其为任意性规定。且因为T并未在另案中对P提出诉求，故对T而言并无请求排除之风险。

名称。基于本案的示意图,我们称其为"下行的《规则》第 14 条(a)款诉求[downsloping 14(a) claim]"。

- 在 T 对 P 主张该下行的《规则》第 14 条(a)款诉求之后,假定 P 想在该待决案件中对 T 提出一诉求。该诉讼请求又是什么?[①]

这样一来,《规则》第 14 条(a)款即创设了三种诉讼请求:(1)由被告依据《规则》第 14 条(a)款(1)项对缺席者提出的第三人参加诉讼诉求[缺席者是第三人关系中的被告(TPD),其可能为针对被告的基本诉求承担补偿或分摊责任];(2)由原告依据《规则》第 14 条(a)款(3)项之规定对第三人关系中的被告(TPD)提出的上行的《规则》第 14 条(a)款诉求;以及(3)由第三人关系中的被告(TPD)依据《规则》第 14 条(a)款(2)项第四目之规定对原告提出的下行的《规则》第 14 条(a)款诉求。后两种诉讼请求必须与本诉争议基于同一交易或事件而引起。在我们掌握了这些诉讼请求的程序上的适当性后,接着探讨管辖权及相关问题,好戏即将登场。

**管辖权及相关问题**

第三人参加诉讼制度将新的当事人[第三人关系中的被告(TPD)]引入诉讼中来。而且该第三人被告是以被告方身份并入,意味着其可能要担负责任。因此,该第三人被告必须受法院地的对人管辖权管辖。其实,《规则》第 14 条(a)款(1)项的第一句假定了这一点,因为其要求必须能够向该第三人被告送达传票及第三人关系中的起诉状。在大多数情况下,联邦法院取得对第三人被告的对人管辖权的方式与其对原始被告取得对人管辖权的方式相同。我们可以回想一下在第二章第三节探讨的内容,对联邦法院对人管辖权的认定,通常与其所在州的州法院的对人管辖权认定相同。第一步是查询所在州的管辖权法律,如长臂法,来判定是否有管辖依据。[②] 但对于

---

① 为强制性反诉。一旦 T 对 P 提出了该诉讼请求,其即成为 P 的诉讼"相对方"。故 P 对 T 提出的任何诉求即是反诉,因其与 T 之下行的《规则》第 14 条(a)款诉求皆是基于同一交易或事件而发生,故依据《规则》第 13 条(a)款(1)项之规定为强制性反诉而必须在待决案件中提出。

② 当然第二步是,基于本案事实判断,依据管辖权法行使对人管辖权是否与正当程序相符。参见第二章第四节。

将第三人引入诉讼情形，还存在另外一种行使对人管辖权之方式。依据《联邦民事诉讼规则》第4条第11款(1)项(B)目规定的“扩张规则”，对该第三人被告可以在法院所在州之外完成送达——即使该州长臂法未作规定——
676 只要其与审理待决案件的联邦法院之间的距离不超过100英里，即可送达。这样，假定案件在位于费城的宾夕法尼亚州东区法院待审，第三人被告位于新泽西州。通常，联邦法院首先要看宾州制定法规定，看是否有允许在该州之外行使管辖权的法条依据。如果没有此类规定，但对第三人被告可以在新泽西州离费城联邦法院100英里以内的地方送达，则该扩张规则允许对该第三人被告行使对人管辖权。①

审判地之规定并未对并入第三人被告造成障碍。对初学者而言，可能认为《美国法典》第1404条(a)款与1406条(a)款规定的普通审判地规定，仅适用于针对被告提出的初始诉讼请求而不适用于后续的诉讼请求。除此之外，第三人参加诉讼诉求与案件本诉的关系是如此密切(毕竟其要求对本诉诉求承担补偿或分摊责任)以至于法院经常承认“附属审判地(ancillary venue)”。换言之，只要本诉的审判地适当，该第三人被告无权质疑该地点对其是否合适。② 这一做法极富意义。我们将要看到，第三人参加诉讼诉求与本诉的关系是如此紧密以至于其将援用附属管辖权，故不需要其有独立的事物管辖权依据。对不可放弃性的事物管辖权的这一处理，必须也能适用于可放弃的审判地。在剩下的讨论中，我们假定法院对第三人被告拥有对人管辖权且审判地适当。

最大的问题通常是事物管辖权问题。要牢记有三个潜在的诉讼请求：第三人参加诉讼诉求、依据《规则》第14条(a)款(3)项提出的上行的《规则》第14条(a)款诉求以及依据《规则》第14条(a)款(2)项(d)目提出的下行的《规则》第14条(a)款诉求。当然每一个在联邦法院提出的诉讼请求都必须

① 要切记该扩张规则仅适用于第三人参加诉讼制度中引入第三人被告和依据《规则》第19条规定的必要当事人合并，但并不用于案中原始被告的合并。参见第三章第三节第四目和本章第六节第一目。

② 参见《穆尔论联邦实践》第3卷，第14章第42节。

满足事物管辖权之要求。如一直所要求的，三个诉求中的任何一个都要可以援引联邦事物管辖权（异籍、外国人或联邦问题管辖权）的“独立”管辖依据，或者可能援引附属管辖权。如果做不到这一点，即使有诉求要提，也只能去州法院去提。

我们将使用与上述讨论同样的事实模型，T经D同意驾驶其卡车，撞了P。D对T之行为负有替代责任，T对D承担补偿义务。在本节的前面部分，我们探讨了该事例的诸多程序方面的问题。现在我们审视事物管辖权问题。随着我们探讨几种不同的诉求和阐述由附属管辖权法提出的更多 677
问题，讨论将变得相当复杂难懂。让我们阐述几个事实情节。

● 一　P是加州州民，D为亚利桑那州州民。本假设案例中的所有诉求皆是基于州法（不是联邦法律），所有诉求都超过7.5万美元。P诉D，恰当地援引了异籍管辖权。D将T引入诉讼。T为犹他州州民。对此第三人参加诉讼诉求，拥有事物管辖权吗？拥有。因为该诉求是由一亚利桑那州州民诉一犹他州州民，且争议金额超过了7.5万美元，故其可援引异籍管辖权，能在待决案件中提出。

● 二　本例中除了T为亚利桑那州州民外，其余事实与例一相同。故本案中的第三人参加诉讼诉求不能援引异籍管辖权，因为D与T同属亚利桑那州州民。[①] 又因为该诉求是基于州法提出，故也无联邦问题管辖权可供援引。其可援引附属管辖权吗？可以。该第三人参加诉讼诉求满足了关于附属管辖权的吉布斯标准（Gibbs test），这一点从未有何疑问。[②] 我们在第四章第七节里探讨过，若一诉求与本诉诉求都因同一交易或事件而引起，则吉布斯标准总是允许其援引附属管辖权。第三人参加诉讼诉求要比该范围更为狭

---

① 切记，我们可假设T是亚利桑那州之外的其他州公民，但其争议金额未能超过75,000美元，从而提出同样的问题。因该诉求未能满足争议金额要求，故其不能援引异籍管辖权。参见第四章第五节第三目。

② 如参见，阿留马克斯铣床产品公司诉国会金融公司案（Alumax Mill Prods., Inc. v. Congress Fin. Corp.），《联邦判例汇编第二辑》第912卷，始于第996、1005页（第八巡回法院1990年）（第三人参加诉讼诉求满足了关于附属管辖权的吉布斯宪法标准）。

窄:其只是就本诉诉求要求承担补偿或分摊责任。

- 《美国法典》第 1367 条(a)款准予适用附属管辖权,恰是因为该条采纳了吉布斯标准。(参见第四章第七节。)第 1367 条(b)款适用于可援引异籍管辖权的案件(如 P 诉 D),仅对原告提出的诉讼请求排除适用附属管辖权。但在本例中,该第三人参加诉讼诉求是由被告提出,故对其并不排除适用附属管辖权。该诉求可以并入到待决案件中来。[①](如果难以理解这些内容,参见本章第四节之内容。)

- 三 本例中除了 D 将 T 引入诉讼并依据《规则》第 18 条(a)款(1)项一并提出了第三人参加诉讼诉求和卡车损害赔偿诉求之外,其余事实与例二相同。(如难以理解,参见第 826 页注释⑤。)同例二一样,T 为亚利桑那州州民,故也无异籍管辖权或联邦问题管辖权可援引。我们知道例二中的第三人参加诉讼诉求可援引附属管辖权,那根据《规则》第 18 条(a)款提出财产损害赔偿诉求,结果又将如何呢? 答案是肯定的。

  - 同样,第 1367 条(a)款准予适用附属管辖权,因为该诉求满足吉布斯标准——因其与本诉(P 对 D 提出之诉求)共享主体事实
678 的共同核心(撞了 P),而本诉确可援引联邦事物管辖权。仅因为《规则》第 18 条(a)款不要求诉求必须与本诉具有交易上的关联性,并非意味着依据该规则提出之诉求不能满足吉布斯标准。第 1367 条(b)款适用于可援引异籍管辖权的案件(如 P 诉 D),但对原告提出之诉求排除适用附属管辖权。而本例中该诉求是由被告提出,故该条款并不排除适用附属管辖权,其可在待决案件中提出来。[②]

- 四 本例中除了 T 为加州州民外,其余事实与例三相同。故作为亚

---

① 一般参见,《穆尔论联邦实践》第 3 卷,第 14 章第 41 节第[4]目[d]。

② 参见前注,第 14 章第 41 节第[4]目[c]。

利桑那州的州民 D 将引入一加州州民参加诉讼。而且不要忘了原告也是加州州民。问 D 对 T 提出的第三人参加诉讼诉求(和财产损害赔偿诉求)可否援引事物管辖权?可以——有异籍管辖权!这是一个由亚利桑那州州民对一加州州民提出的诉讼请求,且其争议金额超过 7.5 万美元。T 与 P 为同州州民之事实与此绝对无关。P 的州籍对该诉求之评判无关,P 并非该诉求之当事人。

- 现在来讨论更为复杂难懂的情形。P 现在对 T 提出一上行的《规则》第 14 条(a)款诉求,要求就 T 驾驶 D 的卡车撞人所致人身伤害进行赔偿。我们知道依据《规则》第 14 条(a)款(3)项提出的该诉求与本诉诉求都基于同一交易或事件而起,因而在程序上并无不当。但对此诉求可否有事物管辖权呢?因为该诉求是由一加州州民 P 对另一加州州民 T 提出,故不可援引异籍管辖权;又因为其是依据州法提出的,故不能援引联邦问题管辖权。那么是否可援引附属管辖权呢?

这一问题——即[依据《规则》第 14 条(a)款(3)项[①]提出的]上行的《规则》第 14 条(a)款诉求可否援引附属管辖权——要求我们必须对一个重要但糟糕的判例——欧文设备和建造公司诉克罗格案(Owen Equipment & Erection Co. v. Kroger)[②]进行探讨。联邦最高法院对该案裁决的时间要比附属管辖权法之颁布早十多年;故该案之判决很明显对该法的起草有所影响。在克罗格案中,一位衣阿华州州民诉一内布拉斯加州州民,恰当援引了异籍管辖权。被告引入一位第三人被告(TPD),原告基于州法对该第三人被告提出了上行《规则》第 14 条(a)款诉求。在原告提出上行的《规则》第 14条(a)款诉求之时,在原告与第三人被告间似乎存在异籍管辖权。就在案件审理之时,法院和原告才发现该第三人被告与原告州籍相

---

① 当你读完克罗格案(Kroger)后,你会发现其与《规则》第 14 条(a)款(3)项规定并无关系。在 2007 年《联邦民事诉讼规则》修改之前,其并无此类条款规定。在 2007 年修改之前,针对上行的《规则》第 14 条(a)款诉求,是规定在《规则》第 14 条(a)款的第七句里。

② 《美国联邦最高法院判例汇编》第 437 卷,第 365 页(1977 年)。

679 同。[①] 因此，对此上行的《规则》第 14 条(a)款诉求不能援引异籍管辖权。又因为该诉求依据州法提出，其也不能援引联邦问题管辖权。

尽管联邦地区法院和第八巡回法院认为该诉求可援引附属管辖权（当时称为附带管辖权），但联邦最高法院推翻了这一结论，认为绝对排除附属管辖权的适用。法院假定该上行的《规则》第 14 条(a)款诉求满足了吉布斯关于附属管辖权的宪法标准。[②] 但是法院不愿意对此上行的《规则》第 14 条(a)款诉求准予适用附属管辖权，因为这样做将为善于谋划之原告规避完全异籍要求（这一点我们在第四章第五节第三目讨论过）打开方便之门。举例说，原告可能诉一异籍被告，援引异籍管辖权，且知道该被告将引入一个与原告为同州州民的第三人被告(TPD)。如果原告能对该非异籍的第三人被告提出上行的《规则》第 14 条(a)款诉求，则被允许在联邦法院诉一非异籍的当事人。换言之，该原告起先本不能将这两人（被告和第三人被告）作为共同被告提起诉讼，因为这样的合并将违反完全异籍规则。法院认为，该原告想通过间接方式做到其在直接情况下做不成的事，因此法院对此上行的《规则》第 14 条(a)款诉求拒绝适用附属管辖权，关闭了此扇大门。

联邦最高法院的推理颇有一些吸引力，但其存在重大问题。比如说，并无迹象表明克罗格案中的原告从事过此类谋划。其实考虑到第三人被告州籍身份的复杂性，此类花招本不可能。而且若原告确实从事此类谋划以创设异籍管辖权，将违反《美国法典》第 1359 条之规定，其禁止通过串通合并来制造条件符合事物管辖权。（我们在第四章第五节第四目探讨过该条文。）

① 该案的第三人被告为一家公司。公司州籍为其设立地所在州和主要营业所所在州。参见第四章第五节第三目。该公司设立于内布拉斯加州且大多数老百姓认为其主要营业所也在该州，因为其坐落于密苏里河的“内布拉斯加一边”。但后来密苏里河的河道有所改变，结果造成其主要营业所所在地实际上位于衣阿华州，即使其依然位于该河的“内布拉斯加一边”。这一事实直到进入审理之后的几天内才逐渐被大家觉察。如果你的案例教材里收有此案（很可能如此），请阅读其判决意见书的第 5 个注释。

② 其不得不假定这一事实成立。毕竟，依据定义，《规则》第 14 条(a)款所规定的诉求——上行的还是下行的——都必须与本诉争议基于同一交易或事件而引起。这样一来，它们满足了吉布斯标准。参见第四章第七节。

在判决意见书的行文中,联邦最高法院抓住两点来证明其结论:国会在通过异籍管辖权法时,本不想对上行的《规则》第 14 条(a)款诉求准予适用附属管辖权。[1] 第一点,克罗格案中的诉求与本诉案件并无"逻辑上的从属 680 性"。[2] 法院讨论第三人参加诉讼诉求时,将其视作一个存在逻辑关联性的典型诉求,这一点的确如此。如果原告对被告的本诉败诉,则该诉求变得毫无关系。另一方面,如果原告在本诉中胜诉,法院必须评估该第三人参加诉讼诉求,看这一败诉损失应否从被告转移至该第三人被告身上。相反,该上行的《规则》第 14 条(a)款诉求并不存在逻辑上的从属性——其结果并不必然受原告被告间的本诉裁决影响。[3] 这一点是真实的,但不清楚它为何重要。附属管辖权总是与诉讼请求的**交易关联性**而非其逻辑上的从属性相捆绑。严格坚持逻辑从属性将意味着仅有第三人参加诉讼诉求才可援引附属管辖权。但规则从未如此规定。其实克罗格案的判决意见书可谓自搅其理,如承认普遍接受的做法是附属管辖权能适用于强制性反诉、交叉请求以及有权参加诉讼者提出的或对其提出的诸多诉求,[4]即使这些诉求中没有一项与本诉诉求存在必然的逻辑,从属性亦是如此。[5]

第二,联邦最高法院指出,要求援引附属管辖权的诉讼请求是由原告方而非由被告方提出。[6] 显然,最高法院觉得,真正可援引附属管辖权的诉讼请求必须由回应被诉的一方提出。然而这很难与吉布斯案本身的表述保持一致,在该案中法院支持了对原告提出之诉求行使附属管辖权。当然不同之处在于吉布斯案是一个有关联邦问题的案件。因此,最高法院或许仅是想将由被告提出援引附属管辖权之要求限定于异籍案件。

下级法院对克罗格案的解释较为狭窄。其实,他们将其效力限于该案

---

① 这一裁决太过离谱。并无任何证据表明国会在通过《异籍管辖权法》(《美国法典》第 1332 条)时曾经以任何方式考虑过附属管辖权问题——更不必说对上行的《规则》第 14 条(a)款诉求。

② 克罗格案(Kroger),《美国联邦最高法院判例汇编》第 437 卷,第 376 页。

③ 亦即,原告诉被告是否胜诉之结果对原告对第三人被告诉求的结果并无丝毫影响。

④ 克罗格案,《美国联邦最高法院判例汇编》第 437 卷,第 375 页第 18 个注释。

⑤ 参见赖特和米勒著书,第 13 卷,第 3523 目。

⑥ 克罗格案,《美国联邦最高法院判例汇编》第 437 卷,第 376 页。

件之事实部分。因而克罗格案意味着附属管辖权对上行的《规则》第 14 条(a)款诉求并不适用,但仅此而已。"逻辑上从属性"之语言表述并未阻止法院将附属管辖权适用于所有具有交易关联性的诉求,而全然不顾是否存在逻辑上之从属性。克罗格案判决之后,法院继续对由第三人被告(TPD)对
681 原告提出的下行的《规则》第 14 条(a)款诉求准予适用附属管辖权。[①] 克罗格案之狭隘解释可在下面的情形中得到最好的诠释:在第三人被告(TPD)对非异籍的原告提出下行的《规则》第 14 条(a)款诉求之后,原告对其提出强制性反诉。设若在第三人被告对原告提出下行的《规则》第 14 条(a)款诉求之前,原告就提出其诉讼请求,克罗格案规则将不允许适用附属管辖权。但现在通过等待,原告以被告身份行事,而附属管辖权随即可用。[②]

我们前面已经讨论过国会通过附属管辖权法之明确意图在于:(1)推翻令人遗憾的芬利案判决;(2)编纂芬利案之前为联邦法院所认可的附属管辖权适用之司法实践。[③] 显然,当时国会应义不容辞地对克罗格案之结果进行编纂。国会确实这样做了。《美国法典》第 1367 条(a)款明确地对所有依据《规则》第 14 条(a)款提出之诉求准予适用附属管辖权。正如我们多次谈到,该条对吉布斯规则进行了编纂,只要某诉求与援引联邦事物管辖权之诉求构成同一"案件或争议"之一部分,该规则就准许适用附属管辖权。经由解释,这意味着该诉求必须与本诉诉求皆源于同一主体事实。上行的(以及下行的)《规则》第 14 条(a)款诉求总是能满足这一标准,因为仅当其与本诉诉求源自同一交易或事件时,《规则》第14条(a)款才允许其提

---

① 如参见,里维尔紫铜和黄铜公司诉阿特纳意外事故和保证公司案(Revere Copper & Brass Inc. v. Aetna Cas. & Sur. Co.),《联邦判例汇编第二辑》第 426 卷,第 709 页(第五巡回法院 1970 年)。

② 即使本例中之原告可能与最高法院在克罗格案中所担忧的原告一样狡猾,法院亦会作出这样的判决结果。亦即,原告可能只会诉异籍之被告,明知其会将该第三人被告引入诉讼且该第三人被告将会对原告提出下行的《规则》第 14 条(a)款诉求。现在其能通过间接方式获得其所想要的结果——对该下行的《规则》第 14 条(a)款诉求提出强制性反诉——这是其在直接情况下所不能得到的。

③ 参见第四章第七节与本章第五节第二目。

出。[①] 第 1367 条(b)款仅适用于可援引异籍管辖权的案件(诸如克罗格案和例四)。其排除对几种诉求适用附属管辖权,其中包括那些由"原告对依据《规则》第 14 条而成为当事人之人"提出的诉求。克罗格案中(以及例四中)由原告提出之诉求恰好就属于这种情形——是针对第三人被告(TPD)提出之诉求,是依据《规则》第 14 条(a)款(1)项并入本案。很明显,依据《美国法典》第 1367 条之规定,该假设案例之结果与依据克罗格案之规则所得出之结果相同。

如果国会真的想对芬利案之前的司法实践进行编纂,起草者们应责无旁贷地体察到法院仅将克罗格案之效力限于事实部分。遗憾的是,他们并未这样做。第 1367 条(b)款比克罗格案之判决走得更远,其对附属管辖权
原来总是适用的几种情形排除了附属管辖权的适用。这样做的结果是,该 682
法使异籍案件中的有效合并功能失效。该法之规定包含了一种令人不安的反对异籍管辖权的偏见(anti-diversity bias)。

● 五　密苏里州的州民 P 诉堪萨斯州的州民 D。所有的诉讼请求皆基于州法提出且争议金额都超过 7.5 万美元。故此最初的诉求可援引异籍管辖权,在联邦法院适当起诉。D 对 P 提出强制性反诉,反诉也可援引异籍管辖权。现在 P 将 T 引入诉讼,P 主张,T 应对 D 对 P 提出的强制性反诉负补偿或分摊责任。T 是密苏里州州民,因而,该第三人参加诉讼诉求乃是由密苏里州的一州民对该州之另一州民提出。显然,其不能援引异籍管辖权。又因为其是依据州法提出,也不能援引联邦问题管辖权。请问 P 所提出之第三人参加诉讼诉求可否援引附属管辖权?

● 我们在上述例二中述及,该第三人参加诉讼诉求当然满足吉布斯标准。而且,因该诉求是由一以被告身份行事之人提出,故克罗格案拒绝适用附属管辖权之规则并不适用。故在 1990 年

① 参见《规则》第 14 条(a)款(2)项(D)目 与(a)款(3)项。吉布斯案确定的主体事实共同内核标准要宽于"同一交易或事件"标准。因此,因同一交易或事件而援引管辖权之诉求,将总是可根据第 1367 条(a)款之规定援引附属管辖权。

附属管辖权法通过之前，答案非常明确：附属管辖权(时称附带管辖权)适用于由原告提出的第三人参加诉讼诉求。①

- 但依据附属管辖权法，又会产生怎样的结果呢？第1367条(a)款将明确准予对该第三人参加诉讼诉求适用附属管辖权，正如我们在例二中分析的，因为其满足了吉布斯标准。该条(b)款适用于可援引异籍管辖权的案件(如P诉D)，且排除对某些诉求适用附属管辖权，其中包括由"原告对依据《规则》第14条成为当事人之人"提出的诉求。该假设案例中之诉求恰恰属于此类诉求——它是由原告对依据《规则》第14条而参加诉讼之人提出的。因此，表面上看来，该法禁止附属管辖权适用于此诉求。

这一结果是不恰当的。其改变了在该法通过之前业已建立的管辖权法律。而且，其将意味着P诉D之本诉与D诉P之反诉将继续在联邦法院诉讼，而P对第三人被告(TPD)提出的第三人参加诉讼诉求必须去州法院去诉讼。它正是让P承受第三人参加诉讼制度所要避免的那种伤害。其不仅使P要承受不公正的败诉风险，也徒增司法系统之负担，将明明是一个具有交易关联性的争议拆分为两个案件。

而且，假设案例中的这一结果显然不是该法起草者所期望的。三位参与起草该法的教授认为，上述之法律解释过于死板，法院可参照"克罗格案规则之精神"允许附属管辖权适用于处于被告身份的原告所提出之诉讼请
683 求。② 他们提到《美国法典》第1367条(b)款的最后一句——该句话规定"当行使附属管辖权……将与第1332条规定的管辖权要求不一致时"，排除附属管辖权对各种诉讼请求的适用——他们认为这一句即包含了灵活的

---

① 如参见，布朗和考德威尔诉能源基金会有限公司案(Brown & Caldwell v. Institute for Energy Funding, Ltd.)，《联邦补编》第617卷，始于第649、651页(加州中区法院1985年)("附带"管辖权适用于原告对针对其提出的强制性反诉所提出的第三人参加诉讼诉求)。

② 托马斯·罗·斯、蒂芬·伯班克和托马斯·门格尔："附属管辖权是增加了还是创设了混乱？与弗里尔教授商榷"，《埃默里法律杂志》(Thomas Rowe, Stephen & Thomas Mengler, Compounding or Creating Confusion About Supplemental Jurisdiction? A Reply to Professor Freer, *Emory L. J.*)第40卷，第943页(1991年)。

“克罗格案规则之精神”。[①]

无疑这些诉讼请求本该适用附属管辖权。但法院无法摆脱该法的语言表述,且该表述对由处于被告身份的原告提出之诉求未作明确规定例外。不出所料,众法院一直将该法解读为禁止在这一事实模型下适用附属管辖权。[②] 其它法院是否有可能持不同看法?是的,这只是产生了一个该法带来巨大不确定性的另外领域。

- 六 南卡罗来纳州州民 P 诉肯塔基州州民 D。所有之诉求皆是基于州法提出且其争议金额都超过 7.5 万美元。该案因而可援引异籍管辖权而在联邦法院提起。D 将 T 引入诉讼,T 为南卡罗来纳州州民。正如我们在上述例一和例四中所分析的,这一诉求可援引异籍管辖权。现在,T 对 P 提出下行的《规则》第 14 条(a)款诉求,因为 T 与 P 为同州州民,故该诉求不能援引异籍管辖权。又因其是根据州法提出,故也不可援引联邦问题管辖权。该诉求可否援引附属管辖权吗?
  - 可以。第 1367 条(a)款准予适用附属管辖权,因为根据定义,《规则》第 14 条(a)款之诉求必须与本诉案件皆是源自同一交易或事件,故其满足了吉布斯标准。第 1367 条(b)款适用于可援引异籍管辖权的案件(如本诉诉求),但只对由原告提出之诉求排除适用附属管辖权。此处诉求是由第三人被告提出,故该条款并不排除适用附属管辖权。该诉求可并入联邦法院审理。(这一结果符合《美国法典》第 1367 条制定前的法律。)
  - 现在我们再进一步。假设现在 P 对 T 提出强制性反诉。一旦 T 对 P 提出下行的《规则》第 14 条(a)款之诉求,T 即成为“相对

---

① 同前注。

② 如参见,大通曼哈顿银行诉奥尔德里奇案(Chase Manhattan Bank v. Aldridge),《联邦补编》第 906 卷,始于第 866 页,第 868—869 页(纽约南区法院 1995 年)(法律条款之规定产生了这种结果);保证设备公司诉美国国民罐头公司案(Guaranteed Sys., Inc. v. American Natl. Can Co.),《联邦补编》,第 842 卷,始于第 855 页,第 856—858 页(北卡罗来纳中区法院 1994 年)(认识到这令人遗憾之结果但“受制于该法法律条款之明确规定”)。

方”，故P对其提出的诉求成了反诉。该诉求与T之诉求都源自同一交易或事件，故依据《规则》第13条(a)款之规定，其为强
684 制性反诉。对该诉求存在事物管辖权吗？显然，此处不存在异籍管辖权或联邦问题管辖权，二者为同州州民且诉求是依据州法提出的。

- 存在附属管辖权吗？在国会制定第1367条之前存在。[①] 但该条之规定创设了我们在例五中见到的同样问题。依据第1367条(a)款之规定，明显可援引附属管辖权，因为该强制性反诉与可援引事物管辖权的本诉诉求都源自同一交易或事件。问题再次出在第1367条(b)款之规定上，其仅适用于可援引异籍管辖权的案件(如这一案件)，而对由“原告对依据《规则》第14条成为案件当事人之人提出的”诉求排除适用附属管辖权。该诉求恰属此类。显然，本该适用附属管辖权，因为P事实上是以被告身份提出强制性反诉。但非常明显的是，该条未能对此情形作出规定，故在该情形下附属管辖权是否可行，产生了不确定性。

- 七　威斯康星州州民P对特拉华州州民D提出一个有关联邦问题的诉讼请求，适当地援引了联邦问题管辖权。所有其他之诉求皆是基于州法提出且其争议金额都超过7.5万美元。D将T引入诉讼，T是一家在特拉华州成立的公司但主要营业地在威斯康星州。(正如我们在第四章第五节第三目所探讨的，所以该公司同时为这两州之州民。)P依据《规则》第14条(a)款(3)项之规定对T提出上行的《规则》第14条(a)款诉求。第三人参加诉讼诉求与上行的《规则》第14条(a)款诉求都不能援引异籍管辖权或联邦问题管辖权。问

---

① 如参见，芬克尔诉海湾和西部制造公司案(Finkle v. Gulf & Western Mfg. Co.)，《联邦判例汇编第二辑》第744卷，始于第1015页，第1018—1019页(第三巡回法院1984年)；贝雷尔公司诉森西特F/G麦克金利合伙案(Berel Co. v. Sencit F/G McKinley Assoc.)，《联邦规程判例汇编》第125卷，始于第100页，第102—103页(新泽西地区法院1989年)(两案件都对由原告对第三人被告提出之强制性反诉适用了“附带”管辖权)。

这两个诉求是否可援引附属管辖权?

● 可以。——两个都可以。为什么?第一,因为二者都符合吉布斯标准,故第1367条(a)款准予适用附属管辖权。第二,该条(b)款在此并不适用,因而不能对这两个诉求排除适用附属管辖权。要记住,该条(b)款仅适用于可援引异籍管辖权的案件。而本案并不属于这种情形,故其在此不能适用,不能排除适用附属管辖权。

## 三、加入诉讼(《规则》第24条)

### 程序与政策问题

加入诉讼,顾名思义——指缺席者加入诉讼,将其自己投身到待决案件中来。显然这样做,缺席者推翻了原告对于案件当事人的安排。联邦司法 685
实践中,加入诉讼适用《联邦民事诉讼规则》第24条,有法定加入[依据《规则》第24条(a)款之规定]和允许加入[依据《规则》第24条(b)款之规定]之分。[①] 这两种类型的加入诉讼之区别在其名称上即可看出。对前者而言,法院(至少在理论上如此)必须要让缺席者加入诉讼;而对后者,法院对是否允许缺席者加入诉讼拥有自由裁量权。

法定加入(Intervention of Right)。缺席者可以两种方式来满足法定加入诉讼之要求。首先,《规则》第24条(a)款(1)项指出联邦法律可能授予此类权利。一个极好的例证即是《美国法典》第28编第2403条规定,无论何时,一旦案件涉及"任何国会制定的影响公众利益法律的合宪性问题",此时必须通知美国司法部长。[②] 在通知司法部长之后,美国(政府)有权加入诉讼。

《规则》第24条(a)款(2)项则更为重要。其在国会通过的制定法没有

---

① 正如其他的《联邦民事诉讼规则》有关合并条文之规定,大多数州以联邦《规则》第24条为示范制定有各自的条文。

② 许多人已经指出该法(实际上为其前身)在伊利案中并未得到遵行,在此案中最高法院对《判决依据法》(*The Rules of Decision Act*)的合宪性提出了质疑。

规定情况下，对法定加入诉讼权有所规定，条件是缺席者能够确立以下事项：(1)其“诉称之利益与诉讼标的之财产或交易存在关联”；以及(2)其“所处之情形以至于诉讼之处理可能实际损害或阻碍其保护自己利益之能力。”但还有第三个要求。注意该规则清楚表明，如果现有的一方当事人能够充分地代表缺席者利益，则其将不拥有加入诉讼权。① 从表面上看，《规则》第24条似乎表示，反对加入诉讼的一方有责任证明现有一方当事人能够充分地代表将要加入诉讼者之利益。但法院明确表示，加入诉讼者对所有三项要求之成立负举证责任，其中包括现有的当事人不能充分地代表其利益。

这一法定加入诉讼标准理应唤起我们的模糊回忆。这两个基本要求与《规则》第19条(a)款(1)项(B)目(i)规定的认定是否为必要缺席者的两个要求一样。我们在本章第六节第一目已详细讨论过这些因素，在此不再赘述。满足《规则》第19条(a)款(1)项(B)目(i)之要求成为必要当事人之缺席者，只要能同时表明现有之当事人不能充分地代表其利益，这一点在《规则》第19条并无相应规定，依据《规则》第24条(a)款(2)项之规定，其将有权加入诉讼，说这一点就够了。联邦最高法院已经明确表明，证明没有任何一方当事人能充分代表加入诉讼者利益之要求是“很低的”，表明现有当事
686 人存在某种与缺席者不同的利益即可满足。② 因此，虽然不能忽略这一因素，但观察家们似乎同意其并不具有多大独立意义。用某些人的话来说，缺席者“应该被视为判断现有当事人是否能充分代表……其利益的最好法官，而且……有关代表充分性问题的任何疑问皆应本着有利于要加入诉讼者的方式解决。”③

- A以其自己的名义拥有某公司1000股股票。P诉称其与A共同购买了这些股票，应以双方共有的名义签发这些股票。P起诉该公司，请求将A的股票撤销并以P与A共有之名义重新签发这些股

---

① 特波维奇诉美国联合矿业工会案(Trbovich v. United Mine Workers of Am.)，《美国联邦最高法院判例汇编》，第404卷，始于第528页，第538页(1972年)。

② 同前注，第538页第10个注释。

③ 《穆尔论联邦实践》第6卷，第24章第42节。

票。问A有权加入诉讼吗?

我们在本章第六节第一目见到同样的事实模型，在那里提的问题是依据《规则》第19条之规定，A是否为必要当事人? 这两个问题的答案都是肯定的。依据《规则》第24条(a)款(2)项之规定，A有权加入诉讼，其原因基本上与依据《规则》第19条(a)款(1)项(B)目(i)A成为必要当事人的理由一样。第一，其在待决诉讼中拥有利益;P* 现是诉讼中争议股票的惟一所有权人。第二，其在诉讼中之处境决定，若不将其并入诉讼，可能会损害或阻碍其保护自身利益之能力;如果P赢得这场诉讼，A的股票权利将被取消且只能以共同所有人的名义重新签发股票，而不再对股票拥有完全所有权。这两个事实意味着A是符合《规则》第19条(a)款(1)项(B)目(i)要求的必要当事人。而对于《规则》第24条(a)款(2)项，我们必须还要评估第三个因素——A的利益未能为任何一个现有当事人所充分代表。情况似乎就是如此，P想取消A现在对这些股票的惟一所有权者身份。D对这一问题的态度可能有些含糊;至少，不清楚为何公司会介意谁是这1000股股票的所有者。因此，依据《规则》第24条(a)款(2)项之规定，A有权加入诉讼。

我们接下来要讨论两个在很大程度上相互重叠的规则——第19条(a)款(1)项(B)目(i)与第24条(a)款(2)项。其实在1966年，为强调两规则之间具有关联，曾对其一起做过修改。[1] 两规则想推翻原告之当事人安排的原因是:保护有利害关系的缺席者，避免伤害其保护自身利益的能力。为何要两个规则做同样的事情? 答案在于两规则授权不同的人来强制合并缺席者。尽管法院也可以主动提出《规则》第19条的问题(假定法院知道利益相关方的缺席者)，但《规则》第19条主要由被告援引。与之相对，缺席者本人 687
则援引《规则》第24条。因此，其被赋予了一种明确推翻原告关于案件当事

[1] 最高法院曾在马丁诉威尔克斯案(Martin v. Wilks)[《美国联邦最高法院判例汇编》第490卷，始于第755页，第765页(1989年)]中强调了《规则》第19条与第24条之间的联系。对于两规则的重叠问题在亚特兰蒂斯开发公司诉美国[Atlantis Dev. Corp. v. United States,《联邦判例汇编第二辑》第379卷，第818页(第五巡回法院1967年)]案中曾有一起引人入胜的讨论。此案是在两规则1966年修改生效后几个月内裁决的。

* 原文如此，此处似应该为A。——译者

人之安排而保护自身利益的机制。[①]

符合法定加入诉讼要件的缺席者并不必须这样做。《规则》第 24 条(a)款(2)项明确规定,缺席者"可以"加入,但并不要求其必须这样做。但哈伦(Justice Harlan)大法官曾建议,如果缺席者不利用《规则》第 24 条(a)款(2)项规定的加入诉讼机会提出诉求,则应该禁止其在其他诉讼中提出该诉求。[②] 联邦最高法院拒绝接受这一建议,并在马丁诉威尔克斯(Martin v. Wilks)案中确认了法定加入诉讼的自愿性。[③] 在该案中,非裔美国人的消防队员们起诉市政府,诉称在晋升方面存在种族歧视。最后根据和解协议作出的判决(consent decree)给了原告救济,即在晋升名单中将其摆在白人消防队员之前。之后白人消防队员告了市政府。尽管白人消防队员知道早先的案子并满足《规则》第 24 条(a)款(2)项规定之法定加入的基本标准,[④] 但联邦地区法院以其未及时提出为由驳回其加入申请。[⑤] 未能将白人消防队员加入诉讼导致了双重诉讼,并将该市政府置于不利境地。[⑥] 但联邦最高法院认为,《规则》第 24 条(a)款(2)项之规定是自愿性的;缺席者未曾加

---

① 当然,缺席者仅在其知晓待决案件的情况下才能加入诉讼。《规则》第 19 条(c)款拙劣无效地想置法院于此种境地——其知道依据《规则》第 24 条(a)款(2)项之规定可能有权加入诉讼的缺席者。该条款的起草者们预见到法院可能要通知有权加入诉讼的缺席者。这一点我们在本章第六节第一目已做过仔细讨论。

② 普罗维登特商人银行和信托公司诉帕特森案(Provident Tradesmens Bank & Trust Co. v. Patterson),《美国联邦最高法院判例汇编》第 390 卷,始于第 102、114 页(1968 年)。

③ 《美国联邦最高法院判例汇编》第 490 卷,第 755 页(1989 年)。

④ 记住理由:因为其对该案存在利益,其保护自身利益之能力可能会受到损害或阻碍,且其利益不能被现有的当事人所充分代表。如果原告们在第一个案件中胜出,缺席者在晋升梯队中的相对排位将被降低,因为原告们被置于其之前。

⑤ 前已指出,依据《规则》第 24 条,任何加入诉讼之申请都必须"及时"。将这一要求与《规则》第 19 条的时间要求相对照。依据《规则》第 12 条(h)款(2)项之规定,因未能加入必不可少当事人而要求驳回之申请,可在案件判决作出前的任何时间提出。换言之,《规则》第 19 条规定的必不可少性要求可以在案件进行实体审理时提出。

⑥ 该市将承受多种或不一致的法律义务。第一个案件的判决可能要求该市提升某些消防队员,而第二个案件的判决可能要求该市将另外一些不同的消防队员提升至同样的位置。基于此,在第一个案件中依据《规则》第 19 条(a)款(1)项(B)目(ii)段之规定,这些白人消防队员为必要当事人。

入早先的案件,因此不能受该案判决之拘束。[①]

**允许加入**(Permissive Intervention)。第二种类型的加入诉讼——允许加入——并非基于权利而享有。相反,是否允许缺席者加入诉讼,这是地区法院自由裁量处理之事。准许加入诉讼者(permissive intervenor)与待 688
决案件之关联一般不如法定加入者(intervenor of right)密切。其不拥有加入诉讼的法定权利,不将其并入诉讼也不会伤及其利益。因此,让其加入诉讼的必要性大为降低,而且审理法官在决定是否允许其加入诉讼时,会广泛考虑与公平和方便相关的因素。仅当法院认定加入带来的好处超过其带来的负担时,才会准予加入。

像法定加入一样,允许加入也有两个条文的规定。第一,依据《规则》第24条(b)款(1)项(A)目,如果某联邦法律规定了"附条件的加入诉讼权利",则缺席者可以请求加入诉讼。比如,在《破产法典》里就有一条这样的法律规定,允许利益方请求加入诉讼。[②] 此类法律并未给予加入诉讼*权利*,甚至属于此类法律规定范围内的人,也必须将其加入诉讼之命运交由审案法官裁量。

《规则》第24条(b)款(2)项则之规定更为重要,当缺席者"存在一个诉讼请求或辩护请求,其与主诉之间存在一个共同的法律问题或事实问题"时,该条文允许将缺席者加入诉讼。此处所提之"诉讼请求或辩护请求",乃是承认加入诉讼者可能会加入到案件的任何一边——原告一边或被告一边。共同问题之要求并不苛刻。回想一下,对作为共同当事人并入诉讼之人要求更高。比如我们在本章第四节讨论过,依据《规则》第20条(a)款(1)项,只有众诉求满足下述要求时,方能作为共同原告并入诉讼:(1)皆源自同一交易或事件;以及(2)提出至少一个共同问题。这儿允许加入诉讼所要求的证明,仅是两个条件中的第二个。

---

① 马丁案(Martin),《美国联邦最高法院判例汇编》第490卷,第765页。("并入诉讼成为一方当事人,而非仅知道这一诉讼和有机会加入诉讼,其是潜在当事人受制于审理法院的管辖权和其判决的一种方式")。

② 参见《美国法典》第11编,第1109条(b)款。

共同问题标准与我们所看到的《规则》第 42 条(b)款之诉讼合并一样,对此我们在本章第四节也有所讨论,其内容相当宽泛。请注意其并未要求缺席者对待决案件有利益关联。而且,也并未要求该共同问题在案件中起主导作用;只不过要求在该待决案件和缺席者之诉求或辩护请求之间至少存在一个共同问题罢了。表明存在这样的一个共同问题并不保证准许加入诉讼。允许加入诉讼(和诉讼合并一样)属于审理法官自由裁量权的范围。法院通常要考虑下列几点:(1)缺席者之申请加入是否过分迟延;(2)加入诉讼是否会损
689 害任何现有当事人;(3)待决诉讼之状态。例如,如果待决案件的审理即将结束,且加入诉讼将导致附属争议而耽误结案,法院可能会拒绝加入之申请。[①]

准许加入诉讼推翻了原告对于诉讼之安排,可能给案件之现有当事人带来混乱。因此,诸多法院仅在其确信该缺席者对案情或案件争议之查明有所裨益时,才允许其加入诉讼。正如爱德华·布鲁尔特(Edward Brunet)教授所云,"法院应欢迎独特的加入诉讼者……尤其涉及加入诉讼者专业知识范围时更是如此。"[②]因此,一法院在重新划分选区的案件中,准许(美国)全国有色人种协进会(NAACP)加入诉讼,指出该组织加入诉讼将为法院进行合宪性审查带来有益之视角。[③] 而在一个依据《选举权法》(Voting Rights Act)质疑选举程序的案件中,未准予县政府加入诉讼;法院认为县府之加入不会对相关问题之查明有所贡献。[④] 而且,加入诉讼可以用于追求一定目的,如仅就特定争点进行诉讼。比如,当审理民权案件的法院命令

---

① 如参见,索思马克公司诉卡根案(Southmark Corp. v. Cagan),《联邦判例汇编第二辑》第 950 卷,始于第 416 页,第 419 页(第七巡回法院 1991 年)(处分性申请待决之时加入诉讼申请被拒绝);塞勒斯诉美国案(Sellers v. United States),《联邦判例汇编第二辑》第 709 卷,始于第 1469 页,第 1472 页(第十一巡回法院 1982 年)(加入诉讼将导致附属争议)。

② 《穆尔论联邦实践》第 6 卷,第 24 章第 55 节。

③ 约翰逊诉莫瑟姆案(Johnson v. Mortham),《联邦补编》,第 915 卷,始于第 1529 页,第 1538—1539 页(佛罗里达北区法院 1995 年)。

④ 拉丁美洲公民联盟诉克莱门茨案(League of Latin Am. Citizens v. Clements),《联邦判例汇编第二辑》,第 884 卷,始于第 185、189 页(第五巡回法院 1989 年)。作为允许加入诉讼的一种替代性选择,法庭可能允许缺席者以法庭之友(或"法庭的朋友")身份参与诉讼,概述争点,甚至进行口头辩论,在有些案件中对证人进行交叉询问等。参见《穆尔论联邦实践》第 6 卷,第 24 章第 23 节[2]目。

和解条款保密时,它应该同意报刊的加入申请,以便让其质疑该保密令。[①]

**程序与时间。**依据《规则》第 24 条(c)款之规定,要求加入诉讼的缺席者必须向所有当事人送达:(1)加入诉讼之申请,以及(2)其加入诉讼的诉答文书。即使是在法定加入的情况下,也必须提交加入诉讼之申请,申请准许后才能成为当事人。因此,缺席者必须选择加入争议的哪一边。原告一边的加入者(plaintiff-intervenor)将提交一份加入的起诉状,陈述其对被告的诉求;被告一边加入者(defendant-intervenor)将提交一份加入的答辩状,回应一旦加入被批准原告方估计会对其提出的诉求。在作出加入到哪边的决定时,要考量哪一边与其立场更一致。通常不存在完美的利益匹配,故必须认定哪一边与其立场更少冲突。法院可以超越缺席者自己的识别,行使自由裁量权,根据法院所认定的当事人的利益重新安排该缺席者。这种重新安排可能在事物管辖权方面产生严重后果,行文即将谈及。

《规则》第 24 条(a)款与(b)款都以"在及时申请的基础上"的词语开头, 690
意味着任何要求加入诉讼之申请——无论是法定加入还是允许加入——都必须及时提出。《规则》第 24 条并未界定其具体意思,也并不存在神秘的时间框架安排。在一个案件中,加入诉讼之申请在起诉后 4 个月提出,被法院认为不及时。[②] 而在另一个案件中,尽管加入诉讼之申请在起诉 4 年后才提出,却被法院认为及时。[③] 时间是否及时的问题由地区法院法官自由裁量,法官必须考量的不仅仅是起诉后经历的时间,而且要考虑所有相关情况。[④] 尽管不存在一份穷尽这些因素的列表,但许多法院考量下列因素:(1)在请求加入诉讼前,缺席者知道(或在合理勤勉情况下,理应知道)其利

① 潘茜诉斯特劳兹堡镇案(Pansy v. Borough of Stroudsburg),《联邦判例汇编第三辑》第 23 卷,始于第 772、778 页(第三巡回法院 1994 年)。

② 全国有色人种协进会诉纽约州案(NAACP v. New York),《美国联邦最高法院判例汇编》第 413 卷,第 345 页(1973 年)。

③ 山峰公寓房协会诉戴夫·斯特伯特建筑师案(Mountain Top Condominium Assn. v. Dave Stabbert Master Builder),《联邦判例汇编第三辑》第 72 卷,始于第 361、369 页(第三巡回法院 1995 年)。

④ 全国有色人种协进会诉纽约州案,《美国联邦最高法院判例汇编》第 413 卷,始于第 345、366 页(1973 年)。

益与诉讼相关多久了;(2)缺席者之迟延给现有当事人造成伤害之程度;(3)不让其加入诉讼可能给缺席者造成伤害之程度;(4)表明支持或反对认定为及时的非常事实。[①] 尽管这是非同寻常的,但的确有案件在法院作出案件判决后准予缺席者加入诉讼。比如说,利益受判决影响的缺席者在原有当事人不上诉的情况下,希望加入诉讼提起上诉。[②]

作为一般规则,较之允许加入,法院更愿意促成《规则》第 24 条(a)款(2)项规定之法定加入诉讼得以"及时"加入。[③] 理由很清楚:在该条之法定加入诉讼情况下,缺席者保护自身利益之能力将在待决诉讼中受损,故为避免伤及缺席者,将其并入诉讼就成为必须之事。

**管辖权及相关问题**

因为加入者是自愿加入待决诉讼,故不能主张法院对其缺乏对人管辖权;其已经放弃任何可能拥有的对人管辖权异议。同样,加入诉讼者也无权主张审判地不当,因其已放弃可能拥有的任何对审判地提出异议的权利。

691 但是我们知道,对于联邦事物管辖权的限制,当事人不能弃权或作出约定。每一个在联邦法院提出之诉求都必须有事物管辖权之管辖依据。因此法院必须判断加入诉讼之完成是否与联邦事物管辖权之限制保持一致。一些法院和评论员探讨这一问题时,一直较为马虎,将探究框定在法院对加入诉讼者是否有事物管辖权上。然而记住加入诉讼者进入案件中来,要么是提出某一诉求(作为原告),要么是成为某一诉求之对象(作为被告)。事物管辖权适用于诉讼请求而非当事人。[④] 所以适当的关注点应是,加入诉讼者提出的或对其提出的诉求是否可援引事物管辖权。

---

① 如参见,爱德华兹诉休斯敦市案(Edwards v. City of Houston),《联邦判例汇编第三辑》第 37 卷,始于第 1097、1105 页(第五巡回法院 1994 年);乳牛场诉纽约州农业和市场部专员案(Farmland Dairies v. Commissioner of the N. Y. State Dept. of Agric. & Mkts.),《联邦判例汇编第二辑》第 847 卷,始于第 1038、1044 页(第二巡回法院 1988 年)。

② 如参见,NL 工业公司诉内务部长案(NL Industries, Inc. v. Secretary of the Interior),《联邦判例汇编第二辑》,第 777 卷,始于第 433、436 页(第九巡回法院 1985 年)。

③ 如参见,菲安达卡诉坎宁安案(Fiandaca v. Cunningham),《联邦判例汇编第二辑》第 827 卷,始于第 825、832 页(第一巡回法院 1987 年)。

④ 对人管辖权适用于当事人而非诉讼请求。

- 特拉华州州民 P,依据州法对伊利诺伊州州民 D 提出一个争议金额为 10 万美元的诉讼请求。该诉求援引异籍管辖权而在联邦法院提出。A 是加州州民,是法定加入者,其作为原告参加诉讼,依据州法对 D 提出一个争议金额为 10 万美元的诉讼请求。A 之诉求可援引异籍管辖权,因而可在本案中提出。
- 案情与上述假设案例一样,但此处的加入诉讼者为伊利诺伊州州民。显然,A 与 D 为同州州民,故 A 对 D 之诉求不能援引异籍管辖权。同样,因 A 之诉求是根据州法提起,故也无联邦问题管辖权。请问 A 能援引附属管辖权吗?

这是一个重要的问题。在本章对各种合并制度附属管辖权的讨论中,你一定对《美国法典》第 1367 条之操作并不陌生,这是第四章第七节所涉及的内容。此外,因为《规则》第 24 条(a)款(2)项与《规则》第 19 条(a)款(1)项(B)目(ii)功能相同,我们还在本章第六节第一目探讨了有关法定加入者提出或对其提出之诉求的附属管辖权问题。对该讨论在此做一简略总结。在 1990 年国会颁布《美国法典》第 1367 条之前,联邦法院同意,对于《规则》第 24 条(a)款(2)项规定的法定加入者提出或对其提出之诉求,可援引附属管辖权。[①] 前已述及,法定加入诉讼者,是与待决案件存在利益关联的缺席者,且所处地位特殊,诉讼可能会损害或阻碍其保护自身利益的能力。当时每个人都同意,今日似乎依然认同,由这样的一个人提出或对其提出之诉求与本诉之关系是如此紧密,乃至成为本诉案件或争议之一部分,因而处于吉布斯案认可的附属管辖权的适用范围。[②] (如果

---

① 如参见,柯蒂斯诉西尔斯和罗巴克公司案(Curtis v. Sears, Roebuck & Co.),《联邦判例汇编第二辑》第 754 卷,始于第 781、784 页(第八巡回法院 1985 年)。

② 对这一主张有一个短暂的插话。法庭认可附属管辖权可适用于法定加入者提出或对其提出之诉求,但当时有些法庭经常要补充说明,如果该缺席者依据《规则》第 19 条被认为是必不可少之当事人,则附属管辖权并不适用。评论家们批评这后面的但书是一种陈旧过时的观点,认为未能将此类缺席者加入诉讼实乃管辖权方面之缺陷。而且,依据 1966 年对《规则》第 19 条之修正,这一但书规定已无多大意义。要记住,根据《规则》第 19 条,一位"不可缺少"之缺席者必须是:(1)必要的,但(2)并入待决案件中不可行且(3)法庭决定要驳回诉讼而非继续进行诉讼。第三步之决定要在依据《规则》第 19 条(b)款之规定考虑诸多灵活因素的基础上作出。其中的一个相关因素即是该缺席者在案件没有驳回的情形下能否保护其利益。因为满足《规则》第 19 条(a)款(1)项(B)目(i)段规定之缺席者能够依据《规则》第 24 条(a)款(2)项加入诉讼,其能够保护自己因而法庭不应驳回。换言之,法庭不应认定该缺席者(一个在《规则》第 19 条中不再援用但却广为人所用之术语)"必不可少"。

对此还有些模糊，请复习第四章第七节。）

692 然而在法定加入诉讼的情况下，准予适用附属管辖权却产生了一种异常现象。为什么？因为依据《规则》第 19 条(a)款(1)项(B)目(ii)成为必要当事人的人提出或对其提出之诉求不可援引附属管辖权。这一结果非常奇怪，因为如前所述，缺席者满足了《规则》第 19 条(a)款(1)项(B)目(ii)之要求将同时满足《规则》第 24 条(a)款(2)项之要求。[①] 因而，依据附属管辖权法颁布前之法律规定，尽管这些缺席者们境遇相同，但在适用附属管辖权时却被区别对待。如果他们自愿加入诉讼，则可以援引附属管辖权；如果其依据《规则》第 19 条被加入诉讼，将不能援用附属管辖权。评论家们将此称之为"《规则》第 19 条/《规则》第 24 条的反常(Rule 19/Rule 24 anomaly)"。

每位评论家讨论这一问题时，认为应该通过将附属管辖权扩张适用于必要当事人之情形，从而排除这一适用反常。与之相反，国会在 1990 年颁布附属管辖权法之时，却通过对加入诉讼情形排除适用附属管辖权来"修正"这一反常。没有一位评论家曾建议这样修正，这种修正与国会之意旨——制定该法之目的在于编纂之前存在的司法实践——背道而驰。可以预见的是，当时诸多评论家异口同声地对该法进行了批评。[②] 此外，通过对法定加入诉讼者

---

① 这两个规则的基本标准相同，只是《规则》第 24 条(a)款(2)项另外要求缺席者表明其利益不能被现有诉讼当事人所充分代表。然正如前述，这个要求对缺席者施加的仅是最低程度的举证责任。

② 如参见，赖特和米勒著书，第 7C 卷，第 1917 目；赖特 & 凯恩：《论联邦法院》(Federal Courts)，第 548—549 页；克里斯托弗·费尔曼："卸职给了学界：附属管辖权法律的案例"，载《西顿霍尔立法机关杂志》(Christopher Fairman, Abdication to Academia: The Case of the Supplemental Jurisdiction Statute, *Seton Hall Legis. J.*)第 19 卷，始于第 157 页，第 185—188 页(1994 年)；理查德·D. 弗里尔："增加混乱并妨碍异籍：芬利案和附属管辖权法律之后的状况"，载《埃默里法律杂志》(Richard D. Freer, Compounding Confusion and Hampering Diversity: Life After Finley and the Supplemental Jurisdiction Statute, *Emory L. J.*)第 40 卷，始于第 445 页，第 475—487 页(1991 年)；玛里琳·爱尔兰："对加入诉讼诉求的附属管辖权"，载《新墨西哥法律评论》(Marilyn Ireland, Supplemental Jurisdiction over Claims in Intervention, *N. M. L. Rev.*)第 23 卷，始于第 57 页，第 72—74 页(1993 年)；丹尼斯·麦克劳克林："联邦附属管辖权法——宪法与制定法的分析"，载《亚利桑那州法律杂志》(Denis McLaughlin, The Federal Supplemental Jurisdiction Statute—A Constitutional and Statutory Analysis, *Ariz. St. L. J.*)第 24 卷，始于第 849 页，第 860 页(1992 年)；约翰·奥克利："联邦管辖权与审判地法律的近来改革：1988 年与 1990 年之司法改进法"，载《加州大学戴维斯分校法律评论》(John Oakley, Recent Statutory Changes in the Law of Federal Jurisdiction and Venue: The Judicial Improvement Acts of 1988 and 1990, *U. C. Davis L. Rev.*)第 24 卷，始于第 735 页，第 764—766 页(1991 年)。

提出或对其提出之诉求排除适用附属管辖权,《美国法典》第 1367 条使得在异籍案件中的本可包括在内的合并(inclusive joinder)变得更为困难了。

让我们回到假设案例。在通过附属管辖权法之前,A 对 D 之诉求因为可以援引附属管辖权,所以将被允许并入待决案件。今天情况如何呢?依据《美国法典》第 1367 条(a)款之规定,如前所述,因为 A 对 D 之诉求的确满足了吉布斯标准,故可援引附属管辖权。但第 1367 条(b)款适用于可援引异籍管辖权案件(例如我们的假设案例),且对某些诉求排除适用附属管辖权。其中就包括"试图根据《规则》第 24 条加入诉讼成为原告方"之人提出的诉求。A 是此类人,故第 1367 条(b)款对其诉求排除适用附属管辖权。这当然就意味着,P 对 D 之诉求以及 D 对 P 之任何反诉将在联邦法院诉讼;而 A 对 D 之诉求却必须在州法院诉讼。附属管辖权法剥夺了联邦法院解决整个争议之能力。如早先所指出的,因为第 1367 条(b)款仅适用于异籍管辖权案件,且因为其增加了法院不能拥有附属管辖权的情形,所以该法反映了一种反对异籍管辖权的偏见。 693

《美国法典》第 1367 条(b)款之语言在另外一个方面存在问题。因为该条款适用于那些"试图加入诉讼成为原告"之人,其包括那些试图加入诉讼成为被告但却被列为原告之人吗?在这一点上的不确定性只不过制造了更多混乱。某些法院一直愿意将加入诉讼之原告重新列为被告,明确地要挽救管辖权。[①] 其他一些法院并未这样做,觉得应该尊重缺席者自己之选择,让其加入诉讼成为原告方。[②] 某些诉讼当事人甚至试图利用这一语言表述,在其利益与原告方更为紧密时,却作为被告方加入诉讼。[③]

---

① 如参见,发展财务公司诉阿尔法住房和卫生护理公司案(Development Fin. Corp. v. Alpha Hous. & Health Care, Inc.),《联邦判例汇编第三辑》第 54 卷,始于第 156 页,第 159—160 页(第三巡回法院 1995 年)。

② 如参见,马里兰灾害保险公司诉 W. R. 格雷斯公司案(Maryland Cas. Co. v. W. R. Grace & Co.),《莱克西斯美国联邦补编》1996 年卷,第 868 页(纽约南区法院 1996 年 1 月 30 日)。

③ 如参见,阿瑟顿诉凯茜案(Atherton v. Casey),《莱克西斯美国联邦补编》1992 年卷,第 9976 页(路易斯安那东区法院 1992 年 6 月 24 日)。法庭将该加入诉讼者重新列为原告而拒绝适用附属管辖权。

- A 持代表拥有某公司 1000 股股票的股权证书，其以 A 的名义签发。P 诉称，其与 A 曾经同意一起购买这些股票，每人支付一半价钱，故股票本应以二人共同名义签发。P 是阿拉巴马州州民，其起诉该公司，后者为特拉华州州民。P 要求撤销 A 的股票，重新以 P 与 A 共
694 同的名义签发。这些股票市值为 50 万美元。P 对该公司之诉求可援引异籍管辖权，因此可在联邦法院提起诉讼。依据《规则》第 19 条(a)款(1)项(B)目(i)之规定 A 为必要当事人，且依据《规则》24 条(a)款(2)项之规定有权加入诉讼。[①] 问如果其加入诉讼，存在事物管辖权吗？
    - A 很有可能选择加入诉讼成为被告方。其利益诉求与 P 相对立。毕竟，P 想稀释 A 的股票利益。公司很可能对谁拥有股票亦觉含糊不定，而希望保持现状。A 想维持现状，所以我们说 A 愿意加入诉讼成为被告方。A 是阿拉巴马州州民，所以 P 对 A 之诉求不能援引异籍管辖权(因为他们是同州州民)。又因该诉求是基于州法提起，故同样不能援引联邦问题管辖权。请问有附属管辖权吗？
    - 如前所述，第 1367 条(a)款准予对该诉求适用附属管辖权，因为其与待决案件有密切的联系。但该条(b)款是否要排除其适用呢？其仅适用于可援引异籍管辖权的案件，例如本案，而对特定诉求将排除适用附属管辖权。

有人认为本案之合并适当，因为第 1367 条(b)款并没有规定排除适用。[②] 毕竟，此处并没有“依据《规则》第 24 条试图加入诉讼成为原告方”之人提出的诉求，故该条款之禁止规定在此并不适用。正如我们在本章第六节第一目讨论《规则》第 19 条(a)款(1)项(B)目(i)时看到的，该种观点的问题在于，其假定事物管辖权是针对当事人适用的。为何 A 要加入诉讼成为

---

① 要记住其理由：A 对该待决案件存在利益关联、其保护自身利益之能力可能在待决案件中受到损害或阻碍且其利益[因《规则》第 24 条(a)款(2)项之规定]不能被现有当事人所能充分代表。

② 罗、伯班克和门格尔文(Rowe, Burbank & Mengler)，第 814 页注释①。

被告方？大概这样做能够抗辩 P 对其股票提出的诉求。所以其加入诉讼成为被告方，对 P 对其提出之诉求进行抗辩。然而请注意，第 1367 条(b)款对由原告针对“依据《规则》第 24 条成为当事人”之人提出的诉求明确排除适用附属管辖权。这一规定适用于本假设案例中的 A。故由 P 对 A 提出之诉求——这恰是 A 加入诉讼之理由——不能在待决案件中提出。

最后，由允许加入诉讼者提出或对其提出之诉求将极少援引附属管辖权。《规则》第 24 条(b)款(2)项规定的允许加入诉讼，仅要求加入者之诉求或抗辩与待决案件至少存在一个共同问题，不要求该诉求或抗辩与待决案件如此紧密关联，以至于都源自主体事实的共同核心，因此满足《规则》第 24 条(b)款(2)项之要求并不必然达到第 1367 条(a)款规定的行使附属管辖权所要求的关联程度。然而可能存在这样的案件，允许加入诉讼者提出 695
或对其提出之诉求与本诉争议的事实有足够程度的重叠，以至于可援引附属管辖权，但这样的案件非常少见。[①] 在大多数情况下，为了能在联邦法院审理，有关允许加入诉讼者的诉求必须能援引异籍、外国人或联邦问题管辖权。

---

① 如参见，贝克姆工业公司诉国际保险公司案(Beckham Indus.，Inc. v. International Ins. Co.)，《联邦判例汇编第二辑》第 966 卷，始于第 470、473 页(第九巡回法院)，调卷令申请被驳回，《美国联邦最高法院判例汇编》，第 506 卷，第 868 页(1992 年)。请回忆存在这样的先例，其准予适用的范围比本案更为宽泛，仅要求这些诉求间存在一些“松散的事实联系”。琼斯诉福特汽车信贷公司案(Jones v. Ford Motor Credit Co.)，《联邦判例汇编第三辑》第 358 卷，始于第 205 页，第 210—215 页(第二巡回法院 2004 年)。对附属管辖权适用给予如此宽泛之解释可能涵盖由允许加入诉讼者提出之诉求。

# 第十三章　特殊的多方当事人诉讼



## 第一节　问题之说明

本章我们要研究两种特殊类型的多方当事人诉讼:确定竞合权利诉讼(interpleader)与集团诉讼(class action)。对于每一种诉讼形式,我们将重温一些在第十二章述及的政策目标。具体而言,在第十二章第六节我们指出了三个能推翻原告之当事人安排的政策依据:司法效率、避免伤及缺席者、避免伤及被告。每种政策依据都将在本章显现,尽管这儿我们不是推翻原告对于案件当事人之安排,而是运用这些政策依据,在诉讼之初就规划多方当事人诉讼。

尽管确定竞合权利诉讼与集团诉讼共享一些政策依据——特别是期望
有效解决多个诉讼请求——但它们确为两种根本不同的诉讼形态。前者允
许在一个案件解决对财产的多个相互竞争的诉求，其适用限于解决谁对特
定财产拥有所有权的问题。后者允许一个代表（或多个代表）代理处于相同 698
境遇之集团成员来提出或抗辩相关诉求。该诉求可能是集团所共同之诉
求，如大众侵权所致之伤害，或歧视所引起之后果。如果得以适当实施，由
代表进行之集团诉讼将拘束所有集团成员。

在我们开始讨论之前，有必要将此处所言之诉讼与**股东派生诉讼**(shareholder derivative suit)相区分。尽管大多数《民事诉讼法》课程并未包含此种诉讼，但你将在阅读中碰到它，应该知道它是怎么一回事。其实，两个经典的民事诉讼案例——谢弗诉海特纳案(Shaffer v. Heitner)（涉及我们在第二章第四节第四目讨论的准对物诉讼管辖权）和科恩诉收益产业贷款公司案(Cohen v. Beneficial Industrial Loan Co.)［为一个伊利(Erie)原则的案件，我们在第十章第五节讨论过］——皆是派生诉讼。此类诉讼由公司股东提起，所提出的是本应由公司来主张的诉求。几乎一贯如此，此类诉求是针对公司管理者提出的，原因是他们违反了对公司所承担之义务。（一个极好例证乃是公司董事偷盗公司资产，违反对公司的忠诚义务。）尽管公司有权起诉这些糟糕的管理者，但通常公司不会这样做（因为是否应该起诉的决定，通常是由这些糟糕的管理者们作出的）。如果公司没有提起诉讼，股东即被允许**以公司名义**提出诉求。该类诉求之所以被称为“派生”，是因为股东提起诉讼之权乃是“派生”于公司的起诉权。一般来说，如果胜诉，判决的收益将由公司接受。因此集团诉讼是试图提出众多集团成员的个人诉求，而派生诉讼则是提出属于公司之诉求。

# 第二节 确定竞合权利诉讼

## 一、确定竞合权利诉讼之定义及其运作

### 政策与术语

确定竞合权利诉讼是指允许占有财产或金钱的某人迫使所有对该财产主张所有权之对抗权利请求人(adverse claimants)在一个案件中进行诉讼的一种程序性制度设计。近七个世纪以来其一直以某种形式存在着,是有效诉讼之典范:通过对所有权问题的一次诉讼,让所有的权利请求人和现有财产占有人都受案件判决之拘束。

- 保险公司签发了一张 25 万美元的人寿保险单。被保险人死亡,保险公司现在必须支付保险金。现有三个人——A、B 和 C——他们
699 每个人都声称是整个保单金额的受益人。想想看,如果保险公司不能在一个确定竞合权利诉讼中迫使 A、B 与 C 三人提出诉求,对保险公司来说是多么棘手的事情。
    - 假设 A 诉保险公司并胜诉。法院作出判决,要求保险公司将保单金额支付给 A。假设 B 又诉该保险公司。A 诉保险公司之判决不能对 B 产生拘束力,故 B 可自由提出诉求,要求获得其应得的款项。(顺便问一下,为何 A 诉保险公司之判决不能拘束 B?[1])假设 B 也胜诉。法院作出判决,要求保险公司将保单金额支付给 B。这样保险公司现在将要承担不一致的法律义务:不可能在满足第一个判决的同时而不违反第二个判决。如果两者都要支付,将支付两倍于保单中规定之金额。而当 C 诉

---

① 因为正当程序规定,一个判决不能拘束不是早先案件当事人的人。参见第十一章第三节第四目。B 不是 A 诉保险公司案之一方当事人,也没有任何当事人代表了 B 的利益,所以 B 不受该案判决拘束。

称其应该获得该保险金额之时，事情将变得更为复杂。

确定竞合权利诉讼可避免产生此类问题，它允许保险公司（或任何处于类似情形之人）将所有声称对财产拥有所有权之人并入一个案件。因此，规则19条(a)款(1)项(B)目(ii)[①]规定的必要当事人和规则第14条(a)款(1)项规定的将第三人引入诉讼制度[②]中支持合并的政策利益也同样支持确定竞合权利诉讼。而且因为确定竞合权利诉讼在一个诉讼中集中解决相互冲突之诉求，其节约了司法资源，避免产生不一致的判决后果而损毁民众对司法制度之信心。总而言之，

> 能够经济而快速地在一个诉讼中解决多方当事人的争议，而且争议财物保管人得以免除决定谁才是金钱或财产的所有人之责。此外，争议财物保管人（stakeholder）避免因不同请求权人提起不同诉讼导致不一致判决而可能承担多项义务。即使不太可能有多项义务，争议财物保管人与司法制度也避免承担多重诉讼之负担和带来的迟延。既然在一个诉讼中解决所有相互冲突的诉讼请求，且有限的钱款得到了公正分配，争议财物之利益对立的请求人也能从竞合权利诉讼中获益。而且，确定竞合权利诉讼常常不必寻 700
> 找和执行债务人资产。争议之财物通常提存于法院代管。[③]

正如引文所云，确定竞合权利诉讼涉及下述专门术语：

- 当事人有相互冲突所有权诉求之财产为**争议财物**或**诉讼标的物**(stake or res)。[④]
- 占有该财产之人为**争议财物保管人**(stakeholder)。

---

① 该规则允许推翻原告有关案件当事人之安排，明确地想避免让一方当事人承担双重、多重或不一致的法律义务，正如本案中的情况一样。参见第十二章第六节第一目。

② 第三人引入诉讼允许被告将对其承担补偿或分摊责任的缺席者加入诉讼。这样做时保护了被告，免得其在待决案件中败诉，而又在另行提起的收回补偿或分摊费用的诉讼中败诉。因此，将第三人引入诉讼制度，像规则19条(a)款(1)项(B)目(ii)规定的合并必要当事人以及确定竞合权利诉讼一样，避免了施加多项责任。参见第十二章第六节第二目。

③ 《穆尔论联邦实践》第4卷，第22章第9节至第11节。

④ "Res"在拉丁文中的意思是"物（东西）"的意思。正如，我们在第二章第二节学习对人管辖权中的对物诉讼管辖权时看到过的一样。

- 加入确定竞合权利诉讼、提出相互冲突的诉求而等待法院裁决之人为权利请求人(claimants)。

历史上,确定竞合权利诉讼仅在争议财物保管人并未声称拥有该争议财物时才可提起——亦即,仅在该争议财物保管人为利益不相关者的情况下才行。传统上的争议财物保管人是这样的一个人:发现自己占有财物但不知其所有权属于谁,知道有多人声称拥有所有权,但其本人并未对财产主张所有权。由此类无利害关系的争议财物保管人所提起之确定竞合权利诉讼称为真正的(或有时称严格意义上的)确定竞合权利诉讼。时过境迁,法院放松了这一要求财物保管人未对标的物主张所有权的要求,而允许一个有利害关系的争议财物保管人提起确定竞合权利诉讼。此类程序以前(现在亦)被称为具有确定竞合权利诉讼性质(in the nature of interpleader)的诉讼。(我们将在本章第二节第二目谈到,争议财物保管人对诉讼标的物是否有利害关系,这对事物管辖权的援引可能有深远影响。)

- S在其购买房子的地下室发现了一块手表。前房屋所有人(O)诉称是他的,说是不小心落在地下室里的。工程承揽人(C)也诉称拥有这只表,说是在对地下室进行翻修时落下的。S是争议财产保管人。O与C为权利请求人。如果S并未声称其拥有这只表,则其为无利害关系的争议财物保管人,该诉讼将是一个真正的(或严格意义上的)确定竞合权利诉讼。
- 然而,如果S声称其应该能够留下这块表[比如,因为拾得人法(finders' statute)的规定],则其成为一个有利害关系的争议财物保管人,则该诉讼将是具有确定竞合权利诉讼性质的诉讼。

**联邦法院两种类型的确定竞合权利诉讼**

因为存在两种类型的确定竞合权利诉讼,故联邦法院的确定竞合权利诉讼实践颇为复杂。《联邦民事诉讼规则》第22条允许确定竞合权利诉讼,这被称为基于《联邦民事诉讼规则》的确定竞合权利诉讼(Rule interpleader)(下文简称规则上的确定竞合权利诉讼)。因为《联邦民事诉讼规则》不能影响联邦事物管辖权或审判地,所以《规则》第22条仅是规定了确定竞合

权利诉讼的程序机制。其仅在联邦事物管辖权的某一管辖基础（第四章讨 701
论过）和联邦审判地的某一基础（第五章讨论过）适用时，才能援用。典型情况是，规则上的确定竞合权利诉讼援引了《美国法典》第28编第1332条(a)款(1)项规定的异籍管辖权。而在此之外，还有三条制定法——《美国法典》第28编第1335条、第1391条与第2361条——它们规定了不同的提起确定竞合权利诉讼之权利，规定了另外的联邦事物管辖权依据，并对审判地和诉讼书状之送达作了另行规定。这三条法律一起产生了**基于制定法的确定竞合权利诉讼**(statutory interpleader)（下文简称为**制定法上的确定竞合权利诉讼**）。规则上的确定竞合权利诉讼与制定法上的确定竞合权利诉讼在管辖权与审判地上的差异非常重要，我们将在本章第二节第二目探讨。其它的差异将在本节的接下来部分讨论。在你思考这一话题的整个过程中，切记有两种完全独立的工具——规则上的确定竞合权利诉讼和制定法上的确定竞合权利诉讼——在联邦法院可援用这些工具提起确定竞合权利诉讼。

**超出诉讼标的物价值之诉求及预期诉求**

至此，我们在前述例子中看到，每个对抗权利请求人都诉称对整个诉讼标的物之价值拥有所有权——无论是前述假设案例中的手表，还是第一个例子中的25万美元人寿保险金，皆是如此。但在诸多权利请求人主张之价值超出诉讼标的物总价值（金额）时，确定竞合权利诉讼亦可适用。此类案件通常涉及对责任保险金提出诸多相互对抗之诉求。

- D投了汽车责任险，对每次事故，保险公司将支付总额为30万美元的责任赔偿。D卷入一起交通事故，使五人受到严重伤害。五人中的每个人（从P—1到P—5）都因事故所致人身伤害对D提起诉讼。这五个个案之索赔总额达到150万美元，故这些诉求是保险金赔付上限的五倍。D的保险公司可能希望就此30万美元的款项提起确定竞合权利诉讼，将这五个权利请求人加入诉讼。此处需要指出三个要点。

第一，确定竞合权利诉讼处理的**仅**是谁有权得到**诉讼标的物**；其仅涉及针对诉讼标的物提出的诸多对抗请求。在这一假设案例中，我们不知道这五个侵权案的原告提出的诉求是否会产生一个超出 30 万美元保赔额的判决。这五个侵权索赔诉求还是“未确定”之诉求，因为我们尚不知道，它们是否实际上将成为针对这笔保险金的诉求，而且如果是，具体金额又是多少。由 P—1 到 P—5 对 D 提出之五个侵权案件并非确定竞合权利诉讼的组成部分，这些诉求是针对 D 提出的，意在施加个人责任；其并不是针对该笔保
702 险金提出的。[①] 当这些案件得以审结(或和解)，每个原告之诉求将变为“金额确定”之诉求，只是意味着每个诉求都有了一个美元数字。之后，每个原告将对这笔保险金提出诉求，因为每个人都想从这笔保险金中获得判决给予的赔偿金额。(如果保险金已分完而权利请求人并未得到充分赔偿，其将试图就此差额向 D 个人请求赔偿。)

第二，如果该案中各侵权原告的诉求尚未确定(可能几年内都不能确定，因为它们在不同的案件中进行诉讼)，现在该保险公司如何提起确定竞合权利诉讼呢？一些州有“径直诉讼”的法律(“direct action” statutes)，允许权利请求人在获得对被保险人的胜诉判决之前对保险公司提起诉讼。在这样的州里，因为 P—1 到 P—5 都能在获得对 D 之胜诉判决前起诉保险公司，故此阶段提起确定竞合权利诉讼应无问题。但很多州并无此种径直诉讼之规定，仅在权利请求人获得对被保险人之胜诉判决后，方准许对保险公司提起诉讼。在此阶段提起确定竞合权利诉讼可行吗？虽然对于这个问题的答案，我们曾经争论了一段时间，但现在答案很清晰，至少在联邦法院系统，答案是肯定的。依据《规则》第 22 条规定的规则上的确定竞合权利诉讼之规定，如果单独之诉求“可能将(争议财物保管人)置于承担双重或多重责任之境地……”，则其可提起确定竞合权利诉讼。依据制定法上的确定竞合权利诉讼之规定，争议财物保管人可在诉讼中加入任何“正主张或可能主张

① 十有八九，不管每个原告主张的最终赔偿额是多少，D 的保险公司都有义务在每一个案件中帮助 D 辩护。这些通常是保险公司合同义务的一部分：不仅要赔付诉讼请求人能够得到的在保单范围的保险赔偿金，而且要在针对被保险人的诉讼中帮助被保险人辩护。

有权拥有诉讼标的物”之人。[①] 因此，在缺乏针对被保险人的胜诉判决的情况下，即使可适用之实体法不允许径直提起诉讼，确定竞合权利诉讼之提起在一开始就是适当的。[②]

第三，如果五个原告诉求，经最终确定，其金额超出了诉讼标的物之价值，结果又会如何？假设，P—1 获得了一个赔偿 5 万美元的胜诉判决；P—2 获得了 10 万美元的判决；P—3 获得了 15 万美元的判决；P—4 获得了 20 万美元的判决；P—5 获得了 40 万美元判决。亦即对 D 之判决总数达到 90 万美元。而可获得的保险金只有 30 万美元。如果不能提起确定竞合权利诉讼，我们将看到一场为获得保险金的竞争，其结果将使行动迟缓之权利请求人一无所获。因此，除了前述政策优势外，在此情形下允许提起确定竞合 703
权利诉讼也服务于规则第 19 条(a)款(1)项(B)目(i)体现的同样原则(在第十二章第六节探讨过)——避免伤及缺席者。

- 在这种情况下，确定竞合权利诉讼用于在五个权利请求人之间公正地“分蛋糕”。如前所述，他们确定的诉求金额是 90 万美元，是保险赔偿金的三倍。故从事确定竞合权利诉讼之法院将允许每个权利请求人获得三分之一的诉求额。这样，P—1 将从保险金中获得 16,666.66美元；P—2 将获得 33,333.33 美元；P—3 将获得 50,000 美元；P—4 将获得 66,666.67 美元；P—5 将获得 133,333.33 美元。没有一个权利请求人获得充分赔偿，但更重要的是没有一个完全被遗漏。(现在每个人可自由对 D 个人要求强制执行保险金不能赔付

---

① 《美国法典》第 28 编，第 1335 条(a)款(1)项(着重号为作者所加)。

② 州农场火灾和意外事故保险公司诉塔希尔案(State Farm Fire & Cas. Co. v. Tashire)，《美国联邦最高法院判例汇编》第 386 卷，始于第 523、533 页(1967 年)(“保险公司须等到这些诉求都变成判决吗，第一个获得此种胜诉判决或达成和解协议的诉讼请求人，可能在其同伴能够搞定他们的诉求之前就侵吞了所有款项或拿到了不成比例的份额。此类想尽早取得判决的行为给保险公司带来了困难，对某些诉讼请求人可能导致不公平，这些都是确定竞合权利诉讼制度所意欲解决的主要祸害。”)尽管本案事涉制定法上的确定竞合权利诉讼，但确信无疑的是《规则》第 22 条也允许对预期诉求提起确定竞合权利诉讼，如规则用语所指出的，分开提出诉求“可能”要伤害到争议财物保管人。参见 6247 阿特拉斯公司诉海运保险公司案(6247 Atlas Corp. v. Marine Ins. Co.)，《联邦规程判例汇编》第 155 卷，始于第 454、463 页(纽约南区法院 1994 年)。

的剩余的三分之二判决金额。）

**禁止其它诉讼之禁令；确定竞合权利诉讼之限制**

如果权利请求人可自由另案对争议财物主张权利，则确定竞合权利诉讼之效能将丧失。比如，假设S提起确定竞合权利诉讼，并将O和C作为权利请求人加入诉讼。如果C能够在其它法院另案起诉S以获得争议财物，则确定竞合权利诉讼的优势将丧失。为避免此种重复诉讼，从事确定竞合权利诉讼之法院有必要对权利请求人签发禁令，禁止其对争议财物另案起诉。在联邦法院系统，从事确定竞合权利诉讼之法院当然有权签发此类禁令。

《美国法典》第2361条是成文法上的确定竞合权利诉讼的构成部分，其明确规定主审确定竞合权利诉讼案件之联邦法院，可以“发出命令，禁止权利请求人在任何州或美国联邦法院提起或执行影响争议财物之诉讼。”[①]注意该条允许联邦法院针对权利请求人发出禁令，禁止其在其它联邦法院或是在任何州法院提起诉讼。[②] 但第2361条并不适用于规则上的确定竞合权利诉讼的案件。[③] 对于此类案件，没有明确授权准予签发禁令。但从事确定竞合权利诉讼之法院可以签发禁令，尽管得出这一结论的过程更为复
704 杂。对初学者来说，业已确定的规则是从事确定竞合权利诉讼之法院可以签发禁令，禁止在另一联邦法院进行重复诉讼。[④] 这一结果乃是“先起诉规则（first-filed rule）”的要求，该规则规定，通常首先受理该事项之法院有权对诉讼当事人发出禁令，禁止其就同一事项在另一联邦法院进行诉讼。

---

① 《美国法典》第28编，第2361条。

② 有必要指出此类禁令并非对其它法院发出。一个法院命令另一法院不要对某一事项进行诉讼这不太合适；此类命令极其罕见。反之，禁令是针对诉讼请求人个人发出，禁止其在其它法院提起诉讼。如果诉讼请求人违反此禁令，发出禁令之联邦法院能够认定其藐视法庭，亦即意味着法庭可对其进行罚款或者甚至判其入狱，除非其同意遵守该禁令。

③ 美国工业公司诉拉博德案（United States Indus., Inc. v. Laborde），《联邦补编》第794卷，始于第454、459页（波多黎各地区法院1992年）。

④ 一个经典的判决意见书是泛美火灾和意外事故保险公司诉里维尔案（Pan Am. Fire & Cas. Co. v. Revere），《联邦补编》第188卷，始于第474页，第483页第46个注释（路易斯安那东区法院1960年）。

如果重复诉讼在州法院进行，结果又会如何？在此，因为有《美国法典》第 28 编第 2283 条规定的《反禁令法》(Anti-Injunction Act)，事情变得更为复杂。它规定除非符合下列三种适用例外情形中的任何一种，否则联邦法院不可以对州法院的诉讼当事人发出禁令。该法认可一种重要的联邦主义政策——即一般情况下，联邦政府的法院不宜干涉拥有主权的州政府的法院事务。[1] 故此，仅在符合《反禁令法》所规定之三种例外情形之一时，从事规则上的确定竞合权利诉讼的联邦法院方可对州法院的待决诉讼发出禁令。[2] 这些例外情形是：(1)国会规定联邦法院可禁止诉讼当事人在州法院进行诉讼；[3](2)禁令为"帮助"法院行使管辖权"所必不可少"；(3)禁令为法院有效执行其判决所必不可少。[4] 诸多法院认为上述第二种例外适用于规则上的确定竞合权利诉讼。[5] 换言之，因为同时在州法院进行诉讼，将干扰从事确定竞合权利诉讼之法院对争议财物之分配，故从事规则上的确定竞合权利诉讼之法院能签发禁令，"助其行使管辖权"。[6]

对任何禁止权利请求人在确定竞合权利诉讼之外另行诉讼之禁令，必 705
须加以适当限制。特别是禁令只是禁止对争议财物本身提出其他诉求。这

---

① 当然，若重复诉讼案件都是在联邦法院进行，这一联邦主义的问题即不存在。在此类案件中，因为所涉及的不同法院都是在同一司法体系中，故先起诉规则能够适用。

② 如果诉讼请求人尚未在州法院提起诉讼，《反禁令法》并不适用而联邦法院因而可以发出禁令。为什么？因为该法仅适用于对州法院待决诉讼发出的禁令，而非针对尚未起诉到州法院的诉讼发出的禁令。多姆布劳斯基诉菲斯特案(Dombrowski v. Pfister)，《美国联邦最高法院判例汇编》第 380 卷，始于第 479 页，第 484 页第 2 个注释(1965 年)(该法"并不排除对州法院提起诉讼行为发出禁令，但仅对业已起诉之诉讼禁止诉讼中止")。

③ 这一例外适用于制定法上的确定竞合权利诉讼，因为第 2361 条对此有明确规定。

④ 《美国法典》第 28 编，第 2283 条。

⑤ 如参见，通用铁路信号公司诉科科伦案(General Ry. Signal Co. v. Corcoran)，《联邦判例汇编第二辑》第 921 卷，始于第 700、707 页(第七巡回法院 1991 年)。

⑥ 此外，一旦确定竞合权利诉讼之判决业已作出，而州法院之待决诉讼将试图撤销确定竞合权利诉讼之结果，则审理规则上的确定竞合权利诉讼之联邦法院能够对州法院之待决诉讼发出禁令。此类禁令符合《反禁令法》的第三种适用例外情形，因为该禁令将促使法院有效执行其判决。如参见，特鲁克-诶-图恩诉雷案(Truck-A-Tune v. Re)，《联邦补编》第 856 卷，始于第 77 页，第 81 页第 10 个注释(康涅狄格地区法院 1993 年)，基于其他理由维持原判，《联邦判例汇编第三辑》第 23 卷，第 60 页(第二巡回法院 1993 年)。

一事实将使人充分理解对于确定竞合权利诉讼之限制：它是将对特定财产之诉求集中于一个诉讼的制度，而不是允许法院强迫将所有潜在的侵权原告置于一个案件的制度。确定竞合权利诉讼案件只能涉及对争议财物之诉求。

在确定竞合权利诉讼的范围方面，最重要的案件当是州农场火灾和意外事故保险公司诉塔希尔案（State Farm Fire & Casualty Co. v. Tashire），[①]该案涉及一辆灰狗公司巴士与卡车间的可怕交通事故。卡车由克拉克（Clark）驾驶，卡车车主为格拉斯哥（Glasgow）（撞车时也坐在卡车上）。灰狗公司的巴士由瑙塔（Nauta）驾驶。该事故造成巴士上的 2 名乘客死亡、33 人受伤，克拉克、格拉斯哥及瑙塔也受伤。克拉克向州农场火灾和意外事故保险公司投了汽车责任保险，其保单规定替克拉克（卡车司机）赔付的责任上限是：对身体伤害的诉求为每人 1 万美元、每起事故最多赔付 2 万美元。显然因撞击事故而针对克拉克提出的诉求金额超出保单之上限。州农场火灾和意外事故保险公司随即提起确定竞合权利诉讼。其将克拉克、格拉斯哥、瑙塔、灰狗公司以及各乘客（或者如果乘客死亡，乘客之遗产）作为权利请求人加入诉讼。地区法院允许该确定竞合权利诉讼继续进行并发出禁令，要求所有针对州农场火灾和意外事故保险公司、克拉克、灰狗公司以及瑙塔之诉求都必须在此确定竞合权利诉讼中提出。这样一来，针对保险人与被保险人的以及那些针对事故中其他人的侵权诉求，都只能在此确定竞合权利诉讼的案件中提出。

联邦最高法院对此禁令作了重大修改，以体现确定竞合权利诉讼的适当范围。确定竞合权利诉讼限于对该笔款项之诉求。法院指出，在许多案件中，此类诉求构成整个案件之争议，且将无任何附属诉讼。例如，在前述涉及手表的假设案例中，该确定竞合权利诉讼案件将使得房主、前房屋所有人以及承包人之间的所有争议得以解决，其唯一的争议就是手表的所有权。

而在像塔希尔这样的案件中，除了针对保险赔偿金的诉求之外，还有其他的主张责任的诉求。在该案中，存在针对灰狗公司、瑙塔、格拉斯哥以及克

---

① 《美国联邦最高法院判例汇编》第 386 卷，第 523 页（1967 年）。

拉克的侵权诉求，而没有一个此类侵权诉求构成确定竞合权利诉讼中之争议财物。该确定竞合权利诉讼能够确定的仅是谁能获得州农场火灾和意外事故保险公司就针对克拉克之诉求所赔付的2万美元保险金。因此，任何已经取得针对克拉克的胜诉判决之人，可以寻求从州农场火灾和意外事故保险公司赔付的这笔款项中获得赔偿。只有这些诉求能在该确定竞合权利诉讼中提出。但针对克拉克（或针对其他人）的基本的侵权诉求并不是确定竞合权利诉讼案件的组成部分；道理很简单，在某人试图针对保险金执行胜诉判决前，这些诉求不是针对争议财物的诉求。正如最高法院所总结的那样： 706

> 作为本确定竞合权利诉讼程序之支柱，州农场火灾和意外事故保险公司在本案中之利益只限于其2万美元的保险金。当法院对权利请求人作出限制，规定只能对保险公司执行其已获得的针对被保险人的胜诉判决，且只能在确定竞合权利诉讼中执行时，则此利益得到充分保护。联邦地区法院试图控制权利请求人针对被保险人和其他被指控侵权之人提起诉讼，该行为超出了确定竞合权利诉讼制度的授权。[①]

最高法院承认，其判决意味着确定竞合权利诉讼“不能用来解决大众侵权引发的多方当事人诉讼中的所有伤脑筋问题。但从未想要确定竞合权利诉讼执行这样的功能，成为全效的‘防止滥诉诉状（bill of peace）’”。[②] 防止滥诉诉状是衡平法的一种工具，其允许法院将所有利益相关方放在一个案件中，以期解决全部争议。现代法律中并无防止滥诉诉状的相应规定。缺乏这样的工具令人沮丧，但这是我们为诉讼当事人自治价值所付出的部分代价。正如联邦最高法院在塔希尔案中所强调的，如果确定竞合权利诉讼被设计成防止滥诉诉状，“有必要制定详细的条文来确保在复杂争议中没有利益或利益很少的一方当事人（诸如州农场火灾和意外事故保险公司）不剥夺真正的利益相关方所享有的实质权利——如选择法院确定其诉求之权利……”[③]

---

① 同前注，第535页。

② 同前注。

③ 同前注，第536页。

### 确定竞合权利诉讼之提起

确定竞合权利诉讼使得原告与被告之常规角色倒置，所以显得很奇怪。通常原告诉被告之目的在于向被告施加责任。而在确定竞合权利诉讼中，争议财物保管人作为原告诉权利请求人不是为了对其施加责任，而是迫使其在确定竞合权利诉讼中对财产提出诉求。本质上，起诉他们是为了迫使他们来诉其自己！其之所以这样做是因为确定竞合权利诉讼能让其避免被各种权利请求人多次起诉。

但如果其中一位权利请求人在争议财物保管人提起确定竞合权利诉讼之前就对其提起诉讼，结果会怎样？能否被动地提起确定竞合权利诉讼呢？能。让我们回到前述在房屋里找到的手表所有权的事实模型中。但这儿假
707 定O已诉S，请求获得手表。S是被告但同时也是争议财物保管人，其想提起确定竞合权利诉讼将C并入案件，这样所有的权利请求人能够在一个诉讼中对所有权问题进行诉讼。其应做什么？对O提起强制性反诉，援用确定竞合权利诉讼而将O列为其中的一位权利请求人。[1] 规则第13条(h)款(参见第十二章第五节)允许S在反诉中加入任何满足规则第19条或第20条要求的缺席者(诸如C)，列为增设的当事人。[2] 依据定义，确定竞合权利诉讼中的缺席的权利请求人(如此处的C)符合规则第19条之规定，因而依据规则13条(h)款之规定能够并入诉讼。[3]

---

① 对O之诉求之所以为强制性反诉，是因为其是针对相对方且与其诉求都源自同一交易或事件。此处，O对S提出之诉求是为了手表的所有权。S之反诉是针对同一财产的确定竞合权利诉讼；因此其显然与O之诉求都是源自同一交易或事件。我们在第十二章第五节第一目对强制性反诉有所探讨。参见《联邦民事诉讼规则》第22条(a)款(2)项规定："承担相似责任之被告可通过提起交叉请求或反诉来提起确定竞合权利诉讼。"

② 《规则》第20条涉及任意性当事人合并问题。参见第十二章第四节。《规则》第19条涉及必要当事人的合并问题。参见第十二章第六节第一目。

③ 一位缺席的利益相关方满足了规则19条(a)款(1)项(B)目(ii)段之规定，是因为未将其并入诉讼将使得一方当事人(如争议财物保管人)可能承担多个或不一致的法律义务。如前所述，如果各诉讼请求人都单独另案起诉，则该争议财物保管人将可能承担不一致的法律义务，诸如一个判决可能认为C是手表所有权人，而另一个判决认为O是手表的所有权人。避免此类潜在之伤害实为《规则》第19条(a)款(1)项(B)目(i)段制定之根基，同时也是确定竞合权利诉讼存在的基本理由。

**确定竞合权利诉讼之阶段**

假定法院对当事人拥有对人管辖权，且对确定竞合权利诉讼之诉求拥有事物管辖权(我们将在本章第二节第二目讨论)，确定竞合权利诉讼将分两个阶段进行。第一个阶段，法院要决定案件是否适合作为确定竞合权利诉讼——即诉讼所涉针对财产之诉求是否满足确定竞合权利诉讼之各项要求。如果确定满足，则案件进入第二阶段。各权利请求人将围绕谁拥有争议财物所有权问题进行诉讼。在真正的确定竞合权利诉讼中(争议财物保管人对争议财物未主张所有权)，争议财物保管人不参与第二个阶段的诉讼，其在第一个阶段结束之时就完成了职责。[①] 另一方面，如果是具有确定竞合权利诉讼性质之诉讼(争议财物保管人对争议财物主张所有权)，则争议财物保管人将参加第二个阶段的诉讼。实质上，其也是一位权利请求人，必须和其他权利请求人就争议财物所有权一决雌雄。第二个阶段诉讼之结果，乃是一个谁是真正的所有权者的判决。该判决将对所有加入案件的权利请求人有拘束力。

一个重要的问题是诉讼期间争议财物的保管。在联邦法院，针对规则上的确定竞合权利诉讼和制定法上的确定竞合权利诉讼，存在不同的处理方式。在制定法上的确定竞合权利诉讼中，争议财物保管人必须将争议财 708
物提存于审理法院，或向法院书记员提交法院所定数额的保证金。[②] 其实，在此确定竞合权利诉讼中，提存争议财物或提交保证金乃法院行使管辖权的先决条件，故不遵守该要求将剥夺法院之诉讼管辖权。[③] 如果权利请求人认为，争议财物之价值高于争议财物保管人所主张的金额，则争议财物保管人必须提交更高数额之保证金。[④] 另一方面，《规则》第 22 条并未明确要

---

① 全国商业银行诉迪莫斯案(Commercial Natl. Bank v. Demos)，《联邦判例汇编第三辑》第 18 卷，始于第 485、487 页(第七巡回法院 1994 年)。

② 《美国法典》第 28 编，第 1335 条(a)款(2)项。

③ 如参见，关于 M/V 尤科拉沉没案(In re Sinking of the M/V Ukola)，《联邦判例汇编第二辑》第 806 卷，始于第 1、5 页(第一巡回法院 1986 年)。

④ 如参见，全国相互保险公司诉埃克曼案(Nationwide Mut. Ins. Co. v. Eckman)，《联邦补编》第 555 卷，始于第 775、778 页(特拉华地区法院 1983 年)。这一要求对满足事物管辖权规定下的争议金额之决定产生影响，这一点我们将在本章第二节第二目讨论。

求提存该争议财物或交纳保证金。显然，此类提存并非规则上的确定竞合权利诉讼的管辖要件，①但审理规则上的确定竞合权利诉讼案件的法院可以命令争议财物保管人将争议财物提存于法院。② 此类命令乃是家常便饭。

将争议财物提存于法院是一件有益之事。其确保在诉讼期间该财产不会丢失、转移、被盗或遭挥霍。它同时确保在案件结束时该财产可用来分配，而不必费力找寻其占有者，以及寻求法院发出命令要求占有者将该财产提存于法院供分配之用。

在联邦法院进行的确定竞合权利诉讼中存在的另一个重要问题是，是否有权要求陪审团审理。确定竞合权利诉讼大多数是在衡平法院开发出来的，但也有英格兰普通法法院的渊源。我们从第九章第二节第二目获知，《第七修正案》对普通法诉讼保留了获取陪审团审理的权利，但对衡平法诉讼却未做规定。这对确定竞合权利诉讼意味着什么？能否取得陪审团的审理取决于诉讼所处的阶段。确定竞合权利诉讼的第一阶段——其要决定之问题是案件是否满足确定竞合权利诉讼的诸要件——交由法官审理，在此阶段无权要求陪审团参与。③ 确定竞合权利诉讼的第二阶段——在该阶段所决定之问题是谁为争议财物的真正所有权人——如果相同问题在"普通"的民事诉讼中提起时，依据《第七修正案》之规定有权要求陪审团参与审理，则由陪审团审理。④ 在此阶段，确定竞合权利诉讼基本经由衡平法演进而来是无关的。评估确定竞合权利诉讼在联邦法院能否获得陪审团审理，与在联邦法院的其他案件之评估是一样的。

---

① 盖尔格伦诉共和国国民人寿保险公司案（Gelfgren v. Republic Natl. Life Ins. Co.），《联邦判例汇编第二辑》第 680 卷，始于第 79、82 页（第九巡回法院 1982 年）。

② 中央银行诉美国案（Central Bank v. United States），《联邦补编》第 838 卷，始于第 564、566 页（佛罗里达中区法院 1993 年）。《联邦民事诉讼规则》第 67 条授权法庭做出此类提存命令。

③ 参见《穆尔论联邦实践》第 4 卷，第 22 章第 3 节第[3]目。

④ 如参见，海德物产诉麦科伊案（Hyde Props，v. McCoy），《联邦判例汇编第二辑》第 507 卷，始于第 301、305 页（第六巡回法院 1974 年）。

### 历史上衡平法对确定竞合权利诉讼之限制 709

仅当你的教授阐述确定竞合权利诉讼之历史发展时，本部分才有所裨益，许多教授对此并不涉及。该程序与英国有错综复杂的历史联系。其源自普通法法院，之后“跨到了”衡平法法院。确定竞合权利诉讼之诸多做法因而在衡平法法院得到了发展。[①] 那些法院以及后续的美国衡平法法院，对提起确定竞合权利诉讼之权利施加了四点限制。所有这四点限制过分限制了确定竞合权利诉讼之援用，起不到任何补充说明之作用。在联邦法院——无论是规则上的确定竞合权利诉讼还是制定法上的确定竞合权利诉讼——这四点限制中的三点限制已遭明确抛弃，而且大多数法院在处理这一问题时认为，其第四点限制也应被抛弃。当然，各州法院可根据其认为合适的条件，自由决定是否准予确定竞合权利诉讼。但大多数州已经追随联邦，放弃了历史上衡平法对确定竞合权利诉讼所设之限制，但无疑还有一些州依然坚持沿用至少其中的某些限制。[②] 我们将回顾这四点限制并看看在联邦法院的司法实践中是如何处理的。

第一点限制我们已经提及：争议财产保管人必须是非利益相关方，且未对争议财产主张所有权。换言之，传统的衡平法实践并不允许提起“具有确定竞合权利诉讼性质”的诉讼。这一要求已被规则上的确定竞合权利诉讼所拒绝，《联邦民事诉讼规则》第 22 条(a)款(1)项(B)目规定，如果争议财物保管人对“权利请求人之所有或部分诉求所主张的整体或部分责任加以否认”，则无人可以拒绝确定竞合权利诉讼之提起。而在制定法上的确定竞合权利诉讼中，对这一历史性限制的拒绝则更为直接，《美国法典》第 1335 条(a)款规定，争议财物保管人可进行“具有确定竞合权利诉讼性质”之诉讼。

---

① 一般参见，杰弗里·哈泽德、迈伦·莫斯科维兹：“确定竞合权利诉讼制度的历史评析”，《加州法律评论》(Geoffrey Hazard & Myron Moskovitz, An Historical and Critical Analysis of Interpleader, *Cal. L. Rev.*)第 52 卷，第 706 页(1964 年)。

② 如参见，米德兰国民人寿保险公司诉爱默生案(Midland Natl. Life Ins. Co. v. Emerson)，《东南判例汇编第二辑》第 174 卷，始于第 211、212 页(佐治亚州上诉法院 1970 年)(拒绝允许利益相关的争议财物保管人在衡平法上提起确定竞合权利诉讼；导致在立法上拒绝采纳这一规则)。

第二点与第三点确定竞合权利诉讼的衡平法限制紧密相关。第二点是指各权利请求人必须对同样的物品或债务主张权利，第三点是各权利请求人针对财产提出的相互对抗之诉求依赖于或源自一个共同的事由（a common source）。《规则》第 22 条(a)款(1)项(A)目明确拒绝这些要求作为联邦法院规则上的确定竞合权利诉讼提起之限制。同样，第 1335 条(b)款明确拒绝这两点作为制定法上的确定竞合权利诉讼提起之限制。

最后一点衡平法限制是要求争议财物保管人对任何权利请求人不负有独立的责任（independent liability）。奇怪的是，无论是规则上的确定竞合权利诉讼还是制定法上的确定竞合权利诉讼都没有明确规定此要求。尽管如此，大多数联邦法院认为正确的理解应是这一要求是无关的，因而
710 不应遵行。[1] 这一限制不再具有意义。施加这一要求的时代是，没有程序机制供权利请求人在确定竞合权利诉讼中对争议财物保管人提出诉求；此时确定竞合权利诉讼虽有所发展，但衡平法实践中还没有反诉制度。因此，此时的法院断定一旦允许在此类案件从事确定竞合权利诉讼，将对能在另案中对争议财物保管人提出诉求之权利请求人不公平。今日，因为权利请求人能够在确定竞合权利诉讼中对争议财物保管人提起反诉，完全没有必要作此限制。但仍偶尔会有判决意见书认为，因为争议财物保管人对权利请求人中的某位负有独立责任，所以法院拒绝确定竞合权利诉讼之提起。[2]

- 回到前述的一个假设案例，其中 S 诉称对所购房屋中发现的手表拥有所有权。前任房主 O 也声称对这块表拥有所有权，曾在房内干活的合同承包人 C 也有此诉求。S 提起一个具有确定竞合权利诉讼性质之诉讼，将 O 和 C 加入诉讼。假设 C 因对房内付出之劳作而

---

① 参见利比、麦克尼尔和利比诉城市国民银行案（Libby, McNeill & Libby v. City Natl. Bank），《联邦判例汇编第二辑》第 592 卷，第 504 页（第九巡回法院 1978 年）；伴侣人寿保险公司诉谢弗案（Companion Life Ins. Co. v. Schaffer），《联邦补编》第 442 卷，始于第 826、829 页（纽约南区法院 1977 年）。

② 如参见，内华达八八公司诉明尼苏达州迪特尔保险公司案（Nevada Eighty-Eight, Inc. v. Title Ins. Co. of Minn.），《联邦补编》第 753 卷，始于第 1516、1527 页（内华达地区法院 1990 年）。

对S提出诉求,声称S尚未支付工作报酬。S对C承担这一潜在的独立责任,违反了衡平法对于确定竞合权利诉讼之第四点限制,而且追究此责任,将使得确定竞合权利诉讼变为不可能。但大多数联邦法院认为,C可以只是在待决之确定竞合权利诉讼案件中对S提出反诉;因此它们不理会衡平法的第四点限制而让该诉讼继续进行。

## 二、对人管辖权、事物管辖权及审判地

### 两种类型的确定竞合权利诉讼之发展

我们已经指出在联邦法院系统存在两种类型的确定竞合权利诉讼:《联邦民事诉讼规则》第22条规定的规则上的确定竞合权利诉讼和《美国法典》第28编第1335条、1397条以及2361条规定的制定法上的确定竞合权利诉讼。可以理解,有人会发问:为何我们有两种不同的制度设计来做同样的事情？一定程度上,这是历史偶然。1938年颁布的原《联邦民事诉讼规则》中规定了《规则》第22条,其原本是《联邦衡平法诉讼程序规则》(Federal Equity Rules)中的条文。当《联邦民事诉讼规则》对在联邦法院原来分开的普通法院和衡平法院进行合并时,很自然就包含了确定竞合权利诉讼的规定。我们在第十二章详细研究过,《联邦民事诉讼规则》不能影响联邦法院的管辖权。这样,《规则》第22条规定的确定竞合权利诉讼——无论是当时还是现在——仅在案件援引了联邦事物管辖权时才可援用。从第四章获知,此类管辖权的主要行使依据是异籍与联邦问题。很少有规则上的确定 711
竞合权利诉讼援引联邦问题管辖权。几乎所有此类案件都援引异籍管辖权(在本节的稍后部分我们将详加考察)。同样,确定竞合权利诉讼的审判地是否适当,和认定异籍案件的审判地一样,要根据第1391条(a)款作出认定。最后,和异籍案件一样,必须对各权利请求人主张对人管辖权。总之,规则上的确定竞合权利诉讼——在管辖权、审判地以及送达诉讼书状方面——其处理与异籍案件一样。

但制定法上的确定竞合权利诉讼,却是完全不同的一件事。在1917

年，为了回应联邦最高法院判决的一个案件(我们稍后讨论该案)，国会制定了确定竞合权利诉讼的法律——现在同样被编入《美国法典》第1335条、1397条和2361条里。这三条法律分别：(1)规定了可提起确定竞合权利诉讼之诉求，并准予事物管辖权；(2)为制定法上的确定竞合权利诉讼之诉求规定了一个特殊的审判地规则；以及(3)对制定法上的确定竞合权利诉讼之案件允许在全国范围内送达诉讼书状。《规则》第22条与制定法上的确定竞合权利诉讼完全无关。制定法上的确定竞合权利诉讼也与《规则》第22条完全无关。如果一位争议财物保管人进行的是制定法上的确定竞合权利诉讼，则依第1335条援引事物管辖权，而不是依第1332条(a)款(1)项规定的普通异籍法规定。现在我们在对人管辖权、事物管辖权以及审判地方面对规则上的确定竞合权利诉讼和制定法上的确定竞合权利诉讼进行比较。要记住规则上的确定竞合权利诉讼不过是一个异籍案件，而制定法上的确定竞合权利诉讼在对人管辖权、事物管辖权和审判地方面，则有其自身的特殊规定。

**对人管辖权**

在1916年的纽约人寿保险公司诉邓拉维案(New York Life Insurance Co. v. Dunlevy)中，联邦最高法院认为确定竞合权利诉讼是对人诉讼(in personam actions)，因此审理此类案件的法院必须对各权利请求人拥有对人诉讼管辖权(in personam jurisdiction)。[1] 这一裁决并非已成定局，其实，它似乎有误。因为确定竞合权利诉讼涉及向法院提存的争议财物所有权问题，故很明显似乎是第一类准对物诉讼。[2] 依据当时的已确立的原则，如果法院对争议财
712 产拥有管辖权且给了当事人诉讼通知，此类准对物诉讼案件之判决有效。[3]

---

① 《美国联邦最高法院判例汇编》第241卷，第518页(1916页)。

② 我们在第二章第二节讨论了第一类准对物诉讼问题。其涉及到特定财产的所有权问题，而该财产本身即是管辖权基础。这些案件与第二类准对物诉讼案件相对照，其中之财产用作管辖权基础，但诉讼中提出之诉求与财产之所有权无关。

③ 其实，甚至在谢弗诉海特纳案(Shaffer v. Heitner)之后，对于法庭对争议财产拥有管辖权即能满足正当程序之要求这一点就存在争议。参见第二章第四节第四目。无论如何，难以理解为何邓拉维案未作为准对物案件对待。可能不过是其律师没有想到这一点。但也有这样的可能存在，没有人曾通知确定竞合权利诉讼中的一位住在另外一个州的诉讼请求人。

然而，当事人和法院似乎简单推定该诉讼为对人诉讼，且一直是这么认为的。

邓拉维案之事实显示其判决的重要性。一家保险公司依据保单承担2500美元的责任，对此有三位权利请求人。第一位是被保险人，约瑟夫·古尔德(Joseph Gould)，声称该笔钱是他的。第二位是其女儿埃菲·邓拉维(Effie Dunlevy)，声称其爸爸已将该保险金转让给她了。第三位是一家百货商店，对这笔款项主张权利，因为其手头拥有一份针对埃菲之胜诉判决，故如果埃菲有权拥有这笔款项，则百货商店应获得这笔钱。保险公司在匹兹堡的一个州法院对这三位权利请求人提起确定竞合权利诉讼。约瑟夫和百货商店被送达了诉讼书状，因而可受法院之管辖。但埃菲已搬至加州，而且法院对其不拥有对人诉讼管辖权。审理确定竞合权利诉讼的法院裁决，约瑟夫有权得到这笔款项，命令保险公司将这笔款项付给他。之后埃菲在加州对保险公司另案起诉。联邦最高法院维持了对其有利的判决。因为匹兹堡审理确定竞合权利诉讼的州法院对埃菲并不拥有对人诉讼管辖权，故她不受该案判决拘束。这样，不能阻止她对该保险公司提起诉讼。

当然结果是保险公司不得不两次支付保单金额。换言之，其正好遭受了确定竞合权利诉讼所意欲避免之伤害——双重责任。邓拉维案判决作出后，各家保险公司皆心存担忧：除非其能在一个法院对所有权利请求人获得对人诉讼管辖权，否则确定竞合权利诉讼之判决不能拘束所有的权利请求人。

为避免此类风险，保险公司能做什么呢？如果是在州法院进行诉讼，其作为的空间不大。尽管今日州法院的对人管辖权范围远大于昔日邓拉维案判决之时，但若无当事人同意，没有一家州法院能拘束与法院缺乏最低限度联系之人。① 但比较起来，联邦法院经授权可对任何与美国本身(而非某一

① 通过“最低限度之联系”，我们指满足了国际鞋业公司案所确定之标准。参见第二章第四节第三目。

特定州)有最低限度联系之人行使对人诉讼管辖权。[①] 换言之,联邦法院经授权能在全国范围送达诉讼书状。保险公司游说国会处理由邓拉维案裁决所带来的问题,呼吁为联邦法院处理确定竞合权利规定管辖权,允许此类案
713 件在全国范围内送达诉讼书状。此等游说帮助通过了《联邦确定竞合权利诉讼法》(Federal Interpleader Act),帮助确立了我们所称的**制定法上的确定竞合权利诉讼**。其在送达方面,制定法上的确定竞合权利诉讼允许对权利请求人在全国范围内的送达诉讼书状,这一法律现规定在第 2361 条里。

与此相对比,规则上的确定竞合权利诉讼在送达诉讼书状和对人管辖权方面,并无自身特殊的制定法依据。规则上的确定竞合权利诉讼案件与联邦法院的任何其它案件一视同仁。因此,如同我们在第三章第三节第四目讨论的,仅在州法院在州外行使对人管辖权和送达诉讼书状为适当的情况下,处在该州的联邦法院才可以这样做。

- 受托人持有一笔 10 万美元的基金,对此有三位权利请求人 C—1、C—2 和 C—3 主张所有权。受托人在加州的联邦法院提起确定竞合权利诉讼。假设事物管辖权和审判地皆为适当。C—1 为加州州民因而可以在加州送达诉讼书状。C—2 是亚利桑那州州民,但明显与加州有足够的最低联系从而服从加州的对人诉讼管辖权。C—3 是佛罗里达州州民,与加州没有任何联系。
    - 如果该案依据规则上的确定竞合权利诉讼规定提起,则加州的联邦法院拥有与加州的州法院同样程度的对人诉讼管辖权(且同样能对州界外的权利请求人送达诉讼书状)。因为 C—1 和

① 如果对这一点有点模糊,参见第二章第四节。切记我们研究的案例始自彭诺耶案,涉及对州行使个人管辖权的正当程序限制问题。联邦政府可对与该国存在最低限度联系的任何人行使管辖权,即使在其与联邦法院所在州并不存在最低限度联系的情况下亦是如此。出于礼让,《联邦民事诉讼规则》已经采纳了这样一种理念,认为仅在联邦法院所在州的一个州法院能够对其州外之人行使个人管辖权的情况下,处于该州的联邦法院才能有权这样做。参见第三章第三节第四目。而从宪法角度而言,国会能够授权联邦法院在全国范围内进行送达,因而可对美国版图内任何地点的任何可送达之人行使对人管辖权。制定法上的确定竞合权利诉讼就属于国会如此作为的极为罕见的情形之一。

C—2 明显与加州存在充分的联系，因而可以使此二人服从加州管辖。但因为 C—3 与加州缺乏最低限度联系，故其不受加州联邦法院管辖。因为加州州法院不能对 C—3 行使对人诉讼管辖权，所以位于加州的联邦法院亦不能依据规则上的确定竞合权利诉讼之规定对 C—3 行使对人管辖权。

- 但如果同样的案件是依据制定法上的确定竞合权利诉讼的规定提起，则能够让 C—3 服从位于加州的联邦法院管辖。依据第 2361 条之规定，对 C—3 可在全国范围送达诉讼书状。美国任何地方的联邦法院可因制定法上的确定竞合权利诉讼对美国任何地点的任何人送达诉讼书状。

**事物管辖权** 714

如上所述，《规则》第 22 条在确定竞合权利诉讼中，仅是为加入各权利请求人提供了一个程序机制。其没有也不可能对事物管辖权之要求产生影响。故规则上的确定竞合权利诉讼，仅在案件可援引联邦事物管辖权的三大独立管辖基础（异籍、外国人以及联邦问题）之一时方为适当。另一方面，制定法上的确定竞合权利诉讼则有其自身的事物管辖权立法依据，这些依据独立于通常授予事物管辖权的依据，即异籍、外国人与联邦问题。

**联邦问题管辖权**。确定竞合权利诉讼是否依据联邦法律可能难以判断。一方面我们知道，确定竞合权利诉讼属于一种奇怪的“诉求”——其实质上是争议财物保管人要求其他人对其提出诉求的一种制度设计。故从概念上难以识别其是否涉及某一联邦权利。① 而且确定竞合权利诉讼呈现的问题，与我们在认定确认判决案件（declaratory judgment cases）是否根据联邦法律提起时遇到的问题一样。在第四章第六节第三目讨论的那些案件中，法院要审视争议财物保管人的强迫性诉讼是否援引联邦问题管辖权。②

---

① 如参见，商业联合保险公司诉美国案（Commercial Union Ins. Co. v. United States），《联邦判例汇编第二辑》第 999 卷，始于第 581、585 页（哥伦比亚特区巡回法院 1993 年）。

② 贝尔和贝克威思诉美国案（Bell & Beckwith v. United States），《联邦判例汇编第二辑》第 766 卷，始于第 910、913 页（第六巡回法院 1985 年）。

说到底，鲜有规则上的确定竞合权利诉讼案件援引联邦问题管辖权。适用之例涉及依据《小企业法》(Small Business Act)提出权益的代管账户(escrow account)[①]以及明显处于联邦税收留置权(tax liens)下的款项。[②]

**基于州籍和争议金额的事物管辖权。**绝大多数规则上的确定竞合权利诉讼案件是援引异籍管辖权提起的。因为《规则》第22条不能影响管辖权之要求，规则上的确定竞合权利诉讼案件仅仅是作为第1332条(a)款(1)项规定的异籍案件处理。[③] 所以所有有关援引异籍管辖权的原则，我们在第四章第五节讨论过这些原则，皆可适用于规则上的确定竞合权利诉讼。制定法上的确定竞合权利诉讼则完全不同。尽管在宪法上，制定法上的确定竞合权利诉讼行使事物管辖权的基础是异籍，但在制定法上，其并不依赖普通的异籍管辖权法，亦即第1332条(a)款(1)项，相反要适用第1335条。规则上的确定竞合权利诉讼与制定法上的确定竞合权利诉讼在事物管辖权方面有明显不同的要求。

**异籍之认定。**规则上的确定竞合权利诉讼与制定法上的确定竞合权利诉讼在两个基本方面有所不同：(1)谁的州籍相关，以及(2)要求什么样的异籍(完全异籍还是最低限度异籍)。规则上的确定竞合权利诉讼只不过是依据第1332条(a)款(1)项提起的普通的异籍案件。因此，法院一方面要考虑争议财物保管人的州籍，另一方面要顾及各权利请求人的州籍。

715 此外，为了符合斯特劳布里奇诉柯蒂斯案(Strawbridge v. Curtiss)[④]确定的完全异籍规则，争议财物保管人州籍必须不同于每个权利请求人的州籍。

但对于制定法上的确定竞合权利诉讼，第1335条仅要求其中一位权利

---

① 金诉康案(Kim v. Kang)，《联邦判例汇编第三辑》第154卷，始于第996、999页(第九巡回法院1998年)。

② 阿莫科制造公司诉阿斯彭集团案(Amoco Prod. Co. v. Aspen Group)，《联邦补编第二辑》第8卷，始于第1249、1252页(科罗拉多地区法院1998年)。

③ 或者，其当然还可依据第1332条(a)款(2)项之规定援引外侨身份管辖权依据。

④ 《美国联邦最高法院判例汇编》第7卷，第267页(1806年)。我们在第四章第五节第三目对其进行过讨论。

请求人之州籍与其他权利请求人之州籍不同。通常，在制定法上的确定竞合权利诉讼中争议财物保管人的州籍是无关的——我们仅在乎各权利请求人之州籍。而且，制定法仅要求“最低限度”的异籍——如果任何一个权利请求人与任何其他权利请求人的州籍不同，制定法之要求即得以满足。

- 争议财物保管人是一家公司，成立于特拉华州而其主要营业地在伊利诺伊州。现有四个权利请求人：C—1 是伊利诺伊州州民；C—2 是俄亥俄州州民；C—3 亦是俄州州民；C—4 是明尼苏达州州民。
    - 因为争议财物保管人的州籍并非与每个权利请求人的州籍相异，故该案不会引起规则上的确定竞合权利诉讼。争议财物保管人为伊利诺伊州法人，而 C—1 亦是伊利诺伊州州民。因此该案未能满足适用于规则上的确定竞合权利诉讼的完全异籍规则之要求。
    - 该案能够引起制定法上的确定竞合权利诉讼。争议财物保管人之州籍无关。故其与 C—1 同为伊利诺伊州州民的事实在此无关紧要。[1] 再看看各权利请求人的州籍，所要求的只是其中一位的州籍与其他至少一位不同。在此，众权利请求人为伊利诺伊州、俄亥俄州以及明尼苏达州州籍，故满足了要求。这里有两个权利请求人都是俄州州民，该事实是无关的。制定法上的确定竞合权利诉讼建立的依据是最低限度的异籍，不要求完全异籍。

毋庸置疑，国会在 1917 年颁布制定法上的确定竞合权利诉讼规定时，想准许根据最低限度异籍援引管辖权。惟一的问题是该法是否合宪。换种方式来表述，问题即是斯特劳布里奇诉柯蒂斯案之判决——它要求完全异籍——是否以制定法之授权[现见之于《美国法典》第 1332 条(a)款(2)项]为基础。联邦最高法院在州农场火灾和意外事故保险公司诉塔希尔案[2]中

---

① 特雷尼斯诉阳光矿业公司案(Treinies v. Sunshine Mining Co.)，《美国联邦最高法院判例汇编》第 308 卷，始于第 66、72 页(1939 年)。

② 《美国联邦最高法院判例汇编》第 386 卷，始于第 523 页，第 53 页(1967 年)。(“只要任何两个相对方非为同州公民，则《宪法》第三条对于基于异籍的联邦管辖权的立法扩张并不构成障碍”)

支持了此制定法，认为只要有任何两个相对方州籍不同，《宪法》第三条准予适用异籍管辖权之要求即得以满足。

学生们肯定经常会问，为何还有人想援用规则上的确定竞合权利诉讼。制定法上的确定竞合权利诉讼提供了相当多的有利条件（如较低的争议金额要求和全国范围内送达诉讼书状）。故为何还有人援用规则上的确定竞
716 合权利诉讼呢？有一种事实模型，可以援用规则上的确定竞合权利诉讼，但似乎不能援用制定法上的确定竞合权利诉讼。

- 争议财物保管人为得克萨斯州州民。所有的权利请求人都是路易斯安那州州民。因为争议财物保管人的州籍与所有的权利请求人之州籍不同，显然这一安排满足规则上的确定竞合权利诉讼对于州籍之要求。但其没有满足制定法上的确定竞合权利诉讼对州籍的要求。为什么？因为制定法要求至少有一位权利请求人之州籍与其他至少一位权利请求人之州籍不同。而此处他们都是同州州民。故该法似乎不能用。
- 然而假设在这一事实模型中，未满足规则上的确定竞合权利诉讼对争议金额的要求（超过 7.5 万美元），但却满足了制定法上的确定竞合权利诉讼对于争议金额之要求（500 美元或更多）。
    - 因未满足行使管辖权对争议金额的要求，故争议财物保管人在此不能援用规则上的确定竞合权利诉讼。
    - 就案情表面上考察，争议财物保管人看起来亦不能援用制定法上的确定竞合权利诉讼，因为不存在权利请求人间的最低限度的异籍，所有的人都是同州州民。
- 但如果案件涉及的是一位有利害关系的争议财物保管人，结果又会如何？亦即，正如我们在本章第二节第一目探讨的，如果本案中争议财物保管人诉称其有权获得争议财物，结果又会如何呢？[①]

---

① 考试的问题可能不过指明该案属于“具有确定竞合权利诉讼性质”，亦即意味着该争议财物保管人对该争议财物提出了所有权主张。参见第十三章第二节第一目。

这种情形下中的最好规则是，应将争议财物保管人视为诸多权利请求人中的一位，这样其州籍就相关了。[①] 根据本案事实，这意味着可援用制定法上的确定竞合权利诉讼，因为现在有一位原告是得克萨斯州州民，而其他人为路易斯安那州州民。这一结果颇有意义，因为毕竟争议财物保管人也确是一位权利请求人，其将参加第二阶段的确定竞合权利诉讼。处理这一问题的大多数法院似乎采纳了这种看法。[②] 而另一方面，一些法院拒绝考虑争议财物保管人的州籍，对此种事实拒绝行使管辖权。[③] 在此奉送聪明的学生一句话：如果你在课堂上碰到这一事实模型，请留意试卷中出现的这 717
一情节，并准备从两方面阐述制定法上的确定竞合权利诉讼的适用。

**争议金额之认定。**因为规则上的确定竞合权利诉讼是被当作普通民事案件来对待的，对其争议金额并无特别规定。因此要援用异籍管辖权，除了要满足前述的完全异籍规则要求外，其争议金额还必须超过 7.5 万美元。而对制定法上的确定竞合权利诉讼，第 1335 条规定其争议金额仅须达到 500 美元。

此外，规则上的确定竞合权利诉讼与制定法上的确定竞合权利诉讼，在如何认定争议金额上有明显差异。正如我们在本章第二节第一目看到的，制定法上的确定竞合权利诉讼要求争议财物保管人将该争议财物提存于法院或提交保证金。规则上的确定竞合权利诉讼并不要求提存，但法院获得了授权，可以命令提存（且法院经常这样做）。在对争议财物的确定方面，在

---

① 记住，通过“这种情形”我们指称此类案件——案件中争议财物保管人对争议财物提出了所有权诉求——亦即案中存在一位利益相关的争议财物保管人。如果争议财物保管人为利益不相关者（未对该争议财物提出所有权诉求），则其州籍在决定制定上的确定竞合权利诉讼案件是否可援用联邦事物管辖权方面绝不相关。特雷尼斯诉阳光矿业公司案（Treinies v. Sunshine Mining Co.），《美国联邦最高法院判例汇编》第 308 卷，始于第 66、72 页（1939 年）。

② 如参见，拉米斯诉怀特案（Lummis v. White），《联邦判例汇编第二辑》第 629 卷，始于第 397 页，第 403 页（第五巡回法院 1980 年），基于其它理由推翻科里诉怀特案，《美国联邦最高法院判例汇编》第 457 卷，第 85 页（1982 年）；霍利山保险公司诉联邦存贷保险公司案（Mt. Hawley Ins. Co. v. Fed. Sav. & Loan Ins. Corp.），《联邦补编》第 695 卷，始于第 469、473 页（加州区法院 1987 年）。

③ 如参见，美国家庭共同保险公司诉罗奇案（American Family Mut. Ins. Co. v. Roche），《联邦补编》第 830 卷，始于第 1241、1248 页（威斯康星东区法院 1993 年）。

规则上的确定竞合权利诉讼中，争议财物保管人可以提存其所认定的争议金额。[①] 而在制定法上的确定竞合权利诉讼中，争议财物之价值必须等于任何一位权利请求人所主张之最高金额。即使争议财物保管人提出争议金额实际上没有这么多，其也必须向法院提存此金额。但向法院提存更大金额并不等于放弃更少金额的主张。[②]

**附属管辖权。**附属管辖权在确定竞合权利诉讼案件中之适用存有一些不确定性。我们在第四章第七节详细探讨过附属管辖权。第 1367 条(a)款授予联邦法院附属管辖权，让其管辖与一个援引联邦事物管辖权之诉求关系紧密、以至于被视为同一案件或争议之一部分的诉求。似乎很明确，确定竞合权利诉讼的诉求满足了第 1367 条(a)款之要求。毕竟，诸多权利请求人都是针对同一事物来主张权利的。[③]

第 1367 条(b)款之适用排除了附属管辖权，但仅在依据第 1332 条提起诉讼的案件中排除附属管辖权。因此，第 1367 条(b)款并不适用于制定法上的确定竞合权利诉讼案件，因为此类诉讼并非依据第 1332 条提起，而是依据第 1335 条提起。[④] 而第 1367 条(b)款适用于(依据第 1332 条)援引异籍管辖权的规则上的确定竞合权利诉讼，但是不会排除任何附属管辖权之适用准予。为什么？请回忆一下第 1367 条(b)款列举的在异籍案件中不能援用附属管辖权的各种诉求，《规则》第 22 条并不包含在其中。总而言之，如果确定竞合权利诉讼之诉求依据第 1367 条(a)款援引了附属管辖权，则该条(b)款并无什么规定会排除该管辖权。而此种操作似乎颇为费事，因为任何援引附属管辖权之案件似乎都可以引起制定法上的确定竞合权利诉讼。

---

① 如参见，联合利好人寿保险公司诉利奇案(United Benefit Life Ins. Co. v. Leech)，《联邦补编》第 326 卷，始于第 598、600 页(宾夕法尼亚东区法院 1971 年)。

② 全国相互保险公司诉埃克曼案(Nationwide Mut. Ins. Co. v. Eckman)，《联邦补编》第 555 卷，始于第 775、777 页(特拉华地区法院，1982 年)。

③ 鲜有在确定竞合权利诉讼中适用附属管辖权的案例法，而且几乎所有此类案件皆是在第 1367 条制定之前判决的。

④ 制定上的确定竞合权利诉讼案件是依据第 1335 条提起。

● 争议财物保管人为密苏里州州民，现有三个权利请求人：C—1为 718
堪萨斯州州民，C—2为科罗拉多州州民，C—3为密苏里州州民。从案情来看，规则上的确定竞合权利诉讼不可行，因为争议财物保管人之州籍并非与每一个权利请求人之州籍不同。但有理由相信争议财物保管人会援引异籍管辖权对C—1和C—2提起确定竞合权利诉讼，然后加入C—3，声称针对C—3的确定竞合权利诉讼之诉求援引了附属管辖权。正如我们前面刚探讨的，针对C—3之诉求肯定满足了第1367条(a)款规定的关联性要求；而且该条(b)款并无什么规定可以排除适用附属管辖权。但为什么要如此麻烦地使用此种方法呢？案情业已满足制定法上的确定竞合权利诉讼之要求，没必要经受附属管辖权之折磨。(对于被告通过反诉提起确定竞合权利诉讼，亦是如此。)

**审判地**

**规则上的确定竞合权利诉讼。**再次指出，规则上的确定竞合权利诉讼案件只是被当做"普通"案件——具有联邦问题管辖权，或者具有异籍管辖权。因此审判地之认定适用第1391条(a)款(针对异籍案件)和(b)款(针对联邦问题案件)。[1] 这两款规定，审判地主要位于下述两个地方：(1)所有被告人居住之任何地方；或者(2)实质性诉讼请求所缘起之任何地方。[2] 对于第二种选项，在确定竞合权利诉讼诉求(或其实质性部分)之缘起地点上，鲜有有意义的案例法指导意见。故在实践中这一法律规定之选择不起任何作用，争议财物保管人或原告只剩下一项基本选择——其必须将审判地选择在一个所有被告(权利请求人)都在那居住的地方。如果被告居住在同一个州的不同地区，记住，我们在第五章第四节第一目述及，其可选择其中一个被告(权利请求人)居住之任何地区作为审判地。故对规则上的确定竞合权

---

① 利德国民保险公司诉肖案(Leader Natl. Ins. Co. v. Shaw)，《联邦补编》第901卷，始于第316、320页(俄克拉荷马西区法院1995年)。

② 对这些选择以及如果在美国没有一个地方满足其中任何一种规定时结果又会如何，这些内容我们在第五章第四节第一目已有所探讨。

利诉讼而言，审判地可能是个非常重要的(也是令人沮丧)限制。

● 争议财物保管人为衣阿华州州民，想对两位权利请求人提起确定竞合权利诉讼，C—1为伊利诺伊州州民居住在伊利诺伊州北部地区；C—2为密歇根州州民居住在密歇根州东部地区。根据被告之住所地判断，没有一个地方适合做审判地，他们不居住在同一个地区，也不住在同一个州的不同地区。且因为似乎没人知道该确定竞合权利诉讼之缘起地点，故第1391条第(a)款第(1)项提供不了任何帮助。

但让我们仔细地看看该条(a)款(2)项与(b)款(2)项之规定。每个都包含了一条未充分利用之规定(underused provision)，其允许将审判地选择
719 在“作为诉讼标的物之财产的实质部分所在地”。这似乎完全适合确定竞合权利诉讼之情形。据此，前述假设案例中的争议财物保管人可将审判地选择在财产所在地。若是动产，其可将该财产带至任何其所愿意选作审判地之地方。比如说，其可将审判地选择在其所居住的衣阿华州，这当然对其最为方便。尽管这一规定将允许争议财物保管人操纵审判地，但诸多一流学者认为这一事实不会造成严重的不公平后果；毕竟，审判地之选择仍将受到对各权利请求人须有对人管辖权之限制。①

如果确定竞合权利诉讼是由被告方提起，结果又会如何？我们在本章第二节第一目探讨过这种可能性。这种情况通常如此：一位权利请求人诉争议财物保管人请求获得该争议财物，该争议财物保管人提起反诉，并依据《规则》第13条(h)款之规定加入其他的权利请求人。此类案件中的审判地如何处理？对此类情形，大多数法院采取了“附属审判地(ancillary venue)”的观念。只要在原先由权利请求人对争议财物保管人提起之诉讼中审判地为适当，则审判地即为适当，甚至牵扯到合并另外当事人之增加的诉求时亦是如此。② 有些法院通过指出第1391条审判地法仅述及“提起”诉讼之地

---

① 参见赖特和米勒著书，第7卷，第1712目，第612页。

② 如参见，布雷伯格诉朗案(Bredberg v. Long)，《联邦判例汇编第二辑》第778卷，始于第1285、1288页。(第八巡回法院1985年)

方而得出这一结论。因此该法律仅处理由原告对被告提出的原诉求的审判地问题，并不适用于后续合并额外当事人的诉求。[①]

**制定法上的确定竞合权利诉讼。**制定法上的确定竞合权利诉讼有着自身的确定审判地的条文。第 1397 条规定，审判地可选择在任何权利请求人所居住的任何地方。众法院断定，该规定对于制定法上的确定竞合权利诉讼案件具有排他性；换言之，第 1397 条取代而非补充了第 1391 条之规定。[②] 它们认为第 1391 条的审判地规定仅适用于没有任何相反的制定法规定可适用的案件；而第 1397 条提供了相反的立法规定。在大多数案件中，第 1397 条的排他性将不会带来问题，因为较之第 1391 条(a)款(1)项之规定，该条的要求更容易满足。

- 争议财物保管人向三位权利请求人即 C—1、C—2 和 C—3 提起确定竞合权利诉讼。假定案中的对人管辖权和事物管辖权都适当。C—1 住在宾夕法尼亚州的东区，C—2 住在宾州西区，C—3 住在伊利诺伊州北区。
    - 如果案件援用规则上的确定竞合权利诉讼，依据第 1391 条(a) 720
款(1)项之规定，没有一个地区是合适的审判地，因为不存在一个所有权利请求人都居住的地区。[③]
    - 如果案件援用制定法上的确定竞合权利诉讼，起诉三位权利请求人案件的审判地可以选在三个地区中的任何一个：宾夕法尼亚州东区、宾州西区或伊利诺伊州北区。为什么？因为第 1397 条(仅适用于制定法上的确定竞合权利诉讼)允许审判地选择在任何权利请求人居住的任何地方。

**总结。**下面的这一图表对规则上的确定竞合权利诉讼(援引异籍管辖

① 如参见，纳什维尔九点岩滩公司诉列克星敦九点岩滩公司案(Nine Point Mesa of Nashville, Inc. v. Nine Point Mesa of Lexington, Inc.)，《联邦补编》第 769 卷，始于第 259、263 页(田纳西中区法院 1991 年)。

② 参见《穆尔论联邦实践》第 4 卷，第 22 章第 4 节[4]目[b]。

③ 当然，第 1391 条(a)款(2)项规定，允许案中作为诉讼标的物的财产所在地作为审判地——我们在前文中有所讨论——将在本案中提供审判地。

权)和制定法上的确定竞合权利诉讼之间的主要差异做了总结,想必对你们有所裨益。

| 类型 | 对人管辖权 | 审判地 | 异籍要求 | 管辖金额要求 |
|---|---|---|---|---|
| 制定法上的确定竞合权利诉讼 | 全国范围内送达诉讼书状 | 任何权利请求人居住的地方 | 任何两个权利请求人间最低限度的异籍 | 500美元以上 |
| 规则上的确定竞合权利诉讼 | 与所在州的州法院一样;依据《规则》第4条进行送达 | 依据第1391条第(a)款之规定(被告住所地或财产所在地) | 在争议财物保管人与所有权利请求人间存在完全异籍 | 超过7.5万美元 |

# 第三节　集团诉讼

## 一、集团诉讼概述及其政策依据

集团诉讼是由一位代表（或多位代表）代表一个群体提起或应诉之诉讼。如果操作正确，该群体将受到诉讼结果之拘束。这种诉讼程序很明显提升了司法效率，因其意味着该群体的个体成员并不参加诉讼。此外，集团诉讼能够促进与《规则》第 19 条相同的避免损害之政策目标。但集团诉讼 721
并非完美无缺。恰恰因其确定对非严格意义上的当事人具有拘束力而引起了诸多重大的正当程序问题。而且我们将看到集团诉讼易被滥用，产生诸多重大的道德问题。对在一些州法院滥用集团诉讼的担忧导致了 2005 年《集团诉讼公平法》（Class Action Fairness Act）的出台，我们也将看到，该法带来的诸多重大的联邦主义的问题——涉及到联邦法院和州法院的恰当定位。

**《联邦民事诉讼规则》第 23 条之发展**

《联邦民事诉讼规则》第 23 条支配联邦法院的集团诉讼实践。美国联邦最高法院在 1966 年对该条以及《规则》第 19 条和第 24 条进行了修改，改成了现在的基本模样。回想一下第十二章内容，《规则》第 19 条和第 24 条分别支配必要的（或“必须的”）当事人合并和第三人自愿加入诉讼。进一步回想一下，《规则》第 19 条和第 24 条在功能上有很大的重叠，在决定何时应在待决案件中加入缺席者的用语上也有重叠。对所有上述三条规则之修正表明要依据《规则》第 19 条和第 24 条对案件的具体情况进行实用性分析。修改之关注点在于实用性——重在事实模型而非法律关系。

1966 年起草者对 1938 年颁布的原《联邦民事诉讼规则》第 23 条进行了彻底的重构。老规则业已证明为不可行，原因很大程度上是其仰仗一些晦涩难懂的标签。其将集团诉讼的分类建立在当事人和集团成员之间难以理解的法律关系之上。比如说，其将“真正的（true）”集团诉讼界定为集体权利为“连带（joint）”或“共同（common）”的集团诉讼；将“混合的（hybrid）”集团诉讼界定为集团成员对共同财产提出“数个”权利的集团诉讼；“虚假的（spurious）”集团诉讼也涉及到提出“数个”权利，但涉及共同问题和共同救济。这些术语没有一个是不解自明的，同时也没有一个是有所裨益的。

1966 年版的《规则》第 23 条抛弃了原来有关法律关系的附带僵化用语，而代之以务实的、逐步的分析方法，分析集团诉讼何时为合适的。该规则并非毫无问题，这一点我们稍后将述及，但其较之原先版本优势非常明显。事实上，绝大多数州业已采纳 1966 年版的《规则》第 23 条支配州的集团诉讼司法实践。我们研究的联邦版本，虽自 1966 年以降在几个方面多有修改，但其中心要件依然未变。

大多数集团诉讼涉及到原告集团诉讼，该集团对一位被告（或多位被告）提出一个诉求（或诸多诉求）。依据《规则》第 23 条可能有被告集团诉
722 讼，一原告（或诸多原告）请求对由指定的被告所代表的群体施加责任。甚至可能是原告集团诉被告集团。在本章行文中，除非特别指明阐述的是被告集团诉讼，否则推定集团为原告方的集团。

**集团代表与集团成员**

代表原告集团起诉（或代表被告集团应诉）之人被称为指名代表（named representative），或就称之为代表，无疑其是诉讼的一方当事人。故所有与当事人相关的《联邦民事诉讼规则》规定皆对其适用。比如，某些披露规则仅适用于当事人。而指名代表人为一方当事人，故其必须遵守这些披露规则。

其他的①集团成员又如何呢——其是案件的当事人吗？迅速的回答是：不是。为强调这一事实，有些法院将其称之为缺席的集团成员（absentee class members）。尽管这些集团成员并非严格意义上的当事人，但其能

① 我们说“其他”集团成员是因为指名代表人也是成员之一。此处我们谈的是集团成员而非指名代表人。

够受到案件判决之拘束。这是怎么发生的呢？通过代表。请回忆我们在第十一章讨论的排除原则，一个基于案件实体作出的有效终局判决仅能拘束案件当事人或者与一方当事人存在“相互关系(privity)”之人。尽管“相互关系”一词有时难以界定，但其很明显包含了代表之理念。故一个基于案件实体作出的有效终局判决对案件之当事人以及那些经由案件一方当事人代表之人具有拘束力。因此，集团诉讼程序规则的一个重要关注点是集团成员之利益被充分代表，恰是因为被充分代表，集团成员才受案件结果拘束。

因为集团成员并非案件当事人，故其并不受制于各种针对当事人的联邦民事诉讼规则。例如，相对方无权向集团成员送达质询书(interrogatories)。(质询书仅能向当事人送达。)另一方面，集团的相对方可能在向集团成员获取信息方面拥有合法利益。法院在这一需求和集团成员并非一方当事人的事实之间进行平衡，偶尔会允许对集团成员寻求有限披露。一个颇具启示意义的案例是布伦南诉中西部联合人寿保险公司案(Brennan v. Midwestern United Life Ins. Co.)，[①]在该案中上诉法院准予初审法院发出命令，该命令要求集团中被挑选出的具有代表性的成员经宣誓回答相关问题。一些集团成员认为其不能被要求提供任何信息。尽管法院警告他们，如果不回答这些问题就将其开除出集团，但他们还是拒绝服从法院命令。723
这些人拒不妥协，法院遂将他们开除出集团。第七巡回法院维持了这一开除的裁定。尽管集团成员不是当事人，但其并无权不理睬法院之命令。但在通常情况下，集团成员将不听从披露之要求。这些集团成员几乎在每个案件中皆是“随波逐流”。他们被动以待(其实，有时候他们甚至不知道未决之案件)，期望集团诉讼的代表能胜诉，这样有一些好处能惠及他们。

① 《联邦判例汇编第二辑》第450卷，始于第999页，第1004—1005页(第七巡回法院1971年)。同时参见，雷德蒙诉穆迪投资者服务案(Redmond v. Moody's Investor Serv.)，《莱克西斯美国地区法院判例汇编》1995年卷，第6277页(纽约南区法院1995年)(缺席的集团成员对质询书和书面证词进行有限披露)；泛美精炼公司诉德拉沃公司案(Transamerican Refining Corp. v. Dravo Corp.)，《联邦规程判例汇编》第139卷，第619页(得克萨斯南区法院1991年)(准予被告请求集团成员进行披露的动议)。

**集团律师与集团诉讼之潜在滥用**

实际上，集团成员经常会（当然并非一直如此）感觉到集团律师的利益排在其自身利益之前。这一事实彰显了集团诉讼中的重大政策问题。

- 假设某连锁零售店违反某法律对一种产品多收费用。平均每个顾客被多收了 5 美元。显然，如果不存在集团诉讼的制度，就不会产生对此多收费的民事诉讼。为什么？因为没有一个顾客会为 5 美元而提起诉讼。即使某位顾客被多收了 20 次，其也不会为 100 美元而提起诉讼；实乃得不偿失也。而且显然，没有一位律师会接受这样一个所受损失不过 5 美元即使是 100 美元之潜在原告委托的案件。
- 民事诉讼的缺乏并不必然意味着零售商店可以“逍遥法外”。如果这种多收费行为触犯刑法或某一行政法规，可能存在刑事追诉或行政罚款问题。但不会有对受到伤害之顾客提供的任何民事赔偿。

但如果我们确有集团诉讼制度，结果会如何呢？我们假设有 50 万名顾客处于同样境地。现在，作为集团诉讼，有 50 万名集团成员，平均每人损失 8 美元。累计这是一个 400 万美元的“诉求”。该诉求金额如此之大，足以吸引律师来接案。这一事实使我们看到一个有趣的针对集团诉讼的嘲弄。该设计当初被赞颂为提升司法效率之典型，因其允许用一个大的案件来代替数以千计的小案件。但就在此种案件中，集团诉讼将造成原本不可能存在之诉讼！

是好事抑或是坏事？答案乃是仁者见仁、智者见智。如果我们强调集团诉讼让原不愿单独诉讼的群体能够诉讼时，我们可能要热情赞扬集团诉
724 讼是“史上最有用的社会救济方式之一”。[①] 联邦最高法院曾经解释道：“当在传统框架内由许多个体请求小额赔偿诉讼而获得救济在经济上不可行时，除非能援用集团诉讼制度设计，否则受害人可能得不到任何有效救

---

① 亚伯拉罕·波梅兰茨：“集团诉讼的新发展——其丧钟是否敲响？”，载《商法杂志》（Abraham Pomerantz, New Developments in Class Actions —Has Their Death Knell Been Sounded? *Bus. Law.*）第 25 卷，第 1259 页（1970 年）。

济。”[①]更近些时候，波斯纳法官(Judge Posner)写道：

> 集团诉讼的实际替代者并非1700万个单独的诉讼，而是零个单独诉讼，因为只有蠢人或疯子才会为30美元起诉。但如果集团诉讼遭致拒绝，不管欺诈或其他违法之事规模如何巨大都会逍遥法外，因为根本没有诉讼，与其如此，还不如接受笨拙的集团诉讼。[②]

另一方面，即使案件基础的实体诉求软弱，集团诉讼本身也具有巨大的强制力。正是因为集团诉讼允许在个案中主张巨额的潜在赔偿责任，其对被告方产生了巨大的和解压力。在前述的假设案例中，被告可能会明智地花钱和解结案，而非继续诉讼冒可能损失400万美元之危险。甚至被告在深信自己并没做错什么的情况下，也不愿意赌一把继续诉讼而置其整个财务未来于危险境地。事实上，实证研究表明，集团诉求(至少在某些实体法领域)不管在实体方面如何有力，大多是和解了事的。[③] 换言之，甚至一些理由不太充足之诉求亦能迫使被告拿出一笔数目可观的和解金额，被告想避免集团诉讼判决之潜在破坏。为强调这些事实，有人将集团诉讼称为“合法敲诈”。[④]

显然，没有一边独占道德的制高点。对我们来说，要切记集团诉讼既是一个获取公平正义的重要制度设计，也是一个可能被滥用的强大武器。但是是谁驱动集团诉讼之进行？一种可能即是集团之代表。其利益何在？尽

---

① 储备担保国民银行诉罗珀案(Deposit Guaranty Natl. Bank v. Roper)，《美国联邦最高法院判例汇编》第445卷，始于第326、339页(1980年)。

② 卡内基诉家居国际公司案(Carnegie v. Household Intl., Inc.)，《联邦判例汇编第三辑》第376卷，始于第656、661页(第七巡回法院2004年)(着重号为原文所注)。

③ 大多数研究似乎集中在证券欺诈方面。如参见，珍妮特·库帕·亚历山大：“案件实体真的重要吗？——对证券集团诉讼和解之研究”，载《斯坦福法律评论》(Janet Cooper Alexander, Do the Merits Matter? A Study of Settlements in Securities Class Actions, *Stan. L. Rev.*)第43卷，第497页(1991年)；小约翰·科菲：“承包式诉讼之管理：大型集团诉讼中公平与效率之平衡”，《芝加哥大学法律评论》(John Coffee, Jr., The Regulation of Entrepreneurial Litigation: Balancing Fairness and Efficiency in the Large Class Action, *U. Chi. L. Rev.*)第54卷，第877页(1987年)。

④ 米尔顿·汉德勒：“反托拉斯诉讼：从实体到程序创新之转变”，《哥伦比亚法律评论》(Milton Handler, The Shift from Substantive to Procedural Innovations in Antitrust Suits, *Colum. L. Rev.*)1971年第71卷，始于第1、9页。

管有一些法院允许维护集团利益的代表获得某种奖励，但一般说来，代表担当此任并非出于经济上的理由。我们在本章第三节第六目将看到，可能要
725 求其垫付一笔钱来通知集团成员。且在通常的情况下，其除了获得属于个人的赔偿金外，并无他获。这样，在假设案例中，该指名代表人将获得 8 美元（或者任何其他数额的赔偿金）。既然只能获得此等数额的金钱赔偿，为何还有人愿意出面担责做代表人呢？通常情况下，代表是受道义准则驱使——意欲为集团讨回"公道"。

集团诉讼背后真正的推动力可能不是集团代表，而是集团之律师。大多数原告集团之诉讼都是按胜诉分成收费受理案件的，意味着律师获得集团获赔之一定比例的款项。此种安排之所以得到赞许，恰是因为如果原告要按小时支付律师费用，官司本不可能打起来，现在的安排恰好解决这一问题而能让官司先打起来。但此种费用安排可能对律师产生激励，从而与其对客户的职责要求相冲突。[①] 例如，假设被告开出的和解条款中包含支付给集团律师的一笔相当数额的律师费，而继续诉讼可能会为集团带来更好的结果。此时的律师即面临利益冲突，必须抵制将其自身利益置于集团利益之上的诱惑。

当代对集团诉讼的共同批评——已经成为最近争论的重点所在——是出现了"串通"交易（"sweet-heart" deals）或"赠券"和解（"coupon" settlements）。被告开出和解条件，给集团律师支付大笔律师费，而对集团成员提供购物优惠券，让其以后购买被告产品时享受折扣优待。集团律师可能难以抵制此等开价，因为其将得到一大笔律师费而不必冒险进行诉讼（而诉讼其可能败诉）。被告发现这种交易对其非常有利，因为可以避免诉讼费用开支和免于承担诉讼结果施加的毁灭性责任风险。在重新洗牌中利益受损

---

① 顺便问及，谁是集团诉讼中的客户？是指名代表人（雇用律师之人）抑或是集团本身？该问题之答案对职业责任的各种问题产生深刻影响，其中包括律师/客户间守密特权的适用问题以及律师提出客户反对的和解条款是否正当的问题。这些问题可能会在"职业责任"（Professional Responsibility）或"复杂诉讼"（Complex Litigation）等年级课程中详细探讨。通常来说，在法庭将案件"确认"为集团诉讼案件进行之前，代表人为客户；而在确认之后，该集团本身被视为客户。

(或被忽略)之人是集团成员,实施了违法行为的被告提供的产品折扣券向集团成员提供的赔偿很少。其实在这样的案件中,很可能许多赠券将不会被使用,这进一步减少了被告和解此案的最终花费。[①]

**法院之作用** 726

在滥用的情况下——诸如上段中所描述之情形——谁来守候集团成员之利益呢?我们会说代表本身就负有此责。实际上,大多数集团代表担当此任的能力不足;他们是外行,不熟悉法律和民事诉讼程序。我们逐渐认识到惟一能够保护集团阻止律师过分行动之人是法院——监管集团诉讼之法官。《规则》第 23 条(e)款规定,未经法院同意,法院确认过的集团诉讼不能和解,不得自愿撤诉。我们将在本章第三节第六目探讨法院在审查和解和撤诉方面所起的作用。就目前来说,指出需要法院保护集团成员,使其免受不道德交易之害,这就够了。批评者们抱怨说,法院因职责所限不太可能发挥这一作用,其可能受诱机械地批准由双方律师达成的和解协议。

法院必须保护集团成员免遭集团律师过分行为之害的理念,似乎与传统观念中法院之作用冲突。历史上,法院一直被视为中立的、基本上是被动的;其对诉讼当事人之争辩与证据作出回应,但不帮助任何一方做这些工作。保护集团成员之需要、复杂诉讼之出现,促成了当代将法官作为案件管理者的观点。法官之工作日益变得行政化,其致力于解决堆积如山的纠纷,同时必须确保集团成员利益不被忽视。从传统角色向今日的"管理型法官"转变已是现实。我们在第八章第五节和第六节里看到了法官职能管理的一些方面,如对诉讼的司法监管和使用辅助人员协助完成这一任务等。

**2005 年的《集团诉讼公平法》**

2005 年初对可感知的集团诉讼滥用之担忧达到顶点,国会通过并经布什总统签署的 2005《集团诉讼公平法》(Class Action Fairness Act)终于出

---

① 一般参见,布鲁斯·海和戴维·罗森堡:"集团诉讼和解中的'私下交易'与'合法敲诈':现实与救济",载《诺特戴姆法律评论》(Bruce Hay & David Rosenberg, "Sweetheart" and "Blackmail" Settlements in Class Actions: Reality and Remedy, *Notre Dame L. Rev.*)第 75 卷,第 1377 页(2000 年)。

台。诸多大公司的利益集团早就为通过此法案而游说，法案之目的在于将大的州际集团诉讼从州法院引向联邦法院。这样做的手段主要是通过放松联邦事物管辖权要求，并向被告提供将集团诉讼从州法院转移至联邦法院之广泛权利。我们将在本章第三节第八目详细讨论这些管辖权问题。在此我们谈谈有关《集团诉讼公平法》出台之立法动机与争议。了解一些背景材料至关重要。

727 一般说来，有一个广为流传的印象，即在联邦法院提起集团诉讼较之在一些州法院相对更难。尽管大多数州法院采用《联邦民事诉讼规则》第 23 条的核心部分，将其作为其集团诉讼之规则，但各种因素会驱使原告集团的律师选择在州法院起诉。第一，在诸如我们在本章第三节第七目讨论的阿姆切姆制品公司诉温莎案（Amchem Products, Inc. v. Windsor）与我们在本章第三节第五目讨论的奥尔蒂斯诉纤维板公司案（Ortiz v. Fibreboard Corp.）的判决中，联邦最高法院看来对《规则》第 23 条之要求施加了特别严格的限制。[①] 而州法院不必受此拘束而用同样方式解释其集团诉讼规则。第二，正如我们在本章第三节第三目看到的，《规则》第 23 条(f)款规定在联邦法院可以对集团诉讼确认决定立即上诉审查。这样一来，允许案件以集团诉讼方式进行之命令，在案件进一步诉讼前可能会被审查（并遭推翻）。很少有州法院采纳这样的规定，意味着一个确认集团诉讼的命令在州法院系统一般不会遭上诉复审。第三，感觉在联邦法院比在州法院更易获得简易判决，此结论在很大程度上依据的是联邦最高法院 1986 年裁决的一些案件，我们在第九章第四节里见过它们。同样，州法院不必受此拘束，依据本州的简易判决规则，不必将这些裁决适用到案件中去。第四，在庭审证明方面，在涉及专家证据的案件（包括许多集团诉讼案件）中，和一些州法院

① 在阿姆切姆案（Amchem）[《美国联邦最高法院判例汇编》第 521 卷，第 521 页（1991 年）]中，最高法院要求全面遵守《规则》第 23 条第 1 款和第 2 款之规定，即使在集团成立是为了和解的情况下亦是如此。在奥尔蒂斯案（Ortiz）[《美国联邦最高法院判例汇编》第 527 卷，第 815 页（1999 年）]中，最高法院使得满足某一特定类型的集团诉讼之要求变得尤为艰难。对于这些因素和 CAFA 的精彩论述，参见乔治内 · M. 瓦伊罗："2005 年集团诉讼公平法"，载《2005 年莱克西斯奈克西斯数据库》[Georgene M. Vairo, Class Action Fairness Act of 2005 (LexisNexis 2005)]。

相比，联邦法院似乎对原告有欠善意。[①] 在这一点上，州法院也不必遵守联邦法院的先例。

在联邦法院存在的这些障碍无疑让州法院更能吸引一些律师在那里提起集团诉讼。有些州法院在偏向原告和宽松确认集团诉讼方面小有声誉。不论人们对通过《集团诉讼公平法》之明智的结论如何，毫无疑问确有一些州法院允许滥用集团诉讼和其它大众侵权诉讼。滥用通常涉及串通交易和赠券和解，如前所述，它们中饱了原告律师之私囊而对集团成员提供的救济却甚微。这些交易允许被告基本上通过贿赂原告律师来买平安。法院未能提供有效的司法监管。尽管对于此等滥用之广泛程度存有争议，但无疑这种事情确有发生。

在《集团诉讼公平法》通过之际，国会给出明确结论：一些州法院对集团 728
诉讼之处理已经"损害了拥有合法诉求的集团成员和负责行事的被告"，而且"破坏了公众对我们司法制度的尊敬"。[②] 因此其史无前例打开了通向联邦法院的大门——不仅对集团诉讼案件而且也为"群体案件"打开了大门，后者是合并审理的非集团诉讼案件，一般有 100 名以上的原告参与诉讼。[③]

《集团诉讼公平法》的支持者盛赞其是让联邦法院接管大的州际争议的工具，特别是"为确保集团成员和被告得到一个更加公平的结果。"[④]批评者们强烈谴责该法根本有损联邦主义之利益。具体地说，他们认为该法预设了这样一种前提，即州法院不能公平审理集团诉讼案件。而且，批评者提出

---

① 这一印象是建立在多伯特诉梅里尔·道制药案(Daubert v. Merrell Dow Pharmaceuticals)[《美国联邦最高法院判例汇编》第 509 卷，第 579 页(1993 年)]的基础之上，在该案中最高法院对联邦法院采纳科学方面的专家证言施加了严格条件。这一裁决之影响已扩展至覆盖所有专家证人——不仅仅局限于呈现科学证据。昆霍轮胎公司诉卡迈克尔案(Kumho Tire Co. v. Carmichael)，《美国联邦最高法院判例汇编》第 526 卷，第 137 页(1999 年)。

② 《美国法典》第 28 编，第 1711 条(a)款(2)项。

③ 《美国法典》第 28 编，第 1332 条(d)款(11)项。该条将此类大众侵权诉讼当做集团诉讼对待，其是在某些州法院允许将数百人的原告加入到单个案件中集中审理的做法基础上建立起来的。参见第 892 页注释①，瓦伊罗书，第 32—33 页。

④ 《集团诉讼公平法》，参议院第 5 号法案，第 109 届国会(2005 年)，引自第 892 页注释①瓦伊罗之书，第 4 页。

在明知集团诉讼在联邦法院难以继续、原告更难胜诉的情况下,《集团诉讼公平法》居然明目张胆地支持被告将集团诉讼集中到联邦法院。担心许多州法院的集团诉讼案件将会移送至联邦法院审理,而联邦法院将会拒绝确认集团诉讼,故而该案将基本上黄了。如此一来,《集团诉讼公平法》不仅被看作是一种仅仅改变集团诉讼审判法院的制度设计,也是一种有效拒绝集团诉讼的制度设计。

如果批评家们认为此类案件将在联邦法院面临更高门槛的判断正确,则《集团诉讼公平法》可能对侵权法改革产生影响。亦即,其将终结诸多本来在州法院能进行的集团诉讼(许多集团诉讼主张的是侵权诉求)。其做到这一点"仅仅是"假托管辖权立法——该立法声称仅是改变法院地,而非结果。争论的双方将其论据建立在推论上。事实上,很少有(如果真有的话)州法官可以公开地偏向原告而不负责任地确认和监管集团诉讼。而且在事实上,也很少有(如果有的话)联邦法院的法官可以明目张胆地偏向企业和不负责任地减少确认大型集团诉讼。但不管人们对《集团诉讼公平法》看法如何,没人可以否认这一点:它对大型州际案件司法审理权的重新分配有深远影响,且必将削弱州法院对此类案件的审理在历史上曾经发挥过的重要作用。

729 ## 二、正当程序:集团诉讼判决如何能拘束集团成员

集团成员并非诉讼当事人但却要受集团诉讼判决拘束,该事实显然提出了诸多正当程序问题。有关集团诉讼正当程序要求的最重要的案件是汉斯贝里诉李案(Hansberry v. Lee),[①]此案涉及芝加哥某小区带有种族歧视性合约的强制执行。此合约禁止小区房主(全是白人)将其房产出租或出卖给非白人。该案早在谢利诉克雷默案(Shelley v. Kramer)8 年前裁决,而后者的判决认为此类限制违宪。[②] 所以当法院裁决汉斯贝里案时,此类合约

① 《美国联邦最高法院判例汇编》第 311 卷,第 32 页(1940 年)。

② 《美国联邦最高法院判例汇编》第 334 卷,第 1 页(1948 年)。

一般是可以强制执行的。汉斯贝里案中的合约规定，只要开发中临街地的95％房主签署了该合约，则合约生效。

汉斯贝里案的结果依赖更早的伯克诉克莱曼案（Burke v. Kleiman）[1]判决的效力。在伯克案中，一位名为克莱曼的白人房主，不支持此带有种族歧视的合约，而将小区内的房子租给一位名为霍尔（Hall）的非裔美国人。以伯克为首的其他的房主向法院起诉，请求发布禁令，不准克莱曼将房子租给霍尔。在庭审中，当事人同意该小区95％的临街地房主已经签署合约，合约已经生效。但事实上，只有54％的相关房主实际签署了合约，故其从未生效。但因为有当事人的同意，法院支持了该合约规定，并阻止租房给非裔美国家庭。伊利诺伊州的上诉法院维持了原判。伯克案为一集团诉讼，因此相信该判决要拘束小区内的所有房主。

几年之后，小区内的一位白人房主订立合同将其房子卖给非裔美国人汉斯贝里一家。[2] 李（Lee），小区内的另一位房主，遂向州法院起诉，阻止该房屋出卖行为。在庭审中，汉斯贝里一家证明，只有54％的相关房主曾签署这个合约。法院认可这一事实，但是认为伯克诉克莱曼案之判决对想把房子卖给汉斯贝里一家的人有拘束力，此类人之利益已被伯克集团诉讼案中的房主代表，因此应该受其结果拘束——其结果是合约是有效的。[复习 730
一下，为什么——作为排除法律方面的问题——伯克案中的认同（95％的房主已经签署合约）无权享有争点排除呢？[3]]伊利诺伊州最高法院维持原判。

美国联邦最高法院推翻了这一结论，认为卖房给汉斯贝里一家的人不受伯克诉克莱曼案集团诉讼判决之拘束。法院首先承认，一般来说，一个人

---

[1] 《伊利诺伊州上诉法院判例汇编》第277卷，第519页（1934年）。

[2] 该家庭的一位小孩即是剧作家洛兰·汉斯贝里（Lorraine Hansberry），《阳光下的葡萄干》（*A Raisin in the Sun*）为其所写，后拍成一部成功的戏剧和电影，部分内容即是基于其家庭在芝加哥的经历而创作。关于对本案和其中人物的有趣的讨论，参见艾伦·坎普："汉斯贝里诉李案背后的故事"，载《加利福尼亚大学戴维斯法律评论》（Allen Kamp, The History Behind Hansberry v. Lee, *U. C. Davis L. Rev.*）第20卷，第481页（1987年）。

[3] 因为争点排除仅适用于在早先案子中得以实际诉讼和裁决的争点。而这个约定，即规定有多少房主已经签署该合约的问题并未在伯克诉克莱曼案中进行诉讼。参见第十一章第三节第二目。

除非其为判决案件中之一方当事人，否则不受该判决拘束。然而法院进一步指出，“在未经司法判决意见恰当界定的范围内”，集团诉讼中之判决“可以拘束集团成员或被代表的非案件当事人”。[①] 为此目的，法院援引史密斯诉索姆斯特德案(Smith v. Swormstead)[②]和本—胡尔的苏普雷梅部落诉考卜勒案(Supreme Tribe of Ben-Hur v. Cauble)[③]。在史密斯案中，一群由卫理公会(the Methodist Episcopal Church)的神职人员组成的集团起诉另一群人，请求获得该公会设立的一笔图书基金中应得的份额。这些神职人员针对奴隶问题分成两派——北派和南派。尽管有 5000 名牧师并未加入作为当事人，所有人都受集团诉讼拘束，因为“与此有利害关系之当事人不计其数，而且该诉讼是要求取得所有相关人共享之东西……”[④]在本—胡尔案中，一个代表兄弟会福利组织成员提起的集团诉讼对所有 7 万名成员有拘束力。同史密斯案一样，该集团成员具有共同而不可分之利益。

而在汉斯贝里案中，集团成员之诉求却是不同的，因为这些诉求并非共同的。相反，每个已签署合约的人与其他签署之人达成了协议。其诉求并非共同的，却是“数个”(分开的)责任。法院认识到，一个判决可能拘束所有集团成员，即使在集团成员间并不存在共同诉求——甚至在“界定集团之惟一情形是，集团成员权利之认定取决于单一事实或法律问题……”时亦是如此。[⑤] 而要做到这一点，那些被代表之人必须与那些声称代表他们之人为同一集团。伯克案中的原告集团请求**强制执行**限制性的合约。该案之判决对该集团的所有成员有拘束力，但其不能拘束那些(像克莱曼)这样**反对**强制执行合约之房主。简单说来，支持合约之人与反对合约之人不是同一集
731 团的成员。所以来自一个阵营的代表不能给另一阵营的某人施加责任。如同法院所解释那样：

---

① 汉斯贝里案(Hansberry)，《美国联邦最高法院判例汇编》第 311 卷，第 41 页。

② 《美国联邦最高法院判例汇编》第 57 卷，第 288 页(1853 年)。

③ 《美国联邦最高法院判例汇编》第 255 卷，第 356 页(1921 年)。

④ 史密斯案(Smith)，《美国联邦最高法院判例汇编》第 57 卷，第 302 页。

⑤ 汉斯贝里案，《美国联邦最高法院判例汇编》第 311 卷，第 43 页。这种类型的集团诉讼现规定在《联邦民事诉讼规则》第 23 条(b)款(3)项中。参见第十三章第三节第四目。

> 那些想通过强制执行合约而谋求好处之人，不能说与那些反对强制执行合约之人同属一个集团或代表后者，因为合约条款对签署了合约的每一地块之主人施加了义务并赋予了权利。如果那些试图获得合约好处之人被州最高法院恰当组成一个集团，显然那些签署者或有兴趣质疑合约的有效性和反对强制执行合约的继受者与前者不属于同一集团，这样认定的依据是同一集团之人利益相同，以至于被选出执行合约权利之任何一群人，可以说是为其他有权自由拒绝义务之人的利益而行事……。为进行诉讼而选择代表，而代表之实质利益并不必然或甚至不很可能与那些其所要代表之人利益相同，则该代表选择并未对缺席者提供正当程序所要求的保护……。在请求履行合约时，伯克案中的原告们并没有代表此处的请求人，后者之实质利益在于抵制该合约之履行。①

依据汉斯贝里案规则，正当程序要求仅在集团成员与代表真正属于同一集团的情况下，其才能受该诉讼的判决拘束。换言之，如果集团代表与集团成员对诉讼中的主要争点持不同意见，则他们并非同一集团之成员；该集团代表不能代表对此争点持不同意见之人。在汉斯贝里案中，这种意见不一致非常明显——伯克诉克莱曼案中之代表想强制执行合约，因而不能允许其给那些反对执行合约的房主设立义务。重要的是，汉斯贝里案并不支持此种观点，即认为代表与集团成员之间不能有意见分歧。他们可能在诉讼策略和救济方式上存有分歧。只要集团成员和集团代表在诉讼核心争点上保持一致，则判决拘束所有集团成员，就不存在任何违宪问题。

因此，汉斯贝里案承认，如果集团成员之利益得到充分代表，则其能受该诉讼之判决拘束。他们不必加入诉讼作为当事人。但需要通知他们有诉讼吗？汉斯贝里案对此只字未提。稍后的马兰诉中央汉诺威银行案（Mullane v. Central Hanover Bank），②对此我们在第三章第二节里讨论过，认为

---

① 汉斯贝里案，《美国联邦最高法院判例汇编》第311卷，始于第44页，第45—46页。

② 《美国联邦最高法院判例汇编》第339卷，第306页(1950年)。

如果案件的非当事人被适当通知有诉讼，则其能够受判决之拘束。马兰案
732 并不是集团诉讼，但其涉及到联合信托的众多受益人。联邦最高法院认为："通知要合理肯定地送到大多数对异议有兴趣之人，这可以保障所有人的利益，因为任何经法院认可之异议都将对所有人有利。"[①]

是否汉斯贝里案和马兰案加在一起要求集团诉讼中的集团成员必须得到充分代表和获得通知？显然不是。我们将在下面一节述及，《联邦民事诉讼规则》第 23 条从未因正当程序而受到成功地质疑，它仅要求在一种类型的集团诉讼中通知有待决集团诉讼。而在所有的集团诉讼中，都必须做到充分代表。

## 三、《规则》第 23 条下集团诉讼之提起与确认

### 推定集团与确认集团之差异

在我们刚刚讨论的汉斯贝里诉李案中，联邦最高法院必须认定进行中的集团诉讼的成员资格与充分代表问题。这种事后分析非常困难。《联邦民事诉讼规则》第 23 条的起草者们预想，评估集团成员的资格与充分代表最好在事前进行。因此，该规则为认定初始时案件是否应以集团诉讼进行规定了几个考量因素。满足了《规则》第 23 条之要求，就将避免汉斯贝里案中遇到的那种宪法问题。[②] 我们在本章第三节第一目指出，规则起草者们在 1966 年对《规则》第 23 条作了重大修改，在 2003 年又对其作了重大修订。而最近的修改，我们将在下文谈到，不影响集团诉讼之基本要件与界定，而是对集团诉讼的程序管理作了重大修改。尽管大多数州已经接受《规则》第 23 条将其作为集团诉讼的基本范本，但它们并不急于接受 2003 年的修正。此外，在 2007 年，所有的联邦民事诉讼规则都被"重新修改"，但目的

---

① 马兰案(Mullane)，《美国联邦最高法院判例汇编》第 311 卷，第 319 页。

② 如前所述，在汉斯贝里案中，其"集团"卷入先前伯克诉克莱曼案的诉讼中而从来不应允许继续进行。其代表(要执行限制性合约之人)无权代表一个想获得相反结果之集团。依据《规则》第 23 条，该案本不该如此安排。但依据那个时代伊利诺伊州规则，法庭未被要求进行一个有意义的事前分析。

不是影响其运作方式。直至今日，尚没有一个州接受“修改后”的《规则》第23条。

和任何诉讼一样，集团诉讼始于提交起诉状。集团代表之起诉状要包含《规则》第8条(a)款规定的任何起诉状所必须具备之要素。此外，其要声称案件是以集团诉讼名义提起的，通常的表述是正“代表一个由同样境遇之个人(或实体)组成之集团而提起诉讼”。在起诉状里，集团代表要对该集团 733
进行界定。如下面所看到的，界定要给法院留下这是一个可管理集团之印象，这非常重要。没有必要列举所有的单个成员。(其实在很多案件中这也是不可能做到的。)通过指出集团的突出特点来界定集团就足够了。例如，在证券欺诈案件中，该集团可以由“所有在2009年6月15日之后，9月30日之前购买了XYZ公司普通股(common stock)之人(或实体)”组成。

案件不会自动被视为集团诉讼。其实，在这个时段，它被称之为“推定的集团诉讼(putative class action)”，该集团则被称为“推定的集团(putative class)”。这一标签表明，在法院发出命令“确认”案件是集团诉讼之前，严格说来案件还不是集团诉讼。因此，在提起诉讼后(和被告对起诉状进行答辩后)的某一时段，原告之集团代表将提出申请，请求将案件确认为集团诉讼。《规则》第23条(a)款和(b)款对法院决定是否将此案件确认为集团诉讼提供指导。《规则》第23条(a)款明确规定了**每个**集团诉讼都必须满足的四个要件。别无他选，所有四个先决条件都必须得到满足。如果确实符合要求，法院则考虑第23条(b)款，其认可三种(其实为四种)类型的集团诉讼。案件必须至少符合其中一种类型。因此，案件必须满足《规则》第23条(a)款规定的所有四个先决条件，而只需要符合(b)款规定的集团诉讼三种类型中的一种。

依据《规则》第23条(c)款(1)项(A)目之规定，法院必须在“较早而可行的时间内”作出集团诉讼的确认。(在2003年之前，该规则要求法院在起诉之后“尽快尽可能地”作出裁定。)当事人可能得进行披露，以便断定确认集团的要求是否得到满足。在此期间，集团代表可能发现起诉状中提出的集团界定可以加以修改或提炼，以便增加法院认定该集团为可管理的集团的可能性。其实，确认申请中对集团的界定与起诉状中对集团的界定不同是很普遍的。

当集团代表向法院提出确认集团之申请时，其和被告都将向法院提交有关确认问题的意见，无疑法院会接受此申请的口头陈词。确认裁定通常是诉讼中的分水岭事件。如果法院确认了该集团，则被告的和解意愿将以几何级数增长。为什么？因为一旦集团获确认，被告将面临对整个集团承担的巨大的潜在累计责任。另一方面，如果法院拒绝确认该案件为集团诉讼，则案件很可能不了了之。为什么？法院拒绝确认之时，集团代表的诉求依然存在。案件将转为一个"普通"的案件，在该案件中代表是唯一的原告
734 且其诉求是唯一的诉求。如果该代表的诉求金额很大，则单个诉讼将继续进行。但如果该集团是由众多遭受小额损失之人组成（如在典型的消费者集团诉讼中，每个人的诉求不过是几美元），该案很可能自愿撤诉；无人会为几美元诉讼。因此，确认裁定经常成为诉讼中的真正战场。因此毫不奇怪，当事人会投入巨大资源争讼集团确认问题。

**集团之界定与集团律师之任命**

如果法院准予确认，其将依据《规则》第 23 条(c)款(1)项(B)目发出命令，要求"界定集团和集团诉求、争点或抗辩，以及必须依据《规则》第 23 条(g)款任命集团律师"。确认集团之命令并不必然是最终的。《规则》第 23 条(c)款(1)项(C)目明确规定，确认之命令"在最后判决作出前可能修改或修正"。故此，确认是附条件的，可以随案件进展而加以修改。随着诉讼之展开，法院能作出反应，或许修改集团之界定或许"收回确认"和完全放弃集团诉讼。这一事实强化了本章第三节第一目提出的观点——法院要不断地监管集团诉讼，既要确保集团成员之利益得到充分代表，又要考虑集团诉讼继续进行的可行性。比如，或许披露将揭示集团成员是如此之少以至于没有必要确认为集团诉讼，每个个体应该自行起诉。

除非法律另有规定，法院在确认集团诉讼时必须任命集团律师（class counsel）。我们将在本章第三节第四目看到，任何集团诉讼成立要件之一是集团代表能公平和充分地代表集团利益。几年来，诸多法院通常也要求

集团律师为充分之代表。这一要求现编纂在《规则》第 23 条(g)款(4)项之中,其规定“集团律师必须公平而充分地代表集团利益”。

《规则》第 23 条(g)款(1)项(A)目列举了法院在作出决定时必须考虑的各种因素,其中包括律师在确定和调查集团诉求过程中所做的工作、处理复杂诉讼之经验、对于适用法之了解程度以及为代表集团所承诺投入的资源等。《规则》第 23 条(b)款(1)项(B)目指示法院考虑任何其他与律师公平与充分代表集团的能力相关的事实。在实务中,即使在《规则》第 23 条列举考量因素之前,诸多法院在任命集团律师之际,早就关注诸如律师经验等事项。[1]

一些评论员批评这种看重律师经验的做法,因为这将使得新手律师难 735
以“跨进”似乎为“封闭店家”的领域。换言之,如果法院不准其成为集团律师,则怎么能获得作为集团律师之必要经验呢?事实上,在全国集团诉讼案件中,频繁露脸的皆是同样的几个在原告集团诉讼领域富有专长的少数律所。尽管看重经验可能使得新手难以获得经验,但这种看重是恰当的。要记住,集团将要受到案件结果之拘束,而且这一结果的决定更多地取决于集团律师之作为而非那些集团代表自身之作为。

《规则》第 23 条(g)款(2)项详细规定了任命集团律师的程序。[2] 显然,律师们非常希望获得这一任命,因为集团律师:(1)可以代表集团对诉讼予以掌控;而且(2)将会得到一笔通常数额可观的律师费。如果有多个律师申请成为集团律师,《规则》第 23 条(g)款(2)项(B)目规定:“法院必须任命最能够代表集团利益的申请人。”即使仅有一位申请人,法院也必须确保其能满足《规则》第 23 条(g)款(1)项和(4)项之要求——公平和充分地代表集团之利益。该任命令可以包含任何“《规则》第 23 条(h)款规定的认定律师费

① 如参见,石棉诉讼案(In re Asbestos Litig.),《联邦判例汇编第三辑》第 90 卷,始于第 963、977 页(第五巡回法院 1996 年)。

② 《规则》第 23 条(g)款(3)项规定,允许法庭在决定是否确认该集团诉讼之前任命临时的集团律师。

或非应税费用之规定。”①

我们将在第十四章详细讨论当事人有权对“终局”判决提起上诉审查问题。法院就是否确认该集团诉讼所作裁定并非“终局”，因为其并非初审法院对案件实体问题所做之结论。故此该命令依法不能上诉。但因为该命令在实务上是如此重要，以至于上诉法院一直致力于寻找终局判决规则之适用例外，从而使得对该命令之上诉审查得以允许。这种努力并未导致对这一问题的一致性对待。1998 年，联邦最高法院通过颁布《规则》第 23 条(f)款来纠正这一情形，该条款授权上诉法院自由裁量决定是否审查准予或拒绝确认集团诉讼之命令。我们将在第十四章第五节第一目讨论这一规定。

有些人担心，对集团诉讼确认裁定可能进行的上诉审查，将给联邦法院增加了拒绝将案件作为集团诉讼案件处理的机会。亦即，地区法院的集团确认裁定可能会马上被推翻，而不必继续作出判决或和解。有趣的是，很少有州采纳《规则》第 23 条(f)款之规定，这一事实使 2005 年的《集团诉讼公
736 平法》变得更难以让某些州轻易接受。我们将在本章第三节第八目述及，该法旨在将集团诉讼从州法院引向联邦法院。我们在本章第三节第一目里指出，在联邦法院进行集团诉讼比在许多州法院进行面临更多的障碍。《规则》第 23 条(f)款——以及上诉法院推翻集团诉讼确认裁定的可能性——是其中的一个障碍。

**特定问题的确认与亚集团**

并非集团诉讼案件中的每个争点都必须建立在集团诉讼的基础上进行诉讼。但一些争点一起解决可实现相当的规模经济。例如，用集团诉讼决定被告之责任是可能的，如果成功，法院可能允许单个提出损害的证明。同样，法院可能援用亚集团。假设有一个集团基于各州间稍有不同的责任标准提出诉求。

● 假设某集团要求惩罚性损害（我们将在本章第三节第五目论及，其

---

① 《联邦民事诉讼规则》第 23 条(g)款(1)项(D)目。《规则》第 23 条(h)款规定了提出给予律师费和非应税费用动议的程序。重要的是其并未创设任何获得这些费用的实体权利。因此，例如，律师费用仅在各方当事人自负其律师费用的一般规则之外存在某一例外情形下方能获得。

> 意在惩罚被告之恶意行为)。每个州可以自由决定能产生惩罚性赔偿请求的行为类型。在一些州,原告可能得证明被告有"恶意的不法行为"。在其它州,或许该标准是"对行为后果的放任"。如果不同原告必须满足不同的实体法标准,则集团诉讼如何能存在?对初学者来说,法院可能总体认定适用于所有人的事实——例如,被告是否真的做了某事。如果法院发现被告并未做所诉之行为,则整个集团诉求不成立。另一方面,如果其发现被告确实做出了X、Y和Z等事情,法院可能要把这个集团分成若干亚集团。就某一亚集团来说,诉讼将集中于被告之行为是否构成"恶意的不法行为"。对另一亚集团,问题可能是这些行为是否证明为"放任",诸如此等。

法院对是否受理针对特定问题的集团诉讼或维持亚集团一贯拥有自由裁量权。《规则》第23条(c)款(4)项明确准予就特定问题进行集团诉讼。

**在确认之前集团何时能以集团对待?**

我们知道一个案件在法院确认为集团诉讼之前,并非严格意义上的集团诉讼。但出于某些目的,诸多法院将推定的集团诉讼作为集团诉讼对待,其最好的例证即是诉讼时效法律。

> 集团代表在6月1日提起集团诉讼。相关的诉讼时效法将适用,并在6月15日不再准许提出诉求。因此,该案的起诉很及时。但法
> 院在9月份拒绝确认为集团诉讼。现在作为推定集团之一员的康 737
> 妮(Connie)想要提出其诉求。请问诉讼时效法是否阻止其提出该诉求?

答案取决于集团代表在6月1日提起集团诉讼之行为是否于此日中止诉讼时效的计算。对代表个人之诉求当然是如此,故其诉求提出及时。但对集团成员之诉求结果又会如何呢?一方面,我们会说集团诉讼之提起不应中止时效,因为集团诉讼之确认遭拒绝了。另一方面,如果法院不承认有诉讼中止,则在我们的假设案例中,仅是为保护其个人诉求得以提出,所有集团成员将不得不在6月15日之前提起个人诉讼。念及后一种情形存在实际问题,联邦最高法院认为,即使集团确认后来遭拒,提起集团诉讼之行

为将对所有集团成员中止诉讼时效之计算。[①] 因此在我们的假设案例中，康妮在确认集团诉讼被拒后尚有 14 天时间来提起其个人诉讼。[②]

## 四、《规则》第 23 条(a)款下任何集团诉讼成立之先决条件

《规则》第 23 条(a)款在列举四个明确的先决条件之前提到要有一个“集团”。我们前已述及，原告集团的代表在其诉状中和请求确认的申请中对集团进行界定。明智之律师将注意到有必要让法院确信实际上该“集团”的确存在。因此律师在界定集团时将避免使用不确定的术语(open-ended terms)，诸如“那些对和平抗议深感兴趣之人”；[③]或带有主观意愿之术语，诸如“那些有资格申请援助却因相关机构对其他人之处理而被劝阻之人”。[④] 如果集团胜诉，甚至集团诉讼得以和解，则法院得确定谁将获得何
738 种救济。精明审慎之律师将继续让法官确信该案为可管理之案件。第一个这样做的机会是起诉状，律师最好对集团施加合理的时空限制，让法院从一开始就相信该集团是可确定之集团。

我们将在本章第三节第五目谈到，集团诉讼存在不同类型。其中一种类型——由《规则》第 23 条(b)款(3)项规定——要求对可确定之集团成员中的每个人发出待决案件的通知。这种类型的集团诉讼通常涉及金钱救济方面的诉求。在此类案件中，因为法院需要对每个成员发出通知而且(如果

---

① 克朗、科克和西尔公司诉帕克案(Crown, Cork & Seal Co. v. Parker)，《美国联邦最高法院判例汇编》第 462 卷，第 345 页(1983 年)。不管集团诉讼确认基于何种理由遭致拒绝，该规则皆得以适用。比如，假设集团确认因代表不胜任而遭拒。有人可能认为如此无能之代表不应对推定集团成员构成诉讼时效之中止。但最高法院拒绝采用这一观点，支持一个清晰的、易用之规则：集团诉讼之提起对所有集团成员构成诉讼时效之中止。

② 这是因为在我们的假设案件中，代表提起之推定集团诉讼是在 6 月 1 日，在法定的诉讼时效期间终止日(6 月 15 日)之前尚有 14 日。中止意味着诉讼时效法在 6 月 1 日停止计算。而一旦集团确认遭拒之后该法就再次开始计算，诉讼时效期间还有 14 日剩余。

③ 如参见，洛佩斯·蒂赫里纳诉亨利案(Lopez Tijerina v. Henry)，《联邦规程判例汇编》第 48 卷，始于第 274、277 页(新墨西哥州地区法院 1969 年)(“本州之穷人”)。

④ 如参见，西默诉里奥斯案(Simer v. Rios)，《联邦判例汇编第二辑》第 661 卷，始于第 655、669 页(第七巡回法院 1981 年)(“经证明合格可申请危机干预计划之个人但却被拒绝或阻止申请”)。

该集团胜诉）还须对各种集团成员发放金钱，所以法院尤其期望具体界定集团。相反，另一种类型的集团诉讼——由《规则》第 23 条(b)款(2)项规定——涉及的是要求禁令性或确认性救济的诉求。因为不必对该集团的每个成员发出通知，或者为每个成员裁决和分发损害赔偿金，法院对此类案件中的集团界定要求相对不那么具体。再次须说明的是，即使《规则》第 23 条(b)款(3)项规定的集团诉讼对具体性要求更高，但精明审慎之律师对所有集团诉讼案件中的集团界定都特别小心。

集团能够包括未来的成员吗？亦即，一个集团诉讼可以代表那些暂未受到损害但未来将受到损害之人请求损害赔偿吗？答案是可以，但仅在有限情况下才可以。一个例证是罗伯逊诉全国篮球协会案(Robertson v. National Basketball Association)，[1]在该案中名人堂成员奥斯卡·罗伯逊(Oscar Robertson)提起集团诉讼质疑两家专业篮球联合会的合并。该合并使得两家篮球联合会对球员进行竞价招选成为不可能的事情。罗伯逊诉称此合并违反了反垄断法，造成了反竞争的结果。其试图代表的集团成员包括：(1)目前打球的球员；(2)合并时打球的球员，以及(3)NBA 未来的球员。被告反对将未来球员纳入其中，并指出每年有数千人在打院校篮球，也仅有少数人能成为专业球员。法院支持将未来球员纳入其中，因为该集团界定得较好，相对小而独立。其强调说，在数百万的中学和大学篮球队员中，仅有相对少数(几百人)可能成功入选 NBA，因此，“本庭在任何时候能够决定特定个人是否为集团成员”。[2] 故此，纳入未来成员是可能的，但颇为罕见。

假定存在一个“集团”，《规则》第 23 条(a)款提出了四个先决条件，通常分别称为众多性(numerosity)、共同性(commonality)、典型性(typicality)以及充分代表性。尽管在任何案件中都要处理这四个要件，但它们之间并非相互隔离。其实，有人认为这四个要件能够并为两个要件：众多性和充分 739

---

① 《联邦补编》第 389 卷，第 867 页(纽约南区法院 1975 年)。

② 同前注，第 897 页。

代表性。[①] 当然，说服法院让其相信所有四个要件皆得到满足之责任落在请求确认集团诉讼的一方当事人身上。

《规则》第 23 条(a)款(1)项：众多性。该“词”(如果词典里有这个词的话)并未出现在《规则》第 23 条里；法院造了这么一个词，用来概括《规则》第 23 条(a)款(1)项之要求，即集团是“如此人数众多以至于合并所有集团成员实际上不可行”。此要件确保集团诉讼是有必要的。如果集团成员的人数少，合并可行，则没有必要以集团诉讼形式进行；相关受影响之人可依据《规则》第 20 条(a)款(1)项加入诉讼作为共同原告。所建议之集团是否满足《规则》第 23 条(a)款(1)项之要求，要对事实进行个案分析。

其中一个因素，当然是单纯的推定集团成员数量。有些集团，成员数目庞大自然满足众多性之要求。例如，一些集团拥有数百或数千(甚至数百万)个成员。尽管法院在集团成员数量之外还应考虑其他因素，但正如我们马上要讨论的，如此庞大之群体一般来说已满足了众多性之要求。但在众多性不太明显的情况下，结果又会为何？大多数法院同意并无什么自动规则和定数可供参考。但一些法院还是采纳了这一经验法则：一般来说，少于 21 个成员是不够条件的，多于 40 个成员即属足够，在两者之间的则取决于其他因素的考量。[②] 但这至多是个一般规则，确有少于 21 个成员而被法院确认为集团的案例，[③]也有拥有 40 个以上的推定成员却被法院拒绝确认为集团的案例。[④]

---

① 最高法院已经将共同性与典型性基本上并入到充分代表性要件当中来。西南通用电话电报公司诉福尔肯案(General Tel. Co. of the Southwest v. Falcon)，《美国联邦最高法院判例汇编》第 457 卷，始于第 147、157 页第 13 个注释(1982)。

② 如参见，考克斯诉美国铸铁管道公司案(Cox v. Am. Cast Iron Pipe Co.)，《联邦判例汇编第二辑》第 784 卷，始于第 1546、1553 页(第十一巡回法院 1986 年)，调卷令申请被驳回，《美国联邦最高法院判例汇编》第 479 卷，第 883 页(1986 年)。

③ 如参见，艾伦诉伊萨克案(Allen v. Isaac)，《联邦规程判例汇编》第 99 卷，始于第 45、53 页(伊利诺伊北区法院 1983 年)(17 个成员)；戴维诉沙利文案(Davy v. Sullivan)，《联邦补编》第 354 卷，始于第 1320、1325 页(阿拉巴马中区法院 1973 年)(10 个成员)。

④ 如参见，自由林肯水银公司诉福特销售公司案(Liberty Lincoln Mercury, Inc. v. Ford Mktg. Corp.)，《联邦规程判例汇编》第 149 卷，始于第 65、73 页(新泽西地区法院 1993 年)(有 123 个推定成员)。

此类案件常常显示数目之外考量因素的重要性。比如,集团成员的地
理分布即为相关因素之一。在一个案例中,法院对由州的 350 行政区组成
之推定集团拒绝赋予集团地位,因为这些成员在地理上不分散,可以加入到
单个案件而让州官员代表所有人诉讼。[①] 另一方面,如果集团成员在地理上
分布广泛,一个相对较小的群体可能被视为具有众多性,因为此时当事人之合
并相对而言将变得更为困难。[②] 我们将在本章第三节第六目谈到,为满足异籍 740
管辖权之要求,法院仅关注集团代表的州籍,而非所有集团成员之州籍。如
果合并单个成员使得满足完全异籍规则成为不可能,则合并无疑是不可行
的。

另外一个相关因素是成员单独诉讼之能力。如果个人诉求是如此之小以至于不能指望提起这类诉讼,则合并可能被视为不可行。联邦最高法院在菲利普斯石油公司诉舒茨案(Phillips Petroleum Co. v. Shutts)中意识到了此种可能性,此案涉及的原告集团之人均诉求是 100 美元。法院解释道:"如果没有集团诉讼,则大多数原告将不会实际出现在法庭。"[③]

法院可能还会考虑其他影响自行诉讼的个人动力或能力。比如在一个案件中,法院认为 19 人的集团是合适的,部分原因在于个人过度受吓而不敢单独提起受歧视的诉求。[④] 同样,诸如有限的经济来源、智力障碍或者英语表达能力欠缺等因素都可能使得合并不可行。[⑤]

---

① 犹他州诉美国管道和建设公司案(Utah v. American Pipe & Constr. Co.),《联邦规程判例汇编》第 49 卷,始于第 17、19 页(加州中区法院 1969 年)。

② 如参见,阿尔瓦拉多有限合伙诉梅塔案(Alvarado Partners, L. P. v. Mehta),《联邦规程判例汇编》第 130 卷,始于第 673、675 页(科罗拉多地区法院 1991 年)(33 个成员的合并不可行的部分原因在于其居住在美国的不同区域)。

③ 《美国联邦最高法院判例汇编》第 472 卷,始于第 797、809 页(1985 年)。舒茨案是一个涉及集团诉讼个人管辖权方面的重要案件。参见第十三章第三节第八目。

④ 阿肯色教育协会诉教育委员会案(Arkansas Educ. Assn. v. Board of Educ.),《联邦判例汇编第二辑》第 446 卷,始于第 763 页,第 765—766 页(第八巡回法院 1971 年)。

⑤ 如参见,杰克逊诉福利案(Jackson v. Foley),《联邦规程判例汇编》第 156 卷,始于第 538、542 页(纽约东区法院 1994 年)(低收入诉讼请求人不太可能提起个人诉讼);罗德里格斯诉贝里莫尔农场公司案(Rodriguez v. Berrymore Farms, Inc.),《联邦补编》第 672 卷,始于第 1009、1013 页(密执安西区法院 1987 年)(不能说英语和缺乏对法律制度的了解使得个人不太可能自行诉讼)。

**《规则》第 23 条(a)款(2)项：共同性。**《规则》第 23 条(a)款(2)项要求“集团有共同的法律或事实问题。”尽管该规则用的是复数形式的“问题(questions)”一词，法院通常认为存在一个共同问题就足够了。[①] 实际上，集团几乎不可能不满足该项要求。共同性实乃集团存在之固有蕴涵。如果集团成员间不存在一些共同性，其将不可能成为一个集团。换言之，没有共同性，作为集团诉讼特征的司法效率就将无从谈起。

对共同性的激烈争论出现在《规则》第 23 条(b)款(3)项规定的集团诉讼类型中。在此类案件中，我们下面将谈到，其所要求的共同问题必须主宰个体问题。这一要求可能难以满足，取决于案件中究竟会出现多少个体问题。但《规则》第 23 条(a)款并未要求共同问题必须占主导地位。其所要求
741 的乃是在集团成员间存在一些共同性即可。故《规则》第 23 条(a)款(2)项并不存在重大问题。

**《规则》第 23 条(a)款(3)项：典型性。**《规则》第 23 条(a)款(3)项规定，代表之诉求必须在集团诉求中具有典型性。[②] 这一因素与下一个因素紧密相连，即代表必须公平和充分地代表集团行事。这两个要求都集中于集团成员与集团代表之间的关系上。要记住集团诉讼之功能与目标在于，经由代表获得之判决对整个集团产生拘束力。我们在本章第三节第二目已述及，由于正当程序的缘故，除非集团代表能够充分地代表集团成员利益，否则这一点不可能实现。要求代表之诉求在集团成员的诉求中具有典型性对确保充分代表有所助益。如果代表也遭受了类似的伤害——如果其能对集团成员之痛苦“感同身受”——就更可能充分代表集团成员。换言之，没有典型之诉求，我们很难看到是什么东西能够激励代表积极主张集团之诉求。

《规则》第 23 条(a)款(3)项并未要求代表之诉求与集团成员之诉求在各个方面都一模一样。相反，法院关注诉求间的“基本特点”，并承认事实方

---

① 如参见，比彻诉长岛照明公司案(Becher v. Long Island Lighting Co.)，《联邦规程判例汇编》第 164 卷，始于第 144、150 页(纽约东区法院 1996 年)。

② 或者在被告集团中，其抗辩在集团抗辩中具有典型性。

面的细微差异，即使是赔偿金方面的，也不会使得将其作为集团对待不妥。[①] 但显然，如果集团成员之诉求需要承担很高程度的个体证明责任，则将其作为集团对待就不妥，而且代表之诉求将不具有集团诉求的典型性。[②]

- 某零售店雇佣了上门拜访的推销员来销售冰箱。有 50 个推销员走进不同小区与居民商谈，期间，如果有人同意当场购买，他们即提供打折优惠价冰箱。约有 200 人同意当场购买并支付了要求的价款，但该零售店始终没有送货。在因普通法上的欺诈而提起的集团诉讼中，出现了一个严重的问题：实体法要求证明有被告虚假陈述的事实。如果每个推销员向潜在购买者的陈述都是别具一格的，集团诉讼似乎就不可能，因为没有任何人的诉求是典型的而能代表其他人的诉求。但如果零售商店给其销售团队制定了标准的推销用语
供背诵并分发至每个人，此时集团诉讼即有可能。在此种情况下， 742
即使每个谈话存在些许差异，但虚假陈述是相同的。[③]

除此之外，还有一点非常重要，即代表遭受了与集团成员同样的伤害。

- 集团由一群向被告申请就业的墨西哥裔美国人组成。他们诉称被告基于其祖籍国(national origin)而拒绝雇佣他们。代表是一位已由被告雇佣之墨裔美国人，但其诉求却是被告基于其祖籍国而拒绝提升其职位。因为代表并未遭受与集团成员同样的伤害，故该代表不能代表该集团。尽管其和集团成员都提出因被告的歧视行为而

---

① 参见《穆尔论联邦实践》第 5 卷，第 23 章第 24 节第[4]目。

② 如参见，美国医疗设备公司案(In re Am. Med. Sys., Inc.)，《联邦判例汇编第三辑》第 75 卷，始于第 1069、1083 页(第六巡回法院 1996 年)(推定集团的各种成员使用了不同的修复模具而且遭受不同程度的伤害)。

③ 这里的事实与瓦斯克斯诉高级法院案(Vasquez v. Superior Court)[《太平洋判例汇编第二辑》第 484 卷，始于第 964，页，第 966—967 页(加州最高法院 1971 年)]中的事实相似。同时参见，罗萨里奥诉利瓦迪蒂斯案(Rosario v. Livaditis)，《联邦判例汇编第二辑》第 963 卷，始于第 1013、1018 页(第七巡回法院 1991 年)(诉求典型是因为其属于同一总体欺诈交易的一部分)。在依据规则 10b—5 提起的证券欺诈诉讼的诉求中，如果诉称的虚假陈述包含在一个公开新闻稿中，法庭将假设信赖成立。在创设这一规则之际，最高法院明确指出，因为成员间的差异，若无此规则，此类案件作为集团诉讼案件处理将不可能。巴锡克公司诉莱文森案(Basic Inc. v. Levinson)，《美国联邦最高法院判例汇编》第 485 卷，始于第 224 页，第 246—247 页(1988 年)。

> 受到伤害，但他们受到伤害的方式不同。集团成员从未得到雇佣，而代表已被雇佣（但未得到晋升），因此代表的诉求在集团成员诉求中并不具有典型性。[①]

此外，代表所遭受之抗辩与一般成员不同的事实可能使得法院认定其不具有典型性（或充分代表性）。此类抗辩之存在将使得诉讼与集团利益无关，且可能分散代表之精力而不能执行集团之诉求。例如在某个案件中，在诉称之欺诈被发现之后，指名代表人购买了被告的存款单（certificates of deposit），该事实使其遭受被告提出与众不同的抗辩，从而被法院否定典型性。[②] 同样，妓女群体之代表会被驱逐出境（而其他集团成员则不会），该事实会否定代表的典型性。[③]

同时重要的是，集团代表与集团成员一样遭受了同一被告所施加的典型伤害。

743 ● 某集团由某城市中与典当铺做生意的一些人组成，该典当铺被指控违反了联邦诚实贷款法。依据《规则》第 20 条(a)款，共有五家典当铺被加入作为被告。但集团代表仅与其中的一个被告做生意。其未被其余四家典当铺被告所伤害之事实，意味着其诉求在与其余四家做生意的集团成员中并不具有典型性。其未遭受其余四家被告之伤害，因而不能代表那些遭受这四家被告伤害之人。[④]

---

① 西南通用电话公司诉福尔肯案（General Tel. Co. of the Southwest v. Falcon），《美国联邦最高法院判例汇编》第 457 卷，始于第 147、158 页。最高法院认识到这一问题可视为一个典型性或充分代表性问题。同前注，第 157 页第 13 个注释。同时也指出代表与集团成员间存在的潜在利益冲突。如果集团胜诉，则成员将被雇佣，从而对代表请求之职位晋升产生更强的竞争。

② 加里塑料包装公司诉梅里尔·林奇案（Gary Plastic Pkg. Corp. v. Merrill Lynch），《联邦判例汇编第二辑》第 903 卷，始于第 176 页，第 178—180 页（第二巡回法院 1990 年）。

③ 黑根诉温尼马卡市案（Hagan v. City of Winnemucca），《联邦规程判例汇编》第 108 卷，始于第 61 页，第 65—66 页（内华达地区法院 1985 年）。法庭指出针对代表之极可能发生的驱逐出境程序将是一个“外在牵挂”，同时也将剥夺其作为集团胜任代表之能力。

④ 此处事实与拉马尔诉 H&B 新奇巧物与借贷公司案（LaMar v. H&B Novelty & Loan Co.），《联邦判例汇编第二辑》第 489 卷，始于第 461、466 页（第九巡回法院 1973 年）案中的事实相似。这里出现的问题跟诉讼资格的观念相似。一个未被被告伤害之人并无资格对被告提起代表他人之诉求。

这个问题有几个解决之道。第一，本案可以通过安排多个代表来解决，每个代表对付一个被告，这样对付被告 1 的代表之诉求在所有与被告 1 做生意的集团成员中具有典型性，对付被告 2 的代表之诉求在所有与被告 2 做生意的集团成员中具有典型性，依此类推。但如果被告人数太多而使得合并不可行，则这种办法就不管用了。但在这种情况下，本案可以安排成被告集团；一旦获得确认，被告代表将代表所有被告，而所有被告都将受到判决之拘束（和原告集团成员受判决拘束情形一样）。

第二，如果被告合谋违反联邦诚实贷款法，则集团代表不必同每个被告做过交易。此处之理念在于，包括集团代表在内的每个集团成员，皆受到这些被告之合谋伤害；因此一个遭受此类伤害之人可以替其余受伤害之人说话。①

第三，集团成员间存在的司法关系（juridical relationship）有可能使得法院认为，其中一个人可以替其余人说话并让其结果拘束其余人。这一术语未得到很好地界定，似乎限于那些占据同等的政府岗位之人。比如在一个案件中，原告们起诉一个被告狱卒集团，诉称其对囚犯进行种族隔离而违宪。尽管原告们并未同每个狱卒打过交道，但所有的被告集团成员皆是同一个州的警察。他们间的司法关系意味着，在本质上，与其中一位被告打过交道之原告能够对所有被告提出诉求。②

**《规则》第 23 条（a）款（4）项［和《规则》第 23 条（g）款］：保护集团利益。**《规则》第 23 条（a）款（4）项规定代表必须“公平而充分地保护集团之利益”。这是《规则》第 23 条（a）款中最为重要的一点，因为这是确保集团成员受判决拘束而又符合正当程序之关键所在。如前面刚讨论的，这一点与《规则》 744
第 23 条（a）款（3）项对典型性之要求在很大程度上重复。其实，一些法院将

---

① 前注中的拉马尔案件对此做出了有名的探讨。参见《联邦判例汇编第二辑》第 489 卷，第 466。同时参见，西伦斯公司诉社区货币交易协会案（Thillens, Inc. v. Community Currency Exch. Assn.），《联邦规程判例汇编》第 97 卷，始于第 668、676 页（伊利诺伊北区法院 1983 年）。

② 华盛顿州诉李案（Washington v. Lee），《联邦补编》第 263 卷，始于第 327、330 页（阿拉巴马中区法院 1966 年）。

二者视为实际上可互换。尽管认识到二者之间存在重叠,但重要的是我们要看到某些因素必须依据《规则》第23条(a)款(4)项之规定来解决。尽管该规则仅提及代表的充分性,但回顾一下本章第三节第三目,法院还必须任命集团律师[依据《规则》第23条(g)款],集团律师将公平和充分地代表集团成员的利益。

依据《规则》第23条(g)款(2)项之规定,集团律师必须是申请者中"最能代表集团利益之人";与此相对比,对集团代表却无此"最好"之要求。《规则》第23条(a)款(4)项要求"充分地"保护集团之利益。集团代表对集团负有一种信托上的忠诚义务。因而至少其利益不能与集团利益相对立。仅是诉讼策略上的观点不同不会导致集团确认遭拒;相反,使丧失资格的冲突是有关案件核心主题的冲突,是直接的冲突而不是猜测的冲突。在安排案件之时,集团律师理应小心推出集团的推定代表,确保其利益不与集团利益相对立。

我们在前面讨论典型性时曾指出,如果代表会遭遇一个独特的抗辩,一个不会向普通集团成员提出的抗辩,则代表可能不胜任。此类抗辩可能分散代表的注意力,使其不能专心做好代表集团成员的诉讼工作,而且如果抗辩成功,可能会将代表排除在诉讼之外。同理,如果代表的诚信度受到合法质疑,法院可能认定其不胜任。[①] 此外,有些法院认为,如果集团代表与集团律师存在个人方面的、生意方面的或家庭方面的紧密联系,则该代表不够格。[②] 因为在此类案件中,代表可能会倾向同意一个和解条件对集团律师有利而对集团成员较为不利的和解方案。

集团代表必须积极地进行诉讼。其必须确保要求确认集团之申请及时地向法院提出。也必须至少对集团律师之行为进行一些监督。要做到这一点,其必须至少对诉讼性质和集团诉讼制度有一般性了解。被告有时会辩

---

① 如参见,迪宾诉米勒案(Dubin v. Miller),《联邦规程判例汇编》第132卷,始于第269、272页(科罗拉多地区法院1990年)。

② 如参见,柯比诉库利内特软件公司案(Kirby v. Cullinet Software, Inc.),《联邦规程判例汇编》第116卷,始于第303页,第309—310页(马萨诸塞地区法院1987年)。

称集团代表对基本诉求甚至对基本事实一无所知，以此试图说服法院拒绝确认集团。法院一般认为，很少有代表是律师，因此不能期望其对法律有详细的了解。但在一定层面上，代表必须对争议性质至少有个基本理解，否则，其不能充当集团律师行为之制动阀。如果集团代表对这些事情完全是一无所知，则该集团基本上是一种“群龙无首”状态，完全由律师操控。这种 745
情形剥夺了集团成员采用代表之措施，允许诉讼基本上由缺乏诉讼资格(standing to bring the claim)的律师进行。[①]

被告也经常质疑集团代表说其缺乏进行诉讼的经济能力。许多律师基于胜诉分成收费代理原告集团诉讼，故代表不需要随诉讼之进行而支付律师费用。[②] 但代表必须支付诉讼过程中发生的各种诉讼费，诸如起诉费、证人作证费以及证据披露费等。而在依据《规则》第23条(b)款(3)项所提起的集团诉讼中，对此我们将在本章第三节谈及，代表必须支付给集团成员发送通知的费用。如果诉讼胜诉，败诉方一般要支付胜诉方之诉讼费。但在此期间，代表必须承担诉讼过程中发生的各种费用。这样，法院必须确信，该集团代表有财力支付这一方面的诉讼费用。

集团律师可以为代表预先垫付这些费用吗？历史上是可以的，条件是集团代表同意如果集团败诉则向律师偿还这些费用。近来，美国律师协会的《职业责任示范规则》(Model Rule of Professional Responsibility)的第1条8款(e)项允许律师基于胜诉分成收费先行垫付诉讼费用。亦即，律师先

① 诉讼资格是几个“可诉性”原则中的一个，你可能要在《宪法》或《联邦法院》课程上详细学到。基本上说来，其要求提出诉求之人须是实际遭受被告行为伤害之人。这样确保的确存在一个真正的争议——案件或争议——这是宪法第三条规定的援用联邦事物管辖权的前提。

② 基于胜诉分成安排，律师并不依据小时或其他依据收取原告费用。而是律师与客户约定，律师费按原告胜诉所得之一定比例分成，无论该赔偿所得是基于判决抑或是和解。这样律师要承担一定的风险。如果原告败诉，律师将一无所获。另一方面，如果赔偿金额巨大——如同在集团诉讼中可能发生之情形，诸多诉求集中在一个诉讼程序中提出——则律师的收获亦是相当巨大。此种律师基于胜诉分成的事实，其本质上是律师资助诉讼之进行，这也解释了为何律师可能愿意和解而非推进诉讼。经由和解，其将保证得到一笔酬金；而推进诉讼，其投入了大量时间而可能颗粒无收。这种律师身上存在之利益冲突强化了集团代表积极作为的必要性——确保集团成员之愿望，而非那些律师之愿望来支配一切行动。（当然，被告们不能通过胜诉分成机制来聘用律师工作，其还需按小时支付其律师费用。）

行垫付这些费用，客户仅在赢得本诉之集团诉讼的情况下才需偿还这些费用。集团诉讼的原告律师对此条规定颇是欢迎，因为他们可以更轻松地招募集团代表。另一方面，没有客户偿还律师费用之规定也引起人们的严重关切，担心其允许律师“购买”集团诉求。在这种情况下，似乎是律师而非集团代表成了诉讼的利益相关方。

746 认识到集团诉讼存在潜在的滥用可能性，国会在 1996 年通过了《私人证券诉讼改革法》(Private Securities Litigation Reform Act)。[①] 通过制定该法，国会想确保，在联邦法院进行的各种指控违反联邦证券法的集团诉讼中，由老谋深算的机构投资者充当集团代表或“引领众原告”。除了其他要求之外，该法还规定，法院任命的首席原告必须是在集团诉求中拥有最大经济利益者。但该法的这一规定仅适用于根据联邦证券法律所提起的诉讼。

## 五、《规则》第 23 条(b)款认可之集团诉讼类型

假定请求确认集团的一方当事人使法院确信，《规则》第 23 条(a)款规定之先决条件已经满足，接着该方当事人必须证明案件属于《规则》第 23 条(b)款认可的集团诉讼类型中的一种。而《规则》第 23 条(b)款是选择性规定，请求确认的当事人只需证明符合该款规定的诉讼类型中的一种即可。另一方面，《规则》第 23 条并未排除集团代表依据一种以上的集团诉讼类型来请求确认集团，而且确有一些当事人是这样做的。

**《规则》第 23 条(b)款(1)项："损害"型集团诉讼。**阅读《规则》第 23 条(b)款(1)项将让你想起《规则》第 19 条(a)款(1)项(B)目。规则咨询委员会在 1966 年对这两款[以及《规则》第 24 条(a)款(2)项]一起做了修改，明确强调两者之间的相似。在第十二章第六节第一目我们谈到，《规则》第 19 条(a)款(1)项(B)目要求在下列两种情况下合并缺席者：(1)若不合并缺席者，将可能导致缺席者的利益遭受实际损害；或者(2)若不合并缺席者，将可

① 《美国法典》第 15 编，(第 2A 章，第Ⅰ节)第 77 z-1 目，第 78 u-4 目。

能导致被告承担多个或不一致的法律义务之风险。[①]《规则》第 23 条(b)款(1)项应对的是同样的潜在伤害,但在集团诉讼的背景下,因为存在如此众多的缺席者以至于合并他们不可行。正如《规则》第 19 条(a)款(1)项(B)目有两个分项规定,《规则》第 23 条(b)款(1)项亦是如此。鉴于该规则是关于避免(对缺席者或一方当事人)产生潜在伤害,我们可将其所规定的集团诉讼称之为"损害"型集团诉讼("prejudice" class actions)。

如果个体诉讼"将使各集团成员承担不一致或不同判决之风险,从而为集团诉讼的对方当事人建立了并不一致的行为标准",则《规则》第 23 条(b)款(1)项(A)目允许在此种情况下将案件确认为集团诉讼。此规定与《规则》第 19 条(a)款(1)项(B)目(ii)之规定相似;其关注的是非集团诉讼对于集团对方当事人之影响。若是一个原告集团,其关注的即是被告。法院提 747
出的问题是:假定该推定集团的成员进行单独的(而非集团的)诉讼,是否可能使被告遵守并不一致的行为标准?

- 某公司的股东诉称,公司必须将其股票转换成另外一种股票。如果股东单独诉讼,则可能有一些股东会胜诉,有一些股东会败诉,这即将公司置于不确定之状态,不知如何处理这类股东。为避免这种潜在的不确定性,一股东可依据《规则》第 23 条(b)款(1)项(A)目之规定,代表其他股东起诉。[②]

同《规则》第 19 条中的情况一样,赔偿金诉求方面的不一致结果不能满足《规则》第 23 条(b)款(1)项(A)目之要求,因为此类不一致的诉求不会构成"不一致的行为标准"。

- 列车公司(TrainCo)经营的火车发生了碰撞,造成 120 人受伤。如果这 120 人单独诉讼,一些人可能会胜诉,一些人可能会败诉。但这一可能性并不能满足《规则》第 23 条(b)款(1)项(A)目之要求,

---

① 在这两种情况下,该缺席者必须对诉讼标的主张利益。

② 参见范格默特诉波音公司案(Van Gemert v. Boeing Co.),《联邦补编》第 259 卷,第 125 页(纽约南区法院 1966 年)(与这里阐述的事实类似,但涉及的是持有人持有的债券,一种与此处股票在诸多方面有所不同的证券)。

> 因为针对列车公司的单个诉讼不会对其造成不一致的行为标准，毕竟在给一位乘客签发支票而无需对另一个这样做的意义上，并无什么不一致的行为标准可言。

关注点在于——同《规则》第19条(a)款(1)项(B)目(ii)一样——单独诉讼对被告在真实世界必要的行事方式产生的影响。例如在上述的第一个假设案例中，单独诉讼可能会让公司服从这样的命令：(1)这类股票应转换成另一种股票，以及(2)这类股票不应转换成另一类股票。公司不可能在满足一个命令要求的同时不违反另一个命令。与此相对，在列车公司的假设案例中，在必须向一位乘客支付判决金额而不向另一位乘客支付的意义上，并没有类似的不可调和。

如果单独诉讼“将给单个集团成员带来一种判决风险，即实际上处分了没有成为诉讼当事人的其他集团成员的利益，或将在实质上损害或阻碍其保护自身利益的能力”，则《规则》第23条(b)款(1)项(B)目允许将该诉讼确认为集团诉讼。此规定与《规则》第19条(a)款(1)项(B)目(i)之规定相似，其关注的是未来的集团成员。法院要问：如果推定集团的成员单独诉讼，一些人是否会实际受到伤害？此种伤害可能基于这样的一种事实：能够赔付给所有集团成员的基金有限。个体诉讼可能会耗尽这一基金，使得一
748 些成员基本上不能获得救济。每个人似乎都接受支持这些“有限基金(limited fund)”集团诉讼的说法。但法院对援引《规则》第23条(b)款(1)项(B)目所要求的证明程度，采取不同的处理方式。

- 一场大火肆虐了一家拥挤的餐馆剧院，造成100多人死亡。根据对该地方发生的不当死亡所提出的诉求，尽管没有进行审前的精确计算，但法官估测责任总额可能超过1600万美元。此外，被告律师估测被告的财产净值约在300万美元左右。基于这些估测，法院确认该案为《规则》第23条(b)款(1)项第(B)目规定之集团诉讼，因为它从这些估测中找到了“充足理由，相信判决金额可能要大大超过被告之承受能力。”①

---

① 科伯恩诉4—R公司案(Coburn v. 4-R Corp.)，《联邦规程判例汇编》第77卷，始于第43、45页。(肯塔基东区法院1977年)

请注意援引《规则》第 23 条(b)款(1)项(B)目规定之理由。如果权利请求人单独起诉,依据法院之观点,他们可能要获得总额达 1600 万美元赔偿金的判决。但能够支付这一赔偿金的资产总值不过 300 万美元。如果单独进行诉讼,则先胜诉的几个原告将用尽这 300 万美元。[①] 这一局面将对那些未排在诉讼队伍前面的原告造成伤害。那些稍后诉讼之人可能会赢得诉讼,但这一胜诉却是空头支票,因为此时被告已无资产可以满足判决了。为避免这种伤害——为避免这种可能性,即"单独诉讼将实际处分没有成为当事人的其他成员的利益,或将在实质上损害其保护自身利益的能力"——该群体可以集团诉讼形式进行诉讼。通过集团诉讼,每位成员将按比例获得赔偿金额。这一理论将让所有原告获得一定比例的赔偿金,而非一些原告得到全额赔偿但许多原告一无所获。

问题是一些法院已经对援引《规则》第 23 条(b)款(1)项(B)目规定的有限基金集团诉讼确立了高得令人畏惧的证明责任。一个例证是联邦第九巡回法院在加州北区法院达尔肯宫内避孕器产品诉讼案(In re Northern District of California Dalkon Shield IUD Products Litigation)[②]中发表的判决意见。该案牵涉指控宫内避孕器存在瑕疵的诉求。受害妇女在全美提起了数千个诉讼。判决意见书涉及全国范围内受伤妇女集团所提出之惩罚性 749
赔偿金诉求。[③] 地区法院累计了所有集团成员主张的惩罚性赔偿金,总额达到 23 亿美元。法院之后指出被告之资产净值,如披露文件中所主张的,总额为 2.8 亿美元。发现"存在不公平的可能性,即大量并未排在诉讼队伍前列的原告将被实际剥夺救济途径",因此地区法院根据《规则》第 23 条(b)

---

① 不仅如此,被告之资产净值将进一步因 100 多个单个诉讼所引起的律师费和其他诉讼费用而逐步克减。顺便说一下,请注意此处事实模型如何能够提起争点排除问题。如果第一个原告胜诉,并在审理中确定被告过失是这场大火之原因,则后续的原告们能够利用这一裁决吗?如果适用法采纳了非相互性的进攻性争点排除原则的话,则答案可能就是肯定的。

② 《联邦判例汇编第二辑》第 693 卷,第 847 页(第九巡回法院),调卷令申请被驳回,《美国联邦最高法院判例汇编》第 459 卷,第 1171 页(1982 年)。

③ 惩罚性赔偿金意在处罚被告。其有时被称之为惩戒性赔偿金,因为其意在对被告起到儆戒作用,其行为是如此无良不法以至于对其施加之责任,要超出其仅仅补偿受害原告损失的部分。

款(1)项(B)目确认了集团诉讼。[①]

第九巡回法院推翻了这一裁定，批评地区法院未能对原告诉求之价值以及被告之资产净值进行充分的事实调查。依据第九巡回法院之观点，一个有限基金的集团诉讼，仅在单独判决“不可避免地要改变有类似诉求的权利之基本部分(substance of the rights)”时才是适当的。《规则》第23条并未施加这种不着边的证明责任要求，该规则中并未出现“不可避免地要改变”之表述。而且，第九巡回法院的判决意见书未能指出为了满足其设定的援引《规则》第23条(b)款(1)项(B)目之标准，何种证据才是足够的。

在有重要意义的奥尔蒂斯诉纤维板公司案(Ortiz v. Fibreboard Corp.)[②]中，联邦最高法院阐述了有限基金集团诉讼问题，[③]此案部分涉及因接触石棉而产生的群体诉讼。该案当事人，包含大的石棉生产商及其保险公司，达成一个复杂的“一揽子和解协议”解决数百万个人身伤害诉求。该协议建立了一个复杂的赔偿受害人的制度，赔偿金从一笔基本来自保险金的基金支付；制造商也分摊一些基金金额，但结果是其整个资产净值几乎毫发未损。

基于本案事实，联邦最高法院拒绝使用《规则》第23条(b)款(1)项(B)目规定的有限基金集团诉讼。在探讨有关确认的三个问题时，联邦最高法院提出了确认有限基金集团诉讼必须满足的三个要求。第一，当事人必须**证明**(而非仅仅主张)该可用基金不足以满足众多诉求。在奥尔蒂斯案中，当事人只是约定有多少钱可以用作赔偿，但并未提供证据证明，比如说，可
750 用作赔偿的保险金的价值。第二，所提出的分配方案必须是公平的。奥尔蒂斯案中提出的和解方案完全没有确保公平对待所有权利请求人。第三，

---

① 关于加州北区达尔肯宫内避孕器产品责任诉讼案(In re Northern Dist. of Cal. Dalkon Shield IUD Prods. Liab. Litig.)，《联邦补编》第526卷，始于第887、893页(加州北区法院1981年)。

② 《美国联邦最高法院判例汇编》第527卷，第815页(1999年)。

③ 我们在第十一章第三节第四目提到石棉诉讼问题。石棉在大半个20世纪里通常被用做防火建筑材料。在20世纪最后的三分之一时间里人们很清楚地发现，暴露于石棉环境中能染癌致死。数不清的原告们提起个人伤害和不当致死诉求；此外，还有成千上万的诉求涉及到联邦要求清除建筑物中石棉的经济责任问题。石棉成为史上引起最多诉讼的产品。

最高法院关心的是协议允许生产商几乎保留其所有的资产净值，仅拿出相对较小的一笔钱投放和解基金。法院指出，在对有限基金集团诉讼的"历史性运用"中，被告之资产基本上被诉讼弄得荡然无存。总之，问题在于被告们仅约定用多少钱来赔偿潜在的原告。单独诉讼可能导致判决更多保险金，获得由生产商支付的更大数额的赔偿金。因此，并无证据表明真的是资金有限，不足以支付潜在诉求金额。尽管不排除依据《规则》第23条(b)款(1)项(B)目之规定提出有限基金集团诉讼之可能，但显然奥尔蒂斯案对其适用设置了重大障碍。[①]

联邦最高法院也注意到《规则》第23条(b)款(1)规定的诉讼是"强制性的"集团诉讼。这意味着集团成员无权选择退出，其须固守在集团里且受集团诉讼判决拘束。相反，如接下来看到的，《规则》第23条(b)款(3)项所规定集团之成员，有权选择退出而进行单独的诉讼。传统上，有关赔偿金的诉求是依据《规则》第23条(b)款(3)项提出集团诉讼的。鉴于有限基金理论剥夺了个人控制其诉求的机会，联邦最高法院在奥尔蒂斯案中建议谨慎行事。

尽管似乎有些奇怪，但有时候被告要求根据《规则》第23条(b)款(1)项(B)目确认有原告集团。在经典的有限基金集团诉讼中，被告深知集团诉讼之判决将使其在经济上遭彻底摧毁。诉求远远超过了被告的资产净值。(这是一些法院将有限基金集团诉讼称之为"推定破产"集团诉讼的原因。)被告不愿意单独应对每个诉求，而宁愿依据《规则》第23条(b)款(1)项(B)目在一个集团诉讼中解决所有的责任。从功能上讲，此类案件初始看来有点像确定竞合权利诉讼(对此我们在本章第二节讨论过)，其中被告之资产净值被视为众多集团成员对之提出诉求之争议财物。具有讽刺意味的是，原告可能反对组成这样的集团，因为他们(或其律师)可能愿意单独进行诉

---

① 如参见，多伊诉卡拉兹伊克案(Doe v. Karadzic)，《联邦规程判例汇编》第192卷，始于第133、139页(纽约南区法院2000年)(指出尽管规则23条(b)款(1)项(B)目要求的仅是"损害风险"，法院还是对这一术语做出狭义解释)。

讼而个人得到全部的判决金额。[①] 通过这种做法，其可能得到全额赔偿，而其他人将冒一无所获之风险。

751 除了有限基金理论外，还有另外一种称之为有限慷慨(limited generosity)的理论，根据此理论，可以确定《规则》第23条(b)款(1)项(B)目规定之集团诉讼。其仅涉及要求惩罚性赔偿的诉求，如我们在前述的第917页注释③中提到的，惩罚性赔偿意在惩罚被告之无耻行为。许多评论员认为，对被告的一个无良行为多次判决惩罚性赔偿是不公平的——甚至有可能违宪。[②]

- D实施了的一个无耻行为，伤害了数百个原告。当然，每一原告都对D拥有补偿性赔偿的诉求。假设这些原告还要求支付惩罚性赔偿金。让我们假设前面的几个原告都赢了对D提出的惩罚性赔偿诉求。但在某个时点上，法院可能会对下一个原告说，基本上："D已经就此无耻行为受够了惩罚；D不应再向其他任何人支付惩罚性赔偿金了。"

这一结论当然意味着其他原告可能得不到惩罚性赔偿。争议恰在此点，这些后来的原告所遭受之伤害导致了援用《规则》第23条(b)款(1)项(B)目——这些原告仅因为比那些已经获得惩罚性赔偿的原告起诉晚而败北。亦即，某法院此时可能会介入，就惩罚性赔偿表示"够了够了"，这一可能的情况剥夺了后来的原告获得惩罚性赔偿之机会。据此，法院应该将要求惩罚性赔偿的诉讼确认为集团诉讼，这样每个原告都将按比例获得惩罚

---

① 在科伯恩案和加州北区达尔肯宫内避孕器产品诉讼案(In Coburn and Northern District of California Dalkon Shield IUD Prod. Litig.)中，被告们请求确认原告集团。集团诉讼能够避免对同一事件进行系列诉讼，在此之外，其极可能导致被告减少其律师费支出数额；这样反过来，又将保留更多的被告资产来对受伤之原告进行赔偿。

② 参见南希·J.金："惩罚之定数：连续和过度惩罚之宪法限制"，载《宾夕法尼亚大学法律评论》(Nancy J. King, Portioning Punishment: Constitutional Limits on Successive and Excessive Penalties, *U. Pa. L. Rev.*)第144卷，第101页(1995年)；理查德·W.墨菲："超级分歧：惩罚性赔偿金程序中要给州之实践预留空间"，载《北卡罗来纳法律评论》(Richard W. Murphy, Superbifurcation: Making Room for State Prosecution in the Punitive Damages Process, *N. C. L. Rev.*)第76卷，第463页(1998年)。

性赔偿金，一个也不会落下。[①] 这一理论取得了一些成功。

最后，不管采用《规则》第23条(b)款(1)项(B)目下的何种理论，重要的是确保所有潜在的权利请求人都成为集团成员。否则，诉讼将存在这样的风险，即对其他未进集团之成员造成伤害，而这种伤害恰是该规则所欲避免的。在有个案件中，一个学区集团请求获得因遵守联邦命令清除建筑物上的石棉材料而付出之费用，法院拒绝将其确认为《规则》第23条(b)款(1)项(B)目规定的集团诉讼，部分原因是其集团未包括所有的此类权利请求人。该集团有先获得赔偿的激励，而恰置其他权利请求人之利益于不顾。[②]

**《规则》第23条(b)款(2)项：衡平法上的救济。**若集团的相对方(通常是被告)"基于一般适用于整个集团之理由业已作为或拒绝作为，以至于把该集团作为一个整体对其实施最终的禁令救济或相关的确认救济是妥当的"，依据《规则》第23条(b)款(2)项确认集团诉讼即为合适。这样，就存在 752
两个基本的要求：一个涉及集团相对方之作为或不作为，另一个涉及集团请求的救济类型。依据《规则》第23条(b)款(2)项提起的集团诉讼典型的是针对雇佣歧视或调整公共机构之诉求。下列例子援用《规则》第23条(b)款(2)项都是合适的，被告都"基于一般适用于整个集团之理由"而对待集团成员，而且每个示例中的集团都请求获得该规则规定的衡平法类型的救济。

- 一群工人指控其雇主因其祖籍国不同而拒绝对其晋升而违反联邦法律。他们寻求禁令迫使雇主对其加以晋升(或一个确认判决认为其有权得到此种救济)。[③]
- 一群审前被拘押者(被指控实施了犯罪而被羁押等待审判之人)指控行政司法官拒绝其"接触"来访家人，违反《宪法》。他们请求获得

---

① 如参见，关于学区石棉诉讼案(In re School Asbestos Litig.)，《联邦判例汇编第二辑》第789卷，始于第996页，第1003—1004页(第三巡回法院1986年)，调卷令申请被驳回，《美国联邦最高法院判例汇编》第479卷，第852页(1986年)。

② 同前注，第1006页。(因为成千上万的其他诉讼请求人不在这个集团里，依然存在"直奔法庭之比赛")

③ 我们在第四章第六节第三目里指出，确认判决是针对当事人权利的司法令，其由衡平法演进而来。

一个禁令，命令行政司法官允许此类来访（或类似的确认判决）。

我们可以看出这些案件满足了该条款之要求，但可能要问，我们为何要费力选择集团诉讼呢，为什么不能仅让受影响群体中的某人提起诉讼呢？如果一个原告证明该雇主基于其祖籍国而对这群工人加以歧视，而后获得一个禁止此类歧视的禁令，则所有受影响的工人不都“赢”了吗？答案可能并非如此。假设一个原告提起诉讼且胜诉。结果是颁发一个要求晋升该原告之禁令，禁令中还包括，比如，禁止基于祖籍国而对这群工人实行歧视等宽泛性规定。现在雇主晋升了该原告，但却继续歧视群体之其他成员。该其他人能提起诉讼请求对雇主执行该禁令吗？很可能不行，因为他们并非案件之当事人（或由一方当事人所代表），因而不能请求执行该案之判决。此处进行集团诉讼之好处在于，集团之任何成员此后能够请求对雇主执行禁令。所以如果提起集团诉讼并胜诉，而雇主后来继续歧视集团成员，则该成员可以请求法院认定该雇主藐视法庭，违反法院作出的支持所有集团成员的禁令。

尽管《规则》第 23 条(b)款(2)项仅述及衡平法救济问题，但亦有一些判
753 例允许集团成员在有限的情况下获得金钱赔偿。具体而言，如果损害赔偿金：(1)因判决禁令救济或确认救济而“自动产生”，和(2)易于计算，则可以在《规则》第 23 条(b)款(2)项规定的集团诉讼中获得。[①]

- 假设上述的基于祖籍国不同而受歧视之集团赢得了一个禁令，要求雇主对其予以晋升。这一命令避免了未来对集团成员的伤害，只是命令雇主做按照法律规定本应做的事。但对于过去的歧视如何处理呢？毕竟，这些集团成员有一段时间晋升遭拒，薪酬偏低。为过去之歧视而赔偿可弥补这一伤害，且应准许出现在《规则》第 23 条(b)款(2)项规定之集团诉讼中。首先，因过去的伤害而要求赔偿因禁令而自动产生；禁令将集团成员置于一个恰当的薪酬水平，但在

---

① 如参见，穆迪诉阿尔比马尔纸业公司案（Moody v. Albemarle Paper Co.），《联邦判例汇编第二辑》第 474 卷，始于第 134、142 页（第四巡回法院 1973 年）。

> 禁令发出之前雇主却未按这一薪酬水平支付。其次，该损害赔偿金易于计算。基于两个薪酬等级之差和每个成员受歧视之时间长度，法院能够简单地通过适用公式而计算出其应得金额。

这一结果——允许在《规则》第 23 条(b)款(2)项规定的集团诉讼中获得损害赔偿金——在合适的案件中是鼓励而为的。其允许在单个诉讼中获得两种类型的必要救济，让整个集团获得充分救济，不必提起第二个诉讼来获得赔偿(提起第二个诉讼反过来又会引起请求排除的问题①)。这一做法也允许在不必满足《规则》第 23 条(b)款(3)项规定的尤为严格的(且可能代价不菲的)集团诉讼要求的情况下获得损害赔偿金。具体而言，例如，我们在本章第三节第六目将看到，《规则》第 23 条(b)款(2)项规定的集团诉讼之代表不必支付向集团成员发送通知的费用。另一方面，仅在前面探讨的两个标准得以满足的情况下，在《规则》第 23 条(b)款(2)项规定的集团诉讼中判决此类赔偿方为适当。仅在这种情况下，集团诉讼之经济性才不因引入个人问题而遭受威胁。同《规则》第 23 条(b)款(1)项规定的集团一样，该规则(b)款(2)项规定的集团亦是强制性的，集团成员无权选择退出，要受到案件判决拘束。

**《规则》第 23 条(b)款(3)项：主导性的共同问题。**依据《规则》第 23 条(b)款(3)项集团诉讼满足下列要件时即为适当：(1)共同问题主导个人问题，且(2)集团诉讼比任何其他裁决争议的方式更有优势。尽管该条款并未要求集团必须请求任何特定形式之救济，第 23 条(b)款(3)项的集团诉讼通常(但不总是)涉及要求赔偿的诉求。[实际上，有些人使用“赔偿金集团诉讼(damages class action)”的缩略语来指代《规则》第 23 条(b)款(3)项规定之集团诉讼。]

《规则》第 23 条(b)款(3)项规定的集团诉讼比其它形式的集团诉讼更
具争议性。依据《规则》第 23 条(b)款(1)项和(b)款(2)项确认之集团诉 754

---

① 或许有人认为一个起诉仅请求禁令救济之集团要受到损害赔偿金诉求请求排除之阻止。因为请求禁令之诉求与损害赔偿金之诉求可能是请求排除意义上的单个“诉求”。参见第十一章第二节第三目。

讼，往往涉及联系相当紧密之群体，仅因诉讼性质特殊。依据《规则》第 23 条(b)款(1)项，集团成员间联系如此紧密以至于分开裁决其诉求将使某人——被告或其他集团成员——遭受某种伤害。依据《规则》第 23 条(b)款(2)项确认之集团，顾名思义，涉及遭受被告同样对待之集团成员。但依据《规则》第 23 条(b)款(3)项确认之集团仅是由于有共同事实而绑在一起。通常的情形是，集团成员碰巧于同一时间、同一地点出现——或许同为乘坐倒霉航班的旅行者，或投资于不成功企业的投资者。如果他们单独诉讼，一些人可能会胜诉而另一些人可能会败诉，这一事实不产生需要《规则》第 23 条(b)款(1)项或(2)项集团诉讼解决的问题。

鉴于《规则》第 23 条(b)款(3)项之集团往往是个差别很大的群体，规则起草者设置了一些特殊的程序性保护措施，对此我们将在本章第三节第六目讨论。首先，法院必须向所有集团成员发出通知告知有待决集团诉讼，包括单独通知那些能够通过合理努力而加以确定之人。其次，集团成员有权“选择退出(opt out)”——离开集团而自行诉讼(或者，也许决定不起诉)。这些保护措施仅适用于《规则》第 23 条(b)款(3)项之集团诉讼。但在对之深入探索之前，我们首先阐述确认《规则》第 23 条(b)款(3)项之集团的两个要件。

**主导性共同问题存在的必要性。**我们从《规则》第 23 条(a)款(2)项规定中知道，所有的集团诉讼都存在共同问题；在所有的集团成员间存在共同问题实乃集团界定要求的一部分。在《规则》第 23 条(b)款(3)项集团中，仅存在共同问题并不足够；相反，该“集团成员间共同存在的法律问题或事实问题”必须“主导任何仅影响个体成员的问题”。这一要件并不意味着集团成员必须都有案件中的每个问题。其实，难以想象案件中的每个问题——诸如因果关系、损害后果以及损害赔偿金等——所有成员都面对完全一样的问题。

界定《规则》第 23 条(b)款(3)项集团的重要用语是 1966 年规则修改的一部分。有趣的是，负责语言把关的规则咨询委员会在《注解》中总结道：“一个大众侵权事件伤及众人，这通常不适宜采用《规则》第 23 条(b)款(3)

项规定的集团诉讼”。[①] 为什么？该委员会指出，诸如损害赔偿金之类的个体问题以及对个体集团成员提出的可能抗辩等，都要求单独解决。“在这些情况下”，该委员会总结道，“若诉讼以集团形式进行，在实践中将退化成单独审理的多个法律诉讼。”[②]作为此种顾虑之反映，诸多法院一开始并不愿意在大众侵权案件中使用《规则》第 23 条(b)款(3)项的集团诉讼。但到了 20 世纪 80 年代，随着法院审理的大众侵权案件日益增多，众法官的态度发生了改变，一些法官将《规则》第 23 条(b)款(3)项的集团诉讼创造性地变通适用于大众侵权案件。对单个灾难性事件案件，这样做相对较易。 755

> ● 一办公楼的地下煤气管发生了爆炸，伤了几十个人。所有人皆在同一时间同一地点因同样的事件而受伤。这样一起解决许多问题——包括因果关系和与责任相关的其他问题——将会更加经济。每一集团成员所受之损害——这可能相差很大——可以留到个体诉讼中去解决。[③]

主导性共同问题的要求，在中毒侵权案件以及其它在不同时间不同地点遭受损害的案件中，似乎更难以满足。比如，有数百人因掺假或瑕疵产品而受害。不似单一灾难事故所造成之伤害，此处之伤害是由数百人单独使用该产品所致，但将其作为集团对待并非不可能。詹金斯诉雷马克工业公司案(Jenkins v. Raymark Industries, Inc.)[④]即为一例，这是由于接触石棉而造成人身伤害的数千个案件中的一个。集团成员因在不同时间不同地点不同程度地接触石棉而遭受不同程度伤害。但是所有成员的诉求中至少有

---

① 《联邦民事诉讼规则》第 23 条，顾问委员会之注解(1966 年)。

② 同前注。

③ 如参见，斯特林诉维尔西科化学品公司案(Sterling v. Velsicol Chem. Corp.)，《联邦判例汇编第二辑》第 855 卷，始于第 1188 页，第 1197 页(第六巡回法院 1988 年)，此案中法庭支持初审法院基于其自身动议确认了《规则》第 23 条(b)款(3)项规定之集团诉讼。法庭解释道：“在大众侵权事件中，各原告对于被告责任的事实问题和法律问题并不存在显著差异。不管损害赔偿金问题是如何的个体化，这些问题可予以推翻进行个别处理，而将被告之责任问题作为集团诉讼审理。因此，在被告责任的共同问题解决之后而与每个集团成员特别相关的问题留而未决，仅这一事实并非意味着采用一个集团诉讼是不允许的。”

④ 《联邦判例汇编第二辑》第 782 卷，第 468 页(第五巡回法院 1986 年)。

一点相同：制造商被告（manufacturer-defendants）都提出，根据“技术发展水平（state of the art）”的抗辩其不承担责任；其主张是按照当时的科学知识水平并不知道石棉存在致病之风险，故不应担责。因为每个被告都在业已提起诉讼的案件中提出此种抗辩，法院支持仅就所有当事人关切的这一争点，援用《规则》第 23 条(b)款(3)项规定的集团诉讼。

詹金斯案是一个极好的例证，如果法院将集团界定得相对狭窄一点，要找到一个主导性的共同问题易如反掌。如果将集团理解为由接触石棉产生的人身伤害诉求的所有关联问题，则可能会有数百个个体问题。在这种情况下，说有关技术发展水平抗辩的共同问题主导诸多个体问题，颇为荒谬。但如果将集团界定为仅涉及技术发展水平抗辩的可行性，则共同问题明显
756 据主导地位；事实上，该共同问题是唯一的问题。而且将此种抗辩认定为集团将带来巨大的司法节俭。如果此种抗辩获得法院支持，则所有集团成员都将败诉；如果得不到支持，则可以继续诉讼个体诉求，且输了这一关键抗辩的被告不能再提出此种抗辩理由。

司法机关改变态度而倾向在大众侵权案件中使用《规则》第 23 条(b)款(3)项的集团诉讼，这反映了司法体系陷落于大众侵权诉讼之现实。已故的查尔斯·艾伦·赖特（Charles Alan Wright）教授是 1966 年咨询委员会委员，他当时认为大众侵权案件不能被确认为集团诉讼。但在 20 世纪 80 年代他改变了看法：“我现在深信原来的做法不对。除非我们能使用集团诉讼和建立在集团诉讼上的制度，否则我们的司法制度将难以应对大量重复不法行为的挑战。”①

可以预见，也许一些初审法院在强迫大众侵权案件采用集团诉讼形式方面走得太远。在 20 世纪 90 年代，几个上诉法院的判决意见发出了这样

---

① 查尔斯·艾伦·赖特（Charles Alan Wright），口头辩论之庭审记录，1984 年 7 月 30 日，第 106 页；关于学区石棉诉讼案（In re School Asbestos Litigation），《联邦补编》第 594 卷，第 178 页（宾夕法尼亚东区法院 1984 年）。其他一流评论家亦同意这种看法。如参见，杰克·温斯坦和艾琳·赫舍诺夫：“公平性对大众侵权之影响”，载《伊利诺伊大学法律评论》（Jack Weinstein & Eileen Hershenov, The Effects of Equity on Mass Torts, *U. Ill. L. Rev.*）1991 年卷，始于第 269、288 页（1991 年）：“在 20 世纪 60 年代早期，我们并未完全懂得大众侵权案件对我们法律制度所带来的影响。”

的信息：初审法院法官在依据《规则》第23条(b)款(3)项确认大众侵权集团诉讼上做得过了头。例如，在罗恩—波林克罗勒公司案(In re Rhone-Poulenc Rorer, Inc.)[①]中，第七巡回法院采取了非同寻常的措施，签发执行职务令(writ of mandamus)，[②]推翻一个被初审法院确认的全国性集团诉讼，此案涉及污染血液制品问题。在卡斯塔诺诉美国烟草公司案(Castano v. Amercian Tobacco Co.)[③]中，联邦第五巡回法院推翻了将数目达数百万的尼古丁依赖者确认为全国性集团的荒唐确认。初审法官未能分析共同问题是否主导或如何主导。不仅起诉状声称依据的诉因有九个，而且各州间还存在变化，这些都使认定有主导性共同问题变得几乎荒唐可笑。如此过于热衷，或许是因为面对堆积如山的案件而产生了让人同情的沮丧，但却造就了迫使被告和解的不适当压力。

**集团诉讼的优越性。**确认《规则》第23条(b)款(3)项之集团的第二个要求是，集团诉讼必须"比其他可用方式在公平而有效地裁决争议方面更具优势"。该条款列举了四个非排他性的因素(nonexclusive factors)来帮助
进行评估。考查这些审查因素发现，起草者们明显想迫使法官考虑是否任 757
何其他工具——如当事人合并、《美国法典》第1407条[④]规定的多地区诉讼、诉讼合并等——可能比集团诉讼更易于管理。显然，集团诉讼并非总是易于管理与实施，选择它是因为其比其它方式更好。同样明显的是，《规则》第23条(b)款(3)项之集团诉讼的两个要求密切关联。如果共同问题不具主导地位，则难于管理；如果集团界定得足够狭窄以至于凸显共同问题的主导性，则可能相对易于管理。

---

① 《联邦判例汇编第三辑》第51卷，第1293页(第七巡回法院1995年)，调卷令申请被驳回，《美国联邦最高法院判例汇编》第516卷，第867页(1995年)。

② 我们将在第十四章第六节谈到，仅当下级法院所犯错误极其严重以至于实际上达到超越其管辖权时，执行职务令之发出方属妥当。如今，针对集团确认裁定之中间上诉审查规定在《规则》第23条(f)款中。

③ 《联邦判例汇编第三辑》第84卷，第734页。(第五巡回法院1996年)

④ 第1407条允许多地区诉讼专门司法小组(由联邦最高法院首席大法官任命的联邦法官专家组)将相关案件移送至所选择之地区进行审前程序之合并。

## 六、给集团成员之通知与“选择退出”

对通知《规则》第 23 条有三项分开的规定。第一项规定见之于该条(c)款(2)项(B)目,它是告知有待决的集团诉讼的通知,仅适用于《规则》第 23 条(b)款(3)项规定的集团诉讼类型。第二项规定见之于在该条(c)款(2)项(A)目,它允许法院给出通知,告知《规则》第 23 条(b)款(1)项和(2)项规定的集团诉讼在法院待决。我们将在本小节讨论这两项规定(其中的第一项规定更为重要)。第三项规定见之于《规则》第 23 条(e)款(1)项,涉及告知集团诉讼的和解或撤回,其适用于所有的集团诉讼[而不仅是《规则》第 23 条(b)款(3)项规定的集团诉讼],将在本章第三节第七目加以探讨。

我们在前一小节获知,《规则》第 23 条(b)款(3)项规定的集团比其它类型的集团诉讼更富有争议,因为该集团通常仅是通过共同问题而非任何法律联系被捆绑在一起。集团成员之诉求通常相互独立,故此,该款规定之集团诉讼在高效率地解决众多诉求之愿望和满足正当程序要求之间表现出巨大压力。为解决这一紧张状态,规则起草者们唯独对《规则》第 23 条(b)款(3)项规定之集团诉讼施加了通知要求,而对其它类型之集团诉讼并无此要求。依据《规则》第 23 条(c)款(2)项(B)目之规定,要求法院向集团成员发出通知,“其中包括对通过合理努力可以确定之所有成员发出个别通知”。

在依据《规则》第 23 条(b)款(3)项确认有集团后才发出通知,其目的在于保护成员之个人利益。《规则》第 23 条(c)款(2)项(B)目要求通知告知集团成员下列事项:(1)诉讼之性质;(2)获得确认的集团界定;(3)集团之诉求、争点或抗辩;(4)如果集团成员愿意,可以通过其自己的代理律师出面;(5)集团成员可以请求退出(以及集团成员可以选择退出的时间与方式);以
758 及(6)对那些未适当请求退出之集团成员,集团判决将对其产生拘束力。请求退出诉讼传统上称之为选择退出(opt out)集团诉讼,尽管该规则现在并未使用这一表述。通知对每个集团成员申明,其不必仰赖于集团代表和集团律师来保护其利益,其可以通过请求退出集团而在分开的诉讼中(单独或与他人一起)自行请求救济,亦可以留在集团中,但可让自己的律师代表其

利益。如果其没有请求退出而留在集团内，则其将受该集团判决拘束。

《规则》第 23 条(c)款(2)项(B)目要求该通知必须是“在当时情形下可行之最好通知”，如上所述的，包括对那些通过合理努力可以确定之集团成员发出单独的通知。这一规定看起来明显要比《宪法》之要求更为严格。我们在第三章第二节看到，经由马兰诉中央汉诺威银行案(Mullane v. Central Hanover Bank)[①]诠释之正当程序要求，通知必须“依据所有情况进行合理筹划，告知诉讼当事人有待决诉讼……”此外，联邦最高法院提及要发出“实际可行的最好形式之通知”。[②] 但对马兰案本身，其并未要求单独通知利益可能受判决影响的每个人，即使通过合理努力可以确定该人之身份。然而出于适度充分之谨慎考虑，《规则》第 23 条的起草者们要求对那些能够合理确定之人发出个别通知。尽管规则本身并未具体规定发送通知的方式，但一般通过邮寄发出。常见的情形是，有些成员可以合理确定，有些则不能；在这种情况下，对前者可发出个别通知，对后者进行公告通知——或许是在报纸或电视上通知。

向可合理确定的集团成员个别寄送通知可能是花费不菲的建议。在联邦最高法院给出艾森诉卡莱尔和杰奎琳案(Eisen v. Carlisle & Jacquelin)[③]判决前，众法院根据所推算的原告集团胜诉的可能性，偶尔会要求被告支付一定比例的费用。而艾森案拒绝了这一做法，联邦最高法院认为通知费用是集团代表承担的诉讼费。换言之，法院不能在一开始就向被告施加任何此类费用。当然，作为一般规则，一旦案件终结，败诉方通常要支付胜诉方的诉讼费(它与律师费相对的费用)。所以，集团代表得先支付通知费用。但如果集团胜诉，该费用通常将转嫁到被告身上。尽管在艾森案判决后很 759
久，2003 年 12 月修改了《规则》第 23 条(c)款(2)项(B)目，但没有理由相信艾森案裁决将不再适用。

艾森案裁决无疑使提起集团诉讼变得更为困难。许多集团代表不愿意

① 《美国联邦最高法院判例汇编》第 339 卷，始于第 306 页，第 314—315 页。(1950 年)

② 同前注，第 318 页。

③ 《美国联邦最高法院判例汇编》第 417 卷，第 156 页。(1974 年)

事先垫付通知费用，该费用经常大大超过诉求金额。在艾森案本身，集团提出一个证券类诉求，其中艾森先生本人要求得到 70 美元左右，而通知费用超过 22.5 万美元。很少有代表愿意为诉讼进程提供 22.5 万美元，将其作为代价，期望胜诉时获得该笔费用，外加自身的 70 美元。①

《规则》第 23 条(c)款(2)项(B)目规定的通知由法院发出。而法官们自己很少起草此类通知。通常情况下，法院要求双方律师就通知内容提出建议。毫不奇怪，建议会带有倾向性。原告集团的律师通常希望通知写上这样的内容："你是遭受贪婪被告欺诈的集团中的一员，但你很幸运有我们替你诉讼，在一切解决时将寄给你一张支票，所以请不要选择退出。"而被告的律师则希望通知这样写："你是推定集团中的一名推定成员，而一些律师试图动员该集团成员对该可怜之被告提起诉讼，其所有的指控都未得到证明，而我们并未做错什么。"考虑到有这些极端情况，法院通常要求双方律师共同撰写双方都能接受之通知内容。不幸的是，最后的文本常常令人费解。

阿瑟·米勒(Arthur Miller)教授曾经在一起集团诉称对抗生素超额收费的实际案件中，收集了一些针对集团通知的反馈信息。② 如上所述，通知是个妥协的产物，它试图告知成员有关指控的一些基本情况，请求集团成员在想退出时用选择退出作出反馈。在读到下述反馈时(这是法院实际收到的回复)，可以想象当时通知写得是如何糟糕。

> 亲爱的书记官先生：我已收到通知，说我因出卖药品欠你 300 美元。我从未卖过任何药品，尤其是你通知上列举的那些药品，但我有时会卖些威士忌酒。
>
> 亲爱的先生：我收到了你寄来的这张纸。我想我确实读不懂里面的内容，但如果真有人给了我那些药品中的一个，没人告诉我原因。如果其是指我理解的意思，我已有九年没有跟男人在一块了。

---

① 一个有趣的问题是集团律师能否替代表事先垫付通知费用，在全力应对这一问题之后，美国律师协会做出结论，律师可以基于胜诉分成约定这样做。

② 阿瑟·米勒："集团诉讼通知之问题"，载《联邦规程判例汇编》(Arthur Miller, Problems of Giving Notice in Class Actions, *F. R. D.*)第 58 卷，第 313 页(1972 年)。这篇文章非常有趣。

亲爱的先生:我收到了有关药品的小册子,我想其在将来将对我大有裨益,但我不能参加你的集团。

为了努力克服此类发送给集团成员通知的"法律行话"文风,《规则》第 23 条(c)款(2)项(B)目要求通知必须"以平实、易于理解之语言清晰而简洁地说明所要陈述之内容"。 760

重要的是记住,我们在此处探讨的通知——告知有待决的集团诉讼和某人有集团成员身份——仅是《规则》第 23 条(b)款(3)项规定之集团诉讼的要求。而对于第 23 条(b)款(1)项和(2)项规定之集团诉讼,则无通知之要求。但《规则》第 23 条(c)款(2)项(A)目的确允许法院依自由裁量对此类案件发出通知。此外,《规则》第 23 条(d)款(1)项为审理集团诉讼的法院处理复杂诉讼配备了各种工具。

此类集团诉讼案件中缺乏通知能否合宪?在本章第三节第二目我们指出,通过提供通知或确保充分代表集团成员的利益,可以满足正当程序之要求。《规则》第 23 条明显地将这两种保护措施一并规定在该条(b)款(3)项的集团诉讼里面。另一方面,规则的起草者们显然认为——考虑到《规则》第 23 条(b)款(1)项与(2)项规定之集团中大多数集团成员之间存在紧密联系——充分代表(不用通知)即可满足正当程序之要求。对此尚无重大质疑之相反观点提出来。

选择退出集团诉讼结果又会怎样呢?《规则》第 23 条明确地表示,仅允许其适用于《规则》第 23 条(b)款(3)项规定的集团诉讼。但一些法院认为,对其它集团诉讼是否允许选择退出问题其拥有自由裁量权。2003 年修订规则时,《规则》第 23 条继续仅在该条(b)款(3)项规定的集团诉讼中允许请求退出,而对于其它案件中的这一问题未作规定。

## 七、集团诉讼之判决、和解与撤诉

集团诉讼之判决对所有集团成员有拘束力,适当申请退出《规则》第 23 条(b)款(3)项规定集团之人属例外。当然,正是这一拘束力才使得集团诉讼富有效率——众多预期原告(would-be plaintiffs)之诉求得以裁决,且该裁决具有拘束力。这一拘束力一直为人理解而如今明确规定在《规则》第23条(c)款(3)项里。但多数集团诉讼并未走到对案件实体事项进行判决这一步,因为和解了或自愿撤诉了。但集团诉讼之当事人无权自主决定案件是否应以此种方式解决。

在大多数民事诉讼中,当事人可以根据其认为适合的条件自由地和解解决争议。同样,只要满足《规则》第41条(a)款之要求,任何原告即可自由决定是否自愿撤诉。在这两种情形下——和解或自愿撤诉——法院通常都不起任何作用。但在集团诉讼中,事情却截然不同。因为集团诉讼充满着潜在的利益冲突,对此我们在本章第三节第一目探讨过,所以《规则》第23
761 条不允许当事人自行和解或自愿撤诉。相反,《规则》第23条(e)款要求法院对和解或自愿撤诉进行批准。为达此目的,该款还要求就所提议之和解方案或自愿撤诉情况向集团成员发出通知。法院将邀请集团成员就所提议方案的公平性对可能的任何反馈共同进行评判。

几年来,对《规则》第23条(e)款是否适用于作为集团诉讼提起但尚未被法院确认为集团诉讼的案件,法院颇为困惑。大多数法院认为其结果取决于和解或撤诉之内容。如果双方当事人同意仅就集团代表之诉求进行和解,而非对集团成员之诉求进行妥协,法院一般认为此时《规则》第23条(e)款不适用,亦不必对集团成员发出通知。反之,如果和解或撤诉与集团成员之诉求相关,法院认为,这正是《规则》第23条(e)款应含之义。

2003年12月,该款得以修正,目的是让其具有受人欢迎之清晰结果。《规则》第23条(e)款(1)项规定明确规定:“获确认之集团诉讼的诉求、争点或抗辩仅在法院许可的前提下方可和解、自愿撤诉或妥协。”这样,仅在法院已经实际确认该集团的情况下,而且仅当和解、自愿撤诉或妥协影响到集团问题时,《规则》第23条(e)款方可适用。

大多数案件是通过和解结案的,大多数集团诉讼亦是通过和解结案。通常,集团代表的律师和被告的律师同意和解条款后将其提交法院审查。然后,法院首先对条款进行第一次审查,判断其对集团成员是否公平。法院尤其要注意和解方案是否给予集团成员的赔偿太少而集团律师却中饱私囊。如果法院感觉该和解条款显然不公平，其将把双方律师再召回谈判桌，但不通知集团成员。反之，如果法院认为该和解条款看起来还算公平，其将根据《规则》第 23 条(e)款(1)项规定发出通知，该条文要求法院“必须以合理方式对所有将受到所提议之和解方案、自愿撤诉或妥协方案拘束之集团成员发出通知。”①

依据《规则》第 23 条(e)款(5)项之规定，集团成员有权对所提议之和解
方案、自愿撤诉或妥协方案提出异议。《规则》第 23 条(e)款(2)项规定“法
院仅在举行听证且裁定和解、自愿撤诉或妥协确属公平、合理及充分之后，
方可予以批准并让其拘束集团成员”。法院通常进行“公平听证”以决定是
否批准该和解方案。显然，法官将考虑集团成员之反应。但是否批准该和 762
解方案的问题不是由集团成员投票决定的。法院对该和解条款是否公平拥
有唯一的裁决权，如果其认为公平，就批准该和解方案；如果其认为不公平，
将通知律师，而后者可能将再次商讨该和解条款。

有些法院过于热衷批准和解方案。在一个案件中，和解方案涉及数百万个消费者，他们指控被告根据预期的所得税退税对贷款超额收费，一个地区法院法官批准了涉及这一诉求的和解方案。一位被告的律师在与其他三位律师在吃午饭时大致商定了和解方案，而此时这三位律师还不是集团成员的律师！该地区法官却坚持采用对正式和解方案所敲定的各种修改，但其实是一家大型律师楼插手伪造了这些修改。联邦第七巡回法院裁决，初审法院在批准和解方案时滥用了自由裁量权。

依据《规则》第 23 条(e)款(4)项之规定，除非该和解方案“向个体集团成员提供新的请求选择退出之机会，而在此前的其有机会选择退出而未这样做”，否则在被确认为《规则》第 23 条(b)款(3)项的集团诉讼中，法院可能拒绝批准其和解方案。在本章第三节第六目里，我们述及《规则》第 23 条(b)款(3)项之集团诉讼成员有权请求退出集团(并因此避受集团诉讼判决

① 要记住，《规则》第 23 条(e)款之通知要求适用于所有的集团诉讼。《规则》第 23 条(c)款(2)项之通知要求(涉及待决集团诉讼的通知而非和解通知)仅为《规则》第 23 条(b)款(3)项集团诉讼所规定。

拘束)。这项权利由该条(c)款(2)项(B)目所授予,其规定仅在《规则》第 23 条(b)款(3)项规定的集团诉讼中才须发出待决集团诉讼之通知。《规则》第 23 条(e)款(4)项赋予了此类集团成员第二次选择退出之权利,一旦案件进入和解阶段即可享受此项权利。这样一来,《规则》第 23 条(b)款(3)项所规定集团之成员,若不喜欢和解条款,不想受其拘束,可以请求退出而自行起诉。

此外,《规则》第 23 条(e)款(3)项要求当事人在确定“与所提议之和解方案、自愿撤诉或妥协方案相关之任何协议”时必须请求法院批准。这一规定是为了帮助法院判断,该集团之代表是否在“附属协议(side agreement)”中被“收买”而使得集团成员得不到适当救济。

我们在前文中述及,对于大多数集团诉讼而言,确认裁定是诉讼中的主要事件。如果集团得以确认,通常情况下此案将和解解决。如果案件是依据《规则》第 23 条(b)款(3)项得以确认的,如前文所述,集团成员有权得到通知且有权请求退出。有时候在通知发出前,律师们就同意和解条款了。在这样的案件中,该集团可能一并收到《规则》第 23 条(c)款(2)项(B)目规定的通知和第 23 条(e)款规定的通知。亦即,集团成员将被告知,其是《规则》第 23 条(b)款(3)项规定之集团的成员,有权请求退出诉讼,并被告知根据所附和解条款案件暂时获得和解。故此,每个集团成员能够决定是否请求退出,是反对还是接受和解条款。

763 如果集团诉讼注定要和解,则法院还必须依据《规则》第 23 条(a)款和(b)款之规定走完整个确认审查程序吗?毕竟,如果当事人打算同意和解条款,难道法院就不能只是审查和解条款的公平性吗?联邦最高法院在阿姆切姆制品公司诉温莎案(Amchem Products, Inc. v. Windsor)[①]中对此有所阐述,其认为法院必须在批准和解方案之前确认集团。案件将要和解而不再要求审判之事实与集团管理相关,但这并不说明无视《规则》第 23 条(a)款和(b)款要求之做法为正当。阿姆切姆制品案的裁决具有积极意义。

① 《美国联邦最高法院判例汇编》第 521 卷,第 591 页。(1997 年)

如果没有确认程序，当事人和法院即可自由允许不属于任何诉讼形式之群体争议得以和解。通过要求确认集团，阿姆切姆案适当限制了法院在适当构建之诉讼单元内行事之能力。

## 八、管辖权及相关问题

### 对人管辖权

联邦最高法院极少处理集团诉讼中的对人管辖权问题。在大多数案件中，正如我们在本书第二章详细思考对人管辖权时所看到的，相关问题乃是法院是否对被告拥有对人管辖权。其实，像国际鞋业公司诉华盛顿州案(International Shoe v. Washington)[①]之类案件中的正当程序保护之目标是，确保法院不对一个与其无足够联系之人作出有拘束力的判决。对原告不存在对人管辖权的问题，因为是原告启动了诉讼，并因此服从了法院的对人管辖权。[②] 因此原告受判决结果拘束，即使判决结果对其不利也一样。

但在集团诉讼背景中，针对原告的这一问题可能并非如此明确。在原告集团中，集团代表是一方当事人且可视为援引了法院之管辖权，但集团成员并非当事人，他们没有选择法院(或集团代表或集团律师)。他们必须受法院的对人管辖权管辖吗？如果在集团胜诉，集团成员收到好处，这一问题似乎并不重要。但如果集团败诉，结果会怎么样呢？被告有权期待所有的集团成员都受判决拘束而不能另行对其提起诉讼。

联邦最高法院至少在一个案件中阐述了此问题，该案就是菲利普斯石 764
油公司诉舒茨案(Phillips Petroleum Co. v. Shutts)，[③]它是一个在堪萨斯州法院提起的集团诉讼。该集团由3.3万人组成，他们有权享有天然气气井

---

① 我们在第二章第四节第三目对此案进行过详细讨论。

② 这一点即使在原告与审理法院并无任何联系的情况下亦是如此。要记住个人管辖权是个可放弃的抗辩理由，一个与法院缺乏最低限度联系之人但有可能将其置于法院管辖之下。参见第六章第二节第一目。

③ 《美国联邦最高法院判例汇编》第472卷，第797页。(1985年)

使用费的利息。他们声称被告延迟支付了使用费，因而他们有权得到迟付款项的利息。集团成员的平均诉求金额约为100美元。集团依据《规则》第23条(b)款(3)项(堪萨斯州集团诉讼规则照搬了联邦规则)获得确认，法院对集团成员发出了通知。约有3400名成员选择退出诉讼，剩下的集团成员超过29,000名。但在这些成员中，仅有1000名是堪萨斯州州民。被告担心这28,000名非堪州州民因与堪州缺乏最低限度联系而不受集团诉讼判决之拘束。如果这一结论成立，若被告胜诉，则该28,000名成员将可能对被告单独起诉。

联邦最高法院认为所有的集团成员(包括28,000名非堪州州民)都要受到集团诉讼判决之拘束。尽管法院承认败诉的判决将熄灭集团成员之诉求，但其强调被告与原告集团成员间存在差异，被告必须与法院存在最低限度联系。被告要承受诸多沉重负担：其通常必须雇用法院地的律师、参加披露，如果败诉，还要承担赔偿责任或可能判决的其它救济以及诉讼费(可能还包括律师费[①])。总之，“这些负担是实实在在的，且正当程序条款之最低限度联系要求防止法院地州不公平地对被告施加这些负担。”[②]相反，并没人迫使原告集团成员去法院承受此种施加之责任。实际上，“不要求集团诉讼的原告做任何事，其可以安坐家中而让集团诉讼进行下去，心满意足，知道有一些保护措施会保护其利益。”[③]

考虑到这些差异，联邦最高法院认为，州的诉讼规则要求向所知道的集团成员发出个别通知，赋予集团成员选择退出的权利，这些措施保障了集团成员的正当程序权利。舒茨案判决因而支持这样的看法：原告集团成员与法院所在州无需存在最低限度之联系。相反，其在收到通知后所作不退出之选择，即构成对法院的对人诉讼管辖权之服从。这一裁决提出了一个有

---

① 一般规则是胜诉的诉讼当事人从败诉方获得诉讼费用之赔偿。但除了例外情况，每方自行负担其律师费用。这样，败诉之被告通常将要期待去支付原告之诉讼费用，且在一些一般规则适用的例外情形中可能还要求必须支付原告的律师费。

② 舒茨案，《美国联邦最高法院判例汇编》第472卷，第808页。

③ 同前注。

趣的问题。除非集团成员采取积极措施选择退出，否则其将受到集团判决
之拘束。但与集团成员不存在最低限度联系之法院，怎么有权命令集团成 765
员去做某事情或受其判决拘束呢？集团成员与审判法院不存在最低限度联系之事实，似乎禁止法院命令集团成员做出此种积极行为。在舒茨案中联邦最高法院对为何能这样做未做出解释。[①]

除此之外，舒茨案还留下几个尚未回答之问题。第一，该裁决适用于《规则》第 23 条(b)款(1)项和(2)项规定的集团诉讼吗？联邦最高法院非常小心地将其裁决限定于《规则》第 23 条(b)款(3)项规定的集团诉讼。[②] 且如上文指出的，其结论在很大程度上基于这样的事实，亦即集团成员并未选择退出集团，从而认定其已同意服从法院的对人诉讼管辖权。但《规则》第 23 条(b)款(1)项或(2)项规定之集团是“强制性的”——其成员无权选择退出。或许这一事实预示了这一结论，即强制性集团中的成员除非与法院存在最低限度之联系，否则不应受判决约束。但此结论似乎与联邦最高法院关于原告集团成员与被告差异的论述相左。实际上，很难相信最高法院会不支持强制性集团诉讼判决之拘束力。毕竟，如果选择退出权是集团诉讼判决有拘束力的必要条件，则联邦最高法院可能将会修改《规则》第 23 条，允许该条(b)款(1)项和(2)项规定的集团诉讼成员享有选择退出权。[③]

第二，**被告**集团成员必须与法院存在最低限度之联系吗？在舒茨案中，联邦最高法院清晰地表明其裁决并非针对被告集团。[④] 尽管被告集团成员

---

① 但最高法院的确拒绝了这种主张，即正当程序要求集团成员必须选择进入集团诉讼而受其判决之拘束。通知之规定和选择退出之权利满足了正当程序之要求。同前注，第 812 页。

② 在脚注中，最高法院说到其将“暗示不适用于其它类型的集团诉讼中，诸如那些请求衡平法救济的集团诉讼。”同前注，第 811—812 页第 3 个注释。

③ 怀特诉全国足球联盟案(White v. National Football League)，《联邦判例汇编第三辑》第 41 卷，第 402 页(第八巡回法院 1994 年)，是个由职业足球运动员构成的强制性集团诉讼案件。尽管有许多集团成员反对，法院还是批准了和解。这些反对者争辩道，因为法院对其缺乏对人管辖权，故其不受该和解条款之约束。但第八巡回法院维持了该案对人管辖权的存在，其裁决认为反对者在初审法院出面反对该和解方案之举，即构成其将受制于法院之对人管辖权之表示，从而使法院能避免我们在此所讨论的问题出现。

④ 舒茨案，《美国联邦最高法院判例汇编》第 472 卷，始于第 811、812 页第 3 个注释。

并非案件当事人且可能是"随大流"，和原告集团成员的情况一样，其可能要对原告胜诉的判决负有责任。因此，可能只有那些法院对其拥有对人诉讼管辖权的被告集团成员似乎才受判决约束。一些法院的做法是，只要对被告集团代表拥有对人诉讼管辖权，纵使对其他集团成员不拥有管辖权，也允
766 许作出有关被告集团的判决。[①] 但此类案件皆是在舒茨案之前裁决的，今日其有效性似乎值得怀疑。

最后，甚至在涉及原告集团时，审理舒茨案的联邦最高法院是否低估了这种可能性，即集团有可能败诉而要求集团成员分摊被告的诉讼费（或者如果证明为正当，还分摊律师费）。假如，对案件进行了诉讼而被告胜诉。在一般情况下，被告将有权从原告那里收取其诉讼费。这些费用是由指名原告独自承担呢，还是其能将此费用"分摊"给集团成员？在舒茨案中被告曾提出这一问题，但联邦最高法院指出尚未找到作出此等裁定的案例。它没有对此问题作出裁决。[②]

**法律选择**

我们刚才谈到，菲利普斯石油公司诉舒茨案的裁决认为，《规则》第 23 条(b)款(3)项所规定集团的成员没有选择退出，实质上服从了法院的对人诉讼管辖权，因而要受集团诉讼判决拘束。在同一案件中，联邦最高法院还阐述了在原告集团诉讼中适用的法律选择规则。在舒茨案中集团认为，被告延迟支付气井租赁的使用费，因而集团成员有权获得该迟延支付款项之利息。此类诉求的法定利率州和州之间规定不同。尽管该集团包含数州州民，但堪萨斯州法院适用了堪萨斯州的法律来决定所有 2.8 万名集团成员的应得利息。联邦最高法院推翻了这一结论，认为州的法律仅可以适用于

---

① 如参见，戴尔电子公司诉 R. C. L. 电子公司案（Dale Electronics, Inc. v. R. C. L. Electronics, Inc.），《联邦规程判例汇编》第 53 卷，第 531 页（新罕布什尔地区法院 1971 年）；卡尼埃尔诉奥斯科伊安案（Canuel v. Oskoian），《联邦规程判例汇编》第 23 卷，第 307 页。（罗得岛地区法院 1959 年）

② 舒茨案，《美国联邦最高法院判例汇编》第 472 卷，第 810 页第 2 个注释。同理，在一般的案件中，胜诉方可从败诉方身上得到其律师费之赔偿。问题是在案件中败诉的集团成员能否被要求分摊被告之律师费。最高法院在舒茨案中对此也未进行处理。

与该州存在重大关联之当事人。因此，即使堪萨斯州对所有集团成员都拥有对人管辖权，其法律也不能适用于不是堪萨斯州州民的集团成员。

有关这一点的具体裁决在高年级的《冲突法》课程中颇为引人入胜。但就当前的目的，该问题也非常重要，因为其提出了划分亚集团的可能性。事实上，在舒茨案中联邦最高法院将案件发回重审，指示考虑适用亚集团。例如，可以将对之适用得克萨斯州法律的得克萨斯州州民组成一个亚集团，将俄克拉荷马州州民组成另外一个亚集团，将堪萨斯州州民组成一个亚集团。法院仅对堪萨斯州集团成员适用堪萨斯州法律，对得克萨斯州集团成员适用得克萨斯州的法律，对俄克拉荷马州集团成员适用俄克拉荷马州的法律，依此类推。尽管这种程序无疑将使诉讼变得复杂，但亚集团之使用将使堪 767
萨斯州法院获得集团诉讼所谋求的那种司法效率。

**事物管辖权**

像任何在联邦法院提起的诉求一样，由原告集团（或针对被告集团）提出的诉讼请求必须援引联邦事物管辖权。我们在第四章对援引联邦事物管辖权的主要依据进行了讨论。其包括联邦问题管辖权、异籍管辖权以及外国人管辖权。此外，2005 年的《集团诉讼公平法》基于最低限度异籍之规定打开了通往联邦法院之门，明确地致力于将集团诉讼案件从州法院导向联邦法院。

**联邦问题管辖权**。原告集团可依据联邦法律提出诉求而援引联邦问题管辖权。回顾一下，在联邦问题案件中，当事人的州籍是无关的，且无争议金额之要求。在第四章第六节探讨的管辖规则同样适用于集团诉讼案件。所以如果该诉求本身（而非预期的答辩）是依据联邦法律提出的，则该集团诉讼可以在联邦法院审理，当事人的州籍和争议金额在所不论。许多联邦集团诉讼援引联邦问题管辖权。

- 投资者集团因受公司发布的新闻误导而购买了该公司的股票，他们对该公司及其高管提起诉讼，指控其新闻发布违反联邦证券法。该集团诉求援引了联邦问题管辖权。

**异籍管辖权**。集团诉讼可援引异籍管辖权。在此我们探讨《美国法典》

第 1332 条(a)款(2)项规定的“普通”异籍管辖权。此后我们将讨论 2005 年《集团诉讼公平法》规定的联邦事物管辖权的扩张。回忆一下第四章第五节的内容,在“普通”的异籍案件中,每个原告之州籍必须与每个被告之州籍不同,而且争议金额必须超过 7.5 万美元。在原告集团的情况中,这些要求提出了一个非常直接的问题:在决定州籍和争议金额时,法院究竟应该考察谁——集团代表还是集团成员?该问题之答案一方面非常简单,而另一方面却相当难解。[1]

768 **集团之州籍**。关于应该考察谁的州籍,法律规定得很清楚。在本—胡尔的苏普雷梅部落诉考卜勒案(Supreme Tribe of Ben-Hur v. Cauble)[2]中,联邦最高法院认定,仅是集团代表之州籍必须与相对方的州籍不同。在该案中,集团代表并非印第安纳州州民,其对印第安纳州的被告提起了诉讼。判决之后,印第安纳州的集团成员提出因他们与被告并非异籍,故不受此判决拘束。联邦最高法院拒绝了这一说法,认为只要集团代表与被告间构成异籍,异籍即可成立,则判决拘束所有的集团成员,其中包括那些印第安纳州的州民。

从实用的角度来看,本—胡尔案裁决非常有用,因为它使得更易于在联邦法院提出集团诉讼。如果要求每个集团成员都必须与相对方异籍,则集团诉讼援引异籍管辖权将变得相当困难。尽管在本—胡尔案中联邦最高法院并未使用这样的术语探讨其裁决,但该案可视为附属管辖权的极好例证。首先,集团代表对相对方之诉求援用了异籍管辖权;其次,集团成员之诉求似乎与集团代表之诉求存在足够的联系,依据联合矿藏工人诉吉布斯案(United Mine Workers v. Gibbs)[3]可以援引附属管辖权。附属管辖权当然允许联邦法院受理不符合异籍、外国人或联邦问题管辖权之诉求,故此,其

---

① 同一问题也发生在依据《美国法典》第 1332 条(a)款(2)项规定的外国人管辖权提起的集团诉讼案件中。我们在第四章第六节述及,外国人案件必须发生在美国某州公民与一个外国公民间,且其争议金额必须超过 7.5 万美元。

② 《美国联邦最高法院判例汇编》第 255 卷,第 356 页(1921 年)。

③ 此案我们在第四章第七节里讨论过。《附属管辖权法》,亦即《美国法典》第 1367 条(a)款之规定,对吉布斯案标准进行编纂,从而允许附属管辖权之适用。

将允许与被告不构成异籍之集团成员提出诉求。

但联邦最高法院从未以这种方式解释本—胡尔案。或许还是简单地将其视为这样一个裁决更好：为满足事物管辖权，集团代表为集团这一边的惟一当事人，因而是惟一一个必须与相对方异籍之人。联邦最高法院从未质疑过本—胡尔案的裁决，直至今日该案依然极为重要。

- 集团由佐治亚州州民和阿拉巴马州州民组成，由一位佐治亚州州民作为集团代表对 D 提起诉讼，D 是阿拉巴马州州民。假设满足了争议金额的要求，则异籍为适当。集团代表与 D 异籍，集团成员与 D 不构成异籍无关紧要，因为在集团这一边只有集团代表之州籍有关系。

**争议金额**。在集团诉讼案件中，法院应如何评估争议金额的要求是否 769
满足呢？再次强调，此处讨论的仅是《美国法典》第 1332 条(a)款(1)项规定的"普通"异籍案件，而不是 2005 年《集团诉讼公平法》规定的颇为不同的标准，对后一标准我们将在本章末尾探讨。对初学者来说，联邦最高法院在斯奈德诉哈里斯案(Snyder v. Harris)①中所确立的适用于异籍案件的累计规则，一般也适用于集团诉讼。我们在第四章第五节探讨过的这些规则，它们规定多个原告一般不可以为满足争议金额之要求而累计其诉求金额。②

- 某集团由 100 名成员组成。每个集团成员的诉求金额是 760 美元。诉求总额为 7.6 万美元。但没有满足异籍管辖权对争议金额之要求，因为根据斯奈德案，不能累计集团诉求的金额。这依然是《美国法典》第 1332 条(a)款(1)项规定的规则。

与此相对，假设集团代表的诉求金额超过 7.5 万美元，但其集团成员的个体诉求金额并未达到要求。这一事实模型不同于斯奈德案之情况，因为单是集团代表之诉求金额就已满足了争议金额之要求。其与本—胡尔案中的情形一样，在该案中集团代表之州籍符合管辖权规则，但那些集团成员之

---

① 《美国联邦最高法院判例汇编》第 394 卷，第 332 页(1969 年)。

② 一些法院认为，如果诉求是连带的或共同的，则该规则亦可有例外。但如同在第四章第五节第三目所讨论的，这些术语在财产法之外并无多大帮助。

州籍却不合要求。遵从本—胡尔案要求法院在认定争议金额是否满足要求时，只考察集团代表的诉求。但令人费解的是，联邦最高法院在处理这一问题时，完全无视本—胡尔案。在令人遗憾的扎恩诉国际纸业公司案（Zahn v. International Paper Co.）[①]的判决中，联邦最高法院认定，每个集团成员的诉求——单独地——都必须满足异籍管辖权对争议金额的要求。

扎恩案之裁决显然不能和本—胡尔案裁决相符。在决定州籍之时，法院仅需关注集团代表之州籍，但在决定争议金额时，法院却要关注每个集团成员之诉求金额。这种不一致性是荒唐可笑的，因为既然完全异籍规则和争议金额要求都只是制定法规则，两者都不是《宪法》规定，故明显没有理由将其区别对待。在扎恩案中，持异议的大法官们有远为更具说服力的理由，他们指出多数派意见未能使本裁决与本—胡尔案的裁决保持一致，也未能
770 阐述附属管辖权的合理性。[②] 多数派的意见将注意力集中在诉求金额之累计问题上。如上所述，而金额累计问题并非扎恩案中的一个问题，因为集团代表的诉求金额单独满足了管辖权对争议金额之要求。不意外，评论家们批评了扎恩案裁决，称其为肆无忌惮的判决，且大多数评论家似乎都同意这种看法，这一判决意见是反异籍管辖权偏见造成的结果。[③] 扎恩案的这一结果及其可见之意图，使得在联邦法院提起异籍的集团诉讼变得更为困难。

但在 1990 年扎恩案可能寿终正寝了。这一年国会通过了附属管辖权法律，亦即现在的《美国法典》第 1367 条之规定。在此法生效后不久，评论家们就注意到依据其法条表述，该法推翻了扎恩案规则，至少在一些案件中是如

① 《美国联邦最高法院判例汇编》第 414 卷，第 291 页。（1973 年）

② 扎恩案（Zahn），《美国联邦最高法院判例汇编》第 414 卷，第 302—312 页（大法官布兰南，不同意见）。

③ 如参见，《穆尔论联邦实践》第 16 卷，第 106 章第 61 节至第 64 节 1 目；赖特和米勒著书，第 7A 卷，第 74—76 页；小托马斯 · D. 罗："跨越集团诉讼规则：改进联邦集团诉讼之法定可能性之概述"，载《纽约大学法律评论》（Thomas D. Rowe, Jr., Beyond the Class Action Rule: An Inventory of Statutory Possibilities to Improve the Federal Class Action, *N. Y. U. L. Rev.*）第 71 卷，始于第 186 页，第 193—194 页。（1996 年）

此。[1] 回想一下我们在第四章第七节对第 1367 条结构之分析。第 1367 条(a)款在《宪法》所允许之全部范围内赋予附属管辖权,导致最高法院在联合矿藏工人诉吉布斯案(United Mine Workers v. Gibbs)中裁决认定,对于与援引联邦事物管辖权之诉求分享主体事实共同核心的诉求,准予适用附属管辖权。所以,如果集团代表之诉求可援引异籍管辖权,因为其州籍与被告不同且诉求金额超过了 7.5 万美元,则《美国法典》第 1367 条(a)款对集团成员提出的所有相关诉求,不管其诉求金额是否超过 7.5 万美元,都准予行使附属管辖权。

第 1367 条(b)款减少了附属管辖权的授予,取消了对某些所列举诉求的附属管辖权,但仅针对异籍案件。但是在该条(b)款列举的目录中,国会并未提到依据《规则》第 23 条提出之诉求。因此,依据其法条表述,第 1367 条推翻了扎恩案,允许个人诉求未达异籍管辖权要求金额的集团成员援引附属管辖权(只要集团代表之诉求满足金额要求即可)。显然,该法的起草者们发现问题太晚,其在立法背景资料中嵌入了一条拒绝承认该结果的表述。具体地说,是在立法背景资料中加了这么一句话:国会"无意"推翻扎恩案的结论。[2] 这样,法院面对的是一种奇怪的局面:依成文法之表述,法律推翻了扎恩案,但该法之起草者却说,基本上"我们没这个意思"。评论家们批评该法只是制造了混乱。但三位参与起草该法的教授认为,没有必要作此警示,立法背景中的这句话修正了该问题而又维护了扎恩案。[3]

不出所料,混乱盛行。六个联邦上诉法院——第四、第五、第六、第七、 771
第九和第十一联邦巡回法院——认为第 1367 条推翻了扎恩案,允许集团成

① 第一个对此做出评断之人即是理查德 · D. 弗里尔教授。参见理查德 · D. 弗里尔:"增加混乱并妨碍异籍:芬利案和附属管辖权法律之后的状况",载《埃默里法律杂志》(Richard D. Freer, Compounding Confusion and Hampering Diversity: Life After Finley and the Supplemental Jurisdiction Statute, *Emory L. J.*)第 40 卷,始于第 445 页,第 485—486 页。(1991 年)

② 众议院第 734 号报告,众议院第 101—734 号报告,第 29 页(1990 年)。[H. R. Rep. No. 734, H. R. Rep. No. 101-734, at 29 (1990)]

③ 托马斯 · 罗、斯蒂芬 · 伯班克和托马斯 · 门格尔:"附属管辖权在增加或制造混乱吗? 与弗里尔教授商榷",载《埃默里法律杂志》(Thomas Rowe, Stephen Burbank & Thomas Mengler, Compounding or Creating Confusion About Supplemental Jurisdiction? A Reply to Professor Freer, *Emory L. J.*)第 40 卷,始于第 943 页,第 960 页第 1 个注释。(1991 年)

员提出未达异籍管辖权争议金额要求的诉求(再次说明,只要集团代表之诉求达到金额要求即可)。[①] 这些法院通过适用法律解释的基本原则得出这一结论。首先,法院要考虑该法律之用语;其次,仅在法律用语模糊不清或将导致荒诞结果时,法院才会考察立法背景资料。这儿,如上所述,第 1367 条用语毫不含糊地准予行使附属管辖权,且从该用语推出之结论——推翻扎恩案——也不荒诞。其实,考虑到对扎恩案的诸多批评,推翻该裁决是有道理的。因此这六个法院拒绝使用立法背景资料,更不用说受其约束了。正如第一个有关此问题的上诉案件裁决所言:"该法是唯一的国会意旨之所在,其法条规定清晰,不需要荒诞的解释结论。"[②]

另一方面,其它的四个联邦上诉法院——第一、第三、第八和第十联邦巡回法院——认为扎恩案规则继续存在,并不受附属管辖权法律影响,因此每个集团成员之诉求必须超过 7.5 万美元。[③] 第八巡回法院在此点上的意

---

① 参见奥尔登诉拉法格公司案(Olden v. Lafarge Corp.),《联邦判例汇编第三辑》第 383 卷,第 124 页(第六巡回法院 2004 年);阿拉帕塔服务公司诉埃克森公司案(Allapattah Servs., Inc. v. Exxon Corp.),《联邦判例汇编第三辑》第 333 卷,始于第 1248 页,第 1253—1254 页(第十一巡回法院 2003 年),请求全庭重新审理案件申请被驳回,《联邦判例汇编第三辑》第 362 卷,第 739 页(2004 年),调卷令申请得以准许,《联邦最高法院判决汇编》第 125 卷,第 314 页(2005 年);罗斯默诉辉瑞公司案(Rosmer v. Pfizer, Inc.),《联邦判例汇编第三辑》第 263 卷,始于第 110 页,第 114—119 页(第四巡回法院 2001 年);吉布森诉克莱斯勒公司案(Gibson v. Chrysler Corp.),《联邦判例汇编第三辑》第 261 卷,始于第 927 页,第 933—940 页(第九巡回法院 2001 年);关于名牌处方药反托拉斯诉讼案(In re Brand Name Prescription Drugs Antitrust Litigation),《联邦判例汇编第三辑》第 123 卷,始于第 599 页,第 607 页(第七巡回法院 1997 年);关于阿博特制药厂案(In re Abbott Laboratories),《联邦判例汇编第三辑》第 51 卷,始于第 524 页,第 527—529 页(第五巡回法院 1995 年),法庭不能形成多数意见而维持原判,《美国联邦最高法院判例汇编》第 529 卷,第 333 页(2000 年)。

② 关于阿博特制药厂公司案(In re Abbott Laboratories),《联邦判例汇编第三辑》第 51 卷,第 529 页。

③ 参见奥尔特加诉斯塔尔—基斯特食品公司案(Ortega v. Star-Kist Foods, Inc.),《联邦判例汇编第三辑》第 370 卷,第 124 页(第一巡回法院 2004 年),被推翻,埃克森美孚公司诉阿拉帕塔服务公司案(Exxon Mobil Corp. v. Allapattah Servs., Inc.),《美国联邦最高法院判例汇编》第 545 卷,第 546 页(2005 年);特林布尔诉美国熔炼公司案(Trimble v. ASARCO, Inc.),《联邦判例汇编第三辑》第 232 卷,始于第 946 页,第 961—962 页(第八巡回法院 2000 年);梅里特凯尔公司诉圣保罗墨丘利保险公司案(Meritcare, Inc. v. St. Paul Mercury Ins. Co.),《联邦判例汇编第三辑》第 166 卷,始于第 214 页,第 218—222 页(第三巡回法院 1999 年);伦哈特诉西部糖业公司案(Leonhardt v. Western Sugar Co.),《联邦判例汇编第三辑》第 160 卷,始于第 631 页,第 637—641 页(第十巡回法院 1998 年)。

见写在案件的附带意见(dicta)中,因为该案的指名代表之诉求未超过 7.5
万美元,因而未能在初始援引异籍管辖权。[①] 第十巡回法院通过采用这样
一种学说得出其结论:除非法院对案件中的每个诉求都拥有事物管辖权,否
则法院不能获得对异籍案件的“初始管辖权”。[②] 此种学说认为,因为法院
对集团成员未超过 7.5 万美元之诉求缺乏独立的事物管辖权,所以其对任
何诉求都无事物管辖权——甚至对集团代表之诉求也无事物管辖权。因 772
此,没有诉求可以适当地在联邦法院提起。[③] 第三巡回法院通过诉诸立法
背景资料来证明其裁决的正当性。[④]

2005 年,联邦最高法院用埃克森美孚公司诉阿拉帕塔服务公司案(Exxon Mobil Corp. v. Allapattah Servs., Inc.)[⑤]的判决解决了此种可悲的判决意见分歧。联邦最高法院认为《美国法典》第 1367 条有效地推翻了扎恩案规则。它采纳了一些上诉法院多数派意见之推理——从附属管辖权法律的表述来看,其结果是明显的,除非法条用语硬是给出荒唐的结论,否则立法史不能改变这一结果。联邦最高法院批评该法起草者试图事后改变从法条语言自然得出的结论。[⑥] 最高法院用尖酸刻薄的话语说道:“法院不

---

① 特林布尔案,《联邦判例汇编第三辑》第 232 卷,第 964—965 页。因此,法庭并无机会讨论附属管辖权问题。

② 这一学说是由詹姆斯·E. 芬德尔(James E. Pfander)提出。詹姆斯·E. 芬德尔:“合意文本主义:附属管辖权与第 1367 条”,载《宾夕法尼亚大学法律评论》(James E. Pfander, Supplemental Jurisdiction and Section 1367: The Case for a Sympathetic Textualism, *U. Pa. L. Rev.*)第 148 卷,第 109 页(1999 年)。

③ 伦哈特案,《联邦判例汇编第三辑》第 160 卷,始于第 631 页,第 637—641 页。这种推理并未被任何其它上诉法院之裁决所接纳,第四和第九巡回法院的判决意见书和理查德·D. 弗里尔教授的论文都对此加以批评。理查德·D. 弗里尔:“沸腾之热锅:附属管辖权、争议金额与异籍集团诉讼”,《埃默里法律杂志》(Richard D. Freer, The Cauldron Boils: Supplemental Jurisdiction, Amount in Controversy, and Diversity of Citizenship Class Actions, *Emory L. J.*)第 52 卷,始于第 55 页,第 79—85 页(2004 年)。詹姆斯·E. 芬德尔对此文进行了回应。詹姆斯·芬德尔:“激烈讨论:再议附属管辖权问题”,《伊利诺伊大学法律评论》(James Pfander, The Simmering Debate over Supplemental Jurisdiction, *U. Ill. L. Rev.*)2002 年卷,第 1209 页。

④ 梅里特凯尔案(Meritcare),《联邦判例汇编第三辑》第 166 卷,第 21—22 页。

⑤ 《美国联邦最高法院判例汇编》第 545 卷,第 546 页(2005 页)。在另一个与此案相伴的非集团诉讼的案件中,最高法院处理了与其相类似的问题,这一内容之探讨参见第 629—630 页。

⑥ 《美国联邦最高法院判例汇编》第 545 卷,第 570 页。

必接受对立法史不分青红皂白之宣告，而对此种仅通过一个委员会报告就想修法之努力可以拒绝。”[①]联邦最高法院同时拒绝接受这种说法：除非提出的每个诉求都满足争议金额的要求，否则联邦地区法院不能获得对案件的初始管辖权。[②] 虽然最高法院最终解决了扎恩案问题，但因国会未能制定出一个与其立法史相一致的法律而造成司法不确定和付出代价，这是值得我们反思的。14 年来，律师和法院在司法不确定中艰难前行，而当事人为此付出巨大代价，而这一切皆是由于国会的糟糕表现而致。

- 一个产品购买者集团的代表提起诉讼，诉称被告违反了州的反托拉斯法律。依据该法，每个集团成员之诉求限于 2 万美元。但集团代
773 表有权请求获得律师费，故其诉求金额超过 7.5 万美元。集团代表之州籍与被告不同。问能在联邦法院提起该集团诉讼吗？[③]
- 该问题之答案现在很清楚。第一，集团代表之诉求可援引异籍管辖权，其与被告属于异籍且其诉求金额超过 7.5 万美元。第二，集团成员之诉求未能满足异籍管辖权要求，因为诉求金额并未超过 7.5 万美元。第三，集团成员之诉求依据《美国法典》第 1367 条(a)款之规定可援引附属管辖权，因为其与集团代表之诉求皆源于主体事实之共同核心（如果对此还觉模糊，请参见第四章第七节内容）。第四，尽管第 1367 条(b)款适用于可援引异籍管辖权的案件，如本案情形，其对依据《规则》第 23 条提出之诉求并不排除适用附属管辖权。

尽管联邦最高法院解决了众巡回法院对扎恩案是否不受第 1367 条影

---

① 同前注。

② 《美国联邦最高法院判例汇编》第 545 卷，第 559—567 页。但最高法院不愿让附属管辖权压服完全异籍规则。参见第 631—632 页。五年前，最高法院发出调卷令来解决同一问题。弗里诉阿博特制药公司案(Free v. Abbott Laboratories, Inc.)，《美国联邦最高法院判例汇编》第 529 卷，第 333 页(2000 年)。奥康纳(O'Connor)法官申请回避，剩余的法官的意见形成 4∶4 之局面，因此最高法院维持了下级法院的判决意见而未发表自己的判决意见。最高法院的此类裁决毫无先例价值可言。

③ 这是第 944 页注释①中阿博特制药厂案(Abbott Laboratories)之事实。

响仍然有效的分歧，但还潜伏着另一个问题。具体而言（有点奇怪），第1367条仅在涉及单个被告的案件中可推翻扎恩案。回想一下第1367条(b)款，其仅适用于异籍案件，对"由诸多原告针对依据《规则》第20条……而成为当事人之人"提出之诉求排除适用附属管辖权。《规则》第20条是允许将多个原告或被告合并的规定。如果一个原告集团诉讼是针对多个被告（显然依据《规则》第20条被合并）的，即使法院接受第1367条推翻了扎恩案的说法，但该条(b)款之规定仍将剥夺法院对集团成员之诉求适用附属管辖权之权限。① 对《规则》第20条存在的问题不存在任何权威解释，所以直到今日，因这部糟糕立法所引起的无谓诉讼可能尚未终结。

**审判地**

对集团诉讼并无特殊的审判地规定。因而，除非案件涉及之诉求有特殊审判地规定，否则将适用普通的审判地法律，亦即《美国法典》第28编第1391条。回想一下第五章的内容，审判地的一般选择，在异籍案件中[依据第1391条(a)款]与在联邦问题案件中[依据第1391条(b)款]是一样的。具体而言，如我们在第五章第四节第一目探讨的，在一般情况下，在所有被告居住地或诉求实质部分发生的任何地区，审判地都是合适的。

**2005年《集团诉讼公平法》** 774

在本章第三节第一目的末尾，我们讨论了国会通过2005年《集团诉讼公平法》(CAFA)的立法动机。该法适用于2005年2月18日及其以后提起的诉讼，其明显的宗旨在于尽可能地打开联邦法院之门，让其受理大型州际集团诉讼和"大众诉讼"。尽管原告也可以利用《集团诉讼公平法》中的宽泛联邦事物管辖权规定，但可以明显预料到被告更愿意利用此项权利，将此类案件从州法院转移到联邦法院审理。如前所述，有一种广为流传的说法：在此类案件中被告在联邦法院的待遇要比在州法院好得多。

《集团诉讼公平法》是一部非常庞大而复杂的立法，全面讨论超出了我

---

① 联邦第五巡回法院并未在阿博特药厂案中对这一点进行处理。其本该这样做，既然该案涉及依据《规则》第二十条合并的多个被告。最高法院在第945页注释⑤的阿拉帕塔案（Allapattah）中，对这一问题也未进行裁决。

们的范围。[①] 此处之目的在于勾勒其宏观框架，说明其如何方便案件进入联邦法院。《集团诉讼公平法》之条文规定散见于《美国法典》第28编。第1711条包含有该法律的定义。第1712条规定了“赠券和解”，要求当联邦法院审理集团诉讼将通过给集团成员赠券和解时，按照赠券判决计算的律师费必须以集团成员实际兑现的赠券价值为依据。这条规定出现在第1712条(a)款中，其目的在于避免律师获得大笔收费而其为集团成员谋得的赠券却基本上价值寥寥。第1712条的其他部分规定了其他方式的律师收费和对赠券和解方案的司法审查。第1713条处理的是要求集团成员向律师付费而结果却是给集团成员带来净损失的和解。此类和解方案“仅在法院作出书面结论，认定集团成员获得的非金钱利益大大超过了金钱损失时”，才能得到法院批准。第1714条禁止批准歧视性的和解方案，和解方案不能对地理位置离法院近的集团成员比其他成员更多优惠。第1715条是一个非常详细的规定，旨在要求将所提议之和解方案告知联邦官员(通常是美国司法部长)和州官员。依据《集团诉讼公平法》，在发出此类通知后的90天内，法院不能批准最终的和解方案。第1715条之宗旨在于允许政府介入认定和解的可取性。

对于本书来说，《集团诉讼公平法》最重要的部分是对《美国法典》第1332条的修改。该法律对此制定法的一些条文做了重新调整，比如第1332条(d)款[规定像哥伦比亚特区这样的各种联邦飞地之州民就异籍认定之目的应被视某州州民(对此我们在第四章第五节第三目探讨过)]现被重新规定为第1332条(e)款。最重大的变化是，加入了一个新的第1332条(d)款，在第1332条(d)款(1)项中界定了包括集团诉讼在内的诸多术语，其将集团诉讼界定为“依据《联邦民事诉讼规则》第23条或类似的州法或规则……提
775 起的”诉讼。该款同时将“集团确认命令”界定为一种“法院签发的批准将民事诉讼的某些方面或所有方面作为集团诉讼对待”之命令。

《集团诉讼公平法》的核心部分在于第1332条(d)款(2)项规定的准予

① 关于对CAFA的精彩全面论述，请参见第892页注释①中瓦伊罗(Vairo)之阐述。

行使联邦事物管辖权。争议金额为“排除利息和费用的超过 500 万美元总数或价值”的款项。依据该条第 1332 条(d)款(6)项，通过累计所有集团成员的诉求来认定这一金额。因此，该法表明完全背离“普通”异籍集团诉讼认定争议金额的方法，对后者我们前面做过探讨。此外，《集团诉讼公平法》赋予集团诉讼联邦事物管辖权时，还要求下列三项中必须有一项为真实：

1. 依据《美国法典》第 1332 条(d)款(2)项(A)目，“任何原告集团成员的州籍与任何被告不同”；或
2. 依据《美国法典》第 1332 条(d)款(2)项(B)目，“任何原告集团成员为外国国家或外国公民或臣民，而任何被告为美国某州之州民”；或
3. 依据《美国法典》第 1332 条(d)款(2)项(C)目，“任何原告集团的成员为美国某州州民，而任何被告为外国国家或外国国民或臣民。”

在《美国法典》第 1332 条(a)款中，如我们在第四章学到的，用大写字母的“State”指代美国的某州；而小写的“state”则指代某一外国。最重要的条文是《美国法典》第 1332 条(d)款(2)项(A)目，其允许适用最低限度异籍。《集团诉讼公平法》的全部要求不过是一个集团成员与任何被告州籍不同。较之我们前述“普通”异籍案件中本—胡尔案之做法，该条款之要求更为宽松。依据本—胡尔案，集团代表必须与每一被告异籍；而依据《集团诉讼公平法》，即使集团代表与被告为同州州民，只要集团中的某位成员与一被告州籍不同，案件即可援引联邦事物管辖权。注意，不像“普通”的异籍案件，不需要完全异籍，只要某一集团成员与任一被告属于异籍，该法(《集团诉讼公平法》)的要求即得到满足。显然，该法达到了《宪法》所准予行使异籍管辖权的全部范围。如同我们在本章第二节第二目讨论的，联邦最高法院认为《联邦确定竞合权利法》(Federal Interpleader Act)中这样的授权合宪。所以，《集团诉讼公平法》的合宪性不成问题。

该法真正重要的是制定了第 1453 条，该条文允许移送第 1332 条(d)款(1)项规定的案件。此处国会又一次比在“普通”异籍案件中走得更远。在第四章第八节中，在谈到移送第 1332 条(a)款(1)项规定的(普通)异籍案件时，我们看到：(1)如果任何被告为法院地州的州民，则不准进行移送；且(2)

776 如果异籍案件在州法院起诉后超过一年的，则不能移送。但上述两种限制均不适用于援引《集团诉讼公平法》的移送。

- P是阿拉巴马州州民，集团诉讼在阿拉巴马州州法院提起，P被指定为集团代表。集团成员中有阿拉巴马州州民、密西西比州州民和佐治亚州州民。起诉状指定了5个被告，其中一个被告为阿拉巴马州州民。被告们不能根据适用于异籍案件的普通规定移送案件。首先，没有异籍，因为集团代表之州籍并非与所有被告不同；其次，其中一位被告是法院地的州民，依据第1446条(b)款不能移送。
  - 但依据《集团诉讼公平法》之规定，异籍的要求得到了满足，因为至少有一个集团成员与至少一位被告州籍不同。而且第1446条(b)款之限制——如果一位被告为审判地州的州民则禁止移送——依据《集团诉讼公平法》在此并不适用。

显然，原告将案件安排在州法院而使之变得“不能移送(removal-proof)”，这在《集团诉讼公平法》之下几乎变得不可能。在这一假设案例中，假定累计的集团诉求超过了500万美元，此案可以被移送至阿拉巴马州的联邦法院。

第1332条(d)款之复杂程度令人吃惊。尽管其关键在于准予援引联邦事物管辖权，但我们还应该注意该法的三个其它方面。第一，依据第1332条(d)款(3)项，联邦法院“出于公正之利益和案件总体之考虑”有权自由裁量拒绝行使事物管辖权。如果原告集团中有超过1/3但不足2/3的集团成员“以及主要被告”都是案件受理州的州民，则会行使此自由裁量权。该条指示法院要考虑各种因素，包括诉求是否牵涉全国或州际利益问题。但该条也存在诸多问题，如缺乏对“主要被告”之定义，难以认定有多少集团成员是法院地州的州民。但该条之要旨似乎很明确：即使集团满足了第1332条(d)款(2)项规定之管辖权授予要求，但如果集团之相当一部分成员为法院地州的州民，且诉求基本上具有地方性质，则联邦法院可能拒绝行使事物管辖权，而让当事人在州法院进行诉讼。

第二，第1332条(d)款(4)项规定，如果原告集团中超过2/3的成员以及至少有这么一位被告——原告集团向其“寻求重大救济”且其“受指控之行为构成提出诉求之重要依据”——是案件受理州的州民，则《集团诉讼公平法》要求联邦法院拒绝行使事物管辖权。还有其它要求，同样有界定上的问题，但其意图很明显——符合这些要求的集团诉讼基本上具有地方性，不应该在联邦法院进行诉讼。

第三，《集团诉讼公平法》规定了一种称之为群体诉讼(mass action)的 777
新诉讼形式，规定在第1332条(d)款(11)项中，它是“基于原告的诉求涉及共同的法律或事实问题而对100人以上的金钱救济诉求提议合并审理”的案件。该条针对的是一些州的做法，亦允许将数百个原告合并在一个案件中而不将其确认为集团诉讼。[①] 此类案件能够援引事物管辖权，其援引依据与《集团诉讼公平法》规定之集团诉讼之援引依据相同，其也能基于同样的依据移送。《集团诉讼公平法》第1332条(d)款还包含了大量的其它规定，诸如某些证券诉求、有关公司内部事务或治理案件的例外，以及认定各种诉讼当事人州籍的定义和规则。该条文富有争议，似乎旨允许被告实际上将任何大型、真正的州际集团诉讼或群体诉讼转移至联邦法院审理。批评者提出，联邦法院对此类案件设置了相对较高的程序障碍，会使这些案件很难且常常不可能以大众诉讼形式进行诉讼。他们认为，情况就是如此，《集团诉讼公平法》努力将复杂案件导向联邦法院系统，但在那里案件却败诉了。毋庸置疑，《集团诉讼公平法》偏离了在联邦法院和州法院间分配集团诉讼案件的历史格局。这是否是个好主意，对诉讼有何影响，对司法节俭和正义的实现有何潜在影响，这些还有待考证。

---

① 参见第892页注释①，瓦伊罗文(Vairo)，第32—38页。

# 第十四章　上诉审查



## 第一节　问题之说明

我们在《民事诉讼法》课程里所学之内容几乎都与初审法院之诉讼程序相关。在本章,我们将研究司法制度中上诉层面发生的事情,这一话题我们在本书第一章第二节第二目做过初步介绍。对初审法院诉讼结果不满意之一方当事人可以请求上诉法院进行审查。在民事诉讼案件中并不存在宪法上的联邦上诉权规定。[①] 但是许多州法院系统或通过制定法或通过州宪法规定了上诉权。联邦法院

① 如参见,坎特地产诉国内税务署署长案(Estate of Kanter v. Commissioner of Internal Revenue),《联邦判例汇编第三辑》第 337 卷,始于第 833、884 页(哥伦比亚特区巡回法院 2003 年)。

系统早就授予了制定法上的上诉权，即对初审法院（美国联邦地区法院）之“终局裁决”可以上诉至美国上诉法院。[①] 而对于那些联邦中间上诉法院之裁决，美国最高法院依其自由裁量可能对其进行审查。故在联邦法院系统存在两类上诉法院——上诉法院和最高法院，但其发挥之作用非常不同，这一点我们将在本章第二节述及。

许多州法院系统，包括加州和纽约州在内，也采纳了联邦的这种三级模 780
式，其中的三级法院——初审、中间上诉及最高法院——其功能与联邦系统的三级法院相似。[②] 但并不要求各州必须采纳这一模式，包括缅因州、内华达州和怀俄明州在内的有些州采用了两级法院的制度，在该制度中有初审法院和最高法院，无中间上诉法院。但在其他一些州，诸如弗吉尼亚州和佐治亚州等，虽然仍然留有中间上诉法院，但其仅审理专门类型案件的上诉，而不审理相对典型民事案件的上诉。在这些州内，其实对民事判决就不存在上诉权，其州最高法院对初审法院判决之审查享有自由裁量权。[③]

---

① 《美国法典》第 28 编，第 1291 条。在非常罕见的情况下（不在本书探讨范围之内），美国最高法院对地区法院裁决进行直接审查。

② 当然，各州可自由的按其喜好称呼其各级法院。例如在纽约州，其初审法院（the trial court）被称为最高法院（the supreme court），中间上诉法院被称为上诉分庭（the appellate division），其最高级别之法院称为纽约州上诉法院（the New York Court of Appeals）。在大多数州，最高法院之术语指代最高级别之法院。在加州，中间上诉法院即为上诉法院（the court of appeal，appeal 为单数）。在大多数州有中间上诉法院，即上诉法院（the court of appeals，appeals 为复数）。

③ 在许多州，州最高法院对判处死刑的刑事案件进行强制性审查。

## 第二节 上诉审查之目的

上诉法院之功能有二。其一，其审查初审法院之程序，裁定初审法官是否犯了可撤销之错误。[1] 这一功能确保初审法院必须正确地适用法律解决案件争议。在联邦法院系统，这一功能是由联邦上诉法院来履行的。在诸多州法院系统，其常由拥有某种上诉权的中间上诉法院来履行。在这些州法院中，提起上诉的一方当事人通常称之为上诉人，而另外一方当事人则称之为被上诉人。

其二，上诉法院要解释和阐明法律，从而给公民和下级法院提供释法和指导。这一功能主要由司法制度中的最高级别的法院来履行，而其审查通常由法院自由裁量，而非作为权利而提供。当然如果事关联邦法律，这一最高法院就是美国最高法院。在州法问题中，它是州最高法院。仅在案件提供了一个澄清或阐述法律之机会，或当下级法院的判决存在分歧需要解决
781 时，通常最高法院才会决定审理这些案件。[2] 请求此类审查之当事人责任重大——其必须让最高级别法院确信所呈现问题是如此重要，以至于需要最高级别法院来释法。在大多数法院系统中，请求最高法院答应审理其案件的一方当事人被称为上诉人（petitioner），因为其申请最高法院行使自由裁量权，而另一方当事人则被称为被上诉人（respondent）。

对当事人是经由上诉还是自由裁量的调卷令（writ of certiorari）向联邦最高法院申请审查，在历史上存在着重要区分。根据制定法，某些裁决能够通过上诉来进行审查；理论上，联邦最高法院对此类问题必须审理，没有

① 不要将此功能与下列申请相混淆：根据《联邦民事诉讼规则》第 50 条（b）款再次申请作为法律事项作出判决，或根据《联邦民事诉讼规则》第 59 条（a）款规定申请重新审理，或根据《联邦民事诉讼规则》第 60 条（b）款撤销判决之申请等等（所有这些申请我们在第九章业已讨论）。这些申请皆是向初审法院提出，而非向上诉法院提出。

② lower courts（下级法院）有时被称为 *inferior* courts，这一术语仅是对司法制度中该法院地位之描述，其并不带有贬损之意。

自由裁量权。与此相对，对其他案件，仅在联邦最高法院发出调卷令之后才能接受审查，而对调卷令是否签发，最高法院拥有完全的自由裁量权。但几年以来，最高法院逐渐将经由上诉的审查基本上视为可以自由裁量之事。认识到这种事实存在，国会在1988年基本上废除了联邦最高法院经由上诉审查之做法，意味着今天之联邦最高法院对审理哪些案件，实际上拥有不受拘束之自由裁量权。

在决定是否发出调卷令审理某一案件时，联邦最高法院使用着一种非正式的"四人规则(rule of four)"。亦即若九名大法官中有四名大法官认为案件值得审查，则联邦最高法院就要提审此案。最高法院准予调卷令申请的案件极其稀少。近年来，尽管每年有数千个案件请求发出调卷令，但最高法院准予调卷令且听取口头辩论的案件在80—90个之间。而在一些其他案件中，最高法院可能准予发出调卷令，但不进行口头辩论就作出了裁决。例如，其可能同意发出调卷令而将案件发回上诉法院，要求其按最高法院提出的新意见重审。

当然，在最高法院作出终局裁判后就再没有司法审查了。正如大法官杰克逊(Jackson)之经典名言所云："并不是因为我们绝无差错，所以我们的判决为最终的；而仅是因为我们的判决是最终的，所以万无一失。"[①]援用其他一些人士的话来说，如果你在联邦最高法院败诉，你只能向上帝上诉。

---

① 大法官杰克逊(Jackson)之话语，布朗诉艾伦案(Brown v. Allen)，《美国联邦最高法院判例汇编》第344卷，始于第443、540页(1953年)。(附带意见)

## 第三节 上诉程序概述

第十四章第四节和第五节将讨论能够上诉的各种初审法院命令。在此我们假定某初审法院已作出了可上诉的命令,问题是不满意的当事人如何
782 找到合适的上诉法院[①]来执行这一审查功能。有必要强调的是,做法因州而异,律师必须小心研究其所在辖区的要求。但我们可以基于联邦法院之实践给出一些概括性的结论。纵观本书,我们提到了《联邦民事诉讼规则》(简称《联邦规则》)的诸多条文。这些条文有些与上诉相关,它们支配着联邦初审法院之实践。在此我们还须了解《联邦上诉程序规则》[the Federal Rules of Appellate Procedure (FRAP) ],这是一组不同的规定(也收入你手头的规则手册中),支配着联邦上诉法院的实践。

依据《联邦上诉程序规则》第 3 条(a)款(1)项之规定,上诉人必须提出“上诉通知”。或许感觉奇怪的是,该上诉通知并非向上诉法院提出,而是向联邦地区法院提出。[②] 依据《联邦上诉程序规则》第 3 条(d)款(1)项之规定,初审法院之书记员将此通知之副本送达给案件每一其他当事人之代理律师。上诉通知是个相对简单的法律文书,依据《联邦上诉程序规则》第 3 条(c)款(1)项之规定,必须载明上诉之当事人、提起上诉之裁决以及上诉法院等内容。但法院相当开明,会接受未能满足要求,乃至是最低要求之上诉通知。只要通知载明当事人,清楚地表达其中一人要对初审法院之判决上诉之意思,就可能被认为足以满足

---

① 在联邦法院系统,每个地区法院都处于特定巡回区。上诉法院根据地理位置分布在这些巡回区。显然,某人若要上诉,显然是从地区法院向所处巡回区的上诉法院上诉。因此,比如说,纽约州所有联邦地区法院的上诉都要向美国第二巡回上诉法院提出;得克萨斯州的所有联邦地区法院的上诉都要向第五巡回法院提出。在一些州,有类似的按地理位置安排的做法。但在其他一些州,中间上诉法院仅坐落于一个城市,全州所有初审法院的上诉都要去该城市提出。

② 州法院系统之情形似乎亦是普遍如此,上诉通知要向初审法院提出。

要求。[①]

但此处假定上诉通知是及时提出的。依据《联邦上诉程序规则》第 4 条(a)款(1)项(A)目，一般规则是，要求上诉人必须在可上诉之命令作出后 30 天内提出上诉通知。[②] 我们将在本章第四节第二目讨论适用这 30 天规则所碰到的一些问题。极为重要的是要懂得这一时间要求事涉管辖权问题， 783 故而未能满足这一要求即意味着上诉法院无权审理此案。美国最高法院在鲍尔斯诉罗素案(Bowles v. Russell)中再次强调了这一点，指出尽管时间要求规定在《联邦上诉程序规则》中，但此规则是建立在联邦制定法基础之上的。[③] 因为国会有权(在《宪法》第三条规定的范围内)设定联邦法院的管辖权，其能够不让审理非在其设定的时间范围内提出之上诉。

在(及时)提出上诉通知后，上诉人还必须采取其他步骤来完成上诉。但这些步骤不涉及管辖权，尽管未能满足时间要求使上诉法院可以行使自由裁量权驳回上诉。上诉人须支付一定的上诉费，而且可能还要缴纳一笔

---

① 参见福曼诉戴维斯案(Foman v. Davis)，《美国联邦最高法院判例汇编》第 371 卷，第 178 页(1962 年)。但法院对必须载明上诉人姓名这一点要求非常严格。托里斯诉奥克兰净化剂公司案(Torres v. Oakland Scavenger Co.)，《美国联邦最高法院判例汇编》第 487 卷，第 312 页(1988 年)(在上诉通知中漫不经心地遗漏了 17 个上诉人中的某一人的名字，而上诉对该当事人来说是至关重要的)。1993 年《联邦上诉程序规则》第 3 条(c)款得以修改，允许在载明上诉人姓名一事上采用笼统性术语表达；只要从整个通知中可以获知某人有上诉的意愿，则该人的上诉将不会被驳回。参见 1993 年《联邦上诉程序规则》咨询委员会对第 3 条(c)款的注解。

② 依据《联邦上诉程序规则》第 4 条(a)款(5)项之规定，如果当事人在规定的提交通知时间终了后的 30 天内提出申请，并证明有可以原谅之疏忽或正当理由，地区法院可以延长此提出上诉通知之期间。

③ 《联邦最高法院判决汇编》第 127 卷，始于第 2360 页，第 2363—2366 页(2007 年)。此类事涉管辖权的时间规则有别于事涉诉求处理的时间规则，后者并非事涉管辖权因而可以延长。依据最高法院之观点，此类诉求处理规则，包含在破产案件中对债务免除提出异议的时间要求，康特里克诉瑞安案(Kontrick v. Ryan)，《美国联邦最高法院判例汇编》第 540 卷，始于第 443 页，第 454—455 页(2004 年)；还包括刑事案件中请求重新审理的时间要求，埃伯哈特诉美国案(Eberhart v. United States)，《美国联邦最高法院判例汇编》第 546 卷，始于第 12 页，第 20 页(2005 年)。最高法院在这一点上的界限划分并不总是令人信服。关于这些问题的精彩论述，包括诸多相互竞争的政策目标，参见 E. 金・普尔："康特里克案和埃伯哈特案后的管辖时限问题：160 年先例之协调"，载《克赖顿法律评论》(E. King Poor, Jurisdictional Deadlines in the Wake of Kontrick and Eberhart: Harmoninzing 160 Years of Precedent, *Creighton L. Rev.*)第 40 卷，第 181 页(2007 年)。普尔先生是一位杰出律师，曾在最高法院为康特里克案出庭。

涵盖判决金额的保证金(bond)。有趣的是,上诉期间,初审法院之判决效力并不中止。其实,除非被告或上诉人缴纳了一笔保证金,否则针对被告之判决依然可以执行。此类保证金——被称为中止执行保证金或中止保证金(supersedeas or a suspending bond)——将“中止”判决发挥作用,阻止原告在此期间请求执行该判决。这一保证金要求意味着被告得向法院提存一笔钱。多少钱呢?通常是判决所判金额加上法定利息。这一措施确保在原告最终胜诉之时,其将不仅获得判决所载金额,而且获得判决后应付利息,这是对其在上诉期间没有获得赔偿金额之补偿。

- 初审法院作出原告胜诉的终局判决,要求被告支付原告25万美元。被告提出上诉通知。上诉程序将耗费数月——甚至可能数年。原告现在就想获得这笔钱。被告通知上诉之事实,并不阻止原告申请扣押和出售被告的财产以筹集款项执行判决。为阻止原告这样做,被告将不得不缴纳一笔中止保证金。保证金的数额是25万美元外加一定比例之利息,目的是确保原告(如果在上诉阶段胜诉)能获得该判决金额之利息。[1]

784 此外,上诉人还要负责确保初审法院之卷宗移送至上诉法院。依据《联邦上诉程序规则》第10条(a)款之规定,此卷宗包括在初审法院提交之原始书状和证据、初审法院之庭审记录(如果有的话)以及由初审法院书记员准备的经过确认之诉讼摘要记录的副本等。[2] 律师必须协助初审法院之书记员将这些记录准备好并移送至上诉法院。

然后双方律师就上诉阶段中所争辩问题提交律师意见。上诉人的律师

---

① 一般规则是胜诉原告有权得到判决金额之利息,从判决作出之日起算。换言之,其有权得到“判决后”利息。其无权得到“判决前”(或“不能肯定的”)利息。所以假定某原告的诉求是10万美元,一般来说,其无权获得在初审法院诉讼期间该金额的利息(即使这一过程可能要历时数年才能完成)。但一旦判决作出,其即有权获得该金额及其利息(法定利息)。

② 注意《联邦上诉程序规则》第10条(a)款(2)项庭审记录“如果存在的话”之规定。尽管没有要求对初审法院之诉讼程序进行速记,但其几乎总是进行速记,至少在联邦法院是这样做的。将速记记录转换成庭审记录颇为昂贵,上诉人承担其项费用。这项服务费将由其向法院记录员支付。在一些州,初审法院不存在庭审记录,律师可以准备好书面庭审纪要,呈送给初审法官矫正错误,确认后再寄送至上诉法院。

意见首先提交，随后是被上诉人之律师意见，有时候上诉人随后又提交一个"答辩意见"。双方当事人还要准备并提交一份附件，其中收录了卷宗中最为重要和有用之文件。这样将相关材料直接置于审案的上诉法院法官之手。上诉人一般仅能根据在初审法院审理中提出的异议理由请求撤销原判决。因此重要的一点即是，律师要让该异议出现在卷宗中，因而其能成为上诉的依据。异议必须及时在初审法院提出，例如，在陪审团退庭商议前不提出对陪审团指示之异议，通常视为放弃异议。[①] 被上诉人能够基于卷宗支持的任何依据进行抗辩。如果被上诉人想提出在初审法院审理中未处理之问题，或者想获得初审法院未曾给予之救济，其还可以提出反上诉(cross-appeal)。

当然，上诉法院并不开庭审理，不听审双方提交之证据。相反，上诉法院法官只是阅读律师意见，在合适的案件中，听取上诉人和被上诉人双方律师的口头辩论。上诉法院之功能，是通过"依据卷宗的书面审理"来完成的。[②] 上诉法院只是审查在初审法院发生之事，并非通过采纳证据或处理初审法院尚未处理之问题而对卷宗进行补充。一旦准许口头辩论， 785
时间将严加控制——通常每方有 20 分钟或 30 分钟——而且通常要被法官之积极提问不时打断。大多数中间上诉法院，包括美国联邦上诉法院在内，组成 3 人合议庭审理案件。[③] 与之形成对照的是，最高法院的所有法

---

① 如参见，拉森诉尼米案(Larson v. Neimi)，《联邦判例汇编第三辑》第 9 卷，第 1397 页(第九巡回法院 1993 年)(该要求得以严格执行)。

② 在有些州法院系统，一方当事人可以将初审法院判决"上诉"至另外一个初审法院。此类程序通常涉及基本为小额索赔法院的法院。例如，在弗吉尼亚州，普通的地区法院可以审理赔偿金额在 1.5 万美元以下的民事案件。不服该判决之诉讼当事人可以将其"上诉"至巡回法院，其是具有一般事物管辖权的初审法院。但这种"上诉"，实为一种重新审理，换言之，该案件在巡回法院之审理像其一开始就在该法院提起诉讼一般。因为这并非基于卷宗的真正的上诉复审，故普通地区法院又被称为"非基于卷宗审理的"法院。

③ 在特殊案件中，诸如同一巡回法院之不同合议庭给出了不一致的判决意见，则某一美国联邦上诉法院可能要"全院庭审(en banc)"案件，亦即该巡回法院之所有现职法官参与听取口头辩论并作出裁决。参见《联邦上诉程序规则》第 35 条(a)款之规定。

官，[①]包括美国联邦最高法院在内，通常全体出席口头辩论过程。

口头辩论之后，法官们退庭“商议”，裁决案件。商议过程仅由法官参加，整个讨论是保密的且得到严密保护。合议庭的资深法官，如果其意见属于多数派意见，则由其或多数意见中的其他法官执笔撰写判决意见书。如果其意见属于少数派，则可能发表一个不同意见。判决意见的撰写——甚至在所有法官意见一致的案件中——可能要耗费数月。之后，撰写意见法官将其写就之草稿发给合议庭其他法官审阅，就草稿中的语言与推理交换意见。但最终多数派的法官签署判决意见并发送给各当事人。此后法院将决定是否公布判决意见。美国联邦上诉法院之判决意见书都公开发表在《联邦法院判例汇编》(Federal Reporter)中。

上诉法院可能以下列几种方式中的一种处理上诉。其可能维持初审法院之裁决。或其可能撤销初审法院之裁决并要求其发布一个特定命令。其可能撤销裁决并发回初审法院重审案件。其可能推翻初审法院之命令，基本上是将其从卷宗上删去。毋庸置疑你在阅读各种课程的案例时，见到过这些情况之实例。在此要强调一下术语表述(我们曾在第一章第二节第二目提及)。对同一案件，如果上诉法院不同意下级法院得出的结论，其可以“撤销(reverse)”裁决。而当上诉法院认为此前之案例不应再作为辖区之先例时，则“推翻(overrule)”该判决意见。例如在著名的伊利案(Erie Case)中(此为第十章之中心所在)，联邦最高法院推翻了斯威夫特诉泰森案(Swift v. Tyson)之判决意见。

---

① 在联邦法院系统，justice(大法官)一词仅指称最高法院之成员。美国联邦上诉法院和联邦地区法院之成员都被称为“judge(法官)”。令人惊讶的是，经常听到本应知道此区别之律师将上诉法院法官称为“justice”。州的做法各不相同。在纽约州，justice一词指的是初审法院之法官。[要记住，纽约州将其初审法院(trial court)称为最高法院，请参见第953页注释②]。纽约州其他法院的司法官被称为judges。

## 第四节　终局判决规则 786

### 一、《美国法典》第 1291 条

在联邦法院系统，《美国法典》第 28 编第 1291 条规定上诉法院“对美国所有联邦地区法院终局判决之上诉享有上诉管辖权……”①因此，法定上诉权的适用对象限定于“终局判决”。故此，就当前的目的，将初审法院作出的每个命令和裁决要么视为“终局性的”，要么视为“中间性的”，这样做大有裨益。这两种类型是相互排斥。终局判决是解决整个案件争议的判决，正如联邦最高法院所述：终局判决是“在实体方面终结了诉讼，让审案法院除了执行判决外无他事可做”②的判决。依据《美国法典》第 1291 条此类判决可上诉。初审法院之所有其他裁决都是中间裁决，依据第 1291 条是不可上诉的。③

显然，大多数在案件审理过程中作出的裁决都是中间性的。其实，在案件的审理过程中可能会有数百个中间裁决。例如，允许修改诉答文书的命令、准予任意加入诉讼之命令、要求回应披露请求之命令、确定审判日期之命令、限制交叉询问之命令、庭审中推翻或准许对证据提出异议之命令等等，都是中间裁决。这些问题对案件之结果可能非常重要——乃至非常关

---

① 这一规定对美国联邦巡回上诉法院有所例外，因其拥有特殊的事物管辖权，包括专利案件之上诉管辖权。参见《美国法典》第 28 编，第 1292 条(c)款与第 1295 条(d)款有关联邦巡回法院之规定。

② 卡特林诉美国(Catlin v. United States)，《美国联邦最高法院判例汇编》第 324 卷，始于第 229、233 页。(1949 年)

③ 将案件从联邦法院发回到州法院审理之命令(在案件移送之后——参见第四章第八节)终结了联邦法院之管辖权。但根据制定法之规定，对该命令一般不能进行上诉审查或其他审查。《美国法典》第 28 编，第 1447 条(d)款。但成文法对某些民权案件向州法院之发回却明示规定了例外。在联邦法院系统，法院偶尔会找到办法让上诉法院复审某些发回命令，但仅在有限且有点复杂之情形中才可以这么做。参见《穆尔论联邦实践》第 19 卷，第 205 章第 8 节[1]目。

键，而且它们可能一锤定音地解决了，但这些裁决没有最终解决案件，故依据第 1291 条不能将其作为“最终裁决”提起上诉。此外，对当事人申请的驳回会解决案件——诸如拒绝驳回案件的申请或拒绝简易判决的申请或拒绝直接对法律问题进行判决的申请等——都是中间裁决。同理，其可能非常重要，但此类裁决并未解决案件争议，其只是使案件保持现状，因而不能依据第 1291 条将其作为“终局判决”提起上诉。

终局判决规则是否意味着在中间裁决中失利之诉讼当事人再无上诉救济之可能？否。此类诉讼当事人有两种可能之路径可到达上诉法院：该问题满足了终局判决规则之例外规定（参见下述之本章第五节内容），或者必须等待作出最终判决。依据终局判决规则，只有等到整个案件得到解决后
787 才能进行上诉审查。所以该规则并不排除对中间裁决之上诉审查——其只是延迟此类审查。

终局判决规则的政策基础在于，避免对初审法院审理中出现的问题进行零碎审查。如果司法制度允许不满意的当事人对诉讼中的每个问题在其出现时就提起上诉，那初审法院之诉讼程序将明显被耽搁。其将打断初审法院诉讼之正常进行，在某个时候，审理法官将对上诉法院之不断干预心生怨恨。此外，终局判决规则最终要避免对许多问题进行全部审查。亦即，如果某一诉讼当事人觉得主审法官犯了各种错误，但其最终赢得了诉讼，其将不会上诉。如果这些问题在一出现时即为可上诉，上诉法院将作出最终看来多此一举的决定。进一步来说，终局判决规则允许上诉法院一并审查整个案件，让其在整个案件背景下审阅各种诉称的错误，而这些错误可能弥漫在最终的判决结果中。[①]

尽管该规则存在诸多好处，但有一些州拒绝采用终局判决规则，允许在诉讼过程中提起零碎上诉。纽约州在此方面似乎最具典型，其允许提起上

---

① 科恩诉收益产业贷款公司案（Cohen v. Beneficial Industrial Loan Corp.），《美国联邦最高法院判例汇编》第 337 卷，始于第 294、305 页（1962 年）。（终局判决规则要求“如果作出了终局判决结果，或在作出了终审判决时，将可以有效审查和矫正之所有阶段的程序集中于一次审查中”）

诉的范围最宽。[1] 其积极方面在于，此类审查的确允许上诉法院及时补救初审法院所犯之某个错误，免得其使问题变得复杂化。但此种优势在采用终局判决规则的州亦可做到，办法是承认终局判决规则有例外，当诉讼中间上诉(interlocutory review)更为有利时，允许诉讼中间上诉。

## 二、判断“终局判决”的单一诉讼单位方法

依据终局判决规则，终局判决方可上诉，但对终局判决之构成，各州可能采用不同的定义。例如，有的州可能认为，一旦初审法院对案件中的某一特定问题作出最终解决，该裁决即是“终局”即可上诉。依据第 1291 条之规定，因为该法允许对最终“裁决”(decisions)提起上诉，其并未提及最终“判决”(judgments)，这种解读可能在联邦法院尤显合适，但联邦法院并未采纳此种解释。相反，联邦法院接受了这样一种理念，将初审法院审理的整个案件视为一个单一的诉讼单位，而对此诉讼单位只能存在一个终局判决和一个上诉。[2] 依据更为久远的合并规则，这种做法富有意义，在当时整个案件 788
仅由紧密相关之当事人和诉求构成。在当时坐等作出最终判决，虽偶尔颇费周折，但并未给任何人带来特别困难。毕竟，因为各种诉求和各当事人紧密相连，每个人都可能参加了诉讼而等待最终结果。

但依据现代的合并原则，如那些在联邦法院适用之原则，这种单一诉讼单位理论可能就没什么道理。如同我们在第十二章所见，联邦法院的一个民事案件可能涉及许多完全不相关的诉求与当事人。如依据《联邦民事诉讼规则》第 18 条，对此我们在第十二章第三节探讨过，原告可对被告提出任何诉求，无论诉求间是否存在事实上或法律上的关联性。同样，被告可在案件中提起任意性反诉，加入与案件本诉完全无关之诉求，这一点我们在第十二章第五节第一目业已述及。但如果联邦法院依据单一诉讼单位理论来解

---

① 纽约州允许对任何命令提起上诉，包括“涉及案件部分实体问题”的中间裁决在内。《纽约州民事法律与规则》(N. Y. CPLR)第 5701 条(a)款(2)项(iv)目。

② 如参见，科林斯诉米勒案(Collins v. Miller)，《美国联邦最高法院判例汇编》第 252 卷，始于第 364、370 页。(1920 年)

释，一个完全解决某一诉求之命令——在其它无关联之诉求尚未解决时——依据第1291条之规定并非“最终判决”。因其并未解决该整个案件，故不可上诉。

- P因侵权受害而起诉D，并同时提出了一个与侵权诉求完全无关的诉求，即双方间生意往来之违约之诉。因诉讼时效已过，法院驳回了侵权之诉。依据单一诉讼单位理论，P现在不能对此驳回裁定上诉，因为违约之诉依然待决。
- P诉D侵权；而D依据《联邦民事诉讼规则》第13条(b)款任意性反诉之规定，提出一个与侵权完全无关之违约诉求。对于侵权之诉，法院作出了一个有利于D之简易判决。同样，依据单一诉讼单位理论，P现在不能对其提起上诉，因为违约之诉依然待决。
- 母女俩作为共同原告诉一家制药公司，其诉称母亲在怀孕期间服用了该公司所产之药物，对母女俩都造成了伤害。法院基于诉讼时效驳回了母亲之诉求，依据单一诉讼单位理论，母亲现在不能上诉，因为女儿之诉求依然待决。①

在这些情形中，适用单一诉讼单位理论可以说是浪费甚至不公平。假设，比如在上述三个例子中，在最终判决作出之前，当事人花了两年时间对剩下之诉求进行诉讼。之后，上诉法院撤销第一个诉求的裁定，发回重审。在此同时，当事人已在初审法院对完全无关联之诉求的诉讼中耗去了两年多的时间。在此期间，证人可能已经过世了，或忘记了关键的事实，或证据
789 可能已经灭失。显然，在对单独而不关联之诉求进行最终处理的案件中，采用更为灵活之方法是适当的。(《联邦民事诉讼规则》第54条(b)款就规定了此类灵活方法，对此我们在下述第四节第三目将述及。)

在本章第三节中，我们知道《联邦上诉程序规则》第4条(a)款(1)项(A)目要求上诉人，必须在地区法院作出可上诉的法院命令之后30天内提

---

① 参见，鲁滨逊诉帕克—戴维斯公司案(Robinson v. Parke-Davis & Co.)，《联邦判例汇编第二辑》第685卷，第912页。(第四巡回法院1982年)

出上诉通知，而且这一要求是具有管辖权性质的。在大多数案件中，这 30 天的起算日期是清楚的。[①] 我们在第九章第三节述及，《联邦民事诉讼规则》第 58 条规定，仅在依《联邦民事诉讼规则》第 54 条之规定，以单独文书形式作出且注明在地区法院待审案件表上，地区法院之判决方才生效。为何有此细节上要求，其原因之一便是为上诉通知的起算设定一个精确日期。但如果当事人在地区法院判决作出后提出申请，则情形将变得更为复杂。

假如地区法院在 6 月 1 日作出终局判决，如我们在第九章第五节和第六节看到的，败诉方当事人可以在该判决作出后 10 天内，提出重新审理申请或再次申请作为法律问题判决（假定其已满足这样做的诸要件要求）。假设败诉方当事人在 6 月 9 日提出此类申请，地区法院在 6 月 20 日对此申请作出了裁决。《联邦上诉程序规则》第 4 条(a)款(1)项(A)目规定之 30 天期间何时起算呢——是从 6 月 1 日开始还是从 6 月 20 日开始？幸好《联邦上诉程序规则》第 4 条(a)款(4)项(A)目对此规定得很清楚，它规定这 30 天期间从法院对申请作出裁决之日起算（当然，假定该申请是及时提出的）。故此上诉方从法院对申请裁决之日起有 30 天时间提出上诉通知。[②]

当然，法院对此类审后申请(post-trial motion)作出裁决可能使得终局判决变得不终局。何以至此？假设地区法院作出终局判决，败诉方不是对此判决提起上诉，而是及时提出重新审理之要求。如果法院准许申请，则其它当事人（胜诉方）不能上诉。为什么？一个重新审理之命令并非一个终局判决——其并未对此诉讼单位给出定论。其实，如同我们在第九章第六节里述及的，其是法院使案件重回庭审阶段之裁决。而另一方面，准许或拒绝作为法律问题判决的再次申请都将是终局性的，其中任何一种裁决都将结

① 我们在第七章第三节第三目对时间问题的一般规则做了介绍。判决作出之日并不计算在这 30 天期间内。判决作出的第二天才是这 30 天的第一天。上诉通知最迟应必须在第 30 天提出。如果这一天碰巧是周六、周日或法定节假日，则上诉通知可以在下一个工作日提出。

② 如果当事人依据《联邦民事诉讼规则》第 59 条提出改变或修正判决之申请，或依据《联邦民事诉讼规则》第 52 条(b)款提出修正或增加事实认定的申请，或依据《联邦民事诉讼规则》第 60 条(b)款提出撤销判决之申请（如果此类申请是在判决作出后 10 日之内提出），则依据《联邦上诉程序规则》第 4 条(a)款(4)项(A)目之规定，其情况亦是如此。

790 束初审法院的在审诉讼。为什么？因为法院或是让判决保持原样，或是作出相反判决，无论哪种方式，都将终结初审法院在审之案件。

有一种审后申请会使诉讼当事人陷入麻烦之中，即是依据《联邦民事诉讼规则》第 54 条申请裁决律师费。依据美国规则的一般规定，我们在第一章第一节和第九章第三节探讨过，各方负担自己的律师费，但该规则存在例外，允许胜诉方在一定情况下从败诉方那里收回律师费。在布迪尼奇诉贝克顿·迪金森公司案（Budinich v. Becton Dickinson & Co.）[①]中，初审法院作出终局判决，之后胜诉方依据美国规则的例外规定，申请裁决律师费。法院作出裁定，准许了这一申请。仅在此时被诉方才提出上诉通知。其在法院作出律师费裁定后的 30 天内，但在作出终局判决 30 天之后提出了上诉通知。联邦最高法院认为，上诉已过期限，上诉法院丧失上诉管辖权。换言之，请求律师费之申请（或评定诉讼费之申请）并不会延长提出上诉通知之时间。

这一问题在《联邦上诉程序规则》第 4 条(a)款(4)项(A)目(iii)中有明确规定：仅在地区法院依据《联邦民事诉讼规则》第 58 条延长上诉时间的情况下，30 天期间方可从地区法院对律师费申请作出裁定后开始起算。第 58 条规定，除了其他事项，不延长上诉时间以“评估诉讼费用或裁决律师费，除非当事人依据《联邦民事诉讼规则》第 54 条(d)款(2)项及时提出请求律师费之申请，而法院在上诉通知提出之前……依据《联邦上诉程序规则》第 4 条(a)款(4)项，裁定该申请与重新审理申请具有同样之效力。”因此，请求判给律师费之申请通常不能延长上诉期间。仅在地区法院明确裁定该申请与重新审理申请具有同样效力的情况下，该申请方才能延长上诉时间。

在任何案件中，一般允许胜诉方从败诉方那里收回诉讼费。其要在判决作出后提出申请，请求获得此等费用。请求判给此等费用之申请并不延长提出上诉通知之时期。正如联邦最高法院在布迪尼奇案中明确表述的，此等费用之估算仅是“例行公事”，其对案件实体审理之结果并不产生任何

---

① 《美国联邦最高法院判例汇编》第 486 卷，第 196 页。(1988 页)

影响，因此不应拖延提起上诉之时间。

## 三、《联邦民事诉讼规则》第 54 条(b)款与多个诉求或多方当事人案件

《联邦民事诉讼规则》第 54 条(b)款并非为终局判决规则之例外规定。相 791
反，关注点从单一诉讼单位理论移开了，允许对案件不相关联部分的终局判决进行上诉，而这些部分涉及对一个或多个(但非全部)诉求或一个或多个(但非全部)[1]当事人的终局裁定问题。该条款提出了三个要求。在讨论这些要求时，我们要利用前述三个假设案例(在本章第四节第二目第二段之后的文字中)。

第一，案件必须包含"一个以上救济诉求"或"多个当事人"。在大多数情况下，这一要件是否得到满足是一目了然的。在第十四章第四节第二目所举的三个假设案例中前两个显然包含了多个救济诉求，因其提出的责任主张包含了毫无关联的多个事实情形。[2] 同样，第三个假设案例也归《联邦民事诉讼规则》第 54 条(b)款管辖，因其要对包括多个当事人在内的整个诉求进行裁决；在此裁定作出之后，该母亲在诉讼中将不起任何作用。不幸的是，并非每个案件皆是如此清晰。"一个以上救济诉求"之界定在有些情况下相当困难。对初学者来说，诉讼请求人依据不同的法律理论请求获得赔偿之事实，并不当然意味着此案包含着多个诉求。如在一个案件中，原告诉称存在过失和严格责任的不同理由，但法院认定仅存在一个"诉求"，故《联邦民事诉讼规则》第 54 条(b)款并不适用。[3]

在评估是否存在多个诉求时，一些法院将其与请求排除进行类比。它们认为，如果这些诉求依据请求排除原则被认为是一个诉求，则《联邦民事

---

① 显然，如果一个判决对所有当事人的所有诉求给出了定论，依据《美国法典》第 1291 条之规定，则成为终局判决可以上诉。

② 如参见，哈德孙河斯卢普清洁水公司诉海军部案(Hudson River Sloop Clearwater, Inc. v. Department of the Navy)，《联邦判例汇编第二辑》第 891 卷，第 414 页(第二巡回法院 1989 年)[事实上显著不同之诉求依据《联邦民事诉讼规则》第 54 条(b)款之规定属于单独诉求]。

③ 如参见，印第安纳港口地区铁路诉美国氰氨基钙肥料公司案(Indiana Harbor Belt R. R. v. American Cyanamid Co.)，《联邦判例汇编第三辑》第 860 卷，第 1441 页。(第七巡回法院 1988 年)

诉讼规则》第 54 条(b)款就并不适用。[①] 尽管这一替代方法可能有用,但并不总是决定性的。[②] 在第十一章第二节第三目,我们知道大多数法院为达到请求排除之目的,将"诉求"界定为源自同一交易或事件之所有救济权利。但联邦最高法院认为,几个诉求源自同一交易或事件之事实,并不必然意味着在《联邦民事诉讼规则》第 54 条(b)款的意义上它们不是单独诉求。[③]

一个更为有用的替代方法是查明这些不同之"诉求"是否仅是支持一个获赔。[④] 如果是,依据《联邦民事诉讼规则》第 54 条(b)款之规定,不能算是单独诉求。但正如我们在诸多领域中所见到的,寻求单一标准总是徒劳无
792 益的。此类问题之裁决最好要务实而为,紧密围绕该条款的基本目的行事。其最终的问题乃是,根据每个案件的事实,几个救济主张是否足够不同,以至于有正当理由在初审法院裁决后让其立即上诉。[⑤]

第二,初审法院之命令必须至少对一个诉求或一个当事人来说是终局判决。如上所述,《联邦民事诉讼规则》第 54 条(b)款并不排除终局判决规则之适用。相反,其改变其适用重点,不是要求对案件总体作出终局判决,而是至少对一个诉求或一个当事人而言必须存在终局判决。[⑥] 对此因素判

---

① 如参见,自动液装公司诉多米尼克案(Automatic Liquid Packaging, Inc. v. Dominik),《联邦判例汇编第二辑》第 852 卷,第 1036 页。(第七巡回法院 1988 年)

② 参见奥林匹亚旅馆公司诉约翰逊· 瓦克斯发展公司案(Olympia Hotels Corp. v. Johnson Wax Dev. Corp.),《联邦判例汇编第二辑》第 908 卷,第 1363 页(第七巡回法院 1990 年)。(建议对与请求排除的类比进行限制)

③ 冷金属加工公司诉联合工程与铸造公司案(Cold Metal Process Co. v. United Engineering & Foundry Co.),《美国联邦最高法院判例汇编》第 351 卷,第 445 页(1956 年)。[未裁决诉求是一个强制性反诉,其与已裁决之诉求源自同一交易或事件,该事实并不妨碍依据《联邦民事诉讼规则》第 54 条(b)款对已裁决诉求提起上诉]

④ 关于东南银行公司案(In re Southeast Banking Corp.),《联邦判例汇编第三辑》第 69 卷,始于第 1539 页,第 1549—1550 页。(第十一巡回法院 1995 年)

⑤ 柯蒂斯—赖特公司诉通用电器公司案(Curtiss-Wright Corp. v. General Electric Co.),《美国联邦最高法院判例汇编》第 446 卷,始于第 1、8 页(1980 年)。(法院应该"考量这样的因素:上诉审查的诉求是否与其他待裁之诉求可以分离;已裁诉求是否属于这样的性质,即使存在后续上诉,也没有上诉法院能对其进行二次裁决")

⑥ 联邦最高法院依据《美国法典》第 28 编第 2072 条(c)款支持了该规则之效力,该条文是《规则制定授权法》(第十章第六节讨论过)的一部分。西尔斯和罗巴克公司诉麦基案(Sears, Roebuck & Co. v. Mackey),《美国联邦最高法院判例汇编》第 351 卷,第 427 页。(1956 年)

定的一个有用方法是问，如果该已裁决诉求是一个单独的假设案件，该法院命令是否为终局判决。[①] 在第 788 页所举的三个例子中，答案是肯定的。如果在第一个和第二个例子中 P 的侵权诉求是单独的案件，则依据诉讼时效将其驳回的裁定依据第 1291 条是终局判决。同样，如果第三个例子中母亲的诉求也是一个单独的案件，则驳回之裁定是涉及该诉求的终局判决。

- 假设在前述母女提起诉讼的案件中，初审法院发出命令，不顾母亲反对要求母亲回答有关其书面证词(deposition)披露的一些具体问题。请问这位母亲现在能援用《联邦民事诉讼规则》第 54 条(b)款来获得对此命令的上诉审查吗？不能，因为该命令就母亲的诉求而言，并不构成终局判决。如果母亲的案件被视为一个单独诉讼，则该命令依据《美国法典》第 1291 条不可上诉。

第三，《联邦民事诉讼规则》第 54 条(b)款规定，仅在初审法院“明确断定无正当理由耽误”时，方“可对一个或多个”诉求或当事人“作出终局判决”。故法官不仅必须将此命令作为针对所涉诉求或当事人之终局判决；其还必须明确认定并记录在案：无正当理由延迟该诉求或涉及该当事人的上诉。这些明示要求是有益的，因为其确保上诉的起算时间不存在任何疑问。

- 假定初审法院发出命令处理多个诉求中的一个或多个当事人中的某个当事人的所有问题。但初审法院并未根据《联邦民事诉讼规则》第 54 条(b)款作出明示确认。该适格之当事人能否现在就对此命令提出上诉呢？不能。《联邦民事诉讼规则》第 54 条(b)款仅适 793
用于法院明示确认并记录在案之情形。[②] 如果其未能做到这一点，则《联邦民事诉讼规则》第 54 条(b)款不能适用。在这种案件中，适用单一诉讼单位理论。因为该命令并未解决整个诉讼，故依据《美

---

① 参见霍恩诉洲际运输公司案(Horn v. Transcon Lines)，《联邦判例汇编第二辑》第 898 卷，始于第 589、593 页(第七巡回法院 1990 年)。[“问(裁决该诉求之命令)假设处于独立的案件是否算终局判决”]

② 赖特诉库帕案(Reiterv. Cooper)，《美国联邦最高法院判例汇编》第 507 卷，第 258 页(1993 年)。(缺乏《联邦民事诉讼规则》第 54 条(b)款规定之明示确认和命令，则对多诉求案件中的某诉求之终局判决不能上诉)

国法典》第 1291 条不可上诉。

初审法院对《联邦民事诉讼规则》第 54 条(b)款之要求业已满足之确认，不能对上诉法院产生拘束力。上诉法院必须决定该要求是否得到满足、上诉之提起是否适当。[①] 再次强调一下，《联邦民事诉讼规则》第 54 条(b)款并非终局判决规则之适用例外——其只是将关注点转移到什么构成终局判决上。现在我们讨论要求作出终局判决这一基本规则在实际中存在的例外。

---

① 自由共同保险公司诉韦策尔案(Liberty Mutual Ins. Co. v. Wetzel)，《美国联邦最高法院判例汇编》第 424 卷，第 737 页(1976 年)。(初审法院错误地认定，其已对多诉求中的某一诉求作出最终判决)

# 第五节　终局判决规则之例外

终局判决规则对上诉管辖权施加了重大限制。采用终局判决规则思路的司法系统，包括联邦法院系统在内，承认该规则需要有例外，以便偶尔允许对中间裁决上诉。在联邦法院系统，诉讼中间上诉的法律依据可以在制定法、《联邦民事诉讼规则》以及法官制定的法律原则中找到。对于每种情况中，允许上诉法院推翻通常适用的避免零碎上诉的主导原则，关注其背后的政策利益是非常重要的。

## 一、制定法与规则基础上的例外

### 《美国法典》第 1292 条(a)款

《美国法典》第 28 编第 1292 条(a)款的三个分项明确允许对特定类型之中间命令提起上诉：(1)“准许、继续维持、修改、驳回或撤销禁令，或者拒绝撤销或修改禁令”的命令；(2)“任命破产管理人或拒绝结束破产管理人接管财产之状态或为完成此目的而采取措施的命令”；(3)那些“决定海商案件中当事人之权利和责任之命令，而在此类案件的终局裁决(final decrees)获准上诉的”。国会认为这些命令是如此重要，以至于不应等到终局判决作出后才进行上诉审查。换言之，对于此类命令，反对零碎上诉的政策——终局 794
判决规则体现了该政策——在重要性上被立即上诉审查这些命令超越了。

- P 诉 D，请求获得一项永久性禁令，禁止 D 下面某一企业的经营，P 诉称该经营违反了分区限制规定并对 P 造成了损害。初审法院发出一个要求 D 关闭该企业的临时禁令，等待该案的终局判决(或拒绝发布这样的命令)。对该命令(或拒绝命令)依据第 1292 条(a)款可以立即上诉。显然，该命令具有如此直接和重要之后果，允许诉讼中间上诉之重要性超过了通常的避免零碎上诉的政策。
- 请问准予临时禁令的命令(或拒绝临时禁令的命令)依据《联邦民事

诉讼规则》第 54 条(b)款之规定(我们在本章第四节述及)可以上诉吗?不可以。因其并非终局判决,故初审法院不能依据《联邦民事诉讼规则》第 54 条(b)款确认该问题可以立即上诉。记住规则第 54 条(b)款要求有针对案中的一个或多个诉求或当事人的终局判决(而非中间命令)。

因为第 1292 条(a)款允许在未作出终局判决时就上诉,所以许多法院认为必须对其从严解释。[①] 另一方面,众多法院采取务实方法处理命令是否处于该条款适用之范围。因此,若一项命令虽无禁令之名却有禁令之效,即可援引第 1292 条(a)款。[②] 反之,称某救济为禁令并不能保证能适用第 1292 条(a)款。可见命令的实际效果才是决定性因素。[③]

除了考虑命令的实际效果(性质上是否是禁令)之外,诸多法院还施加了该法条没有规定之要求:(1)该命令可能给上诉方造成严重后果;(2)如果当事人必须等到终局判决作出,则该命令就不能得到有效审查。在卡森诉美国品牌公司案(Carson v. American Brands, Inc.)[④]中,初审法院拒绝批准一个集团诉讼的和解方案。这一拒绝批准之命令给曾经的集团成员可能造成严重伤害,因为其拒绝他们享受和解条件(包括禁令救济)。故而,联邦最高法院将此命令归结为存在拒绝给予禁令救济之实效。出于这个原因,加上可能造成严重伤害,若当事人必须等到终局判决作出,则该命令将不能
795 得到有效审查,故依据第 1292 条(a)款之规定,该命令可以上诉。同样,在另外一个案件中,准予部分简易判决之命令引起了第 1292 条(a)款的适用,

---

① 如参见,关于英格拉姆牵引公司案(In re Ingram Towing Co.),《联邦判例汇编第三辑》第 9 卷,始于第 513、515 页。(第五巡回法院 1995 年)

② 如参见,埃特纳意外事故和保险公司诉马可尼亚案(Aetna Cas. & Ins. Co. v. Markanian),《联邦判例汇编第三辑》第 114 卷,第 346 页(第一巡回法院 1997 年)。[禁止当事人离开司法管辖区的命令,尽管被称为禁止离境令(writ of ne exeat),但作为一个禁令其可援引《美国法典》第 1292 条(a)款之规定]

③ 如参见,梅特克斯公司诉 ACS 实业公司案(Metex Corp. v. ACS Industries, Inc.),《联邦判例汇编第二辑》第 748 卷,第 150 页(第三巡回法院 1984 年)。(尽管被称为禁令申请,实际上该命令在请求披露;依据第 1292 条(a)款之规定不可上诉)

④ 《美国联邦最高法院判例汇编》第 450 卷,第 79 页。(1981 年)

因为其具有禁令效果，不再让雇员向工会养老基金缴费，而可能对养老金受益人产生严重后果。[①]

第1292条(a)款之规定是否适用于临时禁止令[temporary restraining orders (TROs)]领域，这一点不是很确定。其一般规则是，临时禁止令并不像第1292条(a)款规定的禁令那样要接受中间审查。[②] 这一规则颇具意义，既然临时禁止令通常持续时间有限；到上诉法院能够受理上诉时，该问题将几乎总是失去了实际意义。[③] 而对于其他话题，法院总是关注问题之实质，而非术语本身。所以，如果初审法院虽然称其为临时禁止令(TRO)，但却有临时禁令(preliminary injunction)之实效时，则第1292条(a)款即可适用。[④] 同样，尽管对驳回临时禁止令申请的命令通常不可上诉，但符合下列条件的则当事人即可援引第1292条(a)款之规定：一方当事人能够证明此种驳回实际上排除了获得任何禁令救济之可能，而且将对其造成严重伤害，若必须等到终局判决作出，则该命令不能获得有意义的审查。[⑤]

**第1292条(b)款之规定**

如果初审法院和上诉法院都承认下列三种要件得到了满足，则《联邦司法法典》第1292条(b)款[亦即《美国法典》第28编第1292条(b)款]允许对中间命令进行上诉。当这样做的时候，两级司法机关都一致认为，这种情形

---

① 曼彻斯特编织时装公司诉混棉服装和联合产业基金案(Manchester Knitted Fashions, Inc. v. Amalgamated Cotton Garment & Allied Industries Fund)，《联邦判例汇编第二辑》第967卷，第688页。(第一巡回法院1992年)

② 参见州长委员会诉DLG金融公司案(Board of Governors v. DLG Financial Corp.)，《联邦判例汇编第三辑》第29卷，第993页。(第五巡回法院1994年)

③ 一个临时禁止令不能超过10天，除非向初审法院证明有正当理由，由初审法院延长该期限，但至多延长10天。该期间可依据双方当事人之协议再行延长。参见《联邦民事诉讼规则》第65条(b)款之规定。

④ 如参见，贝克电器合作企业诉沙斯克案(Baker Elec. Cooperative v. Chaske)，《联邦判例汇编第三辑》第28卷，第1466页(第八巡回法院1994年)。(临时禁止令实际上有30个月之长，已成为禁令)

⑤ 如参见，宗教技术中心诉斯科特案(Religious Tech. Center v. Scott)，《联邦判例汇编第二辑》第869卷，第1306页(第九巡回法院1989年)。[驳回临时禁止令(TRO)之申请实际上驳回了临时禁令(preliminary injunction)之申请，故而可以上诉]

保证其不受终局判决规则之拘束。第一,该命令必须"包含一个主导性的法律问题";第二,该主导性法律问题必须是一个"有重大理由持不同意见的问题";第三,"对此命令之直接上诉可能极大地提前终止诉讼。"地区法院法官必须首先认定这些要求得到了满足,此后上诉法院必须同意准予诉讼中间上诉。[1] 这种程序通常称之为地区法院对提交给上诉法院的问题进行"确认"。

796 在避免零碎上诉的一般政策与允许一些中间审查的必要性之间,该法进行了有益之平衡。不像第 1292 条(a)款之规定,其并非与主题相联系(subject-specific)。中间命令可能涉及任何实体问题,正因如此三个要件得以满足。一旦其得以满足,终局判决规则就得以适当排除,允许对一个重要而棘手的问题进行裁决,而该问题之解决会加快对整个争议之最终处理。该法之要求是否得以满足,是一个与事实相关的(fact-specific)的特别认定(ad hoc determination)。

上诉之问题可能与案件本诉之实体完全无关。其实,这种制度设计的一个用途即是判断事物管辖权。

- P 诉两位被告 D—1 和 D—2。对 D—1,P 的诉求援引了异籍管辖权;但对 D—2 之诉求,P 试图援引附属管辖权。该案是在附属管辖权法律颁布之前提起,因附属管辖权是个非常困难复杂的问题,对此问题上诉法院有不同看法。初审法院认为有附属管辖权,但依据第 1292 条(b)款确认了此问题。上诉法院像最高法院一样,同意审理这一问题,但最终裁决没有附属管辖权。[2]

该案表明了附属管辖权法律之用处所在。如果该问题未被确认和在诉

---

① 上诉方当事人必须在地区法院确认了前两个要件后的 10 天内向上诉法院提出申请。《美国法典》第 28 编,第 1292 条(b)款。请注意对比《美国法典》第 1292 条第(b)款与《联邦民事诉讼规则》第 54 条第(b)款。在前者的规定中,初审法院和上诉法院必须独立地承认这三项要求得到了满足;而对于后者而言,上诉法院可能仅需审查初审法院是否适当地评估这些要件。当然这两个规定间的主要区别在于,前者适用于中间裁决而后者处理案件中涉及部分诉求或当事人的终局裁决。

② 这些即是芬利诉美国案[Finley v. United States,《美国联邦最高法院判例汇编》第 490 卷,第 595 页(1989 年)]中的事实,其导致国会通过附属管辖权法律。参见第四章第七节。

讼中间被审查,当事人在获得上诉审查前将不得不针对案件实体事项全面诉讼。考虑到最终的裁决结果——对P诉D—2之诉求并无事物管辖权可供援引,此类诉讼将成为一种纯粹浪费时间、精力、金钱以及司法资源之举。

但司法节俭本身并不能说明援用第1292条(b)款的正当性。这一问题一定牵涉到一个法律问题,而对其存在反对理由,故而存在撤销的合理机会。故此,此类话题皆在审理法官的自由裁量权之内,而其中少有撤销之可能,依据第1292条(b)款来处理可能稍欠合适。而且,该问题可能对案件之处理显得如此次要,以至于对其快速解决将不可能加快对案件的最终裁决。①

● 假设在前述案例中,地区法院认为,P诉D—2之诉求不能援引附 797
属管辖权并作出驳回该诉求之裁定。请问P能依据第1292条(b)款对此驳回裁定请求上诉审查吗?不能。因为此类命令将是多方当事人案件中的终局判决,因而其满足了《联邦民事诉讼规则》第54条(b)款之要求,所以应按该条款规定来处理。因为其已并非一个中间命令,故第1292条(b)款不能适用。

**《联邦民事诉讼规则》第23条(f)款**

该条给了上诉法院自由裁量权,让其自主决定是否审查初审法院准许或拒绝确认集团诉讼的命令。第23条(f)款于1998年生效,是对《联邦民事诉讼规则》的极好补充。在其颁布之前,对集团诉讼确认命令的上诉审查大有问题。显然,确认集团诉讼或拒绝确认集团诉讼的裁定都不是一个终局判决,因为其没有解决基本纠纷的实体问题(实际上是未加处理)。而在另一方面,该裁定的实际影响极大,对此我们在第十三章第三节第三目已有所述及。当事人通常将集团确认问题视为诉讼中的分水岭事件;该问题之解决经常决定了案件是继续审理还是和解,以及在什么条件下和解等问题。因此,有些上诉法院决定审查驳回集团确认之裁定,其理论基础在于,认为

---

① 如参见,爱心人士诉洛克福特教育委员会案(People Who Care v. Rockford Bd. of Education),《联邦判例汇编第二辑》第921卷,第132页(第七巡回法院1991年)。(对律师费给予的上诉审查将不可能对争议之最终处理有所提前)

此类否认集团地位之裁定听起来似乎是案件终结之“丧钟”。[①] 但最高法院在 1978 年拒绝了这种丧钟原则，在一个案件中也拒绝了附带裁决原则(collateral order doctrine)之适用，关于这一点我们将在下述本章第五节第二目述及。[②] 在此之后，对集团确认之命令能否通过特别令状(我们将在本章第六节述及)来加以审查，法院虽努力解决，但结果不尽如意。[③]《联邦民事诉讼规则》第 23 条(f)款之增补，通过赋予上诉法院自由裁量权让其自由决定是否审查集团确认的命令，为此类命令之上诉审查带来了确定性。

依据规则第 23 条(f)款之规定，请求上诉审查之当事人——审查确认集团之命令或拒绝确认集团之命令——必须在该命令作出后 10 天内向上诉法院提出申请。至于是否进行上诉审查完全由上诉法院决定，初审法院对此不起任何作用。在上级法院审理上诉申请期间，不中止初审法院诉讼程序之进行。其实，即使上诉法院决定进行上诉审查，但如果初审法院或上诉法院不签发中止命令，初审法院之诉讼程序就不会中止。

798 规则第 23 条(f)款是否会影响其他中间审查形式之潜在适用？答案应该是肯定的。规则第 23 条(f)款应被视为请求对集团确认命令进行上诉审查的唯一途径。第七巡回法院已经得出结论：“当可以依据《联邦民事诉讼规则》第 23 条(f)款上诉时，地区法官和我们都不应依据《美国法典》第 28 第 1292 条(b)款之规定同意上诉。”[④]同样，规则第 23 条(f)款之存在应该排

---

① 最重要的案例当数艾森诉卡莱尔和杰奎琳案(Eisen v. Carlisle & Jacqueline)，《联邦判例汇编第二辑》第 370 卷，始于第 119 页，第 120—121 页(第二巡回法院 1967 年)。(一旦驳回集团确认就将终结诉讼，因为原告将放弃其个人诉求，故而接受上诉管辖权)

② 库帕斯和利布兰德诉利夫赛案(Coopers & Lybrand v. Livesay)，《美国联邦最高法院判例汇编》第 437 卷，始于第 463、468 页(1978 年)。(驳回集团确认之中间命令“可能导致一方当事人在终局判决作出之前撤回其诉求之事实，并非是在第 1291 条规定下考虑其为一个‘终局判决’的充分理由”)

③ 如参见，关于罗恩—波林克罗勒公司案(In re Rhone-Poulenc Rorer, Inc.)，《联邦判例汇编第三辑》第 51 卷，第 1293 页(第七巡回法院 1995 年)。(发出执行职务令来取消集团确认)

④ 理查森电子有限公司诉宾夕法尼亚帕纳奇广播案(Richardson Electronics, Ltd. v. Panache Broadcasting of Pennsylvania, Inc.)，《联邦判例汇编第三辑》第 202 卷，始于第 957 页，第 959 页(第七巡回法院 2000 年)。《联邦民事诉讼规则》第 23 条第(f)款，不像《美国法典》第 1292 条第(b)款，并不要求上诉必须提出一个主导性法律问题，且存在持不同意见之重大理由。法院承认有一些案件呈现之问题可能满足了第 1292 条第(b)款之要求，而不涉及集团确认之是非曲直。同前注。

除适用特别令状来审查集团确认命令。如果已有一种上诉途径可用，则此类令状（我们将在下面第六节述及）之适用就不适当。规则第 23 条(f)款提供了此类途径，即使在上诉法院驳回此上诉申请的情况下亦是如此。

当规则第 23 条(f)款在 1988 年颁布之际，许多观察家们认为，其可能对被告有利。亦即，上诉法院可能更愿意依据该条款之规定准予审查，从而撤销确认集团之命令，而不愿意撤销驳回集团确认之命令。对这一问题的初步实证研究证实了这种假设。其中一个研究统计了 2007 年全年之案件，结果发现，在上诉法院依据第 23 条(f)款进行上诉审查的案件中，有 52%的案件导致撤销集团确认命令，只有 10%的案件导致撤销拒绝确认集团的命令。①

## 二、司法“例外”

联邦法院为满足《美国法典》第 1291 条规定的上诉要求，有时会将一些中间命令解释为“终局”判决。联邦最高法院坚称此类解释并未阉割终局判决规则。相反，其认为这是对该规则的“一个务实而非严格之解释”。② 此类案例法规则与其说是终局判决规则之“例外”，不如说是对第 1291 条中“终局”一词进行巧妙解释的原则。但效果是相同的：对于并未满足终局判决规则通常要求之裁决，这些原则允许对之直接上诉。

**附带裁决原则** 799

最高法院在科恩诉收益产业贷款公司案（Cohen v. Beneficial Industrial Loan Corp.）③案中确立了附带裁决原则（collateral order doctrine）。科恩

---

① 理查德·D. 弗里尔：“集团诉讼确认裁决的中间审查：联邦和州实践的初步实证研究”，载《西部州立大学法律评论》（Richard D. Freer, Interlocutory Review of Class Action Certification Decisions: A Preliminary Empirical Study of Federal and State Experience, *W. St. U. L. Rev.*）第 35 卷，始于第 13、19 页。（2007 年）

② 费尔斯通轮胎与橡胶公司诉里斯乔案（Firestone Tire & Rubber Co. v. Risjord），《美国联邦最高法院判例汇编》第 449 卷，始于第 368、375 页（1981 年）。[引用科恩诉收益产业贷款公司案（Cohen v. Beneficial Indus. Loan Corp.），《美国联邦最高法院判例汇编》第 337 卷，始于第 541、546 页（1949 年）]

③ 《美国联邦最高法院判例汇编》第 337 卷，第 541 页。（1949 年）

案是一个在联邦法院起诉的股东派生诉讼。[①] 被告认为依州法规定，原告必须提交一笔保证金作为诉讼费的担保，并提出申请请求法院命令提交此种保证金。[②] 初审法院驳回了该申请。被告将此裁定上诉至第二巡回法院。尽管该上诉法院裁决此裁定不可上诉，但联邦最高法院持不同看法。其依据《美国法典》第1291条支持其可上诉性，从而确立了三要件，亦即后来人所共知的附带裁决原则。

第一，上诉之问题必须不仅具有法律上的重要性，[③]而且“非为诉因之构成部分无须对其进行裁决”。[④] 更直白地表达即是，它是“附属”于基本争议实体方面的重要问题。正基于此，允许其直接上诉将不会违反反对零碎上诉之政策；此处呈现之问题与案件实体毫无关联，故审查这一问题将不干预初审法院对案件实体之裁决。第二，上诉之问题必须已经由初审法院作出最终裁决，其已“裁定并终结”，[⑤]且在案件待决期间不会再被修改。第三，若等待最终判决作出，将导致不能对此问题进行有效的上诉复审。

基于科恩案事实，所有这三个要件都得到满足。原告是否应提交保证金问题是一个重要问题，能够影响其他派生诉讼。其也附属于基本纠纷之实体事项，与诉称的公司管理层渎职有关。这一问题初审法院已经彻底解决；该法院没有机会对其进行修改。最后，如果当事人等到终局判决作出，则该问题将不能得到有效审查，因为与此同时上诉人将不得不历经诉讼之苦，但如果原告被要求提交保证金的话，该诉讼本可避免。

800　最高法院对科恩案之解释颇为谨慎。在费尔斯通轮胎与橡胶公司诉里

---

① 这是一种特殊类型的诉讼，你们将在高年级课程《公司法》中学到。我们曾在第十三章第一节简略提及。它是针对公司管理者违反对公司所应承担之义务而提起之诉求。（一个容易理解的例子即是公司董事窃盗公司资产，因而违反其对公司所负之忠诚义务。）如果公司自身并未就此提起诉讼，公司股东即被允许提出该诉求。

② 联邦最高法院裁定其法源应是《联邦民事诉讼规则》第23条(a)款，而非州法。我们在第十章第五节讨论伊利原则(Erie doctrine)时曾述及此案。

③ 这是不言自明的。很难想象会有人为一个法律上不重要的问题争辩牢固确立规则之例外，要求立即上诉。其整个想法不过是想从上诉法院那里更快地获得一些重要的东西。

④ 科恩案，《美国联邦最高法院判例汇编》第337卷，第546—547页。

⑤ 同前注，第546页。

斯乔案(Firestone Tire & Rubber Co. v. Risjord)[①]中,有一申请要求取消律师代理案件当事人的资格,联邦最高法院认为,否决该申请之裁定根据附带裁决原则是不可上诉的。尽管该命令附属于实体事项且已作出终局裁决,但并无理由断定该裁决在终局判决作出之后不能得到有效审查。在坎宁安诉汉密尔顿县案(Cunningham v. Hamilton County)[②]中,一律师因违反披露规定而被施加了金钱惩罚,联邦最高法院拒绝对该惩罚命令适用科恩原则(附带裁决原则),即使该律师不再在案件中代理一方当事人。首先,该命令并非附属于案件实体事项;同时认定该制裁是否正当需要审查基本事实。[③]

但这并不是说科恩原则从未被成功援用。在波多黎各输水管与下水道管理局诉梅特卡夫与埃迪公司案(Puerto Rico Aqueduct & Sewer Authority v. Metcalf & Eddy, Inc.)[④]中,被告是波多黎各的一个政府机关,它依据美国《宪法》第十一修正案[⑤]提出在联邦法院享有诉讼豁免权。它申请驳回诉讼,初审法院否决该申请的裁定满足了附带裁决原则之要求。该裁定提出了一个重要的法律问题,此问题附属于针对政府机关所提基本诉求之实体事项。该问题已由地区法院最终裁决,且不能因对终局判决提起了上诉而获得有效审查。若不立即上诉,根据第十一修正案所享有之保护(对诉讼本身享有豁免,而不仅仅是责任豁免)将会丧失。

联邦最高法院在威尔诉哈洛克案(Will v. Hallock)[⑥]中走得更远,该案

① 《美国联邦最高法院判例汇编》第 449 卷,第 368 页(1981 年)。

② 《美国联邦最高法院判例汇编》第 527 卷,第 198 页(1999 年)。

③ 在库帕斯与利布兰德诉利夫赛案[Coopers & Lybrand v. Livesay,《美国联邦最高法院判例汇编》第 437 卷,第 463 页(1978 年)]中,联邦最高法院对确认集团诉讼命令拒绝适用附带裁决原则。此类命令需继续接受初审法院依据查明的事实情况进行的重新审视,因而与案件实体密切相关。库帕斯与利布兰德案最为出名的即是其拒绝适用"丧钟"原则,在前面本章第五节第一目中阐述《联邦民事诉讼规则》第 23 条(f)款时讨论过该原则。

④ 《美国联邦最高法院判例汇编》第 506 卷,第 139 页(1993 年)。

⑤ 第十一修正案保护各州在州法院被诉而免于支付赔偿金。其规定不仅责任豁免,而且根本禁止其在联邦法院被诉。因此,让被告等到终局判决作出后才将此问题提起上诉剥夺了其免于被诉之权利。

⑥ 《美国联邦最高法院判例汇编》第 546 卷,第 345 页(2006 年)。

涉及的事实相当复杂。该案中，出于刑事调查的需要，联邦官员扣押了原告的电脑；他们损坏了电脑，导致丢失了里面储存的数据，并最终造成原告生意失利。原告依据《联邦侵权赔偿法》(Federal Tort Claims Act)起诉了美国政府，该法规定在某些情况下联邦政府放弃主权豁免。但政府胜诉，因为
801 法院裁定联邦官员乃是善意行事，而这构成政府放弃豁免之例外。原告遂起诉官员个人，诉称其侵犯了宪法赋予原告的正当程序权利。官员将之前判决政府胜诉的案件判决拿来作为抗辩。依据法律，政府胜诉之判决构成对官员个人诉讼的妨碍。但联邦地区法院拒绝了这一抗辩，因为其裁决，政府胜诉是基于程序方面之理由，因而并不妨碍对官员个人提起诉讼。

问题是该命令——否决官员驳回起诉申请之裁定——依据科恩原则是否可以上诉。联邦最高法院认为不可以。其强调不仅仅是避免审判，还有其他更多的东西必须考虑——"更高层次之特定价值考量"。[①] 例如在波多黎各输水管案中，迫使被告接受审判，将强加诉讼，以及诋毁波多黎各政府依据《宪法第十一修正案》之保护有权享有的尊严利益。而基于威尔案事实，最高法院认为，除了普通的避免严苛审判的意图之外，并无如此重要的利益存在。"为避免诉讼"而避免诉讼的理由并不充分；如果其充分，则"一旦政府依据《联邦侵权赔偿法》申请驳回诉讼被拒绝……，根据附带裁决原则上诉将成为一项权利。"[②]在威尔案之后，附带裁决原则之援用看来确实受到了限制——或许除了州有权依据《第十一修正案》免于被诉之外，其他就很难援用该原则了。

**其他案例法对终局判决规则的松绑**

有时，联邦最高法院表示愿意放宽适用终局判决规则。在古老的福盖伊诉康拉德案(Forgay v. Conrad)[③]中，最高法院准予了诉讼中间上诉，其目的基本上是为了避免一方当事人的艰难诉讼。在该案中，初审法院对诉求作出了一个部分裁决，但只是指示被告将财产移交给原告。它似乎将该命

① 《美国联邦最高法院判例汇编》第 546 卷，第 352 页。

② 同前注，第 353—354 页。

③ 《美国联邦最高法院判例汇编》第 47 卷，第 201 页。(1848 年)

令视为终局判决。尽管最终判决尚未作出，故此该命令是中间性的，但联邦最高法院却允许对其提起上诉。该裁决之作出具有必要性；被告完全需要立即获得上诉法院之审查，而联邦最高法院准予了该审查。[①] 福盖伊案并不是被频繁援引。[②]

最后，联邦法院允许对刑事藐视指控进行直接上诉。这是披露领域需 802
要记牢的非常重要的内容。披露命令一般不能满足附带裁决原则之要求。假如在一个案件中，初审法院拒绝了享有特权的说法而要求一方当事人对披露请求作出回应。则该当事人适当抵制披露的行为是不服从命令，而会被认定为藐视法庭，之后可对该藐视指控进行上诉。

---

① 在吉莱斯皮诉美国钢铁公司案[Gillespie v. United States Steel Corp.，《美国联邦最高法院判例汇编》第379卷，第148页(1964年)]中，联邦最高法院似乎是说，只要诉讼中间上诉有益，则准予中间上诉。这种宽泛的语言表述并没产生多大帮助，其实，联邦最高法院后来批评了这种说法。上述库帕斯与利布兰德案，《美国联邦最高法院判例汇编》第437卷，第477页第30个注释。

② 如参见，理查德·A.马塔萨、格雷戈里·S.布吕什："程序上的普通法、联邦管辖权政策以及充分与独立的州法依据原则之抛弃"，载《哥伦比亚法律评论》(Richard A. Matasar & Gregory S. Bruch, Procedural Common Law, Federal Jurisdictional Policy, and Abandonment of the Adequate and Independent State Grounds Doctrine, *Colum. L. Rev.*)第86卷，始于第1291、1354页，第314个注释(1986年)。同时参见关于夏托盖公司案(In re Chateaugay Corp.)，《联邦判例汇编第二辑》第922卷，始于第86、91页(第二巡回法院1990年)。

## 第六节　经由特别(或“特权”)令状之审查

前面所述乃是当事人可以将初审法院之命令上诉至上诉法院的情形。此外,在极为罕见的情况下,愤愤不平的当事人可以请求上诉法院给初审法院签发令状(一种命令)。请求获得此类令状之当事人,实际上通过向上诉法院申请适当令状的方式启动了新的诉讼程序。该当事人即是“上诉人(petitioner)”而初审法院案件中的其他当事人即是令状程序中的“被上诉人(respondents)”。① 在有些司法系统中,初审法院法官或初审法院在令状申请中被技术性地列为被上诉人,②尽管只有诉讼当事人提交观点摘要,争辩问题。在1996年之前联邦法院的做法就是如此,1996年对可适用之规则进行了修改,规定只将诉讼当事人列为被上诉人。因此,在联邦法院系统,令状诉讼中不再出现联邦地区法官或地区法院之名称。令状诉讼常被称为“关于(In re)某某(申请人之名称)案”。③

主要的特别令状是那些执行职务令(或“指示”)和禁止令的令状。严格说来,执行职务令是命令初审法院去做有义务做的事。禁止令是阻止初审
803 法院去做其无权做的事。但这两者之间的区分已逐渐模糊,这种标签之适

---

① 《联邦上诉程序规则》第21条(a)款(1)项。

② 有时初审法官个人被列为被上诉人。一个例子是环球大众汽车公司诉伍德森案(World-Wide Volkswagen v. Woodson),我们在本书第二章第四节第四目研究过此案。伍德森(Woodson)为该州初审法院法官,其认为对这两个纽约州被告拥有对人管辖权。当这两个被告向州上诉法院请求签发特别令状时,伍德森即被列为被上诉人。在有些司法系统中,法院(而非具体的审案法官)在申请令状中被列为被上诉人。一个例子是朝日诉高级法院案(Asahi v. Superior Court),这是我们在第二章第四节第四目讨论过的另一个对人管辖权案件。在此案中,州初审法院坚持对朝日(Asahi)行使对人管辖权,朝日随后向州上诉法院申请令状。在联邦法院系统,在1996年对《联邦上诉程序规则》第22条进行修改之前,联邦地区法院常被列为被上诉人。但是现在,只有案件的其他当事人才是被上诉人。上诉法院可能会邀请初审法官参加令状程序,尽管极少这样做。

③ 《联邦上诉程序规则》第21条(a)款(2)项(A)目。

用在联邦法院系统并不是非常重要;[①]大多数当事人似乎都选择"执行职务令"的标签。要点是不论使用何种标签,此类令状之签发是特别的,仅限于非同寻常的罕见情形。

在联邦司法系统,《令状法》(All Writs Act)[②]允许上诉法院对地区法院签发适当令状。[③] 令状必须"有助于"上诉法院行使上诉管辖权,基本意思是,有必要将下级法院的行为限制在合法行使权力的范围内,或强制该法院行使其有义务行使的权力。[④] 所以特别令状并非仅是一个简单的矫正法律错误的工具,认识到这一点很重要。其是一个将下级法院的行为限定在适当行使权力范围内的制度。令状之签发从来不是自动的,而属于上诉法院自由裁量之事。其限定于这样的案件:地区法院做了其无权做的事或者其滥用自由裁量权达致篡权的地步。[⑤] 法律错误必须是一目了然和无可争议的,而非仅仅是上诉法院与初审法院意见不同。很明显,令状程序并非上诉程序之替代物。[⑥] 一般来说,如果愤愤不平的当事人有包括上诉程序在内的其他救济方式时,令状之申请将遭驳回。[⑦]

上诉法院之特别令状对初审法院不当行使其对人管辖权或事物管辖权

---

① 其实,联邦法院早就对法律令状之误称加以容许。参见关于西蒙斯案(In re Simons),《美国联邦最高法院判例汇编》第 246 卷,第 231 页(1918 年)(令状之形式与标签对最终裁决并不重要)。

② 《美国法典》第 28 编,第 1651 条(a)款。("通过《国会法》确立的最高法院和所有法院,在帮助各自管辖以及与法律适用和原则相符合的前提下,可以签发所有必要或合适之令状。")

③ 《令状法》适用于国会创设的任何法院,因此同时适用于联邦最高法院和联邦地区法院。其允许法院对其管辖区内的下级法院签发令状。最为常见之适用,也是我们关注之重点所在,即是上诉法院对初审法院签发命令。

④ 参见美国诉维多利亚—21 案(United States v. Victoria-21),《联邦判例汇编第三辑》第 3 卷,始于第 571、575 页(第二巡回法院 1993 年)。

⑤ 参见马拉德诉美国地区法院案(Mallard v. United States District Court),《美国联邦最高法院判例汇编》第 490 卷,始于第 296、309 页(1989 年)。同时参见《穆尔论联邦实践》第 20 卷,第 321 章第 15 节(2005 年第 3 版)。(探讨了不同巡回法院签发执行职务令所要求的不同表现)。

⑥ 如参见,关于切森案(In re Chesson),《联邦判例汇编第二辑》第 897 卷,始于第 156、159 页(第五巡回法院 1990 年)。

⑦ 参见关于艾维案(In re Ivy),《联邦判例汇编第二辑》第 197 卷,始于第 7、10 页(第二巡回法院 1990 年)。

可能有所节制。[1] 此外，令状可以矫正将审判地转移至不同巡回法院之做法，以保护上诉法院行使管辖权。[2] 执行职务令常用来审查法官对所审案
804 件拒绝回避之情形。[3] 同样，对下级法院拒绝依据《第七修正案》让陪审团审理案件的行为，用执行职务令进行纠正也是合适的。[4] 当初审法院放弃其职责而将案件的方方面面都交给一个司法代理人审理时，此时发出执行职务令亦属合适。[5] 这些例子都说明使用特别令状可迫使下级法院在其职权范围内行事。

但与此同时，作为“重武器”[6]使用的执行职务令也发挥教育作用。其在总体上给下级法院发出这样一种信息，其要适当行使其职权。这样使用的令状一直被称之为**监督性执行职务令**(supervisory mandamus)。事实上，联邦最高法院曾说过，此类令状之适用是“让上诉法院对地区法院进行监督、控制，对于适当地管理司法是颇有必要的”。[7] 例如，法官不当拒绝回避，蒙受阴影的不仅是单个案件，还包括司法程序本身。[8]

在 20 世纪 90 年代，有人认为，上诉法院扩张使用了特别令状，其适用范围超出了传统的将下级法院行为限定在其职权范围内的做法。但大多数

---

① 参见第 982 页注释②。(通过令状进行上诉审查的对人管辖权案件)

② 如参见，屋面和薄板金属服务公司诉拉• 昆塔汽车旅馆公司案(Roofing & Sheet Metal Servs., Inc. v. La Quinta Motor Inns, Inc.)，《联邦判例汇编第二辑》第 689 卷，第 982、988 页(第十一巡回法院 1982 年)。(较之在巡回法院管辖区内转移案件，对巡回法院间转移案件更适合通过令状来进行上诉审查)

③ 依据法律规定，联邦法院法官在有些情况下对所审案件可能被要求必须“回避”(不胜任)。例如，法官拥有作为诉讼当事人的公司股票时必须回避。《美国法典》第 28 编，第 455 条(b)款(4)项。

④ 比肯戏院公司诉韦斯托弗案(Beacon Theatres, Inc. v. Westover)，《美国联邦最高法院判例汇编》第 359 卷，第 500 页(1959 年)，我们在第九章第二节第二目述及，即是这样的一个案件。

⑤ 拉拜诉豪斯皮革公司案(LaBuy v. Howes Leather Co.)，《美国联邦最高法院判例汇编》第 352 卷，第 249 页(1957 年)。(该案中的地区法院完全放弃其职责，将案件交给一个特别法官助理审理，而法官助理本该是个辅助角色，其最终的授权来自地区法官)

⑥ 关于烟煤经营者协会案(In re Bituminous Coal Operators' Assn.)，《联邦判例汇编第二辑》第 949 卷，第 710 页。(第七巡回法院 1991 年)

⑦ 拉拜案(LaBuy)，前注⑤，《美国联邦最高法院判例汇编》第 352 卷，第 259—260 页。

⑧ 参见联合碳化物公司诉美国切割服务公司案(Union Carbide Corp. v. U. S. Cutting Serv., Inc.)，《联邦判例汇编第二辑》第 782 卷，第 710 页。(第七巡回法院 1986 年)

引人注目的案件涉及的都是签发执行职务令推翻地区法院的集团诉讼确认命令。[1] 这些案件都发生在《联邦规则》第 23 条(f)款颁布之前，如我们在本章第五节第一目所述，该条款明确允许上诉法院对准许或驳回集团确认的命令进行上诉审查。今天，有了《联邦规则》第 23 条(f)款，就不需要申请有关集团确认的特别令状了。在集团确认之外，偶尔还有宽泛适用执行职务令之情形。比如在某个案件中，初审法院拒绝了当事人享有特权的主张，而迫使其在披露程序中公开某一文件。尽管中间披露命令从未接受过上诉法院审查，第二巡回法院还是签发了令状推翻了强令提交的命令。[2] 这一令 805
状之签发使人惊讶，因为已有相当明确之先例认为，对此种情形之上诉审查可通过对藐视法庭之指控进行上诉而获得，对此我们在本章第五节第二目阐述过。尽管在此类案件中依然还有偶尔扩张适用执行职务令之情形，但特别令状似乎不可能成为一个替代联邦法院系统上诉程序的不受约束之实践。[3]

---

① 如参见，杰克逊诉西克斯多功能汽车旅馆公司案(Jackson v. Motel 6 Multipurpose, Inc.)，《联邦判例汇编第三辑》第 130 卷，第 999 页(第十一巡回法院 1997 年)(将诉称受到歧视的覆盖全国的集团诉讼确认命令撤销)；关于美国医疗设备公司案(In re American Medical Syst., Inc.)，《联邦判例汇编第三辑》第 75 卷，第 1069 页(第六巡回法院 1996 年)；关于罗恩—波林克罗勒公司案(In re Rhone-Poulenc Rorer, Inc.)，《联邦判例汇编第三辑》第 51 卷，第 1293 页(第七巡回法院 1995 年)(对诉称的受污染血液制品的覆盖全国的集团诉讼确认命令予以撤销)。如参见，埃米·施密特·琼斯："使用执行职务令来撤销大众受害侵权集团诉讼确认命令"，载《纽约大学法律评论》(Amy Schmidt Jones, The Use of Mandamus to Vacate Mass Exposure Tort Class Certification Orders, *N. Y. U. L. Rev.*)第 72 卷，第 232 页。(1997 年)

② 关于斯坦哈特有限合伙案(In re Steinhardt Partners, L. P.)，《联邦判例汇编第三辑》第 9 卷，第 230 页。(第二巡回法院 1993 年)

③ 有些州，最为有名的当数加州，比联邦法院系统更为自由地适用执行职务令。

# 第七节 审查标准

在本节，我们假定案件已适当地上诉至上诉法院。现在的问题是上诉法院将要采纳何种标准来审查初审法院的所作所为。审查不同的问题会使用不同的标准。对上诉法院援用的各种标准进行考察大有裨益，相对而言，其对初审法院之裁决，或多或少表现出尊重。对于某些问题，上诉法院对其裁决可能毫不遵从，而自由地代之以自己的结论；对于其他一些问题之裁决，上诉法院可能表现出很大程度的尊重，认为除非裁决结果完全怪异，否则将维持初审法院之裁决；对余下的另外一些问题，上诉法院可能采取某种中间立场。

对初审法院的裁决给予尊重的程度取决于各种因素。第一，当然要考虑司法体系是否“做得对”，亦即是否正确适用法律并作出适当之裁决。第二，考虑两级司法机关之相对专长。例如，在诸如证人可信度的问题上，上诉法院应该尊重初审法院之裁定，毕竟只有初审法院法官才亲眼目睹证人作证。第三，我们要考虑终局性——案件不会因为一些愚蠢、子虚乌有之理由而遭致推翻。

**法律问题**

对于法律问题，上诉法院并不遵从初审法院之裁决。这里并不存在认为初审法院“做得对”的假定，而要求上诉法院必须对问题进行重新判断。此种干预性审查是适当的，因为决定法律是什么并非初审法院之专长。法律之内容不依赖庭审中发生之事，这是一个枯燥的研究问题，对此上诉法院比初审法院更有能力履行审判职能。毕竟上诉法院之部分功能就是为当事人、下级法院乃至整个社会释法。[①]

806 在任何案件中都可能产生许多纯粹的法律问题，如初审法院法官是否

① 事实上，上诉法院可以裁决法律适用是正确的，但应该修改该法律。其在这一点上的裁判将成为先例，依据先例原则将对辖区内的所有下级法院具有约束力。我们在第一章第一节第一目探讨过先例问题。

就诉求或抗辩之要件向陪审团提供适当指导，初审法院法官是否恰当分配举证责任，或其对简易判决或未能陈述诉求的驳回申请或基于法律问题作出判决之申请等是否适用了正确标准等等。对于所有这些问题，上诉法院可以用自己的裁判取代初审法院之裁决。

**事实问题**

关于事实问题，我们指的是最高法院所称的历史事实；[①]亦即在真实世界所发生的一切。交通灯是红的还是绿的？被告在开车之前喝酒了吗？如果喝了，喝了多少又在什么时候喝的？原告在信上签字了吗？如果说了什么的话，被告对原告讲话的内容是什么呢？原告支付货款了吗？证人在撒谎吗？毫无疑问这些问题对有直接关系的当事人肯定重要，但不像法律问题裁决那样对全社会具有影响力。而且，因为只有事实认定者看到了证人，听到了证词，上诉法院至少应在某种程度上尊重事实认定者在审判中作出的决定，而实际上情况亦是如此。

当然，庭审中的事实认定者可能是法官，也可能是陪审团。在第九章第二节，我们探讨了在联邦法院审理的民事案件中要求陪审团审理的权利。如果没有此种权利，或者如果当事人放弃要求陪审团审理之权利，则由法官充当事实认定者，这种审判被称为法官审判(bench trial)。《联邦民事诉讼规则》第 52 条(a)款(6)项规定，除非其存在“明显错误”，否则在法官审判中初审法官对事实之裁定在上诉中必须予以维持。此外，该规则明确要求“对初审法院判断证人可信度之机会给予应有的尊重”。因此此类裁定一般推定为正确，除非“根据全部证据，上诉法院形成肯定和明确之确信：初审法院犯了错误”，[②]否则其会遵从初审法院的此类裁定。上诉法院不必想当然地认为初审法院“做错了”。相反，其必须查明卷宗中之证据不足以支持其裁决。遵从反映了这样一种机构性判断：初审法院法官所处之位置使其能够 807

① 普尔曼—斯坦达德诉斯温特案(Pullman-Standard v. Swint)，《美国联邦最高法院判例汇编》第 456 卷，始于第 273、289 页第 19 个注释(1982 年)。

② 美国诉美国石膏公司案(United States v. United States Gypsum Co.)，《美国联邦最高法院判例汇编》第 333 卷，始于第 364、395 页(1948 年)(对“明显错误”有最为重要之界定)。

看到和研究证人，并将其证言和其他证据置于整个案件背景中加以衡量，然后才作出了裁决。上诉法院不能做这些事。毫不奇怪，因为存在这一遵从标准，很少有案件因法官错误地认定了事实而遭致推翻。

但如果庭审审查的大多是书面证词，没有当庭作证的证人，结果又会如何？对于此类案件，一些法院认为，初审法院之事实认定应较少获得遵从，甚至压根不能获得遵从。[①] 它们的推理是上诉法院能够像初审法官一样，方便地审查书面证词。[②] 但联邦最高法院在安德森诉贝塞默城中城案（Anderson v. City of Bessemer City）[③]中拒绝采纳这一观念。安德森案的裁决认为，"即使地区法院的裁决并不依赖对证人可信度的认定，而是基于物证或书证或基于从其他事实推导的结论"，[④]法官审判的所有事实认定仍有权获得明显错误标准的审查。最高法院进一步指出，如果法官的事实认定建立在其对证人可信性的判断之上，"《规则》第 52 条(a)款要求上诉法院必须对初审法院之事实认定给予更高程度之尊重……"。[⑤]

《规则》第 52 条(a)款(1)项不适用于陪审团审理的案件。陪审团作出的事实认定有权获得相较于法官的事实认定更高程度的遵从，因为有《宪法第七修正案》的复审条款（reexamination clause）。该条款规定："陪审团所作之事实裁决，除了依据普通法规则审查外，不应受到任何美国法院之再次审查。"上诉阶段审查陪审团所作事实裁决之标准，类似于初审法院根据《联邦民事诉讼规则》第 50 条(a)款(1)项决定是否准予作为法律问题裁决申请

---

① 如参见，奥维斯诉希金斯案（Orvis v. Higgins），《联邦判例汇编第二辑》第 180 卷，第 537 页。（第二巡回法院 1950 年）

② 尽管的确如此，但采用这一方法的法院忽略了下列两点：(1)《规则》第 52 条(a)款并未作出如此区分；(2)即使上诉法院所处位置与初审法院一样方便认定事实，但弃初审法院事实认定于不顾将"破坏人们对初审法院之信心，使上诉案件数量激增，随之而来的是开支增加和时间迟延。"赖特与凯恩：《联邦法院》，第 691 页。

③ 《美国联邦最高法院判例汇编》第 470 卷，第 564 页。（1985 年）

④ 同前注，第 574 页。《联邦民事诉讼规则》第 52 条(a)款在安德森案作出判决的几个月后得到了修改，对所有法官审判中的事实认定适用明显错误标准，而"不管事实认定基于口头证据还是书面证据"。这一要求现在规定在《规则》第 52 条(a)款(6)项之中。

⑤ 同前注，第 575 页。

时所用标准。[①] 具体而言，上诉法院审查所有证据时，包括证人可信度的认定和推论等在内，要根据最有利于事实裁决的原则进行，而且只要一个合理的事实认定者能够得出该结论就必须予以维持。[②] 808

**法律与事实的混合问题**

前述探讨将法律问题与事实问题作为可清晰界定、截然区分之事对待。但在有些案件中，在法律与事实间画上界限证明是很难的，而且实践做法“随所涉实体法性质不同而有所不同”。[③] 而且，法律与事实，二者并非泾渭分明。有时候，要求初审法院裁决“法律与事实相混的问题”。关于此类混合问题之裁决，存在两个方面的巨大困惑。首先，它们是什么问题？其二，混合问题之审查标准如何？一问题很重要，因为有很多案件表明需要重新审查混合问题。[④] 依此观点，混合问题被视为法律问题，上诉法院可基于全案记录，自由作出裁决来取代初审法院之裁决。

联邦最高法院将混合问题界定为：

> 此类问题中历史事实业已承认或确定，法律规则无可争议，问题是事实是否满足制定法标准，或者换言之，适用于既定事实之法律规则是否遭致违反。[⑤]

---

① 大多数州将此申请称为请求直接裁断的申请。我们在第九章第五节探讨过这一申请。

② 如参见，得雷瑟—兰德公司诉维图阿尔自动化公司案(Dresser-Rand Co. v. Virtual Automation Inc.)，《联邦判例汇编第三辑》第 361 卷，始于第 831、838 页(第五巡回法院 2004 年)；阿布范诉三级通讯公司案(Abvan v. Level 3 Communications, Inc.)，《联邦判例汇编第三辑》第 353 卷，始于第 1158、1164 页(第十巡回法院 2003 年)。

③ 博斯公司诉美国消费者联盟公司案(Bose Corp. v. Consumers Union of the United States, Inc.)，《美国联邦最高法院判例汇编》第 466 卷，始于第 485、501 页第 17 个注释(1984 年)。

④ 如参见，库珀轮胎和橡胶公司诉圣保罗火灾和海事保险案(Cooper Tire & Rubber Co. v. St. Paul Fire & Marine)，《联邦判例汇编第三辑》第 48 卷，始于第 365、369 页(第八巡回法院 1994 年)；班克诉夜游者、马丁与米切尔案(Banker v. Nightswander, Martin & Mitchell)，《联邦判例汇编第三辑》第 37 卷，始于第 866、870 页(第二巡回法院 1994 年)(减轻伤害之努力是否合理)。联邦最高法院暗示，这在斯特里克兰诉华盛顿案[Strickland v. Washington，《美国联邦最高法院判例汇编》第 466 卷，始于第 668、698 页(1964 年)]中是个合适的一般规则，但并未确定地作出裁决。普尔曼—斯坦达德诉斯温特案(Pullman-Standard v. Swint)，《美国联邦最高法院判例汇编》第 456 卷，始于第 273、289 页第 19 个注释(1982 年)。

⑤ 普尔曼—斯坦达德诉斯温特案(Pullman-Standard v. Swint)，《美国联邦最高法院判例汇编》第 456 卷，始于第 273、289 页第 19 个注释(1982 年)。

这一界定并不总是能带来明确的答案。或许最好还是要看法院在不同的案件中是如何作出界定的，方才体会出什么才是一个混合问题。被告之言语和行为是单纯的事实问题，但其是否构成基于种族或出身的故意歧视则是法律与事实的混合问题。[1] 被告之陈述是个单纯的事实问题，但其是
809 否足够重要乃至构成证券欺诈则被视为法律与事实的混合问题。[2] 合同的解释被认为是法律与事实相混的问题，[3]使用著作权材料是否构成"合理使用"也一样。[4] 一个工人是否属于《琼斯法》(Jones Act)规定之"海员"也被视为法律与事实的混合问题。[5] 当事人是否同意将争议提交仲裁显然构成法律与事实相混的问题。[6]

将问题定性为混合问题影响上诉审查之标准。但值得一问，为何一个法律与事实相混的问题应该得到重新审查。此类案件中的最为著名的案例即是博斯公司诉美国消费者联盟公司案(Bose Corp. v. Consumers Union of United States, Inc.)，[7]在该案中博斯公司因产品遭诋毁而起诉。其诉称被告对博斯公司的产品做了虚假陈述，而且这种虚假陈述是基于实际恶意而为。[8] 博

---

① 伍兹诉图表承包人案(Woods v. Graphic Contractors)，《联邦判例汇编第二辑》第 92 卷，第 1195 页(第九巡回法院 1991 年)。另一方面，联邦最高法院的裁决认为，歧视故意问题是一个事实问题。普尔曼—斯坦达德诉斯温特案(Pullman-Standard v. Swint)，《美国联邦最高法院判例汇编》第 456 卷，始于第 273、274 页(1982 年)。

② TSC 工业公司诉诺斯韦公司案(SC Indus., Inc. v. Northway, Inc.)，《美国联邦最高法院判例汇编》第 426 卷，第 438 页(1976 年)；ABC 套汇原告集团诉切鲁凯案(ABC Arbitrage Plaintiffs Group v. Tchuruk)，《联邦判例汇编第三辑》第 291 卷，第 336 页(第五巡回法院 2002 年)。

③ 泰勒诉科莫案(Tyler v. Cuomo)，《联邦判例汇编第三辑》第 236 卷，第 1124 页(第九巡回法院 2000 年)。

④ 哈珀和罗出版公司诉全民企业案(Harper & Row, Publishers, Inc. v. The Nation Enterprises)，《美国联邦最高法院判例汇编》第 471 卷，始于第 539、560 页(1980 年)。

⑤ 奋力海运诉起重机经营者公司案(Endeavor Marine v. Crane Operators, Inc.)，《联邦判例汇编第三辑》第 234 卷，第 287 页(第五巡回法院 2000 年)。

⑥ 贝利诉范妮·梅案(Bailey v. Fannie Mae)，《联邦判例汇编第三辑》第 209 卷，第 740 页(哥伦比亚特区巡回法院 2000 年)。

⑦ 《美国联邦最高法院判例汇编》第 466 卷，第 485 页(1984 年)。

⑧ 在《宪法》课程中，你将学到纽约时报公司诉沙利文案[New York Times, Inc. v. Sullivan，《美国联邦最高法院判例汇编》第 376 卷，第 254 页(1964 年)]，它要求在某些(不是所有)案件中原告要证明存在实际恶意。

斯公司胜诉，现在的问题是，依据《联邦规则》第 52 条(a)款(6)项规定之“明显错误”标准，上诉法院是否仅审查实际恶意问题。依据《规则》第 52 条(a)款之规定，初审法官对证人可信性的判断应得到尊重，实际恶意之存在构成了法律与事实相混的问题。基于此，联邦最高法院裁决，在上诉中要对其进行重新审查。为什么？是为了保护《宪法第一修正案》规定的权利。上诉法院将不得不自由地仔细审查全案记录，以确信案件之结果并未侵犯宪法赋予被告的言论自由权。[①] 换言之，被告是否存在实际恶意——初看起来似乎是纯粹事实问题——该问题对一项重要的宪法权利有直接影响。因此，不能阻碍上诉法院对其进行上诉审查。

在前段引述的案例中，博斯案的讨论清楚表明，法院并未将“法律与事实混合问题”的裁决限定于包含宪法权利的案件。因此，博斯案的基本理由——为保护宪法权利有必要进行仔细的上诉审查——并非将一个问题定性为混合问题的惟一理由。不可能对案例法中看到的处理这一问题的各种方法都赋予合理性或给予解释。在这些概念中存在足够的灵活性来让上诉 810
法院将一些难解难分的问题定性为混合问题，从而为重新审查提供正当理由。

**自由裁量问题**

在案件审理过程中，可能会请求初审法院法官裁决一些其有“合法裁量权”裁决的问题。是否允许修改诉答文书、任意性加入诉讼、强制披露、合并案件、命令分开审理问题，以及上百个与案件管理相关的类似问题，皆是此类问题之例证。认定是否不存在《规则》第 54 条(b)款规定的推迟上诉的正当理由，对此我们在上述第四节阐述过，也是一个例子。

此类问题呈现的皆是与事实相关联的诸多情形，不管初审法院命令什么，上诉法院对初审法院的命令都非常尊重。上诉法院仅在初审法官“滥用自由裁量权”的情况下方能对这些问题的裁决予以撤销。这即意味着，即使

① 前注中讨论的纽约时报公司诉沙利文案代表了这样一种见解：除非在发表时存在实际恶意，否则《第一修正案》中规定的言论自由将为错误的陈述提供保护。

上诉法院的法官对此问题给出了不同结论，上诉法院也必须维持此类裁决。只要初审法官之裁决没有明显错误或不是毫无根据，上诉法院都将予以维持。这种高度的尊重是合适的，因为初审法官处在最佳位置，可以将要处理的问题放在整个案件背景下思考，并对所有的竞争因素进行权衡。而且，对这些问题作出的裁决并不能简单地归结为“对”或“错”。不同的理性人可能有着不同的见解。此处上诉法院所能做的一切，就是确保初审法官在行使自由裁量权和作出裁决时做到“大致正确”——基于事实作出了处于合理范围的裁决。

# 案例表*



---

* 以下页码为原书页码，即本书边码。

# 参考文献列表*


825 亚历山大，珍妮特·库帕："案件实体真的重要吗？——对证券集团诉讼和解之研究"，载《斯坦福法律评论》第 43 卷，第 497 页（1991 年）

Alexander, Janet Cooper, Do the Merits Matter? A Study of Settlements in Securities Class Actions, 43 Stan. L. Rev. 497 (1991), 724

阿莱瓦，帕蒂："权利的逝去：梅里尔道案后制定法联邦问题原则之麻烦"，载《俄亥俄州法律杂志》第 52 期，第 1477 页（1991 年）

Alleva, Patti, Prerogative Lost: The Trouble with Statutory Federal Question Doctrine After *Merrell Dow*, 52 Ohio St. L. J. 1477 (1991), 206

阿特金森，马斯："建议废除有利益关系的真实当事人规则"，载《纽约大学法律评论》第 32 卷，第 926 页（1957 年）

Atkinson, Thomas, The Real Party in Interest Rule: A Plea for Its Abolition, 32 N. Y. U. L. Rev. 926 (1957), 615

边沁，杰里米：《论司法证据》（1827 年）

Bentham, Jeremy, Rationale of Judicial Evidence (1827), 577

布莱克斯通，威廉：《评论》（1859 年）

Blackstone, William, Commentaries (1859), 432

博彻斯，帕特里克："异籍管辖权的起源，法律实证主义的兴起和伊利案和克拉克森案的美好新世界"，载《得克萨斯法律评论》第 72 卷，第 79 页（1993 年）

Borchers, Patrick, The Origins of Diversity Jurisdiction, the Rise of Legal Positivism, and a Brave New World for *Erie* and *Klaxon*, 72 Tex. L. Rev. 79 (1993), 478

____"一般管辖权的问题"，载《芝加哥大学法律论坛》2001 年卷，第 119 页

____ The Problem with General Jurisdiction, 2001 U. Chi. Legal F. 119, 99

奇塔姆，埃利奥特："冲突法：一些进展及问题"，载《阿肯色法学评论》第 25 卷，第 9 页（1975 年）

Cheatham, Elliot, Conflict of Laws: Some Developments and Some Questions, 25 Ark. L. Rev. 9 (1975), 113

克拉克，查尔斯："书评"，载《康奈尔法律季刊》第 36 卷，第 181 页（1950 年）

Clark, Charles, Book Review, 36 Cornell L. Q. 181 (1950), 497

____"《联邦规则》下的起诉书"，载《怀俄明法律评论》，第 12 期，第 177 页（1985 年）

____ Pleading Under the Federal Rules, 12 Wyo. L. Rev. 177 (1958), 304


* 本表排列顺序为，前为中译文，后为原英文。英文最末端数字，为原书页码。

科菲，小约翰："承包式诉讼之管理：大型集团诉讼中公平与效率之平衡"，《芝加哥大学法律评论》第 54 卷，第 877 页(1987 年)

Coffee, John, Jr., The Regulation of Entrepreneurial Litigation: Balancing Fairness and Efficiency in the Large Class Action, 54 U. Chi. L. Rev. 877 (1987), 724

科恩，德布拉·R.："异籍管辖权认定中有限责任公司的州籍"，载《中小企业法律杂志》第 6 期，第 435 页(2002 年)

Cohen, Debra R., Citizenship of Limited Liability Companies or Diversity Jurisdiction, 6 J. of Small & Emerging Bus. Law 435 (2002), 178

评述："在管辖苹果上咬的第二口：防止提出虚假异籍的建议"，载《黑斯廷斯法律杂志》第 41 卷，第 1417 页(1990 年)

Comment, Second Bites at the Jurisdictional Apple: A Proposal for Preventing False Assertions of Diversity of Citizenship, 41 Hastings L. J. 1417 (1990), 280

柯里，布雷纳德："联邦法院的扣押令和扣押第三债务人财产令"，载《密歇根法律评论》第 59 卷，第 337 页(1961 年)

Currie, Brainerd, Attachment and Garnishment in the Federal Courts, 59 Mich. L. Rev. 337 (1961), 274

____"再诉禁止之相互性：伯恩哈德案原则之限制"，载《斯坦福法律评论》第 9 卷，第 281 页(1957 年)

____ Mutuality of Estoppel: Limits on the *Bernhard* Doctrine, 9 Stan. L. Rev. 281 (1957), 584

柯里，戴维："联邦法院和美国法学会"，载《芝加哥大学法学评论》第 361 期，第 1 页(1968 年)

Currie, David, The Federal Courts and the American Law Institute, 36 U. Chi. L. Rev. 1 (1968), 164

德格南，罗南："联邦既判力"，载《耶鲁法律杂志》第 85 卷，第 741 页(1976 年)

Degnan, Ronan, Federalized Res Judicata, 85 Yale L. J. 741 (1976), 596, 606

____"利文斯顿诉杰斐逊案——一个单独的脚注"，载《加利福尼亚法律评论》第 75 期，第 115 页(1987 年)

____ *Livingston v. Jefferson*—A Freestanding Footnote, 75Cal. L. Rev. 115(1987), 239

多布斯，丹："超越障碍：在作出终局判决前终止事物管辖权问题"，载《明尼苏达法律评论》第 51 卷，第 491 页(1967 年)

Dobbs, Dan, Beyond Bootstrap: Foreclosing the Issue of Subject Matter Jurisdiction Before Final Judgment, 52 Minn. L. Rev. 491 (1967), 280

多比，阿米斯特德：《联邦程序》(1928 年)

Dobie, Armistead, Federal Procedure (1928), 482

德恩贝格，唐纳："没有这样做的理由；它只是我们的政策：为什么说充分主张的起诉书规则破坏了联邦问题管辖权的目的"，载《黑斯廷斯法律杂志》第 38 期，第 597 页(1987 年)

826 Doernberg, Donald, There's No Reason for It; It's Just Our Policy: Why the Well-Pleaded Complaint Rule Sabotages the Purposes of Federal Question Jurisdiction, 38 Hastings L. J. 597 (1987), 200

杜安,詹姆斯:"简易判决的四个大谜团",载《华盛顿和李法律评论》第 52 卷,第 1523 页(1996 年)

Duane, James, The Four Greatest Myths About Summary Judgment, 52 Wash. & Lee L. Rev. 1523 (1996), 444

伊斯特布鲁克,弗兰克:"内幕交易、间谍、证据特权和信息的提交",载《最高法院法律评论》第 1981 年卷,第 309 页

Easterbrook, Frank, Insider Trading, Secret Agents, Evidentiary Privileges, and the Production of Information, 1981 Sup. Ct. Rev. 309, 386

恩特曼,琼:"废除《联邦民事诉讼规则》第 17 条(a)款的更多理由:适格原告与保险代位问题之思考",载《北卡罗来纳法律评论》第 68 卷,第 893 页(1990 年)

Entman, June, More Reasons for Abolishing Federal Rule of Civil Procedure 17(a): The Problem of the Proper Plaintiff and the Insurance Subrogation, 68 N. C. L. Rev. 893 (1990), 616

埃里克森,霍华德:"不同法院间的排除",载《密歇根法律评论》第 96 卷,第 945 页(1998 年)

Erichson, Howard, Interjurisdictional Preclusion, 96 Mich. L. Rev. 945 (1998), 596

费尔曼,克里斯托弗:"卸职给了学界:附属管辖权法律的案例",载《西顿霍尔立法机关杂志》第 19 卷,第 157 页(1994 年)

Fairman, Christopher, Abdication to Academia: The Case of the Supplemental Jurisdiction Statute, 19 Seton Hall Legis. J. 157 (1994), 692

____"提高了要求的诉答文书",载《得克萨斯法学评论》第 81 卷,第 551 页(2002 年)

____ Heightened Pleading, 81 Tex. L. Rev. 551 (2002), 325

____"通知式诉答文书的神话",《亚利桑那法学评论》第 45 卷,第 987 页(2003 年)

____ The Myth of Notice Pleading, 45 Ariz. L. Rev. 987 (2003), 325

菲斯,欧文:"反对和解",载《耶鲁法律杂志》第 93 卷,第 1073 页(1984 年)

Fiss, Owen, Against Settlement, 93 Yale L. J. 1073 (1984), 29

弗洛伊德,道格拉斯·C.:"伊利案的偏差:对加斯佩里尼诉仁爱中心公司案的评论",载《杨百翰大学法律评论》第 1997 年卷,第 267 页

Floyd, Douglas C., *Erie* Awry: A Comment on *Gasperini v. Center for Humanities, Inc.*, 1997 BYU L. Rev. 267, 518

法兰克福特,弗兰克和兰迪斯,詹姆斯:《最高法院的职责》(1928 年)

Frankfurter, Frank, & Landis, James, The Business of the Supreme Court (1928), 162

弗雷泽,乔治.B.:"联邦法院对若不合并则利益可能受损之当事人的附属管辖权",载《联邦规程判例汇编》第 62 卷,第 483 页

Praser, George B., Ancillary Jurisdiction of Federal Courts of Persons Whose Interest

May Be Impaired If Not Joined, 62 F. R. D. 483, 661

____“必要管辖——对马兰案的分析”,载《宾夕法尼亚大学法律评论》第 100 卷,第 100 页(1951 年)

____ Jurisdiction by Necessity—An Analysis of the *Mullane Case*, 100 U. Pa. L. Rev. 100 (1951), 47

弗里德曼,马克斯编辑,《罗斯福和法兰克福特:他们 1928 年至 1945 年间的通信》(1968 年)

Freedman, Max, ed., Roosevelt and Frankfurter: Their Correspondence 1928-1945 (1968), 490

弗里尔,理查德·D.:“避免重复诉讼:原告自治和法院在界定诉讼单元上作用的再思考”,载《匹兹堡大学法律评论》第 50 期,第 809 页(1989 年)

Freer, Richard D., Avoiding Duplicative Litigation: Rethinking Plaintiff Autonomy and the Court's Role in Defining the Litigative Unit, 50 U. Pitt. L. Rev. 809 (1989), 212, 544, 610

____“沸腾之热锅:附属管辖权、争议金额与异籍集团诉讼”,载《埃默里法律杂志》第 52 卷,第 55 页(2004 年)

____The Cauldron Boils: Supplemental Jurisdiction, Amount in Controversy, and Diversity of Citizenship Class Actions, 52 Emory L. J. 55 (2004), 772

____“增加混乱并妨碍异籍:芬利案和附属管辖权法律之后的状况”,载《埃默里法律杂志》第 40 期,第 445 页(1991 年)

____ Compounding Confusion and Hampering Diversity: Life After *Finley* and the Supplemental Jurisdiction Statute, 40 Emory L. J. 445 (1991), 215-216, 692, 770

____“集团诉讼确认裁决的中间审查:联邦和州实践的初步实证研究”,载《西部州立大学法律评论》第 35 卷,第 13 页(2007 年)

____ Interlocutory Review of Class Action Certification Decisions: A Preliminary Empirical Study of Federal and State Experience, 35 W. St. U. L. Rev. 13(2007), 798

____“通过个案的镜头所折射出的国内和全球的选择法院原则”,载《杨百翰大学法律评论》2007 年卷,第 959 页

____ Refracting Domestic and Global Choice-of-Forum Doctrine Through the Lens of a Single Case, 2007 BYU L. Rev. 959, 264

____“对强制性当事人合并之再思考:对重构《联邦规则》第 19 条之建议”,载《纽约大学法律评论》第 60 卷,始于第 1061 页(1985 年)

____ Rethinking Compulsory Joinder: A Proposal to Restructure Federal Rule 19, 60 N. Y. U. L. Rev. 1061 (1985), 661-662

____“有关规则和标准:‘源自’管辖权法定限制的调和”,载《印第安纳法律杂志》第 82 期,第 319 页(2007 年)

____ Of Rules and Standards: Reconciling the Statutory Limitations on “Arising Under” Jurisdiction, 82 Ind. L. J. 319 (2007), 208

____“对加斯佩里尼案后伊利原则状态的一些思考”,载《得克萨斯法律评论》第 76 卷,第 1637 页(1998 年)

____ Some Thoughts on the State *of Erie* After *Gasperini*, 76 Tex. L. Rev. 1637 (1998), 485, 518

弗里尔,理查德 · D. 和雷迪西,马丁 · H. :《联邦法院》(2004 年)

Freer, Richard D., & Redish, Martin H., Federal Courts (2004), 525

加兰特,马克:“消失中的庭审:联邦和州法院庭审和相关事项的审视”,载《经验主义法学研究》2004 年第 1 期,第 459 页

827 Galanter, Marc, The Vanishing Trial: An Examination of Trials and Related Matters in Federal and States Courts, 1 J. Empirical Legal Stud. 459 (2004), 7

乔治,B. 格伦:“探寻一般管辖权”,载《图兰法律评论》第 64 卷,第 1097 页(1990 年)

George, B. Glenn, In Search of General Jurisdiction, 64 Tul. L. Rev. 1097 (1990), 99

格雷森,马丁和施瓦兹,巴特:“诉讼书状送达中的奇遇”,载《诉讼》第 11 期,第 11 页(1985 年)

Grayson, Martin, & Schwartz, Bart, Adventures in Serving Process, 11 Litigation 11 (1985), 135

格林,迈克尔:“进攻性间接再诉禁止不能如愿以偿:石棉诉讼中再诉禁止之检视”,载《衣阿华法律评论》第 70 卷,第 141 页(1984 年)

Green, Michael, The Inability of Offensive Collateral Estoppel to Fulfill Its Promise: An Examination of Estoppel in Asbestos Litigation, 70IowaL. Rev. 141 (1984), 586

格里洛,特里纳:“调解式的替代:对妇女的程序危险”,载《耶鲁法学杂志》第 100 卷,第 1545 页(1991 年)

Grillo, Trina, The Mediation Alternative: Process Dangers for Women, 100 Yale LJ. 1545(1991), 29

汉德勒,米尔顿:“反托拉斯诉讼:从实体到程序创新之转变”,载《哥伦比亚法律评论》第 71 卷,第 1 页(1971 年)

Handler, Milton, The Shift from Substantive to Procedural Innovations in Antitrust Suits, 71 Colum. L. Rev. 1 (1971), 724

海,布鲁斯和罗森堡,戴维:“集团诉讼和解中的‘私下交易’与‘合法敲诈’:现实与救济”,载《诺特戴姆法律评论》第 75 卷,第 1377 页(2000 年)

Hay, Bruce, & Rosenberg, David, “Sweetheart” and “Blackmail” Settlements in Class Actions: Reality and Remedy, 75 Notre Dame L. Rev. 1377 (2000), 725

哈泽德,杰弗里:“不可缺少之当事人:程序幻觉之历史由来”,载《哥伦比亚法律评论》第 61 卷,第 1254 页(1961 年)

Hazard, Geoffrey, Indispensable Party: The Historical Origin of a Procedural Phantom, 61 Colum. L. Rev. 1254 (1961), 649

哈泽德,杰弗里和莫斯科维兹,迈伦:“确定竞合权利诉讼制度的历史评析”,载《加州法律评论》第 52 卷,第 706 页(1964 年)

Hazard, Geoffrey, & Moskovitz, Myron, An Historical and Critical Analysis of Interpleader, 52 Cal. L. Rev. 706 (1964), 709

海泽,沃尔特:"加州不可预见之既判力(请求排除)原则",载《圣迭戈法律评论》第 35 卷,第 599 页(1998 年)

Heiser, Walter, California's Unpredictable Res Judicata (Claim Preclusion) Doctrine, 35 San Diego L. Rev. 599 (1998), 545

霍姆斯,小奥利弗·温德尔:"法律之路",载《哈佛法律评论》第 10 卷,第 457 页(1897 年)

Holmes, Oliver Wendell, Jr., The Path of the Law, 10 Harv. L. Rev. 457 (1897), 489

爱尔兰,玛里琳:"对加入诉讼诉求的附属管辖权",载《新墨西哥法律评论》第 23 卷,第 57 页(1993 年)

Ireland, Marilyn, Supplemental Jurisdiction over Claims in Intervention, 23 N. M. L. Rev. 57 (1993), 692

琼斯,埃米·施密特:"使用执行职务令来撤销大众受害侵权集团诉讼确认命令",载《纽约大学法律评论》第 72 卷,第 232 页(1997 年)

Jones, Amy Schmidt, The Use of Mandamus to Vacate Mass Exposure Tort Class Certification Orders, 72 N. Y. U. L. Rev. 232 (1997), 804

坎普,艾伦:"汉斯贝里诉李案背后的故事",载《加利福尼亚大学戴维斯法律评论》第 20 卷,第 481 页(1987 年)

Kamp, Allen, The History Behind *Hansberry v. Lee*, 20 U. C. Davis L. Rev. 481 (1987), 729

凯恩,玛丽·凯:"民事陪审团的审理:合乎逻辑的破除旧习案",载《黑斯廷斯法律杂志》第 28 卷,第 1 页(1976 年)

Kane, Mary Kay, Civil Jury Trial: The Case for Reasoned Iconoclasm, 28 Hastings L. J. 1(1976), 428

肯尼迪,约翰:"让我们都加入诉讼吧:《联邦规则》第 24 条之加入诉讼",载《肯塔基法律杂志》第 57 卷,第 329 页(1969 年)

Kennedy, John, Let's All Join In: Intervention Under Federal Rule 24, 57Ky. L. J. 329 (1969), 662

金,南希·J.:"惩罚之定数:连续和过度惩罚之宪法限制",载《宾夕法尼亚大学法律评论》第 144 卷,第 101 页(1995 年)

King, Nancy J., Portioning Punishment: Constitutional Limits on Successive and Excessive Penalties, 144 U. Pa. L. Rev. 101 (1995), 751

基斯特,罗杰:"复杂案件中陪审团的历史版图",载《华盛顿法律评论》第 58 卷,第 1 页(1982 年)

Kirst, Roger, The Jury's Historic Domain in Complex Cases, 58Wash. L. Rev. 1(1982), 427

克雷默,拉里:"异籍案件管辖权",载《杨百翰大学法律评论》1990 年卷,第 97 页

Kramer, Larry, Diversity Jurisdiction, 1990 BYU L. Rev. 97, 163

马库斯,理查德·L.:"只是昨天:对电子披露规则制定回应的思考",载《福德姆法律评论》第73卷,第1页(2004年)

Marcus, Richard L., Only Yesterday: Reflections on Rulemaking Responses to E-Discovery, 73 Fordham L. Rev. 1 (2004), 392

马塔萨,理查德和布吕什,格雷戈里·S.:"程序上的普通法、联邦管辖权政策以及充分与独立的州法依据原则之抛弃",载《哥伦比亚法律评论》第86卷,第1291页(1986年)

Matasar, Richard, & Bruch, Gregory S., Procedural Common Law, Federal Jurisdictional Policy, and Abandonment of the Adequate and Independent State Grounds Doctrine, 86 Colum. L. Rev. 1291 (1986), 801-802

麦克科伊德,约翰:"多方当事人争议的一揽子解决",载《斯坦福法律评论》第27卷,第707页(1976年)

McCoid, John, A Single Package for Multiparty Disputes, 27 Stan. L. Rev. 707 (1976), 610

麦克劳克林,丹尼斯:"联邦附属管辖权法——宪法与制定法的分析",载《亚利桑那州法律杂志》第24卷,第849页(1992年)

828 McLaughlin, Denis, The Federal Supplemental Jurisdiction Statute—A Constitutional and Statutory Analysis, 24 Ariz. St. L. J. 849 (1992), 692

梅里根,爱德华:"从伊利案到约克案再到拉根案:《联邦规则》的三重杀出局",载《范德比尔特法律评论》第3卷,第711页(1950年)

Merrigan, Edward, *Erie* to *York* to *Ragan*: A Triple Play on the Federal Rules, 3 Vand. L. Rev. 711(1950), 497

米勒,阿瑟·R.:"诡诈的诉答文书:一个探究界定的理论",载《得克萨斯法律评论》第76期,第1781页(1998年)

Miller, Arthur R., Artful Pleading: A Doctrine in Search of Definition, 76 Tex. L. Rev. 1781 (1998), 201, 231

____"庭审前匆忙判决:'诉讼爆炸'、'责任危机'和效率的陈词滥调正侵蚀我们在法院的美好时光和让陪审团审理的承诺吗?",载《纽约大学法律评论》第78卷,第982页(2003年)

____ The Pretrial Rush to Judgment: Are the "Litigation Explosion," "Liability Crisis," and the Efficiency Cliches Eroding Our Day in Court and Jury Trial Commitments?, 78 N. Y. U. L. Rev. 982 (2003), 448, 450, 456

____"集团诉讼通知之问题",载《联邦规程判例汇编》第58卷,第313页(1972年)

____ Problems of Giving Notice in Class Actions, 58 F. R. D. 313 (1972), 759

穆尔,卡伦:"对事物管辖权的附带攻击:对《第二次判决法重述》的批判",载《康奈尔法律评论》第66卷,第534页(1981年)

Moore, Karen, Collateral Attack on Subject Matter Jurisdiction: A Critique of the Restatement (Second) of Judgments, 66 Cornell L. Rev. 534 (1981), 283

《穆尔论联邦实践》(第三版,1997-2008 年)

Moore's Federal Practice (3d ed. 1997-2008), *Passim*

马莱尼克斯,琳达:“普遍滥用披露之神话及其结果对毫无事实根据的规则制定之影响”,载《斯坦福大学法律评论》第 46 期,第 1393 页(1994 年)

Mullenix, Linda, The Pervasive Myth of Pervasive Discovery Abuse and the Consequences for Unfounded Rulemaking, 46 Stan. L. Rev. 1393 (1994), 362

____琳达·马莱尼克斯:“简易判决:驯化责任之兽”,载《美国审判辩护杂志》第 10 卷,第 433 页(1987 年)

____ Summary Judgment: Taming the Beast of Burdens, 10 Am. J. Trial Advoc. 433 (1987), 456

墨菲,科林:“统一民事和刑事陪审团的宪法权力”,载《乔治·华盛顿法律评论》第 61 卷,第 723(1993 年)

Murphy, Colleen, Integrating the Constitutional Authority of Civil and Criminal Juries, 61 Geo. Wash. L. Rev. 723 (1993), 419

____ “对货币式恢复原状的错误归类”,载《南部循道大学法律评论》第 55 卷,第 1577 页(2002 年)

____ Misclassifying Monetary Restitution, 55 SMU L. Rev. 1577 (2002), 426

墨菲,理查德·W.:“超级分歧:惩罚性赔偿金程序中要给州之实践预留空间”,载《北卡罗来纳法律评论》第 76 卷,第 463 页(1998 年)

Murphy, Richard W., Superbifurcation: Making Room for State Prosecution in the Punitive Damages Process, 76 N. C. L. Rev. 463 (1998), 751

尼利,理查德:《产品责任的混论:如何将企业从州法院的政治中拯救出来》(1988 年)

Neely, Richard, The Product Liability Mess: How Business Can Be Rescued from the Politics of State Courts (1988), 163

“评论:联邦法院的属地诉讼”,载《哈佛法律评论》第 70 期,第 708 页(1957 年)

Note, Local Actions in the Federal Courts, 70 Harv. L. Rev. 708 (1957), 239

奥克利,约翰:“联邦管辖权与审判地法律的近来改革:1988 年与 1990 年之司法改进法”,《加州大学戴维斯分校法律评论》第 24 卷,第 735 页(1991 年)

Oakley, John, Recent Statutory Changes in the Law of Federal Jurisdiction and Venue: The Judicial Improvements Acts of 1988 and 1990, 24 U. C. Davis L. Rev. 735 (1991), 692-693

珀杜,温迪·柯林斯:“罪恶、丑闻和实质性正当程序:对人管辖权和彭诺耶案的再思考”,载《华盛顿法律评论》第 62 卷,第 479 页

Perdue, Wendy Collins, Sin, Scandal, and Substantive Due Process: Personal Jurisdiction and *Pennoyer* Reconsidered, 62 Wash. L. Rev. 479 (1987), 57

____“联邦程序性普通法的渊源和范围:对伊利案和加斯佩里尼案的一些反思”,载《堪萨斯大学法学评论》第 46 卷,第 751 页(1998 年)

____ The Sources and Scope of Federal Procedural Common Law: Some Reflections on

*Erie* and *Gasperini*, 46U. Kan. L. Rev. 751 (1998), 518

芬德尔，詹姆斯·E.："激烈讨论：再议附属管辖权问题"，《伊利诺伊大学法律评论》2002年卷，第1209页

Pfander, James E., The Simmering Debate over Supplemental Jurisdiction, 2002 U. 111. L. Rev. 1209, 772

____"合意文本主义：附属管辖权与第1367条"，载《宾夕法尼亚大学法律评论》第148卷，第109页(1999年)

____ Supplemental Jurisdiction and Section 1367: The Case for a Sympathetic Textualism, 148 U. Pa. L. Rev. 109(1999), 771

普伦基特，克利福德："在阿肯色州的弃权和特别出庭"，载《阿肯色法律评论》第47卷，第883页(1994年)

Plunkett, Clifford, Waiver and the Special Appearance in Arkansas, 47Ark. L. Rev. 883 (1994), 269

波梅兰茨，亚伯拉罕："集团诉讼的新发展——其丧钟是否敲响?"，载《商法杂志》第25卷，第1259页(1970年)

Pomerantz, Abraham, New Developments in Class Actions — Has Their Death Knell Been Sounded?, 25 Bus. Law. 1259(1970), 724

普尔，E.金："康特里克案和埃伯哈特案后的管辖时限问题：160年先例之协调"，载《克赖顿法律评论》第40卷，第181页(2007年)

829 Poor, E. King, Jurisdictional Deadlines in the Wake of *Kontrick* and *Eberhart*: Harmonizing 160 Years of Precedent, 40 Creighton L. Rev. 181(2007), 783

珀塞尔，小爱德华：《诉讼和不平等：1870年至1958年工业化美国的联邦异籍管辖权》，第1870—1958页(1992年)

Purcell, Edward, Jr., Litigation and Inequality: Federal Diversity Jurisdiction in Industrial America, 1870-1958(1992), 492

雷迪舍，马丁·H.："制度间之冗余与联邦法院权限：建议对重复诉讼采取零容忍的解决方法"，载《诺特戴姆法学评论》第75卷，第1347页(2000年)

Redishi Martin H., Intersystemic Redundancy and Federal Court Power: Proposing a Zero Tolerance Solution to the Duplicative Litigation Problem, 75 Notre Dame L. Rev. 1347 (2000), 610

____马丁·雷迪希："州和联邦法院司法事务分配的再评估：联邦管辖权和'火星纪事'"，载《弗吉尼亚法律评论》第78期，第1769页(1992年)

____ Reassessing the Allocation of Judicial Business Between State and Federal Courts: Federal Jurisdiction and "The Martian Chronicles," 78 Va. L. Rev. 1769(1992), 206

里德，约翰："民事诉讼中当事人的强制合并(1)"，载《密歇根法律评论》第55卷，第327页(1957年)

Reed, John, Compulsory Joinder of Parties in Civil Actions (Pt. 1), 55 Mich. L. Rev. 327 (1957), 649

____“民事诉讼中当事人之强制合并(2)”,载《密歇根法律评论》第 55 卷,第 483 页(1957 年)

____ Compulsory Joinder of Parties in Civil Actions (Pt. 2), 55 Mich. L. Rev. 483 (1957), 649

《联邦法院研究委员会报告》,第 38—43 页(1990 年)

Report of Federal Courts Study Committee 38-43 (1990), 163

罗兹,查尔斯·W.:“一般管辖权的澄清”,载《西顿霍尔法律评论》第 34 卷,第 807 页(2004 年)

Rhodes, Charles W., Clarifying General Jurisdiction, 34 Seton Hall L. Rev. 807 (2004), 99

里茨,威尔弗雷德·J.:《改写 1789 年〈联邦司法法〉的历史》,第 148 页(1990 年)

Ritz, Wilfred J., Rewriting the History of the Judiciary Act of 1789, 148(1990), 484

罗,小托马斯·D.:“第 1367 条就是如此:论重新编纂联邦附属管辖权法”,载《印第安纳州法律杂志》第 74 卷,第 53 页(1998 年)

Rowe, Thomas D., Jr., 1367 and All That: Recodifying Federal Supplemental Jurisdiction, 74 Ind. L. J. 53 (1998), 630

____“跨越集团诉讼规则:改进联邦集团诉讼之法定可能性之概述”,载《纽约大学法律评论》第 71 卷,第 186 页(1996 年)

____ Beyond the Class Action Rule: An Inventory of Statutory Possibilities to Improve the Federal Class Action, 71 N. Y. U. L. Rev. 186(1996), 770

____“就政府工作来说不算坏:任何其他人想到最高法院在其伊利—汉纳法哲学的恰当工作中正处于中途?”,载《诺特戴姆法律评论》第 73 卷,第 963 页(1998 年)

____ Not Bad for Government Work: Does Anyone Else Think the Supreme Court Is Doing a Halfway Decent Job in Its *Erie-Hanna* Jurisprudence?, 73 Notre Dame L. Rev. 963 (1998), 518

罗,小托马斯·D.、伯班克,斯蒂芬和门格尔,托马斯:“附属管辖权在增加或制造混乱吗? 与弗里尔教授商榷”,载《埃默里法律杂志》第 40 卷,第 943 页(1991 年)

Rowe, Thomas D., Jr., Burbank, Stephen, & Mengler, Thomas, Compounding or Creating Confusion About Supplemental Jurisdiction? A Reply to Professor Freer, 40 Emory L. J. 943 (1991), 216, 663, 683, 694, 771

罗,小托马斯·D. 和西布利,肯尼思:“超越异籍:联邦多方当事人、多法院管辖权”,载《宾夕法尼亚大学法律评论》第 135 卷,第 7 页(1985 年)

Rowe, Thomas D., Jr., & Sibley, Kenneth, Beyond Diversity: Federal Multiparty, Multiforum Jurisdiction, 135 U. Pa. L. Rev. 7 (1985), 622

肖,布里顿:“7 万 5 千美元的问题:强制性救济的价值是什么?”,载《乔治梅森法律评论》第 6 期,第 1013 页(1998 年)

Shaw, Brittain, The $75, 000 Question: What Is the Value of Injunctive Relief?, 6 Geo. Mason Rev. 1013(1998), 185

斯坦曼，琼："异籍案件转移后当事人安排之变化：旧法、新法与《规则》第 19 条"，载《堪萨斯大学法律评论》第 38 卷，第 864 页(1990 年)

Steinman, Joan, Postremoval Changes in the Party Structure of Diversity Cases: The Old Law, the New Law, and Rule 19, 38 U. Kan. L. Rev. 864 (1990), 662

斯托里：《冲突法》(1883 年第 8 版)

Story, Conflict of Laws (8th ed. 1883), 168

萨布林，斯蒂芬·N.："全球视角中的披露：我们疯了吗?"载《德保罗法律评论》第 52 卷，第 299 页(2002 年)

Subrin, Stephen N., Discovery in Global Perspective: Are We Nuts?, 52 DePaul L. Rev. 299 (2002), 392

塔夫脱，威廉·霍华德："联邦法院实施法律方面的可能的和必要的改革"，载《美国律师协会杂志》第 8 期，第 601 页(1922 年)

Taft, William Howard, Possible and Needed Reforms in Administration of Justice in Federal Courts, 8 A. B. A. J. 601 (1922), 162

索恩伯格，伊丽莎白："对工作成果的再思考"，载《弗吉尼亚法律评论》第 77 卷，第 1515 页(1991 年)

Thornburg, Elizabeth, Rethinking Work Product, 77 Va. L. Rev. 1515 (1991), 386

特兰格斯鲁德，罗杰："大众侵权诉讼中之合并选择"，载《康奈尔法律评论》第 70 卷，第 779 页(1985 年)

Trangsrud, Roger, Joinder Alternatives in Mass Tort Litigation, 70 Cornell L. Rev. 779 (1985), 610

特威切尔，玛丽："一般管辖权的神话"，载《哈佛法律评论》第 101 卷，第 610 页(1988 年)

830 Twitchell, Mary, The Myth of General Jurisdiction, 101 Harv. L. Rev. 610(1988), 99

瓦伊罗，乔治内·M.："2005 年集团诉讼公平法"

Vairo, Georgene M., Class Action Fairness Act of 2005 (2005), 727, 728, 774, 777

沃伦，查尔斯："对 1789 年《联邦司法法》历史的新领悟"，载《哈佛法律评论》第 37 卷，第 49 页(1923 年)

Warren, Charles, New Light on the History of the Federal Judiciary Act of 1789, 37 Harv. L. Rev. 49 (1923), 484

温斯坦，杰克和赫舍诺夫，艾琳："公平性对大众侵权之影响"，载《伊利诺伊大学法律评论》1991 年卷，第 269 页(1991 年)

Weinstein, Jack, & Hershenov, Eileen, The Effects of Equity on Mass Torts, 1991 U. Ill. L. Rev. 269, 756

温特劳布，罗素："国际诉讼和不方便法院"，载《得克萨斯国际法杂志》第 29 期，第 321 页(1994 年)

Weintraub, Russell, International Litigation and Forum Non Conveniens, 29 Tex. Intl. L. J. 321 (1994), 263

赖特，查尔斯·艾伦："规则禁止再诉：现代诉答程序下的强制性反诉"，载《明尼苏达法律

评论》第 38 卷，第 423 页(1954 年)

Wright, Charles Alan, Estoppel by Rule: The Compulsory Counterclaim Under Modern Pleading, 38 Minn. L. Rev. 423 (1954), 636

赖特，查尔斯·艾伦和凯恩，玛丽·凯：《联邦法院的法律》(第六版，2002 年)

Wright, Charles Alan, & Kane, Mary Kay, The Law of the Federal Courts (6th ed. 2002), 168, 181, 182, 183, 188, 202, 207, 228, 233, 391, 418, 437, 450, 462, 463, 465, 488, 490, 579, 599, 634, 636, 692, 807

赖特，查尔斯·艾伦和米勒，阿瑟·R.：《联邦实践和程序》(1973—2008 年)

Wright, Charles Alan, & Miller, Arthur R., Federal Practice and Procedure (1973-2008), *Passim*

欧文·扬格："伊利案中发生了什么"，载《得克萨斯法律评论》第 56 卷，第 1011 页(1978 年)

Younger, Irving, What Happened in *Erie*, 56 Tex. L. Rev. 1011 (1978), 486

# 索　引*



---

* 以下页码为边页码。

# 中英文词汇对照表*

### A

ab initio 在开始时；自开始起
absentee 缺席者
action at law 普通法诉讼
actual notice 实际的通知；切实的通知
additur 增加损害赔偿金
adhesion contract 附意合同
administratrix 女遗产管理人
adverse claim 对抗的权利要求
adverse claimants 对抗的权利请求人
adverse possession 逆占有；时效占有
advisory jury 咨询陪审团
affidavit 宣誓书；宣誓陈述书
affirmative defenses 肯定性答辩
alimony 抚养费
alternate juror 候补陪审员；预备陪审员
amicus curiae 法庭之友
answer 答辩状
argumentative denial 可争议的否定；基于推论的否定
assumption of risk 自担风险
attorney of record 记录在案的律师
attorneys' fees 律师费

### B

bench trial 法官审判
beneficiary of the estate 遗产受益人
benefit of the bargain 交易利益
beyond a reasonable doubt 排除合理怀疑
boilerplate 格式合同条款
bill of peace 防止滥诉诉状

### C

capias ad respondendum 逮捕令
case-in-chief 负举证责任一方的先举证；当事人提供证据证明其诉求或答辩
certiorari 调卷令
challenge for cause 附理由回避请求
Chancellor 御前大臣
Chancery 衡平法院
choice of law rules 法律选择规范
circumstantial evidence 情况证据；间接证据
civil penalties 民事惩罚
civil rights 民权
claim preclusion 请求排除
class action 集团诉讼；群体诉讼
chose in action 可借诉讼追讨的财产；权利动产
closing statement 最后的陈述；结案陈词
collateral estoppel 间接再诉禁止
collateral order doctrine 附带裁决原则

* 此表由译者张利民归纳整理制作。

concurring opinion 并存意见
compensatory damages 补偿性赔偿
complaint 起诉状
compulsory counterclaim 强制性反诉
condition precedent 先决条件
conservator 监护人;保护人;(法院任命的)财产管理人
consignment agreement 寄售协议
consolidation 合并
consortium 配偶权
contributory negligence 混合过错
controlling law 应适用之法律
constructive notice 推定告知;推定知道
court of equity 衡平法院
court of last resort 终审法院,最高审级法院
cross-examine 交叉询问
costs 诉讼费
custody 监护

## D

day in court 出庭日;出庭权
deductible 免赔额
de facto 事实上
deposition 书面证词
de novo 重新;再次
derivative suit /action 股东代位诉讼;派生诉讼
dictum 法官的附带意见
directed verdict 指示裁判
disability 无行为能力
discretionary review 自由裁量的复审
dismiss with prejudice 影响实体权利的驳回
dismiss without prejudice 不影响实体权利的驳回
diversity of citizenship cases 异籍案件
diversity of citizenship jurisdiction 异籍管辖权
double jeopardy 双重追诉
docket sheet 案件诉讼事件列表
doctrine of precedent 先例原则
doctrine of issue preclusion 既决争点阻却再诉原则

## E

equitable relief 衡平法上的救济
equity (or Chancery) courts 衡平法院
excusable neglect 可原谅的疏忽
ecclesiastical courts 教会法院
Erie doctrine 伊利原则
essentiality 必要性
extraordinary writs 特别令状
extraordinary remedies 特殊救济

## F

fact finder 事实裁断者;事实认定者
federal question cases 联邦问题案件
fiduciary 受托人
fiduciary capacity 受托人身份
final judgment 终局判决
foreclose 取消抵押品赎回权
forum non conveniens 不方便法院

## G

garnishment 对案外债务人的扣押程序;债权扣押程序
general agent 一般代理人
general denial 概括否认
general guardian 总监护人;一般监护人

general jurisdiction 普通管辖权；一般管辖权；全面管辖权
general verdict 总括裁决；概括裁决；一般裁决
grand jury 大陪审团
gross negligence 重大过失
guardian ad litem 诉讼监护人

## H

habeas corpus relief 人身保护令救济

## I

Implead 增添第三人
Impleader 第三人参加诉讼
inadvertence 疏忽
indebitatus assumpsit 债务人承诺偿还
indispensable party 必不可少的当事人
injunction 禁令
injury in fact 具体的损害；事实上的损害
in personam 对人
in personam jurisdiction 对人管辖权；对人诉讼管辖权
in personam judgment 对人判决
in rem 对物
installment contract 分期付款合同
insurance carrier 保险的承保单位；保险公司
interlocutory order 中间命令；中间裁决
interlocutory review 诉讼中间上诉
intermediate appellate court 中级上诉法院
interpleader 确定竞合权利诉讼
interrogatories 质询书；书面询问
intervener 自愿参与诉讼的第三人
intervention 参加诉讼；(第三人自愿)加入诉讼
intervention of right 有权加入，法定加入，当然的加入
intrafamily dispute 家庭内部的纠纷
issue preclusion 争点排除

## J

JMOL(judgment as a matter of law)作为法律事项的判决
JNOV(judgment non obstante veredicto)不顾陪审团裁决的判决；否决陪审团裁决的裁定
joint tortfeasors 共同侵权人，承担连带责任的侵权人
joint liability 连带责任
judge's chambers 法官内庭
judgment notwithstanding the verdict 不顾陪审团裁决的判决；否决陪审团裁决的裁定
judicial estoppel 司法上的陈述不容否认原则；诉讼中禁止翻供
judicial fiat 司法裁决
judicial adjunct 司法助理
jurisdiction by necessity 必要管辖权
jurisdiction in personam 对人管辖权；对人诉讼管辖权
jurisdictional predicate 管辖依据
jury box 陪审员席
jury nullification 陪审团的拒绝
jury trial 陪审团审理

## K

King's Council 御前会议

## L

law clerk 法官助理
law court 普通法法院(与衡平法法院相对应)

law of domestic relations 亲属法
law of the case 案件的法律准则
limited liability company 有限责任公司
limited partnership 有限合伙
local action 属地诉讼
long-arm statutes 长臂法

## M

managing agent 经营代理人
master 法官助理
mistrial 无效审理
mootness 诉由消失之事项
multidistrict litigation 多地区诉讼
mutuality 相互性

## N

negative pregnant 蕴含肯定之否定
negative finding 消极裁决;否定性裁决
negligence per se 法律上的当然过失
non sequitur 非根据前提的推论,没有依据的推论
nunc pro tunc 溯及既往

## O

order to show cause 要求说明理由的命令
opening statement 开场陈述

## P

pendente lite〈拉〉诉讼期间;诉讼进行期间
permissive counterclaim 任意性反诉
personal jurisdiction 对人管辖权
personal notice 直接通知;直接通知本人
plea of confession and avoidance 承认与规避答辩
permanent injunction 长期禁制令,永久性禁令
personal jurisdiction 对人管辖权
personal property 动产
personal right 对人权
petit jury 小陪审团
piecemeal appeals 零碎上诉
pleadings 诉答文书
possession 占有
post-trial motion 审后申请
preliminary injunction 临时禁令
preponderance of evidence 证据优势
pretrial conference 审前会议
prima facie case 初步证明的案件
prior adjudication 先前的裁决
private plaintiff 私人原告
privity 相互关系;共同关系;利害关系
probate 遗嘱检验
probative evidence 有证明价值的证据;有证明力的证据
pro hac vice admission 仅限这一次的许可
pro se〈拉〉为其本人;亲自
probative fact 证据事实
proximate cause 近因;直接原因
proxy 代理人
proxy statement 委托投票说明书
public right 公共权利
punitive damages 惩罚性赔偿

## Q

quantum meruit 服务的合理价格
quantum valebant 货物的合理价格
quasi-in-rem 准对物
quid pro quo 交换条件
quiet title action 确定产权诉讼

## R

relation back 回溯
restitution 返还原物;恢复原状
restore the status quo 恢复原状
rule nisi 非最后的命令
real party in interest 有利益关系的真实当事人
real property 不动产
reformation 改正;变更
remittitur 降低赔偿额
rescission 撤销;解除
res judicata 一事不再理;既判力
ride circuit 巡回审案
RJMOL(renewed motion for judgment as a matter of law) 重新申请作为法律事项判决
Rule interpleader《规则》规定的确定竞合权利诉讼
statutory interpleader 成文法规定的确定竞合权利诉讼

## S

scintilla of evidence rule 微弱证据规则;细微证据规则
self-defense 自卫
severance of actions or claims 诉的分离
shareholder derivative suits 股东代位诉讼
sheriff's deed 司法拍卖转让契据
special guardian 特殊监护人
special master 特别主事官
special verdict 特别裁决
specific performance 特定履行
specific jurisdiction 特定管辖权
stake 争议财物
stare decisis 遵循先例
stale claims 失效请求
standing 诉权,诉讼资格
statute of limitations 诉讼时效法;法律时效
statutory interpleader 法定的确定竞合权利诉讼
stock certificate 股权证书;股票
stream of commerce 商业流程
strike suit(s) 恶意股东诉讼
strict products liability 严格产品责任
subject matter jurisdiction 事物管辖权;诉讼标的管辖权
subject of the action 诉讼标的
subpoena duces tecum 提交书面文件传票;携证出庭传票
subrogation 代位权
subrogee 代位权人
subrogor 被代位人
substantial evidence 实质性证据
suit at common law 普通法上的诉讼
sum certain 确定的金额
summary judgment 简易判决
superior title 优先产权
supersedeas 中止执行令状
supplemental jurisdiction 附属管辖权
suspending bond 暂停执行的保证金

## T

temporary restraining order 临时禁令,临时禁止处分命令
transferee court 受移送法院
transferor court 移送法院
transitory action 追身诉讼
transient jurisdiction 瞬间管辖权

trespass de bonis asportatis 侵害他人财物之诉
trespass on the case 间接侵害之诉
trespass vi et armis 暴力侵害之诉
trial court 初审法院;一审法院

**U**

ultimate facts 基本事实,主要事实
unemployment tax 失业税
unjust enrichment 不当得利

**V**

Validity 有效性
Venue 审判地
venire 候选陪审员名单
vicarious liability 替代责任
virtual representation 实际的代表
voir dire 预先审查

**W**

weight of the evidence 证据的证明效力;证据的分量
writ of certiorari 调取案卷令状
writ of error 纠错令;复审令
writ of execution 执行令
writ of mandamus 执行职务令

**图书在版编目(CIP)数据**

美国民事诉讼法/〔美〕弗里尔著;张利民,孙国平,赵艳敏译.—北京:商务印书馆,2013
(威科法律译丛)
ISBN 978-7-100-09763-5

Ⅰ.①美… Ⅱ.①弗… ②张… ③孙… ④赵… Ⅲ.①民事诉讼法—研究—美国 Ⅳ.①D971.251

中国版本图书馆 CIP 数据核字(2013)第 007575 号



本书纳入"'十二五'国家重点图书出版规划"

威科法律译丛
**美国民事诉讼法**
(第二版)
〔美〕理查德·D.弗里尔 著
张利民 孙国平 赵艳敏 译

商 务 印 书 馆 出 版
(北京王府井大街36号 邮政编码 100710)
商 务 印 书 馆 发 行
北京瑞古冠中印刷厂印刷
ISBN 978-7-100-09763-5

2013 年 8 月第 1 版　　开本 787×960 1/16
2013 年 8 月北京第 1 次印刷　　印张 69

定价:145.00 元